谨以此书致敬所有为
《中华人民共和国民法典》诞生
而奋斗过的法律人

中华人民共和国
民法典
立法演进与
新旧法对照

王利明　顾问
石冠彬　主编

法律出版社
LAW PRESS·CHINA

主 编 简 介

石冠彬

1987年10月生，浙江诸暨人，法学博士，现任海南大学法学院教授、博士研究生导师，中国人民大学博士后科研流动站在站博士后，兼任中国法学会民法学研究会理事、中国法学会商法学研究会理事、甘肃政法大学特聘教授等。主要从事民商法学研究，以规范解释学、裁判规则为研究兴趣，以“从现行法出发解决司法实务难题”为学术研究的基本立场。2016年博士毕业后，海南大学直接聘任教授岗位，2018年获博士研究生导师资格。累计在CSSCI收录刊物上发表论文40余篇，相关论文被《新华文摘》《中国社会科学文摘》《人大复印资料》《高等学校文科学术文摘》等刊物转载。主持国家社科基金青年项目、国家社科基金重大项目子课题（2项）、海南省哲学社会科学规划重大委托项目、中国博士后科学基金面上资助项目等省部级以上科研项目。曾荣获海南省第十次社会科学优秀成果奖等奖励及海南大学“教学能手”等荣誉称号。

序　言

《民法典》是新中国第一部以“典”命名的法律，它是社会生活的百科全书，是市场经济的基本法，是治国理政的“国之重器”，是保护公民权利的宣言书。习近平总书记高屋建瓴地概括了《民法典》的地位和实施好这部法典的重大意义，指出，“民法典在中国特色社会主义法律体系中具有重要地位，是一部固根本、稳预期、利长远的基础性法律”。从《民法典》的内容来看，它是我国数十年民商事立法、司法和理论研究的集大成者，对我国的经济、社会、文化等健康发展具有重要的推动和保障作用。

《民法典》实施在即，如何准确适用《民法典》，落实《民法典》关于坚持主体平等、保护财产权利、便利交易流转、维护人格尊严、促进家庭和谐、追究侵权责任等基本要求，是我们必须认真思考和研究的重要课题。《民法典》的生命力在于实施，只有学习好、实践好这部法典，才能不断推进全面依法治国、坚持和完善中国特色社会主义制度、推进国家治理体系和治理能力现代化、实现人民群众对良法善治的美好期待。为了准确适用《民法典》，我们有必要了解《民法典》的立法进程，从而准确把握立法原意；也有必要对《民法典》相较先前立法的立场转变了然于胸，在掌握新规则的基础上妥当处理新旧法的衔接问题。

本书是一部助力《民法典》落实的精品工具书，能成为了解《民法典》立法进程、加强《民法典》执法司法活动、加强《民法典》普法工作以及从事民事法律制度理论研究的好帮手。本书具有如下鲜明的特色：一方面，本书是首部完整对照《民法典》各草案内容并对立法变化进行精准标注的工具书，将立法机关关于立法草案的说明全部收录并置于草案内容之前，读者由此可以完整了解《民法典》编纂历程及立法机关转变立场的具体考量；另一方面，本书在新旧法内容的处理上并非进行简单对照，除对实质变化的条文进行标注外，特意增设“核心提示”栏目以指出立法实质变化及部分条文关键点，读者可以直接抓取“值得关注”的信息，这一栏目事实上也将起到“笔记区”的作用，值得称道。客观而言，本书内容齐全、对照鲜明，能够起到较好的指引作用，本人认为此工具书值得推荐！

本书主编石冠彬是我的学生，冠彬自2018年到人民大学法学院从事博士后科研工作。两年来，他一直在做民法典立法草案演变整理以及判例检索工作，颇为勤勉。2020年6月他就出版此工具书咨询我的意见，并希望我能担任本书顾问，我认为这是一项很有意义的工作，便欣然应允。冠彬一直致力于“从现行法出发来解决司法实务的疑难问题”，在教义学和实证研究上取得一定的学术成果。作为老师，我很欣慰他能够取得这些成绩，希望他能够一直保持勤于思考的习惯，并期待他在将来的学术研究中实现更大成就。

是以为序！

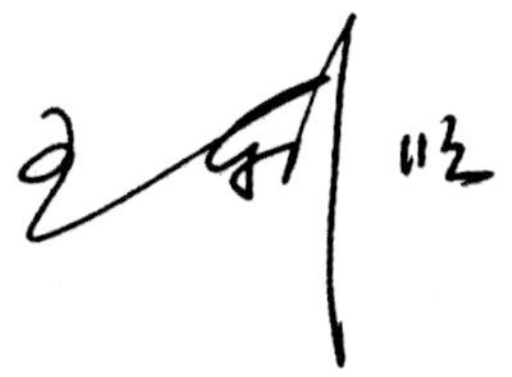

2020年9月7日

目　录

中华人民共和国民法典立法演进

总　则　编

物　权　编

合　同　编

人格权编

婚姻家庭编

继 承 编

侵权责任编

附 则

中华人民共和国民法典新旧法对照

中华人民共和国民法典及说明

中华人民共和国民法典立法演进

民法典各草案征求意见情况一览表

法律草案名称	审议草案的会议	征求意见时间	参与人数(人)	意见条数(条)
中华人民共和国民法典(草案)	十三届全国人大常委会第十五次会议(2019 年 12 月)	2019 – 12 – 28 至 2020 – 1 – 26	13, 718	114, 574
民法典婚姻家庭编(草案三次审议稿)	十三届全国人大常委会第十四次会议(2019 年 10 月)	2019 – 10 – 31 至 2019 – 11 – 29	213, 634	276, 948
民法典人格权编(草案三次审议稿)	十三届全国人大常委会第十二次会议(2019 年 8 月)	2019 – 8 – 28 至 2019 – 9 – 26	14, 572	16, 133
民法典侵权责任编(草案三次审议稿)	十三届全国人大常委会第十二次会议(2019 年 8 月)	2019 – 8 – 28 至 2019 – 9 – 26	119	403
民法典继承编(草案二次审议稿)	十三届全国人大常委会第十一次会议(2019 年 6 月)	2019 – 7 – 5 至 2019 – 9 – 2	239	716
民法典婚姻家庭编(草案二次审议稿)	十三届全国人大常委会第十一次会议(2019 年 6 月)	2019 – 7 – 5 至 2019 – 9 – 2	35, 314	67, 388
民法典人格权编(草案二次审议稿)	十三届全国人大常委会第十次会议(2019 年 4 月)	2019 – 4 – 26 至 2019 – 5 – 25	20, 031	31, 936
民法典物权编(草案二次审议稿)	十三届全国人大常委会第十次会议(2019 年 4 月)	2019 – 4 – 26 至 2019 – 5 – 25	1132	2286
民法典侵权责任编(草案二次审议稿)	十三届全国人大常委会第七次会议(2018 年 12 月)	2019 – 1 – 4 至 2019 – 2 – 3	117	228
民法典合同编(草案二次审议稿)	十三届全国人大常委会第七次会议(2018 年 12 月)	2019 – 1 – 4 至 2019 – 2 – 3	256	504
民法典各分编(草案)	十三届全国人大常委会第五次会议(2018 年 8 月)	2018 – 9 – 5 至 2018 – 11 – 3	111, 208	440, 491
民法总则(草案三次审议稿)	十二届全国人大常委会第二十五次会议(2016 年 12 月)	2016 – 12 – 17 至 2017 – 1 – 26	660	2096
民法总则(草案二次审议稿)	十二届全国人大常委会第二十四次会议(2016 年 10 月)	2016 – 11 – 18 至 2016 – 12 – 17	960	3038
民法总则(草案)	十二届全国人大常委会第二十一次会议(2016 年 6 月)	2016 – 7 – 5 至 2016 – 8 – 4	13, 802	65, 093

(参见中国人大网:http://www.npc.gov.cn/flcaw/more.html)

标注原则说明

本书“立法演进”部分，就各草案的变化，采纳加粗标注的方式予以展现，在遵循标注原则的基础上，以便于提示读者明晰变化为目的，因部分立法演进可有多种理解，故个别地方采取灵活的变通处理。比如，“合理期间”变“合理期限”，既可理解为词的替换也可理解为仅是“合理”所修饰的名词的改变。诸如此类，本书作灵活处理。相应标注原则如下所示。

一、标注原则一：条文顺序的排列依据

本书各草案条文的排序，以《民法典》最终的条文序号为准。

二、标注原则二：“无变化”的使用说明

就某一条文内容的表述而言，如果后续草案与前一草案完全一致，则后续草案在保留条文序号外，直接以“无变化”代替条文具体内容；但《民法典》的内容即使与前述草案相同，也予以完整显示，以便读者查阅。

（一）一般情况：若某一条文相对前一个草案的规定无变化，则将其内容替换为“无变化”

示例：①

第××条　定作人应当按照约定的期限支付报酬。	**第××条** 无变化	**第××条** 无变化

（二）例外情况：前面连续几列内容一致，从后面某一列的内容开始变化，在一般情况下标注相应变化内容即可，但是如果符合“标注原则三”中“删除整句、整款或关键词句，则标注被删除内容”的情况，将变化全部呈现在“连续几列内容一致中的第一列”

示例：下表中①列和②列的内容一致，③列相对②列删除了第 2 款，则将变化标注在①列

①	②	③
第××条　合伙人应当按照约定的出资方式履行出资义务。 **一个合伙人不履行出资义务的，其他合伙人不能因此拒绝出资。**	**第××条** 无变化	**第××条**　合伙人应当按照约定的出资方式履行出资义务。

① 标注原则说明中对照表格的作用是让读者明晰标注原则，表格中所列举法条内容并非原文，仅作彰显标注原则之用。

三、标注原则三:标注列数的选择

具体标注列数的选择,采纳“标后列不标前列”的原则;但若前列的立法表述在后列中被删除的,则采取特殊的处理。

(一)一般情况:标注列数上,标后列不标前列

示例:

第××条　利害关系人不得非法使用、公开权利人的登记资料。	**第××条**　利害关系人不得非法使用、公开权利人的**不动产**登记资料。

(二)例外情况:删除整句、整款或关键词句,则标注被删除内容

1. 删除整句

示例:

第××条　人格权不得放弃、转让、继承,**但是法律另有规定的除外。**	**第××条**　人格权不得放弃、转让、继承。

2. 删除整款

示例:

第××条　人格权不得放弃、转让、继承,但是法律另有规定的除外。 **对人格权不得进行非法限制。**	**第××条**　人格权不得放弃、转让、继承,但是法律另有规定的除外。

3. 前列中较重要内容在后列中被删除,本书特意标注前列中被删除内容

示例1:

第××条　合同生效后,当事人就质量、价款或者报酬、履行地点等内容没有约定或者约定不明确的,可以协议补充;不能达成补充协议的,按照合同有关条款**、合同性质、目的**或者交易习惯确定。	**第××条**　合同生效后,当事人就质量、价款或者报酬、履行地点等内容没有约定或者约定不明确的,可以协议补充;不能达成补充协议的,按照合同**相关条款**或者交易习惯确定。

示例2:“A、B、C”变成“A、C”“B、C”“A、B”之类,则在前一列中标注被删除的列举词

第××条　在发生或者可能发生个人信息泄露、**毁损**、丢失的情况时,应当及时采取补救措施并告知被收集者。	**第××条**　在发生或者可能发生个人信息泄露、丢失的情况时,应当及时采取补救措施并告知被收集者。

4. 对于删除整个条文的情况，①不予标注，因为后一列的空白足以表明该条款已被删除

示例：

第××条　一般保证中，主债务诉讼时效中断，保证债务诉讼时效中断。	

四、标注原则四：替换

不同字或词表述的替换，原则上直接标注替换的字或词。

（一）后列相对前列有替换内容的，即使两者并不近似，也标替换内容

示例：

第××条　债权和债务同归于一人的，合同的权利义务终止，但是损害第三人利益的除外。	**第××条**　债权和债务同归于一人的，**债权债务**终止，但是损害第三人利益的除外。

（二）替换的内容属于单词或者专业短语的组成部分，标注整个单词或短语

示例1：

第××条　因不动产或者动产被征收、征用致使用益物权消灭或者影响用益物权行使的，用益物权人有权依照本法第三十九条、第四十一条的规定获得相应补偿。	**第××条**　因不动产或者动产被征收、征用致使用益物权消灭或者影响用益物权行使的，用益物权人有权**依据**本法第三十九条、第四十一条的规定获得相应补偿。

示例2：

第××条　留置权人与债务人应当约定留置财产后的债务履行期间。	**第××条**　留置权人与债务人应当约定留置财产后的债务**履行期限**。

示例3：××编、第×章、第×节、第×条的替换

第××条　具有总则编第六章第二节和本法第二百九十八条规定的无效情形。	**第××条**　具有总则编**第四章第三节**和本法**第五百零六条**规定的无效情形。

五、标注原则五：删除

后一草案的表述相对前一草案而言，存在删除字词的情况。

① 立法机关在各份草案中对于删除条文的说明并不一致，有的使用了"第××条（删去）"的表述，有的使用了"第××条（删除）"的表述，有的直接删除法条但并未加以说明，本书统一采纳直接删除的处理，即用空格表示上一草案的这一条文在后一草案中已经被删除。

（一）一般情况的处理：标注“后列中被删除内容对应位置之前的词”

示例：

第××条 按照当事人约定非金钱债权不得转让。	**第××条** 按照当事人**约定**不得转让。

（二）相应删除属于词组内部的删除，则理解为替换，统一标注后一草案的替换词；草案中出现较多的是“但”与“但是”，“以及”与“及”之间的变换等

示例1：

第××条 养子女与生父母以及其他近亲属间的权利义务关系，因收养关系的成立而消除。	**第××条** 养子女与生父母**及**其他近亲属间的权利义务关系，因收养关系的成立而消除。

示例2：

第××条 地役权不得单独抵押。土地承包经营权、建设用地使用权等抵押的，在实现抵押权时，地役权一并转让。	**第××条** 地役权不得单独抵押。**土地经营权**、建设用地使用权等抵押的，在实现抵押权时，地役权一并转让。

（三）删除的字词如果整体上属于“定语”的组成部分，且属非实质性删除的，则按照前述“替换”规则标注修改后的形容词即可，多见删除“的”这类情形

示例：

第××条 接受劳务的一方承担侵权责任后，可以向第三人追偿。	**第××条** **接受劳务**一方承担侵权责任后，可以向第三人追偿。

（四）前面没内容，或者前面是标点符号的，则根据具体情况标注删减后法条的首词

示例1：

第××条 本法所称的名誉是对民事主体的品德、声望、才能、信用等的社会评价。	**第××条** **名誉**是对民事主体的品德、声望、才能、信用等的社会评价。

示例2：

第××条 法人依法被吊销营业执照、登记证书，被责令关闭或者被撤销的。	**第××条** 法人依法被吊销营业执照、登记证书，**责令**关闭或者被撤销的。

（五）后列删除“的＋标点符号”情形中的“的”字，此时“的”作为语气词使用并无实际意义，则直接在后列中标注对应标点符号

示例：

第××条 受让人受让该不动产或者动产时是善意的；	**第××条** 受让人受让该不动产或者动产时是善意**；**

（六）“……的以外”改为“……外”时，仅标注“外”字

示例：

第××条　出卖人出卖交由承运人运输的在途标的物，除当事人另有约定的以外，毁损、灭失的风险自合同成立时起由买受人承担。	**第××条**　出卖人出卖交由承运人运输的在途标的物，除当事人另有约定**外**，毁损、灭失的风险自合同成立时起由买受人承担。

六、标注原则六：增加

后一草案的表述相对前一草案而言，存在增加字词的情况，原则上标注增加的内容；若属于词的替换，则标注替换后的词。

（一）一般情况：后列相对前列增加内容的，则标注增加内容

示例：

第××条　保证合同是为保障债权的实现，当债务人不履行到期债务或者发生当事人约定的情形时，保证人履行债务或者承担责任的合同。	**第××条**　保证合同是为保障债权的实现，**保证人和债权人约定**，当债务人不履行到期债务或者发生当事人约定的情形时，保证人履行债务或者承担责任的合同。

（二）例外情况

1. 增加内容属于单词或专业短语的组成部分，按照“替换”规则标注替换后的词

示例1：

第××条　养子女与生父母及其他近亲属间的权利义务关系，因收养关系的成立而消除。	**第××条**　养子女与生父母**以及**其他近亲属间的权利义务关系，因收养关系的成立而消除。

示例2：

第××条　债务人可以请求留置权人在债务履行期届满后行使留置权；留置权人不行使的，债务人可以请求人民法院拍卖、变卖留置财产。	**第××条**　债务人可以请求留置权人在债务**履行期限**届满后行使留置权；留置权人不行使的，债务人可以请求人民法院拍卖、变卖留置财产。

2. 如果后一草案属增加条文的，后列不标注

示例：

	第××条　对当事人利用合同实施危害国家利益、社会公共利益行为的，市场监督管理和其他有关行政主管部门依照法律、行政法规的规定负责监督处理。

七、标注原则七:法条结构、语序调整及表述大幅变化

条文款数调整、条款内部以及条款之间语序调整及表述大幅变化的处理方案

(一)情况1:一款变数款、数款变一款:仅标注后一个草案内容拆分、合并处的标点符号

示例:

第××条 物业服务企业根据业主的委托管理建筑区划内的建筑物及其附属设施。物业服务企业应当及时答复业主提出的质询。	**第××条** 物业服务企业根据业主的委托管理建筑区划内的建筑物及其附属设施**。** 物业服务企业应当及时答复业主提出的质询。

(二)情况2:语序调换或大幅修改,则全部标注

示例1:语序调换,全部标注

第××条 采用格式条款订立合同的,提供格式条款的一方应当遵循公平原则确定当事人之间的权利和义务。 格式条款是当事人预先拟定,并在订立合同时未与对方协商的条款。	**第××条** **格式条款是当事人预先拟定,并在订立合同时未与对方协商的条款。** **采用格式条款订立合同的,提供格式条款的一方应当遵循公平原则确定当事人之间的权利和义务。**

示例2:大幅修改,全部标注

第××条 民事主体发表的作品中的情节与特定人的情况相似,但是不以该特定人为描述对象的,不承担民事责任。 民事主体发表的作品描述真人真事,或者以特定人为描述对象,包含侮辱性内容,侵害他人名誉权的,被侵权人可以依法请求侵权人承担民事责任。	**第××条** **行为人发表的文学、艺术作品以真人真事或者特定人为描述对象,包含侮辱、诽谤内容,侵害他人名誉权的,受害人有权依法请求该行为人承担民事责任。** **行为人发表的文学、艺术作品不以特定人为描述对象,仅是其中的情节与该特定人的情况相似的,不承担民事责任。**

示例3:"语序调换+大幅修改",全部标注

第××条 借款合同约定支付利息的,借款的利率不得违反国家的有关规定;对支付利息没有约定或者约定不明确的,按照当地或者当事人的交易方式、交易习惯、市场利率等因素确定利息。 自然人之间的借款合同对支付利息没有约定或者约定不明确的,视为不支付利息。	**第××条** 借款合同约定支付利息的,借款的利率不得违反国家的有关规定。 **借款合同对支付利息没有约定的,视为没有利息。** **借款合同对支付利息约定不明确的,按照当地或者当事人的交易方式、交易习惯、市场利率等因素确定利息;自然人之间借款的,视为没有利息。**

总　则　编

立法机关对民法典总则编草案立法演进的说明

一、一次审议稿说明

时间:2016 年 6 月 27 日

来源:关于《中华人民共和国民法总则(草案)》的说明(第十二届全国人大常委会第二十一次会议)

民法总则草案分 11 章,包括基本原则、自然人、法人、非法人组织、民事权利、民事法律行为、代理、民事责任、诉讼时效和除斥期间、期间的计算、附则,共 186 条。

(一)关于基本原则和法律适用规则

基本原则是民事主体从事民事活动和司法机关进行民事司法活动应当遵循的基本准则。草案在民法通则的基础上,适应经济社会的发展和民事活动的现实需要,对基本原则作了丰富和补充:一是平等原则。草案规定,民事主体的法律地位一律平等。平等原则是民事法律关系区别于行政法律关系、刑事法律关系特有的原则,也是发展社会主义市场经济的客观要求。二是自愿原则。草案规定,民事主体从事民事活动,应当遵循自愿原则,按照自己的意思设立、变更和终止民事关系。自愿原则体现了民事活动最基本的特征,其实质是民事主体根据自己的意愿从事民事活动,承担相应的法律后果。三是公平原则。草案规定,民事主体从事民事活动,应当遵循公平原则,合理确定各方的权利和义务。公平原则体现了民法促进社会公平正义的基本价值,对规范民事主体的行为发挥着重要作用。四是诚实信用原则。草案规定,民事主体从事民事活动,应当遵循诚实信用原则。诚实信用原则要求民事主体在行使权利、履行义务过程中,讲诚实重诺言守信用。这对建设诚信社会、规范经济秩序、引领社会风尚具有重要意义。草案同时规定,民事主体从事民事活动,应当自觉维护交易安全;应当保护环境、节约资源,促进人与自然和谐发展;应当遵守法律,不得违背公序良俗,不得损害他人合法权益;民事主体合法的人身、财产权益受法律保护,任何组织或者个人不得侵犯;民事主体行使权利的同时,应当履行法律规定的或者当事人约定的义务,承担相应责任(草案第 3 条至第 9 条)。

明确民事法律的适用规则,对于正确适用法律具有指导意义。草案作了以下规定:一是处理民事纠纷,应当依照法律规定;法律没有规定的,可以适用习惯,但不得违背公序良俗(草案第 10 条)。民事关系十分复杂,对法律没有规定的事项,人民法院在一定条件下根据商业惯例或者民间习惯处理民事纠纷,有利于纠纷的解决。二是其他法律对民事关系另有特别规定的,依照其规定(草案第 11 条)。民商事领域有些法律规定了民商事活动的特殊规则,既涉及民事法律关系,也涉及行政法律关系等,需要在民法总则中作衔接性规定。

(二)关于自然人

自然人是从事民事活动的重要民事主体,依法享有民事权利,承担民事义务。草案主要作了以下补充完善：

一是增加了保护胎儿利益的规定。自然人的民事权利能力始于出生，胎儿尚未出生，原则上不具有民事权利能力。但是为了保护胎儿的遗产继承、接受赠与等权利，有必要在需要对胎儿利益进行保护时，赋予胎儿一定的民事权利能力。据此，草案在继承法规定的基础上明确：涉及遗产继承、接受赠与等胎儿利益的保护，胎儿视为具有民事权利能力。但是，胎儿出生时未存活的，其民事权利能力自始不存在（草案第16条）。

二是下调了限制民事行为能力的未成年人的年龄标准。自然人的民事行为能力，是指自然人独立实施民事法律行为、行使民事权利和履行民事义务的资格。民法通则规定十八周岁以上的自然人为完全民事行为能力人，十周岁以上的未成年人是限制民事行为能力人，不满十周岁的未成年人是无民事行为能力人。草案将民法通则规定的限制民事行为能力人的年龄下限标准从"十周岁"降到"六周岁"，主要考虑是，随着经济社会的发展和生活教育水平的提高，未成年人生理心理的成熟程度和认知能力都有所提高，适当降低年龄有利于其从事与其年龄、智力相适应的民事活动，更好地尊重这一部分未成年人的自主意识，保护其合法权益。这一调整也与我国义务教育法关于年满六周岁的儿童须接受义务教育的规定相呼应，实践中易于掌握、执行（草案第18条、第19条）。

三是完善了监护制度。未成年人和有智力、精神健康障碍等情形的成年人，为限制民事行为能力人或者无民事行为能力人。监护制度的主要功能是对这部分人的民事行为能力予以弥补。草案针对监护领域的突出问题，对监护制度作了完善：（1）增加规定父母对未成年子女负有抚养、教育和保护的义务，子女对无民事行为能力或者限制民事行为能力的父母负有赡养、照顾和保护的义务，以强调家庭责任，弘扬中华民族传统美德（草案第25条）。（2）扩大了被监护人的范围。草案将智力障碍者以及因疾病等原因丧失或者部分丧失辨识认知能力的成年人也纳入被监护人范围，有利于保护其人身财产权益，也有利于应对人口老龄化问题，更好地维护老年人权益（草案第20条、第21条、第31条）。（3）调整了监护人的范围。民法通则规定，单位有担任监护人的职责。在社会主义市场经济条件下，单位与职工之间主要是劳动合同关系，而且就业人员流动越来越频繁，单位缺乏履行监护职责的意愿和能力。与此同时，随着我国公益事业的发展，有监护意愿和能力的社会组织增多，由这些组织担任监护人可以作为家庭监护的有益补充，也可以缓解国家监护的压力。这些社会组织担任监护人应当具备的信誉、财产状况等条件，可以由相关法律具体规定。据此，草案明确：法律规定的有关组织可以担任监护人（草案第29条第3款、第31条）。（4）完善了撤销监护制度。针对实践中监护人侵害未成年人等被监护人合法权益时有发生的情况，草案规定人民法院可以根据申请撤销监护人的资格、依法指定新监护人，并对提起撤销监护诉讼的主体、适用情形、监护人资格的恢复等作了明确规定（草案第34条、第35条）。此外，草案还理顺了监护纠纷的解决程序，明确规定，对担任监护人有争议的，有关当事人也可以直接向人民法院提起诉讼（草案第29条第1款）。

（三）关于法人

法人制度是民事法律的基本制度。完善法人制度，对全面深化改革、促进社会主义市场经济发展意义重大，是这次民法总则制定中的重点问题。民法通则将法人分为企业法人和机关法人、事业单位法人、社会团体法人等。随着我国经济社会的发展，新的组织形式不断出现，法人形态发生了较大变化，民法通则的法人分类已难以涵盖实践中新出现的一些法人形式，也不适应社会组织改革发展方向，有必要进行调整完善。由于法人是法律拟制的"人"，各方面对法人分类有不同认识，比如，可分为营利性法人、非营利性法人，也可分为社团法人、财团法人，还可分为私法人、公法人等。不同国家的民事法律对法人的分类也不尽相同。经反复比较，草案按照法人设立目的和功能的不同，将法人分为营利性法人和非营利性法人两类，主要考虑：一是营利性和非营利性能够反映法人之间的根本差异，传承了民法通则按照企业和非企业进行分类的基本思路，比较符合我国的立法习惯，实践意义也更突出；二是将非营利性法人作为一类，既能涵盖事业单位法人、社会团体法人等传统法人形式，还能够涵盖基金会和社会服务机构等新法人形式，符合我国国情；三是适应改革社会组织管理制度、促进社会组织健康有序发展的要求，创设非营利性法人类别，有利于健全社会组织法人治理结构，有利于加强对这类组织的引导和规范，促进社会治理创新。据此，草案规定：营利性法人是以取得利润并分配给其股东或者其他出资人等成员为目的成立的法人，主要包括有限责任公司、股份有限公司和其他企业法人等（草案第 73 条）；非营利性法人是为公益目的或者其他非营利目的成立的法人。非营利性法人不得向其成员或者设立人分配利润（草案第 81 条第 1 款、第 2 款）。对公益的非营利性法人，草案明确了其终止时剩余财产的分配规则：不得向其成员或者设立人分配剩余财产；其剩余财产应当按照章程规定或者权力机构的决议用于公益目的；不能按照章程或者决议处理的，由主管机关主持转给宗旨相同或者相近的以公益为目的的法人，并向社会公告（草案第 81 条第 3 款）。草案还对非营利性法人中的事业单位法人、社会团体法人、捐助法人和机关法人作了相应规定（第 82 条至第 90 条）。需要说明的是，草案只列明规定了比较典型的法人具体形式，对现实生活中存在的或者可能出现的其他法人形式，可以按照其特征，分别纳入营利性法人或者非营利性法人。相应地，草案不再规定民法通则中关于联营的内容。

（四）关于非法人组织

民法通则规定了自然人和法人两类民事主体。随着我国经济社会的发展，个人独资企业、合伙企业、法人依法设立的分支机构等大量不具有法人资格的组织，在实践中以自己的名义从事各种民事活动。各方的共识是，明确这些组织的民事主体地位可以适应现实需要，有利于其开展民事活动，促进经济社会发展，也与其他法律的规定相衔接。据此，草案赋予“非法人组织”以民事主体地位，并设专章作了规定。草案规定，非法人组织是不具有法人资格，但是依法能够以自己的名义从事民事活动的组织。非法人组织包括个人独资企业、合伙企业、营利性法人或者非营利性法人依法设立的分支机构等（草案第 91 条）。草案还规定，非法人组织的成员或者设立人对非法人组织的债务承担无限责任，法律另有规定的，依照其规定（草案第 93 条）。

（五）关于民事权利

保护民事权利是民法的核心。按照党的十八届四中全会关于实现公民权利保障法治化的要求，为了凸显对民事权利的尊重，加强对民事权利的保护，同时也为民法典各分编和民商事特别法律具体规定民事权利提供依据，草案继承了民法通则的做法，设专章规定民事权利的种类和内容。一是人身权利。草案根据《宪法》第 37 条、第 38 条关于公民的人身自由和人格尊严不受侵犯的规定，并综合各方面意见，明确规定自然人的人身自由、人格尊严受法律保护（草案第 99 条）；草案还规定，自然人享有生命权、健康权、身体权、姓名权、肖像权、名誉权、荣誉权、隐私权、婚姻自主权等权利（草案第 100 条第 1 款）。草案同时规定法人、非法人组织享有名称权、名誉权、荣誉权等权利（草案第 100 条第 2 款）。二是财产权利。保护自然人、法人等民事主体的财产权利是民法典的重要任务，也是民法总则的应有之义。草案规定：民事主体依法享有的收入、储蓄、房屋、生活用品、生产工具、投资及其他财产权利受法律保护（草案第 102 条）；民事主体依法享有物权。物权是权利人依法对特定物享有直接支配和排他的权利，包括所有权、用益物权、担保物权（草案第 103 条）；民事主体依法享有债权。债权是因合同、单方允诺、侵权行为、无因管理、不当得利以及法律的其他规定，权利人请求特定义务人为一定行为的权利（草案第 105 条)。三是知识产权。为了加强对知识产权的保护,促进科技创新,建设创新型国家,有必要在民法总则中对知识产权作概括性规定,以统领各知识产权单行法律行政法规。据此,草案规定,民事主体对作品、专利、商标、地理标识、商业秘密、集成电路布图设计、植物新品种等智力成果依法享有知识产权(草案第 108 条)。四是为了适应互联网和大数据时代发展的需要,草案对网络虚拟财产、数据信息等新型民事权利客体作了规定(草案第 104 条、第 108 条第 2 款第 8 项)。草案对弱势群体民事权利的特别保护也作了衔接性规定:法律对未成年人、老年人、残疾人、妇女、消费者等的民事权利有特别保护规定的,依照其规定(草案第 111 条)。此外,草案还对继承权、股权等民事权利作了规定,并为其他新型民事权利的保护留出了空间(草案第 109 条、第 110 条)。

(六)关于民事法律行为

关于民事法律行为,草案在民法通则、合同法等法律规定的基础上,主要作了以下完善:一是调整了"民事法律行为"的内涵。一些意见提出,民法通则规定的"民事法律行为"和"民事行为"都是有法律意义的行为,建议将二者统一规定为"民事法律行为",使其既包括合法行为,也包括无效行为、可撤销行为和效力待定行为。据此,草案规定,民事法律行为是指自然人、法人或者非法人组织通过意思表示设立、变更、终止民事权利和民事义务的行为。这样规定既尊重民事主体按照自己的意愿设立、变更、终止民事权利义务关系,也强调了民事主体在从事民事活动时,应当预见到自己的行为将产生的法律后果,对自己的行为负责,有利于提升民事主体的规则意识和责任意识,具有更强的实践性(草案第 112 条)。二是增加了意思表示的规则。意思表示是民事主体内心意愿的外在表达,是构成民事法律行为的基础,增加这一规则对于确定民事法律行为的效力具有重要作用。草案根据各方面意见,对意思表示的作出方式、生效时间、撤回和解释等内容作了规定(草案第六章第二节)。三是完善了民事法律行为的效力规则。草案在规定民事法律行为有效条件的同时,对恶意串通、重大误解、欺诈、胁迫、显失公平等行为的无效、撤销等问题分别作了补充完善(草案第六章第三节)。

(七)关于代理

代理制度是调整被代理人、代理人和第三人之间关系的法律制度。随着社会主义市场经济的发展,代理活动越来越广泛,也越来越复杂,为了保护被代理人、第三人合法权益,维护交易安全,应当对代理行为予以规范。据此,草案在现行法律规定的基础上完善了代理规则:一是为了适应商事活动的需要,草案规定了隐名代理制度,即代理人在代理权限内以自己的名义与第三人实施民事法律行为,第三人知道代理人与被代理人之间的代理关系的,该民事法律行为直接约束被代理人和第三人,但是有确切证据证明该民事法律行为只约束代理人和第三人的除外(草案第 142 条)。二是增加了代理人不得自己代理和双方代理的内容(草案第 148 条)。三是完善了表见代理制度。草案规定,行为人没有代理权、超越代理权或者代理权终止后以被代理人名义实施民事法律行为,相对人有正当理由相信行为人有代理权的,该代理行为有效;同时明确了不适用表见代理的情形。这样规定有利于维护交易安全,保护善意第三人的利益(草案第 152 条)。

(八)关于民事责任

明确法律责任,有利于引导民事主体强化自觉履行法定或者约定义务的意识,预防并制裁违反民事义务的行为,切实保护权利人的民事权益。草案进一步完善了民事权利受到侵害后的救济渠道和方式:一是规定民事主体应当依照法律规定或者当事人约定履行民事义务,不履行或者不完全履行民事义务的,应当依法承担民事责任(草案第 156 条)。二是规定了承担民事责任的主要方式。针对污染环境、破坏生态的行为,草案还特别增加了"修复生态环境"这种新的责任承担方式(草案第 160 条第 1 款)。

三是规定为保护他人民事权益而使自己受到损害的，由侵权人承担责任，受益人可以给予适当补偿。没有侵权人、侵权人逃逸或者无力承担责任，受害人请求补偿的，受益人应当给予适当补偿，以保护因见义勇为受到损害的人，鼓励见义勇为行为（草案第164条）。四是规定因当事人一方的违约行为，损害对方人身、财产权益的，受损害方有权选择要求其承担违约责任或者侵权责任（草案第165条）。

（九）关于诉讼时效

诉讼时效是权利人在法定期间内不行使权利，该期间届满后，权利不受保护的法律制度。该制度有利于促使权利人及时行使权利，维护交易秩序和安全。草案根据各方面意见，吸收司法实践经验，对诉讼时效制度作了完善：一是将现行二年的一般诉讼时效期间延长为三年。近年来，社会生活发生深刻变化，交易方式与类型也不断创新，权利义务关系更趋复杂，要求权利人在二年诉讼时效期间内行使权利显得过短，有必要适当延长（草案第167条第1款）。二是明确了不适用诉讼时效的情形：（1）请求停止侵害、排除妨碍、消除危险；（2）登记的物权人请求返还财产；（3）请求支付赡养费、抚养费或者扶养费；（4）其他依法不适用诉讼时效的请求权（草案第175条）。三是强调了诉讼时效的法定性。诉讼时效制度关系法律秩序的清晰稳定，权利人和义务人不可以自行约定。草案规定，诉讼时效的期间、计算方法以及中止、中断的事由由法律规定，当事人约定无效。当事人对诉讼时效利益的预先放弃无效（草案第176条）。

此外，草案还对宣告失踪和宣告死亡、除斥期间、期间的计算等内容作了规定。这些规定既延续了现行民事法律中科学合理的内容和制度，又吸收近年来实践证明行之有效的民事司法实践经验，作了必要的补充和完善。

二、二次审议稿说明

时间：2016年10月31日

来源：全国人民代表大会法律委员会关于《中华人民共和国民法总则（草案）》修改情况的汇报（第十二届全国人民代表大会常务委员会第二十四次会议）

常委会第二十一次会议对民法总则（草案）进行了初次审议。会后，法制工作委员会将草案印发地方人大、中央有关部门、法学教学研究机构和有关社会团体征求意见；同时，印发各位全国人大代表征求意见。在中国人大网全文公布草案征求社会公众意见。2016年10月10日，张德江委员长在北京主持召开座谈会，听取部分省区市人大常委会负责同志、中央有关部门、民法典编纂工作参加单位和法工委基层立法联系点有关负责同志，部分全国人大代表和政协委员的意见。2016年10月13日，李建国副委员长在宁夏银川召开座谈会，听取部分省区人大常委会负责同志，部分全国人大代表、专家学者和有关基层立法联系点代表的意见，并到基层实地调研。法律委员会、法制工作委员会在北京召开多次座谈会，分别听取中央有关部门和部分专家学者的意见，到安徽、江西、湖北和浙江等地进行调研，听取地方意见。法律委员会于2016年10月11日召开会议，根据常委会组成人员的审议意见和各方面意见，对草案进行了逐条审议。5家民法典编纂工作参加单位的有关负责同志列席会议。2016年10月18日，法律委员会召开会议，再次进行了审议。现将民法总则（草案）主要问题的修改情况汇报如下：

（一）关于维护交易安全

草案第6条第2款规定，民事主体从事民事活动，应当自觉维护交易安全。一些常委会组成人员、代表、地方、部门和社会公众提出，维护交易安全主要适用于商事活动，是否将其作为民事主体从事所有民事活动应当遵循的基本原则应进一步研究。法律委员会经研究认为，维护交易安全是从事商事活动应当遵循的基本准则，对于保护善意的交易相对人利益，建立诚实守信的市场环境，促进社会主义市场经济健康发展有着重要意义。考虑到维护交易安全主要适用于商事活动，建议将该款规定的内容移到草案营利法人一节中规定（草案二次审议稿第87条）。

（二）关于监护

1. 关于遗嘱监护。草案第26条第3款规定，未成年人的父母可以通过遗嘱指定未成年人的监护人；其父、母指定的监护人不一致的，以后死亡一方的指定为准。有的代表、地方和部门提出，父、母指定的监护人不一致的，以后死亡一方的指定为准不一定有利于保护被监护人的利益，也涵盖不了父母同时死亡的情况。法律委员会经研究，建议将该规定修改为：未成年人的父母可以通过遗嘱指定未成年人的监护人；其父、母指定的监护人不一致的，应当尊重被监护人的意愿，根据最有利于被监护人的原则确定（草案二次审议稿第27条第3款）。

2. 关于监护人的范围。草案第27条对无民事行为能力或者限制民事行为能力的成年人的监护人范围作了规定。有的地方、部门和社会公众提出，草案只规定了配偶、父母、子女等可以作为成年人的监护人。现实生活中，不少无民事行为能力或者限制民事行为能力的成年人是由其兄弟姐妹等近亲属照顾，由这些近亲属作为监护人有利于保护被监护人的利益，也有利于弘扬社会主义家庭伦理美德。法律委员会经研究，建议将"其他近亲属"纳入无民事行为能力或者限制民事行为能力的成年人的监护人范围（草案二次审议稿第28条）。

3. 关于临时监护措施。草案第34条对有关人员或者组织向人民法院申请撤销监护人的监护资格作了规定。有的常委会组成人员、代表、地方和部门提出，在人民法院确定新监护人之前，为了避免原监护人对被监护人特别是对未成年人造成进一步伤害，应当指定临时监护人或者作出其他临时监护安排。法律委员会经研究，建议在该条中增加规定"安排必要的临时监护措施"（草案二次审议稿第35条）。

4. 关于监护人资格的恢复。草案第35条对监护人资格被撤销后的恢复作了规定。有的常委委员、代表、地方、部门和社会公众提出，草案规定的几种撤销监护权的情形都是严重损害被监护人利益的情形，不宜轻易恢复。同时，监护人资格撤销后再恢复，还有可能给被监护人造成二次伤害。为此，有必要将监护人资格恢复的制度限于父母确有悔改且符合被监护人意愿的情形。法律委员会经研究，建议将相关规定修改为：未成年人的父母被人民法院撤销监护人资格后，确有悔改情形的，经其申请，人民法院可以在尊重被监护人意愿的前提下，视情况恢复其监护人资格，人民法院指定的新监护人与被监护人的监护关系同时终止（草案二次审议稿第36条）。

（三）关于农村集体经济组织的法人地位

一些常委委员、代表、地方、部门和社会公众提出，根据物权法等法律规定，农村集体经济组织是农村集体资产经营管理的主体，依法代表农民集体行使农村集体资产所有权，承担经营管理事务，明确其民事主体地位有利于其从事民事活动，有利于完善农村集体经济的实现形式和运行机制，增强农村集体经济发展活力。法律委员会经研究，建议在第三章法人第一节一般规定中增加一条规定：农村集体经济组织具备法人条件的，依法取得法人资格（草案二次审议稿第76条）。

（四）关于法人制度

1. 关于法人合并、分立后的权利义务承担与法人终止。草案第63条规定，法人合并、分立的，其权利和义务由变更后的法人享有和承担。有的常委委员、代表、地方、部门和法学教学研究机构建议，宜进一步细化法人分立后的债务承担规则，同时体现对法人分立前与债权人就债务清偿所作约定的尊重。有的常委委员和代表还建议明确法人终止的事由和特殊程序。法律委员会经研究，建议将该条修改为：法人合并的，其权利和义务由合并后的法人享有和承担。法人分立的，其权利和义务由分立后的法人享有连带债权，承担连带债务，债权人和债务人另有约定的除外。并增加一条规定：法人由于下列原因之一终止：(1)法人解散；(2)法人被宣告破产；(3)法律规定的其他原因。法人终止，法律规定须经有关机关批准的，依照其规定(草案二次审议稿第65条、第66条)。

2. 关于营利法人的成员滥用其权利的后果。草案第79条对营利法人的成员滥用其权利的情形作了规定。有的地方、部门、法学教学研究机构和社会公众提出，为防止法人成员滥用其权利，维护以独立财产、独立责任为基础的法人制度，建议明确营利法人成员滥用权利的法律后果。法律委员会经研究，建议在该条中增加规定：法人的出资人滥用出资人权利给法人或者其他出资人造成损失的，应当依法承担民事责任；法人的出资人滥用法人独立地位和出资人有限责任，逃避债务，严重损害法人债权人利益的，应当对法人债务承担连带责任。同时增加一条规定，完善营利法人内部制约机制，维护法人的出资人的利益(草案二次审议稿第85条、第86条)。

3. 关于社会服务机构的法人地位。有的常委委员、代表、地方和部门提出，民办非企业单位等社会服务机构作为社会组织的一种形式，在社会生活中发挥着积极作用，明确其法人地位，有利于促进这类社会组织健康有序发展。法律委员会经研究，建议在草案相关规定中增加社会服务机构这类法人形式(草案二次审议稿第95条)。

(五)关于个人信息的保护

有的常委委员、部门、法学教学研究机构和社会公众提出，一段时间以来，非法获取、非法出售或者非法向他人提供公民个人信息的违法行为泛滥，社会危害严重，建议进一步强化对个人信息的保护。法律委员会经研究认为，个人信息权利是公民在现代信息社会享有的重要权利，明确对个人信息的保护对于保护公民的人格尊严，使公民免受非法侵扰，维护正常的社会秩序具有现实意义。法律委员会经研究，建议增加规定：自然人的个人信息受法律保护。任何组织和个人不得非法收集、利用、加工、传输个人信息，不得非法提供、公开或者出售个人信息(草案二次审议稿第109条)。

(六)关于未成年人受到性侵害的诉讼时效起算规则

有的代表、地方、部门和社会公众提出，受社会传统观念影响，不少遭受性侵害的未成年人及其监护人往往不愿、不敢公开寻求法律保护。受害人成年之后自己寻求法律救济，却往往已超过诉讼时效期间。为了更好地保护受性侵害的未成年人的利益，建议规定诉讼时效起算的特别规则。法律委员会经研究，建议增加一条规定："未成年人遭受性侵害的损害赔偿请求权的诉讼时效期间，自受害人年满十八周岁之日起计算。"(草案二次审议稿第184条)

还有一个问题需要汇报：草案第18条将限制民事行为能力的未成年人的年龄下限标准规定为"六周岁"。一些常委会组成人员、代表、地方和部门提出，六周岁儿童虽有一定的学习能力，开始接受义务教育，但认知和辨识能力仍然不足，不具备独立实施相关民事法律行为的基础。有的则建议将其规定为"八周岁"。法律委员会、法制工作委员会就此听取了部分教育学、心理学、社会学等方面专家的意见，并进一步研究了国外相关立法情况。在此基础上，经反复研究，建议对草案的规定暂不作修改，继续研究。主要考虑：一是随着社会的进步和教育水平的提高，儿童的认知能力、适应能力和自我承担能力也有了很大提高，法律上适当降低限制民事行为能力的未成年人年龄下限标准，符合现代未成年人心理、生理发展特点，有利于未成年人从事与其年龄、智力相适应的民事活动，更好地尊重未成年人的自主意识,保护其合法权益。二是符合国际上的发展趋势。我国参加的《联合国儿童权利公约》规定,各国要采取措施尊重和保护儿童的自我意识。一些国家和地区将限制民事行为能力人的年龄下限规定为六周岁或者七周岁;还有一些国家和地区规定未成年人均为限制民事行为能力人。三是民事行为能力不同于刑事责任能力。我国现行《民法通则》和《刑法》对民事行为能力和刑事责任能力的要求就是不同的。民事行为能力的年龄变化并不必然导致刑事责任能力的年龄变化,刑事责任能力年龄标准的调整,应当根据刑事领域的具体情况来确定。

此外,草案二次审议稿还对尊重成年被监护人独立处理相关事务的意愿,营利法人权力机构、执行机构和监督机构的职权,以及惩罚性赔偿的民事责任方式等内容作了进一步的规定。对草案还作了一些文字修改。相比草案,仍为 11 章,条文由 186 条增加至 202 条。

三、三次审议稿说明

时间:2016 年 12 月 19 日

来源:全国人民代表大会法律委员会关于《中华人民共和国民法总则(草案)》修改情况的汇报(第十二届全国人民代表大会常务委员会第二十五次会议)

常委会第二十四次会议对民法总则(草案)进行了再次审议。会后,法制工作委员会在中国人大网全文公布草案二次审议稿征求社会公众意见。2016 年 11 月 21 日至 23 日,张德江委员长在四川主持召开座谈会,听取部分省区市人大常委会和全国人大常委会法工委有关基层立法联系点负责同志,部分全国人大代表和专家学者、企事业单位与法律实务工作者代表的意见,并到基层实地调研,听取基层干部群众意见。2016 年 11 月 18 日,李建国副委员长在上海主持召开座谈会,听取部分省市人大常委会和全国人大常委会法工委有关基层立法联系点负责同志,部分全国人大代表和专家学者、企事业单位、法律实务工作者与基层干部群众代表的意见。法律委员会、法制工作委员会在北京召开农村集体经济组织民事主体地位问题等座谈会,听取中央有关部门和部分专家学者的意见。法律委员会于 2016 年 12 月 1 日召开会议,根据常委会组成人员的审议意见和各方面意见,对草案进行了审议。5 家民法典编纂工作参加单位的有关负责同志列席会议。2016 年 12 月 12 日,法律委员会召开会议,再次进行了审议。现将民法总则(草案二次审议稿)主要问题的修改情况汇报如下:

(一)关于保护生态环境、节约资源,弘扬中华优秀文化、践行社会主义核心价值观

草案二次审议稿第 7 条规定,民事主体从事民事活动,应当保护生态环境、节约资源,促进人与自然和谐发展。一些常委会组成人员、部门、地方和单位提出,本条内容值得提倡,但不宜规定在草案基本原则一章,从民事权利行使的角度加以规定比较适当。一些常委委员提出,按照党中央关于把社会主义核心价值观融入法治建设的要求,应当强调在民事活动中弘扬中华优秀文化,践行社会主义核心价值观。法律委员会经研究,建议将该条修改为:民事主体行使民事权利,应当节约资源、保护生态环境;弘扬中华优秀文化,践行社会主义核心价值观。并作为对民事主体行使民事权利的要求,移至民事权利一章中规定(草案三次审议稿第 133 条)。

(二)关于监护

一是根据有些常委委员、全国人大代表、地方和基层干部群众的意见,将草案二次审议稿中关于无具有监护资格的人的情况下,监护人由被监护人住所地的居民委员会、村民委员会或者民政部门担任的

规定,修改为:无具有监护资格的人的,监护人由民政部门担任,也可以由具备条件的被监护人住所地的居民委员会、村民委员会担任(草案三次审议稿第31条)。二是根据有些全国人大代表和专家的意见,将草案二次审议稿中关于未成年人父母的监护人资格被人民法院撤销后的恢复的规定,修改为:被监护人的父母或者子女被人民法院撤销监护人资格后,除对被监护人实施故意犯罪的外,确有悔改情形的,经其申请,人民法院可以在尊重被监护人真实意愿的前提下,视情况恢复其监护人资格。人民法院指定的新监护人与被监护人的监护关系同时终止(草案三次审议稿第36条)。

(三)关于农村承包经营户的债务承担

草案二次审议稿第54条第2款规定,农村承包经营户的债务,以家庭财产承担。有的全国人大代表和地方提出,实践中,农户承包的农村土地有的由农户家庭的部分成员从事生产经营,建议区别情况,分别规定以家庭财产承担债务和以部分家庭成员的财产承担债务。法律委员会经研究,建议将该规定修改为:农村承包经营户的债务,以从事农村土地承包经营的农户财产承担;事实上由农户部分成员经营的,以该部分成员的财产承担(草案三次审议稿第54条第2款)。

(四)关于居民委员会、村民委员会的法人地位

有的部门、地方和一些基层干部群众代表提出,居民委员会、村民委员会是基层群众性自治组织,为履行其职能需要从事一些民事活动。由于现行法律没有规定其民事主体地位,致使其在一些情况下不能顺利从事民事活动。民法总则应明确赋予居民委员会、村民委员会法人资格。法律委员会经研究,建议增加规定:居民委员会、村民委员会具有基层群众性自治组织法人资格,可以从事为履行职能所需要的民事活动。未设立村集体经济组织的,村民委员会可以依法代行村集体经济组织的职能(草案三次审议稿第100条)。

(五)关于增加特别法人类别

有些常委会组成人员、部门和地方提出,实践中有的法人与营利法人和非营利法人在设立、终止等方面都有所不同,难以纳入这两类法人,建议增设一类特别法人。法律委员会经研究认为,根据我国社会生活实际,具有特殊性的法人组织主要有以下三种情况:一是机关法人,其在设立依据、目的、职能和责任最终承担上,均与其他法人存在较大差别;二是基层群众性自治组织和农村集体经济组织,其设立、变更和终止,管理的财产性质,成员的加入和退出,承担的职能等都有其特殊性;三是合作经济组织,既具有公益性或者互益性,又具有营利性。对上述这些法人,单独设立一种法人类别,有利于其更好地参与民事生活,也有利于保护其成员和与其进行民事活动的相对人的合法权益。为此,建议在法人一章中增加第四节特别法人,对上述情况作出规定(草案三次审议稿第三章第四节)。

(六)关于非法人组织

草案二次审议稿第100条第2款规定,非法人组织包括个人独资企业、合伙企业等。有的常委会组成人员和地方提出,应当尽量列举非法人组织的具体类型,实践中还有一些律师事务所、会计师事务所等,也属于非法人组织。法律委员会经研究,建议将该规定修改为:非法人组织包括个人独资企业、合伙企业、不具有法人资格的专业服务机构和其他组织(草案三次审议稿第101条第2款)。

(七)关于民事权利

有的常委委员、部门、全国人大代表和专家提出,应在民法总则中将民事权利规定得更充实一些,建议对民事权利的取得、权利人如何行使民事权利、有关因征收、征用而获得补偿的权利等作出原则性规定。法律委员会经研究,建议增加下列规定:民事权利可以依据民事法律行为、事实行为、法律规定的事件或者法律规定的其他方式取得(草案三次审议稿第130条);民事主体按照自己的意愿依法行使民事

权利,不受干涉(草案三次审议稿第 131 条);为了公共利益的需要,依照法律规定的权限和程序征收、征用不动产或者动产的,应当给予公平、合理的补偿(草案三次审议稿第 117 条)。

(八)关于民事责任

有的常委委员和全国人大代表提出,为匡正社会风气,鼓励和保护见义勇为行为,应在民法总则中明确为保护他人而实施救助行为,造成受助人损害的,救助人应免于承担民事责任。法律委员会经研究,建议增加规定:实施紧急救助行为造成受助人损害的,除有重大过失外,救助人不承担民事责任(草案三次审议稿第 187 条)。

此外,对草案二次审议稿还作了其他一些完善和文字修改。相比草案二次审议稿,仍为 11 章,条文由 202 条增加至 210 条。

草案三次审议稿已按上述意见作了修改。法律委员会认为,民法总则规定民事活动的基本原则和一般性规则,在民法典中起统率性、纲领性作用,对调整民事关系,保护民事主体的合法权益,维护社会和经济秩序,具有十分重要的意义。常委会第二十一次会议、第二十四次会议对民法总则(草案)进行了认真深入的审议,张德江委员长、李建国副委员长分别主持召开了 4 次座谈会并深入基层开展调研,听取了中央有关部门,各省、自治区、直辖市人大常委会,部分全国人大代表和各方面人士的意见,对草案作了进一步修改完善。法律委员会建议,草案经本次常委会会议审议后,由常委会提请第十二届全国人民代表大会第五次会议审议。

四、大会审议稿说明一

时间:2017 年 3 月 8 日

来源:关于《中华人民共和国民法总则(草案)》的说明(**第十二届全国人民代表大会第五次会议**)

民法总则草案分为 11 章,包括基本原则、自然人、法人、非法人组织、民事权利、民事法律行为、代理、民事责任、诉讼时效、期间计算、附则,共 210 条。

(一)关于基本原则和法律适用规则

基本原则是民事主体从事民事活动和司法机关进行民事司法活动应当遵循的基本准则。草案第一章以确立基本原则为核心,并就立法宗旨、法律适用规则作出规定。草案在民法通则的基础上,结合 30 多年来民事法律实践,进一步明确了民事主体的人身权利、财产权利以及其他合法权益受法律保护,任何组织或者个人不得侵犯,并确立了平等原则、自愿原则、公平原则、诚信原则、守法原则、绿色原则等基本原则。需要指出的是,将绿色原则确立为基本原则,规定民事主体从事民事活动,应当有利于节约资源、保护生态环境,这样规定,既传承了天地人和、人与自然和谐共生的我国优秀传统文化理念,又体现了党的十八大以来的新发展理念,与我国是人口大国、需要长期处理好人与资源生态的矛盾这样一个国情相适应(草案第 3 条至第 9 条)。

关于民事法律的适用规则,草案规定:一是处理民事纠纷,应当依照法律;法律没有规定的,可以适用习惯,但是不得违背公序良俗即公共秩序和善良习俗。二是其他法律对民事关系有特别规定的,依照其规定。著作权法、专利法、保险法等民商事特别法既涉及民事法律关系,也涉及行政法律关系,还有一些涉及特殊商事规则,这些法律很难也不宜纳入民法典,这条规则明确了民法总则与民商事特别法的关系(草案第 11 条、第 12 条)。

（二）关于民事主体

民事主体是民事关系的参与者、民事权利的享有者、民事义务的履行者和民事责任的承担者。草案第二章、第三章、第四章规定了自然人、法人、非法人组织3类民事主体。

关于自然人制度。草案在民法通则的基础上，对自然人制度作了以下完善：一是增加了保护胎儿利益的规定。涉及遗产继承、接受赠与等胎儿利益保护的，胎儿视为具有民事权利能力（草案第17条）。二是下调了限制民事行为能力的未成年人的年龄标准。这样规定是为了更好地尊重未成年人的自主意识（草案第20条）。三是完善了监护制度。监护是保护无民事行为能力人或者限制民事行为能力人的合法权益，弥补其民事行为能力不足的法律制度。草案以家庭监护为基础，社会监护为补充，国家监护为兜底，对监护制度作了完善。明确了父母子女间的抚养、赡养等义务，扩大了被监护人的范围，强化了政府的监护职能，并就监护人的确定、监护职责的履行、撤销监护等制度作出明确规定（草案第27条至第40条）。

关于法人制度。法人制度是民事法律的一项基本制度。随着我国经济社会的发展，新的组织形式不断出现，法人形态发生了较大变化，民法通则关于企业法人、机关法人、事业单位法人和社会团体法人的分类已难以适应新的情况，有必要进行调整完善。草案遵循民法通则关于法人分类的基本思路，适应社会组织改革发展要求，按照法人设立目的和功能等方面的不同，将法人分为营利法人、非营利法人和特别法人3类（草案第三章第二节、第三节、第四节）。对营利法人和非营利法人，草案只列举了几种比较典型的具体类型，对现实生活中已经存在或者可能出现的其他法人组织，可以按照其特征，分别归入营利法人或者非营利法人。对特别法人，草案规定了以下几种情况：一是机关法人。机关设立的目的是履行公共管理等职能，这与其他法人组织存在明显差别。二是农村集体经济组织法人。农村集体经济组织具有鲜明的中国特色。赋予其法人地位符合党中央有关改革精神，有利于完善农村集体经济实现形式和运行机制，增强农村集体经济发展活力。三是基层群众性自治组织法人。村民委员会、居民委员会等基层群众性自治组织在设立、变更和终止以及行使职能和责任承担上都有其特殊性。四是城镇、农村的合作经济组织。这类合作经济组织对内具有共益性或者互益性，对外也可以从事经营活动，依照法律的规定取得法人资格后，作为特别法人。

关于非法人组织。随着我国经济社会的发展，在实际生活中，大量不具有法人资格的组织以自己的名义从事各种民事活动。赋予这些组织民事主体地位有利于其开展民事活动，也与其他法律的规定相衔接。据此，草案规定，非法人组织是不具有法人资格，但是能够依法以自己的名义从事民事活动的组织，包括个人独资企业、合伙企业、不具有法人资格的专业服务机构等（草案第105条）。草案还规定，非法人组织的财产不足以清偿债务的，其出资人或者设立人承担无限责任。法律另有规定的，依照其规定（草案第107条）。

（三）关于民事权利

保护民事权利是民事立法的重要任务。草案第五章规定了民事权利。这一章旨在贯彻落实党中央关于实现公民权利保障法治化和完善产权保护制度的要求，凸显对民事权利的尊重，加强对民事权利的保护，为民法典各分编和民商事特别法律具体规定民事权利提供依据。关于民事权利，草案规定了以下主要内容：一是人身权利。草案规定，自然人的人身自由、人格尊严受法律保护（草案第112条）；自然人享有生命权、健康权、身体权、姓名权、肖像权、名誉权、荣誉权、隐私权、婚姻自主权等权利（草案第113条第1款）。在信息化社会，自然人的个人信息保护尤其重要，草案对此作了有针对性的规定（草案第114条）。二是财产权利。草案规定，民事主体的财产权利受法律平等保护（草案第116条）。民事主体依法享有物权、债权、继承权、股权和其他投资性权利（草案第117条至第125条，第127条至第129条）。三是知识产权。为了加强对知识产权的保护，促进科技创新，建设创新型国家，草案对知识产权作了概括性规定，以统领各知识产权单行法律（草案第126条）。四是为了适应互联网和大数据时代发展的需要，草案规定，法律对数据、网络虚拟财产的保护有规定的，依照其规定（草案第131条）。五是为了规范民事权利的行使，草案规定，民事主体不得滥用民事权利损害社会公共利益或者他人合法权益（草案第135条）。

（四）关于民事法律行为和代理

民事法律行为是民事主体通过意思表示设立、变更、终止民事法律关系的行为。代理是民事主体通过代理人实施民事法律行为。草案在民法通则和合同法规定的基础上，对民事法律行为和代理制度主要作了以下完善：一是扩充了民事法律行为的内涵，既包括合法的法律行为，也包括无效、可撤销和效力待定的法律行为。这样既尊重民事主体的意愿，也强调对自己的行为负责，有利于提升民事主体的规则意识和责任意识（草案第136条）。二是增加了意思表示的规则。意思表示是民事主体希望产生法律效果的内心意愿的外在表达，是构成民事法律行为的基础。草案对其作出方式、生效和撤回等作了规定（草案第六章第二节）。三是完善了民事法律行为的效力规则。草案在规定民事法律行为有效条件的同时，对重大误解、欺诈、胁迫、显失公平等行为的撤销，恶意串通行为的无效等分别作了修改补充（草案第六章第三节）。四是完善了代理的一般规则以及委托代理制度（草案第七章）。

（五）关于民事责任和诉讼时效

民事责任是民事主体不履行或者不完全履行民事义务的法律后果。关于民事责任，草案主要作了以下规定：一是民事主体应当依照法律规定或者当事人约定履行民事义务，不履行或者不完全履行的，应当依法承担民事责任（草案第180条）。二是列举了停止侵害、返还财产、恢复原状、赔偿损失、惩罚性赔偿等承担民事责任的主要方式（草案第183条）。三是为匡正社会风气，鼓励见义勇为的行为，草案规定，因自愿实施紧急救助行为造成受助人损害的，救助人不承担民事责任（草案第187条）。草案还规定，因保护他人民事权益而使自己受到损害的，由侵权人承担民事责任，受益人可以给予适当补偿。没有侵权人、侵权人逃逸或者无力承担民事责任，受害人请求补偿的，受益人应当给予适当补偿（草案第188条）。

诉讼时效是权利人在法定期间内不行使权利，权利不受保护的法律制度。关于诉讼时效，草案主要作了以下规定：一是将现行民法通则规定的二年一般诉讼时效期间延长为三年，以适应社会生活中新的情况不断出现，交易方式与类型不断创新，权利义务关系更趋复杂的现实情况与司法实践，有利于建设诚信社会，更好地保护债权人合法权益（草案第191条第1款）。二是增加了未成年人遭受性侵害后诉讼时效的特殊起算点，给受性侵害的未成年人成年后提供寻求法律救济的机会，保护未成年人利益（草案第194条）。

草案还对宣告失踪和宣告死亡、期间计算等内容作了规定。这些规定既延续了现行民事法律中科学合理的内容和制度，又吸收了行之有效的司法实践中好的做法。

这里还需要说明的一个问题是，关于民法总则与民法通则的关系。1986年制定的《民法通则》在我国民事立法史上具有里程碑意义，发挥了重要作用。民法通则既规定了民法的一些基本制度和一般性规则，也规定了合同、所有权及其他财产权、知识产权、民事责任、涉外民事关系法律适用等具体内容，被称为一部“小民法典”。草案基本吸收了民法通则规定的民事基本制度和一般性规则，同时作了补充、完善和发展。民法通则规定的合同、所有权及其他财产权、民事责任等具体内容还需要在编纂民法典各分编时作进一步统筹，系统整合。据此，民法总则草案通过后暂不废止民法通则。民法总则与民法通则的规定不一致的，根据新法优于旧法的原则，适用民法总则的规定。

此外，在草案制定过程中，各有关方面还提出了其他一些意见。这些意见有的分歧较大，一时难以达成共识，还需进一步研究论证；有的涉及物权、合同、侵权责任、婚姻家庭、继承等内容的具体规则，可在编纂民法典各分编时统筹解决；有的涉及著作权法、专利法、保险法等民商事特别法的内容和具体操作问题，可在今后通过修改相关法律或者制定配套法律法规时予以体现。

五、大会审议稿说明二

时间：2017 年 3 月 12 日

来源：第十二届全国人民代表大会法律委员会关于《中华人民共和国民法总则（草案）》审议结果的报告（第十二届全国人民代表大会第五次会议主席团第二次会议）

2017 年 3 月 10 日，各代表团全体会议、小组会议审议了民法总则草案。代表们普遍认为，编纂民法典是党的十八届四中全会提出的重大立法任务，对于维护最广大人民的根本利益，实现国家治理体系和治理能力现代化，完善中国特色社会主义法律体系具有重大意义。制定民法总则是编纂民法典的第一步。民法总则草案的指导思想明确，工作思路清晰，立足我国国情和实际，适应中国特色社会主义发展要求，坚持问题导向，坚持理论与实践的统一，坚持继承与创新相结合，在民法通则等民事法律的基础上，进一步完善和发展了民事基本制度。从总体上来看，草案体例科学、结构严谨、规范合理、内容协调一致，能够起到统领民法典的作用。草案经过全国人大常委会广泛调研、深入研究、反复修改，并经常委会 3 次审议，较好地吸收了各方面的意见，积极回应了社会各界的关切，充分贯彻了科学立法、民主立法的精神，已经比较成熟，建议经本次会议审议修改后表决通过。同时，代表们也对草案提出了一些修改意见。法律委员会于 2017 年 3 月 11 日召开会议，对草案进行了认真审议，对代表们提出的修改意见逐条研究，尽可能予以采纳。全国人大内务司法委员会、最高人民法院、最高人民检察院、国务院法制办公室、中国社会科学院、中国法学会有关负责同志列席了会议。根据各代表团的审议意见以及政协委员和有关方面的意见，对草案共作了 126 处修改，其中实质性修改 55 处。草案修改后，仍为 11 章，共 207 条。主要修改是：

1. 草案第一章章名为“基本原则”。有的代表提出，第一章的内容既包括民事法律的基本原则，也包括立法目的、调整范围、法律适用规则等内容，“基本原则”的章名难以涵盖这些内容，建议修改。法律委员会经研究，建议将这一章的章名修改为“基本规定”（草案修改稿第一章）。

2. 草案第 9 条对民事主体的民事权利以及其他合法权益受法律保护作了规定。有的代表提出，民事权利受法律保护是民法的基本精神，统领整部民法典和各民商事特别法，建议进一步突出民事权利受法律保护的理念。法律委员会赞成上述意见，建议将草案第 9 条移至第 2 条之后（草案修改稿第 3 条）。

3. 草案第 20 条规定，限制民事行为能力人的年龄下限为六周岁。一些代表提出，六周岁的儿童虽然有一定的学习能力，开始接受义务教育，但认知和辨识能力仍然不足，在很大程度上还不具备实施民事法律行为的能力，建议改为八周岁为宜。也有的代表建议维持现行十周岁不变；还有的代表赞成下调为六周岁。法律委员会经研究，按照既积极又稳妥的要求，建议在现阶段将限制民事行为能力人的年龄下限修改为八周岁(草案修改稿第 20 条)。

4. 草案第 84 条规定,法律对营利法人的组织机构、法定代表人另有规定的,依照其规定。草案第 89 条规定,本节没有规定的,适用公司法等有关法律的规定。有的代表提出,草案第 12 条已对特别法规定优先适用作了统一规定,没有必要再作重复规定,建议删除这两条。法律委员会经研究,建议删除上述规定。

5. 草案第 90 条第 1 款规定,为公益目的或者其他非营利目的成立,不向其出资人或者设立人分配所取得利润的法人,为非营利法人。有的代表提出,本条中的"出资人或者设立人"难以涵盖社会团体法人会员的情况,建议修改。法律委员会经研究,建议将这一款修改为:为公益目的或者其他非营利目的成立,不向出资人、设立人或者会员分配所取得利润的法人,为非营利法人(草案修改稿第 88 条)。

6. 草案第 92 条规定,具备法人条件,为实现公益目的设立的事业单位,经依法登记成立,取得事业单位法人资格;依法不需要办理法人登记的,从成立之日起,具有事业单位法人资格。有的代表提出,按照事业单位改革的要求,事业单位主要是国家举办的提供公益服务的法人组织,与一般的公益性非营利法人不完全相同,建议对上述规定中有关表述再斟酌。法律委员会经研究,建议将草案第 92 条中的"为实现公益目的设立的事业单位"修改为"为适应经济社会发展需要,提供公益服务设立的事业单位"(草案修改稿第 89 条)。

7. 草案第 126 条第 2 款中规定了知识产权的定义。有的代表提出,知识产权的最重要特征是赋予权利人在法律上享有排除他人非法利用相关知识产权客体的专有权利,建议对有关表述再推敲。法律委员会经研究,建议将这一款有关知识产权的定义修改为"知识产权是权利人依法就下列客体享有的专有的权利"(草案修改稿第 124 条)。

8. 草案第 149 条第 1 款规定,以虚假意思表示实施的民事法律行为无效,但是不得对抗善意第三人;第 155 条规定因重大误解、欺诈、显失公平致民事法律行为被撤销的,不得对抗善意第三人。有的代表提出,民事法律行为无效或者被撤销后对第三人产生的法律后果,情况比较复杂,不宜一概规定不得对抗善意第三人,宜区分情形由民法典的物权编、合同编等分编作具体规定。法律委员会经研究,建议将草案第 149 条第 1 款修改为:行为人与相对人以虚假的意思表示实施的民事法律行为无效。并相应删去第 155 条(草案修改稿第 146 条)。

9. 有些代表提出,违反法律、行政法规强制性规定或者违背公序良俗的民事法律行为无效的规定,是防止民事主体滥用权利,维护社会公共利益的重要手段,也是司法机关判断民事法律行为是否无效的主要裁判依据,建议恢复草案三次审议稿的相关规定。法律委员会经研究,建议在草案第 156 条后增加一条规定:违反法律、行政法规的强制性规定的民事法律行为无效,但是该强制性规定不导致该民事法律行为无效的除外。违背公序良俗的民事法律行为无效(草案修改稿第 153 条)。

10. 草案第 187 条规定,因自愿实施紧急救助行为造成受助人损害的,救助人不承担民事责任。但是救助人因重大过失造成受助人不应有的重大损害的,承担适当的民事责任。一些代表提出,这一条规定具有针对性,对鼓励见义勇为,保护救助人,有积极意义。但草案中"但书"的规定不能完全消除救助人的后顾之忧,对救助人的保护不够彻底,建议修改。法律委员会经研究,建议从举证责任、是否存在重大过失等方面对救助人特殊情况下承担责任予以严格限定,将这一条修改为:因自愿实施紧急救助行为造成受助人损害的,救助人不承担民事责任。受助人能够证明救助人有重大过失造成自己不应有的重大损害的,救助人承担适当的民事责任(草案修改稿第 184 条)。

11. 有的代表提出,现实生活中,一些人利用歪曲事实、诽谤抹黑等方式恶意诋毁侮辱英烈的名誉、荣誉等，损害了社会公共利益，社会影响很恶劣，应对此予以规范。法律委员会经研究认为，英雄和烈士是一个国家和民族精神的体现，是引领社会风尚的标杆，加强对英烈姓名、名誉、荣誉等的法律保护，对于促进社会尊崇英烈，扬善抑恶，弘扬社会主义核心价值观意义重大。据此，建议增加一条规定：侵害英雄烈士的姓名、肖像、名誉、荣誉等，损害社会公共利益的，应当承担民事责任（草案修改稿第185条）。

12. 草案第200条第2项规定，登记的物权人请求返还财产不适用诉讼时效。有的代表提出，目前，不少农村地区的房屋尚未办理不动产登记，为更好地保护农民的房屋产权，建议将不适用诉讼时效的范围扩大至所有不动产物权的返还请求权。法律委员会经研究，建议对这一项作出修改，明确不动产物权和登记的动产物权的权利人请求返还财产不适用诉讼时效（草案修改稿第197条）。

这里还有一个问题需要说明：有的代表建议明确民法总则与现行合同法、物权法、侵权责任法等民事单行法的关系。法律委员会经研究认为，根据民法典编纂工作"两步走"的思路，民法总则草案经本次会议审议通过后，下一步将进行民法典的合同编、物权编、侵权责任编等各分编的编纂工作。在各分编编纂工作完成前，合同法、物权法、侵权责任法等民事单行法的规定与民法总则不一致的，根据新法优于旧法的原则，适用民法总则的规定。

此外，一些代表还提出了一些其他意见。这些意见，有的涉及合同、物权、侵权责任、婚姻家庭、继承等内容，可以在编纂民法典各分编时统筹考虑；有的涉及登记、备案等具体操作问题，可以通过制定配套法律法规予以解决；有的涉及的问题在草案起草阶段和常委会审议期间，作了反复研究，还存在重大分歧意见，可以采取循序渐进的方式，继续研究，逐步推进。有些代表提出，民法总则与人民群众的生产生活息息相关，建议加大宣传力度。法律委员会建议，民法总则出台后，各有关方面应当作出安排，通过多种方式加大宣传和普法力度，使民法总则的精神和内容融入人民群众的日常生活，成为指导民事主体从事民事活动的行为准则。

此外，根据代表们的审议意见，还对草案作了一些文字修改和条款顺序调整。

草案修改稿已按上述意见作了修改，法律委员会建议经主席团审议通过后，印发各代表团审议。

六、大会审议稿说明三

时间：2017年3月14日

来源：第十二届全国人民代表大会法律委员会关于《中华人民共和国民法总则（草案修改稿）》修改意见的报告（第十二届全国人民代表大会第五次会议主席团第三次会议）

2017年3月12日，各代表团对民法总则草案修改稿进行了审议。代表们普遍认为，草案修改稿在认真听取代表意见的基础上，对代表意见认真研究并予以充分吸收，能采纳的尽可能采纳，作了许多重要修改；对未采纳的意见，也向代表们作了解释和说明，并在审议结果报告中作出积极回应，充分体现了对代表主体地位的尊重，贯彻了科学立法、民主立法的精神。代表们普遍赞同草案修改稿，赞成将草案提请本次大会表决通过。同时，一些代表还提出了一些修改意见。法律委员会于2017年3月13日召开会议，对草案修改稿进行了认真审议，继续本着尽可能予以采纳的精神，对代表们提出的意见逐条研究。全国人大内务司法委员会、最高人民法院、国务院法制办公室、中国社会科学院、中国法学会有关负责同志列席会议。法律委员会认为，草案修改稿是可行的。同时，根据各代表团的审议意见，提出以下修改意见：

1. 草案修改稿第10条对民事主体行使权利时应当履行法律规定的和当事人约定的义务作了规定。有的代表提出，这一条规定属于对民事主体正确行使民事权利的要求，建议移至“民事权利”一章，集中作出规定。法律委员会赞成上述意见，建议将草案修改稿第10条移至第131条后作规定（草案建议表决稿第131条）。

2. 草案修改稿第49条规定，被宣告死亡的人，人民法院判决确定的日期视为其死亡的日期；判决未确定死亡日期的，判决作出之日视为其死亡的日期。有的代表提出，死亡日期的确定在保险理赔、继承等方面至关重要，建议强化宣告死亡日期的确定性。法律委员会经研究，建议将这一条规定修改为：被宣告死亡的人，人民法院宣告死亡的判决作出之日视为其死亡的日期；因意外事件下落不明宣告死亡的，意外事件发生之日视为其死亡的日期（草案建议表决稿第48条）。

3. 草案修改稿第176条第2款规定，民事主体不履行或者不完全履行民事义务的，应当依法承担民事责任。有的代表提出，公平责任、无过错责任等在侵权责任法中作了规定，建议民法总则的规定涵盖这类情形。法律委员会经研究，建议将这一条修改为：民事主体依照法律规定和当事人约定，履行民事义务，承担民事责任（草案建议表决稿第176条）。

4. 草案修改稿第178条对连带责任作了规定。有的代表提出，连带责任是两个或者两个以上的债务人共同向债权人承担民事责任，是一种较为严厉的责任方式，除当事人有约定外，宜由法律作出规定。法律委员会赞成上述意见，建议在这一条增加一款作为第3款：连带责任，由法律规定或者当事人约定（草案建议表决稿第178条第3款）。

5. 草案修改稿第184条规定，因自愿实施紧急救助行为造成受助人损害的，救助人不承担民事责任。受助人能够证明救助人有重大过失造成自己不应有的重大损害的，救助人承担适当的民事责任。一些代表提出，草案修改稿的后一句规定较草案规定虽作了进一步严格限定，针对的是在实践中可能出现的特殊情况，但仍难以免除见义勇为者的后顾之忧，不利于倡导培育见义勇为、乐于助人的良好社会风尚，建议删除。法律委员会经研究，赞成这一意见，建议删除这一内容（草案建议表决稿第184条）。

6. 草案修改稿第196条规定，对连带债权人或者连带债务人中的一人发生诉讼时效中断的，中断的效力及于全部连带债权人或者连带债务人。有的代表提出，债权人向一个连带债务人提出履行债务的请求，导致诉讼时效对该连带债务人中断是合理的，但能否导致对其他连带债务人的诉讼时效中断，目前理论上和实践中争议较大，建议再斟酌。法律委员会经研究，建议删除这一条规定。

此外，根据代表们的审议意见，还对草案修改稿作了一些文字修改。法律委员会同时建议，本法自2017年10月1日起施行。

草案建议表决稿已按上述意见作了修改，建议经主席团审议通过后，提请本次会议表决。

七、大会审议稿说明

时间：2020年5月22日

来源：关于《中华人民共和国民法典（草案）》的说明（第十三届全国人民代表大会第三次会议）

第一编“总则”规定民事活动必须遵循的基本原则和一般性规则，统领民法典各分编。第一编基本保持现行民法总则的结构和内容不变，根据法典编纂体系化要求对个别条款作了文字修改，并将“附则”部分移到民法典草案的最后。第一编共10章、204条，主要内容有：

1. 关于基本规定。第一编第一章规定了民法典的立法目的和依据。其中，将“弘扬社会主义核心价值观”作为一项重要的立法目的，体现坚持依法治国与以德治国相结合的鲜明中国特色（草案第1条）。同时，规定了民事权利及其他合法权益受法律保护，确立了平等、自愿、公平、诚信、守法和公序良俗等民法基本原则（草案第4条至第8条）。为贯彻习近平生态文明思想，将绿色原则确立为民法的基本原则，规定民事主体从事民事活动，应当有利于节约资源、保护生态环境（草案第9条）。

2. 关于民事主体。民事主体是民事关系的参与者、民事权利的享有者、民事义务的履行者和民事责任的承担者，具体包括三类：一是自然人。自然人是最基本的民事主体。草案规定了自然人的民事权利能力和民事行为能力制度、监护制度、宣告失踪和宣告死亡制度，并对个体工商户和农村承包经营户作了规定（草案第一编第二章）。结合此次疫情防控工作，对监护制度作了进一步完善，规定因发生突发事件等紧急情况，监护人暂时无法履行监护职责，被监护人的生活处于无人照料状态的，被监护人住所地的居民委员会、村民委员会或者民政部门应当为被监护人安排必要的临时生活照料措施（草案第34条第4款）。二是法人。法人是依法成立的，具有民事权利能力和民事行为能力，依法独立享有民事权利和承担民事义务的组织。草案规定了法人的定义、成立原则和条件、住所等一般规定，并对营利法人、非营利法人、特别法人三类法人分别作了具体规定（草案第一编第三章）。三是非法人组织。非法人组织是不具有法人资格，但是能够依法以自己的名义从事民事活动的组织。草案对非法人组织的设立、责任承担、解散、清算等作了规定（草案第一编第四章）。

3. 关于民事权利。保护民事权利是民事立法的重要任务。第一编第五章规定了民事权利制度，包括各种人身权利和财产权利。为建设创新型国家，草案对知识产权作了概括性规定，以统领各个单行的知识产权法律（草案第123条）。同时，对数据、网络虚拟财产的保护作了原则性规定（草案第127条）。此外，还规定了民事权利的取得和行使规则等内容（草案第129条至第132条）。

4. 关于民事法律行为和代理。民事法律行为是民事主体通过意思表示设立、变更、终止民事法律关系的行为，代理是民事主体通过代理人实施民事法律行为的制度。第一编第六章、第七章规定了民事法律行为制度、代理制度：一是规定民事法律行为的定义、成立、形式和生效时间等（草案第一编第六章第一节）。二是对意思表示的生效、方式、撤回和解释等作了规定（草案第一编第六章第二节）。三是规定民事法律行为的效力制度（草案第一编第六章第三节）。四是规定了代理的适用范围、效力、类型等代理制度的内容（草案第一编第七章）。

5. 关于民事责任、诉讼时效和期间计算。民事责任是民事主体违反民事义务的法律后果，是保障和维护民事权利的重要制度。诉讼时效是权利人在法定期间内不行使权利，权利不受保护的法律制度，其功能主要是促使权利人及时行使权利、维护交易安全、稳定法律秩序。第一编第八章、第九章、第十章规定了民事责任、诉讼时效和期间计算制度：一是规定了民事责任的承担方式，并对不可抗力、正当防卫、紧急避险、自愿实施紧急救助等特殊的民事责任承担问题作了规定（草案第一编第八章）。二是规定了诉讼时效的期间及其起算、法律效果，诉讼时效的中止、中断等内容（草案第一编第九章）。三是规定了期间的计算单位、起算、结束和顺延等（草案第一编第十章）。

第一章　基本规定

《民法总则(草案)》(2016年6月版)	《民法总则(草案二次审议稿)》(2016年11月版)	《民法总则(草案三次审议稿)》(2016年12月版)	《民法总则(草案大会审议稿)》(2017年3月8日提交审议)	《中华人民共和国民法总则》(2017年3月15日表决通过)	《中华人民共和国民法典》(2020年5月28日表决通过)
第一章　基本原则	第一章　基本原则	第一章　基本原则	第一章　基本原则	第一章　基本**规定**	第一章　基本规定
第一条　为了保护自然人、法人和非法人组织的合法权益,调整民事关系,维护社会和经济秩序,适应中国特色社会主义发展要求,根据宪法,制定本法。	**第一条**　为了保护**民事主体**的合法权益,调整民事关系,维护社会和经济秩序,适应中国特色社会主义发展要求,根据宪法,制定本法。	**第一条** 无变化	**第一条**　为了保护民事主体的合法权益,调整民事关系,维护社会和经济秩序,适应中国特色社会主义发展要求,**弘扬社会主义核心价值观,**根据宪法,制定本法。	**第一条** 无变化	**第一条**　为了保护民事主体的合法权益,调整民事关系,维护社会和经济秩序,适应中国特色社会主义发展要求,弘扬社会主义核心价值观,根据宪法,制定本法。
第二条　民事法律调整作为平等民事主体的自然人、法人和非法人组织之间的人身关系和财产关系。	**第二条** 无变化	**第二条**　**民法调整平等主体**的自然人、法人和非法人组织之间的人身关系和财产关系。	**第二条** 无变化	**第二条** 无变化	**第二条**　民法调整平等主体的自然人、法人和非法人组织之间的人身关系和财产关系。
第九条第一款　民事主体合法的人身、财产权益受法律保护,任何组织或者个人不得侵犯。	**第九条第一款**　民事主体**的人身、财产权利和其他合法权益**受法律保护,任何组织或者个人不得侵犯。	**第八条第一款**　民事主体的人身、财产权利**及**其他合法权益受法律保护,任何组织或者个人不得侵犯。	**第九条**　民事主体的人身**权利**、财产权利**以及**其他合法权益受法律保护,任何组织或者个人不得侵犯。	**第三条** 无变化	**第三条**　民事主体的人身权利、财产权利以及其他合法权益受法律保护,任何组织或者个人不得侵犯。
第三条　民事主体的法律地位一律平等。	**第三条**　民事主体**在民事活动中**的法律地位一律平等。	**第三条** 无变化	**第三条** 无变化	**第四条** 无变化	**第四条**　民事主体在民事活动中的法律地位一律平等。

续表

《民法总则(草案)》(2016年6月版)	《民法总则(草案二次审议稿)》(2016年11月版)	《民法总则(草案三次审议稿)》(2016年12月版)	《民法总则(草案大会审议稿)》(2017年3月8日提交审议)	《中华人民共和国民法总则》(2017年3月15日表决通过)	《中华人民共和国民法典》(2020年5月28日表决通过)
第四条 民事主体从事民事活动,应当遵循自愿原则,按照自己的意思设立、变更和终止民事关系。	**第四条** 民事主体从事民事活动,应当遵循自愿原则,按照自己的意思设立、变更和终止民事**法律**关系。	**第四条** 无变化	**第四条** 民事主体从事民事活动,应当遵循自愿原则,按照自己的意思设立、变更、终止民事法律关系。	**第五条** 无变化	**第五条** 民事主体从事民事活动,应当遵循自愿原则,按照自己的意思设立、变更、终止民事法律关系。
第五条 民事主体从事民事活动,应当遵循公平原则,合理确定各方的权利和义务。	**第五条** 无变化	**第五条** 无变化	**第五条** 无变化	**第六条** 无变化	**第六条** 民事主体从事民事活动,应当遵循公平原则,合理确定各方的权利和义务。
第六条 民事主体从事民事活动,应当遵循诚实信用原则。 **民事主体从事民事活动,应当自觉维护交易安全。**	**第六条** 民事主体从事民事活动,应当遵循诚实信用原则。	**第六条** 无变化	**第六条** 民事主体从事民事活动,应当遵循**诚信原则,秉持诚实、恪守承诺。**	**第七条** 民事主体从事民事活动,应当遵循诚信原则,秉持诚实,恪守承诺。	**第七条** 民事主体从事民事活动,应当遵循诚信原则,秉持诚实,恪守承诺。
第八条 民事主体从事民事活动,应当遵守法律,不得违背公序良俗,不得损害他人合法权益。	**第八条** 民事主体从事民事活动,**不得违反**法律,不得违背公序良俗,**不得滥用权利损害他人合法权益。**①	**第七条** 民事主体从事民事活动,不得违反法律,不得违背公序良俗。	**第七条** 无变化	**第八条** 无变化	**第八条** 民事主体从事民事活动,不得违反法律,不得违背公序良俗。
第七条 民事主体从事民事活动,应当保护环境、节约资源,促进人与自然和谐发展。	**第七条** 民事主体从事民事活动,应当保护**生态**环境、节约资源,促进人与自然和谐发展。	**第一百三十三条** 民事主体**行使民事权利,应当节约资源、保护生态环境;弘扬中华优秀文化,践行社会主义核心价值观。**	**第八条** 民事主体**从事民事活动**,应当**有利于**节约资源、保护生态环境。	**第九条** 无变化	**第九条** 民事主体从事民事活动,应当有利于节约资源、保护生态环境。

① 说明:此处就是典型的"双重标注",即后一列表若删除前一列表的某一内容,需标注前一列表中被删除的内容,结合"标后不标前"的原则,就将导致某一标注内容不但对应前一列表还对应后一列表。后续不再重复说明。

续表

《民法总则(草案)》(2016年6月版)	《民法总则(草案二次审议稿)》(2016年11月版)	《民法总则(草案三次审议稿)》(2016年12月版)	《民法总则(草案大会审议稿)》(2017年3月8日提交审议)	《中华人民共和国民法总则》(2017年3月15日表决通过)	《中华人民共和国民法典》(2020年5月28日表决通过)
第十条　处理民事纠纷,应当依照法律规定;法律没有规定的,可以适用习惯,但是不得违背公序良俗。	**第十条** 无变化	**第九条**　处理**民事关系**,应当依照法律**法规**规定;法律**法规**没有规定的,可以适用习惯,但是不得违背公序良俗。	**第十一条**　处理**民事纠纷**,应当依照**法律**;**法律**没有规定的,可以适用习惯,但是不得违背公序良俗。	**第十条** 无变化	**第十条**　处理民事纠纷,应当依照法律;法律没有规定的,可以适用习惯,但是不得违背公序良俗。
第十一条　其他法律对民事关系另有特别规定的,依照其规定。	**第十一条** 无变化	**第十条** 无变化	**第十二条**　其他法律对民事关系**有**特别规定的,依照其规定。	**第十一条** 无变化	**第十一条**　其他法律对民事关系有特别规定的,依照其规定。
第十二条　在中华人民共和国领域内的民事活动,适用中华人民共和国法律,中华人民共和国法律另有规定的除外。	**第十二条**　在中华人民共和国领域内的民事活动,适用中华人民共和国法律。**法律**另有规定的**,依照其规定**。	**第十一条** 无变化	**第十三条**　**中华人民共和国**领域内的民事活动,适用中华人民共和国法律。法律另有规定的,依照其规定。	**第十二条** 无变化	**第十二条**　中华人民共和国领域内的民事活动,适用中华人民共和国法律。法律另有规定的,依照其规定。

第二章　自　然　人

《民法总则(草案)》(2016年6月版)	《民法总则(草案二次审议稿)》(2016年11月版)	《民法总则(草案三次审议稿)》(2016年12月版)	《民法总则(草案大会审议稿)》(2017年3月8日提交审议)	《中华人民共和国民法总则》(2017年3月15日表决通过)	《中华人民共和国民法典》(2020年5月28日表决通过)
第二章　自然人	第二章　自然人	第二章　自然人	第二章　自然人	第二章　自然人	第二章　自然人
第一节 民事权利能力和民事行为能力	第一节 民事权利能力和民事行为能力	第一节 民事权利能力和民事行为能力	第一节 民事权利能力和民事行为能力	第一节 民事权利能力和民事行为能力	第一节 民事权利能力和民事行为能力
第十三条　自然人从出生时起到死亡时止,具有民事权利能力,依法享有民事权利,承担民事义务。	**第十三条** 无变化	**第十二条** 无变化	**第十四条** 无变化	**第十三条** 无变化	**第十三条**　自然人从出生时起到死亡时止,具有民事权利能力,依法享有民事权利,承担民事义务。
第十四条　自然人的民事权利能力一律平等。	**第十四条** 无变化	**第十三条** 无变化	**第十五条** 无变化	**第十四条** 无变化	**第十四条**　自然人的民事权利能力一律平等。
第十五条　自然人的出生时间和死亡时间,以出生证明、死亡证明记载的时间为准;没有出生证明、死亡证明的,以户籍登记的时间为准。有其他证据足以推翻以上时间的,以相关证据证明的时间为准。	**第十五条**　自然人的出生时间和死亡时间,以出生证明、死亡证明记载的时间为准;没有出生证明、死亡证明的,以户籍登记的时间为准。有其他证据足以推翻以上**记载**时间的,以相关证据证明的时间为准。	**第十四条**　自然人的出生时间和死亡时间,以出生证明、死亡证明记载的时间为准;没有出生证明、死亡证明的,以**登记**的时间为准。有其他证据足以推翻以上记载时间的,以相关证据证明的时间为准。	**第十六条**　自然人的出生时间和死亡时间,以出生证明、死亡证明记载的时间为准;没有出生证明、死亡证明的,以**户籍登记或者其他有效身份登记记载**的时间为准。有其他证据足以推翻以上记载时间的,以相关证据证明的时间为准。	**第十五条**　自然人的出生时间和死亡时间,以出生证明、死亡证明记载的时间为准;没有出生证明、死亡证明的,以户籍登记或者其他有效身份登记记载的时间为准。有其他证据足以推翻以上记载时间的,以**该**证据证明的时间为准。	**第十五条**　自然人的出生时间和死亡时间,以出生证明、死亡证明记载的时间为准;没有出生证明、死亡证明的,以户籍登记或者其他有效身份登记记载的时间为准。有其他证据足以推翻以上记载时间的,以该证据证明的时间为准。

续表

《民法总则(草案)》(2016年6月版)	《民法总则(草案二次审议稿)》(2016年11月版)	《民法总则(草案三次审议稿)》(2016年12月版)	《民法总则(草案大会审议稿)》(2017年3月8日提交审议)	《中华人民共和国民法总则》(2017年3月15日表决通过)	《中华人民共和国民法典》(2020年5月28日表决通过)
第十六条　涉及遗产继承、接受赠与等胎儿利益的保护，胎儿视为具有民事权利能力。但是，胎儿出生时未存活的，其民事权利能力自始不存在。	**第十六条**　涉及遗产继承、接受赠与等胎儿利益的保护，胎儿视为具有民事权利能力。但是，胎儿出生时**为死体**的，其民事权利能力自始不存在。	**第十五条**　涉及遗产继承、接受赠与等胎儿利益的保护，胎儿视为具有民事权利能力。**但是**胎儿出生时为死体的，其民事权利能力自始不存在。	**第十七条**　涉及遗产继承、接受赠与等胎儿利益**保护的**，胎儿视为具有民事权利能力。但是胎儿出生时为死体的，其民事权利能力自始不存在。	**第十六条**　涉及遗产继承、接受赠与等胎儿利益保护的，胎儿视为具有民事权利能力。但是胎儿**娩出**时为死体的，其民事权利能力自始不存在。	**第十六条**　涉及遗产继承、接受赠与等胎儿利益保护的，胎儿视为具有民事权利能力。但是，胎儿娩出时为死体的，其民事权利能力自始不存在。
第十七条　十八周岁以上的自然人是成年人，为完全民事行为能力人，可以独立实施民事法律行为。	**第十七条**　**年满十八周岁**的自然人**为**成年人。**不满十八周岁的自然人为未成年人**。	**第十六条** 无变化	**第十八条**　**十八周岁以上**的自然人为成年人。不满十八周岁的自然人为未成年人。	**第十七条** 无变化	**第十七条**　十八周岁以上的自然人为成年人。不满十八周岁的自然人为未成年人。
第十七条　十八周岁以上的自然人是成年人，为完全民事行为能力人，可以独立实施民事法律行为。	**第十八条**　**成年人**为完全民事行为能力人，可以独立实施民事法律行为。	**第十七条** 无变化	**第十九条** 无变化	**第十八条**　成年人为完全民事行为能力人，可以独立实施民事法律行为。 十六周岁以上的未成年人，以自己的劳动收入为主要生活来源的，视为完全民事行为能力人。	**第十八条**　成年人为完全民事行为能力人，可以独立实施民事法律行为。 十六周岁以上的未成年人，以自己的劳动收入为主要生活来源的，视为完全民事行为能力人。
第十八条第二款 十六周岁以上**不满十八周岁**的未成年人，以自己的劳动收入为主要生活来源的，视为完全民事行为能力人。	**第十九条第二款** 十六周岁**以上的**未成年人，以自己的劳动收入为主要生活来源的，视为完全民事行为能力人。	**第十八条第二款** 无变化	**第二十条第二款** 无变化		
第十八条第一款 六周岁以上**不满十八周岁**的未成年人，为限制民事行为能力人，可以独立实施纯获利益的民事法律行为或者与其年龄、智力相适应的民事法律行为；实施其他民事法律行为由其法定代理人代理，或者征得其法定代理人的同意。	**第十九条第一款** 六周岁**以上的**未成年人，为限制民事行为能力人，可以独立实施纯获利益的民事法律行为或者与其年龄、智力相适应的民事法律行为；实施其他民事法律行为由其法定代理人代理，或者**经**其法定代理人**同意、追认**。	**第十八条第一款** 无变化	**第二十条第一款**　六周岁以上的未成年人为限制民事行为能力人，**实施民事法律行为由其法定代理人代理或者经其法定代理人同意、追认，但是可以独立实施纯获利益的民事法律行为或者与其年龄、智力相适应的民事法律行为**。	**第十九条**　**八周岁**以上的未成年人为限制民事行为能力人，实施民事法律行为由其法定代理人代理或者经其法定代理人同意、追认，但是可以独立实施纯获利益的民事法律行为或者与其年龄、智力相适应的民事法律行为。	**第十九条**　八周岁以上的未成年人为限制民事行为能力人，实施民事法律行为由其法定代理人代理或者经其法定代理人同意、追认；但是，可以独立实施纯获利益的民事法律行为或者与其年龄、智力相适应的民事法律行为。

续表

《民法总则(草案)》(2016 年 6 月版)	《民法总则(草案二次审议稿)》(2016 年 11 月版)	《民法总则(草案三次审议稿)》(2016 年 12 月版)	《民法总则(草案大会审议稿)》(2017 年 3 月 8 日提交审议)	《中华人民共和国民法总则》(2017 年 3 月 15 日表决通过)	《中华人民共和国民法典》(2020 年 5 月 28 日表决通过)
第十九条 不满六周岁的未成年人,为无民事行为能力人,由其法定代理人代理实施民事法律行为。	**第二十条** 无变化	**第十九条** 无变化	**第二十一条** 不满六周岁的未成年人为无民事行为能力人,由其法定代理人代理实施民事法律行为。	**第二十条** 不满**八周岁**的未成年人为无民事行为能力人,由其法定代理人代理实施民事法律行为。	**第二十条** 不满八周岁的未成年人为无民事行为能力人,由其法定代理人代理实施民事法律行为。
第二十条 不能辨认自己行为的成年人,为无民事行为能力人,由其法定代理人代理实施民事法律行为。 六周岁以上的未成年人不能辨认自己行为的,适用前款规定。	**第二十一条** 无变化	**第二十条** 无变化	**第二十二条** 不能辨认自己行为的成年人为无民事行为能力人,由其法定代理人代理实施民事法律行为。 六周岁以上的未成年人不能辨认自己行为的,适用前款规定。	**第二十一条** 不能辨认自己行为的成年人为无民事行为能力人,由其法定代理人代理实施民事法律行为。 **八周岁**以上的未成年人不能辨认自己行为的,适用前款规定。	**第二十一条** 不能辨认自己行为的成年人为无民事行为能力人,由其法定代理人代理实施民事法律行为。 八周岁以上的未成年人不能辨认自己行为的,适用前款规定。
第二十一条 不能完全辨认自己行为的成年人,为限制民事行为能力人,可以独立实施纯获利益的民事法律行为或者与其智力、精神健康状况相适应的民事法律行为;实施其他民事法律行为由其法定代理人代理,或者征得其法定代理人的同意。	**第二十二条** 不能完全辨认自己行为的成年人,为限制民事行为能力人,可以独立实施纯获利益的民事法律行为或者与其智力、精神健康状况相适应的民事法律行为;实施其他民事法律行为由其法定代理人代理,或者**经**其法定代理人**同意、追认**。	**第二十一条** 无变化	**第二十三条** 不能完全辨认自己行为的成年人为限制民事行为能力人,**实施民事法律行为由其法定代理人代理或者经其法定代理人同意、追认,但是可以独立实施纯获利益的民事法律行为或者与其智力、精神健康状况相适应的民事法律行为。**	**第二十二条** 无变化	**第二十二条** 不能完全辨认自己行为的成年人为限制民事行为能力人,实施民事法律行为由其法定代理人代理或者经其法定代理人同意、追认;但是,可以独立实施纯获利益的民事法律行为或者与其智力、精神健康状况相适应的民事法律行为。
第二十二条 无民事行为能力人、限制民事行为能力人的监护人是其法定代理人。	**第二十三条** 无变化	**第二十二条** 无变化	**第二十四条** 无变化	**第二十三条** 无变化	**第二十三条** 无民事行为能力人、限制民事行为能力人的监护人是其法定代理人。

续表

《民法总则(草案)》(2016年6月版)	《民法总则(草案二次审议稿)》(2016年11月版)	《民法总则(草案三次审议稿)》(2016年12月版)	《民法总则(草案大会审议稿)》(2017年3月8日提交审议)	《中华人民共和国民法总则》(2017年3月15日表决通过)	《中华人民共和国民法典》(2020年5月28日表决通过)
第二十三条 不能辨认或者不能完全辨认自己行为的成年人的利害关系人,可以向人民法院申请认定其为无民事行为能力人或者限制民事行为能力人。 被人民法院认定为无民事行为能力人或者限制民事行为能力人的,根据其智力、精神健康恢复的状况,经本人、利害关系人或者有关组织申请,人民法院可以认定其恢复为限制民事行为能力人或者完全民事行为能力人。 前款规定的有关组织包括:本人住所地的居民委员会、村民委员会,学校、医疗卫生机构、妇女联合会、残疾人联合会、依法设立的老年人组织、民政部门等。	**第二十四条** 不能辨认或者不能完全辨认自己行为的成年人的利害关系人,可以向人民法院申请认定**该成年人**为无民事行为能力人或者限制民事行为能力人。 被人民法院认定为无民事行为能力人或者限制民事行为能力人的,根据其智力、精神健康恢复的状况,经本人、利害关系人或者有关组织申请,人民法院可以认定**该成年人**恢复为限制民事行为能力人或者完全民事行为能力人。 前款规定的有关组织包括:本人住所地的居民委员会、村民委员会,学校、医疗卫生机构、妇女联合会、残疾人联合会、依法设立的老年人组织、民政部门等。	**第二十三条** 无变化	**第二十五条** 不能辨认或者不能完全辨认自己行为的成年人,**其**利害关系人**或者有关组织**,可以向人民法院申请认定该成年人为无民事行为能力人或者限制民事行为能力人。 被人民法院认定为无民事行为能力人或者限制民事行为能力人的,**经本人、利害关系人或者有关组织申请,人民法院可以根据其智力、精神健康恢复的状况,**认定该成年人恢复为限制民事行为能力人或者完全民事行为能力人。 **本条**规定的有关组织包括:**居民委员会**、村民委员会、学校、**医疗机构**、妇女联合会、残疾人联合会、依法设立的老年人组织、民政部门等。	**第二十四条** 无变化	**第二十四条** 不能辨认或者不能完全辨认自己行为的成年人,其利害关系人或者有关组织,可以向人民法院申请认定该成年人为无民事行为能力人或者限制民事行为能力人。 被人民法院认定为无民事行为能力人或者限制民事行为能力人的,经本人、利害关系人或者有关组织申请,人民法院可以根据其智力、精神健康恢复的状况,认定该成年人恢复为限制民事行为能力人或者完全民事行为能力人。 本条规定的有关组织包括:居民委员会、村民委员会、学校、医疗机构、妇女联合会、残疾人联合会、依法设立的老年人组织、民政部门等。
第二十四条 自然人以户籍登记的居所为住所;经常居所与住所不一致的,经常居所视为住所。	**第二十五条** 无变化	**第二十四条** 自然人以**登记**的居所为住所;经常居所与住所不一致的,经常居所视为住所。	**第二十六条** 自然人以**户籍登记或者其他有效身份登记记载**的居所为住所;经常居所与住所不一致的,经常居所视为住所。	**第二十五条** 无变化	**第二十五条** 自然人以户籍登记或者其他有效身份登记记载的居所为住所;经常居所与住所不一致的,经常居所视为住所。

续表

《民法总则(草案)》(2016年6月版)	《民法总则(草案二次审议稿)》(2016年11月版)	《民法总则(草案三次审议稿)》(2016年12月版)	《民法总则(草案大会审议稿)》(2017年3月8日提交审议)	《中华人民共和国民法总则》(2017年3月15日表决通过)	《中华人民共和国民法典》(2020年5月28日表决通过)
第二节 监护	第二节 监护	第二节 监护	第二节 监护	第二节 监护	第二节 监护
第二十五条 父母对未成年子女负有抚养、教育和保护的义务。 子女对**无民事行为能力或者限制民事行为能力的**父母负有赡养、照顾和保护的义务。	**第二十六条** 父母对未成年子女负有抚养、教育和保护的义务。 **成年**子女对**父母**负有赡养、照顾和保护的义务。	**第二十五条** 无变化	**第二十七条** 父母对未成年子女负有抚养、教育和保护的义务。 成年子女对父母负有赡养、**扶助**和保护的义务。	**第二十六条** 无变化	**第二十六条** 父母对未成年子女负有抚养、教育和保护的义务。 成年子女对父母负有赡养、扶助和保护的义务。
第二十六条第一款、第二款 未成年人的父母是未成年人的监护人。 未成年人的父母已经死亡或者没有监护能力的,由下列人员中有监护能力的人依次担任监护人: (一)祖父母、外祖父母; (二)兄、姐; (三)其他愿意承担监护责任的个人或者有关组织,经未成年人住所地的居民委员会、村民委员会或者民政部门同意的。	**第二十七条第一款、第二款** 未成年人的父母是未成年人的监护人。 未成年人的父母已经死亡或者没有监护能力的,由下列人员中有监护能力的人依次担任监护人: (一)祖父母、外祖父母; (二)兄、姐; (三)其他愿意**担任监护人**的个人或者有关组织,经未成年人住所地的居民委员会、村民委员会或者民政部门同意的。	**第二十六条** 未成年人的父母是未成年人的监护人。 未成年人的父母已经死亡或者没有监护能力的,由**下列**有监护能力的人**按顺序**担任监护人: (一)祖父母、外祖父母; (二)兄、姐; (三)其他愿意担任监护人的个人或者有关组织,经未成年人住所地的居民委员会、村民委员会或者民政部门同意的。	**第二十八条 父母**是未成年人的监护人。 未成年人的父母已经死亡或者没有监护能力的,由下列有监护能力的人按顺序担任监护人: (一)祖父母、外祖父母; (二)兄、姐; (三)其他愿意担任监护人的个人或者有关组织,**但是须**经未成年人住所地的居民委员会、村民委员会或者民政部门同意。	**第二十七条** 父母是未成年**子女**的监护人。 未成年人的父母已经死亡或者没有监护能力的,由下列有监护能力的人按顺序担任监护人: (一)祖父母、外祖父母; (二)兄、姐; (三)其他愿意担任监护人的个人或者**组织**,但是须经未成年人住所地的居民委员会、村民委员会或者民政部门同意。	**第二十七条** 父母是未成年子女的监护人。 未成年人的父母已经死亡或者没有监护能力的,由下列有监护能力的人按顺序担任监护人: (一)祖父母、外祖父母; (二)兄、姐; (三)其他愿意担任监护人的个人或者组织,但是须经未成年人住所地的居民委员会、村民委员会或者民政部门同意。

续表

《民法总则(草案)》(2016年6月版)	《民法总则(草案二次审议稿)》(2016年10月版)	《民法总则(草案三次审议稿)》(2016年12月版)	《民法总则(草案大会审议稿)》(2017年3月8日提交审议)	《中华人民共和国民法总则》(2017年3月15日表决通过)	《中华人民共和国民法典》(2020年5月28日表决通过)
第二十七条 无民事行为能力或者限制民事行为能力的成年人,由下列人员中有监护能力的人依次担任监护人: (一)配偶; (二)父母; (三)子女; (四)其他愿意承担监护责任的个人或者有关组织,经被监护人住所地的居民委员会、村民委员会或者民政部门同意的。	**第二十八条** 无民事行为能力或者限制民事行为能力的成年人,由下列人员中有监护能力的人依次担任监护人: (一)配偶; (二)父母、**子女**; (三)**其他近亲属**; (四)其他愿意**担任监护人**的个人或者有关组织,经被监护人住所地的居民委员会、村民委员会或者民政部门同意的。	**第二十七条** 无民事行为能力或者限制民事行为能力的成年人,由**下列**有监护能力的人**按顺序**担任监护人: (一)配偶; (二)父母、子女; (三)其他近亲属; (四)其他愿意担任监护人的个人或者有关组织,经被监护人住所地的居民委员会、村民委员会或者民政部门同意的。	**第二十九条** 无民事行为能力或者限制民事行为能力的成年人,由下列有监护能力的人按顺序担任监护人: (一)配偶; (二)父母、子女; (三)其他近亲属; (四)其他愿意担任监护人的个人或者有关组织,**但是须**经被监护人住所地的居民委员会、村民委员会或者民政部门同意。	**第二十八条** 无民事行为能力或者限制民事行为能力的成年人,由下列有监护能力的人按顺序担任监护人: (一)配偶; (二)父母、子女; (三)其他近亲属; (四)其他愿意担任监护人的个人或者**组织**,但是须经被监护人住所地的居民委员会、村民委员会或者民政部门同意。	**第二十八条** 无民事行为能力或者限制民事行为能力的成年人,由下列有监护能力的人按顺序担任监护人: (一)配偶; (二)父母、子女; (三)其他近亲属; (四)其他愿意担任监护人的个人或者组织,但是须经被监护人住所地的居民委员会、村民委员会或者民政部门同意。
第二十六条第三款 未成年人的父母可以通过遗嘱指定未成年人的监护人;其父、母指定的监护人不一致的,以后死亡一方的指定为准。	**第二十七条第三款** 未成年人的父母可以通过遗嘱指定未成年人的监护人;**其父、母指定的监护人不一致的,应当尊重被监护人的意愿,根据最有利于被监护人的原则确定。**	**第二十八条** **被监护人**的父母可以通过遗嘱指定**监护人**。	**第三十条** 被监护人的父母**担任监护人的**,可以通过遗嘱指定监护人。	**第二十九条** 无变化	**第二十九条** 被监护人的父母担任监护人的,可以通过遗嘱指定监护人。
第二十八条 监护人可以协议确定。协议确定监护人的,应当尊重被监护人的意愿。	**第二十九条** 监护人可以**由**协议确定。协议确定监护人的,应当尊重被监护人的意愿。	**第二十九条** 监护人可以由协议确定。协议确定监护人的,应当尊重被监护人的**真实**意愿。	**第三十一条** **依法具有监护资格的人之间可以协议确定监护人。**协议确定**监护人**应当尊重被监护人的真实意愿。	**第三十条** 无变化	**第三十条** 依法具有监护资格的人之间可以协议确定监护人。协议确定监护人应当尊重被监护人的真实意愿。

续表

《民法总则（草案）》（2016 年 6 月版）	《民法总则（草案二次审议稿）》（2016 年 10 月版）	《民法总则（草案三次审议稿）》（2016 年 12 月版）	《民法总则（草案大会审议稿）》（2017 年 3 月 8 日提交审议）	《中华人民共和国民法总则》（2017 年 3 月 15 日表决通过）	《中华人民共和国民法典》（2020 年 5 月 28 日表决通过）
第二十九条 对担任监护人有争议的，由被监护人住所地的居民委员会、村民委员会或者民政部门指定，有关当事人对指定不服的，可以向人民法院提起诉讼；有关当事人也可以直接向人民法院提起诉讼，由人民法院指定。 居民委员会、村民委员会、民政部门或者人民法院指定监护人，应当根据最有利于被监护人的原则，尊重被监护人的意愿。 依照本条第一款规定指定监护人前，被监护人的人身、财产及其他合法权益处于无人保护状态的，由被监护人住所地的居民委员会、村民委员会、法律规定的有关组织或者民政部门担任临时监护人。 监护人被指定后，不得擅自变更；擅自变更的，不免除被指定的监护人的监护责任。	**第三十条** 对担任监护人有争议的，由被监护人住所地的居民委员会、村民委员会或者民政部门指定，有关当事人对指定不服的，可以向人民法院**提出申请**；有关当事人也可以直接向人民法院**提出申请**，由人民法院指定。 居民委员会、村民委员会、民政部门或者人民法院**应当尊重被监护人的意愿，根据最有利于被监护人的原则在具有监护资格的人中指定监护人**。 依照本条第一款规定指定监护人前，被监护人的人身、财产及其他合法权益处于无人保护状态的，由被监护人住所地的居民委员会、村民委员会、法律规定的有关组织或者民政部门担任临时监护人。 监护人被指定后，不得擅自变更；擅自变更的，不免除被指定的监护人的监护责任。	**第三十条** 对担任监护人有争议的，由被监护人住所地的居民委员会、村民委员会或者民政部门指定，有关当事人对指定不服的，可以向人民法院提出申请；有关当事人也可以直接向人民法院提出申请，由人民法院指定。 居民委员会、村民委员会、民政部门或者人民法院应当尊重被监护人的**真实**意愿，根据最有利于被监护人的原则在具有监护资格的人中指定监护人。 依照本条第一款规定指定监护人前，被监护人的**人身、财产权利**及其他合法权益处于无人保护状态的，由被监护人住所地的居民委员会、村民委员会、法律规定的有关组织或者民政部门担任临时监护人。 监护人被指定后，不得擅自变更；擅自变更的，不免除被指定的监护人的监护责任。	**第三十二条** **对**监护人**的确定**有争议的，由被监护人住所地的居民委员会、村民委员会或者民政部门指定**监护人**，有关当事人对指定不服的，可以向人民法院**提出**申请**指定监护人**；有关当事人也可以直接向人民法院**提出申请指定监护人**。 居民委员会、村民委员会、民政部门或者人民法院应当尊重被监护人的真实意愿，根据最有利于被监护人的原则在**依法**具有监护资格的人中指定监护人。 依照本条第一款规定指定监护人前，被监护人的人身**权利**、财产权利及其他合法权益处于无人保护状态的，由被监护人住所地的居民委员会、村民委员会、法律规定的有关组织或者民政部门担任临时监护人。 监护人被指定后，不得擅自变更；擅自变更的，不免除被指定的监护人的**责任**。	**第三十一条** 对监护人的确定有争议的，由被监护人住所地的居民委员会、村民委员会或者民政部门指定监护人，有关当事人对指定不服的，可以向人民法院**申请**指定监护人；有关当事人也可以直接向人民法院**申请**指定监护人。 居民委员会、村民委员会、民政部门或者人民法院应当尊重被监护人的真实意愿，**按照**最有利于被监护人的原则在依法具有监护资格的人中指定监护人。 依照本条第一款规定指定监护人前，被监护人的人身权利、财产权利**以及**其他合法权益处于无人保护状态的，由被监护人住所地的居民委员会、村民委员会、法律规定的有关组织或者民政部门担任临时监护人。 监护人被指定后，不得擅自变更；擅自变更的，不免除被指定的监护人的责任。	**第三十一条** 对监护人的确定有争议的，由被监护人住所地的居民委员会、村民委员会或者民政部门指定监护人，有关当事人对指定不服的，可以向人民法院申请指定监护人；有关当事人也可以直接向人民法院申请指定监护人。 居民委员会、村民委员会、民政部门或者人民法院应当尊重被监护人的真实意愿，按照最有利于被监护人的原则在依法具有监护资格的人中指定监护人。 **依据**本条第一款规定指定监护人前，被监护人的人身权利、财产权利以及其他合法权益处于无人保护状态的，由被监护人住所地的居民委员会、村民委员会、法律规定的有关组织或者民政部门担任临时监护人。 监护人被指定后，不得擅自变更；擅自变更的，不免除被指定的监护人的责任。

续表

《民法总则（草案）》（2016年6月版）	《民法总则（草案二次审议稿）》（2016年10月版）	《民法总则（草案三次审议稿）》（2016年12月版）	《民法总则（草案大会审议稿）》（2017年3月8日提交审议）	《中华人民共和国民法总则》（2017年3月15日表决通过）	《中华人民共和国民法典》（2020年5月28日表决通过）
第三十条 无本法第二十六条、第二十七条规定的具有监护资格的人的，监护人由被监护人住所地的居民委员会、村民委员会或者民政部门担任。	**第三十一条** **无**具有监护资格的人的，监护人由被监护人住所地的居民委员会、村民委员会或者民政部门担任。	**第三十一条** 无具有监护资格的人的，监护人由**民政部门担任，也可以由具备条件的被监护人住所地的居民委员会、村民委员会担任**。	**第三十三条** **没有依法**具有监护资格的人的，监护人由民政部门担任，也可以由具备条件的被监护人住所地的居民委员会、村民委员会担任。	**第三十二条** 没有依法具有监护资格的人的，监护人由民政部门担任，也可以由具备**履行监护职责**条件的被监护人住所地的居民委员会、村民委员会担任。	**第三十二条** 没有依法具有监护资格的人的，监护人由民政部门担任，也可以由具备履行监护职责条件的被监护人住所地的居民委员会、村民委员会担任。
第三十一条 具有完全民事行为能力的成年人，可以与近亲属、其他愿意承担监护责任的个人或者有关组织事先协商，以书面形式确定自己的监护人。监护人在该成年人丧失或者部分丧失民事行为能力时，承担监护责任。	**第三十二条** 具有完全民事行为能力的成年人，可以与近亲属、其他愿意**担任监护人**的个人或者有关组织事先协商，以书面形式确定自己的监护人。**协商确定的**监护人在该成年人丧失或者部分丧失民事行为能力时，承担监护责任。	**第三十二条** 无变化	**第三十四条** 具有完全民事行为能力的成年人，可以与近亲属、其他愿意担任监护人的个人或者有关组织事先协商，以书面形式确定自己的监护人。协商确定的监护人在该成年人丧失或者部分丧失民事行为能力时，**履行**监护**职责**。	**第三十三条** 具有完全民事行为能力的成年人，可以与**其**近亲属、其他愿意担任监护人的个人或者**组织**事先协商，以书面形式确定自己的监护人。协商确定的监护人在该成年人丧失或者部分丧失民事行为能力时，履行监护职责。	**第三十三条** 具有完全民事行为能力的成年人，可以与其近亲属、其他愿意担任监护人的个人或者组织事先协商，以书面形式确定自己的监护人，**在自己**丧失或者部分丧失民事行为能力时，**由该监护人**履行监护职责。
第三十二条 监护人依法行使监护的权利，受法律保护。 监护人不履行监护职责或者侵害被监护人合法权益的，应当承担责任。	**第三十三条** 监护人依法**履行**监护**职责而产生**的权利，受法律保护。 监护人不履行监护职责或者侵害被监护人合法权益的，应当承担责任。	**第三十三条** 无变化	**第三十五条** **监护人的职责是代理被监护人实施民事法律行为，对被监护人的人身权利、财产权利以及其他合法权益进行保护等。** 监护人依法履行监护**职责**产生的权利，受法律保护。 监护人不履行监护职责或者侵害被监护人合法权益的，应当承担责任。	**第三十四条** 监护人的职责是代理被监护人实施民事法律行为，**保护**被监护人的人身权利、财产权利以及其他合法**权益**等。 监护人依法履行监护职责产生的权利，受法律保护。 监护人不履行监护职责或者侵害被监护人合法权益的，应当承担**法律**责任。	**第三十四条** 监护人的职责是代理被监护人实施民事法律行为，保护被监护人的人身权利、财产权利以及其他合法权益等。 监护人依法履行监护职责产生的权利，受法律保护。 监护人不履行监护职责或者侵害被监护人合法权益的，应当承担法律责任。 **因发生突发事件等紧急情况，监护人暂时无法履行监护职责，被监护人的生活处于无人照料状态的，被监护人住所地的居民委员会、村民委员会或者民政部门应当为被监护人安排必要的临时生活照料措施。**

续表

《民法总则(草案)》(2016年6月版)	《民法总则(草案二次审议稿)》(2016年10月版)	《民法总则(草案三次审议稿)》(2016年12月版)	《民法总则(草案大会审议稿)》(2017年3月8日提交审议)	《中华人民共和国民法总则》(2017年3月15日表决通过)	《中华人民共和国民法典》(2020年5月28日表决通过)
第三十三条　监护人应当按照最有利于被监护人的原则履行监护职责,保护被监护人的人身、财产及其他合法权益;除为被监护人利益外,不得处分被监护人的财产。 未成年人的监护人履行监护职责,应当根据被监护人的年龄和智力状况,在作出与被监护人权益有关的决定时,尊重被监护人的意愿。 成年人的监护人履行监护职责,应当最大程度地尊重被监护人的意愿,保障并协助被监护人独立实施与其智力、精神健康状况相适应的民事法律行为。	**第三十四条**　监护人应当按照最有利于被监护人的原则履行监护职责,保护被监护人的人身、财产及其他合法权益;除为被监护人利益外,不得处分被监护人的财产。 未成年人的监护人履行监护职责,应当根据被监护人的年龄和智力状况,在作出与被监护人权益有关的决定时,尊重被监护人的意愿。 成年人的监护人履行监护职责,应当最大程度地尊重被监护人的意愿,保障并协助被监护人独立实施与其智力、精神健康状况相适应的民事法律行为,**对被监护人有能力独立处理的事务,监护人不得干涉**。	**第三十四条**　监护人应当按照最有利于被监护人的原则履行监护职责,保护被监护人的**人身、财产权利**及其他合法权益;除为被监护人利益外,不得处分被监护人的财产。 未成年人的监护人履行监护职责,**在作出与被监护人权益有关的决定时,应当根据被监护人的年龄和智力状况**,尊重被监护人的**真实**意愿。 成年人的监护人履行监护职责,应当最大程度地尊重被监护人的**真实**意愿,保障并协助被监护人独立实施与其智力、精神健康状况相适应的民事法律行为;对被监护人有能力独立处理的事务,监护人不得干涉。	**第三十六条**　监护人应当按照最有利于被监护人的原则履行监护职责。**监护人**除为被监护人利益外,不得处分被监护人的财产。 未成年人的监护人履行监护职责,在作出与被监护人权益有关的决定时,应当根据被监护人的年龄和智力状况,尊重被监护人的真实意愿。 成年人的监护人履行监护职责,应当最大程度地尊重被监护人的真实意愿,保障并协助被监护人**实施**与其智力、精神健康状况相适应的民事法律行为。对被监护人有能力独立处理的事务,监护人不得干涉。	**第三十五条**　监护人应当按照最有利于被监护人的原则履行监护职责。监护人除为**维护**被监护人利益外,不得处分被监护人的财产。 未成年人的监护人履行监护职责,在作出与被监护人**利益**有关的决定时,应当根据被监护人的年龄和智力状况,尊重被监护人的真实意愿。 成年人的监护人履行监护职责,应当最大程度地尊重被监护人的真实意愿,保障并协助被监护人实施与其智力、精神健康状况相适应的民事法律行为。对被监护人有能力独立处理的事务,监护人不得干涉。	**第三十五条**　监护人应当按照最有利于被监护人的原则履行监护职责。监护人除为维护被监护人利益外,不得处分被监护人的财产。 未成年人的监护人履行监护职责,在作出与被监护人利益有关的决定时,应当根据被监护人的年龄和智力状况,尊重被监护人的真实意愿。 成年人的监护人履行监护职责,应当最大程度地尊重被监护人的真实意愿,保障并协助被监护人实施与其智力、精神健康状况相适应的民事法律行为。对被监护人有能力独立处理的事务,监护人不得干涉。

续表

《民法总则（草案）》（2016年6月版）	《民法总则（草案二次审议稿）》（2016年10月版）	《民法总则（草案三次审议稿）》（2016年12月版）	《民法总则（草案大会审议稿）》（2017年3月8日提交审议）	《中华人民共和国民法总则》（2017年3月15日表决通过）	《中华人民共和国民法典》（2020年5月28日表决通过）
第三十四条 监护人有下列情形之一的，人民法院根据有关人员或者组织的申请，撤销其监护人资格，并根据最有利于被监护人的原则依法为其指定新监护人： （一）实施严重损害被监护人身心健康行为的； （二）怠于履行监护职责，或者无法履行监护职责并且拒绝将监护职责部分或者全部委托给他人，导致被监护人处于危困状态的； （三）有严重侵害被监护人合法权益的其他行为的。 前款规定的有关人员和组织包括：其他有监护资格的人员，被监护人住所地的居民委员会、村民委员会，学校、医疗卫生机构、妇女联合会、残疾人联合会、依法设立的老年人组织、民政部门等。 有关人员和组织未及时向人民法院提出撤销监护人资格申请的，民政部门应当向人民法院提出申请。	**第三十五条** 监护人有下列情形之一的，人民法院根据有关人员或者组织的申请，撤销其监护人资格，**安排必要的临时监护措施**，并根据最有利于被监护人的原则**依法**指定新监护人： （一）实施严重损害被监护人身心健康行为的； （二）怠于履行监护职责，或者无法履行监护职责并且拒绝将监护职责部分或者全部委托给他人，导致被监护人处于危困状态的； （三）有严重侵害被监护人合法权益的其他行为的。 前款规定的有关人员和组织包括：其他有监护资格的人员，被监护人住所地的居民委员会、村民委员会，学校、医疗卫生机构、妇女联合会、残疾人联合会、**未成年人保护组织**、依法设立的老年人组织、民政部门等。 **前款规定的**人员和**其他**组织未及时向人民法院提出撤销监护人资格申请的，民政部门应当向人民法院提出申请。	**第三十五条** 监护人有下列情形之一的，人民法院根据有关**个人**或者组织的申请，撤销其监护人资格，安排必要的临时监护措施，并根据最有利于被监护人的原则依法指定新监护人： （一）实施严重损害被监护人身心健康行为的； （二）怠于履行监护职责，或者无法履行监护职责并且拒绝将监护职责部分或者全部委托给他人，导致被监护人处于危困状态的； （三）**实施**严重侵害被监护人合法权益的其他行为的。 前款规定的有关**个人**和组织包括：其他有监护资格的**人**，被监护人住所地的居民委员会、村民委员会，学校、医疗卫生机构、妇女联合会、残疾人联合会、未成年人保护组织、依法设立的老年人组织、民政部门等。 前款规定的**个人**和其他组织未及时向人民法院提出撤销监护人资格申请的，民政部门应当向人民法院提出申请。	**第三十七条** 监护人有下列情形之一的，人民法院根据有关个人或者组织的申请，撤销其监护人资格，安排必要的临时监护措施，并根据最有利于被监护人的原则依法指定**监护人**： （一）实施严重损害被监护人身心健康行为的； （二）怠于履行监护职责，或者无法履行监护职责并且拒绝将监护职责部分或者全部委托给他人，导致被监护人处于危困状态的； （三）实施严重侵害被监护人合法权益的其他行为的。 **本条**规定的有关个人和组织包括：其他**依法**有监护资格的人，**居民委员会**、村民委员会、学校、**医疗机构**、妇女联合会、残疾人联合会、未成年人保护组织、依法设立的老年人组织、民政部门等。 前款规定的个人和**民政部门以外的**组织未及时向人民法院提出撤销监护人资格申请的，民政部门应当向人民法院提出申请。	**第三十六条** 监护人有下列情形之一的，人民法院根据有关个人或者组织的申请，撤销其监护人资格，安排必要的临时监护措施，并**按照**最有利于被监护人的原则依法指定监护人： （一）实施严重损害被监护人身心健康行为的； （二）怠于履行监护职责，或者无法履行监护职责并且拒绝将监护职责部分或者全部委托给他人，导致被监护人处于危困状态的； （三）实施严重侵害被监护人合法权益的其他行为的。 本条规定的有关个人和组织包括：其他依法**具有**监护资格的人，居民委员会、村民委员会、学校、医疗机构、妇女联合会、残疾人联合会、未成年人保护组织、依法设立的老年人组织、民政部门等。 前款规定的个人和民政部门以外的组织未及时向人民法院**申请撤销监护人资格**的，民政部门应当向**人民法院**申请。	**第三十六条** 监护人有下列情形之一的，人民法院根据有关个人或者组织的申请，撤销其监护人资格，安排必要的临时监护措施，并按照最有利于被监护人的原则依法指定监护人： （一）实施严重损害被监护人身心健康**的行为**； （二）怠于履行监护职责，或者无法履行监护职责**且**拒绝将监护职责部分或者全部委托给他人，导致被监护人处于危困状态； （三）实施严重侵害被监护人合法权益的其他行为。 本条规定的有关个人、组织包括：其他依法具有监护资格的人，居民委员会、村民委员会、学校、医疗机构、妇女联合会、残疾人联合会、未成年人保护组织、依法设立的老年人组织、民政部门等。 前款规定的个人和民政部门以外的组织未及时向人民法院申请撤销监护人资格的，民政部门应当向人民法院申请。

续表

《民法总则(草案)》(2016年6月版)	《民法总则(草案二次审议稿)》(2016年10月版)	《民法总则(草案三次审议稿)》(2016年12月版)	《民法总则(草案大会审议稿)》(2017年3月8日提交审议)	《中华人民共和国民法总则》(2017年3月15日表决通过)	《中华人民共和国民法典》(2020年5月28日表决通过)
			第三十八条 依法对被监护人负担抚养费、赡养费、扶养费的父母、子女、配偶等,被人民法院撤销监护人资格后,应当继续负担。	**第三十七条** 依法**负担被监护人**抚养费、赡养费、扶养费的父母、子女、配偶等,被人民法院撤销监护人资格后,应当继续**履行**负担**的义务**。	**第三十七条** 依法负担被监护人抚养费、赡养费、扶养费的父母、子女、配偶等,被人民法院撤销监护人资格后,应当继续履行负担的义务。
第三十五条 原监护人被人民法院撤销监护人资格后,确有悔改情形的,经其申请,人民法院可以视情况恢复其监护人资格,人民法院指定的新监护人与被监护人的监护关系同时终止。	**第三十六条** **未成年人的父母**被人民法院撤销监护人资格后,确有悔改情形的,经其申请,人民法院可以**在尊重被监护人意愿的前提下**,视情况恢复其监护人资格,人民法院指定的新监护人与被监护人的监护关系同时终止。	**第三十六条** **被监护人**的父母**或者子女**被人民法院撤销监护人资格后,**除对被监护人实施故意犯罪的外**,确有悔改情形的,经其申请,人民法院可以在尊重被监护人**真实**意愿的前提下,视情况恢复其监护人资格。人民法院指定的新监护人与被监护人的监护关系同时终止。	**第三十九条** 被监护人的父母或者子女被人民法院撤销监护人资格后,除对被监护人实施故意犯罪的外,确有悔改**表现**的,经其申请,人民法院可以在尊重被监护人真实意愿的前提下,视情况恢复其监护人资格,人民法院指定的**监护人**与被监护人的监护关系同时终止。	**第三十八条** 无变化	**第三十八条** 被监护人的父母或者子女被人民法院撤销监护人资格后,除对被监护人实施故意犯罪的外,确有悔改表现的,经其申请,人民法院可以在尊重被监护人真实意愿的前提下,视情况恢复其监护人资格,人民法院指定的监护人与被监护人的监护关系同时终止。
第三十六条 有下列情形之一的,监护关系终止: (一)被监护人取得或者恢复完全民事行为能力的; (二)监护人丧失监护能力的; (三)被监护人或者监护人死亡的; (四)由人民法院认定监护关系终止的其他情形的。监护关系终止后,被监护人仍然需要监护的,应当依法另行确定监护人。	**第三十七条** 有下列情形之一的,监护关系终止: (一)被监护人取得或者恢复完全民事行为能力的; (二)监护人丧失监护能力的; (三)被监护人或者监护人死亡的; (四)**人民法院**认定监护关系终止的其他情形。 监护关系终止后,被监护人仍然需要监护的,应当依法另行确定监护人。	**第三十七条** 无变化	**第四十条** 有下列情形之一的,监护关系终止: (一)被监护人取得或者恢复完全民事行为能力; (二)监护人丧失监护能力; (三)被监护人或者监护人死亡; (四)人民法院认定监护关系终止的其他情形。 监护关系终止后,被监护人仍然需要监护的,应当依法另行确定监护人。	**第三十九条** 无变化	**第三十九条** 有下列情形之一的,监护关系终止: (一)被监护人取得或者恢复完全民事行为能力; (二)监护人丧失监护能力; (三)被监护人或者监护人死亡; (四)人民法院认定监护关系终止的其他情形。 监护关系终止后,被监护人仍然需要监护的,应当依法另行确定监护人。

续表

《民法总则(草案)》(2016年6月版)	《民法总则(草案二次审议稿)》(2016年10月版)	《民法总则(草案三次审议稿)》(2016年12月版)	《民法总则(草案大会审议稿)》(2017年3月8日提交审议)	《中华人民共和国民法总则》(2017年3月15日表决通过)	《中华人民共和国民法典》(2020年5月28日表决通过)
第三节 宣告失踪和宣告死亡	第三节 宣告失踪和宣告死亡	第三节 宣告失踪和宣告死亡	第三节 宣告失踪和宣告死亡	第三节 宣告失踪和宣告死亡	第三节 宣告失踪和宣告死亡
第三十七条第一款 自然人下落不明满二年的,利害关系人可以向人民法院申请宣告其为失踪人。	**第三十八条** 自然人下落不明满二年的,利害关系人可以向人民法院申请宣告**该自然人**为失踪人。	**第三十八条** 无变化	**第四十一条** 无变化	**第四十条** 无变化	**第四十条** 自然人下落不明满二年的,利害关系人可以向人民法院申请宣告该自然人为失踪人。
第三十七条第二款 自然人下落不明的时间,从失去该自然人音讯之日起计算。战争期间下落不明的,下落不明的时间自战争结束之日起计算。	**第三十九条** 自然人下落不明的时间,从**该自然人失去**音讯之日起计算。战争期间下落不明的,下落不明的时间自战争结束之日起计算。	**第三十九条** 无变化	**第四十二条** 自然人下落不明的时间从**其**失去音讯之日起计算。战争期间下落不明的,下落不明的时间自战争结束之日**或者有关机关确定的下落不明之日**起计算。	**第四十一条** 无变化	**第四十一条** 自然人下落不明的时间**自**其失去音讯之日起计算。战争期间下落不明的,下落不明的时间自战争结束之日或者有关机关确定的下落不明之日起计算。
第三十八条 失踪人的财产由其配偶、父母、成年子女或者其他愿意担任财产代管人的人代管。 代管有争议,没有前款规定的人,或者前款规定的人无代管能力的,由人民法院指定的人代管。	**第四十条** 无变化	**第四十条** 无变化	**第四十三条** 无变化	**第四十二条** 失踪人的财产由其配偶、**成年子女、父母**或者其他愿意担任财产代管人的人代管。 代管有争议,没有前款规定的人,或者前款规定的人无代管能力的,由人民法院指定的人代管。	**第四十二条** 失踪人的财产由其配偶、成年子女、父母或者其他愿意担任财产代管人的人代管。 代管有争议,没有前款规定的人,或者前款规定的人无代管能力的,由人民法院指定的人代管。

续表

《民法总则(草案)》(2016 年 6 月版)	《民法总则(草案二次审议稿)》(2016 年 10 月版)	《民法总则(草案三次审议稿)》(2016 年 12 月版)	《民法总则(草案大会审议稿)》(2017 年 3 月 8 日提交审议)	《中华人民共和国民法总则》(2017 年 3 月 15 日表决通过)	《中华人民共和国民法典》(2020 年 5 月 28 日表决通过)
第三十九条 财产代管人应当妥善管理失踪人的财产,维护其财产权益。 失踪人所欠税款、债务和应付的其他费用,由财产代管人从失踪人的财产中支付。 财产代管人因故意或者重大过失造成失踪人财产损失的,应当承担赔偿责任。	**第四十一条** 无变化	**第四十一条** 无变化	**第四十四条** 无变化	**第四十三条** 无变化	**第四十三条** 财产代管人应当妥善管理失踪人的财产,维护其财产权益。 失踪人所欠税款、债务和应付的其他费用,由财产代管人从失踪人的财产中支付。 财产代管人因故意或者重大过失造成失踪人财产损失的,应当承担赔偿责任。
第四十条 财产代管人不履行代管职责、侵害失踪人财产权益或者丧失代管能力的,失踪人的利害关系人可以向人民法院申请变更财产代管人。 财产代管人有正当理由的,可以向人民法院申请另行确定财产代管人。	**第四十二条** 财产代管人不履行代管职责、侵害失踪人财产权益或者丧失代管能力的,失踪人的利害关系人可以向人民法院申请变更财产代管人。 财产代管人有正当理由的,可以向人民法院申请**变更**财产代管人。 **人民法院变更财产代管人的,变更后的财产代管人有权要求原财产代管人及时移交有关财产并报告财产代管情况。**	**第四十二条** 无变化	**第四十五条** 无变化	**第四十四条** 无变化	**第四十四条** 财产代管人不履行代管职责、侵害失踪人财产权益或者丧失代管能力的,失踪人的利害关系人可以向人民法院申请变更财产代管人。 财产代管人有正当理由的,可以向人民法院申请变更财产代管人。 人民法院变更财产代管人的,变更后的财产代管人有权**请求**原财产代管人及时移交有关财产并报告财产代管情况。

续表

《民法总则(草案)》(2016年6月版)	《民法总则(草案二次审议稿)》(2016年10月版)	《民法总则(草案三次审议稿)》(2016年12月版)	《民法总则(草案大会审议稿)》(2017年3月8日提交审议)	《中华人民共和国民法总则》(2017年3月15日表决通过)	《中华人民共和国民法典》(2020年5月28日表决通过)
第四十一条 被宣告失踪的人重新出现,经本人或者利害关系人申请,人民法院应当撤销失踪宣告。 被宣告失踪的人重新出现,有权要求财产代管人及时向其移交有关财产并报告财产代管情况。	**第四十三条** 被宣告失踪的人重新出现,经本人或者利害关系人申请,人民法院应当撤销失踪宣告。 被宣告失踪的人重新出现,有权要求财产代管人**及时**移交有关财产并报告财产代管情况。	**第四十三条** 无变化	**第四十六条** **失踪人**重新出现,经本人或者利害关系人申请,人民法院应当撤销失踪宣告。 **失踪人**重新出现,有权要求财产代管人及时移交有关财产并报告财产代管情况。	**第四十五条** 无变化	**第四十五条** 失踪人重新出现,经本人或者利害关系人申请,人民法院应当撤销失踪宣告。 失踪人重新出现,有权**请求**财产代管人及时移交有关财产并报告财产代管情况。
第四十二条 自然人有下列情形之一的,利害关系人可以向人民法院申请宣告其死亡: (一)下落不明满四年的; (二)因意外事件,下落不明满二年的。 因意外事件下落不明,经有关机关证明该自然人不可能生存的,申请宣告死亡不受二年时间的限制。 **下落不明的时间计算,适用本法第三十七条第二款的规定。**	**第四十四条** 自然人有下列情形之一的,利害关系人可以向人民法院申请宣告**该自然人**死亡: (一)下落不明满四年的; (二)因意外事件,下落不明满二年的。 因意外事件下落不明,经有关机关证明该自然人不可能生存的,申请宣告死亡不受二年时间的限制。	**第四十四条** 无变化	**第四十七条** 自然人有下列情形之一的,利害关系人可以向人民法院申请宣告该自然人死亡: (一)下落不明满四年; (二)因意外事件,下落不明满二年。 因意外事件下落不明,经有关机关证明该自然人不可能生存的,申请宣告死亡不受二年时间的限制。	**第四十六条** 无变化	**第四十六条** 自然人有下列情形之一的,利害关系人可以向人民法院申请宣告该自然人死亡: (一)下落不明满四年; (二)因意外事件,下落不明满二年。 因意外事件下落不明,经有关机关证明该自然人不可能生存的,申请宣告死亡不受二年时间的限制。
第四十三条 对同一自然人,有的利害关系人申请宣告其死亡,有的申请宣告其失踪,符合本法规定的宣告死亡条件的,人民法院应当宣告死亡。	**第四十五条** 对同一自然人,有的利害关系人申请**宣告**死亡,有的申请**宣告**失踪,符合本法规定的宣告死亡条件的,人民法院应当宣告死亡。	**第四十五条** 无变化	**第四十八条** 对同一自然人,有的利害关系人申请宣告死亡,有的**利害关系人**申请宣告失踪,符合本法规定的宣告死亡条件的,人民法院应当宣告死亡。	**第四十七条** 无变化	**第四十七条** 对同一自然人,有的利害关系人申请宣告死亡,有的利害关系人申请宣告失踪,符合本法规定的宣告死亡条件的,人民法院应当宣告死亡。

续表

《民法总则(草案)》(2016 年 6 月版)	《民法总则(草案二次审议稿)》(2016 年 10 月版)	《民法总则(草案三次审议稿)》(2016 年 12 月版)	《民法总则(草案大会审议稿)》(2017 年 3 月 8 日提交审议)	《中华人民共和国民法总则》(2017 年 3 月 15 日表决通过)	《中华人民共和国民法典》(2020 年 5 月 28 日表决通过)
第四十四条　被宣告死亡的人,人民法院宣告死亡的判决作出之日或者判决确定的日期视为其死亡的日期。	**第四十六条**　被宣告死亡的人,人民法院**判决确定的日期视为其死亡的日期;判决未确定死亡日期的,判决作出之日视为其死亡的日期。**	**第四十六条** 无变化	**第四十九条** 无变化	**第四十八条**　被宣告死亡的人,人民法院**宣告死亡的判决作出之日视为其死亡的日期;因意外事件下落不明宣告死亡的,意外事件发生之日视为其死亡的日期。**	**第四十八条**　被宣告死亡的人,人民法院宣告死亡的判决作出之日视为其死亡的日期;因意外事件下落不明宣告死亡的,意外事件发生之日视为其死亡的日期。
第四十五条　自然人被宣告死亡的,不影响其在被宣告死亡后实施的民事法律行为的效力。	**第四十七条**　自然人**并未死亡但**被宣告死亡的,不影响**该自然人**在被宣告死亡后实施的民事法律行为的效力。	**第四十七条**　自然人并未死亡**但是**被宣告死亡的,不影响该自然人在被宣告死亡后实施的民事法律行为的效力。	**第五十条**　自然人并未死亡但是被宣告死亡的,不影响该自然人在被宣告死亡**期间**实施的民事法律行为的效力。	**第四十九条**　自然人**被宣告死亡但是并未死亡**的,不影响该自然人在被宣告死亡期间实施的民事法律行为的效力。	**第四十九条**　自然人被宣告死亡但是并未死亡的,不影响该自然人在被宣告死亡期间实施的民事法律行为的效力。
第四十六条　被宣告死亡的人重新出现,经本人或者利害关系人申请,人民法院应当撤销死亡宣告。	**第四十八条** 无变化	**第四十八条** 无变化	**第五十一条** 无变化	**第五十条** 无变化	**第五十条**　被宣告死亡的人重新出现,经本人或者利害关系人申请,人民法院应当撤销死亡宣告。
第四十七条　被宣告死亡的人与配偶的婚姻关系,自死亡宣告之日起消灭。死亡宣告被撤销,其配偶未再婚的,夫妻关系自撤销死亡宣告之日起自行恢复,任何一方不愿意自行恢复的除外;其配偶再婚的,夫妻关系不自行恢复。	**第四十九条**　被宣告死亡的人**的婚姻关系**,自死亡宣告之日起消灭。死亡宣告被撤销**的,夫妻关系自撤销死亡宣告之日起自行恢复,但其配偶再婚或者不愿意恢复的除外。**	**第四十九条**　被宣告死亡的人的婚姻关系,自死亡宣告之日起消灭。死亡宣告被撤销的,夫妻关系自撤销死亡宣告之日起自行恢复,**但是**其配偶再婚或者**向婚姻登记机关声明**不愿意恢复的除外。	**第五十二条**　被宣告死亡的人的婚姻关系,自死亡宣告之日起消灭。死亡宣告被撤销的,**婚姻**关系自撤销死亡宣告之日起自行恢复,但是其配偶再婚或者向婚姻登记机关**书面**声明不愿意恢复的除外。	**第五十一条** 无变化	**第五十一条**　被宣告死亡的人的婚姻关系,自死亡宣告之日起**消除**。死亡宣告被撤销的,婚姻关系自撤销死亡宣告之日起自行恢复。但是,其配偶再婚或者向婚姻登记机关书面声明不愿意恢复的除外。

续表

《民法总则(草案)》(2016年6月版)	《民法总则(草案二次审议稿)》(2016年10月版)	《民法总则(草案三次审议稿)》(2016年12月版)	《民法总则(草案大会审议稿)》(2017年3月8日提交审议)	《中华人民共和国民法总则》(2017年3月15日表决通过)	《中华人民共和国民法典》(2020年5月28日表决通过)
第四十八条 被宣告死亡的人在被宣告死亡期间,其子女被他人依法收养的,在死亡宣告被撤销后,不得仅以未经本人同意而主张收养关系无效。	**第五十条** 被宣告死亡的人在被宣告死亡期间,其子女被他人依法收养的,在死亡宣告被撤销后,不得**以**未经本人同意而主张收养关系无效。	**第五十条** 无变化	**第五十三条** 被宣告死亡的人**的**子女被他人依法收养的,在死亡宣告被撤销后,不得以未经本人同意而主张收养关系无效。	**第五十二条** 被宣告死亡的人**在被宣告死亡期间,其**子女被他人依法收养的,在死亡宣告被撤销后,不得以未经本人同意**为由**主张收养关系无效。	**第五十二条** 被宣告死亡的人在被宣告死亡期间,其子女被他人依法收养的,在死亡宣告被撤销后,不得以未经本人同意为由主张收养**行为**无效。
第四十九条 被撤销死亡宣告的人有权请求返还财产。依照继承法取得其财产的自然人、法人或者非法人组织,应当返还原物;无法返还原物的,应当给予补偿。利害关系人隐瞒真实情况,致使他人被宣告死亡而取得其财产的,除应当返还原物外,还应当对由此造成的损失承担赔偿责任。	**第五十一条** 被撤销死亡宣告的人有权请求返还财产。依照继承法取得其财产的**民事主体**,应当返还原物;无法返还原物的,应当给予补偿。 利害关系人隐瞒真实情况,致使他人被宣告死亡而取得其财产的,除应当返还原物外,还应当对由此造成的损失承担赔偿责任。	**第五十一条** 无变化	**第五十四条** 被撤销死亡宣告的人有权请求**依照继承法取得其财产的民事主体返还财产**。无法返还原物的,应当给予补偿。 利害关系人隐瞒真实情况,致使他人被宣告死亡而取得其财产的,除应当返还**财产**外,还应当对由此造成的损失承担赔偿责任。	**第五十三条** 被撤销死亡宣告的人有权请求依照继承法取得其财产的民事主体返还财产。无法**返还**的,应当给予**适当**补偿。 利害关系人隐瞒真实情况,致使他人被宣告**死亡**取得其财产的,除应当返还财产外,还应当对由此造成的损失承担赔偿责任。	**第五十三条** 被撤销死亡宣告的人有权请求依照**本法第六编**取得其财产的民事主体返还财产;无法返还的,应当给予适当补偿。 利害关系人隐瞒真实情况,致使他人被宣告死亡**而**取得其财产的,除应当返还财产外,还应当对由此造成的损失承担赔偿责任。
第四节 个体工商户、农村承包经营户	第四节 个体工商户、农村承包经营户	第四节 个体工商户、农村承包经营户	第四节 个体工商户和农村承包经营户	第四节 个体工商户和农村承包经营户	第四节 个体工商户和农村承包经营户
第五十条 自然人经依法登记,从事工商业经营的,为个体工商户。个体工商户可以起字号。	**第五十二条** 无变化	**第五十二条** 无变化	**第五十五条** 无变化	**第五十四条** 自然人**从事工商业经营,经依法登记**,为个体工商户。个体工商户可以起字号。	**第五十四条** 自然人从事工商业经营,经依法登记,为个体工商户。个体工商户可以起字号。

续表

《民法总则(草案)》(2016 年 6 月版)	《民法总则(草案二次审议稿)》(2016 年 10 月版)	《民法总则(草案三次审议稿)》(2016 年 12 月版)	《民法总则(草案大会审议稿)》(2017 年 3 月 8 日提交审议)	《中华人民共和国民法总则》(2017 年 3 月 15 日表决通过)	《中华人民共和国民法典》(2020 年 5 月 28 日表决通过)
第五十一条　农村集体经济组织的成员,依法取得农村土地承包经营权,从事家庭承包经营的,为农村承包经营户。	**第五十三条** 无变化	**第五十三条** 无变化	**第五十六条** 无变化	**第五十五条** 无变化	**第五十五条**　农村集体经济组织的成员,依法取得农村土地承包经营权,从事家庭承包经营的,为农村承包经营户。
第五十二条　个体工商户的债务,个人经营的,以个人财产承担;家庭经营的,以家庭财产承担;无法区分个人经营和家庭经营的,以家庭财产承担。农村承包经营户的债务,以家庭财产承担。	**第五十四条**　个体工商户的债务,个人经营的,以个人财产承担;家庭经营的,以家庭财产承担;无法区分个人经营和家庭经营的,以家庭财产承担。 农村承包经营户的债务,以家庭财产承担。	**第五十四条**　个体工商户的债务,个人经营的,以个人财产承担;家庭经营的,以家庭财产承担;无法区分个人经营和家庭经营的,以家庭财产承担。 农村承包经营户的债务,以**从事农村土地承包经营的农户财产承担;事实上由农户部分成员经营的,以该部分成员的**财产承担。	**第五十七条**　个体工商户的债务,个人经营的,以个人财产承担;家庭经营的,以家庭财产承担;无法**区分**的,以家庭财产承担。 农村承包经营户的债务,以从事农村土地承包经营的农户财产承担;事实上由农户部分成员经营的,以该部分成员的财产承担。	**第五十六条** 无变化	**第五十六条**　个体工商户的债务,个人经营的,以个人财产承担;家庭经营的,以家庭财产承担;无法区分的,以家庭财产承担。 农村承包经营户的债务,以从事农村土地承包经营的农户财产承担;事实上由农户部分成员经营的,以该部分成员的财产承担。

第三章　法　　人

《民法总则(草案)》(2016 年 6 月版)	《民法总则(草案二次审议稿)》(2016 年 10 月版)	《民法总则(草案三次审议稿)》(2016 年 12 月版)	《民法总则(草案大会审议稿)》(2017 年 3 月 8 日提交审议)	《中华人民共和国民法总则》(2017 年 3 月 15 日表决通过)	《中华人民共和国民法典》(2020 年 5 月 28 日表决通过)
第三章　法人	第三章　法人	第三章　法人	第三章　法人	第三章　法人	第三章　法人
第一节　一般规定	第一节　一般规定	第一节　一般规定	第一节　一般规定	第一节　一般规定	第一节　一般规定
第五十三条　法人是具有民事权利能力和民事行为能力,依法独立享有民事权利和承担民事义务的组织。	**第五十五条** 无变化	**第五十五条** 无变化	**第五十八条**　法人是**指**具有民事权利能力和民事行为能力,依法独立享有民事权利和承担民事义务的组织。	**第五十七条**　法人**是**具有民事权利能力和民事行为能力,依法独立享有民事权利和承担民事义务的组织。	**第五十七条**　法人是具有民事权利能力和民事行为能力,依法独立享有民事权利和承担民事义务的组织。
第五十四条　法人应当依法成立。 法人应当有自己的名称、组织机构和住所。法人成立的具体条件和程序,依照法律的规定。 设立法人,法律规定须经有关机关批准的,依照其规定。	**第五十六条**　法人应当依法成立。 法人应当有自己的名称、组织机构和住所。法人成立的具体条件和程序,依照法律、**行政法规**的规定。 设立法人,法律规定须经有关机关批准的,依照其规定。	**第五十六条**　法人应当依法成立。 法人应当有自己的名称、组织机构、住所、**财产或者经费**。法人成立的具体条件和程序,依照法律、行政法规的规定。 设立法人,法律、**行政法规**规定须经有关机关批准的,依照其规定。	**第五十九条** 无变化	**第五十八条** 无变化	**第五十八条**　法人应当依法成立。 法人应当有自己的名称、组织机构、住所、财产或者经费。法人成立的具体条件和程序,依照法律、行政法规的规定。 设立法人,法律、行政法规规定须经有关机关批准的,依照其规定。
第五十五条　法人的民事权利能力和民事行为能力,从法人成立时产生,到法人终止时消灭。	**第五十七条** 无变化	**第五十七条** 无变化	**第六十条** 无变化	**第五十九条** 无变化	**第五十九条**　法人的民事权利能力和民事行为能力,从法人成立时产生,到法人终止时消灭。

续表

《民法总则(草案)》(2016年6月版)	《民法总则(草案二次审议稿)》(2016年10月版)	《民法总则(草案三次审议稿)》(2016年12月版)	《民法总则(草案大会审议稿)》(2017年3月8日提交审议)	《中华人民共和国民法总则》(2017年3月15日表决通过)	《中华人民共和国民法典》(2020年5月28日表决通过)
第五十六条　法人以其全部财产独立承担民事责任。	**第五十八条** 无变化	**第五十八条** 无变化	**第六十一条** 无变化	**第六十条** 无变化	**第六十条**　法人以其全部财产独立承担民事责任。
第五十七条　依照法律或者法人章程规定,代表法人从事民事活动的负责人,为法人的法定代表人。 法定代表人以法人名义从事的民事活动,其法律后果由法人承受。 法人的章程或者权力机构对法定代表人的代表权范围的限制,不得对抗善意第三人。	**第五十九条** 无变化	**第五十九条**　依照法律或者法人章程规定,代表法人从事民事活动的负责人,为法人的法定代表人。 法定代表人以法人名义从事的民事活动**或者其他执行职务的行为**,其法律后果由法人承受。 **法人**章程或者权力机构对法定代表人的代表权范围的限制,不得对抗善意**相对人**。	**第六十二条**　依照法律或者法人章程**的**规定,代表法人从事民事活动的负责人,为法人的法定代表人。 法定代表人以法人名义从事的民事**活动**,其法律后果由法人承受。 法人章程或者权力机构对法定代表人的**代表权**的限制,不得对抗善意相对人。	**第六十一条**　依照法律或者法人章程的规定,代表法人从事民事活动的负责人,为法人的法定代表人。 法定代表人以法人名义从事的民事活动,其法律后果由法人承受。 法人章程或者**法人**权力机构对**法定代表人**代表权的限制,不得对抗善意相对人。	**第六十一条**　依照法律或者法人章程的规定,代表法人从事民事活动的负责人,为法人的法定代表人。 法定代表人以法人名义从事的民事活动,其法律后果由法人承受。 法人章程或者法人权力机构对法定代表人代表权的限制,不得对抗善意相对人。
第五十八条　法定代表人因执行职务造成他人损害的,由法人承担民事责任。 法人承担民事责任后,根据法律或者法人章程的规定,可以向有过错的法定代表人追偿。	**第六十条**　法定代表人因执行职务造成他人损害的,由法人承担民事责任。 法人承担民事责任后,**依照**法律或者法人章程的规定,可以向有过错的法定代表人追偿。	**第六十条** 无变化	**第六十三条** 无变化	**第六十二条** 无变化	**第六十二条**　法定代表人因执行职务造成他人损害的,由法人承担民事责任。 法人承担民事责任后,依照法律或者法人章程的规定,可以向有过错的法定代表人追偿。

续表

《民法总则(草案)》(2016年6月版)	《民法总则(草案二次审议稿)》(2016年10月版)	《民法总则(草案三次审议稿)》(2016年12月版)	《民法总则(草案大会审议稿)》(2017年3月8日提交审议)	《中华人民共和国民法总则》(2017年3月15日表决通过)	《中华人民共和国民法典》(2020年5月28日表决通过)
第五十九条　法人以登记的住所为住所。 **法人的主要办事机构所在地与住所不一致的，其主要办事机构所在地视为住所。** 法人依法不需要办理登记的，其主要办事机构所在地为住所。	**第六十一条**　法人**以**其主要办事机构所在地为住所。	**第六十一条**　法人以其**登记的住所为住所。依法不需要办理法人登记的，以**主要办事机构所在地为住所。	**第六十四条**　法人以其**主要办事机构所在地**为住所。依法**需要**办理法人登记的，**应当将**主要办事机构所在地**登记**为住所。	**第六十三条** 无变化	**第六十三条**　法人以其主要办事机构所在地为住所。依法需要办理法人登记的，应当将主要办事机构所在地登记为住所。
第六十条　法人在其存续期间登记事项发生变化的，应当依法向登记机关申请变更登记。	**第六十二条**　法人**在**存续期间登记事项发生变化的，应当依法向登记机关申请变更登记。	**第六十二条** 无变化	**第六十五条** 无变化	**第六十四条　法人**存续期间登记事项发生变化的，应当依法向登记机关申请变更登记。	**第六十四条**　法人存续期间登记事项发生变化的，应当依法向登记机关申请变更登记。
第六十一条　法人的实际情况与其登记的事项不一致的，不得对抗信赖登记的善意第三人。	**第六十三条**　法人的实际情况**与**登记的事项不一致的，不得**对抗**善意第三人。	**第六十三条**　法人的实际情况与登记的事项不一致的，不得对抗善意**相对人**。	**第六十六条** 无变化	**第六十五条** 无变化	**第六十五条**　法人的实际情况与登记的事项不一致的，不得对抗善意相对人。
第六十二条　登记机关应当**通过信息公示系统**依法及时公示法人登记的有关信息。	**第六十四条**　登记机关应当依法及时公示法人登记的有关信息。	**第六十四条** 无变化	**第六十七条** 无变化	**第六十六条** 无变化	**第六十六条**　登记机关应当依法及时公示法人登记的有关信息。
第六十三条　法人合并、**分立**的，其权利和义务由变更后的法人享有和承担。	**第六十五条　法人合并的，其权利和义务由合并后的法人享有和承担。法人分立的，其权利和义务由分立后的法人享有连带债权，承担连带债务，债权人和债务人另有约定的除外。**	**第六十五条** 无变化	**第六十八条**　法人合并的，其权利和义务由合并后的法人享有和承担。 法人分立的，其权利和义务由分立后的法人享有连带债权，承担连带债务，**但是**债权人和债务人另有约定的除外。	**第六十七条** 无变化	**第六十七条**　法人合并的，其权利和义务由合并后的法人享有和承担。 法人分立的，其权利和义务由分立后的法人享有连带债权，承担连带债务，但是债权人和债务人另有约定的除外。

续表

《民法总则(草案)》(2016年6月版)	《民法总则(草案二次审议稿)》(2016年10月版)	《民法总则(草案三次审议稿)》(2016年12月版)	《民法总则(草案大会审议稿)》(2017年3月8日提交审议)	《中华人民共和国民法总则》(2017年3月15日表决通过)	《中华人民共和国民法典》(2020年5月28日表决通过)
	第六十六条　法人由于下列原因之一终止： (一)法人解散； (二)法人被宣告破产； (三)法律规定的其他原因。 法人终止,法律规定须经有关机关批准的,依照其规定。	**第六十六条**　法人由于下列原因之一终止： (一)法人解散； (二)法人被宣告破产； (三)法律规定的其他原因。 法人终止,法律、**行政法规**规定须经有关机关批准的,依照其规定。	**第六十九条**　**有下列原因之一并依法完成清算、注销登记程序的,法人**终止： (一)法人解散； (二)法人被宣告破产； (三)法律规定的其他原因。 法人终止,法律、行政法规规定须经有关机关批准的,依照其规定。	**第六十八条**　有下列原因之一并依法完成清算、注销**登记**的,法人终止： (一)法人解散； (二)法人被宣告破产； (三)法律规定的其他原因。 法人终止,法律、行政法规规定须经有关机关批准的,依照其规定。	**第六十八条**　有下列原因之一并依法完成清算、注销登记的,法人终止： (一)法人解散； (二)法人被宣告破产； (三)法律规定的其他原因。 法人终止,法律、行政法规规定须经有关机关批准的,依照其规定。
第六十四条　有下列情形之一的,法人解散： (一)法人章程规定的存续期间届满或者法人章程规定的其他解散事由出现的； (二)法人的权力机构决议解散的； (三)法人依法被吊销营业执照、登记证书,责令关闭或者被撤销的； (四)出现法律规定的其他情形的。	**第六十七条**　有下列情形之一的,法人解散： (一)法人章程规定的存续期间届满或者法人章程规定的其他解散事由出现的； (二)法人的权力机构决议解散的； (三)法人依法被吊销营业执照、登记证书,责令关闭或者被撤销的； (四)**法律**规定的其他情形。	**第六十七条**　有下列情形之一的,法人解散： (一)法人章程规定的存续期间届满或者法人章程规定的其他解散事由出现的； (二)法人的权力机构决议解散的； (三)**因法人合并或者分立需要解散的**； (**四**)法人依法被吊销营业执照、登记证书,被责令关闭或者被撤销的； (**五**)法律规定的其他情形。	**第七十条**　有下列情形之一的,法人解散： (一)法人章程规定的存续期间届满或者法人章程规定的其他解散事由出现； (二)法人的权力机构决议解散； (三)因法人合并或者分立需要解散； (四)法人依法被吊销营业执照、登记证书,**责令**关闭或者被撤销； (五)法律规定的其他情形。	**第六十九条**　有下列情形之一的,法人解散： (一)法人章程规定的存续期间届满或者法人章程规定的其他解散事由出现； (二)法人的权力机构决议解散； (三)因法人合并或者分立需要解散； (四)法人依法被吊销营业执照、登记证书,**被**责令关闭或者被撤销； (五)法律规定的其他情形。	**第六十九条**　有下列情形之一的,法人解散： (一)法人章程规定的存续期间届满或者法人章程规定的其他解散事由出现； (二)法人的权力机构决议解散； (三)因法人合并或者分立需要解散； (四)法人依法被吊销营业执照、登记证书,被责令关闭或者被撤销； (五)法律规定的其他情形。

续表

《民法总则(草案)》(2016年6月版)	《民法总则(草案二次审议稿)》(2016年10月版)	《民法总则(草案三次审议稿)》(2016年12月版)	《民法总则(草案大会审议稿)》(2017年3月8日提交审议)	《中华人民共和国民法总则》(2017年3月15日表决通过)	《中华人民共和国民法典》(2020年5月28日表决通过)
第六十五条　法人解散的,清算义务人应当及时组成清算组进行清算。 法人的董事、理事等执行机构成员为清算义务人,但是法人章程另有规定,法人权力机构另有决议,或者法律另有规定的除外。 清算义务人怠于履行清算义务的,主管机关或者利害关系人可以申请人民法院指定有关人员组成清算组进行清算。	**第六十八条**　法人解散的,清算义务人应当及时组成清算组进行清算。 法人的董事、理事等执行机构成员为清算义务人。但是,法人章程另有规定、法人权力机构另有决议**或者**法律另有规定的除外。 清算义务人**未及时**履行清算义务的,主管机关或者利害关系人可以申请人民法院指定有关人员组成清算组进行清算。	**第六十八条** 无变化	**第七十一条**　法人解散的,清算义务人应当及时组成清算组进行清算。 法人的董事、理事等执行机构成员为清算义务人。**法律另有规定的,依照其规定。** 清算义务人未及时履行清算义务,**造成损害的,应当承担民事责任**;主管机关或者利害关系人可以申请人民法院指定有关人员组成清算组进行清算。	**第七十条**　法人解散的,**除合并或者分立的情形外**,清算义务人应当及时组成清算组进行清算。 法人的董事、理事等执行机构**或者决策机构的**成员为清算义务人。法律、**行政法规**另有规定的,依照其规定。 清算义务人未及时履行清算义务,造成损害的,应当承担民事责任;主管机关或者利害关系人可以申请人民法院指定有关人员组成清算组进行清算。	**第七十条**　法人解散的,除合并或者分立的情形外,清算义务人应当及时组成清算组进行清算。 法人的董事、理事等执行机构或者决策机构的成员为清算义务人。法律、行政法规另有规定的,依照其规定。 清算义务人未及时履行清算义务,造成损害的,应当承担民事责任;主管机关或者利害关系人可以申请人民法院指定有关人员组成清算组进行清算。
第六十六条　公司的清算程序和清算组职权,适用公司法的有关规定。 公司以外的法人的清算程序和清算组职权,依照有关法律的规定;没有规定的,参照适用公司法的有关规定。	**第六十九条** 无变化	**第六十九条　法人**的清算程序和清算组职权,依照有关法律的规定;没有规定的,参照适用公司法的有关规定。	**第七十二条** 无变化	**第七十一条** 无变化	**第七十一条**　法人的清算程序和清算组职权,依照有关法律的规定;没有规定的,参照适用**公司法律**的有关规定。
第六十七条　清算期间,法人存续,但是不得从事与清算无关的活动。 法人清算后的剩余财产,根据法人章程的规定或者法人权力机构的决议处理,法律另有规定的除外。	**第七十条**　清算期间,法人存续,但是不得从事与清算无关的活动。 法人清算后的剩余财产,根据法人章程的规定或者法人权力机构的决议处理。法律另有规定的,**依照其规定。**	**第七十条**　清算期间,法人存续,但是不得从事与清算无关的活动。 法人清算后的剩余财产,根据法人章程的规定或者法人权力机构的决议处理。法律另有规定的,依照其规定。	**第七十三条** 无变化	**第七十二条　清算期间**法人存续,但是不得从事与清算无关的活动。 法人清算后的剩余财产,根据法人章程的规定或者法人权力机构的决议处理。法律另有规定的,依照其规定。	**第七十二条**　清算期间法人存续,但是不得从事与清算无关的活动。 法人清算后的剩余财产,**按照**法人章程的规定或者法人权力机构的决议处理。法律另有规定的,依照其规定。

续表

《民法总则(草案)》(2016年6月版)	《民法总则(草案二次审议稿)》(2016年10月版)	《民法总则(草案三次审议稿)》(2016年12月版)	《民法总则(草案大会审议稿)》(2017年3月8日提交审议)	《中华人民共和国民法总则》(2017年3月15日表决通过)	《中华人民共和国民法典》(2020年5月28日表决通过)
清算终结,并完成法人注销登记时,法人终止;法人依法不需要办理登记的,清算终结时,法人终止。	清算终结,并完成法人注销登记时,法人终止;法人依法不需要办理登记的,清算终结时,法人终止。	清算**结束**,并完成法人注销登记时,法人终止;**依法**不需要办理**法人登记**的,清算**结束**时,法人终止。		**清算结束**并完成法人注销登记时,法人终止;依法不需要办理法人登记的,清算结束时,法人终止。	清算结束并完成法人注销登记时,法人终止;依法不需要办理法人登记的,清算结束时,法人终止。
第六十八条　清算义务人怠于履行清算义务,造成法人财产损失的,应当在造成损失范围内对法人债务等承担责任。 清算义务人怠于履行清算义务,导致法人主要财产、账册、重要文件等灭失,无法进行清算的,对法人债务等承担连带责任。	**第七十一条** 无变化				
第六十九条　法人被宣告破产的,依法进行破产清算并完成法人注销登记时,法人终止。	**第七十二条** 无变化	**第七十一条** 无变化	**第七十四条** 无变化	**第七十三条** 无变化	**第七十三条**　法人被宣告破产的,依法进行破产清算并完成法人注销登记时,法人终止。
第七十条　法人可以依法设立分支机构。法律规定分支机构应当办理登记的,依照其规定。 分支机构以自己的名义从事民事活动,由此产生的民事责任由法人承担。	**第七十三条** 无变化	**第七十二条**　法人可以依法设立分支机构。法律规定分支机构**应当**登记的,依照其规定。 分支机构以自己的名义从事民事活动,**产生的**民事责任由法人承担。	**第七十五条**　法人可以依法设立分支机构。法律**、行政法规**规定分支机构应当登记的,依照其规定。 分支机构以自己的名义从事民事活动,产生的民事责任由法人承担;**也可以先以该分支机构管理的财产承担,不足以承担的,由法人承担。**	**第七十四条** 无变化	**第七十四条**　法人可以依法设立分支机构。法律、行政法规规定分支机构应当登记的,依照其规定。 分支机构以自己的名义从事民事活动,产生的民事责任由法人承担;也可以先以该分支机构管理的财产承担,不足以承担的,由法人承担。

续表

《民法总则(草案)》(2016年6月版)	《民法总则(草案二次审议稿)》(2016年10月版)	《民法总则(草案三次审议稿)》(2016年12月版)	《民法总则(草案大会审议稿)》(2017年3月8日提交审议)	《中华人民共和国民法总则》(2017年3月15日表决通过)	《中华人民共和国民法典》(2020年5月28日表决通过)
第七十一条 设立人为设立法人从事的民事活动,其法律后果在法人成立后由法人承受;法人未成立的,其法律后果由设立人承受,设立人为二人以上的,承担连带责任。	**第七十四条** 设立人为设立法人从事的民事活动,其法律后果在法人成立后由法人承受;法人未成立的,其法律后果由设立人承受,设立人为二人以上的,承担连带责任。 **设立人为设立法人以自己的名义从事民事活动,造成第三人损害的,第三人有权选择请求法人或者设立人承担民事责任。**	**第七十三条** 设立人为设立法人从事的民事活动,其法律后果在法人成立后由法人承受;法人未成立的,其法律后果由设立人承受,设立人为二人以上的,**享有连带债权**,承担连带**债务**。 设立人为设立法人以自己的名义从事民事活动**产生的民事责任**,第三人有权选择请求法人或者设立人**承担**。	**第七十六条** 无变化	**第七十五条** 设立人为设立法人从事的民事活动,其**法律后果**由法人承受;法人未成立的,其法律后果由设立人承受,设立人为二人以上的,享有连带债权,承担连带债务。 设立人为设立法人以自己的名义从事民事活动产生的民事责任,第三人有权选择请求法人或者设立人承担。	**第七十五条** 设立人为设立法人从事的民事活动,其法律后果由法人承受;法人未成立的,其法律后果由设立人承受,设立人为二人以上的,享有连带债权,承担连带债务。 设立人为设立法人以自己的名义从事民事活动产生的民事责任,第三人有权选择请求法人或者设立人承担。
第二节 营利性法人	第二节 **营利法人**	第二节 营利法人	第二节 营利法人	第二节 营利法人	第二节 营利法人
第七十三条 以取得利润并分配给其股东或者其他出资人等成员为目的成立的法人,为营利性法人。 营利性法人包括有限责任公司、股份有限公司和其他企业法人等。	**第七十七条** 以取得利润并分配给其股东**等出资人**为目的成立的法人,为**营利法人**。 **营利法人**包括有限责任公司、股份有限公司和其他企业法人等。	**第七十四条** 无变化	**第七十七条** 无变化	**第七十六条** 以取得利润并分配给**股东**等出资人为目的成立的法人,为营利法人。 营利法人包括有限责任公司、股份有限公司和其他企业法人等。	**第七十六条** 以取得利润并分配给股东等出资人为目的成立的法人,为营利法人。 营利法人包括有限责任公司、股份有限公司和其他企业法人等。
第七十四条 营利性法人,经依法登记成立,取得法人资格。	**第七十八条** **营利法人**,经依法登记成立,**取得法人资格**。	**第七十五条** 无变化	**第七十八条** 营利法人经依法登记**成立**。	**第七十七条** 无变化	**第七十七条** 营利法人经依法登记成立。

续表

《民法总则(草案)》(2016年6月版)	《民法总则(草案二次审议稿)》(2016年10月版)	《民法总则(草案三次审议稿)》(2016年12月版)	《民法总则(草案大会审议稿)》(2017年3月8日提交审议)	《中华人民共和国民法总则》(2017年3月15日表决通过)	《中华人民共和国民法典》(2020年5月28日表决通过)
第七十五条 依法设立的营利性法人,由法人登记机关发给营利性法人营业执照。营业执照签发日期为营利性法人的成立日期。	**第七十九条** 依法设立的**营利法人**,由法人登记机关发给**营利法人**营业执照。营业执照签发日期为**营利法人**的成立日期。	**第七十六条** 依法设立的营利法人,由**登记机关**发给营利法人营业执照。营业执照签发日期为营利法人的成立日期。	**第七十九条** 无变化	**第七十八条** 无变化	**第七十八条** 依法设立的营利法人,由登记机关发给营利法人营业执照。营业执照签发日期为营利法人的成立日期。
	第八十条 设立营利法人应当依法制定章程。	**第七十七条** 设立营利法人应当依法制定**法人**章程。	**第八十条** 设立营利法人应当依法制定**章程**。	**第七十九条** 设立营利法人应当依法制定**法人**章程。	**第七十九条** 设立营利法人应当依法制定法人章程。
第七十六条第一款 营利性法人的权力机构为成员大会。	**第八十一条 营利法人的股东会等出资人会为其权力机构。** **权力机构修改章程;选举或者更换执行机构、监督机构成员,并行使章程规定的其他职权。**	**第七十八条** 营利法人的股东会等出资人会为其权力机构。 权力机构修改**法人**章程,选举或者更换执行机构、监督机构成员,并行使**法人**章程规定的其他职权。	**第八十一条 营利法人应当设权力机构。** 权力机构**行使**修改法人章程,选举或者更换执行机构、监督机构成员,**以及**法人章程规定的其他职权。	**第八十条** 无变化	**第八十条** 营利法人应当设权力机构。 权力机构行使修改法人章程,选举或者更换执行机构、监督机构成员,以及法人章程规定的其他职权。
第七十七条 营利性法人超越登记的经营范围从事经营活动的,依法承担相应的责任,但是除违反法律、行政法规的效力性强制性规定外,民事法律行为有效。		**第一百五十六条 超越依法登记**的经营范围从事经营活动的,**除违反法律、行政法规有关限制经营、特许经营或者禁止经营的规定外,不影响民事法律行为的效力。**			

续表

《民法总则(草案)》(2016年6月版)	《民法总则(草案二次审议稿)》(2016年10月版)	《民法总则(草案三次审议稿)》(2016年12月版)	《民法总则(草案大会审议稿)》(2017年3月8日提交审议)	《中华人民共和国民法总则》(2017年3月15日表决通过)	《中华人民共和国民法典》(2020年5月28日表决通过)
第七十六条第二款 营利性法人设董事会或者执行董事的，董事会或者执行董事为其执行机构，董事长、执行董事或者经理依照法人章程的规定担任法定代表人；未设董事会或者执行董事的，法人章程规定的主要负责人为其执行机构和法定代表人。	**第八十二条** 营利**法人应当设执行机构。** **执行机构召集权力机构会议，决定法人的经营计划和投资方案，决定法人内部管理机构的设置，并行使章程规定的其他职权。** **执行机构为董事会或者执行董事的，**董事长、执行董事或者经理依照法人章程的规定担任法定代表人；未设董事会或者执行董事的，法人章程规定的主要负责人为其执行机构和法定代表人。	**第七十九条** 营利法人应当设执行机构。 执行机构召集权力机构会议，决定法人的经营计划和投资方案，决定法人内部管理机构的设置，并行使**法人**章程规定的其他职权。 执行机构为董事会或者执行董事的，董事长、执行董事或者经理依照法人章程的规定担任法定代表人；未设董事会或者执行董事的，法人章程规定的主要负责人为其执行机构和法定代表人。	**第八十二条** 营利法人应当设执行机构。 执行机构**行使**召集权力机构会议，决定法人的经营计划和投资方案，决定法人内部管理机构的设置，**以及**法人章程规定的其他职权。 执行机构为董事会或者执行董事的，董事长、执行董事或者经理依照法人章程的规定担任法定代表人；未设董事会或者执行董事的，法人章程规定的主要负责人为其执行机构和法定代表人。	**第八十一条** 营利法人应当设执行机构。 执行机构行使召集权力机构会议，决定法人的经营计划和投资方案，决定法人内部管理机构的设置，以及法人章程规定的其他职权。 执行机构为董事会或者执行董事的，董事长、执行董事或者经理**按照**法人章程的规定担任法定代表人；未设董事会或者执行董事的，法人章程规定的主要负责人为其执行机构和法定代表人。	**第八十一条** 营利法人应当设执行机构。 执行机构行使召集权力机构会议，决定法人的经营计划和投资方案，决定法人内部管理机构的设置，以及法人章程规定的其他职权。 执行机构为董事会或者执行董事的，董事长、执行董事或者经理按照法人章程的规定担任法定代表人；未设董事会或者执行董事的，法人章程规定的主要负责人为其执行机构和法定代表人。
	第八十三条 营利法人设监事会或者监事等监督机构的，监督机构依法检查法人财务，对执行机构成员及高级管理人员执行法人职务的行为进行监督，并行使章程规定的其他职权。	**第八十条** 营利法人设监事会或者监事等监督机构的，监督机构依法检查法人财务，对执行机构成员及高级管理人员执行法人职务的行为进行监督，并行使**法人**章程规定的其他职权。	**第八十三条** 营利法人设监事会或者监事等监督机构的，监督机构依法**行使**检查法人财务，对执行机构成员**以及**高级管理人员执行法人职务的行为进行监督，**以及**法人章程规定的其他职权。	**第八十二条** 营利法人设监事会或者监事等监督机构的，监督机构依法行使检查法人财务，**监督执行机构成员、高级管理人员执行法人职务的行为**，以及法人章程规定的其他职权。	**第八十二条** 营利法人设监事会或者监事等监督机构的，监督机构依法行使检查法人财务，监督执行机构成员、高级管理人员执行法人职务的行为，以及法人章程规定的其他职权。

续表

《民法总则(草案)》(2016年6月版)	《民法总则(草案二次审议稿)》(2016年10月版)	《民法总则(草案三次审议稿)》(2016年12月版)	《民法总则(草案大会审议稿)》(2017年3月8日提交审议)	《中华人民共和国民法总则》(2017年3月15日表决通过)	《中华人民共和国民法典》(2020年5月28日表决通过)
第七十九条　营利性法人的成员应当遵守法律、行政法规和法人章程,依法行使成员权利,不得滥用成员权利损害法人或者其他成员的利益,不得滥用法人独立地位和成员有限责任损害法人债权人的利益。	**第八十五条　营利法人的出资人不得滥用出资人权利损害法人或者其他出资人的利益。法人的出资人滥用出资人权利给法人或者其他出资人造成损失的,应当依法承担民事责任。** **营利法人的出资人不得滥用法人独立地位和出资人有限责任损害法人债权人的利益。法人的出资人滥用法人独立地位和出资人有限责任,逃避债务,严重损害法人债权人利益的,应当对法人债务承担连带责任。**	**第八十二条** 无变化	**第八十五条**　营利法人的出资人不得滥用出资人权利损害法人或者其他出资人的利益。**滥用**出资人权利给法人或者其他出资人造成损失的,应当依法承担民事责任。 营利法人的出资人不得滥用法人独立地位和出资人有限责任损害法人**的债权人**利益。**滥用**法人独立地位和出资人有限责任,逃避债务,严重损害法人**的**债权人利益的,应当对法人债务承担连带责任。	**第八十三条** 无变化	**第八十三条**　营利法人的出资人不得滥用出资人权利损害法人或者其他出资人的利益;滥用出资人权利**造成法人或者其他出资人**损失的,应当依法承担民事责任。 营利法人的出资人不得滥用法人独立地位和出资人有限责任损害法人**债权人的**利益**;**滥用法人独立地位和出资人有限责任,逃避债务,严重损害法人**债权人的**利益的,应当对法人债务承担连带责任。
			第八十六条　营利法人的控股出资人、实际控制人、董事、监事、高级管理人员不得利用其关联关系损害法人的利益。利用关联关系给法人造成损失的,应当承担赔偿责任。	**第八十四条** 无变化	**第八十四条**　营利法人的控股出资人、实际控制人、董事、监事、高级管理人员不得利用其关联关系损害法人的利益;利用关联关系**造成法人**损失的,应当承担赔偿责任。

续表

《民法总则(草案)》(2016 年 6 月版)	《民法总则(草案二次审议稿)》(2016 年 10 月版)	《民法总则(草案三次审议稿)》(2016 年 12 月版)	《民法总则(草案大会审议稿)》(2017 年 3 月 8 日提交审议)	《中华人民共和国民法总则》(2017 年 3 月 15 日表决通过)	《中华人民共和国民法典》(2020 年 5 月 28 日表决通过)
	第八十六条　营利法人的权力机构、执行机构的决议内容违反法律、行政法规的无效。 营利法人的权力机构、执行机构的会议召集程序、表决方式违反法律、行政法规、法人章程,或者决议内容违反法人章程的,营利法人的出资人可以请求人民法院予以撤销,但营利法人依据该决议与善意第三人形成的民事法律关系不受影响。	**第八十三条**　营利法人的权力机构、执行机构的会议召集程序、表决方式违反法律、行政法规、法人章程,或者决议内容违反法人章程的,营利法人的出资人可以请求人民法院予以撤销,**但是**营利法人依据该决议与善意**相对人**形成的民事法律关系不受影响。	**第八十七条** 无变化	**第八十五条**　营利法人的权力机构、执行机构**作出决议**的会议召集程序、表决方式违反法律、行政法规、法人章程,或者决议内容违反法人章程的,营利法人的出资人可以请求人民法院**撤销该决议**,但是营利法人依据该决议与善意相对人形成的民事法律关系不受影响。	**第八十五条**　营利法人的权力机构、执行机构作出决议的会议召集程序、表决方式违反法律、行政法规、法人章程,或者决议内容违反法人章程的,营利法人的出资人可以请求人民法院撤销该决议。但是**,**营利法人依据该决议与善意相对人形成的民事法律关系不受影响。
第七十八条　营利性法人从事经营活动,必须遵守法律、行政法规,遵守社会公德、商业道德,诚实信用,接受政府和社会公众的监督,承担社会责任。	**第八十七条　营利法人**从事经营活动,**应当遵守**商业道德,**维护交易安全,**接受政府和**社会**的监督,承担社会责任。	**第八十四条** 无变化	**第八十八条** 无变化	**第八十六条** 无变化	**第八十六条**　营利法人从事经营活动,应当遵守商业道德,维护交易安全,接受政府和社会的监督,承担社会责任。
第七十六条第三款　法律对营利性法人的组织机构、法定代表人另有规定的,依照其规定。	**第八十四条**　法律对**营利法人**的组织机构、法定代表人另有规定的,依照其规定。	**第八十一条** 无变化	**第八十四条** 无变化		
第八十条　本节没有规定的,适用公司法等有关法律的规定。	**第八十八条** 无变化	**第八十五条** 无变化	**第八十九条** 无变化		

续表

《民法总则(草案)》(2016年6月版)	《民法总则(草案二次审议稿)》(2016年10月版)	《民法总则(草案三次审议稿)》(2016年12月版)	《民法总则(草案大会审议稿)》(2017年3月8日提交审议)	《中华人民共和国民法总则》(2017年3月15日表决通过)	《中华人民共和国民法典》(2020年5月28日表决通过)
第三节 非营利性法人	第三节 **非营利法人**	第三节 非营利法人	第三节 非营利法人	第三节 非营利法人	第三节 非营利法人
第八十一条　为公益目的或者其他非营利目的成立的法人,为非营利性法人。 **非营利性法人不得向其成员或者设立人分配利润。** **为公益目的的成立的非营利性法人终止时,不得向其成员或者设立人分配剩余财产;其剩余财产应当按照章程的规定或者权力机构的决议用于公益目的;不能按照法人章程规定或者权力机构的决议处理的,由主管机关主持转给宗旨相同或者相近的以公益为目的的法人,并向社会公告。**	**第八十九条**　为公益目的或者其他非营利目的成立,**不向其出资人或者设立人分配利润**的法人,为**非营利法人**。 **非营利法人包括事业单位、社会团体、基金会、社会服务机构等。**	**第八十六条**　为公益目的或者其他非营利目的成立,不向其出资人或者设立人分配**所取得**利润的法人,为非营利法人。 非营利法人包括事业单位、社会团体、基金会、社会服务机构等。	**第九十条** 无变化	**第八十七条**　为公益目的或者其他非营利目的成立,**不向**出资人、设立人**或者会员**分配所取得利润的法人,为非营利法人。 非营利法人包括事业单位、社会团体、基金会、社会服务机构等。	**第八十七条**　为公益目的或者其他非营利目的成立,不向出资人、设立人或者会员分配所取得利润的法人,为非营利法人。 非营利法人包括事业单位、社会团体、基金会、社会服务机构等。
第八十二条　具备法人条件,为实现公益目的的设立的事业单位,经依法登记成立,取得事业单位法人资格;依法不需要办理法人登记的,从成立之日起,具有事业单位法人资格。	**第九十一条** 无变化	**第八十八条** 无变化	**第九十二条** 无变化	**第八十八条**　具备法人条件,为**适应经济社会发展需要,提供公益服务**设立的事业单位,经依法登记成立,取得事业单位法人资格;依法不需要办理法人登记的,从成立之日起,具有事业单位法人资格。	**第八十八条**　具备法人条件,为适应经济社会发展需要,提供公益服务设立的事业单位,经依法登记成立,取得事业单位法人资格;依法不需要办理法人登记的,从成立之日起,具有事业单位法人资格。

续表

《民法总则(草案)》(2016年6月版)	《民法总则(草案二次审议稿)》(2016年10月版)	《民法总则(草案三次审议稿)》(2016年12月版)	《民法总则(草案大会审议稿)》(2017年3月8日提交审议)	《中华人民共和国民法总则》(2017年3月15日表决通过)	《中华人民共和国民法典》(2020年5月28日表决通过)
第八十三条 事业单位法人设理事会的,理事会为其决策机构。事业单位法定代表人按照其章程的规定产生。 法律对事业单位法人的组织机构、法定代表人另有规定的,依照其规定。	**第九十二条** 无变化	**第八十九条** 事业单位法人设理事会的,理事会为其决策机构。事业单位**法人的**法定代表人按照**法人**章程的规定产生。 **法律对事业单位法人的组织机构、法定代表人另有规定的,依照其规定。**	**第九十三条** 事业单位法人设理事会的,理事会为其决策机构。事业单位法人的法定代表人按照法人章程的规定产生。	**第八十九条** 事业单位法人设理事会的,**除法律另有规定外,**理事会为其决策机构。事业单位法人的法定代表人**依照法律、行政法规或者**法人章程的规定产生。	**第八十九条** 事业单位法人设理事会的,除法律另有规定外,理事会为其决策机构。事业单位法人的法定代表人依照法律、行政法规或者法人章程的规定产生。
第八十四条 具备法人条件,基于会员共同意愿,为实现公益目的或者会员共同利益等非营利目的设立的社会团体,经依法登记成立,取得社会团体法人资格;依法不需要办理法人登记的,从成立之日起,具有社会团体法人资格。	**第九十三条** 无变化	**第九十条** 无变化	**第九十四条** 无变化	**第九十条** 具备法人条件,基于会员共同意愿,**为**公益目的或者会员共同利益等非营利目的设立的社会团体,经依法登记成立,取得社会团体法人资格;依法不需要办理法人登记的,从成立之日起,具有社会团体法人资格。	**第九十条** 具备法人条件,基于会员共同意愿,为公益目的或者会员共同利益等非营利目的设立的社会团体,经依法登记成立,取得社会团体法人资格;依法不需要办理法人登记的,从成立之日起,具有社会团体法人资格。
第八十五条 社会团体法人应当制定章程,设会员大会或者会员代表大会等权力机构。 社会团体法人应当设理事会等执行机构。理事长或者会长等主要负责人依照法人章程的规定担任法定代表人。	**第九十四条** 设立社会团体法人应当**依法**制定章程。 **社会团体法人应当**设会员大会或者会员代表大会等权力机构。 社会团体法人应当设理事会等执行机构。理事长或者会长等**负责人**依照法人章程的规定担任法定代表人。	**第九十一条** 设立社会团体法人应当依法制定**法人**章程。 社会团体法人应当设会员大会或者会员代表大会等权力机构。 社会团体法人应当设理事会等执行机构。理事长或者会长等负责人依照法人章程的规定担任法定代表人。	**第九十五条** 设立社会团体法人应当依法制定**章程**。 社会团体法人应当设会员大会或者会员代表大会等权力机构。 社会团体法人应当设理事会等执行机构。理事长或者会长等负责人依照法人章程的规定担任法定代表人。	**第九十一条** 设立社会团体法人应当依法制定**法人**章程。 社会团体法人应当设会员大会或者会员代表大会等权力机构。 社会团体法人应当设理事会等执行机构。理事长或者会长等负责人**按照**法人章程的规定担任法定代表人。	**第九十一条** 设立社会团体法人应当依法制定法人章程。 社会团体法人应当设会员大会或者会员代表大会等权力机构。 社会团体法人应当设理事会等执行机构。理事长或者会长等负责人按照法人章程的规定担任法定代表人。

续表

《民法总则(草案)》(2016年6月版)	《民法总则(草案二次审议稿)》(2016年10月版)	《民法总则(草案三次审议稿)》(2016年12月版)	《民法总则(草案大会审议稿)》(2017年3月8日提交审议)	《中华人民共和国民法总则》(2017年3月15日表决通过)	《中华人民共和国民法典》(2020年5月28日表决通过)
第八十六条　具备法人条件,为实现公益目的,以捐助财产设立的基金会等,经依法登记成立,取得捐助法人资格。 依法设立的宗教活动场所,具备法人条件的,可以申请法人登记,取得捐助法人资格。	**第九十五条**　具备法人条件,为实现公益目的,以捐助财产设立的基金会**、社会服务机构**等,经依法登记成立,取得捐助法人资格。 依法设立的宗教活动场所,具备法人条件的,可以申请法人登记,取得捐助法人资格。	**第九十二条** 无变化	**第九十六条** 无变化	**第九十二条**　具备法人条件,为**公益目的**以捐助财产设立的基金会、社会服务机构等,经依法登记成立,取得捐助法人资格。 依法设立的宗教活动场所,具备法人条件的,可以申请法人登记,取得捐助法人资格。**法律、行政法规对宗教活动场所有规定的,依照其规定。**	**第九十二条**　具备法人条件,为公益目的以捐助财产设立的基金会、社会服务机构等,经依法登记成立,取得捐助法人资格。 依法设立的宗教活动场所,具备法人条件的,可以申请法人登记,取得捐助法人资格。法律、行政法规对宗教活动场所有规定的,依照其规定。
第八十七条　捐助法人应当制定章程,设理事会、民主管理组织等决策机构、执行机构。理事长等主要负责人依照法人章程的规定担任法定代表人。 捐助法人应当设监事会等监督机构。	**第九十六条**　**设立**捐助法人应当**依法**制定章程。 **捐助法人应当**设理事会、民主管理组织等决策机构**,并设**执行机构。理事长等**负责人**依照法人章程的规定担任法定代表人。 捐助法人应当设监事会等监督机构。	**第九十三条**　设立捐助法人应当依法制定**法人**章程。 捐助法人应当设理事会、民主管理组织等决策机构,并设执行机构。理事长等负责人依照法人章程的规定担任法定代表人。 捐助法人应当设监事会等监督机构。	**第九十七条** 无变化	**第九十三条**　设立捐助法人应当依法制定法人章程。 捐助法人应当设理事会、民主管理组织等决策机构,并设执行机构。理事长等负责人**按照**法人章程的规定担任法定代表人。 捐助法人应当设监事会等监督机构。	**第九十三条**　设立捐助法人应当依法制定法人章程。 捐助法人应当设理事会、民主管理组织等决策机构,并设执行机构。理事长等负责人按照法人章程的规定担任法定代表人。 捐助法人应当设监事会等监督机构。
第八十八条　捐助人有权向捐助法人查询捐助财产的使用、管理情况,并提出意见和建议,捐助法人应当及时、如实答复。 捐助法人的决策机构、执行机构或者其法定代表人作出的决定违反捐助法人章程的,捐助人	**第九十七条**　捐助人有权向捐助法人查询捐助财产的使用、管理情况,并提出意见和建议,捐助法人应当及时、如实答复。 捐助法人的决策机构、执行机构或者其法定代表人作出的决定违反捐助法人章程的,捐助人	**第九十四条**　捐助人有权向捐助法人查询捐助财产的使用、管理情况,并提出意见和建议,捐助法人应当及时、如实答复。 捐助法人的决策机构、执行机构或者其法定代表人作出的决定违反捐助法人章程的,捐助人	**第九十八条**　捐助人有权向捐助法人查询捐助财产的使用、管理情况,并提出意见和建议,捐助法人应当及时、如实答复。 捐助法人的决策机构、执行机构**或者**法定代表人作出**决定的程序违反法律、行政法规、法人章程,或者决定内容违反法人章**	**第九十四条**　捐助人有权向捐助法人查询捐助财产的使用、管理情况,并提出意见和建议,捐助法人应当及时、如实答复。 捐助法人的决策机构、执行机构或者法定代表人作出决定的程序违反法律、行政法规、法人章程,或者决定内容违反法人章	**第九十四条**　捐助人有权向捐助法人查询捐助财产的使用、管理情况,并提出意见和建议,捐助法人应当及时、如实答复。 捐助法人的决策机构、执行机构或者法定代表人作出决定的程序违反法律、行政法规、法人章程,或者决定内容违反法人章程的,捐

续表

《民法总则(草案)》(2016年6月版)	《民法总则(草案二次审议稿)》(2016年10月版)	《民法总则(草案三次审议稿)》(2016年12月版)	《民法总则(草案大会审议稿)》(2017年3月8日提交审议)	《中华人民共和国民法总则》(2017年3月15日表决通过)	《中华人民共和国民法典》(2020年5月28日表决通过)
等利害关系人或者主管机关可以请求人民法院予以撤销。	等利害关系人或者主管机关可以请求人民法院予以撤销,**但捐助法人依据该决定与善意第三人形成的民事法律关系不受影响。**	等利害关系人或者主管机关可以请求人民法院予以撤销,**但是**捐助法人依据该决定与善意**相对人**形成的民事法律关系不受影响。	**程的**,捐助人等利害关系人或者主管机关可以请求人民法院予以撤销,但是捐助法人依据该决定与善意相对人形成的民事法律关系不受影响。	程的,捐助人等利害关系人或者主管机关可以请求人民法院**撤销该决定**,但是捐助法人依据该决定与善意相对人形成的民事法律关系不受影响。	助人等利害关系人或者主管机关可以请求人民法院撤销该决定。但是,捐助法人依据该决定与善意相对人形成的民事法律关系不受影响。
	第九十条 为公益目的成立的非营利法人终止时,不得向其出资人或者设立人分配剩余财产;其剩余财产应当按照章程的规定或者权力机构的决议用于公益目的;不能按照法人章程规定或者权力机构的决议处理的,由主管机关主持转给宗旨相同或者相近的以公益为目的的法人,并向社会公告。	**第八十七条** 为公益目的成立的非营利法人终止时,不得向其出资人或者设立人分配剩余财产;其剩余财产应当按照**法人**章程的规定或者权力机构的决议用于公益目的;不能按照法人章程规定或者权力机构的决议处理的,由主管机关主持转给宗旨相同或者相近的以公益为目的的法人,并向社会公告。	**第九十一条** 无变化	**第九十五条** 为公益目的成立的非营利法人终止时,不得向**出资人、设立人或者会员**分配剩余财产。**剩余**财产应当按照法人章程的规定或者权力机构的决议用于公益目的;**无法**按照法人章程**的**规定或者权力机构的决议处理的,由主管机关主持转给宗旨相同或者**相近的**法人,并向社会公告。	**第九十五条** 为公益目的成立的非营利法人终止时,不得向出资人、设立人或者会员分配剩余财产。剩余财产应当按照法人章程的规定或者权力机构的决议用于公益目的;无法按照法人章程的规定或者权力机构的决议处理的,由主管机关主持转给宗旨相同或者相近的法人,并向社会公告。
		第四节 特别法人	第四节 特别法人	第四节 特别法人	第四节 特别法人
		第九十五条 本节规定的机关法人、农村集体经济组织法人、合作经济组织法人、基层群众性自治组织法人为特别法人。	**第九十九条** 本节规定的机关法人、农村集体经济组织法人、合作经济组织法人、基层群众性自治组织法人,为特别法人。	**第九十六条** 本节规定的机关法人、农村集体经济组织法人、**城镇农村的**合作经济组织法人、基层群众性自治组织法人,为特别法人。	**第九十六条** 本节规定的机关法人、农村集体经济组织法人、城镇农村的合作经济组织法人、基层群众性自治组织法人,为特别法人。

续表

《民法总则(草案)》(2016年6月版)	《民法总则(草案二次审议稿)》(2016年10月版)	《民法总则(草案三次审议稿)》(2016年12月版)	《民法总则(草案大会审议稿)》(2017年3月8日提交审议)	《中华人民共和国民法总则》(2017年3月15日表决通过)	《中华人民共和国民法典》(2020年5月28日表决通过)
第八十九条 有独立经费的机关、承担行政职能的法定机构从成立之日起,具有机关法人资格,可以从事为履行职能所需要的民事活动。	**第九十八条** 无变化	**第九十六条** 有独立经费的机关**和**承担行政职能的法定机构从成立之日起,具有机关法人资格,可以从事为履行职能所需要的民事活动。	**第一百条** 无变化	**第九十七条** 无变化	**第九十七条** 有独立经费的机关和承担行政职能的法定机构从成立之日起,具有机关法人资格,可以从事为履行职能所需要的民事活动。
第九十条 机关法人被撤销的,法人终止,其民事责任由继续履行其职能的机关法人承担;没有继续履行其职能的机关法人的,由撤销该机关法人的机关法人承担。	**第九十九条** 无变化	**第九十七条** 无变化	**第一百零一条** 机关法人被撤销的,法人终止,其**民事权利和义务**由**继任**的机关法人**享有和**承担;没有**继任**的机关法人的,由**作出撤销决定**的机关法人**享有和**承担。	**第九十八条** 无变化	**第九十八条** 机关法人被撤销的,法人终止,其民事权利和义务由继任的机关法人享有和承担;没有继任的机关法人的,由作出撤销决定的机关法人享有和承担。
	第七十六条 农村集体经济组织具备法人条件的,依法取得法人资格。	**第九十八条** 农村集体经济**组织**依法取得法人资格。 **法律、行政法规对农村集体经济组织有规定的,依照其规定。**	**第一百零二条** 无变化	**第九十九条** 无变化	**第九十九条** 农村集体经济组织依法取得法人资格。 法律、行政法规对农村集体经济组织有规定的,依照其规定。
第七十二条 法律对合作社法人有规定的,依照其规定。	**第七十五条** 法律**、行政法规**对合作社法人有规定的,依照其规定。	**第九十九条** **城镇、农村的合作经济组织依法取得法人资格。** 法律、行政法规对**城镇、农村的合作经济组织**有规定的,依照其规定。	**第一百零三条** 无变化	**第一百条** **城镇**农村的合作经济组织依法取得法人资格。 法律、行政法规对城镇农村的合作经济组织有规定的,依照其规定。	**第一百条** 城镇农村的合作经济组织依法取得法人资格。 法律、行政法规对城镇农村的合作经济组织有规定的,依照其规定。

续表

《民法总则(草案)》(2016年6月版)	《民法总则(草案二次审议稿)》(2016年10月版)	《民法总则(草案三次审议稿)》(2016年12月版)	《民法总则(草案大会审议稿)》(2017年3月8日提交审议)	《中华人民共和国民法总则》(2017年3月15日表决通过)	《中华人民共和国民法典》(2020年5月28日表决通过)
		第一百条 居民委员会、村民委员会具有基层群众性自治组织法人资格,可以从事为履行职能所需要的民事活动。 未设立村集体经济组织的,村民委员会可以依法代行村集体经济组织的职能。	**第一百零四条** 无变化	**第一百零一条** 无变化	**第一百零一条** 居民委员会、村民委员会具有基层群众性自治组织法人资格,可以从事为履行职能所需要的民事活动。 未设立村集体经济组织的,村民委员会可以依法代行村集体经济组织的职能。

第四章　非法人组织

《民法总则(草案)》(2016年6月版)	《民法总则(草案二次审议稿)》(2016年10月版)	《民法总则(草案三次审议稿)》(2016年12月版)	《民法总则(草案大会审议稿)》(2017年3月8日提交审议)	《中华人民共和国民法总则》(2017年3月15日表决通过)	《中华人民共和国民法典》(2020年5月28日表决通过)
第四章　非法人组织	**第四章　非法人组织**	**第四章　非法人组织**	**第四章　非法人组织**	**第四章　非法人组织**	**第四章　非法人组织**
第九十一条　非法人组织是不具有法人资格,但是依法能够以自己的名义从事民事活动的组织。 非法人组织包括个人独资企业、合伙企业、营利性法人或者非营利性法人依法设立的分支机构等。	**第一百条**　非法人组织是不具有法人资格,但是依法能够以自己的名义从事民事活动的组织。 非法人组织包括个人独资企业、**合伙企业**等。	**第一百零一条**　非法人组织是不具有法人资格,但是依法能够以自己的名义从事民事活动的组织。 非法人组织包括个人独资企业、合伙企业、**不具有法人资格的专业服务机构和其他组织**。	**第一百零五条**　非法人组织是**指**不具有法人资格,但是**能够依法**以自己的名义从事民事活动的组织。 非法人组织包括个人独资企业、合伙企业、不具有法人资格的专业服务机构**等**。	**第一百零二条**　非法人组织**是**不具有法人资格,但是能够依法以自己的名义从事民事活动的组织。 非法人组织包括个人独资企业、合伙企业、不具有法人资格的专业服务机构等。	**第一百零二条**　非法人组织是不具有法人资格,但是能够依法以自己的名义从事民事活动的组织。 非法人组织包括个人独资企业、合伙企业、不具有法人资格的专业服务机构等。
第九十二条　非法人组织应当依法登记。 设立非法人组织,法律规定须经有关机关批准的,依照其规定。	**第一百零一条**　非法人组织应当**依照法律的规定**登记。 设立非法人组织,法律规定须经有关机关批准的,依照其规定。	**第一百零二条**　非法人组织应当依照法律的规定登记。 设立非法人组织,法律、**行政法规**规定须经有关机关批准的,依照其规定。	**第一百零六条** 无变化	**第一百零三条** 无变化	**第一百零三条**　非法人组织应当依照法律的规定登记。 设立非法人组织,法律、行政法规规定须经有关机关批准的,依照其规定。
第九十三条　非法人组织的成员或者设立人对该组织的债务承担无限责任。法律另有规定的,依照其规定。	**第一百零二条**　非法人组织的**出资人**或者设立人对该组织的债务承担无限责任。法律另有规定的,依照其规定。	**第一百零三条** 无变化	**第一百零七条　非法人组织的财产不足以清偿债务的,其出资人或者设立人承担无限责任。**法律另有规定的,依照其规定。	**第一百零四条** 无变化	**第一百零四条**　非法人组织的财产不足以清偿债务的,其出资人或者设立人承担无限责任。法律另有规定的,依照其规定。

续表

《民法总则(草案)》(2016年6月版)	《民法总则(草案二次审议稿)》(2016年10月版)	《民法总则(草案三次审议稿)》(2016年12月版)	《民法总则(草案大会审议稿)》(2017年3月8日提交审议)	《中华人民共和国民法总则》(2017年3月15日表决通过)	《中华人民共和国民法典》(2020年5月28日表决通过)
第九十四条 非法人组织可以确定一人或者数人代表该组织从事民事活动。	**第一百零三条** 无变化	**第一百零四条** 无变化	**第一百零八条** 无变化	**第一百零五条** 无变化	**第一百零五条** 非法人组织可以确定一人或者数人代表该组织从事民事活动。
第九十五条 非法人组织以登记的住所为住所。 非法人组织的主要办事机构所在地与住所不一致的,其主要办事机构所在地视为住所。					
第九十六条 有下列情形之一的,非法人组织解散: (一)设立人或者其成员决定解散的; (二)章程或者组织规章规定的存续期间届满的; (三)章程或者组织规章规定的其他解散事由出现的; (四)出现法律规定的其他情形的。	**第一百零四条** 有下列情形之一的,非法人组织解散: **(一)章程规定的存续期间届满或者章程规定的其他解散事由出现的;** **(二)出资人或者设立人决定解散的;** **(三)法律规定的其他情形。**	**第一百零五条** 无变化	**第一百零九条** 有下列情形之一的,非法人组织解散: (一)章程规定的存续期间届满或者章程规定的其他解散事由出现; (二)出资人或者设立人决定解散; (三)法律规定的其他情形。	**第一百零六条** 无变化	**第一百零六条** 有下列情形之一的,非法人组织解散: (一)章程规定的存续期间届满或者章程规定的其他解散事由出现; (二)出资人或者设立人决定解散; (三)法律规定的其他情形。
第九十七条 非法人组织解散的,应当依法进行清算。**清算终结,并完成注销登记时,非法人组织终止。**	**第一百零五条** 无变化	**第一百零六条** 无变化	**第一百一十条** 无变化	**第一百零七条** 无变化	**第一百零七条** 非法人组织解散的,应当依法进行清算。
第九十八条 非法人组织除适用本章规定外,参照适用本法第三章第一节的有关规定。	**第一百零六条** 无变化	**第一百零七条** 无变化	**第一百一十一条** 无变化	**第一百零八条** 无变化	**第一百零八条** 非法人组织除适用本章规定外,参照适用**本编**第三章第一节的有关规定。

第五章　民事权利

《民法总则(草案)》(2016年6月版)	《民法总则(草案二次审议稿)》(2016年10月版)	《民法总则(草案三次审议稿)》(2016年12月版)	《民法总则(草案大会审议稿)》(2017年3月8日提交审议)	《中华人民共和国民法总则》(2017年3月15日表决通过)	《中华人民共和国民法典》(2020年5月28日表决通过)
第五章　民事权利	第五章　民事权利	第五章　民事权利	第五章　民事权利	第五章　民事权利	第五章　民事权利
第九十九条　自然人的人身自由、人格尊严受法律保护。	**第一百零七条** 无变化	**第一百零八条** 无变化	**第一百一十二条** 无变化	**第一百零九条** 无变化	**第一百零九条**　自然人的人身自由、人格尊严受法律保护。
第一百条　自然人享有生命权、健康权、身体权、姓名权、肖像权、名誉权、荣誉权、隐私权、婚姻自主权等权利。 法人、非法人组织享有名称权、名誉权、荣誉权等权利。	**第一百零八条** 无变化	**第一百零九条** 无变化	**第一百一十三条** 无变化	**第一百一十条**　自然人享有生命权、**身体权**、**健康权**、姓名权、肖像权、名誉权、荣誉权、隐私权、婚姻自主权等权利。 法人、非法人组织享有名称权、名誉权、荣誉权等权利。	**第一百一十条**　自然人享有生命权、身体权、健康权、姓名权、肖像权、名誉权、荣誉权、隐私权、婚姻自主权等权利。 法人、非法人组织享有名称权、名誉权**和荣誉权**。
	第一百零九条　自然人的个人信息受法律保护。任何组织和个人不得非法收集、利用、加工、传输个人信息,不得非法提供、公开或者出售个人信息。	**第一百一十条**　自然人的个人信息受法律保护。任何组织和个人不得非法收集、**使用**、加工、传输个人信息,不得非法**买卖**、**提供**或者**公开**个人信息。	**第一百一十四条**　自然人的个人信息受法律保护。任何组织和个人**应当确保依法取得的个人信息安全**,不得非法收集、使用、加工、传输个人信息,不得非法买卖、提供或者公开个人信息。	**第一百一十一条**　自然人的个人信息受法律保护。任何组织和个人**需要获取他人个人信息的,应当依法取得并确保信息安全**,不得非法收集、使用、加工、传输**他人**个人信息,不得非法买卖、提供或者公开**他人**个人信息。	**第一百一十一条**　自然人的个人信息受法律保护。任何组织**或者**个人需要获取他人个人信息的,应当依法取得并确保信息安全,不得非法收集、使用、加工、传输他人个人信息,不得非法买卖、提供或者公开他人个人信息。
第一百零一条　自然人因婚姻、家庭关系产生的人身权利受法律保护。	**第一百一十条**　自然人因婚姻**、**家庭关系**等**产生的人身权利受法律保护。	**第一百一十一条** 无变化	**第一百一十五条** 无变化	**第一百一十二条** 无变化	**第一百一十二条**　自然人因婚姻家庭关系等产生的人身权利受法律保护。

续表

《民法总则(草案)》(2016 年 6 月版)	《民法总则(草案二次审议稿)》(2016 年 10 月版)	《民法总则(草案三次审议稿)》(2016 年 12 月版)	《民法总则(草案大会审议稿)》(2017 年 3 月 8 日提交审议)	《中华人民共和国民法总则》(2017 年 3 月 15 日表决通过)	《中华人民共和国民法典》(2020 年 5 月 28 日表决通过)
第一百零二条 民事主体依法享有的收入、储蓄、房屋、生活用品、生产工具、投资及其他财产权利受法律保护。	**第一百一十一条** 无变化	**第一百一十二条** **自然人的私有**财产权利受法律保护。	**第一百一十六条** 民**事主体的**财产权利受法律保护。	**第一百一十三条** 民事主体的财产权利受法律**平等**保护。	**第一百一十三条** 民事主体的财产权利受法律平等保护。
第一百零三条 民事主体依法享有物权。 物权是权利人依法对特定的物享有直接支配和排他的权利,包括所有权、用益物权、担保物权。	**第一百一十二条** 民事主体依法享有物权。 物权是权利人依法对特定的物享有直接支配和排他的权利,包括所有权、用益物权**和**担保物权。	**第一百一十三条** 无变化	**第一百一十七条** 无变化	**第一百一十四条** 无变化	**第一百一十四条** 民事主体依法享有物权。 物权是权利人依法对特定的物享有直接支配和排他的权利,包括所有权、用益物权和担保物权。
第一百零四条 物包括不动产和动产。法律规定具体权利或者网络虚拟财产作为物权客体的,依照其规定。	**第一百一十三条** 物包括不动产和动产。法律规定**权利**作为物权客体的,依照其规定。	**第一百一十四条** 无变化	**第一百一十八条** 无变化	**第一百一十五条** 无变化	**第一百一十五条** 物包括不动产和动产。法律规定权利作为物权客体的,依照其规定。
		第一百一十五条 物权的种类和内容,由法律规定。	**第一百一十九条** 无变化	**第一百一十六条** 无变化	**第一百一十六条** 物权的种类和内容,由法律规定。
	第一百一十四条 民事主体的物权受法律平等保护,任何组织和个人不得侵犯。	**第一百一十六条** 无变化			
		第一百一十七条 为了公共利益的需要,依照法律规定的权限和程序征收、征用不动产或者动产的,应当给予公平、合理的补偿。	**第一百二十条** 无变化	**第一百一十七条** 无变化	**第一百一十七条** 为了公共利益的需要,依照法律规定的权限和程序征收、征用不动产或者动产的,应当给予公平、合理的补偿。

续表

《民法总则(草案)》(2016年6月版)	《民法总则(草案二次审议稿)》(2016年10月版)	《民法总则(草案三次审议稿)》(2016年12月版)	《民法总则(草案大会审议稿)》(2017年3月8日提交审议)	《中华人民共和国民法总则》(2017年3月15日表决通过)	《中华人民共和国民法典》(2020年5月28日表决通过)
第一百零五条 民事主体依法享有债权。 债权是因合同、**单方允诺**、侵权行为、无因管理、不当得利以及法律的其他规定,权利人请求特定义务人为一定行为的权利。	**第一百一十五条** 民事主体依法享有债权。 债权是因合同、侵权行为、无因管理、不当得利以及法律的其他规定,权利人请求特定义务人为**或者不为**一定行为的权利。	**第一百一十八条** 无变化	**第一百二十一条** 无变化	**第一百一十八条** 无变化	**第一百一十八条** 民事主体依法享有债权。 债权是因合同、侵权行为、无因管理、不当得利以及法律的其他规定,权利人请求特定义务人为或者不为一定行为的权利。
	第一百一十六条 依法成立的合同,对当事人具有法律约束力。	**第一百一十九条** 无变化	**第一百二十二条** 无变化	**第一百一十九条** 无变化	**第一百一十九条** 依法成立的合同,对当事人具有法律约束力。
	第一百一十七条 民事权益受到侵害的,被侵权人有权请求侵权人承担侵权责任。	**第一百二十条** 无变化	**第一百二十三条** 无变化	**第一百二十条** 无变化	**第一百二十条** 民事权益受到侵害的,被侵权人有权请求侵权人承担侵权责任。
第一百零六条 没有法定的或者约定的义务,为避免他人利益受损失进行管理或者服务的,有权请求受益人偿还由此而支付的必要费用。	**第一百一十八条** 无变化	**第一百二十一条** 无变化	**第一百二十四条** 没有法定的或者约定的义务,为避免他人利益受损失进行管理**的人**,有权请求受益人偿还由此而支付的必要费用。	**第一百二十一条** 没有法定的或者约定的义务,为避免他人利益受损失**而**进行管理的人,有权请求受益人偿还由此**支出**的必要费用。	**第一百二十一条** 没有法定的或者约定的义务,为避免他人利益受损失而进行管理的人,有权请求受益人偿还由此支出的必要费用。
第一百零七条 没有合法根据,取得不当利益,造成他人损失的,应当将取得的不当利益返还受损失的人。	**第一百一十九条** 没有合法根据,取得不当利益,**造成他人损失的,受损失的人有权请求不当得利的人返还不当利益**。	**第一百二十二条** 无变化	**第一百二十五条** 因**他人**没有**法律**根据,取得不当利益,受损失的人有权请求**其**返还不当利益。	**第一百二十二条** 无变化	**第一百二十二条** 因他人没有法律根据,取得不当利益,受损失的人有权请求其返还不当利益。

续表

《民法总则(草案)》(2016 年 6 月版)	《民法总则(草案二次审议稿)》(2016 年 10 月版)	《民法总则(草案三次审议稿)》(2016 年 12 月版)	《民法总则(草案大会审议稿)》(2017 年 3 月 8 日提交审议)	《中华人民共和国民法总则》(2017 年 3 月 15 日表决通过)	《中华人民共和国民法典》(2020 年 5 月 28 日表决通过)
第一百零八条 民事主体依法享有知识产权。 知识产权是指权利人依法就下列客体所享有的权利: (一)作品; (二)专利; (三)商标; (四)地理标记; (五)商业秘密; (六)集成电路布图设计; (七)植物新品种; (八)数据信息; (九)法律、行政法规规定的其他内容。	**第一百二十条** 民事主体依法享有知识产权。 知识产权是指权利人依法就下列客体所享有的权利: (一)作品; (二)**发明、实用新型、外观设计**; (三)商标; (四)**地理标志**; (五)商业秘密; (六)集成电路布图设计; (七)植物新品种; (八)**科学发现**; (九)**法律**规定的其他**客体**。	**第一百二十三条** 民事主体依法享有知识产权。 知识产权是指权利人依法就下列客体所享有的**专属的和支配的**权利: (一)作品; (二)发明、实用新型、外观设计; (三)商标; (四)地理标志; (五)商业秘密; (六)集成电路布图设计; (七)植物新品种; **(八)法律规定的其他客体**。	**第一百二十六条** 无变化	**第一百二十三条** 民事主体依法享有知识产权。 知识产权**是**权利人依法就下列客体**享有**的**专有**的权利: (一)作品; (二)发明、实用新型、外观设计; (三)商标; (四)地理标志; (五)商业秘密; (六)集成电路布图设计; (七)植物新品种; (八)法律规定的其他客体。	**第一百二十三条** 民事主体依法享有知识产权。 知识产权是权利人依法就下列客体享有的专有的权利: (一)作品; (二)发明、实用新型、外观设计; (三)商标; (四)地理标志; (五)商业秘密; (六)集成电路布图设计; (七)植物新品种; (八)法律规定的其他客体。
第一百零九条 自然人依法享有继承权。	**第一百二十一条** 无变化	**第一百二十四条** 无变化	**第一百二十七条** 无变化	**第一百二十四条** 自然人依法享有继承权。 自然人合法的私有财产,可以依法继承。	**第一百二十四条** 自然人依法享有继承权。 自然人合法的私有财产,可以依法继承。
		第一百二十五条 自然人合法的私有财产,可以依法继承。	**第一百二十八条** 无变化		
第一百一十条 民事主体依法享有股权或者其他民事权利。	**第一百二十二条** 民事主体依法享有股权**和**其他**投资性**权利。	**第一百二十六条** 无变化	**第一百二十九条** 无变化	**第一百二十五条** 无变化	**第一百二十五条** 民事主体依法享有股权和其他投资性权利。
	第一百二十三条 民事主体享有法律规定的其他民事权利。	**第一百二十七条** 民事主体享有法律规定的其他民事权利**和利益**。	**第一百三十条** 无变化	**第一百二十六条** 无变化	**第一百二十六条** 民事主体享有法律规定的其他民事权利和利益。

续表

《民法总则(草案)》(2016年6月版)	《民法总则(草案二次审议稿)》(2016年10月版)	《民法总则(草案三次审议稿)》(2016年12月版)	《民法总则(草案大会审议稿)》(2017年3月8日提交审议)	《中华人民共和国民法总则》(2017年3月15日表决通过)	《中华人民共和国民法典》(2020年5月28日表决通过)
	第一百二十四条 法律对数据、网络虚拟财产的保护有规定的,依照其规定。	**第一百二十八条** 无变化	**第一百三十一条** 无变化	**第一百二十七条** 无变化	**第一百二十七条** 法律对数据、网络虚拟财产的保护有规定的,依照其规定。
第一百一十一条 法律对未成年人、老年人、残疾人、妇女、消费者等的民事权利有特别保护规定的,依照其规定。	**第一百二十五条** 无变化	**第一百二十九条** 无变化	**第一百三十二条** 法律对未成年人、老年人、残疾人、妇女、消费者等的民事权利**保护有特别**规定的,依照其规定。	**第一百二十八条** 无变化	**第一百二十八条** 法律对未成年人、老年人、残疾人、妇女、消费者等的民事权利保护有特别规定的,依照其规定。
		第一百三十条 民事权利可以依据民事法律行为、事实行为、法律规定的事件或者法律规定的其他方式取得。	**第一百三十三条** 无变化	**第一百二十九条** 无变化	**第一百二十九条** 民事权利可以依据民事法律行为、事实行为、法律规定的事件或者法律规定的其他方式取得。
		第一百三十一条 民事主体按照自己的意愿依法行使民事权利,不受干涉。	**第一百三十四条** 无变化	**第一百三十条** 无变化	**第一百三十条** 民事主体按照自己的意愿依法行使民事权利,不受干涉。
第九条第二款 民事主体行使权利的同时,应当履行法律规定的或者当事人约定的义务**,承担相应责任**。	**第九条第二款** 无变化	**第八条第二款** 民事主体行使权利的同时,应当履行法律规定的或者当事人约定的义务。	**第十条** 民事主体行使权利**时**,应当履行法律规定的或者当事人约定的义务。	**第一百三十一条** 民事主体行使权利时,应当履行法律规定的**和**当事人约定的义务。	**第一百三十一条** 民事主体行使权利时,应当履行法律规定的和当事人约定的义务。
	第八条 民事主体从事民事活动,不得违反法律,不得违背公序良俗,不得滥用权利损害他人合法权益。	**第一百三十二条** **民事主体**不得滥用**民事权利**损害他人合法权益。	**第一百三十五条** 民事主体不得滥用民事权利损害**社会公共利益或者**他人合法权益。	**第一百三十二条** 民事主体不得滥用民事权利损害**国家利益、**社会公共利益或者他人合法权益。	**第一百三十二条** 民事主体不得滥用民事权利损害国家利益、社会公共利益或者他人合法权益。

第六章　民事法律行为

《民法总则(草案)》(2016年6月版)	《民法总则(草案二次审议稿)》(2016年10月版)	《民法总则(草案三次审议稿)》(2016年12月版)	《民法总则(草案大会审议稿)》(2017年3月8日提交审议)	《中华人民共和国民法总则》(2017年3月15日表决通过)	《中华人民共和国民法典》(2020年5月28日表决通过)
第六章 民事法律行为	第六章 民事法律行为	第六章 民事法律行为	第六章 民事法律行为	第六章 民事法律行为	第六章 民事法律行为
第一节　一般规定	第一节　一般规定	第一节　一般规定	第一节　一般规定	第一节　一般规定	第一节　一般规定
第一百一十二条 民事法律行为是指自然人、法人或者非法人组织通过意思表示设立、变更、终止民事权利和民事义务的行为。	**第一百二十六条** 民事法律行为是指**民事主体**通过意思表示设立、变更、终止**民事权利义务关系**的行为。	**第一百三十四条** 无变化	**第一百三十六条** 民事法律行为是指民事主体通过意思表示设立、变更、终止**民事法律关系**的行为。	**第一百三十三条** 民事法律行为**是**民事主体通过意思表示设立、变更、终止民事法律关系的行为。	**第一百三十三条** 民事法律行为是民事主体通过意思表示设立、变更、终止民事法律关系的行为。
第一百一十三条 民事法律行为可以基于单方的意思表示成立,也可以基于双方或者多方的意思表示一致成立。 法人、非法人组织的决议行为应当依照法律或者章程规定的程序和表决规则成立。	**第一百二十七条** 民事法律行为可以基于单方的意思表示成立,也可以基于双方或者多方的意思表示一致成立。 法人、非法人组织**依照法律或者章程规定的议事方式和表决程序作出决议的,该决议行为成立**。	**第一百三十五条** 无变化	**第一百三十七条** 民事法律行为可以基于**双方或者多方的意思表示一致成立,也可以基于单方的意思表示成立**。 法人、非法人组织依照法律或者章程规定的议事方式和表决程序作出决议的,该决议行为成立。	**第一百三十四条** 无变化	**第一百三十四条** 民事法律行为可以基于双方或者多方的意思表示一致成立,也可以基于单方的意思表示成立。 法人、非法人组织依照法律或者章程规定的议事方式和表决程序作出决议的,该决议行为成立。
第一百一十四条 民事法律行为可以采用书面形式、口头形式或者其他形式;法律规定或者当事人约定采用特定形式的,应当采用特定形式。	**第一百二十八条** 无变化	**第一百三十六条** 无变化	**第一百三十八条** 民事法律行为可以采用书面形式、口头形式或者其他形式;法律、**行政法规**规定或者当事人约定采用特定形式的,应当采用特定形式。	**第一百三十五条** 无变化	**第一百三十五条** 民事法律行为可以采用书面形式、口头形式或者其他形式;法律、行政法规规定或者当事人约定采用特定形式的,应当采用特定形式。

续表

《民法总则(草案)》(2016年6月版)	《民法总则(草案二次审议稿)》(2016年10月版)	《民法总则(草案三次审议稿)》(2016年12月版)	《民法总则(草案大会审议稿)》(2017年3月8日提交审议)	《中华人民共和国民法总则》(2017年3月15日表决通过)	《中华人民共和国民法典》(2020年5月28日表决通过)
第一百一十五条 民事法律行为自成立时生效,法律另有规定或者当事人另有约定的除外。 行为人非依法律规定或者取得对方同意,不得擅自变更或者解除民事法律行为。	**第一百二十九条** 民事法律行为自成立时生效,法律另有规定或者当事人另有约定的除外。 行为人非依法律规定或者取得对方同意,不得擅自变更或者解除民事法律行为。	**第一百三十七条** 无变化	**第一百三十九条** 民事法律行为自成立时生效,**但是**法律另有规定或者当事人另有约定的除外。 行为人非依法律规定或者**未经**对方同意,不得擅自变更或者解除民事法律行为。	**第一百三十六条** 无变化	**第一百三十六条** 民事法律行为自成立时生效,但是法律另有规定或者当事人另有约定的除外。 行为人非依法律规定或者未经对方同意,不得擅自变更或者解除民事法律行为。
第二节　意思表示	第二节　意思表示	第二节　意思表示	第二节　意思表示	第二节　意思表示	第二节　意思表示
第一百一十六条 以对话方式作出的意思表示,相对人了解其内容时生效。以非对话方式作出的意思表示,到达相对人时生效。	**第一百三十条** 以对话方式作出的意思表示,相对人了解其内容时生效。 以非对话方式作出的意思表示,到达相对人时生效。以非对话方式作出的采用数据电文形式的意思表示,相对人指定特定系统接收数据电文的,该数据电文进入该特定系统时生效;未指定特定系统的,相对人知道或者应当知道该数据电文进入其系统时生效。当事人对采用数据电文形式的意思表示的生效时间另有约定的,按照其约定。	**第一百三十八条** 无变化	**第一百四十条** 以对话方式作出的意思表示,相对人**知道**其内容时生效。 以非对话方式作出的意思表示,到达相对人时生效。以非对话方式作出的采用数据电文形式的意思表示,相对人指定特定系统接收数据电文的,该数据电文进入该特定系统时生效;未指定特定系统的,相对人知道或者应当知道该数据电文进入其系统时生效。当事人对采用数据电文形式的意思表示的生效时间另有约定的,按照其约定。	**第一百三十七条** 无变化	**第一百三十七条** 以对话方式作出的意思表示,相对人知道其内容时生效。 以非对话方式作出的意思表示,到达相对人时生效。以非对话方式作出的采用数据电文形式的意思表示,相对人指定特定系统接收数据电文的,该数据电文进入该特定系统时生效;未指定特定系统的,相对人知道或者应当知道该数据电文进入其系统时生效。当事人对采用数据电文形式的意思表示的生效时间另有约定的,按照其约定。
第一百一十七条第一款 以非对话方式作出的采用数据电文形式的意思表示,相对人指定特定系统接收数据电文的,该数据电文进入该特定系统时生效;未指定特定系统的,相对人知道或者应当知道该数据电文进入其系统时生效。当事人对采用数据电文形式的意思表示的生效时间另有约定的,按照其约定。					

续表

《民法总则(草案)》(2016年6月版)	《民法总则(草案二次审议稿)》(2016年10月版)	《民法总则(草案三次审议稿)》(2016年12月版)	《民法总则(草案大会审议稿)》(2017年3月8日提交审议)	《中华人民共和国民法总则》(2017年3月15日表决通过)	《中华人民共和国民法典》(2020年5月28日表决通过)
第一百一十七条第三款　无相对人的意思表示，表示完成时生效，法律另有规定的除外。	**第一百三十一条** 无相对人的意思表示，表示完成时生效。法律另有规定的，**依照其规定**。	**第一百三十九条** 无变化	**第一百四十一条** 无变化	**第一百三十八条** 无变化	**第一百三十八条**　无相对人的意思表示，表示完成时生效。法律另有规定的，依照其规定。
第一百一十七条第二款　以公告方式作出的意思表示，公告发布时生效。	**第一百三十二条** 无变化	**第一百四十条** 无变化	**第一百四十二条** 无变化	**第一百三十九条** 无变化	**第一百三十九条**　以公告方式作出的意思表示，公告发布时生效。
第一百一十八条 行为人可以明示或者默示作出意思表示。 沉默只有在有法律规定、当事人约定或者习惯时，方可以视为意思表示。	**第一百三十三条** 无变化	**第一百四十一条** 无变化	**第一百四十三条**　行为人可以明示或者默示作出意思表示。 沉默只有在有法律规定、当事人约定或者**当事人之间的交易习惯**时，**才**可以视为意思表示。	**第一百四十条**　行为人可以明示或者默示作出意思表示。 沉默只有在有法律规定、当事人约定或者**符合**当事人之间的交易习惯时，才可以视为意思表示。	**第一百四十条**　行为人可以明示或者默示作出意思表示。 沉默只有在有法律规定、当事人约定或者符合当事人之间的交易习惯时，才可以视为意思表示。
第一百一十九条 行为人可以撤回意思表示。撤回意思表示的通知应当在意思表示到达相对人前或者与意思表示同时到达相对人。	**第一百三十四条** 无变化	**第一百四十二条** 无变化	**第一百四十四条** 无变化	**第一百四十一条** 无变化	**第一百四十一条**　行为人可以撤回意思表示。撤回意思表示的通知应当在意思表示到达相对人前或者与意思表示同时到达相对人。

续表

《民法总则(草案)》(2016年6月版)	《民法总则(草案二次审议稿)》(2016年10月版)	《民法总则(草案三次审议稿)》(2016年12月版)	《民法总则(草案大会审议稿)》(2017年3月8日提交审议)	《中华人民共和国民法总则》(2017年3月15日表决通过)	《中华人民共和国民法典》(2020年5月28日表决通过)
第一百二十条　有相对人的意思表示的解释,应当按照所使用的词句,结合相关条款、行为的性质和目的、习惯、相对人的合理信赖以及诚实信用原则,确定意思表示的含义。无相对人的意思表示的解释,不能拘泥于所使用的词句,而应当结合相关条款、行为的性质和目的、习惯以及诚实信用原则,确定行为人的真实意思。	**第一百三十五条** 有相对人的意思表示的解释,应当按照所使用的词句,结合相关条款、行为的性质和目的、习惯、**相对人的合理信赖**以及诚实信用原则,确定意思表示的含义。 无相对人的意思表示的解释,不能拘泥于所使用的词句,而应当结合相关条款、行为的性质和目的、习惯以及诚实信用原则,确定行为人的真实意思。	**第一百四十三条** 有相对人的意思表示的解释,应当按照所使用的词句,结合相关条款、行为的性质和目的、习惯以及诚实信用原则,确定意思表示的含义。 无相对人的意思表示的解释,不能拘泥于所使用的词句,而应当结合相关条款、行为的性质和目的、习惯以及诚实信用原则,确定行为人的真实意思。	**第一百四十五条**　有相对人的意思表示的解释,应当按照所使用的词句,结合相关条款、行为的性质和目的、习惯以及**诚信**原则,确定意思表示的含义。 无相对人的意思表示的解释,不能拘泥于所使用的词句,而应当结合相关条款、行为的性质和目的、习惯以及**诚信**原则,确定行为人的真实意思。	**第一百四十二条**　有相对人的意思表示的解释,应当按照所使用的词句,结合相关条款、行为的性质和目的、习惯以及诚信原则,确定意思表示的含义。 无相对人的意思表示的解释,不能**完全**拘泥于所使用的词句,而应当结合相关条款、行为的性质和目的、习惯以及诚信原则,确定行为人的真实意思。	**第一百四十二条**　有相对人的意思表示的解释,应当按照所使用的词句,结合相关条款、行为的性质和目的、习惯以及诚信原则,确定意思表示的含义。 无相对人的意思表示的解释,不能完全拘泥于所使用的词句,而应当结合相关条款、行为的性质和目的、习惯以及诚信原则,确定行为人的真实意思。
第三节 民事法律行为 的效力	第三节 民事法律行为 的效力	第三节 民事法律行为 的效力	第三节 民事法律行为 的效力	第三节 民事法律行为 的效力	第三节 民事法律行为 的效力
第一百二十一条 具备下列条件的民事法律行为有效: (一)行为人具有相应的民事行为能力; (二)意思表示真实; (三)不违反法律、行政法规的效力性强制性规定,不违背公序良俗。	**第一百三十六条** 具备下列条件的民事法律行为有效: (一)行为人具有相应的民事行为能力; (二)意思表示真实; (三)不违反法律、行政法规的效力性**强制**规定,不违背公序良俗。	**第一百四十四条** 无变化	**第一百四十六条** 无变化	**第一百四十三条**　具备下列条件的民事法律行为有效: (一)行为人具有相应的民事行为能力; (二)意思表示真实; (三)不违反法律、行政法规的**强制性**规定,不违背公序良俗。	**第一百四十三条**　具备下列条件的民事法律行为有效: (一)行为人具有相应的民事行为能力; (二)意思表示真实; (三)不违反法律、行政法规的强制性规定,不违背公序良俗。
第一百二十二条 无民事行为能力人实施的民事法律行为无效。	**第一百三十七条** 无变化	**第一百四十五条** 无变化	**第一百四十七条** 无变化	**第一百四十四条** 无变化	**第一百四十四条**　无民事行为能力人实施的民事法律行为无效。

续表

《民法总则(草案)》(2016年6月版)	《民法总则(草案二次审议稿)》(2016年10月版)	《民法总则(草案三次审议稿)》(2016年12月版)	《民法总则(草案大会审议稿)》(2017年3月8日提交审议)	《中华人民共和国民法总则》(2017年3月15日表决通过)	《中华人民共和国民法典》(2020年5月28日表决通过)
第一百二十三条 限制民事行为能力人实施的民事法律行为,经法定代理人同意或者追认后有效,但是纯获利益的民事法律行为或者与其年龄、智力、精神健康状况相适应的民事法律行为,不需经法定代理人同意或者追认。 相对人可以催告法定代理人自收到通知之日起一个月内予以追认。法定代理人未作表示的,视为拒绝追认。民事法律行为被追认前,善意相对人有撤销的权利。撤销应当以通知的方式作出。	**第一百三十八条** 无变化	**第一百四十六条** 无变化	**第一百四十八条** 限制民事行为能力人实施的**纯获利益的民事法律行为或者与其年龄、智力、精神健康状况相适应的民事法律行为有效;实施的其他民事法律行为经法定代理人同意或者追认后有效。** 相对人可以催告法定代理人自收到通知之日起一个月内予以追认。法定代理人未作表示的,视为拒绝追认。民事法律行为被追认前,善意相对人有撤销的权利。撤销应当以通知的方式作出。	**第一百四十五条** 无变化	**第一百四十五条** 限制民事行为能力人实施的纯获利益的民事法律行为或者与其年龄、智力、精神健康状况相适应的民事法律行为有效;实施的其他民事法律行为经法定代理人同意或者追认后有效。 相对人可以催告法定代理人自收到通知之日起**三十日**内予以追认。法定代理人未作表示的,视为拒绝追认。民事法律行为被追认前,善意相对人有撤销的权利。撤销应当以通知的方式作出。
第一百二十四条 行为人与相对人串通,以虚假的意思表示实施的民事法律行为无效,但是双方均不得以此对抗善意第三人。 行为人以虚假的意思表示隐藏的民事法律行为,依照有关法律规定处理。	**第一百三十九条** 行为人与相对人串通,以虚假的意思表示实施的民事法律行为无效,但是双方均不得以此对抗善意第三人。 行为人以虚假的意思表示隐藏的民事法律行为**的效力**,依照有关法律规定处理。	**第一百四十七条** 无变化	**第一百四十九条** 行为人与**相对人**以虚假的意思表示实施的民事法律行为无效**,但是双方均不得以此对抗善意第三人。** 行为人以虚假的意思表示隐藏的民事法律行为的效力,依照有关法律规定处理。	**第一百四十六条** 行为人与相对人以虚假的意思表示实施的民事法律行为无效。 **以**虚假的意思表示隐藏的民事法律行为的效力,依照有关法律规定处理。	**第一百四十六条** 行为人与相对人以虚假的意思表示实施的民事法律行为无效。 以虚假的意思表示隐藏的民事法律行为的效力,依照有关法律规定处理。

续表

《民法总则(草案)》(2016年6月版)	《民法总则(草案二次审议稿)》(2016年10月版)	《民法总则(草案三次审议稿)》(2016年12月版)	《民法总则(草案大会审议稿)》(2017年3月8日提交审议)	《中华人民共和国民法总则》(2017年3月15日表决通过)	《中华人民共和国民法典》(2020年5月28日表决通过)
第一百二十五条 基于重大误解实施的民事法律行为,行为人有权请求人民法院或者仲裁机构予以撤销。	**第一百四十条** 无变化	**第一百四十八条** 无变化	**第一百五十条** 无变化	**第一百四十七条** 无变化	**第一百四十七条** 基于重大误解实施的民事法律行为,行为人有权请求人民法院或者仲裁机构予以撤销。
第一百二十六条 一方以欺诈手段,使对方在其违背真实意思的情况下实施的民事法律行为,受欺诈方有权请求人民法院或者仲裁机构予以撤销。	**第一百四十一条** 一方以欺诈手段,使对方**在**违背真实意思的情况下实施的民事法律行为,受欺诈方有权请求人民法院或者仲裁机构予以撤销。	**第一百四十九条** 无变化	**第一百五十一条** 无变化	**第一百四十八条** 无变化	**第一百四十八条** 一方以欺诈手段,使对方在违背真实意思的情况下实施的民事法律行为,受欺诈方有权请求人民法院或者仲裁机构予以撤销。
第一百二十七条 第三人实施欺诈行为,使一方在违背其真实意思的情况下实施的民事法律行为,对方知道或者应当知道该欺诈行为的,受欺诈方有权请求人民法院或者仲裁机构予以撤销。	**第一百四十二条** 第三人实施欺诈行为,使一方在**违背**真实意思的情况下实施的民事法律行为,对方知道或者应当知道该欺诈行为的,受欺诈方有权请求人民法院或者仲裁机构予以撤销。	**第一百五十条** 无变化	**第一百五十二条** 无变化	**第一百四十九条** 无变化	**第一百四十九条** 第三人实施欺诈行为,使一方在违背真实意思的情况下实施的民事法律行为,对方知道或者应当知道该欺诈行为的,受欺诈方有权请求人民法院或者仲裁机构予以撤销。
第一百二十八条 一方或者第三人以胁迫手段,使对方在违背其真实意思的情况下实施的民事法律行为,受胁迫方有权请求人民法院或者仲裁机构予以撤销。	**第一百四十三条** 一方或者第三人以胁迫手段,使对方在**违背**真实意思的情况下实施的民事法律行为,受胁迫方有权请求人民法院或者仲裁机构予以撤销。	**第一百五十一条** 无变化	**第一百五十三条** 无变化	**第一百五十条** 无变化	**第一百五十条** 一方或者第三人以胁迫手段,使对方在违背真实意思的情况下实施的民事法律行为,受胁迫方有权请求人民法院或者仲裁机构予以撤销。

续表

《民法总则(草案)》(2016年6月版)	《民法总则(草案二次审议稿)》(2016年10月版)	《民法总则(草案三次审议稿)》(2016年12月版)	《民法总则(草案大会审议稿)》(2017年3月8日提交审议)	《中华人民共和国民法总则》(2017年3月15日表决通过)	《中华人民共和国民法典》(2020年5月28日表决通过)
第一百二十九条 一方利用对方处于困境、缺乏判断能力或者对自己信赖等情形，致使民事法律行为成立时显失公平的，受损害方有权请求人民法院或者仲裁机构予以撤销。	**第一百四十四条** 一方利用对方处于困境、缺乏判断**能力**等情形，致使民事法律行为成立时显失公平的，受损害方有权请求人民法院或者仲裁机构予以撤销。	**第一百五十二条** 无变化	**第一百五十四条** 一方利用对方处于**危困状态**、缺乏判断能力等情形，致使民事法律行为成立时显失公平的，受损害方有权请求人民法院或者仲裁机构予以撤销。	**第一百五十一条** 无变化	**第一百五十一条** 一方利用对方处于危困状态、缺乏判断能力等情形，致使民事法律行为成立时显失公平的，受损害方有权请求人民法院或者仲裁机构予以撤销。
第一百三十条 民事法律行为因重大误解、欺诈、显失公平被撤销的，不得对抗善意第三人。	**第一百四十五条** 无变化	**第一百五十三条** 无变化	**第一百五十五条** 无变化		
第一百三十一条 有下列情形之一的，撤销权消灭： (一)当事人自知道或者应当知道撤销事由之日起一年内没有行使撤销权的； (二)当事人受胁迫，自胁迫行为终止之日起一年内没有行使撤销权的； (三)当事人知道撤销事由后明确表示或者以自己的行为表明放弃撤销权的； (四)当事人自民事法律行为发生之日起五年内没有行使撤销权的。	**第一百四十六条** 有下列情形之一的，撤销权消灭： (一)当事人自知道或者应当知道撤销事由之日起一年内**、重大误解的当事人自知道或者应当知道撤销事由之日起三个月内**没有行使撤销权的； (二)当事人受胁迫，自胁迫行为终止之日起一年内没有行使撤销权的； (三)当事人知道撤销事由后明确表示或者以自己的行为表明放弃撤销权的； (四)当事人自民事法律行为发生之日起五年内没有行使撤销权的。	**第一百五十四条** 无变化	**第一百五十六条** 有下列情形之一的，撤销权消灭： (一)当事人自知道或者应当知道撤销事由之日起一年内、重大误解的当事人自知道或者应当知道撤销事由之日起三个月内没有行使撤销权； (二)当事人受胁迫，自胁迫行为终止之日起一年内没有行使撤销权； (三)当事人知道撤销事由后明确表示或者以自己的行为表明放弃撤销权。 当事人自民事法律行为发生之日起五年内没有行使撤销权的，**撤销权消灭**。	**第一百五十二条** 无变化	**第一百五十二条** 有下列情形之一的，撤销权消灭： (一)当事人自知道或者应当知道撤销事由之日起一年内、重大误解的当事人自知道或者应当知道撤销事由之日起**九十日**内没有行使撤销权； (二)当事人受胁迫，自胁迫行为终止之日起一年内没有行使撤销权； (三)当事人知道撤销事由后明确表示或者以自己的行为表明放弃撤销权。 当事人自民事法律行为发生之日起五年内没有行使撤销权的，撤销权消灭。

续表

《民法总则(草案)》(2016 年 6 月版)	《民法总则(草案二次审议稿)》(2016 年 10 月版)	《民法总则(草案三次审议稿)》(2016 年 12 月版)	《民法总则(草案大会审议稿)》(2017 年 3 月 8 日提交审议)	《中华人民共和国民法总则》(2017 年 3 月 15 日表决通过)	《中华人民共和国民法典》(2020 年 5 月 28 日表决通过)
第一百三十二条 违反法律、行政法规的效力性强制性规定或者违背公序良俗的民事法律行为无效。	**第一百四十七条** 违反法律、行政法规的效力性**强制**规定或者违背公序良俗的民事法律行为无效。	**第一百五十五条** 无变化		**第一百五十三条** 无变化	**第一百五十三条** 违反法律、行政法规的**强制性规定的民事法律行为无效。但是,该强制性规定不导致该民事法律行为无效的除外。** 违背公序良俗的民事法律行为无效。
第一百三十三条 行为人与相对人恶意串通,损害他人合法权益的民事法律行为无效。	**第一百四十八条** 无变化	**第一百五十七条** 无变化	**第一百五十七条** 无变化	**第一百五十四条** 无变化	**第一百五十四条** 行为人与相对人恶意串通,损害他人合法权益的民事法律行为无效。
第一百三十四条 无效的或者被撤销的民事法律行为,从民事法律行为开始时起就没有法律约束力。	**第一百四十九条** 无变化	**第一百五十八条** 无变化	**第一百五十八条** 无效的或者被撤销的民事法律行为**自始**没有法律约束力。	**第一百五十五条** 无变化	**第一百五十五条** 无效的或者被撤销的民事法律行为自始没有法律约束力。
第一百三十六条 民事法律行为部分无效,不影响其他部分效力的,其他部分仍然有效。	**第一百五十一条** 无变化	**第一百六十条** 无变化	**第一百五十九条** 无变化	**第一百五十六条** 无变化	**第一百五十六条** 民事法律行为部分无效,不影响其他部分效力的,其他部分仍然有效。
第一百三十五条 民事法律行为无效、被撤销或者确定不发生效力后,行为人因该行为取得的财产,应当予以返还;不能返还或者没有必要返还的,应当折价补偿。有过错的一方应当赔偿对方由此所受到的损失;各方都有过错的,应当各自承担相应的责任。法律另有规定的,依照其规定。	**第一百五十条** 无变化	**第一百五十九条** 无变化	**第一百六十条** 无变化	**第一百五十七条** 无变化	**第一百五十七条** 民事法律行为无效、被撤销或者确定不发生效力后,行为人因该行为取得的财产,应当予以返还;不能返还或者没有必要返还的,应当折价补偿。有过错的一方应当赔偿对方由此所受到的损失;各方都有过错的,应当各自承担相应的责任。法律另有规定的,依照其规定。

续表

《民法总则(草案)》(2016年6月版)	《民法总则(草案二次审议稿)》(2016年10月版)	《民法总则(草案三次审议稿)》(2016年12月版)	《民法总则(草案大会审议稿)》(2017年3月8日提交审议)	《中华人民共和国民法总则》(2017年3月15日表决通过)	《中华人民共和国民法典》(2020年5月28日表决通过)
第四节 民事法律行为的附条件和附期限	第四节 民事法律行为的附条件和附期限	第四节 民事法律行为的附条件和附期限	第四节 民事法律行为的附条件和附期限	第四节 民事法律行为的附条件和附期限	第四节 民事法律行为的附条件和附期限
第一百三十七条 民事法律行为可以附条件,但是依照其性质不得附条件的除外。附生效条件的民事法律行为,自条件成就时生效。附解除条件的民事法律行为,自条件成就时失效。	**第一百五十二条** 无变化	**第一百六十一条** 无变化	**第一百六十一条** 无变化	**第一百五十八条** 民事法律行为可以附条件,但是**按照**其性质不得附条件的除外。附生效条件的民事法律行为,自条件成就时生效。附解除条件的民事法律行为,自条件成就时失效。	**第一百五十八条** 民事法律行为可以附条件,但是**根据**其性质不得附条件的除外。附生效条件的民事法律行为,自条件成就时生效。附解除条件的民事法律行为,自条件成就时失效。
第一百三十八条 附条件的民事法律行为,当事人为自己的利益不正当地阻止条件成就的,视为条件已成就;不正当地促成条件成就的,视为条件不成就。	**第一百五十三条** 无变化	**第一百六十二条** 无变化	**第一百六十二条** 无变化	**第一百五十九条** 无变化	**第一百五十九条** 附条件的民事法律行为,当事人为自己的利益不正当地阻止条件成就的,视为条件**已经**成就;不正当地促成条件成就的,视为条件不成就。
第一百三十九条 民事法律行为可以附期限,但是依照其性质不得附期限的除外。附生效期限的民事法律行为,自期限届至时生效。附终止期限的民事法律行为,自期限届满时失效。	**第一百五十四条** 无变化	**第一百六十三条** 无变化	**第一百六十三条** 无变化	**第一百六十条** 民事法律行为可以附期限,但是**按照**其性质不得附期限的除外。附生效期限的民事法律行为,自期限届至时生效。附终止期限的民事法律行为,自期限届满时失效。	**第一百六十条** 民事法律行为可以附期限,但是**根据**其性质不得附期限的除外。附生效期限的民事法律行为,自期限届至时生效。附终止期限的民事法律行为,自期限届满时失效。

第七章　代　　理

《民法总则(草案)》(2016年6月版)	《民法总则(草案二次审议稿)》(2016年11月版)	《民法总则(草案三次审议稿)》(2016年12月版)	《民法总则(草案大会审议稿)》(2017年3月8日提交审议)	《中华人民共和国民法总则》(2017年3月15日表决通过)	《中华人民共和国民法典》(2020年5月28日表决通过)
第七章　代理	**第七章　代理**	**第七章　代理**	**第七章　代理**	**第七章　代理**	**第七章　代理**
第一节　一般规定	第一节　一般规定	第一节　一般规定	第一节　一般规定	第一节　一般规定	第一节　一般规定
第一百四十条　自然人、法人和非法人组织可以通过代理人实施民事法律行为。 **第一百四十一条第二款**　依照法律规定、当事人约定或者民事法律行为的性质,应当由本人亲自实施的民事法律行为,不得代理。	**第一百五十五条　民事主体**可以通过代理人实施民事法律行为。 依照法律规定、当事人约定或者民事法律行为的性质,应当由本人亲自实施的民事法律行为,不得代理。	**第一百六十四条** 无变化	**第一百六十四条** 无变化	**第一百六十一条** 无变化	**第一百六十一条**　民事主体可以通过代理人实施民事法律行为。 依照法律规定、当事人约定或者民事法律行为的性质,应当由本人亲自实施的民事法律行为,不得代理。
第一百四十一条第一款　代理人在代理权限内,以被代理人名义实施的民事法律行为,对被代理人发生效力。	**第一百五十六条** 无变化	**第一百六十五条** 无变化	**第一百六十五条** 无变化	**第一百六十二条** 无变化	**第一百六十二条**　代理人在代理权限内,以被代理人名义实施的民事法律行为,对被代理人发生效力。
第一百四十二条 代理人在代理权限内以自己的名义与第三人实施民事法律行为,第三人知道代理人与被代理人之间的代理关系	**第一百五十七条** 无变化	**第一百六十六条** 无变化	**第一百六十六条** 无变化		

续表

《民法总则(草案)》(2016 年 6 月版)	《民法总则(草案二次审议稿)》(2016 年 11 月版)	《民法总则(草案三次审议稿)》(2016 年 12 月版)	《民法总则(草案大会审议稿)》(2017 年 3 月 8 日提交审议)	《中华人民共和国民法总则》(2017 年 3 月 15 日表决通过)	《中华人民共和国民法典》(2020 年 5 月 28 日表决通过)
的,该民事法律行为直接约束被代理人和第三人,但是有确切证据证明该民事法律行为只约束代理人和第三人的除外。					
第一百四十三条　代理包括委托代理和法定代理。 委托代理人按照被代理人的委托行使代理权。法定代理人依照法律的规定行使代理权。 **法定代理,本章没有规定的,适用本法和其他法律有关规定。**	**第一百五十八条** 无变化	**第一百六十七条** 无变化	**第一百六十七条**　代理包括委托代理和法定代理。 委托代理人按照被代理人的委托行使代理权。法定代理人依照法律的规定行使代理权。	**第一百六十三条** 无变化	**第一百六十三条**　代理包括委托代理和法定代理。 委托代理人按照被代理人的委托行使代理权。法定代理人依照法律的规定行使代理权。
第一百四十四条　代理人不履行职责,造成被代理人损害的,应当承担民事责任。代理人和第三人恶意串通,损害被代理人合法权益的,由代理人和第三人承担连带责任。	**第一百五十九条**　代理人不履行**或者不完全履行**职责,造成被代理人损害的,应当承担民事责任。 代理人和第三人恶意串通,损害被代理人合法权益的,由代理人和第三人承担连带责任。	**第一百六十八条**　代理人不履行或者不完全履行职责,造成被代理人损害的,应当承担民事责任。 代理人和第三人恶意串通,损害被代理人合法权益的,**代理人**和第三人**应当**承担连带责任。	**第一百六十八条**　代理人不履行或者不完全履行职责,造成被代理人损害的,应当承担民事责任。 代理人和**相对人**恶意串通,损害被代理人合法权益的,代理人和**相对人**应当承担连带责任。	**第一百六十四条** 无变化	**第一百六十四条**　代理人不履行或者不完全履行职责,造成被代理人损害的,应当承担民事责任。 代理人和相对人恶意串通,损害被代理人合法权益的,代理人和相对人应当承担连带责任。
第二节　委托代理	第二节　委托代理	第二节　委托代理	第二节　委托代理	第二节　委托代理	第二节　委托代理
第一百四十五条　委托代理可以采用书面形式、口头形式或者其他形式;法律规定或者当事人约定采用特定形式的,应当采用特定形式。	**第一百六十条**　**委托代理授权可以采用书面形式、口头形式或者其他形式;法律规定或者当事人约定采用特定形式的,应当采用特定形式。**	**第一百六十九条**　**委托代理授权采用书面形式的,**授权委托书应当载明代理人的姓名或者名称、代理事项、权限和期间,并由被代理人签名或者盖章。	**第一百六十九条** 无变化	**第一百六十五条** 无变化	**第一百六十五条**　委托代理授权采用书面形式的,授权委托书应当载明代理人的姓名或者名称、代理事项、权限和**期限**,并由被代理人签名或者盖章。

续表

《民法总则(草案)》(2016年6月版)	《民法总则(草案二次审议稿)》(2016年11月版)	《民法总则(草案三次审议稿)》(2016年12月版)	《民法总则(草案大会审议稿)》(2017年3月8日提交审议)	《中华人民共和国民法总则》(2017年3月15日表决通过)	《中华人民共和国民法典》(2020年5月28日表决通过)
授权委托书应当载明代理人的姓名或者名称、代理事项、权限和期间,并由被代理人签名或者盖章。	授权委托书应当载明代理人的姓名或者名称、代理事项、权限和期间,并由被代理人签名或者盖章。				
第一百四十六条 数人为同一委托事项的代理人的,应当共同行使代理权,法律另有规定或者当事人另有约定的除外。	**第一百六十一条** 无变化	**第一百七十条** 无变化	**第一百七十条** 数人为同一委托事项的代理人的,应当共同行使代理权,**但是**当事人另有约定的除外。	**第一百六十六条** 数人为同一**代理**事项的代理人的,应当共同行使代理权,但是当事人另有约定的除外。	**第一百六十六条** 数人为同一代理事项的代理人的,应当共同行使代理权,但是当事人另有约定的除外。
第一百四十七条 代理人知道或者应当知道代理的事项违法仍然实施代理行为,或者被代理人知道或者应当知道代理人的代理行为违法未作反对表示的,被代理人和代理人应当承担连带责任。	**第一百六十二条** 无变化	**第一百七十一条** 无变化	**第一百七十一条** 无变化	**第一百六十七条** 代理人知道或者应当知道**代理**事项违法仍然实施代理行为,或者被代理人知道或者应当知道代理人的代理行为违法未作反对表示的,被代理人和代理人应当承担连带责任。	**第一百六十七条** 代理人知道或者应当知道代理事项违法仍然实施代理行为,或者被代理人知道或者应当知道代理人的代理行为违法未作反对表示的,被代理人和代理人应当承担连带责任。
第一百四十八条 代理人不得以被代理人的名义与自己实施民事法律行为,法律另有规定或者被代理人同意、追认的除外。 代理人不得以被代理人的名义与其同时代理的其他人实施民事法律行为,法律另有规定或者被代理的双方同意、追认的除外。	**第一百六十三条** 代理人不得以被代理人的名义与自己实施民事法律行为,法律另有规定或者被代理人同意、追认的除外。 代理人不得以被代理人的名义与**自己**同时代理的其他人实施民事法律行为,法律另有规定或者被代理的双方同意、追认的除外。	**第一百七十二条** 无变化	**第一百七十二条** 代理人不得以被代理人的名义与自己实施民事法律行为,**但是**被代理人同意、追认的除外。 代理人不得以被代理人的名义与自己同时代理的其他人实施民事法律行为,**但是**被代理的双方同意、追认的除外。	**第一百六十八条** 代理人不得以被代理人的名义与自己实施民事法律行为,但是被代理人同意**或者**追认的除外。 代理人不得以被代理人的名义与自己同时代理的其他人实施民事法律行为,但是被代理的双方同意**或者**追认的除外。	**第一百六十八条** 代理人不得以被代理人的名义与自己实施民事法律行为,但是被代理人同意或者追认的除外。 代理人不得以被代理人的名义与自己同时代理的其他人实施民事法律行为,但是被代理的双方同意或者追认的除外。

续表

《民法总则(草案)》(2016 年 6 月版)	《民法总则(草案二次审议稿)》(2016 年 11 月版)	《民法总则(草案三次审议稿)》(2016 年 12 月版)	《民法总则(草案大会审议稿)》(2017 年 3 月 8 日提交审议)	《中华人民共和国民法总则》(2017 年 3 月 15 日表决通过)	《中华人民共和国民法典》(2020 年 5 月 28 日表决通过)
第一百四十九条 代理人需要转委托第三人代理的,应当取得被代理人的同意或者追认。 转委托代理经被代理人同意或者追认的,被代理人可以就代理事务直接指示转委托的第三人,代理人仅就第三人的选任及其对第三人的指示承担责任。 转委托代理未经被代理人同意或者追认的,代理人应当对转委托的第三人的行为承担责任,但是在紧急情况下代理人为了维护被代理人的利益需要转委托第三人代理的除外。	**第一百六十四条** 代理人需要转委托第三人代理的,应当取得被代理人的同意或者追认。 转委托代理经被代理人同意或者追认的,被代理人可以就代理事务直接指示转委托的第三人,代理人仅就第三人的选任**及**对第三人的指示承担责任。 转委托代理未经被代理人同意或者追认的,代理人应当对转委托的第三人的行为承担责任,但是在紧急情况下代理人为了维护被代理人的利益需要转委托第三人代理的除外。	**第一百七十三条** 无变化	**第一百七十三条** 代理人需要转委托第三人代理的,应当取得被代理人的同意或者追认。 转委托代理经被代理人同意或者追认的,被代理人可以就代理事务直接指示转委托的第三人,代理人仅就第三人的选任**以及**对第三人的指示承担责任。 转委托代理未经被代理人同意或者追认的,代理人应当对转委托的第三人的行为承担责任,但是在紧急情况下代理人为了维护被代理人的利益需要转委托第三人代理的除外。	**第一百六十九条** 无变化	**第一百六十九条** 代理人需要转委托第三人代理的,应当取得被代理人的同意或者追认。 转委托代理经被代理人同意或者追认的,被代理人可以就代理事务直接指示转委托的第三人,代理人仅就第三人的选任以及对第三人的指示承担责任。 转委托代理未经被代理人同意或者追认的,代理人应当对转委托的第三人的行为承担责任**;但是,**在紧急情况下代理人为了维护被代理人的利益需要转委托第三人代理的除外。
第一百五十条 执行法人或者非法人组织工作任务的人,就其职权范围内的事项,以法人或者非法人组织的名义实施民事法律行为,对法人或者非法人组织发生效力。 法人或者非法人组织对其工作人员职权范围的限制,不得对抗善意第三人。	**第一百六十五条** 执行法人或者非法人组织工作任务的**人员**,就其职权范围内的事项,以法人或者非法人组织的名义实施民事法律行为,对法人或者非法人组织发生效力。 法人或者非法人组织对**执行其工作任务的人员**职权范围的限制,不得对抗善意第三人。	**第一百七十四条** 执行法人或者非法人组织工作任务的人员,就其职权范围内的事项,以法人或者非法人组织的名义实施民事法律行为,对法人或者非法人组织发生效力。 法人或者非法人组织对执行其工作任务的人员职权范围的限制,不得对抗善意**相对人**。	**第一百七十四条** 无变化	**第一百七十条** 无变化	**第一百七十条** 执行法人或者非法人组织工作任务的人员,就其职权范围内的事项,以法人或者非法人组织的名义实施**的**民事法律行为,对法人或者非法人组织发生效力。 法人或者非法人组织对执行其工作任务的人员职权范围的限制,不得对抗善意相对人。

续表

《民法总则(草案)》(2016年6月版)	《民法总则(草案二次审议稿)》(2016年11月版)	《民法总则(草案三次审议稿)》(2016年12月版)	《民法总则(草案大会审议稿)》(2017年3月8日提交审议)	《中华人民共和国民法总则》(2017年3月15日表决通过)	《中华人民共和国民法典》(2020年5月28日表决通过)
第一百五十一条 行为人没有代理权、超越代理权或者代理权终止后,仍然实施代理行为,未经被代理人追认的,代理行为无效。 相对人可以催告被代理人自收到通知之日起一个月内予以追认。被代理人未作表示的,视为拒绝追认。无权代理人实施的行为被追认前,善意相对人有撤销的权利。撤销应当以通知的方式作出。 无权代理人实施的行为未被追认的,善意相对人有权要求无权代理人履行债务或者就其受到的损害要求无权代理人赔偿,但是赔偿的范围不得超过代理行为有效时所能获得的利益。 相对人知道或者应当知道代理人无权代理的,相对人和代理人按照各自的过错承担责任。	**第一百六十六条** 行为人没有代理权、超越代理权或者代理权终止后,仍然实施代理行为,未经被代理人追认的,代理行为无效。 相对人可以催告被代理人自收到通知之日起一个月内予以追认。被代理人未作表示的,视为拒绝追认。无权代理人实施的行为被追认前,善意相对人有撤销的权利。撤销应当以通知的方式作出。 无权代理人实施的行为未被追认的,善意相对人有权**请求**无权代理人履行债务或者就其受到的损害**请求**无权代理人赔偿,但是赔偿的范围不得超过代理行为有效时所能获得的利益。 相对人知道或者应当知道代理人无权代理的,相对人和代理人按照各自的过错承担责任。	**第一百七十五条** 无变化	**第一百七十五条** 行为人没有代理权、超越代理权或者代理权终止后,仍然实施代理行为,未经被代理人追认的,**对被代理人不发生效力**。 相对人可以催告被代理人自收到通知之日起一个月内予以追认。被代理人未作表示的,视为拒绝追认。无权代理人实施的行为被追认前,善意相对人有撤销的权利。撤销应当以通知的方式作出。 无权代理人实施的行为未被追认的,善意相对人有权请求无权代理人履行债务或者就其受到的损害请求无权代理人赔偿,但是赔偿的范围不得超过**被代理人追认时相对人**所能获得的利益。 相对人知道或者应当知道代理人无权代理的,相对人和代理人按照各自的过错承担责任。	**第一百七十一条** 行为人没有代理权、超越代理权或者代理权终止后,仍然实施代理行为,未经被代理人追认的,对被代理人不发生效力。 相对人可以催告被代理人自收到通知之日起一个月内予以追认。被代理人未作表示的,视为拒绝追认。**行为人**实施的行为被追认前,善意相对人有撤销的权利。撤销应当以通知的方式作出。 **行为人**实施的行为未被追认的,善意相对人有权请求**行为人**履行债务或者就其受到的损害请求**行为人**赔偿,但是赔偿的范围不得超过被代理人追认时相对人所能获得的利益。 相对人知道或者应当知道**行为人**无权代理的,相对人和**行为人**按照各自的过错承担责任。	**第一百七十一条** 行为人没有代理权、超越代理权或者代理权终止后,仍然实施代理行为,未经被代理人追认的,对被代理人不发生效力。 相对人可以催告被代理人自收到通知之日起**三十日**内予以追认。被代理人未作表示的,视为拒绝追认。行为人实施的行为被追认前,善意相对人有撤销的权利。撤销应当以通知的方式作出。 行为人实施的行为未被追认的,善意相对人有权请求行为人履行债务或者就其受到的损害请求行为人赔偿。但是,赔偿的范围不得超过被代理人追认时相对人所能获得的利益。 相对人知道或者应当知道行为人无权代理的,相对人和行为人按照各自的过错承担责任。
第一百五十二条 行为人没有代理权、超越代理权或者代理权终止后,仍然实施代理行为,相对人有理由相信行为人有代理	**第一百六十七条** 无变化	**第一百七十六条** 无变化	**第一百七十六条** 行为人没有代理权、超越代理权或者代理权终止后,仍然实施代理行为,相对人有理由相信行为人有代理权的,代理行为有效。	**第一百七十二条** 无变化	**第一百七十二条** 行为人没有代理权、超越代理权或者代理权终止后,仍然实施代理行为,相对人有理由相信行为人有代理权的,代理行为有效。

续表

《民法总则(草案)》(2016年6月版)	《民法总则(草案二次审议稿)》(2016年11月版)	《民法总则(草案三次审议稿)》(2016年12月版)	《民法总则(草案大会审议稿)》(2017年3月8日提交审议)	《中华人民共和国民法总则》(2017年3月15日表决通过)	《中华人民共和国民法典》(2020年5月28日表决通过)
权的,代理行为有效,**但是有下列情形之一的除外: (一)行为人伪造他人的公章、合同书或者授权委托书等,假冒他人的名义实施民事法律行为的; (二)被代理人的公章、合同书或者授权委托书等遗失、被盗,或者与行为人特定的职务关系已经终止,并且已经以合理方式公告或者通知,相对人应当知悉的; (三)法律规定的其他情形。**					
第三节 代理的终止	第三节 代理的终止	第三节 代理的终止	第三节 代理终止	第三节 代理终止	第三节 代理终止
第一百五十三条 有下列情形之一的,委托代理终止: (一)代理期间届满或者代理事务完成的; (二)被代理人取消委托或者代理人辞去委托的; (三)代理人丧失民事行为能力的; (四)代理人或者被代理人死亡的; (五)作为代理人或者被代理人的法人、非法人组织终止的。	**第一百六十八条** 无变化	**第一百七十七条** 无变化	**第一百七十七条** 有下列情形之一的,委托代理终止: (一)代理期间届满或者代理事务完成; (二)被代理人取消委托或者代理人辞去委托; (三)代理人丧失民事行为能力; (四)代理人或者被代理人死亡; (五)作为代理人或者被代理人的法人、非法人组织终止。	**第一百七十三条** 无变化	**第一百七十三条** 有下列情形之一的,委托代理终止: (一)**代理期限**届满或者代理事务完成; (二)被代理人取消委托或者代理人辞去委托; (三)代理人丧失民事行为能力; (四)代理人或者被代理人死亡; (五)作为代理人或者被代理人的法人、非法人组织终止。

续表

《民法总则(草案)》(2016年6月版)	《民法总则(草案二次审议稿)》(2016年11月版)	《民法总则(草案三次审议稿)》(2016年12月版)	《民法总则(草案大会审议稿)》(2017年3月8日提交审议)	《中华人民共和国民法总则》(2017年3月15日表决通过)	《中华人民共和国民法典》(2020年5月28日表决通过)
第一百五十四条 被代理人死亡后,有下列情形之一的,委托代理人实施的代理行为有效: (一)代理人不知道并且不应当知道被代理人死亡的; (二)被代理人的继承人均予以承认的; (三)授权中明确代理权在代理事项完成时终止的; (四)在被代理人死亡前已经实施,**在被代理人死亡后**为了被代理人继承人的利益继续完成的。 作为被代理人的法人、非法人组织终止的,参照适用前款规定。	**第一百六十九条** 无变化	**第一百七十八条** 无变化	**第一百七十八条** 被代理人死亡后,有下列情形之一的,委托代理人实施的代理行为有效: (一)代理人不知道并且不应当知道被代理人死亡; (二)被代理人的继承人予以承认; (三)授权中明确代理权在代理事项完成时终止; (四)在被代理人死亡前已经实施,**为了**被代理人**的**继承人的利益继续**代理**。 作为被代理人的法人、非法人组织终止的,参照适用前款规定。	**第一百七十四条** 被代理人死亡后,有下列情形之一的,委托代理人实施的代理行为有效: (一)代理人不知道并且不应当知道被代理人死亡; (二)被代理人的继承人予以承认; (三)授权中明确代理权在**代理事务**完成时终止; (四)**被代理人**死亡前已经实施,为了被代理人的继承人的利益继续代理。 作为被代理人的法人、非法人组织终止的,参照适用前款规定。	**第一百七十四条** 被代理人死亡后,有下列情形之一的,委托代理人实施的代理行为有效: (一)代理人不知道**且**不应当知道被代理人死亡; (二)被代理人的继承人予以承认; (三)授权中明确代理权在代理事务完成时终止; (四)被代理人死亡前已经实施,为了被代理人的继承人的利益继续代理。 作为被代理人的法人、非法人组织终止的,参照适用前款规定。
第一百五十五条 有下列情形之一的,法定代理终止: (一)被代理人取得或者恢复完全民事行为能力的; (二)代理人丧失民事行为能力的; (三)被代理人或者代理人死亡的; (四)有法律规定的其他情形的。	**第一百七十条** 有下列情形之一的,法定代理终止: (一)被代理人取得或者恢复完全民事行为能力的; (二)代理人丧失民事行为能力的; (三)被代理人或者代理人死亡的; (四)**法律**规定的其他情形。	**第一百七十九条** 有下列情形之一的,法定代理终止: (一)被代理人取得或者恢复完全民事行为能力的; (二)代理人丧失民事行为能力的; (三)**代理人**或者**被代理人**死亡的; (四)法律规定的其他情形。	**第一百七十九条** 有下列情形之一的,法定代理终止: (一)被代理人取得或者恢复完全民事行为能力; (二)代理人丧失民事行为能力; (三)代理人或者被代理人死亡; (四)法律规定的其他情形。	**第一百七十五条** 无变化	**第一百七十五条** 有下列情形之一的,法定代理终止: (一)被代理人取得或者恢复完全民事行为能力; (二)代理人丧失民事行为能力; (三)代理人或者被代理人死亡; (四)法律规定的其他情形。

第八章 民事责任

《民法总则(草案)》(2016年6月版)	《民法总则(草案二次审议稿)》(2016年11月版)	《民法总则(草案三次审议稿)》(2016年12月版)	《民法总则(草案大会审议稿)》(2017年3月8日提交审议)	《中华人民共和国民法总则》(2017年3月15日表决通过)	《中华人民共和国民法典》(2020年5月28日表决通过)
第八章 民事责任	**第八章 民事责任**	**第八章 民事责任**	**第八章 民事责任**	**第八章 民事责任**	**第八章 民事责任**
第一百五十六条 民事主体应当依照法律规定或者当事人约定履行民事义务。 **民事主体不履行或者不完全履行民事义务的,应当依法承担民事责任。**	**第一百七十一条** 无变化	**第一百八十条** 无变化	**第一百八十条** 无变化	**第一百七十六条** 民事主体依照法律规定**和**当事人约定,履行民事义务,**承担民事责任。**	**第一百七十六条** 民事主体依照法律规定**或者按照**当事人约定,履行民事义务,承担民事责任。
第一百五十七条 二人以上不履行或者不完全履行民事义务的,应当依法分担责任或者承担连带责任。					
第一百五十八条 二人以上依法承担按份责任的,责任人按照各自责任份额向权利人承担民事责任。	**第一百七十二条** 二人以上依法承担按份责任,**能够确定责任大小的,各自承担相应的责任;难以确定责任大小的,平均承担责任。**	**第一百八十一条** 无变化	**第一百八十一条** 无变化	**第一百七十七条** 无变化	**第一百七十七条** 二人以上依法承担按份责任,能够确定责任大小的,各自承担相应的责任;难以确定责任大小的,平均承担责任。

续表

《民法总则（草案）》（2016 年 6 月版）	《民法总则（草案二次审议稿）》（2016 年 11 月版）	《民法总则（草案三次审议稿）》（2016 年 12 月版）	《民法总则（草案大会审议稿）》（2017 年 3 月 8 日提交审议）	《中华人民共和国民法总则》（2017 年 3 月 15 日表决通过）	《中华人民共和国民法典》（2020 年 5 月 28 日表决通过）
第一百五十九条　二人以上依法承担连带责任的，每一个责任人应当向权利人承担全部民事责任。责任人实际承担责任超过其应当承担份额的，可以向其他连带责任人追偿。	**第一百七十三条**　二人以上依法承担连带责任的，**权利人有权请求部分或者全部连带责任人承担责任。** **连带责任人根据各自责任大小确定责任份额；难以确定责任大小的，平均承担责任份额。实际承担责任超过自己责任份额的连带责任人，有权**向其他连带责任人追偿。	**第一百八十二条**　二人以上依法承担连带责任的，权利人有权请求部分或者全部连带责任人承担责任。 连带责任人根据各自责任大小确定责任份额；难以确定责任大小的，平均承担**责任**。实际承担责任超过自己责任份额的连带责任人，有权向其他连带责任人追偿。	**第一百八十二条**　二人以上依法承担连带责任的，权利人有权请求部分或者全部连带责任人承担责任。 连带责任人**的责任份额根据各自责任大小确定；**难以确定责任大小的，平均承担责任。实际承担责任超过自己责任份额的连带责任人，有权向其他连带责任人追偿。	**第一百七十八条**　二人以上依法承担连带责任的，权利人有权请求部分或者全部连带责任人承担责任。 连带责任人的责任份额根据各自责任大小确定；难以确定责任大小的，平均承担责任。实际承担责任超过自己责任份额的连带责任人，有权向其他连带责任人追偿。 **连带责任，由法律规定或者当事人约定。**	**第一百七十八条**　二人以上依法承担连带责任的，权利人有权请求部分或者全部连带责任人承担责任。 连带责任人的责任份额根据各自责任大小确定；难以确定责任大小的，平均承担责任。实际承担责任超过自己责任份额的连带责任人，有权向其他连带责任人追偿。 连带责任，由法律规定或者当事人约定。
第一百六十条　承担民事责任的方式主要有： （一）停止侵害； （二）排除妨碍； （三）消除危险； （四）返还财产； （五）恢复原状、**修复生态环境；** （六）修理、重作、更换； （七）赔偿损失； （八）支付违约金； （九）消除影响、恢复名誉； （十）赔礼道歉。 前款规定的承担民事责任的方式，可以单独适用，也可以合并适用。	**第一百七十四条**　承担民事责任的方式主要有： （一）停止侵害； （二）排除妨碍； （三）消除危险； （四）返还财产； （五）恢复原状； （六）修理、重作、更换； **（七）继续履行；** **（八）**赔偿损失； **（九）**支付违约金； **（十）**消除影响、恢复名誉； **（十一）**赔礼道歉。 **法律规定惩罚性赔偿的，依照其规定。**	**第一百八十三条**　承担民事责任的方式主要有： （一）停止侵害； （二）排除妨碍； （三）消除危险； （四）返还财产； （五）恢复原状； （六）修理、重作、更换； （七）继续履行； （八）赔偿损失； （九）支付违约金； （十）消除影响、恢复名誉； （十一）赔礼道歉。 法律规定惩罚性赔偿的，依照其规定。 **本条规定的承担民事责任的方式，可以单独适用，也可以合并适用。**	**第一百八十三条** 无变化	**第一百七十九条** 无变化	**第一百七十九条**　承担民事责任的方式主要有： （一）停止侵害； （二）排除妨碍； （三）消除危险； （四）返还财产； （五）恢复原状； （六）修理、重作、更换； （七）继续履行； （八）赔偿损失； （九）支付违约金； （十）消除影响、恢复名誉； （十一）赔礼道歉。 法律规定惩罚性赔偿的，依照其规定。 本条规定的承担民事责任的方式，可以单独适用，也可以合并适用。

续表

《民法总则(草案)》(2016年6月版)	《民法总则(草案二次审议稿)》(2016年11月版)	《民法总则(草案三次审议稿)》(2016年12月版)	《民法总则(草案大会审议稿)》(2017年3月8日提交审议)	《中华人民共和国民法总则》(2017年3月15日表决通过)	《中华人民共和国民法典》(2020年5月28日表决通过)
第一百六十一条 因不可抗力不能履行民事义务的,不承担民事责任,法律另有规定的除外。 不可抗力是指不能预见、不能避免并不能克服的客观情况。	**第一百七十五条** 因不可抗力不能履行民事义务的,不承担民事责任。法律另有规定的,**依照其规定**。 不可抗力是指不能预见、不能避免并不能克服的客观情况。	**第一百八十四条** 无变化	**第一百八十四条** 因不可抗力不能履行民事义务的,不承担民事责任。法律另有规定的,依照其规定。 不可抗力是指不能预见、不能避免**且**不能克服的客观情况。	**第一百八十条** 无变化	**第一百八十条** 因不可抗力不能履行民事义务的,不承担民事责任。法律另有规定的,依照其规定。 不可抗力**是**不能预见、不能避免且不能克服的客观情况。
第一百六十二条 因正当防卫造成损害的,不承担责任。正当防卫超过必要的限度,造成不应有的损害的,正当防卫人应当承担适当的责任。	**第一百七十六条** 因正当防卫造成损害的,不承担**民事责任**。正当防卫超过必要的限度,造成不应有的损害的,正当防卫人应当承担适当的**民事责任**。	**第一百八十五条** 无变化	**第一百八十五条** 无变化	**第一百八十一条** 因正当防卫造成损害的,不承担民事责任。 正当防卫超过必要的限度,造成不应有的损害的,正当防卫人应当承担适当的民事责任。	**第一百八十一条** 因正当防卫造成损害的,不承担民事责任。 正当防卫超过必要的限度,造成不应有的损害的,正当防卫人应当承担适当的民事责任。
第一百六十三条 因紧急避险造成损害的,由引起险情发生的人承担责任。如果危险是由自然原因引起的,紧急避险人不承担责任或者给予适当补偿。紧急避险采取措施不当或者超过必要的限度,造成不应有的损害的,紧急避险人应当承担适当的责任。	**第一百七十七条** 因紧急避险造成损害的,由引起险情发生的人承担**民事责任**。如果危险是由自然原因引起的,紧急避险人不承担**民事责任**或者给予适当补偿。紧急避险采取措施不当或者超过必要的限度,造成不应有的损害的,紧急避险人应当承担适当的**民事责任**。	**第一百八十六条** 无变化	**第一百八十六条** 无变化	**第一百八十二条** 因紧急避险造成损害的,由引起险情发生的人承担民事责任。 **危险由**自然原因引起的,紧急避险人不承担民事责任,**可以**给予适当补偿。 紧急避险采取措施不当或者超过必要的限度,造成不应有的损害的,紧急避险人应当承担适当的民事责任。	**第一百八十二条** 因紧急避险造成损害的,由引起险情发生的人承担民事责任。 危险由自然原因引起的,紧急避险人不承担民事责任,可以给予适当补偿。 紧急避险采取措施不当或者超过必要的限度,造成不应有的损害的,紧急避险人应当承担适当的民事责任。

续表

《民法总则(草案)》(2016年6月版)	《民法总则(草案二次审议稿)》(2016年11月版)	《民法总则(草案三次审议稿)》(2016年12月版)	《民法总则(草案大会审议稿)》(2017年3月8日提交审议)	《中华人民共和国民法总则》(2017年3月15日表决通过)	《中华人民共和国民法典》(2020年5月28日表决通过)
第一百六十四条 为保护他人民事权益而使自己受到损害的,由侵权人承担责任,受益人可以给予适当补偿。没有侵权人、侵权人逃逸或者无力承担责任,受害人请求补偿的,受益人应当给予适当补偿。	**第一百七十八条** 为保护他人民事权益而使自己受到损害的,由侵权人承担**民事责任**,受益人可以给予适当补偿。没有侵权人、侵权人逃逸或者无力承担**民事责任**,受害人请求补偿的,受益人应当给予适当补偿。	**第一百八十八条** 无变化	**第一百八十八条** 无变化	**第一百八十三条** 因保护他人民事权益**使**自己受到损害的,由侵权人承担民事责任,受益人可以给予适当补偿。没有侵权人、侵权人逃逸或者无力承担民事责任,受害人请求补偿的,受益人应当给予适当补偿。	**第一百八十三条** 因保护他人民事权益使自己受到损害的,由侵权人承担民事责任,受益人可以给予适当补偿。没有侵权人、侵权人逃逸或者无力承担民事责任,受害人请求补偿的,受益人应当给予适当补偿。
		第一百八十七条 实施紧急救助行为造成受助人损害的,**除有重大过失外**,救助人不承担民事责任。	**第一百八十七条** 因**自愿**实施紧急救助行为造成受助人损害的,救助人不承担民事责任。**但是救助人因重大过失造成受助人不应有的重大损害的,承担适当的民事责任。**	**第一百八十四条** 因自愿实施紧急救助行为造成受助人损害的,救助人不承担民事责任。	**第一百八十四条** 因自愿实施紧急救助行为造成受助人损害的,救助人不承担民事责任。
				第一百八十五条 侵害英雄烈士等的姓名、肖像、名誉、荣誉,损害社会公共利益的,应当承担民事责任。	**第一百八十五条** 侵害英雄烈士等的姓名、肖像、名誉、荣誉,损害社会公共利益的,应当承担民事责任。
第一百六十五条 因当事人一方的违约行为,损害对方人身、财产权益的,受损害方有权选择要求其承担违约责任或者侵权责任。	**第一百七十九条** 因当事人一方的违约行为,损害对方人身、财产权益的,受损害方有权选择**请求**其承担违约责任或者侵权责任。	**第一百八十九条** 无变化	**第一百八十九条** 无变化	**第一百八十六条** 因当事人一方的违约行为,损害对方人身**权益**、财产权益的,受损害方有权选择请求其承担违约责任或者侵权责任。	**第一百八十六条** 因当事人一方的违约行为,损害对方人身权益、财产权益的,受损害方有权选择请求其承担违约责任或者侵权责任。

续表

《民法总则(草案)》(2016年6月版)	《民法总则(草案二次审议稿)》(2016年11月版)	《民法总则(草案三次审议稿)》(2016年12月版)	《民法总则(草案大会审议稿)》(2017年3月8日提交审议)	《中华人民共和国民法总则》(2017年3月15日表决通过)	《中华人民共和国民法典》(2020年5月28日表决通过)
第一百六十六条 民事主体因同一行为应当承担民事责任、行政责任和刑事责任的,承担行政责任或者刑事责任不影响依法承担民事责任;民事主体的财产不足以支付的,先承担民事责任。	**第一百八十条** 民事主体因同一行为应当承担民事责任、行政责任和刑事责任的,承担行政责任或者刑事责任**不影响**承担民事责任;民事主体的财产不足以支付的,先承担民事责任。	**第一百九十条** 无变化	**第一百九十条** 民事主体因同一行为应当承担民事责任、行政责任和刑事责任的,承担行政责任或者刑事责任不影响承担民事责任;民事主体的财产不足以支付的,**优先用于**承担民事责任。	**第一百八十七条** 无变化	**第一百八十七条** 民事主体因同一行为应当承担民事责任、行政责任和刑事责任的,承担行政责任或者刑事责任不影响承担民事责任;民事主体的财产不足以支付的,优先用于承担民事责任。

第九章　诉讼时效

《民法总则（草案）》（2016年6月版）	《民法总则（草案二次审议稿）》（2016年11月版）	《民法总则（草案三次审议稿）》（2016年12月版）	《民法总则（草案大会审议稿）》（2017年3月8日提交审议）	《中华人民共和国民法总则》（2017年3月15日表决通过）	《中华人民共和国民法典》（2020年5月28日表决通过）
第九章 诉讼时效 和除斥期间	第九章 诉讼时效 **和除斥期间**	第九章　诉讼时效	第九章　诉讼时效	第九章　诉讼时效	第九章　诉讼时效
第一节　诉讼时效	第一节　诉讼时效				
第一百六十七条 向人民法院请求保护民事权利的诉讼时效期间为三年，法律另有规定的除外。 诉讼时效期间自权利人知道或者应当知道权利受到损害以及义务人之日起开始计算，法律另有规定的除外。但是，自权利受到损害之日起超过二十年的，人民法院不予保护；有特殊情况的，人民法院可以延长。	**第一百八十一条** 向人民法院请求保护民事权利的诉讼时效期间为三年。法律另有规定的，**依照其规定**。 诉讼时效期间自权利人知道或者应当知道权利受到损害以及义务人之日起开始计算。法律另有规定的，**依照其规定**。但是，自权利受到损害之日起超过二十年的，人民法院不予保护；有特殊情况的，人民法院可以延长。	**第一百九十一条** 向人民法院请求保护民事权利的诉讼时效期间为三年。法律另有规定的，依照其规定。 诉讼时效期间自权利人知道或者应当知道权利受到损害以及义务人之日**起**计算。法律另有规定的，依照其规定。但是自权利受到损害之日起超过二十年的，人民法院不予保护；有特殊情况的，人民法院可以延长。	**第一百九十一条** 向人民法院请求保护民事权利的诉讼时效期间为三年。法律另有规定的，依照其规定。 诉讼时效期间自权利人知道或者应当知道权利受到损害以及义务人之日起计算。法律另有规定的，依照其规定。但是，自权利受到损害之日起超过二十年的，人民法院不予保护；有特殊情况的，人民法院可以**根据权利人的申请决定**延长。	**第一百八十八条** 向人民法院请求保护民事权利的诉讼时效期间为三年。法律另有规定的，依照其规定。 诉讼时效期间自权利人知道或者应当知道权利受到损害以及义务人之日起计算。法律另有规定的，依照其规定。但是自权利受到损害之日起超过二十年的，人民法院不予保护；有特殊情况的，人民法院可以根据权利人的申请决定延长。	**第一百八十八条** 向人民法院请求保护民事权利的诉讼时效期间为三年。法律另有规定的，依照其规定。 诉讼时效期间自权利人知道或者应当知道权利受到损害以及义务人之日起计算。法律另有规定的，依照其规定。但是，自权利受到损害之日起超过二十年的，人民法院不予保护，有特殊情况的，人民法院可以根据权利人的申请决定延长。
第一百六十八条 当事人约定同一债务分期履行的，诉讼时效期间从最后一期履行期限届满之日起计算。	**第一百八十二条** 无变化	**第一百九十二条** 当事人约定同一债务分期履行的，诉讼时效期间**自**最后一期履行期限届满之日起计算。	**第一百九十二条** 无变化	**第一百八十九条** 无变化	**第一百八十九条** 当事人约定同一债务分期履行的，诉讼时效期间自最后一期履行期限届满之日起计算。

续表

《民法总则(草案)》(2016 年 6 月版)	《民法总则(草案二次审议稿)》(2016 年 11 月版)	《民法总则(草案三次审议稿)》(2016 年 12 月版)	《民法总则(草案大会审议稿)》(2017 年 3 月 8 日提交审议)	《中华人民共和国民法总则》(2017 年 3 月 15 日表决通过)	《中华人民共和国民法典》(2020 年 5 月 28 日表决通过)
第一百七十二条 无民事行为能力人或者限制民事行为能力人与其法定代理人之间的请求权的诉讼时效，自该法定代理关系终止之日起开始计算。	**第一百八十三条** 无民事行为能力人或者限制民事行为能力人**对**其**法定代理人**的请求权的**诉讼时效期间**，自该法定**代理**终止之日**起**计算。	**第一百九十三条** 无变化	**第一百九十三条** 无变化	**第一百九十条** 无变化	**第一百九十条** 无民事行为能力人或者限制民事行为能力人对其法定代理人的请求权的诉讼时效期间，自该法定代理终止之日起计算。
	第一百八十四条 未成年人遭受性侵害的损害赔偿请求权的诉讼时效期间，自受害人年满十八周岁之日起计算。	**第一百九十四条** 无变化	**第一百九十四条** 无变化	**第一百九十一条** 无变化	**第一百九十一条** 未成年人遭受性侵害的损害赔偿请求权的诉讼时效期间，自受害人年满十八周岁之日起计算。
第一百六十九条 诉讼时效期间届满的，义务人可以提出不履行义务的抗辩。 诉讼时效期间届满后，义务人自愿履行的，不受诉讼时效限制；**义务人同意履行的，不得以诉讼时效期间届满为由抗辩。**	**第一百八十五条** 诉讼时效期间届满的，义务人可以提出不履行义务的抗辩。 诉讼时效期间届满后，义务人自愿履行的，不受诉讼时效限制。	**第一百九十五条** 诉讼时效期间届满的，义务人可以提出不履行义务的抗辩。 诉讼时效期间届满后，义务人自愿履行的，**不得请求返还。**	**第一百九十五条** 诉讼时效期间届满的，义务人可以提出不履行义务的抗辩。 诉讼时效期间届满后，**义务人同意履行的，不得以诉讼时效期间届满为由抗辩；**义务人**已**自愿履行的，不得请求返还。	**第一百九十二条** 无变化	**第一百九十二条** 诉讼时效期间届满的，义务人可以提出不履行义务的抗辩。 诉讼时效期间届满后，义务人同意履行的，不得以诉讼时效期间届满为由抗辩；义务人**已经**自愿履行的，不得请求返还。
第一百七十条 人民法院不得主动适用诉讼时效的规定。	**第一百八十六条** 无变化	**第一百九十六条** 无变化	**第一百九十六条** 无变化	**第一百九十三条** 无变化	**第一百九十三条** 人民法院不得主动适用诉讼时效的规定。

续表

《民法总则(草案)》(2016年6月版)	《民法总则(草案二次审议稿)》(2016年11月版)	《民法总则(草案三次审议稿)》(2016年12月版)	《民法总则(草案大会审议稿)》(2017年3月8日提交审议)	《中华人民共和国民法总则》(2017年3月15日表决通过)	《中华人民共和国民法典》(2020年5月28日表决通过)
第一百七十一条 在诉讼时效期间的最后六个月内,因下列障碍,不能行使请求权的,诉讼时效中止: (一)不可抗力; (二)无民事行为能力人或者限制民事行为能力人没有法定代理人,或者法定代理人死亡、丧失代理权或者丧失民事行为能力; (三)继承开始后未确定继承人或者遗产管理人; (四)权利人被义务人或者其他人控制; (五)其他导致权利人不能行使请求权的障碍。 自中止时效的原因消除之日起满六个月,诉讼时效期间届满。	**第一百八十七条** 无变化	**第一百九十七条** 在诉讼时效期间的最后六个月内,因下列障碍,不能行使请求权的,诉讼时效中止: (一)不可抗力; (二)无民事行为能力人或者限制民事行为能力人没有法定代理人,或者法定代理人死亡、丧失代理权、丧失民事行为能力; (三)继承开始后未确定继承人或者遗产管理人; (四)权利人被义务人或者其他人控制; (五)其他导致权利人不能行使请求权的障碍。 自中止时效的原因消除之日起满六个月,诉讼时效期间届满。	**第一百九十七条** 在诉讼时效期间的最后六个月内,因下列障碍,不能行使请求权的,诉讼时效中止: (一)不可抗力; (二)无民事行为能力人或者限制民事行为能力人没有法定代理人,或者法定代理人死亡、丧失代理权**或者**丧失民事行为能力; (三)继承开始后未确定继承人或者遗产管理人; (四)权利人被义务人或者其他人控制; (五)其他导致权利人不能行使请求权的障碍。 自中止时效的原因消除之日起满六个月,诉讼时效期间届满。	**第一百九十四条** 在诉讼时效期间的最后六个月内,因下列障碍,不能行使请求权的,诉讼时效中止: (一)不可抗力; (二)无民事行为能力人或者限制民事行为能力人没有法定代理人,或者法定代理人死亡、**丧失民事行为能力、丧失代理权;** (三)继承开始后未确定继承人或者遗产管理人; (四)权利人被义务人或者其他人控制; (五)其他导致权利人不能行使请求权的障碍。 自中止时效的原因消除之日起满六个月,诉讼时效期间届满。	**第一百九十四条** 在诉讼时效期间的最后六个月内,因下列障碍,不能行使请求权的,诉讼时效中止: (一)不可抗力; (二)无民事行为能力人或者限制民事行为能力人没有法定代理人,或者法定代理人死亡、丧失民事行为能力、丧失代理权; (三)继承开始后未确定继承人或者遗产管理人; (四)权利人被义务人或者其他人控制; (五)其他导致权利人不能行使请求权的障碍。 自中止时效的原因消除之日起满六个月,诉讼时效期间届满。
第一百七十三条 有下列情形之一的,诉讼时效中断,从中断或者有关程序终结时起,诉讼时效期间重新计算: (一)权利人向义务人提出履行请求的; (二)义务人同意履行义务的; (三)权利人提起诉讼或者申请仲裁的;	**第一百八十八条** 有下列情形之一的,诉讼时效中断,从中断或者有关程序终结时起,诉讼时效期间重新计算: (一)权利人向义务人提出履行请求的; (二)义务人同意履行义务的; (三)权利人提起诉讼或者申请仲裁的;	**第一百九十八条** 无变化	**第一百九十八条** 有下列情形之一的,诉讼时效中断,从中断或者有关程序终结时起,诉讼时效期间重新计算: (一)权利人向义务人提出履行请求; (二)义务人同意履行义务; (三)权利人提起诉讼或者申请仲裁; (四)与提起诉讼或者申请仲裁具有同等效力的其他情形。	**第一百九十五条** 有下列情形之一的,诉讼时效中断,从中断、有关程序终结时起,诉讼时效期间重新计算: (一)权利人向义务人提出履行请求; (二)义务人同意履行义务; (三)权利人提起诉讼或者申请仲裁; (四)与提起诉讼或者申请仲裁具有同等效力的其他情形。	**第一百九十五条** 有下列情形之一的,诉讼时效中断,从中断、有关程序终结时起,诉讼时效期间重新计算: (一)权利人向义务人提出履行请求; (二)义务人同意履行义务; (三)权利人提起诉讼或者申请仲裁; (四)与提起诉讼或者申请仲裁具有同等效力的其他情形。

续表

《民法总则(草案)》(2016年6月版)	《民法总则(草案二次审议稿)》(2016年11月版)	《民法总则(草案三次审议稿)》(2016年12月版)	《民法总则(草案大会审议稿)》(2017年3月8日提交审议)	《中华人民共和国民法总则》(2017年3月15日表决通过)	《中华人民共和国民法典》(2020年5月28日表决通过)
(四)有与提起诉讼或者申请仲裁具有同等效力的其他情形的。	(四)**与**提起诉讼或者申请仲裁具有同等效力的其他情形。				
第一百七十四条 对连带权利人或者连带义务人中的一人发生诉讼时效中断的,中断的效力及于全部连带权利人或者连带义务人。	**第一百八十九条** 无变化	**第一百九十九条** 无变化	**第一百九十九条** 无变化		
第一百七十五条 下列请求权不适用诉讼时效: (一)请求停止侵害、排除妨碍、消除危险; (二)登记的物权人请求返还财产; (三)请求支付赡养费、抚养费或者扶养费; (四)依法不适用诉讼时效的其他请求权。	**第一百九十条** 无变化	**第二百条** 下列请求权不适用诉讼时效**的规定**: (一)请求停止侵害、排除妨碍、消除危险; (二)登记的物权人请求返还财产; (三)请求支付赡养费、抚养费或者扶养费; (四)依法不适用诉讼时效的其他请求权。	**第二百条** 无变化	**第一百九十六条** 下列请求权不适用诉讼时效的规定: (一)请求停止侵害、排除妨碍、消除危险; (二)**不动产物权和登记的动产物权的权利人**请求返还财产; (三)请求支付**抚养费、赡养费**或者扶养费; (四)依法不适用诉讼时效的其他请求权。	**第一百九十六条** 下列请求权不适用诉讼时效的规定: (一)请求停止侵害、排除妨碍、消除危险; (二)不动产物权和登记的动产物权的权利人请求返还财产; (三)请求支付抚养费、赡养费或者扶养费; (四)依法不适用诉讼时效的其他请求权。
第一百七十六条 诉讼时效的期间、计算方法以及中止、中断的事由由法律规定,当事人约定无效。当事人对诉讼时效利益的预先放弃无效。	**第一百九十一条** 诉讼时效的期间、计算方法以及中止、中断的事由由法律规定,当事人约定无效。 当事人对诉讼时效利益的预先放弃无效。	**第二百零一条** 无变化	**第二百零一条** 无变化	**第一百九十七条** 无变化	**第一百九十七条** 诉讼时效的期间、计算方法以及中止、中断的事由由法律规定,当事人约定无效。 当事人对诉讼时效利益的预先放弃无效。

续表

《民法总则(草案)》(2016年6月版)	《民法总则(草案二次审议稿)》(2016年11月版)	《民法总则(草案三次审议稿)》(2016年12月版)	《民法总则(草案大会审议稿)》(2017年3月8日提交审议)	《中华人民共和国民法总则》(2017年3月15日表决通过)	《中华人民共和国民法典》(2020年5月28日表决通过)
	第一百九十二条 法律对仲裁时效有规定的,适用其规定。法律对仲裁时效没有规定的,适用诉讼时效的规定。	**第二百零二条** 无变化	**第二百零二条** 法律对仲裁时效有规定的,适用其规定;**没有**规定的,适用诉讼时效的规定。	**第一百九十八条** 法律对仲裁时效有规定的,**依照**其规定;没有规定的,适用诉讼时效的规定。	**第一百九十八条** 法律对仲裁时效有规定的,依照其规定;没有规定的,适用诉讼时效的规定。
第二节 除斥期间	第二节 除斥期间				
第一百七十七条 法律规定或者当事人约定的撤销权、解除权等权利的存续期间,为除斥期间。 除斥期间届满,当事人的撤销权、解除权等权利消灭。	**第一百九十三条** 无变化	**第二百零三条** 法律规定或者当事人约定的撤销权、解除权等权利的存续期间,**除法律另有规定外,自权利人知道或者应当知道权利产生之日起计算,不适用有关诉讼时效中止、中断和延长的规定。存续期间届满,撤销权、解除权等权利消灭。**	**第二百零三条** 无变化	**第一百九十九条** 无变化	**第一百九十九条** 法律规定或者当事人约定的撤销权、解除权等权利的存续期间,除法律另有规定外,自权利人知道或者应当知道权利产生之日起计算,不适用有关诉讼时效中止、中断和延长的规定。存续期间届满,撤销权、解除权等权利消灭。
第一百七十八条 除斥期间自权利人知道或者应当知道权利产生之日起开始计算,法律另有规定的除外。	**第一百九十四条** 除斥期间自权利人知道或者应当知道权利产生之日起开始计算。法律另有规定的,**依照其规定。**				
第一百七十九条 除斥期间不适用本法有关诉讼时效中止、中断和延长的规定。	**第一百九十五条** 无变化				

第十章　期间计算

《民法总则(草案)》(2016年6月版)	《民法总则(草案二次审议稿)》(2016年11月版)	《民法总则(草案三次审议稿)》(2016年12月版)	《民法总则(草案大会审议稿)》(2017年3月8日提交审议)	《中华人民共和国民法总则》(2017年3月15日表决通过)	《中华人民共和国民法典》(2020年5月28日表决通过)
第十章　期间的计算	第十章　期间的计算	第十章　期间的计算	第十章　期间计算	第十章　期间计算	第十章　期间计算
第一百八十条　民事法律所称的期间按照公历年、月、日、小时计算。	**第一百九十六条** 无变化	**第二百零四条　民法**所称的期间按照公历年、月、日、小时计算。	**第二百零四条** 无变化	**第二百条** 无变化	**第二百条**　民法所称的期间按照公历年、月、日、小时计算。
第一百八十一条 按照小时计算期间的,自法律规定或者当事人约定的时间起算。 按照日、月、年计算期间的,开始的当日不计入,自下一日起算。	**第一百九十七条** 无变化	**第二百零五条**　按照小时计算期间的,自法律规定或者当事人约定的时间起**计算**。 按照日、月、年计算期间的,开始的当日不计入,自下一日起**计算**。	**第二百零五条　按照日、月、年计算期间的,开始的当日不计入,自下一日起计算。 按照小时计算期间的,自法律规定或者当事人约定的时间起计算。**	**第二百零一条**　按照**年**、月、**日**计算期间的,开始的当日不计入,自下一日**开始**计算。 按照小时计算期间的,自法律规定或者当事人约定的时间**开始**计算。	**第二百零一条**　按照年、月、日计算期间的,开始的当日不计入,自下一日开始计算。 按照小时计算期间的,自法律规定或者当事人约定的时间开始计算。
第一百八十二条 按照月、年计算期间的,最后一月与期间开始当日的相应日为期间的最后一日;最后一月没有相应日的,其结束日为期间的最后一日。	**第一百九十八条** 按照月、年计算期间的,**到期月的对应日**为期间的最后一日;**没有**对应日的,**月末日**为期间的最后一日。	**第二百零六条** 无变化	**第二百零六条** 无变化	**第二百零二条** 无变化	**第二百零二条**　按照**年、月**计算期间的,到期月的对应日为期间的最后一日;没有对应日的,月末日为期间的最后一日。

续表

《民法总则(草案)》(2016年6月版)	《民法总则(草案二次审议稿)》(2016年11月版)	《民法总则(草案三次审议稿)》(2016年12月版)	《民法总则(草案大会审议稿)》(2017年3月8日提交审议)	《中华人民共和国民法总则》(2017年3月15日表决通过)	《中华人民共和国民法典》(2020年5月28日表决通过)
第一百八十三条 期间的最后一日是法定休假日的,以法定休假日结束的次日为期间的最后一日。 期间的最后一日的截止时间为二十四点;有业务时间的,到停止业务活动的时间截止。	**第一百九十九条** 无变化	**第二百零七条** 无变化	**第二百零七条** 期间的最后一日是法定休假日的,以法定休假日结束的次日为期间的最后一日。 期间的最后一日的截止时间为二十四点;有业务时间的,**截止时间为停止业务活动的时间**。	**第二百零三条** 期间的最后一日是法定休假日的,以法定休假日结束的次日为期间的最后一日。 期间的最后一日的截止时间为二十四时;有业务时间的,**停止业务活动的时间为截止时间**。	**第二百零三条** 期间的最后一日是法定休假日的,以法定休假日结束的次日为期间的最后一日。 期间的最后一日的截止时间为二十四时;有业务时间的,停止业务活动的时间为截止时间。
第一百八十四条 期间的计算方法依照本法的规定,法律另有规定或者当事人另有约定的除外。	**第二百条** 无变化	**第二百零八条** 无变化	**第二百零八条** 无变化	**第二百零四条** 期间的计算方法依照本法的规定,**但是**法律另有规定或者当事人另有约定的除外。	**第二百零四条** 期间的计算方法依照本法的规定,但是法律另有规定或者当事人另有约定的除外。

物　权　编

立法机关对民法典物权编草案立法演进的说明

一、一次审议稿说明

时间:2018 年 8 月 27 日

来源:关于《民法典各分编(草案)》的说明(第十三届全国人大常委会第五次会议)

物权是民事主体依法享有的重要财产权。2007 年第十届全国人大第五次会议通过了物权法。实践证明物权法规定的中国特色社会主义物权制度是有活力的,在明晰权利归属、实现物权平等保护等方面发挥了重要作用。物权编草案在物权法的基础上,按照党中央提出的完善产权保护制度,健全归属清晰、权责明确、保护严格、流转顺畅的现代产权制度的要求,结合现实需要,进一步完善了物权法律制度。与现行物权法相比,主要修改内容有:

1. 加强对建筑物业主权利的保护。第一,强化业主对共有部分共同管理的权利。在实践中,一些物业服务企业未征求业主意见擅自改变共有部分的用途或者利用外墙、电梯张贴广告等营利。对此,草案增加规定,改变共有部分的用途或者利用共有部分从事经营活动应当由业主共同决定(草案第 73 条第 1 款)。第二,为了解决物业管理活动中业主作出决议难的问题,适当降低业主作出决议的门槛(草案第 73 条第 2 款)。第三,明确共有部分产生的收益属于业主共有(草案第 77 条)。

2. 增加规定居住权。党的十九大报告提出,要加快建立多主体供给、多渠道保障、租购并举的住房制度,让全体人民住有所居。为落实党中央的要求,认可和保护民事主体对住房保障的灵活安排,满足特定人群的居住需求,草案在用益物权部分增加一章,专门规定居住权,居住权人有权按照合同约定并经登记占有、使用他人的住宅,以满足其稳定生活居住需要。这一制度安排有助于为公租房和老年人以房养老提供法律保障(草案第 14 章)。

3. 完善动产抵押和权利质押的规则。第一,补充了有关清偿顺序的规定(草案第 205 条第 2 款、第 206 条)。第二,对于抵押物价款的债权担保赋予优先效力。针对在交易实践中普遍存在的借款人借款购买货物,同时将该货物抵押给贷款人作为价款的担保的情形,草案赋予了该抵押权优先效力,以保护融资人的权利,促进融资(草案第 207 条)。第三,删除具体登记机构的规定。目前动产抵押和权利质押的登记机构较为分散,不能完全适应现代市场经济发展的需要。建立统一的动产抵押和权利质押登记制度有助于进一步发挥其融资担保功能。考虑统一登记的具体规则宜由国务院规定,草案删除了有关动产抵押和权利质押具体登记机构的内容,为建立统一的动产抵押和权利质押登记制度留下空间(草案第 232 条、第 234 条、第 235 条、第 236 条)。

物权编草案中有两个问题需要汇报:

1. 关于农村土地使用权改革相关问题。党的十八大以来,党中央提出要深化农村土地制度改革,健全农村产权保护法律制度,完善承包地"三权分置"制度;探索宅基地"三权分置";赋予农民更多的财产权,允许承包土地的经营权和农民住房财产权抵押、担保;探索农民集体建设用地入市制度。为落实党中央的改革要求,2015 年全国人大常委会先后通过两个授权决定,授权开展"两权"抵押和集体建设用地入市试点。与此同时,全国人大常委会启动了农村土地承包法的修改工作,并于 2017 年 11 月进行了初次审议。在总结有关改革试点实践经验的基础上,结合农村土地承包法修改的审议情况、各方面提出的意见和基层调研情况,草案对物权法的用益物权制度、担保物权制度作了相应修改,规定实行家庭承包的土地承包经营权人有权出让土地经营权,并对土地经营权的内容作了规定,以体现"三权分置"改革精神(草案第 11 章);修改了土地承包经营权抵押的相关规定。关于宅基地"三权分置"问题和农民住房财产权抵押问题,考虑这两个问题主要涉及土地管理法的修改(按今年全国人大常委会立法工作计划,应于下半年由国务院提请审议),国务院有关部门正在抓紧推进起草工作。因此,物权编草案这一部分内容暂未修改,待国务院修改土地管理法的议案提请审议后,再作统筹研究和修改。

2. 关于住宅建设用地使用权期间届满续期问题。2016 年 11 月,《中共中央、国务院关于完善产权保护制度依法保护产权的意见》提出,要研究住宅建设用地等土地使用权到期后续期的法律安排,推动形成全社会对公民财产长久受保护的良好和稳定预期。根据党中央批准的有关工作安排,该项工作由国务院有关部门研究,提出方案后,国务院提出法律修改议案,修改城市房地产管理法或者物权法。目前,国务院有关部门尚未正式提出方案和修法议案。物权编草案根据现行《物权法》第 149 条、《城市房地产管理法》第 22 条的规定,对此先作出一个原则性规定,即住宅建设用地使用权期间届满的,自动续期。续期费用的缴纳或者减免,依照法律、行政法规的规定(草案第 152 条第 1 款)。国务院正式提出修改有关法律的议案后,再进一步做好衔接。

二、二次审议稿说明

时间:2019 年 4 月 26 日

来源:全国人民代表大会宪法和法律委员会关于《民法典物权编(草案)》修改情况的汇报(第十三届全国人大常委会第十次会议)

2018 年 8 月,全国人大常委会第五次会议对民法典各分编(草案)进行了初次审议。会后,法制工作委员会将草案印发地方人大、中央有关单位、法学教学研究机构和有关社会团体征求意见,并在中国人大网全文公布草案征求社会公众意见。根据党中央和常委会确定的民法典编纂工作计划和安排,在对民法典各分编(草案)整体进行初次审议后,将各分编草案分拆为几个单元进行若干次审议和修改完善;到 2019 年 12 月,将之前已出台的民法总则同经过常委会审议和修改完善的民法典各分编草案,合并为一部完整的民法典草案。2018 年 12 月,常委会第七次会议对民法典合同编(草案)、侵权责任编(草案)进行了二审。经研究,建议本次常委会会议对民法典物权编(草案)进行二审。法制工作委员会就民法典物权编(草案)召开多个座谈会,听取中央有关部门和部分专家学者的意见,到广西等地进行调研,了解实际情况,听取意见。宪法和法律委员会于 2019 年 3 月 29 日召开会议,根据常委会组成人员的审议意见和各方面意见,对草案进行了逐条审议,最高人民法院、最高人民检察院、司法部、中国社会科学院、中国法学会等参加民法典编纂工作的单位有关负责同志列席了会议。2019 年 4 月 12 日,宪法和法律委员会召开会议,再次进行审议。现就民法典物权编(草案)主要问题的修改情况汇报如下：

1. 有的常委委员、地方和法学教学研究机构提出，草案的条文较多，建议设置分编，以使条理更加清楚。宪法和法律委员会经研究，建议采纳这一意见，将物权编草案进一步分为五个分编，即通则、所有权、用益物权、担保物权、占有。

2. 有的常委委员、地方和部门提出，深入推进农村集体产权制度改革，是党中央作出的重大决策，草案应对农村集体所有土地的征地补偿、土地承包经营权等相关制度予以完善。据此，宪法和法律委员会建议对草案作出如下修改：一是完善征地补偿制度。在草案第39条第2款中增加规定：征收集体所有的土地，应当依法及时足额支付农村村民住宅的补偿费用。二是落实"三权分置"制度。根据党中央有关精神和修改后的农村土地承包法，对草案第十一章"土地承包经营权"的相关内容作了完善，明确承包期届满，由土地承包经营权人依照农村土地承包的法律规定继续承包；土地承包经营权人可以自主决定依法采取出租、入股或者其他方式向他人流转土地经营权；流转期限为5年以上的土地经营权，自流转合同生效时设立。当事人可以向登记机构申请土地经营权登记，未经登记，不得对抗善意第三人。同时，删去草案第十七章"抵押权"中关于耕地不得抵押的规定，以适应"三权分置"后土地经营权入市的需要。三是与正在常委会审议的土地管理法修正案草案相衔接，分别在有关条款中明确集体所有的土地作为建设用地的，应当依照土地管理的法律规定办理；宅基地使用权的取得、行使和转让，适用土地管理的法律和国家有关规定（草案二次审议稿第39条第2款、第127条第2款、第134条之1、第134条之3、第190条第2项、第154条、第156条）。

3. 有的常委委员、部门提出，海岛保护法明确规定，无居民海岛属于国家所有，建议草案增加规定相关内容。宪法和法律委员会经研究，建议采纳这一意见，在草案第五章"国家所有权和集体所有权、私人所有权"中增加一条规定："无居民海岛属于国家所有，国务院代表国家行使无居民海岛所有权。"（草案二次审议稿第43条之1）

4. 草案第六章规定了业主的建筑物区分所有权。有的常委委员、地方、部门、法学教学研究机构和社会公众提出，近年来，群众普遍反映业主大会、业主委员会成立难，公共维修资金使用难，以及物业管理不规范、业主维权难等问题，建议草案对此作出有针对性的规定。据此，宪法和法律委员会建议对该章草案作出如下修改：一是在草案第72条第2款中增加规定：居民委员会应当对设立业主大会和选举业主委员会给予指导和协助。二是完善公共维修资金使用的表决程序，降低通过这一事项的表决要求，将草案第73条规定的应当经参与表决的业主专有部分面积和人数占比"双过四分之三"同意，修改为"双过半数"同意。三是根据一些地方的实践，在草案第76条中增加一款规定：紧急情况下需要维修建筑物及其附属设施的，业主大会或者业主委员会可以依法申请使用维修资金。四是与合同编草案中"物业服务合同"的内容相呼应，在草案第80条第1款中增加规定：物业服务企业或者其他管理人依照物业服务合同的规定管理建筑区划内的建筑物及其附属设施。五是加强对业主维权的保障，在草案第81条中增加一款规定：在建筑区划内违反规定饲养动物、违章搭建、侵占通道等的行为人拒不履行相关义务的，有关当事人可以向有关行政主管部门投诉，有关行政主管部门应当依法处理（草案二次审议稿第72条第2款、第73条、第76条第2款、第80条第1款、第81条第3款）。

5. 草案第十四章规定了居住权。有的地方、法学教学研究机构和社会公众建议进一步完善居住权制度的相关规定，明确居住权是无偿设立的用益物权，并对居住权合同的内容进行规范。据此，宪法和法律委员会建议对该章草案作出如下修改：一是将草案第159条修改为：居住权人有权按照合同约定，对他人的住宅享有占有、使用的用益物权，以满足生活居住的需要。二是将草案第159条第2款单设一条,并增加一款规定:居住权合同的一般条款包括当事人的姓名和住所、住宅的位置、居住的条件和要求、解决争议的方法。三是在草案第160条中增加规定:居住权无偿设立(草案二次审议稿第159条、第159条之1第2款、第160条)。

6. 有的常委委员、地方和部门提出,为进一步改善营商环境,赋予当事人更大的自主权,建议允许担保合同对担保财产只作概括性的描述。同时,建议对担保物权规定统一的优先受偿规则。据此,宪法和法律委员会建议对草案作出如下修改:一是简化规定抵押合同和质押合同的一般条款,将草案第191条规定的抵押合同包括“抵押财产的名称、数量、质量、状况、所在地、所有权归属或者使用权归属”修改为“抵押财产的名称、数量等情况”;将草案第218条规定的质押合同包括“质押财产的名称、数量、质量、状况”修改为“质押财产的名称、数量等情况”。二是进一步明确实现担保物权的统一受偿规则,将草案第205条第2款修改为:“其他可以登记的担保物权,清偿顺序参照适用前款规定”,即已登记的,按照登记的时间先后确定清偿顺序,已登记的先于未登记的受偿,未登记的按照债权比例清偿(草案二次审议稿第191条第2款第3项、第218条第2款第3项、第205条第2款)。

此外,还对草案作了一些文字修改。

三、三次审议稿说明

时间:2019年12月23日

来源:关于《民法典各分编(草案)》修改情况和《中华人民共和国民法典(草案)》编纂情况的汇报(第十三届全国人大常委会第十五次会议)

物权编草案共5个分编、20章、258条。常委会第十次会议对民法典物权编草案进行了二审,对物权编草案二次审议稿的修改情况主要是:

1. 草案二次审议稿第十四章规定了居住权制度。有的常委委员、社会公众建议对居住权合同的内容、居住权的设立和期间等规定予以进一步完善,以使这一制度在实践中发挥更大的作用。宪法和法律委员会经研究,建议采纳这一意见,对该章草案作如下修改:一是完善居住权合同的内容,增加规定“居住权期间”(民法典草案第367条第2款)。二是完善居住权设立制度,将“居住权无偿设立”修改为“居住权无偿设立,但是当事人另有约定的除外”(民法典草案第368条)。三是进一步明确居住权期间的规定,规定居住权期间届满或者居住权人死亡的,居住权消灭。居住权消灭的,应当及时办理注销登记(民法典草案第370条)。

2. 草案二次审议稿第192条、第219条规定,抵押权人或者质权人在债务履行期间届满前,不得事先与抵押人或者出质人约定不履行到期债务时抵押财产、质押财产归债权人所有。有的专家学者、单位提出,为进一步优化营商环境,建议完善上述规定,明确当事人事先作出此类约定的,仍享有担保权益,但只能依法就抵押财产或者质押财产优先受偿。宪法和法律委员会经研究,建议采纳这一意见(民法典草案第401条、第428条)。

四、大会审议稿说明

时间:2020 年 5 月 22 日

来源:关于《中华人民共和国民法典(草案)》的说明(**第十三届全国人民代表大会第三次会议**)

物权是民事主体依法享有的重要财产权。物权法律制度调整因物的归属和利用而产生的民事关系,是最重要的民事基本制度之一。2007 年第十届全国人民代表大会第五次会议通过了物权法。草案第二编"物权"在现行物权法的基础上,按照党中央提出的完善产权保护制度,健全归属清晰、权责明确、保护严格、流转顺畅的现代产权制度的要求,结合现实需要,进一步完善了物权法律制度。第二编共 5 个分编、20 章、258 条,主要内容有:

1. 关于通则。第一分编为通则,规定了物权制度基础性规范,包括平等保护等物权基本原则,物权变动的具体规则,以及物权保护制度。党的十九届四中全会通过的《中共中央关于坚持和完善中国特色社会主义制度推进国家治理体系和治理能力现代化若干重大问题的决定》对社会主义基本经济制度有了新的表述,为贯彻会议精神,草案将有关基本经济制度的规定修改为:"国家坚持和完善公有制为主体、多种所有制经济共同发展,按劳分配为主体、多种分配方式并存,社会主义市场经济体制等社会主义基本经济制度。"(草案第 206 条第 1 款)

2. 关于所有权。所有权是物权的基础,是所有人对自己的不动产或者动产依法享有占有、使用、收益和处分的权利。第二分编规定了所有权制度,包括所有权人的权利,征收和征用规则,国家、集体和私人的所有权,相邻关系、共有等所有权基本制度。针对近年来群众普遍反映业主大会成立难、公共维修资金使用难等问题,并结合此次新冠肺炎疫情防控工作,在现行物权法规定的基础上,进一步完善了业主的建筑物区分所有权制度:一是明确地方政府有关部门、居民委员会应当对设立业主大会和选举业主委员会给予指导和协助(草案第 277 条第 2 款)。二是适当降低业主共同决定事项,特别是使用建筑物及其附属设施维修资金的表决门槛,并增加规定紧急情况下使用维修资金的特别程序(草案第 278 条、第 281 条第 2 款)。三是结合疫情防控工作,在征用组织、个人的不动产或者动产的事由中增加"疫情防控";明确物业服务企业和业主的相关责任和义务,增加规定物业服务企业或者其他管理人应当执行政府依法实施的应急处置措施和其他管理措施,积极配合开展相关工作,业主应当依法予以配合(草案第 245 条、第 285 条第 2 款、第 286 条第 1 款)。

3. 关于用益物权。用益物权,是指权利人依法对他人的物享有占有、使用和收益的权利。第三分编规定了用益物权制度,明确了用益物权人的基本权利和义务,以及建设用地使用权、宅基地使用权、地役权等用益物权。草案还在现行物权法规定的基础上,作了进一步完善:一是落实党中央关于完善产权保护制度依法保护产权的要求,明确住宅建设用地使用权期限届满的,自动续期;续期费用的缴纳或者减免,依照法律、行政法规的规定办理(草案第 359 条第 1 款)。二是完善农村集体产权相关制度,落实农村承包地"三权分置"改革的要求,对土地承包经营权的相关规定作了完善,增加土地经营权的规定,并删除耕地使用权不得抵押的规定,以适应"三权分置"后土地经营权入市的需要(草案第二编第十一章、第 399 条)。考虑农村集体建设用地和宅基地制度改革正在推进过程中,草案与土地管理法等作了衔接性规定(草案第 361 条、第 363 条)。三是为贯彻党的十九大提出的加快建立多主体供给、多渠道保障住房制度的要求,增加规定"居住权"这一新型用益物权,明确居住权原则上无偿设立,居住权人有权按照合同约定或者遗嘱，经登记占有、使用他人的住宅，以满足其稳定的生活居住需要（草案第二编第十四章）。

4. 关于担保物权。担保物权，是指为了确保债务履行而设立的物权，包括抵押权、质权和留置权。第四分编对担保物权作了规定，明确了担保物权的含义、适用范围、担保范围等共同规则，以及抵押权、质权和留置权的具体规则。草案在现行物权法规定的基础上，进一步完善了担保物权制度，为优化营商环境提供法治保障：一是扩大担保合同的范围，明确融资租赁、保理、所有权保留等非典型担保合同的担保功能，增加规定担保合同包括抵押合同、质押合同和其他具有担保功能的合同（草案第 388 条第 1 款）。二是删除有关担保物权具体登记机构的规定，为建立统一的动产抵押和权利质押登记制度留下空间。三是简化抵押合同和质押合同的一般条款（草案第 400 条第 2 款、第 427 条第 2 款）。四是明确实现担保物权的统一受偿规则（草案第 414 条）。

5. 关于占有。占有是指对不动产或者动产事实上的控制与支配。第五分编对占有的调整范围、无权占有情形下的损害赔偿责任、原物及孳息的返还以及占有保护等作了规定（草案第二编第二十章）。

第一章　一般规定

《民法典各分编(草案)》(2018年9月版)	《民法典物权编(草案二次审议稿)》(2019年4月版)	《中华人民共和国民法典(草案)》(2019年12月版)	《中华人民共和国民法典(草案大会审议稿)》(2020年5月22日提交审议)	《中华人民共和国民法典》(2020年5月28日表决通过)
	第一分编　通则	第一分编　通则	第一分编　通则	第一分编　通则
第一章　一般规定	第一章　一般规定	第一章　一般规定	第一章　一般规定	第一章　一般规定
第一条　因物的归属和利用而产生的民事关系,适用本编。	**第一条　本编调整因物的归属和利用而产生的民事关系。**	**第二百零五条** 无变化	**第二百零五条** 无变化	**第二百零五条**　本编调整因物的归属和**利用**产生的民事关系。
第二条　国家在社会主义初级阶段,坚持公有制为主体、多种所有制经济共同发展的基本经济制度。 国家巩固和发展公有制经济,鼓励、支持和引导非公有制经济的发展。 国家实行社会主义市场经济,保障一切市场主体的平等法律地位和发展权利。	**第二条** 无变化	**第二百零六条** 无变化	**第二百零六条**　国家**坚持和完善**公有制为主体、多种所有制经济共同发展,**按劳分配为主体、多种分配方式并存,社会主义市场经济体制等社会主义**基本经济制度。 国家巩固和发展公有制经济,鼓励、支持和引导非公有制经济的发展。 国家实行社会主义市场经济,保障一切市场主体的平等法律地位和发展权利。	**第二百零六条**　国家坚持和完善公有制为主体、多种所有制经济共同发展,按劳分配为主体、多种分配方式并存,社会主义市场经济体制等社会主义基本经济制度。 国家巩固和发展公有制经济,鼓励、支持和引导非公有制经济的发展。 国家实行社会主义市场经济,保障一切市场主体的平等法律地位和发展权利。
第三条　国家、集体、私人的物权和其他权利人的物权受法律平等保护,任何组织或者个人不得侵犯。	**第三条** 无变化	**第二百零七条** 无变化	**第二百零七条** 无变化	**第二百零七条**　国家、集体、私人的物权和其他权利人的物权受法律平等保护,任何组织或者个人不得侵犯。

续表

《民法典各分编(草案)》(2018 年 9 月版)	《民法典物权编(草案二次审议稿)》(2019 年 4 月版)	《中华人民共和国民法典(草案)》(2019 年 12 月版)	《中华人民共和国民法典(草案大会审议稿)》(2020 年 5 月 22 日提交审议)	《中华人民共和国民法典》(2020 年 5 月 28 日表决通过)
第四条　不动产物权的设立、变更、转让和消灭,应当依照法律规定登记。动产物权的设立和转让,应当依照法律规定交付。	**第四条** 无变化	**第二百零八条** 无变化	**第二百零八条** 无变化	**第二百零八条**　不动产物权的设立、变更、转让和消灭,应当依照法律规定登记。动产物权的设立和转让,应当依照法律规定交付。

第二章　物权的设立、变更、转让和消灭

《民法典各分编(草案)》(2018年9月版)	《民法典物权编(草案二次审议稿)》(2019年4月版)	《中华人民共和国民法典(草案)》(2019年12月版)	《中华人民共和国民法典(草案大会审议稿)》(2020年5月22日提交审议)	《中华人民共和国民法典》(2020年5月28日表决通过)
第二章 物权的设立、变更、转让和消灭	第二章 物权的设立、变更、转让和消灭	第二章 物权的设立、变更、转让和消灭	第二章 物权的设立、变更、转让和消灭	第二章 物权的设立、变更、转让和消灭
第一节　不动产登记	第一节　不动产登记	第一节　不动产登记	第一节　不动产登记	第一节　不动产登记
第五条　不动产物权的设立、变更、转让和消灭，经依法登记，发生效力；未经登记，不发生效力，但法律另有规定的除外。 依法属于国家所有的自然资源，所有权可以不登记。	**第五条**　不动产物权的设立、变更、转让和消灭，经依法登记，发生效力；未经登记，不发生效力，**但是**法律另有规定的除外。 依法属于国家所有的自然资源，所有权可以不登记。	**第二百零九条** 无变化	**第二百零九条** 无变化	**第二百零九条**　不动产物权的设立、变更、转让和消灭，经依法登记，发生效力；未经登记，不发生效力，但是法律另有规定的除外。 依法属于国家所有的自然资源，所有权可以不登记。
第六条　不动产登记，由不动产所在地的登记机构办理。 国家对不动产实行统一登记制度。统一登记的范围、登记机构和登记办法，由法律、行政法规规定。	**第六条** 无变化	**第二百一十条** 无变化	**第二百一十条** 无变化	**第二百一十条**　不动产登记，由不动产所在地的登记机构办理。 国家对不动产实行统一登记制度。统一登记的范围、登记机构和登记办法，由法律、行政法规规定。
第七条　当事人申请登记，应当根据不同登记事项提供权属证明和不动产界址、面积等必要材料。	**第七条** 无变化	**第二百一十一条** 无变化	**第二百一十一条** 无变化	**第二百一十一条**　当事人申请登记，应当根据不同登记事项提供权属证明和不动产界址、面积等必要材料。

续表

《民法典各分编（草案）》（2018年9月版）	《民法典物权编（草案二次审议稿）》（2019年4月版）	《中华人民共和国民法典（草案）》（2019年12月版）	《中华人民共和国民法典（草案大会审议稿）》（2020年5月22日提交审议）	《中华人民共和国民法典》（2020年5月28日表决通过）
第八条　登记机构应当履行下列职责： （一）查验申请人提供的权属证明和其他必要材料； （二）就有关登记事项询问申请人； （三）如实、及时登记有关事项； （四）法律、行政法规规定的其他职责。 申请登记的不动产的有关情况需要进一步证明的，登记机构可以要求申请人补充材料，必要时可以实地查看。	**第八条** 无变化	**第二百一十二条** 无变化	**第二百一十二条** 无变化	**第二百一十二条**　登记机构应当履行下列职责： （一）查验申请人提供的权属证明和其他必要材料； （二）就有关登记事项询问申请人； （三）如实、及时登记有关事项； （四）法律、行政法规规定的其他职责。 申请登记的不动产的有关情况需要进一步证明的，登记机构可以要求申请人补充材料，必要时可以实地查看。
第九条　登记机构不得有下列行为： （一）要求对不动产进行评估； （二）以年检等名义进行重复登记； （三）超出登记职责范围的其他行为。	**第九条** 无变化	**第二百一十三条** 无变化	**第二百一十三条** 无变化	**第二百一十三条**　登记机构不得有下列行为： （一）要求对不动产进行评估； （二）以年检等名义进行重复登记； （三）超出登记职责范围的其他行为。
第十条　不动产物权的设立、变更、转让和消灭，依照法律规定应当登记的，自记载于不动产登记簿时发生效力。	**第十条** 无变化	**第二百一十四条** 无变化	**第二百一十四条** 无变化	**第二百一十四条**　不动产物权的设立、变更、转让和消灭，依照法律规定应当登记的，自记载于不动产登记簿时发生效力。
第十一条　当事人之间订立有关设立、变更、转让和消灭不动产物权的合同，除法律另有规定或者合同另有约定外，自合同成立时生效；未办理物权登记的，不影响合同效力。	**第十一条**　当事人之间订立有关设立、变更、转让和消灭不动产物权的合同，除法律另有规定或者**当事人**另有约定外，自合同成立时生效；未办理物权登记的，不影响合同效力。	**第二百一十五条** 无变化	**第二百一十五条** 无变化	**第二百一十五条**　当事人之间订立有关设立、变更、转让和消灭不动产物权的合同，除法律另有规定或者当事人另有约定外，自合同成立时生效；未办理物权登记的，不影响合同效力。

续表

《民法典各分编(草案)》(2018 年 9 月版)	《民法典物权编(草案二次审议稿)》(2019 年 4 月版)	《中华人民共和国民法典(草案)》(2019 年 12 月版)	《中华人民共和国民法典(草案大会审议稿)》(2020 年 5 月 22 日提交审议)	《中华人民共和国民法典》(2020 年 5 月 28 日表决通过)
第十二条　不动产登记簿是物权归属和内容的根据。 不动产登记簿由登记机构管理。	**第十二条** 无变化	**第二百一十六条** 无变化	**第二百一十六条** 无变化	**第二百一十六条**　不动产登记簿是物权归属和内容的根据。 不动产登记簿由登记机构管理。
第十三条　不动产权属证书是权利人享有该不动产物权的证明。不动产权属证书记载的事项，应当与不动产登记簿一致；记载不一致的，除有证据证明不动产登记簿确有错误外，以不动产登记簿为准。	**第十三条** 无变化	**第二百一十七条** 无变化	**第二百一十七条** 无变化	**第二百一十七条**　不动产权属证书是权利人享有该不动产物权的证明。不动产权属证书记载的事项，应当与不动产登记簿一致；记载不一致的，除有证据证明不动产登记簿确有错误外，以不动产登记簿为准。
第十四条　权利人、利害关系人可以申请查询、复制登记资料，登记机构应当提供。	**第十四条**　权利人、利害关系人可以申请查询、复制**不动产**登记资料，登记机构应当提供。	**第二百一十八条** 无变化	**第二百一十八条** 无变化	**第二百一十八条**　权利人、利害关系人可以申请查询、复制不动产登记资料，登记机构应当提供。
第十五条　利害关系人不得非法使用、公开权利人的登记资料。	**第十五条**　利害关系人不得非法使用、公开权利人的**不动产**登记资料。	**第二百一十九条**　利害关系人不得**公开、非法使用**权利人的不动产登记资料。	**第二百一十九条** 无变化	**第二百一十九条**　利害关系人不得公开、非法使用权利人的不动产登记资料。
第十六条　权利人、利害关系人认为不动产登记簿记载的事项错误的，可以申请更正登记。不动产登记簿记载的权利人书面同意更正或者有证据证明登记确有错误的，登记机构应当予以更正。 不动产登记簿记载的权	**第十六条** 无变化	**第二百二十条**　权利人、利害关系人认为不动产登记簿记载的事项错误的，可以申请更正登记。不动产登记簿记载的权利人书面同意更正或者有证据证明登记确有错误的，登记机构应当予以更正。	**第二百二十条**　权利人、利害关系人认为不动产登记簿记载的事项错误的，可以申请更正登记。不动产登记簿记载的权利人书面同意更正或者有证据证明登记确有错误的，登记机构应当予以更正。	**第二百二十条**　权利人、利害关系人认为不动产登记簿记载的事项错误的，可以申请更正登记。不动产登记簿记载的权利人书面同意更正或者有证据证明登记确有错误的，登记机构应当予以更正。

续表

《民法典各分编(草案)》(2018 年 9 月版)	《民法典物权编(草案二次审议稿)》(2019 年 4 月版)	《中华人民共和国民法典(草案)》(2019 年 12 月版)	《中华人民共和国民法典(草案大会审议稿)》(2020 年 5 月 22 日提交审议)	《中华人民共和国民法典》(2020 年 5 月 28 日表决通过)
利人不同意更正的,利害关系人可以申请异议登记。登记机构予以异议登记的,申请人在异议登记之日起十五日内不起诉,异议登记失效。异议登记不当,造成权利人损害的,权利人可以向申请人请求损害赔偿。		不动产登记簿记载的权利人不同意更正的,利害关系人可以申请异议登记。登记机构予以异议登记,申请人**自**异议登记之日起十五日内不起诉**的**,异议登记失效。异议登记不当,造成权利人损害的,权利人可以向申请人请求损害赔偿。	不动产登记簿记载的权利人不同意更正的,利害关系人可以申请异议登记。登记机构予以异议登记,申请人自异议登记之日起十五日内不**提起诉讼**的,异议登记失效。异议登记不当,造成权利人损害的,权利人可以向申请人请求损害赔偿。	不动产登记簿记载的权利人不同意更正的,利害关系人可以申请异议登记。登记机构予以异议登记,申请人自异议登记之日起十五日内不提起诉讼的,异议登记失效。异议登记不当,造成权利人损害的,权利人可以向申请人请求损害赔偿。
第十七条 当事人签订买卖房屋或者签订其他不动产物权的协议,为保障将来实现物权,按照约定可以向登记机构申请预告登记。预告登记后,未经预告登记的权利人同意,处分该不动产的,不发生物权效力。 预告登记后,债权消灭或者自能够进行不动产登记之日起三个月内未申请登记的,预告登记失效。	**第十七条** 当事人签订买卖房屋**的协议**或者签订其他不动产物权的协议,为保障将来实现物权,按照约定可以向登记机构申请预告登记。预告登记后,未经预告登记的权利人同意,处分该不动产的,不发生物权效力。 预告登记后,债权消灭或者自能够进行不动产登记之日起三个月内未申请登记的,预告登记失效。	**第二百二十一条** 无变化	**第二百二十一条** 当事人签订买卖房屋的协议或者签订其他不动产物权的协议,为保障将来实现物权,按照约定可以向登记机构申请预告登记。预告登记后,未经预告登记的权利人同意,处分该不动产的,不发生物权效力。 预告登记后,债权消灭或者自能够进行不动产登记之日起**九十日**内未申请登记的,预告登记失效。	**第二百二十一条** 当事人签订买卖房屋的协议或者签订其他不动产物权的协议,为保障将来实现物权,按照约定可以向登记机构申请预告登记。预告登记后,未经预告登记的权利人同意,处分该不动产的,不发生物权效力。 预告登记后,债权消灭或者自能够进行不动产登记之日起九十日内未申请登记的,预告登记失效。
第十八条 当事人提供虚假材料申请登记,给他人造成损害的,应当承担赔偿责任。 因登记错误,给他人造成损害的,登记机构应当承担赔偿责任。登记机构赔偿后,可以向造成登记错误的人追偿。	**第十八条** 无变化	**第二百二十二条** 当事人提供虚假材料申请登记,**造成他人**损害的,应当承担赔偿责任。 因登记错误,**造成他人**损害的,登记机构应当承担赔偿责任。登记机构赔偿后,可以向造成登记错误的人追偿。	**第二百二十二条** 无变化	**第二百二十二条** 当事人提供虚假材料申请登记,造成他人损害的,应当承担赔偿责任。 因登记错误,造成他人损害的,登记机构应当承担赔偿责任。登记机构赔偿后,可以向造成登记错误的人追偿。

续表

《民法典各分编（草案）》（2018年9月版）	《民法典物权编（草案二次审议稿）》（2019年4月版）	《中华人民共和国民法典（草案）》（2019年12月版）	《中华人民共和国民法典（草案大会审议稿）》（2020年5月22日提交审议）	《中华人民共和国民法典》（2020年5月28日表决通过）
第十九条　不动产登记费按件收取，不得按照不动产的面积、体积或者价款的比例收取。	**第十九条** 无变化	**第二百二十三条** 无变化	**第二百二十三条** 无变化	**第二百二十三条**　不动产登记费按件收取，不得按照不动产的面积、体积或者价款的比例收取。
第二节　动产交付	第二节　动产交付	第二节　动产交付	第二节　动产交付	第二节　动产交付
第二十条　动产物权的设立和转让，自交付时发生效力，但法律另有规定的除外。	**第二十条**　动产物权的设立和转让，自交付时发生效力，**但是**法律另有规定的除外。	**第二百二十四条** 无变化	**第二百二十四条** 无变化	**第二百二十四条**　动产物权的设立和转让，自交付时发生效力，但是法律另有规定的除外。
第二十一条　船舶、航空器和机动车等物权的设立、变更、转让和消灭，未经登记，不得对抗善意第三人。	**第二十一条**　船舶、航空器和机动车等**的**物权的设立、变更、转让和消灭，未经登记，不得对抗善意第三人。	**第二百二十五条** 无变化	**第二百二十五条** 无变化	**第二百二十五条**　船舶、航空器和机动车等的物权的设立、变更、转让和消灭，未经登记，不得对抗善意第三人。
第二十二条　动产物权设立和转让前，权利人已经占有该动产的，物权自民事法律行为生效时发生效力。	**第二十二条** 无变化	**第二百二十六条** 无变化	**第二百二十六条** 无变化	**第二百二十六条**　动产物权设立和转让前，权利人已经占有该动产的，物权自民事法律行为生效时发生效力。
第二十三条　动产物权设立和转让前，第三人占有该动产的，负有交付义务的人可以通过转让请求第三人返还原物的权利代替交付。	**第二十三条** 无变化	**第二百二十七条** 无变化	**第二百二十七条** 无变化	**第二百二十七条**　动产物权设立和转让前，第三人占有该动产的，负有交付义务的人可以通过转让请求第三人返还原物的权利代替交付。
第二十四条　动产物权转让时，双方又约定由出让人继续占有该动产的，物权自该约定生效时发生效力。	**第二十四条** 无变化	**第二百二十八条**　动产物权转让时，**当事人**又约定由出让人继续占有该动产的，物权自该约定生效时发生效力。	**第二百二十八条** 无变化	**第二百二十八条**　动产物权转让时，当事人又约定由出让人继续占有该动产的，物权自该约定生效时发生效力。

续表

《民法典各分编(草案)》(2018年9月版)	《民法典物权编(草案二次审议稿)》(2019年4月版)	《中华人民共和国民法典(草案)》(2019年12月版)	《中华人民共和国民法典(草案大会审议稿)》(2020年5月22日提交审议)	《中华人民共和国民法典》(2020年5月28日表决通过)
第三节　其他规定	第三节　其他规定	第三节　其他规定	第三节　其他规定	第三节　其他规定
第二十五条　因人民法院、仲裁委员会的法律文书或者人民政府的征收决定等,导致物权设立、变更、转让或者消灭的,自法律文书或者人民政府的征收决定等生效时发生效力。	**第二十五条** 无变化	**第二百二十九条**　因人民法院、**仲裁机构**的法律文书或者人民政府的征收决定等,导致物权设立、变更、转让或者消灭的,自法律文书或者**征收决定**等生效时发生效力。	**第二百二十九条** 无变化	**第二百二十九条**　因人民法院、仲裁机构的法律文书或者人民政府的征收决定等,导致物权设立、变更、转让或者消灭的,自法律文书或者征收决定等生效时发生效力。
第二十六条　因继承取得物权的,自继承开始时发生效力。	**第二十六条** 无变化	**第二百三十条** 无变化	**第二百三十条** 无变化	**第二百三十条**　因继承取得物权的,自继承开始时发生效力。
第二十七条　因合法建造、拆除房屋等事实行为设立或者消灭物权的,自事实行为成就时发生效力。	**第二十七条** 无变化	**第二百三十一条** 无变化	**第二百三十一条** 无变化	**第二百三十一条**　因合法建造、拆除房屋等事实行为设立或者消灭物权的,自事实行为成就时发生效力。
第二十八条　依照本法第二十五条至第二十七条规定享有不动产物权的,处分该物权时,依照法律规定需要办理登记的,未经登记,不发生物权效力。	**第二十八条　处分**依照本法第二十五条至第二十七条规定享有**的不动产物权**,依照法律规定需要办理登记的,未经登记,不发生物权效力。	**第二百三十二条**　处分依照**本节**规定享有的不动产物权,依照法律规定需要办理登记的,未经登记,不发生物权效力。	**第二百三十二条** 无变化	**第二百三十二条**　处分依照本节规定享有的不动产物权,依照法律规定需要办理登记的,未经登记,不发生物权效力。

第三章　物权的保护

《民法典各分编(草案)》(2018 年 9 月版)	《民法典物权编(草案二次审议稿)》(2019 年 4 月版)	《中华人民共和国民法典(草案)》(2019 年 12 月版)	《中华人民共和国民法典(草案大会审议稿)》(2020 年 5 月 22 日提交审议)	《中华人民共和国民法典》(2020 年 5 月 28 日表决通过)
第三章　物权的保护	**第三章　物权的保护**	**第三章　物权的保护**	**第三章　物权的保护**	**第三章　物权的保护**
第二十九条　物权受到侵害的,权利人可以通过和解、调解、仲裁、诉讼等途径解决。	**第二十九条** 无变化	**第二百三十三条** 无变化	**第二百三十三条** 无变化	**第二百三十三条**　物权受到侵害的,权利人可以通过和解、调解、仲裁、诉讼等途径解决。
第三十条　因物权的归属、内容发生争议的,利害关系人可以请求确认权利。	**第三十条** 无变化	**第二百三十四条** 无变化	**第二百三十四条** 无变化	**第二百三十四条**　因物权的归属、内容发生争议的,利害关系人可以请求确认权利。
第三十一条　无权占有不动产或者动产的,权利人可以请求返还原物。	**第三十一条** 无变化	**第二百三十五条** 无变化	**第二百三十五条** 无变化	**第二百三十五条**　无权占有不动产或者动产的,权利人可以请求返还原物。
第三十二条　妨害物权或者可能妨害物权的,权利人可以请求**停止侵害**、排除妨碍或者消除危险。	**第三十二条** 无变化	**第二百三十六条** 无变化	**第二百三十六条** 无变化	**第二百三十六条**　妨害物权或者可能妨害物权的,权利人可以请求排除妨害或者消除危险。
第三十三条　造成不动产或者动产毁损的,权利人可以依法请求修理、重作、更换或者恢复原状。	**第三十三条** 无变化	**第二百三十七条** 无变化	**第二百三十七条** 无变化	**第二百三十七条**　造成不动产或者动产毁损的,权利人可以依法请求修理、重作、更换或者恢复原状。

续表

《民法典各分编(草案)》(2018年9月版)	《民法典物权编(草案二次审议稿)》(2019年4月版)	《中华人民共和国民法典(草案)》(2019年12月版)	《中华人民共和国民法典(草案大会审议稿)》(2020年5月22日提交审议)	《中华人民共和国民法典》(2020年5月28日表决通过)
第三十四条　侵害物权,造成权利人损害的,权利人可以依法请求损害赔偿,也可以依法请求承担其他民事责任。	**第三十四条** 无变化	**第二百三十八条** 无变化	**第二百三十八条** 无变化	**第二百三十八条**　侵害物权,造成权利人损害的,权利人可以依法请求损害赔偿,也可以依法请求承担其他民事责任。
第三十五条　本章规定的物权保护方式,可以单独适用,也可以根据权利被侵害的情形合并适用。**侵害物权,除承担民事责任外,违反行政管理规定的,依法承担行政责任;构成犯罪的,依法追究刑事责任。**	**第三十五条**　本章规定的物权保护方式,可以单独适用,也可以根据权利被侵害的情形合并适用。	**第二百三十九条** 无变化	**第二百三十九条** 无变化	**第二百三十九条**　本章规定的物权保护方式,可以单独适用,也可以根据权利被侵害的情形合并适用。

第四章　一般规定

《民法典各分编(草案)》(2018年9月版)	《民法典物权编(草案二次审议稿)》(2019年4月版)	《中华人民共和国民法典(草案)》(2019年12月版)	《中华人民共和国民法典(草案大会审议稿)》(2020年5月22日提交审议)	《中华人民共和国民法典》(2020年5月28日表决通过)
	第二分编　所有权	第二分编　所有权	第二分编　所有权	第二分编　所有权
第四章　**所有权**一般规定	第四章　一般规定	第四章　一般规定	第四章　一般规定	第四章　一般规定
第三十六条　所有权人对自己的不动产或者动产,依法享有占有、使用、收益和处分的权利。	**第三十六条** 无变化	**第二百四十条** 无变化	**第二百四十条** 无变化	**第二百四十条**　所有权人对自己的不动产或者动产,依法享有占有、使用、收益和处分的权利。
第三十七条　所有权人有权在自己的不动产或者动产上设立用益物权和担保物权。用益物权人、担保物权人行使权利,不得损害所有权人的权益。	**第三十七条** 无变化	**第二百四十一条** 无变化	**第二百四十一条** 无变化	**第二百四十一条**　所有权人有权在自己的不动产或者动产上设立用益物权和担保物权。用益物权人、担保物权人行使权利,不得损害所有权人的权益。
第三十八条　法律规定专属于国家所有的不动产和动产,任何组织或者个人不能取得所有权。	**第三十八条** 无变化	**第二百四十二条** 无变化	**第二百四十二条** 无变化	**第二百四十二条**　法律规定专属于国家所有的不动产和动产,任何组织或者个人不能取得所有权。
第三十九条　为了公共利益的需要,依照法律规定的权限和程序可以征收集体所有的土地和组织、个人的房屋及其他不动产。 征收集体所有的土地,应当依法足额支付土地补偿费、安置补助费、地上	**第三十九条**　为了公共利益的需要,依照法律规定的权限和程序可以征收集体所有的土地和组织、个人的房屋及其他不动产。 征收集体所有的土地,应当依法**及时**足额支付土地补偿费、安置补助费、	**第二百四十三条**　为了公共利益的需要,依照法律规定的权限和程序可以征收集体所有的土地和组织、个人的房屋**以及**其他不动产。 征收集体所有的土地,应当依法及时足额支付土地补偿费、安置补助费	**第二百四十三条** 无变化	**第二百四十三条**　为了公共利益的需要,依照法律规定的权限和程序可以征收集体所有的土地和组织、个人的房屋以及其他不动产。 征收集体所有的土地,应当依法及时足额支付土地补偿费、安置补助费以

续表

《民法典各分编(草案)》(2018年9月版)	《民法典物权编(草案二次审议稿)》(2019年4月版)	《中华人民共和国民法典(草案)》(2019年12月版)	《中华人民共和国民法典(草案大会审议稿)》(2020年5月22日提交审议)	《中华人民共和国民法典》(2020年5月28日表决通过)
附着物和青苗的补偿费等费用,安排被征地农民的社会保障费用,保障被征地农民的生活,维护被征地农民的合法权益。 征收组织、个人的房屋及其他不动产,应当依法给予征收补偿,维护被征收人的合法权益;征收个人住宅的,还应当保障被征收人的居住条件。 任何组织或者个人不得贪污、挪用、私分、截留、拖欠征收补偿费等费用。	**农村村民住宅和其他**地上附着物,**以及**青苗**等的补偿费用**,**并**安排被征地农民的社会保障费用,保障被征地农民的生活,维护被征地农民的合法权益。 征收组织、个人的房屋及其他不动产,应当依法给予征收补偿,维护被征收人的合法权益;征收个人住宅的,还应当保障被征收人的居住条件。 任何组织或者个人不得贪污、挪用、私分、截留、拖欠征收补偿费等费用。	**以及**农村村民住宅、其他地上附着物**和**青苗等的补偿费用,并安排被征地农民的社会保障费用,保障被征地农民的生活,维护被征地农民的合法权益。 征收组织、个人的房屋**以及**其他不动产,应当依法给予征收补偿,维护被征收人的合法权益;征收个人住宅的,还应当保障被征收人的居住条件。 任何组织或者个人不得贪污、挪用、私分、截留、拖欠征收补偿费等费用。		及农村村民住宅、其他地上附着物和青苗等的补偿费用,并安排被征地农民的社会保障费用,保障被征地农民的生活,维护被征地农民的合法权益。 征收组织、个人的房屋以及其他不动产,应当依法给予征收补偿,维护被征收人的合法权益;征收个人住宅的,还应当保障被征收人的居住条件。 任何组织或者个人不得贪污、挪用、私分、截留、拖欠征收补偿费等费用。
第四十条 国家对耕地实行特殊保护,严格限制农用地转为建设用地,控制建设用地总量。不得违反法律规定的权限和程序征收集体所有的土地。	**第四十条** 无变化	**第二百四十四条** 无变化	**第二百四十四条** 无变化	**第二百四十四条** 国家对耕地实行特殊保护,严格限制农用地转为建设用地,控制建设用地总量。不得违反法律规定的权限和程序征收集体所有的土地。
第四十一条 因抢险、救灾等紧急需要,依照法律规定的权限和程序可以征用组织、个人的不动产或者动产。被征用的不动产或者动产使用后,应当返还被征用人。组织、个人的不动产或者动产被征用或者征用后毁损、灭失的,应当给予补偿。	**第四十一条** 无变化	**第二百四十五条** 无变化	**第二百四十五条** 因**抢险救灾、疫情防控**等紧急需要,依照法律规定的权限和程序可以征用组织、个人的不动产或者动产。被征用的不动产或者动产使用后,应当返还被征用人。组织、个人的不动产或者动产被征用或者征用后毁损、灭失的,应当给予补偿。	**第二百四十五条** 因抢险救灾、疫情防控等紧急需要,依照法律规定的权限和程序可以征用组织、个人的不动产或者动产。被征用的不动产或者动产使用后,应当返还被征用人。组织、个人的不动产或者动产被征用或者征用后毁损、灭失的,应当给予补偿。

第五章　国家所有权和集体所有权、私人所有权

《民法典各分编（草案）》（2018年9月版）	《民法典物权编（草案二次审议稿）》（2019年4月版）	《中华人民共和国民法典（草案）》（2019年12月版）	《中华人民共和国民法典（草案大会审议稿）》（2020年5月22日提交审议）	《中华人民共和国民法典》（2020年5月28日表决通过）
第五章 国家所有权和集体所有权、私人所有权	**第五章 国家所有权和集体所有权、私人所有权**	**第五章 国家所有权和集体所有权、私人所有权**	**第五章 国家所有权和集体所有权、私人所有权**	**第五章 国家所有权和集体所有权、私人所有权**
第四十二条　法律规定属于国家所有的财产，属于国家所有即全民所有。国有财产由国务院代表国家行使所有权；法律另有规定的，依照其规定。	**第四十二条** 无变化	**第二百四十六条** 无变化	**第二百四十六条**　法律规定属于国家所有的财产，属于国家所有即全民所有。 国有财产由国务院代表国家行使所有权。法律另有规定的，依照其规定。	**第二百四十六条**　法律规定属于国家所有的财产，属于国家所有即全民所有。 国有财产由国务院代表国家行使所有权。法律另有规定的，依照其规定。
第四十三条　矿藏、水流、海域属于国家所有。	**第四十三条** 无变化	**第二百四十七条** 无变化	**第二百四十七条** 无变化	**第二百四十七条**　矿藏、水流、海域属于国家所有。
	第四十三条之一 无居民海岛属于国家所有，国务院代表国家行使无居民海岛所有权。	**第二百四十八条** 无变化	**第二百四十八条** 无变化	**第二百四十八条**　无居民海岛属于国家所有，国务院代表国家行使无居民海岛所有权。
第四十四条　城市的土地，属于国家所有。法律规定属于国家所有的农村和城市郊区的土地，属于国家所有。	**第四十四条** 无变化	**第二百四十九条** 无变化	**第二百四十九条** 无变化	**第二百四十九条**　城市的土地，属于国家所有。法律规定属于国家所有的农村和城市郊区的土地，属于国家所有。

续表

《民法典各分编(草案)》(2018年9月版)	《民法典物权编(草案二次审议稿)》(2019年4月版)	《中华人民共和国民法典(草案)》(2019年12月版)	《中华人民共和国民法典(草案大会审议稿)》(2020年5月22日提交审议)	《中华人民共和国民法典》(2020年5月28日表决通过)
第四十五条 森林、山岭、草原、荒地、滩涂等自然资源,属于国家所有,但法律规定属于集体所有的除外。	**第四十五条** 森林、山岭、草原、荒地、滩涂等自然资源,属于国家所有,**但是**法律规定属于集体所有的除外。	**第二百五十条** 无变化	**第二百五十条** 无变化	**第二百五十条** 森林、山岭、草原、荒地、滩涂等自然资源,属于国家所有,但是法律规定属于集体所有的除外。
第四十六条 法律规定属于国家所有的野生动植物资源,属于国家所有。	**第四十六条** 无变化	**第二百五十一条** 无变化	**第二百五十一条** 无变化	**第二百五十一条** 法律规定属于国家所有的野生动植物资源,属于国家所有。
第四十七条 无线电频谱资源属于国家所有。	**第四十七条** 无变化	**第二百五十二条** 无变化	**第二百五十二条** 无变化	**第二百五十二条** 无线电频谱资源属于国家所有。
第四十八条 法律规定属于国家所有的文物,属于国家所有。	**第四十八条** 无变化	**第二百五十三条** 无变化	**第二百五十三条** 无变化	**第二百五十三条** 法律规定属于国家所有的文物,属于国家所有。
第四十九条 国防资产属于国家所有。 铁路、公路、电力设施、电信设施和油气管道等基础设施,依照法律规定为国家所有的,属于国家所有。	**第四十九条** 无变化	**第二百五十四条** 无变化	**第二百五十四条** 无变化	**第二百五十四条** 国防资产属于国家所有。 铁路、公路、电力设施、电信设施和油气管道等基础设施,依照法律规定为国家所有的,属于国家所有。
第五十条 国家机关对其直接支配的不动产和动产,享有占有、使用以及依照法律和国务院的有关规定处分的权利。	**第五十条** 无变化	**第二百五十五条** 无变化	**第二百五十五条** 无变化	**第二百五十五条** 国家机关对其直接支配的不动产和动产,享有占有、使用以及依照法律和国务院的有关规定处分的权利。
第五十一条 国家举办的事业单位对其直接支配的不动产和动产,享有占有、使用以及依照法律和国务院的有关规定收益、处分的权利。	**第五十一条** 无变化	**第二百五十六条** 无变化	**第二百五十六条** 无变化	**第二百五十六条** 国家举办的事业单位对其直接支配的不动产和动产,享有占有、使用以及依照法律和国务院的有关规定收益、处分的权利。

续表

《民法典各分编(草案)》(2018年9月版)	《民法典物权编(草案二次审议稿)》(2019年4月版)	《中华人民共和国民法典(草案)》(2019年12月版)	《中华人民共和国民法典(草案大会审议稿)》(2020年5月22日提交审议)	《中华人民共和国民法典》(2020年5月28日表决通过)
第五十二条　国家出资的企业,由国务院、地方人民政府依照法律、行政法规规定分别代表国家履行出资人职责,享有出资人权益。	**第五十二条** 无变化	**第二百五十七条** 无变化	**第二百五十七条** 无变化	**第二百五十七条**　国家出资的企业,由国务院、地方人民政府依照法律、行政法规规定分别代表国家履行出资人职责,享有出资人权益。
第五十三条　国家所有的财产受法律保护,禁止任何组织或者个人侵占、哄抢、私分、截留、破坏。	**第五十三条** 无变化	**第二百五十八条** 无变化	**第二百五十八条** 无变化	**第二百五十八条**　国家所有的财产受法律保护,禁止任何组织或者个人侵占、哄抢、私分、截留、破坏。
第五十四条　履行国有财产管理、监督职责的机构及其工作人员,应当依法加强对国有财产的管理、监督,促进国有财产保值增值,防止国有财产损失;滥用职权,玩忽职守,造成国有财产损失的,应当依法承担法律责任。 违反国有财产管理规定,在企业改制、合并分立、关联交易等过程中,低价转让、合谋私分、擅自担保或者以其他方式造成国有财产损失的,应当依法承担法律责任。	**第五十四条** 无变化	**第二百五十九条** 无变化	**第二百五十九条** 无变化	**第二百五十九条**　履行国有财产管理、监督职责的机构及其工作人员,应当依法加强对国有财产的管理、监督,促进国有财产保值增值,防止国有财产损失;滥用职权,玩忽职守,造成国有财产损失的,应当依法承担法律责任。 违反国有财产管理规定,在企业改制、合并分立、关联交易等过程中,低价转让、合谋私分、擅自担保或者以其他方式造成国有财产损失的,应当依法承担法律责任。
第五十五条　集体所有的不动产和动产包括: (一)法律规定属于集体所有的土地和森林、山岭、草原、荒地、滩涂; (二)集体所有的建筑物、生产设施、农田水利设施; (三)集体所有的教育、科学、文化、卫生、体育等设施; (四)集体所有的其他不动产和动产。	**第五十五条** 无变化	**第二百六十条** 无变化	**第二百六十条** 无变化	**第二百六十条**　集体所有的不动产和动产包括: (一)法律规定属于集体所有的土地和森林、山岭、草原、荒地、滩涂; (二)集体所有的建筑物、生产设施、农田水利设施; (三)集体所有的教育、科学、文化、卫生、体育等设施; (四)集体所有的其他不动产和动产。

续表

《民法典各分编(草案)》(2018年9月版)	《民法典物权编(草案二次审议稿)》(2019年4月版)	《中华人民共和国民法典(草案)》(2019年12月版)	《中华人民共和国民法典(草案大会审议稿)》(2020年5月22日提交审议)	《中华人民共和国民法典》(2020年5月28日表决通过)
第五十六条 农民集体所有的不动产和动产,属于本集体成员集体所有。 下列事项应当依照法定程序经本集体成员决定: (一)土地承包方案以及将土地发包给本集体以外的组织或者个人承包; (二)个别土地承包经营权人之间承包地的调整; (三)土地补偿费等费用的使用、分配办法; (四)集体出资的企业的所有权变动等事项; (五)法律规定的其他事项。	**第五十六条** 无变化	**第二百六十一条** 无变化	**第二百六十一条** 无变化	**第二百六十一条** 农民集体所有的不动产和动产,属于本集体成员集体所有。 下列事项应当依照法定程序经本集体成员决定: (一)土地承包方案以及将土地发包给本集体以外的组织或者个人承包; (二)个别土地承包经营权人之间承包地的调整; (三)土地补偿费等费用的使用、分配办法; (四)集体出资的企业的所有权变动等事项; (五)法律规定的其他事项。
第五十七条 对于集体所有的土地和森林、山岭、草原、荒地、滩涂等,依照下列规定行使所有权: (一)属于村农民集体所有的,由村集体经济组织或者村民委员会依法代表集体行使所有权; (二)分别属于村内两个以上农民集体所有的,由村内各该集体经济组织或者村民小组依法代表集体行使所有权; (三)属于乡镇农民集体所有的,由乡镇集体经济组织代表集体行使所有权。	**第五十七条** 无变化	**第二百六十二条** 无变化	**第二百六十二条** 无变化	**第二百六十二条** 对于集体所有的土地和森林、山岭、草原、荒地、滩涂等,依照下列规定行使所有权: (一)属于村农民集体所有的,由村集体经济组织或者村民委员会依法代表集体行使所有权; (二)分别属于村内两个以上农民集体所有的,由村内各该集体经济组织或者村民小组依法代表集体行使所有权; (三)属于乡镇农民集体所有的,由乡镇集体经济组织代表集体行使所有权。
第五十八条 城镇集体所有的不动产和动产,依照法律、行政法规的规定由本集体享有占有、使用、收益和处分的权利。	**第五十八条** 无变化	**第二百六十三条** 无变化	**第二百六十三条** 无变化	**第二百六十三条** 城镇集体所有的不动产和动产,依照法律、行政法规的规定由本集体享有占有、使用、收益和处分的权利。

续表

《民法典各分编(草案)》(2018年9月版)	《民法典物权编(草案二次审议稿)》(2019年4月版)	《中华人民共和国民法典(草案)》(2019年12月版)	《中华人民共和国民法典(草案大会审议稿)》(2020年5月22日提交审议)	《中华人民共和国民法典》(2020年5月28日表决通过)
第五十九条　集体经济组织或者村民委员会、村民小组应当依照法律、行政法规以及章程、村规民约向本集体成员公布集体财产的状况。集体成员有权查阅、复制相关资料。	**第五十九条**　**农村**集体经济组织或者村民委员会、村民小组应当依照法律、行政法规以及章程、村规民约向本集体成员公布集体财产的状况。集体成员有权查阅、复制相关资料。	**第二百六十四条** 无变化	**第二百六十四条** 无变化	**第二百六十四条**　农村集体经济组织或者村民委员会、村民小组应当依照法律、行政法规以及章程、村规民约向本集体成员公布集体财产的状况。集体成员有权查阅、复制相关资料。
第六十条　集体所有的财产受法律保护,禁止任何组织或者个人侵占、哄抢、私分、破坏。 集体经济组织、村民委员会或者其负责人作出的决定侵害集体成员合法权益的,受侵害的集体成员可以请求人民法院予以撤销。	**第六十条**　集体所有的财产受法律保护,禁止任何组织或者个人侵占、哄抢、私分、破坏。 **农村**集体经济组织、村民委员会或者其负责人作出的决定侵害集体成员合法权益的,受侵害的集体成员可以请求人民法院予以撤销。	**第二百六十五条** 无变化	**第二百六十五条** 无变化	**第二百六十五条**　集体所有的财产受法律保护,禁止任何组织或者个人侵占、哄抢、私分、破坏。 农村集体经济组织、村民委员会或者其负责人作出的决定侵害集体成员合法权益的,受侵害的集体成员可以请求人民法院予以撤销。
第六十一条　私人对其合法的收入、房屋、生活用品、生产工具、原材料等不动产和动产享有所有权。	**第六十一条** 无变化	**第二百六十六条** 无变化	**第二百六十六条** 无变化	**第二百六十六条**　私人对其合法的收入、房屋、生活用品、生产工具、原材料等不动产和动产享有所有权。
第六十二条　私人的合法财产受法律保护,禁止任何组织或者个人侵占、哄抢、破坏。	**第六十二条** 无变化	**第二百六十七条** 无变化	**第二百六十七条** 无变化	**第二百六十七条**　私人的合法财产受法律保护,禁止任何组织或者个人侵占、哄抢、破坏。
第六十三条　国家、集体和私人依法可以出资设立有限责任公司、股份有限公司或者其他企业。国家、集体和私人所有的不动产或者动产,投到企业的,由出资人按照约定或者出资比例享有资产收益、重大决策以及选择经营管理者等权利并履行义务。	**第六十三条** 无变化	**第二百六十八条** 无变化	**第二百六十八条** 无变化	**第二百六十八条**　国家、集体和私人依法可以出资设立有限责任公司、股份有限公司或者其他企业。国家、集体和私人所有的不动产或者动产投到企业的,由出资人按照约定或者出资比例享有资产收益、重大决策以及选择经营管理者等权利并履行义务。

续表

《民法典各分编(草案)》(2018年9月版)	《民法典物权编(草案二次审议稿)》(2019年4月版)	《中华人民共和国民法典(草案)》(2019年12月版)	《中华人民共和国民法典(草案大会审议稿)》(2020年5月22日提交审议)	《中华人民共和国民法典》(2020年5月28日表决通过)
第六十四条　营利法人对其不动产和动产依照法律、行政法规以及章程享有占有、使用、收益和处分的权利。 营利法人以外的法人,对其不动产和动产的权利,适用有关法律、行政法规以及章程的规定。	**第六十四条** 无变化	**第二百六十九条** 无变化	**第二百六十九条** 无变化	**第二百六十九条**　营利法人对其不动产和动产依照法律、行政法规以及章程享有占有、使用、收益和处分的权利。 营利法人以外的法人,对其不动产和动产的权利,适用有关法律、行政法规以及章程的规定。
第六十五条　社会团体法人、捐助法人依法所有的不动产和动产,受法律保护。	**第六十五条** 无变化	**第二百七十条** 无变化	**第二百七十条** 无变化	**第二百七十条**　社会团体法人、捐助法人依法所有的不动产和动产,受法律保护。

第六章 业主的建筑物区分所有权

《民法典各分编(草案)》(2018 年 9 月版)	《民法典物权编(草案二次审议稿)》(2019 年 4 月版)	《中华人民共和国民法典(草案)》(2019 年 12 月版)	《中华人民共和国民法典(草案大会审议稿)》(2020 年 5 月 22 日提交审议)	《中华人民共和国民法典》(2020 年 5 月 28 日表决通过)
第六章 业主的建筑物区分所有权	第六章 业主的建筑物区分所有权	第六章 业主的建筑物区分所有权	第六章 业主的建筑物区分所有权	第六章 业主的建筑物区分所有权
第六十六条 业主对建筑物内的住宅、经营性用房等专有部分享有所有权,对专有部分以外的共有部分享有共有和共同管理的权利。	**第六十六条** 无变化	**第二百七十一条** 无变化	**第二百七十一条** 无变化	**第二百七十一条** 业主对建筑物内的住宅、经营性用房等专有部分享有所有权,对专有部分以外的共有部分享有共有和共同管理的权利。
第六十七条 业主对其建筑物专有部分享有占有、使用、收益和处分的权利。业主行使权利不得危及建筑物的安全,不得损害其他业主的合法权益。	**第六十七条** 无变化	**第二百七十二条** 无变化	**第二百七十二条** 无变化	**第二百七十二条** 业主对其建筑物专有部分享有占有、使用、收益和处分的权利。业主行使权利不得危及建筑物的安全,不得损害其他业主的合法权益。
第六十八条 业主对建筑物专有部分以外的共有部分,享有权利,承担义务;不得以放弃权利不履行义务。 业主转让建筑物内的住宅、经营性用房,其对共有部分享有的共有和共同管理的权利一并转让。	**第六十八条** 无变化	**第二百七十三条** 无变化	**第二百七十三条** 业主对建筑物专有部分以外的共有部分,享有权利,承担义务;不得以放弃权利**为由**不履行义务。 业主转让建筑物内的住宅、经营性用房,其对共有部分享有的共有和共同管理的权利一并转让。	**第二百七十三条** 业主对建筑物专有部分以外的共有部分,享有权利,承担义务;不得以放弃权利为由不履行义务。 业主转让建筑物内的住宅、经营性用房,其对共有部分享有的共有和共同管理的权利一并转让。

续表

《民法典各分编(草案)》(2018 年 9 月版)	《民法典物权编(草案二次审议稿)》(2019 年 4 月版)	《中华人民共和国民法典(草案)》(2019 年 12 月版)	《中华人民共和国民法典(草案大会审议稿)》(2020 年 5 月 22 日提交审议)	《中华人民共和国民法典》(2020 年 5 月 28 日表决通过)
第六十九条 建筑区划内的道路,属于业主共有,但属于城镇公共道路的除外。建筑区划内的绿地,属于业主共有,但属于城镇公共绿地或者明示属于个人的除外。建筑区划内的其他公共场所、公用设施和物业服务用房,属于业主共有。	**第六十九条** 建筑区划内的道路,属于业主共有,**但是**属于城镇公共道路的除外。建筑区划内的绿地,属于业主共有,**但是**属于城镇公共绿地或者明示属于个人的除外。建筑区划内的其他公共场所、公用设施和物业服务用房,属于业主共有。	**第二百七十四条** 无变化	**第二百七十四条** 无变化	**第二百七十四条** 建筑区划内的道路,属于业主共有,但是属于城镇公共道路的除外。建筑区划内的绿地,属于业主共有,但是属于城镇公共绿地或者明示属于个人的除外。建筑区划内的其他公共场所、公用设施和物业服务用房,属于业主共有。
第七十条 建筑区划内,规划用于停放汽车的车位、车库的归属,由当事人通过出售、附赠或者出租等方式约定。 占用业主共有的道路或者其他场地用于停放汽车的车位,属于业主共有。	**第七十条** 无变化	**第二百七十五条** 无变化	**第二百七十五条** 无变化	**第二百七十五条** 建筑区划内,规划用于停放汽车的车位、车库的归属,由当事人通过出售、附赠或者出租等方式约定。 占用业主共有的道路或者其他场地用于停放汽车的车位,属于业主共有。
第七十一条 车位、车库应当首先满足业主的需要。	**第七十一条 建筑区划内,规划用于停放汽车的**车位、车库应当首先满足业主的需要。	**第二百七十六条** 无变化	**第二百七十六条** 无变化	**第二百七十六条** 建筑区划内,规划用于停放汽车的车位、车库应当首先满足业主的需要。
第七十二条 业主可以设立业主大会,选举业主委员会。业主大会、业主委员会成立的具体条件和程序,依照法律、法规的规定。 地方人民政府有关部门应当对设立业主大会和选举业主委员会给予指导和协助。	**第七十二条** 业主可以设立业主大会,选举业主委员会。业主大会、业主委员会成立的具体条件和程序,依照法律、法规的规定。 地方人民政府有关部门、**居民委员会**应当对设立业主大会和选举业主委员会给予指导和协助。	**第二百七十七条** 无变化	**第二百七十七条** 无变化	**第二百七十七条** 业主可以设立业主大会,选举业主委员会。业主大会、业主委员会成立的具体条件和程序,依照法律、法规的规定。 地方人民政府有关部门、居民委员会应当对设立业主大会和选举业主委员会给予指导和协助。

续表

《民法典各分编(草案)》(2018 年 9 月版)	《民法典物权编(草案二次审议稿)》(2019 年 4 月版)	《中华人民共和国民法典(草案)》(2019 年 12 月版)	《中华人民共和国民法典(草案大会审议稿)》(2020 年 5 月 22 日提交审议)	《中华人民共和国民法典》(2020 年 5 月 28 日表决通过)
第七十三条　下列事项由业主共同决定: (一)制定和修改业主大会议事规则; (二)制定和修改管理规约; (三)选举业主委员会或者更换业主委员会成员; (四)选聘和解聘物业服务企业或者其他管理人; (五)筹集和使用建筑物及其附属设施的维修资金; (六)改建、重建建筑物及其附属设施; (七)改变共有部分的用途或者利用共有部分从事经营活动; (八)有关共有和共同管理权利的其他重大事项。 业主共同决定事项,应当由专有部分占比三分之二以上的业主且人数占比三分之二以上的业主参加表决。决定前款第五项至第七项规定的事项,应当经参加表决专有部分面积四分之三以上的业主且参加表决人数四分之三以上的业主同意。决定前款其他事项,应当经参加表决专有部分面积过半数的业主且参加表决人数过半数的业主同意。	**第七十三条**　下列事项由业主共同决定: (一)制定和修改业主大会议事规则; (二)制定和修改管理规约; (三)选举业主委员会或者更换业主委员会成员; (四)选聘和解聘物业服务企业或者其他管理人; **(五)使用建筑物及其附属设施的维修资金;** **(六)筹集建筑物及其附属设施的维修资金;** **(七)**改建、重建建筑物及其附属设施; **(八)**改变共有部分的用途或者利用共有部分从事经营活动; **(九)**有关共有和共同管理权利的其他重大事项。 业主共同决定事项,应当由专有部分**面积**占比三分之二以上的业主且人数占比三分之二以上的业主**参与**表决。决定前款第**六**项至第**八**项规定的事项,应当经**参与**表决专有部分面积四分之三以上的业主且**参与**表决人数四分之三以上的业主同意。决定前款其他事项,应当经**参与**表决专有部分面积过半数的业主且**参与**表决人数过半数的业主同意。	**第二百七十八条** 无变化	**第二百七十八条** 无变化	**第二百七十八条**　下列事项由业主共同决定: (一)制定和修改业主大会议事规则; (二)制定和修改管理规约; (三)选举业主委员会或者更换业主委员会成员; (四)选聘和解聘物业服务企业或者其他管理人; (五)使用建筑物及其附属设施的维修资金; (六)筹集建筑物及其附属设施的维修资金; (七)改建、重建建筑物及其附属设施; (八)改变共有部分的用途或者利用共有部分从事经营活动; (九)有关共有和共同管理权利的其他重大事项。 业主共同决定事项,应当由专有部分面积占比三分之二以上的业主且人数占比三分之二以上的业主参与表决。决定前款第六项至第八项规定的事项,应当经参与表决专有部分面积四分之三以上的业主且参与表决人数四分之三以上的业主同意。决定前款其他事项,应当经参与表决专有部分面积过半数的业主且参与表决人数过半数的业主同意。

续表

《民法典各分编(草案)》(2018 年 9 月版)	《民法典物权编(草案二次审议稿)》(2019 年 4 月版)	《中华人民共和国民法典(草案)》(2019 年 12 月版)	《中华人民共和国民法典(草案大会审议稿)》(2020 年 5 月 22 日提交审议)	《中华人民共和国民法典》(2020 年 5 月 28 日表决通过)
第七十四条　业主不得违反法律、法规以及管理规约,将住宅改变为经营性用房。业主将住宅改变为经营性用房的,除遵守法律、法规以及管理规约外,应当经有利害关系的业主一致同意。	**第七十四条** 无变化	**第二百七十九条** 无变化	**第二百七十九条** 无变化	**第二百七十九条**　业主不得违反法律、法规以及管理规约,将住宅改变为经营性用房。业主将住宅改变为经营性用房的,除遵守法律、法规以及管理规约外,应当经有利害关系的业主一致同意。
第七十五条　业主大会或者业主委员会的决定,对业主具有约束力。 业主大会或者业主委员会作出的决定侵害业主合法权益的,受侵害的业主可以请求人民法院予以撤销。	**第七十五条** 无变化	**第二百八十条**　业主大会或者业主委员会的决定,对业主具有**法律**约束力。 业主大会或者业主委员会作出的决定侵害业主合法权益的,受侵害的业主可以请求人民法院予以撤销。	**第二百八十条** 无变化	**第二百八十条**　业主大会或者业主委员会的决定,对业主具有法律约束力。 业主大会或者业主委员会作出的决定侵害业主合法权益的,受侵害的业主可以请求人民法院予以撤销。
第七十六条　建筑物及其附属设施的维修资金,属于业主共有。经业主共同决定,可以用于电梯、屋顶、外墙、无障碍设施等共有部分的维修、更新和改造。维修资金的筹集、使用情况应当公布。	**第七十六条**　建筑物及其附属设施的维修资金,属于业主共有。经业主共同决定,可以用于电梯、屋顶、外墙、无障碍设施等共有部分的维修、更新和改造。维修资金的筹集、使用情况应当公布。 **紧急情况下需要维修建筑物及其附属设施的,业主大会或者业主委员会可以依法申请使用维修资金。**	**第二百八十一条** 无变化	**第二百八十一条**　建筑物及其附属设施的维修资金,属于业主共有。经业主共同决定,可以用于电梯、屋顶、外墙、无障碍设施等共有部分的维修、更新和改造。**建筑物及其附属设施的**维修资金的筹集、使用情况应当公布。 紧急情况下需要维修建筑物及其附属设施的,业主大会或者业主委员会可以依法申请使用**建筑物及其附属设施的**维修资金。	**第二百八十一条**　建筑物及其附属设施的维修资金,属于业主共有。经业主共同决定,可以用于电梯、屋顶、外墙、无障碍设施等共有部分的维修、更新和改造。建筑物及其附属设施的维修资金的筹集、使用情况应当**定期**公布。 紧急情况下需要维修建筑物及其附属设施的,业主大会或者业主委员会可以依法申请使用建筑物及其附属设施的维修资金。

续表

《民法典各分编(草案)》(2018年9月版)	《民法典物权编(草案二次审议稿)》(2019年4月版)	《中华人民共和国民法典(草案)》(2019年12月版)	《中华人民共和国民法典(草案大会审议稿)》(2020年5月22日提交审议)	《中华人民共和国民法典》(2020年5月28日表决通过)
第七十七条　建设单位、物业服务企业或者其他管理人等利用业主的共有部分产生的收益,在扣除合理成本之后,属于业主共有。	**第七十七条**　建设单位、物业服务企业或者其他管理人等利用业主的共有部分产生的**收入**,在扣除合理成本之后,属于业主共有。	**第二百八十二条** 无变化	**第二百八十二条** 无变化	**第二百八十二条**　建设单位、物业服务企业或者其他管理人等利用业主的共有部分产生的收入,在扣除合理成本之后,属于业主共有。
第七十八条　建筑物及其附属设施的费用分摊、收益分配等事项,有约定的,按照约定;没有约定或者约定不明确的,按照业主专有部分所占比例确定。	**第七十八条**　建筑物及其附属设施的费用分摊、收益分配等事项,有约定的,按照约定;没有约定或者约定不明确的,按照业主专有部分**面积**所占比例确定。	**第二百八十三条** 无变化	**第二百八十三条** 无变化	**第二百八十三条**　建筑物及其附属设施的费用分摊、收益分配等事项,有约定的,按照约定;没有约定或者约定不明确的,按照业主专有部分面积所占比例确定。
第七十九条　业主可以自行管理建筑物及其附属设施,也可以委托物业服务企业或者其他管理人管理。 对建设单位聘请的物业服务企业或者其他管理人,业主有权依法更换。	**第七十九条** 无变化	**第二百八十四条** 无变化	**第二百八十四条** 无变化	**第二百八十四条**　业主可以自行管理建筑物及其附属设施,也可以委托物业服务企业或者其他管理人管理。 对建设单位聘请的物业服务企业或者其他管理人,业主有权依法更换。
第八十条　物业服务企业或者其他管理人根据业主的委托管理建筑区划内的建筑物及其附属设施,并接受业主的监督。物业服务企业或者其他管理人应当及时答复业主对物业服务情况提出的质询。	**第八十条**　物业服务企业或者其他管理人根据业主的委托,**依照本法合同编有关物业服务合同的规定**管理建筑区划内的建筑物及其附属设施,并接受业主的监督。 物业服务企业或者其他管理人应当及时答复业主对物业服务情况提出的**询问**。	**第二百八十五条** 无变化	**第二百八十五条**　物业服务企业或者其他管理人根据业主的委托,依照本法**第三编**有关物业服务合同的规定管理建筑区划内的建筑物及其附属设施,**接受**业主的监督,**并及时答复业主对物业服务情况提出的询问。** 物业服务企业或者其他管理人应当**执行政府依法实施的应急处置措施和其他管理措施,积极配合开展相关工作。**	**第二百八十五条**　物业服务企业或者其他管理人根据业主的委托,依照本法第三编有关物业服务合同的规定管理建筑区划内的建筑物及其附属设施,接受业主的监督,并及时答复业主对物业服务情况提出的询问。 物业服务企业或者其他管理人应当执行政府依法实施的应急处置措施和其他管理措施,积极配合开展相关工作。

续表

《民法典各分编(草案)》(2018 年 9 月版)	《民法典物权编(草案二次审议稿)》(2019 年 4 月版)	《中华人民共和国民法典(草案)》(2019 年 12 月版)	《中华人民共和国民法典(草案大会审议稿)》(2020 年 5 月 22 日提交审议)	《中华人民共和国民法典》(2020 年 5 月 28 日表决通过)
第八十一条　业主应当遵守法律、法规以及管理规约。 业主大会和业主委员会,对任意弃置垃圾、排放污染物或者噪声、违反规定饲养动物、违章搭建、侵占通道、拒付物业费等损害他人合法权益的行为,有权依照法律、法规以及管理规约,请求行为人停止侵害、消除危险、排除妨碍、赔偿损失。	**第八十一条**　业主应当遵守法律、法规以及管理规约。 业主大会**或者**业主委员会,对任意弃置垃圾、排放污染物或者噪声、违反规定饲养动物、违章搭建、侵占通道、拒付物业费等损害他人合法权益的行为,有权依照法律、法规以及管理规约,请求行为人停止侵害、**排除妨碍、消除危险、恢复原状、**赔偿损失。 **行为人拒不履行相关义务的,有关当事人可以向有关行政主管部门投诉,有关行政主管部门应当依法处理。**	**第二百八十六条** 无变化	**第二百八十六条**　业主应当遵守法律、法规以及管理规约。**对于物业服务企业或者其他管理人执行政府依法实施的应急处置措施和其他管理措施,业主应当依法予以配合。** 业主大会或者业主委员会,对任意弃置垃圾、排放污染物或者噪声、违反规定饲养动物、违章搭建、侵占通道、拒付物业费等损害他人合法权益的行为,有权依照法律、法规以及管理规约,请求行为人停止侵害、排除妨碍、消除危险、恢复原状、赔偿损失。 **业主或者其他**行为人拒不履行相关义务的,有关当事人可以向有关行政主管部门**报告或者**投诉,有关行政主管部门应当依法处理。	**第二百八十六条**　业主应当遵守法律、法规以及管理规约,**相关行为应当符合节约资源、保护生态环境的要求**。对于物业服务企业或者其他管理人执行政府依法实施的应急处置措施和其他管理措施,业主应当依法予以配合。 业主大会或者业主委员会,对任意弃置垃圾、排放污染物或者噪声、违反规定饲养动物、违章搭建、侵占通道、拒付物业费等损害他人合法权益的行为,有权依照法律、法规以及管理规约,请求行为人停止侵害、排除妨碍、消除危险、恢复原状、赔偿损失。 业主或者其他行为人拒不履行相关义务的,有关当事人可以向有关行政主管部门报告或者投诉,有关行政主管部门应当依法处理。
第八十二条　业主对建设单位、物业服务企业或者其他管理人以及其他业主侵害自己合法权益的行为,有权请求其承担民事责任。	**第八十二条** 无变化	**第二百八十七条** 无变化	**第二百八十七条** 无变化	**第二百八十七条**　业主对建设单位、物业服务企业或者其他管理人以及其他业主侵害自己合法权益的行为,有权请求其承担民事责任。

第七章　相邻关系

《民法典各分编（草案）》（2018 年 9 月版）	《民法典物权编（草案二次审议稿）》（2019 年 4 月版）	《中华人民共和国民法典（草案）》（2019 年 12 月版）	《中华人民共和国民法典（草案大会审议稿）》（2020 年 5 月 22 日提交审议）	《中华人民共和国民法典》（2020 年 5 月 28 日表决通过）
第七章　相邻关系	**第七章　相邻关系**	**第七章　相邻关系**	**第七章　相邻关系**	**第七章　相邻关系**
第八十三条　不动产的相邻权利人应当按照有利生产、方便生活、团结互助、公平合理的原则，正确处理相邻关系。	**第八十三条** 无变化	**第二百八十八条** 无变化	**第二百八十八条** 无变化	**第二百八十八条**　不动产的相邻权利人应当按照有利生产、方便生活、团结互助、公平合理的原则，正确处理相邻关系。
第八十四条　法律、法规对处理相邻关系有规定的，依照其规定；法律、法规没有规定的，可以按照当地习惯。	**第八十四条** 无变化	**第二百八十九条** 无变化	**第二百八十九条** 无变化	**第二百八十九条**　法律、法规对处理相邻关系有规定的，依照其规定；法律、法规没有规定的，可以按照当地习惯。
第八十五条　不动产权利人应当为相邻权利人用水、排水提供必要的便利。 对自然流水的利用，应当在不动产的相邻权利人之间合理分配。对自然流水的排放，应当尊重自然流向。	**第八十五条** 无变化	**第二百九十条** 无变化	**第二百九十条** 无变化	**第二百九十条**　不动产权利人应当为相邻权利人用水、排水提供必要的便利。 对自然流水的利用，应当在不动产的相邻权利人之间合理分配。对自然流水的排放，应当尊重自然流向。
第八十六条　不动产权利人对相邻权利人因通行等必须利用其土地的，应当提供必要的便利。	**第八十六条** 无变化	**第二百九十一条** 无变化	**第二百九十一条** 无变化	**第二百九十一条**　不动产权利人对相邻权利人因通行等必须利用其土地的，应当提供必要的便利。

续表

《民法典各分编(草案)》(2018 年 9 月版)	《民法典物权编(草案二次审议稿)》(2019 年 4 月版)	《中华人民共和国民法典(草案)》(2019 年 12 月版)	《中华人民共和国民法典(草案大会审议稿)》(2020 年 5 月 22 日提交审议)	《中华人民共和国民法典》(2020 年 5 月 28 日表决通过)
第八十七条 不动产权利人因建造、修缮建筑物以及铺设电线、电缆、水管、暖气和燃气管线等必须利用相邻土地、建筑物的,该土地、建筑物的权利人应当提供必要的便利。	**第八十七条** 无变化	**第二百九十二条** 无变化	**第二百九十二条** 无变化	**第二百九十二条** 不动产权利人因建造、修缮建筑物以及铺设电线、电缆、水管、暖气和燃气管线等必须利用相邻土地、建筑物的,该土地、建筑物的权利人应当提供必要的便利。
第八十八条 建造建筑物,不得违反国家有关工程建设标准,妨碍相邻建筑物的通风、采光和日照。	**第八十八条** 无变化	**第二百九十三条** 无变化	**第二百九十三条** 无变化	**第二百九十三条** 建造建筑物,不得违反国家有关工程建设标准,**不得**妨碍相邻建筑物的通风、采光和日照。
第八十九条 不动产权利人不得违反国家规定弃置固体废物,排放大气污染物、水污染物、噪声、光、电磁波辐射等有害物质。	**第八十九条** 无变化	**第二百九十四条** 无变化	**第二百九十四条** 无变化	**第二百九十四条** 不动产权利人不得违反国家规定弃置固体废物,排放大气污染物、水污染物、**土壤污染物**、噪声、**光辐射、电磁辐射**等有害物质。
第九十条 不动产权利人挖掘土地、建造建筑物、铺设管线以及安装设备等,不得危及相邻不动产的安全。	**第九十条** 无变化	**第二百九十五条** 无变化	**第二百九十五条** 无变化	**第二百九十五条** 不动产权利人挖掘土地、建造建筑物、铺设管线以及安装设备等,不得危及相邻不动产的安全。
第九十一条 不动产权利人因用水、排水、通行、铺设管线等利用相邻不动产的,应当尽量避免对相邻的不动产权利人造成损害。	**第九十一条** 无变化	**第二百九十六条** 无变化	**第二百九十六条** 无变化	**第二百九十六条** 不动产权利人因用水、排水、通行、铺设管线等利用相邻不动产的,应当尽量避免对相邻的不动产权利人造成损害。

第八章　共　　有

《民法典各分编(草案)》(2018年9月版)	《民法典物权编(草案二次审议稿)》(2019年4月版)	《中华人民共和国民法典(草案)》(2019年12月版)	《中华人民共和国民法典(草案大会审议稿)》(2020年5月22日提交审议)	《中华人民共和国民法典》(2020年5月28日表决通过)
第八章　共有	第八章　共有	第八章　共有	第八章　共有	第八章　共有
第九十二条　不动产或者动产可以由两个以上组织、个人共有。共有包括按份共有和共同共有。	**第九十二条** 无变化	**第二百九十七条** 无变化	**第二百九十七条** 无变化	**第二百九十七条**　不动产或者动产可以由两个以上组织、个人共有。共有包括按份共有和共同共有。
第九十三条　按份共有人对共有的不动产或者动产按照其份额享有所有权。	**第九十三条** 无变化	**第二百九十八条** 无变化	**第二百九十八条** 无变化	**第二百九十八条**　按份共有人对共有的不动产或者动产按照其份额享有所有权。
第九十四条　共同共有人对共有的不动产或者动产共同享有所有权。	**第九十四条** 无变化	**第二百九十九条** 无变化	**第二百九十九条** 无变化	**第二百九十九条**　共同共有人对共有的不动产或者动产共同享有所有权。
第九十五条　共有人按照约定管理共有的不动产或者动产;没有约定或者约定不明确的,各共有人都有管理的权利和义务。	**第九十五条** 无变化	**第三百条** 无变化	**第三百条** 无变化	**第三百条**　共有人按照约定管理共有的不动产或者动产;没有约定或者约定不明确的,各共有人都有管理的权利和义务。
第九十六条　处分共有的不动产或者动产以及对共有的不动产或者动产作重大修缮、变更性质或者用途的,应当经占份额三分之二以上的按份共有人或者全体共同共有人同意,但共有人之间另有约定的除外。	**第九十六条**　处分共有的不动产或者动产以及对共有的不动产或者动产作重大修缮、变更性质或者用途的,应当经占份额三分之二以上的按份共有人或者全体共同共有人同意,**但是**共有人之间另有约定的除外。	**第三百零一条** 无变化	**第三百零一条** 无变化	**第三百零一条**　处分共有的不动产或者动产以及对共有的不动产或者动产作重大修缮、变更性质或者用途的,应当经占份额三分之二以上的按份共有人或者全体共同共有人同意,但是共有人之间另有约定的除外。

续表

《民法典各分编（草案）》（2018年9月版）	《民法典物权编（草案二次审议稿）》（2019年4月版）	《中华人民共和国民法典（草案）》（2019年12月版）	《中华人民共和国民法典（草案大会审议稿）》（2020年5月22日提交审议）	《中华人民共和国民法典》（2020年5月28日表决通过）
第九十七条　对共有物的管理费用以及其他负担，有约定的，按照约定；没有约定或者约定不明确的，按份共有人按照其份额负担，共同共有人共同负担。	**第九十七条**　**共有人**对共有物的管理费用以及其他负担，有约定的，按照约定；没有约定或者约定不明确的，按份共有人按照其份额负担，共同共有人共同负担。	**第三百零二条**　共有人对共有物的管理费用以及其他负担，有约定的，按照**其**约定；没有约定或者约定不明确的，按份共有人按照其份额负担，共同共有人共同负担。	**第三百零二条** 无变化	**第三百零二条**　共有人对共有物的管理费用以及其他负担，有约定的，按照其约定；没有约定或者约定不明确的，按份共有人按照其份额负担，共同共有人共同负担。
第九十八条　共有人约定不得分割共有的不动产或者动产，以维持共有关系的，应当按照约定，但共有人有重大理由需要分割的，可以请求分割；没有约定或者约定不明确的，按份共有人可以随时请求分割，共同共有人在共有的基础丧失或者有重大理由需要分割时可以请求分割。因分割对其他共有人造成损害的，应当给予赔偿。	**第九十八条**　共有人约定不得分割共有的不动产或者动产，以维持共有关系的，应当按照约定，**但是**共有人有重大理由需要分割的，可以请求分割；没有约定或者约定不明确的，按份共有人可以随时请求分割，共同共有人在共有的基础丧失或者有重大理由需要分割时可以请求分割。因分割对其他共有人造成损害的，应当给予赔偿。	**第三百零三条**　共有人约定不得分割共有的不动产或者动产，以维持共有关系的，应当按照约定，但是共有人有重大理由需要分割的，可以请求分割；没有约定或者约定不明确的，按份共有人可以随时请求分割，共同共有人在共有的基础丧失或者有重大理由需要分割时可以请求分割。因分割**造成其他共有人**损害的，应当给予赔偿。	**第三百零三条** 无变化	**第三百零三条**　共有人约定不得分割共有的不动产或者动产，以维持共有关系的，应当按照约定，但是共有人有重大理由需要分割的，可以请求分割；没有约定或者约定不明确的，按份共有人可以随时请求分割，共同共有人在共有的基础丧失或者有重大理由需要分割时可以请求分割。因分割造成其他共有人损害的，应当给予赔偿。
第九十九条　共有人可以协商确定分割方式。达不成协议，共有的不动产或者动产可以分割并且不会因分割减损价值的，应当对实物予以分割；难以分割或者因分割会减损价值的，应当对折价或者拍卖、变卖取得的价款予以分割。 共有人分割所得的不动产或者动产有瑕疵的，其他共有人应当分担损失。	**第九十九条** 无变化	**第三百零四条** 无变化	**第三百零四条**　共有人可以协商确定分割方式。达不成协议，共有的不动产或者动产可以分割**且**不会因分割减损价值的，应当对实物予以分割；难以分割或者因分割会减损价值的，应当对折价或者拍卖、变卖取得的价款予以分割。 共有人分割所得的不动产或者动产有瑕疵的，其他共有人应当分担损失。	**第三百零四条**　共有人可以协商确定分割方式。达不成协议，共有的不动产或者动产可以分割且不会因分割减损价值的，应当对实物予以分割；难以分割或者因分割会减损价值的，应当对折价或者拍卖、变卖取得的价款予以分割。 共有人分割所得的不动产或者动产有瑕疵的，其他共有人应当分担损失。

续表

《民法典各分编(草案)》(2018年9月版)	《民法典物权编(草案二次审议稿)》(2019年4月版)	《中华人民共和国民法典(草案)》(2019年12月版)	《中华人民共和国民法典(草案大会审议稿)》(2020年5月22日提交审议)	《中华人民共和国民法典》(2020年5月28日表决通过)
第一百条　按份共有人可以转让其享有的共有的不动产或者动产份额。其他共有人在同等条件下享有优先购买的权利。	**第一百条** 无变化	**第三百零五条** 无变化	**第三百零五条** 无变化	**第三百零五条**　按份共有人可以转让其享有的共有的不动产或者动产份额。其他共有人在同等条件下享有优先购买的权利。
第一百零一条　按份共有人转让其享有的共有的不动产或者动产份额的,应当将转让条件及时通知其他共有人。其他共有人应当在合理期间内行使优先购买权。 两个以上其他共有人主张行使优先购买权的,协商确定各自的购买比例;协商不成的,按照转让时各自的共有份额比例行使优先购买权。	**第一百零一条** 无变化	**第三百零六条**　按份共有人转让其享有的共有的不动产或者动产份额的,应当将转让条件及时通知其他共有人。其他共有人应当在合理**期限**内行使优先购买权。 两个以上其他共有人主张行使优先购买权的,协商确定各自的购买比例;协商不成的,按照转让时各自的共有份额比例行使优先购买权。	**第三百零六条** 无变化	**第三百零六条**　按份共有人转让其享有的共有的不动产或者动产份额的,应当将转让条件及时通知其他共有人。其他共有人应当在合理期限内行使优先购买权。 两个以上其他共有人主张行使优先购买权的,协商确定各自的购买比例;协商不成的,按照转让时各自的共有份额比例行使优先购买权。
第一百零二条　因共有的不动产或者动产产生的债权债务,在对外关系上,共有人享有连带债权、承担连带债务,但法律另有规定或者第三人知道共有人不具有连带债权债务关系的除外;在共有人内部关系上,除共有人另有约定外,按份共有人按照份额享有债权、承担债务,共同共有人共同享有债权、承担债务。偿还债务超过自己应当承担份额的按份共有人,有权向其他共有人追偿。	**第一百零二条**　因共有的不动产或者动产产生的债权债务,在对外关系上,共有人享有连带债权、承担连带债务,**但是**法律另有规定或者第三人知道共有人不具有连带债权债务关系的除外;在共有人内部关系上,除共有人另有约定外,按份共有人按照份额享有债权、承担债务,共同共有人共同享有债权、承担债务。偿还债务超过自己应当承担份额的按份共有人,有权向其他共有人追偿。	**第三百零七条** 无变化	**第三百零七条** 无变化	**第三百零七条**　因共有的不动产或者动产产生的债权债务,在对外关系上,共有人享有连带债权、承担连带债务,但是法律另有规定或者第三人知道共有人不具有连带债权债务关系的除外;在共有人内部关系上,除共有人另有约定外,按份共有人按照份额享有债权、承担债务,共同共有人共同享有债权、承担债务。偿还债务超过自己应当承担份额的按份共有人,有权向其他共有人追偿。

续表

《民法典各分编(草案)》(2018年9月版)	《民法典物权编(草案二次审议稿)》(2019年4月版)	《中华人民共和国民法典(草案)》(2019年12月版)	《中华人民共和国民法典(草案大会审议稿)》(2020年5月22日提交审议)	《中华人民共和国民法典》(2020年5月28日表决通过)
第一百零三条 共有人对共有的不动产或者动产没有约定为按份共有或者共同共有,或者约定不明确的,除共有人具有家庭关系等外,视为按份共有。	**第一百零三条** 无变化	**第三百零八条** 无变化	**第三百零八条** 无变化	**第三百零八条** 共有人对共有的不动产或者动产没有约定为按份共有或者共同共有,或者约定不明确的,除共有人具有家庭关系等外,视为按份共有。
第一百零四条 按份共有人对共有的不动产或者动产享有的份额,没有约定或者约定不明确的,按照出资额确定;不能确定出资额的,视为等额享有。	**第一百零四条** 无变化	**第三百零九条** 无变化	**第三百零九条** 无变化	**第三百零九条** 按份共有人对共有的不动产或者动产享有的份额,没有约定或者约定不明确的,按照出资额确定;不能确定出资额的,视为等额享有。
第一百零五条 两个以上组织、个人共同享有用益物权、担保物权的,参照本章规定。	**第一百零五条** 两个以上组织、个人共同享有用益物权、担保物权的,参照**适用**本章规定。	**第三百一十条** 两个以上组织、个人共同享有用益物权、担保物权的,参照适用本章**的有关**规定。	**第三百一十条** 无变化	**第三百一十条** 两个以上组织、个人共同享有用益物权、担保物权的,参照适用本章的有关规定。

第九章　所有权取得的特别规定

《民法典各分编(草案)》(2018年9月版)	《民法典物权编(草案二次审议稿)》(2019年4月版)	《中华人民共和国民法典(草案)》(2019年12月版)	《中华人民共和国民法典(草案大会审议稿)》(2020年5月22日提交审议)	《中华人民共和国民法典》(2020年5月28日表决通过)
第九章 所有权取得 的特别规定	第九章 所有权取得 的特别规定	第九章 所有权取得 的特别规定	第九章 所有权取得 的特别规定	第九章 所有权取得 的特别规定
第一百零六条　无处分权人将不动产或者动产转让给受让人的,所有权人有权追回;除法律另有规定外,符合下列情形的,受让人取得该不动产或者动产的所有权: (一)受让人受让该不动产或者动产时是善意的; (二)以合理的价格转让; (三)转让的不动产或者动产依照法律规定应当登记的已经登记,不需要登记的已经交付给受让人。 受让人依照前款规定取得不动产或者动产的所有权的,原所有权人有权向无处分权人请求赔偿损失。 当事人善意取得其他物权的,参照前两款规定。	**第一百零六条**　无处分权人将不动产或者动产转让给受让人的,所有权人有权追回;除法律另有规定外,符合下列情形的,受让人取得该不动产或者动产的所有权: (一)受让人受让该不动产或者动产时是善意的; (二)以合理的价格转让; (三)转让的不动产或者动产依照法律规定应当登记的已经登记,不需要登记的已经交付给受让人。 受让人依照前款规定取得不动产或者动产的所有权的,原所有权人有权向无处分权人请求赔偿损失。 当事人善意取得其他物权的,参照**适用**前两款规定。	**第三百一十一条**　无处分权人将不动产或者动产转让给受让人的,所有权人有权追回;除法律另有规定外,符合下列情形的,受让人取得该不动产或者动产的所有权: (一)受让人受让该不动产或者动产时是善意的; (二)以合理的价格转让; (三)转让的不动产或者动产依照法律规定应当登记的已经登记,不需要登记的已经交付给受让人。 受让人依照前款规定取得不动产或者动产的所有权的,原所有权人有权向无处分权人请求**损害赔偿**。 当事人善意取得其他物权的,参照适用前两款规定。	**第三百一十一条**　无处分权人将不动产或者动产转让给受让人的,所有权人有权追回;除法律另有规定外,符合下列情形的,受让人取得该不动产或者动产的所有权: (一)受让人受让该不动产或者动产时是善意; (二)以合理的价格转让; (三)转让的不动产或者动产依照法律规定应当登记的已经登记,不需要登记的已经交付给受让人。 受让人**依据**前款规定取得不动产或者动产的所有权的,原所有权人有权向无处分权人请求损害赔偿。 当事人善意取得其他物权的,参照适用前两款规定。	**第三百一十一条**　无处分权人将不动产或者动产转让给受让人的,所有权人有权追回;除法律另有规定外,符合下列情形的,受让人取得该不动产或者动产的所有权: (一)受让人受让该不动产或者动产时是善意; (二)以合理的价格转让; (三)转让的不动产或者动产依照法律规定应当登记的已经登记,不需要登记的已经交付给受让人。 受让人依据前款规定取得不动产或者动产的所有权的,原所有权人有权向无处分权人请求损害赔偿。 当事人善意取得其他物权的,参照适用前两款规定。

续表

《民法典各分编(草案)》(2018年9月版)	《民法典物权编(草案二次审议稿)》(2019年4月版)	《中华人民共和国民法典(草案)》(2019年12月版)	《中华人民共和国民法典(草案大会审议稿)》(2020年5月22日提交审议)	《中华人民共和国民法典》(2020年5月28日表决通过)
第一百零七条 所有权人或者其他权利人有权追回遗失物。该遗失物通过转让被他人占有的,权利人有权向无处分权人请求损害赔偿,或者自知道或者应当知道受让人之日起二年内向受让人请求返还原物,但受让人通过拍卖或者向具有经营资格的经营者购得该遗失物的,权利人请求返还原物时应当支付受让人所付的费用。权利人向受让人支付所付费用后,有权向无处分权人追偿。	**第一百零七条** 所有权人或者其他权利人有权追回遗失物。该遗失物通过转让被他人占有的,权利人有权向无处分权人请求损害赔偿,或者自知道或者应当知道受让人之日起二年内向受让人请求返还原物,**但是**受让人通过拍卖或者向具有经营资格的经营者购得该遗失物的,权利人请求返还原物时应当支付受让人所付的费用。权利人向受让人支付所付费用后,有权向无处分权人追偿。	**第三百一十二条** 所有权人或者其他权利人有权追回遗失物。该遗失物通过转让被他人占有的,权利人有权向无处分权人请求损害赔偿,或者自知道或者应当知道受让人之日起二年内向受让人请求返还原物;**但是,**受让人通过拍卖或者向具有经营资格的经营者购得该遗失物的,权利人请求返还原物时应当支付受让人所付的费用。权利人向受让人支付所付费用后,有权向无处分权人追偿。	**第三百一十二条** 无变化	**第三百一十二条** 所有权人或者其他权利人有权追回遗失物。该遗失物通过转让被他人占有的,权利人有权向无处分权人请求损害赔偿,或者自知道或者应当知道受让人之日起二年内向受让人请求返还原物;但是,受让人通过拍卖或者向具有经营资格的经营者购得该遗失物的,权利人请求返还原物时应当支付受让人所付的费用。权利人向受让人支付所付费用后,有权向无处分权人追偿。
第一百零八条 善意受让人取得动产后,该动产上的原有权利消灭,但善意受让人在受让时知道或者应当知道该权利的除外。	**第一百零八条** 善意受让人取得动产后,该动产上的原有权利消灭,**但是**善意受让人在受让时知道或者应当知道该权利的除外。	**第三百一十三条** 善意受让人取得动产后,该动产上的原有权利消灭。**但是,**善意受让人在受让时知道或者应当知道该权利的除外。	**第三百一十三条** 无变化	**第三百一十三条** 善意受让人取得动产后,该动产上的原有权利消灭。但是,善意受让人在受让时知道或者应当知道该权利的除外。
第一百零九条 拾得遗失物,应当返还权利人。拾得人应当及时通知权利人领取,或者送交公安等有关部门。	**第一百零九条** 无变化	**第三百一十四条** 无变化	**第三百一十四条** 无变化	**第三百一十四条** 拾得遗失物,应当返还权利人。拾得人应当及时通知权利人领取,或者送交公安等有关部门。
第一百一十条 有关部门收到遗失物,知道权利人的,应当及时通知其领取;不知道的,应当及时发布招领公告。	**第一百一十条** 无变化	**第三百一十五条** 无变化	**第三百一十五条** 无变化	**第三百一十五条** 有关部门收到遗失物,知道权利人的,应当及时通知其领取;不知道的,应当及时发布招领公告。

续表

《民法典各分编(草案)》(2018 年 9 月版)	《民法典物权编(草案二次审议稿)》(2019 年 4 月版)	《中华人民共和国民法典(草案)》(2019 年 12 月版)	《中华人民共和国民法典(草案大会审议稿)》(2020 年 5 月 22 日提交审议)	《中华人民共和国民法典》(2020 年 5 月 28 日表决通过)
第一百一十一条　拾得人在遗失物送交有关部门前,有关部门在遗失物被领取前,应当妥善保管遗失物。因故意或者重大过失致使遗失物毁损、灭失的,应当承担民事责任。	**第一百一十一条** 无变化	**第三百一十六条** 无变化	**第三百一十六条** 无变化	**第三百一十六条**　拾得人在遗失物送交有关部门前,有关部门在遗失物被领取前,应当妥善保管遗失物。因故意或者重大过失致使遗失物毁损、灭失的,应当承担民事责任。
第一百一十二条　权利人领取遗失物时,应当向拾得人或者有关部门支付保管遗失物等支出的必要费用。 权利人悬赏寻找遗失物的,领取遗失物时应当按照承诺履行义务。 拾得人侵占遗失物的,无权请求保管遗失物等支出的费用,也无权请求权利人按照承诺履行义务。	**第一百一十二条** 无变化	**第三百一十七条** 无变化	**第三百一十七条** 无变化	**第三百一十七条**　权利人领取遗失物时,应当向拾得人或者有关部门支付保管遗失物等支出的必要费用。 权利人悬赏寻找遗失物的,领取遗失物时应当按照承诺履行义务。 拾得人侵占遗失物的,无权请求保管遗失物等支出的费用,也无权请求权利人按照承诺履行义务。
第一百一十三条　遗失物自发布招领公告之日起一年内无人认领的,归国家所有。	**第一百一十三条** 无变化	**第三百一十八条** 无变化	**第三百一十八条** 无变化	**第三百一十八条**　遗失物自发布招领公告之日起一年内无人认领的,归国家所有。
第一百一十四条　拾得漂流物、发现埋藏物或者隐藏物的,参照拾得遗失物的有关规定。文物保护法等法律另有规定的,依照其规定。	**第一百一十四条**　拾得漂流物、发现埋藏物或者隐藏物的,参照**适用**拾得遗失物的有关规定。**法律**另有规定的,依照其规定。	**第三百一十九条** 无变化	**第三百一十九条** 无变化	**第三百一十九条**　拾得漂流物、发现埋藏物或者隐藏物的,参照适用拾得遗失物的有关规定。法律另有规定的,依照其规定。
第一百一十五条　主物转让的,从物随主物转让,但当事人另有约定的除外。	**第一百一十五条**　主物转让的,从物随主物转让,**但是**当事人另有约定的除外。	**第三百二十条** 无变化	**第三百二十条** 无变化	**第三百二十条**　主物转让的,从物随主物转让,但是当事人另有约定的除外。

续表

《民法典各分编（草案）》（2018年9月版）	《民法典物权编（草案二次审议稿）》（2019年4月版）	《中华人民共和国民法典（草案）》（2019年12月版）	《中华人民共和国民法典（草案大会审议稿）》（2020年5月22日提交审议）	《中华人民共和国民法典》（2020年5月28日表决通过）
第一百一十六条　天然孳息，由所有权人取得；既有所有权人又有用益物权人的，由用益物权人取得。当事人另有约定的，按照约定。 法定孳息，当事人有约定的，按照约定取得；没有约定或者约定不明确的，按照交易习惯取得。	**第一百一十六条** 无变化	**第三百二十一条**　天然孳息，由所有权人取得；既有所有权人又有用益物权人的，由用益物权人取得。当事人另有约定的，按照**其**约定。 法定孳息，当事人有约定的，按照约定取得；没有约定或者约定不明确的，按照交易习惯取得。	**第三百二十一条** 无变化	**第三百二十一条**　天然孳息，由所有权人取得；既有所有权人又有用益物权人的，由用益物权人取得。当事人另有约定的，按照其约定。 法定孳息，当事人有约定的，按照约定取得；没有约定或者约定不明确的，按照交易习惯取得。
第一百一十七条　因加工、附合、混合而产生的物的归属，有约定的，按照约定；没有约定或者约定不明确的，依照法律规定；法律没有规定的，按照充分发挥物的效用以及保护无过错的当事人的原则确定。因一方当事人的过错或者确定物的归属给另一方当事人造成损失的，应当给予赔偿或者补偿。	**第一百一十七条** 无变化	**第三百二十二条**　因加工、附合、混合而产生的物的归属，有约定的，按照约定；没有约定或者约定不明确的，依照法律规定；法律没有规定的，按照充分发挥物的效用以及保护**无过错**当事人的原则确定。因一方当事人的过错或者确定物的归属**造成另一方当事人损害**的，应当给予赔偿或者补偿。	**第三百二十二条** 无变化	**第三百二十二条**　因加工、附合、混合而产生的物的归属，有约定的，按照约定；没有约定或者约定不明确的，依照法律规定；法律没有规定的，按照充分发挥物的效用以及保护无过错当事人的原则确定。因一方当事人的过错或者确定物的归属造成另一方当事人损害的，应当给予赔偿或者补偿。

第十章　一般规定

《民法典各分编（草案）》（2018年9月版）	《民法典物权编（草案二次审议稿）》（2019年4月版）	《中华人民共和国民法典（草案）》（2019年12月版）	《中华人民共和国民法典（草案大会审议稿）》（2020年5月22日提交审议）	《中华人民共和国民法典》（2020年5月28日表决通过）
	第三分编　用益物权	**第三分编　用益物权**	**第三分编　用益物权**	**第三分编　用益物权**
第十章 用益物权 一般规定	**第十章　一般规定**	**第十章　一般规定**	**第十章　一般规定**	**第十章　一般规定**
第一百一十八条　用益物权人对他人所有的不动产或者动产，依法享有占有、使用和收益的权利。	**第一百一十八条** 无变化	**第三百二十三条** 无变化	**第三百二十三条** 无变化	**第三百二十三条**　用益物权人对他人所有的不动产或者动产，依法享有占有、使用和收益的权利。
第一百一十九条　国家所有或者国家所有由集体使用以及法律规定属于集体所有的自然资源，组织、个人依法可以占有、使用和收益。	**第一百一十九条** 无变化	**第三百二十四条** 无变化	**第三百二十四条** 无变化	**第三百二十四条**　国家所有或者国家所有由集体使用以及法律规定属于集体所有的自然资源，组织、个人依法可以占有、使用和收益。
第一百二十条　国家实行自然资源有偿使用制度，但法律另有规定的除外。	**第一百二十条**　国家实行自然资源有偿使用制度，**但是**法律另有规定的除外。	**第三百二十五条** 无变化	**第三百二十五条** 无变化	**第三百二十五条**　国家实行自然资源有偿使用制度，但是法律另有规定的除外。
第一百二十一条　用益物权人行使权利，应当遵守法律有关保护和合理开发利用资源的规定。所有权人不得干涉用益物权人行使权利。	**第一百二十一条** 无变化	**第三百二十六条** 无变化	**第三百二十六条** 无变化	**第三百二十六条**　用益物权人行使权利，应当遵守法律有关保护和合理开发利用资源、**保护生态环境**的规定。所有权人不得干涉用益物权人行使权利。

续表

《民法典各分编(草案)》(2018年9月版)	《民法典物权编(草案二次审议稿)》(2019年4月版)	《中华人民共和国民法典(草案)》(2019年12月版)	《中华人民共和国民法典(草案大会审议稿)》(2020年5月22日提交审议)	《中华人民共和国民法典》(2020年5月28日表决通过)
第一百二十二条 因不动产或者动产被征收、征用致使用益物权消灭或者影响用益物权行使的,用益物权人有权依照本法第三十九条、第四十一条的规定获得相应补偿。	**第一百二十二条** 无变化	**第三百二十七条** 因不动产或者动产被征收、征用致使用益物权消灭或者影响用益物权行使的,用益物权人有权**依据**本法**第二百四十三条**、**第二百四十五条**的规定获得相应补偿。	**第三百二十七条** 无变化	**第三百二十七条** 因不动产或者动产被征收、征用致使用益物权消灭或者影响用益物权行使的,用益物权人有权依据本法第二百四十三条、第二百四十五条的规定获得相应补偿。
第一百二十三条 依法取得的海域使用权受法律保护。	**第一百二十三条** 无变化	**第三百二十八条** 无变化	**第三百二十八条** 无变化	**第三百二十八条** 依法取得的海域使用权受法律保护。
第一百二十四条 依法取得的探矿权、采矿权、取水权和使用水域、滩涂从事养殖、捕捞的权利受法律保护。	**第一百二十四条** 无变化	**第三百二十九条** 无变化	**第三百二十九条** 无变化	**第三百二十九条** 依法取得的探矿权、采矿权、取水权和使用水域、滩涂从事养殖、捕捞的权利受法律保护。

第十一章　土地承包经营权

《民法典各分编(草案)》(2018 年 9 月版)	《民法典物权编(草案二次审议稿)》(2019 年 4 月版)	《中华人民共和国民法典(草案)》(2019 年 12 月版)	《中华人民共和国民法典(草案大会审议稿)》(2020 年 5 月 22 日提交审议)	《中华人民共和国民法典》(2020 年 5 月 28 日表决通过)
第十一章 土地承包经营权	第十一章 土地承包经营权	第十一章 土地承包经营权	第十一章 土地承包经营权	第十一章 土地承包经营权
第一百二十五条　农村集体经济组织实行家庭承包经营为基础、统分结合的双层经营体制。 农民集体所有和国家所有由农民集体使用的耕地、林地、草地以及其他用于农业的土地,依法实行土地承包经营制度。	**第一百二十五条** 无变化	**第三百三十条** 无变化	**第三百三十条** 无变化	**第三百三十条**　农村集体经济组织实行家庭承包经营为基础、统分结合的双层经营体制。 农民集体所有和国家所有由农民集体使用的耕地、林地、草地以及其他用于农业的土地,依法实行土地承包经营制度。
第一百二十六条　土地承包经营权人依法对其承包经营的耕地、林地、草地等享有占有、使用和收益的权利,有权从事种植业、林业、畜牧业等农业生产。	**第一百二十六条** 无变化	**第三百三十一条** 无变化	**第三百三十一条** 无变化	**第三百三十一条**　土地承包经营权人依法对其承包经营的耕地、林地、草地等享有占有、使用和收益的权利,有权从事种植业、林业、畜牧业等农业生产。
第一百二十七条　耕地的承包期为三十年。草地的承包期为三十年至五十年。林地的承包期为三十年至七十年;**特殊林木的林地承包期,经国务院林业行政主管部门批准可以延长。** 前款规定的承包期届满,由土地承包经营权人按照国家有关规定继续承包。	**第一百二十七条**　耕地的承包期为三十年。草地的承包期为三十年至五十年。林地的承包期为三十年至七十年。 前款规定的承包期届满,由土地承包经营权人**依照农村土地承包的法律规定**继续承包。	**第三百三十二条**　耕地的承包期为三十年。草地的承包期为三十年至五十年。林地的承包期为三十年至七十年。 前款规定的**承包期限**届满,由土地承包经营权人依照农村土地承包的法律规定继续承包。	**第三百三十二条** 无变化	**第三百三十二条**　耕地的承包期为三十年。草地的承包期为三十年至五十年。林地的承包期为三十年至七十年。 前款规定的承包期限届满,由土地承包经营权人依照农村土地承包的法律规定继续承包。

续表

《民法典各分编(草案)》(2018年9月版)	《民法典物权编(草案二次审议稿)》(2019年4月版)	《中华人民共和国民法典(草案)》(2019年12月版)	《中华人民共和国民法典(草案大会审议稿)》(2020年5月22日提交审议)	《中华人民共和国民法典》(2020年5月28日表决通过)
第一百二十八条 土地承包经营权自土地承包经营权合同生效时设立。登记机构应当向土地承包经营权人发放权属证书,确认土地承包经营权。	**第一百二十八条** 土地承包经营权自土地承包经营权合同生效时设立。登记机构应当向土地承包经营权人发放**土地承包经营权证、林权证等证书,并登记造册,**确认土地承包经营权。	**第三百三十三条** 无变化	**第三百三十三条** 无变化	**第三百三十三条** 土地承包经营权自土地承包经营权合同生效时设立。登记机构应当向土地承包经营权人发放土地承包经营权证、林权证等证书,并登记造册,确认土地承包经营权。
第一百二十九条 实行家庭承包的土地承包经营权人依照农村土地承包法的规定,有权将土地承包经营权互换、转让**或者出让土地经营权。出让的期限不得超过承包期的剩余期限。**未经依法批准,不得将承包地用于非农建设。	**第一百二十九条 土地承包经营权人依照法律**规定,有权将土地承包经营权互换、转让。未经依法批准,不得将承包地用于非农建设。	**第三百三十四条** 无变化	**第三百三十四条** 无变化	**第三百三十四条** 土地承包经营权人依照法律规定,有权将土地承包经营权互换、转让。未经依法批准,不得将承包地用于非农建设。
第一百三十条 土地承包经营权人将土地承包经营权互换、转让或者出让土地经营权,当事人可以向登记机构申请登记;未经登记,不得对抗善意第三人。	**第一百三十条 土地承包经营权互换、转让的,**当事人可以向登记机构申请登记;未经登记,不得对抗善意第三人。	**第三百三十五条** 无变化	**第三百三十五条** 无变化	**第三百三十五条** 土地承包经营权互换、转让的,当事人可以向登记机构申请登记;未经登记,不得对抗善意第三人。
第一百三十二条 承包期内发包人不得调整承包地。 因自然灾害严重毁损承包地等特殊情形,需要适当调整承包的耕地和草地的,应当依照农村土地承包法等法律规定办理。	**第一百三十二条** 承包期内发包人不得调整承包地。 因自然灾害严重毁损承包地等特殊情形,需要适当调整承包的耕地和草地的,应当依照**农村土地承包的**法律规定办理。	**第三百三十六条** 无变化	**第三百三十六条** 无变化	**第三百三十六条** 承包期内发包人不得调整承包地。 因自然灾害严重毁损承包地等特殊情形,需要适当调整承包的耕地和草地的,应当依照农村土地承包的法律规定办理。

续表

《民法典各分编(草案)》(2018年9月版)	《民法典物权编(草案二次审议稿)》(2019年4月版)	《中华人民共和国民法典(草案)》(2019年12月版)	《中华人民共和国民法典(草案大会审议稿)》(2020年5月22日提交审议)	《中华人民共和国民法典》(2020年5月28日表决通过)
第一百三十三条 承包期内发包人不得收回承包地。农村土地承包法等法律另有规定的,依照其规定。	**第一百三十三条** 承包期内发包人不得收回承包地。**法律**另有规定的,依照其规定。	**第三百三十七条** 无变化	**第三百三十七条** 无变化	**第三百三十七条** 承包期内发包人不得收回承包地。法律另有规定的,依照其规定。
第一百三十四条 承包地被征收的,土地承包经营权人有权依照本法第三十九条第二款的规定获得相应补偿。	**第一百三十四条** 无变化	**第三百三十八条** 承包地被征收的,土地承包经营权人有权**依据**本法**第二百四十三条**的规定获得相应补偿。	**第三百三十八条** 无变化	**第三百三十八条** 承包地被征收的,土地承包经营权人有权依据本法第二百四十三条的规定获得相应补偿。
	第一百三十四条之一 土地承包经营权人可以自主决定依法采取出租、入股或者其他方式向他人流转土地经营权。	**第三百三十九条** 无变化	**第三百三十九条** 无变化	**第三百三十九条** 土地承包经营权人可以自主决定依法采取出租、入股或者其他方式向他人流转土地经营权。
第一百三十一条 土地经营权人有权根据合同约定在一定期限内占有农村土地,自主开展农业生产经营并取得收益。	**第一百三十四条之二** 土地经营权人有权**在合同约定的**期限内占有农村土地,自主开展农业生产经营并取得收益。	**第三百四十条** 无变化	**第三百四十条** 无变化	**第三百四十条** 土地经营权人有权在合同约定的期限内占有农村土地,自主开展农业生产经营并取得收益。
	第一百三十四条之三 流转期限为五年以上的土地经营权,自流转合同生效时设立。当事人可以向登记机构申请土地经营权登记;未经登记,不得对抗善意第三人。	**第三百四十一条** 无变化	**第三百四十一条** 无变化	**第三百四十一条** 流转期限为五年以上的土地经营权,自流转合同生效时设立。当事人可以向登记机构申请土地经营权登记;未经登记,不得对抗善意第三人。
第一百三十五条 通过招标、拍卖、公开协商等方式承包**荒地等**农村土地,依照农村土地承包法等法律和国务院的有关规定,其土地承包经营权可以**转让**、入股、抵押或者以其他方式流转。	**第一百三十五条** 通过招标、拍卖、公开协商等方式承包农村土地,**经依法登记取得权属证书的,可以依法采取出租**、入股、抵押**或者**其他方式流转**土地经营权**。	**第三百四十二条** 无变化	**第三百四十二条** 无变化	**第三百四十二条** 通过招标、拍卖、公开协商等方式承包农村土地,经依法登记取得权属证书的,可以依法采取出租、入股、抵押或者其他方式流转土地经营权。

续表

《民法典各分编(草案)》(2018 年 9 月版)	《民法典物权编(草案二次审议稿)》(2019 年 4 月版)	《中华人民共和国民法典(草案)》(2019 年 12 月版)	《中华人民共和国民法典(草案大会审议稿)》(2020 年 5 月 22 日提交审议)	《中华人民共和国民法典》(2020 年 5 月 28 日表决通过)
第一百三十六条　国家所有的农用地实行承包经营的,参照本法的有关规定。	**第一百三十六条**　国家所有的农用地实行承包经营的,参照**适用本编**的有关规定。	**第三百四十三条** 无变化	**第三百四十三条** 无变化	**第三百四十三条**　国家所有的农用地实行承包经营的,参照适用本编的有关规定。

第十二章　建设用地使用权

《民法典各分编（草案）》（2018年9月版）	《民法典物权编（草案二次审议稿）》（2019年4月版）	《中华人民共和国民法典（草案）》（2019年12月版）	《中华人民共和国民法典（草案大会审议稿）》（2020年5月22日提交审议）	《中华人民共和国民法典》（2020年5月28日表决通过）
第十二章 建设用地使用权	第十二章 建设用地使用权	第十二章 建设用地使用权	第十二章 建设用地使用权	第十二章 建设用地使用权
第一百三十七条　建设用地使用权人依法对国家所有的土地享有占有、使用和收益的权利，有权利用该土地建造建筑物、构筑物及其附属设施。	**第一百三十七条** 无变化	**第三百四十四条** 无变化	**第三百四十四条** 无变化	**第三百四十四条**　建设用地使用权人依法对国家所有的土地享有占有、使用和收益的权利，有权利用该土地建造建筑物、构筑物及其附属设施。
第一百三十八条　建设用地使用权可以在土地的地表、地上或者地下分别设立。	**第一百三十八条** 无变化	**第三百四十五条** 无变化	**第三百四十五条** 无变化	**第三百四十五条**　建设用地使用权可以在土地的地表、地上或者地下分别设立。
第一百三十九条　设立建设用地使用权应当符合节约资源、保护生态环境的要求，应当遵守法律、行政法规关于土地用途的规定，不得损害已设立的用益物权。	**第一百三十九条** 无变化	**第三百四十六条** 无变化	**第三百四十六条**　设立建设用地使用权应当符合节约资源、保护生态环境的要求，应当遵守法律、行政法规关于土地用途的规定，不得损害**已经**设立的用益物权。	**第三百四十六条**　设立建设用地使用权**，**应当符合节约资源、保护生态环境的要求，**遵守**法律、行政法规关于土地用途的规定，不得损害已经设立的用益物权。
第一百四十条　设立建设用地使用权，可以采取出让或者划拨等方式。 工业、商业、旅游、娱乐和商品住宅等经营性用地以及同一土地有两个以上意向用地者的，应当采取招标、拍卖等公开竞价的方式出让。 严格限制以划拨方式设立建设用地使用权。	**第一百四十条** 无变化	**第三百四十七条** 无变化	**第三百四十七条** 无变化	**第三百四十七条**　设立建设用地使用权，可以采取出让或者划拨等方式。 工业、商业、旅游、娱乐和商品住宅等经营性用地以及同一土地有两个以上意向用地者的，应当采取招标、拍卖等公开竞价的方式出让。 严格限制以划拨方式设立建设用地使用权。

续表

《民法典各分编(草案)》(2018年9月版)	《民法典物权编(草案二次审议稿)》(2019年4月版)	《中华人民共和国民法典(草案)》(2019年12月版)	《中华人民共和国民法典(草案大会审议稿)》(2020年5月22日提交审议)	《中华人民共和国民法典》(2020年5月28日表决通过)
第一百四十一条 采取招标、拍卖、协议等出让方式设立建设用地使用权的,当事人应当采取书面形式订立建设用地使用权出让合同。 建设用地使用权出让合同一般包括下列条款: (一)当事人的名称和住所; (二)土地界址、面积等; (三)建筑物、构筑物及其附属设施占用的空间; (四)土地用途、规划条件; (五)使用期限; (六)出让金等费用及其支付方式; (七)解决争议的方法。	**第一百四十一条** 采取招标、拍卖、协议等出让方式设立建设用地使用权的,当事人应当**采用**书面形式订立建设用地使用权出让合同。 建设用地使用权出让合同一般包括下列条款: (一)当事人的名称和住所; (二)土地界址、面积等; (三)建筑物、构筑物及其附属设施占用的空间; (四)土地用途、规划条件; (五)使用期限; (六)出让金等费用及其支付方式; (七)解决争议的方法。	**第三百四十八条** 无变化	**第三百四十八条** 无变化	**第三百四十八条** 通过招标、拍卖、协议等出让方式设立建设用地使用权的,当事人应当采用书面形式订立建设用地使用权出让合同。 建设用地使用权出让合同一般包括下列条款: (一)当事人的名称和住所; (二)土地界址、面积等; (三)建筑物、构筑物及其附属设施占用的空间; (四)土地用途、规划条件; (五)**建设用地使用权**期限; (六)出让金等费用及其支付方式; (七)解决争议的方法。
第一百四十二条 设立建设用地使用权的,应当向登记机构申请建设用地使用权登记。建设用地使用权自登记时设立。登记机构应当向建设用地使用权人发放权属证书。	**第一百四十二条** 无变化	**第三百四十九条** 无变化	**第三百四十九条** 无变化	**第三百四十九条** 设立建设用地使用权的,应当向登记机构申请建设用地使用权登记。建设用地使用权自登记时设立。登记机构应当向建设用地使用权人发放权属证书。
第一百四十三条 建设用地使用权人应当合理利用土地,不得改变土地用途;需要改变土地用途的,应当依法经有关行政主管部门批准。	**第一百四十三条** 无变化	**第三百五十条** 无变化	**第三百五十条** 无变化	**第三百五十条** 建设用地使用权人应当合理利用土地,不得改变土地用途;需要改变土地用途的,应当依法经有关行政主管部门批准。
第一百四十四条 建设用地使用权人应当依照法律规定以及合同约定支付出让金等费用。	**第一百四十四条** 无变化	**第三百五十一条** 无变化	**第三百五十一条** 无变化	**第三百五十一条** 建设用地使用权人应当依照法律规定以及合同约定支付出让金等费用。

续表

《民法典各分编(草案)》(2018年9月版)	《民法典物权编(草案二次审议稿)》(2019年4月版)	《中华人民共和国民法典(草案)》(2019年12月版)	《中华人民共和国民法典(草案大会审议稿)》(2020年5月22日提交审议)	《中华人民共和国民法典》(2020年5月28日表决通过)
第一百四十五条　建设用地使用权人建造的建筑物、构筑物及其附属设施的所有权属于建设用地使用权人,但有相反证据证明的除外。	**第一百四十五条**　建设用地使用权人建造的建筑物、构筑物及其附属设施的所有权属于建设用地使用权人,**但是**有相反证据证明的除外。	**第三百五十二条** 无变化	**第三百五十二条** 无变化	**第三百五十二条**　建设用地使用权人建造的建筑物、构筑物及其附属设施的所有权属于建设用地使用权人,但是有相反证据证明的除外。
第一百四十六条　建设用地使用权人有权将建设用地使用权转让、互换、出资、赠与或者抵押,但法律另有规定的除外。	**第一百四十六条**　建设用地使用权人有权将建设用地使用权转让、互换、出资、赠与或者抵押,**但是**法律另有规定的除外。	**第三百五十三条** 无变化	**第三百五十三条** 无变化	**第三百五十三条**　建设用地使用权人有权将建设用地使用权转让、互换、出资、赠与或者抵押,但是法律另有规定的除外。
第一百四十七条　建设用地使用权转让、互换、出资、赠与或者抵押的,当事人应当采取书面形式订立相应的合同。使用期限由当事人约定,但不得超过建设用地使用权的剩余期限。	**第一百四十七条**　建设用地使用权转让、互换、出资、赠与或者抵押的,当事人应当**采用**书面形式订立相应的合同。使用期限由当事人约定,**但是**不得超过建设用地使用权的剩余期限。	**第三百五十四条** 无变化	**第三百五十四条** 无变化	**第三百五十四条**　建设用地使用权转让、互换、出资、赠与或者抵押的,当事人应当采用书面形式订立相应的合同。使用期限由当事人约定,但是不得超过建设用地使用权的剩余期限。
第一百四十八条　建设用地使用权转让、互换、出资或者赠与的,应当向登记机构申请变更登记。	**第一百四十八条** 无变化	**第三百五十五条** 无变化	**第三百五十五条** 无变化	**第三百五十五条**　建设用地使用权转让、互换、出资或者赠与的,应当向登记机构申请变更登记。
第一百四十九条　建设用地使用权转让、互换、出资或者赠与的,附着于该土地上的建筑物、构筑物及其附属设施一并处分。	**第一百四十九条** 无变化	**第三百五十六条** 无变化	**第三百五十六条** 无变化	**第三百五十六条**　建设用地使用权转让、互换、出资或者赠与的,附着于该土地上的建筑物、构筑物及其附属设施一并处分。

续表

《民法典各分编(草案)》(2018年9月版)	《民法典物权编(草案二次审议稿)》(2019年4月版)	《中华人民共和国民法典(草案)》(2019年12月版)	《中华人民共和国民法典(草案大会审议稿)》(2020年5月22日提交审议)	《中华人民共和国民法典》(2020年5月28日表决通过)
第一百五十条 建筑物、构筑物及其附属设施转让、互换、出资或者赠与的,该建筑物、构筑物及其附属设施占用范围内的建设用地使用权一并处分。	**第一百五十条** 无变化	**第三百五十七条** 无变化	**第三百五十七条** 无变化	**第三百五十七条** 建筑物、构筑物及其附属设施转让、互换、出资或者赠与的,该建筑物、构筑物及其附属设施占用范围内的建设用地使用权一并处分。
第一百五十一条 建设用地使用权期间届满前,因公共利益需要提前收回该土地的,应当依照本法第三十九条的规定对该土地上的房屋及其他不动产给予补偿,并退还相应的出让金。	**第一百五十一条** 无变化	**第三百五十八条** 建设用地使用权**期限**届满前,因公共利益需要提前收回该土地的,应当**依据**本法**第二百四十三条**的规定对该土地上的房屋及其他不动产给予补偿,并退还相应的出让金。	**第三百五十八条** 建设用地使用权期限届满前,因公共利益需要提前收回该土地的,应当依据本法第二百四十三条的规定对该土地上的房屋**以及**其他不动产给予补偿,并退还相应的出让金。	**第三百五十八条** 建设用地使用权期限届满前,因公共利益需要提前收回该土地的,应当依据本法第二百四十三条的规定对该土地上的房屋以及其他不动产给予补偿,并退还相应的出让金。
第一百五十二条 住宅建设用地使用权期间届满的,自动续期。续期费用的缴纳或者减免,依照法律、行政法规的规定。 非住宅建设用地使用权期间届满后的续期,依照法律规定办理。该土地上的房屋及其他不动产的归属,有约定的,按照约定;没有约定或者约定不明确的,依照法律、行政法规的规定办理。	**第一百五十二条** 住宅建设用地使用权期间届满的,自动续期。续期费用的缴纳或者减免,依照法律、行政法规的规定**办理**。 非住宅建设用地使用权期间届满后的续期,依照法律规定办理。该土地上的房屋及其他不动产的归属,有约定的,按照约定;没有约定或者约定不明确的,依照法律、行政法规的规定办理。	**第三百五十九条** 住宅建设用地使用权**期限**届满的,自动续期。续期费用的缴纳或者减免,依照法律、行政法规的规定办理。 非住宅建设用地使用权**期限**届满后的续期,依照法律规定办理。该土地上的房屋及其他不动产的归属,有约定的,按照约定;没有约定或者约定不明确的,依照法律、行政法规的规定办理。	**第三百五十九条** 住宅建设用地使用权期限届满的,自动续期。续期费用的缴纳或者减免,依照法律、行政法规的规定办理。 非住宅建设用地使用权期限届满后的续期,依照法律规定办理。该土地上的房屋**以及**其他不动产的归属,有约定的,按照约定;没有约定或者约定不明确的,依照法律、行政法规的规定办理。	**第三百五十九条** 住宅建设用地使用权期限届满的,自动续期。续期费用的缴纳或者减免,依照法律、行政法规的规定办理。 非住宅建设用地使用权期限届满后的续期,依照法律规定办理。该土地上的房屋以及其他不动产的归属,有约定的,按照约定;没有约定或者约定不明确的,依照法律、行政法规的规定办理。
第一百五十三条 建设用地使用权消灭的,出让人应当及时办理注销登记。登记机构应当收回权属证书。	**第一百五十三条** 无变化	**第三百六十条** 无变化	**第三百六十条** 无变化	**第三百六十条** 建设用地使用权消灭的,出让人应当及时办理注销登记。登记机构应当收回权属证书。

续表

《民法典各分编(草案)》(2018年9月版)	《民法典物权编(草案二次审议稿)》(2019年4月版)	《中华人民共和国民法典(草案)》(2019年12月版)	《中华人民共和国民法典(草案大会审议稿)》(2020年5月22日提交审议)	《中华人民共和国民法典》(2020年5月28日表决通过)
第一百五十四条　集体所有的土地作为建设用地的,应当依照土地管理法等法律规定办理。	**第一百五十四条**　集体所有的土地作为建设用地的,应当依照**土地管理的**法律规定办理。	**第三百六十一条** 无变化	**第三百六十一条** 无变化	**第三百六十一条**　集体所有的土地作为建设用地的,应当依照土地管理的法律规定办理。

第十三章　宅基地使用权

《民法典各分编(草案)》(2018 年 9 月版)	《民法典物权编(草案二次审议稿)》(2019 年 4 月版)	《中华人民共和国民法典(草案)》(2019 年 12 月版)	《中华人民共和国民法典(草案大会审议稿)》(2020 年 5 月 22 日提交审议)	《中华人民共和国民法典》(2020 年 5 月 28 日表决通过)
第十三章　宅基地使用权	**第十三章　宅基地使用权**	**第十三章　宅基地使用权**	**第十三章　宅基地使用权**	**第十三章　宅基地使用权**
第一百五十五条　宅基地使用权人依法对集体所有的土地享有占有和使用的权利,有权依法利用该土地建造住宅及其附属设施。	**第一百五十五条** 无变化	**第三百六十二条** 无变化	**第三百六十二条** 无变化	**第三百六十二条**　宅基地使用权人依法对集体所有的土地享有占有和使用的权利,有权依法利用该土地建造住宅及其附属设施。
第一百五十六条　宅基地使用权的取得、行使和转让,适用土地管理法等法律和国家有关规定。	**第一百五十六条**　宅基地使用权的取得、行使和转让,适用**土地管理的**法律和国家有关规定。	**第三百六十三条** 无变化	**第三百六十三条** 无变化	**第三百六十三条**　宅基地使用权的取得、行使和转让,适用土地管理的法律和国家有关规定。
第一百五十七条　宅基地因自然灾害等原因灭失的,宅基地使用权消灭。对失去宅基地的村民,应当重新分配宅基地。	**第一百五十七条** 无变化	**第三百六十四条** 无变化	**第三百六十四条** 无变化	**第三百六十四条**　宅基地因自然灾害等原因灭失的,宅基地使用权消灭。对失去宅基地的村民,应当**依法**重新分配宅基地。
第一百五十八条　已经登记的宅基地使用权转让或者消灭的,应当及时办理变更登记或者注销登记。	**第一百五十八条** 无变化	**第三百六十五条** 无变化	**第三百六十五条** 无变化	**第三百六十五条**　已经登记的宅基地使用权转让或者消灭的,应当及时办理变更登记或者注销登记。

第十四章　居　住　权

《民法典各分编(草案)》(2018年9月版)	《民法典物权编(草案二次审议稿)》(2019年4月版)	《中华人民共和国民法典(草案)》(2019年12月版)	《中华人民共和国民法典(草案大会审议稿)》(2020年5月22日提交审议)	《中华人民共和国民法典》(2020年5月28日表决通过)
第十四章　居住权	第十四章　居住权	第十四章　居住权	第十四章　居住权	第十四章　居住权
第一百五十九条第一款　居住权人有权按照合同约定,对他人的住宅享有占有、使用的权利,以满足生活居住的需要。	**第一百五十九条**　居住权人有权按照合同约定,对他人的住宅享有占有、使用的**用益物权**,以满足生活居住的需要。	**第三百六十六条** 无变化	**第三百六十六条** 无变化	**第三百六十六条**　居住权人有权按照合同约定,对他人的住宅享有占有、使用的用益物权,以满足生活居住的需要。
第一百五十九条第二款　设立居住权,当事人应当采取书面形式订立居住权合同。	**第一百五十九条之一**　设立居住权,当事人应当**采用**书面形式订立居住权合同。 **居住权合同一般包括下列条款:** **(一)当事人的姓名和住所;** **(二)住宅的位置;** **(三)居住的条件和要求;** **(四)解决争议的方法。**	**第三百六十七条**　设立居住权,当事人应当采用书面形式订立居住权合同。 居住权合同一般包括下列条款: (一)当事人的姓名**或者名称**和住所; (二)住宅的位置; (三)居住的条件和要求; (四)**居住权期间**; **(五)**解决争议的方法。	**第三百六十七条**　设立居住权,当事人应当采用书面形式订立居住权合同。 居住权合同一般包括下列条款: (一)当事人的姓名或者名称和住所; (二)住宅的位置; (三)居住的条件和要求; (四)居住权**期限**; (五)解决争议的方法。	**第三百六十七条**　设立居住权,当事人应当采用书面形式订立居住权合同。 居住权合同一般包括下列条款: (一)当事人的姓名或者名称和住所; (二)住宅的位置; (三)居住的条件和要求; (四)居住权期限; (五)解决争议的方法。
第一百五十九条第三款　设立居住权的,应当向登记机构申请居住权登记。居住权自登记时设立。	**第一百五十九条之二** 无变化	**第三百六十八条**　**居住权无偿设立,但是当事人另有约定的除外。**设立居住权的,应当向登记机构申请居住权登记。居住权自登记时设立。	**第三百六十八条** 无变化	**第三百六十八条**　居住权无偿设立,但是当事人另有约定的除外。设立居住权的,应当向登记机构申请居住权登记。居住权自登记时设立。
第一百六十条　居住权不得转让、继承。居住权涉及的住宅不得出租,但当事人另有约定的除外。	**第一百六十条**　居住权**无偿设立,**不得转让、继承。**设立居住权**的住宅不得出租,**但是**当事人另有约定的除外。	**第三百六十九条** 无变化	**第三百六十九条** 无变化	**第三百六十九条**　居住权不得转让、继承。设立居住权的住宅不得出租,但是当事人另有约定的除外。

续表

《民法典各分编(草案)》(2018年9月版)	《民法典物权编(草案二次审议稿)》(2019年4月版)	《中华人民共和国民法典(草案)》(2019年12月版)	《中华人民共和国民法典(草案大会审议稿)》(2020年5月22日提交审议)	《中华人民共和国民法典》(2020年5月28日表决通过)
第一百六十一条 居住权人死亡,居住权消灭,但当事人另有约定的除外。	**第一百六十一条** 居住权人死亡**的**,居住权消灭,**但是**当事人另有约定的除外。	**第三百七十条** **居住权期间届满或者**居住权人死亡的,居住权消灭。**居住权消灭的,应当及时办理注销登记。**	**第三百七十条** 居住权**期限**届满或者居住权人死亡的,居住权消灭。居住权消灭的,应当及时办理注销登记。	**第三百七十条** 居住权期限届满或者居住权人死亡的,居住权消灭。居住权消灭的,应当及时办理注销登记。
第一百六十二条 以遗嘱方式设立居住权的,参照本章规定。	**第一百六十二条** 以遗嘱方式设立居住权的,参照**适用**本章规定。	**第三百七十一条** 以遗嘱方式设立居住权的,参照适用本章**的有关**规定。	**第三百七十一条** 无变化	**第三百七十一条** 以遗嘱方式设立居住权的,参照适用本章的有关规定。

第十五章　地　役　权

《民法典各分编（草案）》（2018 年 9 月版）	《民法典物权编（草案二次审议稿）》（2019 年 4 月版）	《中华人民共和国民法典（草案）》（2019 年 12 月版）	《中华人民共和国民法典（草案大会审议稿）》（2020 年 5 月 22 日提交审议）	《中华人民共和国民法典》（2020 年 5 月 28 日表决通过）
第十五章　地役权	第十五章　地役权	第十五章　地役权	第十五章　地役权	第十五章　地役权
第一百六十三条　地役权人有权按照合同约定，利用他人的不动产，以提高自己的不动产的效益。 前款所称他人的不动产为供役地，自己的不动产为需役地。	**第一百六十三条** 无变化	**第三百七十二条** 无变化	**第三百七十二条** 无变化	**第三百七十二条**　地役权人有权按照合同约定，利用他人的不动产，以提高自己的不动产的效益。 前款所称他人的不动产为供役地，自己的不动产为需役地。
第一百六十四条　设立地役权，当事人应当采取书面形式订立地役权合同。 地役权合同一般包括下列条款： （一）当事人的姓名或者名称和住所； （二）供役地和需役地的位置； （三）利用目的和方法； （四）利用期限； （五）费用及其支付方式； （六）解决争议的方法。	**第一百六十四条**　设立地役权，当事人应当**采用**书面形式订立地役权合同。 地役权合同一般包括下列条款： （一）当事人的姓名或者名称和住所； （二）供役地和需役地的位置； （三）利用目的和方法； （四）利用期限； （五）费用及其支付方式； （六）解决争议的方法。	**第三百七十三条** 无变化	**第三百七十三条** 无变化	**第三百七十三条**　设立地役权，当事人应当采用书面形式订立地役权合同。 地役权合同一般包括下列条款： （一）当事人的姓名或者名称和住所； （二）供役地和需役地的位置； （三）利用目的和方法； （四）**地役权**期限； （五）费用及其支付方式； （六）解决争议的方法。
第一百六十五条　地役权自地役权合同生效时设立。当事人要求登记的，可以向登记机构申请地役权登记；未经登记，不得对抗善意第三人。	**第一百六十五条** 无变化	**第三百七十四条** 无变化	**第三百七十四条** 无变化	**第三百七十四条**　地役权自地役权合同生效时设立。当事人要求登记的，可以向登记机构申请地役权登记；未经登记，不得对抗善意第三人。

续表

《民法典各分编(草案)》(2018年9月版)	《民法典物权编(草案二次审议稿)》(2019年4月版)	《中华人民共和国民法典(草案)》(2019年12月版)	《中华人民共和国民法典(草案大会审议稿)》(2020年5月22日提交审议)	《中华人民共和国民法典》(2020年5月28日表决通过)
第一百六十六条 供役地权利人应当按照合同约定,允许地役权人利用其不动产,不得妨害地役权人行使权利。	**第一百六十六条** 无变化	**第三百七十五条** 无变化	**第三百七十五条** 无变化	**第三百七十五条** 供役地权利人应当按照合同约定,允许地役权人利用其不动产,不得妨害地役权人行使权利。
第一百六十七条 地役权人应当按照合同约定的利用目的和方法利用供役地,尽量减少对供役地权利人物权的限制。	**第一百六十七条** 无变化	**第三百七十六条** 无变化	**第三百七十六条** 无变化	**第三百七十六条** 地役权人应当按照合同约定的利用目的和方法利用供役地,尽量减少对供役地权利人物权的限制。
第一百六十八条 地役权的期限由当事人约定,但不得超过土地承包经营权、建设用地使用权等用益物权的剩余期限。	**第一百六十八条** 地役权的期限由当事人约定,**但是**不得超过土地承包经营权、建设用地使用权等用益物权的剩余期限。	**第三百七十七条** 无变化	**第三百七十七条** 地役权的期限由当事人约定;但是,不得超过土地承包经营权、建设用地使用权等用益物权的剩余期限。	**第三百七十七条 地役权**期限由当事人约定;但是,不得超过土地承包经营权、建设用地使用权等用益物权的剩余期限。
第一百六十九条 土地所有权人享有地役权或者负担地役权的,设立土地承包经营权、宅基地使用权时,该土地承包经营权人、宅基地使用权人继续享有或者负担已设立的地役权。	**第一百六十九条** 土地所有权人享有地役权或者负担地役权的,设立土地承包经营权、宅基地使用权**等用益物权**时,该**用益物权人**继续享有或者负担已设立的地役权。	**第三百七十八条** 无变化	**第三百七十八条** 土地所有权人享有地役权或者负担地役权的,设立土地承包经营权、宅基地使用权等用益物权时,该用益物权人继续享有或者负担**已经**设立的地役权。	**第三百七十八条** 土地所有权人享有地役权或者负担地役权的,设立土地承包经营权、宅基地使用权等用益物权时,该用益物权人继续享有或者负担已经设立的地役权。
第一百七十条 土地上已设立土地承包经营权、建设用地使用权、宅基地使用权等权利的,未经用益物权人同意,土地所有权人不得设立地役权。	**第一百七十条** 土地上已设立土地承包经营权、建设用地使用权、宅基地使用权等**用益物权**的,未经用益物权人同意,土地所有权人不得设立地役权。	**第三百七十九条** 无变化	**第三百七十九条** 土地上**已经**设立土地承包经营权、建设用地使用权、宅基地使用权等用益物权的,未经用益物权人同意,土地所有权人不得设立地役权。	**第三百七十九条** 土地上已经设立土地承包经营权、建设用地使用权、宅基地使用权等用益物权的,未经用益物权人同意,土地所有权人不得设立地役权。

续表

《民法典各分编(草案)》(2018年9月版)	《民法典物权编(草案二次审议稿)》(2019年4月版)	《中华人民共和国民法典(草案)》(2019年12月版)	《中华人民共和国民法典(草案大会审议稿)》(2020年5月22日提交审议)	《中华人民共和国民法典》(2020年5月28日表决通过)
第一百七十一条　地役权不得单独转让。土地承包经营权、建设用地使用权等转让的,地役权一并转让,但合同另有约定的除外。	**第一百七十一条**　地役权不得单独转让。土地承包经营权、建设用地使用权等转让的,地役权一并转让,**但是**合同另有约定的除外。	**第三百八十条** 无变化	**第三百八十条** 无变化	**第三百八十条**　地役权不得单独转让。土地承包经营权、建设用地使用权等转让的,地役权一并转让,但是合同另有约定的除外。
第一百七十二条　地役权不得单独抵押。土地承包经营权、建设用地使用权等抵押的,在实现抵押权时,地役权一并转让。	**第一百七十二条**　地役权不得单独抵押。**土地经营权**、建设用地使用权等抵押的,在实现抵押权时,地役权一并转让。	**第三百八十一条** 无变化	**第三百八十一条** 无变化	**第三百八十一条**　地役权不得单独抵押。土地经营权、建设用地使用权等抵押的,在实现抵押权时,地役权一并转让。
第一百七十三条　需役地以及需役地上的土地承包经营权、建设用地使用权部分转让时,转让部分涉及地役权的,受让人同时享有地役权。	**第一百七十三条**　需役地以及需役地上的土地承包经营权、建设用地使用权**等**部分转让时,转让部分涉及地役权的,受让人同时享有地役权。	**第三百八十二条** 无变化	**第三百八十二条** 无变化	**第三百八十二条**　需役地以及需役地上的土地承包经营权、建设用地使用权等部分转让时,转让部分涉及地役权的,受让人同时享有地役权。
第一百七十四条　供役地以及供役地上的土地承包经营权、建设用地使用权部分转让时,转让部分涉及地役权的,地役权对受让人具有约束力。	**第一百七十四条**　供役地以及供役地上的土地承包经营权、建设用地使用权**等**部分转让时,转让部分涉及地役权的,地役权对受让人具有约束力。	**第三百八十三条**　供役地以及供役地上的土地承包经营权、建设用地使用权等部分转让时,转让部分涉及地役权的,地役权对受让人具有**法律**约束力。	**第三百八十三条** 无变化	**第三百八十三条**　供役地以及供役地上的土地承包经营权、建设用地使用权等部分转让时,转让部分涉及地役权的,地役权对受让人具有法律约束力。
第一百七十五条　地役权人有下列情形之一的,供役地权利人有权解除地役权合同,地役权消灭: (一)违反法律规定或者合同约定,滥用地役权; (二)有偿利用供役地,约定的付款期间届满后在合理期限内经两次催告未支付费用。	**第一百七十五条** 无变化	**第三百八十四条**　地役权人有下列情形之一的,供役地权利人有权解除地役权合同,地役权消灭: (一)违反法律规定或者合同约定,滥用地役权; (二)有偿利用供役地,约定的付款**期限**届满后在合理期限内经两次催告未支付费用。	**第三百八十四条** 无变化	**第三百八十四条**　地役权人有下列情形之一的,供役地权利人有权解除地役权合同,地役权消灭: (一)违反法律规定或者合同约定,滥用地役权; (二)有偿利用供役地,约定的付款期限届满后在合理期限内经两次催告未支付费用。

续表

《民法典各分编（草案）》（2018年9月版）	《民法典物权编（草案二次审议稿）》（2019年4月版）	《中华人民共和国民法典（草案）》（2019年12月版）	《中华人民共和国民法典（草案大会审议稿）》（2020年5月22日提交审议）	《中华人民共和国民法典》（2020年5月28日表决通过）
第一百七十六条　已经登记的地役权变更、转让或者消灭的，应当及时办理变更登记或者注销登记。	**第一百七十六条** 无变化	**第三百八十五条** 无变化	**第三百八十五条** 无变化	**第三百八十五条**　已经登记的地役权变更、转让或者消灭的，应当及时办理变更登记或者注销登记。

第十六章　一般规定

《民法典各分编（草案）》（2018年9月版）	《民法典物权编（草案二次审议稿）》（2019年4月版）	《中华人民共和国民法典（草案）》（2019年12月版）	《中华人民共和国民法典（草案大会审议稿）》（2020年5月22日提交审议）	《中华人民共和国民法典》（2020年5月28日表决通过）
	第四分编　担保物权	**第四分编　担保物权**	**第四分编　担保物权**	**第四分编　担保物权**
第十六章 担保物权一般规定	第十六章 **担保物权**一般规定	第十六章 一般规定	第十六章 一般规定	第十六章 一般规定
第一百七十七条　担保物权人在债务人不履行到期债务或者发生当事人约定的实现担保物权的情形，依法享有就担保财产优先受偿的权利，但法律另有规定的除外。	**第一百七十七条**　担保物权人在债务人不履行到期债务或者发生当事人约定的实现担保物权的情形，依法享有就担保财产优先受偿的权利，**但是**法律另有规定的除外。	**第三百八十六条** 无变化	**第三百八十六条** 无变化	**第三百八十六条**　担保物权人在债务人不履行到期债务或者发生当事人约定的实现担保物权的情形，依法享有就担保财产优先受偿的权利，但是法律另有规定的除外。
第一百七十八条　债权人在借贷、买卖等民事活动中，为保障实现其债权，需要担保的，可以依照本法和其他法律的规定设立担保物权。 第三人为债务人向债权人提供担保的，可以要求债务人提供反担保。反担保适用本法和其他法律的规定。	**第一百七十八条** 无变化	**第三百八十七条** 无变化	**第三百八十七条** 无变化	**第三百八十七条**　债权人在借贷、买卖等民事活动中，为保障实现其债权，需要担保的，可以依照本法和其他法律的规定设立担保物权。 第三人为债务人向债权人提供担保的，可以要求债务人提供反担保。反担保适用本法和其他法律的规定。

续表

《民法典各分编（草案）》（2018年9月版）	《民法典物权编（草案二次审议稿）》（2019年4月版）	《中华人民共和国民法典（草案）》（2019年12月版）	《中华人民共和国民法典（草案大会审议稿）》（2020年5月22日提交审议）	《中华人民共和国民法典》（2020年5月28日表决通过）
第一百七十九条 设立担保物权，应当依照本法和其他法律的规定订立担保合同。担保合同是主债权债务合同的从合同。主债权债务合同无效，担保合同无效，但法律另有规定的除外。 担保合同被确认无效后，债务人、担保人、债权人有过错的，应当根据其过错各自承担相应的民事责任。	**第一百七十九条** 设立担保物权，应当依照本法和其他法律的规定订立担保合同。担保合同是主债权债务合同的从合同。主债权债务合同无效，担保合同无效，**但是**法律另有规定的除外。 担保合同被确认无效后，债务人、担保人、债权人有过错的，应当根据其过错各自承担相应的民事责任。	**第三百八十八条** 无变化	**第三百八十八条** 设立担保物权，应当依照本法和其他法律的规定订立担保合同。**担保合同包括抵押合同、质押合同和其他具有担保功能的合同。**担保合同是主债权债务合同的从合同。主债权债务合同无效**的**，担保合同无效，但是法律另有规定的除外。 担保合同被确认无效后，债务人、担保人、债权人有过错的，应当根据其过错各自承担相应的民事责任。	**第三百八十八条** 设立担保物权，应当依照本法和其他法律的规定订立担保合同。担保合同包括抵押合同、质押合同和其他具有担保功能的合同。担保合同是主债权债务合同的从合同。主债权债务合同无效的，担保合同无效，但是法律另有规定的除外。 担保合同被确认无效后，债务人、担保人、债权人有过错的，应当根据其过错各自承担相应的民事责任。
第一百八十条 担保物权的担保范围包括主债权及其利息、违约金、损害赔偿金、保管担保财产和实现担保物权的费用。当事人另有约定的，按照约定。	**第一百八十条** 无变化	**第三百八十九条** 担保物权的担保范围包括主债权及其利息、违约金、损害赔偿金、保管担保财产和实现担保物权的费用。当事人另有约定的，按照**其**约定。	**第三百八十九条** 无变化	**第三百八十九条** 担保物权的担保范围包括主债权及其利息、违约金、损害赔偿金、保管担保财产和实现担保物权的费用。当事人另有约定的，按照其约定。
第一百八十一条 担保期间，担保财产毁损、灭失或者被征收等，担保物权人可以就获得的保险金、赔偿金或者补偿金等优先受偿。被担保债权的履行期未届满的，也可以提存该保险金、赔偿金或者补偿金等。	**第一百八十一条** 无变化	**第三百九十条** 无变化	**第三百九十条** 担保期间，担保财产毁损、灭失或者被征收等，担保物权人可以就获得的保险金、赔偿金或者补偿金等优先受偿。被担保债权的**履行期限**未届满的，也可以提存该保险金、赔偿金或者补偿金等。	**第三百九十条** 担保期间，担保财产毁损、灭失或者被征收等，担保物权人可以就获得的保险金、赔偿金或者补偿金等优先受偿。被担保债权的履行期限未届满的，也可以提存该保险金、赔偿金或者补偿金等。
第一百八十二条 第三人提供担保，未经其书面同意，债权人允许债务人转移全部或者部分债务的，担保人不再承担相应的担保责任。	**第一百八十二条** 无变化	**第三百九十一条** 无变化	**第三百九十一条** 无变化	**第三百九十一条** 第三人提供担保，未经其书面同意，债权人允许债务人转移全部或者部分债务的，担保人不再承担相应的担保责任。

续表

《民法典各分编(草案)》(2018年9月版)	《民法典物权编(草案二次审议稿)》(2019年4月版)	《中华人民共和国民法典(草案)》(2019年12月版)	《中华人民共和国民法典(草案大会审议稿)》(2020年5月22日提交审议)	《中华人民共和国民法典》(2020年5月28日表决通过)
第一百八十三条　被担保的债权既有物的担保又有人的担保的,债务人不履行到期债务或者发生当事人约定的实现担保物权的情形,债权人应当按照约定实现债权;没有约定或者约定不明确,债务人自己提供物的担保的,债权人应当先就该物的担保实现债权;第三人提供物的担保的,债权人可以就物的担保实现债权,也可以要求保证人承担保证责任。提供担保的第三人承担担保责任后,有权向债务人追偿。	**第一百八十三条** 无变化	**第三百九十二条**　被担保的债权既有物的担保又有人的担保的,债务人不履行到期债务或者发生当事人约定的实现担保物权的情形,债权人应当按照约定实现债权;没有约定或者约定不明确,债务人自己提供物的担保的,债权人应当先就该物的担保实现债权;第三人提供物的担保的,债权人可以就物的担保实现债权,也可以**请求**保证人承担保证责任。提供担保的第三人承担担保责任后,有权向债务人追偿。	**第三百九十二条** 无变化	**第三百九十二条**　被担保的债权既有物的担保又有人的担保的,债务人不履行到期债务或者发生当事人约定的实现担保物权的情形,债权人应当按照约定实现债权;没有约定或者约定不明确,债务人自己提供物的担保的,债权人应当先就该物的担保实现债权;第三人提供物的担保的,债权人可以就物的担保实现债权,也可以请求保证人承担保证责任。提供担保的第三人承担担保责任后,有权向债务人追偿。
第一百八十四条　有下列情形之一的,担保物权消灭: (一)主债权消灭; (二)担保物权实现; (三)债权人放弃担保物权; (四)法律规定担保物权消灭的其他情形。	**第一百八十四条** 无变化	**第三百九十三条** 无变化	**第三百九十三条** 无变化	**第三百九十三条**　有下列情形之一的,担保物权消灭: (一)主债权消灭; (二)担保物权实现; (三)债权人放弃担保物权; (四)法律规定担保物权消灭的其他情形。

第十七章　抵　押　权

《民法典各分编（草案）》（2018 年 9 月版）	《民法典物权编（草案二次审议稿）》（2019 年 4 月版）	《中华人民共和国民法典（草案）》（2019 年 12 月版）	《中华人民共和国民法典（草案大会审议稿）》（2020 年 5 月 22 日提交审议）	《中华人民共和国民法典》（2020 年 5 月 28 日表决通过）
第十七章　抵押权	**第十七章　抵押权**	**第十七章　抵押权**	**第十七章　抵押权**	**第十七章　抵押权**
第一节　一般抵押权	第一节　一般抵押权	第一节　一般抵押权	第一节　一般抵押权	第一节　一般抵押权
第一百八十五条　为担保债务的履行，债务人或者第三人不转移财产的占有，将该财产抵押给债权人的，债务人不履行到期债务或者发生当事人约定的实现抵押权的情形，债权人有权就该财产优先受偿。 前款规定的债务人或者第三人为抵押人，债权人为抵押权人，提供担保的财产为抵押财产。	**第一百八十五条** 无变化	**第三百九十四条** 无变化	**第三百九十四条** 无变化	**第三百九十四条**　为担保债务的履行，债务人或者第三人不转移财产的占有，将该财产抵押给债权人的，债务人不履行到期债务或者发生当事人约定的实现抵押权的情形，债权人有权就该财产优先受偿。 前款规定的债务人或者第三人为抵押人，债权人为抵押权人，提供担保的财产为抵押财产。
第一百八十六条　债务人或者第三人有权处分的下列财产可以抵押： （一）建筑物和其他土地附着物； （二）建设用地使用权； （三）海域使用权； （四）生产设备、原材料、半成品、产品； （五）正在建造的建筑物、船舶、航空器； （六）交通运输工具； （七）法律、行政法规未禁止抵押的其他财产。 抵押人可以将前款所列财产一并抵押。	**第一百八十六条** 无变化	**第三百九十五条** 无变化	**第三百九十五条** 无变化	**第三百九十五条**　债务人或者第三人有权处分的下列财产可以抵押： （一）建筑物和其他土地附着物； （二）建设用地使用权； （三）海域使用权； （四）生产设备、原材料、半成品、产品； （五）正在建造的建筑物、船舶、航空器； （六）交通运输工具； （七）法律、行政法规未禁止抵押的其他财产。 抵押人可以将前款所列财产一并抵押。

续表

《民法典各分编（草案）》（2018 年 9 月版）	《民法典物权编（草案二次审议稿）》（2019 年 4 月版）	《中华人民共和国民法典（草案）》（2019 年 12 月版）	《中华人民共和国民法典（草案大会审议稿）》（2020 年 5 月 22 日提交审议）	《中华人民共和国民法典》（2020 年 5 月 28 日表决通过）
第一百八十七条　企业、个体工商户、农业生产经营者可以将现有的以及将有的生产设备、原材料、半成品、产品抵押，债务人不履行到期债务或者发生当事人约定的实现抵押权的情形，债权人有权就抵押财产确定时的动产优先受偿。	**第一百八十七条** 无变化	**第三百九十六条** 无变化	**第三百九十六条** 无变化	**第三百九十六条**　企业、个体工商户、农业生产经营者可以将现有的以及将有的生产设备、原材料、半成品、产品抵押，债务人不履行到期债务或者发生当事人约定的实现抵押权的情形，债权人有权就抵押财产确定时的动产优先受偿。
第一百八十八条　以建筑物抵押的，该建筑物占用范围内的建设用地使用权一并抵押。以建设用地使用权抵押的，该土地上的建筑物一并抵押。抵押人未依照前款规定一并抵押的，未抵押的财产视为一并抵押。	**第一百八十八条** 无变化	**第三百九十七条** 无变化	**第三百九十七条**　以建筑物抵押的，该建筑物占用范围内的建设用地使用权一并抵押。以建设用地使用权抵押的，该土地上的建筑物一并抵押。抵押人未**依据**前款规定一并抵押的，未抵押的财产视为一并抵押。	**第三百九十七条**　以建筑物抵押的，该建筑物占用范围内的建设用地使用权一并抵押。以建设用地使用权抵押的，该土地上的建筑物一并抵押。抵押人未依据前款规定一并抵押的，未抵押的财产视为一并抵押。
第一百八十九条　乡镇、村企业的建设用地使用权不得单独抵押。以乡镇、村企业的厂房等建筑物抵押的，其占用范围内的建设用地使用权一并抵押。	**第一百八十九条** 无变化	**第三百九十八条** 无变化	**第三百九十八条** 无变化	**第三百九十八条**　乡镇、村企业的建设用地使用权不得单独抵押。以乡镇、村企业的厂房等建筑物抵押的，其占用范围内的建设用地使用权一并抵押。
第一百九十条　下列财产不得抵押： （一）土地所有权； （二）**耕地、**宅基地、自留地、自留山等集体所有的土地使用权，但法律规定可以抵押的除外； （三）学校、幼儿园、医疗机构等以公益为目的的组织的教育设施、医疗卫生设施和其他公益设施；	**第一百九十条**　下列财产不得抵押： （一）土地所有权； （二）宅基地、自留地、自留山等集体所有的土地使用权，**但是**法律规定可以抵押的除外； （三）学校、幼儿园、医疗机构等以公益为目的**成立的非营利法人**的教育设施、医疗卫生设施和其他公益设施；	**第三百九十九条**　下列财产不得抵押： （一）土地所有权； （二）宅基地、自留地、自留山等**集体所有土地的**使用权，但是法律规定可以抵押的除外； （三）学校、幼儿园、医疗机构等以公益为目的成立的非营利法人的教育设施、医疗卫生设施和其他公益设施；	**第三百九十九条** 无变化	**第三百九十九条**　下列财产不得抵押： （一）土地所有权； （二）宅基地、自留地、自留山等集体所有土地的使用权，但是法律规定可以抵押的除外； （三）学校、幼儿园、医疗机构等**为公益目的**成立的非营利法人的教育设施、医疗卫生设施和其他公益设施；

续表

《民法典各分编(草案)》(2018年9月版)	《民法典物权编(草案二次审议稿)》(2019年4月版)	《中华人民共和国民法典(草案)》(2019年12月版)	《中华人民共和国民法典(草案大会审议稿)》(2020年5月22日提交审议)	《中华人民共和国民法典》(2020年5月28日表决通过)
(四)所有权、使用权不明或者有争议的财产; (五)依法被查封、扣押、监管的财产; (六)法律、行政法规规定不得抵押的其他财产。	(四)所有权、使用权不明或者有争议的财产; (五)依法被查封、扣押、监管的财产; (六)法律、行政法规规定不得抵押的其他财产。	(四)所有权、使用权不明或者有争议的财产; (五)依法被查封、扣押、监管的财产; (六)法律、行政法规规定不得抵押的其他财产。		(四)所有权、使用权不明或者有争议的财产; (五)依法被查封、扣押、监管的财产; (六)法律、行政法规规定不得抵押的其他财产。
第一百九十一条　设立抵押权,当事人应当采取书面形式订立抵押合同。 抵押合同一般包括下列条款: (一)被担保债权的种类和数额; (二)债务人履行债务的期限; (三)抵押财产的名称、数量、质量、状况、所在地、所有权归属或者使用权归属; (四)担保的范围。	**第一百九十一条**　设立抵押权,当事人应当**采用**书面形式订立抵押合同。 抵押合同一般包括下列条款: (一)被担保债权的种类和数额; (二)债务人履行债务的期限; (三)抵押财产的名称、数量**等情况**; (四)担保的范围。	**第四百条** 无变化	**第四百条** 无变化	**第四百条**　设立抵押权,当事人应当采用书面形式订立抵押合同。 抵押合同一般包括下列条款: (一)被担保债权的种类和数额; (二)债务人履行债务的期限; (三)抵押财产的名称、数量等情况; (四)担保的范围。
第一百九十二条　抵押权人在债务履行期届满前,不得与抵押人约定债务人不履行到期债务时抵押财产归债权人所有。	**第一百九十二条** 无变化	**第四百零一条**　抵押权人在债务**履行期限**届满前,**与**抵押人约定债务人不履行到期债务时抵押财产归债权人所有**的,只能依法就抵押财产优先受偿**。	**第四百零一条** 无变化	**第四百零一条**　抵押权人在债务履行期限届满前,与抵押人约定债务人不履行到期债务时抵押财产归债权人所有的,只能依法就抵押财产优先受偿。
第一百九十三条　以本法第一百八十六条第一款第一项至第三项规定的财产或者第五项规定的正在建造的建筑物抵押的,应当办理抵押登记。抵押权自登记时设立。	**第一百九十三条** 无变化	**第四百零二条**　以本法**第三百九十五条**第一款第一项至第三项规定的财产或者第五项规定的正在建造的建筑物抵押的,应当办理抵押登记。抵押权自登记时设立。	**第四百零二条** 无变化	**第四百零二条**　以本法第三百九十五条第一款第一项至第三项规定的财产或者第五项规定的正在建造的建筑物抵押的,应当办理抵押登记。抵押权自登记时设立。

续表

《民法典各分编(草案)》(2018年9月版)	《民法典物权编(草案二次审议稿)》(2019年4月版)	《中华人民共和国民法典(草案)》(2019年12月版)	《中华人民共和国民法典(草案大会审议稿)》(2020年5月22日提交审议)	《中华人民共和国民法典》(2020年5月28日表决通过)
第一百九十四条　以动产抵押的,抵押权自抵押合同生效时设立;未经登记,不得对抗善意第三人。	**第一百九十四条** 无变化	**第四百零三条** 无变化	**第四百零三条** 无变化	**第四百零三条**　以动产抵押的,抵押权自抵押合同生效时设立;未经登记,不得对抗善意第三人。
第一百九十五条　以动产抵押的,不得对抗正常经营活动中已支付合理价款并取得抵押财产的买受人。	**第一百九十五条** 无变化	**第四百零四条** 无变化	**第四百零四条**　以动产抵押的,不得对抗正常经营活动中**已经**支付合理价款并取得抵押财产的买受人。	**第四百零四条**　以动产抵押的,不得对抗正常经营活动中已经支付合理价款并取得抵押财产的买受人。
第一百九十六条　抵押权设立前抵押财产已出租并转移占有的,原租赁关系不受该抵押权的影响。	**第一百九十六条** 无变化	**第四百零五条** 无变化	**第四百零五条**　抵押权设立前抵押财产**已经**出租并转移占有的,原租赁关系不受该抵押权的影响。	**第四百零五条**　抵押权设立前**,**抵押财产已经出租并转移占有的,原租赁关系不受该抵押权的影响。
第一百九十七条　抵押期间,抵押人转让抵押财产的,应当通知抵押权人。当事人另有约定的,按照其约定。 抵押财产转让的,抵押权不受影响。抵押权人能够证明抵押财产转让可能损害抵押权的,可以请求抵押人将转让所得的价款向抵押权人提前清偿债务或者提存。转让的价款超过债权数额的部分归抵押人所有,不足部分由债务人清偿。	**第一百九十七条** 无变化	**第四百零六条**　抵押期间,**抵押人可以转让抵押财产。当事人另有约定的,按照其约定。抵押财产转让的,抵押权不受影响。** **抵押人转让抵押财产的,应当及时通知抵押权人。**抵押权人能够证明抵押财产转让可能损害抵押权的,可以请求抵押人将转让所得的价款向抵押权人提前清偿债务或者提存。转让的价款超过债权数额的部分归抵押人所有,不足部分由债务人清偿。	**第四百零六条** 无变化	**第四百零六条**　抵押期间,抵押人可以转让抵押财产。当事人另有约定的,按照其约定。抵押财产转让的,抵押权不受影响。 抵押人转让抵押财产的,应当及时通知抵押权人。抵押权人能够证明抵押财产转让可能损害抵押权的,可以请求抵押人将转让所得的价款向抵押权人提前清偿债务或者提存。转让的价款超过债权数额的部分归抵押人所有,不足部分由债务人清偿。

续表

《民法典各分编(草案)》(2018 年 9 月版)	《民法典物权编(草案二次审议稿)》(2019 年 4 月版)	《中华人民共和国民法典(草案)》(2019 年 12 月版)	《中华人民共和国民法典(草案大会审议稿)》(2020 年 5 月 22 日提交审议)	《中华人民共和国民法典》(2020 年 5 月 28 日表决通过)
第一百九十八条　抵押权不得与债权分离而单独转让或者作为其他债权的担保。债权转让的,担保该债权的抵押权一并转让,但法律另有规定或者当事人另有约定的除外。	**第一百九十八条**　抵押权不得与债权分离而单独转让或者作为其他债权的担保。债权转让的,担保该债权的抵押权一并转让,**但是**法律另有规定或者当事人另有约定的除外。	**第四百零七条** 无变化	**第四百零七条** 无变化	**第四百零七条**　抵押权不得与债权分离而单独转让或者作为其他债权的担保。债权转让的,担保该债权的抵押权一并转让,但是法律另有规定或者当事人另有约定的除外。
第一百九十九条　抵押人的行为足以使抵押财产价值减少的,抵押权人有权要求抵押人停止其行为。抵押财产价值减少的,抵押权人有权要求恢复抵押财产的价值,或者提供与减少的价值相应的担保。抵押人不恢复抵押财产的价值也不提供担保的,抵押权人有权要求债务人提前清偿债务。	**第一百九十九条** 无变化	**第四百零八条**　抵押人的行为足以使抵押财产价值减少的,抵押权人有权**请求**抵押人停止其行为。抵押财产价值减少的,抵押权人有权**请求**恢复抵押财产的价值,或者提供与减少的价值相应的担保。抵押人不恢复抵押财产的价值也不提供担保的,抵押权人有权**请求**债务人提前清偿债务。	**第四百零八条** 无变化	**第四百零八条**　抵押人的行为足以使抵押财产价值减少的,抵押权人有权请求抵押人停止其行为;抵押财产价值减少的,抵押权人有权请求恢复抵押财产的价值,或者提供与减少的价值相应的担保。抵押人不恢复抵押财产的价值,也不提供担保的,抵押权人有权请求债务人提前清偿债务。
第二百条　抵押权人可以放弃抵押权或者抵押权的顺位。抵押权人与抵押人可以协议变更抵押权顺位以及被担保的债权数额等内容,但抵押权的变更,未经其他抵押权人书面同意,不得对其他抵押权人产生不利影响。 债务人以自己的财产设定抵押,抵押权人放弃该抵押权、抵押权顺位或者变更抵押权的,其他担保人在抵押权人丧失优先受偿权益的范围内免除担保责任,但其他担保人承诺仍然提供担保的除外。	**第二百条**　抵押权人可以放弃抵押权或者抵押权的顺位。抵押权人与抵押人可以协议变更抵押权顺位以及被担保的债权数额等内容,**但是**抵押权的变更,未经其他抵押权人书面同意,不得对其他抵押权人产生不利影响。 债务人以自己的财产设定抵押,抵押权人放弃该抵押权、抵押权顺位或者变更抵押权的,其他担保人在抵押权人丧失优先受偿权益的范围内免除担保责任,**但是**其他担保人承诺仍然提供担保的除外。	**第四百零九条** 无变化	**第四百零九条**　抵押权人可以放弃抵押权或者抵押权的顺位。抵押权人与抵押人可以协议变更抵押权顺位以及被担保的债权数额等内容。但是,抵押权的变更未经其他抵押权人书面同意**的**,不得对其他抵押权人产生不利影响。 债务人以自己的财产设定抵押,抵押权人放弃该抵押权、抵押权顺位或者变更抵押权的,其他担保人在抵押权人丧失优先受偿权益的范围内免除担保责任,但是其他担保人承诺仍然提供担保的除外。	**第四百零九条**　抵押权人可以放弃抵押权或者抵押权的顺位。抵押权人与抵押人可以协议变更抵押权顺位以及被担保的债权数额等内容。但是,抵押权的变更未经其他抵押权人书面同意的,不得对其他抵押权人产生不利影响。 债务人以自己的财产设定抵押,抵押权人放弃该抵押权、抵押权顺位或者变更抵押权的,其他担保人在抵押权人丧失优先受偿权益的范围内免除担保责任,但是其他担保人承诺仍然提供担保的除外。

续表

《民法典各分编(草案)》(2018年9月版)	《民法典物权编(草案二次审议稿)》(2019年4月版)	《中华人民共和国民法典(草案)》(2019年12月版)	《中华人民共和国民法典(草案大会审议稿)》(2020年5月22日提交审议)	《中华人民共和国民法典》(2020年5月28日表决通过)
第二百零一条 债务人不履行到期债务或者发生当事人约定的实现抵押权的情形,抵押权人可以与抵押人协议以抵押财产折价或者以拍卖、变卖该抵押财产所得的价款优先受偿。协议损害其他债权人利益的,其他债权人可以请求人民法院撤销该协议。 抵押权人与抵押人未就抵押权实现方式达成协议的,抵押权人可以请求人民法院拍卖、变卖抵押财产。 抵押财产折价或者变卖的,应当参照市场价格。	**第二百零一条** 无变化	**第四百一十条** 无变化	**第四百一十条** 无变化	**第四百一十条** 债务人不履行到期债务或者发生当事人约定的实现抵押权的情形,抵押权人可以与抵押人协议以抵押财产折价或者以拍卖、变卖该抵押财产所得的价款优先受偿。协议损害其他债权人利益的,其他债权人可以请求人民法院撤销该协议。 抵押权人与抵押人未就抵押权实现方式达成协议的,抵押权人可以请求人民法院拍卖、变卖抵押财产。 抵押财产折价或者变卖的,应当参照市场价格。
第二百零二条 依照本法第一百八十七条规定设定抵押的,抵押财产自下列情形之一发生时确定: (一)债务履行期届满,债权未实现; (二)抵押人被宣告破产或者被撤销; (三)当事人约定的实现抵押权的情形; (四)严重影响债权实现的其他情形。	**第二百零二条** 依照本法第一百八十七条规定设定抵押的,抵押财产自下列情形之一发生时确定: (一)债务履行期届满,债权未实现; (二)抵押人被宣告破产或者**解散清算**; (三)当事人约定的实现抵押权的情形; (四)严重影响债权实现的其他情形。	**第四百一十一条** 依据本法**第三百九十六条**规定设定抵押的,抵押财产自下列情形之一发生时确定: (一)债务**履行期限**届满,债权未实现; (二)抵押人被宣告破产或者解散清算; (三)当事人约定的实现抵押权的情形; (四)严重影响债权实现的其他情形。	**第四百一十一条** 依据本法第三百九十六条规定设定抵押的,抵押财产自下列情形之一发生时确定: (一)债务履行期限届满,债权未实现; (二)抵押人被宣告破产或者**解散**; (三)当事人约定的实现抵押权的情形; (四)严重影响债权实现的其他情形。	**第四百一十一条** 依据本法第三百九十六条规定设定抵押的,抵押财产自下列情形之一发生时确定: (一)债务履行期限届满,债权未实现; (二)抵押人被宣告破产或者解散; (三)当事人约定的实现抵押权的情形; (四)严重影响债权实现的其他情形。

续表

《民法典各分编(草案)》(2018年9月版)	《民法典物权编(草案二次审议稿)》(2019年4月版)	《中华人民共和国民法典(草案)》(2019年12月版)	《中华人民共和国民法典(草案大会审议稿)》(2020年5月22日提交审议)	《中华人民共和国民法典》(2020年5月28日表决通过)
第二百零三条 债务人不履行到期债务或者发生当事人约定的实现抵押权的情形,致使抵押财产被人民法院依法扣押的,自扣押之日起抵押权人有权收取该抵押财产的天然孳息或者法定孳息,但抵押权人未通知应当清偿法定孳息的义务人的除外。 前款规定的孳息应当先充抵收取孳息的费用。	**第二百零三条** 债务人不履行到期债务或者发生当事人约定的实现抵押权的情形,致使抵押财产被人民法院依法扣押的,自扣押之日起抵押权人有权收取该抵押财产的天然孳息或者法定孳息,**但是**抵押权人未通知应当清偿法定孳息的义务人的除外。 前款规定的孳息应当先充抵收取孳息的费用。	**第四百一十二条** 无变化	**第四百一十二条** 无变化	**第四百一十二条** 债务人不履行到期债务或者发生当事人约定的实现抵押权的情形,致使抵押财产被人民法院依法扣押的,自扣押之日起,抵押权人有权收取该抵押财产的天然孳息或者法定孳息,但是抵押权人未通知应当清偿**法定孳息**义务人的除外。 前款规定的孳息应当先充抵收取孳息的费用。
第二百零四条 抵押财产折价或者拍卖、变卖后,其价款超过债权数额的部分归抵押人所有,不足部分由债务人清偿。	**第二百零四条** 无变化	**第四百一十三条** 无变化	**第四百一十三条** 无变化	**第四百一十三条** 抵押财产折价或者拍卖、变卖后,其价款超过债权数额的部分归抵押人所有,不足部分由债务人清偿。
第二百零五条 同一财产向两个以上债权人抵押的,拍卖、变卖抵押财产所得的价款依照下列规定清偿: (一)抵押权已登记的,按照登记的时间先后确定清偿顺序; (二)抵押权已登记的先于未登记的受偿; (三)抵押权未登记的,按照债权比例清偿。 其他登记的担保物权,清偿顺序参照前款规定。	**第二百零五条** 同一财产向两个以上债权人抵押的,拍卖、变卖抵押财产所得的价款依照下列规定清偿: (一)抵押权已登记的,按照登记的时间先后确定清偿顺序; (二)抵押权已登记的先于未登记的受偿; (三)抵押权未登记的,按照债权比例清偿。 其他**可以**登记的担保物权,清偿顺序参照**适用**前款规定。	**第四百一十四条** 无变化	**第四百一十四条** 同一财产向两个以上债权人抵押的,拍卖、变卖抵押财产所得的价款依照下列规定清偿: (一)抵押权**已经**登记的,按照登记的时间先后确定清偿顺序; (二)抵押权**已经**登记的先于未登记的受偿; (三)抵押权未登记的,按照债权比例清偿。 其他可以登记的担保物权,清偿顺序参照适用前款规定。	**第四百一十四条** 同一财产向两个以上债权人抵押的,拍卖、变卖抵押财产所得的价款依照下列规定清偿: (一)抵押权已经登记的,按照登记的时间先后确定清偿顺序; (二)抵押权已经登记的先于未登记的受偿; (三)抵押权未登记的,按照债权比例清偿。 其他可以登记的担保物权,清偿顺序参照适用前款规定。

续表

《民法典各分编(草案)》(2018年9月版)	《民法典物权编(草案二次审议稿)》(2019年4月版)	《中华人民共和国民法典(草案)》(2019年12月版)	《中华人民共和国民法典(草案大会审议稿)》(2020年5月22日提交审议)	《中华人民共和国民法典》(2020年5月28日表决通过)
第二百零六条　同一财产既设立抵押权又设立质权的,拍卖、变卖该财产所得的价款按照登记、交付的时间先后确定清偿顺序。	**第二百零六条** 无变化	**第四百一十五条** 无变化	**第四百一十五条** 无变化	**第四百一十五条**　同一财产既设立抵押权又设立质权的,拍卖、变卖该财产所得的价款按照登记、交付的时间先后确定清偿顺序。
第二百零七条　动产抵押担保的主债权是抵押物的价款,标的物交付后十日内办理抵押登记的,该抵押权优先于其他担保物权受偿,但留置权除外。	**第二百零七条**　动产抵押担保的主债权是抵押物的价款,标的物交付后十日内办理抵押登记的,该**抵押权人**优先于**抵押物买受人的**其他**担保物权人**受偿,**但是**留置权除外。	**第四百一十六条**　动产抵押担保的主债权是抵押物的价款,标的物交付后十日内办理抵押登记的,该抵押权人优先于抵押物买受人的其他担保物权人受偿,但是**留置权人**除外。	**第四百一十六条** 无变化	**第四百一十六条**　动产抵押担保的主债权是抵押物的价款,标的物交付后十日内办理抵押登记的,该抵押权人优先于抵押物买受人的其他担保物权人受偿,但是留置权人除外。
第二百零八条　建设用地使用权抵押后,该土地上新增的建筑物不属于抵押财产。该建设用地使用权实现抵押权时,应当将该土地上新增的建筑物与建设用地使用权一并处分,但新增建筑物所得的价款,抵押权人无权优先受偿。	**第二百零八条**　建设用地使用权抵押后,该土地上新增的建筑物不属于抵押财产。该建设用地使用权实现抵押权时,应当将该土地上新增的建筑物与建设用地使用权一并处分,**但是**新增建筑物所得的价款,抵押权人无权优先受偿。	**第四百一十七条** 无变化	**第四百一十七条**　建设用地使用权抵押后,该土地上新增的建筑物不属于抵押财产。该建设用地使用权实现抵押权时,应当将该土地上新增的建筑物与建设用地使用权一并处分。但是,新增建筑物所得的价款,抵押权人无权优先受偿。	**第四百一十七条**　建设用地使用权抵押后,该土地上新增的建筑物不属于抵押财产。该建设用地使用权实现抵押权时,应当将该土地上新增的建筑物与建设用地使用权一并处分。但是,新增建筑物所得的价款,抵押权人无权优先受偿。
第二百零九条　以土地承包经营权、土地经营权抵押的,或者以乡镇、村企业的厂房等建筑物占用范围内的建设用地使用权一并抵押的,实现抵押权后,未经法定程序,不得改变土地所有权的性质和土地用途。	**第二百零九条**　以**集体所有的土地使用权依法**抵押的,实现抵押权后,未经法定程序,不得改变土地所有权的性质和土地用途。	**第四百一十八条**　以**集体所有土地的**使用权依法抵押的,实现抵押权后,未经法定程序,不得改变土地所有权的性质和土地用途。	**第四百一十八条** 无变化	**第四百一十八条**　以集体所有土地的使用权依法抵押的,实现抵押权后,未经法定程序,不得改变土地所有权的性质和土地用途。

续表

《民法典各分编(草案)》(2018年9月版)	《民法典物权编(草案二次审议稿)》(2019年4月版)	《中华人民共和国民法典(草案)》(2019年12月版)	《中华人民共和国民法典(草案大会审议稿)》(2020年5月22日提交审议)	《中华人民共和国民法典》(2020年5月28日表决通过)
第二百一十条 抵押权人应当在主债权诉讼时效期间行使抵押权;未行使的,人民法院不予保护。	**第二百一十条** 无变化	**第四百一十九条** 无变化	**第四百一十九条** 无变化	**第四百一十九条** 抵押权人应当在主债权诉讼时效期间行使抵押权;未行使的,人民法院不予保护。
第二节 最高额抵押权	第二节 最高额抵押权	第二节 最高额抵押权	第二节 最高额抵押权	第二节 最高额抵押权
第二百一十一条 为担保债务的履行,债务人或者第三人对一定期间内将要连续发生的债权提供担保财产的,债务人不履行到期债务或者发生当事人约定的实现抵押权的情形,抵押权人有权在最高债权额限度内就该担保财产优先受偿。 最高额抵押权设立前已经存在的债权,经当事人同意,可以转入最高额抵押担保的债权范围。	**第二百一十一条** 无变化	**第四百二十条** 无变化	**第四百二十条** 无变化	**第四百二十条** 为担保债务的履行,债务人或者第三人对一定期间内将要连续发生的债权提供担保财产的,债务人不履行到期债务或者发生当事人约定的实现抵押权的情形,抵押权人有权在最高债权额限度内就该担保财产优先受偿。 最高额抵押权设立前已经存在的债权,经当事人同意,可以转入最高额抵押担保的债权范围。
第二百一十二条 最高额抵押担保的债权确定前,部分债权转让的,最高额抵押权不得转让,但当事人另有约定的除外。	**第二百一十二条** 最高额抵押担保的债权确定前,部分债权转让的,最高额抵押权不得转让,**但是**当事人另有约定的除外。	**第四百二十一条** 无变化	**第四百二十一条** 无变化	**第四百二十一条** 最高额抵押担保的债权确定前,部分债权转让的,最高额抵押权不得转让,但是当事人另有约定的除外。
第二百一十三条 最高额抵押担保的债权确定前,抵押权人与抵押人可以通过协议变更债权确定的期间、债权范围以及最高债权额,但变更的内容不得对其他抵押权人产生不利影响。	**第二百一十三条** 最高额抵押担保的债权确定前,抵押权人与抵押人可以通过协议变更债权确定的期间、债权范围以及最高债权额,**但是**变更的内容不得对其他抵押权人产生不利影响。	**第四百二十二条** 最高额抵押担保的债权确定前,抵押权人与抵押人可以通过协议变更债权确定的期间、债权范围以及最高债权额;但是,变更的内容不得对其他抵押权人产生不利影响。	**第四百二十二条** 最高额抵押担保的债权确定前,抵押权人与抵押人可以通过协议变更债权确定的期间、债权范围以及最高债权额。但是,变更的内容不得对其他抵押权人产生不利影响。	**第四百二十二条** 最高额抵押担保的债权确定前,抵押权人与抵押人可以通过协议变更债权确定的期间、债权范围以及最高债权额。但是,变更的内容不得对其他抵押权人产生不利影响。

续表

《民法典各分编(草案)》(2018年9月版)	《民法典物权编(草案二次审议稿)》(2019年4月版)	《中华人民共和国民法典(草案)》(2019年12月版)	《中华人民共和国民法典(草案大会审议稿)》(2020年5月22日提交审议)	《中华人民共和国民法典》(2020年5月28日表决通过)
第二百一十四条　有下列情形之一的,抵押权人的债权确定: (一)约定的债权确定期间届满; (二)没有约定债权确定期间或者约定不明确,抵押权人或者抵押人自最高额抵押权设立之日起满二年后请求确定债权; (三)新的债权不可能发生; (四)抵押权人知道或者应当知道抵押财产被查封、扣押; (五)债务人、抵押人被宣告破产或者被撤销; (六)法律规定债权确定的其他情形。	**第二百一十四条**　有下列情形之一的,抵押权人的债权确定: (一)约定的债权确定期间届满; (二)没有约定债权确定期间或者约定不明确,抵押权人或者抵押人自最高额抵押权设立之日起满二年后请求确定债权; (三)新的债权不可能发生; (四)抵押权人知道或者应当知道抵押财产被查封、扣押; (五)债务人、抵押人被宣告破产或者**解散清算**; (六)法律规定债权确定的其他情形。	**第四百二十三条** 无变化	**第四百二十三条**　有下列情形之一的,抵押权人的债权确定: (一)约定的债权确定期间届满; (二)没有约定债权确定期间或者约定不明确,抵押权人或者抵押人自最高额抵押权设立之日起满二年后请求确定债权; (三)新的债权不可能发生; (四)抵押权人知道或者应当知道抵押财产被查封、扣押; (五)债务人、抵押人被宣告破产或者**解散**; (六)法律规定债权确定的其他情形。	**第四百二十三条**　有下列情形之一的,抵押权人的债权确定: (一)约定的债权确定期间届满; (二)没有约定债权确定期间或者约定不明确,抵押权人或者抵押人自最高额抵押权设立之日起满二年后请求确定债权; (三)新的债权不可能发生; (四)抵押权人知道或者应当知道抵押财产被查封、扣押; (五)债务人、抵押人被宣告破产或者解散; (六)法律规定债权确定的其他情形。
第二百一十五条　最高额抵押权除适用本节规定外,适用本章第一节一般抵押权的规定。	**第二百一十五条** 无变化	**第四百二十四条**　最高额抵押权除适用本节规定外,适用本章第一节**的有关**规定。	**第四百二十四条** 无变化	**第四百二十四条**　最高额抵押权除适用本节规定外,适用本章第一节的有关规定。

第十八章　质　　权

《民法典各分编（草案）》（2018 年 9 月版）	《民法典物权编（草案二次审议稿）》（2019 年 4 月版）	《中华人民共和国民法典（草案）》（2019 年 12 月版）	《中华人民共和国民法典（草案大会审议稿）》（2020 年 5 月 22 日提交审议）	《中华人民共和国民法典》（2020 年 5 月 28 日表决通过）
第十八章　质权	**第十八章　质权**	**第十八章　质权**	**第十八章　质权**	**第十八章　质权**
第一节　动产质权	第一节　动产质权	第一节　动产质权	第一节　动产质权	第一节　动产质权
第二百一十六条　为担保债务的履行，债务人或者第三人将其动产出质给债权人占有的，债务人不履行到期债务或者发生当事人约定的实现质权的情形，债权人有权就该动产优先受偿。 前款规定的债务人或者第三人为出质人，债权人为质权人，交付的动产为质押财产。	**第二百一十六条** 无变化	**第四百二十五条** 无变化	**第四百二十五条** 无变化	**第四百二十五条**　为担保债务的履行，债务人或者第三人将其动产出质给债权人占有的，债务人不履行到期债务或者发生当事人约定的实现质权的情形，债权人有权就该动产优先受偿。 前款规定的债务人或者第三人为出质人，债权人为质权人，交付的动产为质押财产。
第二百一十七条　法律、行政法规禁止转让的动产不得出质。	**第二百一十七条** 无变化	**第四百二十六条** 无变化	**第四百二十六条** 无变化	**第四百二十六条**　法律、行政法规禁止转让的动产不得出质。
第二百一十八条　设立质权，当事人应当采取书面形式订立质押合同。 质押合同一般包括下列条款： （一）被担保债权的种类和数额； （二）债务人履行债务的期限； （三）质押财产的名称、数量、质量、状况； （四）担保的范围； （五）质押财产交付的时间、方式。	**第二百一十八条**　设立质权，当事人应当**采用**书面形式订立质押合同。 质押合同一般包括下列条款： （一）被担保债权的种类和数额； （二）债务人履行债务的期限； （三）质押财产的名称、数量**等情况**； （四）担保的范围； （五）质押财产交付的时间、方式。	**第四百二十七条** 无变化	**第四百二十七条** 无变化	**第四百二十七条**　设立质权，当事人应当采用书面形式订立质押合同。 质押合同一般包括下列条款： （一）被担保债权的种类和数额； （二）债务人履行债务的期限； （三）质押财产的名称、数量等情况； （四）担保的范围； （五）质押财产交付的时间、方式。

续表

《民法典各分编(草案)》(2018年9月版)	《民法典物权编(草案二次审议稿)》(2019年4月版)	《中华人民共和国民法典(草案)》(2019年12月版)	《中华人民共和国民法典(草案大会审议稿)》(2020年5月22日提交审议)	《中华人民共和国民法典》(2020年5月28日表决通过)
第二百一十九条　质权人在债务履行期届满前,不得与出质人约定债务人不履行到期债务时质押财产归债权人所有。	**第二百一十九条** 无变化	**第四百二十八条**　质权人在债务**履行期限**届满前,**与出质人约定债务人不履行到期债务时质押财产归债权人所有的,只能依法就质押财产优先受偿**。	**第四百二十八条** 无变化	**第四百二十八条**　质权人在债务履行期限届满前,与出质人约定债务人不履行到期债务时质押财产归债权人所有的,只能依法就质押财产优先受偿。
第二百二十条　质权自出质人交付质押财产时设立。	**第二百二十条** 无变化	**第四百二十九条** 无变化	**第四百二十九条** 无变化	**第四百二十九条**　质权自出质人交付质押财产时设立。
第二百二十一条　质权人有权收取质押财产的孳息,但合同另有约定的除外。 前款规定的孳息应当先充抵收取孳息的费用。	**第二百二十一条**　质权人有权收取质押财产的孳息,**但是**合同另有约定的除外。 前款规定的孳息应当先充抵收取孳息的费用。	**第四百三十条** 无变化	**第四百三十条** 无变化	**第四百三十条**　质权人有权收取质押财产的孳息,但是合同另有约定的除外。 前款规定的孳息应当先充抵收取孳息的费用。
第二百二十二条　质权人在质权存续期间,未经出质人同意,擅自使用、处分质押财产,给出质人造成损害的,应当承担赔偿责任。	**第二百二十二条** 无变化	**第四百三十一条**　质权人在质权存续期间,未经出质人同意,擅自使用、处分质押财产,**造成出质人**损害的,应当承担赔偿责任。	**第四百三十一条** 无变化	**第四百三十一条**　质权人在质权存续期间,未经出质人同意,擅自使用、处分质押财产,造成出质人损害的,应当承担赔偿责任。
第二百二十三条　质权人负有妥善保管质押财产的义务;因保管不善致使质押财产毁损、灭失的,应当承担赔偿责任。 质权人的行为可能使质押财产毁损、灭失的,出质人可以要求质权人将质押财产提存,或者要求提前清偿债务并返还质押财产。	**第二百二十三条** 无变化	**第四百三十二条**　质权人负有妥善保管质押财产的义务;因保管不善致使质押财产毁损、灭失的,应当承担赔偿责任。 质权人的行为可能使质押财产毁损、灭失的,出质人可以**请求**质权人将质押财产提存,或者**请求**提前清偿债务并返还质押财产。	**第四百三十二条** 无变化	**第四百三十二条**　质权人负有妥善保管质押财产的义务;因保管不善致使质押财产毁损、灭失的,应当承担赔偿责任。 质权人的行为可能使质押财产毁损、灭失的,出质人可以请求质权人将质押财产提存,或者请求提前清偿债务并返还质押财产。

续表

《民法典各分编（草案）》（2018年9月版）	《民法典物权编（草案二次审议稿）》（2019年4月版）	《中华人民共和国民法典（草案）》（2019年12月版）	《中华人民共和国民法典（草案大会审议稿）》（2020年5月22日提交审议）	《中华人民共和国民法典》（2020年5月28日表决通过）
第二百二十四条 因不能归责于质权人的事由可能使质押财产毁损或者价值明显减少，足以危害质权人权利的，质权人有权要求出质人提供相应的担保；出质人不提供的，质权人可以拍卖、变卖质押财产，并与出质人通过协议将拍卖、变卖所得的价款提前清偿债务或者提存。	**第二百二十四条** 无变化	**第四百三十三条** 因不能归责于质权人的事由可能使质押财产毁损或者价值明显减少，足以危害质权人权利的，质权人有权**请求**出质人提供相应的担保；出质人不提供的，质权人可以拍卖、变卖质押财产，并与出质人通过协议将拍卖、变卖所得的价款提前清偿债务或者提存。	**第四百三十三条** 因**不可**归责于质权人的事由可能使质押财产毁损或者价值明显减少，足以危害质权人权利的，质权人有权请求出质人提供相应的担保；出质人不提供的，质权人可以拍卖、变卖质押财产，并与**出质人**协议将拍卖、变卖所得的价款提前清偿债务或者提存。	**第四百三十三条** 因不可归责于质权人的事由可能使质押财产毁损或者价值明显减少，足以危害质权人权利的，质权人有权请求出质人提供相应的担保；出质人不提供的，质权人可以拍卖、变卖质押财产，并与出质人协议将拍卖、变卖所得的价款提前清偿债务或者提存。
第二百二十五条 质权人在质权存续期间，未经出质人同意转质，造成质押财产毁损、灭失的，应当向出质人承担赔偿责任。	**第二百二十五条** 质权人在质权存续期间，未经出质人同意转质，造成质押财产毁损、灭失的，**应当**承担赔偿责任。	**第四百三十四条** 无变化	**第四百三十四条** 无变化	**第四百三十四条** 质权人在质权存续期间，未经出质人同意转质，造成质押财产毁损、灭失的，应当承担赔偿责任。
第二百二十六条 质权人可以放弃质权。债务人以自己的财产出质，质权人放弃该质权的，其他担保人在质权人丧失优先受偿权益的范围内免除担保责任，但其他担保人承诺仍然提供担保的除外。	**第二百二十六条** 质权人可以放弃质权。债务人以自己的财产出质，质权人放弃该质权的，其他担保人在质权人丧失优先受偿权益的范围内免除担保责任，**但是**其他担保人承诺仍然提供担保的除外。	**第四百三十五条** 无变化	**第四百三十五条** 无变化	**第四百三十五条** 质权人可以放弃质权。债务人以自己的财产出质，质权人放弃该质权的，其他担保人在质权人丧失优先受偿权益的范围内免除担保责任，但是其他担保人承诺仍然提供担保的除外。
第二百二十七条 债务人履行债务或者出质人提前清偿所担保的债权的，质权人应当返还质押财产。 债务人不履行到期债务或者发生当事人约定的实现质权的情形，质权人可以与出质人协议以质押财产折价，也可以就拍卖、变卖质押财产所得的价款优先受偿。 质押财产折价或者变卖的，应当参照市场价格。	**第二百二十七条** 无变化	**第四百三十六条** 无变化	**第四百三十六条** 无变化	**第四百三十六条** 债务人履行债务或者出质人提前清偿所担保的债权的，质权人应当返还质押财产。 债务人不履行到期债务或者发生当事人约定的实现质权的情形，质权人可以与出质人协议以质押财产折价，也可以就拍卖、变卖质押财产所得的价款优先受偿。 质押财产折价或者变卖的，应当参照市场价格。

续表

《民法典各分编（草案）》（2018 年 9 月版）	《民法典物权编（草案二次审议稿）》（2019 年 4 月版）	《中华人民共和国民法典（草案）》（2019 年 12 月版）	《中华人民共和国民法典（草案大会审议稿）》（2020 年 5 月 22 日提交审议）	《中华人民共和国民法典》（2020 年 5 月 28 日表决通过）
第二百二十八条　出质人可以请求质权人在债务履行期届满后及时行使质权；质权人不行使的，出质人可以请求人民法院拍卖、变卖质押财产。 出质人请求质权人及时行使质权，因质权人怠于行使权利造成损害的，由质权人承担赔偿责任。	**第二百二十八条**　出质人可以请求质权人在债务履行期届满后及时行使质权；质权人不行使的，出质人可以请求人民法院拍卖、变卖质押财产。 出质人请求质权人及时行使质权，因质权人怠于行使权利**给出质人**造成损害的，由质权人承担赔偿责任。	**第四百三十七条**　出质人可以请求质权人在债务**履行期限**届满后及时行使质权；质权人不行使的，出质人可以请求人民法院拍卖、变卖质押财产。 出质人请求质权人及时行使质权，因质权人怠于行使权利**造成出质人**损害的，由质权人承担赔偿责任。	**第四百三十七条** 无变化	**第四百三十七条**　出质人可以请求质权人在债务履行期限届满后及时行使质权；质权人不行使的，出质人可以请求人民法院拍卖、变卖质押财产。 出质人请求质权人及时行使质权，因质权人怠于行使权利造成出质人损害的，由质权人承担赔偿责任。
第二百二十九条　质押财产折价或者拍卖、变卖后，其价款超过债权数额的部分归出质人所有，不足部分由债务人清偿。	**第二百二十九条** 无变化	**第四百三十八条** 无变化	**第四百三十八条** 无变化	**第四百三十八条**　质押财产折价或者拍卖、变卖后，其价款超过债权数额的部分归出质人所有，不足部分由债务人清偿。
第二百三十条　出质人与质权人可以协议设立最高额质权。 最高额质权除适用本节有关规定外，参照本编第十七章第二节最高额抵押权的规定。	**第二百三十条**　出质人与质权人可以协议设立最高额质权。 最高额质权除适用本节有关规定外，参照**适用**本编第十七章第二节最高额抵押权的规定。	**第四百三十九条**　出质人与质权人可以协议设立最高额质权。 最高额质权除适用本节有关规定外，参照适用本编第十七章第二节**的有关**规定。	**第四百三十九条** 无变化	**第四百三十九条**　出质人与质权人可以协议设立最高额质权。 最高额质权除适用本节有关规定外，参照适用本编第十七章第二节的有关规定。
第二节　权利质权	第二节　权利质权	第二节　权利质权	第二节　权利质权	第二节　权利质权
第二百三十一条　债务人或者第三人有权处分的下列权利可以出质： （一）汇票、支票、本票； （二）债券、存款单； （三）仓单、提单； （四）可以转让的基金份额、股权； （五）可以转让的注册商标专用权、专利权、著作权等知识产权中的财产权；	**第二百三十一条**　债务人或者第三人有权处分的下列权利可以出质： （一）汇票、**本票**、**支票**； （二）债券、存款单； （三）仓单、提单； （四）可以转让的基金份额、股权； （五）可以转让的注册商标专用权、专利权、著作权等知识产权中的财产权；	**第四百四十条** 无变化	**第四百四十条** 无变化	**第四百四十条**　债务人或者第三人有权处分的下列权利可以出质： （一）汇票、本票、支票； （二）债券、存款单； （三）仓单、提单； （四）可以转让的基金份额、股权； （五）可以转让的注册商标专用权、专利权、著作权等知识产权中的财产权；

续表

《民法典各分编(草案)》(2018 年 9 月版)	《民法典物权编(草案二次审议稿)》(2019 年 4 月版)	《中华人民共和国民法典(草案)》(2019 年 12 月版)	《中华人民共和国民法典(草案大会审议稿)》(2020 年 5 月 22 日提交审议)	《中华人民共和国民法典》(2020 年 5 月 28 日表决通过)
(六)取得应收账款、不动产收益的权利; (七)法律、行政法规规定可以出质的其他财产权利。	(六)**现有的以及将有的应收账款**; (七)法律、行政法规规定可以出质的其他财产权利。			(六)现有的以及将有的应收账款; (七)法律、行政法规规定可以出质的其他财产权利。
第二百三十二条 以汇票、支票、本票、债券、存款单、仓单、提单出质的,质权自权利凭证交付质权人时设立;没有权利凭证的,质权自办理出质登记时设立。	**第二百三十二条** 以汇票、**本票**、**支票**、债券、存款单、仓单、提单出质的,质权自权利凭证交付质权人时设立;没有权利凭证的,质权自办理出质登记时设立。	**第四百四十一条** 无变化	**第四百四十一条** 无变化	**第四百四十一条** 以汇票、本票、支票、债券、存款单、仓单、提单出质的,质权自权利凭证交付质权人时设立;没有权利凭证的,质权自办理出质登记时设立。**法律另有规定的,依照其规定。**
第二百三十三条 汇票、支票、本票、债券、存款单、仓单、提单的兑现日期或者提货日期先于主债权到期的,质权人可以兑现或者提货,并与出质人协议将兑现的价款或者提取的货物提前清偿债务或者提存。	**第二百三十三条** 汇票、**本票**、**支票**、债券、存款单、仓单、提单的兑现日期或者提货日期先于主债权到期的,质权人可以兑现或者提货,并与出质人协议将兑现的价款或者提取的货物提前清偿债务或者提存。	**第四百四十二条** 无变化	**第四百四十二条** 无变化	**第四百四十二条** 汇票、本票、支票、债券、存款单、仓单、提单的兑现日期或者提货日期先于主债权到期的,质权人可以兑现或者提货,并与出质人协议将兑现的价款或者提取的货物提前清偿债务或者提存。
第二百三十四条 以基金份额、股权出质的,质权自办理出质登记时设立。 基金份额、股权出质后,不得转让,但经出质人与质权人协商同意的除外。出质人转让基金份额、股权所得的价款,应当向质权人提前清偿债务或者提存。	**第二百三十四条** 以基金份额、股权出质的,质权自办理出质登记时设立。 基金份额、股权出质后,不得转让,**但是**经出质人与质权人协商同意的除外。出质人转让基金份额、股权所得的价款,应当向质权人提前清偿债务或者提存。	**第四百四十三条** 无变化	**第四百四十三条** 无变化	**第四百四十三条** 以基金份额、股权出质的,质权自办理出质登记时设立。 基金份额、股权出质后,不得转让,**但是**出质人与质权人协商同意的除外。出质人转让基金份额、股权所得的价款,应当向质权人提前清偿债务或者提存。

续表

《民法典各分编(草案)》(2018年9月版)	《民法典物权编(草案二次审议稿)》(2019年4月版)	《中华人民共和国民法典(草案)》(2019年12月版)	《中华人民共和国民法典(草案大会审议稿)》(2020年5月22日提交审议)	《中华人民共和国民法典》(2020年5月28日表决通过)
第二百三十五条　以注册商标专用权、专利权、著作权等知识产权中的财产权出质的,质权自办理出质登记时设立。 知识产权中的财产权出质后,出质人不得转让或者许可他人使用,但经出质人与质权人协商同意的除外。出质人转让或者许可他人使用出质的知识产权中的财产权所得的价款,应当向质权人提前清偿债务或者提存。	**第二百三十五条**　以注册商标专用权、专利权、著作权等知识产权中的财产权出质的,质权自办理出质登记时设立。 知识产权中的财产权出质后,出质人不得转让或者许可他人使用,**但是**经出质人与质权人协商同意的除外。出质人转让或者许可他人使用出质的知识产权中的财产权所得的价款,应当向质权人提前清偿债务或者提存。	**第四百四十四条** 无变化	**第四百四十四条** 无变化	**第四百四十四条**　以注册商标专用权、专利权、著作权等知识产权中的财产权出质的,质权自办理出质登记时设立。 知识产权中的财产权出质后,出质人不得转让或者许可他人使用,**但是**出质人与质权人协商同意的除外。出质人转让或者许可他人使用出质的知识产权中的财产权所得的价款,应当向质权人提前清偿债务或者提存。
第二百三十六条　以取得应收账款、不动产收益的权利出质的,质权自办理出质登记时设立。 取得应收账款、不动产收益的权利出质后,不得转让,但经出质人与质权人协商同意的除外。出质人转让取得应收账款、不动产收益的权利所得的价款,应当向质权人提前清偿债务或者提存。	**第二百三十六条**　**以应收账款**出质的,质权自办理出质登记时设立。 **应收账款**出质后,不得转让,**但是**经出质人与质权人协商同意的除外。出质人**转让应收账款**所得的价款,应当向质权人提前清偿债务或者提存。	**第四百四十五条** 无变化	**第四百四十五条** 无变化	**第四百四十五条**　以应收账款出质的,质权自办理出质登记时设立。 应收账款出质后,不得转让,**但是**出质人与质权人协商同意的除外。出质人转让应收账款所得的价款,应当向质权人提前清偿债务或者提存。
第二百三十七条　权利质权除适用本节规定外,适用本章第一节动产质权的规定。	**第二百三十七条** 无变化	**第四百四十六条**　权利质权除适用本节规定外,适用本章第一节**的有关**规定。	**第四百四十六条** 无变化	**第四百四十六条**　权利质权除适用本节规定外,适用本章第一节的有关规定。

第十九章　留　置　权

《民法典各分编(草案)》(2018年9月版)	《民法典物权编(草案二次审议稿)》(2019年4月版)	《中华人民共和国民法典(草案)》(2019年12月版)	《中华人民共和国民法典(草案大会审议稿)》(2020年5月22日提交审议)	《中华人民共和国民法典》(2020年5月28日表决通过)
第十九章　留置权	第十九章　留置权	第十九章　留置权	第十九章　留置权	第十九章　留置权
第二百三十八条　债务人不履行到期债务,债权人可以留置已经合法占有的债务人的动产,并有权就该动产优先受偿。 前款规定的债权人为留置权人,占有的动产为留置财产。	**第二百三十八条** 无变化	**第四百四十七条** 无变化	**第四百四十七条** 无变化	**第四百四十七条**　债务人不履行到期债务,债权人可以留置已经合法占有的债务人的动产,并有权就该动产优先受偿。 前款规定的债权人为留置权人,占有的动产为留置财产。
第二百三十九条　债权人留置的动产,应当与债权属于同一法律关系,但企业之间留置的除外。	**第二百三十九条**　债权人留置的动产,应当与债权属于同一法律关系,**但是**企业之间留置的除外。	**第四百四十八条** 无变化	**第四百四十八条** 无变化	**第四百四十八条**　债权人留置的动产,应当与债权属于同一法律关系,但是企业之间留置的除外。
第二百四十条　法律规定或者当事人约定不得留置的动产,不得留置。	**第二百四十条** 无变化	**第四百四十九条** 无变化	**第四百四十九条** 无变化	**第四百四十九条**　法律规定或者当事人约定不得留置的动产,不得留置。
第二百四十一条　留置财产为可分物的,留置财产的价值应当相当于债务的金额。	**第二百四十一条** 无变化	**第四百五十条** 无变化	**第四百五十条** 无变化	**第四百五十条**　留置财产为可分物的,留置财产的价值应当相当于债务的金额。
第二百四十二条　留置权人负有妥善保管留置财产的义务;因保管不善致使留置财产毁损、灭失的,应当承担赔偿责任。	**第二百四十二条** 无变化	**第四百五十一条** 无变化	**第四百五十一条** 无变化	**第四百五十一条**　留置权人负有妥善保管留置财产的义务;因保管不善致使留置财产毁损、灭失的,应当承担赔偿责任。

续表

《民法典各分编(草案)》(2018年9月版)	《民法典物权编(草案二次审议稿)》(2019年4月版)	《中华人民共和国民法典(草案)》(2019年12月版)	《中华人民共和国民法典(草案大会审议稿)》(2020年5月22日提交审议)	《中华人民共和国民法典》(2020年5月28日表决通过)
第二百四十三条 留置权人有权收取留置财产的孳息。 前款规定的孳息应当先充抵收取孳息的费用。	**第二百四十三条** 无变化	**第四百五十二条** 无变化	**第四百五十二条** 无变化	**第四百五十二条** 留置权人有权收取留置财产的孳息。 前款规定的孳息应当先充抵收取孳息的费用。
第二百四十四条 留置权人与债务人应当约定留置财产后的债务履行期间;没有约定或者约定不明确的,留置权人应当给债务人两个月以上履行债务的期间,但鲜活易腐等不易保管的动产除外。债务人逾期未履行的,留置权人可以与债务人协议以留置财产折价,也可以就拍卖、变卖留置财产所得的价款优先受偿。 留置财产折价或者变卖的,应当参照市场价格。	**第二百四十四条** 留置权人与债务人应当约定留置财产后的债务履行期间;没有约定或者约定不明确的,留置权人应当给债务人两个月以上履行债务的期间,**但是**鲜活易腐等不易保管的动产除外。债务人逾期未履行的,留置权人可以与债务人协议以留置财产折价,也可以就拍卖、变卖留置财产所得的价款优先受偿。 留置财产折价或者变卖的,应当参照市场价格。	**第四百五十三条** 无变化	**第四百五十三条** 留置权人与债务人应当约定留置财产后的债务**履行期限**;没有约定或者约定不明确的,留置权人应当给债务人**六十日**以上履行债务的**期限**,但是鲜活易腐等不易保管的动产除外。债务人逾期未履行的,留置权人可以与债务人协议以留置财产折价,也可以就拍卖、变卖留置财产所得的价款优先受偿。 留置财产折价或者变卖的,应当参照市场价格。	**第四百五十三条** 留置权人与债务人应当约定留置财产后的债务履行期限;没有约定或者约定不明确的,留置权人应当给债务人六十日以上履行债务的期限,但是鲜活易腐等不易保管的动产除外。债务人逾期未履行的,留置权人可以与债务人协议以留置财产折价,也可以就拍卖、变卖留置财产所得的价款优先受偿。 留置财产折价或者变卖的,应当参照市场价格。
第二百四十五条 债务人可以请求留置权人在债务履行期届满后行使留置权;留置权人不行使的,债务人可以请求人民法院拍卖、变卖留置财产。	**第二百四十五条** 无变化	**第四百五十四条** 债务人可以请求留置权人在债务**履行期限**届满后行使留置权;留置权人不行使的,债务人可以请求人民法院拍卖、变卖留置财产。	**第四百五十四条** 无变化	**第四百五十四条** 债务人可以请求留置权人在债务履行期限届满后行使留置权;留置权人不行使的,债务人可以请求人民法院拍卖、变卖留置财产。
第二百四十六条 留置财产折价或者拍卖、变卖后,其价款超过债权数额的部分归债务人所有,不足部分由债务人清偿。	**第二百四十六条** 无变化	**第四百五十五条** 无变化	**第四百五十五条** 无变化	**第四百五十五条** 留置财产折价或者拍卖、变卖后,其价款超过债权数额的部分归债务人所有,不足部分由债务人清偿。

续表

《民法典各分编(草案)》(2018年9月版)	《民法典物权编(草案二次审议稿)》(2019年4月版)	《中华人民共和国民法典(草案)》(2019年12月版)	《中华人民共和国民法典(草案大会审议稿)》(2020年5月22日提交审议)	《中华人民共和国民法典》(2020年5月28日表决通过)
第二百四十七条 同一动产上已设立抵押权或者质权,该动产又被留置的,留置权人优先受偿。	**第二百四十七条** 无变化	**第四百五十六条** 无变化	**第四百五十六条** 同一动产上**已经**设立抵押权或者质权,该动产又被留置的,留置权人优先受偿。	**第四百五十六条** 同一动产上已经设立抵押权或者质权,该动产又被留置的,留置权人优先受偿。
第二百四十八条 留置权人对留置财产丧失占有或者留置权人接受债务人另行提供担保的,留置权消灭。	**第二百四十八条** 无变化	**第四百五十七条** 无变化	**第四百五十七条** 无变化	**第四百五十七条** 留置权人对留置财产丧失占有或者留置权人接受债务人另行提供担保的,留置权消灭。

第二十章　占　　有

《民法典各分编(草案)》(2018 年 9 月版)	《民法典物权编(草案二次审议稿)》(2019 年 4 月版)	《中华人民共和国民法典(草案)》(2019 年 12 月版)	《中华人民共和国民法典(草案大会审议稿)》(2020 年 5 月 22 日提交审议)	《中华人民共和国民法典》(2020 年 5 月 28 日表决通过)
	第五分编　占有	**第五分编　占有**	**第五分编　占有**	**第五分编　占有**
第二十章　占有	**第二十章　占有**	**第二十章　占有**	**第二十章　占有**	**第二十章　占有**
第二百四十九条　基于合同关系等产生的占有，有关不动产或者动产的使用、收益、违约责任等，按照合同约定；合同没有约定或者约定不明确的，依照有关法律规定。	**第二百四十九条** 无变化	**第四百五十八条** 无变化	**第四百五十八条** 无变化	**第四百五十八条**　基于合同关系等产生的占有，有关不动产或者动产的使用、收益、违约责任等，按照合同约定；合同没有约定或者约定不明确的，依照有关法律规定。
第二百五十条　占有人因使用占有的不动产或者动产，致使该不动产或者动产受到损害的，恶意占有人应当承担赔偿责任。	**第二百五十条** 无变化	**第四百五十九条** 无变化	**第四百五十九条** 无变化	**第四百五十九条**　占有人因使用占有的不动产或者动产，致使该不动产或者动产受到损害的，恶意占有人应当承担赔偿责任。
第二百五十一条　不动产或者动产被占有人占有的，权利人可以请求返还原物及其孳息，但应当支付善意占有人因维护该不动产或者动产支出的必要费用。	**第二百五十一条**　不动产或者动产被占有人占有的，权利人可以请求返还原物及其孳息，**但是**应当支付善意占有人因维护该不动产或者动产支出的必要费用。	**第四百六十条**　不动产或者动产被占有人占有的，权利人可以请求返还原物及其孳息；但是，应当支付善意占有人因维护该不动产或者动产支出的必要费用。	**第四百六十条** 无变化	**第四百六十条**　不动产或者动产被占有人占有的，权利人可以请求返还原物及其孳息；但是，应当支付善意占有人因维护该不动产或者动产支出的必要费用。

续表

《民法典各分编(草案)》(2018年9月版)	《民法典物权编(草案二次审议稿)》(2019年4月版)	《中华人民共和国民法典(草案)》(2019年12月版)	《中华人民共和国民法典(草案大会审议稿)》(2020年5月22日提交审议)	《中华人民共和国民法典》(2020年5月28日表决通过)
第二百五十二条 占有的不动产或者动产毁损、灭失,该不动产或者动产的权利人请求赔偿的,占有人应当将因毁损、灭失取得的保险金、赔偿金或者补偿金等返还给权利人;权利人的损害未得到足够弥补的,恶意占有人还应当赔偿损失。	**第二百五十二条** 无变化	**第四百六十一条** 无变化	**第四百六十一条** 无变化	**第四百六十一条** 占有的不动产或者动产毁损、灭失,该不动产或者动产的权利人请求赔偿的,占有人应当将因毁损、灭失取得的保险金、赔偿金或者补偿金等返还给权利人;权利人的损害未得到足够弥补的,恶意占有人还应当赔偿损失。
第二百五十三条 占有的不动产或者动产被侵占的,占有人有权请求返还原物;对妨害占有的行为,占有人有权请求**停止侵害**、排除妨碍或者消除危险;因侵占或者妨害造成损害的,占有人有权请求损害赔偿。 占有人返还原物的请求权,自侵占发生之日起一年内未行使的,该请求权消灭。	**第二百五十三条** 无变化	**第四百六十二条** 无变化	**第四百六十二条** 无变化	**第四百六十二条** 占有的不动产或者动产被侵占的,占有人有权请求返还原物;对妨害占有的行为,占有人有权请求排除**妨害**或者消除危险;因侵占或者妨害造成损害的,占有人有权**依法**请求损害赔偿。 占有人返还原物的请求权,自侵占发生之日起一年内未行使的,该请求权消灭。

合 同 编

立法机关对民法典合同编草案立法演进的说明

一、一次审议稿说明

时间:2018 年 8 月 27 日

来源:关于《民法典各分编(草案)》的说明(第十三届全国人大常委会第五次会议)

合同制度是市场经济的基本法律制度。1999 年第九届全国人大第二次会议通过了合同法。合同法的实施对保护当事人合法权益、促进商品和要素自由流动、实现公平交易和维护经济秩序发挥了重要作用。贯彻全面深化改革的精神,使市场在资源配置中起决定性作用,必须坚持维护契约、平等交换、公平竞争,完善市场经济法律制度。为适应我国经济社会发展和全面深化改革的需要,落实党中央提出的完善市场经济法律制度的要求,解决合同法实施以来出现的新情况、新问题,借鉴国际立法经验,合同编草案进一步修改完善了合同制度。与现行合同法相比,主要修改内容有:

1. 完善电子合同的订立、履行规则。为适应电子商务和数字经济快速发展的需要,规范电子交易行为,草案对电子合同订立、履行的特殊规则作了规定(草案第 283 条第 2 款、第 303 条)。

2. 强化对债权实现的保护力度。针对实践中一些合同当事人不信守合同,欠债不还等突出问题,为保障债权顺利实现,防范因违约可能导致的债务风险,构建诚信社会,草案完善了合同保全、借款合同、融资租赁合同的有关规则,并增设专章规定了保证合同(草案第五章、第十二章、第十三章、第十五章)。

3. 加大对弱势合同当事人一方的保护。草案规定了电、水、气、热力供应人以及公共承运人对社会公众的强制缔约义务,完善了格式条款制度(草案第 286 条第 2 款、第 3 款,第 288 条,第 289 条)。同时,为落实党中央提出的建立租购同权住房制度的要求,保护承租人利益,促进住房租赁市场健康发展,草案增加了住房承租人的优先承租权制度(草案第 525 条第 2 款)。

4. 促进生态文明建设。落实民法总则绿色原则的要求,草案规定,当事人在合同履行中应当遵循诚信原则,根据交易习惯负有节约资源、减少污染的义务,在合同终止后负有旧物回收义务(草案第 300 条第 2 款、第 348 条);还规定买卖合同的出卖人依法负有回收义务(草案第 415 条)。

5. 根据合同理论和实践的发展,修改了合同效力、合同履行、债权转让、合同解除和违约责任等一般规则(草案第二章至第八章);完善了买卖合同、租赁合同、建设工程合同等典型合同的具体规则,增加了物业服务合同和合伙合同(草案第九章至第二十六章)。

6. 补充完善债法的一般规则。债法的一般规则是民法的重要内容,考虑现行合同法总则已规定了大多数债的一般规则,这次编纂不再单设一编对此作出规定,为更好规范各类债权债务关系,草案在现行合同法的基础上,补充完善债法的一般规则:一是明确非合同之债的法律适用规则(草案第 259 条)。二是细化无因管理、不当得利之债的规则。在民法总则规定的基础上,草案进一步规定了无因管理、不当得利两种债的具体规则(草案第二十七章、第二十八章)。

二、二次审议稿说明

时间:2018 年 12 月 23 日

来源:全国人民代表大会宪法和法律委员会关于《民法典合同编(草案)》修改情况的汇报(第十三届全国人大常委会第七次会议)

全国人大常委会第五次会议对民法典各分编(草案)进行了初次审议。会后,法制工作委员会将草案印发地方人大、中央有关部门、法学教学研究机构和有关社会团体征求意见,并在中国人大网全文公布草案征求社会公众意见。根据党中央和常委会确定的民法典编纂工作计划和安排,在对民法典各分编(草案)初次审议后,拟将各分编草案分拆为几个单元进行若干次审议和修改完善。经研究,建议本次常委会会议审议民法典合同编(草案)。法制工作委员会就民法典合同编(草案)在北京召开多次座谈会,分别听取中央有关部门和部分专家学者的意见,到浙江、重庆、陕西等地进行调研,了解实际情况,听取地方意见。宪法和法律委员会于 2018 年 12 月 3 日召开会议,根据常委会组成人员的审议意见和各方面意见,对草案进行了审议,最高人民法院、最高人民检察院、司法部、中国社会科学院、中国法学会等参加民法典编纂工作的单位有关负责同志列席了会议。2018 年 12 月 17 日,宪法和法律委员会召开会议,再次进行审议。现就民法典合同编(草案)主要问题的修改情况汇报如下:

1. 关于体例结构。有的常委委员、法学教学研究机构和社会公众提出,为了便于法律适用,建议在合同编之下再设分编,这样也可以使"无因管理"和"不当得利"的法律规范内容与合同编名称相匹配。宪法和法律委员会经研究认为,合同编草案的内容比较多,包括合同的一般性规则和多种典型合同,其中"无因管理"和"不当得利"两部分内容,既与合同规则同属债法性质,又与合同规则有所区别。为便于理解和适用,有必要对草案的体例结构进行一定调整。据此,建议将合同编草案设置为三个分编,分别为第一分编"通则"、第二分编"典型合同"和第三分编"准合同"。第三分编"准合同"包括"无因管理"和"不当得利"两章。

2. 关于依法成立的合同受法律保护。有的法学教学研究机构和社会公众提出,在实践中,任意违反合同,干涉合同订立履行的情况时有发生,不利于构建诚信社会和维护市场经济秩序,建议对此作出有针对性的规定。宪法和法律委员会经研究认为,依法成立的合同具有法定效力。为了体现对合同的保护,强化有关规定是必要的。据此,建议在草案第 256 条增加规定:"依法成立的合同,受法律保护。"(草案二次审议稿第 256 条第 1 款)

3. 关于格式条款提供方未履行提示或者说明义务的法律后果。草案第 288 条规定,提供格式条款的一方未履行提示或者说明义务,致使对方没有注意或者理解与其有重大利害关系的条款的,该条款不产生效力。有的部门、法学教学研究机构和社会公众提出,本条规定旨在保护处于弱势的格式条款相对方利益,在提供格式条款的一方未履行提示或者说明义务的情形下,应当由格式条款相对方决定该条款是否成为合同的组成部分。宪法和法律委员会经研究,赞同这一意见,建议将本条中的"该条款不产生效力"修改为"对方可以主张该条款不成为合同的组成部分"(草案二次审议稿第 288 条第 2 款)。

4. 关于情势变更规则。草案第 323 条对情势变更规则作了规定,即合同成立后,订立合同的基础发生了当事人在订立合同时无法预见的、非不可抗力造成的不属于商业风险的重大变化,人民法院或者仲裁机构应当结合案件的实际情况,根据公平原则确定变更或者解除合同。草案第 380 条第 3 款规定,当事人一方因不可抗力致使继续履行合同对其明显不公平的,可以请求人民法院或者仲裁机构变更或者解除合同。有的地方、法学教学研究机构和社会公众提出,在实践中,因一般情势变更导致的合同履行显失公平与不可抗力导致的合同履行显失公平很难严格区分,情势变更规则的适用没有必要强调是因非不可抗力造成的重大变化,不可抗力导致的合同履行显失公平规则也无单独规定的必要,建议将草案第 380 条第 3 款规定的内容并入情势变更规则。宪法和法律委员会经研究,建议删去草案第 380 条第 3 款,将其内容并入草案第 323 条规定的情势变更规则中(草案二次审议稿第 323 条第 1 款)。

5. 关于不可撤销的赠与合同。草案第 448 条第 2 款对不可撤销的赠与情形作了规定。有的常委委员提出,为了体现对残疾人权益的保护,解决实践中存在的虚假助残捐赠问题,有必要在不可撤销的赠与情形中增加"助残"。宪法和法律委员会经研究,建议在草案第 448 条第 2 款和草案第 450 条第 1 款增加"助残"情形(草案二次审议稿第 448 条第 2 款、第 450 条第 1 款)。

6. 关于保证方式的推定。草案第 476 条第 2 款规定,当事人在保证合同中对保证方式没有约定或者约定不明确的,按照连带责任保证承担责任,但是自然人之间的保证合同除外。有的部门、法学教学研究机构和社会公众提出,连带责任保证是一种加重保证人责任的保证方式,原则上宜由当事人明确约定;没有约定或者约定不明的,一概推定为连带责任保证,会加重实践中因互相担保或者连环担保导致资不抵债或者破产的问题,影响正常的生活和经营秩序。宪法和法律委员会经研究认为,将当事人对保证方式没有约定或者约定不明确的推定为一般保证,有利于防止债务风险的扩散,维护经济社会稳定。据此,建议将草案第 476 条第 2 款修改为:"当事人在保证合同中对保证方式没有约定或者约定不明确的,按照一般保证承担保证责任。"(草案二次审议稿第 476 条第 2 款)

7. 关于保理合同。保理合同是应收账款的债权人将应收账款转让给保理人,保理人提供资金支持以及应收账款管理、催收等服务的合同。有的常委委员、部门和社会公众提出,保理业务可以为实体企业提供综合性金融服务,特别是可以为中小型企业拓宽融资渠道。当前我国保理业务发展迅猛、体量庞大,但也存在一些问题,时常发生纠纷,亟须立法加以规范。宪法和法律委员会经研究认为,保理业务作为企业融资的一种手段,在权利义务设置、对外效力等方面具有典型性。对保理合同作出明确规定,有利于促进保理业务的健康发展,缓解中小企业融资难、融资贵的问题,进而促进我国实体经济发展。据此,建议设专章规定保理合同(草案二次审议稿第十六章)。

8. 关于客运合同。草案第十八章第二节专门规定了客运合同。一些意见提出,近年来客运合同领域出现不少新问题,一方面,不时发生旅客霸座、强抢方向盘、不配合承运人采取安全运输措施等严重干扰运输秩序和危害运输安全的恶劣行为;另一方面,也存在因承运人履行安全运输义务不到位导致时常发生安全事故,以及承运人通过收取高额挂失补办费的名义变相再次收取票款等损害旅客合法权益的情形。建议对这些问题作出有针对性的规定。宪法和法律委员会经研究认为,为了维护正常的运输秩序,保护旅客在运输过程中的人身、财产安全,建议对草案作如下修改:一是明确旅客应当按照有效客票记载的时间、班次和座位号乘运。承运人应当按照有效客票记载的时间、班次和条件运输旅客。二是明确实名制客运合同的旅客丢失客票的,可以要求承运人挂失补办,承运人不得再次收取票款和其他不合理费用。三是明确承运人应当严格履行安全运输义务,及时告知旅客安全运输应当注意的事项。旅客对承运人为安全运输所作的合理安排应当积极协助和配合。遇有不能正常运输的特殊情形和重要事由,承运人应当及时告知旅客并采取必要的安置措施(草案二次审议稿第 600 条、第 604 条、第 605 条)。

9. 关于技术合同。一是适应加强知识产权保护的需要，宪法和法律委员会建议在草案第 629 条中增加规定“应当有利于知识产权的保护”（草案二次审议稿第 629 条）。二是草案第十九章第三节对技术转让合同作了规定。有的部门提出，技术转让和技术许可具有不同的法律含义，建议区分技术转让合同和技术许可合同。宪法和法律委员会经研究，建议将草案第十九章第三节的名称修改为“技术转让合同和技术许可合同”，并在草案第 647 条中增加规定技术许可合同的定义，有关规定也作相应修改（草案二次审议稿第二十章第三节）。

10. 关于物业服务合同。各方面普遍认为，物业服务合同是现实生活中普遍存在的一类合同，明确规定这类合同很有必要，建议针对物业服务合同领域存在的突出问题，对草案的规定作进一步完善。宪法和法律委员会经研究，建议对草案有关规定作如下修改：一是为了更好保护业主的知情权，便于业主对物业服务事项予以监督，明确规定物业服务人应当定期公布服务信息。二是为了进一步规范业主的单方解除权，将草案第 728 条中的“业主依法共同决定解聘物业服务人”修改为“业主依照法定程序共同决定解聘物业服务人”。三是考虑物业服务合同属于混合性合同，既具有委托合同的特性，也具有承揽合同的特性，不宜笼统规定物业服务合同参照适用委托合同，建议删去草案第 734 条的规定（草案二次审议稿第 725 条、第 728 条）。

还有一个问题需要汇报：草案第十二章对借款合同作了规定。有的常委委员、代表、地方和部门提出，民间借贷对金融经济秩序和社会生活带来了很多负面影响，为了解决民间借贷领域存在的突出问题，防范金融风险，建议草案将借款合同区分为金融借款合同和民间借贷合同，分别进行有针对性的规定。宪法和法律委员会经研究认为，民间借贷是一个较为复杂的问题，涉及我国的金融监管体制、社会信用体系和经济政策等诸多问题。对借款合同是否区分、如何规定，需作进一步调研论证。

此外，还对草案作了其他一些完善和文字修改。

三、三次审议稿说明

时间：2019 年 12 月 23 日

来源：关于《民法典各分编（草案）》修改情况和《中华人民共和国民法典（草案）》编纂情况的汇报（第十三届全国人大常委会第十五次会议）

合同编草案共 3 个分编、29 章、526 条。全国人大常委会第七次会议对民法典合同编草案进行了二审，对合同编草案二次审议稿的修改情况主要是：

1. 草案二次审议稿第 353 条第 3 款规定，合同不能履行致使不能实现合同目的，有解除权的当事人不行使解除权，构成滥用权利对对方显失公平的，人民法院或者仲裁机构可以根据对方的请求解除合同，但是不影响违约责任的承担。有的专家学者提出，这一规定的出发点在于解决实践中存在的由于合同不能履行而导致的僵局问题，但规定违约方可以申请解除合同，与严守合同的要求不符，建议删去。对个别合同僵局问题，可以考虑通过适用情势变更规则或者其他途径解决。宪法和法律委员会经研究，建议采纳这一意见，删去该款规定。

2. 草案二次审议稿第 470 条第 1 款规定，借款合同约定支付利息的，借款的利率不得违反国家有关规定。有的常委委员、社会公众提出，为解决民间借贷领域存在的突出问题，维护正常的金融秩序，建议明确规定禁止高利放贷。宪法和法律委员会经研究，建议采纳这一意见，将这一款规定修改为：禁止高利放贷，借款的利率不得违反国家有关规定（民法典草案第680条第1款）。

3. 有的专家学者、企业和社会公众提出，草案二次审议稿在典型合同中增加“保理合同”一章，有利于促进保理行业健康发展、解决企业融资问题、优化营商环境，建议对该章内容予以进一步完善。宪法和法律委员会经研究，建议对该章草案作如下修改：一是增加规定保理合同的主要条款内容，规定：保理合同的内容一般包括业务类型、服务范围、服务期限、基础交易合同情况、应收账款信息、转让价款、服务报酬及其支付方式等条款。保理合同应当采用书面形式（民法典草案第762条）。二是规定应收账款债务人接到保理人发出的应收账款转让通知后，应收账款债权人和债务人无正当理由协商变更或者终止基础交易合同，对保理人产生不利影响的，对保理人不发生效力（民法典草案第765条）。三是完善同一应收账款有多个保理人时的受偿规则，规定：已登记的先于未登记的受偿；均已登记的，按照登记的先后顺序受偿；均未登记的，由最先到达应收账款债务人的转让通知中载明的保理人受偿；既未登记也未通知的，按照应收账款比例清偿（民法典草案第768条）。

4. 草案二次审议稿第583条规定，除存在违法情形外，建设工程未经竣工验收而发包人擅自使用的，视为工程质量验收合格。有的单位、专家学者和社会公众提出，在实践中，未经竣工验收而使用建设工程的情况复杂，不宜一概认定为工程质量验收合格，否则不利于建设工程质量的提高，也可能导致当事人之间的不公平。宪法和法律委员会经研究，建议采纳这一意见，删去该条规定。

四、大会审议稿说明

时间：2020年5月22日

来源：关于《中华人民共和国民法典（草案）》的说明（**第十三届全国人民代表大会第三次会议**）

合同制度是市场经济的基本法律制度。1999年第九届全国人民代表大会第二次会议通过了合同法。草案第三编“合同”在现行合同法的基础上，贯彻全面深化改革的精神，坚持维护契约、平等交换、公平竞争，促进商品和要素自由流动，完善合同制度。第三编共3个分编、29章、526条，主要内容有：

1. 关于通则。第一分编为通则，规定了合同的订立、效力、履行、保全、转让、终止、违约责任等一般性规则，并在现行合同法的基础上，完善了合同总则制度：一是通过规定非合同之债的法律适用规则、多数人之债的履行规则等完善债法的一般性规则（草案第468条、第517条至第521条）。二是完善了电子合同订立规则，增加了预约合同的具体规定，完善了格式条款制度等合同订立制度（草案第491条、第495条至第498条）。三是结合新冠肺炎疫情防控工作，完善国家订货合同制度，规定国家根据抢险救灾、疫情防控或者其他需要下达国家订货任务、指令性计划的，有关民事主体之间应当依照有关法律、行政法规规定的权利和义务订立合同（草案第494条第1款）。四是针对实践中一方当事人违反义务不办理报批手续影响合同生效的问题，草案明确了当事人违反报批义务的法律后果，健全合同效力制度（草案第502条第2款）。五是完善合同履行制度，落实绿色原则，规定当事人在履行合同过程中应当避免浪费资源、污染环境和破坏生态（草案第509条第3款）。同时，在总结司法实践经验的基础上增加规定了情势变更制度（草案第533条）。六是完善代位权、撤销权等合同保全制度，进一步强化对债权人的保护，细化了债权转让、债务移转制度，增加了债务清偿抵充规则、完善了合同解除等合同终止制度（草案第三编第五章、第545条至第556条、第560条、第563条至第566条）。七是通过吸收现行担保法有关定金规则的规定，完善违约责任制度（草案第586条至第588条）。

2. 关于典型合同。典型合同在市场经济活动和社会生活中应用普遍。为适应现实需要，在现行合同法规定的买卖合同、赠与合同、借款合同、租赁合同等 15 种典型合同的基础上，第二分编增加了 4 种新的典型合同：一是吸收了担保法中关于保证的内容，增加了保证合同（草案第三编第十三章）。二是适应我国保理行业发展和优化营商环境的需要，增加了保理合同（草案第三编第十六章）。三是针对物业服务领域的突出问题，增加规定了物业服务合同（草案第三编第二十四章）。四是增加规定合伙合同，将民法通则中有关个人合伙的规定纳入其中（草案第三编第二十七章）。

第三编还在总结现行合同法实践经验的基础上，完善了其他典型合同：一是通过完善检验期限的规定和所有权保留规则等完善买卖合同（草案第 622 条、第 623 条、第 641 条至第 643 条）。二是为维护正常的金融秩序，明确规定禁止高利放贷，借款的利率不得违反国家有关规定（草案第 680 条第 1 款）。三是落实党中央提出的建立租购同权住房制度的要求，保护承租人利益，增加规定房屋承租人的优先承租权（草案第 734 条第 2 款）。四是针对近年来客运合同领域出现的旅客霸座、不配合承运人采取安全运输措施等严重干扰运输秩序和危害运输安全的问题，维护正常的运输秩序，草案细化了客运合同当事人的权利义务（草案第 815 条第 1 款、第 819 条、第 820 条）。五是根据经济社会发展需要，修改完善了赠与合同、融资租赁合同、建设工程合同、技术合同等典型合同（草案第三编第十一章、第十五章、第十八章、第二十章）。

3. 关于准合同。无因管理和不当得利既与合同规则同属债法性质的内容，又与合同规则有所区别，第三分编“准合同”分别对无因管理和不当得利的一般性规则作了规定（草案第三编第二十八章、第二十九章）。

第一章　一般规定

《民法典各分编(草案)》(2018年8月版)	《民法典合同编(草案二次审议稿)》(2018年12月版)	《中华人民共和国民法典(草案)》(2019年12月版)	《中华人民共和国民法典(草案大会审议稿)》(2020年5月22日提交审议)	《中华人民共和国民法典》(2020年5月28日审议通过)
	第一分编　通则	第一分编　通则	第一分编　通则	第一分编　通则
第一章　一般规定	第一章　一般规定	第一章　一般规定	第一章　一般规定	第一章　一般规定
第二百五十四条　本编调整民事主体之间产生的合同关系。	**第二百五十四条**　本编调整**因合同产生的民事关系**。	**第四百六十三条** 无变化	**第四百六十三条** 无变化	**第四百六十三条**　本编调整因合同产生的民事关系。
第二百五十五条　本编所称合同是自然人、法人、非法人组织之间设立、变更、终止民事法律关系的协议。 婚姻、收养、监护等有关身份关系的协议,适用其他编和其他法律的规定;没有规定的,可以根据其性质参照适用本编规定。	**第二百五十五条**　本编所称合同是**民事主体**之间设立、变更、终止民事法律关系的协议。 婚姻、收养、监护等有关身份关系的协议,适用其他编**或者**其他法律的规定;没有规定的,可以根据其性质参照适用本编规定。	**第四百六十四条**　合同是民事主体之间设立、变更、终止民事法律关系的协议。 婚姻、收养、监护等有关身份关系的协议,适用**有关该身份关系的法律**规定;没有规定的,可以根据其性质参照适用本编规定。	**第四百六十四条** 无变化	**第四百六十四条**　合同是民事主体之间设立、变更、终止民事法律关系的协议。 婚姻、收养、监护等有关身份关系的协议,适用有关该身份关系的法律规定;没有规定的,可以根据其性质参照适用本编规定。
第二百五十六条　依法成立的合同,仅对当事人具有法律约束力,但是法律另有规定的除外。	**第二百五十六条**　**依法成立的合同,受法律保护。** 依法成立的合同,仅对当事人具有法律约束力,但是法律另有规定的除外。	**第四百六十五条** 无变化	**第四百六十五条** 无变化	**第四百六十五条**　依法成立的合同,受法律保护。 依法成立的合同,仅对当事人具有法律约束力,但是法律另有规定的除外。

续表

《民法典各分编(草案)》(2018年8月版)	《民法典合同编(草案二次审议稿)》(2018年12月版)	《中华人民共和国民法典(草案)》(2019年12月版)	《中华人民共和国民法典(草案大会审议稿)》(2020年5月22日提交审议)	《中华人民共和国民法典》(2020年5月28日审议通过)
第二百五十七条 当事人对合同条款的理解有争议的,应当依照总则编第一百四十二条第一款的规定,确定争议条款的含义。 合同文本采用两种以上文字订立并约定具有同等效力的,对各文本使用的词句推定具有相同含义。各文本使用的词句不一致的,应当根据合同的目的予以解释。	**第二百五十七条** 当事人对合同条款的理解有争议的,应当依照总则编第一百四十二条第一款的规定,确定争议条款的含义。 合同文本采用两种以上文字订立并约定具有同等效力的,对各文本使用的词句推定具有相同含义。各文本使用的词句不一致的,应当根据合同的**性质**、目的**以及诚信原则等**予以解释。	**第四百六十六条** 当事人对合同条款的理解有争议的,应当**依据本法**第一百四十二条第一款的规定,确定争议条款的含义。 合同文本采用两种以上文字订立并约定具有同等效力的,对各文本使用的词句推定具有相同含义。各文本使用的词句不一致的,应当根据合同的性质、目的以及诚信原则等予以解释。	**第四百六十六条** 当事人对合同条款的理解有争议的,应当依据本法第一百四十二条第一款的规定,确定争议条款的含义。 合同文本采用两种以上文字订立并约定具有同等效力的,对各文本使用的词句推定具有相同含义。各文本使用的词句不一致的,应当根据合同的**相关条款**、性质、目的以及诚信原则等予以解释。	**第四百六十六条** 当事人对合同条款的理解有争议的,应当依据本法第一百四十二条第一款的规定,确定争议条款的含义。 合同文本采用两种以上文字订立并约定具有同等效力的,对各文本使用的词句推定具有相同含义。各文本使用的词句不一致的,应当根据合同的相关条款、性质、目的以及诚信原则等予以解释。
第二百五十八条 本编或者其他法律没有明文规定的合同,适用本编第一章至第八章的规定,并可以参照适用本编或者其他法律最相类似合同的规定。	**第二百五十八条** **本法**或者其他法律没有明文规定的合同,适用本编**通则**的规定,并可以参照适用本编**典型合同**或者其他法律最相类似合同的规定。	**第四百六十七条** 无变化	**第四百六十七条** 无变化	**第四百六十七条** 本法或者其他法律没有明文规定的合同,适用本编通则的规定,并可以参照适用**本编**或者其他法律最相类似合同的规定。 **在中华人民共和国境内履行的中外合资经营企业合同、中外合作经营企业合同、中外合作勘探开发自然资源合同,适用中华人民共和国法律。**
第二百五十九条 非因合同产生的债权债务关系,适用有关该债权债务关系的法律规定;没有规定的,适用本编第四章至第七章的有关规定,但是根据其性质不能适用的除外。	**第二百五十九条** 非因合同产生的债权债务关系,适用有关该债权债务关系的法律规定;没有规定的,适用本编**通则**的有关规定,但是根据其性质不能适用的除外。	**第四百六十八条** 无变化	**第四百六十八条** 无变化	**第四百六十八条** 非因合同产生的债权债务关系,适用有关该债权债务关系的法律规定;没有规定的,适用本编通则的有关规定,但是根据其性质不能适用的除外。

第二章　合同的订立

《民法典各分编(草案)》(2018年8月版)	《民法典合同编(草案二次审议稿)》(2018年12月版)	《中华人民共和国民法典(草案)》(2019年12月版)	《中华人民共和国民法典(草案大会审议稿)》(2020年5月22日提交审议)	《中华人民共和国民法典》(2020年5月28日审议通过)
第二章　合同的订立	第二章　合同的订立	第二章　合同的订立	第二章　合同的订立	第二章　合同的订立
第二百六十条　当事人订立合同,可以采用书面形式、口头形式或者其他形式。 书面形式是合同书、信件等可以有形地表现所载内容的形式。 能够以电报、电传、传真、电子数据交换、电子邮件等方式有形地表现所载内容,并可以随时调取查用的数据电文,视为书面形式。	**第二百六十条**　当事人订立合同,可以采用书面形式、口头形式或者其他形式。 书面形式是合同书、信件等可以有形地表现所载内容的形式。 **以电报、电传、传真、电子数据交换、电子邮件等方式能够**有形地表现所载内容,并可以随时调取查用的数据电文,视为书面形式。	**第四百六十九条** 无变化	**第四百六十九条**　当事人订立合同,可以采用书面形式、口头形式或者其他形式。 书面形式是合同书、信件、**电报、电传、传真**等可以有形地表现所载内容的形式。 **以**电子数据交换、电子邮件等方式能够有形地表现所载内容,并可以随时调取查用的数据电文,视为书面形式。	**第四百六十九条**　当事人订立合同,可以采用书面形式、口头形式或者其他形式。 书面形式是合同书、信件、电报、电传、传真等可以有形地表现所载内容的形式。 以电子数据交换、电子邮件等方式能够有形地表现所载内容,并可以随时调取查用的数据电文,视为书面形式。
第二百六十一条　合同的内容由当事人约定,一般包括以下条款: (一)当事人的姓名或者名称和住所; (二)标的; (三)数量; (四)质量; (五)价款或者报酬; (六)履行期限、地点和方式; (七)违约责任; (八)解决争议的方法。 当事人可以参照各类合同的示范文本订立合同。	**第二百六十一条** 无变化	**第四百七十条**　合同的内容由当事人约定,一般包括**下列**条款: (一)当事人的姓名或者名称和住所; (二)标的; (三)数量; (四)质量; (五)价款或者报酬; (六)履行期限、地点和方式; (七)违约责任; (八)解决争议的方法。 当事人可以参照各类合同的示范文本订立合同。	**第四百七十条** 无变化	**第四百七十条**　合同的内容由当事人约定,一般包括下列条款: (一)当事人的姓名或者名称和住所; (二)标的; (三)数量; (四)质量; (五)价款或者报酬; (六)履行期限、地点和方式; (七)违约责任; (八)解决争议的方法。 当事人可以参照各类合同的示范文本订立合同。

续表

《民法典各分编(草案)》(2018年8月版)	《民法典合同编(草案二次审议稿)》(2018年12月版)	《中华人民共和国民法典(草案)》(2019年12月版)	《中华人民共和国民法典(草案大会审议稿)》(2020年5月22日提交审议)	《中华人民共和国民法典》(2020年5月28日审议通过)
第二百六十二条 当事人订立合同,可以采取要约、承诺或者其他方式。	**第二百六十二条** 当事人订立合同,可以采取要约、承诺**方式**或者其他方式。	**第四百七十一条** 无变化	**第四百七十一条** 无变化	**第四百七十一条** 当事人订立合同,可以采取要约、承诺方式或者其他方式。
第二百六十三条 要约是希望和他人订立合同的意思表示,该意思表示应当符合下列规定: (一)内容具体确定; (二)表明经受要约人承诺,要约人即受该意思表示约束。	**第二百六十三条** 无变化	**第四百七十二条** 无变化	**第四百七十二条** 要约是希望**与**他人订立合同的意思表示,该意思表示应当符合下列**条件**: (一)内容具体确定; (二)表明经受要约人承诺,要约人即受该意思表示约束。	**第四百七十二条** 要约是希望与他人订立合同的意思表示,该意思表示应当符合下列条件: (一)内容具体确定; (二)表明经受要约人承诺,要约人即受该意思表示约束。
第二百六十四条 要约邀请是希望他人向自己发出要约的意思表示。寄送的价目表、拍卖公告、招标公告、招股说明书、商业广告等为要约邀请。 商业广告的内容符合要约规定的,视为要约。	**第二百六十四条** 要约邀请是希望他人向自己发出要约的意思表示。**拍卖公告、招标公告、招股说明书、债券募集说明书、基金招募说明书、商业广告和宣传、寄送的价目表**等为要约邀请。 商业广告**和宣传**的内容符合要约规定的,**构成**要约。	**第四百七十三条** 要约邀请是希望他人向自己发出要约的**表示**。拍卖公告、招标公告、招股说明书、债券募集说明书、基金招募说明书、商业广告和宣传、寄送的价目表等为要约邀请。 商业广告和宣传的内容符合要约规定的,构成要约。	**第四百七十三条** 要约邀请是希望他人向自己发出要约的表示。拍卖公告、招标公告、招股说明书、债券募集说明书、基金招募说明书、商业广告和宣传、寄送的价目表等为要约邀请。 商业广告和宣传的内容符合要约**条件**的,构成要约。	**第四百七十三条** 要约邀请是希望他人向自己发出要约的表示。拍卖公告、招标公告、招股说明书、债券募集**办法**、基金招募说明书、商业广告和宣传、寄送的价目表等为要约邀请。 商业广告和宣传的内容符合要约条件的,构成要约。
第二百六十五条 要约生效的时间适用总则编第一百三十七条的规定。	**第二百六十五条** 无变化	**第四百七十四条** 要约生效的时间适用**本法**第一百三十七条的规定。	**第四百七十四条** 无变化	**第四百七十四条** 要约生效的时间适用本法第一百三十七条的规定。
第二百六十六条 要约可以撤回。要约的撤回适用总则编第一百四十一条的规定。	**第二百六十六条** 要约可以撤回。要约的撤回适用总则编第一百四十一条的规定。	**第四百七十五条** 要约可以撤回。要约的撤回适用**本法**第一百四十一条的规定。	**第四百七十五条** 无变化	**第四百七十五条** 要约可以撤回。要约的撤回适用本法第一百四十一条的规定。

续表

《民法典各分编(草案)》(2018年8月版)	《民法典合同编(草案二次审议稿)》(2018年12月版)	《中华人民共和国民法典(草案)》(2019年12月版)	《中华人民共和国民法典(草案大会审议稿)》(2020年5月22日提交审议)	《中华人民共和国民法典》(2020年5月28日审议通过)
第二百六十七条　要约可以撤销。但是有下列情形之一的,要约不得撤销: (一)要约人以确定承诺期限或者以其他形式表明要约不可撤销; (二)受要约人有理由认为要约是不可撤销的,并已经为履行合同作了合理准备工作。	**第二百六十七条**　要约可以撤销,但是有下列情形之一的**除外**: (一)要约人以确定承诺期限或者以其他形式表明要约不可撤销; (二)受要约人有理由认为要约是不可撤销的,并已经为履行合同作了合理准备工作。	**第四百七十六条**　要约可以撤销,但是有下列情形之一的除外: (一)要约人以确定承诺期限**或者**其他形式**明示**要约不可撤销; (二)受要约人有理由认为要约是不可撤销的,并已经为履行合同作了合理准备工作。	**第四百七十六条**　要约可以撤销,但是有下列情形之一的除外: (一)要约人以确定承诺期限或者其他形式明示要约不可撤销; (二)受要约人有理由认为要约是不可撤销的,并已经为履行合同**做**了合理准备工作。	**第四百七十六条**　要约可以撤销,但是有下列情形之一的除外: (一)要约人以确定承诺期限或者其他形式明示要约不可撤销; (二)受要约人有理由认为要约是不可撤销的,并已经为履行合同做了合理准备工作。
第二百六十八条　撤销要约的意思表示以对话方式作出的,该意思表示的内容应当在受要约人作出承诺之前为受要约人所知道;撤销要约的意思表示以非对话方式作出的,应当在受要约人作出承诺之前到达受要约人。	**第二百六十八条** 无变化	**第四百七十七条** 无变化	**第四百七十七条** 无变化	**第四百七十七条**　撤销要约的意思表示以对话方式作出的,该意思表示的内容应当在受要约人作出承诺之前为受要约人所知道;撤销要约的意思表示以非对话方式作出的,应当在受要约人作出承诺之前到达受要约人。
第二百六十九条　有下列情形之一的,要约失效: (一)拒绝要约的意思表示生效; (二)要约人依法撤销要约; (三)承诺期限届满,受要约人未作出承诺; (四)受要约人对要约的内容作出实质性变更。	**第二百六十九条**　有下列情形之一的,要约失效: (一)**要约被拒绝**; (二)**要约依法被撤销**; (三)承诺期限届满,受要约人未作出承诺; (四)受要约人对要约的内容作出实质性变更。	**第四百七十八条** 无变化	**第四百七十八条** 无变化	**第四百七十八条**　有下列情形之一的,要约失效: (一)要约被拒绝; (二)要约依法被撤销; (三)承诺期限届满,受要约人未作出承诺; (四)受要约人对要约的内容作出实质性变更。
第二百七十条　承诺是受要约人同意要约的意思表示。	**第二百七十条** 无变化	**第四百七十九条** 无变化	**第四百七十九条** 无变化	**第四百七十九条**　承诺是受要约人同意要约的意思表示。

续表

《民法典各分编(草案)》(2018年8月版)	《民法典合同编(草案二次审议稿)》(2018年12月版)	《中华人民共和国民法典(草案)》(2019年12月版)	《中华人民共和国民法典(草案大会审议稿)》(2020年5月22日提交审议)	《中华人民共和国民法典》(2020年5月28日审议通过)
第二百七十一条 承诺应当以通知的方式作出,但是根据交易习惯或者要约表明可以通过行为作出承诺的除外。	**第二百七十一条** 无变化	**第四百八十条** 承诺应当以通知的方式作出;但是,根据交易习惯或者要约表明可以通过行为作出承诺的除外。	**第四百八十条** 无变化	**第四百八十条** 承诺应当以通知的方式作出;但是,根据交易习惯或者要约表明可以通过行为作出承诺的除外。
第二百七十二条 承诺应当在要约确定的期限内到达要约人。 要约没有确定承诺期限的,承诺应当依照下列规定到达: (一)要约以对话方式作出的,应当即时作出承诺,**但是当事人另有约定的除外**; (二)要约以非对话方式作出的,承诺应当在合理期限内到达。	**第二百七十二条** 无变化	**第四百八十一条** 无变化	**第四百八十一条** 无变化	**第四百八十一条** 承诺应当在要约确定的期限内到达要约人。 要约没有确定承诺期限的,承诺应当依照下列规定到达: (一)要约以对话方式作出的,应当即时作出承诺; (二)要约以非对话方式作出的,承诺应当在合理期限内到达。
第二百七十三条 要约以信件或者电报作出的,承诺期限自信件载明的日期或者电报交发之日开始计算。信件未载明日期的,自投寄该信件的邮戳日期开始计算。要约以电话、传真、电子邮件等快速通讯方式作出的,承诺期限自要约到达受要约人时开始计算。	**第二百七十三条** 无变化	**第四百八十二条** 无变化	**第四百八十二条** 无变化	**第四百八十二条** 要约以信件或者电报作出的,承诺期限自信件载明的日期或者电报交发之日开始计算。信件未载明日期的,自投寄该信件的邮戳日期开始计算。要约以电话、传真、电子邮件等快速通讯方式作出的,承诺期限自要约到达受要约人时开始计算。
第二百七十四条 承诺生效时合同成立,但是法律另有规定或者当事人另有约定的除外。	**第二百七十四条** 无变化	**第四百八十三条** 无变化	**第四百八十三条** 无变化	**第四百八十三条** 承诺生效时合同成立,但是法律另有规定或者当事人另有约定的除外。

续表

《民法典各分编(草案)》(2018年8月版)	《民法典合同编(草案二次审议稿)》(2018年12月版)	《中华人民共和国民法典(草案)》(2019年12月版)	《中华人民共和国民法典(草案大会审议稿)》(2020年5月22日提交审议)	《中华人民共和国民法典》(2020年5月28日审议通过)
第二百七十五条　以通知方式作出的承诺,生效的时间适用总则编第一百三十七条的规定。 承诺不需要通知的,根据交易习惯或者要约的要求作出承诺的行为时生效。	**第二百七十五条** 无变化	**第四百八十四条**　以通知方式作出的承诺,生效的时间适用**本法**第一百三十七条的规定。 承诺不需要通知的,根据交易习惯或者要约的要求作出承诺的行为时生效。	**第四百八十四条** 无变化	**第四百八十四条**　以通知方式作出的承诺,生效的时间适用本法第一百三十七条的规定。 承诺不需要通知的,根据交易习惯或者要约的要求作出承诺的行为时生效。
第二百七十六条　承诺可以撤回。承诺的撤回适用总则编第一百四十一条的规定。	**第二百七十六条** 无变化	**第四百八十五条**　承诺可以撤回。承诺的撤回适用**本法**第一百四十一条的规定。	**第四百八十五条** 无变化	**第四百八十五条**　承诺可以撤回。承诺的撤回适用本法第一百四十一条的规定。
第二百七十七条　受要约人超过承诺期限发出承诺的,或者在承诺期限内发出承诺,但是按照通常情形不能及时到达要约人的,除要约人及时通知受要约人该承诺有效的以外,为新要约。	**第二百七十七条**　受要约人超过承诺期限发出承诺,或者在承诺期限内发出承诺,**按照**通常情形不能及时到达要约人的,**为新要约,但是要约人及时通知受要约人该承诺有效的除外**。	**第四百八十六条**　受要约人超过承诺期限发出承诺,或者在承诺期限内发出承诺,按照通常情形不能及时到达要约人的,为新要约;但是**,**要约人及时通知受要约人该承诺有效的除外。	**第四百八十六条** 无变化	**第四百八十六条**　受要约人超过承诺期限发出承诺,或者在承诺期限内发出承诺,按照通常情形不能及时到达要约人的,为新要约;但是,要约人及时通知受要约人该承诺有效的除外。
第二百七十八条　受要约人在承诺期限内发出承诺,按照通常情形能够及时到达要约人,但是因其他原因承诺到达要约人时超过承诺期限的,除要约人及时通知受要约人因承诺超过期限不接受该承诺的以外,该承诺有效。	**第二百七十八条**　受要约人在承诺期限内发出承诺,按照通常情形能够及时到达要约人,但是因其他原因承诺到达要约人时超过承诺期限的,除要约人及时通知受要约人因承诺超过期限不接受该承诺**外**,该承诺有效。	**第四百八十七条** 无变化	**第四百八十七条**　受要约人在承诺期限内发出承诺,按照通常情形能够及时到达要约人,但是因其他原因**致使**承诺到达要约人时超过承诺期限的,除要约人及时通知受要约人因承诺超过期限不接受该承诺外,该承诺有效。	**第四百八十七条**　受要约人在承诺期限内发出承诺,按照通常情形能够及时到达要约人,但是因其他原因致使承诺到达要约人时超过承诺期限的,除要约人及时通知受要约人因承诺超过期限不接受该承诺外,该承诺有效。

续表

《民法典各分编(草案)》(2018年8月版)	《民法典合同编(草案二次审议稿)》(2018年12月版)	《中华人民共和国民法典(草案)》(2019年12月版)	《中华人民共和国民法典(草案大会审议稿)》(2020年5月22日提交审议)	《中华人民共和国民法典》(2020年5月28日审议通过)
第二百七十九条 承诺的内容应当与要约的内容一致。受要约人对要约的内容作出实质性变更的,为新要约。有关合同标的、数量、质量、价款或者报酬、履行期限、履行地点和方式、违约责任和解决争议方法等的变更,是对要约内容的实质性变更。	**第二百七十九条** 无变化	**第四百八十八条** 无变化	**第四百八十八条** 无变化	**第四百八十八条** 承诺的内容应当与要约的内容一致。受要约人对要约的内容作出实质性变更的,为新要约。有关合同标的、数量、质量、价款或者报酬、履行期限、履行地点和方式、违约责任和解决争议方法等的变更,是对要约内容的实质性变更。
第二百八十条 承诺对要约的内容作出非实质性变更的,除要约人及时表示反对或者要约表明承诺不得对要约的内容作出任何变更的以外,该承诺有效,合同的内容以承诺的内容为准。	**第二百八十条** 承诺对要约的内容作出非实质性变更的,除要约人及时表示反对或者要约表明承诺不得对要约的内容作出任何变更**外**,该承诺有效,合同的内容以承诺的内容为准。	**第四百八十九条** 无变化	**第四百八十九条** 无变化	**第四百八十九条** 承诺对要约的内容作出非实质性变更的,除要约人及时表示反对或者要约表明承诺不得对要约的内容作出任何变更外,该承诺有效,合同的内容以承诺的内容为准。
第二百八十一条 当事人一方在订立合同前向对方所作的允诺内容具体确定,对合同的订立有重大影响,对方有理由相信其为合同内容的,该允诺视为合同条款。				

续表

《民法典各分编（草案）》（2018 年 8 月版）	《民法典合同编（草案二次审议稿）》（2018 年 12 月版）	《中华人民共和国民法典（草案）》（2019 年 12 月版）	《中华人民共和国民法典（草案大会审议稿）》（2020 年 5 月 22 日提交审议）	《中华人民共和国民法典》（2020 年 5 月 28 日审议通过）
第二百八十二条　当事人采用合同书形式订立合同的，自当事人均签字、盖章或者按指印时合同成立。 **采用合同书形式订立合同，**在签字、盖章或者按指印之前，当事人一方已经履行主要义务，对方接受的，该合同成立。 法律、行政法规规定或者当事人约定合同应当采用书面形式订立，当事人未采用书面形式但是一方已经履行主要义务，对方接受的，该合同成立。	**第二百八十二条**　当事人采用合同书形式订立合同的，自当事人均签字、盖章或者按指印时合同成立。在签字、盖章或者按指印之前，当事人一方已经履行主要义务，对方接受**时**，该合同成立。 法律、行政法规规定或者当事人约定合同应当采用书面形式订立，当事人未采用书面形式但是一方已经履行主要义务，对方接受**时**，该合同成立。	**第四百九十条** 无变化	**第四百九十条** 无变化	**第四百九十条**　当事人采用合同书形式订立合同的，自当事人均签字、盖章或者按指印时合同成立。在签字、盖章或者按指印之前，当事人一方已经履行主要义务，对方接受时，该合同成立。 法律、行政法规规定或者当事人约定合同应当采用书面形式订立，当事人未采用书面形式但是一方已经履行主要义务，对方接受时，该合同成立。
第二百八十三条　当事人采用信件、数据电文等形式订立合同要求签订确认书的，签订确认书时合同成立。 当事人一方通过互联网等信息网络发布的商品或者服务信息符合要约条件的，对方选定商品或者服务并提交订单成功时合同成立，但是当事人另有约定或者另有交易习惯的除外。	**第二百八十三条**　当事人采用信件、数据电文等形式订立合同要求签订确认书的，签订确认书时合同成立。 当事人一方通过互联网等信息网络发布的商品或者服务信息符合要约条件的，对方**选择该**商品或者服务并提交订单成功时合同成立，但是当事人另有约定的除外。	**第四百九十一条** 无变化	**第四百九十一条** 无变化	**第四百九十一条**　当事人采用信件、数据电文等形式订立合同要求签订确认书的，签订确认书时合同成立。 当事人一方通过互联网等信息网络发布的商品或者服务信息符合要约条件的，对方选择该商品或者服务并提交订单成功时合同成立，但是当事人另有约定的除外。
第二百八十四条　承诺生效的地点为合同成立的地点。 采用数据电文形式订立合同的，收件人的主营业地为合同成立的地点；没有主营业地的，其经常居住地为合同成立的地点。当事人另有约定的，按照其约定。	**第二百八十四条** 无变化	**第四百九十二条**　承诺生效的地点为合同成立的地点。 采用数据电文形式订立合同的，收件人的主营业地为合同成立的地点；没有主营业地的，其**住所地**为合同成立的地点。当事人另有约定的，按照其约定。	**第四百九十二条** 无变化	**第四百九十二条**　承诺生效的地点为合同成立的地点。 采用数据电文形式订立合同的，收件人的主营业地为合同成立的地点；没有主营业地的，其住所地为合同成立的地点。当事人另有约定的，按照其约定。

续表

《民法典各分编(草案)》(2018年8月版)	《民法典合同编(草案二次审议稿)》(2018年12月版)	《中华人民共和国民法典(草案)》(2019年12月版)	《中华人民共和国民法典(草案大会审议稿)》(2020年5月22日提交审议)	《中华人民共和国民法典》(2020年5月28日审议通过)
第二百八十五条　当事人采用合同书形式订立合同的,当事人最后签字、盖章或者按指印的地点为合同成立的地点,但是当事人另有约定的除外。	**第二百八十五条**　当事人采用合同书形式订立合同的,**最后**签字、盖章或者按指印的地点为合同成立的地点,但是当事人另有约定的除外。	**第四百九十三条** 无变化	**第四百九十三条** 无变化	**第四百九十三条**　当事人采用合同书形式订立合同的,最后签字、盖章或者按指印的地点为合同成立的地点,但是当事人另有约定的除外。
第二百八十六条　国家根据需要下达指令性任务或者国家订货任务的,有关法人、非法人组织之间应当依照有关法律、行政法规规定的权利和义务订立合同。 依照法律、行政法规的规定负有发出要约义务的当事人应当及时发出合理的要约。 依照法律、行政法规的规定负有承诺义务的当事人不得拒绝对方合理的订立合同要求。	**第二百八十六条**　国家根据需要下达指令性任务或者国家订货任务的,有关**民事主体**之间应当依照有关法律、行政法规规定的权利和义务订立合同。 依照法律、行政法规的规定负有发出要约义务的当事人,应当及时发出合理的要约。 依照法律、行政法规的规定负有承诺义务的当事人,不得拒绝对方合理的订立合同要求。	**第四百九十四条**　国家根据需要下达指令性任务或者国家订货任务的,有关民事主体之间应当依照有关法律、行政法规规定的权利和义务订立合同。 依照法律、行政法规的规定负有发出要约义务的当事人,应当及时发出合理的要约。 依照法律、行政法规的规定负有**作出**承诺义务的当事人,不得拒绝对方合理的订立合同要求。	**第四百九十四条**　国家根据**抢险救灾、疫情防控或者其他需要下达国家订货任务、指令性任务的**,有关民事主体之间应当依照有关法律、行政法规规定的权利和义务订立合同。 依照法律、行政法规的规定负有发出要约义务的当事人,应当及时发出合理的要约。 依照法律、行政法规的规定负有作出承诺义务的当事人,不得拒绝对方合理的订立合同要求。	**第四百九十四条**　国家根据抢险救灾、疫情防控或者其他需要下达国家订货任务、指令性任务的,有关民事主体之间应当依照有关法律、行政法规规定的权利和义务订立合同。 依照法律、行政法规的规定负有发出要约义务的当事人,应当及时发出合理的要约。 依照法律、行政法规的规定负有作出承诺义务的当事人,不得拒绝对方合理的订立合同要求。
第二百八十七条　当事人约定在将来订立合同的认购书、订购书、预订书、意向书等,构成预约合同。 当事人一方不履行预约合同约定的订立合同义务的,对方可以请求其承担预约合同的违约责任。	**第二百八十七条**　当事人约定在将来**一定期限内**订立合同的认购书、订购书、预订书、**意向书**等,构成预约合同。 当事人一方不履行预约合同约定的订立合同义务的,对方可以请求其承担预约合同的违约责任。	**第四百九十五条** 无变化	**第四百九十五条** 无变化	**第四百九十五条**　当事人约定在将来一定期限内订立合同的认购书、订购书、预订书等,构成预约合同。 当事人一方不履行预约合同约定的订立合同义务的,对方可以请求其承担预约合同的违约责任。

续表

《民法典各分编(草案)》(2018年8月版)	《民法典合同编(草案二次审议稿)》(2018年12月版)	《中华人民共和国民法典(草案)》(2019年12月版)	《中华人民共和国民法典(草案大会审议稿)》(2020年5月22日提交审议)	《中华人民共和国民法典》(2020年5月28日审议通过)
第二百八十八条　采用格式条款订立合同的,提供格式条款的一方应当遵循公平原则确定当事人之间的权利和义务,并采取合理的方式提请对方注意免除或者减轻其责任等与对方有重大利害关系的条款,按照对方的要求,对该条款予以说明。提供格式条款的一方未履行提示或者说明义务,致使对方没有注意或者理解与其有重大利害关系的条款的,该条款不产生效力。 格式条款是当事人预先拟定,并在订立合同时未与对方协商的条款。	**第二百八十八条　格式条款是当事人预先拟定,并在订立合同时未与对方协商的条款。** **采用格式条款订立合同的,提供格式条款的一方应当遵循公平原则确定当事人之间的权利和义务,并采取合理的方式提请对方注意免除或者减轻其责任等与对方有重大利害关系的条款,按照对方的要求,对该条款予以说明。提供格式条款的一方未履行提示或者说明义务,致使对方没有注意或者理解与其有重大利害关系的条款的,对方可以主张该条款不成为合同的组成部分。**	**第四百九十六条**　格式条款是当事人预先拟定,并在订立合同时未与对方协商的条款。 采用格式条款订立合同的,提供格式条款的一方应当遵循公平原则确定当事人之间的权利和义务,并采取合理的方式**提示**对方注意免除或者减轻其责任等与对方有重大利害关系的条款,按照对方的要求,对该条款予以说明。提供格式条款的一方未履行提示或者说明义务,致使对方没有注意或者理解与其有重大利害关系的条款的,对方可以主张该条款不成为合同的**内容**。	**第四百九十六条**　格式条款是当事人**为了重复使用而**预先拟定,并在订立合同时未与对方协商的条款。 采用格式条款订立合同的,提供格式条款的一方应当遵循公平原则确定当事人之间的权利和义务,并采取合理的方式提示对方注意免除或者减轻其责任等与对方有重大利害关系的条款,按照对方的要求,对该条款予以说明。提供格式条款的一方未履行提示或者说明义务,致使对方没有注意或者理解与其有重大利害关系的条款的,对方可以主张该条款不成为合同的内容。	**第四百九十六条**　格式条款是当事人为了重复使用而预先拟定,并在订立合同时未与对方协商的条款。 采用格式条款订立合同的,提供格式条款的一方应当遵循公平原则确定当事人之间的权利和义务,并采取合理的方式提示对方注意免除或者减轻其责任等与对方有重大利害关系的条款,按照对方的要求,对该条款予以说明。提供格式条款的一方未履行提示或者说明义务,致使对方没有注意或者理解与其有重大利害关系的条款的,对方可以主张该条款不成为合同的内容。
第二百八十九条　格式条款具有下列情形之一的,该条款无效: (一)总则编第六章和本法第二百九十八条规定的无效情形; (二)提供格式条款一方不合理地免除或者减轻其责任、加重对方责任; (三)提供格式条款一方排除**或者限制**对方主要权利。	**第二百八十九条　有**下列情形之一的,该**格式**条款无效: (一)**具有**总则编第六章和本法第二百九十八条规定的无效情形; (二)提供格式条款一方不合理地免除或者减轻其责任、加重对方责任、**限制对方主要权利;** (三)提供格式条款一方排除对方主要权利。	**第四百九十七条**　有下列情形之一的,该格式条款无效: (一)具有**本法**总则编第六章**第三节**和本法**第五百零六条**规定的无效情形; (二)提供格式条款一方不合理地免除或者减轻其责任、加重对方责任、限制对方主要权利; (三)提供格式条款一方排除对方主要权利。	**第四百九十七条**　有下列情形之一的,该格式条款无效: (一)具有本法**第一编**第六章第三节和本法第五百零六条规定的无效情形; (二)提供格式条款一方不合理地免除或者减轻其责任、加重对方责任、限制对方主要权利; (三)提供格式条款一方排除对方主要权利。	**第四百九十七条**　有下列情形之一的,该格式条款无效: (一)具有本法第一编第六章第三节和本法第五百零六条规定的无效情形; (二)提供格式条款一方不合理地免除或者减轻其责任、加重对方责任、限制对方主要权利; (三)提供格式条款一方排除对方主要权利。

续表

《民法典各分编(草案)》(2018年8月版)	《民法典合同编(草案二次审议稿)》(2018年12月版)	《中华人民共和国民法典(草案)》(2019年12月版)	《中华人民共和国民法典(草案大会审议稿)》(2020年5月22日提交审议)	《中华人民共和国民法典》(2020年5月28日审议通过)
第二百九十条 对格式条款的理解发生争议的,应当按照通常理解予以解释。对格式条款有两种以上解释的,应当作出不利于提供格式条款一方的解释。格式条款和非格式条款不一致的,应当采用非格式条款。	**第二百九十条** 无变化	**第四百九十八条** 无变化	**第四百九十八条** 无变化	**第四百九十八条** 对格式条款的理解发生争议的,应当按照通常理解予以解释。对格式条款有两种以上解释的,应当作出不利于提供格式条款一方的解释。格式条款和非格式条款不一致的,应当采用非格式条款。
第二百九十一条 悬赏人以公开方式声明对完成特定行为的人支付报酬的,完成该行为的人可以请求其支付。	**第二百九十一条** 无变化	**第四百九十九条** 无变化	**第四百九十九条** 无变化	**第四百九十九条** 悬赏人以公开方式声明对完成特定行为的人支付报酬的,完成该行为的人可以请求其支付。
第二百九十二条 当事人在订立合同过程中有下列情形之一,给对方造成损失的,应当承担损害赔偿责任: (一)假借订立合同,恶意进行磋商; (二)故意隐瞒与订立合同有关的重要事实或者提供虚假情况; (三)有其他违背诚信原则的行为。	**第二百九十二条** 无变化	**第五百条** 当事人在订立合同过程中有下列情形之一,**造成对方损失**的,应当承担**赔偿责任**: (一)假借订立合同,恶意进行磋商; (二)故意隐瞒与订立合同有关的重要事实或者提供虚假情况; (三)有其他违背诚信原则的行为。	**第五百条** 无变化	**第五百条** 当事人在订立合同过程中有下列情形之一,造成对方损失的,应当承担赔偿责任: (一)假借订立合同,恶意进行磋商; (二)故意隐瞒与订立合同有关的重要事实或者提供虚假情况; (三)有其他违背诚信原则的行为。
第二百九十三条 当事人在订立合同过程中知悉的商业秘密或者其他应当保密的信息,无论合同是否成立,不得泄露或者不正当地使用。泄露、不正当地使用该商业秘密或者信息给对方造成损失的,应当承担损害赔偿责任。	**第二百九十三条** 无变化	**第五百零一条** 当事人在订立合同过程中知悉的商业秘密或者其他应当保密的信息,无论合同是否成立,不得泄露或者不正当地使用。泄露、不正当地使用该商业秘密或者信息**造成对方**损失的,应当承担**赔偿责任**。	**第五百零一条** 当事人在订立合同过程中知悉的商业秘密或者其他应当保密的信息,无论合同是否成立,不得泄露或者不正当地使用;泄露、不正当地使用该商业秘密或者信息造成对方损失的,应当承担赔偿责任。	**第五百零一条** 当事人在订立合同过程中知悉的商业秘密或者其他应当保密的信息,无论合同是否成立,不得泄露或者不正当地使用;泄露、不正当地使用该商业秘密或者信息造成对方损失的,应当承担赔偿责任。

第三章　合同的效力

《民法典各分编(草案)》(2018年8月版)	《民法典合同编(草案二次审议稿)》(2018年12月版)	《中华人民共和国民法典(草案)》(2019年12月版)	《中华人民共和国民法典(草案大会审议稿)》(2020年5月22日提交审议)	《中华人民共和国民法典》(2020年5月28日审议通过)
第三章　合同的效力	第三章　合同的效力	第三章　合同的效力	第三章　合同的效力	第三章　合同的效力
第二百九十四条　依法成立的合同,自成立时生效,但是法律另有规定或者当事人另有约定的除外。 法律、行政法规规定应当办理批准**、登记**等手续生效的,依照其规定。当事人未办理批准**、登记**等手续的,该合同不生效,但是不影响合同中履行报批**、登记**等义务条款以及相关条款的效力。应当办理申请批准**或者登记**等手续的当事人未履行该义务的,对方可以请求其承担违反该义务的责任。 法律、行政法规规定合同的变更、转让、解除等情形应当办理批准**、登记**等手续生效的,依照前款规定处理。	**第二百九十四条**　依法成立的合同,自成立时生效,但是法律另有规定或者当事人另有约定的除外。 法律、行政法规规定应当办理批准等手续生效的,依照其规定。**未办理**批准等手续的,该合同不生效,但是不影响合同中履行报批等义务条款以及相关条款的效力。应当办理申请批准等手续的当事人未履行该义务的,对方可以请求其承担违反该义务的责任。 法律、行政法规规定合同的变更、转让、解除等情形应当办理批准等手续生效的,依照前款规定处理。	**第五百零二条**　依法成立的合同,自成立时生效,但是法律另有规定或者当事人另有约定的除外。 法律、行政法规规定应当办理批准等手续生效的,依照其规定。未办理批准等手续的,该合同不生效,但是不影响合同中履行报批等义务条款以及相关条款的效力。应当办理申请批准等手续的当事人未履行**义务**的,对方可以请求其承担违反该义务的责任。 法律、行政法规规定合同的变更、转让、解除等情形应当办理批准等手续生效的,**适用**前款**规定**。	**第五百零二条**　依法成立的合同,自成立时生效,但是法律另有规定或者当事人另有约定的除外。 **依照**法律、行政法规**的**规定,**合同**应当办理批准等手续的,依照其规定。未办理批准等手续**影响合同生效的,**不影响合同中履行报批等义务条款以及相关条款的效力。应当办理申请批准等手续的当事人未履行义务的,对方可以请求其承担违反该义务的责任。 **依照**法律、行政法规**的**规定**,**合同的变更、转让、解除等情形应当办理批准等手续的,适用前款规定。	**第五百零二条**　依法成立的合同,自成立时生效,但是法律另有规定或者当事人另有约定的除外。 依照法律、行政法规的规定,合同应当办理批准等手续的,依照其规定。未办理批准等手续影响合同生效的,不影响合同中履行报批等义务条款以及相关条款的效力。应当办理申请批准等手续的当事人未履行义务的,对方可以请求其承担违反该义务的责任。 依照法律、行政法规的规定,合同的变更、转让、解除等情形应当办理批准等手续的,适用前款规定。
第二百九十五条　无权代理人以被代理人的名义订立合同,被代理人已经开始履行合同义务或者接受相对人履行的,视为对合同的追认。	**第二百九十五条** 无变化	**第五百零三条** 无变化	**第五百零三条** 无变化	**第五百零三条**　无权代理人以被代理人的名义订立合同,被代理人已经开始履行合同义务或者接受相对人履行的,视为对合同的追认。

续表

《民法典各分编(草案)》(2018年8月版)	《民法典合同编(草案二次审议稿)》(2018年12月版)	《中华人民共和国民法典(草案)》(2019年12月版)	《中华人民共和国民法典(草案大会审议稿)》(2020年5月22日提交审议)	《中华人民共和国民法典》(2020年5月28日审议通过)
第二百九十六条 法人的法定代表人或者非法人组织的负责人超越权限订立的合同,除相对人知道或者应当知道其超越权限的以外,该合同对法人或者非法人组织发生效力。	**第二百九十六条** 法人的法定代表人或者非法人组织的负责人超越权限订立的合同,除相对人知道或者应当知道其超越权限**外**,该合同对法人或者非法人组织发生效力。	**第五百零四条** 无变化	**第五百零四条** 法人的法定代表人或者非法人组织的负责人超越权限订立的合同,除相对人知道或者应当知道其超越权限外,该**代表行为有效,订立的**合同对法人或者非法人组织发生效力。	**第五百零四条** 法人的法定代表人或者非法人组织的负责人超越权限订立的合同,除相对人知道或者应当知道其超越权限外,该代表行为有效,订立的合同对法人或者非法人组织发生效力。
第二百九十七条 当事人超越经营范围订立的合同的效力,应当依照总则编第六章和本编的规定确定,不得仅以超越经营范围确认合同无效。	**第二百九十七条** 无变化	**第五百零五条** 当事人超越经营范围订立的合同的效力,应当依照**本法**总则编第六章**第三节**和本编的**有关**规定确定,不得仅以超越经营范围确认合同无效。	**第五百零五条** 当事人超越经营范围订立的合同的效力,应当依照本法**第一编**第六章第三节和本编的有关规定确定,不得仅以超越经营范围确认合同无效。	**第五百零五条** 当事人超越经营范围订立的合同的效力,应当依照本法第一编第六章第三节和本编的有关规定确定,不得仅以超越经营范围确认合同无效。
第二百九十八条 **除法律、行政法规另有规定以外,**合同中的下列免责条款无效: (一)造成对方人身损害的; (二)因故意或者重大过失造成对方财产损失的。	**第二百九十八条** 合同中的下列免责条款无效: (一)造成对方人身损害的; (二)因故意或者重大过失造成对方财产损失的。	**第五百零六条** 无变化	**第五百零六条** 无变化	**第五百零六条** 合同中的下列免责条款无效: (一)造成对方人身损害的; (二)因故意或者重大过失造成对方财产损失的。
第二百九十九条 合同不生效、无效、被撤销或者终止的,不影响合同中独立存在的有关解决争议方法的条款的效力。	**第二百九十九条** 合同不生效、无效、被撤销或者终止的,不影响合同中**有关**解决争议方法的条款的效力。	**第五百零七条** 无变化	**第五百零七条** 无变化	**第五百零七条** 合同不生效、无效、被撤销或者终止的,不影响合同中有关解决争议方法的条款的效力。
	第二百九十九条之一 本编对合同的效力没有规定的,适用总则编第六章的有关规定。	**第五百零八条** 本编对合同的效力没有规定的,适用**本法**总则编第六章**第三节**的有关规定。	**第五百零八条** 本编对合同的效力没有规定的,适用本法**第一编**第六章的有关规定。	**第五百零八条** 本编对合同的效力没有规定的,适用本法第一编第六章的有关规定。

第四章　合同的履行

《民法典各分编（草案）》（2018 年 8 月版）	《民法典合同编（草案二次审议稿）》（2018 年 12 月版）	《中华人民共和国民法典（草案）》（2019 年 12 月版）	《中华人民共和国民法典（草案大会审议稿）》（2020 年 5 月 22 日提交审议）	《中华人民共和国民法典》（2020 年 5 月 28 日审议通过）
第四章　合同的履行	第四章　合同的履行	第四章　合同的履行	第四章　合同的履行	第四章　合同的履行
第三百条　当事人应当按照约定全面履行自己的义务。 当事人应当遵循诚信原则，根据合同的性质、目的和交易习惯履行通知、协助、保密和节约资源、减少污染等义务。	**第三百条**　当事人应当按照约定全面履行自己的义务。 当事人应当遵循诚信原则，根据合同的性质、目的和交易习惯履行通知、协助、**保密**等义务。 **当事人在履行合同过程中，应当避免损害生态环境和浪费资源。**	**第五百零九条**　当事人应当按照约定全面履行自己的义务。 当事人应当遵循诚信原则，根据合同的性质、目的和交易习惯履行通知、协助、保密等义务。 当事人在履行合同过程中，应当避免**浪费资源、污染环境和破坏生态**。	**第五百零九条** 无变化	**第五百零九条**　当事人应当按照约定全面履行自己的义务。 当事人应当遵循诚信原则，根据合同的性质、目的和交易习惯履行通知、协助、保密等义务。 当事人在履行合同过程中，应当避免浪费资源、污染环境和破坏生态。
第三百零一条　合同生效后，当事人就质量、价款或者报酬、履行地点等内容没有约定或者约定不明确的，可以协议补充；不能达成补充协议的，按照合同有关条款、**合同性质、目的**或者交易习惯确定。	**第三百零一条** 无变化	**第五百一十条** 无变化	**第五百一十条**　合同生效后，当事人就质量、价款或者报酬、履行地点等内容没有约定或者约定不明确的，可以协议补充；不能达成补充协议的，按照合同**相关**条款或者交易习惯确定。	**第五百一十条**　合同生效后，当事人就质量、价款或者报酬、履行地点等内容没有约定或者约定不明确的，可以协议补充；不能达成补充协议的，按照合同相关条款或者交易习惯确定。

续表

《民法典各分编(草案)》(2018年8月版)	《民法典合同编(草案二次审议稿)》(2018年12月版)	《中华人民共和国民法典(草案)》(2019年12月版)	《中华人民共和国民法典(草案大会审议稿)》(2020年5月22日提交审议)	《中华人民共和国民法典》(2020年5月28日审议通过)
第三百零二条　当事人就有关合同内容约定不明确,依照前条规定仍不能确定的,适用下列规定: (一)质量要求不明确的,按照强制性国家标准履行;没有强制性国家标准的,按照推荐性国家标准履行;没有推荐性国家标准的,按照行业标准履行;没有国家标准、行业标准的,按照通常标准或者符合合同目的的特定标准履行。 (二)价款或者报酬不明确的,按照订立合同时履行地的市场价格履行;依法应当执行政府定价或者政府指导价的,按照规定履行。 (三)履行地点不明确,给付货币的,在接受货币一方所在地履行;交付不动产的,在不动产所在地履行;其他标的,在履行义务一方所在地履行。 (四)履行期限不明确的,债务人可以随时履行,债权人也可以随时要求履行,但是应当给对方必要的准备时间。 (五)履行方式不明确的,按照有利于实现合同目的的方式履行。 (六)履行费用的负担不明确的,由履行义务一方负担,但是因债权人原因增加的履行费用,由债权人负担。	**第三百零二条**　当事人就有关合同内容约定不明确,依照前条规定仍不能确定的,适用下列规定: (一)质量要求不明确的,按照强制性国家标准履行;没有强制性国家标准的,按照推荐性国家标准履行;没有推荐性国家标准的,按照行业标准履行;没有国家标准、行业标准的,按照通常标准或者符合合同目的的特定标准履行。 (二)价款或者报酬不明确的,按照订立合同时履行地的市场价格履行;依法应当执行政府定价或者政府指导价的,按照规定履行。 (三)履行地点不明确,给付货币的,在接受货币一方所在地履行;交付不动产的,在不动产所在地履行;其他标的,在履行义务一方所在地履行。 (四)履行期限不明确的,债务人可以随时履行,债权人也可以随时要求履行,但是应当给对方必要的准备时间。 (五)履行方式不明确的,按照有利于实现合同目的的方式履行。 (六)履行费用的负担不明确的,由履行义务一方负担;**因**债权人原因增加的履行费用,由债权人负担。	**第五百一十一条**　当事人就有关合同内容约定不明确,**依据**前条规定仍不能确定的,适用下列规定: (一)质量要求不明确的,按照强制性国家标准履行;没有强制性国家标准的,按照推荐性国家标准履行;没有推荐性国家标准的,按照行业标准履行;没有国家标准、行业标准的,按照通常标准或者符合合同目的的特定标准履行。 (二)价款或者报酬不明确的,按照订立合同时履行地的市场价格履行;依法应当执行政府定价或者政府指导价的,**依照**规定履行。 (三)履行地点不明确,给付货币的,在接受货币一方所在地履行;交付不动产的,在不动产所在地履行;其他标的,在履行义务一方所在地履行。 (四)履行期限不明确的,债务人可以随时履行,债权人也可以随时**请求**履行,但是应当给对方必要的准备时间。 (五)履行方式不明确的,按照有利于实现合同目的的方式履行。 (六)履行费用的负担不明确的,由履行义务一方负担;因债权人原因增加的履行费用,由债权人负担。	**第五百一十一条** 无变化	**第五百一十一条**　当事人就有关合同内容约定不明确,依据前条规定仍不能确定的,适用下列规定: (一)质量要求不明确的,按照强制性国家标准履行;没有强制性国家标准的,按照推荐性国家标准履行;没有推荐性国家标准的,按照行业标准履行;没有国家标准、行业标准的,按照通常标准或者符合合同目的的特定标准履行。 (二)价款或者报酬不明确的,按照订立合同时履行地的市场价格履行;依法应当执行政府定价或者政府指导价的,依照规定履行。 (三)履行地点不明确,给付货币的,在接受货币一方所在地履行;交付不动产的,在不动产所在地履行;其他标的,在履行义务一方所在地履行。 (四)履行期限不明确的,债务人可以随时履行,债权人也可以随时请求履行,但是应当给对方必要的准备时间。 (五)履行方式不明确的,按照有利于实现合同目的的方式履行。 (六)履行费用的负担不明确的,由履行义务一方负担;因债权人原因增加的履行费用,由债权人负担。

续表

《民法典各分编（草案）》（2018年8月版）	《民法典合同编（草案二次审议稿）》（2018年12月版）	《中华人民共和国民法典（草案）》（2019年12月版）	《中华人民共和国民法典（草案大会审议稿）》（2020年5月22日提交审议）	《中华人民共和国民法典》（2020年5月28日审议通过）
第三百零三条　通过互联网等信息网络签订的电子合同的标的为交付商品并采用快递物流方式交付的，收货人的签收时间为交付时间。电子合同的标的为提供服务的，生成的电子凭证或者实物凭证中载明的时间为交付时间，但是前述凭证没有载明时间或者载明时间与实际提供服务时间不一致的，实际提供服务的时间为交付时间。 电子合同的标的采用在线传输方式交付的，承担交付义务的当事人将合同标的发送至对方指定的特定系统并且能够检索识别的时间为交付时间。 电子合同当事人对交付时间另有约定的，按照其约定。	**第三百零三条**　通过互联网等信息网络**订立**的电子合同的标的为交付商品并采用快递物流方式交付的，收货人的签收时间为交付时间。电子合同的标的为提供服务的，生成的电子凭证或者实物凭证中载明的时间为交付时间；**前述**凭证没有载明时间或者载明时间与实际提供服务时间不一致的，实际提供服务的时间为交付时间。 电子合同的标的采用在线传输方式交付的，**合同标的进入对方当事人**指定的特定系统并且能够检索识别的时间为交付时间。 电子合同当事人对**交付方式**、交付时间另有约定的，按照其约定。	**第五百一十二条**　通过互联网等信息网络订立的电子合同的标的为交付商品并采用快递物流方式交付的，收货人的签收时间为交付时间。电子合同的标的为提供服务的，生成的电子凭证或者实物凭证中载明的时间为交付时间；前述凭证没有载明时间或者载明时间与实际提供服务时间不一致的，实际提供服务的时间为交付时间。 电子合同的标的**为**采用在线传输方式交付的，合同标的进入对方当事人指定的特定系统并且能够检索识别的时间为交付时间。 电子合同当事人对交付方式、交付时间另有约定的，按照其约定。	**第五百一十二条**　通过互联网等信息网络订立的电子合同的标的为交付商品并采用快递物流方式交付的，收货人的签收时间为交付时间。电子合同的标的为提供服务的，生成的电子凭证或者实物凭证中载明的时间为**提供服务**时间；前述凭证没有载明时间或者载明时间与实际提供服务时间不一致的，**以实际提供服务的时间为准**。 电子合同的**标的物**为采用在线传输方式交付的，合同**标的物**进入对方当事人指定的特定系统**且**能够检索识别的时间为交付时间。 电子合同当事人对交付**商品或者提供服务的**方式、**时间**另有约定的，按照其约定。	**第五百一十二条**　通过互联网等信息网络订立的电子合同的标的为交付商品并采用快递物流方式交付的，收货人的签收时间为交付时间。电子合同的标的为提供服务的，生成的电子凭证或者实物凭证中载明的时间为提供服务时间；前述凭证没有载明时间或者载明时间与实际提供服务时间不一致的，以实际提供服务的时间为准。 电子合同的标的物为采用在线传输方式交付的，合同标的物进入对方当事人指定的特定系统且能够检索识别的时间为交付时间。 电子合同当事人对交付商品或者提供服务的方式、时间另有约定的，按照其约定。
第三百零四条　执行政府定价或者政府指导价的，在合同约定的交付期限内政府价格调整时，按照交付时的价格计价。逾期交付标的物的，遇价格上涨时，按照原价格执行；价格下降时，按照新价格执行。逾期提取标的物或者逾期付款的，遇价格上涨时，按照新价格执行；价格下降时，按照原价格执行。	**第三百零四条** 无变化	**第五百一十三条** 无变化	**第五百一十三条** 无变化	**第五百一十三条**　执行政府定价或者政府指导价的，在合同约定的交付期限内政府价格调整时，按照交付时的价格计价。逾期交付标的物的，遇价格上涨时，按照原价格执行；价格下降时，按照新价格执行。逾期提取标的物或者逾期付款的，遇价格上涨时，按照新价格执行；价格下降时，按照原价格执行。

续表

《民法典各分编(草案)》(2018年8月版)	《民法典合同编(草案二次审议稿)》(2018年12月版)	《中华人民共和国民法典(草案)》(2019年12月版)	《中华人民共和国民法典(草案大会审议稿)》(2020年5月22日提交审议)	《中华人民共和国民法典》(2020年5月28日审议通过)
第三百零五条　以支付金钱为内容的债,除法律另有规定或者当事人另有约定以外,债权人可以请求债务人以实际履行地的法定货币履行。	**第三百零五条**　以支付金钱为内容的债,除法律另有规定或者当事人另有约定**外**,债权人可以请求债务人以实际履行地的法定货币履行。	**第五百一十四条** 无变化	**第五百一十四条** 无变化	**第五百一十四条**　以支付金钱为内容的债,除法律另有规定或者当事人另有约定外,债权人可以请求债务人以实际履行地的法定货币履行。
第三百零六条　债务标的有多项而债务人只需履行其中一项的,债务人享有选择权,但是法律另有规定、当事人另有约定或者另有交易习惯的除外。 享有选择权的当事人在约定期间内或者履行期限届满未作选择,经催告后在合理期限内仍未选择的,选择权转移至对方。	**第三百零六条**　债务标的有多项而债务人只需履行其中一项的,债务人享有选择权,但是法律另有规定、当事人另有约定或者另有交易习惯的除外。 享有选择权的当事人在约定**期限**内或者履行期限届满未作选择,经催告后在合理期限内仍未选择的,选择权转移至对方。	**第五百一十五条**　债务标的有多项而债务人只需履行其中一项的,债务人享有选择权**;**但是,法律另有规定、当事人另有约定或者另有交易习惯的除外。 享有选择权的当事人在约定期限内或者履行期限届满未作选择,经催告后在合理期限内仍未选择的,选择权转移至对方。	**第五百一十五条**　**标的**有多项而债务人只需履行其中一项的,债务人享有选择权;但是,法律另有规定、当事人另有约定或者另有交易习惯的除外。 享有选择权的当事人在约定期限内或者履行期限届满未作选择,经催告后在合理期限内仍未选择的,选择权转移至对方。	**第五百一十五条**　标的有多项而债务人只需履行其中一项的,债务人享有选择权;但是,法律另有规定、当事人另有约定或者另有交易习惯的除外。 享有选择权的当事人在约定期限内或者履行期限届满未作选择,经催告后在合理期限内仍未选择的,选择权转移至对方。
第三百零七条　当事人行使选择权应当及时通知对方,通知到达对方时,债务标的确定。确定的债务标的不得变更,但是经对方同意的除外。 可选择的债务标的之中发生不能履行情形的,享有选择权的当事人不得选择不能履行的标的,但是该不能履行的情形是由对方致使的除外。	**第三百零七条** 无变化	**第五百一十六条**　当事人行使选择权应当及时通知对方,通知到达对方时,债务标的确定。确定的债务标的不得变更,但是经对方同意的除外。 可选择的债务标的之中发生不能履行情形的,享有选择权的当事人不得选择不能履行的标的,但是该不能履行的情形是由对方**造成**的除外。	**第五百一十六条**　当事人行使选择权应当及时通知对方,通知到达对方时,**标的**确定。**标的确定后**不得变更,但是经对方同意的除外。 可选择的**标的**发生不能履行情形的,享有选择权的当事人不得选择不能履行的标的,但是该不能履行的情形是由对方造成的除外。	**第五百一十六条**　当事人行使选择权应当及时通知对方,通知到达对方时,标的确定。标的确定后不得变更,但是经对方同意的除外。 可选择的标的发生不能履行情形的,享有选择权的当事人不得选择不能履行的标的,但是该不能履行的情形是由对方造成的除外。

续表

《民法典各分编(草案)》(2018年8月版)	《民法典合同编(草案二次审议稿)》(2018年12月版)	《中华人民共和国民法典(草案)》(2019年12月版)	《中华人民共和国民法典(草案大会审议稿)》(2020年5月22日提交审议)	《中华人民共和国民法典》(2020年5月28日审议通过)
第三百零八条　债权人为二人以上,标的可分,按照份额各自享有债权的,为按份债权;债务人为二人以上,标的可分,按照份额各自负担债务的,为按份债务。 按份债权人或者按份债务人的份额难以确定的,视为份额相同。	**第三百零八条** 无变化	**第五百一十七条** 无变化	**第五百一十七条** 无变化	**第五百一十七条**　债权人为二人以上,标的可分,按照份额各自享有债权的,为按份债权;债务人为二人以上,标的可分,按照份额各自负担债务的,为按份债务。 按份债权人或者按份债务人的份额难以确定的,视为份额相同。
第三百零九条　债权人为二人以上,部分或者全部债权人均可以请求债务人履行债务的,为连带债权;债务人为二人以上,债权人可以请求部分或者全部债务人履行债务的,为连带债务。 连带债权或者连带债务,由法律规定或者当事人约定。	**第三百零九条**　债权人为二人以上,部分或者全部债权人均可以请求债务人履行债务的,为连带债权;债务人为二人以上,债权人可以请求部分或者全部债务人履行**全部**债务的,为连带债务。 连带债权或者连带债务,由法律规定或者当事人约定。	**第五百一十八条** 无变化	**第五百一十八条** 无变化	**第五百一十八条**　债权人为二人以上,部分或者全部债权人均可以请求债务人履行债务的,为连带债权;债务人为二人以上,债权人可以请求部分或者全部债务人履行全部债务的,为连带债务。 连带债权或者连带债务,由法律规定或者当事人约定。
第三百一十条　连带债务人之间的份额难以确定的,视为份额相同。 实际承担债务超过自己份额的连带债务人,有权就超出部分在其他连带债务人未履行的份额范围内向其追偿,并相应地享有债权人的权利,但是不得损害债权人的利益。其他连带债务人可向该债务人主张对债权人享有的抗辩。	**第三百一十条**　连带债务人之间的份额难以确定的,视为份额相同。 实际承担债务超过自己份额的连带债务人,有权就超出部分在其他连带债务人未履行的份额范围内向其追偿,并相应地享有债权人的权利,但是不得损害债权人的利益。其他连带债务人**可以**向该债务人主张对**债权人**的抗辩。	**第五百一十九条**　连带债务人之间的份额难以确定的,视为份额相同。 实际承担债务超过自己份额的连带债务人,有权就超出部分在其他连带债务人未履行的份额范围内向其追偿,并相应地享有债权人的权利,但是不得损害债权人的利益。其他连带债务人**对债权人的抗辩,可以向该债务人主张**。	**第五百一十九条**　连带债务人之间的份额难以确定的,视为份额相同。 实际承担债务超过自己份额的连带债务人,有权就超出部分在其他连带债务人未履行的份额范围内向其追偿,并相应地享有债权人的权利,但是不得损害债权人的利益。其他连带债务人对债权人的抗辩,可以向该债务人主张。 **被追偿的连带债务人不能履行其应分担份额的,其他连带债务人应当在相应范围内按比例分担。**	**第五百一十九条**　连带债务人之间的份额难以确定的,视为份额相同。 实际承担债务超过自己份额的连带债务人,有权就超出部分在其他连带债务人未履行的份额范围内向其追偿,并相应地享有债权人的权利,但是不得损害债权人的利益。其他连带债务人对债权人的抗辩,可以向该债务人主张。 被追偿的连带债务人不能履行其应分担份额的,其他连带债务人应当在相应范围内按比例分担。

续表

《民法典各分编(草案)》(2018年8月版)	《民法典合同编(草案二次审议稿)》(2018年12月版)	《中华人民共和国民法典(草案)》(2019年12月版)	《中华人民共和国民法典(草案大会审议稿)》(2020年5月22日提交审议)	《中华人民共和国民法典》(2020年5月28日审议通过)
第三百一十一条 部分连带债务人履行、抵销债务或者提存标的物的,其他债务人对债权人的债务在相应范围内消灭;该债务人可以依照前条规定向其他债务人追偿。 部分连带债务人的债务被债权人免除的,在该连带债务人所应承担的份额范围内,其他债务人对债权人的债务消灭。 部分连带债务人的债务与债权人的债权同归于一人的,在扣除该债务人所应承担的份额后,债权人对其他债务人的债权继续存在。	**第三百一十一条** 部分连带债务人履行、抵销债务或者提存标的物的,其他债务人对债权人的债务在相应范围内消灭;该债务人可以依照前条规定向其他债务人追偿。 部分连带债务人的债务被债权人免除的,在该连带债务人所应承担的份额范围内,其他债务人对债权人的债务消灭。 部分连带债务人的债务与债权人的债权同归于一人的,在扣除该债务人所应承担的份额后,债权人对其他债务人的债权继续存在。 **债权人对部分连带债务人的给付受领迟延的,对其他连带债务人发生效力。**	**第五百二十条** 部分连带债务人履行、抵销债务或者提存标的物的,其他债务人对债权人的债务在相应范围内消灭;该债务人可以**依据**前条规定向其他债务人追偿。 部分连带债务人的债务被债权人免除的,在该连带债务人**应当**承担的份额范围内,其他债务人对债权人的债务消灭。 部分连带债务人的债务与债权人的债权同归于一人的,在扣除该债务人**应当**承担的份额后,债权人对其他债务人的债权继续存在。 债权人对部分连带债务人的给付受领迟延的,对其他连带债务人发生效力。	**第五百二十条** 无变化	**第五百二十条** 部分连带债务人履行、抵销债务或者提存标的物的,其他债务人对债权人的债务在相应范围内消灭;该债务人可以依据前条规定向其他债务人追偿。 部分连带债务人的债务被债权人免除的,在该连带债务人应当承担的份额范围内,其他债务人对债权人的债务消灭。 部分连带债务人的债务与债权人的债权同归于一人的,在扣除该债务人应当承担的份额后,债权人对其他债务人的债权继续存在。 债权人对部分连带债务人的给付受领迟延的,对其他连带债务人发生效力。
第三百一十二条 连带债权人的份额难以确定的,视为份额相同。 实际受领超过自己份额的连带债权人,应当按比例向其他连带债权人返还。 连带债权参照适用本编关于连带债务的有关规定,但是部分连带债权人免除债务人债务的,在扣除该连带债权人的份额后,不影响其他连带债权人的债权。	**第三百一十二条** 连带债权人**之间**的份额难以确定的,视为份额相同。 实际受领超过自己份额的连带债权人,应当按比例向其他连带债权人返还。 连带债权参照适用**本章**连带债务的有关规定,但是部分连带债权人免除债务人债务的,在扣除该连带债权人的份额后,不影响其他连带债权人的债权。	**第五百二十一条** 连带债权人之间的份额难以确定的,视为份额相同。 实际受领超过自己份额的连带债权人,应当按比例向其他连带债权人返还。 连带债权参照适用本章连带债务的有关规定。**但是,部分连带债权人免除债务人债务的,在扣除该连带债权人的份额后,不影响其他连带债权人的债权。**	**第五百二十一条** 连带债权人之间的份额难以确定的,视为份额相同。 实际受领**债权**的连带债权人,应当按比例向其他连带债权人返还。 连带债权参照适用本章连带债务的有关规定。	**第五百二十一条** 连带债权人之间的份额难以确定的,视为份额相同。 实际受领债权的连带债权人,应当按比例向其他连带债权人返还。 连带债权参照适用本章连带债务的有关规定。

续表

《民法典各分编(草案)》(2018年8月版)	《民法典合同编(草案二次审议稿)》(2018年12月版)	《中华人民共和国民法典(草案)》(2019年12月版)	《中华人民共和国民法典(草案大会审议稿)》(2020年5月22日提交审议)	《中华人民共和国民法典》(2020年5月28日审议通过)
第三百一十三条　当事人约定由债务人向第三人履行债务,债务人未向第三人履行债务或者履行债务不符合约定的,应当向债权人承担违约责任。 法律规定或者当事人约定第三人可以直接请求债务人向其履行债务,第三人未在合理期间内明确拒绝,债务人未向第三人履行债务或者履行债务不符合约定的,第三人可以请求债务人承担违约责任;债务人可以向第三人主张其对债权人的抗辩。	**第三百一十三条**　当事人约定由债务人向第三人履行债务,债务人未向第三人履行债务或者履行债务不符合约定的,应当向债权人承担违约责任。 法律规定或者当事人约定第三人可以直接请求债务人向其履行债务,第三人未在合理**期限**内明确拒绝,债务人未向第三人履行债务或者履行债务不符合约定的,第三人可以请求债务人承担违约责任;债务人可以向第三人主张其对债权人的抗辩。	**第五百二十二条**　当事人约定由债务人向第三人履行债务,债务人未向第三人履行债务或者履行债务不符合约定的,应当向债权人承担违约责任。 法律规定或者当事人约定第三人可以直接请求债务人向其履行债务,第三人未在合理期限内明确拒绝,债务人未向第三人履行债务或者履行债务不符合约定的,第三人可以请求债务人承担违约责任;债务人**对债权人的抗辩,可以向第三人主张**。	**第五百二十二条** 无变化	**第五百二十二条**　当事人约定由债务人向第三人履行债务,债务人未向第三人履行债务或者履行债务不符合约定的,应当向债权人承担违约责任。 法律规定或者当事人约定第三人可以直接请求债务人向其履行债务,第三人未在合理期限内明确拒绝,债务人未向第三人履行债务或者履行债务不符合约定的,第三人可以请求债务人承担违约责任;债务人对债权人的抗辩,可以向第三人主张。
第三百一十四条　当事人约定由第三人向债权人履行债务,第三人不履行债务或者履行债务不符合约定的,债务人应当向债权人承担违约责任。	**第三百一十四条** 无变化	**第五百二十三条** 无变化	**第五百二十三条** 无变化	**第五百二十三条**　当事人约定由第三人向债权人履行债务,第三人不履行债务或者履行债务不符合约定的,债务人应当向债权人承担违约责任。
	第三百一十四条之一 债务人不履行债务,第三人对履行该债务具有合法利益的,第三人有权向债权人代为履行,但是根据债务性质、按照当事人约定或者依照法律规定只能由债务人履行的除外。 债权人接受第三人履行后,其对债务人的债权转让给第三人,但是债务人和第三人另有约定的除外。	**第五百二十四条**　债务人不履行债务,第三人对履行该债务具有合法利益的,第三人有权向债权人代为履行;但是,根据债务性质、按照当事人约定或者依照法律规定只能由债务人履行的除外。 债权人接受第三人履行后,其对债务人的债权转让给第三人,但是债务人和第三人另有约定的除外。	**第五百二十四条** 无变化	**第五百二十四条**　债务人不履行债务,第三人对履行该债务具有合法利益的,第三人有权向债权人代为履行;但是,根据债务性质、按照当事人约定或者依照法律规定只能由债务人履行的除外。 债权人接受第三人履行后,其对债务人的债权转让给第三人,但是债务人和第三人另有约定的除外。

续表

《民法典各分编(草案)》(2018年8月版)	《民法典合同编(草案二次审议稿)》(2018年12月版)	《中华人民共和国民法典(草案)》(2019年12月版)	《中华人民共和国民法典(草案大会审议稿)》(2020年5月22日提交审议)	《中华人民共和国民法典》(2020年5月28日审议通过)
第三百一十五条　当事人互负债务,没有先后履行顺序的,应当同时履行。一方在对方履行之前有权拒绝其履行要求。一方在对方履行债务不符合约定时,有权拒绝其相应的履行要求。	**第三百一十五条** 无变化	**第五百二十五条**　当事人互负债务,没有先后履行顺序的,应当同时履行。一方在对方履行之前有权拒绝其履行**请求**。一方在对方履行债务不符合约定时,有权拒绝其相应的履行**请求**。	**第五百二十五条** 无变化	**第五百二十五条**　当事人互负债务,没有先后履行顺序的,应当同时履行。一方在对方履行之前有权拒绝其履行请求。一方在对方履行债务不符合约定时,有权拒绝其相应的履行请求。
第三百一十六条　当事人互负债务,有先后履行顺序,应当先履行债务一方未履行的,后履行一方有权拒绝其履行要求。先履行一方履行债务不符合约定的,后履行一方有权拒绝其相应的履行要求。	**第三百一十六条** 无变化	**第五百二十六条**　当事人互负债务,有先后履行顺序,应当先履行债务一方未履行的,后履行一方有权拒绝其履行**请求**。先履行一方履行债务不符合约定的,后履行一方有权拒绝其相应的履行**请求**。	**第五百二十六条** 无变化	**第五百二十六条**　当事人互负债务,有先后履行顺序,应当先履行债务一方未履行的,后履行一方有权拒绝其履行请求。先履行一方履行债务不符合约定的,后履行一方有权拒绝其相应的履行请求。
第三百一十七条　应当先履行债务的当事人,有确切证据证明对方有下列情形之一的,可以中止履行: (一)经营状况严重恶化; (二)转移财产、抽逃资金,以逃避债务; (三)丧失商业信誉; (四)有丧失或者可能丧失履行债务能力的其他情形。 当事人没有确切证据中止履行的,应当承担违约责任。	**第三百一十七条**　应当先履行债务的当事人,有**证据**证明对方有下列情形之一的,可以中止履行: (一)经营状况严重恶化; (二)转移财产、抽逃资金,以逃避债务; (三)丧失商业信誉; (四)有丧失或者可能丧失履行债务能力的其他情形。 当事人没有**证据**中止履行的,应当承担违约责任。	**第五百二十七条** 无变化	**第五百二十七条**　应当先履行债务的当事人,有**确切**证据证明对方有下列情形之一的,可以中止履行: (一)经营状况严重恶化; (二)转移财产、抽逃资金,以逃避债务; (三)丧失商业信誉; (四)有丧失或者可能丧失履行债务能力的其他情形。 当事人没有**确切**证据中止履行的,应当承担违约责任。	**第五百二十七条**　应当先履行债务的当事人,有确切证据证明对方有下列情形之一的,可以中止履行: (一)经营状况严重恶化; (二)转移财产、抽逃资金,以逃避债务; (三)丧失商业信誉; (四)有丧失或者可能丧失履行债务能力的其他情形。 当事人没有确切证据中止履行的,应当承担违约责任。

续表

《民法典各分编(草案)》(2018 年 8 月版)	《民法典合同编(草案二次审议稿)》(2018 年 12 月版)	《中华人民共和国民法典(草案)》(2019 年 12 月版)	《中华人民共和国民法典(草案大会审议稿)》(2020 年 5 月 22 日提交审议)	《中华人民共和国民法典》(2020 年 5 月 28 日审议通过)
第三百一十八条　当事人依照前条规定中止履行的,应当及时通知对方。对方提供适当担保时,应当恢复履行。中止履行后,对方在合理期限内未恢复履行能力并且未提供适当担保的,视为以自己的行为表明不履行合同义务。	**第三百一十八条**　当事人依照前条规定中止履行的,应当及时通知对方。对方提供适当担保**的**,应当恢复履行。中止履行后,对方在合理期限内未恢复履行能力并且未提供适当担保的,视为以自己的行为表明不履行合同**主要**义务,**中止履行的一方可以解除合同并可以请求对方承担违约责任**。	**第五百二十八条**　当事人**依据**前条规定中止履行的,应当及时通知对方。对方提供适当担保的,应当恢复履行。中止履行后,对方在合理期限内未恢复履行能力并且未提供适当担保的,视为以自己的行为表明不履行合同主要义务,中止履行的一方可以解除合同并可以请求对方承担违约责任。	**第五百二十八条**　当事人依据前条规定中止履行的,应当及时通知对方。对方提供适当担保的,应当恢复履行。中止履行后,对方在合理期限内未恢复履行能力**且**未提供适当担保的,视为以自己的行为表明不履行**主要债务**,中止履行的一方可以解除合同并可以请求对方承担违约责任。	**第五百二十八条**　当事人依据前条规定中止履行的,应当及时通知对方。对方提供适当担保的,应当恢复履行。中止履行后,对方在合理期限内未恢复履行能力且未提供适当担保的,视为以自己的行为表明不履行主要债务,中止履行的一方可以解除合同并可以请求对方承担违约责任。
第三百一十九条　债权人分立、合并或者变更住所没有通知债务人,致使履行债务发生困难的,债务人可以中止履行或者将标的物提存。	**第三百一十九条** 无变化	**第五百二十九条** 无变化	**第五百二十九条** 无变化	**第五百二十九条**　债权人分立、合并或者变更住所没有通知债务人,致使履行债务发生困难的,债务人可以中止履行或者将标的物提存。
第三百二十条　债权人可以拒绝债务人提前履行债务,但是提前履行不损害债权人利益的除外。 债务人提前履行债务给债权人增加的费用,由债务人负担。	**第三百二十条** 无变化	**第五百三十条** 无变化	**第五百三十条** 无变化	**第五百三十条**　债权人可以拒绝债务人提前履行债务,但是提前履行不损害债权人利益的除外。 债务人提前履行债务给债权人增加的费用,由债务人负担。
第三百二十一条　债权人可以拒绝债务人部分履行债务,但是部分履行不损害债权人利益的除外。 债务人部分履行债务给债权人增加的费用,由债务人负担。	**第三百二十一条** 无变化	**第五百三十一条** 无变化	**第五百三十一条** 无变化	**第五百三十一条**　债权人可以拒绝债务人部分履行债务,但是部分履行不损害债权人利益的除外。 债务人部分履行债务给债权人增加的费用,由债务人负担。

续表

《民法典各分编(草案)》(2018年8月版)	《民法典合同编(草案二次审议稿)》(2018年12月版)	《中华人民共和国民法典(草案)》(2019年12月版)	《中华人民共和国民法典(草案大会审议稿)》(2020年5月22日提交审议)	《中华人民共和国民法典》(2020年5月28日审议通过)
第三百二十二条 合同生效后,当事人不得因姓名、名称的变更或者法定代表人、负责人、承办人的变动而不履行合同义务。	**第三百二十二条** 无变化	**第五百三十二条** 无变化	**第五百三十二条** 无变化	**第五百三十二条** 合同生效后,当事人不得因姓名、名称的变更或者法定代表人、负责人、承办人的变动而不履行合同义务。
第三百二十三条 合同成立后,订立合同的基础发生了当事人在订立合同时无法预见的、非不可抗力造成的不属于商业风险的重大变化,继续履行合同对于当事人一方明显不公平的,受不利影响的当事人可以请求与对方重新协商;在合理期限内协商不成的,当事人可以请求人民法院或者仲裁机构变更或者解除合同。 人民法院或者仲裁机构应当结合案件的实际情况,根据公平原则确定变更或者解除合同。	**第三百二十三条** 合同成立后,订立合同的基础**条件**发生了当事人在订立合同时**无法预见的**、不属于商业风险的重大变化,继续履行合同对于当事人一方明显不公平的,受不利影响的当事人可以请求与对方重新协商;在合理期限内协商不成的,当事人可以请求人民法院或者仲裁机构变更或者解除合同。 人民法院或者仲裁机构应当结合案件的实际情况,根据公平原则确定变更或者解除合同。	**第五百三十三条** 合同成立后,**合同**的基础条件发生了当事人在订立合同时无法预见的、不属于商业风险的重大变化,继续履行合同对于当事人一方明显不公平的,受不利影响的当事人**可以**与对方重新协商;在合理期限内协商不成的,当事人可以请求人民法院或者仲裁机构变更或者解除合同。 人民法院或者仲裁机构应当结合案件的实际情况,根据**公平原则**变更或者解除合同。	**第五百三十三条** 无变化	**第五百三十三条** 合同成立后,合同的基础条件发生了当事人在订立合同时无法预见的、不属于商业风险的重大变化,继续履行合同对于当事人一方明显不公平的,受不利影响的当事人可以与对方重新协商;在合理期限内协商不成的,当事人可以请求人民法院或者仲裁机构变更或者解除合同。 人民法院或者仲裁机构应当结合案件的实际情况,根据公平原则变更或者解除合同。
		第五百三十四条 对当事人利用合同实施危害国家利益、社会公共利益行为的,市场监督管理和其他有关行政主管部门依照法律、行政法规的规定负责监督处理。	**第五百三十四条** 无变化	**第五百三十四条** 对当事人利用合同实施危害国家利益、社会公共利益行为的,市场监督管理和其他有关行政主管部门依照法律、行政法规的规定负责监督处理。

第五章　合同的保全

《民法典各分编（草案）》（2018年8月版）	《民法典合同编（草案二次审议稿）》（2018年12月版）	《中华人民共和国民法典（草案）》（2019年12月版）	《中华人民共和国民法典（草案大会审议稿）》（2020年5月22日提交审议）	《中华人民共和国民法典》（2020年5月28日审议通过）
第五章　合同的保全	第五章　合同的保全	第五章　合同的保全	第五章　合同的保全	第五章　合同的保全
第三百二十四条　因债务人怠于行使其权利，影响债权人的债权实现的，债权人可以向人民法院**或者仲裁机构**请求以自己的名义代位行使债务人的权利，但是该权利专属于债务人自身的除外。代位权的行使范围以债权人的债权为限。债权人行使代位权的必要费用，由债务人负担。	**第三百二十四条**　因债务人怠于行使其权利，影响债权人的**到期**债权实现的，债权人可以向人民法院请求以自己的名义代位行使债务人**对相对人**的权利，但是该权利专属于债务人自身的除外。代位权的行使范围以债权人的**到期**债权为限。债权人行使代位权的必要费用，由债务人负担。**相对人对债务人的抗辩，可以向债权人主张。**	**第五百三十五条**　因债务人怠于行使其**债权以及与该债权有关的从权利**，影响债权人的到期债权实现的，债权人可以向人民法院请求以自己的名义代位行使债务人对相对人的权利，但是该权利专属于债务人自身的除外。 代位权的行使范围以债权人的到期债权为限。债权人行使代位权的必要费用，由债务人负担。 相对人对债务人的抗辩，可以向债权人主张。	**第五百三十五条**　因债务人怠于行使其债权**或者**与该债权有关的从权利，影响债权人的到期债权实现的，债权人可以向人民法院请求以自己的名义代位行使债务人对相对人的权利，但是该权利专属于债务人自身的除外。 代位权的行使范围以债权人的到期债权为限。债权人行使代位权的必要费用，由债务人负担。 相对人对债务人的抗辩，可以向债权人主张。	**第五百三十五条**　因债务人怠于行使其债权或者与该债权有关的从权利，影响债权人的到期债权实现的，债权人可以向人民法院请求以自己的名义代位行使债务人对相对人的权利，但是该权利专属于债务人自身的除外。 代位权的行使范围以债权人的到期债权为限。债权人行使代位权的必要费用，由债务人负担。 相对人对债务人的抗辩，可以向债权人主张。
第三百二十五条　债权人的债权到期前，债务人的权利可能因诉讼时效期间届满或者未及时申报破产债权等情形难以实现的，债权人可以代位向债务人的相对人请求履行、向破产管理人申报或者作出其他必要的行为。	**第三百二十五条** 无变化	**第五百三十六条**　债权人的债权到期前，债务人的权利**存在**诉讼时效期间**即将**届满或者未及时申报破产债权等情形，**影响债权人的债权**实现的，债权人可以代位向债务人的相对人请求**其向债务人**履行、向破产管理人申报或者作出其他必要的行为。	**第五百三十六条**　债权人的债权到期前，债务人的**债权或者与该债权有关的从权利**存在诉讼时效期间即将届满或者未及时申报破产债权等情形，影响债权人的债权实现的，债权人可以代位向债务人的相对人请求其向债务人履行、向破产管理人申报或者作出其他必要的行为。	**第五百三十六条**　债权人的债权到期前，债务人的债权或者与该债权有关的从权利存在诉讼时效期间即将届满或者未及时申报破产债权等情形，影响债权人的债权实现的，债权人可以代位向债务人的相对人请求其向债务人履行、向破产管理人申报或者作出其他必要的行为。

续表

《民法典各分编(草案)》(2018年8月版)	《民法典合同编(草案二次审议稿)》(2018年12月版)	《中华人民共和国民法典(草案)》(2019年12月版)	《中华人民共和国民法典(草案大会审议稿)》(2020年5月22日提交审议)	《中华人民共和国民法典》(2020年5月28日审议通过)
第三百二十六条 人民法院**或者仲裁机构**认定代位权成立的,由债务人的相对人向债权人履行义务,债权人接受履行后,债权人与债务人、债务人与其相对人之间相应的权利义务关系终止。	**第三百二十六条** 人民法院认定代位权成立的,由债务人的相对人向债权人履行义务,债权人接受履行后,债权人与债务人、债务人与其相对人之间相应的**权利义务**终止。	**第五百三十七条** 人民法院认定代位权成立的,由债务人的相对人向债权人履行义务,债权人接受履行后,债权人与债务人、债务人**与**相对人之间相应的权利义务终止。**债务人对相对人的权利被采取保全、执行措施,或者债务人破产的,依照相关法律的规定处理。**	**第五百三十七条** 人民法院认定代位权成立的,由债务人的相对人向债权人履行义务,债权人接受履行后,债权人与债务人、债务人与相对人之间相应的权利义务终止。债务人对相对人的**债权或者与该债权有关的从权利**被采取保全、执行措施,或者债务人破产的,依照相关法律的规定处理。	**第五百三十七条** 人民法院认定代位权成立的,由债务人的相对人向债权人履行义务,债权人接受履行后,债权人与债务人、债务人与相对人之间相应的权利义务终止。债务人对相对人的债权或者与该债权有关的从权利被采取保全、执行措施,或者债务人破产的,依照相关法律的规定处理。
第三百二十七条 因债务人以放弃其债权、放弃债权担保、无偿转让财产等方式无偿处分财产权益,或者恶意延长其到期债权的履行期限,影响债权人的债权实现的,债权人可以请求人民法院撤销债务人的行为。	**第三百二十七条** 无变化	**第五百三十八条** 无变化	**第五百三十八条** 无变化	**第五百三十八条 债务人**以放弃其债权、放弃债权担保、无偿转让财产等方式无偿处分财产权益,或者恶意延长其到期债权的履行期限,影响债权人的债权实现的,债权人可以请求人民法院撤销债务人的行为。
第三百二十八条 债务人以明显不合理的低价转让财产、以明显不合理的高价受让他人财产或者为他人的债务提供担保,影响债权人的债权实现,债务人的相对人知道或者应当知道债务人的行为有害于债权人的利益的,债权人可以请求人民法院撤销债务人的行为。	**第三百二十八条** 债务人以明显不合理的低价转让财产、以明显不合理的高价受让他人财产或者为他人的债务提供担保,影响债权人的债权实现,债务人的相对人知道或者应当知道**该情形**的,债权人可以请求人民法院撤销债务人的行为。	**第五百三十九条** 无变化	**第五百三十九条** 无变化	**第五百三十九条** 债务人以明显不合理的低价转让财产、以明显不合理的高价受让他人财产或者为他人的债务提供担保,影响债权人的债权实现,债务人的相对人知道或者应当知道该情形的,债权人可以请求人民法院撤销债务人的行为。

续表

《民法典各分编(草案)》(2018年8月版)	《民法典合同编(草案二次审议稿)》(2018年12月版)	《中华人民共和国民法典(草案)》(2019年12月版)	《中华人民共和国民法典(草案大会审议稿)》(2020年5月22日提交审议)	《中华人民共和国民法典》(2020年5月28日审议通过)
第三百二十九条　撤销权的行使范围以债权人的债权为限。债权人行使撤销权的必要费用,由债务人负担。	**第三百二十九条** 无变化	**第五百四十条** 无变化	**第五百四十条** 无变化	**第五百四十条**　撤销权的行使范围以债权人的债权为限。债权人行使撤销权的必要费用,由债务人负担。
第三百三十条　撤销权自债权人知道或者应当知道撤销事由之日起一年内行使。自债务人的行为发生之日起五年内没有行使撤销权的,该撤销权消灭。	**第三百三十条**　撤销权自债权人知道或者应当知道撤销事由之日起一年内行使,**但是**自债务人的行为发生之日起五年内没有行使撤销权的,该撤销权消灭。	**第五百四十一条**　撤销权自债权人知道或者应当知道撤销事由之日起一年内行使。自债务人的行为发生之日起五年内没有行使撤销权的,该撤销权消灭。	**第五百四十一条** 无变化	**第五百四十一条**　撤销权自债权人知道或者应当知道撤销事由之日起一年内行使。自债务人的行为发生之日起五年内没有行使撤销权的,该撤销权消灭。
第三百三十一条　债权人请求人民法院撤销债务人损害其利益的行为,人民法院依法撤销的,该行为自始没有法律约束力。 债权人请求人民法院撤销债务人行为的,可同时依法以自己的名义代位行使债务人在其行为被撤销后对相对人所享有的权利。	**第三百三十一条**　**债务人损害债权人利益的行为被人民法院撤销的**,该行为自始没有法律约束力。 **债权人请求人民法院撤销债务人行为的,可同时依法以自己的名义代位行使债务人在其行为被撤销后对相对人所享有的权利。**	**第五百四十二条**　**债务人影响债权人的债权实现的行为被撤销的,自始没有法律约束力。**	**第五百四十二条** 无变化	**第五百四十二条**　债务人影响债权人的债权实现的行为被撤销的,自始没有法律约束力。

第六章　合同的变更和转让

《民法典各分编(草案)》(2018年8月版)	《民法典合同编(草案二次审议稿)》(2018年12月版)	《中华人民共和国民法典(草案)》(2019年12月版)	《中华人民共和国民法典(草案大会审议稿)》(2020年5月22日提交审议)	《中华人民共和国民法典》(2020年5月28日审议通过)
第六章 合同的变更和转让	第六章 合同的变更和转让	第六章 合同的变更和转让	第六章 合同的变更和转让	第六章 合同的变更和转让
第三百三十二条　当事人协商一致,可以变更合同。	**第三百三十二条** 无变化	**第五百四十三条** 无变化	**第五百四十三条** 无变化	**第五百四十三条**　当事人协商一致,可以变更合同。
第三百三十三条　当事人对合同变更的内容约定不明确的,推定为未变更。	**第三百三十三条** 无变化	**第五百四十四条** 无变化	**第五百四十四条** 无变化	**第五百四十四条**　当事人对合同变更的内容约定不明确的,推定为未变更。
第三百三十四条　债权人可以将债权全部或者部分转让给第三人,但是有下列情形之一的除外: (一)根据债权性质不得转让; (二)按照当事人约定**非金钱债权**不得转让; (三)依照法律规定不得转让。 当事人约定非金钱债权不得转让的,不得对抗善意第三人。	**第三百三十四条**　债权人可以将债权**的**全部或者部分转让给第三人,但是有下列情形之一的除外: (一)根据债权性质不得转让; (二)按照当事人约定不得转让; (三)依照法律规定不得转让。 当事人约定非金钱债权不得转让的,不得对抗善意第三人。	**第五百四十五条**　债权人可以将债权的全部或者部分转让给第三人,但是有下列情形之一的除外: (一)根据债权性质不得转让; (二)按照当事人约定不得转让; (三)依照法律规定不得转让。 当事人约定非金钱债权不得转让的,不得对抗善意第三人。**当事人约定金钱债权不得转让的,不得对抗第三人。**	**第五百四十五条** 无变化	**第五百四十五条**　债权人可以将债权的全部或者部分转让给第三人,但是有下列情形之一的除外: (一)根据债权性质不得转让; (二)按照当事人约定不得转让; (三)依照法律规定不得转让。 当事人约定非金钱债权不得转让的,不得对抗善意第三人。当事人约定金钱债权不得转让的,不得对抗第三人。

续表

《民法典各分编(草案)》(2018年8月版)	《民法典合同编(草案二次审议稿)》(2018年12月版)	《中华人民共和国民法典(草案)》(2019年12月版)	《中华人民共和国民法典(草案大会审议稿)》(2020年5月22日提交审议)	《中华人民共和国民法典》(2020年5月28日审议通过)
第三百三十五条　债权人转让权利的,应当通知债务人。未经通知,该转让对债务人不发生效力,但是债务人明知该债权转让的除外。 债权转让的通知不得撤销,但是经受让人同意的除外。	**第三百三十五条**　债权人转让**债权**的,应当通知债务人。未经通知,该转让对债务人不发生效力,**但是债务人明知该债权转让给受让人的除外**。 债权转让的通知不得撤销,但是经受让人同意的除外。	**第五百四十六条**　债权人转让债权的,应当通知债务人。未经通知,该转让对债务人不发生效力。 债权转让的通知不得撤销,但是经受让人同意的除外。	**第五百四十六条**　债权人转让债权,**未通知债务人的**,该转让对债务人不发生效力。 债权转让的通知不得撤销,但是经受让人同意的除外。	**第五百四十六条**　债权人转让债权,未通知债务人的,该转让对债务人不发生效力。 债权转让的通知不得撤销,但是经受让人同意的除外。
第三百三十六条　债权人将同一债权转让给数人,债权转让可以登记的,最先登记的受让人优先于其他受让人;债权转让未登记或者无法登记的,债务人最先收到的债权转让通知中载明的受让人优先于其他受让人。				
第三百三十七条　债权人转让权利的,受让人取得与债权有关的从权利,但是该从权利专属于债权人自身的除外。 受让人取得从权利不因该从权利未履行转移登记手续或者未转移占有而受到影响。	**第三百三十七条**　债权人转让**债权**的,受让人取得与债权有关的从权利,但是该从权利专属于债权人自身的除外。 受让人取得从权利不因该从权利未履行转移登记手续或者未转移占有而受到影响。	**第五百四十七条** 无变化	**第五百四十七条**　债权人转让债权的,受让人取得与债权有关的从权利,但是该从权利专属于债权人自身的除外。 受让人取得从权利不因该从权利未**办理**转移登记手续或者未转移占有而受到影响。	**第五百四十七条**　债权人转让债权的,受让人取得与债权有关的从权利,但是该从权利专属于债权人自身的除外。 受让人取得从权利不因该从权利未办理转移登记手续或者未转移占有而受到影响。
第三百三十八条　债务人接到债权转让通知时,债务人对让与人的抗辩,可以向受让人主张。	**第三百三十八条**　债务人接到债权转让通知**后**,债务人对让与人的抗辩,可以向受让人主张。	**第五百四十八条** 无变化	**第五百四十八条** 无变化	**第五百四十八条**　债务人接到债权转让通知后,债务人对让与人的抗辩,可以向受让人主张。

续表

《民法典各分编（草案）》（2018年8月版）	《民法典合同编（草案二次审议稿）》（2018年12月版）	《中华人民共和国民法典（草案）》（2019年12月版）	《中华人民共和国民法典（草案大会审议稿）》（2020年5月22日提交审议）	《中华人民共和国民法典》（2020年5月28日审议通过）
第三百三十九条 债务人接到债权转让通知时，债务人对让与人享有债权，并且债务人的债权先于转让的债权到期或者同时到期的，债务人可以向受让人主张抵销。	**第三百三十九条** 无变化	**第五百四十九条** **有下列情形之一的，债务人可以向受让人主张抵销：** **（一）债务人接到债权转让通知时，债务人对让与人享有债权，并且债务人的债权先于转让的债权到期或者同时到期；** **（二）债务人的债权与转让的债权是基于同一合同产生。**	**第五百四十九条** 有下列情形之一的，债务人可以向受让人主张抵销： （一）债务人接到债权转让通知时，债务人对让与人享有债权，**且**债务人的债权先于转让的债权到期或者同时到期； （二）债务人的债权与转让的债权是基于同一合同产生。	**第五百四十九条** 有下列情形之一的，债务人可以向受让人主张抵销： （一）债务人接到债权转让通知时，债务人对让与人享有债权，且债务人的债权先于转让的债权到期或者同时到期； （二）债务人的债权与转让的债权是基于同一合同产生。
第三百四十条 因债权转让增加的履行费用，由让与人负担。	**第三百四十条** 无变化	**第五百五十条** 无变化	**第五百五十条** 无变化	**第五百五十条** 因债权转让增加的履行费用，由让与人负担。
第三百四十一条 债务人将合同的义务全部或者部分转移给第三人的，应当经债权人同意。 债务人或者第三人可以催告债权人在合理期限内同意，债权人未作表示的，视为拒绝同意。	**第三百四十一条** 债务人将**债务的**全部或者部分转移给第三人的，应当经债权人同意。 债务人或者第三人可以催告债权人在合理期限内同意，债权人未作表示的，视为拒绝同意。	**第五百五十一条** 债务人将债务的全部或者部分转移给第三人的，应当经债权人同意。 债务人或者第三人可以催告债权人在合理期限内**予以**同意，债权人未作表示的，视为**不**同意。	**第五百五十一条** 无变化	**第五百五十一条** 债务人将债务的全部或者部分转移给第三人的，应当经债权人同意。 债务人或者第三人可以催告债权人在合理期限内予以同意，债权人未作表示的，视为不同意。
第三百四十四条 第三人与债务人约定加入债务并通知债权人或者向债权人表示愿意加入债务，债权人在合理期限内未明确表示拒绝的，第三人在其愿意承担的债务范围内和债务人共同履行义务。	**第三百四十四条** 第三人与债务人约定加入债务并通知债权人或者向债权人表示愿意加入债务，债权人在合理期限内未明确表示拒绝的，**债权人可以请求**第三人在其愿意承担的债务范围内和债务人**承担连带债务**。	**第五百五十二条** 第三人与债务人约定加入债务并通知债权人，**或者第三人**向债权人表示愿意加入债务，债权人**未在合理期限内明确**拒绝的，债权人可以请求第三人在其愿意承担的债务范围内和债务人承担连带债务。	**第五百五十二条** 无变化	**第五百五十二条** 第三人与债务人约定加入债务并通知债权人，或者第三人向债权人表示愿意加入债务，债权人未在合理期限内明确拒绝的，债权人可以请求第三人在其愿意承担的债务范围内和债务人承担连带债务。

续表

《民法典各分编(草案)》(2018年8月版)	《民法典合同编(草案二次审议稿)》(2018年12月版)	《中华人民共和国民法典(草案)》(2019年12月版)	《中华人民共和国民法典(草案大会审议稿)》(2020年5月22日提交审议)	《中华人民共和国民法典》(2020年5月28日审议通过)
第三百四十二条　债务人转移义务的,新债务人可以主张原债务人对债权人的抗辩,但是原债务人对债权人享有债权的,新债务人不得向债权人主张抵销。	**第三百四十二条**　债务人转移**债务**的,新债务人可以主张原债务人对债权人的抗辩,但是原债务人对债权人享有债权的,新债务人不得向债权人主张抵销。	**第五百五十三条**　债务人转移债务的,新债务人可以主张原债务人对债权人的抗辩;**原债务人**对债权人享有债权的,新债务人不得向债权人主张抵销。	**第五百五十三条** 无变化	**第五百五十三条**　债务人转移债务的,新债务人可以主张原债务人对债权人的抗辩;原债务人对债权人享有债权的,新债务人不得向债权人主张抵销。
第三百四十三条　债务人转移义务的,新债务人应当承担与主债务有关的从债务,但是该从债务专属于原债务人自身的除外。	**第三百四十三条**　债务人转移**债务**的,新债务人应当承担与主债务有关的从债务,但是该从债务专属于原债务人自身的除外。	**第五百五十四条** 无变化	**第五百五十四条** 无变化	**第五百五十四条**　债务人转移债务的,新债务人应当承担与主债务有关的从债务,但是该从债务专属于原债务人自身的除外。
第三百四十五条　当事人一方经对方同意,可以将自己在合同中的权利和义务一并转让给第三人。	**第三百四十五条** 无变化	**第五百五十五条** 无变化	**第五百五十五条** 无变化	**第五百五十五条**　当事人一方经对方同意,可以将自己在合同中的权利和义务一并转让给第三人。
第三百四十六条　权利和义务一并转让的,适用债权转让、债务转移的规定。	**第三百四十六条**　**合同的**权利和义务一并转让的,适用债权转让、债务转移的**有关**规定。	**第五百五十六条** 无变化	**第五百五十六条** 无变化	**第五百五十六条**　合同的权利和义务一并转让的,适用债权转让、债务转移的有关规定。

第七章　合同的权利义务终止

《民法典各分编(草案)》(2018年8月版)	《民法典合同编(草案二次审议稿)》(2018年12月版)	《中华人民共和国民法典(草案)》(2019年12月版)	《中华人民共和国民法典(草案大会审议稿)》(2020年5月22日提交审议)	《中华人民共和国民法典》(2020年5月28日审议通过)
第七章 合同的权利义务终止	第七章 合同的权利义务终止	第七章 合同的权利义务终止	第七章 合同的权利义务终止	第七章 合同的权利义务终止
第三百四十七条　有下列情形之一的,合同的权利义务终止: (一)债务已经按照约定履行; (二)**合同解除;** (三)债务相互抵销; (四)债务人依法将标的物提存; (五)债权人免除债务; (六)债权债务同归于一人; (七)法律规定或者当事人约定终止的其他情形。	**第三百四十七条**　有下列情形之一的,**债权债务**终止: (一)债务已经按照约定履行; **(二)**债务相互抵销; **(三)**债务人依法将标的物提存; **(四)**债权人免除债务; **(五)**债权债务同归于一人; **(六)**法律规定或者当事人约定终止的其他情形。 **合同解除的,该合同的权利义务关系终止。**	**第五百五十七条** 无变化	**第五百五十七条** 无变化	**第五百五十七条**　有下列情形之一的,债权债务终止: (一)债务**已经**履行; (二)债务相互抵销; (三)债务人依法将标的物提存; (四)债权人免除债务; (五)债权债务同归于一人; (六)法律规定或者当事人约定终止的其他情形。 合同解除的,该合同的权利义务关系终止。
第三百四十八条　合同的权利义务终止后,当事人应当遵循诚信原则,根据交易习惯履行通知、协助、保密、旧物回收等义务。	**第三百四十八条**　**债权债务**终止后,当事人应当遵循诚信**等**原则,根据交易习惯履行通知、协助、保密、旧物回收等义务。	**第五百五十八条** 无变化	**第五百五十八条** 无变化	**第五百五十八条**　债权债务终止后,当事人应当遵循诚信等原则,根据交易习惯履行通知、协助、保密、旧物回收等义务。
第三百四十九条　合同的权利义务终止时,债权的从权利同时消灭,但是法律另有规定或者当事人另有约定的除外。	**第三百四十九条**　**债权债务**终止时,债权的从权利同时消灭,但是法律另有规定或者当事人另有约定的除外。	**第五百五十九条** 无变化	**第五百五十九条** 无变化	**第五百五十九条**　债权债务终止时,债权的从权利同时消灭,但是法律另有规定或者当事人另有约定的除外。

续表

《民法典各分编（草案）》（2018年8月版）	《民法典合同编（草案二次审议稿）》（2018年12月版）	《中华人民共和国民法典（草案）》（2019年12月版）	《中华人民共和国民法典（草案大会审议稿）》（2020年5月22日提交审议）	《中华人民共和国民法典》（2020年5月28日审议通过）
第三百五十条　债务人对同一债权人负担的数个债务种类相同，债务人的给付不足以清偿全部债务的，由债务人在清偿时指定其履行的债务。 债务人未作指定的，应当优先履行已到期的债务；几项债务均到期的，优先履行对债权人缺乏担保或者担保最少的债务；担保数额相同的，优先履行债务负担较重的债务；负担相同的，按照债务到期的先后顺序履行；到期时间相同的，按比例履行。	**第三百五十条**　债务人对同一债权人负担的数个债务种类相同，债务人的给付不足以清偿全部债务的，**除当事人另有约定外**，由债务人在清偿时指定其履行的债务。 债务人未作指定的，应当优先履行已到期的债务；几项债务均到期的，优先履行对债权人缺乏担保或者担保最少的债务；担保数额相同的，优先履行债务负担较重的债务；负担相同的，按照债务到期的先后顺序履行；到期时间相同的，按比例履行。	**第五百六十条**　债务人对同一债权人负担的数个债务种类相同，债务人的给付不足以清偿全部债务的，除当事人另有约定外，由债务人在清偿时指定其履行的债务。 债务人未作指定的，应当优先履行已到期的债务；几项债务均到期的，优先履行对债权人缺乏担保或者担保最少的债务；担保数额相同的，优先履行债务负担较重的债务；负担相同的，按照债务到期的先后顺序履行；到期时间相同的，**按照债务**比例履行。	**第五百六十条**　债务人对同一债权人负担的数个债务种类相同，债务人的给付不足以清偿全部债务的，除当事人另有约定外，由债务人在清偿时指定其履行的债务。 债务人未作指定的，应当优先履行**已经**到期的债务；**数项**债务均到期的，优先履行对债权人缺乏担保或者担保最少的债务；**均无担保或者**担保**相等**的，优先履行**债务人**负担较重的债务；负担相同的，按照债务到期的先后顺序履行；到期时间相同的，按照债务比例履行。	**第五百六十条**　债务人对同一债权人负担的**数项**债务种类相同，债务人的给付不足以清偿全部债务的，除当事人另有约定外，由债务人在清偿时指定其履行的债务。 债务人未作指定的，应当优先履行已经到期的债务；数项债务均到期的，优先履行对债权人缺乏担保或者担保最少的债务；均无担保或者担保相等的，优先履行债务人负担较重的债务；负担相同的，按照债务到期的先后顺序履行；到期时间相同的，按照债务比例履行。
第三百五十一条　除履行主债务之外，债务人还应当支付利息和实现债权的有关费用，其给付不足以清偿全部债务的，除**法律另有规定或者**当事人另有约定以外，应当按照下列顺序履行： （一）实现债权的有关费用； （二）利息； （三）主债务。	**第三百五十一条　债务人在履行主债务外**还应当支付利息和实现债权的有关费用，其给付不足以清偿全部债务的，除当事人另有约定**外**，应当按照下列顺序履行： （一）实现债权的有关费用； （二）利息； （三）主债务。	**第五百六十一条** 无变化	**第五百六十一条** 无变化	**第五百六十一条**　债务人在履行主债务外还应当支付利息和实现债权的有关费用，其给付不足以清偿全部债务的，除当事人另有约定外，应当按照下列顺序履行： （一）实现债权的有关费用； （二）利息； （三）主债务。
第三百五十二条　当事人协商一致，可以解除合同。当事人可以约定一方解除合同的事由。解除合同的事由发生时，解除权人可以解除合同。	**第三百五十二条**　当事人协商一致，可以解除合同。 当事人可以约定一方解除合同的事由。解除合同的事由发生时，解除权人可以解除合同。	**第五百六十二条** 无变化	**第五百六十二条** 无变化	**第五百六十二条**　当事人协商一致，可以解除合同。 当事人可以约定一方解除合同的事由。解除合同的事由发生时，解除权人可以解除合同。

续表

《民法典各分编(草案)》(2018年8月版)	《民法典合同编(草案二次审议稿)》(2018年12月版)	《中华人民共和国民法典(草案)》(2019年12月版)	《中华人民共和国民法典(草案大会审议稿)》(2020年5月22日提交审议)	《中华人民共和国民法典》(2020年5月28日审议通过)
第三百五十三条 有下列情形之一的,当事人可以解除合同: (一)因不可抗力或者其他客观原因致使不能实现合同目的; (二)在履行期限届满之前,当事人一方明确表示或者以自己的行为表明不履行主要债务; (三)当事人一方迟延履行主要债务,经催告后在合理期限内仍未履行; (四)当事人一方迟延履行债务或者有其他违约行为致使不能实现合同目的; (五)法律规定的其他情形。 以持续履行的债务为内容的不定期合同,当事人可以随时解除合同。 合同不能履行致使不能实现合同目的,解除权人不解除合同对对方明显不公平的,对方可以向人民法院或者仲裁机构请求解除合同,但是不影响其承担违约责任。	**第三百五十三条** 有下列情形之一的,当事人可以解除合同: (一)因**不可抗力**致使不能实现合同目的; (二)在履行期限届满之前,当事人一方明确表示或者以自己的行为表明不履行主要债务; (三)当事人一方迟延履行主要债务,经催告后在合理期限内仍未履行; (四)当事人一方迟延履行债务或者有其他违约行为致使不能实现合同目的; (五)法律规定的其他情形。 以持续履行的债务为内容的不定期合同,当事人**在合理期限之前通知对方后可以解除。** **合同不能履行致使不能实现合同目的,有解除权的当事人不行使解除权,构成滥用权利对对方显失公平的,人民法院或者仲裁机构可以根据对方的请求解除合同,但是不影响违约责任的承担。**	**第五百六十三条** 有下列情形之一的,当事人可以解除合同: (一)因不可抗力致使不能实现合同目的; (二)在履行期限届满之前,当事人一方明确表示或者以自己的行为表明不履行主要债务; (三)当事人一方迟延履行主要债务,经催告后在合理期限内仍未履行; (四)当事人一方迟延履行债务或者有其他违约行为致使不能实现合同目的; (五)法律规定的其他情形。 以持续履行的债务为内容的不定期合同,当事人在合理期限之前通知对方后可以解除。	**第五百六十三条** 有下列情形之一的,当事人可以解除合同: (一)因不可抗力致使不能实现合同目的; (二)在履行期限届满**前**,当事人一方明确表示或者以自己的行为表明不履行主要债务; (三)当事人一方迟延履行主要债务,经催告后在合理期限内仍未履行; (四)当事人一方迟延履行债务或者有其他违约行为致使不能实现合同目的; (五)法律规定的其他情形。 以持续履行的债务为内容的不定期合同,当事人在合理期限之前通知对方后可以解除。	**第五百六十三条** 有下列情形之一的,当事人可以解除合同: (一)因不可抗力致使不能实现合同目的; (二)在履行期限届满前,当事人一方明确表示或者以自己的行为表明不履行主要债务; (三)当事人一方迟延履行主要债务,经催告后在合理期限内仍未履行; (四)当事人一方迟延履行债务或者有其他违约行为致使不能实现合同目的; (五)法律规定的其他情形。 以持续履行的债务为内容的不定期合同,**当事人可以随时解除合同,但是应当在合理期限之前通知对方。**
第三百五十四条 法律规定或者当事人约定解除权行使期限,期限届满当事人不行使的,该权利消灭。 法律没有规定或者当事人没有约定解除权行使期限,经对方催告后在合理期限内不行使的,或者自解除权人知道或者应当知道解除事由之日起一年内不行使的,该权利消灭。	**第三百五十四条** 法律规定或者当事人约定解除权行使期限,期限届满当事人不行使的,该权利消灭。 法律没有规定或者当事人没有约定解除权行使期限,**自解除权人知道或者应当知道解除事由之日起一年内不行使,或者经对方催告后在合理期限内**不行使的,该权利消灭。	**第五百六十四条** 无变化	**第五百六十四条** 无变化	**第五百六十四条** 法律规定或者当事人约定解除权行使期限,期限届满当事人不行使的,该权利消灭。 法律没有规定或者当事人没有约定解除权行使期限,自解除权人知道或者应当知道解除事由之日起一年内不行使,或者经对方催告后在合理期限内不行使的,该权利消灭。

续表

《民法典各分编(草案)》(2018年8月版)	《民法典合同编(草案二次审议稿)》(2018年12月版)	《中华人民共和国民法典(草案)》(2019年12月版)	《中华人民共和国民法典(草案大会审议稿)》(2020年5月22日提交审议)	《中华人民共和国民法典》(2020年5月28日审议通过)
第三百五十五条　当事人一方依法主张解除合同的,应当通知对方。合同自通知到达对方时解除;但是通知载明债务人在一定期限内不履行债务则合同自动解除,债务人在该期限内未履行债务的,合同自通知载明的期限届满时解除。对方对解除合同有异议的,任何一方当事人均可以请求人民法院或者仲裁机构确认解除行为的效力。 当事人一方未通知对方而直接以诉讼或者仲裁方式主张解除合同,人民法院或者仲裁机构确认该主张的,合同自起诉状副本或者仲裁申请书副本送达对方时解除。	**第三百五十五条** 无变化	**第五百六十五条**　当事人一方依法主张解除合同的,应当通知对方。合同自通知到达对方时解除;**通知**载明债务人在一定期限内不履行债务则合同自动解除,债务人在该期限内未履行债务的,合同自通知载明的期限届满时解除。对方对解除合同有异议的,任何一方当事人均可以请求人民法院或者仲裁机构确认解除行为的效力。 当事人一方未通知对方,直接以**提起**诉讼或者**申请**仲裁**的**方式**依法**主张解除合同,人民法院或者仲裁机构确认该主张的,合同自起诉状副本或者仲裁申请书副本送达对方时解除。	**第五百六十五条** 无变化	**第五百六十五条**　当事人一方依法主张解除合同的,应当通知对方。合同自通知到达对方时解除;通知载明债务人在一定期限内不履行债务则合同自动解除,债务人在该期限内未履行债务的,合同自通知载明的期限届满时解除。对方对解除合同有异议的,任何一方当事人均可以请求人民法院或者仲裁机构确认解除行为的效力。 当事人一方未通知对方,直接以提起诉讼或者申请仲裁的方式依法主张解除合同,人民法院或者仲裁机构确认该主张的,合同自起诉状副本或者仲裁申请书副本送达对方时解除。
第三百五十六条　合同解除后,尚未履行的,终止履行;已经履行的,根据履行情况和合同性质,当事人可以要求恢复原状、采取其他补救措施,并有权要求赔偿损失。 合同因违约解除的,当事人可以请求违约方承担违约责任,但是当事人另有约定的除外。 主合同解除后,担保人对债务人应当承担的民事责任仍应承担担保责任,但是担保合同另有约定的除外。	**第三百五十六条**　合同解除后,尚未履行的,终止履行;已经履行的,根据履行情况和合同性质,当事人可以要求恢复原状**或者**采取其他补救措施,并有权要求赔偿损失。 合同因违约解除的,当事人可以请求违约方承担违约责任,但是当事人另有约定的除外。 主合同解除后,担保人对债务人应当承担的民事责任仍应承担担保责任,但是担保合同另有约定的除外。	**第五百六十六条**　合同解除后,尚未履行的,终止履行;已经履行的,根据履行情况和合同性质,当事人可以**请求**恢复原状或者采取其他补救措施,并有权**请求**赔偿损失。 合同因违约解除的,**解除权人**可以请求违约方承担违约责任,但是当事人另有约定的除外。 主合同解除后,担保人对债务人应当承担的民事责任仍**应当**承担担保责任,但是担保合同另有约定的除外。	**第五百六十六条** 无变化	**第五百六十六条**　合同解除后,尚未履行的,终止履行;已经履行的,根据履行情况和合同性质,当事人可以请求恢复原状或者采取其他补救措施,并有权请求赔偿损失。 合同因违约解除的,解除权人可以请求违约方承担违约责任,但是当事人另有约定的除外。 主合同解除后,担保人对债务人应当承担的民事责任仍应当承担担保责任,但是担保合同另有约定的除外。

续表

《民法典各分编(草案)》(2018 年 8 月版)	《民法典合同编(草案二次审议稿)》(2018 年 12 月版)	《中华人民共和国民法典(草案)》(2019 年 12 月版)	《中华人民共和国民法典(草案大会审议稿)》(2020 年 5 月 22 日提交审议)	《中华人民共和国民法典》(2020 年 5 月 28 日审议通过)
第三百五十七条 合同的权利义务终止,不影响合同中结算和清理条款的效力。	**第三百五十七条** 无变化	**第五百六十七条** 合同的**权利义务关系**终止,不影响合同中结算和清理条款的效力。	**第五百六十七条** 无变化	**第五百六十七条** 合同的权利义务关系终止,不影响合同中结算和清理条款的效力。
第三百五十八条 当事人互负债务,该债务的标的物种类、品质相同的,任何一方可以将自己的债务与对方的到期债务抵销,但是根据债务性质、按照当事人约定或者依照法律规定不得抵销的除外。 当事人主张抵销的,应当通知对方。通知自到达对方时生效。抵销不得附条件或者附期限。	**第三百五十八条** 无变化	**第五百六十八条** 当事人互负债务,该债务的标的物种类、品质相同的,任何一方可以将自己的债务与对方的到期债务抵销;但是,根据债务性质、按照当事人约定或者依照法律规定不得抵销的除外。 当事人主张抵销的,应当通知对方。通知自到达对方时生效。抵销不得附条件或者附期限。	**第五百六十八条** 当无变化	**第五百六十八条** 当事人互负债务,该债务的标的物种类、品质相同的,任何一方可以将自己的债务与对方的到期债务抵销;但是,根据债务性质、按照当事人约定或者依照法律规定不得抵销的除外。 当事人主张抵销的,应当通知对方。通知自到达对方时生效。抵销不得附条件或者附期限。
第三百五十九条 当事人互负债务,标的物种类、品质不相同的,经双方协商一致,也可以抵销。	**第三百五十九条** 当事人互负债务,标的物种类、品质不相同的,**经**协商一致,也可以抵销。	**第五百六十九条** 无变化	**第五百六十九条** 无变化	**第五百六十九条** 当事人互负债务,标的物种类、品质不相同的,经协商一致,也可以抵销。
第三百六十条 有下列情形之一,难以履行债务的,债务人可以将标的物提存: (一)债权人无正当理由拒绝受领; (二)债权人下落不明; (三)债权人死亡未确定继承人、遗产管理人或者丧失民事行为能力未确定监护人; (四)法律规定的其他情形。 标的物不适于提存或者提存费用过高的,债务人依法可以拍卖或者变卖标的物,提存所得的价款。	**第三百六十条** 无变化	**第五百七十条** 无变化	**第五百七十条** 有下列情形之一,难以履行债务的,债务人可以将标的物提存: (一)债权人无正当理由拒绝受领; (二)债权人下落不明; (三)债权人死亡未确定继承人、遗产管理人**,**或者丧失民事行为能力未确定监护人; (四)法律规定的其他情形。 标的物不适于提存或者提存费用过高的,债务人依法可以拍卖或者变卖标的物,提存所得的价款。	**第五百七十条** 有下列情形之一,难以履行债务的,债务人可以将标的物提存: (一)债权人无正当理由拒绝受领; (二)债权人下落不明; (三)债权人死亡未确定继承人、遗产管理人,或者丧失民事行为能力未确定监护人; (四)法律规定的其他情形。 标的物不适于提存或者提存费用过高的,债务人依法可以拍卖或者变卖标的物,提存所得的价款。

续表

《民法典各分编（草案）》（2018年8月版）	《民法典合同编（草案二次审议稿）》（2018年12月版）	《中华人民共和国民法典（草案）》（2019年12月版）	《中华人民共和国民法典（草案大会审议稿）》（2020年5月22日提交审议）	《中华人民共和国民法典》（2020年5月28日审议通过）
第三百六十一条　债务人将标的物或者将标的物依法拍卖、变卖所得价款交付提存部门时，提存成立。 提存成立的，视为债务人在其提存范围内已经交付标的物。	**第三百六十一条** 无变化	**第五百七十一条** 无变化	**第五百七十一条** 无变化	**第五百七十一条**　债务人将标的物或者将标的物依法拍卖、变卖所得价款交付提存部门时，提存成立。 提存成立的，视为债务人在其提存范围内已经交付标的物。
第三百六十二条　标的物提存后，债务人应当及时通知债权人或者债权人的继承人、遗产管理人、监护人、财产代管人。	**第三百六十二条** 无变化	**第五百七十二条** 无变化	**第五百七十二条** 无变化	**第五百七十二条**　标的物提存后，债务人应当及时通知债权人或者债权人的继承人、遗产管理人、监护人、财产代管人。
第三百六十三条　标的物提存后，毁损、灭失的风险由债权人承担。提存期间，标的物的孳息归债权人所有。提存费用由债权人负担。	**第三百六十三条** 无变化	**第五百七十三条** 无变化	**第五百七十三条** 无变化	**第五百七十三条**　标的物提存后，毁损、灭失的风险由债权人承担。提存期间，标的物的孳息归债权人所有。提存费用由债权人负担。
第三百六十四条　债权人可以随时领取提存物，但是债权人对债务人负有到期债务的，在债权人未履行债务或者提供担保之前，提存部门根据债务人的要求应当拒绝其领取提存物。 债权人领取提存物的权利，自提存之日起五年内不行使而消灭，提存物扣除提存费用后归国家所有。但是债权人未履行对债务人的到期债务，或者债权人向提存部门书面放弃领取提存物权利的，债务人负担提存费用后有权取回提存物。	**第三百六十四条** 无变化	**第五百七十四条**　债权人可以随时领取提存物。但是，债权人对债务人负有到期债务的，在债权人未履行债务或者提供担保之前，提存部门根据债务人的要求应当拒绝其领取提存物。 债权人领取提存物的权利，自提存之日起五年内不行使而消灭，提存物扣除提存费用后归国家所有。但是，债权人未履行对债务人的到期债务，或者债权人向提存部门书面放弃领取提存物权利的，债务人负担提存费用后有权取回提存物。	**第五百七十四条**　债权人可以随时领取提存物。但是，债权人对债务人负有到期债务的，在债权人未履行债务或者提供担保之前，提存部门根据债务人的要求应当拒绝其领取提存物。 债权人领取提存物的权利，自提存之日起五年内不行使而消灭，提存物扣除提存费用后归国家所有。但是，债权人未履行对债务人的到期债务，或者债权人向提存部门书面**表示**放弃领取提存物权利的，债务人负担提存费用后有权取回提存物。	**第五百七十四条**　债权人可以随时领取提存物。但是，债权人对债务人负有到期债务的，在债权人未履行债务或者提供担保之前，提存部门根据债务人的要求应当拒绝其领取提存物。 债权人领取提存物的权利，自提存之日起五年内不行使而消灭，提存物扣除提存费用后归国家所有。但是，债权人未履行对债务人的到期债务，或者债权人向提存部门书面表示放弃领取提存物权利的，债务人负担提存费用后有权取回提存物。

续表

《民法典各分编(草案)》(2018年8月版)	《民法典合同编(草案二次审议稿)》(2018年12月版)	《中华人民共和国民法典(草案)》(2019年12月版)	《中华人民共和国民法典(草案大会审议稿)》(2020年5月22日提交审议)	《中华人民共和国民法典》(2020年5月28日审议通过)
第三百六十五条　债权人免除债务人部分或者全部债务的,债权债务部分或者全部终止,但是债务人在**知道或者应当知道免除之日起**合理期限内拒绝的除外。	**第三百六十五条** 无变化	**第五百七十五条**　债权人免除债务人部分或者全部债务的,债权债务部分或者全部终止,但是债务人在合理期限内拒绝的除外。	**第五百七十五条**　债权人免除债务人部分或者全部债务的,债权债务部分或者全部终止,但是债务人在合理期限内拒绝的除外。	**第五百七十五条**　债权人免除债务人部分或者全部债务的,债权债务部分或者全部终止,但是债务人在合理期限内拒绝的除外。
第三百六十六条　债权和债务同归于一人的,合同的权利义务终止,但是损害第三人利益的除外。	**第三百六十六条**　债权和债务同归于一人的,**债权债务**终止,但是损害第三人利益的除外。	**第五百七十六条** 无变化	**第五百七十六条** 无变化	**第五百七十六条**　债权和债务同归于一人的,债权债务终止,但是损害第三人利益的除外。

第八章 违约责任

《民法典各分编(草案)》(2018年8月版)	《民法典合同编(草案二次审议稿)》(2018年12月版)	《中华人民共和国民法典(草案)》(2019年12月版)	《中华人民共和国民法典(草案大会审议稿)》(2020年5月22日提交审议)	《中华人民共和国民法典》(2020年5月28日审议通过)
第八章 违约责任	第八章 违约责任	第八章 违约责任	第八章 违约责任	第八章 违约责任
第三百六十七条 当事人一方不履行合同义务或者履行合同义务不符合约定的,应当承担继续履行、采取补救措施或者赔偿损失等违约责任。	**第三百六十七条** 无变化	**第五百七十七条** 无变化	**第五百七十七条** 无变化	**第五百七十七条** 当事人一方不履行合同义务或者履行合同义务不符合约定的,应当承担继续履行、采取补救措施或者赔偿损失等违约责任。
第三百六十八条 当事人一方明确表示或者以自己的行为表明不履行合同义务的,对方可以在履行期限届满之前要求其承担违约责任。	**第三百六十八条** 无变化	**第五百七十八条** 当事人一方明确表示或者以自己的行为表明不履行合同义务的,对方可以在履行期限届满之前**请求**其承担违约责任。	**第五百七十八条** 当事人一方明确表示或者以自己的行为表明不履行合同义务的,对方可以在履行期限届满**前**请求其承担违约责任。	**第五百七十八条** 当事人一方明确表示或者以自己的行为表明不履行合同义务的,对方可以在履行期限届满前请求其承担违约责任。
第三百六十九条 当事人一方未支付价款、报酬、租金、利息,或者不履行其他金钱债务的,对方可以要求其支付。	**第三百六十九条** 无变化	**第五百七十九条** 当事人一方未支付价款、报酬、租金、利息,或者不履行其他金钱债务的,对方可以**请求**其支付。	**第五百七十九条** 无变化	**第五百七十九条** 当事人一方未支付价款、报酬、租金、利息,或者不履行其他金钱债务的,对方可以请求其支付。

续表

《民法典各分编(草案)》(2018年8月版)	《民法典合同编(草案二次审议稿)》(2018年12月版)	《中华人民共和国民法典(草案)》(2019年12月版)	《中华人民共和国民法典(草案大会审议稿)》(2020年5月22日提交审议)	《中华人民共和国民法典》(2020年5月28日审议通过)
第三百七十条 当事人一方不履行非金钱债务或者履行非金钱债务不符合约定的,对方可以要求履行,但是有下列情形之一的除外: (一)法律上或者事实上不能履行; (二)债务的标的不适于强制履行或者履行费用过高; (三)债权人在合理期限内未要求履行。	**第三百七十条** 无变化	**第五百八十条** 当事人一方不履行非金钱债务或者履行非金钱债务不符合约定的,对方可以**请求**履行,但是有下列情形之一的除外: (一)法律上或者事实上不能履行; (二)债务的标的不适于强制履行或者履行费用过高; (三)债权人在合理期限内未**请求**履行。	**第五百八十条** 当事人一方不履行非金钱债务或者履行非金钱债务不符合约定的,对方可以请求履行,但是有下列情形之一的除外: (一)法律上或者事实上不能履行; (二)债务的标的不适于强制履行或者履行费用过高; (三)债权人在合理期限内未请求履行。 **有前款规定的除外情形之一,致使不能实现合同目的的,人民法院或者仲裁机构可以根据当事人的请求终止合同权利义务关系,但是不影响违约责任的承担。**	**第五百八十条** 当事人一方不履行非金钱债务或者履行非金钱债务不符合约定的,对方可以请求履行,但是有下列情形之一的除外: (一)法律上或者事实上不能履行; (二)债务的标的不适于强制履行或者履行费用过高; (三)债权人在合理期限内未请求履行。 有前款规定的除外情形之一,致使不能实现合同目的的,人民法院或者仲裁机构可以根据当事人的请求终止合同权利义务关系,但是不影响违约责任的承担。
第三百七十一条 当事人一方不履行债务或者履行债务不符合约定,依债务的性质不得强制履行的,对方可以请求其负担费用,由第三人替代履行。	**第三百七十一条** 当事人一方不履行债务或者履行债务不符合约定,**根据**债务的性质不得强制履行的,对方可以请求其负担费用,由第三人替代履行。	**第五百八十一条** 当事人一方不履行债务或者履行债务不符合约定,根据债务的性质不得强制履行的,对方可以请求其负担**由第三人替代履行的费用**。	**第五百八十一条** 无变化	**第五百八十一条** 当事人一方不履行债务或者履行债务不符合约定,根据债务的性质不得强制履行的,对方可以请求其负担由第三人替代履行的费用。
第三百七十二条 履行不符合约定的,应当按照当事人的约定承担违约责任。对违约责任没有约定或者约定不明确,依照本法第三百零一条的规定仍不能确定的,受损害方根据标的的性质以及损失的大小,可以合理选择要求对方承担修理、重作、更换、退货、减少价款或者报酬等违约责任。	**第三百七十二条** 无变化	**第五百八十二条** 履行不符合约定的,应当按照当事人的约定承担违约责任。对违约责任没有约定或者约定不明确,**依据**本法**第五百一十条**的规定仍不能确定的,受损害方根据标的的性质以及损失的大小,可以合理选择**请求**对方承担修理、重作、更换、退货、减少价款或者报酬等违约责任。	**第五百八十二条** 无变化	**第五百八十二条** 履行不符合约定的,应当按照当事人的约定承担违约责任。对违约责任没有约定或者约定不明确,依据本法第五百一十条的规定仍不能确定的,受损害方根据标的的性质以及损失的大小,可以合理选择请求对方承担修理、重作、更换、退货、减少价款或者报酬等违约责任。

续表

《民法典各分编（草案）》（2018 年 8 月版）	《民法典合同编（草案二次审议稿）》（2018 年 12 月版）	《中华人民共和国民法典（草案）》（2019 年 12 月版）	《中华人民共和国民法典（草案大会审议稿）》（2020 年 5 月 22 日提交审议）	《中华人民共和国民法典》（2020 年 5 月 28 日审议通过）
第三百七十三条　当事人一方不履行合同义务或者履行合同义务不符合约定的，在履行义务或者采取补救措施后，对方还有其他损失的，应当赔偿损失。	**第三百七十三条** 无变化	**第五百八十三条** 无变化	**第五百八十三条** 无变化	**第五百八十三条**　当事人一方不履行合同义务或者履行合同义务不符合约定的，在履行义务或者采取补救措施后，对方还有其他损失的，应当赔偿损失。
第三百七十四条　当事人一方不履行合同义务或者履行合同义务不符合约定，给对方造成损失的，损失赔偿额应当相当于因违约所造成的损失，包括合同履行后可以获得的利益，但是不得超过违反合同一方订立合同时预见到或者应当预见到的因违反合同可能造成的损失。 经营者对消费者提供商品或者服务有欺诈行为的，依照《中华人民共和国消费者权益保护法》《中华人民共和国食品安全法》等法律的规定承担损害赔偿责任。	**第三百七十四条**　当事人一方不履行合同义务或者履行合同义务不符合约定，给对方造成损失的，损失赔偿额应当相当于因违约所造成的损失，包括合同履行后可以获得的利益，但是不得超过违反合同一方订立合同时预见到或者应当预见到的因违反合同可能造成的损失。 **经营者对消费者提供商品或者服务有欺诈等违法行为的，依照《中华人民共和国消费者权益保护法》《中华人民共和国食品安全法》等法律的规定承担损害赔偿责任。**	**第五百八十四条**　当事人一方不履行合同义务或者履行合同义务不符合约定，**造成对方**损失的，损失赔偿额应当相当于因违约所造成的损失，包括合同履行后可以获得的利益；但是，不得超过违反合同一方订立合同时预见到或者应当预见到的因违反合同可能造成的损失。	**第五百八十四条**　当事人一方不履行合同义务或者履行合同义务不符合约定，造成对方损失的，损失赔偿额应当相当于因违约所造成的损失，包括合同履行后可以获得的利益；但是，不得超过**违约**一方订立合同时预见到或者应当预见到的因**违约**可能造成的损失。	**第五百八十四条**　当事人一方不履行合同义务或者履行合同义务不符合约定，造成对方损失的，损失赔偿额应当相当于因违约所造成的损失，包括合同履行后可以获得的利益；但是，不得超过违约一方订立合同时预见到或者应当预见到的因违约可能造成的损失。

续表

《民法典各分编(草案)》(2018年8月版)	《民法典合同编(草案二次审议稿)》(2018年12月版)	《中华人民共和国民法典(草案)》(2019年12月版)	《中华人民共和国民法典(草案大会审议稿)》(2020年5月22日提交审议)	《中华人民共和国民法典》(2020年5月28日审议通过)
第三百七十五条　当事人可以约定一方违约时应当根据违约情况向对方支付一定数额的违约金,也可以约定因违约产生的损失赔偿额的计算方法。 约定的违约金低于造成的损失的,人民法院或者仲裁机构可以根据当事人的请求予以增加;约定的违约金过分高于造成的损失的,人民法院或者仲裁机构可以根据当事人的请求予以适当减少。 当事人就迟延履行约定违约金的,违约方支付违约金后,还应当履行债务。	**第三百七十五条** 无变化	**第五百八十五条** 无变化	**第五百八十五条** 无变化	**第五百八十五条**　当事人可以约定一方违约时应当根据违约情况向对方支付一定数额的违约金,也可以约定因违约产生的损失赔偿额的计算方法。 约定的违约金低于造成的损失的,人民法院或者仲裁机构可以根据当事人的请求予以增加;约定的违约金过分高于造成的损失的,人民法院或者仲裁机构可以根据当事人的请求予以适当减少。 当事人就迟延履行约定违约金的,违约方支付违约金后,还应当履行债务。
第三百七十六条　当事人可以约定一方向对方给付定金作为债权的担保。定金合同自实际交付定金时成立。 定金的数额由当事人约定,但是不得超过主合同标的额的百分之二十,超过的部分不产生定金效力。实际交付的定金数额多于或者少于约定数额,视为变更约定的定金数额。	**第三百七十六条**　当事人可以约定一方向对方给付定金作为债权的担保。定金合同自实际交付定金时成立。 定金的数额由当事人约定,但是不得超过主合同标的额的百分之二十,超过的部分不产生定金效力。实际交付的定金数额多于或者少于约定数额**的**,视为变更约定的定金数额。	**第五百八十六条**　当事人可以约定一方向对方给付定金作为债权的担保。定金合同自实际交付定金时**生效**。 定金的数额由当事人约定,但是不得超过主合同标的额的百分之二十,**超过**部分不产生定金**的**效力。实际交付的定金数额多于或者少于约定数额的,视为变更约定的定金数额。	**第五百八十六条**　当事人可以约定一方向对方给付定金作为债权的担保。定金合同自实际交付定金时**成立**。 定金的数额由当事人约定;但是,不得超过主合同标的额的百分之二十,超过部分不产生定金的效力。实际交付的定金数额多于或者少于约定数额的,视为变更约定的定金数额。	**第五百八十六条**　当事人可以约定一方向对方给付定金作为债权的担保。定金合同自实际交付定金时成立。 定金的数额由当事人约定;但是,不得超过主合同标的额的百分之二十,超过部分不产生定金的效力。实际交付的定金数额多于或者少于约定数额的,视为变更约定的定金数额。

续表

《民法典各分编(草案)》(2018 年 8 月版)	《民法典合同编(草案二次审议稿)》(2018 年 12 月版)	《中华人民共和国民法典(草案)》(2019 年 12 月版)	《中华人民共和国民法典(草案大会审议稿)》(2020 年 5 月 22 日提交审议)	《中华人民共和国民法典》(2020 年 5 月 28 日审议通过)
第三百七十七条　债务人履行债务后,定金应当抵作价款或者收回。给付定金的一方不履行约定的债务的,无权要求返还定金;收受定金的一方不履行约定的债务的,应当双倍返还定金。	**第三百七十七条** 无变化	**第五百八十七条**　债务人履行债务后,定金应当抵作价款或者收回。给付定金的一方不履行**债务,或者履行债务不符合约定致使不能实现合同目的的**,无权**请求**返还定金;收受定金的一方不履行**债务,或者履行债务不符合约定致使不能实现合同目的的**,应当双倍返还定金。	**第五百八十七条**　债务人履行债务后,定金应当抵作价款或者收回。给付定金的一方不履行债务或者履行债务不符合约定,致使不能实现合同目的的,无权请求返还定金;收受定金的一方不履行债务或者履行债务不符合约定,致使不能实现合同目的的,应当双倍返还定金。	**第五百八十七条**　债务人履行债务**的**,定金应当抵作价款或者收回。给付定金的一方不履行债务或者履行债务不符合约定,致使不能实现合同目的的,无权请求返还定金;收受定金的一方不履行债务或者履行债务不符合约定,致使不能实现合同目的的,应当双倍返还定金。
第三百七十八条　当事人既约定违约金,又约定定金的,一方违约时,对方可以选择适用违约金或者定金条款。 合同约定的定金不足以弥补一方违约造成的损失,对方可以请求赔偿超过定金部分的损失。	**第三百七十八条**　当事人既约定违约金,又约定定金的,一方违约时,对方可以选择适用违约金或者定金条款。 **约定**的定金不足以弥补一方违约造成的损失,对方可以请求赔偿超过定金部分的损失。	**第五百八十八条**　当事人既约定违约金,又约定定金的,一方违约时,对方可以选择适用违约金或者定金条款。 约定的定金不足以弥补一方违约造成的损失**的**,对方可以请求赔偿超过定金**数额**的损失。	**第五百八十八条**　当事人既约定违约金,又约定定金的,一方违约时,对方可以选择适用违约金或者定金条款。 **定金**不足以弥补一方违约造成的损失的,对方可以请求赔偿超过定金数额的损失。	**第五百八十八条**　当事人既约定违约金,又约定定金的,一方违约时,对方可以选择适用违约金或者定金条款。 定金不足以弥补一方违约造成的损失的,对方可以请求赔偿超过定金数额的损失。
第三百七十九条　债务人按照合同约定履行债务,债权人无正当理由拒绝受领的,债务人可以请求债权人赔偿增加的费用。 在债权人受领迟延期间内,债务人无须支付利息。	**第三百七十九条**　债务人按照**约定**履行债务,债权人无正当理由拒绝受领的,债务人可以请求债权人赔偿增加的费用。 在债权人受领迟延**期间**,债务人无须支付利息。	**第五百八十九条** 无变化	**第五百八十九条** 无变化	**第五百八十九条**　债务人按照约定履行债务,债权人无正当理由拒绝受领的,债务人可以请求债权人赔偿增加的费用。 在债权人受领迟延期间,债务人无须支付利息。

续表

《民法典各分编(草案)》(2018年8月版)	《民法典合同编(草案二次审议稿)》(2018年12月版)	《中华人民共和国民法典(草案)》(2019年12月版)	《中华人民共和国民法典(草案大会审议稿)》(2020年5月22日提交审议)	《中华人民共和国民法典》(2020年5月28日审议通过)
第三百八十条 当事人一方因不可抗力不能履行合同的,根据不可抗力的影响,部分或者全部免除责任,但是法律另有规定的除外。因不可抗力不能履行合同的,应当及时通知对方,以减轻可能给对方造成的损失,并应当在合理期限内提供证明。 当事人迟延履行后发生不可抗力的,不免除其违约责任。 **当事人一方因不可抗力致使继续履行合同对其明显不公平的,可以请求人民法院或者仲裁机构变更或者解除合同。**	**第三百八十条** 当事人一方因不可抗力不能履行合同的,根据不可抗力的影响,部分或者全部免除责任,但是法律另有规定的除外。因不可抗力不能履行合同的,应当及时通知对方,以减轻可能给对方造成的损失,并应当在合理期限内提供证明。 当事人迟延履行后发生不可抗力的,不免除其违约责任。	**第五百九十条** 无变化	**第五百九十条** 无变化	**第五百九十条** 当事人一方因不可抗力不能履行合同的,根据不可抗力的影响,部分或者全部免除责任,但是法律另有规定的除外。因不可抗力不能履行合同的,应当及时通知对方,以减轻可能给对方造成的损失,并应当在合理期限内提供证明。 当事人迟延履行后发生不可抗力的,不免除其违约责任。
第三百八十一条 当事人一方违约后,对方应当采取适当措施防止损失的扩大;没有采取适当措施致使损失扩大的,不得就扩大的损失要求赔偿。 当事人因防止损失扩大而支出的合理费用,由违约方负担。	**第三百八十一条** 无变化	**第五百九十一条** 当事人一方违约后,对方应当采取适当措施防止损失的扩大;没有采取适当措施致使损失扩大的,不得就扩大的损失**请求**赔偿。 当事人因防止损失扩大而支出的合理费用,由违约方负担。	**第五百九十一条** 无变化	**第五百九十一条** 当事人一方违约后,对方应当采取适当措施防止损失的扩大;没有采取适当措施致使损失扩大的,不得就扩大的损失请求赔偿。 当事人因防止损失扩大而支出的合理费用,由违约方负担。
第三百八十二条 当事人都违反合同的,应当各自承担相应的责任。 当事人一方违约造成对方损失,对方对损失的发生有过错的,可以减少相应的损失赔偿额。	**第三百八十二条** 无变化	**第五百九十二条** 无变化	**第五百九十二条** 无变化	**第五百九十二条** 当事人都违反合同的,应当各自承担相应的责任。 当事人一方违约造成对方损失,对方对损失的发生有过错的,可以减少相应的损失赔偿额。

续表

《民法典各分编(草案)》(2018年8月版)	《民法典合同编(草案二次审议稿)》(2018年12月版)	《中华人民共和国民法典(草案)》(2019年12月版)	《中华人民共和国民法典(草案大会审议稿)》(2020年5月22日提交审议)	《中华人民共和国民法典》(2020年5月28日审议通过)
第三百八十三条　当事人一方因第三人的原因造成违约的,应当依法向对方承担违约责任。当事人一方和第三人之间的纠纷,依照法律规定或者按照约定解决。	**第三百八十三条**　当事人一方因第三人的原因造成违约的,应当依法向对方承担违约责任。当事人一方和第三人之间的纠纷,依照法律规定或者按照约定**处理**。	**第五百九十三条** 无变化	**第五百九十三条** 无变化	**第五百九十三条**　当事人一方因第三人的原因造成违约的,应当依法向对方承担违约责任。当事人一方和第三人之间的纠纷,依照法律规定或者按照约定处理。
第三百八十四条　因国际货物买卖合同和技术进出口合同争议提起诉讼或者申请仲裁的期限为四年,自当事人知道或者应当知道其权利受到损害以及义务人之日起计算。	**第三百八十四条**　因国际货物买卖合同和技术进出口合同争议提起诉讼或者申请仲裁的**期间**为四年**,自当事人知道或者应当知道其权利受到损害以及义务人之日起计算**。	**第五百九十四条**　因国际货物买卖合同和技术进出口合同争议提起诉讼或者申请仲裁的**时效**期间为四年。	**第五百九十四条** 无变化	**第五百九十四条**　因国际货物买卖合同和技术进出口合同争议提起诉讼或者申请仲裁的时效期间为四年。

第九章　买卖合同

《民法典各分编(草案)》(2018年8月版)	《民法典合同编(草案二次审议稿)》(2018年12月版)	《中华人民共和国民法典(草案)》(2019年12月版)	《中华人民共和国民法典(草案大会审议稿)》(2020年5月22日提交审议)	《中华人民共和国民法典》(2020年5月28日审议通过)
	第二分编　典型合同	第二分编　典型合同	第二分编　典型合同	第二分编　典型合同
第九章　买卖合同	第九章　买卖合同	第九章　买卖合同	第九章　买卖合同	第九章　买卖合同
第三百八十五条　买卖合同是出卖人转移标的物的所有权于买受人,买受人支付价款的合同。	**第三百八十五条** 无变化	**第五百九十五条** 无变化	**第五百九十五条** 无变化	**第五百九十五条**　买卖合同是出卖人转移标的物的所有权于买受人,买受人支付价款的合同。
第三百八十六条　买卖合同的内容除依照本法第二百六十一条的规定以外,还可以包括包装方式、检验标准和方法、结算方式、合同使用的文字及其效力等条款。	**第三百八十六条**　买卖合同的内容除依照本法第二百六十一条的规定**外**,还可以包括包装方式、检验标准和方法、结算方式、合同使用的文字及其效力等条款。	**第五百九十六条**　买卖合同的内容**一般包括标的物名称、数量、质量、价款,履行期限、履行地点和方式**、包装方式、检验标准和方法、结算方式、合同使用的文字及其效力等条款。	**第五百九十六条**　买卖合同的内容一般包括标的物**的**名称、数量、质量、价款、履行期限、履行地点和方式、包装方式、检验标准和方法、结算方式、合同使用的文字及其效力等条款。	**第五百九十六条**　买卖合同的内容一般包括标的物的名称、数量、质量、价款、履行期限、履行地点和方式、包装方式、检验标准和方法、结算方式、合同使用的文字及其效力等条款。
第三百八十七条　出卖人应当对出卖的标的物享有处分权。因出卖人未取得处分权致使标的物所有权不能转移的,买受人可以解除合同并要求出卖人承担违约责任。 法律、行政法规禁止或者限制转让的标的物,依照其规定。	**第三百八十七条**　因出卖人未取得处分权致使标的物所有权不能转移的,买受人可以解除合同并要求出卖人承担违约责任。 法律、行政法规禁止或者限制转让的标的物,依照其规定。	**第五百九十七条**　因出卖人未取得处分权致使标的物所有权不能转移的,买受人可以解除合同并**请求**出卖人承担违约责任。 法律、行政法规禁止或者限制转让的标的物,依照其规定。	**第五百九十七条** 无变化	**第五百九十七条**　因出卖人未取得处分权致使标的物所有权不能转移的,买受人可以解除合同并请求出卖人承担违约责任。 法律、行政法规禁止或者限制转让的标的物,依照其规定。

续表

《民法典各分编(草案)》(2018年8月版)	《民法典合同编(草案二次审议稿)》(2018年12月版)	《中华人民共和国民法典(草案)》(2019年12月版)	《中华人民共和国民法典(草案大会审议稿)》(2020年5月22日提交审议)	《中华人民共和国民法典》(2020年5月28日审议通过)
第三百八十八条　出卖人应当履行向买受人交付标的物或者交付提取标的物的单证,并转移标的物所有权的义务。	**第三百八十八条** 无变化	**第五百九十八条** 无变化	**第五百九十八条** 无变化	**第五百九十八条**　出卖人应当履行向买受人交付标的物或者交付提取标的物的单证,并转移标的物所有权的义务。
第三百八十九条　出卖人应当按照约定或者交易习惯向买受人交付提取标的物单证以外的有关单证和资料。	**第三百八十九条** 无变化	**第五百九十九条** 无变化	**第五百九十九条** 无变化	**第五百九十九条**　出卖人应当按照约定或者交易习惯向买受人交付提取标的物单证以外的有关单证和资料。
第三百九十条　出卖具有知识产权的计算机软件等标的物的,除法律另有规定或者当事人另有约定的以外,该标的物的知识产权不属于买受人。	**第三百九十条**　出卖具有知识产权的计算机软件等标的物的,除法律另有规定或者当事人另有约定**外**,该标的物的知识产权不属于买受人。	**第六百条**　出卖具有知识产权**的**标的物的,除法律另有规定或者当事人另有约定外,该标的物的知识产权不属于买受人。	**第六百条** 无变化	**第六百条**　出卖具有知识产权的标的物的,除法律另有规定或者当事人另有约定外,该标的物的知识产权不属于买受人。
第三百九十一条　出卖人应当按照约定的期限交付标的物。 约定交付期间的,出卖人可以在该交付期间内的任何时间交付。	**第三百九十一条**　出卖人应当按照约定的期限交付标的物。约定交付期间的,出卖人可以在该交付期间内的任何时间交付。	**第六百零一条** 无变化	**第六百零一条** 无变化	**第六百零一条**　出卖人应当按照约定的**时间**交付标的物。约定交付**期限**的,出卖人可以在该交付**期限**内的任何时间交付。
第三百九十二条　当事人没有约定标的物的交付期限或者约定不明确的,适用本法第三百零一条、第三百零二条第四项的规定。	**第三百九十二条** 无变化	**第六百零二条**　当事人没有约定标的物的交付期限或者约定不明确的,适用本法**第五百一十条**、**第五百一十一条**第四项的规定。	**第六百零二条** 无变化	**第六百零二条**　当事人没有约定标的物的交付期限或者约定不明确的,适用本法第五百一十条、第五百一十一条第四项的规定。

续表

《民法典各分编(草案)》(2018年8月版)	《民法典合同编(草案二次审议稿)》(2018年12月版)	《中华人民共和国民法典(草案)》(2019年12月版)	《中华人民共和国民法典(草案大会审议稿)》(2020年5月22日提交审议)	《中华人民共和国民法典》(2020年5月28日审议通过)
第三百九十三条　出卖人应当按照约定的地点交付标的物。当事人没有约定交付地点或者约定不明确,依照本法第三百零一条的规定仍不能确定的,适用下列规定: (一)标的物需要运输的,出卖人应当将标的物交付给第一承运人以运交给买受人; (二)标的物不需要运输,出卖人和买受人订立合同时知道标的物在某一地点的,出卖人应当在该地点交付标的物;不知道标的物在某一地点的,应当在出卖人订立合同时的营业地交付标的物。	**第三百九十三条** 无变化	**第六百零三条**　出卖人应当按照约定的地点交付标的物。 当事人没有约定交付地点或者约定不明确,**依据**本法**第五百一十条**的规定仍不能确定的,适用下列规定: (一)标的物需要运输的,出卖人应当将标的物交付给第一承运人以运交给买受人; (二)标的物不需要运输,出卖人和买受人订立合同时知道标的物在某一地点的,出卖人应当在该地点交付标的物;不知道标的物在某一地点的,应当在出卖人订立合同时的营业地交付标的物。	**第六百零三条** 无变化	**第六百零三条**　出卖人应当按照约定的地点交付标的物。 当事人没有约定交付地点或者约定不明确,依据本法第五百一十条的规定仍不能确定的,适用下列规定: (一)标的物需要运输的,出卖人应当将标的物交付给第一承运人以运交给买受人; (二)标的物不需要运输,出卖人和买受人订立合同时知道标的物在某一地点的,出卖人应当在该地点交付标的物;不知道标的物在某一地点的,应当在出卖人订立合同时的营业地交付标的物。
第三百九十四条　标的物毁损、灭失的风险,在标的物交付之前由出卖人承担,交付之后由买受人承担,但是法律另有规定或者当事人另有约定的除外。	**第三百九十四条** 无变化	**第六百零四条第一款** 无变化	**第六百零四条** 无变化	**第六百零四条**　标的物毁损、灭失的风险,在标的物交付之前由出卖人承担,交付之后由买受人承担,但是法律另有规定或者当事人另有约定的除外。
第三百九十五条第一款　因买受人的原因致使标的物未按照约定的期限交付的,买受人应当自违反约定之日起承担标的物毁损、灭失的风险。	**第三百九十五条第一款** 无变化	**第六百零五条**　因买受人的原因致使标的物未按照约定的期限交付的,买受人应当自违反约定**时**起承担标的物毁损、灭失的风险。	**第六百零五条** 无变化	**第六百零五条**　因买受人的原因致使标的物未按照约定的期限交付的,买受人应当自违反约定时起承担标的物毁损、灭失的风险。
第三百九十六条　出卖人出卖交由承运人运输的在途标的物,除当事人另有约定的以外,毁损、灭失的风险自合同成立时起由买受人承担。	**第三百九十六条**　出卖人出卖交由承运人运输的在途标的物,除当事人另有约定**外**,毁损、灭失的风险自合同成立时起由买受人承担。	**第六百零六条** 无变化	**第六百零六条** 无变化	**第六百零六条**　出卖人出卖交由承运人运输的在途标的物,除当事人另有约定外,毁损、灭失的风险自合同成立时起由买受人承担。

续表

《民法典各分编(草案)》(2018 年 8 月版)	《民法典合同编(草案二次审议稿)》(2018 年 12 月版)	《中华人民共和国民法典(草案)》(2019 年 12 月版)	《中华人民共和国民法典(草案大会审议稿)》(2020 年 5 月 22 日提交审议)	《中华人民共和国民法典》(2020 年 5 月 28 日审议通过)
第三百九十五条第二款 出卖人按照约定将标的物运送至买受人指定地点并交付给承运人后,标的物毁损、灭失的风险由买受人承担,但是当事人另有约定的除外。	**第三百九十五条第二款** 无变化	**第六百零四条第二款** 无变化	**第六百零七条**　出卖人按照约定将标的物运送至买受人指定地点并交付给承运人后,标的物毁损、灭失的风险由买受人承担。 当事人没有约定交付地点或者约定不明确,依据本法第六百零三条第二款第一项的规定标的物需要运输的,出卖人将标的物交付给第一承运人后,标的物毁损、灭失的风险由买受人承担。	**第六百零七条**　出卖人按照约定将标的物运送至买受人指定地点并交付给承运人后,标的物毁损、灭失的风险由买受人承担。 当事人没有约定交付地点或者约定不明确,依据本法第六百零三条第二款第一项的规定标的物需要运输的,出卖人将标的物交付给第一承运人后,标的物毁损、灭失的风险由买受人承担。
第三百九十七条　当事人没有约定交付地点或者约定不明确,依照本法第三百九十三条第二款第一项的规定标的物需要运输的,出卖人将标的物交付给第一承运人后,标的物毁损、灭失的风险由买受人承担。	**第三百九十七条** 无变化	**第六百零七条**　当事人没有约定交付地点或者约定不明确,**依据**本法**第六百零三条**第二款第一项的规定标的物需要运输的,出卖人将标的物交付给第一承运人后,标的物毁损、灭失的风险由买受人承担。		
第三百九十八条　出卖人按照约定或者依照本法第三百九十三条第二款第二项的规定将标的物置于交付地点,买受人违反约定没有收取的,标的物毁损、灭失的风险自违反约定之日起由买受人承担。	**第三百九十八条**　出卖人按照约定或者依照本法第三百九十三条第二款第二项的规定将标的物置于交付地点,买受人违反约定没有收取的,标的物毁损、灭失的风险自违反约定之**时**起由买受人承担。	**第六百零八条**　出卖人按照约定或者**依据**本法**第六百零三条**第二款第二项的规定将标的物置于交付地点,买受人违反约定没有收取的,标的物毁损、灭失的风险自违反约定**时**起由买受人承担。	**第六百零八条** 无变化	**第六百零八条**　出卖人按照约定或者依据本法第六百零三条第二款第二项的规定将标的物置于交付地点,买受人违反约定没有收取的,标的物毁损、灭失的风险自违反约定时起由买受人承担。
第三百九十九条　出卖人未按照约定交付有关标的物的单证和资料的,不影响标的物毁损、灭失风险的转移。	**第三百九十九条**　出卖人**按照约定未**交付有关标的物的单证和资料的,不影响标的物毁损、灭失风险的转移。	**第六百零九条** 无变化	**第六百零九条** 无变化	**第六百零九条**　出卖人按照约定未交付有关标的物的单证和资料的,不影响标的物毁损、灭失风险的转移。

续表

《民法典各分编(草案)》(2018年8月版)	《民法典合同编(草案二次审议稿)》(2018年12月版)	《中华人民共和国民法典(草案)》(2019年12月版)	《中华人民共和国民法典(草案大会审议稿)》(2020年5月22日提交审议)	《中华人民共和国民法典》(2020年5月28日审议通过)
第四百条 因标的物质量不符合质量要求,致使不能实现合同目的的,买受人可以拒绝接受标的物或者解除合同。买受人拒绝接受标的物或者解除合同的,标的物毁损、灭失的风险由出卖人承担。	**第四百条** 无变化	**第六百一十条** 因**标的物**不符合质量要求,致使不能实现合同目的的,买受人可以拒绝接受标的物或者解除合同。买受人拒绝接受标的物或者解除合同的,标的物毁损、灭失的风险由出卖人承担。	**第六百一十条** 无变化	**第六百一十条** 因标的物不符合质量要求,致使不能实现合同目的的,买受人可以拒绝接受标的物或者解除合同。买受人拒绝接受标的物或者解除合同的,标的物毁损、灭失的风险由出卖人承担。
第四百零一条 标的物毁损、灭失的风险由买受人承担的,不影响因出卖人履行债务不符合约定,买受人要求其承担违约责任的权利。	**第四百零一条** 无变化	**第六百一十一条** 标的物毁损、灭失的风险由买受人承担的,不影响因出卖人履行债务不符合约定,买受人**请求**其承担违约责任的权利。	**第六百一十一条** 标的物毁损、灭失的风险由买受人承担的,不影响因出卖人履行**义务**不符合约定,买受人请求其承担违约责任的权利。	**第六百一十一条** 标的物毁损、灭失的风险由买受人承担的,不影响因出卖人履行义务不符合约定,买受人请求其承担违约责任的权利。
第四百零二条 出卖人就交付的标的物,负有保证第三人不得向买受人主张任何权利的义务,但是法律另有规定的除外。	**第四百零二条** 无变化	**第六百一十二条** 出卖人就交付的标的物,负有保证第三人**对该标的物不享有**任何权利的义务,但是法律另有规定的除外。	**第六百一十二条** 无变化	**第六百一十二条** 出卖人就交付的标的物,负有保证第三人对该标的物不享有任何权利的义务,但是法律另有规定的除外。
第四百零三条 买受人订立合同时知道或者应当知道第三人对买卖的标的物享有权利的,出卖人不承担前条规定的义务。	**第四百零三条** 无变化	**第六百一十三条** 无变化	**第六百一十三条** 无变化	**第六百一十三条** 买受人订立合同时知道或者应当知道第三人对买卖的标的物享有权利的,出卖人不承担前条规定的义务。
第四百零四条 买受人有确切证据证明第三人可能就标的物主张权利的,可以中止支付相应的价款,但是出卖人提供适当担保的除外。	**第四百零四条** 买受人有**证据**证明第三人可能就标的物主张权利的,可以中止支付相应的价款,但是出卖人提供适当担保的除外。	**第六百一十四条** 买受人有证据证明第三人**对**标的物**享有**权利的,可以中止支付相应的价款,但是出卖人提供适当担保的除外。	**第六百一十四条** 买受人有**确切**证据证明第三人对标的物享有权利的,可以中止支付相应的价款,但是出卖人提供适当担保的除外。	**第六百一十四条** 买受人有确切证据证明第三人对标的物享有权利的,可以中止支付相应的价款,但是出卖人提供适当担保的除外。

续表

《民法典各分编(草案)》(2018年8月版)	《民法典合同编(草案二次审议稿)》(2018年12月版)	《中华人民共和国民法典(草案)》(2019年12月版)	《中华人民共和国民法典(草案大会审议稿)》(2020年5月22日提交审议)	《中华人民共和国民法典》(2020年5月28日审议通过)
第四百零五条　出卖人应当按照约定的质量要求交付标的物。出卖人提供有关标的物质量说明的,交付的标的物应当符合该说明的质量要求。	**第四百零五条** 无变化	**第六百一十五条** 无变化	**第六百一十五条** 无变化	**第六百一十五条**　出卖人应当按照约定的质量要求交付标的物。出卖人提供有关标的物质量说明的,交付的标的物应当符合该说明的质量要求。
第四百零六条　当事人对标的物的质量要求没有约定或者约定不明确,依照本法第三百零一条的规定仍不能确定的,适用本法第三百零二条第一项的规定。	**第四百零六条** 无变化	**第六百一十六条**　当事人对标的物的质量要求没有约定或者约定不明确,**依据**本法**第五百一十条**的规定仍不能确定的,适用本法**第五百一十一条**第一项的规定。	**第六百一十六条** 无变化	**第六百一十六条**　当事人对标的物的质量要求没有约定或者约定不明确,依据本法第五百一十条的规定仍不能确定的,适用本法第五百一十一条第一项的规定。
第四百零七条　出卖人交付的标的物不符合质量要求的,买受人可以依照本法第三百七十二条、第三百七十四条的规定要求承担违约责任。	**第四百零七条** 无变化	**第六百一十七条**　出卖人交付的标的物不符合质量要求的,买受人可以**依据**本法**第五百八十二条至第五百八十四条**的规定**请求**承担违约责任。	**第六百一十七条** 无变化	**第六百一十七条**　出卖人交付的标的物不符合质量要求的,买受人可以依据本法第五百八十二条至第五百八十四条的规定请求承担违约责任。
第四百零八条　当事人约定减轻或者免除出卖人对标的物瑕疵承担的责任,但是因出卖人故意或者重大过失不告知买受人标的物瑕疵的,出卖人无权主张减轻或者免除责任。	**第四百零八条**　当事人约定减轻或者免除出卖人对标的物瑕疵承担的责任,**因**出卖人故意或者重大过失不告知买受人标的物瑕疵的,出卖人无权主张减轻或者免除责任。	**第六百一十八条** 无变化	**第六百一十八条** 无变化	**第六百一十八条**　当事人约定减轻或者免除出卖人对标的物瑕疵承担的责任,因出卖人故意或者重大过失不告知买受人标的物瑕疵的,出卖人无权主张减轻或者免除责任。
第四百零九条　出卖人应当按照约定的包装方式交付标的物。对包装方式没有约定或者约定不明确,依照本法第三百零一条的规定仍不能确定的,应当按照通用的方式包装,没有通用方式的,应当采取足以保护标的物的包装方式。	**第四百零九条**　出卖人应当按照约定的包装方式交付标的物。对包装方式没有约定或者约定不明确,依照本法第三百零一条的规定仍不能确定的,应当按照通用的方式包装;没有通用方式的,应当采取足以保护标的物的包装方式。	**第六百一十九条**　出卖人应当按照约定的包装方式交付标的物。对包装方式没有约定或者约定不明确,**依据**本法**第五百一十条**的规定仍不能确定的,应当按照通用的方式包装;没有通用方式的,应当采取足以保护标的物的包装方式。	**第六百一十九条** 无变化	**第六百一十九条**　出卖人应当按照约定的包装方式交付标的物。对包装方式没有约定或者约定不明确,依据本法第五百一十条的规定仍不能确定的,应当按照通用的方式包装;没有通用方式的,应当采取足以保护标的物**且有利于节约资源、保护生态环境**的包装方式。

续表

《民法典各分编(草案)》(2018 年 8 月版)	《民法典合同编(草案二次审议稿)》(2018 年 12 月版)	《中华人民共和国民法典(草案)》(2019 年 12 月版)	《中华人民共和国民法典(草案大会审议稿)》(2020 年 5 月 22 日提交审议)	《中华人民共和国民法典》(2020 年 5 月 28 日审议通过)
第四百一十条 买受人收到标的物时应当在约定的检验期间内检验。没有约定检验期间的,应当及时检验。	**第四百一十条** 无变化	**第六百二十条** 无变化	**第六百二十条** 买受人收到标的物时应当在约定的**检验期限**内检验。没有约定**检验期限**的,应当及时检验。	**第六百二十条** 买受人收到标的物时应当在约定的检验期限内检验。没有约定检验期限的,应当及时检验。
第四百一十一条 当事人约定检验期间的,买受人应当在检验期间内将标的物的数量或者质量不符合约定的情形通知出卖人。买受人怠于通知的,视为标的物的数量或者质量符合约定。 当事人没有约定检验期间的,买受人应当在发现或者应当发现标的物的数量或者质量不符合约定的合理期间内通知出卖人。买受人在合理期间内未通知或者自标的物收到之日起两年内未通知出卖人的,视为标的物的数量或者质量符合约定,但是对标的物有质量保证期的,适用质量保证期,不适用该两年的规定。 出卖人知道或者应当知道提供的标的物不符合约定的,买受人不受前两款规定的通知时间的限制。	**第四百一十一条** 无变化	**第六百二十一条** 当事人约定检验期间的,买受人应当在检验期间内将标的物的数量或者质量不符合约定的情形通知出卖人。买受人怠于通知的,视为标的物的数量或者质量符合约定。 当事人没有约定检验期间的,买受人应当在发现或者应当发现标的物的数量或者质量不符合约定的合理期间内通知出卖人。买受人在合理期间内未通知或者自**收到标的物**之日起**二年内**未通知出卖人的,视为标的物的数量或者质量符合约定;但是,对标的物有质量保证期的,适用质量保证期,不适用该**二年**的规定。 出卖人知道或者应当知道提供的标的物不符合约定的,买受人不受前两款规定的通知时间的限制。	**第六百二十一条** 当事人约定**检验期限**的,买受人应当在**检验期限**内将标的物的数量或者质量不符合约定的情形通知出卖人。买受人怠于通知的,视为标的物的数量或者质量符合约定。 当事人没有约定**检验期限**的,买受人应当在发现或者应当发现标的物的数量或者质量不符合约定的合理**期限**内通知出卖人。买受人在合理**期限**内未通知或者自收到标的物之日起二年内未通知出卖人的,视为标的物的数量或者质量符合约定;但是,对标的物有质量保证期的,适用质量保证期,不适用该二年的规定。 出卖人知道或者应当知道提供的标的物不符合约定的,买受人不受前两款规定的通知时间的限制。	**第六百二十一条** 当事人约定检验期限的,买受人应当在检验期限内将标的物的数量或者质量不符合约定的情形通知出卖人。买受人怠于通知的,视为标的物的数量或者质量符合约定。 当事人没有约定检验期限的,买受人应当在发现或者应当发现标的物的数量或者质量不符合约定的合理期限内通知出卖人。买受人在合理期限内未通知或者自收到标的物之日起二年内未通知出卖人的,视为标的物的数量或者质量符合约定;但是,对标的物有质量保证期的,适用质量保证期,不适用该二年的规定。 出卖人知道或者应当知道提供的标的物不符合约定的,买受人不受前两款规定的通知时间的限制。

续表

《民法典各分编(草案)》(2018 年 8 月版)	《民法典合同编(草案二次审议稿)》(2018 年 12 月版)	《中华人民共和国民法典(草案)》(2019 年 12 月版)	《中华人民共和国民法典(草案大会审议稿)》(2020 年 5 月 22 日提交审议)	《中华人民共和国民法典》(2020 年 5 月 28 日审议通过)
第四百一十二条　当事人约定的检验期间过短,根据标的物的性质和交易习惯,买受人在检验期间内难以完成全面检验的,该期间仅视为买受人对外观瑕疵提出异议的期间。 约定的检验期间或者质量保证期间短于法律、行政法规规定期间的,应当以法律、行政法规规定的期间为准。	**第四百一十二条** 无变化	**第六百二十二条** 无变化	**第六百二十二条**　当事人约定的检验期**限**过短,根据标的物的性质和交易习惯,买受人在**检验期限**内难以完成全面检验的,该**期限**仅视为买受人对**标的物的**外观瑕疵提出异议的**期限**。 约定的**检验期限**或者**质量保证期**短于法律、行政法规规定**期限**的,应当以法律、行政法规规定的**期限**为准。	**第六百二十二条**　当事人约定的检验期限过短,根据标的物的性质和交易习惯,买受人在检验期限内难以完成全面检验的,该期限仅视为买受人对标的物的外观瑕疵提出异议的期限。 约定的检验期限或者质量保证期短于法律、行政法规规定期限的,应当以法律、行政法规规定的期限为准。
第四百一十三条　当事人对检验期间未作约定,买受人签收的送货单、确认单等载明标的物数量、型号、规格的,推定买受人已对数量和外观瑕疵进行了检验,但是有相关证据足以推翻的除外。	**第四百一十三条**　当事人对检验期间未作约定,买受人签收的送货单、确认单等载明标的物数量、型号、规格的,推定买受人**已经**对数量和外观瑕疵**进行**检验,但是有相关证据足以推翻的除外。	**第六百二十三条** 无变化	**第六百二十三条**　当事人对**检验期限**未作约定,买受人签收的送货单、确认单等载明标的物数量、型号、规格的,推定买受人已经对数量和外观瑕疵进行检验,但是有相关证据足以推翻的除外。	**第六百二十三条**　当事人对检验期限未作约定,买受人签收的送货单、确认单等载明标的物数量、型号、规格的,推定买受人已经对数量和外观瑕疵进行检验,但是有相关证据足以推翻的除外。
第四百一十四条　出卖人依照买受人的指示向第三人交付标的物,出卖人和买受人约定的检验标准与买受人和第三人约定的检验标准不一致的,以出卖人和买受人约定的检验标准为准。	**第四百一十四条** 无变化	**第六百二十四条** 无变化	**第六百二十四条** 无变化	**第六百二十四条**　出卖人依照买受人的指示向第三人交付标的物,出卖人和买受人约定的检验标准与买受人和第三人约定的检验标准不一致的,以出卖人和买受人约定的检验标准为准。
第四百一十五条　依照法律、行政法规的规定或者当事人约定,标的物在有效使用年限届满后应予回收的,出卖人负有自行或者委托他人对标的物予以回收的义务。	**第四百一十五条** 无变化	**第六百二十五条**　依照法律、行政法规的规定或者**按照**当事人**的**约定,标的物在有效使用年限届满后应予回收的,出卖人负有自行或者委托他人对标的物予以回收的义务。	**第六百二十五条**　依照法律、行政法规的规定或者按照当事人的约定,标的物在有效使用年限届满后应予回收的,出卖人负有自行或者委托**第三人**对标的物予以回收的义务。	**第六百二十五条**　依照法律、行政法规的规定或者按照当事人的约定,标的物在有效使用年限届满后应予回收的,出卖人负有自行或者委托第三人对标的物予以回收的义务。

续表

《民法典各分编(草案)》(2018年8月版)	《民法典合同编(草案二次审议稿)》(2018年12月版)	《中华人民共和国民法典(草案)》(2019年12月版)	《中华人民共和国民法典(草案大会审议稿)》(2020年5月22日提交审议)	《中华人民共和国民法典》(2020年5月28日审议通过)
第四百一十六条 买受人应当按照约定的数额支付价款。对价款没有约定或者约定不明确的,适用本法第三百零一条、第三百零二条第二项的规定。	**第四百一十六条** 买受人应当按照约定的数额**和支付方式**支付价款。对价款**或者支付方式**没有约定或者约定不明确的,适用本法第三百零一条、第三百零二条第二项**和第五项**的规定。	**第六百二十六条** 买受人应当按照约定的数额和支付方式支付价款。对价款**的数额和**支付方式没有约定或者约定不明确的,适用本法**第五百一十条**、**第五百一十一条**第二项和第五项的规定。	**第六百二十六条** 无变化	**第六百二十六条** 买受人应当按照约定的数额和支付方式支付价款。对价款的数额和支付方式没有约定或者约定不明确的,适用本法第五百一十条、第五百一十一条第二项和第五项的规定。
第四百一十七条 买受人应当按照约定的地点支付价款。对支付地点没有约定或者约定不明确,依照本法第三百零一条的规定仍不能确定的,买受人应当在出卖人的营业地支付,但是约定支付价款以交付标的物或者交付提取标的物单证为条件的,在交付标的物或者交付提取标的物单证的所在地支付。	**第四百一十七条** 无变化	**第六百二十七条** 买受人应当按照约定的地点支付价款。对支付地点没有约定或者约定不明确,**依据**本法**第五百一十条**的规定仍不能确定的,买受人应当在出卖人的营业地支付**;**但是,约定支付价款以交付标的物或者交付提取标的物单证为条件的,在交付标的物或者交付提取标的物单证的所在地支付。	**第六百二十七条** 无变化	**第六百二十七条** 买受人应当按照约定的地点支付价款。对支付地点没有约定或者约定不明确,依据本法第五百一十条的规定仍不能确定的,买受人应当在出卖人的营业地支付;但是,约定支付价款以交付标的物或者交付提取标的物单证为条件的,在交付标的物或者交付提取标的物单证的所在地支付。
第四百一十八条 买受人应当按照约定的时间支付价款。对支付时间没有约定或者约定不明确,依照本法第三百零一条的规定仍不能确定的,买受人应当在收到标的物或者提取标的物单证的同时支付。	**第四百一十八条** 无变化	**第六百二十八条** 买受人应当按照约定的时间支付价款。对支付时间没有约定或者约定不明确,**依据**本法**第五百一十条**的规定仍不能确定的,买受人应当在收到标的物或者提取标的物单证的同时支付。	**第六百二十八条** 无变化	**第六百二十八条** 买受人应当按照约定的时间支付价款。对支付时间没有约定或者约定不明确,依据本法第五百一十条的规定仍不能确定的,买受人应当在收到标的物或者提取标的物单证的同时支付。
第四百一十九条 出卖人多交标的物的,买受人可以接收或者拒绝接收多交的部分。买受人接收多交部分的,按照约定的价格支付价款;买受人拒绝接收多交部分的,应当及时通知出卖人。	**第四百一十九条** 无变化	**第六百二十九条** 无变化	**第六百二十九条** 无变化	**第六百二十九条** 出卖人多交标的物的,买受人可以接收或者拒绝接收多交的部分。买受人接收多交部分的,按照约定的价格支付价款;买受人拒绝接收多交部分的,应当及时通知出卖人。

续表

《民法典各分编（草案）》（2018 年 8 月版）	《民法典合同编（草案二次审议稿）》（2018 年 12 月版）	《中华人民共和国民法典（草案）》（2019 年 12 月版）	《中华人民共和国民法典（草案大会审议稿）》（2020 年 5 月 22 日提交审议）	《中华人民共和国民法典》（2020 年 5 月 28 日审议通过）
第四百二十条　标的物在交付之前产生的孳息，归出卖人所有，交付之后产生的孳息，归买受人所有。	**第四百二十条**　标的物在交付之前产生的孳息，归出卖人所有；交付之后产生的孳息，归买受人所有。	**第六百三十条**　标的物在交付之前产生的孳息，归出卖人所有；交付之后产生的孳息，归买受人所有。**但是当事人另有约定的除外。**	**第六百三十条**　标的物在交付之前产生的孳息，归出卖人所有；交付之后产生的孳息，归买受人所有。但是，当事人另有约定的除外。	**第六百三十条**　标的物在交付之前产生的孳息，归出卖人所有；交付之后产生的孳息，归买受人所有。但是，当事人另有约定的除外。
第四百二十一条　因标的物的主物不符合约定而解除合同的，解除合同的效力及于从物。因标的物的从物不符合约定被解除的，解除的效力不及于主物。	**第四百二十一条** 无变化	**第六百三十一条** 无变化	**第六百三十一条** 无变化	**第六百三十一条**　因标的物的主物不符合约定而解除合同的，解除合同的效力及于从物。因标的物的从物不符合约定被解除的，解除的效力不及于主物。
第四百二十二条　标的物为数物，其中一物不符合约定的，买受人可以就该物解除，但是该物与他物分离使标的物的价值显受损害的，当事人可以就数物解除合同。	**第四百二十二条** 无变化	**第六百三十二条**　标的物为数物，其中一物不符合约定的，买受人可以就该物解除。但是，该物与他物分离使标的物的价值显受损害的，当事人可以就数物解除合同。	**第六百三十二条**　标的物为数物，其中一物不符合约定的，买受人可以就该物解除。但是，该物与他物分离使标的物的价值显受损害的，**买受人**可以就数物解除合同。	**第六百三十二条**　标的物为数物，其中一物不符合约定的，买受人可以就该物解除。但是，该物与他物分离使标的物的价值显受损害的，买受人可以就数物解除合同。
第四百二十三条　出卖人分批交付标的物的，出卖人对其中一批标的物不交付或者交付不符合约定，致使该批标的物不能实现合同目的的，买受人可以就该批标的物解除。 出卖人不交付其中一批标的物或者交付不符合约定，致使今后其他各批标的物的交付不能实现合同目的的，买受人可以就该批以及今后其他各批标的物解除。 买受人如果就其中一批标的物解除，该批标的物与其他各批标的物相互依存的，可以就已经交付和未交付的各批标的物解除。	**第四百二十三条** 无变化	**第六百三十三条**　出卖人分批交付标的物的，出卖人对其中一批标的物不交付或者交付不符合约定，致使该批标的物不能实现合同目的的，买受人可以就该批标的物解除。 出卖人不交付其中一批标的物或者交付不符合约定，致使**之后**其他各批标的物的交付不能实现合同目的的，买受人可以就该批以及**之后**其他各批标的物解除。 买受人如果就其中一批标的物解除，该批标的物与其他各批标的物相互依存的，可以就已经交付和未交付的各批标的物解除。	**第六百三十三条** 无变化	**第六百三十三条**　出卖人分批交付标的物的，出卖人对其中一批标的物不交付或者交付不符合约定，致使该批标的物不能实现合同目的的，买受人可以就该批标的物解除。 出卖人不交付其中一批标的物或者交付不符合约定，致使之后其他各批标的物的交付不能实现合同目的的，买受人可以就该批以及之后其他各批标的物解除。 买受人如果就其中一批标的物解除，该批标的物与其他各批标的物相互依存的，可以就已经交付和未交付的各批标的物解除。

续表

《民法典各分编(草案)》(2018年8月版)	《民法典合同编(草案二次审议稿)》(2018年12月版)	《中华人民共和国民法典(草案)》(2019年12月版)	《中华人民共和国民法典(草案大会审议稿)》(2020年5月22日提交审议)	《中华人民共和国民法典》(2020年5月28日审议通过)
第四百二十四条　分期付款的买受人未支付到期价款的金额达到全部价款的五分之一,经催告后在合理期限内仍未支付已到期价款的,出卖人可以要求买受人支付全部价款或者解除合同。 出卖人解除合同的,可以向买受人要求支付该标的物的使用费。	**第四百二十四条**　分期付款的买受人未支付到期价款的金额达到全部价款的五分之一,经催告后在合理期限内仍未支付**到期价款**的,出卖人可以要求买受人支付全部价款或者解除合同。 出卖人解除合同的,可以向买受人要求支付该标的物的使用费。	**第六百三十四条**　分期付款的买受人未支付到期价款的**数额**达到全部价款的五分之一,经催告后在合理期限内仍未支付到期价款的,出卖人可以**请求**买受人支付全部价款或者解除合同。 出卖人解除合同的,可以向买受人**请求**支付该标的物的使用费。	**第六百三十四条** 无变化	**第六百三十四条**　分期付款的买受人未支付到期价款的数额达到全部价款的五分之一,经催告后在合理期限内仍未支付到期价款的,出卖人可以请求买受人支付全部价款或者解除合同。 出卖人解除合同的,可以向买受人请求支付该标的物的使用费。
第四百二十五条　凭样品买卖的当事人应当封存样品,并可以对样品质量予以说明。出卖人交付的标的物应当与样品及其说明的质量相同。	**第四百二十五条** 无变化	**第六百三十五条** 无变化	**第六百三十五条** 无变化	**第六百三十五条**　凭样品买卖的当事人应当封存样品,并可以对样品质量予以说明。出卖人交付的标的物应当与样品及其说明的质量相同。
第四百二十六条　凭样品买卖的买受人不知道样品有隐蔽瑕疵的,即使交付的标的物与样品相同,出卖人交付的标的物的质量仍然应当符合同种物的通常标准。	**第四百二十六条** 无变化	**第六百三十六条** 无变化	**第六百三十六条** 无变化	**第六百三十六条**　凭样品买卖的买受人不知道样品有隐蔽瑕疵的,即使交付的标的物与样品相同,出卖人交付的标的物的质量仍然应当符合同种物的通常标准。
第四百二十七条　试用买卖的当事人可以约定标的物的试用期间。对试用期间没有约定或者约定不明确,依照本法第三百零一条的规定仍不能确定的,由出卖人确定。	**第四百二十七条** 无变化	**第六百三十七条**　试用买卖的当事人可以约定标的物的试用期间。对试用期间没有约定或者约定不明确,**依据**本法**第五百一十条**的规定仍不能确定的,由出卖人确定。	**第六百三十七条**　试用买卖的当事人可以约定标的物的**试用期限**。对**试用期限**没有约定或者约定不明确,依据本法第五百一十条的规定仍不能确定的,由出卖人确定。	**第六百三十七条**　试用买卖的当事人可以约定标的物的试用期限。对试用期限没有约定或者约定不明确,依据本法第五百一十条的规定仍不能确定的,由出卖人确定。

续表

《民法典各分编(草案)》(2018年8月版)	《民法典合同编(草案二次审议稿)》(2018年12月版)	《中华人民共和国民法典(草案)》(2019年12月版)	《中华人民共和国民法典(草案大会审议稿)》(2020年5月22日提交审议)	《中华人民共和国民法典》(2020年5月28日审议通过)
第四百二十八条　试用买卖的买受人在试用期内可以购买标的物,也可以拒绝购买。试用期间届满,买受人对是否购买标的物未作表示的,视为购买。 试用买卖的买受人在试用期内已经支付一部分价款或者对标的物实施了出卖、出租、设定担保物权等行为的,视为买受人同意购买,但是当事人另有约定的除外。	**第四百二十八条**　试用买卖的买受人在试用期内可以购买标的物,也可以拒绝购买。试用期间届满,买受人对是否购买标的物未作表示的,视为购买。 试用买卖的买受人在试用期内已经支付一部分价款或者对标的物**实施**出卖、出租、设定担保物权等行为的,视为买受人同意购买,**但是当事人另有约定的除外**。	**第六百三十八条**　试用买卖的买受人在试用期内可以购买标的物,也可以拒绝购买。试用期间届满,买受人对是否购买标的物未作表示的,视为购买。 试用买卖的买受人在试用期内已经支付**部分**价款或者对标的物实施出卖、出租、**设立**担保物权等行为的,**视为**同意购买。	**第六百三十八条**　试用买卖的买受人在试用期内可以购买标的物,也可以拒绝购买。**试用期限**届满,买受人对是否购买标的物未作表示的,视为购买。 试用买卖的买受人在试用期内已经支付部分价款或者对标的物实施出卖、出租、设立担保物权等行为的,视为同意购买。	**第六百三十八条**　试用买卖的买受人在试用期内可以购买标的物,也可以拒绝购买。试用期限届满,买受人对是否购买标的物未作表示的,视为购买。 试用买卖的买受人在试用期内已经支付部分价款或者对标的物实施出卖、出租、设立担保物权等行为的,视为同意购买。
第四百二十九条　试用买卖的当事人对使用费没有约定或者约定不明确的,出卖人无权要求买受人支付。	**第四百二十九条**　试用买卖的当事人对**标的物**使用费没有约定或者约定不明确的,出卖人无权要求买受人支付。	**第六百三十九条**　试用买卖的当事人对标的物使用费没有约定或者约定不明确的,出卖人无权**请求**买受人支付。	**第六百三十九条** 无变化	**第六百三十九条**　试用买卖的当事人对标的物使用费没有约定或者约定不明确的,出卖人无权请求买受人支付。
第四百三十条　标的物在试用期内毁损、灭失的风险由出卖人承担。	**第四百三十条** 无变化	**第六百四十条** 无变化	**第六百四十条** 无变化	**第六百四十条**　标的物在试用期内毁损、灭失的风险由出卖人承担。
第四百三十一条　当事人可以在买卖合同中约定买受人未履行支付价款或者其他义务的,标的物的所有权属于出卖人。出卖人对标的物保留的所有权,未经登记,不得对抗善意第三人。	**第四百三十一条** 无变化	**第六百四十一条** 无变化	**第六百四十一条** 无变化	**第六百四十一条**　当事人可以在买卖合同中约定买受人未履行支付价款或者其他义务的,标的物的所有权属于出卖人。出卖人对标的物保留的所有权,未经登记,不得对抗善意第三人。

续表

《民法典各分编(草案)》(2018 年 8 月版)	《民法典合同编(草案二次审议稿)》(2018 年 12 月版)	《中华人民共和国民法典(草案)》(2019 年 12 月版)	《中华人民共和国民法典(草案大会审议稿)》(2020 年 5 月 22 日提交审议)	《中华人民共和国民法典》(2020 年 5 月 28 日审议通过)
第四百三十二条　当事人约定出卖人保留合同标的物的所有权,在标的物所有权转移前,买受人有下列情形之一,对出卖人造成损害的,除法律另有规定或者当事人另有约定的以外,出卖人有权取回标的物: (一)未按照约定支付价款,经催告后在合理期限内仍未支付; (二)未按照约定完成特定条件; (三)将标的物出卖、出质或者作出其他不当处分。 出卖人可以与买受人协商实现取回权;协商不成的,可以参照担保物权的实现程序。 取回的标的物价值明显减少的,出卖人有权要求买受人赔偿损失。	**第四百三十二条**　当事人约定出卖人保留合同标的物的所有权,在标的物所有权转移前,买受人有下列情形之一,对出卖人造成损害的,除法律另有规定或者当事人另有约定**外**,出卖人有权取回标的物: (一)未按照约定支付价款,经催告后在合理期限内仍未支付; (二)未按照约定完成特定条件; (三)将标的物出卖、出质或者作出其他不当处分。 出卖人可以与买受人协商实现取回权;协商不成的,**参照适用**担保物权的实现程序。 取回的标的物价值明显减少的,出卖人有权要求买受人赔偿损失。	**第六百四十二条**　当事人约定出卖人保留合同标的物的所有权,在标的物所有权转移前,买受人有下列情形之一,**造成出卖人**损害的,**除**当事人另有约定外,出卖人有权取回标的物: (一)未按照约定支付价款,经催告后在合理期限内仍未支付; (二)未按照约定完成特定条件; (三)将标的物出卖、出质或者作出其他不当处分。 出卖人可以与买受人协商**取回标的物**;协商不成的,**可以**参照适用担保物权的实现程序。 **取回的标的物价值明显减少的,出卖人有权请求买受人赔偿损失。**	**第六百四十二条** 无变化	**第六百四十二条**　当事人约定出卖人保留合同标的物的所有权,在标的物所有权转移前,买受人有下列情形之一,造成出卖人损害的,除当事人另有约定外,出卖人有权取回标的物: (一)未按照约定支付价款,经催告后在合理期限内仍未支付; (二)未按照约定完成特定条件; (三)将标的物出卖、出质或者作出其他不当处分。 出卖人可以与买受人协商取回标的物;协商不成的,可以参照适用担保物权的实现程序。
第四百三十三条　出卖人取回标的物后,买受人在双方约定或者出卖人指定的合理回赎期间内,消除出卖人取回标的物的事由的,可以要求回赎标的物。 买受人在回赎期间内没有回赎标的物,出卖人可以以合理价格出卖标的物,出卖所得价款扣除原买受人未支付的价款及必要费用后仍有剩余的,应当返还原买受人;不足部分由原买受人清偿。	**第四百三十三条**　出卖人**依照前条第一款的规定**取回标的物后,买受人在双方约定或者出卖人指定的合理回赎期间内,消除出卖人取回标的物的事由的,可以要求回赎标的物。 买受人在回赎期间内没有回赎标的物,出卖人可以以合理价格出卖标的物,出卖所得价款扣除原买受人未支付的价款及必要费用后仍有剩余的,应当返还原买受人;不足部分由原买受人清偿。	**第六百四十三条**　出卖人**依据**前条第一款的规定取回标的物后,买受人在双方约定或者出卖人指定的合理**回赎期限**内,消除出卖人取回标的物的事由的,可以**请求**回赎标的物。 买受人在**回赎期限**内没有回赎标的物,出卖人可以以合理价格出卖标的物,出卖所得价款扣除原买受人未支付的价款及必要费用后仍有剩余的,应当返还原买受人;不足部分由原买受人清偿。	**第六百四十三条**　出卖人依据前条第一款的规定取回标的物后,买受人在双方约定或者出卖人指定的合理回赎期限内,消除出卖人取回标的物的事由的,可以请求回赎标的物。 买受人在回赎期限内没有回赎标的物,出卖人可以以合理价格**将标的物出卖给第三人**,出卖所得价款扣除**买受人**未支付的价款**以及**必要费用后仍有剩余的,应当返还**买受人**;不足部分由**买受人**清偿。	**第六百四十三条**　出卖人依据前条第一款的规定取回标的物后,买受人在双方约定或者出卖人指定的合理回赎期限内,消除出卖人取回标的物的事由的,可以请求回赎标的物。 买受人在回赎期限内没有回赎标的物,出卖人可以以合理价格将标的物出卖给第三人,出卖所得价款扣除买受人未支付的价款以及必要费用后仍有剩余的,应当返还买受人;不足部分由买受人清偿。

续表

《民法典各分编(草案)》(2018年8月版)	《民法典合同编(草案二次审议稿)》(2018年12月版)	《中华人民共和国民法典(草案)》(2019年12月版)	《中华人民共和国民法典(草案大会审议稿)》(2020年5月22日提交审议)	《中华人民共和国民法典》(2020年5月28日审议通过)
第四百三十四条　招标投标买卖的当事人的权利和义务以及招标投标程序等,依照有关法律、行政法规的规定。	**第四百三十四条** 无变化	**第六百四十四条** 无变化	**第六百四十四条** 无变化	**第六百四十四条**　招标投标买卖的当事人的权利和义务以及招标投标程序等,依照有关法律、行政法规的规定。
第四百三十五条　拍卖的当事人的权利和义务以及拍卖程序等,依照有关法律、行政法规的规定。	**第四百三十五条** 无变化	**第六百四十五条** 无变化	**第六百四十五条** 无变化	**第六百四十五条**　拍卖的当事人的权利和义务以及拍卖程序等,依照有关法律、行政法规的规定。
第四百三十六条　法律对其他有偿合同有规定的,依照其规定;没有规定的,参照买卖合同的有关规定。	**第四百三十六条**　法律对其他有偿合同有规定的,依照其规定;没有规定的,参照**适用**买卖合同的有关规定。	**第六百四十六条** 无变化	**第六百四十六条** 无变化	**第六百四十六条**　法律对其他有偿合同有规定的,依照其规定;没有规定的,参照适用买卖合同的有关规定。
第四百三十七条　当事人约定易货交易,转移标的物的所有权的,参照买卖合同的有关规定。	**第四百三十七条**　当事人约定易货交易,转移标的物的所有权的,参照**适用**买卖合同的有关规定。	**第六百四十七条** 无变化	**第六百四十七条** 无变化	**第六百四十七条**　当事人约定易货交易,转移标的物的所有权的,参照适用买卖合同的有关规定。

第十章　供用电、水、气、热力合同

《民法典各分编(草案)》(2018 年 8 月版)	《民法典合同编(草案二次审议稿)》(2018 年 12 月版)	《中华人民共和国民法典(草案)》(2019 年 12 月版)	《中华人民共和国民法典(草案大会审议稿)》(2020 年 5 月 22 日提交审议)	《中华人民共和国民法典》(2020 年 5 月 28 日审议通过)
第十章 供用电、水、气、热力合同	第十章 供用电、水、气、热力合同	第十章 供用电、水、气、热力合同	第十章 供用电、水、气、热力合同	第十章 供用电、水、气、热力合同
第四百三十八条　供用电合同是供电人向用电人供电,用电人支付电费的合同。 向社会公众供电的法人或者非法人组织,不得拒绝他人合理的订立合同要求。	**第四百三十八条**　供用电合同是供电人向用电人供电,用电人支付电费的合同。 向社会公众供电的法人或者非法人组织,不得拒绝**用电人**合理的订立合同要求。	**第六百四十八条**　供用电合同是供电人向用电人供电,用电人支付电费的合同。 向社会公众供电的**供电人**,不得拒绝用电人合理的订立合同要求。	**第六百四十八条** 无变化	**第六百四十八条**　供用电合同是供电人向用电人供电,用电人支付电费的合同。 向社会公众供电的供电人,不得拒绝用电人合理的订立合同要求。
第四百三十九条　供用电合同的内容包括供电的方式、质量、时间,用电容量、地址、性质,计量方式,电价、电费的结算方式,供用电设施的维护责任等条款。	**第四百三十九条** 无变化	**第六百四十九条**　供用电合同的内容**一般**包括供电的方式、质量、时间,用电容量、地址、性质,计量方式,电价、电费的结算方式,供用电设施的维护责任等条款。	**第六百四十九条** 无变化	**第六百四十九条**　供用电合同的内容一般包括供电的方式、质量、时间,用电容量、地址、性质,计量方式,电价、电费的结算方式,供用电设施的维护责任等条款。
第四百四十条　供用电合同的履行地点,按照当事人约定;当事人没有约定或者约定不明确的,供电设施的产权分界处为履行地点。	**第四百四十条** 无变化	**第六百五十条** 无变化	**第六百五十条** 无变化	**第六百五十条**　供用电合同的履行地点,按照当事人约定;当事人没有约定或者约定不明确的,供电设施的产权分界处为履行地点。

续表

《民法典各分编(草案)》(2018年8月版)	《民法典合同编(草案二次审议稿)》(2018年12月版)	《中华人民共和国民法典(草案)》(2019年12月版)	《中华人民共和国民法典(草案大会审议稿)》(2020年5月22日提交审议)	《中华人民共和国民法典》(2020年5月28日审议通过)
第四百四十一条　供电人应当按照国家规定的供电质量标准和约定安全供电。供电人未按照国家规定的供电质量标准和约定安全供电,造成用电人损失的,应当承担损害赔偿责任。	**第四百四十一条** 无变化	**第六百五十一条**　供电人应当按照国家规定的供电质量标准和约定安全供电。供电人未按照国家规定的供电质量标准和约定安全供电,造成用电人损失的,应当承担**赔偿责任**。	**第六百五十一条** 无变化	**第六百五十一条**　供电人应当按照国家规定的供电质量标准和约定安全供电。供电人未按照国家规定的供电质量标准和约定安全供电,造成用电人损失的,应当承担赔偿责任。
第四百四十二条　供电人因供电设施计划检修、临时检修、依法限电或者用电人违法用电等原因,需要中断供电时,应当按照国家有关规定事先通知用电人。未事先通知用电人中断供电,造成用电人损失的,应当承担损害赔偿责任。	**第四百四十二条** 无变化	**第六百五十二条**　供电人因供电设施计划检修、临时检修、依法限电或者用电人违法用电等原因,需要中断供电时,应当按照国家有关规定事先通知用电人。未事先通知用电人中断供电,造成用电人损失的,应当承担**赔偿责任**。	**第六百五十二条**　供电人因供电设施计划检修、临时检修、依法限电或者用电人违法用电等原因,需要中断供电时,应当按照国家有关规定事先通知用电人;未事先通知用电人中断供电,造成用电人损失的,应当承担赔偿责任。	**第六百五十二条**　供电人因供电设施计划检修、临时检修、依法限电或者用电人违法用电等原因,需要中断供电时,应当按照国家有关规定事先通知用电人;未事先通知用电人中断供电,造成用电人损失的,应当承担赔偿责任。
第四百四十三条　因自然灾害等原因断电,供电人应当按照国家有关规定及时抢修。未及时抢修,造成用电人损失的,应当承担损害赔偿责任。	**第四百四十三条** 无变化	**第六百五十三条**　因自然灾害等原因断电,供电人应当按照国家有关规定及时抢修。未及时抢修,造成用电人损失的,应当承担**赔偿责任**。	**第六百五十三条**　因自然灾害等原因断电,供电人应当按照国家有关规定及时抢修;未及时抢修,造成用电人损失的,应当承担赔偿责任。	**第六百五十三条**　因自然灾害等原因断电,供电人应当按照国家有关规定及时抢修;未及时抢修,造成用电人损失的,应当承担赔偿责任。
第四百四十四条　用电人应当按照国家有关规定和当事人的约定及时交付电费。用电人逾期不交付电费的,应当按照约定支付违约金。经催告用电人在合理期限内仍不交付电费和违约金的,供电人可以按照国家规定的程序中止供电。 供电人依照前款规定中止供电的,应当事先通知用电人。	**第四百四十四条**　用电人应当按照国家有关规定和当事人的约定及时**支付**电费。用电人逾期不**支付**电费的,应当按照约定支付违约金。经催告用电人在合理期限内仍不**支付**电费和违约金的,供电人可以按照国家规定的程序中止供电。 供电人依照前款规定中止供电的,应当事先通知用电人。	**第六百五十四条** 无变化	**第六百五十四条**　用电人应当按照国家有关规定和当事人的约定及时支付电费。用电人逾期不支付电费的,应当按照约定支付违约金。经催告用电人在合理期限内仍不支付电费和违约金的,供电人可以按照国家规定的程序中止供电。 供电人**依据**前款规定中止供电的,应当事先通知用电人。	**第六百五十四条**　用电人应当按照国家有关规定和当事人的约定及时支付电费。用电人逾期不支付电费的,应当按照约定支付违约金。经催告用电人在合理期限内仍不支付电费和违约金的,供电人可以按照国家规定的程序中止供电。 供电人依据前款规定中止供电的,应当事先通知用电人。

续表

《民法典各分编(草案)》(2018 年 8 月版)	《民法典合同编(草案二次审议稿)》(2018 年 12 月版)	《中华人民共和国民法典(草案)》(2019 年 12 月版)	《中华人民共和国民法典(草案大会审议稿)》(2020 年 5 月 22 日提交审议)	《中华人民共和国民法典》(2020 年 5 月 28 日审议通过)
第四百四十五条 用电人应当按照国家有关规定和当事人的约定安全、节约和计划用电。用电人未按照国家有关规定和当事人的约定安全用电,造成供电人损失的,应当承担损害赔偿责任。	**第四百四十五条** 无变化	**第六百五十五条** 用电人应当按照国家有关规定和当事人的约定安全、节约和计划用电。用电人未按照国家有关规定和当事人的约定安全用电,造成供电人损失的,应当承担**赔偿责任**。	**第六百五十五条** 用电人应当按照国家有关规定和当事人的约定安全、节约和计划用电。用电人未按照国家有关规定和当事人的**约定**用电,造成供电人损失的,应当承担赔偿责任。	**第六百五十五条** 用电人应当按照国家有关规定和当事人的约定安全、节约和计划用电。用电人未按照国家有关规定和当事人的约定用电,造成供电人损失的,应当承担赔偿责任。
第四百四十六条 供用水、供用气、供用热力合同,参照适用供用电合同的有关规定。	**第四百四十六条** 无变化	**第六百五十六条** 无变化	**第六百五十六条** 无变化	**第六百五十六条** 供用水、供用气、供用热力合同,参照适用供用电合同的有关规定。

第十一章　赠与合同

《民法典各分编(草案)》(2018年8月版)	《民法典合同编(草案二次审议稿)》(2018年12月版)	《中华人民共和国民法典(草案)》(2019年12月版)	《中华人民共和国民法典(草案大会审议稿)》(2020年5月22日提交审议)	《中华人民共和国民法典》(2020年5月28日审议通过)
第十一章　赠与合同	第十一章　赠与合同	第十一章　赠与合同	第十一章　赠与合同	第十一章　赠与合同
第四百四十七条　赠与合同是赠与人将自己的财产无偿给予受赠人,受赠人表示接受赠与的合同。	**第四百四十七条** 无变化	**第六百五十七条** 无变化	**第六百五十七条** 无变化	**第六百五十七条**　赠与合同是赠与人将自己的财产无偿给予受赠人,受赠人表示接受赠与的合同。
第四百四十八条　赠与人在赠与财产的权利转移之前可以撤销赠与。 具有救灾、扶贫等社会公益、道德义务性质的赠与合同或者经过公证的赠与合同,不适用前款规定。	**第四百四十八条**　赠与人在赠与财产的权利转移之前可以撤销赠与。 具有救灾、扶贫、**助残**等**公益**、道德义务性质的赠与合同或者经过公证的赠与合同,不适用前款规定。	**第六百五十八条**　赠与人在赠与财产的权利转移之前可以撤销赠与。 **经过公证的赠与合同或者依法不得撤销的**具有救灾、扶贫、助残等公益、道德义务性质的赠与合同,不适用前款规定。	**第六百五十八条** 无变化	**第六百五十八条**　赠与人在赠与财产的权利转移之前可以撤销赠与。 经过公证的赠与合同或者依法不得撤销的具有救灾、扶贫、助残等公益、道德义务性质的赠与合同,不适用前款规定。
第四百四十九条　赠与的财产依法需要办理登记等手续的,应当办理有关手续。	**第四百四十九条** 无变化	**第六百五十九条**　赠与的财产依法需要办理登记**或者其他**手续的,应当办理有关手续。	**第六百五十九条** 无变化	**第六百五十九条**　赠与的财产依法需要办理登记或者其他手续的,应当办理有关手续。
第四百五十条　具有救灾、扶贫等社会公益、道德义务性质的赠与合同或者经过公证的赠与合同,赠与人不交付赠与财产的,受赠人可以要求交付。 依照前款规定应当交付的赠与财产因赠与人故意或者重大过失致使毁损、灭失的,赠与人应当承担损害赔偿责任。	**第四百五十条**　具有救灾、扶贫、**助残**等**公益**、道德义务性质的赠与合同或者经过公证的赠与合同,赠与人不交付赠与财产的,受赠人可以要求交付。 依照前款规定应当交付的赠与财产因赠与人故意或者重大过失致使毁损、灭失的,赠与人应当承担损害赔偿责任。	**第六百六十条**　**经过公证的赠与合同或者依法不得撤销的具有救灾、扶贫、助残等公益、道德义务性质的赠与合同,**赠与人不交付赠与财产的,受赠人可以**请求**交付。 依照前款规定应当交付的赠与财产因赠与人故意或者重大过失致使毁损、灭失的,赠与人应当承担**赔偿责任**。	**第六百六十条**　经过公证的赠与合同或者依法不得撤销的具有救灾、扶贫、助残等公益、道德义务性质的赠与合同,赠与人不交付赠与财产的,受赠人可以请求交付。 **依据**前款规定应当交付的赠与财产因赠与人故意或者重大过失致使毁损、灭失的,赠与人应当承担赔偿责任。	**第六百六十条**　经过公证的赠与合同或者依法不得撤销的具有救灾、扶贫、助残等公益、道德义务性质的赠与合同,赠与人不交付赠与财产的,受赠人可以请求交付。 依据前款规定应当交付的赠与财产因赠与人故意或者重大过失致使毁损、灭失的,赠与人应当承担赔偿责任。

续表

《民法典各分编(草案)》(2018 年 8 月版)	《民法典合同编(草案二次审议稿)》(2018 年 12 月版)	《中华人民共和国民法典(草案)》(2019 年 12 月版)	《中华人民共和国民法典(草案大会审议稿)》(2020 年 5 月 22 日提交审议)	《中华人民共和国民法典》(2020 年 5 月 28 日审议通过)
第四百五十一条　赠与可以附义务。 赠与附义务的,受赠人应当按照约定履行义务。	**第四百五十一条** 无变化	**第六百六十一条** 无变化	**第六百六十一条** 无变化	**第六百六十一条**　赠与可以附义务。 赠与附义务的,受赠人应当按照约定履行义务。
第四百五十二条　赠与的财产有瑕疵的,赠与人不承担责任。附义务的赠与,赠与的财产有瑕疵的,赠与人在附义务的限度内承担与出卖人相同的责任。 赠与人故意不告知瑕疵或者保证无瑕疵,造成受赠人损失的,应当承担损害赔偿责任。	**第四百五十二条** 无变化	**第六百六十二条**　赠与的财产有瑕疵的,赠与人不承担责任。附义务的赠与,赠与的财产有瑕疵的,赠与人在附义务的限度内承担与出卖人相同的责任。 赠与人故意不告知瑕疵或者保证无瑕疵,造成受赠人损失的,应当承担**赔偿责任**。	**第六百六十二条** 无变化	**第六百六十二条**　赠与的财产有瑕疵的,赠与人不承担责任。附义务的赠与,赠与的财产有瑕疵的,赠与人在附义务的限度内承担与出卖人相同的责任。 赠与人故意不告知瑕疵或者保证无瑕疵,造成受赠人损失的,应当承担赔偿责任。
第四百五十三条　受赠人有下列情形之一的,赠与人可以撤销赠与: (一)严重侵害赠与人或者赠与人近亲属的合法权益; (二)对赠与人有扶养义务而不履行; (三)不履行赠与合同约定的义务。 赠与人的撤销权,自知道或者应当知道撤销原因之日起一年内行使。	**第四百五十三条** 无变化	**第六百六十三条**　受赠人有下列情形之一的,赠与人可以撤销赠与: (一)严重侵害赠与人或者赠与人近亲属的合法权益; (二)对赠与人有扶养义务而不履行; (三)不履行赠与合同约定的义务。 赠与人的撤销权,自知道或者应当知道撤销**事由**之日起一年内行使。	**第六百六十三条** 无变化	**第六百六十三条**　受赠人有下列情形之一的,赠与人可以撤销赠与: (一)严重侵害赠与人或者赠与人近亲属的合法权益; (二)对赠与人有扶养义务而不履行; (三)不履行赠与合同约定的义务。 赠与人的撤销权,自知道或者应当知道撤销事由之日起一年内行使。
第四百五十四条　因受赠人的违法行为致使赠与人死亡或者丧失民事行为能力的,赠与人的继承人或者法定代理人可以撤销赠与。 赠与人的继承人或者法定代理人的撤销权,自知道或者应当知道撤销原因之日起六个月内行使。	**第四百五十四条** 无变化	**第六百六十四条**　因受赠人的违法行为致使赠与人死亡或者丧失民事行为能力的,赠与人的继承人或者法定代理人可以撤销赠与。 赠与人的继承人或者法定代理人的撤销权,自知道或者应当知道撤销**事由**之日起六个月内行使。	**第六百六十四条** 无变化	**第六百六十四条**　因受赠人的违法行为致使赠与人死亡或者丧失民事行为能力的,赠与人的继承人或者法定代理人可以撤销赠与。 赠与人的继承人或者法定代理人的撤销权,自知道或者应当知道撤销事由之日起六个月内行使。

续表

《民法典各分编(草案)》(2018年8月版)	《民法典合同编(草案二次审议稿)》(2018年12月版)	《中华人民共和国民法典(草案)》(2019年12月版)	《中华人民共和国民法典(草案大会审议稿)》(2020年5月22日提交审议)	《中华人民共和国民法典》(2020年5月28日审议通过)
第四百五十五条　撤销权人撤销赠与的,可以向受赠人要求返还赠与的财产。	**第四百五十五条** 无变化	**第六百六十五条**　撤销权人撤销赠与的,可以向受赠人**请求**返还赠与的财产。	**第六百六十五条** 无变化	**第六百六十五条**　撤销权人撤销赠与的,可以向受赠人请求返还赠与的财产。
第四百五十六条　赠与人的经济状况显著恶化,严重影响其生产经营或者家庭生活的,可以不再履行赠与义务。	**第四百五十六条** 无变化	**第六百六十六条** 无变化	**第六百六十六条** 无变化	**第六百六十六条**　赠与人的经济状况显著恶化,严重影响其生产经营或者家庭生活的,可以不再履行赠与义务。

第十二章　借款合同

《民法典各分编(草案)》(2018年8月版)	《民法典合同编(草案二次审议稿)》(2018年12月版)	《中华人民共和国民法典(草案)》(2019年12月版)	《中华人民共和国民法典(草案大会审议稿)》(2020年5月22日提交审议)	《中华人民共和国民法典》(2020年5月28日审议通过)
第十二章　借款合同	第十二章　借款合同	第十二章　借款合同	第十二章　借款合同	第十二章　借款合同
第四百五十七条　借款合同是借款人向贷款人借款,到期返还借款并支付利息的合同。	**第四百五十七条** 无变化	**第六百六十七条** 无变化	**第六百六十七条** 无变化	**第六百六十七条**　借款合同是借款人向贷款人借款,到期返还借款并支付利息的合同。
第四百五十八条　借款合同采用书面形式,但是自然人之间借款另有约定的除外。 借款合同的内容包括借款种类、币种、用途、数额、利率、期限和还款方式等条款。	**第四百五十八条** 无变化	**第六百六十八条**　借款合同**应当**采用书面形式,但是自然人之间借款另有约定的除外。 借款合同的内容**一般**包括借款种类、币种、用途、数额、利率、期限和还款方式等条款。	**第六百六十八条** 无变化	**第六百六十八条**　借款合同应当采用书面形式,但是自然人之间借款另有约定的除外。 借款合同的内容一般包括借款种类、币种、用途、数额、利率、期限和还款方式等条款。
第四百五十九条　订立借款合同,借款人应当按照贷款人的要求提供与借款有关的业务活动和财务状况的真实情况。	**第四百五十九条** 无变化	**第六百六十九条** 无变化	**第六百六十九条** 无变化	**第六百六十九条**　订立借款合同,借款人应当按照贷款人的要求提供与借款有关的业务活动和财务状况的真实情况。
第四百六十条　借款的利息不得预先在本金中扣除。利息预先在本金中扣除的,应当按照实际借款数额返还借款并计算利息。	**第四百六十条** 无变化	**第六百七十条** 无变化	**第六百七十条** 无变化	**第六百七十条**　借款的利息不得预先在本金中扣除。利息预先在本金中扣除的,应当按照实际借款数额返还借款并计算利息。

续表

《民法典各分编(草案)》(2018年8月版)	《民法典合同编(草案二次审议稿)》(2018年12月版)	《中华人民共和国民法典(草案)》(2019年12月版)	《中华人民共和国民法典(草案大会审议稿)》(2020年5月22日提交审议)	《中华人民共和国民法典》(2020年5月28日审议通过)
第四百六十一条　贷款人未按照约定的日期、数额提供借款,造成借款人损失的,应当赔偿损失。借款人未按照约定的日期、数额收取借款的,应当按照约定的日期、数额支付利息。	**第四百六十一条** 无变化	**第六百七十一条** 无变化	**第六百七十一条** 无变化	**第六百七十一条**　贷款人未按照约定的日期、数额提供借款,造成借款人损失的,应当赔偿损失。借款人未按照约定的日期、数额收取借款的,应当按照约定的日期、数额支付利息。
第四百六十二条　贷款人按照约定可以检查、监督借款的使用情况。借款人应当按照约定向贷款人定期提供有关财务会计报表等资料。	**第四百六十二条** 无变化	**第六百七十二条**　贷款人按照约定可以检查、监督借款的使用情况。借款人应当按照约定向贷款人定期提供有关财务会计报表**或者其他**资料。	**第六百七十二条** 无变化	**第六百七十二条**　贷款人按照约定可以检查、监督借款的使用情况。借款人应当按照约定向贷款人定期提供有关财务会计报表或者其他资料。
第四百六十三条　借款人未按照约定的借款用途使用借款的,贷款人可以停止发放借款、提前收回借款或者解除合同。	**第四百六十三条** 无变化	**第六百七十三条** 无变化	**第六百七十三条** 无变化	**第六百七十三条**　借款人未按照约定的借款用途使用借款的,贷款人可以停止发放借款、提前收回借款或者解除合同。
第四百六十四条　借款人应当按照约定的期限支付利息。对支付利息的期限没有约定或者约定不明确,依照本法第三百零一条的规定仍不能确定,借款期间不满一年的,应当在返还借款时一并支付;借款期间一年以上的,应当在每届满一年时支付,剩余期间不满一年的,应当在返还借款时一并支付。	**第四百六十四条** 无变化	**第六百七十四条**　借款人应当按照约定的期限支付利息。对支付利息的期限没有约定或者约定不明确,**依据**本法**第五百一十条**的规定仍不能确定,借款期间不满一年的,应当在返还借款时一并支付;借款期间一年以上的,应当在每届满一年时支付,剩余期间不满一年的,应当在返还借款时一并支付。	**第六百七十四条** 无变化	**第六百七十四条**　借款人应当按照约定的期限支付利息。对支付利息的期限没有约定或者约定不明确,依据本法第五百一十条的规定仍不能确定,借款期间不满一年的,应当在返还借款时一并支付;借款期间一年以上的,应当在每届满一年时支付,剩余期间不满一年的,应当在返还借款时一并支付。

续表

《民法典各分编(草案)》(2018年8月版)	《民法典合同编(草案二次审议稿)》(2018年12月版)	《中华人民共和国民法典(草案)》(2019年12月版)	《中华人民共和国民法典(草案大会审议稿)》(2020年5月22日提交审议)	《中华人民共和国民法典》(2020年5月28日审议通过)
第四百六十五条　借款人应当按照约定的期限返还借款。对借款期限没有约定或者约定不明确,依照本法第三百零一条的规定仍不能确定的,借款人可以随时返还;贷款人可以催告借款人在合理期限内返还。	**第四百六十五条** 无变化	**第六百七十五条**　借款人应当按照约定的期限返还借款。对借款期限没有约定或者约定不明确,**依据**本法**第五百一十条**的规定仍不能确定的,借款人可以随时返还;贷款人可以催告借款人在合理期限内返还。	**第六百七十五条** 无变化	**第六百七十五条**　借款人应当按照约定的期限返还借款。对借款期限没有约定或者约定不明确,依据本法第五百一十条的规定仍不能确定的,借款人可以随时返还;贷款人可以催告借款人在合理期限内返还。
第四百六十六条　借款人未按照约定的期限返还借款的,应当按照约定或者国家有关规定支付逾期利息。	**第四百六十六条** 无变化	**第六百七十六条**　借款人未按照约定的期限返还借款的,应当按照约定或者**依照**国家有关规定支付逾期利息。	**第六百七十六条**　借款人未按照约定的期限返还借款的,应当按照约定**或者**国家有关规定支付逾期利息。	**第六百七十六条**　借款人未按照约定的期限返还借款的,应当按照约定或者国家有关规定支付逾期利息。
第四百六十七条　借款人提前偿还借款的,除当事人另有约定的以外,应当按照实际借款的期间计算利息。	**第四百六十七条**　借款人提前偿还借款的,除当事人另有约定**外**,应当按照实际借款的期间计算利息。	**第六百七十七条** 无变化	**第六百七十七条**　借款人提前**返还**借款的,除当事人另有约定外,应当按照实际借款的期间计算利息。	**第六百七十七条**　借款人提前返还借款的,除当事人另有约定外,应当按照实际借款的期间计算利息。
第四百六十八条　借款人可以在还款期限届满之前向贷款人申请展期。贷款人同意的,可以展期。	**第四百六十八条** 无变化	**第六百七十八条** 无变化	**第六百七十八条**　借款人可以在还款期限届满**前**向贷款人申请展期;贷款人同意的,可以展期。	**第六百七十八条**　借款人可以在还款期限届满前向贷款人申请展期;贷款人同意的,可以展期。
第四百六十九条　自然人之间的借款合同,自贷款人提供借款时成立。	**第四百六十九条** 无变化	**第六百七十九条**　自然人之间的借款合同,自贷款人提供借款时**生效**。	**第六百七十九条**　自然人之间的借款合同,自贷款人提供借款时**成立**。	**第六百七十九条**　自然人之间的借款合同,自贷款人提供借款时成立。

续表

《民法典各分编(草案)》(2018 年 8 月版)	《民法典合同编(草案二次审议稿)》(2018 年 12 月版)	《中华人民共和国民法典(草案)》(2019 年 12 月版)	《中华人民共和国民法典(草案大会审议稿)》(2020 年 5 月 22 日提交审议)	《中华人民共和国民法典》(2020 年 5 月 28 日审议通过)
第四百七十条　借款合同约定支付利息的,借款的利率不得违反国家的有关规定;对支付利息没有约定或者约定不明确的,按照当地或者当事人的交易方式、交易习惯、市场利率等因素确定利息。 自然人之间的借款合同对支付利息没有约定或者约定不明确的,视为不支付利息。	**第四百七十条**　借款合同约定支付利息的,借款的利率不得违反国家的有关规定。 **借款合同对支付利息没有约定的,视为没有利息。** **借款合同对支付利息约定不明确的,按照当地或者当事人的交易方式、交易习惯、市场利率等因素确定利息;自然人之间借款的,视为没有利息。**	**第六百八十条　禁止高利放贷**,借款的利率不得违反**国家**有关规定。 借款合同对支付利息没有约定的,视为没有利息。 借款合同对支付利息约定不明确,**当事人不能达成补充协议的**,按照当地或者当事人的交易方式、交易习惯、市场利率等因素确定利息;自然人之间借款的,视为没有利息。	**第六百八十条** 无变化	**第六百八十条**　禁止高利放贷,借款的利率不得违反国家有关规定。 借款合同对支付利息没有约定的,视为没有利息。 借款合同对支付利息约定不明确,当事人不能达成补充协议的,按照当地或者当事人的交易方式、交易习惯、市场利率等因素确定利息;自然人之间借款的,视为没有利息。

第十三章　保证合同

《民法典各分编(草案)》(2018年8月版)	《民法典合同编(草案二次审议稿)》(2018年12月版)	《中华人民共和国民法典(草案)》(2019年12月版)	《中华人民共和国民法典(草案大会审议稿)》(2020年5月22日提交审议)	《中华人民共和国民法典》(2020年5月28日审议通过)
第十三章　保证合同	**第十三章　保证合同**	**第十三章　保证合同**	**第十三章　保证合同**	**第十三章　保证合同**
第一节　一般规定	第一节　一般规定	第一节　一般规定	第一节　一般规定	第一节　一般规定
第四百七十一条　保证合同是为保障债权的实现,当债务人不履行到期债务或者发生当事人约定的情形时,保证人履行债务或者承担责任的合同。	**第四百七十一条** 无变化	**第六百八十一条**　保证合同是为保障债权的实现,**保证人和债权人约定**,当债务人不履行到期债务或者发生当事人约定的情形时,保证人履行债务或者承担责任的合同。	**第六百八十一条** 无变化	**第六百八十一条**　保证合同是为保障债权的实现,保证人和债权人约定,当债务人不履行到期债务或者发生当事人约定的情形时,保证人履行债务或者承担责任的合同。
第四百七十二条　保证合同是主债权债务合同的从合同。主债权债务合同无效,保证合同无效,但是法律另有规定的除外。保证合同被确认无效后,债务人、保证人、债权人应当根据其过错各自承担相应的民事责任。	**第四百七十二条** 无变化	**第六百八十二条**　保证合同是主债权债务合同的从合同。主债权债务合同无效,保证合同无效,但是法律另有规定的除外。 保证合同被确认无效后,债务人、保证人、债权人**有过错的**,应当根据其过错各自承担相应的民事责任。	**第六百八十二条**　保证合同是主债权债务合同的从合同。主债权债务合同无效**的**,保证合同无效,但是法律另有规定的除外。 保证合同被确认无效后,债务人、保证人、债权人有过错的,应当根据其过错各自承担相应的民事责任。	**第六百八十二条**　保证合同是主债权债务合同的从合同。主债权债务合同无效的,保证合同无效,但是法律另有规定的除外。 保证合同被确认无效后,债务人、保证人、债权人有过错的,应当根据其过错各自承担相应的民事责任。

续表

《民法典各分编(草案)》(2018 年 8 月版)	《民法典合同编(草案二次审议稿)》(2018 年 12 月版)	《中华人民共和国民法典(草案)》(2019 年 12 月版)	《中华人民共和国民法典(草案大会审议稿)》(2020 年 5 月 22 日提交审议)	《中华人民共和国民法典》(2020 年 5 月 28 日审议通过)
第四百七十三条　下列组织不得担任保证人: (一)机关法人,但是经国务院批准为使用外国政府或者国际经济组织贷款进行转贷的除外; (二)以公益为目的的法人、非法人组织; (三)法人的分支机构。 法人的分支机构取得法人书面授权的,可以在授权范围内提供保证。	**第四百七十三条**　下列组织不得**为**保证人: (一)机关法人,但是经国务院批准为使用外国政府或者国际经济组织贷款进行转贷的除外; (二)以公益为目的的法人、非法人组织; (三)法人的分支机构。 法人的分支机构取得法人书面授权的,可以在授权范围内提供保证。	**第六百八十三条　机关法人不得为保证人,但是经国务院批准为使用外国政府或者国际经济组织贷款进行转贷的除外。** **以公益为目的的非营利法人、非法人组织不得为保证人。**	**第六百八十三条** 无变化	**第六百八十三条**　机关法人不得为保证人,但是经国务院批准为使用外国政府或者国际经济组织贷款进行转贷的除外。 以公益为目的的非营利法人、非法人组织不得为保证人。
第四百七十四条　保证合同的内容由当事人约定,一般包括以下条款: (一)被保证的主债权的种类、数额; (二)债务人履行债务的期限; (三)保证的方式; (四)保证的范围; (五)保证的期间; (六)当事人认为需要约定的其他事项。	**第四百七十四条** 无变化	**第六百八十四条**　保证合同的内容**一般包括被保证的主债权的种类、数额,债务人履行债务的期限,保证的方式、范围和期间等条款。**	**第六百八十四条** 无变化	**第六百八十四条**　保证合同的内容一般包括被保证的主债权的种类、数额,债务人履行债务的期限,保证的方式、范围和期间等条款。
第四百七十五条　保证合同可以是单独订立的书面合同,也可以是主合同中的保证条款。 第三人单方以书面形式向债权人出具保证书,债权人接受且未提出异议的,保证合同成立。	**第四百七十五条**　保证合同可以是单独订立的书面合同,也可以是主合同中的保证条款。 第三人单方以书面形式向债权人出具保证书,债权人**接收**且未提出异议的,保证合同成立。	**第六百八十五条**　保证合同可以是单独订立的书面合同,也可以是**主债权债务合同**中的保证条款。 第三人单方以书面形式向债权人**作出保证的**,债权人接收且未提出异议的,保证合同成立。	**第六百八十五条** 无变化	**第六百八十五条**　保证合同可以是单独订立的书面合同,也可以是主债权债务合同中的保证条款。 第三人单方以书面形式向债权人作出保证,债权人接收且未提出异议的,保证合同成立。

续表

《民法典各分编（草案）》（2018年8月版）	《民法典合同编（草案二次审议稿）》（2018年12月版）	《中华人民共和国民法典（草案）》（2019年12月版）	《中华人民共和国民法典（草案大会审议稿）》（2020年5月22日提交审议）	《中华人民共和国民法典》（2020年5月28日审议通过）
第四百七十六条　保证的方式包括一般保证和连带责任保证。 当事人在保证合同中对保证方式没有约定或者约定不明确的，按照连带责任保证承担保证责任，**但是自然人之间的保证合同除外。**	**第四百七十六条**　保证的方式包括一般保证和连带责任保证。 当事人在保证合同中对保证方式没有约定或者约定不明确的，按照**一般保证**承担保证责任。	**第六百八十六条** 无变化	**第六百八十六条** 无变化	**第六百八十六条**　保证的方式包括一般保证和连带责任保证。 当事人在保证合同中对保证方式没有约定或者约定不明确的，按照一般保证承担保证责任。
第四百七十七条　当事人在保证合同中约定，债务人不能履行债务时，由保证人承担保证责任的，为一般保证。 一般保证的保证人在就债务人的财产依法强制执行仍不能履行债务前，有权拒绝承担保证责任。 有下列情形之一的，保证人不得行使前款规定的权利： （一）债务人下落不明，且无财产可供执行； （二）人民法院受理债务人破产案件，中止执行程序； （三）债权人有证据证明债务人的财产不足以履行全部债务或者明显缺乏履行债务能力； （四）保证人明确放弃前款规定的权利。	**第四百七十七条**　当事人在保证合同中约定，债务人不能履行债务时，由保证人承担保证责任的，为一般保证。 一般保证的保证人在就债务人的财产依法强制执行仍不能履行债务前，有权拒绝承担保证责任，**但是**有下列情形之一的**除外**： （一）债务人下落不明，且无财产可供执行； （二）人民法院受理债务人破产案件，**中止执行程序**； （三）债权人有证据证明债务人的财产不足以履行全部债务或者明显缺乏履行债务能力； （四）保证人明确放弃**本款**规定的权利。	**第六百八十七条**　当事人在保证合同中约定，债务人不能履行债务时，由保证人承担保证责任的，为一般保证。 一般保证的保证人在就债务人的财产依法强制执行仍不能履行债务前，有权拒绝承担保证责任，但是有下列情形之一的除外： （一）债务人下落不明，且无财产可供执行； （二）人民法院受理债务人破产案件； （三）债权人有证据证明债务人的财产不足以履行全部债务或者**丧失**履行债务能力； （四）保证人**书面**放弃本款规定的权利。	**第六百八十七条**　当事人在保证合同中约定，债务人不能履行债务时，由保证人承担保证责任的，为一般保证。 一般保证的保证人在**主合同纠纷未经审判或者仲裁，并**就债务人财产依法强制执行仍不能履行债务前，有权拒绝**向债权人**承担保证责任，但是有下列情形之一的除外： （一）债务人下落不明，且无财产可供执行； （二）人民法院**已经**受理债务人破产案件； （三）债权人有证据证明债务人的财产不足以履行全部债务或者丧失履行债务能力； （四）保证人书面**表示**放弃本款规定的权利。	**第六百八十七条**　当事人在保证合同中约定，债务人不能履行债务时，由保证人承担保证责任的，为一般保证。 一般保证的保证人在主合同纠纷未经审判或者仲裁，并就债务人财产依法强制执行仍不能履行债务前，有权拒绝向债权人承担保证责任，但是有下列情形之一的除外： （一）债务人下落不明，且无财产可供执行； （二）人民法院已经受理债务人破产案件； （三）债权人有证据证明债务人的财产不足以履行全部债务或者丧失履行债务能力； （四）保证人书面表示放弃本款规定的权利。

续表

《民法典各分编(草案)》(2018年8月版)	《民法典合同编(草案二次审议稿)》(2018年12月版)	《中华人民共和国民法典(草案)》(2019年12月版)	《中华人民共和国民法典(草案大会审议稿)》(2020年5月22日提交审议)	《中华人民共和国民法典》(2020年5月28日审议通过)
第四百七十八条　当事人在保证合同中约定保证人和债务人对债务承担连带责任的,为连带责任保证。 连带责任保证的债务人不履行到期债务或者发生当事人约定的情形时,债权人可以要求债务人履行债务,也可以要求保证人在其保证范围内承担保证责任。	**第四百七十八条** 无变化	**第六百八十八条**　当事人在保证合同中约定保证人和债务人对债务承担连带责任的,为连带责任保证。 连带责任保证的债务人不履行到期债务或者发生当事人约定的情形时,债权人可以**请求**债务人履行债务,也可以**请求**保证人在其保证范围内承担保证责任。	**第六百八十八条** 无变化	**第六百八十八条**　当事人在保证合同中约定保证人和债务人对债务承担连带责任的,为连带责任保证。 连带责任保证的债务人不履行到期债务或者发生当事人约定的情形时,债权人可以请求债务人履行债务,也可以请求保证人在其保证范围内承担保证责任。
第四百七十九条　保证人可以要求债务人提供反担保。	**第四百七十九条** 无变化	**第六百八十九条** 无变化	**第六百八十九条** 无变化	**第六百八十九条**　保证人可以要求债务人提供反担保。
第四百九十三条　保证人与债权人可以协商设立最高额保证。 最高额保证除适用本章规定以外,参照适用物权编关于最高额抵押权的规定。	**第四百七十九条之一**　保证人与债权人可以协商**订立**最高额保证**合同,约定在最高债权额限度内就一定期间连续发生的债权提供保证。** 最高额保证**合同**除适用本章规定**外**,参照适用**物权编**最高额抵押权的**有关**规定。	**第六百九十条** 无变化	**第六百九十条**　保证人与债权人可以协商订立最高额保证**的**合同,约定在最高债权额限度内就一定期间连续发生的债权提供保证。 **最高额保证**除适用本章规定外,参照适用**本法第二编**最高额抵押权的有关规定。	**第六百九十条**　保证人与债权人可以协商订立最高额保证的合同,约定在最高债权额限度内就一定期间连续发生的债权提供保证。 最高额保证除适用本章规定外,参照适用本法第二编最高额抵押权的有关规定。
第二节　保证责任	第二节　保证责任	第二节　保证责任	第二节　保证责任	第二节　保证责任
第四百八十条　保证担保的范围包括主债权及其利息、违约金、损害赔偿金和实现债权的合理费用。当事人另有约定的,按照其约定。	**第四百八十条** 无变化	**第六百九十一条　保证**的范围包括主债权及其利息、违约金、损害赔偿金和实现债权的**费用**。当事人另有约定的,按照其约定。	**第六百九十一条** 无变化	**第六百九十一条**　保证的范围包括主债权及其利息、违约金、损害赔偿金和实现债权的费用。当事人另有约定的,按照其约定。

续表

《民法典各分编(草案)》(2018年8月版)	《民法典合同编(草案二次审议稿)》(2018年12月版)	《中华人民共和国民法典(草案)》(2019年12月版)	《中华人民共和国民法典(草案大会审议稿)》(2020年5月22日提交审议)	《中华人民共和国民法典》(2020年5月28日审议通过)
第四百八十一条 保证期间是保证人承担保证责任的期间,不发生中止、中断和延长。 债权人与保证人可以约定保证期间,但是约定的保证期间早于主债务期限或者与主债务期限同时届满的,视为没有约定;没有约定或者约定不明确的,保证期间为主债务履行期限届满之日起六个月。 债权人与债务人对主债务履行期限没有约定或者约定不明确的,保证期间自债权人要求债务人履行义务的宽限期届满之日起计算。	**第四百八十一条** 无变化	**第六百九十二条** 保证期间是保证人承担保证责任的期间,不发生中止、中断和延长。 债权人与保证人可以约定保证期间,但是约定的保证期间早于主债务**履行期限**或者与主债务**履行期限**同时届满的,视为没有约定;没有约定或者约定不明确的,保证期间为主债务履行期限届满之日起六个月。 债权人与债务人对主债务履行期限没有约定或者约定不明确的,保证期间自债权人**请求**债务人履行**债务**的宽限期届满之日起计算。	**第六百九十二条** 保证期间是**确定**保证人承担保证责任的期间,不发生中止、中断和延长。 债权人与保证人可以约定保证期间,但是约定的保证期间早于主债务履行期限或者与主债务履行期限同时届满的,视为没有约定;没有约定或者约定不明确的,保证期间为主债务履行期限届满之日起六个月。 债权人与债务人对主债务履行期限没有约定或者约定不明确的,保证期间自债权人请求债务人履行债务的宽限期届满之日起计算。	**第六百九十二条** 保证期间是确定保证人承担保证责任的期间,不发生中止、中断和延长。 债权人与保证人可以约定保证期间,但是约定的保证期间早于主债务履行期限或者与主债务履行期限同时届满的,视为没有约定;没有约定或者约定不明确的,保证期间为主债务履行期限届满之日起六个月。 债权人与债务人对主债务履行期限没有约定或者约定不明确的,保证期间自债权人请求债务人履行债务的宽限期届满之日起计算。
第四百八十二条 一般保证的债权人未在保证期间内对债务人提起诉讼或者申请仲裁的,保证人不再承担保证责任。 连带责任保证的债权人未在保证期间内对保证人主张承担保证责任的,保证人不再承担保证责任。	**第四百八十二条** 无变化	**第六百九十三条** 一般保证的债权人未在保证期间内对债务人提起诉讼或者申请仲裁的,保证人不再承担保证责任。 连带责任保证的债权人未在**保证期间**对保证人主张承担保证责任的,保证人不再承担保证责任。	**第六百九十三条** 一般保证的债权人未在保证期间对债务人提起诉讼或者申请仲裁的,保证人不再承担保证责任。 连带责任保证的债权人未在保证期间**请求保证人**承担保证责任的,保证人不再承担保证责任。	**第六百九十三条** 一般保证的债权人未在保证期间对债务人提起诉讼或者申请仲裁的,保证人不再承担保证责任。 连带责任保证的债权人未在保证期间请求保证人承担保证责任的,保证人不再承担保证责任。

续表

《民法典各分编(草案)》(2018年8月版)	《民法典合同编(草案二次审议稿)》(2018年12月版)	《中华人民共和国民法典(草案)》(2019年12月版)	《中华人民共和国民法典(草案大会审议稿)》(2020年5月22日提交审议)	《中华人民共和国民法典》(2020年5月28日审议通过)
第四百八十三条　一般保证的债权人在保证期间届满前对债务人提起诉讼或者申请仲裁的,从判决或者仲裁裁决生效之日起,开始计算保证债务的诉讼时效。 连带责任保证的债权人在保证期间届满前要求保证人承担保证责任的,从债权人要求保证人承担保证责任之日起,开始计算保证债务的诉讼时效。	**第四百八十三条**　一般保证的债权人在保证期间届满前对债务人提起诉讼或者申请仲裁的,从**保证人拒绝承担保证责任的权利消灭**之日起,开始计算保证债务的诉讼时效。 连带责任保证的债权人在保证期间届满前要求保证人承担保证责任的,从债权人要求保证人承担保证责任之日起,开始计算保证债务的诉讼时效。	**第六百九十四条**　一般保证的债权人在保证期间届满前对债务人提起诉讼或者申请仲裁的,从保证人拒绝承担保证责任的权利消灭之日起,开始计算保证债务的诉讼时效。 连带责任保证的债权人在保证期间届满前**请求**保证人承担保证责任的,从债权人**请求**保证人承担保证责任之日起,开始计算保证债务的诉讼时效。	**第六百九十四条** 无变化	**第六百九十四条**　一般保证的债权人在保证期间届满前对债务人提起诉讼或者申请仲裁的,从保证人拒绝承担保证责任的权利消灭之日起,开始计算保证债务的诉讼时效。 连带责任保证的债权人在保证期间届满前请求保证人承担保证责任的,从债权人请求保证人承担保证责任之日起,开始计算保证债务的诉讼时效。
第四百八十四条　一般保证中,主债务诉讼时效中断,保证债务诉讼时效中断;连带责任保证中,主债务诉讼时效中断,保证债务诉讼时效不中断。 一般保证和连带责任保证中,主债务诉讼时效中止的,保证债务的诉讼时效同时中止。				
第四百八十五条　债权人和债务人**在保证期间内**未经保证人同意,协商变更主合同内容,减轻债务的,保证人仍对变更后的债务承担保证责任;加重债务的,保证人对加重的部分不承担保证责任。 债权人与债务人对主合同履行期限作了变更,未经保证人同意的,保证期间为原合同约定或者法律规定的期间。	**第四百八十五条** 无变化	**第六百九十五条**　债权人和债务人未经保证人**书面**同意,协商变更**主债权债务合同**内容,减轻债务的,保证人仍对变更后的债务承担保证责任;加重债务的,保证人对加重的部分不承担保证责任。 债权人与债务人对主**债权债务**合同履行期限作了变更,未经保证人**书面**同意的,保证期间**不受影响**。	**第六百九十五条**　债权人和债务人未经保证人书面同意,协商变更主债权债务合同内容,减轻债务的,保证人仍对变更后的债务承担保证责任;加重债务的,保证人对加重的部分不承担保证责任。 债权人**和**债务人**变更主债权债务合同的履行期限**,未经保证人书面同意的,保证期间不受影响。	**第六百九十五条**　债权人和债务人未经保证人书面同意,协商变更主债权债务合同内容,减轻债务的,保证人仍对变更后的债务承担保证责任;加重债务的,保证人对加重的部分不承担保证责任。 债权人和债务人变更主债权债务合同的履行期限,未经保证人书面同意的,保证期间不受影响。

续表

《民法典各分编（草案）》（2018年8月版）	《民法典合同编（草案二次审议稿）》（2018年12月版）	《中华人民共和国民法典（草案）》（2019年12月版）	《中华人民共和国民法典（草案大会审议稿）》（2020年5月22日提交审议）	《中华人民共和国民法典》（2020年5月28日审议通过）
第四百八十六条　债权人**在保证期间内**将全部或者部分债权转让给第三人，通知保证人后，保证人对受让人承担相应的保证责任。未经通知，该转让对保证人不发生效力。 保证人与债权人约定仅对特定的债权人承担保证责任或者禁止债权转让，债权人**在保证期间内**未经保证人同意转让全部或者部分债权的，保证人就受让人的债权不再承担保证责任。	**第四百八十六条** 无变化	**第六百九十六条**　债权人将全部或者部分债权转让给第三人，通知保证人后，保证人对受让人承担相应的保证责任。未经通知，该转让对保证人不发生效力。 保证人与债权人约定**仅对特定的债权人承担保证责任或者**禁止债权转让，债权人未经保证人**书面**同意转让全部或者部分债权的，保证人就受让人的债权不再承担保证责任。	**第六百九十六条**　债权人**转让全部或者部分债权，未通知保证人的，**该转让对保证人不发生效力。 保证人与债权人约定禁止债权转让，债权人未经保证人书面同意转让**债权**的，保证人**对受让人**不再承担保证责任。	**第六百九十六条**　债权人转让全部或者部分债权，未通知保证人的，该转让对保证人不发生效力。 保证人与债权人约定禁止债权转让，债权人未经保证人书面同意转让债权的，保证人对受让人不再承担保证责任。
第四百八十七条　债权人**在保证期间内**未经保证人同意，允许债务人转移全部或者部分债务，保证人对未经其同意转移的债务不再承担保证责任，但是保证合同另有约定的除外。 **在保证期间内，**第三人加入债务的，保证人的保证责任不受影响。	**第四百八十七条** 无变化	**第六百九十七条**　债权人未经保证人**书面**同意，允许债务人转移全部或者部分债务，保证人对未经其同意转移的债务不再承担保证责任，但是**债权人和保证人**另有约定的除外。 第三人加入债务的，保证人的保证责任不受影响。	**第六百九十七条** 无变化	**第六百九十七条**　债权人未经保证人书面同意，允许债务人转移全部或者部分债务，保证人对未经其同意转移的债务不再承担保证责任，但是债权人和保证人另有约定的除外。 第三人加入债务的，保证人的保证责任不受影响。
第四百八十八条　一般保证的保证人在主债务履行期限届满后，向债权人提供了债务人可供执行财产的真实情况，债权人放弃或者怠于行使权利致使该财产不能被执行的，保证人在其提供可供执行财产的价值范围内免除保证责任。	**第四百八十八条**　一般保证的保证人在主债务履行期限届满后，向债权人**提供**债务人可供执行财产的真实情况，债权人放弃或者怠于行使权利致使该财产不能被执行的，保证人在其提供可供执行财产的价值范围内免除保证责任。	**第六百九十八条**　一般保证的保证人在主债务履行期限届满后，向债权人提供债务人可供执行财产的真实情况，债权人放弃或者怠于行使权利致使该财产不能被执行的，保证人在其提供可供执行财产的价值范围内**不再承担**保证责任。	**第六百九十八条** 无变化	**第六百九十八条**　一般保证的保证人在主债务履行期限届满后，向债权人提供债务人可供执行财产的真实情况，债权人放弃或者怠于行使权利致使该财产不能被执行的，保证人在其提供可供执行财产的价值范围内不再承担保证责任。

续表

《民法典各分编(草案)》(2018年8月版)	《民法典合同编(草案二次审议稿)》(2018年12月版)	《中华人民共和国民法典(草案)》(2019年12月版)	《中华人民共和国民法典(草案大会审议稿)》(2020年5月22日提交审议)	《中华人民共和国民法典》(2020年5月28日审议通过)
第四百八十九条　同一债务有两个以上保证人的,保证人应当按照保证合同约定的保证份额,承担保证责任。没有约定保证份额的,债权人可以要求任何一个保证人在其保证范围内承担保证责任。	**第四百八十九条** 无变化	**第六百九十九条**　同一债务有两个以上保证人的,保证人应当按照保证合同约定的保证份额,承担保证责任;没有约定保证份额的,债权人可以**请求**任何一个保证人在其保证范围内承担保证责任。	**第六百九十九条** 无变化	**第六百九十九条**　同一债务有两个以上保证人的,保证人应当按照保证合同约定的保证份额,承担保证责任;没有约定保证份额的,债权人可以请求任何一个保证人在其保证范围内承担保证责任。
第四百九十条　保证人承担保证责任后,除当事人另有约定以外,有权在其承担保证责任的范围内向债务人追偿,享有债权人对债务人的权利,但是不得损害债权人的利益。	**第四百九十条**　保证人承担保证责任后,除当事人另有约定**外**,有权在其承担保证责任的范围内向债务人追偿,享有债权人对债务人的权利,但是不得损害债权人的利益。	**第七百条** 无变化	**第七百条** 无变化	**第七百条**　保证人承担保证责任后,除当事人另有约定外,有权在其承担保证责任的范围内向债务人追偿,享有债权人对债务人的权利,但是不得损害债权人的利益。
第四百九十一条　保证人享有债务人对债权人的抗辩。债务人放弃抗辩的,保证人仍有权向债权人主张抗辩。	**第四百九十一条** 无变化	**第七百零一条**　保证人**可以主张**债务人对债权人的抗辩。债务人放弃抗辩的,保证人仍有权向债权人主张抗辩。	**第七百零一条** 无变化	**第七百零一条**　保证人可以主张债务人对债权人的抗辩。债务人放弃抗辩的,保证人仍有权向债权人主张抗辩。
第四百九十二条　债务人对债权人享有抵销权或者撤销权的,保证人可以在相应范围内拒绝承担保证责任。	**第四百九十二条** 无变化	**第七百零二条** 无变化	**第七百零二条** 无变化	**第七百零二条**　债务人对债权人享有抵销权或者撤销权的,保证人可以在相应范围内拒绝承担保证责任。

第十四章　租 赁 合 同

《民法典各分编(草案)》(2018年8月版)	《民法典合同编(草案二次审议稿)》(2018年12月版)	《中华人民共和国民法典(草案)》(2019年12月版)	《中华人民共和国民法典(草案大会审议稿)》(2020年5月22日提交审议)	《中华人民共和国民法典》(2020年5月28日审议通过)
第十四章　租赁合同	第十四章　租赁合同	第十四章　租赁合同	第十四章　租赁合同	第十四章　租赁合同
第四百九十四条　租赁合同是出租人将租赁物交付承租人使用、收益,承租人支付租金的合同。	**第四百九十四条** 无变化	**第七百零三条** 无变化	**第七百零三条** 无变化	**第七百零三条**　租赁合同是出租人将租赁物交付承租人使用、收益,承租人支付租金的合同。
第四百九十五条　租赁合同的内容包括租赁物的名称、数量、用途、租赁期限、租金及其支付期限和方式、租赁物维修等条款。	**第四百九十五条** 无变化	**第七百零四条**　租赁合同的内容**一般**包括租赁物的名称、数量、用途、租赁期限、租金及其支付期限和方式、租赁物维修等条款。	**第七百零四条** 无变化	**第七百零四条**　租赁合同的内容一般包括租赁物的名称、数量、用途、租赁期限、租金及其支付期限和方式、租赁物维修等条款。
第四百九十六条　租赁期限不得超过二十年。 租赁期间届满,当事人可以续订租赁合同,但是约定的租赁期限自续订之日起不得超过二十年。	**第四百九十六条** 无变化	**第七百零五条**　租赁期限不得超过二十年。**超过二十年的,超过部分无效。** 租赁期间届满,当事人可以续订租赁合同;但是,约定的租赁期限自续订之日起不得超过二十年。	**第七百零五条**　租赁期限不得超过二十年。超过二十年的,超过部分无效。 **租赁期限**届满,当事人可以续订租赁合同;但是,约定的租赁期限自续订之日起不得超过二十年。	**第七百零五条**　租赁期限不得超过二十年。超过二十年的,超过部分无效。 租赁期限届满,当事人可以续订租赁合同;但是,约定的租赁期限自续订之日起不得超过二十年。
第四百九十七条　当事人未依照法律、行政法规规定办理租赁合同登记备案手续的,不影响合同的效力,**但是当事人另有约定的除外。**	**第四百九十七条** 无变化	**第七百零六条** 无变化	**第七百零六条** 无变化	**第七百零六条**　当事人未依照法律、行政法规规定办理租赁合同登记备案手续的,不影响合同的效力。

续表

《民法典各分编(草案)》(2018年8月版)	《民法典合同编(草案二次审议稿)》(2018年12月版)	《中华人民共和国民法典(草案)》(2019年12月版)	《中华人民共和国民法典(草案大会审议稿)》(2020年5月22日提交审议)	《中华人民共和国民法典》(2020年5月28日审议通过)
第四百九十八条　租赁期限六个月以上的,应当采用书面形式。当事人未采用书面形式,无法确定租赁期限的,视为不定期租赁。	**第四百九十八条** 无变化	**第七百零七条** 无变化	**第七百零七条** 无变化	**第七百零七条**　租赁期限六个月以上的,应当采用书面形式。当事人未采用书面形式,无法确定租赁期限的,视为不定期租赁。
第四百九十九条　出租人应当按照约定将租赁物交付承租人,并在租赁期间保持租赁物符合约定的用途。	**第四百九十九条** 无变化	**第七百零八条** 无变化	**第七百零八条**　出租人应当按照约定将租赁物交付承租人,并在**租赁期限内**保持租赁物符合约定的用途。	**第七百零八条**　出租人应当按照约定将租赁物交付承租人,并在租赁期限内保持租赁物符合约定的用途。
第五百条　承租人应当按照约定的方法使用租赁物。对租赁物的使用方法没有约定或者约定不明确,依照本法第三百零一条的规定仍不能确定的,应当按照租赁物的性质使用。	**第五百条** 无变化	**第七百零九条**　承租人应当按照约定的方法使用租赁物。对租赁物的使用方法没有约定或者约定不明确,**依据**本法**第五百一十条**的规定仍不能确定的,应当**根据**租赁物的性质使用。	**第七百零九条** 无变化	**第七百零九条**　承租人应当按照约定的方法使用租赁物。对租赁物的使用方法没有约定或者约定不明确,依据本法第五百一十条的规定仍不能确定的,应当根据租赁物的性质使用。
第五百零一条　承租人按照约定的方法或者租赁物的性质使用租赁物,致使租赁物受到损耗的,不承担损害赔偿责任。	**第五百零一条** 无变化	**第七百一十条**　承租人按照约定的方法或者**根据**租赁物的性质使用租赁物,致使租赁物受到损耗的,不承担**赔偿责任**。	**第七百一十条** 无变化	**第七百一十条**　承租人按照约定的方法或者根据租赁物的性质使用租赁物,致使租赁物受到损耗的,不承担赔偿责任。
第五百零二条　承租人未按照约定的方法或者租赁物的性质使用租赁物,致使租赁物受到损失的,出租人可以解除合同并要求赔偿损失。	**第五百零二条** 无变化	**第七百一十一条**　承租人未按照约定的方法或者**根据**租赁物的性质使用租赁物,致使租赁物受到损失的,出租人可以解除合同并**请求**赔偿损失。	**第七百一十一条**　承租人未按照约定的方法或者**未**根据租赁物的性质使用租赁物,致使租赁物受到损失的,出租人可以解除合同并请求赔偿损失。	**第七百一十一条**　承租人未按照约定的方法或者未根据租赁物的性质使用租赁物,致使租赁物受到损失的,出租人可以解除合同并请求赔偿损失。
第五百零三条　出租人应当履行租赁物的维修义务,但是当事人另有约定的除外。	**第五百零三条** 无变化	**第七百一十二条** 无变化	**第七百一十二条** 无变化	**第七百一十二条**　出租人应当履行租赁物的维修义务,但是当事人另有约定的除外。

续表

《民法典各分编(草案)》(2018年8月版)	《民法典合同编(草案二次审议稿)》(2018年12月版)	《中华人民共和国民法典(草案)》(2019年12月版)	《中华人民共和国民法典(草案大会审议稿)》(2020年5月22日提交审议)	《中华人民共和国民法典》(2020年5月28日审议通过)
第五百零四条 承租人在租赁物需要维修时可以要求出租人在合理期限内维修。出租人未履行维修义务的,承租人可以自行维修,维修费用由出租人负担。因维修租赁物影响承租人使用的,应当相应减少租金或者延长租期。 因承租人的过错致使租赁物需要维修的,出租人不承担前款规定的责任。	**第五百零四条** 无变化	**第七百一十三条** 承租人在租赁物需要维修时可以**请求**出租人在合理期限内维修。出租人未履行维修义务的,承租人可以自行维修,维修费用由出租人负担。因维修租赁物影响承租人使用的,应当相应减少租金或者延长租期。 因承租人的过错致使租赁物需要维修的,出租人不承担前款规定的责任。	**第七百一十三条** 无变化	**第七百一十三条** 承租人在租赁物需要维修时可以请求出租人在合理期限内维修。出租人未履行维修义务的,承租人可以自行维修,维修费用由出租人负担。因维修租赁物影响承租人使用的,应当相应减少租金或者延长租期。 因承租人的过错致使租赁物需要维修的,出租人不承担前款规定的**维修义务**。
第五百零五条 承租人应当妥善保管租赁物,因保管不善造成租赁物毁损、灭失的,应当承担损害赔偿责任。	**第五百零五条** 无变化	**第七百一十四条** 承租人应当妥善保管租赁物,因保管不善造成租赁物毁损、灭失的,应当承担**赔偿责任**。	**第七百一十四条** 无变化	**第七百一十四条** 承租人应当妥善保管租赁物,因保管不善造成租赁物毁损、灭失的,应当承担赔偿责任。
第五百零六条 承租人经出租人同意,可以对租赁物进行改善或者增设他物。 承租人未经出租人同意,对租赁物进行改善或者增设他物的,出租人可以要求承租人恢复原状或者赔偿损失。	**第五百零六条** 无变化	**第七百一十五条** 承租人经出租人同意,可以对租赁物进行改善或者增设他物。 承租人未经出租人同意,对租赁物进行改善或者增设他物的,出租人可以**请求**承租人恢复原状或者赔偿损失。	**第七百一十五条** 无变化	**第七百一十五条** 承租人经出租人同意,可以对租赁物进行改善或者增设他物。 承租人未经出租人同意,对租赁物进行改善或者增设他物的,出租人可以请求承租人恢复原状或者赔偿损失。
第五百零七条 承租人经出租人同意,可以将租赁物转租给第三人。承租人转租的,承租人与出租人之间的租赁合同继续有效,第三人对租赁物造成损失的,承租人应当赔偿损失。 承租人未经出租人同意转租的,出租人可以解除合同。	**第五百零七条** 无变化	**第七百一十六条** 承租人经出租人同意,可以将租赁物转租给第三人。承租人转租的,承租人与出租人之间的租赁合同继续有效;第三人**造成租赁物**损失的,承租人应当赔偿损失。 承租人未经出租人同意转租的,出租人可以解除合同。	**第七百一十六条** 无变化	**第七百一十六条** 承租人经出租人同意,可以将租赁物转租给第三人。承租人转租的,承租人与出租人之间的租赁合同继续有效;第三人造成租赁物损失的,承租人应当赔偿损失。 承租人未经出租人同意转租的,出租人可以解除合同。

续表

《民法典各分编(草案)》(2018年8月版)	《民法典合同编(草案二次审议稿)》(2018年12月版)	《中华人民共和国民法典(草案)》(2019年12月版)	《中华人民共和国民法典(草案大会审议稿)》(2020年5月22日提交审议)	《中华人民共和国民法典》(2020年5月28日审议通过)
第五百零八条　承租人经出租人同意将租赁物转租给第三人,转租期限超过承租人剩余租赁期限的,超过部分的约定对出租人不具有法律约束力,但是出租人与承租人另有约定的除外。	**第五百零八条** 无变化	**第七百一十七条** 无变化	**第七百一十七条** 无变化	**第七百一十七条**　承租人经出租人同意将租赁物转租给第三人,转租期限超过承租人剩余租赁期限的,超过部分的约定对出租人不具有法律约束力,但是出租人与承租人另有约定的除外。
第五百零九条　出租人知道或者应当知道承租人转租,但是在六个月内未提出异议的,视为出租人同意转租。	**第五百零九条** 无变化	**第七百一十八条** 无变化	**第七百一十八条** 无变化	**第七百一十八条**　出租人知道或者应当知道承租人转租,但是在六个月内未提出异议的,视为出租人同意转租。
第五百一十条　承租人拖欠租金的,次承租人可以代承租人支付其欠付的租金和违约金,但是转租合同无效的除外。 次承租人代为支付的租金和违约金超出其应付的租金数额的,可以折抵次承租人应当向承租人支付的租金或者向承租人追偿。	**第五百一十条** 无变化	**第七百一十九条**　承租人拖欠租金的,次承租人可以代承租人支付其欠付的租金和违约金,但是转租合同**对出租人不具有法律约束力**的除外。 次承租人代为支付的租金和违约金,**可以折抵次承租人应当向承租人支付的租金;超出其应付的租金数额的,可以向承租人追偿**。	**第七百一十九条**　承租人拖欠租金的,次承租人可以代承租人支付其欠付的租金和违约金,但是转租合同对出租人不具有法律约束力的除外。 次承租人代为支付的租金和违约金,可以**充抵**次承租人应当向承租人支付的租金;超出其应付的租金数额的,可以向承租人追偿。	**第七百一十九条**　承租人拖欠租金的,次承租人可以代承租人支付其欠付的租金和违约金,但是转租合同对出租人不具有法律约束力的除外。 次承租人代为支付的租金和违约金,可以充抵次承租人应当向承租人支付的租金;超出其应付的租金数额的,可以向承租人追偿。
第五百一十一条　在租赁期间因占有、使用租赁物获得的收益,归承租人所有,但是当事人另有约定的除外。	**第五百一十一条** 无变化	**第七百二十条** 无变化	**第七百二十条**　在**租赁期限内**因占有、使用租赁物获得的收益,归承租人所有,但是当事人另有约定的除外。	**第七百二十条**　在租赁期限内因占有、使用租赁物获得的收益,归承租人所有,但是当事人另有约定的除外。

续表

《民法典各分编(草案)》(2018年8月版)	《民法典合同编(草案二次审议稿)》(2018年12月版)	《中华人民共和国民法典(草案)》(2019年12月版)	《中华人民共和国民法典(草案大会审议稿)》(2020年5月22日提交审议)	《中华人民共和国民法典》(2020年5月28日审议通过)
第五百一十二条　承租人应当按照约定的期限支付租金。对支付期限没有约定或者约定不明确,依照本法第三百零一条的规定仍不能确定,租赁期间不满一年的,应当在租赁期间届满时支付;租赁期间一年以上的,应当在每届满一年时支付,剩余期间不满一年的,应当在租赁期间届满时支付。	**第五百一十二条** 无变化	**第七百二十一条**　承租人应当按照约定的期限支付租金。对支付**租金的**期限没有约定或者约定不明确,**依据**本法**第五百一十条**的规定仍不能确定,租赁期间不满一年的,应当在租赁期间届满时支付;租赁期间一年以上的,应当在每届满一年时支付,剩余期间不满一年的,应当在租赁期间届满时支付。	**第七百二十一条**　承租人应当按照约定的期限支付租金。对支付租金的期限没有约定或者约定不明确,依据本法第五百一十条的规定仍不能确定,**租赁期限**不满一年的,应当在**租赁期限**届满时支付;**租赁期限**一年以上的,应当在每届满一年时支付,**剩余期限**不满一年的,应当在**租赁期限**届满时支付。	**第七百二十一条**　承租人应当按照约定的期限支付租金。对支付租金的期限没有约定或者约定不明确,依据本法第五百一十条的规定仍不能确定,租赁期限不满一年的,应当在租赁期限届满时支付;租赁期限一年以上的,应当在每届满一年时支付,剩余期限不满一年的,应当在租赁期限届满时支付。
第五百一十三条　承租人无正当理由未支付或者迟延支付租金的,出租人可以要求承租人在合理期限内支付。承租人逾期不支付的,出租人可以解除合同。	**第五百一十三条** 无变化	**第七百二十二条**　承租人无正当理由未支付或者迟延支付租金的,出租人可以**请求**承租人在合理期限内支付;承租人逾期不支付的,出租人可以解除合同。	**第七百二十二条** 无变化	**第七百二十二条**　承租人无正当理由未支付或者迟延支付租金的,出租人可以请求承租人在合理期限内支付;承租人逾期不支付的,出租人可以解除合同。
第五百一十四条　因第三人主张权利,致使承租人不能对租赁物使用、收益的,承租人可以要求减少租金或者不支付租金。第三人主张权利的,承租人应当及时通知出租人。	**第五百一十四条** 无变化	**第七百二十三条**　因第三人主张权利,致使承租人不能对租赁物使用、收益的,承租人可以**请求**减少租金或者不支付租金。第三人主张权利的,承租人应当及时通知出租人。	**第七百二十三条** 无变化	**第七百二十三条**　因第三人主张权利,致使承租人不能对租赁物使用、收益的,承租人可以请求减少租金或者不支付租金。第三人主张权利的,承租人应当及时通知出租人。
第五百一十五条　有下列情形之一,因出租人原因致使租赁物无法使用的,承租人可以解除合同: (一)租赁物被司法机关或者行政机关依法查封; (二)租赁物权属有争议; (三)租赁物具有违反法律、行政法规关于使用条件强制性规定情形。	**第五百一十五条** 无变化	**第七百二十四条** 无变化	**第七百二十四条**　有下列情形之一,**非因承租人原因**致使租赁物无法使用的,承租人可以解除合同: (一)租赁物被司法机关或者行政机关依法查封; (二)租赁物权属有争议; (三)租赁物具有违反法律、行政法规关于使用条件**的**强制性规定情形。	**第七百二十四条**　有下列情形之一,非因承租人原因致使租赁物无法使用的,承租人可以解除合同: (一)租赁物被司法机关或者行政机关依法查封、**扣押**; (二)租赁物权属有争议; (三)租赁物具有违反法律、行政法规关于使用条件的强制性规定情形。

续表

《民法典各分编(草案)》(2018年8月版)	《民法典合同编(草案二次审议稿)》(2018年12月版)	《中华人民共和国民法典(草案)》(2019年12月版)	《中华人民共和国民法典(草案大会审议稿)》(2020年5月22日提交审议)	《中华人民共和国民法典》(2020年5月28日审议通过)
第五百一十六条　租赁物在承租人依据租赁合同占有期间发生所有权变动的,不影响租赁合同的效力。	**第五百一十六条** 无变化	**第七百二十五条** 无变化	**第七百二十五条**　租赁物在承租人**按照**租赁合同**占有期限内**发生所有权变动的,不影响租赁合同的效力。	**第七百二十五条**　租赁物在承租人按照租赁合同占有期限内发生所有权变动的,不影响租赁合同的效力。
第五百一十七条　出租人出卖租赁房屋的,应当在出卖之前的合理期限内通知承租人,承租人享有以同等条件优先购买的权利,但是房屋共有人行使优先购买的权利或者出租人将房屋出卖给近亲属的除外。 出租人履行通知义务后,承租人在十五日内未明确表示购买的,视为承租人放弃优先购买的权利。	**第五百一十七条**　出租人出卖租赁房屋的,应当在出卖之前的合理期限内通知承租人,承租人享有以同等条件优先购买的权利,但是房屋共有人行使**优先购买权**或者出租人将房屋出卖给近亲属的除外。 出租人履行通知义务后,承租人在十五日内未明确表示购买的,视为承租人放弃**优先购买权**。	**第七百二十六条**　出租人出卖租赁房屋的,应当在出卖之前的合理期限内通知承租人,承租人享有以同等条件优先购买的权利;但是,房屋共有人行使优先购买权或者出租人将房屋出卖给近亲属的除外。 出租人履行通知义务后,承租人在十五日内未明确表示购买的,视为承租人放弃优先购买权。	**第七百二十六条** 无变化	**第七百二十六条**　出租人出卖租赁房屋的,应当在出卖之前的合理期限内通知承租人,承租人享有以同等条件优先购买的权利;但是,房屋**按份共有人**行使优先购买权或者出租人将房屋出卖给近亲属的除外。 出租人履行通知义务后,承租人在十五日内未明确表示购买的,视为承租人放弃优先购买权。
第五百一十九条　出租人委托拍卖人拍卖租赁房屋的,应当在拍卖五日前通知承租人。承租人未参加拍卖的,视为放弃优先购买权。	**第五百一十七条之一** 无变化	**第七百二十七条** 无变化	**第七百二十七条** 无变化	**第七百二十七条**　出租人委托拍卖人拍卖租赁房屋的,应当在拍卖五日前通知承租人。承租人未参加拍卖的,视为放弃优先购买权。
第五百一十八条　出租人未通知承租人或者有其他妨害承租人行使优先购买权情形的,承租人可以请求出租人承担损害赔偿责任,但是出租人与第三人订立的房屋买卖合同的效力不受影响。	**第五百一十八条** 无变化	**第七百二十八条**　出租人未通知承租人或者有其他妨害承租人行使优先购买权情形的,承租人可以请求出租人承担损害赔偿责任。但是,出租人与第三人订立的房屋买卖合同的效力不受影响。	**第七百二十八条**　出租人未通知承租人或者有其他妨害承租人行使优先购买权情形的,承租人可以请求出租人承担**赔偿责任**。但是,出租人与第三人订立的房屋买卖合同的效力不受影响。	**第七百二十八条**　出租人未通知承租人或者有其他妨害承租人行使优先购买权情形的,承租人可以请求出租人承担赔偿责任。但是,出租人与第三人订立的房屋买卖合同的效力不受影响。

续表

《民法典各分编(草案)》(2018年8月版)	《民法典合同编(草案二次审议稿)》(2018年12月版)	《中华人民共和国民法典(草案)》(2019年12月版)	《中华人民共和国民法典(草案大会审议稿)》(2020年5月22日提交审议)	《中华人民共和国民法典》(2020年5月28日审议通过)
第五百二十条 因不可归责于承租人的事由,致使租赁物部分或者全部毁损、灭失的,承租人可以要求减少租金或者不支付租金;因租赁物部分或者全部毁损、灭失,致使不能实现合同目的的,承租人可以解除合同。	**第五百二十条** 无变化	**第七百二十九条** 因不可归责于承租人的事由,致使租赁物部分或者全部毁损、灭失的,承租人可以**请求**减少租金或者不支付租金;因租赁物部分或者全部毁损、灭失,致使不能实现合同目的的,承租人可以解除合同。	**第七百二十九条** 无变化	**第七百二十九条** 因不可归责于承租人的事由,致使租赁物部分或者全部毁损、灭失的,承租人可以请求减少租金或者不支付租金;因租赁物部分或者全部毁损、灭失,致使不能实现合同目的的,承租人可以解除合同。
第五百二十一条 当事人对租赁期限没有约定或者约定不明确,依照本法第三百零一条的规定仍不能确定的,视为不定期租赁。当事人可以随时解除合同,但是出租人解除合同应当在合理期限之前通知承租人。	**第五百二十一条** 当事人对租赁期限没有约定或者约定不明确,依照本法第三百零一条的规定仍不能确定的,视为不定期租赁。当事人可以随时解除合同,**但是**应当在合理期限之前通知**对方**。	**第七百三十条** 当事人对租赁期限没有约定或者约定不明确,**依据**本法**第五百一十条**的规定仍不能确定的,视为不定期租赁。当事人可以随时解除合同,但是应当在合理期限之前通知对方。	**第七百三十条** 当事人对租赁期限没有约定或者约定不明确,依据本法第五百一十条的规定仍不能确定的,视为不定期租赁;当事人可以随时解除合同,但是应当在合理期限之前通知对方。	**第七百三十条** 当事人对租赁期限没有约定或者约定不明确,依据本法第五百一十条的规定仍不能确定的,视为不定期租赁;当事人可以随时解除合同,但是应当在合理期限之前通知对方。
第五百二十二条 租赁物危及承租人的安全或者健康的,即使承租人订立合同时明知该租赁物质量不合格,承租人仍然可以随时解除合同。	**第五百二十二条** 无变化	**第七百三十一条** 无变化	**第七百三十一条** 无变化	**第七百三十一条** 租赁物危及承租人的安全或者健康的,即使承租人订立合同时明知该租赁物质量不合格,承租人仍然可以随时解除合同。
第五百二十三条 承租人在房屋租赁期间死亡的,与其生前共同居住的人或者共同经营人可以按照原租赁合同租赁该房屋。	**第五百二十三条** 无变化	**第七百三十二条** 无变化	**第七百三十二条** 承租人在房屋**租赁期限内**死亡的,与其生前共同居住的人或者共同经营人可以按照原租赁合同租赁该房屋。	**第七百三十二条** 承租人在房屋租赁期限内死亡的,与其生前共同居住的人或者共同经营人可以按照原租赁合同租赁该房屋。

续表

《民法典各分编(草案)》(2018 年 8 月版)	《民法典合同编(草案二次审议稿)》(2018 年 12 月版)	《中华人民共和国民法典(草案)》(2019 年 12 月版)	《中华人民共和国民法典(草案大会审议稿)》(2020 年 5 月 22 日提交审议)	《中华人民共和国民法典》(2020 年 5 月 28 日审议通过)
第五百二十四条　租赁期间届满,承租人应当返还租赁物。返还的租赁物应当符合按照约定或者租赁物的性质使用后的状态。	**第五百二十四条** 无变化	**第七百三十三条**　租赁期间届满,承租人应当返还租赁物。返还的租赁物应当符合按照约定或者**根据**租赁物的性质使用后的状态。	**第七百三十三条　租赁期限**届满,承租人应当返还租赁物。返还的租赁物应当符合按照约定或者根据租赁物的性质使用后的状态。	**第七百三十三条**　租赁期限届满,承租人应当返还租赁物。返还的租赁物应当符合按照约定或者根据租赁物的性质使用后的状态。
第五百二十五条　租赁期间届满,承租人继续使用租赁物,出租人没有提出异议的,原租赁合同继续有效,但租赁期限为不定期。 租赁期间届满,房屋承租人享有以同等条件优先承租的权利。	**第五百二十五条** 无变化	**第七百三十四条**　租赁期间届满,承租人继续使用租赁物,出租人没有提出异议的,原租赁合同继续有效,**但是**租赁期限为不定期。 租赁期间届满,房屋承租人享有以同等条件优先承租的权利。	**第七百三十四条　租赁期限**届满,承租人继续使用租赁物,出租人没有提出异议的,原租赁合同继续有效,但是租赁期限为不定期。 **租赁期限**届满,房屋承租人享有以同等条件优先承租的权利。	**第七百三十四条**　租赁期限届满,承租人继续使用租赁物,出租人没有提出异议的,原租赁合同继续有效,但是租赁期限为不定期。 租赁期限届满,房屋承租人享有以同等条件优先承租的权利。

第十五章　融资租赁合同

《民法典各分编(草案)》(2018年8月版)	《民法典合同编(草案二次审议稿)》(2018年12月版)	《中华人民共和国民法典(草案)》(2019年12月版)	《中华人民共和国民法典(草案大会审议稿)》(2020年5月22日提交审议)	《中华人民共和国民法典》(2020年5月28日审议通过)
第十五章　融资租赁合同	第十五章　融资租赁合同	第十五章　融资租赁合同	第十五章　融资租赁合同	第十五章　融资租赁合同
第五百二十六条　融资租赁合同是出租人根据承租人对出卖人、租赁物的选择,向出卖人购买租赁物,提供给承租人使用,承租人支付租金的合同。 **承租人将其自有物出卖给出租人,再通过融资租赁合同将租赁物从出租人处租回的,承租人和出卖人系同一人不影响融资租赁合同的成立。**	**第五百二十六条** 无变化	**第七百三十五条** 无变化	**第七百三十五条**　融资租赁合同是出租人根据承租人对出卖人、租赁物的选择,向出卖人购买租赁物,提供给承租人使用,承租人支付租金的合同。	**第七百三十五条**　融资租赁合同是出租人根据承租人对出卖人、租赁物的选择,向出卖人购买租赁物,提供给承租人使用,承租人支付租金的合同。
第五百二十八条　融资租赁合同的内容包括租赁物名称、数量、规格、技术性能、检验方法、租赁期限、租金构成及其支付期限和方式、币种、租赁期间届满租赁物的归属等条款。 融资租赁合同应当采用书面形式。	**第五百二十八条** 无变化	**第七百三十七条**　融资租赁合同的内容**一般**包括租赁物名称、数量、规格、技术性能、检验方法、租赁期限、租金构成及其支付期限和方式、币种、租赁期间届满租赁物的归属等条款。 融资租赁合同应当采用书面形式。	**第七百三十六条**　融资租赁合同的内容一般包括租赁物**的**名称、数量、规格、技术性能、检验方法**,**租赁期限**,**租金构成及其支付期限和方式、币种**,租赁期限**届满租赁物的归属等条款。 融资租赁合同应当采用书面形式。	**第七百三十六条**　融资租赁合同的内容一般包括租赁物的名称、数量、规格、技术性能、检验方法,租赁期限,租金构成及其支付期限和方式、币种,租赁期限届满租赁物的归属等条款。 融资租赁合同应当采用书面形式。
第五百二十七条　当事人以虚构租赁物等方式订立融资租赁合同掩盖非法目的的,融资租赁合同无效。	**第五百二十七条** 无变化	**第七百三十六条** 无变化	**第七百三十七条**　**当事人以虚构租赁物方式订立的融资租赁合同无效。**	**第七百三十七条**　当事人以虚构租赁物方式订立的融资租赁合同无效。

续表

《民法典各分编（草案）》（2018年8月版）	《民法典合同编（草案二次审议稿）》（2018年12月版）	《中华人民共和国民法典（草案）》（2019年12月版）	《中华人民共和国民法典（草案大会审议稿）》（2020年5月22日提交审议）	《中华人民共和国民法典》（2020年5月28日审议通过）
第五百二十九条　依照法律、行政法规的规定，承租人对于租赁物的经营使用应当取得行政许可的，出租人未取得行政许可不影响融资租赁合同的效力。	**第五百二十九条** 无变化	**第七百三十八条** 无变化	**第七百三十八条**　依照法律、行政法规的规定，**对于**租赁物的经营使用应当取得行政许可的，出租人未取得行政许可不影响融资租赁合同的效力。	**第七百三十八条**　依照法律、行政法规的规定，对于租赁物的经营使用应当取得行政许可的，出租人未取得行政许可不影响融资租赁合同的效力。
第五百三十条　出租人根据承租人对出卖人、租赁物的选择订立的买卖合同，出卖人应当按照约定向承租人交付标的物，承租人享有与受领标的物有关的买受人的权利。	**第五百三十条** 无变化	**第七百三十九条** 无变化	**第七百三十九条** 无变化	**第七百三十九条**　出租人根据承租人对出卖人、租赁物的选择订立的买卖合同，出卖人应当按照约定向承租人交付标的物，承租人享有与受领标的物有关的买受人的权利。
第五百三十一条　出卖人违反向承租人交付标的物的义务，有下列情形之一的，承租人可以拒绝受领出卖人向其交付的租赁物： （一）租赁物严重不符合约定； （二）出卖人未在约定期间或者合理期间内交付租赁物，经承租人或者出租人催告，在催告期满后仍未交付。 承租人拒绝受领租赁物的，应当及时通知出租人。	**第五百三十一条** 无变化	**第七百四十条**　出卖人违反向承租人交付标的物的义务，有下列情形之一的，承租人可以拒绝受领出卖人向其交付的租赁物： （一）租赁物严重不符合约定； （二）**未按照约定**交付租赁物，经承租人或者出租人**催告后在合理期限内**仍未交付。 承租人拒绝受领租赁物的，应当及时通知出租人。	**第七百四十条** 无变化	**第七百四十条**　出卖人违反向承租人交付标的物的义务，有下列情形之一的，承租人可以拒绝受领出卖人向其交付的**标的物**： （一）**标的物**严重不符合约定； （二）未按照约定交付**标的物**，经承租人或者出租人催告后在合理期限内仍未交付。 承租人拒绝受领**标的物**的，应当及时通知出租人。
第五百三十二条　出租人、出卖人、承租人可以约定，出卖人不履行买卖合同义务的，由承租人行使索赔的权利。承租人行使索赔权利的，出租人应当协助。	**第五百三十二条** 无变化	**第七百四十一条** 无变化	**第七百四十一条** 无变化	**第七百四十一条**　出租人、出卖人、承租人可以约定，出卖人不履行买卖合同义务的，由承租人行使索赔的权利。承租人行使索赔权利的，出租人应当协助。

续表

《民法典各分编(草案)》(2018年8月版)	《民法典合同编(草案二次审议稿)》(2018年12月版)	《中华人民共和国民法典(草案)》(2019年12月版)	《中华人民共和国民法典(草案大会审议稿)》(2020年5月22日提交审议)	《中华人民共和国民法典》(2020年5月28日审议通过)
第五百三十三条 承租人对出卖人行使索赔权利,不影响其履行支付租金的义务,但是承租人依赖出租人的技能确定租赁物或者出租人干预选择租赁物的,承租人可以要求减轻或者免除相应租金的支付义务。	**第五百三十三条** 无变化	**第七百四十二条** 承租人对出卖人行使索赔权利,不影响其履行支付租金的义务。但是,承租人依赖出租人的技能确定租赁物或者出租人干预选择租赁物的,承租人可以**请求减免相应租金**。	**第七百四十二条** 无变化	**第七百四十二条** 承租人对出卖人行使索赔权利,不影响其履行支付租金的义务。但是,承租人依赖出租人的技能确定租赁物或者出租人干预选择租赁物的,承租人可以请求减免相应租金。
第五百三十四条 出租人有下列情形之一,致使承租人对出卖人索赔逾期或者索赔失败的,承租人有权要求出租人承担相应责任: (一)明知租赁物有质量瑕疵而不告知承租人; (二)承租人行使索赔权利时,未及时提供必要协助。 出租人怠于行使**融资租赁合同或者买卖合同中约定的只能由出租人**对出卖人行使的索赔权利,承租人有权要求出租人承担相应责任。	**第五百三十四条** 无变化	**第七百四十三条** 出租人有下列情形之一,致使承租人对出卖人**行使索赔权利**失败的,承租人有权**请求**出租人承担相应**的**责任: (一)明知租赁物有质量瑕疵而不告知承租人; (二)承租人行使索赔权利时,未及时提供必要协助。 出租人怠于行使只能由其对出卖人行使的索赔权利,**造成承租人损失的**,承租人有权**请求**出租人承担**赔偿**责任。	**第七百四十三条** 无变化	**第七百四十三条** 出租人有下列情形之一,致使承租人对出卖人行使索赔权利失败的,承租人有权请求出租人承担相应的责任: (一)明知租赁物有质量瑕疵而不告知承租人; (二)承租人行使索赔权利时,未及时提供必要协助。 出租人怠于行使只能由其对出卖人行使的索赔权利,造成承租人损失的,承租人有权请求出租人承担赔偿责任。
第五百三十五条 出租人根据承租人对出卖人、租赁物的选择订立的买卖合同,未经承租人同意,出租人不得变更与承租人有关的合同内容。	**第五百三十五条** 无变化	**第七百四十四条** 无变化	**第七百四十四条** 无变化	**第七百四十四条** 出租人根据承租人对出卖人、租赁物的选择订立的买卖合同,未经承租人同意,出租人不得变更与承租人有关的合同内容。
第五百三十六条 出租人对租赁物享有的所有权,未经登记,不得对抗善意第三人。	**第五百三十六条** 无变化	**第七百四十五条** 无变化	**第七百四十五条** 无变化	**第七百四十五条** 出租人对租赁物享有的所有权,未经登记,不得对抗善意第三人。

续表

《民法典各分编（草案）》（2018年8月版）	《民法典合同编（草案二次审议稿）》（2018年12月版）	《中华人民共和国民法典（草案）》（2019年12月版）	《中华人民共和国民法典（草案大会审议稿）》（2020年5月22日提交审议）	《中华人民共和国民法典》（2020年5月28日审议通过）
第五百三十七条　融资租赁合同的租金，除当事人另有约定的以外，应当根据购买租赁物的大部分或者全部成本以及出租人的合理利润确定。	**第五百三十七条**　融资租赁合同的租金，除当事人另有约定**外**，应当根据购买租赁物的大部分或者全部成本以及出租人的合理利润确定。	**第七百四十六条** 无变化	**第七百四十六条** 无变化	**第七百四十六条**　融资租赁合同的租金，除当事人另有约定外，应当根据购买租赁物的大部分或者全部成本以及出租人的合理利润确定。
第五百三十八条　租赁物不符合约定或者不符合使用目的的，出租人不承担责任，但是承租人依赖出租人的技能确定租赁物或者出租人干预选择租赁物的除外。	**第五百三十八条** 无变化	**第七百四十七条**　租赁物不符合约定或者不符合使用目的的，出租人不承担责任。但是，承租人依赖出租人的技能确定租赁物或者出租人干预选择租赁物的除外。	**第七百四十七条** 无变化	**第七百四十七条**　租赁物不符合约定或者不符合使用目的的，出租人不承担责任。但是，承租人依赖出租人的技能确定租赁物或者出租人干预选择租赁物的除外。
第五百三十九条　出租人应当保证承租人对租赁物的占有和使用。	**第五百三十九条** 无变化	**第七百四十八条**　出租人应当保证承租人对租赁物的占有和使用。 出租人有下列情形之一**的**，承租人有权**请求其**赔偿损失： （一）无正当理由收回租赁物； （二）无正当理由妨碍、干扰承租人对租赁物的占有和使用； （三）因出租人的原因致使第三人对租赁物主张权利； （四）不当影响承租人对租赁物占有和使用的其他情形。	**第七百四十八条** 无变化	**第七百四十八条**　出租人应当保证承租人对租赁物的占有和使用。 出租人有下列情形之一的，承租人有权请求其赔偿损失： （一）无正当理由收回租赁物； （二）无正当理由妨碍、干扰承租人对租赁物的占有和使用； （三）因出租人的原因致使第三人对租赁物主张权利； （四）不当影响承租人对租赁物占有和使用的其他情形。
第五百四十条　出租人有下列情形之一，**影响承租人对租赁物的占有和使用的**，承租人有权要求出租人赔偿损失： （一）无正当理由收回租赁物； （二）无正当理由妨碍、干扰承租人对租赁物的占有和使用； （三）因出租人的原因致使第三人对租赁物主张权利； （四）不当影响承租人对租赁物占有和使用的其他情形。	**第五百四十条** 无变化			

续表

《民法典各分编(草案)》(2018年8月版)	《民法典合同编(草案二次审议稿)》(2018年12月版)	《中华人民共和国民法典(草案)》(2019年12月版)	《中华人民共和国民法典(草案大会审议稿)》(2020年5月22日提交审议)	《中华人民共和国民法典》(2020年5月28日审议通过)
第五百四十一条　承租人占有租赁物期间,租赁物造成第三人的人身损害或者财产损失的,出租人不承担责任。	**第五百四十一条** 无变化	**第七百四十九条** 无变化	**第七百四十九条**　承租人占有租赁物期间,租赁物造成**第三人**人身损害或者财产损失的,出租人不承担责任。	**第七百四十九条**　承租人占有租赁物期间,租赁物造成第三人人身损害或者财产损失的,出租人不承担责任。
第五百四十二条　承租人应当妥善保管、使用租赁物。 承租人应当履行占有租赁物期间的维修义务。	**第五百四十二条** 无变化	**第七百五十条** 无变化	**第七百五十条** 无变化	**第七百五十条**　承租人应当妥善保管、使用租赁物。 承租人应当履行占有租赁物期间的维修义务。
第五百四十三条　承租人占有租赁物期间,租赁物毁损、灭失的,出租人有权要求承租人继续支付租金,但是法律另有规定或者当事人另有约定的除外。	**第五百四十三条** 无变化	**第七百五十一条**　承租人占有租赁物期间,租赁物毁损、灭失的,出租人有权**请求**承租人继续支付租金,但是法律另有规定或者当事人另有约定的除外。	**第七百五十一条** 无变化	**第七百五十一条**　承租人占有租赁物期间,租赁物毁损、灭失的,出租人有权请求承租人继续支付租金,但是法律另有规定或者当事人另有约定的除外。
第五百四十四条　承租人应当按照约定支付租金。承租人经催告后在合理期限内仍不支付租金的,出租人可以要求支付全部租金;也可以解除合同,收回租赁物。	**第五百四十四条** 无变化	**第七百五十二条**　承租人应当按照约定支付租金。承租人经催告后在合理期限内仍不支付租金的,出租人可以**请求**支付全部租金;也可以解除合同,收回租赁物。	**第七百五十二条** 无变化	**第七百五十二条**　承租人应当按照约定支付租金。承租人经催告后在合理期限内仍不支付租金的,出租人可以请求支付全部租金;也可以解除合同,收回租赁物。
第五百四十五条　承租人未经出租人同意,将租赁物转让、**转租**、抵押、质押、投资入股或者以其他方式处分的,出租人可以解除融资租赁合同。	**第五百四十五条** 无变化	**第七百五十三条**　承租人未经出租人同意,将租赁物转让、抵押、质押、投资入股或者以其他方式处分的,出租人可以解除融资租赁合同。	**第七百五十三条** 无变化	**第七百五十三条**　承租人未经出租人同意,将租赁物转让、抵押、质押、投资入股或者以其他方式处分的,出租人可以解除融资租赁合同。

续表

《民法典各分编(草案)》(2018年8月版)	《民法典合同编(草案二次审议稿)》(2018年12月版)	《中华人民共和国民法典(草案)》(2019年12月版)	《中华人民共和国民法典(草案大会审议稿)》(2020年5月22日提交审议)	《中华人民共和国民法典》(2020年5月28日审议通过)
第五百四十六条　有下列情形之一的,出租人或者承租人可以解除融资租赁合同: (一)出租人与出卖人订立的买卖合同解除、被确认无效或者被撤销,且未能重新订立买卖合同; (二)租赁物因不可归责于当事人的原因毁损、灭失,且不能修复或者确定替代物; (三)因出卖人的原因致使融资租赁合同的目的不能实现。	**第五百四十六条** 无变化	**第七百五十四条** 无变化	**第七百五十四条** 无变化	**第七百五十四条**　有下列情形之一的,出租人或者承租人可以解除融资租赁合同: (一)出租人与出卖人订立的买卖合同解除、被确认无效或者被撤销,且未能重新订立买卖合同; (二)租赁物因不可归责于当事人的原因毁损、灭失,且不能修复或者确定替代物; (三)因出卖人的原因致使融资租赁合同的目的不能实现。
第五百四十八条　融资租赁合同因买卖合同解除、被确认无效或者被撤销而解除,但是出卖人及租赁物系由承租人选择的,出租人有权要求承租人赔偿相应损失。 出租人的损失已经在买卖合同解除、被确认无效或者被撤销时获得赔偿的,应当免除承租人相应的赔偿责任。	**第五百四十六条之一** 无变化	**第七百五十五条**　融资租赁合同因买卖合同解除、被确认无效或者被撤销而解除,**出卖人**及租赁物系由承租人选择的,出租人有权**请求**承租人赔偿相应损失。 出租人的损失已经在买卖合同解除、被确认无效或者被撤销时获得赔偿的,**承租人不再承担**相应的赔偿责任。	**第七百五十五条**　融资租赁合同因买卖合同解除、被确认无效或者被撤销而解除,出卖人**以及**租赁物系由承租人选择的,出租人有权请求承租人赔偿相应损失**;但是,因出租人原因致使买卖合同解除、被确认无效或者被撤销的除外。** 出租人的损失已经在买卖合同解除、被确认无效或者被撤销时获得赔偿的,承租人不再承担相应的赔偿责任。	**第七百五十五条**　融资租赁合同因买卖合同解除、被确认无效或者被撤销而解除,出卖人、租赁物系由承租人选择的,出租人有权请求承租人赔偿相应损失;但是,因出租人原因致使买卖合同解除、被确认无效或者被撤销的除外。 出租人的损失已经在买卖合同解除、被确认无效或者被撤销时获得赔偿的,承租人不再承担相应的赔偿责任。
第五百四十七条　融资租赁合同因租赁物交付承租人后意外毁损、灭失等不可归责于当事人的原因解除的,出租人可以要求承租人按照租赁物折旧情况给予补偿。	**第五百四十七条** 无变化	**第七百五十六条**　融资租赁合同因租赁物交付承租人后意外毁损、灭失等不可归责于当事人的原因解除的,出租人可以**请求**承租人按照租赁物折旧情况给予补偿。	**第七百五十六条** 无变化	**第七百五十六条**　融资租赁合同因租赁物交付承租人后意外毁损、灭失等不可归责于当事人的原因解除的,出租人可以请求承租人按照租赁物折旧情况给予补偿。

续表

《民法典各分编(草案)》(2018 年 8 月版)	《民法典合同编(草案二次审议稿)》(2018 年 12 月版)	《中华人民共和国民法典(草案)》(2019 年 12 月版)	《中华人民共和国民法典(草案大会审议稿)》(2020 年 5 月 22 日提交审议)	《中华人民共和国民法典》(2020 年 5 月 28 日审议通过)
第五百五十条 出租人和承租人可以约定租赁期间届满租赁物的归属。对租赁物的归属没有约定或者约定不明确,依照本法第三百零一条的规定仍不能确定的,租赁物的所有权归出租人。	**第五百五十条** 无变化	**第七百五十七条** 出租人和承租人可以约定租赁期间届满租赁物的归属。对租赁物的归属没有约定或者约定不明确,**依据**本法**第五百一十条**的规定仍不能确定的,租赁物的所有权归出租人。	**第七百五十七条** 出租人和承租人可以约定**租赁期限**届满租赁物的归属;对租赁物的归属没有约定或者约定不明确,依据本法第五百一十条的规定仍不能确定的,租赁物的所有权归出租人。	**第七百五十七条** 出租人和承租人可以约定租赁期限届满租赁物的归属;对租赁物的归属没有约定或者约定不明确,依据本法第五百一十条的规定仍不能确定的,租赁物的所有权归出租人。
第五百四十九条 当事人约定租赁期间届满租赁物归承租人所有,承租人已经支付大部分租金,但是无力支付剩余租金,出租人因此解除合同收回租赁物的,收回的租赁物的价值超过承租人欠付的租金以及其他费用的,承租人可以要求部分返还。 当事人约定租赁期间届满租赁物归出租人所有,因租赁物毁损、灭失或者附合、混同于他物致使承租人不能返还的,出租人有权要求承租人给予合理补偿。	**第五百四十九条** 当事人约定租赁期间届满租赁物归承租人所有,承租人已经支付大部分租金,但是无力支付剩余租金,出租人因此解除合同收回租赁物的,收回的租赁物的价值超过承租人欠付的租金以及其他费用的,承租人可以要求部分返还。 当事人约定租赁期间届满租赁物归出租人所有,因租赁物毁损、灭失或者附合、**混合**于他物致使承租人不能返还的,出租人有权要求承租人给予合理补偿。	**第七百五十八条** 当事人约定租赁期间届满租赁物归承租人所有,承租人已经支付大部分租金,但是无力支付剩余租金,出租人因此解除合同收回租赁物的,收回的租赁物的价值超过承租人欠付的租金以及其他费用的,承租人可以**请求**部分返还。 当事人约定租赁期间届满租赁物归出租人所有,因租赁物毁损、灭失或者附合、混合于他物致使承租人不能返还的,出租人有权**请求**承租人给予合理补偿。	**第七百五十八条** 当事人约定**租赁期限**届满租赁物归承租人所有,承租人已经支付大部分租金,但是无力支付剩余租金,出租人因此解除合同收回租赁物,收回的租赁物的价值超过承租人欠付的租金以及其他费用的,承租人可以请求**相应**返还。 当事人约定**租赁期限**届满租赁物归出租人所有,因租赁物毁损、灭失或者附合、混合于他物致使承租人不能返还的,出租人有权请求承租人给予合理补偿。	**第七百五十八条** 当事人约定租赁期限届满租赁物归承租人所有,承租人已经支付大部分租金,但是无力支付剩余租金,出租人因此解除合同收回租赁物,收回的租赁物的价值超过承租人欠付的租金以及其他费用的,承租人可以请求相应返还。 当事人约定租赁期限届满租赁物归出租人所有,因租赁物毁损、灭失或者附合、混合于他物致使承租人不能返还的,出租人有权请求承租人给予合理补偿。
第五百五十一条 当事人约定租赁期间届满,承租人仅需向出租人支付象征性价款的,视为约定的租金义务履行完毕后租赁物归承租人所有。	**第五百五十一条** 当事人约定租赁期间届满,承租人仅需向出租人支付象征性价款的,视为约定的租金义务履行完毕后租赁物**的所有权归承租人**。	**第七百五十九条** 无变化	**第七百五十九条** 当事人约定**租赁期限**届满,承租人仅需向出租人支付象征性价款的,视为约定的租金义务履行完毕后租赁物的所有权归承租人。	**第七百五十九条** 当事人约定租赁期限届满,承租人仅需向出租人支付象征性价款的,视为约定的租金义务履行完毕后租赁物的所有权归承租人。

续表

《民法典各分编(草案)》(2018 年 8 月版)	《民法典合同编(草案二次审议稿)》(2018 年 12 月版)	《中华人民共和国民法典(草案)》(2019 年 12 月版)	《中华人民共和国民法典(草案大会审议稿)》(2020 年 5 月 22 日提交审议)	《中华人民共和国民法典》(2020 年 5 月 28 日审议通过)
第五百五十二条　融资租赁合同无效,当事人就合同无效情形下租赁物的归属有约定的,依照其约定;没有约定或者约定不明确的,租赁物应当返还出租人。但是因承租人原因致使合同无效,出租人不要求返还租赁物或者返还出租人后会显著降低租赁物效用的,租赁物归承租人所有,并由承租人给予出租人合理补偿。	**第五百五十二条**　融资租赁合同无效,当事人就合同无效情形下租赁物的归属有约定的,**按照**其约定;没有约定或者约定不明确的,租赁物应当返还出租人。但是因承租人原因致使合同无效,出租人不要求返还租赁物或者返还出租人后会显著降低租赁物效用的,租赁物**的所有权归承租人**,并由承租人给予出租人合理补偿。	**第七百六十条**　融资租赁合同无效,当事人就**该**情形下租赁物的归属有约定的,按照其约定;没有约定或者约定不明确的,租赁物应当返还出租人。但是**,**因承租人原因致使合同无效,出租人不**请求返还**或者**返还**后会显著降低租赁物效用的,租赁物的所有权归承租人,**由**承租人给予出租人合理补偿。	**第七百六十条** 无变化	**第七百六十条**　融资租赁合同无效,当事人就该情形下租赁物的归属有约定的,按照其约定;没有约定或者约定不明确的,租赁物应当返还出租人。但是,因承租人原因致使合同无效,出租人不请求返还或者返还后会显著降低租赁物效用的,租赁物的所有权归承租人,由承租人给予出租人合理补偿。

第十六章　保理合同

《民法典各分编(草案)》(2018年8月版)	《民法典合同编(草案二次审议稿)》(2018年12月版)	《中华人民共和国民法典(草案)》(2019年12月版)	《中华人民共和国民法典(草案大会审议稿)》(2020年5月22日提交审议)	《中华人民共和国民法典》(2020年5月28日审议通过)
并无“保理合同”相关内容	第十六章　保理合同	第十六章　保理合同	第十六章　保理合同	第十六章　保理合同
	第五百五十二条之一 保理合同是应收账款债权人将应收账款转让给保理人,保理人提供资金融通、应收账款管理或者催收、应收账款债务人付款保证等服务的合同。**应收账款包括已经发生的和将来发生的债权。**	**第七百六十一条** 保理合同是应收账款债权人将**现有的或者将有的**应收账款转让给保理人,保理人提供资金融通、应收账款管理或者催收、应收账款债务人付款**担保**等服务的合同。	**第七百六十一条** 无变化	**第七百六十一条** 保理合同是应收账款债权人将现有的或者将有的应收账款转让给保理人,保理人提供资金融通、应收账款管理或者催收、应收账款债务人付款担保等服务的合同。
		第七百六十二条 保理合同的内容一般包括业务类型、服务范围、服务期限、基础交易合同情况、应收账款信息、转让价款、服务报酬及其支付方式等条款。 保理合同应当采用书面形式。	**第七百六十二条** 保理合同的内容一般包括业务类型、服务范围、服务期限、基础交易合同情况、应收账款信息、**保理融资款或者**服务报酬及其支付方式等条款。 保理合同应当采用书面形式。	**第七百六十二条** 保理合同的内容一般包括业务类型、服务范围、服务期限、基础交易合同情况、应收账款信息、保理融资款或者服务报酬及其支付方式等条款。 保理合同应当采用书面形式。
	第五百五十二条之二 应收账款债权人与债务人虚构应收账款作为转让标的,与保理人订立应收账款转让合同的,应收账款债务人不得以应收账款不存在为由对抗保理人,但是保理人明知虚构的除外。	**第七百六十三条** 应收账款债权人与债务人虚构应收账款作为转让标的,与保理人订立**保理合同**的,应收账款债务人不得以应收账款不存在为由对抗保理人,但是保理人明知虚构的除外。	**第七百六十三条** 无变化	**第七百六十三条** 应收账款债权人与债务人虚构应收账款作为转让标的,与保理人订立保理合同的,应收账款债务人不得以应收账款不存在为由对抗保理人,但是保理人明知虚构的除外。

续表

《民法典各分编(草案)》(2018 年 8 月版)	《民法典合同编(草案二次审议稿)》(2018 年 12 月版)	《中华人民共和国民法典(草案)》(2019 年 12 月版)	《中华人民共和国民法典(草案大会审议稿)》(2020 年 5 月 22 日提交审议)	《中华人民共和国民法典》(2020 年 5 月 28 日审议通过)
并无“保理合同”相关内容	**第五百五十二条之三**　保理人向应收账款债务人发出转让通知的,应当表明保理人身份并附有必要凭证。	**第七百六十四条**　保理人向应收账款债务人发出**应收账款**转让通知的,应当表明保理人身份并附有必要凭证。	**第七百六十四条**　无变化	**第七百六十四条**　保理人向应收账款债务人发出应收账款转让通知的,应当表明保理人身份并附有必要凭证。
		第七百六十五条　应收账款债务人接到应收账款转让通知后,应收账款债权人和债务人无正当理由协商变更或者终止基础交易合同,对保理人产生不利影响的,对保理人不发生效力。	**第七百六十五条**　应收账款债务人接到应收账款转让通知后,应收账款债权人**与**债务人无正当理由协商变更或者终止基础交易合同,对保理人产生不利影响的,对保理人不发生效力。	**第七百六十五条**　应收账款债务人接到应收账款转让通知后,应收账款债权人与债务人无正当理由协商变更或者终止基础交易合同,对保理人产生不利影响的,对保理人不发生效力。
	第五百五十二条之四　当事人约定有追索权保理的,保理人有权选择向应收账款债权人主张返还保理融资款本息或者回购应收账款债权,或者向应收账款债务人主张应收账款债权。保理人向应收账款债务人主张应收账款债权,在扣除保理融资款本息和相关费用后有剩余的,剩余部分应当返还给应收账款债权人。	**第七百六十六条**　当事人约定有追索权保理的,保理人**可以**向应收账款债权人主张返还保理融资款本息或者回购应收账款债权,**也可以**向应收账款债务人主张应收账款债权。保理人向应收账款债务人主张应收账款债权,在扣除保理融资款本息和相关费用后有剩余的,剩余部分应当返还给应收账款债权人。	**第七百六十六条**　无变化	**第七百六十六条**　当事人约定有追索权保理的,保理人可以向应收账款债权人主张返还保理融资款本息或者回购应收账款债权,也可以向应收账款债务人主张应收账款债权。保理人向应收账款债务人主张应收账款债权,在扣除保理融资款本息和相关费用后有剩余的,剩余部分应当返还给应收账款债权人。
	第五百五十二条之五　当事人约定无追索权保理的,保理人应当向应收账款债务人主张应收账款债权,保理人取得超过保理融资款本息和相关费用的部分,无需向应收账款债权人返还。	**第七百六十七条**　无变化	**第七百六十七条**　无变化	**第七百六十七条**　当事人约定无追索权保理的,保理人应当向应收账款债务人主张应收账款债权,保理人取得超过保理融资款本息和相关费用的部分,无需向应收账款债权人返还。

续表

《民法典各分编(草案)》(2018年8月版)	《民法典合同编(草案二次审议稿)》(2018年12月版)	《中华人民共和国民法典(草案)》(2019年12月版)	《中华人民共和国民法典(草案大会审议稿)》(2020年5月22日提交审议)	《中华人民共和国民法典》(2020年5月28日审议通过)
并无"保理合同"相关内容	**第五百五十二条之六** 应收账款债权人将同一应收账款重复转让,致使多个保理人主张权利的,已登记的先于未登记的受偿;均已登记的,按照登记的先后顺序受偿;均无登记的,由应收账款债务人最先收到的转让通知中载明的保理人受偿。	**第七百六十八条** 应收账款债权人**就**同一应收账款**订立多个保理合同**,致使多个保理人主张权利的,已登记的先于未登记的受偿;均已登记的,按照登记的先后顺序受偿;均**未**登记的,由**最先到达应收账款债务人**的转让通知中载明的保理人受偿;**既未登记也未通知的,按照应收账款比例清偿。**	**第七百六十八条** 应收账款债权人就同一应收账款订立多个保理合同,致使多个保理人主张权利的,**已经**登记的先于未登记的**取得应收账款**;均**已经**登记的,按照登记**时间**的先后顺序**取得应收账款**;均未登记的,由最先到达应收账款债务人的转让通知中载明的保理人**取得应收账款**;既未登记也未通知的,按照**保理融资款或者服务报酬的比例取得应收账款。**	**第七百六十八条** 应收账款债权人就同一应收账款订立多个保理合同,致使多个保理人主张权利的,已经登记的先于未登记的取得应收账款;均已经登记的,按照登记时间的先后顺序取得应收账款;均未登记的,由最先到达应收账款债务人的转让通知中载明的保理人取得应收账款;既未登记也未通知的,按照保理融资款或者服务报酬的比例取得应收账款。
		第七百六十九条 本章没有规定的,适用本编第六章债权转让的有关规定。	**第七百六十九条** 无变化	**第七百六十九条** 本章没有规定的,适用本编第六章债权转让的有关规定。

第十七章　承揽合同

《民法典各分编（草案）》（2018年8月版）	《民法典合同编（草案二次审议稿）》（2018年12月版）	《中华人民共和国民法典（草案）》（2019年12月版）	《中华人民共和国民法典（草案大会审议稿）》（2020年5月22日提交审议）	《中华人民共和国民法典》（2020年5月28日审议通过）
第十六章　承揽合同	第十七章　承揽合同	第十七章　承揽合同	第十七章　承揽合同	第十七章　承揽合同
第五百五十三条　承揽合同是承揽人按照定作人的要求完成工作，交付工作成果，定作人给付报酬的合同。 承揽包括加工、定作、修理、复制、测试、检验等工作。	**第五百五十三条** 无变化	**第七百七十条**　承揽合同是承揽人按照定作人的要求完成工作，交付工作成果，定作人**支付**报酬的合同。 承揽包括加工、定作、修理、复制、测试、检验等工作。	**第七百七十条** 无变化	**第七百七十条**　承揽合同是承揽人按照定作人的要求完成工作，交付工作成果，定作人支付报酬的合同。 承揽包括加工、定作、修理、复制、测试、检验等工作。
第五百五十四条　承揽合同的内容包括承揽的标的、数量、质量、报酬、承揽方式、材料的提供、履行期限、验收标准和方法等条款。	**第五百五十四条** 无变化	**第七百七十一条**　承揽合同的内容**一般**包括承揽的标的、数量、质量、报酬、承揽方式、材料的提供、履行期限、验收标准和方法等条款。	**第七百七十一条**　承揽合同的内容一般包括承揽的标的、数量、质量、报酬**，**承揽方式**，**材料的提供**，**履行期限**，**验收标准和方法等条款。	**第七百七十一条**　承揽合同的内容一般包括承揽的标的、数量、质量、报酬，承揽方式，材料的提供，履行期限，验收标准和方法等条款。
第五百五十五条　承揽人应当以自己的设备、技术和劳力，完成主要工作，但是当事人另有约定的除外。 承揽人将其承揽的主要工作交由第三人完成的，应当就该第三人完成的工作成果向定作人负责；未经定作人同意的，定作人也可以解除合同。	**第五百五十五条** 无变化	**第七百七十二条** 无变化	**第七百七十二条** 无变化	**第七百七十二条**　承揽人应当以自己的设备、技术和劳力，完成主要工作，但是当事人另有约定的除外。 承揽人将其承揽的主要工作交由第三人完成的，应当就该第三人完成的工作成果向定作人负责；未经定作人同意的，定作人也可以解除合同。

续表

《民法典各分编(草案)》(2018年8月版)	《民法典合同编(草案二次审议稿)》(2018年12月版)	《中华人民共和国民法典(草案)》(2019年12月版)	《中华人民共和国民法典(草案大会审议稿)》(2020年5月22日提交审议)	《中华人民共和国民法典》(2020年5月28日审议通过)
第五百五十六条 承揽人可以将其承揽的辅助工作交由第三人完成。承揽人将其承揽的辅助工作交由第三人完成的,应当就该第三人完成的工作成果向定作人负责。	**第五百五十六条** 无变化	**第七百七十三条** 无变化	**第七百七十三条** 无变化	**第七百七十三条** 承揽人可以将其承揽的辅助工作交由第三人完成。承揽人将其承揽的辅助工作交由第三人完成的,应当就该第三人完成的工作成果向定作人负责。
第五百五十七条 承揽人提供材料的,承揽人应当按照约定选用材料,并接受定作人检验。	**第五百五十七条** 无变化	**第七百七十四条** 承揽人提供材料的,**应当**按照约定选用材料,并接受定作人检验。	**第七百七十四条** 无变化	**第七百七十四条** 承揽人提供材料的,应当按照约定选用材料,并接受定作人检验。
第五百五十八条 定作人提供材料的,定作人应当按照约定提供材料。承揽人对定作人提供的材料,应当及时检验,发现不符合约定时,应当及时通知定作人更换、补齐或者采取其他补救措施。 承揽人不得擅自更换定作人提供的材料,不得更换不需要修理的零部件。	**第五百五十八条** 无变化	**第七百七十五条** 定作人提供材料的,**应当**按照约定提供材料。承揽人对定作人提供的材料**,**应当及时检验,发现不符合约定时,应当及时通知定作人更换、补齐或者采取其他补救措施。 承揽人不得擅自更换定作人提供的材料,不得更换不需要修理的零部件。	**第七百七十五条** 无变化	**第七百七十五条** 定作人提供材料的,应当按照约定提供材料。承揽人对定作人提供的材料应当及时检验,发现不符合约定时,应当及时通知定作人更换、补齐或者采取其他补救措施。 承揽人不得擅自更换定作人提供的材料,不得更换不需要修理的零部件。
第五百五十九条 承揽人发现定作人提供的图纸或者技术要求不合理的,应当及时通知定作人。因定作人怠于答复等原因造成承揽人损失的,应当赔偿损失。	**第五百五十九条** 无变化	**第七百七十六条** 无变化	**第七百七十六条** 无变化	**第七百七十六条** 承揽人发现定作人提供的图纸或者技术要求不合理的,应当及时通知定作人。因定作人怠于答复等原因造成承揽人损失的,应当赔偿损失。
第五百六十条 定作人中途变更承揽工作的要求,造成承揽人损失的,应当赔偿损失。	**第五百六十条** 无变化	**第七百七十七条** 无变化	**第七百七十七条** 无变化	**第七百七十七条** 定作人中途变更承揽工作的要求,造成承揽人损失的,应当赔偿损失。

续表

《民法典各分编(草案)》(2018年8月版)	《民法典合同编(草案二次审议稿)》(2018年12月版)	《中华人民共和国民法典(草案)》(2019年12月版)	《中华人民共和国民法典(草案大会审议稿)》(2020年5月22日提交审议)	《中华人民共和国民法典》(2020年5月28日审议通过)
第五百六十一条　承揽工作需要定作人协助的,定作人有协助的义务。定作人不履行协助义务致使承揽工作不能完成的,承揽人可以催告定作人在合理期限内履行义务,并可以顺延履行期限;定作人逾期不履行的,承揽人可以解除合同。	**第五百六十一条** 无变化	**第七百七十八条** 无变化	**第七百七十八条** 无变化	**第七百七十八条**　承揽工作需要定作人协助的,定作人有协助的义务。定作人不履行协助义务致使承揽工作不能完成的,承揽人可以催告定作人在合理期限内履行义务,并可以顺延履行期限;定作人逾期不履行的,承揽人可以解除合同。
第五百六十二条　承揽人在工作期间,应当接受定作人必要的监督检验。定作人不得因监督检验妨碍承揽人的正常工作。	**第五百六十二条** 无变化	**第七百七十九条** 无变化	**第七百七十九条** 无变化	**第七百七十九条**　承揽人在工作期间,应当接受定作人必要的监督检验。定作人不得因监督检验妨碍承揽人的正常工作。
第五百六十三条　承揽人完成工作的,应当向定作人交付工作成果,并提交必要的技术资料和有关质量证明。定作人应当验收该工作成果。	**第五百六十三条** 无变化	**第七百八十条** 无变化	**第七百八十条** 无变化	**第七百八十条**　承揽人完成工作的,应当向定作人交付工作成果,并提交必要的技术资料和有关质量证明。定作人应当验收该工作成果。
第五百六十四条　承揽人交付的工作成果不符合质量要求的,定作人可以要求承揽人承担修理、重作、减少报酬、赔偿损失等违约责任。	**第五百六十四条** 无变化	**第七百八十一条**　承揽人交付的工作成果不符合质量要求的,定作人可以**请求**承揽人承担修理、重作、减少报酬、赔偿损失等违约责任。	**第七百八十一条** 无变化	**第七百八十一条**　承揽人交付的工作成果不符合质量要求的,定作人可以**合理选择**请求承揽人承担修理、重作、减少报酬、赔偿损失等违约责任。
第五百六十五条　定作人应当按照约定的期限支付报酬。对支付报酬的期限没有约定或者约定不明确,依照本法第三百零一条的规定仍不能确定的,定作人应当在承揽人交付工作成果时支付;工作成果部分交付的,定作人应当相应支付。	**第五百六十五条** 无变化	**第七百八十二条**　定作人应当按照约定的期限支付报酬。对支付报酬的期限没有约定或者约定不明确,**依据**本法**第五百一十条**的规定仍不能确定的,定作人应当在承揽人交付工作成果时支付;工作成果部分交付的,定作人应当相应支付。	**第七百八十二条** 无变化	**第七百八十二条**　定作人应当按照约定的期限支付报酬。对支付报酬的期限没有约定或者约定不明确,依据本法第五百一十条的规定仍不能确定的,定作人应当在承揽人交付工作成果时支付;工作成果部分交付的,定作人应当相应支付。

续表

《民法典各分编(草案)》(2018年8月版)	《民法典合同编(草案二次审议稿)》(2018年12月版)	《中华人民共和国民法典(草案)》(2019年12月版)	《中华人民共和国民法典(草案大会审议稿)》(2020年5月22日提交审议)	《中华人民共和国民法典》(2020年5月28日审议通过)
第五百六十六条　定作人未向承揽人支付报酬或者材料费等价款的,承揽人对完成的工作成果享有留置权或者有权拒绝交付,但是当事人另有约定的除外。	**第五百六十六条** 无变化	**第七百八十三条** 无变化	**第七百八十三条** 无变化	**第七百八十三条**　定作人未向承揽人支付报酬或者材料费等价款的,承揽人对完成的工作成果享有留置权或者有权拒绝交付,但是当事人另有约定的除外。
第五百六十七条　承揽人应当妥善保管定作人提供的材料以及完成的工作成果,因保管不善造成毁损、灭失的,应当承担损害赔偿责任。	**第五百六十七条** 无变化	**第七百八十四条**　承揽人应当妥善保管定作人提供的材料以及完成的工作成果,因保管不善造成毁损、灭失的,应当承担**赔偿责任**。	**第七百八十四条** 无变化	**第七百八十四条**　承揽人应当妥善保管定作人提供的材料以及完成的工作成果,因保管不善造成毁损、灭失的,应当承担赔偿责任。
第五百六十八条　承揽人应当按照定作人的要求保守秘密,未经定作人许可,不得留存复制品或者技术资料。	**第五百六十八条** 无变化	**第七百八十五条** 无变化	**第七百八十五条** 无变化	**第七百八十五条**　承揽人应当按照定作人的要求保守秘密,未经定作人许可,不得留存复制品或者技术资料。
第五百六十九条　共同承揽人对定作人承担连带责任,但是当事人另有约定的除外。	**第五百六十九条** 无变化	**第七百八十六条** 无变化	**第七百八十六条** 无变化	**第七百八十六条**　共同承揽人对定作人承担连带责任,但是当事人另有约定的除外。
第五百七十条　定作人在承揽人完成工作前可以随时解除承揽合同,造成承揽人损失的,应当赔偿损失。	**第五百七十条**　定作人在承揽人完成工作前可以随时解除**合同**,造成承揽人损失的,应当赔偿损失。	**第七百八十七条** 无变化	**第七百八十七条** 无变化	**第七百八十七条**　定作人在承揽人完成工作前可以随时解除合同,造成承揽人损失的,应当赔偿损失。

第十八章　建设工程合同

《民法典各分编（草案）》（2018年8月版）	《民法典合同编（草案二次审议稿）》（2018年12月版）	《中华人民共和国民法典（草案）》（2019年12月版）	《中华人民共和国民法典（草案大会审议稿）》（2020年5月22日提交审议）	《中华人民共和国民法典》（2020年5月28日审议通过）
第十七章 建设工程合同	**第十八章 建设工程合同**	**第十八章 建设工程合同**	**第十八章 建设工程合同**	**第十八章 建设工程合同**
第五百七十一条　建设工程合同是承包人进行工程建设，发包人支付价款的合同。 建设工程合同包括工程勘察、设计、施工合同。	**第五百七十一条** 无变化	**第七百八十八条** 无变化	**第七百八十八条** 无变化	**第七百八十八条**　建设工程合同是承包人进行工程建设，发包人支付价款的合同。 建设工程合同包括工程勘察、设计、施工合同。
第五百七十二条　建设工程合同应当采用书面形式。	**第五百七十二条** 无变化	**第七百八十九条** 无变化	**第七百八十九条** 无变化	**第七百八十九条**　建设工程合同应当采用书面形式。
第五百七十三条　建设工程的招标投标活动，应当依照有关法律的规定公开、公平、公正进行。	**第五百七十三条** 无变化	**第七百九十条** 无变化	**第七百九十条** 无变化	**第七百九十条**　建设工程的招标投标活动，应当依照有关法律的规定公开、公平、公正进行。

续表

《民法典各分编(草案)》(2018 年 8 月版)	《民法典合同编(草案二次审议稿)》(2018 年 12 月版)	《中华人民共和国民法典(草案)》(2019 年 12 月版)	《中华人民共和国民法典(草案大会审议稿)》(2020 年 5 月 22 日提交审议)	《中华人民共和国民法典》(2020 年 5 月 28 日审议通过)
第五百七十四条 发包人可以与总承包人订立建设工程合同,也可以分别与勘察人、设计人、施工人订立勘察、设计、施工承包合同。发包人不得将应当由一个承包人完成的建设工程肢解成若干部分发包给几个承包人。 总承包人或者勘察、设计、施工承包人经发包人同意,可以将自己承包的部分工作交由第三人完成。第三人就其完成的工作成果与总承包人或者勘察、设计、施工承包人向发包人承担连带责任。承包人不得将其承包的全部建设工程转包给第三人或者将其承包的全部建设工程肢解以后以分包的名义分别转包给第三人。 禁止承包人将工程分包给不具备相应资质条件的单位。禁止分包单位将其承包的工程再分包。建设工程主体结构的施工必须由承包人自行完成。	**第五百七十四条** 无变化	**第七百九十一条** 发包人可以与总承包人订立建设工程合同,也可以分别与勘察人、设计人、施工人订立勘察、设计、施工承包合同。发包人不得将应当由一个承包人完成的建设工程**支解**成若干部分发包给几个承包人。 总承包人或者勘察、设计、施工承包人经发包人同意,可以将自己承包的部分工作交由第三人完成。第三人就其完成的工作成果与总承包人或者勘察、设计、施工承包人向发包人承担连带责任。承包人不得将其承包的全部建设工程转包给第三人或者将其承包的全部建设工程**支解**以后以分包的名义分别转包给第三人。 禁止承包人将工程分包给不具备相应资质条件的单位。禁止分包单位将其承包的工程再分包。建设工程主体结构的施工必须由承包人自行完成。	**第七百九十一条** 发包人可以与总承包人订立建设工程合同,也可以分别与勘察人、设计人、施工人订立勘察、设计、施工承包合同。发包人不得将应当由一个承包人完成的建设工程支解成若干部分发包给**数个**承包人。 总承包人或者勘察、设计、施工承包人经发包人同意,可以将自己承包的部分工作交由第三人完成。第三人就其完成的工作成果与总承包人或者勘察、设计、施工承包人向发包人承担连带责任。承包人不得将其承包的全部建设工程转包给第三人或者将其承包的全部建设工程支解以后以分包的名义分别转包给第三人。 禁止承包人将工程分包给不具备相应资质条件的单位。禁止分包单位将其承包的工程再分包。建设工程主体结构的施工必须由承包人自行完成。	**第七百九十一条** 发包人可以与总承包人订立建设工程合同,也可以分别与勘察人、设计人、施工人订立勘察、设计、施工承包合同。发包人不得将应当由一个承包人完成的建设工程支解成若干部分发包给数个承包人。 总承包人或者勘察、设计、施工承包人经发包人同意,可以将自己承包的部分工作交由第三人完成。第三人就其完成的工作成果与总承包人或者勘察、设计、施工承包人向发包人承担连带责任。承包人不得将其承包的全部建设工程转包给第三人或者将其承包的全部建设工程支解以后以分包的名义分别转包给第三人。 禁止承包人将工程分包给不具备相应资质条件的单位。禁止分包单位将其承包的工程再分包。建设工程主体结构的施工必须由承包人自行完成。
第五百七十五条 国家重大建设工程合同,应当按照国家规定的程序和国家批准的投资计划、可行性研究报告等文件订立。	**第五百七十五条** 无变化	**第七百九十二条** 无变化	**第七百九十二条** 无变化	**第七百九十二条** 国家重大建设工程合同,应当按照国家规定的程序和国家批准的投资计划、可行性研究报告等文件订立。

续表

《民法典各分编（草案）》（2018 年 8 月版）	《民法典合同编（草案二次审议稿）》（2018 年 12 月版）	《中华人民共和国民法典（草案）》（2019 年 12 月版）	《中华人民共和国民法典（草案大会审议稿）》（2020 年 5 月 22 日提交审议）	《中华人民共和国民法典》（2020 年 5 月 28 日审议通过）
第五百七十六条　建设工程施工合同无效，但是建设工程经竣工验收合格的，承包人可以请求参照合同的约定支付工程价款。 建设工程施工合同无效，且建设工程经竣工验收不合格的，按照以下情形处理： （一）修复后的建设工程经竣工验收合格的，发包人可以要求承包人承担修复费用； （二）修复后的建设工程经竣工验收不合格的，承包人不能要求支付工程价款。 发包人对因建设工程不合格造成的损失有过错的，应当承担相应的责任。	**第五百七十六条**　建设工程施工合同无效，但是建设工程经竣工验收合格的，**可以参照合同关于工程价款的约定补偿承包人**。 建设工程施工合同无效，且建设工程经竣工验收不合格的，按照以下情形处理： （一）修复后的建设工程经竣工验收合格的，发包人可以要求承包人承担修复费用； （二）修复后的建设工程经竣工验收不合格的，承包人不能要求**参照合同关于工程价款的约定补偿**。 发包人对因建设工程不合格造成的损失有过错的，应当承担相应的责任。	**第七百九十三条**　建设工程施工合同无效，但是建设工程经**验收**合格的，可以参照合同关于工程价款的约定**折价**补偿承包人。 建设工程施工合同无效，且建设工程经**验收**不合格的，按照以下情形处理： （一）修复后的建设工程**经**验收合格的，发包人可以**请求**承包人承担修复费用； （二）修复后的建设工程**经**验收不合格的，承包人不能**请求**参照合同关于工程价款的约定补偿。 发包人对因建设工程不合格造成的损失有过错的，应当承担相应的责任。	**第七百九十三条**　建设工程施工合同无效，但是建设工程经验收合格的，可以参照合同关于工程价款的约定折价补偿承包人。 建设工程施工合同无效，且建设工程经验收不合格的，按照以下情形处理： （一）修复后的建设工程经验收合格的，发包人可以请求承包人承担修复费用； （二）修复后的建设工程经验收不合格的，承包人**无权**请求参照合同关于工程价款的约定**折价**补偿。 发包人对因建设工程不合格造成的损失有过错的，应当承担相应的责任。	**第七百九十三条**　建设工程施工合同无效，但是建设工程经验收合格的，可以参照合同关于工程价款的约定折价补偿承包人。 建设工程施工合同无效，且建设工程经验收不合格的，按照以下情形处理： （一）修复后的建设工程经验收合格的，发包人可以请求承包人承担修复费用； （二）修复后的建设工程经验收不合格的，承包人无权请求参照合同关于工程价款的约定折价补偿。 发包人对因建设工程不合格造成的损失有过错的，应当承担相应的责任。
第五百七十七条　勘察、设计合同的内容包括提交有关基础资料和文件（包括概预算）的期限、质量要求、费用以及其他协作条件等条款。	**第五百七十七条** 无变化	**第七百九十四条**　勘察、设计合同的内容**一般**包括提交有关基础资料和**概预算等文件**的期限、质量要求、费用以及其他协作条件等条款。	**第七百九十四条** 无变化	**第七百九十四条**　勘察、设计合同的内容一般包括提交有关基础资料和概预算等文件的期限、质量要求、费用以及其他协作条件等条款。
第五百七十八条　施工合同的内容包括工程范围、建设工期、中间交工工程的开工和竣工时间、工程质量、工程造价、技术资料交付时间、材料和设备供应责任、拨款和结算、竣工验收、质量保修范围和质量保证期、相互协作等条款。	**第五百七十八条** 无变化	**第七百九十五条**　施工合同的内容**一般**包括工程范围、建设工期、中间交工工程的开工和竣工时间、工程质量、工程造价、技术资料交付时间、材料和设备供应责任、拨款和结算、竣工验收、质量保修范围和质量保证期、相互协作等条款。	**第七百九十五条** 无变化	**第七百九十五条**　施工合同的内容一般包括工程范围、建设工期、中间交工工程的开工和竣工时间、工程质量、工程造价、技术资料交付时间、材料和设备供应责任、拨款和结算、竣工验收、质量保修范围和质量保证期、相互协作等条款。

续表

《民法典各分编(草案)》(2018年8月版)	《民法典合同编(草案二次审议稿)》(2018年12月版)	《中华人民共和国民法典(草案)》(2019年12月版)	《中华人民共和国民法典(草案大会审议稿)》(2020年5月22日提交审议)	《中华人民共和国民法典》(2020年5月28日审议通过)
第五百七十九条　建设工程实行监理的,发包人应当与监理人采用书面形式订立委托监理合同。发包人与监理人的权利和义务以及法律责任,应当依照本编委托合同以及其他有关法律、行政法规的规定。	**第五百七十九条** 无变化	**第七百九十六条** 无变化	**第七百九十六条** 无变化	**第七百九十六条**　建设工程实行监理的,发包人应当与监理人采用书面形式订立委托监理合同。发包人与监理人的权利和义务以及法律责任,应当依照本编委托合同以及其他有关法律、行政法规的规定。
第五百八十条　发包人在不妨碍承包人正常作业的情况下,可以随时对作业进度、质量进行检查。	**第五百八十条** 无变化	**第七百九十七条** 无变化	**第七百九十七条** 无变化	**第七百九十七条**　发包人在不妨碍承包人正常作业的情况下,可以随时对作业进度、质量进行检查。
第五百八十一条　隐蔽工程在隐蔽以前,承包人应当通知发包人检查。发包人没有及时检查的,承包人可以顺延工程日期,并有权要求赔偿停工、窝工等损失。	**第五百八十一条** 无变化	**第七百九十八条**　隐蔽工程在隐蔽以前,承包人应当通知发包人检查。发包人没有及时检查的,承包人可以顺延工程日期,并有权**请求**赔偿停工、窝工等损失。	**第七百九十八条** 无变化	**第七百九十八条**　隐蔽工程在隐蔽以前,承包人应当通知发包人检查。发包人没有及时检查的,承包人可以顺延工程日期,并有权请求赔偿停工、窝工等损失。
第五百八十二条　建设工程竣工后,发包人应当根据施工图纸及说明书、国家颁发的施工验收规范和质量检验标准及时进行验收。验收合格的,发包人应当按照约定支付价款,并接收该建设工程。建设工程竣工经验收合格后,方可交付使用;未经验收或者验收不合格的,不得交付使用。	**第五百八十二条** 无变化	**第七百九十九条** 无变化	**第七百九十九条**　建设工程竣工后,发包人应当根据施工图纸**以及**说明书、国家颁发的施工验收规范和质量检验标准及时进行验收。验收合格的,发包人应当按照约定支付价款,并接收该建设工程。 建设工程竣工经验收合格后,方可交付使用;未经验收或者验收不合格的,不得交付使用。	**第七百九十九条**　建设工程竣工后,发包人应当根据施工图纸**及**说明书、国家颁发的施工验收规范和质量检验标准及时进行验收。验收合格的,发包人应当按照约定支付价款,并接收该建设工程。 建设工程竣工经验收合格后,方可交付使用;未经验收或者验收不合格的,不得交付使用。

续表

《民法典各分编（草案）》（2018年8月版）	《民法典合同编（草案二次审议稿）》（2018年12月版）	《中华人民共和国民法典（草案）》（2019年12月版）	《中华人民共和国民法典（草案大会审议稿）》（2020年5月22日提交审议）	《中华人民共和国民法典》（2020年5月28日审议通过）
第五百八十三条　建设工程未经竣工验收，发包人擅自使用的，除存在违反法律、行政法规强制性规定的情形以外，视为工程质量验收合格，但是承包人应当在建设工程的合理使用期限内对地基基础工程和主体结构质量承担责任。	**第五百八十三条**　建设工程未经竣工验收，发包人擅自使用的，除存在违反法律、行政法规强制性规定的情形**外**，视为工程质量验收合格，但是承包人应当在建设工程的合理使用期限内对地基基础工程和主体结构质量承担责任。			
第五百八十四条　当事人对建设工程实际竣工日期有争议的，按照以下情形分别处理： （一）建设工程经竣工验收合格的，以竣工验收合格之日为竣工日期； （二）承包人已经提交竣工验收报告，发包人未在约定期限或者合理期限内验收的，以承包人提交验收报告之日为竣工日期； （三）建设工程未经竣工验收，发包人擅自使用的，以转移占有建设工程之日为竣工日期。	**第五百八十四条** 无变化			
第五百八十五条　勘察、设计的质量不符合要求或者未按照期限提交勘察、设计文件拖延工期，造成发包人损失的，勘察人、设计人应当继续完善勘察、设计，减收或者免收勘察、设计费并赔偿损失。	**第五百八十五条** 无变化	**第八百条** 无变化	**第八百条** 无变化	**第八百条**　勘察、设计的质量不符合要求或者未按照期限提交勘察、设计文件拖延工期，造成发包人损失的，勘察人、设计人应当继续完善勘察、设计，减收或者免收勘察、设计费并赔偿损失。

续表

《民法典各分编（草案）》（2018年8月版）	《民法典合同编（草案二次审议稿）》（2018年12月版）	《中华人民共和国民法典（草案）》（2019年12月版）	《中华人民共和国民法典（草案大会审议稿）》（2020年5月22日提交审议）	《中华人民共和国民法典》（2020年5月28日审议通过）
第五百八十六条　因施工人的原因致使建设工程质量不符合约定的，发包人有权要求施工人在合理期限内无偿修理或者返工、改建。经过修理或者返工、改建后，造成逾期交付的，施工人应当承担违约责任。	**第五百八十六条** 无变化	**第八百零一条**　因施工人的原因致使建设工程质量不符合约定的，发包人有权**请求**施工人在合理期限内无偿修理或者返工、改建。经过修理或者返工、改建后，造成逾期交付的，施工人应当承担违约责任。	**第八百零一条** 无变化	**第八百零一条**　因施工人的原因致使建设工程质量不符合约定的，发包人有权请求施工人在合理期限内无偿修理或者返工、改建。经过修理或者返工、改建后，造成逾期交付的，施工人应当承担违约责任。
第五百八十七条　因承包人的原因致使建设工程在合理使用期限内造成人身损害和财产损失的，承包人应当承担损害赔偿责任。	**第五百八十七条** 无变化	**第八百零二条**　因承包人的原因致使建设工程在合理使用期限内造成人身损害和财产损失的，承包人应当承担**赔偿责任**。	**第八百零二条** 无变化	**第八百零二条**　因承包人的原因致使建设工程在合理使用期限内造成人身损害和财产损失的，承包人应当承担赔偿责任。
第五百八十八条　发包人未按照约定的时间和要求提供原材料、设备、场地、资金、技术资料的，承包人可以顺延工程日期，并有权要求赔偿停工、窝工等损失。	**第五百八十八条** 无变化	**第八百零三条**　发包人未按照约定的时间和要求提供原材料、设备、场地、资金、技术资料的，承包人可以顺延工程日期，并有权**请求**赔偿停工、窝工等损失。	**第八百零三条** 无变化	**第八百零三条**　发包人未按照约定的时间和要求提供原材料、设备、场地、资金、技术资料的，承包人可以顺延工程日期，并有权请求赔偿停工、窝工等损失。
第五百八十九条　因发包人的原因致使工程中途停建、缓建的，发包人应当采取措施弥补或者减少损失，赔偿承包人因此造成的停工、窝工、倒运、机械设备调迁、材料和构件积压等损失和实际费用。	**第五百八十九条** 无变化	**第八百零四条** 无变化	**第八百零四条** 无变化	**第八百零四条**　因发包人的原因致使工程中途停建、缓建的，发包人应当采取措施弥补或者减少损失，赔偿承包人因此造成的停工、窝工、倒运、机械设备调迁、材料和构件积压等损失和实际费用。

续表

《民法典各分编(草案)》(2018年8月版)	《民法典合同编(草案二次审议稿)》(2018年12月版)	《中华人民共和国民法典(草案)》(2019年12月版)	《中华人民共和国民法典(草案大会审议稿)》(2020年5月22日提交审议)	《中华人民共和国民法典》(2020年5月28日审议通过)
第五百九十条　因发包人变更计划,提供的资料不准确,或者未按照期限提供必需的勘察、设计工作条件而造成勘察、设计的返工、停工或者修改设计,发包人应当按照勘察人、设计人实际消耗的工作量增付费用。	**第五百九十条** 无变化	**第八百零五条** 无变化	**第八百零五条** 无变化	**第八百零五条**　因发包人变更计划,提供的资料不准确,或者未按照期限提供必需的勘察、设计工作条件而造成勘察、设计的返工、停工或者修改设计,发包人应当按照勘察人、设计人实际消耗的工作量增付费用。
第五百九十一条　承包人将建设工程转包、违法分包的,发包人可以解除合同。 发包人提供的主要建筑材料、建筑构配件和设备不符合强制性标准或者不履行协助义务,致使承包人无法施工,且在催告的合理期限内仍未履行相应义务的,承包人可以解除合同。 合同解除后,已经完成的建设工程质量合格的,发包人应当按照约定支付相应的工程价款;已经完成的建设工程质量不合格的,参照本法第五百七十六条的规定处理。	**第五百九十一条** 无变化	**第八百零六条**　承包人将建设工程转包、违法分包的,发包人可以解除合同。 发包人提供的主要建筑材料、建筑构配件和设备不符合强制性标准或者不履行协助义务,致使承包人无法施工,且在催告的合理期限内仍未履行相应义务的,承包人可以解除合同。 合同解除后,已经完成的建设工程质量合格的,发包人应当按照约定支付相应的工程价款;已经完成的建设工程质量不合格的,参照本法**第七百九十三条**的规定处理。	**第八百零六条**　承包人将建设工程转包、违法分包的,发包人可以解除合同。 发包人提供的主要建筑材料、建筑构配件和设备不符合强制性标准或者不履行协助义务,致使承包人无法施工,**经催告后在**合理期限内仍未履行相应义务的,承包人可以解除合同。 合同解除后,已经完成的建设工程质量合格的,发包人应当按照约定支付相应的工程价款;已经完成的建设工程质量不合格的,参照本法第七百九十三条的规定处理。	**第八百零六条**　承包人将建设工程转包、违法分包的,发包人可以解除合同。 发包人提供的主要建筑材料、建筑构配件和设备不符合强制性标准或者不履行协助义务,致使承包人无法施工,经催告后在合理期限内仍未履行相应义务的,承包人可以解除合同。 合同解除后,已经完成的建设工程质量合格的,发包人应当按照约定支付相应的工程价款;已经完成的建设工程质量不合格的,参照本法第七百九十三条的规定处理。

续表

《民法典各分编(草案)》(2018年8月版)	《民法典合同编(草案二次审议稿)》(2018年12月版)	《中华人民共和国民法典(草案)》(2019年12月版)	《中华人民共和国民法典(草案大会审议稿)》(2020年5月22日提交审议)	《中华人民共和国民法典》(2020年5月28日审议通过)
第五百九十二条　发包人未按照约定支付价款的,承包人可以催告发包人在合理期限内支付价款。发包人逾期不支付的,除按照建设工程的性质不宜折价、拍卖的以外,承包人可以与发包人协议将该工程折价,也可以申请人民法院将该工程依法拍卖。建设工程的价款就该工程折价或者拍卖的价款优先受偿。	**第五百九十二条**　发包人未按照约定支付价款的,承包人可以催告发包人在合理期限内支付价款。发包人逾期不支付的,除按照建设工程的性质不宜折价、拍卖**外**,承包人可以与发包人协议将该工程折价,也可以**请求**人民法院将该工程依法拍卖。建设工程的价款就该工程折价或者拍卖的价款优先受偿。	**第八百零七条**　发包人未按照约定支付价款的,承包人可以催告发包人在合理期限内支付价款。发包人逾期不支付的,除**根据**建设工程的性质不宜折价、拍卖外,承包人可以与发包人协议将该工程折价,也可以请求人民法院将该工程依法拍卖。建设工程的价款就该工程折价或者拍卖的价款优先受偿。	**第八百零七条** 无变化	**第八百零七条**　发包人未按照约定支付价款的,承包人可以催告发包人在合理期限内支付价款。发包人逾期不支付的,除根据建设工程的性质不宜折价、拍卖外,承包人可以与发包人协议将该工程折价,也可以请求人民法院将该工程依法拍卖。建设工程的价款就该工程折价或者拍卖的价款优先受偿。
第五百九十三条　本章没有规定的,适用承揽合同的有关规定。	**第五百九十三条** 无变化	**第八百零八条** 无变化	**第八百零八条** 无变化	**第八百零八条**　本章没有规定的,适用承揽合同的有关规定。

第十九章　运输合同

《民法典各分编(草案)》(2018年8月版)	《民法典合同编(草案二次审议稿)》(2018年12月版)	《中华人民共和国民法典(草案)》(2019年12月版)	《中华人民共和国民法典(草案大会审议稿)》(2020年5月22日提交审议)	《中华人民共和国民法典》(2020年5月28日审议通过)
第十八章　运输合同	第十九章　运输合同	第十九章　运输合同	第十九章　运输合同	第十九章　运输合同
第一节　一般规定	第一节　一般规定	第一节　一般规定	第一节　一般规定	第一节　一般规定
第五百九十四条　运输合同是承运人将旅客或者货物从起运地点运输到约定地点，旅客、托运人或者收货人支付票款或者运输费用的合同。	**第五百九十四条** 无变化	**第八百零九条** 无变化	**第八百零九条** 无变化	**第八百零九条**　运输合同是承运人将旅客或者货物从起运地点运输到约定地点，旅客、托运人或者收货人支付票款或者运输费用的合同。
第五百九十五条　从事公共运输的承运人不得拒绝旅客、托运人通常、合理的运输要求。	**第五百九十五条** 无变化	**第八百一十条** 无变化	**第八百一十条** 无变化	**第八百一十条**　从事公共运输的承运人不得拒绝旅客、托运人通常、合理的运输要求。
第五百九十六条　承运人应当在约定期间或者合理期间内将旅客、货物安全运输到约定地点。	**第五百九十六条** 无变化	**第八百一十一条** 无变化	**第八百一十一条**　承运人应当在约定**期限**或者合理**期限**内将旅客、货物安全运输到约定地点。	**第八百一十一条**　承运人应当在约定期限或者合理期限内将旅客、货物安全运输到约定地点。
第五百九十七条　承运人应当按照约定的或者通常的运输路线将旅客、货物运输到约定地点。	**第五百九十七条** 无变化	**第八百一十二条** 无变化	**第八百一十二条** 无变化	**第八百一十二条**　承运人应当按照约定的或者通常的运输路线将旅客、货物运输到约定地点。

续表

《民法典各分编(草案)》(2018 年 8 月版)	《民法典合同编(草案二次审议稿)》(2018 年 12 月版)	《中华人民共和国民法典(草案)》(2019 年 12 月版)	《中华人民共和国民法典(草案大会审议稿)》(2020 年 5 月 22 日提交审议)	《中华人民共和国民法典》(2020 年 5 月 28 日审议通过)
第五百九十八条　旅客、托运人或者收货人应当支付票款或者运输费用。承运人未按照约定路线或者通常路线运输增加票款或者运输费用的,旅客、托运人或者收货人可以拒绝支付增加部分的票款或者运输费用。	**第五百九十八条** 无变化	**第八百一十三条** 无变化	**第八百一十三条** 无变化	**第八百一十三条**　旅客、托运人或者收货人应当支付票款或者运输费用。承运人未按照约定路线或者通常路线运输增加票款或者运输费用的,旅客、托运人或者收货人可以拒绝支付增加部分的票款或者运输费用。
第二节　客运合同	第二节　客运合同	第二节　客运合同	第二节　客运合同	第二节　客运合同
第五百九十九条　客运合同自承运人向旅客交付客票时成立,但是当事人另有约定或者另有交易习惯的除外。	**第五百九十九条** 无变化	**第八百一十四条** 无变化	**第八百一十四条** 无变化	**第八百一十四条**　客运合同自承运人向旅客**出具**客票时成立,但是当事人另有约定或者另有交易习惯的除外。
第六百条　旅客应当持有效客票乘运。旅客无票乘运、超程乘运、越级乘运或者持失效客票乘运的,应当补交票款,承运人可以按照规定加收票款。旅客不交付票款的,承运人可以拒绝运输。 实名制客运合同的旅客丢失客票的,可以要求承运人挂失补办,承运人不得再次收取票款。	**第六百条**　旅客应当**按照**有效客票**记载的时间、班次和座位号**乘运。旅客无票乘运、超程乘运、越级乘运或者持失效客票乘运的,应当补交票款,承运人可以按照规定加收票款。旅客不交付票款的,承运人可以拒绝运输。 实名制客运合同的旅客丢失客票的,可以要求承运人挂失补办,承运人不得再次收取票款**和其他不合理费用**。	**第八百一十五条**　旅客应当按照有效客票记载的时间、班次和座位号**乘坐**。旅客无票**乘坐**、超程**乘坐**、越级**乘坐**或者持失效客票**乘坐**的,应当补交票款,承运人可以按照规定加收票款;旅客不**支付**票款的,承运人可以拒绝运输。 实名制客运合同的旅客丢失客票的,可以**请求**承运人挂失补办,承运人不得再次收取票款和其他不合理费用。	**第八百一十五条** 无变化	**第八百一十五条**　旅客应当按照有效客票记载的时间、班次和座位号乘坐。旅客无票乘坐、超程乘坐、越级乘坐或者持**不符合减价条件的优惠**客票乘坐的,应当补交票款,承运人可以按照规定加收票款;旅客不支付票款的,承运人可以拒绝运输。 实名制客运合同的旅客丢失客票的,可以请求承运人挂失补办,承运人不得再次收取票款和其他不合理费用。
第六百零一条　旅客因自己的原因不能按照客票记载的时间乘坐的,应当在约定的时间内办理退票或者变更手续。逾期办理的,承运人可以不退票款,并不再承担运输义务。	**第六百零一条** 无变化	**第八百一十六条** 无变化	**第八百一十六条**　旅客因自己的原因不能按照客票记载的时间乘坐的,应当在约定的**期限**内办理退票或者变更手续;逾期办理的,承运人可以不退票款,并不再承担运输义务。	**第八百一十六条**　旅客因自己的原因不能按照客票记载的时间乘坐的,应当在约定的期限内办理退票或者变更手续;逾期办理的,承运人可以不退票款,并不再承担运输义务。

续表

《民法典各分编(草案)》(2018年8月版)	《民法典合同编(草案二次审议稿)》(2018年12月版)	《中华人民共和国民法典(草案)》(2019年12月版)	《中华人民共和国民法典(草案大会审议稿)》(2020年5月22日提交审议)	《中华人民共和国民法典》(2020年5月28日审议通过)
第六百零二条　旅客在运输中应当按照约定的限量携带行李。超过限量携带行李的,应当办理托运手续。	**第六百零二条** 无变化	**第八百一十七条**　旅客**携带行李应当符合约定的限量和品类要求**;超过限量**或者违反品类要求**携带行李的,应当办理托运手续。	**第八百一十七条**　旅客**随身**携带行李应当符合约定的限量和品类要求;超过限量或者违反品类要求携带行李的,应当办理托运手续。	**第八百一十七条**　旅客随身携带行李应当符合约定的限量和品类要求;超过限量或者违反品类要求携带行李的,应当办理托运手续。
第六百零三条　旅客不得随身携带或者在行李中夹带易燃、易爆、有毒、有腐蚀性、有放射性以及有可能危及运输工具上人身和财产安全的危险物品或者其他违禁物品。 旅客违反前款规定的,承运人可以将违禁物品卸下、销毁或者送交有关部门。旅客坚持携带或者夹带违禁物品的,承运人应当拒绝运输。	**第六百零三条**　旅客不得随身携带或者在行李中夹带易燃、易爆、有毒、有腐蚀性、有放射性以及有可能危及运输工具上人身和财产安全的危险物品**或者**违禁物品。 旅客违反前款规定的,承运人可以将违禁物品卸下、销毁或者送交有关部门。旅客坚持携带或者夹带违禁物品的,承运人应当拒绝运输。	**第八百一十八条** 无变化	**第八百一十八条**　旅客不得随身携带或者在行李中夹带易燃、易爆、有毒、有腐蚀性、有放射性以及**可能**危及运输工具上人身和财产安全的危险物品或者违禁物品。 旅客违反前款规定的,承运人可以将**危险物品或者**违禁物品卸下、销毁或者送交有关部门。旅客坚持携带或者夹带**危险物品或者**违禁物品的,承运人应当拒绝运输。	**第八百一十八条**　旅客不得随身携带或者在行李中夹带易燃、易爆、有毒、有腐蚀性、有放射性以及可能危及运输工具上人身和财产安全的危险物品或者违禁物品。 旅客违反前款规定的,承运人可以将危险物品或者违禁物品卸下、销毁或者送交有关部门。旅客坚持携带或者夹带危险物品或者违禁物品的,承运人应当拒绝运输。
第六百零四条　承运人应当向旅客及时告知有关不能正常运输的重要事由和安全运输应当注意的事项。旅客对承运人为安全运输所作的合理安排应当积极协助配合。	**第六百零四条**　承运人应当**严格履行安全运输义务,及时告知旅客**安全运输应当注意的事项。旅客对承运人为安全运输所作的合理安排应当积极协助**和**配合。 **遇有不能正常运输的特殊情形和重要事由,承运人应当及时告知旅客并采取必要的安置措施。**	**第八百一十九条** 无变化	**第八百一十九条**　承运人应当严格履行安全运输义务,及时告知旅客安全运输应当注意的事项。旅客对承运人为安全运输所作的合理安排应当积极协助和配合。	**第八百一十九条**　承运人应当严格履行安全运输义务,及时告知旅客安全运输应当注意的事项。旅客对承运人为安全运输所作的合理安排应当积极协助和配合。

续表

《民法典各分编(草案)》(2018年8月版)	《民法典合同编(草案二次审议稿)》(2018年12月版)	《中华人民共和国民法典(草案)》(2019年12月版)	《中华人民共和国民法典(草案大会审议稿)》(2020年5月22日提交审议)	《中华人民共和国民法典》(2020年5月28日审议通过)
第六百零五条 承运人应当按照客票载明的时间和班次运输旅客。承运人迟延运输的,应当履行告知和提醒义务,并根据旅客的要求安排改乘其他班次或者退票;由此给旅客造成损失的,承运人应当赔偿,但是不可归责于承运人的除外。	**第六百零五条** 承运人应当按照**有效**客票**记载**的时间、班次**和条件**运输旅客。承运人迟延运输的,应当履行告知和提醒义务,并根据旅客的要求安排改乘其他班次或者退票;由此给旅客造成损失的,承运人应当赔偿,但是不可归责于承运人的除外。	**第八百二十条** 承运人应当按照有效客票记载的时间、班次和**座位号**运输旅客。承运人迟延运输的,应当履行告知和提醒义务,并根据旅客的要求安排改乘其他班次或者退票;由此**造成旅客**损失的,承运人应当**承担赔偿责任**,但是不可归责于承运人的除外。	**第八百二十条** 承运人应当按照有效客票记载的时间、班次和座位号运输旅客。承运人迟延运输**或者有其他不能正常运输情形**的,应当**及时**告知和提醒**旅客,采取必要的安置措施**,并根据旅客的要求安排改乘其他班次或者退票;由此造成旅客损失的,承运人应当承担赔偿责任,但是不可归责于承运人的除外。	**第八百二十条** 承运人应当按照有效客票记载的时间、班次和座位号运输旅客。承运人迟延运输或者有其他不能正常运输情形的,应当及时告知和提醒旅客,采取必要的安置措施,并根据旅客的要求安排改乘其他班次或者退票;由此造成旅客损失的,承运人应当承担赔偿责任,但是不可归责于承运人的除外。
第六百零六条 承运人擅自变更运输工具而降低服务标准的,应当根据旅客的要求退票或者减收票款;提高服务标准的,不应当加收票款。	**第六百零六条** 承运人擅自**变更运输工具而**降低服务标准的,应当根据旅客的要求退票或者减收票款;提高服务标准的,**不得**加收票款。	**第八百二十一条** 承运人擅自降低服务标准的,应当根据旅客的**请求**退票或者减收票款;提高服务标准的,不得加收票款。	**第八百二十一条** 无变化	**第八百二十一条** 承运人擅自降低服务标准的,应当根据旅客的请求退票或者减收票款;提高服务标准的,不得加收票款。
第六百零七条 承运人在运输过程中,应当尽力救助患有急病、分娩、遇险的旅客。	**第六百零七条** 无变化	**第八百二十二条** 无变化	**第八百二十二条** 无变化	**第八百二十二条** 承运人在运输过程中,应当尽力救助患有急病、分娩、遇险的旅客。
第六百零八条 承运人应当对运输过程中旅客的伤亡承担损害赔偿责任,但是伤亡是旅客自身健康原因造成的或者承运人证明伤亡是旅客故意、重大过失造成的除外。 前款规定适用于按照规定免票、持优待票或者经承运人许可搭乘的无票旅客。	**第六百零八条** 无变化	**第八百二十三条** 承运人应当对运输过程中旅客的伤亡承担**赔偿责任;**但是,伤亡是旅客自身健康原因造成的或者承运人证明伤亡是旅客故意、重大过失造成的除外。 前款规定适用于按照规定免票、持优待票或者经承运人许可搭乘的无票旅客。	**第八百二十三条** 无变化	**第八百二十三条** 承运人应当对运输过程中旅客的伤亡承担赔偿责任;但是,伤亡是旅客自身健康原因造成的或者承运人证明伤亡是旅客故意、重大过失造成的除外。 前款规定适用于按照规定免票、持优待票或者经承运人许可搭乘的无票旅客。

续表

《民法典各分编(草案)》(2018年8月版)	《民法典合同编(草案二次审议稿)》(2018年12月版)	《中华人民共和国民法典(草案)》(2019年12月版)	《中华人民共和国民法典(草案大会审议稿)》(2020年5月22日提交审议)	《中华人民共和国民法典》(2020年5月28日审议通过)
第六百零九条 在运输过程中旅客自带物品毁损、灭失,承运人有过错的,应当承担损害赔偿责任。 旅客托运的行李毁损、灭失的,适用货物运输的有关规定。	**第六百零九条** 无变化	**第八百二十四条** 在运输过程中旅客**随身携带**物品毁损、灭失,承运人有过错的,应当承担**赔偿责任**。 旅客托运的行李毁损、灭失的,适用货物运输的有关规定。	**第八百二十四条** 无变化	**第八百二十四条** 在运输过程中旅客随身携带物品毁损、灭失,承运人有过错的,应当承担赔偿责任。 旅客托运的行李毁损、灭失的,适用货物运输的有关规定。
第三节 货运合同	第三节 货运合同	第三节 货运合同	第三节 货运合同	第三节 货运合同
第六百一十条 托运人办理货物运输,应当向承运人准确表明收货人的名称或者姓名或者凭指示的收货人,货物的名称、性质、重量、数量,收货地点等有关货物运输的必要情况。 因托运人申报不实或者遗漏重要情况,造成承运人损失的,托运人应当承担损害赔偿责任。	**第六百一十条** 托运人办理货物运输,应当向承运人准确表明收货人的**姓名或者名称**或者凭指示的收货人,货物的名称、性质、重量、数量,收货地点等有关货物运输的必要情况。 因托运人申报不实或者遗漏重要情况,造成承运人损失的,托运人应当承担损害赔偿责任。	**第八百二十五条** 托运人办理货物运输,应当向承运人准确表明收货人的姓名或者名称或者凭指示的收货人,货物的名称、性质、重量、数量,收货地点等有关货物运输的必要情况。 因托运人申报不实或者遗漏重要情况,造成承运人损失的,托运人应当承担**赔偿责任**。	**第八百二十五条** 托运人办理货物运输,应当向承运人准确表明收货人的姓名、名称或者凭指示的收货人,货物的名称、性质、重量、数量,收货地点等有关货物运输的必要情况。 因托运人申报不实或者遗漏重要情况,造成承运人损失的,托运人应当承担赔偿责任。	**第八百二十五条** 托运人办理货物运输,应当向承运人准确表明收货人的姓名、名称或者凭指示的收货人,货物的名称、性质、重量、数量,收货地点等有关货物运输的必要情况。 因托运人申报不实或者遗漏重要情况,造成承运人损失的,托运人应当承担赔偿责任。
第六百一十一条 货物运输需要办理审批、检验等手续的,托运人应当将办理完有关手续的文件提交承运人。	**第六百一十一条** 无变化	**第八百二十六条** 无变化	**第八百二十六条** 无变化	**第八百二十六条** 货物运输需要办理审批、检验等手续的,托运人应当将办理完有关手续的文件提交承运人。
第六百一十二条 托运人应当按照约定的方式包装货物。对包装方式没有约定或者约定不明确的,适用本法第四百零九条的规定。 托运人违反前款规定的,承运人可以拒绝运输。	**第六百一十二条** 无变化	**第八百二十七条** 托运人应当按照约定的方式包装货物。对包装方式没有约定或者约定不明确的,适用本法**第六百一十九条**的规定。 托运人违反前款规定的,承运人可以拒绝运输。	**第八百二十七条** 无变化	**第八百二十七条** 托运人应当按照约定的方式包装货物。对包装方式没有约定或者约定不明确的,适用本法第六百一十九条的规定。 托运人违反前款规定的,承运人可以拒绝运输。

续表

《民法典各分编(草案)》(2018年8月版)	《民法典合同编(草案二次审议稿)》(2018年12月版)	《中华人民共和国民法典(草案)》(2019年12月版)	《中华人民共和国民法典(草案大会审议稿)》(2020年5月22日提交审议)	《中华人民共和国民法典》(2020年5月28日审议通过)
第六百一十三条 托运人托运易燃、易爆、有毒、有腐蚀性、有放射性等危险物品的,应当按照国家有关危险物品运输的规定对危险物品妥善包装,作出危险物标志和标签,并将有关危险物品的名称、性质和防范措施的书面材料提交承运人。 托运人违反前款规定的,承运人可以拒绝运输,也可以采取相应措施以避免损失的发生,因此产生的费用由托运人承担。	**第六百一十三条** 托运人托运易燃、易爆、有毒、有腐蚀性、有放射性等危险物品的,应当按照国家有关危险物品运输的规定对危险物品妥善包装,作出危险物标志和标签,并将有关危险物品的名称、性质和防范措施的书面材料提交承运人。 托运人违反前款规定的,承运人可以拒绝运输,也可以采取相应措施以避免损失的发生,因此产生的费用由托运人**负担**。	**第八百二十八条** 托运人托运易燃、易爆、有毒、有腐蚀性、有放射性等危险物品的,应当按照国家有关危险物品运输的规定对危险物品妥善包装,**做出**危险物标志和标签,并将有关危险物品的名称、性质和防范措施的书面材料提交承运人。 托运人违反前款规定的,承运人可以拒绝运输,也可以采取相应措施以避免损失的发生,因此产生的费用由托运人负担。	**第八百二十八条** 托运人托运易燃、易爆、有毒、有腐蚀性、有放射性等危险物品的,应当按照国家有关危险物品运输的规定对危险物品妥善包装,做出**危险物品**标志和标签,并将有关危险物品的名称、性质和防范措施的书面材料提交承运人。 托运人违反前款规定的,承运人可以拒绝运输,也可以采取相应措施以避免损失的发生,因此产生的费用由托运人负担。	**第八百二十八条** 托运人托运易燃、易爆、有毒、有腐蚀性、有放射性等危险物品的,应当按照国家有关危险物品运输的规定对危险物品妥善包装,做出危险物品标志和标签,并将有关危险物品的名称、性质和防范措施的书面材料提交承运人。 托运人违反前款规定的,承运人可以拒绝运输,也可以采取相应措施以避免损失的发生,因此产生的费用由托运人负担。
第六百一十四条 在承运人将货物交付收货人之前,托运人可以要求承运人中止运输、返还货物、变更到达地或者将货物交给其他收货人,但是应当赔偿承运人因此受到的损失。	**第六百一十四条** 无变化	**第八百二十九条** 无变化	**第八百二十九条** 无变化	**第八百二十九条** 在承运人将货物交付收货人之前,托运人可以要求承运人中止运输、返还货物、变更到达地或者将货物交给其他收货人,但是应当赔偿承运人因此受到的损失。
第六百一十五条 货物运输到达后,承运人知道收货人的,应当及时通知收货人,收货人应当及时提货。收货人逾期提货的,应当向承运人支付保管费等费用。	**第六百一十五条** 无变化	**第八百三十条** 无变化	**第八百三十条** 无变化	**第八百三十条** 货物运输到达后,承运人知道收货人的,应当及时通知收货人,收货人应当及时提货。收货人逾期提货的,应当向承运人支付保管费等费用。

续表

《民法典各分编(草案)》(2018年8月版)	《民法典合同编(草案二次审议稿)》(2018年12月版)	《中华人民共和国民法典(草案)》(2019年12月版)	《中华人民共和国民法典(草案大会审议稿)》(2020年5月22日提交审议)	《中华人民共和国民法典》(2020年5月28日审议通过)
第六百一十六条　收货人提货时应当按照约定的期限检验货物。对检验货物的期限没有约定或者约定不明确,依照本法第三百零一条的规定仍不能确定的,应当在合理期限内检验货物。收货人在约定的期限或者合理期限内对货物的数量、毁损等未提出异议的,视为承运人已经按照运输单证的记载交付的初步证据。	**第六百一十六条** 无变化	**第八百三十一条**　收货人提货时应当按照约定的期限检验货物。对检验货物的期限没有约定或者约定不明确,**依据**本法**第五百一十条**的规定仍不能确定的,应当在合理期限内检验货物。收货人在约定的期限或者合理期限内对货物的数量、毁损等未提出异议的,视为承运人已经按照运输单证的记载交付的初步证据。	**第八百三十一条** 无变化	**第八百三十一条**　收货人提货时应当按照约定的期限检验货物。对检验货物的期限没有约定或者约定不明确,依据本法第五百一十条的规定仍不能确定的,应当在合理期限内检验货物。收货人在约定的期限或者合理期限内对货物的数量、毁损等未提出异议的,视为承运人已经按照运输单证的记载交付的初步证据。
第六百一十七条　承运人对运输过程中货物的毁损、灭失承担损害赔偿责任,但是承运人证明货物的毁损、灭失是因不可抗力、货物本身的自然性质或者合理损耗以及托运人、收货人的过错造成的,不承担损害赔偿责任。	**第六百一十七条** 无变化	**第八百三十二条**　承运人对运输过程中货物的毁损、灭失承担**赔偿责任**,但是承运人证明货物的毁损、灭失是因不可抗力、货物本身的自然性质或者合理损耗以及托运人、收货人的过错造成的,不承担**赔偿责任**。	**第八百三十二条**　承运人对运输过程中货物的毁损、灭失承担赔偿责任。但是**,**承运人证明货物的毁损、灭失是因不可抗力、货物本身的自然性质或者合理损耗以及托运人、收货人的过错造成的,不承担赔偿责任。	**第八百三十二条**　承运人对运输过程中货物的毁损、灭失承担赔偿责任。但是,承运人证明货物的毁损、灭失是因不可抗力、货物本身的自然性质或者合理损耗以及托运人、收货人的过错造成的,不承担赔偿责任。
第六百一十八条　货物的毁损、灭失的赔偿额,当事人有约定的,按照其约定;没有约定或者约定不明确,依照本法第三百零一条的规定仍不能确定的,按照交付或者应当交付时货物到达地的市场价格计算。法律、行政法规对赔偿额的计算方法和赔偿限额另有规定的,依照其规定。	**第六百一十八条** 无变化	**第八百三十三条**　货物的毁损、灭失的赔偿额,当事人有约定的,按照其约定;没有约定或者约定不明确,**依据**本法**第五百一十条**的规定仍不能确定的,按照交付或者应当交付时货物到达地的市场价格计算。法律、行政法规对赔偿额的计算方法和赔偿限额另有规定的,依照其规定。	**第八百三十三条** 无变化	**第八百三十三条**　货物的毁损、灭失的赔偿额,当事人有约定的,按照其约定;没有约定或者约定不明确,依据本法第五百一十条的规定仍不能确定的,按照交付或者应当交付时货物到达地的市场价格计算。法律、行政法规对赔偿额的计算方法和赔偿限额另有规定的,依照其规定。

续表

《民法典各分编(草案)》(2018年8月版)	《民法典合同编(草案二次审议稿)》(2018年12月版)	《中华人民共和国民法典(草案)》(2019年12月版)	《中华人民共和国民法典(草案大会审议稿)》(2020年5月22日提交审议)	《中华人民共和国民法典》(2020年5月28日审议通过)
第六百一十九条　两个以上承运人以同一运输方式联运的,与托运人订立合同的承运人应当对全程运输承担责任。损失发生在某一运输区段的,与托运人订立合同的承运人和该区段的承运人承担连带责任。	**第六百一十九条** 无变化	**第八百三十四条**　两个以上承运人以同一运输方式联运的,与托运人订立合同的承运人应当对全程运输承担责任;损失发生在某一运输区段的,与托运人订立合同的承运人和该区段的承运人承担连带责任。	**第八百三十四条** 无变化	**第八百三十四条**　两个以上承运人以同一运输方式联运的,与托运人订立合同的承运人应当对全程运输承担责任;损失发生在某一运输区段的,与托运人订立合同的承运人和该区段的承运人承担连带责任。
第六百二十条　货物在运输过程中因不可抗力灭失,未收取运费的,承运人不得要求支付运费;已收取运费的,托运人可以要求返还。	**第六百二十条** 无变化	**第八百三十五条**　货物在运输过程中因不可抗力灭失,未收取运费的,承运人不得**请求**支付运费;已收取运费的,托运人可以**请求**返还。	**第八百三十五条**　货物在运输过程中因不可抗力灭失,未收取运费的,承运人不得请求支付运费;**已经**收取运费的,托运人可以请求返还。	**第八百三十五条**　货物在运输过程中因不可抗力灭失,未收取运费的,承运人不得请求支付运费;已经收取运费的,托运人可以请求返还。**法律另有规定的,依照其规定。**
第六百二十一条　托运人或者收货人不支付运费、保管费以及其他运输费用的,承运人对相应的运输货物享有留置权,但是当事人另有约定的除外。	**第六百二十一条** 无变化	**第八百三十六条**　托运人或者收货人不支付运费、保管费以及其他**费用**的,承运人对相应的运输货物享有留置权,但是当事人另有约定的除外。	**第八百三十六条** 无变化	**第八百三十六条**　托运人或者收货人不支付运费、保管费**或者**其他费用的,承运人对相应的运输货物享有留置权,但是当事人另有约定的除外。
第六百二十二条　收货人不明或者收货人无正当理由拒绝受领货物的,依照本法第三百六十条的规定,承运人可以提存货物。	**第六百二十二条** 无变化	**第八百三十七条**　收货人不明或者收货人无正当理由拒绝受领货物的,**承运人依法**可以提存货物。	**第八百三十七条** 无变化	**第八百三十七条**　收货人不明或者收货人无正当理由拒绝受领货物的,承运人依法可以提存货物。
第四节　多式联运合同	第四节　多式联运合同	第四节　多式联运合同	第四节　多式联运合同	第四节　多式联运合同
第六百二十三条　多式联运经营人负责履行或者组织履行多式联运合同,对全程运输享有承运人的权利,承担承运人的义务。	**第六百二十三条** 无变化	**第八百三十八条** 无变化	**第八百三十八条** 无变化	**第八百三十八条**　多式联运经营人负责履行或者组织履行多式联运合同,对全程运输享有承运人的权利,承担承运人的义务。

续表

《民法典各分编(草案)》(2018年8月版)	《民法典合同编(草案二次审议稿)》(2018年12月版)	《中华人民共和国民法典(草案)》(2019年12月版)	《中华人民共和国民法典(草案大会审议稿)》(2020年5月22日提交审议)	《中华人民共和国民法典》(2020年5月28日审议通过)
第六百二十四条 多式联运经营人可以与参加多式联运的各区段承运人就多式联运合同的各区段运输约定相互之间的责任,但是该约定不影响多式联运经营人对全程运输承担的义务。	**第六百二十四条** 无变化	**第八百三十九条** 多式联运经营人可以与参加多式联运的各区段承运人就多式联运合同的各区段运输约定相互之间的责任**;**但是**,**该约定不影响多式联运经营人对全程运输承担的义务。	**第八百三十九条** 无变化	**第八百三十九条** 多式联运经营人可以与参加多式联运的各区段承运人就多式联运合同的各区段运输约定相互之间的责任;但是,该约定不影响多式联运经营人对全程运输承担的义务。
第六百二十五条 多式联运经营人收到托运人交付的货物时,应当签发多式联运单据。按照托运人的要求,多式联运单据可以是可转让单据,也可以是不可转让单据。	**第六百二十五条** 无变化	**第八百四十条** 无变化	**第八百四十条** 无变化	**第八百四十条** 多式联运经营人收到托运人交付的货物时,应当签发多式联运单据。按照托运人的要求,多式联运单据可以是可转让单据,也可以是不可转让单据。
第六百二十六条 因托运人托运货物时的过错造成多式联运经营人损失的,即使托运人已经转让多式联运单据,托运人仍然应当承担损害赔偿责任。	**第六百二十六条** 无变化	**第八百四十一条** 因托运人托运货物时的过错造成多式联运经营人损失的,即使托运人已经转让多式联运单据,托运人仍然应当承担**赔偿责任**。	**第八百四十一条** 无变化	**第八百四十一条** 因托运人托运货物时的过错造成多式联运经营人损失的,即使托运人已经转让多式联运单据,托运人仍然应当承担赔偿责任。
第六百二十七条 货物的毁损、灭失发生于多式联运的某一运输区段的,多式联运经营人的赔偿责任和责任限额,适用调整该区段运输方式的有关法律规定。货物毁损、灭失发生的运输区段不能确定的,依照本章规定承担损害赔偿责任。	**第六百二十七条** 无变化	**第八百四十二条** 货物的毁损、灭失发生于多式联运的某一运输区段的,多式联运经营人的赔偿责任和责任限额,适用调整该区段运输方式的有关法律规定。货物毁损、灭失发生的运输区段不能确定的,依照本章规定承担**赔偿责任**。	**第八百四十二条** 货物的毁损、灭失发生于多式联运的某一运输区段的,多式联运经营人的赔偿责任和责任限额,适用调整该区段运输方式的有关法律规定;货物毁损、灭失发生的运输区段不能确定的,依照本章规定承担赔偿责任。	**第八百四十二条** 货物的毁损、灭失发生于多式联运的某一运输区段的,多式联运经营人的赔偿责任和责任限额,适用调整该区段运输方式的有关法律规定;货物毁损、灭失发生的运输区段不能确定的,依照本章规定承担赔偿责任。

第二十章　技术合同

《民法典各分编(草案)》(2018年8月版)	《民法典合同编(草案二次审议稿)》(2018年12月版)	《中华人民共和国民法典(草案)》(2019年12月版)	《中华人民共和国民法典(草案大会审议稿)》(2020年5月22日提交审议)	《中华人民共和国民法典》(2020年5月28日审议通过)
第十九章　技术合同	第二十章　技术合同	第二十章　技术合同	第二十章　技术合同	第二十章　技术合同
第一节　一般规定	第一节　一般规定	第一节　一般规定	第一节　一般规定	第一节　一般规定
第六百二十八条　技术合同是当事人就技术开发、转让、咨询或者服务订立的确立相互之间权利和义务的合同。	**第六百二十八条**　技术合同是当事人就技术开发、转让、**许可**、咨询或者服务订立的确立相互之间权利和义务的合同。	**第八百四十三条** 无变化	**第八百四十三条** 无变化	**第八百四十三条**　技术合同是当事人就技术开发、转让、许可、咨询或者服务订立的确立相互之间权利和义务的合同。
第六百二十九条　订立技术合同,应当有利于科学技术的进步,加速科学技术成果的研发、转化、应用和推广。	**第六百二十九条**　订立技术合同,应当有利于**知识产权的保护和**科学技术的进步,加速科学技术成果的研发、转化、应用和推广。	**第八百四十四条**　订立技术合同,应当有利于知识产权的保护和科学技术的进步,**促进**科学技术成果的研发、转化、应用和推广。	**第八百四十四条** 无变化	**第八百四十四条**　订立技术合同,应当有利于知识产权的保护和科学技术的进步,促进科学技术成果的研发、转化、应用和推广。
第六百三十条　技术合同的内容由当事人约定,一般包括以下条款: (一)项目名称; (二)标的的内容、范围和要求; (三)履行的计划、进度、期限、地点、地域和方式; (四)技术情报和资料的保密; (五)风险责任的承担; (六)技术成果的归属和收益的分成办法; (七)验收标准和方法; (八)价款、报酬或者使用	**第六百三十条**　技术合同的内容由当事人约定,一般包括以下条款: (一)项目名称; (二)标的的内容、范围和要求; (三)履行的计划、进度、期限、地点、地域和方式; (四)技术情报和资料的保密; (五)**风险**的承担; (六)技术成果的归属和收益的分成办法; (七)验收标准和方法; (八)价款、报酬或者使用	**第八百四十五条**　技术合同的内容**一般包括项目的名称、内容、范围和要求,履行的计划、地点和方式,技术情报和资料的保密,技术成果的归属和收益的分配办法,验收标准和方法,名词和术语的解释等条款。** 与履行合同有关的技术背景资料、可行性论证和技术评价报告、项目任务书和计划书、技术标准、技术规范、原始设计和工艺文件,以及其他技术文	**第八百四十五条**　技术合同的内容一般包括项目的名称,**标的的**内容、范围和要求,履行的计划、地点和方式,**技术信息**和资料的保密,技术成果的归属和收益的分配办法,验收标准和方法,名词和术语的解释等条款。 与履行合同有关的技术背景资料、可行性论证和技术评价报告、项目任务书和计划书、技术标准、技术规范、原始设计和工	**第八百四十五条**　技术合同的内容一般包括项目的名称,标的的内容、范围和要求,履行的计划、地点和方式,技术信息和资料的保密,技术成果的归属和收益的分配办法,验收标准和方法,名词和术语的解释等条款。 与履行合同有关的技术背景资料、可行性论证和技术评价报告、项目任务书和计划书、技术标准、技术规范、原始设计和工

续表

《民法典各分编(草案)》(2018年8月版)	《民法典合同编(草案二次审议稿)》(2018年12月版)	《中华人民共和国民法典(草案)》(2019年12月版)	《中华人民共和国民法典(草案大会审议稿)》(2020年5月22日提交审议)	《中华人民共和国民法典》(2020年5月28日审议通过)
费及其支付方式; (九)违约金或者损失赔偿的计算方法; (十)解决争议的方法; (十一)名词和术语的解释。 与履行合同有关的技术背景资料、可行性论证和技术评价报告、项目任务书和计划书、技术标准、技术规范、原始设计和工艺文件,以及其他技术文档,按照当事人的约定可以作为合同的组成部分。 技术合同涉及专利的,应当注明发明创造的名称、专利申请人和专利权人、申请日期、申请号、专利号以及专利权的有效期限。	费及其支付方式; (九)违约金或者损失赔偿的计算方法; (十)解决争议的方法; (十一)名词和术语的解释。 与履行合同有关的技术背景资料、可行性论证和技术评价报告、项目任务书和计划书、技术标准、技术规范、原始设计和工艺文件,以及其他技术文档,按照当事人的约定可以作为合同的组成部分。 技术合同涉及专利的,应当注明发明创造的名称、专利申请人和专利权人、申请日期、申请号、专利号以及专利权的有效期限。	档,按照当事人的约定可以作为合同的组成部分。 技术合同涉及专利的,应当注明发明创造的名称、专利申请人和专利权人、申请日期、申请号、专利号以及专利权的有效期限。	艺文件,以及其他技术文档,按照当事人的约定可以作为合同的组成部分。 技术合同涉及专利的,应当注明发明创造的名称、专利申请人和专利权人、申请日期、申请号、专利号以及专利权的有效期限。	艺文件,以及其他技术文档,按照当事人的约定可以作为合同的组成部分。 技术合同涉及专利的,应当注明发明创造的名称、专利申请人和专利权人、申请日期、申请号、专利号以及专利权的有效期限。
第六百三十一条 技术合同价款、报酬或者使用费的支付方式由当事人约定,可以采取一次总算、一次总付或者一次总算、分期支付,也可以采取提成支付或者提成支付附加预付入门费的方式。 约定提成支付的,可以按照产品价格、实施专利和使用技术秘密后新增的产值、利润或者产品销售额的一定比例提成,也可以按照约定的其他方式计算。提成支付的比例可以采取固定比例、逐年递增比例或者逐年递减比例。 约定提成支付的,当事人可以在合同中约定查阅有关会计帐目的办法。	**第六百三十一条** 无变化	**第八百四十六条** 技术合同价款、报酬或者使用费的支付方式由当事人约定,可以采取一次总算、一次总付或者一次总算、分期支付,也可以采取提成支付或者提成支付附加预付入门费的方式。 约定提成支付的,可以按照产品价格、实施专利和使用技术秘密后新增的产值、利润或者产品销售额的一定比例提成,也可以按照约定的其他方式计算。提成支付的比例可以采取固定比例、逐年递增比例或者逐年递减比例。 约定提成支付的,当事人**可以约定**查阅有关会计帐目的办法。	**第八百四十六条** 技术合同价款、报酬或者使用费的支付方式由当事人约定,可以采取一次总算、一次总付或者一次总算、分期支付,也可以采取提成支付或者提成支付附加预付入门费的方式。 约定提成支付的,可以按照产品价格、实施专利和使用技术秘密后新增的产值、利润或者产品销售额的一定比例提成,也可以按照约定的其他方式计算。提成支付的比例可以采取固定比例、逐年递增比例或者逐年递减比例。 约定提成支付的,当事人可以约定查阅有关**会计账目**的办法。	**第八百四十六条** 技术合同价款、报酬或者使用费的支付方式由当事人约定,可以采取一次总算、一次总付或者一次总算、分期支付,也可以采取提成支付或者提成支付附加预付入门费的方式。 约定提成支付的,可以按照产品价格、实施专利和使用技术秘密后新增的产值、利润或者产品销售额的一定比例提成,也可以按照约定的其他方式计算。提成支付的比例可以采取固定比例、逐年递增比例或者逐年递减比例。 约定提成支付的,当事人可以约定查阅有关会计账目的办法。

续表

《民法典各分编(草案)》(2018年8月版)	《民法典合同编(草案二次审议稿)》(2018年12月版)	《中华人民共和国民法典(草案)》(2019年12月版)	《中华人民共和国民法典(草案大会审议稿)》(2020年5月22日提交审议)	《中华人民共和国民法典》(2020年5月28日审议通过)
第六百三十二条 职务技术成果的使用权、转让权属于法人或者非法人组织的,法人或者非法人组织可以就该项职务技术成果订立技术合同。**法人或者非法人组织应当从使用和转让该项职务技术成果所取得的收益中提取一定比例,对完成该项职务技术成果的个人给予奖励或者报酬。**法人或者非法人组织订立技术合同转让职务技术成果时,职务技术成果的完成人享有以同等条件优先受让的权利。 职务技术成果是执行法人或者非法人组织的工作任务,或者主要是利用法人或者非法人组织的物质技术条件所完成的技术成果。	**第六百三十二条** 无变化	**第八百四十七条** 职务技术成果的使用权、转让权属于法人或者非法人组织的,法人或者非法人组织可以就该项职务技术成果订立技术合同。法人或者非法人组织订立技术合同转让职务技术成果时,职务技术成果的完成人享有以同等条件优先受让的权利。 职务技术成果是执行法人或者非法人组织的工作任务,或者主要是利用法人或者非法人组织的物质技术条件所完成的技术成果。	**第八百四十七条** 无变化	**第八百四十七条** 职务技术成果的使用权、转让权属于法人或者非法人组织的,法人或者非法人组织可以就该项职务技术成果订立技术合同。法人或者非法人组织订立技术合同转让职务技术成果时,职务技术成果的完成人享有以同等条件优先受让的权利。 职务技术成果是执行法人或者非法人组织的工作任务,或者主要是利用法人或者非法人组织的物质技术条件所完成的技术成果。
第六百三十三条 非职务技术成果的使用权、转让权属于完成技术成果的个人,完成技术成果的个人可以就该项非职务技术成果订立技术合同。	**第六百三十三条** 无变化	**第八百四十八条** 无变化	**第八百四十八条** 无变化	**第八百四十八条** 非职务技术成果的使用权、转让权属于完成技术成果的个人,完成技术成果的个人可以就该项非职务技术成果订立技术合同。
第六百三十四条 完成技术成果的个人有在有关技术成果文件上写明自己是技术成果完成者的权利和取得荣誉证书、奖励的权利。	**第六百三十四条** 无变化	**第八百四十九条** 无变化	**第八百四十九条** 完成技术成果的个人**享有**在有关技术成果文件上写明自己是技术成果完成者的权利和取得荣誉证书、奖励的权利。	**第八百四十九条** 完成技术成果的个人享有在有关技术成果文件上写明自己是技术成果完成者的权利和取得荣誉证书、奖励的权利。
第六百三十五条 非法垄断技术、**妨碍技术进步**或者侵害他人技术成果的技术合同无效。	**第六百三十五条** 无变化	**第八百五十条** 无变化	**第八百五十条** 非法垄断技术或者侵害他人技术成果的技术合同无效。	**第八百五十条** 非法垄断技术或者侵害他人技术成果的技术合同无效。

续表

《民法典各分编（草案）》（2018年8月版）	《民法典合同编（草案二次审议稿）》（2018年12月版）	《中华人民共和国民法典（草案）》（2019年12月版）	《中华人民共和国民法典（草案大会审议稿）》（2020年5月22日提交审议）	《中华人民共和国民法典》（2020年5月28日审议通过）
第二节　技术开发合同	第二节　技术开发合同	第二节　技术开发合同	第二节　技术开发合同	第二节　技术开发合同
第六百三十六条　技术开发合同是当事人之间就新技术、新产品、新工艺、新品种或者新材料及其系统的研究开发所订立的合同。 技术开发合同包括委托开发合同和合作开发合同。 技术开发合同应当采用书面形式。 当事人之间就具有产业应用价值的科技成果实施转化订立的合同，参照技术开发合同的规定。	**第六百三十六条**　技术开发合同是当事人之间就新技术、新产品、新工艺、新品种或者新材料及其系统的研究开发所订立的合同。 技术开发合同包括委托开发合同和合作开发合同。 技术开发合同应当采用书面形式。 当事人之间就具有产业应用价值的科技成果实施转化订立的合同，参照**适用**技术开发合同的**有关**规定。	**第八百五十一条**　技术开发合同是当事人之间就新技术、新产品、新工艺、新品种或者新材料及其系统的研究开发所订立的合同。 技术开发合同包括委托开发合同和合作开发合同。 技术开发合同应当采用书面形式。 当事人之间就具有**实用价值**的科技成果实施转化订立的合同，参照适用技术开发合同的有关规定。	**第八百五十一条** 无变化	**第八百五十一条**　技术开发合同是当事人之间就新技术、新产品、新工艺、新品种或者新材料及其系统的研究开发所订立的合同。 技术开发合同包括委托开发合同和合作开发合同。 技术开发合同应当采用书面形式。 当事人之间就具有实用价值的科技成果实施转化订立的合同，参照适用技术开发合同的有关规定。
第六百三十七条　委托开发合同的委托人应当按照约定支付研究开发经费和报酬；提供技术资料、原始数据；完成协作事项；接受研究开发成果。	**第六百三十七条**　委托开发合同的委托人应当按照约定支付研究开发经费和报酬；提供技术资料、**原始数据；提出研究开发要求**；完成协作事项；接受研究开发成果。	**第八百五十二条** 无变化	**第八百五十二条** 无变化	**第八百五十二条**　委托开发合同的委托人应当按照约定支付研究开发经费和报酬，提供技术资料，提出研究开发要求，完成协作事项，接受研究开发成果。
第六百三十八条　委托开发合同的研究开发人应当按照约定制定和实施研究开发计划；合理使用研究开发经费；按期完成研究开发工作，交付研究开发成果，提供有关的技术资料和必要的技术指导，帮助委托人掌握研究开发成果。	**第六百三十八条** 无变化	**第八百五十三条** 无变化	**第八百五十三条** 无变化	**第八百五十三条**　委托开发合同的研究开发人应当按照约定制定和实施研究开发计划，合理使用研究开发经费，按期完成研究开发工作，交付研究开发成果，提供有关的技术资料和必要的技术指导，帮助委托人掌握研究开发成果。

续表

《民法典各分编(草案)》(2018年8月版)	《民法典合同编(草案二次审议稿)》(2018年12月版)	《中华人民共和国民法典(草案)》(2019年12月版)	《中华人民共和国民法典(草案大会审议稿)》(2020年5月22日提交审议)	《中华人民共和国民法典》(2020年5月28日审议通过)
第六百三十九条 委托开发合同的当事人违反约定造成研究开发工作停滞、延误或者失败的,应当承担违约责任。	**第六百三十九条** 无变化	**第八百五十四条** 无变化	**第八百五十四条** 无变化	**第八百五十四条** 委托开发合同的当事人违反约定造成研究开发工作停滞、延误或者失败的,应当承担违约责任。
第六百四十条 合作开发合同的当事人应当按照约定进行投资,包括以技术进行投资;分工参与研究开发工作;协作配合研究开发工作。	**第六百四十条** 无变化	**第八百五十五条** 无变化	**第八百五十五条** 无变化	**第八百五十五条** 合作开发合同的当事人应当按照约定进行投资,包括以技术进行投资,分工参与研究开发工作,协作配合研究开发工作。
第六百四十一条 合作开发合同的当事人违反约定造成研究开发工作停滞、延误或者失败的,应当承担违约责任。	**第六百四十一条** 无变化	**第八百五十六条** 无变化	**第八百五十六条** 无变化	**第八百五十六条** 合作开发合同的当事人违反约定造成研究开发工作停滞、延误或者失败的,应当承担违约责任。
第六百四十二条 因作为技术开发合同标的的技术已经由他人公开,致使技术开发合同的履行没有意义的,当事人可以解除合同。	**第六百四十二条** 无变化	**第八百五十七条** 无变化	**第八百五十七条** 作为技术开发合同标的的技术已经由他人公开,致使技术开发合同的履行没有意义的,当事人可以解除合同。	**第八百五十七条** 作为技术开发合同标的的技术已经由他人公开,致使技术开发合同的履行没有意义的,当事人可以解除合同。

续表

《民法典各分编(草案)》(2018年8月版)	《民法典合同编(草案二次审议稿)》(2018年12月版)	《中华人民共和国民法典(草案)》(2019年12月版)	《中华人民共和国民法典(草案大会审议稿)》(2020年5月22日提交审议)	《中华人民共和国民法典》(2020年5月28日审议通过)
第六百四十三条　在技术开发合同履行过程中,因出现无法克服的技术困难,致使研究开发失败或者部分失败的,该风险责任由当事人约定。没有约定或者约定不明确,依照本法第三百零一条的规定仍不能确定的,风险责任由当事人合理分担。 当事人一方发现前款规定的可能致使研究开发失败或者部分失败的情形时,应当及时通知另一方并采取适当措施减少损失。没有及时通知并采取适当措施,致使损失扩大的,应当就扩大的损失承担责任。	**第六百四十三条**　在技术开发合同履行过程中,因出现无法克服的技术困难,致使研究开发失败或者部分失败的,该**风险**由当事人约定。没有约定或者约定不明确,依照本法第三百零一条的规定仍不能确定的,**风险**由当事人合理分担。 当事人一方发现前款规定的可能致使研究开发失败或者部分失败的情形时,应当及时通知另一方并采取适当措施减少损失。没有及时通知并采取适当措施,致使损失扩大的,应当就扩大的损失承担责任。	**第八百五十八条**　在技术开发合同履行过程中,因出现无法克服的技术困难,致使研究开发失败或者部分失败的,该风险由当事人约定;没有约定或者约定不明确,**依据**本法**第五百一十条**的规定仍不能确定的,风险由当事人合理分担。 当事人一方发现前款规定的可能致使研究开发失败或者部分失败的情形时,应当及时通知另一方并采取适当措施减少损失;没有及时通知并采取适当措施,致使损失扩大的,应当就扩大的损失承担责任。	**第八百五十八条** 无变化	**第八百五十八条**　技术开发合同履行过程中,因出现无法克服的技术困难,致使研究开发失败或者部分失败的,该风险由当事人约定;没有约定或者约定不明确,依据本法第五百一十条的规定仍不能确定的,风险由当事人合理分担。 当事人一方发现前款规定的可能致使研究开发失败或者部分失败的情形时,应当及时通知另一方并采取适当措施减少损失;没有及时通知并采取适当措施,致使损失扩大的,应当就扩大的损失承担责任。
第六百四十四条　委托开发完成的发明创造,除法律另有规定或者当事人另有约定的以外,申请专利的权利属于研究开发人。研究开发人取得专利权的,委托人可以免费实施该专利。 研究开发人转让专利申请权的,委托人享有以同等条件优先受让的权利。	**第六百四十四条**　委托开发完成的发明创造,除法律另有规定或者当事人另有约定**外**,申请专利的权利属于研究开发人。研究开发人取得专利权的,委托人可以免费实施该专利。 研究开发人转让专利申请权的,委托人享有以同等条件优先受让的权利。	**第八百五十九条**　委托开发完成的发明创造,除法律另有规定或者当事人另有约定外,申请专利的权利属于研究开发人。研究开发人取得专利权的,委托人可以**依法**实施该专利。 研究开发人转让专利申请权的,委托人享有以同等条件优先受让的权利。	**第八百五十九条** 无变化	**第八百五十九条**　委托开发完成的发明创造,除法律另有规定或者当事人另有约定外,申请专利的权利属于研究开发人。研究开发人取得专利权的,委托人可以依法实施该专利。 研究开发人转让专利申请权的,委托人享有以同等条件优先受让的权利。

续表

《民法典各分编（草案）》（2018年8月版）	《民法典合同编（草案二次审议稿）》（2018年12月版）	《中华人民共和国民法典（草案）》（2019年12月版）	《中华人民共和国民法典（草案大会审议稿）》（2020年5月22日提交审议）	《中华人民共和国民法典》（2020年5月28日审议通过）
第六百四十五条　合作开发完成的发明创造，除当事人另有约定的以外，申请专利的权利属于合作开发的当事人共有。当事人一方转让其共有的专利申请权的，其他各方享有以同等条件优先受让的权利。 合作开发的当事人一方声明放弃其共有的专利申请权的，可以由另一方单独申请或者由其他各方共同申请。申请人取得专利权的，放弃专利申请权的一方可以免费实施该专利。 合作开发的当事人一方不同意申请专利的，另一方或者其他各方不得申请专利。	**第六百四十五条**　合作开发完成的发明创造，除当事人另有约定**外**，申请专利的权利属于合作开发的当事人共有。当事人一方转让其共有的专利申请权的，其他各方享有以同等条件优先受让的权利。 合作开发的当事人一方声明放弃其共有的专利申请权的，可以由另一方单独申请或者由其他各方共同申请。申请人取得专利权的，放弃专利申请权的一方可以免费实施该专利。 合作开发的当事人一方不同意申请专利的，另一方或者其他各方不得申请专利。	**第八百六十条** 无变化	**第八百六十条**　合作开发完成的发明创造，**申请专利的权利属于合作开发的当事人共有；当事人一方转让其共有的专利申请权的，其他各方享有以同等条件优先受让的权利。但是，当事人另有约定的除外。** 合作开发的当事人一方声明放弃其共有的专利申请权的，**除当事人另有约定外，**可以由另一方单独申请或者由其他各方共同申请。申请人取得专利权的，放弃专利申请权的一方可以免费实施该专利。 合作开发的当事人一方不同意申请专利的，另一方或者其他各方不得申请专利。	**第八百六十条**　合作开发完成的发明创造，申请专利的权利属于合作开发的当事人共有；当事人一方转让其共有的专利申请权的，其他各方享有以同等条件优先受让的权利。但是，当事人另有约定的除外。 合作开发的当事人一方声明放弃其共有的专利申请权的，除当事人另有约定外，可以由另一方单独申请或者由其他各方共同申请。申请人取得专利权的，放弃专利申请权的一方可以免费实施该专利。 合作开发的当事人一方不同意申请专利的，另一方或者其他各方不得申请专利。
第六百四十六条　委托开发或者合作开发完成的技术秘密成果的使用权、转让权以及利益的分配办法，由当事人约定。没有约定或者约定不明确，依照本法第三百零一条的规定仍不能确定的，在没有相同技术方案被授予专利前，当事人均有使用和转让的权利，但是委托开发的研究开发人不得在向委托人交付研究开发成果之前，将研究开发成果转让给第三人。	**第六百四十六条** 无变化	**第八百六十一条**　委托开发或者合作开发完成的技术秘密成果的使用权、转让权以及利益的分配办法，由当事人约定；没有约定或者约定不明确，**依据**本法**第五百一十条**的规定仍不能确定的，在没有相同技术方案被授予专利前，当事人均有使用和转让的权利。但是，委托开发的研究开发人不得在向委托人交付研究开发成果之前，将研究开发成果转让给第三人。	**第八百六十一条**　委托开发或者合作开发完成的技术秘密成果的使用权、转让权以及**收益**的分配办法，由当事人约定；没有约定或者约定不明确，依据本法第五百一十条的规定仍不能确定的，在没有相同技术方案被授予**专利权**前，当事人均有使用和转让的权利。但是，委托开发的研究开发人不得在向委托人交付研究开发成果之前，将研究开发成果转让给第三人。	**第八百六十一条**　委托开发或者合作开发完成的技术秘密成果的使用权、转让权以及收益的分配办法，由当事人约定；没有约定或者约定不明确，依据本法第五百一十条的规定仍不能确定的，在没有相同技术方案被授予专利权前，当事人均有使用和转让的权利。但是，委托开发的研究开发人不得在向委托人交付研究开发成果之前，将研究开发成果转让给第三人。

续表

《民法典各分编(草案)》(2018年8月版)	《民法典合同编(草案二次审议稿)》(2018年12月版)	《中华人民共和国民法典(草案)》(2019年12月版)	《中华人民共和国民法典(草案大会审议稿)》(2020年5月22日提交审议)	《中华人民共和国民法典》(2020年5月28日审议通过)
第三节 技术转让合同	第三节 技术转让合同 **和技术许可合同**	第三节 技术转让合同 和技术许可合同	第三节 技术转让合同 和技术许可合同	第三节 技术转让合同 和技术许可合同
第六百四十七条第一款 技术转让合同是合法拥有技术的权利人,将现有特定的专利、专利申请、技术秘密的相关权利让与他人,或者许可他人实施、使用所订立的合同。 **第六百四十七条第二款** 技术转让合同中关于让与人向受让人提供实施技术的专用设备、原材料或者提供有关的技术咨询、技术服务的约定,属于技术转让合同的组成部分。	**第六百四十七条**　技术转让合同是合法拥有技术的权利人,将现有特定的专利、专利申请、技术秘密的相关权利让与**他人**所订立的合同。 **技术许可合同是合法拥有技术的权利人,将现有特定的专利、技术秘密的相关权利许可他人实施、使用所订立的合同。** 技术转让合同**和技术许可合同**中**关于**提供实施技术的专用设备、原材料或者提供有关的技术咨询、技术服务的约定,属于**合同**的组成部分。	**第八百六十二条** 无变化	**第八百六十二条** 无变化	**第八百六十二条**　技术转让合同是合法拥有技术的权利人,将现有特定的专利、专利申请、技术秘密的相关权利让与他人所订立的合同。 技术许可合同是合法拥有技术的权利人,将现有特定的专利、技术秘密的相关权利许可他人实施、使用所订立的合同。 技术转让合同和技术许可合同中关于提供实施技术的专用设备、原材料或者提供有关的技术咨询、技术服务的约定,属于合同的组成部分。
第六百四十七条第三款 技术转让合同包括专利权转让、专利申请权转让、技术秘密转让、专利实施许可合同。 **第六百四十七条第四款** 技术转让合同应当采用书面形式。	**第六百四十七条之一** 技术转让合同包括专利权转让、专利申请权转让、技术秘密转让**等**合同。 **技术许可合同包括专利实施许可、技术秘密使用许可等合同。** 技术转让合同**和技术许可合同**应当采用书面形式。	**第八百六十三条** 无变化	**第八百六十三条** 无变化	**第八百六十三条**　技术转让合同包括专利权转让、专利申请权转让、技术秘密转让等合同。 技术许可合同包括专利实施许可、技术秘密使用许可等合同。 技术转让合同和技术许可合同应当采用书面形式。
第六百四十八条　技术转让合同可以约定让与人和受让人实施专利或者使用技术秘密的范围,但是不得限制技术竞争和技术发展。	**第六百四十八条**　技术转让合同**和技术许可合同**可以**约定**实施专利或者使用技术秘密的范围,但是不得限制技术竞争和技术发展。	**第八百六十四条** 无变化	**第八百六十四条** 无变化	**第八百六十四条**　技术转让合同和技术许可合同可以约定实施专利或者使用技术秘密的范围,但是不得限制技术竞争和技术发展。

续表

《民法典各分编(草案)》(2018年8月版)	《民法典合同编(草案二次审议稿)》(2018年12月版)	《中华人民共和国民法典(草案)》(2019年12月版)	《中华人民共和国民法典(草案大会审议稿)》(2020年5月22日提交审议)	《中华人民共和国民法典》(2020年5月28日审议通过)
第六百四十九条 专利实施许可合同只在该专利权的存续期间内有效。专利权有效期限届满或者专利权被宣布无效的,专利权人不得就该专利与他人订立专利实施许可合同。	**第六百四十九条** 无变化	**第八百六十五条** 专利实施许可合同只在该专利权的存续**期限**内有效。专利权有效期限届满或者专利权被**宣告**无效的,专利权人不得就该专利与他人订立专利实施许可合同。	**第八百六十五条** 专利实施许可合同**仅**在该专利权的存续期限内有效。专利权有效期限届满或者专利权被宣告无效的,专利权人不得就该专利与他人订立专利实施许可合同。	**第八百六十五条** 专利实施许可合同仅在该专利权的存续期限内有效。专利权有效期限届满或者专利权被宣告无效的,专利权人不得就该专利与他人订立专利实施许可合同。
第六百五十条 专利实施许可合同的让与人应当按照约定许可受让人实施专利,交付实施专利有关的技术资料,提供必要的技术指导。	**第六百五十条** 专利实施许可合同的**许可人**应当按照约定许可**被许可人**实施专利,交付实施专利有关的技术资料,提供必要的技术指导。	**第八百六十六条** 无变化	**第八百六十六条** 无变化	**第八百六十六条** 专利实施许可合同的许可人应当按照约定许可被许可人实施专利,交付实施专利有关的技术资料,提供必要的技术指导。
第六百五十一条 专利实施许可合同的受让人应当按照约定实施专利,不得许可约定以外的第三人实施该专利;并按照约定支付使用费。	**第六百五十一条** 专利实施许可合同的**被许可人**应当按照约定实施专利,不得许可约定以外的第三人实施该专利;并按照约定支付使用费。	**第八百六十七条** 专利实施许可合同的被许可人应当按照约定实施专利,不得许可约定以外的第三人实施该专利**,**并按照约定支付使用费。	**第八百六十七条** 无变化	**第八百六十七条** 专利实施许可合同的被许可人应当按照约定实施专利,不得许可约定以外的第三人实施该专利,并按照约定支付使用费。
第六百五十二条 技术秘密转让合同的让与人应当按照约定提供技术资料,进行技术指导,保证技术的实用性、可靠性,承担保密义务。 前款规定的保密义务,不限制让与人申请专利,但是当事人另有约定的除外。	**第六百五十二条** 无变化	**第八百六十八条** 技术秘密转让合同的让与人**和技术秘密使用许可合同的许可人**应当按照约定提供技术资料,进行技术指导,保证技术的实用性、可靠性,承担保密义务。 前款规定的保密义务,不限制让与人**或者许可人**申请专利,但是当事人另有约定的除外。	**第八百六十八条** 无变化	**第八百六十八条** 技术秘密转让合同的让与人和技术秘密使用许可合同的许可人应当按照约定提供技术资料,进行技术指导,保证技术的实用性、可靠性,承担保密义务。 前款规定的保密义务,不**限制**许可人申请专利,但是当事人另有约定的除外。

续表

《民法典各分编(草案)》(2018年8月版)	《民法典合同编(草案二次审议稿)》(2018年12月版)	《中华人民共和国民法典(草案)》(2019年12月版)	《中华人民共和国民法典(草案大会审议稿)》(2020年5月22日提交审议)	《中华人民共和国民法典》(2020年5月28日审议通过)
第六百五十三条　技术秘密转让合同的受让人应当按照约定使用技术,支付使用费,承担保密义务。	**第六百五十三条** 无变化	**第八百六十九条**　技术秘密转让合同的受让人**和技术秘密使用许可合同的被许可人**应当按照约定使用技术,支付使用费,承担保密义务。	**第八百六十九条**　技术秘密转让合同的受让人和技术秘密使用许可合同的被许可人应当按照约定使用技术,支付**转让费**、使用费,承担保密义务。	**第八百六十九条**　技术秘密转让合同的受让人和技术秘密使用许可合同的被许可人应当按照约定使用技术,支付转让费、使用费,承担保密义务。
第六百五十四条　技术转让合同的让与人应当保证自己是所提供的技术的合法拥有者,并保证所提供的技术完整、无误、有效,能够达到约定的目标。	**第六百五十四条** 无变化	**第八百七十条** 无变化	**第八百七十条**　技术转让合同的让与人**和技术许可合同的许可人**应当保证自己是所提供的技术的合法拥有者,并保证所提供的技术完整、无误、有效,能够达到约定的目标。	**第八百七十条**　技术转让合同的让与人和技术许可合同的许可人应当保证自己是所提供的技术的合法拥有者,并保证所提供的技术完整、无误、有效,能够达到约定的目标。
第六百五十五条　技术转让合同的受让人应当按照约定的范围和期限,对让与人提供的技术中尚未公开的秘密部分,承担保密义务。	**第六百五十五条** 无变化	**第八百七十一条** 无变化	**第八百七十一条**　技术转让合同的受让人**和技术许可合同的被许可人**应当按照约定的范围和期限,对让与人、**许可人**提供的技术中尚未公开的秘密部分,承担保密义务。	**第八百七十一条**　技术转让合同的受让人和技术许可合同的被许可人应当按照约定的范围和期限,对让与人、许可人提供的技术中尚未公开的秘密部分,承担保密义务。
第六百五十六条　让与人未按照约定转让技术的,应当返还部分或者全部使用费,并应当承担违约责任;实施专利或者使用技术秘密超越约定的范围的,违反约定擅自许可第三人实施该项专利或者使用该项技术秘密的,应当停止违约行为,承担违约责任;违反约定的保密义务的,应当承担违约责任。	**第六百五十六条** 无变化	**第八百七十二条**　让与人未按照约定转让技术的,应当返还部分或者全部使用费,并应当承担违约责任;实施专利或者使用技术秘密超越约定的范围的,违反约定擅自许可第三人实施该项专利或者使用该项技术秘密的,应当停止违约行为,承担违约责任;违反约定的保密义务的,应当承担违约责任。 **许可人应当承担违约责任的,参照适用前款规定。**	**第八百七十二条**　**许可人**未按照约定**许可**技术的,应当返还部分或者全部使用费,并应当承担违约责任;实施专利或者使用技术秘密超越约定的范围的,违反约定擅自许可第三人实施该项专利或者使用该项技术秘密的,应当停止违约行为,承担违约责任;违反约定的保密义务的,应当承担违约责任。 **让与人**承担违约责任,参照适用前款规定。	**第八百七十二条**　许可人未按照约定许可技术的,应当返还部分或者全部使用费,并应当承担违约责任;实施专利或者使用技术秘密超越约定的范围的,违反约定擅自许可第三人实施该项专利或者使用该项技术秘密的,应当停止违约行为,承担违约责任;违反约定的保密义务的,应当承担违约责任。 让与人承担违约责任,参照适用前款规定。

续表

《民法典各分编(草案)》(2018年8月版)	《民法典合同编(草案二次审议稿)》(2018年12月版)	《中华人民共和国民法典(草案)》(2019年12月版)	《中华人民共和国民法典(草案大会审议稿)》(2020年5月22日提交审议)	《中华人民共和国民法典》(2020年5月28日审议通过)
第六百五十七条 受让人未按照约定支付使用费的,应当补交使用费并按照约定支付违约金;不补交使用费或者支付违约金的,应当停止实施专利或者使用技术秘密,交还技术资料,承担违约责任;实施专利或者使用技术秘密超越约定的范围的,未经让与人同意擅自许可第三人实施该专利或者使用该技术秘密的,应当停止违约行为,承担违约责任;违反约定的保密义务的,应当承担违约责任。	**第六百五十七条** 无变化	**第八百七十三条** 受让人未按照约定支付使用费的,应当补交使用费并按照约定支付违约金;不补交使用费或者支付违约金的,应当停止实施专利或者使用技术秘密,交还技术资料,承担违约责任;实施专利或者使用技术秘密超越约定的范围的,未经让与人同意擅自许可第三人实施该专利或者使用该技术秘密的,应当停止违约行为,承担违约责任;违反约定的保密义务的,应当承担违约责任。 **被许可人应当承担违约责任的,参照适用前款规定。**	**第八百七十三条** **被许可人**未按照约定支付使用费的,应当补交使用费并按照约定支付违约金;不补交使用费或者支付违约金的,应当停止实施专利或者使用技术秘密,交还技术资料,承担违约责任;实施专利或者使用技术秘密超越约定的范围的,未经**许可人**同意擅自许可第三人实施该专利或者使用该技术秘密的,应当停止违约行为,承担违约责任;违反约定的保密义务的,应当承担违约责任。 **受让人**承担违约责任,参照适用前款规定。	**第八百七十三条** 被许可人未按照约定支付使用费的,应当补交使用费并按照约定支付违约金;不补交使用费或者支付违约金的,应当停止实施专利或者使用技术秘密,交还技术资料,承担违约责任;实施专利或者使用技术秘密超越约定的范围的,未经许可人同意擅自许可第三人实施该专利或者使用该技术秘密的,应当停止违约行为,承担违约责任;违反约定的保密义务的,应当承担违约责任。 受让人承担违约责任,参照适用前款规定。
第六百五十八条 受让人按照约定实施专利、使用技术秘密侵害他人合法权益的,由让与人承担责任,但是当事人另有约定的除外。	**第六百五十八条** 受让人**或者被许可人**按照约定实施专利、使用技术秘密侵害他人合法权益的,由让与人**或者许可人**承担责任,但是当事人另有约定的除外。	**第八百七十四条** 无变化	**第八百七十四条** 无变化	**第八百七十四条** 受让人或者被许可人按照约定实施专利、使用技术秘密侵害他人合法权益的,由让与人或者许可人承担责任,但是当事人另有约定的除外。
第六百五十九条 当事人可以按照互利的原则,在技术转让合同中约定实施专利、使用技术秘密后续改进的技术成果的分享办法。没有约定或者约定不明确,依照本法第三百零一条的规定仍不能确定的,一方后续改进的技术成果,其他各方无权分享。	**第六百五十九条** 无变化	**第八百七十五条** 当事人可以按照互利的原则,在**合同**中约定实施专利、使用技术秘密后续改进的技术成果的分享办法;没有约定或者约定不明确,**依据**本法**第五百一十条**的规定仍不能确定的,一方后续改进的技术成果,其他各方无权分享。	**第八百七十五条** 无变化	**第八百七十五条** 当事人可以按照互利的原则,在合同中约定实施专利、使用技术秘密后续改进的技术成果的分享办法;没有约定或者约定不明确,依据本法第五百一十条的规定仍不能确定的,一方后续改进的技术成果,其他各方无权分享。

续表

《民法典各分编(草案)》(2018年8月版)	《民法典合同编(草案二次审议稿)》(2018年12月版)	《中华人民共和国民法典(草案)》(2019年12月版)	《中华人民共和国民法典(草案大会审议稿)》(2020年5月22日提交审议)	《中华人民共和国民法典》(2020年5月28日审议通过)
	第六百五十九条之一 集成电路布图设计专有权、植物新品种权、计算机软件著作权等其他知识产权的转让和许可,参照适用本节的有关规定。	**第八百七十六条** 无变化	**第八百七十六条** 无变化	**第八百七十六条** 集成电路布图设计专有权、植物新品种权、计算机软件著作权等其他知识产权的转让和许可,参照适用本节的有关规定。
第六百六十条 法律、行政法规对技术进出口合同或者专利、专利申请合同另有规定的,依照其规定。	**第六百六十条** 无变化	**第八百七十七条** 无变化	**第八百七十七条** 无变化	**第八百七十七条** 法律、行政法规对技术进出口合同或者专利、专利申请合同另有规定的,依照其规定。
第四节 技术咨询合同 和技术服务合同	第四节 技术咨询合同 和技术服务合同	第四节 技术咨询合同 和技术服务合同	第四节 技术咨询合同 和技术服务合同	第四节 技术咨询合同 和技术服务合同
第六百六十一条 技术咨询合同包括就特定技术项目提供可行性论证、技术预测、专题技术调查、分析评价报告等合同。 技术服务合同是当事人一方以技术知识为另一方解决特定技术问题所订立的合同,不包括承揽合同和建设工程合同。	**第六百六十一条** 技术咨询合同**是当事人一方以技术知识为对方**就特定技术项目提供可行性论证、技术预测、专题技术调查、分析评价报告等**所订立的**合同。 技术服务合同是当事人一方以技术知识为**对方**解决特定技术问题所订立的合同,不包括承揽合同和建设工程合同。	**第八百七十八条** 无变化	**第八百七十八条** 无变化	**第八百七十八条** 技术咨询合同是当事人一方以技术知识为对方就特定技术项目提供可行性论证、技术预测、专题技术调查、分析评价报告等所订立的合同。 技术服务合同是当事人一方以技术知识为对方解决特定技术问题所订立的合同,不包括承揽合同和建设工程合同。
第六百六十二条 技术咨询合同的委托人应当按照约定阐明咨询的问题,提供技术背景材料及有关技术资料、数据;接受受托人的工作成果,支付报酬。	**第六百六十二条** 无变化	**第八百七十九条** 无变化	**第八百七十九条** 技术咨询合同的委托人应当按照约定阐明咨询的问题,提供技术背景材料**以及**有关技术资料、**数据**;接受受托人的工作成果,支付报酬。	**第八百七十九条** 技术咨询合同的委托人应当按照约定阐明咨询的问题,提供技术背景材料**及**有关技术资料,接受受托人的工作成果,支付报酬。

续表

《民法典各分编(草案)》(2018年8月版)	《民法典合同编(草案二次审议稿)》(2018年12月版)	《中华人民共和国民法典(草案)》(2019年12月版)	《中华人民共和国民法典(草案大会审议稿)》(2020年5月22日提交审议)	《中华人民共和国民法典》(2020年5月28日审议通过)
第六百六十三条 技术咨询合同的受托人应当按照约定的期限完成咨询报告或者解答问题;提出的咨询报告应当达到约定的要求。	**第六百六十三条** 无变化	**第八百八十条** 无变化	**第八百八十条** 无变化	**第八百八十条** 技术咨询合同的受托人应当按照约定的期限完成咨询报告或者解答问题,提出的咨询报告应当达到约定的要求。
第六百六十四条 技术咨询合同的委托人未按照约定提供必要的资料和数据,影响工作进度和质量,不接受或者逾期接受工作成果的,支付的报酬不得追回,未支付的报酬应当支付。 技术咨询合同的受托人未按期提出咨询报告或者提出的咨询报告不符合约定的,应当承担减收或者免收报酬等违约责任。 技术咨询合同的委托人按照受托人符合约定要求的咨询报告和意见作出决策所造成的损失,由委托人承担,但是当事人另有约定的除外。	**第六百六十四条** 无变化	**第八百八十一条** 无变化	**第八百八十一条** 无变化	**第八百八十一条** 技术咨询合同的委托人未按照约定提供必要的**资料**,影响工作进度和质量,不接受或者逾期接受工作成果的,支付的报酬不得追回,未支付的报酬应当支付。 技术咨询合同的受托人未按期提出咨询报告或者提出的咨询报告不符合约定的,应当承担减收或者免收报酬等违约责任。 技术咨询合同的委托人按照受托人符合约定要求的咨询报告和意见作出决策所造成的损失,由委托人承担,但是当事人另有约定的除外。
第六百六十五条 技术服务合同的委托人应当按照约定提供工作条件,完成配合事项;接受工作成果并支付报酬。	**第六百六十五条** 无变化	**第八百八十二条** 无变化	**第八百八十二条** 无变化	**第八百八十二条** 技术服务合同的委托人应当按照约定提供工作条件,完成配合事项,接受工作成果并支付报酬。
第六百六十六条 技术服务合同的受托人应当按照约定完成服务项目,解决技术问题,保证工作质量,并传授解决技术问题的知识。	**第六百六十六条** 无变化	**第八百八十三条** 无变化	**第八百八十三条** 无变化	**第八百八十三条** 技术服务合同的受托人应当按照约定完成服务项目,解决技术问题,保证工作质量,并传授解决技术问题的知识。

续表

《民法典各分编(草案)》(2018年8月版)	《民法典合同编(草案二次审议稿)》(2018年12月版)	《中华人民共和国民法典(草案)》(2019年12月版)	《中华人民共和国民法典(草案大会审议稿)》(2020年5月22日提交审议)	《中华人民共和国民法典》(2020年5月28日审议通过)
第六百六十七条　技术服务合同的委托人不履行合同义务或者履行合同义务不符合约定,影响工作进度和质量,不接受或者逾期接受工作成果的,支付的报酬不得追回,未支付的报酬应当支付。 技术服务合同的受托人未按照合同约定完成服务工作的,应当承担免收报酬等违约责任。	**第六百六十七条**　技术服务合同的委托人不履行合同义务或者履行合同义务不符合约定,影响工作进度和质量,不接受或者逾期接受工作成果的,支付的报酬不得追回,未支付的报酬应当支付。 技术服务合同的受托人未按照**约定**完成服务工作的,应当承担免收报酬等违约责任。	**第八百八十四条** 无变化	**第八百八十四条** 无变化	**第八百八十四条**　技术服务合同的委托人不履行合同义务或者履行合同义务不符合约定,影响工作进度和质量,不接受或者逾期接受工作成果的,支付的报酬不得追回,未支付的报酬应当支付。 技术服务合同的受托人未按照约定完成服务工作的,应当承担免收报酬等违约责任。
第六百六十八条　在技术咨询合同、技术服务合同履行过程中,受托人利用委托人提供的技术资料和工作条件完成的新的技术成果,属于受托人。委托人利用受托人的工作成果完成的新的技术成果,属于委托人。当事人另有约定的,按照其约定。	**第六百六十八条** 无变化	**第八百八十五条** 无变化	**第八百八十五条**　技术咨询合同、技术服务合同履行过程中,受托人利用委托人提供的技术资料和工作条件完成的新的技术成果,属于受托人。委托人利用受托人的工作成果完成的新的技术成果,属于委托人。当事人另有约定的,按照其约定。	**第八百八十五条**　技术咨询合同、技术服务合同履行过程中,受托人利用委托人提供的技术资料和工作条件完成的新的技术成果,属于受托人。委托人利用受托人的工作成果完成的新的技术成果,属于委托人。当事人另有约定的,按照其约定。
第六百六十九条　技术咨询合同和技术服务合同对受托人正常开展工作所需费用的负担没有约定或者约定不明确的,由受托人负担。	**第六百六十九条** 无变化	**第八百八十六条** 无变化	**第八百八十六条** 无变化	**第八百八十六条**　技术咨询合同和技术服务合同对受托人正常开展工作所需费用的负担没有约定或者约定不明确的,由受托人负担。
第六百七十条　法律、行政法规对技术中介合同、技术培训合同另有规定的,依照其规定。	**第六百七十条** 无变化	**第八百八十七条** 无变化	**第八百八十七条** 无变化	**第八百八十七条**　法律、行政法规对技术中介合同、技术培训合同另有规定的,依照其规定。

第二十一章　保 管 合 同

《民法典各分编(草案)》(2018年8月版)	《民法典合同编(草案二次审议稿)》(2018年12月版)	《中华人民共和国民法典(草案)》(2019年12月版)	《中华人民共和国民法典(草案大会审议稿)》(2020年5月22日提交审议)	《中华人民共和国民法典》(2020年5月28日审议通过)
第二十章　保管合同	第二十一章　保管合同	第二十一章　保管合同	第二十一章　保管合同	第二十一章　保管合同
第六百七十一条　保管合同是保管人保管寄存人交付的保管物,并返还该物的合同。 寄存人到保管人处从事购物、就餐、住宿等活动,将物品存放在指定场所的,视为保管,但是当事人另有约定或者另有交易习惯的除外。	**第六百七十一条** 无变化	**第八百八十八条** 无变化	**第八百八十八条** 无变化	**第八百八十八条**　保管合同是保管人保管寄存人交付的保管物,并返还该物的合同。 寄存人到保管人处从事购物、就餐、住宿等活动,将物品存放在指定场所的,视为保管,但是当事人另有约定或者另有交易习惯的除外。
第六百七十二条　寄存人应当按照约定向保管人支付保管费。 当事人对保管费没有约定或者约定不明确,依照本法第三百零一条的规定仍不能确定的,保管是无偿的。	**第六百七十二条** 无变化	**第八百八十九条**　寄存人应当按照约定向保管人支付保管费。 当事人对保管费没有约定或者约定不明确,**依据**本法**第五百一十条**的规定仍不能确定的,**视为无偿保管**。	**第八百八十九条** 无变化	**第八百八十九条**　寄存人应当按照约定向保管人支付保管费。 当事人对保管费没有约定或者约定不明确,依据本法第五百一十条的规定仍不能确定的,视为无偿保管。
第六百七十三条　保管合同自保管物交付时成立,但是当事人另有约定的除外。	**第六百七十三条** 无变化	**第八百九十条**　保管合同自保管物交付时**生效**,但是当事人另有约定的除外。	**第八百九十条**　保管合同自保管物交付时**成立**,但是当事人另有约定的除外。	**第八百九十条**　保管合同自保管物交付时成立,但是当事人另有约定的除外。
第六百七十四条　寄存人向保管人交付保管物的,保管人应当给付保管凭证,但是另有交易习惯的除外。	**第六百七十四条** 无变化	**第八百九十一条** 无变化	**第八百九十一条**　寄存人向保管人交付保管物的,保管人应当**出具**保管凭证,但是另有交易习惯的除外。	**第八百九十一条**　寄存人向保管人交付保管物的,保管人应当出具保管凭证,但是另有交易习惯的除外。

续表

《民法典各分编(草案)》(2018年8月版)	《民法典合同编(草案二次审议稿)》(2018年12月版)	《中华人民共和国民法典(草案)》(2019年12月版)	《中华人民共和国民法典(草案大会审议稿)》(2020年5月22日提交审议)	《中华人民共和国民法典》(2020年5月28日审议通过)
第六百七十五条　保管人应当妥善保管保管物。当事人可以约定保管场所或者方法。除紧急情况或者为了维护寄存人利益的以外，不得擅自改变保管场所或者方法。	**第六百七十五条**　保管人应当妥善保管保管物。当事人可以约定保管场所或者方法。除紧急情况或者**为**维护寄存人利益**外**，不得擅自改变保管场所或者方法。	**第八百九十二条** 无变化	**第八百九十二条** 无变化	**第八百九十二条**　保管人应当妥善保管保管物。当事人可以约定保管场所或者方法。除紧急情况或者为维护寄存人利益外，不得擅自改变保管场所或者方法。
第六百七十六条　寄存人交付的保管物有瑕疵或者按照保管物的性质需要采取特殊保管措施的，寄存人应当将有关情况告知保管人。寄存人未告知，致使保管物受损失的，保管人不承担损害赔偿责任；保管人因此受损失的，除保管人知道或者应当知道并且未采取补救措施的以外，寄存人应当承担损害赔偿责任。	**第六百七十六条**　寄存人交付的保管物有瑕疵或者按照保管物的性质需要采取特殊保管措施的，寄存人应当将有关情况告知保管人。寄存人未告知，致使保管物受损失的，保管人不承担损害赔偿责任；保管人因此受损失的，除保管人知道或者应当知道并且未采取补救措施**外**，寄存人应当承担损害赔偿责任。	**第八百九十三条**　寄存人交付的保管物有瑕疵或者**根据**保管物的性质需要采取特殊保管措施的，寄存人应当将有关情况告知保管人。寄存人未告知，致使保管物受损失的，保管人不承担**赔偿责任**；保管人因此受损失的，除保管人知道或者应当知道并且未采取补救措施外，寄存人应当承担**赔偿责任**。	**第八百九十三条**　寄存人交付的保管物有瑕疵或者根据保管物的性质需要采取特殊保管措施的，寄存人应当将有关情况告知保管人。寄存人未告知，致使保管物受损失的，保管人不承担赔偿责任；保管人因此受损失的，除保管人知道或者应当知道**且**未采取补救措施外，寄存人应当承担赔偿责任。	**第八百九十三条**　寄存人交付的保管物有瑕疵或者根据保管物的性质需要采取特殊保管措施的，寄存人应当将有关情况告知保管人。寄存人未告知，致使保管物受损失的，保管人不承担赔偿责任；保管人因此受损失的，除保管人知道或者应当知道且未采取补救措施外，寄存人应当承担赔偿责任。
第六百七十七条　保管人不得将保管物转交第三人保管，但是当事人另有约定的除外。 保管人违反前款规定，将保管物转交第三人保管，对保管物造成损失的，应当承担损害赔偿责任。	**第六百七十七条** 无变化	**第八百九十四条**　保管人不得将保管物转交第三人保管，但是当事人另有约定的除外。 保管人违反前款规定，将保管物转交第三人保管，**造成保管物**损失的，应当承担**赔偿责任**。	**第八百九十四条** 无变化	**第八百九十四条**　保管人不得将保管物转交第三人保管，但是当事人另有约定的除外。 保管人违反前款规定，将保管物转交第三人保管，造成保管物损失的，应当承担赔偿责任。
第六百七十八条　保管人不得使用或者许可第三人使用保管物，但是当事人另有约定的除外。	**第六百七十八条** 无变化	**第八百九十五条** 无变化	**第八百九十五条** 无变化	**第八百九十五条**　保管人不得使用或者许可第三人使用保管物，但是当事人另有约定的除外。

续表

《民法典各分编（草案）》（2018 年 8 月版）	《民法典合同编（草案二次审议稿）》（2018 年 12 月版）	《中华人民共和国民法典（草案）》（2019 年 12 月版）	《中华人民共和国民法典（草案大会审议稿）》（2020 年 5 月 22 日提交审议）	《中华人民共和国民法典》（2020 年 5 月 28 日审议通过）
第六百七十九条　第三人对保管物主张权利的，除依法对保管物采取保全或者执行的以外，保管人应当履行向寄存人返还保管物的义务。 第三人对保管人提起诉讼或者对保管物申请扣押的，保管人应当及时通知寄存人。	**第六百七十九条**　第三人对保管物主张权利的，除依法对保管物采取保全或者执行**外**，保管人应当履行向寄存人返还保管物的义务。 第三人对保管人提起诉讼或者对保管物申请扣押的，保管人应当及时通知寄存人。	**第八百九十六条**　第三人对保管物主张权利的，除依法对保管物采取保全或者执行**措施**外，保管人应当履行向寄存人返还保管物的义务。 第三人对保管人提起诉讼或者对保管物申请扣押的，保管人应当及时通知寄存人。	**第八百九十六条** 无变化	**第八百九十六条**　第三人对保管物主张权利的，除依法对保管物采取保全或者执行措施外，保管人应当履行向寄存人返还保管物的义务。 第三人对保管人提起诉讼或者对保管物申请扣押的，保管人应当及时通知寄存人。
第六百八十条　保管期间，因保管人保管不善造成保管物毁损、灭失的，保管人应当承担损害赔偿责任，但是保管是无偿的，保管人证明自己没有故意或者重大过失的，不承担损害赔偿责任。	**第六百八十条** 无变化	**第八百九十七条**　保管期间，因保管人保管不善造成保管物毁损、灭失的，保管人应当承担**赔偿责任**。但是，**无偿**保管人证明自己没有故意或者重大过失的，不承担**赔偿责任**。	**第八百九十七条**　保管期**内**，因保管人保管不善造成保管物毁损、灭失的，保管人应当承担赔偿责任。但是，无偿保管人证明自己没有故意或者重大过失的，不承担赔偿责任。	**第八百九十七条**　保管期内，因保管人保管不善造成保管物毁损、灭失的，保管人应当承担赔偿责任。但是，无偿保管人证明自己没有故意或者重大过失的，不承担赔偿责任。
第六百八十一条　寄存人寄存货币、有价证券或者其他贵重物品的，应当向保管人声明，由保管人验收或者封存。寄存人未声明的，该物品毁损、灭失后，保管人可以按照一般物品予以赔偿。	**第六百八十一条** 无变化	**第八百九十八条**　寄存人寄存货币、有价证券或者其他贵重物品的，应当向保管人声明，由保管人验收或者封存；寄存人未声明的，该物品毁损、灭失后，保管人可以按照一般物品予以赔偿。	**第八百九十八条** 无变化	**第八百九十八条**　寄存人寄存货币、有价证券或者其他贵重物品的，应当向保管人声明，由保管人验收或者封存；寄存人未声明的，该物品毁损、灭失后，保管人可以按照一般物品予以赔偿。
第六百八十二条　寄存人可以随时领取保管物。 当事人对保管期间没有约定或者约定不明确的，保管人可以随时要求寄存人领取保管物；约定保管期间的，保管人无特别事由，不得要求寄存人提前领取保管物。	**第六百八十二条** 无变化	**第八百九十九条**　寄存人可以随时领取保管物。 当事人对保管期间没有约定或者约定不明确的，保管人可以随时**请求**寄存人领取保管物；约定保管期间的，保管人无特别事由，不得**请求**寄存人提前领取保管物。	**第八百九十九条**　寄存人可以随时领取保管物。 当事人对**保管期限**没有约定或者约定不明确的，保管人可以随时请求寄存人领取保管物；约定**保管期限**的，保管人无特别事由，不得请求寄存人提前领取保管物。	**第八百九十九条**　寄存人可以随时领取保管物。 当事人对保管期限没有约定或者约定不明确的，保管人可以随时请求寄存人领取保管物；约定保管期限的，保管人无特别事由，不得请求寄存人提前领取保管物。

续表

《民法典各分编(草案)》(2018年8月版)	《民法典合同编(草案二次审议稿)》(2018年12月版)	《中华人民共和国民法典(草案)》(2019年12月版)	《中华人民共和国民法典(草案大会审议稿)》(2020年5月22日提交审议)	《中华人民共和国民法典》(2020年5月28日审议通过)
第六百八十三条　保管期间届满或者寄存人提前领取保管物的,保管人应当将原物及其孳息归还寄存人。	**第六百八十三条** 无变化	**第九百条** 无变化	**第九百条**　**保管期限**届满或者寄存人提前领取保管物的,保管人应当将原物及其孳息归还寄存人。	**第九百条**　保管期限届满或者寄存人提前领取保管物的,保管人应当将原物及其孳息归还寄存人。
第六百八十四条　保管人保管货币的,可以返还相同种类、数量的货币。保管其他可替代物的,可以按照约定返还相同种类、品质、数量的物品。	**第六百八十四条** 无变化	**第九百零一条**　保管人保管货币的,可以返还相同种类、数量的货币;保管其他可替代物的,可以按照约定返还相同种类、品质、数量的物品。	**第九百零一条** 无变化	**第九百零一条**　保管人保管货币的,可以返还相同种类、数量的货币;保管其他可替代物的,可以按照约定返还相同种类、品质、数量的物品。
第六百八十五条　有偿的保管合同,寄存人应当按照约定的期限向保管人支付保管费。 当事人对支付期限没有约定或者约定不明确,依照本法第三百零一条的规定仍不能确定的,应当在领取保管物的同时支付。	**第六百八十五条** 无变化	**第九百零二条**　有偿的保管合同,寄存人应当按照约定的期限向保管人支付保管费。 当事人对支付期限没有约定或者约定不明确,**依据**本法**第五百一十条**的规定仍不能确定的,应当在领取保管物的同时支付。	**第九百零二条** 无变化	**第九百零二条**　有偿的保管合同,寄存人应当按照约定的期限向保管人支付保管费。 当事人对支付期限没有约定或者约定不明确,依据本法第五百一十条的规定仍不能确定的,应当在领取保管物的同时支付。
第六百八十六条　寄存人未按照约定支付保管费以及其他费用的,保管人对保管物享有留置权,但是当事人另有约定的除外。	**第六百八十六条** 无变化	**第九百零三条** 无变化	**第九百零三条** 无变化	**第九百零三条**　寄存人未按照约定支付保管费**或者**其他费用的,保管人对保管物享有留置权,但是当事人另有约定的除外。

第二十二章　仓储合同

《民法典各分编(草案)》(2018年8月版)	《民法典合同编(草案二次审议稿)》(2018年12月版)	《中华人民共和国民法典(草案)》(2019年12月版)	《中华人民共和国民法典(草案大会审议稿)》(2020年5月22日提交审议)	《中华人民共和国民法典》(2020年5月28日审议通过)
第二十一章　仓储合同	第二十二章　仓储合同	第二十二章　仓储合同	第二十二章　仓储合同	第二十二章　仓储合同
第六百八十七条　仓储合同是保管人储存存货人交付的仓储物,存货人支付仓储费的合同。	**第六百八十七条** 无变化	**第九百零四条** 无变化	**第九百零四条** 无变化	**第九百零四条**　仓储合同是保管人储存存货人交付的仓储物,存货人支付仓储费的合同。
第六百八十八条　仓储合同自保管人和存货人意思表示一致时成立。	**第六百八十八条** 无变化	**第九百零五条** 无变化	**第九百零五条** 无变化	**第九百零五条**　仓储合同自保管人和存货人意思表示一致时成立。
第六百八十九条　储存易燃、易爆、有毒、有腐蚀性、有放射性等危险物品或者易变质物品,存货人应当说明该物品的性质,提供有关资料。 存货人违反前款规定的,保管人可以拒收仓储物,也可以采取相应措施以避免损失的发生,因此产生的费用由存货人承担。 保管人储存易燃、易爆、有毒、有腐蚀性、有放射性等危险物品的,应当具备相应的保管条件。	**第六百八十九条**　储存易燃、易爆、有毒、有腐蚀性、有放射性等危险物品或者易变质物品,存货人应当说明该物品的性质,提供有关资料。 存货人违反前款规定的,保管人可以拒收仓储物,也可以采取相应措施以避免损失的发生,因此产生的费用由存货人**负担**。 保管人储存易燃、易爆、有毒、有腐蚀性、有放射性等危险物品的,应当具备相应的保管条件。	**第九百零六条**　储存易燃、易爆、有毒、有腐蚀性、有放射性等危险物品或者易变质物品**的**,存货人应当说明该物品的性质,提供有关资料。 存货人违反前款规定的,保管人可以拒收仓储物,也可以采取相应措施以避免损失的发生,因此产生的费用由存货人负担。 保管人储存易燃、易爆、有毒、有腐蚀性、有放射性等危险物品的,应当具备相应的保管条件。	**第九百零六条** 无变化	**第九百零六条**　储存易燃、易爆、有毒、有腐蚀性、有放射性等危险物品或者易变质物品的,存货人应当说明该物品的性质,提供有关资料。 存货人违反前款规定的,保管人可以拒收仓储物,也可以采取相应措施以避免损失的发生,因此产生的费用由存货人负担。 保管人储存易燃、易爆、有毒、有腐蚀性、有放射性等危险物品的,应当具备相应的保管条件。

续表

《民法典各分编(草案)》(2018年8月版)	《民法典合同编(草案二次审议稿)》(2018年12月版)	《中华人民共和国民法典(草案)》(2019年12月版)	《中华人民共和国民法典(草案大会审议稿)》(2020年5月22日提交审议)	《中华人民共和国民法典》(2020年5月28日审议通过)
第六百九十条　保管人应当按照约定对入库仓储物进行验收。保管人验收时发现入库仓储物与约定不符合的,应当及时通知存货人。保管人验收后,发生仓储物的品种、数量、质量不符合约定的,保管人应当承担损害赔偿责任。	**第六百九十条** 无变化	**第九百零七条**　保管人应当按照约定对入库仓储物进行验收。保管人验收时发现入库仓储物与约定不符合的,应当及时通知存货人。保管人验收后,发生仓储物的品种、数量、质量不符合约定的,保管人应当承担**赔偿责任**。	**第九百零七条** 无变化	**第九百零七条**　保管人应当按照约定对入库仓储物进行验收。保管人验收时发现入库仓储物与约定不符合的,应当及时通知存货人。保管人验收后,发生仓储物的品种、数量、质量不符合约定的,保管人应当承担赔偿责任。
第六百九十一条　存货人交付仓储物的,保管人应当给付仓单、入库单等凭证。	**第六百九十一条** 无变化	**第九百零八条** 无变化	**第九百零八条**　存货人交付仓储物的,保管人应当**出具**仓单、入库单等凭证。	**第九百零八条**　存货人交付仓储物的,保管人应当出具仓单、入库单等凭证。
第六百九十二条　保管人应当在仓单上签字或者盖章。仓单包括下列事项: (一)存货人的姓名或者名称和住所; (二)仓储物的品种、数量、质量、包装、件数和标记; (三)仓储物的损耗标准; (四)储存场所; (五)储存期间; (六)仓储费; (七)仓储物已经办理保险的,其保险金额、期间以及保险人的名称; (八)填发人、填发地和填发日期。	**第六百九十二条** 无变化	**第九百零九条**　保管人应当在仓单上签字或者盖章。仓单包括下列事项: (一)存货人的姓名或者名称和住所; (二)仓储物的品种、数量、质量、包装**及其**件数和标记; (三)仓储物的损耗标准; (四)储存场所; (五)储存期间; (六)仓储费; (七)仓储物已经办理保险的,其保险金额、期间以及保险人的名称; (八)填发人、填发地和填发日期。	**第九百零九条**　保管人应当在仓单上签字或者盖章。仓单包括下列事项: (一)存货人的姓名或者名称和住所; (二)仓储物的品种、数量、质量、包装及其件数和标记; (三)仓储物的损耗标准; (四)储存场所; (五)**储存期限**; (六)仓储费; (七)仓储物已经办理保险的,其保险金额、期间以及保险人的名称; (八)填发人、填发地和填发日期。	**第九百零九条**　保管人应当在仓单上**签名**或者盖章。仓单包括下列事项: (一)存货人的姓名或者名称和住所; (二)仓储物的品种、数量、质量、包装及其件数和标记; (三)仓储物的损耗标准; (四)储存场所; (五)储存期限; (六)仓储费; (七)仓储物已经办理保险的,其保险金额、期间以及保险人的名称; (八)填发人、填发地和填发日期。

续表

《民法典各分编(草案)》(2018 年 8 月版)	《民法典合同编(草案二次审议稿)》(2018 年 12 月版)	《中华人民共和国民法典(草案)》(2019 年 12 月版)	《中华人民共和国民法典(草案大会审议稿)》(2020 年 5 月 22 日提交审议)	《中华人民共和国民法典》(2020 年 5 月 28 日审议通过)
第六百九十三条 仓单是提取仓储物的凭证。存货人或者仓单持有人在仓单上背书并经保管人签字或者盖章的,可以转让提取仓储物的权利。	**第六百九十三条** 无变化	**第九百一十条** 无变化	**第九百一十条** 无变化	**第九百一十条** 仓单是提取仓储物的凭证。存货人或者仓单持有人在仓单上背书并经保管人**签名**或者盖章的,可以转让提取仓储物的权利。
第六百九十四条 保管人根据存货人或者仓单持有人的要求,应当同意其检查仓储物或者提取样品。	**第六百九十四条** 无变化	**第九百一十一条** 无变化	**第九百一十一条** 无变化	**第九百一十一条** 保管人根据存货人或者仓单持有人的要求,应当同意其检查仓储物或者提取样品。
第六百九十五条 保管人发现入库仓储物有变质或者其他损坏的,应当及时通知存货人或者仓单持有人。	**第六百九十五条** 无变化	**第九百一十二条** 无变化	**第九百一十二条** 无变化	**第九百一十二条** 保管人发现入库仓储物有变质或者其他损坏的,应当及时通知存货人或者仓单持有人。
第六百九十六条 保管人对入库仓储物发现有变质或者其他损坏,危及其他仓储物的安全和正常保管的,应当催告存货人或者仓单持有人作出必要的处置。因情况紧急,保管人可以作出必要的处置,但是事后应当将该情况及时通知存货人或者仓单持有人。	**第六百九十六条** 无变化	**第九百一十三条** 保管人**发现入库仓储物**有变质或者其他损坏,危及其他仓储物的安全和正常保管的,应当催告存货人或者仓单持有人作出必要的处置。因情况紧急,保管人可以作出必要的处置;但是,事后应当将该情况及时通知存货人或者仓单持有人。	**第九百一十三条** 无变化	**第九百一十三条** 保管人发现入库仓储物有变质或者其他损坏,危及其他仓储物的安全和正常保管的,应当催告存货人或者仓单持有人作出必要的处置。因情况紧急,保管人可以作出必要的处置;但是,事后应当将该情况及时通知存货人或者仓单持有人。
第六百九十七条 当事人对储存期间没有约定或者约定不明确的,存货人或者仓单持有人可以随时提取仓储物,保管人也可以随时要求存货人或者仓单持有人提取仓储物,但是应当给予必要的准备时间。	**第六百九十七条** 无变化	**第九百一十四条** 当事人对储存期间没有约定或者约定不明确的,存货人或者仓单持有人可以随时提取仓储物,保管人也可以随时**请求**存货人或者仓单持有人提取仓储物,但是应当给予必要的准备时间。	**第九百一十四条** 当事人对**储存期限**没有约定或者约定不明确的,存货人或者仓单持有人可以随时提取仓储物,保管人也可以随时请求存货人或者仓单持有人提取仓储物,但是应当给予必要的准备时间。	**第九百一十四条** 当事人对储存期限没有约定或者约定不明确的,存货人或者仓单持有人可以随时提取仓储物,保管人也可以随时请求存货人或者仓单持有人提取仓储物,但是应当给予必要的准备时间。

续表

《民法典各分编(草案)》(2018年8月版)	《民法典合同编(草案二次审议稿)》(2018年12月版)	《中华人民共和国民法典(草案)》(2019年12月版)	《中华人民共和国民法典(草案大会审议稿)》(2020年5月22日提交审议)	《中华人民共和国民法典》(2020年5月28日审议通过)
第六百九十八条　储存期间届满,存货人或者仓单持有人应当凭仓单提取仓储物。存货人或者仓单持有人逾期提取的,应当加收仓储费;提前提取的,不减收仓储费。	**第六百九十八条** 无变化	**第九百一十五条**　储存期间届满,存货人或者仓单持有人应当凭仓单、**入库单等**提取仓储物。存货人或者仓单持有人逾期提取的,应当加收仓储费;提前提取的,不减收仓储费。	**第九百一十五条**　**储存期限**届满,存货人或者仓单持有人应当凭仓单、入库单等提取仓储物。存货人或者仓单持有人逾期提取的,应当加收仓储费;提前提取的,不减收仓储费。	**第九百一十五条**　储存期限届满,存货人或者仓单持有人应当凭仓单、入库单等提取仓储物。存货人或者仓单持有人逾期提取的,应当加收仓储费;提前提取的,不减收仓储费。
第六百九十九条　储存期间届满,存货人或者仓单持有人不提取仓储物的,保管人可以催告其在合理期限内提取,逾期不提取的,保管人可以提存仓储物。	**第六百九十九条** 无变化	**第九百一十六条**　储存期间届满,存货人或者仓单持有人不提取仓储物的,保管人可以催告其在合理期限内提取;逾期不提取的,保管人可以提存仓储物。	**第九百一十六条**　**储存期限**届满,存货人或者仓单持有人不提取仓储物的,保管人可以催告其在合理期限内提取;逾期不提取的,保管人可以提存仓储物。	**第九百一十六条**　储存期限届满,存货人或者仓单持有人不提取仓储物的,保管人可以催告其在合理期限内提取;逾期不提取的,保管人可以提存仓储物。
第七百条　储存期间,因保管人保管不善造成仓储物毁损、灭失的,保管人应当承担损害赔偿责任。因仓储物的性质、包装不符合约定或者超过有效储存期造成仓储物变质、损坏的,保管人不承担损害赔偿责任。	**第七百条** 无变化	**第九百一十七条**　储存期间,**因**保管不善造成仓储物毁损、灭失的,保管人应当承担**赔偿责任**。因仓储物的性质、包装不符合约定或者超过有效储存期造成仓储物变质、损坏的,保管人不承担**赔偿责任**。	**第九百一十七条**　储存**期内**,因保管不善造成仓储物毁损、灭失的,保管人应当承担赔偿责任。因仓储物**本身**的**自然**性质、包装不符合约定或者超过有效储存期造成仓储物变质、损坏的,保管人不承担赔偿责任。	**第九百一十七条**　储存期内,因保管不善造成仓储物毁损、灭失的,保管人应当承担赔偿责任。因仓储物本身的自然性质、包装不符合约定或者超过有效储存期造成仓储物变质、损坏的,保管人不承担赔偿责任。
第七百零一条　本章没有规定的,适用保管合同的有关规定。	**第七百零一条** 无变化	**第九百一十八条** 无变化	**第九百一十八条** 无变化	**第九百一十八条**　本章没有规定的,适用保管合同的有关规定。

第二十三章 委托合同

《民法典各分编(草案)》(2018年8月版)	《民法典合同编(草案二次审议稿)》(2018年12月版)	《中华人民共和国民法典(草案)》(2019年12月版)	《中华人民共和国民法典(草案大会审议稿)》(2020年5月22日提交审议)	《中华人民共和国民法典》(2020年5月28日审议通过)
第二十二章 委托合同	第二十三章 委托合同	第二十三章 委托合同	第二十三章 委托合同	第二十三章 委托合同
第七百零二条 委托合同是委托人和受托人约定,由受托人处理委托人事务的合同。	**第七百零二条** 无变化	**第九百一十九条** 无变化	**第九百一十九条** 无变化	**第九百一十九条** 委托合同是委托人和受托人约定,由受托人处理委托人事务的合同。
第七百零三条 委托人可以特别委托受托人处理一项或者数项事务,也可以概括委托受托人处理一切事务。	**第七百零三条** 无变化	**第九百二十条** 无变化	**第九百二十条** 无变化	**第九百二十条** 委托人可以特别委托受托人处理一项或者数项事务,也可以概括委托受托人处理一切事务。
第七百零四条 委托人应当预付处理委托事务的费用。受托人为处理委托事务垫付的必要费用,委托人应当偿还该费用及其利息。	**第七百零四条** 无变化	**第九百二十一条** 委托人应当预付处理委托事务的费用。受托人为处理委托事务垫付的必要费用,委托人应当偿还该费用**并支付**利息。	**第九百二十一条** 无变化	**第九百二十一条** 委托人应当预付处理委托事务的费用。受托人为处理委托事务垫付的必要费用,委托人应当偿还该费用并支付利息。
第七百零五条 受托人应当按照委托人的指示处理委托事务。需要变更委托人指示的,应当经委托人同意;因情况紧急,难以和委托人取得联系的,受托人应当妥善处理委托事务,但是事后应当将该情况及时报告委托人。	**第七百零五条** 无变化	**第九百二十二条** 无变化	**第九百二十二条** 无变化	**第九百二十二条** 受托人应当按照委托人的指示处理委托事务。需要变更委托人指示的,应当经委托人同意;因情况紧急,难以和委托人取得联系的,受托人应当妥善处理委托事务,但是事后应当将该情况及时报告委托人。

续表

《民法典各分编(草案)》(2018年8月版)	《民法典合同编(草案二次审议稿)》(2018年12月版)	《中华人民共和国民法典(草案)》(2019年12月版)	《中华人民共和国民法典(草案大会审议稿)》(2020年5月22日提交审议)	《中华人民共和国民法典》(2020年5月28日审议通过)
第七百零六条　受托人应当亲自处理委托事务。经委托人同意,受托人可以转委托。转委托经同意的,委托人可以就委托事务直接指示转委托的第三人,受托人仅就第三人的选任及其对第三人的指示承担责任。转委托未经同意的,受托人应当对转委托的第三人的行为承担责任,但是在紧急情况下受托人为维护委托人的利益需要转委托的除外。	**第七百零六条**　受托人应当亲自处理委托事务。经委托人同意,受托人可以转委托。转委托经同意**或者追认**的,委托人可以就委托事务直接指示转委托的第三人,受托人仅就第三人的选任及其对第三人的指示承担责任。转委托未经同意**或者追认**的,受托人应当对转委托的第三人的行为承担责任,但是在紧急情况下受托人为维护委托人的利益需要转委托的除外。	**第九百二十三条**　受托人应当亲自处理委托事务。经委托人同意,受托人可以转委托。转委托经同意或者追认的,委托人可以就委托事务直接指示转委托的第三人,受托人仅就第三人的选任及其对第三人的指示承担责任。转委托未经同意或者追认的,受托人应当对转委托的第三人的行为承担责任**;**但是**,**在紧急情况下受托人为维护委托人的利益需要转委托的除外。	**第九百二十三条**　受托人应当亲自处理委托事务。经委托人同意,受托人可以转委托。转委托经同意或者追认的,委托人可以就委托事务直接指示转委托的第三人,受托人仅就第三人的选任及其对第三人的指示承担责任。转委托未经同意或者追认的,受托人应当对转委托的第三人的行为承担责任;但是,在紧急情况下受托人为**了**维护委托人的利益需要转委托**第三人**的除外。	**第九百二十三条**　受托人应当亲自处理委托事务。经委托人同意,受托人可以转委托。转委托经同意或者追认的,委托人可以就委托事务直接指示转委托的第三人,受托人仅就第三人的选任及其对第三人的指示承担责任。转委托未经同意或者追认的,受托人应当对转委托的第三人的行为承担责任;但是,在紧急情况下受托人为了维护委托人的利益需要转委托第三人的除外。
第七百零七条　受托人应当按照委托人的要求,报告委托事务的处理情况。委托合同终止时,受托人应当报告委托事务的结果。	**第七百零七条** 无变化	**第九百二十四条** 无变化	**第九百二十四条** 无变化	**第九百二十四条**　受托人应当按照委托人的要求,报告委托事务的处理情况。委托合同终止时,受托人应当报告委托事务的结果。
第七百零八条　受托人以自己的名义,在委托人的授权范围内与第三人订立的合同,第三人在订立合同时知道受托人与委托人之间的代理关系的,该合同直接约束委托人和第三人,但是有确切证据证明该合同只约束受托人和第三人的除外。	**第七百零八条**　受托人以自己的名义,在委托人的授权范围内与第三人订立的合同,第三人在订立合同时知道受托人与委托人之间的代理关系的,该合同直接约束委托人和第三人,但是有**证据**证明该合同只约束受托人和第三人的除外。	**第九百二十五条**　受托人以自己的名义,在委托人的授权范围内与第三人订立的合同,第三人在订立合同时知道受托人与委托人之间的代理关系的,该合同直接约束委托人和第三人**;**但是**,**有证据证明该合同只约束受托人和第三人的除外。	**第九百二十五条**　受托人以自己的名义,在委托人的授权范围内与第三人订立的合同,第三人在订立合同时知道受托人与委托人之间的代理关系的,该合同直接约束委托人和第三人;但是,有**确切**证据证明该合同只约束受托人和第三人的除外。	**第九百二十五条**　受托人以自己的名义,在委托人的授权范围内与第三人订立的合同,第三人在订立合同时知道受托人与委托人之间的代理关系的,该合同直接约束委托人和第三人;但是,有确切证据证明该合同只约束受托人和第三人的除外。

续表

《民法典各分编(草案)》(2018年8月版)	《民法典合同编(草案二次审议稿)》(2018年12月版)	《中华人民共和国民法典(草案)》(2019年12月版)	《中华人民共和国民法典(草案大会审议稿)》(2020年5月22日提交审议)	《中华人民共和国民法典》(2020年5月28日审议通过)
第七百零九条　受托人以自己的名义与第三人订立合同时,第三人不知道受托人与委托人之间的代理关系的,受托人因第三人的原因对委托人不履行义务,受托人应当向委托人披露第三人,委托人因此可以行使受托人对第三人的权利,但是第三人与受托人订立合同时如果知道该委托人就不会订立合同的除外。 受托人因委托人的原因对第三人不履行义务,受托人应当向第三人披露委托人,第三人因此可以选择受托人或者委托人作为相对人主张其权利,但是第三人不得变更选定的相对人。 委托人行使受托人对第三人的权利的,第三人可以向委托人主张其对受托人的抗辩。第三人选定委托人作为其相对人的,委托人可以向第三人主张其对受托人的抗辩以及受托人对第三人的抗辩。	**第七百零九条** 无变化	**第九百二十六条**　受托人以自己的名义与第三人订立合同时,第三人不知道受托人与委托人之间的代理关系的,受托人因第三人的原因对委托人不履行义务,受托人应当向委托人披露第三人,委托人因此可以行使受托人对第三人的权利。但是,第三人与受托人订立合同时如果知道该委托人就不会订立合同的除外。 受托人因委托人的原因对第三人不履行义务,受托人应当向第三人披露委托人,第三人因此可以选择受托人或者委托人作为相对人主张其权利,但是第三人不得变更选定的相对人。 委托人行使受托人对第三人的权利的,第三人可以向委托人主张其对受托人的抗辩。第三人选定委托人作为其相对人的,委托人可以向第三人主张其对受托人的抗辩以及受托人对第三人的抗辩。	**第九百二十六条** 无变化	**第九百二十六条**　受托人以自己的名义与第三人订立合同时,第三人不知道受托人与委托人之间的代理关系的,受托人因第三人的原因对委托人不履行义务,受托人应当向委托人披露第三人,委托人因此可以行使受托人对第三人的权利。但是,第三人与受托人订立合同时如果知道该委托人就不会订立合同的除外。 受托人因委托人的原因对第三人不履行义务,受托人应当向第三人披露委托人,第三人因此可以选择受托人或者委托人作为相对人主张其权利,但是第三人不得变更选定的相对人。 委托人行使受托人对第三人的权利的,第三人可以向委托人主张其对受托人的抗辩。第三人选定委托人作为其相对人的,委托人可以向第三人主张其对受托人的抗辩以及受托人对第三人的抗辩。
第七百一十条　受托人处理委托事务取得的财产,应当转交给委托人。	**第七百一十条** 无变化	**第九百二十七条** 无变化	**第九百二十七条** 无变化	**第九百二十七条**　受托人处理委托事务取得的财产,应当转交给委托人。

续表

《民法典各分编(草案)》(2018 年 8 月版)	《民法典合同编(草案二次审议稿)》(2018 年 12 月版)	《中华人民共和国民法典(草案)》(2019 年 12 月版)	《中华人民共和国民法典(草案大会审议稿)》(2020 年 5 月 22 日提交审议)	《中华人民共和国民法典》(2020 年 5 月 28 日审议通过)
第七百一十一条　受托人完成委托事务的,委托人应当向其支付报酬。因不可归责于受托人的事由,委托合同解除或者委托事务不能完成的,委托人应当向受托人支付相应的报酬。当事人另有约定的,按照其约定。	**第七百一十一条**　受托人完成委托事务的,委托人应当**按照约定**向其支付报酬。因不可归责于受托人的事由,委托合同解除或者委托事务不能完成的,委托人应当向受托人支付相应的报酬。当事人另有约定的,按照其约定。	**第九百二十八条**　受托人完成委托事务的,委托人应当按照约定向其支付报酬。 因不可归责于受托人的事由,委托合同解除或者委托事务不能完成的,委托人应当向受托人支付相应的报酬。当事人另有约定的,按照其约定。	**第九百二十八条** 无变化	**第九百二十八条**　受托人完成委托事务的,委托人应当按照约定向其支付报酬。 因不可归责于受托人的事由,委托合同解除或者委托事务不能完成的,委托人应当向受托人支付相应的报酬。当事人另有约定的,按照其约定。
第七百一十二条　有偿的委托合同,因受托人的过错给委托人造成损失的,委托人可以要求赔偿损失。无偿的委托合同,因受托人的故意或者重大过失给委托人造成损失的,委托人可以要求赔偿损失。 受托人超越权限给委托人造成损失的,应当赔偿损失。	**第七百一十二条** 无变化	**第九百二十九条**　有偿的委托合同,因受托人的过错**造成委托人**损失的,委托人可以**请求**赔偿损失。无偿的委托合同,因受托人的故意或者重大过失**造成委托人**损失的,委托人可以**请求**赔偿损失。 受托人超越权限**造成委托人**损失的,应当赔偿损失。	**第九百二十九条** 无变化	**第九百二十九条**　有偿的委托合同,因受托人的过错造成委托人损失的,委托人可以请求赔偿损失。无偿的委托合同,因受托人的故意或者重大过失造成委托人损失的,委托人可以请求赔偿损失。 受托人超越权限造成委托人损失的,应当赔偿损失。
第七百一十三条　受托人处理委托事务时,因不可归责于自己的事由受到损失的,可以向委托人要求赔偿损失。	**第七百一十三条** 无变化	**第九百三十条**　受托人处理委托事务时,因不可归责于自己的事由受到损失的,可以向委托人**请求**赔偿损失。	**第九百三十条** 无变化	**第九百三十条**　受托人处理委托事务时,因不可归责于自己的事由受到损失的,可以向委托人请求赔偿损失。
第七百一十四条　委托人经受托人同意,可以在受托人之外委托第三人处理委托事务。因此给受托人造成损失的,受托人可以向委托人要求赔偿损失。	**第七百一十四条** 无变化	**第九百三十一条**　委托人经受托人同意,可以在受托人之外委托第三人处理委托事务。因此**造成受托人**损失的,受托人可以向委托人**请求**赔偿损失。	**第九百三十一条** 无变化	**第九百三十一条**　委托人经受托人同意,可以在受托人之外委托第三人处理委托事务。因此造成受托人损失的,受托人可以向委托人请求赔偿损失。

续表

《民法典各分编(草案)》(2018年8月版)	《民法典合同编(草案二次审议稿)》(2018年12月版)	《中华人民共和国民法典(草案)》(2019年12月版)	《中华人民共和国民法典(草案大会审议稿)》(2020年5月22日提交审议)	《中华人民共和国民法典》(2020年5月28日审议通过)
第七百一十五条　两个以上的受托人共同处理委托事务的,对委托人承担连带责任。	**第七百一十五条** 无变化	**第九百三十二条** 无变化	**第九百三十二条** 无变化	**第九百三十二条**　两个以上的受托人共同处理委托事务的,对委托人承担连带责任。
第七百一十六条　委托人或者受托人可以随时解除委托合同。因解除合同给对方造成损失的,除不可归责于该当事人的事由以外,无偿委托合同的解除方应当赔偿因解除时间不当造成的直接损失,有偿委托合同的解除方应当赔偿对方的直接损失和可以获得的利益。	**第七百一十六条**　委托人或者受托人可以随时解除委托合同。因解除合同给对方造成损失的,除不可归责于该当事人的事由**外**,无偿委托合同的解除方应当赔偿因解除时间不当造成的直接损失,有偿委托合同的解除方应当赔偿对方的直接损失和可以获得的利益。	**第九百三十三条**　委托人或者受托人可以随时解除委托合同。因解除合同**造成对方**损失的,除不可归责于该当事人的事由外,无偿委托合同的解除方应当赔偿因解除时间不当造成的直接损失,有偿委托合同的解除方应当赔偿对方的直接损失和可以获得的利益。	**第九百三十三条**　委托人或者受托人可以随时解除委托合同。因解除合同造成对方损失的,除不可归责于该当事人的事由外,无偿委托合同的解除方应当赔偿因解除时间不当造成的直接损失,有偿委托合同的解除方应当赔偿对方的直接损失和**合同履行后**可以获得的利益。	**第九百三十三条**　委托人或者受托人可以随时解除委托合同。因解除合同造成对方损失的,除不可归责于该当事人的事由外,无偿委托合同的解除方应当赔偿因解除时间不当造成的直接损失,有偿委托合同的解除方应当赔偿对方的直接损失和合同履行后可以获得的利益。
第七百一十七条　委托人或者受托人死亡、丧失民事行为能力或者破产的,委托合同终止,但是当事人另有约定或者根据委托事务的性质不宜终止的除外。	**第七百一十七条**　委托人或者受托人死亡、丧失民事行为能力或者**终止**的,委托合同终止,但是当事人另有约定或者根据委托事务的性质不宜终止的除外。	**第九百三十四条**　委托人或者受托人死亡、丧失民事行为能力或者终止的,委托合同终止;但是,当事人另有约定或者根据委托事务的性质不宜终止的除外。	**第九百三十四条**　委托人**死亡、终止**或者受托人死亡、丧失民事行为能力、**终止的**,委托合同终止;但是,当事人另有约定或者根据委托事务的性质不宜终止的除外。	**第九百三十四条**　委托人死亡、终止或者受托人死亡、丧失民事行为能力、终止的,委托合同终止;但是,当事人另有约定或者根据委托事务的性质不宜终止的除外。
第七百一十八条　因委托人死亡、丧失民事行为能力或者破产,致使委托合同终止将损害委托人利益的,在委托人的继承人、法定代理人或者清算组织承受委托事务之前,受托人应当继续处理委托事务。	**第七百一十八条**　因委托人死亡、丧失民事行为能力或者**终止**,致使委托合同终止将损害委托人利益的,在委托人的继承人、法定代理人或者清算组织承受委托事务之前,受托人应当继续处理委托事务。	**第九百三十五条**　因委托人死亡、丧失民事行为能力或者终止,致使委托合同终止将损害委托人利益的,在委托人的继承人、**遗产管理人、法定代理人**或者**清算人**承受委托事务之前,受托人应当继续处理委托事务。	**第九百三十五条**　因委托人**死亡**或者终止,致使委托合同终止将损害委托人利益的,在委托人的继承人、遗产管理人或者清算人承受委托事务之前,受托人应当继续处理委托事务。	**第九百三十五条**　因委托人死亡或者**被宣告破产、解散**,致使委托合同终止将损害委托人利益的,在委托人的继承人、遗产管理人或者清算人承受委托事务之前,受托人应当继续处理委托事务。

续表

《民法典各分编(草案)》(2018年8月版)	《民法典合同编(草案二次审议稿)》(2018年12月版)	《中华人民共和国民法典(草案)》(2019年12月版)	《中华人民共和国民法典(草案大会审议稿)》(2020年5月22日提交审议)	《中华人民共和国民法典》(2020年5月28日审议通过)
第七百一十九条　因受托人死亡、丧失民事行为能力或者破产,致使委托合同终止的,受托人的继承人、法定代理人或者清算组织应当及时通知委托人。因委托合同终止将损害委托人利益的,在委托人作出善后处理之前,受托人的继承人、法定代理人或者清算组织应当采取必要措施。	**第七百一十九条**　因受托人死亡、丧失民事行为能力或者**终止**,致使委托合同终止的,受托人的继承人、法定代理人或者清算组织应当及时通知委托人。因委托合同终止将损害委托人利益的,在委托人作出善后处理之前,受托人的继承人、法定代理人或者清算组织应当采取必要措施。	**第九百三十六条**　因受托人死亡、丧失民事行为能力或者终止,致使委托合同终止的,受托人的继承人、**遗产管理人**、法定代理人或者**清算人**应当及时通知委托人。因委托合同终止将损害委托人利益的,在委托人作出善后处理之前,受托人的继承人、**遗产管理人**、法定代理人或者**清算人**应当采取必要措施。	**第九百三十六条** 无变化	**第九百三十六条**　因受托人死亡、丧失民事行为能力或者**被宣告破产、解散**,致使委托合同终止的,受托人的继承人、遗产管理人、法定代理人或者清算人应当及时通知委托人。因委托合同终止将损害委托人利益的,在委托人作出善后处理之前,受托人的继承人、遗产管理人、法定代理人或者清算人应当采取必要措施。

第二十四章　物业服务合同

《民法典各分编（草案）》（2018年8月版）	《民法典合同编（草案二次审议稿）》（2018年12月版）	《中华人民共和国民法典（草案）》（2019年12月版）	《中华人民共和国民法典（草案大会审议稿）》（2020年5月22日提交审议）	《中华人民共和国民法典》（2020年5月28日审议通过）
第二十三章 物业服务合同	第二十四章 物业服务合同	第二十四章 物业服务合同	第二十四章 物业服务合同	第二十四章 物业服务合同
第七百二十条　物业服务合同是物业服务人在物业服务区域内，为业主持续提供建筑物及其附属设施的维修养护、环境卫生和相关秩序的维护等物业服务，业主支付报酬的合同。 物业服务人包括物业服务企业和其他物业管理人。	**第七百二十条** 无变化	**第九百三十七条**　物业服务合同是物业服务人在物业服务区域内，为业主**提供**建筑物及其附属设施的维修养护、环境卫生和相关秩序的**管理**维护等物业服务，业主支付**物业费**的合同。 物业服务人包括物业服务企业和其他物业管理人。	**第九百三十七条**　物业服务合同是物业服务人在物业服务区域内，为业主提供建筑物及其附属设施的维修养护、环境卫生和相关秩序的管理维护等物业服务，业主支付物业费的合同。 物业服务人包括物业服务企业和其他**管理人**。	**第九百三十七条**　物业服务合同是物业服务人在物业服务区域内，为业主提供建筑物及其附属设施的维修养护、环境卫生和相关秩序的管理维护等物业服务，业主支付物业费的合同。 物业服务人包括物业服务企业和其他管理人。
第七百二十一条　物业服务合同的内容包括服务事项、服务质量、服务费用的标准和收取办法、维修资金及服务用房的管理和使用、服务期限、服务交接等条款。 物业服务人公开作出的有利于业主的服务承诺，为物业服务合同的组成部分。 物业服务合同应当采用书面形式。	**第七百二十一条**　物业服务合同的内容包括服务事项、服务质量、服务费用的标准和收取办法、维修资金**的使用、**服务用房的管理和使用、服务期限、服务交接等条款。 物业服务人公开作出的有利于业主的服务承诺，为物业服务合同的组成部分。 物业服务合同应当采用书面形式。	**第九百三十八条**　物业服务合同的内容**一般**包括服务事项、服务质量、服务费用的标准和收取办法、维修资金的使用、服务用房的管理和使用、服务期限、服务交接等条款。 物业服务人公开作出的有利于业主的服务承诺，为物业服务合同的组成部分。 物业服务合同应当采用书面形式。	**第九百三十八条** 无变化	**第九百三十八条**　物业服务合同的内容一般包括服务事项、服务质量、服务费用的标准和收取办法、维修资金的使用、服务用房的管理和使用、服务期限、服务交接等条款。 物业服务人公开作出的有利于业主的服务承诺，为物业服务合同的组成部分。 物业服务合同应当采用书面形式。

续表

《民法典各分编(草案)》(2018年8月版)	《民法典合同编(草案二次审议稿)》(2018年12月版)	《中华人民共和国民法典(草案)》(2019年12月版)	《中华人民共和国民法典(草案大会审议稿)》(2020年5月22日提交审议)	《中华人民共和国民法典》(2020年5月28日审议通过)
第七百二十二条　建设单位依法与物业服务人签订的前期物业服务合同，以及业主委员会与业主大会依法选聘的物业服务人签订的物业服务合同，对业主具有约束力。	**第七百二十二条**　建设单位依法与物业服务人**订立**的前期物业服务合同，以及业主委员会与业主大会依法选聘的物业服务人**订立**的物业服务合同，对业主具有**法律**约束力。	**第九百三十九条** 无变化	**第九百三十九条** 无变化	**第九百三十九条**　建设单位依法与物业服务人订立的前期物业服务合同，以及业主委员会与业主大会依法选聘的物业服务人订立的物业服务合同，对业主具有法律约束力。
第七百三十一条　建设单位依法与物业服务人订立的前期物业服务合同约定的服务期限届满前，业主或者业主委员会与新物业服务人订立的物业服务合同生效的，前期物业服务合同终止。	**第七百二十二条之一**　建设单位依法与物业服务人订立的前期物业服务合同约定的服务期限届满前，**业主委员会或者业主**与新物业服务人订立的物业服务合同生效的，前期物业服务合同终止。	**第九百四十条** 无变化	**第九百四十条** 无变化	**第九百四十条**　建设单位依法与物业服务人订立的前期物业服务合同约定的服务期限届满前，业主委员会或者业主与新物业服务人订立的物业服务合同生效的，前期物业服务合同终止。
第七百二十三条　物业服务人将物业服务区域内的部分专项物业服务委托给专业性服务组织或者其他第三人的，应当就该部分专项物业服务向业主负责。 物业服务人不得将其应提供的全部物业服务转委托给第三人，或者将全部物业服务肢解后分别转委托给第三人。	**第七百二十三条**　物业服务人将物业服务区域内的部分专项**服务事项**委托给专业性服务组织或者其他第三人的，应当就该部分专项**服务事项**向业主负责。 物业服务人不得将其应提供的全部物业服务转委托给第三人，或者将全部物业服务肢解后分别转委托给第三人。	**第九百四十一条**　物业服务人将物业服务区域内的部分专项服务事项委托给专业性服务组织或者其他第三人的，应当就该部分专项服务事项向业主负责。 物业服务人不得将其**应当**提供的全部物业服务转委托给第三人，或者将全部物业服务**支解**后分别转委托给第三人。	**第九百四十一条** 无变化	**第九百四十一条**　物业服务人将物业服务区域内的部分专项服务事项委托给专业性服务组织或者其他第三人的，应当就该部分专项服务事项向业主负责。 物业服务人不得将其应当提供的全部物业服务转委托给第三人，或者将全部物业服务支解后分别转委托给第三人。

续表

《民法典各分编(草案)》(2018年8月版)	《民法典合同编(草案二次审议稿)》(2018年12月版)	《中华人民共和国民法典(草案)》(2019年12月版)	《中华人民共和国民法典(草案大会审议稿)》(2020年5月22日提交审议)	《中华人民共和国民法典》(2020年5月28日审议通过)
第七百二十四条 物业服务人应当按照约定和物业的使用性质,妥善维修、养护、清洁、绿化和经营物业服务区域内的业主共有部分,维护物业服务区域内的基本生活秩序,采取合理措施保障业主的人身财产安全。 对物业服务区域内违反有关治安、环保等法律法规的行为,物业服务人应当及时采取合理措施制止、向相关行政管理部门报告并协助处理。	**第七百二十四条** 物业服务人应当按照约定和物业的使用性质,妥善维修、养护、清洁、绿化和经营物业服务区域内的业主共有部分,维护物业服务区域内的基本**秩序**,采取合理措施**保护**业主的人身、财产安全。 对物业服务区域内违反有关治安、环保等法律法规的行为,物业服务人应当及时采取合理措施制止、向相关行政管理部门报告并协助处理。	**第九百四十二条** 物业服务人应当按照约定和物业的使用性质,妥善维修、养护、清洁、绿化和经营**管理**物业服务区域内的业主共有部分,维护物业服务区域内的基本秩序,采取合理措施保护业主的人身、财产安全。 对物业服务区域内违反有关治安、环保等法律法规的行为,物业服务人应当及时采取合理措施制止、向**有关**行政**主管**部门报告并协助处理。	**第九百四十二条** 无变化	**第九百四十二条** 物业服务人应当按照约定和物业的使用性质,妥善维修、养护、清洁、绿化和经营管理物业服务区域内的业主共有部分,维护物业服务区域内的基本秩序,采取合理措施保护业主的人身、财产安全。 对物业服务区域内违反有关治安、环保、**消防**等法律法规的行为,物业服务人应当及时采取合理措施制止、向有关行政主管部门报告并协助处理。
第七百二十五条 物业服务人应当及时将服务项目及负责人员、服务质量要求、服务收费项目、服务收费计算标准、服务履行情况、维修资金管理与使用情况、业主共有部分的经营与收益情况、服务项目收支情况和预算方案等事项以合理方式向业主公开或者向业主大会、业主委员会报告。	**第七百二十五条** 物业服务人应当**定期**将服务**的事项**、负责人员、**质量要求**、**收费项目**、**收费计算标准**、**履行情况,以及**维修资金**使用**情况、业主共有部分的经营与收益情况**等**以合理方式向业主公开或者向业主大会、业主委员会报告。	**第九百四十三条** 物业服务人应当定期将服务的事项、负责人员、质量要求、收费项目、**收费标准**、履行情况,以及维修资金使用情况、业主共有部分的经营与收益情况等以合理方式向业主公开**并**向业主大会、业主委员会报告。	**第九百四十三条** 无变化	**第九百四十三条** 物业服务人应当定期将服务的事项、负责人员、质量要求、收费项目、收费标准、履行情况,以及维修资金使用情况、业主共有部分的经营与收益情况等以合理方式向业主公开并向业主大会、业主委员会报告。

续表

《民法典各分编(草案)》(2018 年 8 月版)	《民法典合同编(草案二次审议稿)》(2018 年 12 月版)	《中华人民共和国民法典(草案)》(2019 年 12 月版)	《中华人民共和国民法典(草案大会审议稿)》(2020 年 5 月 22 日提交审议)	《中华人民共和国民法典》(2020 年 5 月 28 日审议通过)
第七百二十六条　业主应当按照约定向物业服务人支付报酬。物业服务人已经按照约定和有关规定提供服务的,业主不得以未接受或者无需接受相关物业服务为由拒绝支付报酬。 业主违反约定逾期不支付报酬的,物业服务人可以催告其在合理期限内支付;逾期仍不支付的,物业服务人可以提起诉讼或者申请仲裁。	**第七百二十六条** 无变化	**第九百四十四条**　业主应当按照约定向物业服务人支付**物业费**。物业服务人已经按照约定和有关规定提供服务的,业主不得以未接受或者无需接受相关物业服务为由拒绝支付**物业费**。 业主违反约定逾期不支付**物业费**的,物业服务人可以催告其在合理期限内支付;逾期仍不支付的,物业服务人可以提起诉讼或者申请仲裁。	**第九百四十四条**　业主应当按照约定向物业服务人支付物业费。物业服务人已经按照约定和有关规定提供服务的,业主不得以未接受或者无需接受相关物业服务为由拒绝支付物业费。 业主违反约定逾期不支付物业费的,物业服务人可以催告其在合理期限内支付;**合理期限届满**仍不支付的,物业服务人可以提起诉讼或者申请仲裁。	**第九百四十四条**　业主应当按照约定向物业服务人支付物业费。物业服务人已经按照约定和有关规定提供服务的,业主不得以未接受或者无需接受相关物业服务为由拒绝支付物业费。 业主违反约定逾期不支付物业费的,物业服务人可以催告其在合理期限内支付;合理期限届满仍不支付的,物业服务人可以提起诉讼或者申请仲裁。 **物业服务人不得采取停止供电、供水、供热、供燃气等方式催交物业费。**
第七百二十七条　业主装饰装修房屋的,应当事先告知物业服务人,遵守物业服务人提示的注意事项,并配合其进行必要的现场检查。 业主转让、出租物业专有部分、设立居住权或者依法改变共有部分用途的,应当及时将相关情况告知物业服务人。	**第七百二十七条**　业主装饰装修房屋的,应当事先告知物业服务人,遵守物业服务人提示的**合理**注意事项,并配合其进行必要的现场检查。 业主转让、出租物业专有部分、设立居住权或者依法改变共有部分用途的,应当及时将相关情况告知物业服务人。	**第九百四十五条** 无变化	**第九百四十五条** 无变化	**第九百四十五条**　业主装饰装修房屋的,应当事先告知物业服务人,遵守物业服务人提示的合理注意事项,并配合其进行必要的现场检查。 业主转让、出租物业专有部分、设立居住权或者依法改变共有部分用途的,应当及时将相关情况告知物业服务人。

续表

《民法典各分编(草案)》(2018年8月版)	《民法典合同编(草案二次审议稿)》(2018年12月版)	《中华人民共和国民法典(草案)》(2019年12月版)	《中华人民共和国民法典(草案大会审议稿)》(2020年5月22日提交审议)	《中华人民共和国民法典》(2020年5月28日审议通过)
第七百二十八条　业主依法共同决定解聘物业服务人的,可以解除物业服务合同。决定解聘的,应当提前六十日书面通知物业服务人,但是合同对通知期限另有约定的除外。因解除合同造成物业服务人损失的,除不可归责于业主的事由外,业主应当赔偿损失。	**第七百二十八条**　业主**依照法定程序**共同决定解聘物业服务人的,可以解除物业服务合同。决定解聘的,应当提前六十日书面通知物业服务人,但是合同对通知期限另有约定的除外。因解除合同造成物业服务人损失的,除不可归责于业主的事由外,业主应当赔偿损失。	**第九百四十六条**　业主依照法定程序共同决定解聘物业服务人的,可以解除物业服务合同。决定解聘的,应当提前六十日书面通知物业服务人,但是合同对通知期限另有约定的除外。 **依照前款规定**解除合同造成物业服务人损失的,除不可归责于业主的事由外,业主应当赔偿损失。	**第九百四十六条**　业主依照法定程序共同决定解聘物业服务人的,可以解除物业服务合同。决定解聘的,应当提前六十日书面通知物业服务人,但是合同对通知期限另有约定的除外。 **依据**前款规定解除合同造成物业服务人损失的,除不可归责于业主的事由外,业主应当赔偿损失。	**第九百四十六条**　业主依照法定程序共同决定解聘物业服务人的,可以解除物业服务合同。决定解聘的,应当提前六十日书面通知物业服务人,但是合同对通知期限另有约定的除外。 依据前款规定解除合同造成物业服务人损失的,除不可归责于业主的事由外,业主应当赔偿损失。
第七百二十九条　物业服务期限届满前,业主依法共同决定续聘的,应当与原物业服务人在合同期限届满前续订物业服务合同。 物业服务期限届满前,物业服务人不同意续聘的,应当在物业服务合同期限届满前九十日书面通知业主或者业主委员会,但是合同对通知期限另有约定的除外。	**第七百二十九条** 无变化	**第九百四十七条**　物业服务期限届满前,业主依法共同决定续聘的,应当与原物业服务人在合同期限届满前续订物业服务合同。 物业服务期限届满前,物业服务人不同意续聘的,应当在**合同**期限届满前九十日书面通知业主或者业主委员会,但是合同对通知期限另有约定的除外。	**第九百四十七条** 无变化	**第九百四十七条**　物业服务期限届满前,业主依法共同决定续聘的,应当与原物业服务人在合同期限届满前续订物业服务合同。 物业服务期限届满前,物业服务人不同意续聘的,应当在合同期限届满前九十日书面通知业主或者业主委员会,但是合同对通知期限另有约定的除外。
第七百三十条　物业服务期限届满后,业主没有依法作出续聘或者另聘物业服务人的决定,物业服务人按照原合同继续提供物业服务的,原物业服务合同继续有效,但是服务期限为不定期。 当事人可以随时解除不定期物业服务合同,但是物业服务人解除合同应当在合理期限之前书面通知业主或者业主委员会。	**第七百三十条**　物业服务期限届满后,业主没有依法作出续聘或者另聘物业服务人的决定,物业服务人按照原合同继续提供物业服务的,原物业服务合同继续有效,但是服务期限为不定期。 当事人可以随时解除不定期物业服务合同,**但是**应当**提前六十日**书面通知**对方**。	**第九百四十八条**　物业服务期限届满后,业主没有依法作出续聘或者另聘物业服务人的决定,**物业服务人**继续提供物业服务的,原物业服务合同继续有效,但是服务期限为不定期。 当事人可以随时解除不定期物业服务合同,但是应当提前六十日书面通知对方。	**第九百四十八条** 无变化	**第九百四十八条**　物业服务期限届满后,业主没有依法作出续聘或者另聘物业服务人的决定,物业继续提供物业服务的,原物业服务合同继续有效,但是服务期限为不定期。 当事人可以随时解除不定期物业服务合同,但是应当提前六十日书面通知对方。

续表

《民法典各分编(草案)》(2018年8月版)	《民法典合同编(草案二次审议稿)》(2018年12月版)	《中华人民共和国民法典(草案)》(2019年12月版)	《中华人民共和国民法典(草案大会审议稿)》(2020年5月22日提交审议)	《中华人民共和国民法典》(2020年5月28日审议通过)
第七百三十三条　物业服务合同终止后,原物业服务人应当在合理期限内退出物业服务区域,将物业服务用房、相关设施、物业服务所必需的相关资料和代管的维修资金等交还给业主委员会或者其指定的人,配合新的物业服务人做好交接工作,并如实告知物业的使用和管理状况。 原物业服务人违反前款规定的,不得请求业主支付物业服务合同终止后的报酬。	**第七百三十三条**　物业服务合同终止后,原物业服务人应当在**约定期限或者**合理期限内退出物业服务区域,将物业服务用房、相关设施、物业服务所必需的**相关资料**等交还给业主委员会、**决定自行管理的业主**或者其指定的人,配合新的物业服务人做好交接工作,并如实告知物业的使用和管理状况。 原物业服务人违反前款规定的,不得请求业主支付物业服务合同终止后的报酬;**给业主造成损失的,应当赔偿损失**。	**第九百四十九条**　物业服务合同终止**的**,原物业服务人应当在约定期限或者合理期限内退出物业服务区域,将物业服务用房、相关设施、物业服务所必需的相关资料等交还给业主委员会、决定自行管理的业主或者其指定的人,配合**新**物业服务人做好交接工作,并如实告知物业的使用和管理状况。 原物业服务人违反前款规定的,不得请求业主支付物业服务合同终止后的**物业费**;**造成业主**损失的,应当赔偿损失。	**第九百四十九条** 无变化	**第九百四十九条**　物业服务合同终止的,原物业服务人应当在约定期限或者合理期限内退出物业服务区域,将物业服务用房、相关设施、物业服务所必需的相关资料等交还给业主委员会、决定自行管理的业主或者其指定的人,配合新物业服务人做好交接工作,并如实告知物业的使用和管理状况。 原物业服务人违反前款规定的,不得请求业主支付物业服务合同终止后的物业费;造成业主损失的,应当赔偿损失。
第七百三十二条　物业服务合同终止后,在业主选定的新物业服务人接管之前,原物业服务人应当继续处理物业服务事务,并可以请求业主支付该期间的报酬。	**第七百三十二条**　物业服务合同终止后,在业主**或者业主大会选聘**的新物业服务人**或者决定自行管理的业主**接管之前,原物业服务人应当继续处理物业服务**事项**,并可以请求业主支付该期间的报酬。	**第九百五十条**　物业服务合同终止后,在业主或者业主大会选聘的新物业服务人或者决定自行管理的业主接管之前,原物业服务人应当继续处理物业服务事项,并可以请求业主支付该期间的**物业费**。	**第九百五十条** 无变化	**第九百五十条**　物业服务合同终止后,在业主或者业主大会选聘的新物业服务人或者决定自行管理的业主接管之前,原物业服务人应当继续处理物业服务事项,并可以请求业主支付该期间的物业费。
第七百三十四条　本章没有规定的,参照适用委托合同的有关规定。				

第二十五章　行纪合同

《民法典各分编(草案)》(2018年8月版)	《民法典合同编(草案二次审议稿)》(2018年12月版)	《中华人民共和国民法典(草案)》(2019年12月版)	《中华人民共和国民法典(草案大会审议稿)》(2020年5月22日提交审议)	《中华人民共和国民法典》(2020年5月28日审议通过)
第二十四章　行纪合同	第二十五章　行纪合同	第二十五章　行纪合同	第二十五章　行纪合同	第二十五章　行纪合同
第七百三十五条　行纪合同是行纪人以自己的名义为委托人从事贸易活动,委托人支付报酬的合同。	**第七百三十五条** 无变化	**第九百五十一条** 无变化	**第九百五十一条** 无变化	**第九百五十一条**　行纪合同是行纪人以自己的名义为委托人从事贸易活动,委托人支付报酬的合同。
第七百三十六条　行纪人处理委托事务支出的费用,由行纪人负担,但是当事人另有约定的除外。	**第七百三十六条** 无变化	**第九百五十二条** 无变化	**第九百五十二条** 无变化	**第九百五十二条**　行纪人处理委托事务支出的费用,由行纪人负担,但是当事人另有约定的除外。
第七百三十七条　行纪人占有委托物的,应当妥善保管委托物。	**第七百三十七条** 无变化	**第九百五十三条** 无变化	**第九百五十三条** 无变化	**第九百五十三条**　行纪人占有委托物的,应当妥善保管委托物。
第七百三十八条　委托物交付给行纪人时有瑕疵或者容易腐烂、变质的,经委托人同意,行纪人可以处分该物;和委托人不能及时取得联系的,行纪人可以合理处分。	**第七百三十八条** 无变化	**第九百五十四条** 无变化	**第九百五十四条**　委托物交付给行纪人时有瑕疵或者容易腐烂、变质的,经委托人同意,行纪人可以处分该物;**不能与委托人**及时取得联系的,行纪人可以合理处分。	**第九百五十四条**　委托物交付给行纪人时有瑕疵或者容易腐烂、变质的,经委托人同意,行纪人可以处分该物;不能与委托人及时取得联系的,行纪人可以合理处分。

续表

《民法典各分编(草案)》(2018 年 8 月版)	《民法典合同编(草案二次审议稿)》(2018 年 12 月版)	《中华人民共和国民法典(草案)》(2019 年 12 月版)	《中华人民共和国民法典(草案大会审议稿)》(2020 年 5 月 22 日提交审议)	《中华人民共和国民法典》(2020 年 5 月 28 日审议通过)
第七百三十九条　行纪人低于委托人指定的价格卖出或者高于委托人指定的价格买入的,应当经委托人同意。未经委托人同意,行纪人补偿其差额的,该买卖对委托人发生效力。 行纪人高于委托人指定的价格卖出或者低于委托人指定的价格买入的,可以按照约定增加报酬。没有约定或者约定不明确,依照本法第三百零一条的规定仍不能确定的,该利益属于委托人。 委托人对价格有特别指示的,行纪人不得违背该指示卖出或者买入。	**第七百三十九条** 无变化	**第九百五十五条**　行纪人低于委托人指定的价格卖出或者高于委托人指定的价格买入的,应当经委托人同意;未经委托人同意,行纪人补偿其差额的,该买卖对委托人发生效力。 行纪人高于委托人指定的价格卖出或者低于委托人指定的价格买入的,可以按照约定增加报酬。没有约定或者约定不明确,**依据**本法**第五百一十条**的规定仍不能确定的,该利益属于委托人。 委托人对价格有特别指示的,行纪人不得违背该指示卖出或者买入。	**第九百五十五条**　行纪人低于委托人指定的价格卖出或者高于委托人指定的价格买入的,应当经委托人同意;未经委托人同意,行纪人补偿其差额的,该买卖对委托人发生效力。 行纪人高于委托人指定的价格卖出或者低于委托人指定的价格买入的,可以按照约定增加报酬;没有约定或者约定不明确,依据本法第五百一十条的规定仍不能确定的,该利益属于委托人。 委托人对价格有特别指示的,行纪人不得违背该指示卖出或者买入。	**第九百五十五条**　行纪人低于委托人指定的价格卖出或者高于委托人指定的价格买入的,应当经委托人同意;未经委托人同意,行纪人补偿其差额的,该买卖对委托人发生效力。 行纪人高于委托人指定的价格卖出或者低于委托人指定的价格买入的,可以按照约定增加报酬;没有约定或者约定不明确,依据本法第五百一十条的规定仍不能确定的,该利益属于委托人。 委托人对价格有特别指示的,行纪人不得违背该指示卖出或者买入。
第七百四十条　行纪人卖出或者买入具有市场定价的商品,除委托人有相反的意思表示的以外,行纪人自己可以作为买受人或者出卖人。 行纪人有前款规定情形的,仍然可以要求委托人支付报酬。	**第七百四十条**　行纪人卖出或者买入具有市场定价的商品,除委托人有相反的意思表示**外**,行纪人自己可以作为买受人或者出卖人。 行纪人有前款规定情形的,仍然可以要求委托人支付报酬。	**第九百五十六条**　行纪人卖出或者买入具有市场定价的商品,除委托人有相反的意思表示外,行纪人自己可以作为买受人或者出卖人。 行纪人有前款规定情形的,仍然可以**请求**委托人支付报酬。	**第九百五十六条** 无变化	**第九百五十六条**　行纪人卖出或者买入具有市场定价的商品,除委托人有相反的意思表示外,行纪人自己可以作为买受人或者出卖人。 行纪人有前款规定情形的,仍然可以请求委托人支付报酬。

续表

《民法典各分编(草案)》(2018年8月版)	《民法典合同编(草案二次审议稿)》(2018年12月版)	《中华人民共和国民法典(草案)》(2019年12月版)	《中华人民共和国民法典(草案大会审议稿)》(2020年5月22日提交审议)	《中华人民共和国民法典》(2020年5月28日审议通过)
第七百四十一条 行纪人按照约定买入委托物,委托人应当及时受领。经行纪人催告,委托人无正当理由拒绝受领的,行纪人依照本法第三百六十条的规定可以提存委托物。 委托物不能卖出或者委托人撤回出卖,经行纪人催告,委托人不取回或者不处分该物的,行纪人依照本法第三百六十条的规定可以提存委托物。	**第七百四十一条** 无变化	**第九百五十七条** 行纪人按照约定买入委托物,委托人应当及时受领。经行纪人催告,委托人无正当理由拒绝受领的,行纪人**依法**可以提存委托物。 委托物不能卖出或者委托人撤回出卖,经行纪人催告,委托人不取回或者不处分该物的,行纪人**依法**可以提存委托物。	**第九百五十七条** 无变化	**第九百五十七条** 行纪人按照约定买入委托物,委托人应当及时受领。经行纪人催告,委托人无正当理由拒绝受领的,行纪人依法可以提存委托物。 委托物不能卖出或者委托人撤回出卖,经行纪人催告,委托人不取回或者不处分该物的,行纪人依法可以提存委托物。
第七百四十二条 行纪人与第三人订立合同的,行纪人对该合同直接享有权利、承担义务。 第三人不履行义务致使委托人受到损害的,行纪人应当承担损害赔偿责任,但是行纪人与委托人另有约定的除外。	**第七百四十二条** 无变化	**第九百五十八条** 行纪人与第三人订立合同的,行纪人对该合同直接享有权利、承担义务。 第三人不履行义务致使委托人受到损害的,行纪人应当承担**赔偿责任**,但是行纪人与委托人另有约定的除外。	**第九百五十八条** 无变化	**第九百五十八条** 行纪人与第三人订立合同的,行纪人对该合同直接享有权利、承担义务。 第三人不履行义务致使委托人受到损害的,行纪人应当承担赔偿责任,但是行纪人与委托人另有约定的除外。
第七百四十三条 行纪人完成或者部分完成委托事务的,委托人应当向其支付相应的报酬。委托人逾期不支付报酬的,行纪人对委托物享有留置权,但是当事人另有约定的除外。	**第七百四十三条** 无变化	**第九百五十九条** 无变化	**第九百五十九条** 无变化	**第九百五十九条** 行纪人完成或者部分完成委托事务的,委托人应当向其支付相应的报酬。委托人逾期不支付报酬的,行纪人对委托物享有留置权,但是当事人另有约定的除外。
第七百四十四条 本章没有规定的,适用委托合同的有关规定。	**第七百四十四条** 无变化	**第九百六十条** 本章没有规定的,**参照**适用委托合同的有关规定。	**第九百六十条** 无变化	**第九百六十条** 本章没有规定的,参照适用委托合同的有关规定。

第二十六章　中介合同

《民法典各分编(草案)》(2018 年 8 月版)	《民法典合同编(草案二次审议稿)》(2018 年 12 月版)	《中华人民共和国民法典(草案)》(2019 年 12 月版)	《中华人民共和国民法典(草案大会审议稿)》(2020 年 5 月 22 日提交审议)	《中华人民共和国民法典》(2020 年 5 月 28 日审议通过)
第二十五章　中介合同	第二十六章　中介合同	第二十六章　中介合同	第二十六章　中介合同	第二十六章　中介合同
第七百四十五条　中介合同是中介人向委托人报告订立合同的机会或者提供订立合同的媒介服务,委托人支付报酬的合同。	**第七百四十五条** 无变化	**第九百六十一条** 无变化	**第九百六十一条** 无变化	**第九百六十一条**　中介合同是中介人向委托人报告订立合同的机会或者提供订立合同的媒介服务,委托人支付报酬的合同。
第七百四十六条　中介人应当就有关订立合同的事项向委托人如实报告。 中介人故意隐瞒与订立合同有关的重要事实或者提供虚假情况,损害委托人利益的,不得要求支付报酬并应当承担损害赔偿责任。	**第七百四十六条** 无变化	**第九百六十二条**　中介人应当就有关订立合同的事项向委托人如实报告。 中介人故意隐瞒与订立合同有关的重要事实或者提供虚假情况,损害委托人利益的,不得**请求**支付报酬并应当承担**赔偿责任**。	**第九百六十二条** 无变化	**第九百六十二条**　中介人应当就有关订立合同的事项向委托人如实报告。 中介人故意隐瞒与订立合同有关的重要事实或者提供虚假情况,损害委托人利益的,不得请求支付报酬并应当承担赔偿责任。
第七百四十七条　中介人促成合同成立的,委托人应当按照约定支付报酬。对中介人的报酬没有约定或者约定不明确,依照本法第三百零一条的规定仍不能确定的,根据中介人的劳务合理确定。因中介人提供订立合同的媒介服务而促成合同成立的,由该合同的当事人平均负担中介人的报酬。 中介人促成合同成立的,中介活动的费用,由中介人负担。	**第七百四十七条** 无变化	**第九百六十三条**　中介人促成合同成立的,委托人应当按照约定支付报酬。对中介人的报酬没有约定或者约定不明确,**依据**本法**第五百一十条**的规定仍不能确定的,根据中介人的劳务合理确定。因中介人提供订立合同的媒介服务而促成合同成立的,由该合同的当事人平均负担中介人的报酬。 中介人促成合同成立的,中介活动的费用,由中介人负担。	**第九百六十三条** 无变化	**第九百六十三条**　中介人促成合同成立的,委托人应当按照约定支付报酬。对中介人的报酬没有约定或者约定不明确,依据本法第五百一十条的规定仍不能确定的,根据中介人的劳务合理确定。因中介人提供订立合同的媒介服务而促成合同成立的,由该合同的当事人平均负担中介人的报酬。 中介人促成合同成立的,中介活动的费用,由中介人负担。

续表

《民法典各分编(草案)》(2018年8月版)	《民法典合同编(草案二次审议稿)》(2018年12月版)	《中华人民共和国民法典(草案)》(2019年12月版)	《中华人民共和国民法典(草案大会审议稿)》(2020年5月22日提交审议)	《中华人民共和国民法典》(2020年5月28日审议通过)
第七百四十八条 中介人未促成合同成立的,不得要求支付报酬,但是可以按照约定要求委托人支付从事中介活动支出的必要费用。	**第七百四十八条** 无变化	**第九百六十四条** 中介人未促成合同成立的,不得**请求**支付报酬;但是,可以按照约定**请求**委托人支付从事中介活动支出的必要费用。	**第九百六十四条** 无变化	**第九百六十四条** 中介人未促成合同成立的,不得请求支付报酬;但是,可以按照约定请求委托人支付从事中介活动支出的必要费用。
第七百四十九条 委托人在接受中介人的服务后,利用中介人提供的交易机会,绕开中介人直接与第三人订立合同的,应当向中介人支付中介报酬。	**第七百四十九条** 无变化	**第九百六十五条** 委托人在接受中介人的服务后,利用中介人提供的交易机会**或者媒介服务**,绕开中介人**直接**订立合同的,应当向中介人支付**报酬**。	**第九百六十五条** 无变化	**第九百六十五条** 委托人在接受中介人的服务后,利用中介人提供的交易机会或者媒介服务,绕开中介人直接订立合同的,应当向中介人支付报酬。
第七百五十条 本章没有规定的,适用委托合同的有关规定。	**第七百五十条** 无变化	**第九百六十六条** 本章没有规定的,**参照**适用委托合同的有关规定。	**第九百六十六条** 无变化	**第九百六十六条** 本章没有规定的,参照适用委托合同的有关规定。

第二十七章　合伙合同

《民法典各分编（草案）》（2018年8月版）	《民法典合同编（草案二次审议稿）》（2018年12月版）	《中华人民共和国民法典（草案）》（2019年12月版）	《中华人民共和国民法典（草案大会审议稿）》（2020年5月22日提交审议）	《中华人民共和国民法典》（2020年5月28日审议通过）
第二十六章　合伙合同	第二十七章　合伙合同	第二十七章　合伙合同	第二十七章　合伙合同	第二十七章　合伙合同
第七百五十一条　合伙合同是二人以上为了共同的事业目的，订立的共享利益、共担风险的协议。	**第七百五十一条** 无变化	**第九百六十七条**　合伙合同是**二个以上合伙人**为了共同的事业目的，订立的共享利益、共担风险的协议。	**第九百六十七条**　合伙合同是**两个**以上合伙人为了共同的事业目的，订立的共享利益、共担风险的协议。	**第九百六十七条**　合伙合同是两个以上合伙人为了共同的事业目的，订立的共享利益、共担风险的协议。
第七百五十二条　合伙人应当按照合伙合同约定的出资方式、数额和缴付期限，履行出资义务。 一个或者数个合伙人不履行出资义务的，其他合伙人不能因此拒绝出资。	**第七百五十二条**　合伙人应当**按照**约定的出资方式、数额和缴付期限，履行出资义务。 **一个或者数个合伙人不履行出资义务的，其他合伙人不能因此拒绝出资。**	**第九百六十八条** 无变化	**第九百六十八条**　合伙人应当按照约定的出资方式、数额和缴付期限，履行出资义务。	**第九百六十八条**　合伙人应当按照约定的出资方式、数额和缴付期限，履行出资义务。
第七百五十三条　合伙人的出资、因合伙事务依法取得的收益和其他财产，属于合伙财产。 **合伙财产由全体合伙人共有。**合伙合同终止前，合伙人不得请求分割合伙财产。	**第七百五十三条**　合伙人的出资、因合伙事务依法取得的收益和其他财产，属于合伙财产。 合伙合同终止前，合伙人不得请求分割合伙财产。	**第九百六十九条** 无变化	**第九百六十九条** 无变化	**第九百六十九条**　合伙人的出资、因合伙事务依法取得的收益和其他财产，属于合伙财产。 合伙合同终止前，合伙人不得请求分割合伙财产。

续表

《民法典各分编(草案)》(2018年8月版)	《民法典合同编(草案二次审议稿)》(2018年12月版)	《中华人民共和国民法典(草案)》(2019年12月版)	《中华人民共和国民法典(草案大会审议稿)》(2020年5月22日提交审议)	《中华人民共和国民法典》(2020年5月28日审议通过)
第七百五十四条 合伙事务由全体合伙人共同执行。合伙人对合伙事务作出决定,除合伙合同另有约定以外,应当经全体合伙人一致同意。 按照合伙合同,可以委托一个或者数个合伙人执行合伙事务;其他合伙人不再执行,但是有权监督执行情况。 合伙人分别执行合伙事务的,执行事务合伙人可以对其他合伙人执行的事务提出异议。提出异议时,应当暂停该项事务的执行。	**第七百五十四条** 合伙事务由全体合伙人共同执行。合伙人对合伙事务作出决定,除合伙合同另有约定**外**,应当经全体合伙人一致同意。 按照合伙合同**的约定或者全体合伙人的决定**,可以委托一个或者数个合伙人执行合伙事务;其他合伙人不再执行,但是有权监督执行情况。 合伙人分别执行合伙事务的,执行事务合伙人可以对其他合伙人执行的事务提出异议;提出异议**后,其他合伙人**应当暂停该项事务的执行。	**第九百七十条** 合伙事务由全体合伙人共同执行。合伙人**就**合伙事务作出决定**的**,除合伙合同另有约定外,应当经全体合伙人一致同意。 按照合伙合同的约定或者全体合伙人的决定,可以委托一个或者数个合伙人执行合伙事务;其他合伙人不再执行**合伙事务**,但是有权监督执行情况。 合伙人分别执行合伙事务的,执行事务合伙人可以对其他合伙人执行的事务提出异议;提出异议后,其他合伙人应当暂停该项事务的执行。	**第九百七十条 合伙人就合伙事务作出决定的,除合伙合同另有约定外,应当经全体合伙人一致同意。** **合伙事务由全体合伙人共同执行。**按照合伙合同的约定或者全体合伙人的决定,可以委托一个或者数个合伙人执行合伙事务;其他合伙人不再执行合伙事务,但是有权监督执行情况。 合伙人分别执行合伙事务的,执行事务合伙人可以对其他合伙人执行的事务提出异议;提出异议后,其他合伙人应当暂停该项事务的执行。	**第九百七十条** 合伙人就合伙事务作出决定的,除合伙合同另有约定外,应当经全体合伙人一致同意。 合伙事务由全体合伙人共同执行。按照合伙合同的约定或者全体合伙人的决定,可以委托一个或者数个合伙人执行合伙事务;其他合伙人不再执行合伙事务,但是有权监督执行情况。 合伙人分别执行合伙事务的,执行事务合伙人可以对其他合伙人执行的事务提出异议;提出异议后,其他合伙人应当暂停该项事务的执行。
第七百五十五条 合伙人不得因执行合伙事务而请求支付报酬,但是合伙合同另有约定的除外。	**第七百五十五条** 无变化	**第九百七十一条** 无变化	**第九百七十一条** 无变化	**第九百七十一条** 合伙人不得因执行合伙事务而请求支付报酬,但是合伙合同另有约定的除外。
第七百五十六条 合伙的利润分配和亏损分担,按照合伙合同的约定办理;合伙合同没有约定或者约定不明确的,由合伙人协商决定;协商不成的,由合伙人平均分配、分担。	**第七百五十六条** 合伙的利润分配和亏损分担,按照合伙合同的约定办理;合伙合同没有约定或者约定不明确的,由合伙人协商决定;协商不成的,**由合伙人按照实缴出资比例分配、分担;无法确定出资比例的**,由合伙人平均分配、分担。	**第九百七十二条** 无变化	**第九百七十二条** 无变化	**第九百七十二条** 合伙的利润分配和亏损分担,按照合伙合同的约定办理;合伙合同没有约定或者约定不明确的,由合伙人协商决定;协商不成的,由合伙人按照实缴出资比例分配、分担;无法确定出资比例的,由合伙人平均分配、分担。

续表

《民法典各分编(草案)》(2018 年 8 月版)	《民法典合同编(草案二次审议稿)》(2018 年 12 月版)	《中华人民共和国民法典(草案)》(2019 年 12 月版)	《中华人民共和国民法典(草案大会审议稿)》(2020 年 5 月 22 日提交审议)	《中华人民共和国民法典》(2020 年 5 月 28 日审议通过)
第七百五十七条　合伙人对合伙财产不足以清偿的合伙债务,承担连带责任。清偿合伙债务超过自己应当承担份额的合伙人,有权向其他合伙人追偿。	**第七百五十七条** 无变化	**第九百七十三条**　合伙人对**合伙债务**承担连带责任。清偿合伙债务超过自己应当承担份额的合伙人,有权向其他合伙人追偿。	**第九百七十三条** 无变化	**第九百七十三条**　合伙人对合伙债务承担连带责任。清偿合伙债务超过自己应当承担份额的合伙人,有权向其他合伙人追偿。
第七百五十八条　除合伙合同另有约定以外,合伙人向合伙人以外的人转让其全部或者部分财产份额时,须经其他合伙人一致同意。	**第七百五十八条**　除合伙合同另有约定**外**,合伙人向合伙人以外的人转让其全部或者部分财产份额**的**,须经其他合伙人一致同意。	**第九百七十四条** 无变化	**第九百七十四条** 无变化	**第九百七十四条**　除合伙合同另有约定外,合伙人向合伙人以外的人转让其全部或者部分财产份额的,须经其他合伙人一致同意。
第七百五十九条　合伙人负担与合伙事务无关的债务的,债权人不得以其债权抵销其对合伙人负担的因合伙事务产生的债务。 合伙人的债权人不得代位行使合伙人依照本章和合伙合同享有的权利,但是合伙人享有的利益分配请求权除外。	**第七百五十九条** 无变化	**第九百七十五条**　合伙人的债权人不得代位行使合伙人依照本章**规定**和合伙合同享有的权利,但是合伙人享有的利益分配请求权除外。	**第九百七十五条** 无变化	**第九百七十五条**　合伙人的债权人不得代位行使合伙人依照本章规定和合伙合同享有的权利,但是合伙人享有的利益分配请求权除外。
第七百六十条　当事人对合伙期限没有约定或者约定不明确,依照本法第三百零一条的规定仍不能确定的,视为不定期合伙。 合伙期限届满,合伙人继续履行合伙事务,其他合伙人没有提出异议的,原合伙合同继续有效,但是合伙期限为不定期。 当事人可以随时解除不定期合伙合同,但是应当在合理期限之前通知其他合伙人。	**第七百六十条　合伙人**对合伙期限没有约定或者约定不明确,依照本法第三百零一条的规定仍不能确定的,视为不定期合伙。 合伙期限届满,合伙人继续**执行**合伙事务,其他合伙人没有提出异议的,原合伙合同继续有效,但是合伙期限为不定期。 **合伙人**可以随时解除不定期合伙合同,但是应当在合理期限之前通知其他合伙人。	**第九百七十六条**　合伙人对合伙期限没有约定或者约定不明确,**依据**本法**第五百一十条**的规定仍不能确定的,视为不定期合伙。 合伙期限届满,合伙人继续执行合伙事务,其他合伙人没有提出异议的,原合伙合同继续有效,但是合伙期限为不定期。 合伙人可以随时解除不定期合伙合同,但是应当在合理期限之前通知其他合伙人。	**第九百七十六条** 无变化	**第九百七十六条**　合伙人对合伙期限没有约定或者约定不明确,依据本法第五百一十条的规定仍不能确定的,视为不定期合伙。 合伙期限届满,合伙人继续执行合伙事务,其他合伙人没有提出异议的,原合伙合同继续有效,但是合伙期限为不定期。 合伙人可以随时解除不定期合伙合同,但是应当在合理期限之前通知其他合伙人。

续表

《民法典各分编(草案)》(2018年8月版)	《民法典合同编(草案二次审议稿)》(2018年12月版)	《中华人民共和国民法典(草案)》(2019年12月版)	《中华人民共和国民法典(草案大会审议稿)》(2020年5月22日提交审议)	《中华人民共和国民法典》(2020年5月28日审议通过)
第七百六十一条　合伙人死亡、终止的,合伙合同的权利义务终止。	**第七百六十一条** 无变化	**第九百七十七条**　合伙人死亡、**丧失民事行为能力或者**终止的,**合伙合同**终止;**但是,合伙合同另有约定或者根据合伙事务的性质不宜终止的除外**。	**第九百七十七条** 无变化	**第九百七十七条**　合伙人死亡、丧失民事行为能力或者终止的,合伙合同终止;但是,合伙合同另有约定或者根据合伙事务的性质不宜终止的除外。
第七百六十二条　合伙合同的权利义务终止后,合伙财产在支付因终止而产生的费用及清偿合伙债务后有剩余的,应当返还合伙人的出资;不足以返还全部合伙人的出资的,按照各合伙人实际出资的比例返还。	**第七百六十二条**　合伙合同的权利义务终止后,合伙财产在支付因终止而产生的费用**以及**清偿合伙债务后有剩余的,**依照本法第七百五十六条的规定进行分配**。	**第九百七十八条**　**合伙合同**终止后,合伙财产在支付因终止而产生的费用以及清偿合伙债务后有剩余的,**依据**本法**第九百七十二条**的规定进行分配。	**第九百七十八条** 无变化	**第九百七十八条**　合伙合同终止后,合伙财产在支付因终止而产生的费用以及清偿合伙债务后有剩余的,依据本法第九百七十二条的规定进行分配。

第二十八章 无因管理

《民法典各分编(草案)》(2018年8月版)	《民法典合同编(草案二次审议稿)》(2018年12月版)	《中华人民共和国民法典(草案)》(2019年12月版)	《中华人民共和国民法典(草案大会审议稿)》(2020年5月22日提交审议)	《中华人民共和国民法典》(2020年5月28日审议通过)
	第三分编 准合同	第三分编 准合同	第三分编 准合同	第三分编 准合同
第二十七章 无因管理	第二十八章 无因管理	第二十八章 无因管理	第二十八章 无因管理	第二十八章 无因管理
第七百六十三条 管理人没有法定或者约定的义务,为避免他人利益受损失而管理他人事务,并且符合**其知道或者应当知道的**受益人真实意思的,可以请求受益人偿还因管理行为而支出的必要费用;管理人因管理行为受到损失的,可以请求受益人适当补偿。 管理行为不符合受益人真实意思的,管理人不享有前款规定的权利,但是为维护公序良俗的除外。	**第七百六十三条** 管理人没有法定或者约定的义务,为避免他人利益受损失而管理他人事务,并且符合受益人真实意思的,可以请求受益人偿还因管理行为而支出的必要费用;管理人因管理行为受到损失的,可以请求受益人**给予**适当补偿。 管理行为不符合受益人真实意思的,管理人不享有前款规定的权利,但是为维护公序良俗的除外。	**第九百七十九条** 管理人没有法定**的**或者约定的义务,为避免他人利益受损失而管理他人事务,**并且符合受益人真实意思的**,可以请求受益人偿还因管理**事务**而支出的必要费用;管理人因管理**事务**受到损失的,可以请求受益人给予适当补偿。 管理**事务**不符合受益人真实意思的,管理人不享有前款规定的权利,但是**受益人的真实意思违背公序良俗**的除外。	**第九百七十九条** 管理人没有法定的或者约定的义务,为避免他人利益受损失而管理他人事务,可以请求受益人偿还因管理事务而支出的必要费用;管理人因管理事务受到损失的,可以请求受益人给予适当补偿。 管理事务不符合受益人真实意思的,管理人不享有前款规定的权利;但是,受益人的真实意思**违反法律或者**违背公序良俗的除外。	**第九百七十九条** 管理人没有法定的或者约定的义务,为避免他人利益受损失而管理他人事务**的**,可以请求受益人偿还因管理事务而支出的必要费用;管理人因管理事务受到损失的,可以请求受益人给予适当补偿。 管理事务不符合受益人真实意思的,管理人不享有前款规定的权利;但是,受益人的真实意思违反法律或者违背公序良俗的除外。
第七百六十四条 无因管理人的管理行为不符合前条规定,但是受益人主张享有管理利益的,受益人应当在其获得的利益范围内向无因管理人承担前条第一款规定的责任。	**第七百六十四条** **管理人**的管理行为不符合前条规定,但是受益人主张享有管理利益的,受益人应当在其获得的利益范围内向**管理人**承担前条第一款规定的责任。	**第九百八十条** 管理人**管理事务不属于**前条规**定的情形**,但是受益人享有管理利益的,受益人应当在其获得的利益范围内向管理人承担前条第一款规定的责任。	**第九百八十条** 管理人管理事务不属于前条规定的情形,但是受益人享有管理利益的,受益人应当在其获得的利益范围内向管理人承担前条第一款规定的**义务**。	**第九百八十条** 管理人管理事务不属于前条规定的情形,但是受益人享有管理利益的,受益人应当在其获得的利益范围内向管理人承担前条第一款规定的义务。

续表

《民法典各分编(草案)》(2018 年 8 月版)	《民法典合同编(草案二次审议稿)》(2018 年 12 月版)	《中华人民共和国民法典(草案)》(2019 年 12 月版)	《中华人民共和国民法典(草案大会审议稿)》(2020 年 5 月 22 日提交审议)	《中华人民共和国民法典》(2020 年 5 月 28 日审议通过)
第七百六十五条第一款 无因管理人管理他人事务,应当采取有利于受益人的方法。中断管理对受益人更为不利时,无正当理由不得中断管理。	**第七百六十五条第一款** **管理人**管理他人事务,应当采取有利于受益人的方法。中断管理对受益人更为不利**的**,无正当理由不得**中断**。	**第九百八十一条** 无变化	**第九百八十一条** 管理人管理他人事务,应当采取有利于受益人的方法。中断管理对受益人**不利**的,无正当理由不得中断。	**第九百八十一条** 管理人管理他人事务,应当采取有利于受益人的方法。中断管理对受益人不利的,无正当理由不得中断。
第七百六十五条第二款 无因管理人管理他人事务时,能够通知受益人的,应当及时通知受益人。管理的事务不需要紧急处理的,应当等待受益人的指示。	**第七百六十五条第二款** **管理人**管理他人事务时,能够通知受益人的,应当及时通知受益人。管理的事务不需要紧急处理的,应当等待受益人的指示。	**第九百八十二条** 无变化	**第九百八十二条** 管理人管理他人**事务**,能够通知受益人的,应当及时通知受益人。管理的事务不需要紧急处理的,应当等待受益人的指示。	**第九百八十二条** 管理人管理他人事务,能够通知受益人的,应当及时通知受益人。管理的事务不需要紧急处理的,应当等待受益人的指示。
第七百六十六条 管理结束后,无因管理人应当向受益人报告管理事务的情况。无因管理人管理事务所取得的财产,应当及时转交给受益人。	**第七百六十六条** 无变化	**第九百八十三条** 管理结束后,**管理人**应当向受益人报告管理事务的情况。**管理人管理事务**取得的财产,应当及时转交给受益人。	**第九百八十三条** 无变化	**第九百八十三条** 管理结束后,管理人应当向受益人报告管理事务的情况。管理人管理事务取得的财产,应当及时转交给受益人。
第七百六十七条 无因管理人管理事务经受益人事后追认的,从管理事务开始时起,适用委托合同的规定,但是无因管理人另有意思表示的除外。	**第七百六十七条** **管理人**管理事务经受益人事后追认的,从管理事务开始时起,适用委托合同的**有关**规定,但是**管理人**另有意思表示的除外。	**第九百八十四条** 无变化	**第九百八十四条** 无变化	**第九百八十四条** 管理人管理事务经受益人事后追认的,从管理事务开始时起,适用委托合同的有关规定,但是管理人另有意思表示的除外。

第二十九章 不当得利

《民法典各分编(草案)》(2018年8月版)	《民法典合同编(草案二次审议稿)》(2018年12月版)	《中华人民共和国民法典(草案)》(2019年12月版)	《中华人民共和国民法典(草案大会审议稿)》(2020年5月22日提交审议)	《中华人民共和国民法典》(2020年5月28日审议通过)
第二十八章 不当得利	第二十九章 不当得利	第二十九章 不当得利	第二十九章 不当得利	第二十九章 不当得利
第七百六十八条 得利人没有法律根据取得不当利益的,受损失的人可以请求得利人返还获得的利益,但是有下列情形之一的除外: (一)为了履行道德义务进行的给付; (二)债务到期之前的清偿; (三)明知无给付义务而进行的债务清偿。	**第七百六十八条** 得利人没有法律根据取得不当利益的,受损失的人可以请求得利人返还获得的利益,但是有下列情形之一的除外: (一)**为**履行道德义务进行的给付; (二)债务到期之前的清偿; (三)明知无给付义务而进行的债务清偿。	**第九百八十五条** 无变化	**第九百八十五条** 得利人没有法律根据取得不当利益的,受损失的人可以请求得利人返还**取得的**利益,但是有下列情形之一的除外: (一)为履行道德义务进行的给付; (二)债务到期之前的清偿; (三)明知无给付义务而进行的债务清偿。	**第九百八十五条** 得利人没有法律根据取得不当利益的,受损失的人可以请求得利人返还取得的利益,但是有下列情形之一的除外: (一)为履行道德义务进行的给付; (二)债务到期之前的清偿; (三)明知无给付义务而进行的债务清偿。
第七百六十九条 得利人不知道并且不应当知道获得的利益没有法律根据,获得的利益已不存在的,不承担返还该利益的责任。	**第七百六十九条** 得利人不知道并且不应当知道获得的利益没有法律根据,获得的利益**已经**不存在的,不承担返还该利益的责任。	**第九百八十六条** 得利人不知道**且**不应当知道获得的利益没有法律根据,获得的利益已经不存在的,不承担返还该利益的**义务**。	**第九百八十六条** 得利人不知道且不应当知道**取得的**利益没有法律根据,**取得的**利益已经不存在的,不承担返还该利益的义务。	**第九百八十六条** 得利人不知道且不应当知道取得的利益没有法律根据,取得的利益已经不存在的,不承担返还该利益的义务。
第七百七十条 得利人知道或者应当知道获得的利益没有法律根据的,受损失的人可以请求得利人返还其获得的利益并赔偿损失。	**第七百七十条** 得利人知道或者应当知道获得的利益没有法律根据的,受损失的人可以请求得利人返还其获得的利益并**依法**赔偿损失。	**第九百八十七条** 无变化	**第九百八十七条** 得利人知道或者应当知道**取得的**利益没有法律根据的,受损失的人可以请求得利人返还其**取得的**利益并依法赔偿损失。	**第九百八十七条** 得利人知道或者应当知道取得的利益没有法律根据的,受损失的人可以请求得利人返还其取得的利益并依法赔偿损失。

续表

《民法典各分编（草案）》（2018 年 8 月版）	《民法典合同编（草案二次审议稿）》（2018 年 12 月版）	《中华人民共和国民法典（草案）》（2019 年 12 月版）	《中华人民共和国民法典（草案大会审议稿）》（2020 年 5 月 22 日提交审议）	《中华人民共和国民法典》（2020 年 5 月 28 日审议通过）
第七百七十一条 得利人已经将获得的利益无偿转让给第三人的，受损失的人可以请求第三人在相应范围内承担返还责任。	**第七百七十一条** 无变化	**第九百八十八条** 得利人已经将获得的利益无偿转让给第三人的，受损失的人可以请求第三人在相应范围内承担返还**义务**。	**第九百八十八条** 得利人已经将**取得的**利益无偿转让给第三人的，受损失的人可以请求第三人在相应范围内承担返还义务。	**第九百八十八条** 得利人已经将取得的利益无偿转让给第三人的，受损失的人可以请求第三人在相应范围内承担返还义务。
第七百七十二条 明知或者误将他人事务当作自己事务管理的，可以适用本章关于不当得利的规定。	**第七百七十二条** 明知或者误将他人事务当作自己事务管理的，可以适用本章**的有关**规定。			

人 格 权 编

立法机关对民法典人格权编草案立法演进的说明

一、一次审议稿说明

时间:2018 年 8 月 27 日

来源:关于《民法典各分编(草案)》的说明(第十三届全国人大常委会第五次会议)

人格权编草案坚持以人民为中心,顺应人民群众对人格权保护的迫切需求,在现行有关法律法规和司法解释基础上,对各种具体人格权作了较为详细的规定,为人格权保护奠定和提供了充分的民事请求权法律基础。这一编规定的主要内容有:

1. 人格权的一般规则。一是明确规定,民事主体的人格权受法律保护,人格权不得放弃、转让、继承,对人格权不得进行非法限制(草案第 774 条、第 775 条)。二是明确规定,民事主体可以许可他人使用姓名、名称、肖像等,但是依照法律规定或者根据其性质不得许可的除外(草案第 776 条)。三是明确规定人格权受到侵害后的救济方式(草案第 778 条至第 782 条)。

2. 生命权、身体权和健康权。草案规定了生命权、身体权和健康权的具体内容。同时,针对实践中反映较多的问题,草案还对法定救助义务、人体组织器官捐献、禁止性骚扰等问题作了规定(草案第二章)。

3. 姓名权和名称权。草案规定了姓名权、名称权的基本内容,并对民事主体尊重保护他人姓名权、名称权的基本义务作了规定(草案第三章)。

4. 肖像权。草案规定了肖像权的权利内容及许可使用肖像的规则,并对可以合理使用他人肖像的情形作了规定(草案第四章)。

5. 名誉权和荣誉权。草案规定了名誉权和荣誉权的内容。同时,为了平衡好保护个人权益和发挥新闻报道、舆论监督作用之间的关系,草案还规定,行为人为维护公序良俗实施新闻报道、舆论监督等行为,影响他人名誉的,不承担民事责任。但是行为人捏造事实、歪曲事实、对他人提供的事实未尽到合理审查义务或者包含过度贬损他人名誉内容的除外(草案第五章)。

6. 隐私权和个人信息。针对隐私权和个人信息保护领域存在的突出问题,在现行法律规定基础上,草案进一步强化对隐私权和个人信息的保护,并为即将制定的个人信息保护法留下衔接空间(草案第六章)。

二、二次审议稿说明

时间:2019 年 4 月 20 日

来源:全国人民代表大会宪法和法律委员会关于《民法典人格权编(草案)》修改情况的汇报(第十三届全国人大常委会第十次会议)

2018 年 8 月,全国人大常委会第五次会议对民法典各分编(草案)进行了初次审议。会后,法制工作委员会将草案印发地方人大、中央有关单位、法学教学研究机构和有关社会团体征求意见,并在中国人大网全文公布草案征求社会公众意见。根据党中央和常委会确定的民法典编纂工作计划和安排,在对民法典各分编(草案)整体进行初次审议后,将各分编草案分拆为几个单元进行若干次审议和修改完善;到 2019 年 12 月,将之前已出台的《民法总则》同经过常委会审议和修改完善的民法典各分编草案,合并为一部完整的民法典草案。2018 年 12 月,常委会第七次会议对民法典合同编(草案)、侵权责任编(草案)进行了二审。经研究,建议本次常委会会议对民法典人格权编(草案)进行二审。法制工作委员会就民法典人格权编(草案)召开多个座谈会,听取中央有关部门和部分企业、专家学者的意见,到广西等地进行调研,了解实际情况,听取意见。宪法和法律委员会于 2019 年 4 月 1 日召开会议,根据常委会组成人员的审议意见和各方面意见,对草案进行了逐条审议,最高人民法院、最高人民检察院、司法部、中国社会科学院、中国法学会等参加民法典编纂工作的单位有关负责同志列席了会议。4 月 12 日,宪法和法律委员会召开会议,再次进行审议。现就民法典人格权编(草案)主要问题的修改情况汇报如下:

1. 有的法学教学研究机构和社会公众提出,自然人因婚姻家庭关系产生的身份权利,与人格权在保护上具有一定相似性。对这些身份权利的保护,除适用婚姻家庭编的规定外,还应当参照适用人格权保护的相关规定。宪法和法律委员会经研究,建议采纳这一意见,在草案第一章"一般规定"中增加一条规定:自然人因婚姻、家庭关系等产生的身份权利的保护,参照适用本编人格权保护的有关规定(草案二次审议稿第 782 条之 1)。

2. 草案第 789 条规定了对有关科研机构等为开发新药或者发展新的治疗方法进行人体试验的要求。有的常委委员、地方、部门和社会公众提出,开展人体试验活动,涉及人格权保护的,必须进行严格规范,保护受试者的生命安全和身体健康。宪法和法律委员会经研究,建议采纳上述意见,对草案作如下修改:一是将此类活动的规范范围扩大为"为研制新药、医疗器械或者发展新的预防和治疗方法"的所有活动。二是增加规定,开展此类活动,除经主管部门批准外,还应取得伦理委员会的审查同意。三是删除有关禁止向受试者支付任何形式的报酬、但可以给予必要补偿的规定(草案二次审议稿第 789 条)。

3. 有的地方、法学教学研究机构和社会公众提出,开展与人体基因、人体胚胎等有关的医学和科学研究,可能带来人体生命健康安全和伦理道德方面的风险,必须有严格的法律规范。宪法和法律委员会经研究,建议采纳这一意见,在第二章"生命权、身体权和健康权"中增加一条规定:从事与人体基因、人体胚胎等有关的医学和科研活动的,应当遵守法律、行政法规和国家有关规定,不得危害人体健康,不得违背伦理道德(草案二次审议稿第 789 条之 1)。

4. 草案第 795 条规定,未成年人父母离婚的,与未成年人共同生活的一方可以将未成年人的姓氏变更为自己的姓氏,但是另一方有正当理由表示反对的除外。有的常委委员、地方和法学教学研究机构提出,该条规定的初衷是为了给实践中此类案件的解决提供法律依据,但是变更未成年人姓氏涉及的问题较为复杂,这一规定并不能完全解决现实中的这类问题,建议不作规定。宪法和法律委员会经研究,建议采纳这一意见,删除这一条。

5. 有的部门提出,利用信息技术手段"深度伪造"他人的肖像、声音,不仅侵害自然人的人格权益,严重的还可能造成恶劣的社会影响,危害国家安全和社会公共利益,建议法律对深度伪造技术带来的"换脸"等问题予以回应。宪法和法律委员会经研究,建议采纳这一意见,在草案第 799 条第 1 款增加规定:任何组织或者个人不得以利用信息技术手段伪造的方式侵害他人的肖像权。同时,将草案第 803 条修改为:其他人格权的许可使用和自然人声音的保护,参照适用本章的有关规定(草案二次审议稿第 799 条第 1 款、第 803 条)。

6. 有的部门和法学教学研究机构提出,为了及时制止侵害行为,减少对受害人权益的损害,建议借鉴《出版管理条例》的相关规定,对媒体报道内容失实而侵害他人名誉权的,明确受害人有权要求媒体及时更正、删除该不实报道。宪法和法律委员会经研究,建议采纳这一意见,在草案第五章"名誉权和荣誉权"中增加一条规定:报刊、网络等媒体报道的内容失实,侵害他人名誉权的,受害人有权请求该媒体及时更正或者删除。媒体不及时履行的,受害人有权请求人民法院责令该媒体限期更正或者删除(草案二次审议稿第 807 条之 1)。

7. 草案第六章规定了个人信息保护。有的法学教学研究机构和社会公众提出,应当加强对未成年人个人信息的保护,未经监护人同意,不得收集和使用这类信息。同时,还应当明确规定国家机关及其工作人员对履职过程中知悉的个人信息等的保密义务。宪法和法律委员会经研究,建议采纳上述意见,在草案第 814 条第 1 项中,对收集使用未成年人等无民事行为能力人或者限制民事行为能力人的个人信息的,增加规定应当征得其监护人同意,但是法律、行政法规另有规定的除外。同时,在该章中增加一条规定:国家机关及其工作人员对于履行职责过程中知悉的自然人隐私、个人信息,应当予以保密,不得泄露或者非法向他人提供(草案二次审议稿第 814 条、第 817 条之 1)。

此外,还对草案作了一些文字修改。

三、三次审议稿说明

时间:2019 年 8 月 22 日

来源:全国人民代表大会宪法和法律委员会关于《民法典人格权编(草案)》修改情况的汇报(第十三届全国人大常委会第十二次会议)

2018 年 12 月以来,全国人大常委会第七次会议、第十次会议、第十一次会议分别对民法典合同编、侵权责任编、物权编、人格权编、婚姻家庭编、继承编等各分编草案进行了二审。经研究,建议 8 月份常委会第十二次会议对民法典人格权编(草案)进行三审。法制工作委员会就民法典人格权编(草案二次审议稿)在北京召开多个座谈会,分别听取中央有关部门和部分专家学者的意见,到山东、河北等地进行调研,了解实际情况,听取地方意见。宪法和法律委员会于 7 月 30 日召开会议,根据常委会组成人员的审议意见和各方面意见,对草案进行了审议,最高人民法院、最高人民检察院、司法部、中国社会科学院、中国法学会等参加民法典编纂工作的单位有关负责同志列席了会议。2019 年 8 月 16 日,宪法和法律委员会召开会议，再次进行审议。现就民法典人格权编（草案二次审议稿）主要问题的修改情况汇报如下：

1. 有的常委会组成人员和社会公众提出，人格权是人格权编中的核心概念，建议对这一概念的定义予以界定，明确哪些权利属于人格权。宪法和法律委员会经研究，建议采纳这一意见，在草案二次审议稿第774条中增加一款规定：人格权是民事主体享有的生命权、身体权、健康权、姓名权、名称权、肖像权、名誉权、荣誉权、隐私权等权利。同时，将该条第1款关于民事主体人格权受法律保护的规定单列一条（草案三次审议稿第774条第1款、第774条之1）。

2. 草案二次审议稿第787条对完全民事行为能力人生前决定无偿捐献其人体细胞、人体组织、人体器官、遗体作了规定。有的常委委员、地方、部门和专家学者提出，死后遗体捐献有利于医疗卫生事业的发展，有利于弘扬社会主义核心价值观，应当予以鼓励，建议吸收国务院《人体器官移植条例》的相关内容，明确公民生前未拒绝捐献的，其近亲属可以共同决定捐献。宪法和法律委员会经研究，建议采纳这一意见，在草案第787条中增加一款规定：自然人生前未表示不同意捐献的，该自然人死亡后，其配偶、成年子女、父母可以采用书面形式共同决定捐献（草案三次审议稿第787条第3款）。

3. 草案二次审议稿第789条之一规定，从事与人体基因、人体胚胎等有关的医学和科研活动的，应当遵守法律、行政法规和国家有关规定，不得危害人体健康，不得违背伦理道德。有的常委委员、地方提出，从事这类活动，还应当强调不得损害公共利益。宪法和法律委员会经研究，建议采纳这一意见，在该条中增加规定：从事此类活动"不得损害公共利益"（草案三次审议稿第789条之1）。

4. 草案二次审议稿第811条第2款规定："本法所称隐私是具有私密性的私人空间、私人活动和私人信息等。"有的常委委员、地方、部门和专家学者建议对隐私的定义作进一步研究修改，突出"不愿意为他人知晓"这一特点。有的常委委员、专家学者和社会公众提出，应当对在宾馆房间私装摄像头进行偷拍，侵害公民隐私权的行为作出有针对性的规定。宪法和法律委员会经研究，建议采纳上述意见，将隐私的定义修改为"自然人不愿为他人知晓的私密空间、私密活动和私密信息等"；并增加规定，任何组织或者个人不得搜查、进入、窥视、拍摄他人的宾馆房间等私密空间（草案三次审议稿第811条第2款、第812条第1项）。

5. 草案二次审议稿第813条第2款规定了个人信息的范围包括自然人的姓名、出生日期、身份证件号码、个人生物识别信息、住址、电话号码等。有的常委委员、地方、部门、专家学者和企业提出，个人的电子邮箱地址和行踪信息同样具有识别特定自然人的功能，也属于重要的个人信息，建议纳入个人信息的范围。有的常委委员和专家学者提出，为了加强对个人信息的保护，除对收集、使用个人信息的行为进行规范外，还应当对加工、传输、提供、公开个人信息等行为进行规范。宪法和法律委员会经研究，建议采纳上述意见，将自然人的"电子邮箱地址"和"行踪信息"纳入个人信息的范围；同时，将第六章相关条文中的"使用"个人信息修改为"处理"个人信息，并增加规定：个人信息的处理包括个人信息的使用、加工、传输、提供、公开等（草案三次审议稿第813条第2款、第814条、第815条第2款、第816条）。

此外，还对草案作了其他一些完善和文字修改。

四、四次审议稿说明

时间:2019 年 12 月 23 日

来源:关于《民法典各分编(草案)》修改情况和《中华人民共和国民法典(草案)》编纂情况的汇报(第十三届全国人大常委会第十五次会议)

人格权编草案共 6 章、51 条。常委会第十二次会议对民法典人格权编草案进行了三审,对人格权编草案三次审议稿的修改情况主要是:

1. 草案三次审议稿第 790 条第 2 款规定,用人单位应当采取合理措施,防止和制止利用职权、从属关系等实施性骚扰。有的常委会组成人员、单位和社会公众建议明确"用人单位"包含哪些主体,以使这一规定在防止职场和校园性骚扰方面更有针对性。宪法和法律委员会经研究,建议采纳这一意见,将"用人单位"修改为"机关、企业、学校等单位"(民法典草案第 1010 条第 2 款)。

2. 草案三次审议稿第 811 条第 2 款规定,隐私是自然人不愿为他人知晓的私密空间、私密活动和私密信息等。有的常委委员、单位和专家学者提出,维护私人生活安宁、排除他人非法侵扰是隐私权的一项重要内容,建议在隐私的定义中增加这一内容。宪法和法律委员会经研究,建议采纳这一意见,将隐私的定义修改为:隐私是自然人的私人生活安宁和不愿为他人知晓的私密空间、私密活动、私密信息(民法典草案第 1032 条第 2 款)。

五、大会审议稿说明

时间:2020 年 5 月 22 日

来源:关于《中华人民共和国民法典(草案)》的说明(第十三届全国人民代表大会第三次会议)

人格权是民事主体对其特定的人格利益享有的权利,关系每个人的人格尊严,是民事主体最基本的权利。草案第四编"人格权"在现行有关法律法规和司法解释的基础上,从民事法律规范的角度规定自然人和其他民事主体人格权的内容、边界和保护方式,不涉及公民政治、社会等方面权利。第四编共 6 章、51 条,主要内容有:

1. 关于一般规定。第四编第一章规定了人格权的一般性规则:一是明确人格权的定义(草案第 990 条)。二是规定民事主体的人格权受法律保护,人格权不得放弃、转让或者继承(草案第 991 条、第 992 条)。三是规定了对死者人格利益的保护(草案第 994 条)。四是明确规定人格权受到侵害后的救济方式(草案第 995 条至第 1000 条)。

2. 关于生命权、身体权和健康权。第四编第二章规定了生命权、身体权和健康权的具体内容,并对实践中社会比较关注的有关问题作了有针对性的规定:一是为促进医疗卫生事业的发展,鼓励遗体捐献的善行义举,草案吸收行政法规的相关规定,确立器官捐献的基本规则(草案第 1006 条)。二是为规范与人体基因、人体胚胎等有关的医学和科研活动,明确从事此类活动应遵守的规则(草案第 1009 条)。三是近年来,性骚扰问题引起社会较大关注,草案在总结既有立法和司法实践经验的基础上,规定了性骚扰的认定标准,以及机关、企业、学校等单位防止和制止性骚扰的义务(草案第 1010 条)。

3. 关于姓名权和名称权。第四编第三章规定了姓名权、名称权的具体内容,并对民事主体尊重保护他人姓名权、名称权的基本义务作了规定:一是对自然人选取姓氏的规则作了规定(草案第1015条)。二是明确对具有一定社会知名度,被他人使用足以造成公众混淆的笔名、艺名、网名等,参照适用姓名权和名称权保护的有关规定(草案第1017条)。

4. 关于肖像权。第四编第四章规定了肖像权的权利内容及许可使用肖像的规则,明确禁止侵害他人的肖像权:一是针对利用信息技术手段"深度伪造"他人的肖像、声音,侵害他人人格权益,甚至危害社会公共利益等问题,规定禁止任何组织或者个人利用信息技术手段伪造等方式侵害他人的肖像权。并明确对自然人声音的保护,参照适用肖像权保护的有关规定(草案第1019条第1款、第1023条第2款)。二是为了合理平衡保护肖像权与维护公共利益之间的关系,草案结合司法实践,规定肖像权的合理使用规则(草案第1020条)。三是从有利于保护肖像权人利益的角度,对肖像许可使用合同的解释、解除等作了规定(草案第1021条、第1022条)。

5. 关于名誉权和荣誉权。第四编第五章规定了名誉权和荣誉权的内容:一是为了平衡个人名誉权保护与新闻报道、舆论监督之间的关系,草案对行为人实施新闻报道、舆论监督等行为涉及的民事责任承担,以及行为人是否尽到合理核实义务的认定等作了规定(草案第1025条、第1026条)。二是规定民事主体有证据证明报刊、网络等媒体报道的内容失实,侵害其名誉权的,有权请求更正或者删除(草案第1028条)。

6. 关于隐私权和个人信息保护。第四编第六章在现行有关法律规定的基础上,进一步强化对隐私权和个人信息的保护,并为下一步制定个人信息保护法留下空间:一是规定了隐私的定义,列明禁止侵害他人隐私权的具体行为(草案第1032条、第1033条)。二是界定了个人信息的定义,明确了处理个人信息应遵循的原则和条件(草案第1034条、第1035条)。三是构建自然人与信息处理者之间的基本权利义务框架,明确处理个人信息不承担责任的特定情形,合理平衡保护个人信息与维护公共利益之间的关系(草案第1036条至第1038条)。四是规定国家机关及其工作人员负有保护自然人的隐私和个人信息的义务(草案第1039条)。

第一章　一般规定

《民法典各分编(草案)》(2018年9月版)	《民法典人格权编(草案二次审议稿)》(2019年4月版)	《民法典人格权编(草案三次审议稿)》(2019年8月版)	《中华人民共和国民法典(草案)》(2019年12月版)	《中华人民共和国民法典(草案大会审议稿)》(2020年5月22日提交审议)	《中华人民共和国民法典》(2020年5月28日表决通过)
第一章　一般规定	第一章　一般规定	第一章　一般规定	第一章　一般规定	第一章　一般规定	第一章　一般规定
第七百七十三条　本编调整因人格权产生的民生关系。	**第七百七十三条**　本编调整因人格权产生的**民事关系**。	**第七百七十三条**　本编调整因人格权**的享有和保护**产生的民事关系。	**第九百八十九条**　无变化	**第九百八十九条**　无变化	**第九百八十九条**　本编调整因人格权的享有和保护产生的民事关系。
第七百七十四条第二款　除本编规定的人格权外,自然人享有基于人身自由、人格尊严产生的其他人格权益。	**第七百七十四条第二款**　无变化	**第七百七十四条**　**人格权是民事主体享有的生命权、身体权、健康权、姓名权、名称权、肖像权、名誉权、荣誉权、隐私权等权利。** 除**前款**规定的人格权外,自然人享有基于人身自由、人格尊严产生的其他人格权益。	**第九百九十条**　无变化	**第九百九十条**　无变化	**第九百九十条**　人格权是民事主体享有的生命权、身体权、健康权、姓名权、名称权、肖像权、名誉权、荣誉权、隐私权等权利。 除前款规定的人格权外,自然人享有基于人身自由、人格尊严产生的其他人格权益。
第七百七十四条第一款　民事主体的人格权受法律保护。	**第七百七十四条第一款**　民事主体的人格权受法律保护**,任何组织或者个人不得侵害。**	**第七百七十四条之一**　无变化	**第九百九十一条**　无变化	**第九百九十一条**　无变化	**第九百九十一条**　民事主体的人格权受法律保护,任何组织或者个人不得侵害。
第七百七十五条　人格权不得放弃、转让、继承,但是法律另有规定的除外。 **对人格权不得进行非法限制。**	**第七百七十五条**　人格权不得放弃、转让、继承**,但是法律另有规定的除外。**	**第七百七十五条**　人格权不得放弃、转让、继承。	**第九百九十二条**　无变化	**第九百九十二条**　人格权不得放弃、转让**或者**继承。	**第九百九十二条**　人格权不得放弃、转让或者继承。

续表

《民法典各分编（草案）》（2018年9月版）	《民法典人格权编（草案二次审议稿）》（2019年4月版）	《民法典人格权编（草案三次审议稿）》（2019年8月版）	《中华人民共和国民法典（草案）》（2019年12月版）	《中华人民共和国民法典（草案大会审议稿）》（2020年5月22日提交审议）	《中华人民共和国民法典》（2020年5月28日表决通过）
第七百七十六条 民事主体可以许可他人使用姓名、名称、肖像等，但是依照法律规定或者根据其性质不得许可的除外。	**第七百七十六条** 无变化	**第七百七十六条** 民事主体可以**将自己的姓名、名称、肖像等许可他人使用**，但是依照法律规定或者根据其性质不得许可的除外。	**第九百九十三条** 无变化	**第九百九十三条** 无变化	**第九百九十三条** 民事主体可以将自己的姓名、名称、肖像等许可他人使用，但是依照法律规定或者根据其性质不得许可的除外。
第七百七十七条 死者的姓名、肖像、名誉、荣誉等受到侵害的，其配偶、子女、父母可以依法请求行为人承担民事责任；死者没有配偶、子女和父母的，其他近亲属可以依法请求行为人承担民事责任。	**第七百七十七条** 死者的姓名、肖像、名誉、荣誉、**遗体**等受到侵害的，其配偶、子女、父母**有权**依法请求行为人承担民事责任；死者没有配偶、子女**并且**父母**已经死亡**的，其他近亲属**有权**依法请求行为人承担民事责任。	**第七百七十七条** 死者的姓名、肖像、名誉、荣誉、**隐私**、遗体等受到侵害的，其配偶、子女、父母有权依法请求行为人承担民事责任；死者没有配偶、子女并且父母已经死亡的，其他近亲属有权依法请求行为人承担民事责任。	**第九百九十四条** 无变化	**第九百九十四条** 死者的姓名、肖像、名誉、荣誉、隐私、遗体等受到侵害的，其配偶、子女、父母有权依法请求行为人承担民事责任；死者没有配偶、子女**且**父母已经死亡的，其他近亲属有权依法请求行为人承担民事责任。	**第九百九十四条** 死者的姓名、肖像、名誉、荣誉、隐私、遗体等受到侵害的，其配偶、子女、父母有权依法请求行为人承担民事责任；死者没有配偶、子女且父母已经死亡的，其他近亲属有权依法请求行为人承担民事责任。
第七百七十八条 侵害民事主体人格权的，应当依照本法和其他法律的规定承担停止侵害、排除妨碍、消除危险、赔偿损失、消除影响、恢复名誉、赔礼道歉等民事责任。 民事主体依照前款规定提出的停止侵害、排除妨碍、消除危险、消除影响、恢复名誉、赔礼道歉请求权不受诉讼时效的限制。	**第七百七十八条** **人格权受到侵害的，受害人有权依照本法和其他法律的规定请求行为人承担民事责任。** **依照**前款规定**提出**停止侵害、排除妨碍、消除危险、消除影响、恢复名誉**请求权的，不适用诉讼时效的规定。**	**第七百七十八条** 人格权受到侵害的，受害人有权依照本法和其他法律的规定请求行为人承担民事责任。 依照前款规定提出**的**停止侵害、排除妨碍、消除危险、消除影响、恢复名誉请求权，不适用诉讼时效的规定。	**第九百九十五条** 人格权受到侵害的，受害人有权依照本法和其他法律的规定请求行为人承担民事责任。 **依据**前款规定提出的停止侵害、排除妨碍、消除危险、消除影响、恢复名誉请求权，不适用诉讼时效的规定。	**第九百九十五条** 人格权受到侵害的，受害人有权依照本法和其他法律的规定请求行为人承担民事责任。**受害人**的停止侵害、排除妨碍、消除危险、消除影响、恢复名誉请求权，不适用诉讼时效的规定。	**第九百九十五条** 人格权受到侵害的，受害人有权依照本法和其他法律的规定请求行为人承担民事责任。受害人的停止侵害、排除妨碍、消除危险、消除影响、恢复名誉、**赔礼道歉**请求权，不适用诉讼时效的规定。

续表

《民法典各分编（草案）》（2018年9月版）	《民法典人格权编（草案二次审议稿）》（2019年4月版）	《民法典人格权编（草案三次审议稿）》（2019年8月版）	《中华人民共和国民法典（草案）》（2019年12月版）	《中华人民共和国民法典（草案大会审议稿）》（2020年5月22日提交审议）	《中华人民共和国民法典》（2020年5月28日表决通过）
第七百八十二条 因当事人一方的违约行为，损害对方人格权造成严重精神损害，受损害方选择请求其承担违约责任的，不影响受损害方请求精神损害赔偿。	**第七百七十九条** 无变化	**第七百七十九条** 因当事人一方的违约行为，损害对方人格权**并**造成严重精神损害，受损害方选择请求其承担违约责任的，不影响受损害方请求精神损害赔偿。	**第九百九十六条** 无变化	**第九百九十六条** 无变化	**第九百九十六条** 因当事人一方的违约行为，损害对方人格权并造成严重精神损害，受损害方选择请求其承担违约责任的，不影响受损害方请求精神损害赔偿。
第七百八十条 民事主体有证据证明他人正在实施或者即将实施侵害其人格权的行为，如不及时制止将会使其合法权益受到难以弥补的损害的，可以在起诉前依法向人民法院申请采取责令停止有关行为的措施。	**第七百八十条** 民事主体有证据证明他人正在实施或者即将实施侵害其人格权的行为，**不及时**制止将会使其合法权益受到难以弥补的损害的，**有权**依法向人民法院申请采取责令停止有关行为的措施。	**第七百八十条** 民事主体有证据证明**行为人**正在实施或者即将实施侵害其人格权的行为，不及时制止**将**使其合法权益受到难以弥补的损害的，有权依法向人民法院申请采取责令**行为人**停止有关行为的措施。	**第九百九十七条** 无变化	**第九百九十七条** 民事主体有证据证明行为人正在实施或者即将实施侵害其人格权的**违法**行为，不及时制止将使其合法权益受到难以弥补的损害的，有权依法向人民法院申请采取责令行为人停止有关行为的措施。	**第九百九十七条** 民事主体有证据证明行为人正在实施或者即将实施侵害其人格权的违法行为，不及时制止将使其合法权益受到难以弥补的损害的，有权依法向人民法院申请采取责令行为人停止有关行为的措施。
第七百七十九条第一款 认定行为人承担侵害人格权的民事责任，应当考虑下列因素： （一）人格权的类型； （二）行为人和受害人的职业、社会身份、影响范围等； （三）行为的目的、方式、地点、时间、后果等具体情节。	**第七百八十一条** 认定行为人承担侵害**除生命权、身体权和健康权以外的**人格权的民事责任，**可以考虑行为人和受害人的职业、影响范围、过错程度，以及行为的目的、方式、后果等因素。**	**第七百八十一条** 认定行为人承担侵害除生命权、身体权和健康权以外的人格权的民事责任，**应当**考虑行为人和受害人的职业、影响范围、过错程度，以及行为的目的、方式、后果等因素。	**第九百九十八条** 认定行为人承担侵害除生命权、身体权和健康权**外**的人格权的民事责任，应当考虑行为人和受害人的职业、影响范围、过错程度，以及行为的目的、方式、后果等因素。	**第九百九十八条** 无变化	**第九百九十八条** 认定行为人承担侵害除生命权、身体权和健康权外的人格权的民事责任，应当考虑行为人和受害人的职业、影响范围、过错程度，以及行为的目的、方式、后果等因素。

续表

《民法典各分编（草案）》（2018年9月版）	《民法典人格权编（草案二次审议稿）》（2019年4月版）	《民法典人格权编（草案三次审议稿）》（2019年8月版）	《中华人民共和国民法典（草案）》（2019年12月版）	《中华人民共和国民法典（草案大会审议稿）》（2020年5月22日提交审议）	《中华人民共和国民法典》（2020年5月28日表决通过）
第七百七十九条第二款 行为人为维护公序良俗实施新闻报道、舆论监督等行为的，可以在必要范围内合理使用民事主体的姓名、名称、肖像、**隐私**、个人信息等。	**第七百八十一条之一** **实施**新闻报道、舆论监督等行为的，**可以**合理使用民事主体的姓名、名称、肖像、个人信息等。**行为人未合理使用的，应当依法承担民事责任。**	**第七百八十一条之一** 实施新闻报道、舆论监督等行为的，可以合理使用民事主体的姓名、名称、肖像、个人信息等；**使用不合理**的，应当依法承担民事责任。	**第九百九十九条** 无变化	**第九百九十九条** 为**公共利益**实施新闻报道、舆论监督等行为的，可以合理使用民事主体的姓名、名称、肖像、个人信息等；使用不合理**侵害民事主体人格权**的，应当依法承担民事责任。	**第九百九十九条** 为公共利益实施新闻报道、舆论监督等行为的，可以合理使用民事主体的姓名、名称、肖像、个人信息等；使用不合理侵害民事主体人格权的，应当依法承担民事责任。
第七百八十一条 侵权人依法承担消除影响、恢复名誉或者赔礼道歉等民事责任的，应当与侵权的具体方式和造成的影响范围相当。侵权人拒不履行的，人民法院可以采取在报刊、网络等媒体上发布公告或者公布生效裁判文书等方式执行，产生的费用由侵权人负担。	**第七百八十二条** **行为人因侵害人格权**依法承担消除影响、恢复名誉、赔礼道歉等民事责任的，应当与**行为**的具体方式和造成的影响范围相当。 **行为人**拒不**承担前款规定的民事责任**的，人民法院可以采取在报刊、网络等媒体上发布公告或者公布生效裁判文书等方式执行，产生的费用由**行为人**负担。	**第七百八十二条** 无变化	**第一千条** 行为人因侵害人格权**承担**消除影响、恢复名誉、赔礼道歉等民事责任的，应当与行为的具体方式和造成的影响范围相当。 行为人拒不承担前款规定的民事责任的，人民法院可以采取在报刊、网络等媒体上发布公告或者公布生效裁判文书等方式执行，产生的费用由行为人负担。	**第一千条** 无变化	**第一千条** 行为人因侵害人格权承担消除影响、恢复名誉、赔礼道歉等民事责任的，应当与行为的具体方式和造成的影响范围相当。 行为人拒不承担前款规定的民事责任的，人民法院可以采取在报刊、网络等媒体上发布公告或者公布生效裁判文书等方式执行，产生的费用由行为人负担。
	第七百八十二条之一 自然人因婚姻、家庭关系等产生的身份权利的保护，参照适用本编人格权保护的有关规定。	**第七百八十二条之一** **对**自然人因婚姻家庭关系等产生的身份权利的保护，**适用本法总则编、婚姻家庭编和其他法律的相关规定；没有规定的，**参照适用本编人格权保护的有关规定。	**第一千零一条** 无变化	**第一千零一条** 对自然人因婚姻家庭关系等产生的身份权利的保护，适用本法**第一编、第五编**和其他法律的相关规定；没有规定的，参照适用本编人格权保护的有关规定。	**第一千零一条** 对自然人因婚姻家庭关系等产生的身份权利的保护，适用本法第一编、第五编和其他法律的相关规定；没有规定的，**可以根据其性质**参照适用本编人格权保护的有关规定。

第二章　生命权、身体权和健康权

《民法典各分编（草案）》（2018 年 9 月版）	《民法典人格权编（草案二次审议稿）》（2019 年 4 月版）	《民法典人格权编（草案三次审议稿）》（2019 年 8 月版）	《中华人民共和国民法典（草案）》（2019 年 12 月版）	《中华人民共和国民法典（草案大会审议稿）》（2020 年 5 月 22 日提交审议）	《中华人民共和国民法典》（2020 年 5 月 28 日表决通过）
第二章 生命权、身体权和健康权	第二章 生命权、身体权和健康权	第二章 生命权、身体权和健康权	第二章 生命权、身体权和健康权	第二章 生命权、身体权和健康权	第二章 生命权、身体权和健康权
第七百八十三条 自然人享有生命权，有权维护自己的生命安全。任何组织或者个人不得侵害他人的生命权。	**第七百八十三条** 自然人享有生命权，有权维护自己的生命安全**和生命尊严**。任何组织或者个人不得侵害他人的生命权。	**第七百八十三条** 无变化	**第一千零二条** 无变化	**第一千零二条** 自然人享有生命权。**自然人的**生命安全和生命尊严**受法律保护**。任何组织或者个人不得侵害他人的生命权。	**第一千零二条** 自然人享有生命权。自然人的生命安全和生命尊严受法律保护。任何组织或者个人不得侵害他人的生命权。
第七百八十四条 自然人享有身体权，有权维护自己的身体完整。任何组织或者个人不得侵害他人的身体权。	**第七百八十四条** 自然人享有身体权，有权维护自己的身体完整**和行动自由**。任何组织或者个人不得侵害他人的身体权。	**第七百八十四条** 无变化	**第一千零三条** 无变化	**第一千零三条** 自然人享有身体权。**自然人的**身体完整和行动自由**受法律保护**。任何组织或者个人不得侵害他人的身体权。	**第一千零三条** 自然人享有身体权。自然人的身体完整和行动自由受法律保护。任何组织或者个人不得侵害他人的身体权。
第七百八十五条 自然人享有健康权，有权维护自己的身心健康。任何组织或者个人不得侵害他人的健康权。	**第七百八十五条** 无变化	**第七百八十五条** 无变化	**第一千零四条** 无变化	**第一千零四条** 自然人享有健康权。**自然人**的身心健康**受法律保护**。任何组织或者个人不得侵害他人的健康权。	**第一千零四条** 自然人享有健康权。自然人的身心健康受法律保护。任何组织或者个人不得侵害他人的健康权。

续表

《民法典各分编（草案）》（2018年9月版）	《民法典人格权编（草案二次审议稿）》（2019年4月版）	《民法典人格权编（草案三次审议稿）》（2019年8月版）	《中华人民共和国民法典（草案）》（2019年12月版）	《中华人民共和国民法典（草案大会审议稿）》（2020年5月22日提交审议）	《中华人民共和国民法典》（2020年5月28日表决通过）
第七百八十六条　自然人的生命权、身体权、健康权受到侵害或者处于其他危难情形的，负有法定救助义务的机构和人员应当依法及时施救。	**第七百八十六条**　自然人的生命权、身体权、健康权受到侵害或者处于其他危难情形的，负有法定救助义务的**组织或者个人应当**及时施救。	**第七百八十六条**　无变化	**第一千零五条**　无变化	**第一千零五条**　无变化	**第一千零五条**　自然人的生命权、身体权、健康权受到侵害或者处于其他危难情形的，负有法定救助义务的组织或者个人应当及时施救。
第七百八十七条　完全民事行为能力人有权依法自主决定无偿捐献其人体细胞、人体器官、人体组织、遗体。任何组织或者个人不得欺诈、胁迫自然人捐献。 自然人同意捐献的意思表示应当采用书面形式或者有效的遗嘱形式，**并且可以随时被撤销或者撤回**。	**第七百八十七条**　完全民事行为能力人有权依法自主决定无偿捐献其人体细胞、**人体组织**、**人体器官**、遗体。任何组织或者个人不得欺诈、**利诱**、胁迫**其**捐献。 自然人**依照前款规定同意捐献的**，应当采用书面形式或者有效的遗嘱形式。	**第七百八十七条**　完全民事行为能力人有权依法自主决定无偿捐献其人体细胞、人体组织、人体器官、遗体。任何组织或者个人不得欺诈、利诱、胁迫其捐献。 **完全民事行为能力人**依照前款规定同意捐献的，应当采用书面形式或者有效的遗嘱形式。 **自然人生前未表示不同意捐献的，该自然人死亡后，其配偶、成年子女、父母可以采用书面形式共同决定捐献。**	**第一千零六条**　完全民事行为能力人有权依法自主决定无偿捐献其人体细胞、人体组织、人体器官、遗体。任何组织或者个人不得**强迫**、**欺骗**、**利诱**其捐献。 完全民事行为能力人**依据**前款规定同意捐献的，应当采用书面形式或者有效的遗嘱形式。 自然人生前未表示不同意捐献的，该自然人死亡后，其配偶、成年子女、父母**可以共同决定捐献，决定捐献应当采用书面形式。**	**第一千零六条**　完全民事行为能力人有权依法自主决定无偿捐献其人体细胞、人体组织、人体器官、遗体。任何组织或者个人不得强迫、欺骗、利诱其捐献。 完全民事行为能力人依据前款规定同意捐献的，应当采用书面形式或者**遗嘱形式**。 自然人生前未表示不同意捐献的，该自然人死亡后，其配偶、成年子女、父母可以共同决定捐献，决定捐献应当采用书面形式。	**第一千零六条**　完全民事行为能力人有权依法自主决定无偿捐献其人体细胞、人体组织、人体器官、遗体。任何组织或者个人不得强迫、欺骗、利诱其捐献。 完全民事行为能力人依据前款规定同意捐献的，应当采用书面形式，**也可以订立遗嘱**。 自然人生前未表示不同意捐献的，该自然人死亡后，其配偶、成年子女、父母可以共同决定捐献，决定捐献应当采用书面形式。
第七百八十八条　禁止以任何形式买卖人体细胞、人体器官、人体组织、遗体。 违反前款规定的买卖行为无效。	**第七百八十八条**　禁止以任何形式买卖人体细胞、**人体组织**、**人体器官**、遗体。 违反前款规定的买卖行为无效。	**第七百八十八条**　无变化	**第一千零七条**　无变化	**第一千零七条**　无变化	**第一千零七条**　禁止以任何形式买卖人体细胞、人体组织、人体器官、遗体。 违反前款规定的买卖行为无效。

续表

《民法典各分编（草案）》（2018年9月版）	《民法典人格权编（草案二次审议稿）》（2019年4月版）	《民法典人格权编（草案三次审议稿）》（2019年8月版）	《中华人民共和国民法典（草案）》（2019年12月版）	《中华人民共和国民法典（草案大会审议稿）》（2020年5月22日提交审议）	《中华人民共和国民法典》（2020年5月28日表决通过）
第七百八十九条 有关科研机构等开发新药或者发展新的治疗方法，需要在人体上进行试验的，依法经相关主管部门批准后，还应当向接受试验的本人或者其监护人告知试验目的、用途和可能产生的损害等详细情况，并经其书面同意。**本人或者其监护人可以随时撤销该同意。** **禁止向接受试验者支付任何形式的报酬，但是可以给予其必要的补偿。**	**第七百八十九条** **为研制**新药、**医疗器械**或者发展新的**预防和**治疗方法，**需要**进行**临床**试验的，**应当**依法经相关主管部门批准**并经伦理委员会审查同意**，向**接受试验者**或者其监护人告知试验目的、用途和可能产生的**风险**等详细情况，并**经**书面同意。	**第七百八十九条** 为研制新药、医疗器械或者发展新的预防和治疗方法，需要进行临床试验的，应当依法经相关主管部门批准并经伦理委员会审查同意，向**受试者**或者其监护人告知试验目的、用途和可能产生的风险等详细情况，并经书面同意。 **进行临床试验的，不得向受试者收取试验费用。**	**第一千零八条** 为研制新药、医疗器械或者发展新的预防和治疗方法，需要进行临床试验的，应当依法经相关主管部门批准并经伦理委员会审查同意，向受试者或者**受试者的**监护人告知试验目的、用途和可能产生的风险等详细情况，并经**其**书面同意。 进行临床试验的，不得向受试者收取试验费用。	**第一千零八条** 无变化	**第一千零八条** 为研制新药、医疗器械或者发展新的预防和治疗方法，需要进行临床试验的，应当依法经相关主管部门批准并经伦理委员会审查同意，向受试者或者受试者的监护人告知试验目的、用途和可能产生的风险等详细情况，并经其书面同意。 进行临床试验的，不得向受试者收取试验费用。
	第七百八十九条之一 从事与人体基因、人体胚胎等有关的医学和科研活动的，应当遵守法律、行政法规和国家有关规定，不得危害人体健康，不得违背伦理道德。	**第七百八十九条之一** 从事与人体基因、人体胚胎等有关的医学和科研活动的，应当遵守法律、行政法规和国家有关规定，不得危害人体健康，不得违背伦理道德，**不得损害公共利益。**	**第一千零九条** 无变化	**第一千零九条** 无变化	**第一千零九条** 从事与人体基因、人体胚胎等有关的医学和科研活动，应当遵守法律、行政法规和国家有关规定，不得危害人体健康，不得违背伦理道德，不得损害公共利益。

续表

《民法典各分编（草案）》（2018年9月版）	《民法典人格权编（草案二次审议稿）》（2019年4月版）	《民法典人格权编（草案三次审议稿）》（2019年8月版）	《中华人民共和国民法典（草案）》（2019年12月版）	《中华人民共和国民法典（草案大会审议稿）》（2020年5月22日提交审议）	《中华人民共和国民法典》（2020年5月28日表决通过）
第七百九十条　违背他人意愿，以言语、行动或者利用从属关系等方式对他人实施性骚扰的，受害人可以依法请求行为人承担民事责任。 用人单位应当在工作场所采取合理的预防、投诉、处置等措施，预防和制止性骚扰行为。	**第七百九十条**　违背他人意愿，以言语、**行为**等方式对他人实施性骚扰的，受害人**有权**依法请求行为人承担民事责任。 用人单位应当在工作场所采取合理的预防、投诉**调查**、处置等措施，**防止**和制止**利用从属关系等实施性骚扰**。	**第七百九十条**　违背他人意愿，以言语、行为等方式对他人实施性骚扰的，受害人有权依法请求行为人承担民事责任。 用人单位**应当**采取合理的预防、**受理投诉**、**调查处置**等措施，防止和制止利用**职权**、从属关系等实施性骚扰。	**第一千零一十条**　违背他人意愿，以言语、行为等方式对他人实施性骚扰的，受害人有权依法请求行为人承担民事责任。 **机关**、**企业**、**学校等**单位应当采取合理的预防、受理投诉、调查处置等措施，防止和制止利用职权、从属关系等实施性骚扰。	**第一千零一十条** 无变化	**第一千零一十条**　违背他人意愿，以言语、**文字**、**图像**、**肢体**行为等方式对他人实施性骚扰的，受害人有权依法请求行为人承担民事责任。 机关、企业、学校等单位应当采取合理的预防、受理投诉、调查处置等措施，防止和制止利用职权、从属关系等实施性骚扰。
第七百九十一条　**自然人的人身自由不受侵犯**。任何组织或者个人以非法拘禁等方式剥夺、限制他人的行动自由，或者非法搜查他人身体的，受害人可以依法请求行为人承担民事责任。	**第七百九十一条**　任何组织或者个人以非法拘禁等方式剥夺、限制他人的行动自由，或者非法搜查他人身体的，受害人**有权**依法请求行为人承担民事责任。	**第七百九十一条** 无变化	**第一千零一十一条** 无变化	**第一千零一十一条** 无变化	**第一千零一十一条**　**以**非法拘禁等方式剥夺、限制他人的行动自由，或者非法搜查他人身体的，受害人有权依法请求行为人承担民事责任。

第三章　姓名权和名称权

《民法典各分编（草案）》（2018 年 9 月版）	《民法典人格权编（草案二次审议稿）》（2019 年 4 月版）	《民法典人格权编（草案三次审议稿）》（2019 年 8 月版）	《中华人民共和国民法典（草案）》（2019 年 12 月版）	《中华人民共和国民法典（草案大会审议稿）》（2020 年 5 月 22 日提交审议）	《中华人民共和国民法典》（2020 年 5 月 28 日表决通过）
第三章 姓名权和名称权	第三章 姓名权和名称权	第三章 姓名权和名称权	第三章 姓名权和名称权	第三章 姓名权和名称权	第三章 姓名权和名称权
第七百九十二条第一款　自然人享有姓名权，有权依法决定、使用、变更或者许可他人使用自己的姓名。	**第七百九十二条** 无变化	**第七百九十二条** 无变化	**第一千零一十二条** 无变化	**第一千零一十二条** 无变化	**第一千零一十二条** 自然人享有姓名权，有权依法决定、使用、变更或者许可他人使用自己的姓名**，但是不得违背公序良俗**。
第七百九十二条第二款　法人、非法人组织享有名称权，有权依法使用、变更、转让或者许可他人使用自己的名称。	**第七百九十二条之一** 无变化	**第七百九十二条之一** 无变化	**第一千零一十三条** 无变化	**第一千零一十三条** 法人、非法人组织享有名称权，有权依法**决定**、使用、变更、转让或者许可他人使用自己的名称。	**第一千零一十三条** 法人、非法人组织享有名称权，有权依法决定、使用、变更、转让或者许可他人使用自己的名称。
第七百九十三条 任何组织或者个人不得以干涉、盗用、假冒等方式侵害他人的姓名权或者名称权。	**第七百九十三条** 无变化	**第七百九十三条** 无变化	**第一千零一十四条** 无变化	**第一千零一十四条** 无变化	**第一千零一十四条** 任何组织或者个人不得以干涉、盗用、假冒等方式侵害他人的姓名权或者名称权。

续表

《民法典各分编（草案）》（2018年9月版）	《民法典人格权编（草案二次审议稿）》（2019年4月版）	《民法典人格权编（草案三次审议稿）》（2019年8月版）	《中华人民共和国民法典（草案）》（2019年12月版）	《中华人民共和国民法典（草案大会审议稿）》（2020年5月22日提交审议）	《中华人民共和国民法典》（2020年5月28日表决通过）
第七百九十四条 自然人原则上应当随父姓或者母姓。有下列情形之一的，可以在父姓和母姓之外选取姓氏： （一）选取其他直系长辈血亲的姓氏； （二）因由法定扶养人以外的人扶养而选取扶养人姓氏； （三）有不违反公序良俗的其他正当理由。 少数民族自然人的姓氏可以从本民族的文化传统和风俗习惯。	**第七百九十四条** 自然人**的姓氏**应当随父姓或者母姓，**但是**有下列情形之一的，可以在父姓和母姓之外选取姓氏： （一）选取其他**长辈直系血亲**的姓氏； （二）因由法定扶养人以外的人扶养而选取扶养人姓氏； （三）有不**违背**公序良俗的其他正当理由。 少数民族自然人的姓氏可以**遵从**本民族的文化传统和风俗习惯。	**第七百九十四条** 无变化	**第一千零一十五条** 自然人的姓氏应当随父姓或者母姓，但是有下列情形之一的，可以在父姓和母姓之外选取姓氏： （一）选取其他**直系长辈**血亲的姓氏； （二）因由法定扶养人以外的人扶养而选取扶养人姓氏； （三）有不违背公序良俗的其他正当理由。 少数民族自然人的姓氏可以遵从本民族的文化传统和风俗习惯。	**第一千零一十五条** **自然人**应当随父姓或者母姓，但是有下列情形之一的，可以在父姓和母姓之外选取姓氏： （一）选取其他直系长辈血亲的姓氏； （二）因由法定扶养人以外的人扶养而选取扶养人姓氏； （三）有不违背公序良俗的其他正当理由。 少数民族自然人的姓氏可以遵从本民族的文化传统和风俗习惯。	**第一千零一十五条** 自然人应当随父姓或者母姓，但是有下列情形之一的，可以在父姓和母姓之外选取姓氏： （一）选取其他直系长辈血亲的姓氏； （二）因由法定扶养人以外的人扶养而选取扶养人姓氏； （三）有不违背公序良俗的其他正当理由。 少数民族自然人的姓氏可以遵从本民族的文化传统和风俗习惯。
第七百九十五条 未成年人父母离婚的，与未成年人共同生活的一方可以将该未成年人的姓氏变更为自己的姓氏，但是另一方有正当理由表示反对的除外。 父或者母变更未成年子女姓氏的，应当根据未成年子女的年龄和智力状况，尊重其真实意愿。					

续表

《民法典各分编（草案）》（2018年9月版）	《民法典人格权编（草案二次审议稿）》（2019年4月版）	《民法典人格权编（草案三次审议稿）》（2019年8月版）	《中华人民共和国民法典（草案）》（2019年12月版）	《中华人民共和国民法典（草案大会审议稿）》（2020年5月22日提交审议）	《中华人民共和国民法典》（2020年5月28日表决通过）
第七百九十六条 民事主体决定、变更自己的姓名、名称，或者转让自己的名称的，应当依法向有关机关办理登记手续，但是法律另有规定的除外。	**第七百九十六条** 民事主体决定、变更自己的姓名、名称，或者转让自己的名称的，应当依法向有关机关办理登记手续，但是法律另有规定的除外。 **民事主体变更姓名、名称的，变更前实施的民事法律行为对其具有法律约束力。**	**第七百九十六条** 无变化	**第一千零一十六条** 无变化	**第一千零一十六条** **自然人决定、变更姓名，或者法人、非法人组织决定、变更、转让名称的，**应当依法向有关机关办理登记手续，但是法律另有规定的除外。 民事主体变更姓名、名称的，变更前实施的民事法律行为对其具有法律约束力。	**第一千零一十六条** 自然人决定、变更姓名，或者法人、非法人组织决定、变更、转让名称的，应当依法向有关机关办理登记手续，但是法律另有规定的除外。 民事主体变更姓名、名称的，变更前实施的民事法律行为对其具有法律约束力。
第七百九十七条 具有一定社会知名度、为相关公众所知悉的笔名、艺名、网名、简称、字号等，被他人使用足以致使公众混淆的，与姓名和名称受同等保护。	**第七百九十七条** 具有一定社会**知名度**的笔名、艺名、网名、**字号、姓名和名称的简称**等，被他人使用足以致使公众混淆的，与姓名和名称受同等保护。	**第七百九十七条** 无变化	**第一千零一十七条** 具有一定社会知名度的笔名、艺名、网名、字号、姓名和名称的简称等，被他人使用足以**造成**公众混淆的，与姓名和名称受同等保护。	**第一千零一十七条** 具有一定社会知名度，**被他人使用足以造成公众混淆的笔名、艺名、网名、译名、字号、姓名和名称的简称等，参照适用姓名权和名称权保护的有关规定。**	**第一千零一十七条** 具有一定社会知名度，被他人使用足以造成公众混淆的笔名、艺名、网名、译名、字号、姓名和名称的简称等，参照适用姓名权和名称权保护的有关规定。

第四章　肖　像　权

《民法典各分编（草案）》（2018 年 9 月版）	《民法典人格权编（草案二次审议稿）》（2019 年 4 月版）	《民法典人格权编（草案三次审议稿）》（2019 年 8 月版）	《中华人民共和国民法典（草案）》（2019 年 12 月版）	《中华人民共和国民法典（草案大会审议稿）》（2020 年 5 月 22 日提交审议）	《中华人民共和国民法典》（2020 年 5 月 28 日表决通过）
第四章　肖像权	第四章　肖像权	第四章　肖像权	第四章　肖像权	第四章　肖像权	第四章　肖像权
第七百九十八条 自然人享有肖像权，有权依法制作、使用、公开或者许可他人使用自己的肖像。 本法所称肖像是通过影像、雕塑、绘画等方式在一定载体上所反映的特定自然人可被识别的外部形象。	**第七百九十八条** 无变化	**第七百九十八条** 自然人享有肖像权，有权依法制作、使用、公开或者许可他人使用自己的肖像。 **肖像**是通过影像、雕塑、绘画等方式在一定载体上所反映的特定自然人**可以**被识别的外部形象。	**第一千零一十八条** 无变化	**第一千零一十八条** 无变化	**第一千零一十八条** 自然人享有肖像权，有权依法制作、使用、公开或者许可他人使用自己的肖像。 肖像是通过影像、雕塑、绘画等方式在一定载体上所反映的特定自然人可以被识别的外部形象。
第七百九十九条 任何组织或者个人不得以歪曲、污辱等方式侵害他人的肖像权。未经肖像权人同意，他人不得制作、使用、公开自然人的肖像，但是法律另有规定的除外。 未经肖像权人同意，肖像作品的权利人不得实施将肖像作品发表、复制、发行、出租、展览等涉及使用或者公开肖像的行为。	**第七百九十九条** 任何组织或者个人不得以**丑化、污损，或者利用信息技术手段伪造**等方式侵害他人的肖像权。未经肖像权人同意，**不得**制作、使用、公开**肖像权人**的肖像，但是法律另有规定的除外。 未经肖像权人同意，**肖像作品权利人不得以发表、复制、发行、出租、展览等方式使用或者公开肖像权人的肖像。**	**第七百九十九条** 无变化	**第一千零一十九条** 无变化	**第一千零一十九条** 无变化	**第一千零一十九条** 任何组织或者个人不得以丑化、污损，或者利用信息技术手段伪造等方式侵害他人的肖像权。未经肖像权人同意，不得制作、使用、公开肖像权人的肖像，但是法律另有规定的除外。 未经肖像权人同意，肖像作品权利人不得以发表、复制、发行、出租、展览等方式使用或者公开肖像权人的肖像。

续表

《民法典各分编（草案）》（2018年9月版）	《民法典人格权编（草案二次审议稿）》（2019年4月版）	《民法典人格权编（草案三次审议稿）》（2019年8月版）	《中华人民共和国民法典（草案）》（2019年12月版）	《中华人民共和国民法典（草案大会审议稿）》（2020年5月22日提交审议）	《中华人民共和国民法典》（2020年5月28日表决通过）
第八百条 实施下列行为的，可以不经肖像权人同意： （一）为个人学习、艺术欣赏、课堂教学或者科学研究，使用他人已经公开的肖像； （二）为报道时事新闻，在报刊、电视台、网络等媒体中不可避免地使用、公开他人肖像； （三）国家机关为执行公务、保障公共安全等目的在必要范围内使用、公开他人肖像； （四）拍摄特定公共环境不可避免地使用、公开他人肖像； （五）维护公序良俗的行为。	**第八百条** 实施下列行为的，可以不经肖像权人同意： （一）为个人学习、艺术欣赏、课堂教学或者科学研究，**在必要范围内**使用**肖像权人**已经公开的肖像； （二）为**实施新闻报道**，不可避免地使用、公开**肖像权人**肖像； （三）**为依法履行职责，国家机关**在必要范围内使用、公开**肖像权人**肖像； （四）**为展示**特定公共环境，不可避免地使用、公开**肖像权人**肖像； （五）**为维护公共利益或者肖像权人合法权益，合理使用、公开肖像权人肖像的其他行为。**	**第八百条** **合理**实施下列行为的，可以不经肖像权人同意： （一）为个人学习、艺术欣赏、课堂教学或者科学研究，在必要范围内使用肖像权人已经公开的肖像； （二）为实施新闻报道，不可避免地**制作**、使用、公开肖像权人**的**肖像； （三）为依法履行职责，国家机关在必要范围内**制作**、使用、公开肖像权人**的**肖像； （四）为展示特定公共环境，不可避免地**制作**、使用、公开肖像权人**的**肖像； （五）为维护公共利益或者肖像权人合法权益，**制作**、**使用**、公开肖像权人**的**肖像的其他行为。	**第一千零二十条** 无变化	**第一千零二十条** 无变化	**第一千零二十条** 合理实施下列行为的，可以不经肖像权人同意： （一）为个人学习、艺术欣赏、课堂教学或者科学研究，在必要范围内使用肖像权人已经公开的肖像； （二）为实施新闻报道，不可避免地制作、使用、公开肖像权人的肖像； （三）为依法履行职责，国家机关在必要范围内制作、使用、公开肖像权人的肖像； （四）为展示特定公共环境，不可避免地制作、使用、公开肖像权人的肖像； （五）为维护公共利益或者肖像权人合法权益，制作、使用、公开肖像权人的肖像的其他行为。
第八百零一条 肖像许可使用合同中就肖像使用的范围、方式等约定不明确的，应当作出有利于肖像权人的解释。	**第八百零一条** 肖像许可使用合同中就肖像使用的范围、方式等约定**有争议**的，应当作出有利于肖像权人的解释。	**第八百零一条** **当事人对**肖像许可使用合同中**关于**肖像使用**条款的理解**有争议的，应当作出有利于肖像权人的解释。	**第一千零二十一条** 无变化	**第一千零二十一条** 无变化	**第一千零二十一条** 当事人对肖像许可使用合同中关于肖像使用条款的理解有争议的，应当作出有利于肖像权人的解释。

续表

《民法典各分编(草案)》(2018年9月版)	《民法典人格权编(草案二次审议稿)》(2019年4月版)	《民法典人格权编(草案三次审议稿)》(2019年8月版)	《中华人民共和国民法典(草案)》(2019年12月版)	《中华人民共和国民法典(草案大会审议稿)》(2020年5月22日提交审议)	《中华人民共和国民法典》(2020年5月28日表决通过)
第八百零二条 当事人对肖像许可使用期限没有约定或者约定不明确的,任何一方当事人可以随时解除肖像许可使用合同,但是应当在合理期限之前通知对方。 当事人对肖像许可使用期限有明确约定,肖像权人有正当理由的,可以解除肖像许可使用合同,但是应当在合理期限之前通知对方。因解除合同造成对方损失的,除不可归责于肖像权人的事由外,应当赔偿损失。	**第八百零二条** 无变化	**第八百零二条** 无变化	**第一千零二十二条** 无变化	**第一千零二十二条** 无变化	**第一千零二十二条** 当事人对肖像许可使用期限没有约定或者约定不明确的,任何一方当事人可以随时解除肖像许可使用合同,但是应当在合理期限之前通知对方。 当事人对肖像许可使用期限有明确约定,肖像权人有正当理由的,可以解除肖像许可使用合同,但是应当在合理期限之前通知对方。因解除合同造成对方损失的,除不可归责于肖像权人的事由外,应当赔偿损失。
第八百零三条 其他人格权的许可使用,参照适用本章的有关规定。	**第八百零三条** 其他人格权的许可使用**和自然人声音的保护**,参照适用本章的有关规定。	**第八百零三条 对姓名、名称等的许可使用,参照适用肖像许可使用的有关规定。** **对自然人声音的保护,参照适用肖像权保护的有关规定。**	**第一千零二十三条** 对**姓名**等的许可使用,参照适用肖像许可使用的有关规定。 对自然人声音的保护,参照适用肖像权保护的有关规定。	**第一千零二十三条** 无变化	**第一千零二十三条** 对姓名等的许可使用,参照适用肖像许可使用的有关规定。 对自然人声音的保护,参照适用肖像权保护的有关规定。

第五章　名誉权和荣誉权

《民法典各分编（草案）》（2018 年 9 月版）	《民法典人格权编（草案二次审议稿）》（2019 年 4 月版）	《民法典人格权编（草案三次审议稿）》（2019 年 8 月版）	《中华人民共和国民法典（草案）》（2019 年 12 月版）	《中华人民共和国民法典（草案大会审议稿）》（2020 年 5 月 22 日提交审议）	《中华人民共和国民法典》（2020 年 5 月 28 日表决通过）
第五章 名誉权和荣誉权	第五章 名誉权和荣誉权	第五章 名誉权和荣誉权	第五章 名誉权和荣誉权	第五章 名誉权和荣誉权	第五章 名誉权和荣誉权
第八百零四条　民事主体享有名誉权。任何组织或者个人不得以侮辱、诽谤等方式侵害他人的名誉权。 本法所称名誉是他人对民事主体的品德、声望、才能、**信誉、**信用等的社会评价。	**第八百零四条**　民事主体享有名誉权。任何组织或者个人不得以侮辱、诽谤等方式侵害他人的名誉权。 本法所称名誉**是**对民事主体的品德、声望、才能、信用等的社会评价。	**第八百零四条**　民事主体享有名誉权。任何组织或者个人不得以侮辱、诽谤等方式侵害他人的名誉权。 **名誉**是对民事主体的品德、声望、才能、信用等的社会评价。	**第一千零二十四条** 无变化	**第一千零二十四条** 无变化	**第一千零二十四条** 民事主体享有名誉权。任何组织或者个人不得以侮辱、诽谤等方式侵害他人的名誉权。 名誉是对民事主体的品德、声望、才能、信用等的社会评价。
第八百零五条　**行为人为维护公序良俗**实施新闻报道、舆论监督等行为，影响他人名誉的，不承担民事责任。但是行为人捏造事实、歪曲事实、对他人提供的事实未尽到合理审查义务或者包含过度贬损他人名誉内容的除外。	**第八百零五条**　实施新闻报道、舆论监督等行为，影响他人名誉的，不承担民事责任，但是**有下列情形之一的除外：** **（一）行为人捏造事实、歪曲事实；** **（二）对他人提供的失实内容未尽到合理审查义务；** **（三）相关内容过度贬损他人名誉。**	**第八百零五条**　**行为人**实施新闻报道、舆论监督等行为，影响他人名誉的，不承担民事责任，但是有下列情形之一的除外： （一）**捏造**事实、歪曲事实； （二）对他人提供的失实内容未尽到合理审查义务； （三）**使用侮辱性言辞等**贬损他人名誉。	**第一千零二十五条** 无变化	**第一千零二十五条** 行为人**为公共利益**实施新闻报道、舆论监督等行为，影响他人名誉的，不承担民事责任，但是有下列情形之一的除外： （一）**捏造**、歪曲事实； （二）对他人提供的**严重**失实内容未尽到合理**核实**义务； （三）使用侮辱性言辞等贬损他人名誉。	**第一千零二十五条** 行为人为公共利益实施新闻报道、舆论监督等行为，影响他人名誉的，不承担民事责任，但是有下列情形之一的除外： （一）捏造、歪曲事实； （二）对他人提供的严重失实内容未尽到合理核实义务； （三）使用侮辱性言辞等贬损他人名誉。

续表

《民法典各分编(草案)》(2018年9月版)	《民法典人格权编(草案二次审议稿)》(2019年4月版)	《民法典人格权编(草案三次审议稿)》(2019年8月版)	《中华人民共和国民法典(草案)》(2019年12月版)	《中华人民共和国民法典(草案大会审议稿)》(2020年5月22日提交审议)	《中华人民共和国民法典》(2020年5月28日表决通过)
第八百零六条 行为人对转载的或者他人提供的事实是否尽到合理审查义务,可以根据以下因素确定: (一)信息来源的可信度; (二)对明显可能引发争议的内容是否进行必要的调查; (三)事实的时效性和与公序良俗的关联性; (四)受害人名誉贬损的可能程度; (五)审查能力和审查成本。 行为人应当就自己已尽到合理审查义务承担举证责任,**但是法律另有规定的除外。**	**第八百零六条** **认定行为人是否尽到前条第二项规定的合理审查义务,可以考虑下列因素:** (一)内容来源的可信度; (二)对明显可能引发争议的内容是否进行必要的调查; **(三)内容的时效性;** **(四)内容与公序良俗的关联性;** **(五)**受害人名誉受贬损的可能性; **(六)**审查能力和审查成本。 行为人应当就**其**尽到合理审查义务承担举证责任。	**第八百零六条** 认定行为人是否尽到前条第二项规定的合理审查义务,**应当**考虑下列因素: (一)内容来源的可信度; (二)对明显可能引发争议的内容是否进行**了**必要的调查; (三)内容的时效性; (四)内容与公序良俗的关联性; (五)受害人名誉受贬损的可能性; (六)审查能力和审查成本。 **行为人应当就其尽到合理审查义务承担举证责任。**	**第一千零二十六条** 无变化	**第一千零二十六条** 认定行为人是否尽到前条第二项规定的合理**核实**义务,应当考虑下列因素: (一)内容来源的可信度; (二)对明显可能引发争议的内容是否进行了必要的调查; (三)内容的**时限性**; (四)内容与公序良俗的关联性; (五)受害人名誉受贬损的可能性; (六)**核实**能力和**核实**成本。	**第一千零二十六条** 认定行为人是否尽到前条第二项规定的合理核实义务,应当考虑下列因素: (一)内容来源的可信度; (二)对明显可能引发争议的内容是否进行了必要的调查; (三)内容的时限性; (四)内容与公序良俗的关联性; (五)受害人名誉受贬损的可能性; (六)核实能力和核实成本。
第八百零七条 民事主体发表的作品中的情节与特定人的情况相似,但是不以该特定人为描述对象的,不承担民事责任。 民事主体发表的作品描述真人真事,或者以特定人为描述对象,包含侮辱性内容,侵害他人名誉权的,被侵权人可以依法请求侵权人承担民事责任。	**第八百零七条** **行为人发表的文学、艺术作品以真人真事或者特定人为描述对象,包含侮辱、诽谤内容,侵害他人名誉权的,受害人有权依法请求该行为人承担民事责任。** **行为人发表的文学、艺术作品不以特定人为描述对象,仅是其中的情节与该特定人的情况相似的,不承担民事责任。**	**第八百零七条** 无变化	**第一千零二十七条** 行为人发表的文学、艺术作品以真人真事或者特定人为描述对象,**含有**侮辱、诽谤内容,侵害他人名誉权的,受害人有权依法请求该行为人承担民事责任。 行为人发表的文学、艺术作品不以特定人为描述对象,**仅**其中的情节与该特定人的情况相似的,不承担民事责任。	**第一千零二十七条** 无变化	**第一千零二十七条** 行为人发表的文学、艺术作品以真人真事或者特定人为描述对象,含有侮辱、诽谤内容,侵害他人名誉权的,受害人有权依法请求该行为人承担民事责任。 行为人发表的文学、艺术作品不以特定人为描述对象,仅其中的情节与该特定人的情况相似的,不承担民事责任。

续表

《民法典各分编(草案)》(2018年9月版)	《民法典人格权编(草案二次审议稿)》(2019年4月版)	《民法典人格权编(草案三次审议稿)》(2019年8月版)	《中华人民共和国民法典(草案)》(2019年12月版)	《中华人民共和国民法典(草案大会审议稿)》(2020年5月22日提交审议)	《中华人民共和国民法典》(2020年5月28日表决通过)
	第八百零七条之一 报刊、网络等媒体报道的内容失实,侵害他人名誉权的,受害人有权请求该媒体及时更正或者删除。媒体不及时履行的,受害人有权请求人民法院责令该媒体限期更正或者删除。	**第八百零七条之一** 报刊、网络等媒体报道的内容失实,侵害他人名誉权的,受害人有权请求该媒体及时**采取更正或者删除等必要措施;媒体不及时采取措施的,受害人有权请求人民法院责令该媒体在一定期限内履行。**	**第一千零二十八条** 无变化	**第一千零二十八条** **民事主体有证据证明**报刊、网络等媒体报道的内容失实,侵害**其**名誉权的,**有权**请求该媒体及时采取更正或者删除等必要措施。	**第一千零二十八条** 民事主体有证据证明报刊、网络等媒体报道的内容失实,侵害其名誉权的,有权请求该媒体及时采取更正或者删除等必要措施。
第八百零八条 民事主体可以依法查询自己的信用评价;发现信用评价错误或者侵害自己合法权益的,有权提出异议并要求采取更正、删除等必要措施。信用评价人应及时核查,经核查属实的,应当及时采取必要措施。	**第八百零八条** 民事主体可以依法查询自己的信用评价;发现信用评价**错误**的,有权提出异议并要求采取更正、删除等必要措施。信用评价人**应当**及时核查,经核查属实的,应当及时采取必要措施。	**第八百零八条** 无变化	**第一千零二十九条** 民事主体可以依法查询自己的信用评价;发现信用评价错误的,有权提出异议并**请求**采取更正、删除等必要措施。信用评价人应当及时核查,经核查属实的,应当及时采取必要措施。	**第一千零二十九条** 民事主体可以依法查询自己的信用评价;发现信用评价**不当**的,有权提出异议并请求采取更正、删除等必要措施。信用评价人应当及时核查,经核查属实的,应当及时采取必要措施。	**第一千零二十九条** 民事主体可以依法查询自己的信用评价;发现信用评价不当的,有权提出异议并请求采取更正、删除等必要措施。信用评价人应当及时核查,经核查属实的,应当及时采取必要措施。
第八百零九条 民事主体与依法可以收集或者存储其信用信息的征信机构等信用信息收集人、持有人之间的关系,适用本编有关个人信息的规定和其他法律、行政法规的有关规定。	**第八百零九条** 民事主体与**征信机构**等信用信息**收集者**、**持有者**之间的关系,适用本编有关个人信息的规定和其他法律、行政法规的有关规定。	**第八百零九条** 民事主体与征信机构等信用信息收集者、**控制者**之间的关系,适用本编有关个人信息**保护**的规定和其他法律、行政法规的有关规定。	**第一千零三十条** 无变化	**第一千零三十条** 民事主体与征信机构等信用信息**处理者**之间的关系,适用本编有关个人信息保护的规定和其他法律、行政法规的有关规定。	**第一千零三十条** 民事主体与征信机构等信用信息处理者之间的关系,适用本编有关个人信息保护的规定和其他法律、行政法规的有关规定。

续表

《民法典各分编（草案）》（2018年9月版）	《民法典人格权编（草案二次审议稿）》（2019年4月版）	《民法典人格权编（草案三次审议稿）》（2019年8月版）	《中华人民共和国民法典（草案）》（2019年12月版）	《中华人民共和国民法典（草案大会审议稿）》（2020年5月22日提交审议）	《中华人民共和国民法典》（2020年5月28日表决通过）
第八百一十条 民事主体享有荣誉权。任何组织或者个人不得非法剥夺他人的荣誉称号或者诋毁、贬损他人的荣誉。 获得的荣誉称号应当记载而没有记载或者记载错误的，民事主体可以要求记载或者更正。	**第八百一十条** 民事主体享有荣誉权。任何组织或者个人不得非法剥夺他人的荣誉称号**，不得**诋毁、贬损他人的荣誉。 获得的荣誉称号应当记载而没有记载或者记载错误的，民事主体可以要求记载或者更正。	**第八百一十条** 民事主体享有荣誉权。任何组织或者个人不得非法剥夺他人的荣誉称号，不得诋毁、贬损他人的荣誉。 **获得的荣誉称号应当记载而没有记载的，民事主体可以要求记载；获得的荣誉称号记载错误的，民事主体可以要求更正。**	**第一千零三十一条** 民事主体享有荣誉权。任何组织或者个人不得非法剥夺他人的荣誉称号，不得诋毁、贬损他人的荣誉。 获得的荣誉称号应当记载而没有记载的，民事主体可以**请求**记载；获得的荣誉称号记载错误的，民事主体可以**请求**更正。	**第一千零三十一条** 无变化	**第一千零三十一条** 民事主体享有荣誉权。任何组织或者个人不得非法剥夺他人的荣誉称号，不得诋毁、贬损他人的荣誉。 获得的荣誉称号应当记载而没有记载的，民事主体可以请求记载；获得的荣誉称号记载错误的，民事主体可以请求更正。

第六章　隐私权和个人信息保护

《民法典各分编（草案）》（2018年9月版）	《民法典人格权编（草案二次审议稿）》（2019年4月版）	《民法典人格权编（草案三次审议稿）》（2019年8月版）	《中华人民共和国民法典（草案）》（2019年12月版）	《中华人民共和国民法典（草案大会审议稿）》（2020年5月22日提交审议）	《中华人民共和国民法典》（2020年5月28日表决通过）
第六章 隐私权和个人信息	第六章 隐私权和个人 信息**保护**	第六章 隐私权和个人 信息保护	第六章 隐私权和个人 信息保护	第六章 隐私权和个人 信息保护	第六章 隐私权和个人 信息保护
第八百一十一条 自然人享有隐私权。任何组织或者个人不得以刺探、侵扰、泄露、公开等方式侵害他人的隐私权。 本法所称隐私是具有私密性的私人空间、私人活动和私人信息等。	**第八百一十一条** 无变化	**第八百一十一条** 自然人享有隐私权。任何组织或者个人不得以刺探、侵扰、泄露、公开等方式侵害他人的隐私权。 **隐私是自然人不愿为他人知晓的私密**空间、**私密**活动和**私密**信息等。	**第一千零三十二条** 自然人享有隐私权。任何组织或者个人不得以刺探、侵扰、泄露、公开等方式侵害他人的隐私权。 隐私是自然人**的私人生活安宁和**不愿为他人知晓的私密空间、私密活动、私密**信息**。	**第一千零三十二条** 无变化	**第一千零三十二条** 自然人享有隐私权。任何组织或者个人不得以刺探、侵扰、泄露、公开等方式侵害他人的隐私权。 隐私是自然人的私人生活安宁和不愿为他人知晓的私密空间、私密活动、私密信息。
第八百一十二条 除法律另有规定或者权利人同意外，任何组织或者个人不得实施下列行为： （一）搜查、侵入、窥视他人住宅等私人空间； （二）拍摄、录制、**泄露**、公开、**跟踪**、窥听他人的私人活动； （三）拍摄、窥视他人的身体；	**第八百一十二条** 除法律另有规定或者权利人同意外，任何组织或者个人不得实施下列行为： （一）搜查、**进入**、窥视他人住宅等私人空间； （二）拍摄、录制、公开、**窥视**、窃听他人的私人活动； （三）拍摄、窥视他人**身体的私密部位**；	**第八百一十二条** 除**法律另有规定或者**权利人同意外，任何组织或者个人不得实施下列行为： （一）搜查、进入、窥视、**拍摄**他人的住宅、**宾馆房间**等**私密**空间； （二）拍摄、录制、公开、窥视、窃听他人的**私密**活动； （三）拍摄、窥视他人身体的私密部位；	**第一千零三十三条** **除**权利人**明确**同意外，任何组织或者个人不得实施下列行为： **（一）以短信、电话、即时通讯工具、电子邮件、传单等方式侵扰他人的私人生活安宁；** **（二）进入、窥视、拍摄他人的住宅、宾馆房间等私密空间；** **（三）拍摄、录制、公开、窥视、窃听他人的私密活动；**	**第一千零三十三条** 除**法律另有规定或者**权利人明确同意外，任何组织或者个人不得实施下列行为： （一）以**电话**、**短信**、即时通讯工具、电子邮件、传单等方式侵扰他人的私人生活安宁； （二）进入、**拍摄**、**窥视**他人的住宅、宾馆房间等私密空间； （三）拍摄、**窥视**、**窃听**、**公开**他人的私密活动；	**第一千零三十三条** 除法律另有规定或者权利人明确同意外，任何组织或者个人不得实施下列行为： （一）以电话、短信、即时通讯工具、电子邮件、传单等方式侵扰他人的私人生活安宁； （二）进入、拍摄、窥视他人的住宅、宾馆房间等私密空间； （三）拍摄、窥视、窃听、公开他人的私密活动；

续表

《民法典各分编（草案）》（2018年9月版）	《民法典人格权编（草案二次审议稿）》（2019年4月版）	《民法典人格权编（草案三次审议稿）》（2019年8月版）	《中华人民共和国民法典（草案）》（2019年12月版）	《中华人民共和国民法典（草案大会审议稿）》（2020年5月22日提交审议）	《中华人民共和国民法典》（2020年5月28日表决通过）
（四）获取、**隐匿、扣留、检查、毁弃**、删除、**泄露**、公开、买卖他人的私人信息； （五）以短信、电话、即时通讯工具、传单、电子邮件等方式侵扰他人的生活安宁； （六）以其他方式侵害他人的隐私权。	（四）获取、**删除**、公开、买卖他人的私人信息； （五）以短信、电话、即时通讯工具、**电子邮件、传单**等方式侵扰他人的生活安宁； （六）以其他方式侵害他人的隐私权。	（四）**收集、处理**他人的**私密**信息； （五）以短信、电话、即时通讯工具、电子邮件、传单等方式侵扰他人的生活安宁； （六）以其他方式侵害他人的隐私权。	**（四）拍摄、窥视他人身体的私密部位；** **（五）收集、处理他人的私密信息；** （六）以其他方式侵害他人的隐私权。	（四）拍摄、窥视他人身体的私密部位； （五）**处理**他人的私密信息； （六）以其他方式侵害他人的隐私权。	（四）拍摄、窥视他人身体的私密部位； （五）处理他人的私密信息； （六）以其他方式侵害他人的隐私权。
第八百一十三条 自然人的个人信息受法律保护。 本法所称个人信息是以电子或者其他方式记录的能够单独或者与其他信息结合识别自然人个人身份的各种信息，包括自然人的姓名、出生日期、身份证件号码、个人生物识别信息、住址、电话号码等。	**第八百一十三条** 自然人的个人信息受法律保护。 本法所称个人信息是以电子或者其他方式记录的能够单独或者与其他信息结合识别**特定自然人**的各种信息，包括自然人的姓名、出生日期、身份证件号码、个人生物识别信息、住址、电话号码等。	**第八百一十三条** 自然人的个人信息受法律保护。 **个人信息**是以电子或者其他方式记录的能够单独或者与其他信息结合识别特定自然人的各种信息，包括自然人的姓名、出生日期、身份证件号码、**生物识别信息**、住址、电话号码、**电子邮箱地址、行踪信息**等。	**第一千零三十四条** 自然人的个人信息受法律保护。 个人信息是以电子或者其他方式记录的能够单独或者与其他信息结合识别特定自然人的各种信息，包括自然人的姓名、出生日期、身份证件号码、生物识别信息、住址、电话号码、电子邮箱地址、行踪信息等。 **个人信息中的私密信息，同时适用隐私权保护的有关规定。**	**第一千零三十四条** 自然人的个人信息受法律保护。 个人信息是以电子或者其他方式记录的能够单独或者与其他信息结合识别特定自然人的各种信息，包括自然人的姓名、出生日期、身份证件号码、生物识别信息、住址、电话号码、电子邮箱、行踪信息等。 个人信息中的私密信息，**适用有关隐私权的规定；没有规定的，适用有关个人信息保护的规定。**	**第一千零三十四条** 自然人的个人信息受法律保护。 个人信息是以电子或者其他方式记录的能够单独或者与其他信息结合识别特定自然人的各种信息，包括自然人的姓名、出生日期、身份证件号码、生物识别信息、住址、电话号码、电子邮箱、**健康信息**、行踪信息等。 个人信息中的私密信息，适用有关隐私权的规定；没有规定的，适用有关个人信息保护的规定。

续表

《民法典各分编（草案）》（2018年9月版）	《民法典人格权编（草案二次审议稿）》（2019年4月版）	《民法典人格权编（草案三次审议稿）》（2019年8月版）	《中华人民共和国民法典（草案）》（2019年12月版）	《中华人民共和国民法典（草案大会审议稿）》（2020年5月22日提交审议）	《中华人民共和国民法典》（2020年5月28日表决通过）
第八百一十四条 收集、使用自然人个人信息的，应当遵循合法、正当、必要原则，并应当符合以下条件： （一）征得被收集者同意； （二）公开收集、使用信息的规则； （三）明示收集、使用信息的目的、方式和范围； （四）不违反法律、行政法规的规定和当事人之间的约定。	**第八百一十四条** 收集、使用自然人个人信息的，应当遵循合法、正当、必要原则，并应当符合**下列**条件： （一）征得**该自然人或者其监护人**同意，**但是法律、行政法规另有规定的除外**； （二）公开收集、使用信息的规则； （三）明示收集、使用信息的目的、方式和范围； （四）不违反法律、行政法规的规定和**双方**的约定。	**第八百一十四条** 收集、**处理**自然人个人信息的，应当遵循合法、正当、必要原则，并应当符合下列条件： （一）征得该自然人或者其监护人同意，但是法律、行政法规另有规定的除外； （二）公开收集、**处理**信息的规则； （三）明示收集、**处理**信息的目的、方式和范围； （四）不违反法律、行政法规的规定和双方的约定。 **个人信息的处理包括个人信息的使用、加工、传输、提供、公开等。**	**第一千零三十五条** 收集、处理自然人个人信息的，应当遵循合法、正当、必要原则，**不得过度收集、处理，并**符合下列条件： （一）征得该自然人或者其监护人同意，但是法律、行政法规另有规定的除外； （二）公开**收集**、处理信息的规则； （三）明示**收集**、处理信息的目的、方式和范围； （四）不违反法律、行政法规的规定和双方的约定。 个人信息的处理包括个人信息的使用、加工、传输、提供、公开等。	**第一千零三十五条** **处理**自然人个人信息的，应当遵循合法、正当、必要原则，不得过度处理，并符合下列条件： （一）征得该自然人或者其监护人同意，但是法律、行政法规另有规定的除外； （二）公开处理信息的规则； （三）明示处理信息的目的、方式和范围； （四）不违反法律、行政法规的规定和双方的约定。 个人信息的处理包括个人信息的**收集、存储**、使用、加工、传输、提供、公开等。	**第一千零三十五条** **处理**个人信息的，应当遵循合法、正当、必要原则，不得过度处理，并符合下列条件： （一）征得该自然人或者其监护人同意，但是法律、行政法规另有规定的除外； （二）公开处理信息的规则； （三）明示处理信息的目的、方式和范围； （四）不违反法律、行政法规的规定和双方的约定。 个人信息的处理包括个人信息的收集、存储、使用、加工、传输、提供、公开等。
第八百一十六条 实施收集、使用或者公开个人信息等行为，有下列情形之一的，行为人不承担民事责任： （一）在自然人同意的范围内实施的行为； （二）使用自然人自行公开的或者其他已合法公开的信息，但是使用该信息侵害该自然人重大利益或者自然人明确拒绝他人使用的除外； （三）为学术研究、	**第八百一十六条** **收集**、使用或者公开**自然人**个人**信息**，有下列情形之一的，行为人不承担民事责任： （一）在**该**自然人同意的范围内实施的行为； （二）使用**该**自然人自行公开的或者其他已合法公开的信息，但是使用该信息侵害该自然人重大利益或者自然人明确拒绝他人使用的除外； **（三）为维护公共利**	**第八百一十六条** 收集、**处理**自然人个人信息，有下列情形之一的，行为人不承担民事责任： （一）在该自然人**或者其监护人**同意的范围内实施的行为； （二）**处理**该自然人自行公开的或者其他**已经**合法公开的信息，但是**该自然人明确拒绝或者处理该信息侵害其重大利益**的除外； （三）为维护公共利	**第一千零三十七条** 无变化	**第一千零三十六条** **处理**自然人个人信息，有下列情形之一的，行为人不承担民事责任： （一）在该自然人或者其监护人同意的范围内**合理**实施的行为； （二）**合理**处理该自然人自行公开的或者其他已经合法公开的信息，但是该自然人明确拒绝或者处理该信息侵害其重大利益的除外； （三）为维护公共利益或者该自然人合法权益，合理实施的其他行为。	**第一千零三十六条** **处理**个人信息，有下列情形之一的，行为人不承担民事责任： （一）在该自然人或者其监护人同意的范围内合理实施的行为； （二）合理处理该自然人自行公开的或者其他已经合法公开的信息，但是该自然人明确拒绝或者处理该信息侵害其重大利益的除外； （三）为维护公共利益或者该自然人合法权益，合理实施的其他行为。

续表

《民法典各分编（草案）》（2018年9月版）	《民法典人格权编（草案二次审议稿）》（2019年4月版）	《民法典人格权编（草案三次审议稿）》（2019年8月版）	《中华人民共和国民法典（草案）》（2019年12月版）	《中华人民共和国民法典（草案大会审议稿）》（2020年5月22日提交审议）	《中华人民共和国民法典》（2020年5月28日表决通过）
课堂教学或者统计目的在合理范围内实施的行为； （四）为维护公序良俗而实施的必要行为； （五）法律、行政法规规定的其他适当实施情形。	**益或者该自然人合法权益，合理实施的其他行为。**	益或者该自然人合法权益，合理实施的其他行为。			
第八百一十五条 自然人可以向信息持有人依法查阅、抄录或者复制其个人信息；发现信息有错误的，有权提出异议并要求及时采取更正等必要措施。 有下列情形之一的，自然人可以请求信息持有人及时删除其个人信息： （一）存在非法收集、使用信息的行为； （二）持有侵害自然人合法权益的信息； （三）持有的信息储存期限依法已经届满； （四）根据收集或者使用的特定目的，信息持有人持有信息已经没有必要； （五）其他没有正当理由继续持有信息的情形。	**第八百一十五条** 自然人可以向信息**持有者**依法查阅、抄录或者复制其个人信息；发现信息有错误的，有权提出异议并要求及时采取更正等必要措施。 **自然人发现信息持有者违反法律、行政法规的规定或者双方的约定收集、使用其个人信息的，有权要求信息持有者及时删除其个人信息。**	**第八百一十五条** 自然人可以向信息**控制者**依法查阅、抄录或者复制其个人信息；发现信息有错误的，有权提出异议并要求及时采取更正等必要措施。 自然人发现信息**控制者**违反法律、行政法规的规定或者双方的约定收集、**处理**其个人信息的，有权要求信息**控制者**及时删除其个人信息。	**第一千零三十六条** 自然人可以向信息控制者依法查阅、**抄录**或者复制其个人信息；发现信息有错误的，有权提出异议并**请求**及时采取更正等必要措施。 自然人发现信息控制者违反法律、行政法规的规定或者双方的约定**收集**、处理其个人信息的，有权**请求**信息控制者及时**删除**。	**第一千零三十七条** 自然人可以**依法向信息处理者**查阅或者复制其个人信息；发现信息有错误的，有权提出异议并请求及时采取更正等必要措施。 自然人发现信息**处理者**违反法律、行政法规的规定或者双方的约定处理其个人信息的，有权请求信息**处理者**及时删除。	**第一千零三十七条** 自然人可以依法向信息处理者查阅或者复制其个人信息；发现信息有错误的，有权提出异议并请求及时采取更正等必要措施。 自然人发现信息处理者违反法律、行政法规的规定或者双方的约定处理其个人信息的，有权请求信息处理者及时删除。

续表

《民法典各分编（草案）》（2018 年 9 月版）	《民法典人格权编（草案二次审议稿）》（2019 年 4 月版）	《民法典人格权编（草案三次审议稿）》（2019 年 8 月版）	《中华人民共和国民法典（草案）》（2019 年 12 月版）	《中华人民共和国民法典（草案大会审议稿）》（2020 年 5 月 22 日提交审议）	《中华人民共和国民法典》（2020 年 5 月 28 日表决通过）
第八百一十七条 信息收集人、持有人不得泄露、篡改、毁损其收集、存储的个人信息；未经被收集者同意，不得向他人提供个人信息。但是经过处理无法识别特定个人且不能复原的除外。 信息收集人、持有人应当采取技术措施和其他必要措施，确保其收集、存储的个人信息安全，防止信息泄露、毁损、丢失。在发生或者可能发生个人信息泄露、毁损、丢失的情况时，应当及时采取补救措施并告知被收集者。	**第八百一十七条** 信息**收集者**、**持有者**不得泄露、篡改、**毁损**其收集、存储的个人信息；未经被收集者同意，不得向他人**非法**提供个人信息。但是经过处理无法识别特定个人且不能复原的除外。 信息**收集者**、**持有者**应当采取技术措施和其他必要措施，确保其收集、存储的个人信息安全，防止信息泄露、**毁损**、丢失。**发生**或者可能发生个人信息泄露、**毁损**、丢失的情况**的**，应当及时采取补救措施，**依照规定**告知被收集者**并向有关主管部门报告**。	**第八百一十七条** 信息收集者、**控制者**不得泄露、篡改其收集、存储的个人信息；未经被收集者同意，不得向他人非法提供个人信息，但是经过**加工**无法识别特定个人且不能复原的除外。 信息收集者、**控制者**应当采取技术措施和其他必要措施，确保其收集、存储的个人信息安全，防止信息泄露、丢失。发生或者可能发生个人信息泄露、丢失的情况的，应当及时采取补救措施，依照规定告知被收集者并向有关主管部门报告。	**第一千零三十八条** 信息收集者、控制者不得泄露、篡改其收集、存储的个人信息；未经被收集者同意，不得向他人非法提供个人信息，但是经过加工无法识别特定个人且不能复原的除外。 信息收集者、控制者应当采取技术措施和其他必要措施，确保其收集、存储的个人信息安全，防止信息泄露、**篡改**、丢失；发生或者可能发生个人信息泄露、**篡改**、丢失的，应当及时采取补救措施，依照规定告知被收集者并向有关主管部门报告。	**第一千零三十八条** 信息**处理者**不得泄露、篡改其收集、存储的个人信息；未经**自然人**同意，不得向他人非法提供**其**个人信息，但是经过加工无法识别特定个人且不能复原的除外。 信息**处理者**应当采取技术措施和其他必要措施，确保其收集、存储的个人信息安全，防止信息泄露、篡改、丢失；发生或者可能发生个人信息泄露、篡改、丢失的，应当及时采取补救措施，**按照**规定告知**自然人**并向有关主管部门报告。	**第一千零三十八条** 信息处理者不得泄露**或者**篡改其收集、存储的个人信息；未经自然人同意，不得向他人非法提供其个人信息，但是经过加工无法识别特定个人且不能复原的除外。 信息处理者应当采取技术措施和其他必要措施，确保其收集、存储的个人信息安全，防止信息泄露、篡改、丢失；发生或者可能发生个人信息泄露、篡改、丢失的，应当及时采取补救措施，按照规定告知自然人并向有关主管部门报告。
	第八百一十七条之一　国家机关及其工作人员对于履行职责过程中知悉的自然人隐私、个人信息，应当予以保密，不得泄露或者非法向他人提供。	**第八百一十七条之一**　国家机关及其工作人员对于履行职责过程中知悉的自然人**的**隐私**和**个人信息，应当予以保密，不得泄露或者**向他人非法**提供。	**第一千零三十九条** 无变化	**第一千零三十九条** 无变化	**第一千零三十九条** 国家机关、**承担行政职能的法定机构**及其工作人员对于履行职责过程中知悉的自然人的隐私和个人信息，应当予以保密，不得泄露或者向他人非法提供。

婚姻家庭编

立法机关对民法典婚姻家庭编草案立法演进的说明

一、一次审议稿说明

时间:2018 年 8 月 27 日

来源:关于《民法典各分编(草案)》的说明(第十三届全国人大常委会第五次会议)

婚姻家庭制度是规范夫妻关系和家庭关系的基本准则,关系到家家户户的利益。1980 年第五届全国人大第三次会议通过了婚姻法,2001 年作了修改。1991 年全国人大常委会通过了收养法,1998 年作了修改。婚姻法、收养法实施以来,对于建立和维护和谐的婚姻家庭关系发挥了重要作用。随着婚姻观念、家庭关系的变化,婚姻家庭领域出现了一些新情况。为进一步弘扬夫妻互敬、孝老爱亲、家庭和睦的中华民族传统家庭美德,体现社会主义核心价值观,促进家庭关系和谐稳定,婚姻家庭编草案以现行婚姻法、收养法为基础,在坚持婚姻自由、一夫一妻等基本原则的前提下,结合社会发展需要,修改了部分规定,并增加了一些新规定。与现行婚姻法、收养法相比,主要修改内容有:

1. 修改禁止结婚的条件。现行婚姻法规定,患有医学上认为不应当结婚的疾病者禁止结婚。这一规定在实践中很难操作,且在对方知情的情况下,是否患有疾病并不必然会影响当事人的结婚意愿。为尊重当事人的婚姻自主权,草案规定,一方患有严重疾病的应当在结婚登记前如实告知对方,不如实告知的,对方可以请求撤销该婚姻(草案第 830 条)。

2. 增加婚姻无效的情形。为维护婚姻登记制度的权威性,保障婚姻当事人的合法权益,遏制利用伪造、变造或者冒用他人身份证件、户口簿、无配偶证明等方式骗取结婚登记的行为,草案增加了一项婚姻无效的情形,规定以伪造、变造、冒用证件等方式骗取结婚登记的婚姻无效(草案第 828 条第 4 项)。

3. 增加离婚冷静期的规定。在实践中,由于离婚登记手续过于简便,轻率离婚的现象增多,不利于家庭稳定。为此,草案规定了 1 个月的离婚冷静期,在此期间,任何一方可以向登记机关撤回离婚申请(草案第 854 条)。

4. 完善离婚赔偿制度。现行婚姻法规定了 4 种适用离婚损害赔偿的情形,为更好地发挥离婚损害赔偿制度的预防、制裁作用,促进婚姻关系的稳定,草案增加了离婚损害赔偿的兜底条款,将其他一些确实给对方造成严重损害的情形纳入损害赔偿范围(草案第 869 条第 5 项)。

5. 不再保留计划生育的有关内容。现行婚姻法、收养法中都有关于计划生育的条款。为适应我国人口形势新变化,草案不再规定有关计划生育的内容。

关于夫妻债务问题,现行婚姻法没有具体规定夫妻关系存续期间个人债务、共同债务的认定和承担。2003 年最高人民法院公布的《关于适用〈中华人民共和国婚姻法〉若干问题的解释(二)》第 24 条,近年来引发了较大争议,一度成为社会关注的热点问题。2018 年 1 月,最高人民法院发布了《关于审理涉及夫妻债务纠纷案件适用法律有关问题的解释》,修改了此前司法解释关于夫妻债务认定的规定。

目前看来，司法解释基本平息了争议和热点。因新司法解释刚出台实施不久，尚需要进一步观察实践效果，再研究如何在婚姻家庭编草案作出相关规定。草案目前对现行婚姻法的有关规定未作实质性修改。

二、二次审议稿说明

时间：2019 年 6 月 25 日

来源：全国人民代表大会宪法和法律委员会关于《民法典婚姻家庭编（草案）》修改情况的汇报（第十三届全国人大常委会第十一次会议）

2018 年 8 月，全国人大常委会第五次会议对民法典各分编（草案）进行了初次审议。会后，法制工作委员会将草案印发地方人大、中央有关单位、法学教学研究机构和有关社会团体征求意见，并在中国人大网全文公布草案征求社会公众意见。根据党中央和常委会确定的民法典编纂工作计划和安排，在对民法典各分编（草案）整体进行初次审议后，将各分编草案分拆为几个单元进行若干次审议和修改完善。2018 年 12 月，常委会第七次会议对民法典合同编（草案）、侵权责任编（草案）进行了二审。2019 年 4 月，常委会第十次会议对民法典物权编（草案）、人格权编（草案）进行了二审。经研究，建议本次常委会会议对民法典婚姻家庭编（草案）进行二审。法制工作委员会就民法典婚姻家庭编（草案）召开多个座谈会，听取中央有关部门和部分专家学者的意见，到吉林、黑龙江、广东、江苏、湖北等地进行调研，了解实际情况，听取意见。宪法和法律委员会于 5 月 28 日召开会议，根据常委会组成人员的审议意见和各方面意见，对草案进行了逐条审议，最高人民法院、最高人民检察院、司法部、中国社会科学院、中国法学会等参加民法典编纂工作的单位有关负责同志列席了会议。6 月 17 日，宪法和法律委员会召开会议，再次进行了审议。现就民法典婚姻家庭编（草案）主要问题的修改情况汇报如下：

1. 现行《婚姻法》没有具体规定婚姻关系存续期间有关夫妻共同债务的认定。2003 年最高人民法院曾出台《关于适用〈中华人民共和国婚姻法〉若干问题的解释（二）》，其中第 24 条对此问题作了规定。2018 年 1 月，最高人民法院根据各方面意见又出台了《关于审理涉及夫妻债务纠纷案件适用法律有关问题的解释》。有的常委委员和一些地方、部门、法学教学研究机构、社会公众提出，新司法解释的规定比较妥当，建议草案加以吸收，明确夫妻共同债务的范围。宪法和法律委员会经与有关方面认真研究，建议采纳这一意见，在草案第三章第一节“夫妻关系”中增加一条，规定：“夫妻双方共同签字或者夫妻一方事后追认等共同意思表示所负的债务，以及夫妻一方在婚姻关系存续期间以个人名义为家庭日常生活需要所负的债务，属于夫妻共同债务；夫妻一方在婚姻关系存续期间以个人名义超出家庭日常生活需要所负的债务，不属于夫妻共同债务，但是债权人能够证明该债务用于夫妻共同生活、共同生产经营或者基于夫妻双方共同意思表示的除外。”（草案二次审议稿第 840 条之 1）

2. 草案第 850 条规定，对亲子关系有异议的，父、母或者成年子女可以向人民法院提起诉讼，请求确认或者否认亲子关系。有的地方、专家学者和社会公众提出，亲子关系问题涉及家庭稳定和未成年人的保护，作为民事基本法律，草案对此类诉讼进行规范是必要的。同时，建议进一步提高此类诉讼的门槛，明确当事人需要有正当理由才能提起，以更好地维护家庭关系和亲子关系的和谐稳定。有的地方、部门和专家学者提出，允许成年子女提起亲子关系否认之诉，可能会导致其逃避对父母的赡养义务，建议对成年子女提起此种诉讼予以限制。宪法和法律委员会经研究，建议采纳上述意见，将这一条规定修改为：“对亲子关系有异议且有正当理由的，父、母可以向人民法院提起诉讼，请求确认或者否认亲子关

系;对亲子关系有异议且有正当理由的,成年子女可以向人民法院提起诉讼,请求确认亲子关系。”(草案二次审议稿第850条)

3. 草案第864条规定,父母离婚后,祖父母、外祖父母探望孙子女、外孙子女的,参照适用父母探望子女的有关规定。有的地方、法学教学研究机构和社会公众提出,为保障未成年人和直接抚养子女一方生活的稳定,隔代探望权的范围不宜规定过大。通常情况下,祖父母、外祖父母可以随同孙子女、外孙子女的父母一方探望孙子女、外孙子女,只有在特殊情况下,如其对孙子女、外孙子女尽了抚养义务或者孙子女、外孙子女的父母一方死亡的,才有必要赋予其单独的探望权。宪法和法律委员会经研究,建议采纳这一意见,将这一条规定修改为:祖父母、外祖父母探望孙子女、外孙子女,如果其尽了抚养义务或者孙子女、外孙子女的父母一方死亡的,可以参照适用父母离婚后探望子女的有关规定(草案二次审议稿第864条)。

4. 草案第877条规定了收养人应当具备的四项条件。有的常委会组成人员、地方、部门和社会公众提出,为保障被收养人的健康成长,建议增加规定收养人无不利于被收养人健康成长的违法犯罪记录这一条件。宪法和法律委员会经研究,建议采纳这一意见,在这一条规定中增加一项条件,收养人应当无不利于被收养人健康成长的违法犯罪记录(草案二次审议稿第877条第4项)。

5. 草案第880条规定,无配偶者收养异性子女的,收养人与被收养人的年龄应当相差四十周岁以上;草案第881条第2款还规定,配偶一方为无民事行为能力人或者被宣告失踪的,可以单方收养。有的专家学者提出,有配偶者单方收养异性子女,应当与无配偶者收养异性子女的要求一致,年龄也应当相差四十周岁以上,以利于保护被收养人的合法权益。宪法和法律委员会经研究,建议采纳这一意见,将草案第880条与第881条的顺序对调,并修改为:无配偶者收养异性子女或者有配偶者依据前条规定单方收养异性子女的,收养人与被收养人的年龄应当相差40周岁以上(草案二次审议稿第881条之1)。

此外,还对草案作了一些文字修改。

三、三次审议稿说明

时间:2019年10月21日

来源:关于《民法典婚姻家庭编(草案)》修改情况的汇报(第十三届全国人大常委会第十四次会议)

2018年8月,常委会第五次会议对民法典各分编草案进行了初次审议。2019年6月,常委会第十一次会议对民法典婚姻家庭编草案进行了二审。经研究,建议10月份常委会第十四次会议对民法典婚姻家庭编(草案)进行三审。法制工作委员会就民法典婚姻家庭编(草案二次审议稿)在北京召开多个座谈会,分别听取中央有关部门和部分专家学者的意见,到北京、山东等地进行调研,了解实际情况,听取地方意见。宪法和法律委员会于10月11日召开会议,根据常委会组成人员的审议意见和各方面意见,对草案进行了审议,最高人民法院、最高人民检察院、司法部、中国社会科学院、中国法学会等参加民法典编纂工作的单位有关负责同志列席了会议。10月15日,宪法和法律委员会召开会议,再次进行了审议。现就民法典婚姻家庭编(草案二次审议稿)主要问题的修改情况汇报如下:

1. 草案二次审议稿第821条规定,应当维护平等、和睦、文明的婚姻家庭关系,明确夫妻应当互相忠实，互相尊重。有的常委委员、专家学者提出，为了更好地弘扬家庭美德，体现社会主义核心价值观，贯彻落实习近平总书记关于加强家庭文明建设的讲话精神，建议增加有关树立优良家风，弘扬家庭美德，重视家庭文明建设的规定。有的常委委员提出，夫妻之间除应互相忠实、互相尊重外，还应当互相关爱。宪法和法律委员会经研究，建议采纳上述意见，在这一条中增加一款规定：家庭应当树立优良家风，弘扬家庭美德，重视家庭文明建设。同时，在该条第2款中增加夫妻之间应当互相关爱的规定（草案三次审议稿第821条）。

2. 草案二次审议稿第821条之1第1款规定，收养应当有利于被收养人的健康成长，保障被收养人和收养人的合法权益。有的部门、专家学者提出，为了更好地维护被收养的未成年人的合法权益，建议将我国已加入的联合国《儿童权利公约》中关于儿童利益最大化的原则落实到收养工作中，明确规定最有利于被收养人的原则。宪法和法律委员会经研究，建议采纳这一意见（草案三次审议稿第821条之1第1款）。

3. 草案二次审议稿第831条规定了婚姻无效或者被撤销的法律后果。有的常委委员、地方、专家学者和社会公众提出，婚姻无效或者被撤销的，还应当赋予无过错方请求损害赔偿的权利，以有利于保护无过错方的权益。宪法和法律委员会经研究，建议采纳这一意见，在这一条中增加一款规定："婚姻无效或者被撤销的，无过错方有权请求损害赔偿。"（草案三次审议稿第831条第2款）

4. 草案二次审议稿第864条规定了隔代探望权，明确父母离婚后，祖父母、外祖父母在对孙子女、外孙子女尽了抚养义务，或者在孙子女、外孙子女的父母一方死亡的情形下，可以参照适用离婚父母探望子女的有关规定，探望孙子女、外孙子女。有的意见提出，这样规定对隔代探望的限制，没有必要。也有的意见提出，隔代探望权范围过大，容易引发矛盾，影响未成年人和直接抚养子女一方的正常生活。还有的意见提出，法律不宜赋予祖父母、外祖父母单独的探望权，建议删除这一规定。宪法和法律委员会经研究认为，鉴于目前各方面对此尚未形成共识，可以考虑暂不在民法典中规定，祖父母、外祖父母进行隔代探望，如与直接抚养子女的一方不能协商一致，可以通过诉讼由人民法院根据具体情况加以解决。

还有一个问题需要汇报。现行婚姻法规定，结婚年龄，男性不得早于22周岁，女性不得早于20周岁。民法典婚姻家庭编草案维持了现行法定婚龄的规定。审议中，有的建议适当降低法定婚龄，但也有的意见认为应当维持现行规定。宪法和法律委员会经与国家卫健委、司法部等有关方面研究后认为，现行法定婚龄的规定已为广大社会公众所熟知和认可，如果进行修改，属于婚姻制度的重大调整，宜在进行充分的调查研究和科学的分析评估后再定。建议民法典婚姻家庭编草案对法定婚龄暂不作修改。

此外，还对草案作了其他一些完善和文字修改。

四、四次审议稿说明

时间：2019年12月23日

来源：关于《民法典各分编（草案）》修改情况和《中华人民共和国民法典（草案）》编纂情况的汇报（第十三届全国人大常委会第十五次会议）

婚姻家庭编草案共5章、79条。常委会第十四次会议对民法典婚姻家庭编草案进行了三审，对婚姻家庭编草案三次审议稿的修改情况主要是：

1. 草案三次审议稿第822条第3款规定，共同生活的公婆、岳父母、儿媳、女婿，视为近亲属。有的全国人大代表提出,“共同生活”的认定较为困难,不宜以此界定是否为近亲属,建议删除这一规定。宪法和法律委员会经研究,建议采纳这一意见,删去该款规定。

2. 草案三次审议稿第 828 条第 4 项规定,以伪造、变造、冒用证件等方式骗取结婚登记的,婚姻无效。有的专家学者和地方提出,以伪造、变造、冒用证件等方式骗取结婚登记的情形较为复杂,其中既可能有重婚、未达到婚龄等问题,也可能仅是违反结婚登记的形式要件,不宜一律认定为无效,可在实践中根据具体情况确定婚姻效力。宪法和法律委员会经研究,建议采纳这一意见,删去该项规定。

3. 草案三次审议稿第 830 条第 1 款规定,一方患有重大疾病的,应当在结婚登记前如实告知另一方;不如实告知的,另一方可以向婚姻登记机关或者人民法院请求撤销婚姻。有的常委会组成人员、部门提出,由婚姻登记机关对一方在结婚登记前是否如实告知对方患病情况进行认定较为困难,建议统一由人民法院行使撤销权。宪法和法律委员会经研究,建议采纳这一意见,删去此种情况下可以向婚姻登记机关请求撤销婚姻的规定,由人民法院统一行使撤销权(草案第 1053 条第 1 款)。

五、大会审议稿说明

时间:2020 年 5 月 22 日

来源:关于《中华人民共和国民法典(草案)》的说明(第十三届全国人民代表大会第三次会议)

婚姻家庭制度是规范夫妻关系和家庭关系的基本准则。1980 年第五届全国人民代表大会第三次会议通过了新的婚姻法,2001 年进行了修改。1991 年第七届全国人大常委会第二十三次会议通过了收养法,1998 年作了修改。草案第五编“婚姻家庭”以现行婚姻法、收养法为基础,在坚持婚姻自由、一夫一妻等基本原则的前提下,结合社会发展需要,修改完善了部分规定,并增加了新的规定。第五编共 5 章、79 条,主要内容有:

1. 关于一般规定。第五编第一章在现行婚姻法规定的基础上,重申了婚姻自由、一夫一妻、男女平等等婚姻家庭领域的基本原则和规则,并在现行婚姻法的基础上,作了进一步完善:一是为贯彻落实习近平总书记有关加强家庭文明建设的重要讲话精神,更好地弘扬家庭美德,规定家庭应当树立优良家风,弘扬家庭美德,重视家庭文明建设(草案第 1043 条第 1 款)。二是为了更好地维护被收养的未成年人的合法权益,将联合国《儿童权利公约》关于儿童利益最大化的原则落实到收养工作中,增加规定了最有利于被收养人的原则(草案第 1044 条第 1 款)。三是界定了亲属、近亲属、家庭成员的范围(草案第 1045 条)。

2. 关于结婚。第五编第二章规定了结婚制度,并在现行婚姻法的基础上,对有关规定作了完善:一是将受胁迫一方请求撤销婚姻的期间起算点由“自结婚登记之日起”修改为“自胁迫行为终止之日起”(草案第 1052 条第 2 款)。二是不再将“患有医学上认为不应当结婚的疾病”作为禁止结婚的情形,并相应增加规定一方隐瞒重大疾病的,另一方可以向人民法院请求撤销婚姻(草案第 1053 条)。三是增加规定婚姻无效或者被撤销的,无过错方有权请求损害赔偿(草案第 1054 条第 2 款)。

3. 关于家庭关系。第五编第三章规定了夫妻关系、父母子女关系和其他近亲属关系,并根据社会发展需要,在现行婚姻法的基础上,完善了有关内容:一是明确了夫妻共同债务的范围。现行婚姻法没有对夫妻共同债务的范围作出规定。2003 年最高人民法院出台司法解释,对夫妻共同债务的认定作出规定,近年来成为社会关注的热点问题。2018 年 1 月,最高人民法院出台新的司法解释,修改了此前关于夫妻共同债务认定的规定。从新司法解释施行效果看,总体上能够有效平衡各方利益,各方面总体上赞同。因此,草案吸收新司法解释的规定,明确了夫妻共同债务的范围(草案第1064条)。二是规范亲子关系确认和否认之诉。亲子关系问题涉及家庭稳定和未成年人的保护,作为民事基本法律,草案对此类诉讼进行了规范(草案第1073条)。

4.关于离婚。第五编第四章对离婚制度作出了规定,并在现行婚姻法的基础上,作了进一步完善:一是增加离婚冷静期制度。实践中,轻率离婚的现象增多,不利于婚姻家庭的稳定。为此,草案规定了提交离婚登记申请后30日的离婚冷静期,在此期间,任何一方可以向登记机关撤回离婚申请(草案第1077条)。二是针对离婚诉讼中出现的“久调不判”问题,增加规定,经人民法院判决不准离婚后,双方又分居满1年,一方再次提起离婚诉讼的,应当准予离婚(草案第1079条第5款)。三是关于离婚后子女的抚养,将现行婚姻法规定的“哺乳期内的子女,以随哺乳的母亲抚养为原则”修改为“不满两周岁的子女,以由母亲直接抚养为原则”,以增强可操作性(草案第1084条第3款)。四是将夫妻采用法定共同财产制的,纳入适用离婚经济补偿的范围,以加强对家庭负担较多义务一方权益的保护(草案第1088条)。五是将“有其他重大过错”增加规定为离婚损害赔偿的适用情形(草案第1091条第5项)。

5.关于收养。第五编第五章对收养关系的成立、收养的效力、收养关系的解除作了规定,并在现行收养法的基础上,进一步完善了有关制度:一是扩大被收养人的范围,删除被收养的未成年人仅限于不满14周岁的限制,修改为符合条件的未成年人均可被收养(草案第1093条)。二是与国家计划生育政策的调整相协调,将收养人须无子女的要求修改为收养人无子女或者只有1名子女(草案第1098条第1项)。三是为进一步强化对被收养人利益的保护,在收养人的条件中增加规定“无不利于被收养人健康成长的违法犯罪记录”,并增加规定民政部门应当依法进行收养评估(草案第1098条第4项、第1105条第5款)。

第一章　一般规定

《民法典各分编（草案）》（2018 年 8 月版）	《民法典婚姻家庭编（草案二次审议稿）》（2019 年 6 月版）	《民法典婚姻家庭编（草案三次审议稿）》（2019 年 10 月版）	《中华人民共和国民法典（草案）》（2019 年 12 月版）	《中华人民共和国民法典（草案大会审议稿）》（2020 年 5 月 22 日提交审议）	《中华人民共和国民法典》（2020 年 5 月 28 日审议通过）
第一章　一般规定	第一章　一般规定	第一章　一般规定	第一章　一般规定	第一章　一般规定	第一章　一般规定
第八百一十八条　因婚姻家庭产生的民事关系，适用本编。	**第八百一十八条**　**本编调整因婚姻家庭产生的民事关系。**	**第八百一十八条**　无变化	**第一千零四十条**　无变化	**第一千零四十条**　无变化	**第一千零四十条**　本编调整因婚姻家庭产生的民事关系。
第八百一十九条　实行婚姻自由、一夫一妻、男女平等的婚姻制度。 保护妇女、儿童和老人的合法权益。	**第八百一十九条**　实行婚姻自由、一夫一妻、男女平等的婚姻制度。 保护妇女、**未成年人**和**老年人**的合法权益。	**第八百一十九条**　无变化	**第一千零四十一条**　无变化	**第一千零四十一条**　无变化	**第一千零四十一条**　**婚姻家庭受国家保护。**实行婚姻自由、一夫一妻、男女平等的婚姻制度。 保护妇女、未成年人、老年人、**残疾人**的合法权益。
第八百二十条　禁止包办、买卖婚姻和其他干涉婚姻自由的行为。禁止借婚姻索取财物。 禁止重婚。禁止有配偶者与他人同居。 禁止家庭暴力。禁止家庭成员间的虐待和遗弃。	**第八百二十条**　无变化	**第八百二十条**　无变化	**第一千零四十二条**　无变化	**第一千零四十二条**　无变化	**第一千零四十二条**　禁止包办、买卖婚姻和其他干涉婚姻自由的行为。禁止借婚姻索取财物。 禁止重婚。禁止有配偶者与他人同居。 禁止家庭暴力。禁止家庭成员间的虐待和遗弃。

续表

《民法典各分编(草案)》(2018年8月版)	《民法典婚姻家庭编(草案二次审议稿)》(2019年6月版)	《民法典婚姻家庭编(草案三次审议稿)》(2019年10月版)	《中华人民共和国民法典(草案)》(2019年12月版)	《中华人民共和国民法典(草案大会审议稿)》(2020年5月22日提交审议)	《中华人民共和国民法典》(2020年5月28日审议通过)
第八百二十一条 夫妻应当互相忠实,互相尊重;家庭成员间应当敬老爱幼,互相帮助,维护平等、和睦、文明的婚姻家庭关系。	**第八百二十一条** 无变化	**第八百二十一条** **家庭应当树立优良家风,弘扬家庭美德,重视家庭文明建设。** 夫妻应当互相忠实,互相尊重,**互相关爱;家庭成员**应当敬老爱幼,互相帮助,维护平等、和睦、文明的婚姻家庭关系。	**第一千零四十三条** 无变化	**第一千零四十三条** 无变化	**第一千零四十三条** 家庭应当树立优良家风,弘扬家庭美德,重视家庭文明建设。 夫妻应当互相忠实,互相尊重,互相关爱;家庭成员应当敬老爱幼,互相帮助,维护平等、和睦、文明的婚姻家庭关系。
第八百七十一条 收养应当有利于被收养人的健康成长,保障被收养人和收养人的合法权益。 禁止借收养名义买卖儿童。	**第八百二十一条之一** 收养应当有利于被收养人的健康成长,保障被收养人和收养人的合法权益。 禁止借收养名义买卖**未成年人**。	**第八百二十一条之一** 收养应当**遵循最有利于被收养人的原则**,保障被收养人和收养人的合法权益。 禁止借收养名义买卖未成年人。	**第一千零四十四条** 无变化	**第一千零四十四条** 无变化	**第一千零四十四条** 收养应当遵循最有利于被收养人的原则,保障被收养人和收养人的合法权益。 禁止借收养名义买卖未成年人。
第八百二十二条 亲属包括配偶、血亲和姻亲。 配偶、父母、子女、兄弟姐妹、祖父母、外祖父母、孙子女、外孙子女为近亲属。 **共同生活的公婆、岳父母、儿媳、女婿,视为近亲属。** 配偶、父母、子女和其他共同生活的近亲属为家庭成员。	**第八百二十二条** 无变化	**第八百二十二条** 无变化	**第一千零四十五条** 亲属包括配偶、血亲和姻亲。 配偶、父母、子女、兄弟姐妹、祖父母、外祖父母、孙子女、外孙子女为近亲属。 配偶、父母、子女和其他共同生活的近亲属为家庭成员。	**第一千零四十五条** 无变化	**第一千零四十五条** 亲属包括配偶、血亲和姻亲。 配偶、父母、子女、兄弟姐妹、祖父母、外祖父母、孙子女、外孙子女为近亲属。 配偶、父母、子女和其他共同生活的近亲属为家庭成员。

第二章　结　婚

《民法典各分编（草案）》（2018年8月版）	《民法典婚姻家庭编（草案二次审议稿）》（2019年6月版）	《民法典婚姻家庭编（草案三次审议稿）》（2019年10月版）	《中华人民共和国民法典（草案）》（2019年12月版）	《中华人民共和国民法典（草案大会审议稿）》（2020年5月22日提交审议）	《中华人民共和国民法典》（2020年5月28日审议通过）
第二章　结婚	**第二章　结婚**	**第二章　结婚**	**第二章　结婚**	**第二章　结婚**	**第二章　结婚**
第八百二十三条 结婚应当男女双方完全自愿，禁止任何一方对他方加以强迫或者任何组织、个人加以干涉。	**第八百二十三条** 结婚应当男女双方完全自愿，禁止任何一方对**另一方**加以强迫或者任何组织、个人加以干涉。	**第八百二十三条** 无变化	**第一千零四十六条** 无变化	**第一千零四十六条** 结婚应当男女双方完全自愿，禁止任何一方对另一方加以强迫，**禁止**任何组织**或者**个人加以干涉。	**第一千零四十六条** 结婚应当男女双方完全自愿，禁止任何一方对另一方加以强迫，禁止任何组织或者个人加以干涉。
第八百二十四条 结婚年龄，男不得早于二十二周岁，女不得早于二十周岁。	**第八百二十四条** 无变化	**第八百二十四条** 无变化	**第一千零四十七条** 无变化	**第一千零四十七条** 无变化	**第一千零四十七条** 结婚年龄，男不得早于二十二周岁，女不得早于二十周岁。
第八百二十五条 直系血亲或者三代以内的旁系血亲禁止结婚。	**第八百二十五条** 无变化	**第八百二十五条** 无变化	**第一千零四十八条** 无变化	**第一千零四十八条** 无变化	**第一千零四十八条** 直系血亲或者三代以内的旁系血亲禁止结婚。
第八百二十六条 要求结婚的男女双方应当亲自到婚姻登记机关申请结婚登记。符合本法规定的，予以登记，发给结婚证。完成结婚登记，即确立婚姻关系。未办理结婚登记的，应当补办登记。	**第八百二十六条** 无变化	**第八百二十六条** 无变化	**第一千零四十九条** 无变化	**第一千零四十九条** 无变化	**第一千零四十九条** 要求结婚的男女双方应当亲自到婚姻登记机关申请结婚登记。符合本法规定的，予以登记，发给结婚证。完成结婚登记，即确立婚姻关系。未办理结婚登记的，应当补办登记。

续表

《民法典各分编（草案）》（2018 年 8 月版）	《民法典婚姻家庭编（草案二次审议稿）》（2019 年 6 月版）	《民法典婚姻家庭编（草案三次审议稿）》（2019 年 10 月版）	《中华人民共和国民法典（草案）》（2019 年 12 月版）	《中华人民共和国民法典（草案大会审议稿）》（2020 年 5 月 22 日提交审议）	《中华人民共和国民法典》（2020 年 5 月 28 日审议通过）
第八百二十七条　登记结婚后，根据男女双方约定，女方可以成为男方家庭的成员，男方可以成为女方家庭的成员。	**第八百二十七条**　登记结婚后，**按照**男女双方约定，女方可以成为男方家庭的成员，男方可以成为女方家庭的成员。	**第八百二十七条**　无变化	**第一千零五十条**　无变化	**第一千零五十条**　无变化	**第一千零五十条**　登记结婚后，按照男女双方约定，女方可以成为男方家庭的成员，男方可以成为女方家庭的成员。
第八百二十八条　有下列情形之一的，婚姻无效： （一）重婚的； （二）有禁止结婚的亲属关系的； （三）未到法定婚龄的； （四）以伪造、变造、冒用证件等方式骗取结婚登记的。	**第八百二十八条**　无变化	**第八百二十八条**　有下列情形之一的，婚姻无效： （一）重婚； （二）有禁止结婚的亲属关系； （三）未到法定婚龄； **（四）以伪造、变造、冒用证件等方式骗取结婚登记。**	**第一千零五十一条**　有下列情形之一的，婚姻无效： （一）重婚； （二）有禁止结婚的亲属关系； （三）未到法定婚龄。	**第一千零五十一条**　无变化	**第一千零五十一条**　有下列情形之一的，婚姻无效： （一）重婚； （二）有禁止结婚的亲属关系； （三）未到法定婚龄。
第八百二十九条　因胁迫结婚的，受胁迫的一方可以向婚姻登记机关或者人民法院请求撤销该婚姻。 撤销婚姻的请求，应当自胁迫行为终止之日起一年内提出。 被非法限制人身自由的当事人请求撤销婚姻的，应当自恢复人身自由之日起一年内提出。	**第八百二十九条**　无变化	**第八百二十九条**　因胁迫结婚的，受胁迫的一方可以向**婚姻登记机关或者**人民法院请求撤销**该**婚姻。 **请求撤销婚姻的**，应当自胁迫行为终止之日起一年内提出。 被非法限制人身自由的当事人请求撤销婚姻的，应当自恢复人身自由之日起一年内提出。	**第一千零五十二条**　无变化	**第一千零五十二条**　因胁迫结婚的，受胁迫的一方可以向人民法院请求撤销婚姻。 请求撤销婚姻的，应当自胁迫行为终止之日起一年内提出。 被非法限制人身自由的当事人请求撤销婚姻的，应当自恢复人身自由之日起一年内提出。	**第一千零五十二条**　因胁迫结婚的，受胁迫的一方可以向人民法院请求撤销婚姻。 请求撤销婚姻的，应当自胁迫行为终止之日起一年内提出。 被非法限制人身自由的当事人请求撤销婚姻的，应当自恢复人身自由之日起一年内提出。

续表

《民法典各分编（草案）》（2018 年 8 月版）	《民法典婚姻家庭编（草案二次审议稿）》（2019 年 6 月版）	《民法典婚姻家庭编（草案三次审议稿）》（2019 年 10 月版）	《中华人民共和国民法典（草案）》（2019 年 12 月版）	《中华人民共和国民法典（草案大会审议稿）》（2020 年 5 月 22 日提交审议）	《中华人民共和国民法典》（2020 年 5 月 28 日审议通过）
第八百三十条　一方患有严重疾病的，应当在结婚登记前如实告知另一方；不如实告知的，另一方可以向婚姻登记机关或者人民法院请求撤销该婚姻。 撤销婚姻的请求，应当自知道或者应当知道撤销事由之日起一年内提出。	**第八百三十条**　一方患有**重大**疾病的，应当在结婚登记前如实告知另一方；不如实告知的，另一方可以向婚姻登记机关或者人民法院请求撤销该婚姻。 撤销婚姻的请求，应当自知道或者应当知道撤销事由之日起一年内提出。	**第八百三十条**　一方患有重大疾病的，应当在结婚登记前如实告知另一方；不如实告知的，另一方可以向**婚姻登记机关或者**人民法院请求撤销该婚姻。 **请求撤销婚姻的，**应当自知道或者应当知道撤销事由之日起一年内提出。	**第一千零五十三条**　一方患有重大疾病的，应当在结婚登记前如实告知另一方；不如实告知的，另一方可以向人民法院请求撤销**婚姻**。 请求撤销婚姻的，应当自知道或者应当知道撤销事由之日起一年内提出。	**第一千零五十三条** 无变化	**第一千零五十三条** 一方患有重大疾病的，应当在结婚登记前如实告知另一方；不如实告知的，另一方可以向人民法院请求撤销婚姻。 请求撤销婚姻的，应当自知道或者应当知道撤销事由之日起一年内提出。
第八百三十一条 无效的或者被撤销的婚姻自始没有法律约束力。当事人不具有夫妻的权利和义务。同居期间所得的财产，由当事人协议处理；协议不成时，由人民法院根据照顾无过错方的原则判决。对重婚导致的婚姻无效的财产处理，不得侵害合法婚姻当事人的财产权益。当事人所生的子女，适用本法有关父母子女的规定。	**第八百三十一条** 无效的或者被撤销的婚姻自始没有法律约束力，当事人不具有夫妻的权利和义务。同居期间所得的财产，由当事人协议处理；协议不成**的**，由人民法院根据照顾无过错方的原则判决。对重婚导致的**无效婚姻**的财产处理，不得侵害合法婚姻当事人的财产权益。当事人所生的子女，适用本法有关父母子女的规定。	**第八百三十一条** 无效的或者被撤销的婚姻自始没有法律约束力，当事人不具有夫妻的权利和义务。同居期间所得的财产，由当事人协议处理；协议不成的，由人民法院根据照顾无过错方的原则判决。对重婚导致的无效婚姻的财产处理，不得侵害合法婚姻当事人的财产权益。当事人所生的子女，适用本法**关于**父母子女的规定。 **婚姻无效或者被撤销的，无过错方有权请求损害赔偿。**	**第一千零五十四条** 无变化	**第一千零五十四条** 无变化	**第一千零五十四条** 无效的或者被撤销的婚姻自始没有法律约束力，当事人不具有夫妻的权利和义务。同居期间所得的财产，由当事人协议处理；协议不成的，由人民法院根据照顾无过错方的原则判决。对重婚导致的无效婚姻的财产处理，不得侵害合法婚姻当事人的财产权益。当事人所生的子女，适用本法关于父母子女的规定。 婚姻无效或者被撤销的，无过错方有权请求损害赔偿。

第三章　家庭关系

《民法典各分编（草案）》（2018年8月版）	《民法典婚姻家庭编（草案二次审议稿）》（2019年6月版）	《民法典婚姻家庭编（草案三次审议稿）》（2019年10月版）	《中华人民共和国民法典（草案）》（2019年12月版）	《中华人民共和国民法典（草案大会审议稿）》（2020年5月22日提交审议）	《中华人民共和国民法典》（2020年5月28日审议通过）
第三章　家庭关系	**第三章　家庭关系**	**第三章　家庭关系**	**第三章　家庭关系**	**第三章　家庭关系**	**第三章　家庭关系**
第一节　夫妻关系	第一节　夫妻关系	第一节　夫妻关系	第一节　夫妻关系	第一节　夫妻关系	第一节　夫妻关系
第八百三十二条 夫妻在婚姻家庭关系中地位平等。	**第八百三十二条** 无变化	**第八百三十二条** 无变化	**第一千零五十五条** 无变化	**第一千零五十五条** 无变化	**第一千零五十五条** 夫妻在婚姻**家庭**中地位平等。
第八百三十三条 夫妻双方都有各用自己姓名的权利。	**第八百三十三条** 夫妻双方都有**各自使用**自己姓名的权利。	**第八百三十三条** 无变化	**第一千零五十六条** 无变化	**第一千零五十六条** 无变化	**第一千零五十六条** 夫妻双方都有各自使用自己姓名的权利。
第八百三十四条 夫妻双方都有参加生产、工作、学习和社会活动的自由，一方不得对他方加以限制或者干涉。	**第八百三十四条** 夫妻双方都有参加生产、工作、学习和社会活动的自由，一方不得对**另一方**加以限制或者干涉。	**第八百三十四条** 无变化	**第一千零五十七条** 无变化	**第一千零五十七条** 无变化	**第一千零五十七条** 夫妻双方都有参加生产、工作、学习和社会活动的自由，一方不得对另一方加以限制或者干涉。
第八百三十五条 夫妻双方平等享有对未成年子女抚养、教育和保护的权利，共同承担对未成年子女抚养、教育和保护的义务。	**第八百三十五条** 无变化	**第八百三十五条** 无变化	**第一千零五十八条** 无变化	**第一千零五十八条** 无变化	**第一千零五十八条** 夫妻双方平等享有对未成年子女抚养、教育和保护的权利，共同承担对未成年子女抚养、教育和保护的义务。

续表

《民法典各分编（草案）》（2018年8月版）	《民法典婚姻家庭编（草案二次审议稿）》（2019年6月版）	《民法典婚姻家庭编（草案三次审议稿）》（2019年10月版）	《中华人民共和国民法典（草案）》（2019年12月版）	《中华人民共和国民法典（草案大会审议稿）》（2020年5月22日提交审议）	《中华人民共和国民法典》（2020年5月28日审议通过）
第八百三十六条 夫妻有相互扶养的义务。 一方不履行扶养义务时，需要扶养的一方，有要求对方给付扶养费的权利。	**第八百三十六条** 夫妻有相互扶养的义务。 **需要扶养的一方，在另一方不履行扶养义务时，**有要求**其**给付扶养费的权利。	**第八百三十六条** 无变化	**第一千零五十九条** 无变化	**第一千零五十九条** 无变化	**第一千零五十九条** 夫妻有相互扶养的义务。 需要扶养的一方，在另一方不履行扶养义务时，有要求其给付扶养费的权利。
第八百三十七条 夫妻一方因家庭日常生活需要而实施的民事法律行为，对夫妻双方发生效力，但是夫妻一方与相对人另有约定的除外。 夫妻之间对一方可以实施的民事法律行为范围的限制，不得对抗善意相对人。	**第八百三十七条** 无变化	**第八百三十七条** 无变化	**第一千零六十条** 无变化	**第一千零六十条** 无变化	**第一千零六十条**　夫妻一方因家庭日常生活需要而实施的民事法律行为，对夫妻双方发生效力，但是夫妻一方与相对人另有约定的除外。 夫妻之间对一方可以实施的民事法律行为范围的限制，不得对抗善意相对人。
第八百三十八条 夫妻有相互继承遗产的权利。	**第八百三十八条** 无变化	**第八百三十八条** 无变化	**第一千零六十一条** 无变化	**第一千零六十一条** 无变化	**第一千零六十一条** 夫妻有相互继承遗产的权利。
第八百三十九条 夫妻在婚姻关系存续期间所得的下列财产，为夫妻的共同财产，归夫妻共同所有： （一）工资、奖金和其他劳务报酬； （二）生产、经营、投资的收益； （三）知识产权的收益；	**第八百三十九条** 夫妻在婚姻关系存续期间所得的下列财产，为夫妻的共同财产，归夫妻共同所有： （一）工资、奖金和其他劳务报酬； （二）生产、经营、投资的收益； （三）知识产权的收益；	**第八百三十九条** 无变化	**第一千零六十二条** 夫妻在婚姻关系存续期间所得的下列财产，为夫妻的共同财产，归夫妻共同所有： （一）工资、奖金和其他劳务报酬； （二）生产、经营、投资的收益； （三）知识产权的收益；	**第一千零六十二条** 无变化	**第一千零六十二条** 夫妻在婚姻关系存续期间所得的下列财产，为夫妻的共同财产，归夫妻共同所有： （一）工资、奖金、劳务报酬； （二）生产、经营、投资的收益； （三）知识产权的收益；

续表

《民法典各分编（草案）》（2018年8月版）	《民法典婚姻家庭编（草案二次审议稿）》（2019年6月版）	《民法典婚姻家庭编（草案三次审议稿）》（2019年10月版）	《中华人民共和国民法典（草案）》（2019年12月版）	《中华人民共和国民法典（草案大会审议稿）》（2020年5月22日提交审议）	《中华人民共和国民法典》（2020年5月28日审议通过）
（四）继承或者受赠所得的财产，但是本法第八百四十条第三项规定的除外； （五）其他应当归共同所有的财产。 夫妻对共同财产，有平等的处理权。	（四）继承或者**受赠**的财产，但是本法第八百四十条第三项规定的除外； （五）其他应当归共同所有的财产。 夫妻对共同财产，有平等的处理权。		（四）继承或者受赠的财产，但是本法**第一千零六十三条**第三项规定的除外； （五）其他应当归共同所有的财产。 夫妻对共同财产，有平等的处理权。		（四）继承或者受赠的财产，但是本法第一千零六十三条第三项规定的除外； （五）其他应当归共同所有的财产。 夫妻对共同财产，有平等的处理权。
第八百四十条　下列财产为夫妻一方的个人财产： （一）一方的婚前财产； （二）一方因受到人身损害获得的损害赔偿和补偿； （三）遗嘱或者赠与合同中确定只归夫或者妻一方的财产； （四）一方专用的生活用品； （五）其他应当归一方的财产。	**第八百四十条**　下列财产为夫妻一方的个人财产： （一）一方的婚前财产； （二）一方因受到人身损害获得的**赔偿**和补偿； （三）遗嘱或者赠与合同中确定只归夫或者妻一方的财产； （四）一方专用的生活用品； （五）其他应当归一方的财产。	**第八百四十条**　下列财产为夫妻一方的个人财产： （一）一方的婚前财产； （二）一方因受到人身损害获得的赔偿和补偿； （三）遗嘱或者赠与合同中确定只归**一方**的财产； （四）一方专用的生活用品； （五）其他应当归一方的财产。	**第一千零六十三条** 无变化	**第一千零六十三条** 下列财产为夫妻一方的个人财产： （一）一方的婚前财产； （二）一方因受到人身损害获得的赔偿**或者**补偿； （三）遗嘱或者赠与合同中确定只归一方的财产； （四）一方专用的生活用品； （五）其他应当归一方的财产。	**第一千零六十三条** 下列财产为夫妻一方的个人财产： （一）一方的婚前财产； （二）一方因受到人身损害获得的赔偿或者补偿； （三）遗嘱或者赠与合同中确定只归一方的财产； （四）一方专用的生活用品； （五）其他应当归一方的财产。
	第八百四十条之一 夫妻双方共同签字或者夫妻一方事后追认等共同意思表示所负的债务，以及夫妻一方在婚姻关系存续期间以个人名义为家庭日常生活需要所负的债务，属于夫妻共同债务。 夫妻一方在婚姻关系存续期间以个人名义超出家庭日常	**第八百四十条之一** 夫妻双方共同签字或者夫妻一方事后追认等共同意思表示所负的债务，以及夫妻一方在婚姻关系存续期间以个人名义为家庭日常生活需要所负的债务，属于夫妻共同债务。 夫妻一方在婚姻关系存续期间以个人名义超出家庭日常	**第一千零六十四条** 无变化	**第一千零六十四条** 无变化	**第一千零六十四条** 夫妻双方共同**签名**或者夫妻一方事后追认等共同意思表示所负的债务，以及夫妻一方在婚姻关系存续期间以个人名义为家庭日常生活需要所负的债务，属于夫妻共同债务。 夫妻一方在婚姻关系存续期间以个人名义超出家庭日常生活需要所负的债务，不属于

续表

《民法典各分编（草案）》（2018年8月版）	《民法典婚姻家庭编（草案二次审议稿）》（2019年6月版）	《民法典婚姻家庭编（草案三次审议稿）》（2019年10月版）	《中华人民共和国民法典（草案）》（2019年12月版）	《中华人民共和国民法典（草案大会审议稿）》（2020年5月22日提交审议）	《中华人民共和国民法典》（2020年5月28日审议通过）
	生活需要所负的债务，不属于夫妻共同债务，但是债权人能够证明该债务用于夫妻共同生活、共同生产经营或者基于夫妻双方共同意思表示的除外。	生活需要所负的债务，不属于夫妻共同债务；但是，债权人能够证明该债务用于夫妻共同生活、共同生产经营或者基于夫妻双方共同意思表示的除外。			夫妻共同债务；但是，债权人能够证明该债务用于夫妻共同生活、共同生产经营或者基于夫妻双方共同意思表示的除外。
第八百四十一条 男女双方可以约定婚姻关系存续期间所得的财产以及婚前财产归各自所有、共同所有或者部分各自所有、部分共同所有。约定应当采用书面形式。没有约定或者约定不明确的，适用本法第八百三十九条、第八百四十条的规定。 夫妻对婚姻关系存续期间所得的财产以及婚前财产的约定，对双方具有约束力。 夫妻对婚姻关系存续期间所得的财产约定归各自所有的，夫或者妻一方对外所负的债务，相对人知道该约定的，以夫或者妻一方的个人财产清偿。	**第八百四十一条** 男女双方可以约定婚姻关系存续期间所得的财产以及婚前财产归各自所有、共同所有或者部分各自所有、部分共同所有。约定应当采用书面形式。没有约定或者约定不明确的，适用本法第八百三十九条、第八百四十条的规定。 夫妻对婚姻关系存续期间所得的财产以及婚前财产的约定，对双方具有约束力。 夫妻对婚姻关系存续期间所得的财产约定归各自所有，夫或者妻一方对外所负的债务，相对人知道该约定的，以夫或者妻一方的个人财产清偿。	**第八百四十一条** 男女双方可以约定婚姻关系存续期间所得的财产以及婚前财产归各自所有、共同所有或者部分各自所有、部分共同所有。约定应当采用书面形式。没有约定或者约定不明确的，适用本法第八百三十九条、第八百四十条的规定。 夫妻对婚姻关系存续期间所得的财产以及婚前财产的约定，对双方具有**法律**约束力。 夫妻对婚姻关系存续期间所得的财产约定归各自所有，夫或者妻一方对外所负的债务，相对人知道该约定的，以夫或者妻一方的个人财产清偿。	**第一千零六十五条** 男女双方可以约定婚姻关系存续期间所得的财产以及婚前财产归各自所有、共同所有或者部分各自所有、部分共同所有。约定应当采用书面形式。没有约定或者约定不明确的，适用本法**第一千零六十二条、第一千零六十三条**的规定。 夫妻对婚姻关系存续期间所得的财产以及婚前财产的约定，对双方具有法律约束力。 夫妻对婚姻关系存续期间所得的财产约定归各自所有，夫或者妻一方对外所负的债务，相对人知道该约定的，以夫或者妻一方的个人财产清偿。	**第一千零六十五条** 无变化	**第一千零六十五条** 男女双方可以约定婚姻关系存续期间所得的财产以及婚前财产归各自所有、共同所有或者部分各自所有、部分共同所有。约定应当采用书面形式。没有约定或者约定不明确的，适用本法第一千零六十二条、第一千零六十三条的规定。 夫妻对婚姻关系存续期间所得的财产以及婚前财产的约定，对双方具有法律约束力。 夫妻对婚姻关系存续期间所得的财产约定归各自所有，夫或者妻一方对外所负的债务，相对人知道该约定的，以夫或者妻一方的个人财产清偿。

续表

《民法典各分编(草案)》(2018年8月版)	《民法典婚姻家庭编(草案二次审议稿)》(2019年6月版)	《民法典婚姻家庭编(草案三次审议稿)》(2019年10月版)	《中华人民共和国民法典(草案)》(2019年12月版)	《中华人民共和国民法典(草案大会审议稿)》(2020年5月22日提交审议)	《中华人民共和国民法典》(2020年5月28日审议通过)
第八百四十二条 婚姻关系存续期间,有下列情形之一的,夫妻一方可以向人民法院请求分割共同财产: (一)一方有隐藏、转移、变卖、毁损、挥霍夫妻共同财产或者伪造夫妻共同债务等严重损害夫妻共同财产利益行为的; (二)一方负有法定扶养义务的人患重大疾病需要医治,另一方不同意支付相关医疗费用的。	**第八百四十二条** 婚姻关系存续期间,有下列情形之一的,夫妻一方可以向人民法院请求分割共同财产: (一)一方有隐藏、转移、变卖、毁损、挥霍夫妻共同财产或者伪造夫妻共同债务等严重损害夫妻共同财产利益行为; (二)一方负有法定扶养义务的人患重大疾病需要医治,另一方不同意支付相关医疗费用。	**第八百四十二条** 无变化	**第一千零六十六条** 婚姻关系存续期间,有下列情形之一的,夫妻一方可以向人民法院请求分割共同财产: (一)一方有隐藏、转移、变卖、毁损、挥霍夫妻共同财产或者伪造夫妻共同债务等严重损害夫妻共同财产利益**的**行为; (二)一方负有法定扶养义务的人患重大疾病需要医治,另一方不同意支付相关医疗费用。	**第一千零六十六条** 无变化	**第一千零六十六条** 婚姻关系存续期间,有下列情形之一的,夫妻一方可以向人民法院请求分割共同财产: (一)一方有隐藏、转移、变卖、毁损、挥霍夫妻共同财产或者伪造夫妻共同债务等严重损害夫妻共同财产利益的行为; (二)一方负有法定扶养义务的人患重大疾病需要医治,另一方不同意支付相关医疗费用。
第二节 父母子女关系和其他近亲属关系	第二节 父母子女关系和其他近亲属关系	第二节 父母子女关系和其他近亲属关系	第二节 父母子女关系和其他近亲属关系	第二节 父母子女关系和其他近亲属关系	第二节 父母子女关系和其他**亲属**关系
第八百四十三条 父母不履行抚养义务的,未成年子女或者不能独立生活的成年子女,有要求父母给付抚养费的权利。 成年子女不履行赡养义务的,无劳动能力或者生活困难的父母,有要求成年子女给付赡养费的权利。	**第八百四十三条** 父母不履行抚养义务的,未成年子女或者不能独立生活的成年子女,有要求父母给付抚养费的权利。 成年子女不履行赡养义务的,**缺乏**劳动能力或者生活困难的父母,有要求成年子女给付赡养费的权利。	**第八百四十三条** 无变化	**第一千零六十七条** 无变化	**第一千零六十七条** 无变化	**第一千零六十七条** 父母不履行抚养义务的,未成年子女或者不能独立生活的成年子女,有要求父母给付抚养费的权利。 成年子女不履行赡养义务的,缺乏劳动能力或者生活困难的父母,有要求成年子女给付赡养费的权利。

续表

《民法典各分编（草案）》（2018 年 8 月版）	《民法典婚姻家庭编（草案二次审议稿）》（2019 年 6 月版）	《民法典婚姻家庭编（草案三次审议稿）》（2019 年 10 月版）	《中华人民共和国民法典（草案）》（2019 年 12 月版）	《中华人民共和国民法典（草案大会审议稿）》（2020 年 5 月 22 日提交审议）	《中华人民共和国民法典》（2020 年 5 月 28 日审议通过）
第八百四十四条 父母有保护和教育未成年子女的权利和义务。未成年子女造成他人损害的，父母应当依法承担民事责任。	**第八百四十四条** 父母有**教育**和**保护**未成年子女的权利和义务。未成年子女造成他人损害的，父母应当依法承担民事责任。	**第八百四十四条** 父母有教育、保护未成年子女的权利和义务。未成年子女造成他人损害的，父母应当依法承担民事责任。	**第一千零六十八条** 无变化	**第一千零六十八条** 无变化	**第一千零六十八条** 父母有教育、保护未成年子女的权利和义务。未成年子女造成他人损害的，父母应当依法承担民事责任。
第八百四十五条 子女可以随父姓，可以随母姓。	**第八百四十五条** **子女姓氏的选取，适用本法第七百九十四条的规定。**	**第八百四十五条** 无变化			
第八百四十六条 子女应当尊重父母的婚姻权利，不得干涉父母离婚、再婚以及婚后的生活。子女对父母的赡养义务，不因父母的婚姻关系变化而终止。	**第八百四十六条** 无变化	**第八百四十六条** 无变化	**第一千零六十九条** 无变化	**第一千零六十九条** 无变化	**第一千零六十九条** 子女应当尊重父母的婚姻权利，不得干涉父母离婚、再婚以及婚后的生活。子女对父母的赡养义务，不因父母的婚姻关系变化而终止。
第八百四十七条 父母和子女有相互继承遗产的权利。	**第八百四十七条** 无变化	**第八百四十七条** 无变化	**第一千零七十条** 无变化	**第一千零七十条** 无变化	**第一千零七十条** 父母和子女有相互继承遗产的权利。
第八百四十八条 非婚生子女享有与婚生子女同等的权利，任何组织、个人不得加以危害和歧视。 不直接抚养非婚生子女的生父或者生母，应当负担未成年子女或者不能独立生活的成年子女的抚养费。	**第八百四十八条** 无变化	**第八百四十八条** 非婚生子女享有与婚生子女同等的权利，任何组织**或者**个人不得加以危害和歧视。 不直接抚养非婚生子女的生父或者生母，应当负担未成年子女或者不能独立生活的成年子女的抚养费。	**第一千零七十一条** 无变化	**第一千零七十一条** 无变化	**第一千零七十一条** 非婚生子女享有与婚生子女同等的权利，任何组织或者个人不得加以危害和歧视。 不直接抚养非婚生子女的生父或者生母，应当负担未成年子女或者不能独立生活的成年子女的抚养费。

续表

《民法典各分编（草案）》（2018年8月版）	《民法典婚姻家庭编（草案二次审议稿）》（2019年6月版）	《民法典婚姻家庭编（草案三次审议稿）》（2019年10月版）	《中华人民共和国民法典（草案）》（2019年12月版）	《中华人民共和国民法典（草案大会审议稿）》（2020年5月22日提交审议）	《中华人民共和国民法典》（2020年5月28日审议通过）
第八百四十九条 继父母与继子女间，不得虐待或者歧视。 继父或者继母和受其抚养教育的继子女间的权利义务关系，适用法律关于父母子女关系的规定。	**第八百四十九条** 继父母与继子女间，不得虐待或者歧视。 继父或者继母和受其抚养教育的继子女间的权利义务关系，适用**本法**关于父母子女关系的规定。	**第八百四十九条** 无变化	**第一千零七十二条** 无变化	**第一千零七十二条** 无变化	**第一千零七十二条** 继父母与继子女间，不得虐待或者歧视。 继父或者继母和受其抚养教育的继子女间的权利义务关系，适用本法关于父母子女关系的规定。
第八百五十条 对亲子关系有异议的，父、母**或者成年子女**可以向人民法院提起诉讼，请求确认或者否认亲子关系。	**第八百五十条** 对亲子关系有异议**且有正当理由**的，父、母可以向人民法院提起诉讼，请求确认或者否认亲子关系。 **对亲子关系有异议且有正当理由的，成年子女可以向人民法院提起诉讼，请求确认亲子关系。**	**第八百五十条** 对亲子关系有异议且有正当理由的，父**或者**母可以向人民法院提起诉讼，请求确认或者否认亲子关系。 对亲子关系有异议且有正当理由的，成年子女可以向人民法院提起诉讼，请求确认亲子关系。	**第一千零七十三条** 无变化	**第一千零七十三条** 无变化	**第一千零七十三条** 对亲子关系有异议且有正当理由的，父或者母可以向人民法院提起诉讼，请求确认或者否认亲子关系。 对亲子关系有异议且有正当理由的，成年子女可以向人民法院提起诉讼，请求确认亲子关系。
第八百五十一条 有负担能力的祖父母、外祖父母，对于父母已经死亡或者父母无力抚养的未成年的孙子女、外孙子女，有抚养的义务。 有负担能力的孙子女、外孙子女，对于子女已经死亡或者子女无力赡养的祖父母、外祖父母，有赡养的义务。	**第八百五十一条** 有负担能力的祖父母、外祖父母，对于父母已经死亡或者父母无力抚养的**未成年**孙子女、外孙子女，有抚养的义务。 有负担能力的孙子女、外孙子女，对于子女已经死亡或者子女无力赡养的祖父母、外祖父母，有赡养的义务。	**第八百五十一条** 无变化	**第一千零七十四条** 无变化	**第一千零七十四条** 无变化	**第一千零七十四条** 有负担能力的祖父母、外祖父母，对于父母已经死亡或者父母无力抚养的未成年孙子女、外孙子女，有抚养的义务。 有负担能力的孙子女、外孙子女，对于子女已经死亡或者子女无力赡养的祖父母、外祖父母，有赡养的义务。

续表

《民法典各分编（草案）》（2018年8月版）	《民法典婚姻家庭编（草案二次审议稿）》（2019年6月版）	《民法典婚姻家庭编（草案三次审议稿）》（2019年10月版）	《中华人民共和国民法典（草案）》（2019年12月版）	《中华人民共和国民法典（草案大会审议稿）》（2020年5月22日提交审议）	《中华人民共和国民法典》（2020年5月28日审议通过）
第八百五十二条 有负担能力的兄、姐，对于父母已经死亡或者父母无力抚养的未成年的弟、妹，有扶养的义务。 由兄、姐扶养长大的有负担能力的弟、妹，对于缺乏劳动能力又缺乏生活来源的兄、姐，有扶养的义务。	**第八百五十二条** 有负担能力的兄、姐，对于父母已经死亡或者父母无力抚养的**未成年**弟、妹，有扶养的义务。 由兄、姐扶养长大的有负担能力的弟、妹，对于缺乏劳动能力又缺乏生活来源的兄、姐，有扶养的义务。	**第八百五十二条** 无变化	**第一千零七十五条** 无变化	**第一千零七十五条** 无变化	**第一千零七十五条** 有负担能力的兄、姐，对于父母已经死亡或者父母无力抚养的未成年弟、妹，有扶养的义务。 由兄、姐扶养长大的有负担能力的弟、妹，对于缺乏劳动能力又缺乏生活来源的兄、姐，有扶养的义务。

第四章　离　　婚

《民法典各分编（草案）》（2018年8月版）	《民法典婚姻家庭编（草案二次审议稿）》（2019年6月版）	《民法典婚姻家庭编（草案三次审议稿）》（2019年10月版）	《中华人民共和国民法典（草案）》（2019年12月版）	《中华人民共和国民法典（草案大会审议稿）》（2020年5月22日提交审议）	《中华人民共和国民法典》（2020年5月28日审议通过）
第四章　离婚	第四章　离婚	第四章　离婚	第四章　离婚	第四章　离婚	第四章　离婚
第八百五十三条 男女双方自愿离婚的，准予离婚。 双方应当订立书面离婚协议，并亲自到婚姻登记机关申请离婚登记。 离婚协议书应当载明双方自愿离婚的意思表示以及对子女抚养、财产及债务处理等事项协商一致的意见。	**第八百五十三条** 男女双方自愿离婚的，**准予离婚。双方**应当订立书面离婚协议，并亲自到婚姻登记机关申请离婚登记。 **离婚协议**应当载明双方自愿离婚的意思表示以及对子女抚养、财产及债务处理等事项协商一致的意见。	**第八百五十三条** 男女双方自愿离婚的，应当订立书面离婚协议，并亲自到婚姻登记机关申请离婚登记。 离婚协议应当载明双方自愿离婚的意思表示**和**对子女抚养、财产及债务处理等事项协商一致的意见。	**第一千零七十六条** 无变化	**第一千零七十六条** **夫妻**双方自愿离婚的，应当**签订**书面离婚协议，并亲自到婚姻登记机关申请离婚登记。 离婚协议应当载明双方自愿离婚的意思表示和对子女抚养、财产**以及**债务处理等事项协商一致的意见。	**第一千零七十六条** 夫妻双方自愿离婚的，应当签订书面离婚协议，并亲自到婚姻登记机关申请离婚登记。 离婚协议应当载明双方自愿离婚的意思表示和对子女抚养、财产以及债务处理等事项协商一致的意见。
第八百五十四条 自婚姻登记机关收到离婚登记申请之日起一个月内，任何一方不愿意离婚的，可以向婚姻登记机关撤回离婚申请。 前款规定期间届满一个月内，双方应当亲自到婚姻登记机关申请发给离婚证；未申请的，视为撤回离婚登记申请。	**第八百五十四条** 自婚姻登记机关收到离婚登记申请之日起**三十日**内，任何一方不愿意离婚的，可以向婚姻登记机关撤回离婚**登记**申请。 前款规定期间届满**后三十日**内，双方应当亲自到婚姻登记机关申请发给离婚证；未申请的，视为撤回离婚登记申请。	**第八百五十四条** 无变化	**第一千零七十七条** 无变化	**第一千零七十七条** 自婚姻登记机关收到离婚登记申请之日起三十日内，任何一方不愿意离婚的，可以向婚姻登记机关撤回离婚登记申请。 前款规定**期限**届满后三十日内，双方应当亲自到婚姻登记机关申请发给离婚证；未申请的，视为撤回离婚登记申请。	**第一千零七十七条** 自婚姻登记机关收到离婚登记申请之日起三十日内，任何一方不愿意离婚的，可以向婚姻登记机关撤回离婚登记申请。 前款规定期限届满后三十日内，双方应当亲自到婚姻登记机关申请发给离婚证；未申请的，视为撤回离婚登记申请。

续表

《民法典各分编（草案）》（2018年8月版）	《民法典婚姻家庭编（草案二次审议稿）》（2019年6月版）	《民法典婚姻家庭编（草案三次审议稿）》（2019年10月版）	《中华人民共和国民法典（草案）》（2019年12月版）	《中华人民共和国民法典（草案大会审议稿）》（2020年5月22日提交审议）	《中华人民共和国民法典》（2020年5月28日审议通过）
第八百五十五条 婚姻登记机关查明双方确实是自愿离婚，并已对子女抚养、财产及债务处理等事项协商一致时，予以登记，发给离婚证。	**第八百五十五条** 无变化	**第八百五十五条** 婚姻登记机关查明双方确实是自愿离婚，并已对子女抚养、财产及债务处理等事项协商一致**的**，予以登记，发给离婚证。	**第一千零七十八条** 无变化	**第一千零七十八条** 婚姻登记机关查明双方确实是自愿离婚，并**已经**对子女抚养、财产**以及**债务处理等事项协商一致的，予以登记，发给离婚证。	**第一千零七十八条** 婚姻登记机关查明双方确实是自愿离婚，并已经对子女抚养、财产以及债务处理等事项协商一致的，予以登记，发给离婚证。
第八百五十六条 男女一方要求离婚的，可由有关部门进行调解或者直接向人民法院提起离婚诉讼。 人民法院审理离婚案件，应当进行调解；如感情确已破裂，调解无效，应准予离婚。 有下列情形之一，调解无效的，应准予离婚： （一）重婚或者与他人同居的； （二）实施家庭暴力或者虐待、遗弃家庭成员的； （三）有赌博、吸毒等恶习屡教不改的； （四）因感情不和分居满二年的； （五）其他导致夫妻感情破裂的情形。 一方被宣告失踪，另一方提起离婚诉讼的，应准予离婚。 经人民法院判决不准离婚后，又分居满一年，一方再次提起离婚诉讼的，应准予离婚。	**第八百五十六条** 男女一方要求离婚的，可由有关部门进行调解或者直接向人民法院提起离婚诉讼。 人民法院审理离婚案件，应当进行调解；如感情确已破裂，调解无效**的**，**应当**准予离婚。 有下列情形之一，调解无效的，**应当**准予离婚： （一）重婚或者与他人同居的； （二）实施家庭暴力或者虐待、遗弃家庭成员的； （三）有赌博、吸毒等恶习屡教不改的； （四）因感情不和分居满二年的； （五）其他导致夫妻感情破裂的情形。 一方被宣告失踪，另一方提起离婚诉讼的，**应当**准予离婚。 经人民法院判决不准离婚后，又分居满一年，一方再次提起离婚诉讼的，**应当**准予离婚。	**第八百五十六条** 男女一方要求离婚的，**可以**由有关**组织**进行调解或者直接向人民法院提起离婚诉讼。 人民法院审理离婚案件，应当进行调解；**如果**感情确已破裂，调解无效的，应当准予离婚。 有下列情形之一，调解无效的，应当准予离婚： （一）重婚或者与他人同居； （二）实施家庭暴力或者虐待、遗弃家庭成员； （三）有赌博、吸毒等恶习屡教不改； （四）因感情不和分居满二年； （五）其他导致夫妻感情破裂的情形。 一方被宣告失踪，另一方提起离婚诉讼的，应当准予离婚。 经人民法院判决不准离婚后，**双方**又分居满一年，一方再次提起离婚诉讼的，应当准予离婚。	**第一千零七十九条** 无变化	**第一千零七十九条** **夫妻**一方要求离婚的，可以由有关组织进行调解或者直接向人民法院提起离婚诉讼。 人民法院审理离婚案件，应当进行调解；如果感情确已破裂，调解无效的，应当准予离婚。 有下列情形之一，调解无效的，应当准予离婚： （一）重婚或者与他人同居； （二）实施家庭暴力或者虐待、遗弃家庭成员； （三）有赌博、吸毒等恶习屡教不改； （四）因感情不和分居满二年； （五）其他导致夫妻感情破裂的情形。 一方被宣告失踪，另一方提起离婚诉讼的，应当准予离婚。 经人民法院判决不准离婚后，双方又分居满一年，一方再次提起离婚诉讼的，应当准予离婚。	**第一千零七十九条** 夫妻一方要求离婚的，可以由有关组织进行调解或者直接向人民法院提起离婚诉讼。 人民法院审理离婚案件，应当进行调解；如果感情确已破裂，调解无效的，应当准予离婚。 有下列情形之一，调解无效的，应当准予离婚： （一）重婚或者与他人同居； （二）实施家庭暴力或者虐待、遗弃家庭成员； （三）有赌博、吸毒等恶习屡教不改； （四）因感情不和分居满二年； （五）其他导致夫妻感情破裂的情形。 一方被宣告失踪，另一方提起离婚诉讼的，应当准予离婚。 经人民法院判决不准离婚后，双方又分居满一年，一方再次提起离婚诉讼的，应当准予离婚。

续表

《民法典各分编（草案）》（2018 年 8 月版）	《民法典婚姻家庭编（草案二次审议稿）》（2019 年 6 月版）	《民法典婚姻家庭编（草案三次审议稿）》（2019 年 10 月版）	《中华人民共和国民法典（草案）》（2019 年 12 月版）	《中华人民共和国民法典（草案大会审议稿）》（2020 年 5 月 22 日提交审议）	《中华人民共和国民法典》（2020 年 5 月 28 日审议通过）
第八百五十七条 完成离婚登记，或者离婚判决书、调解书生效，即解除婚姻关系。	**第八百五十七条** 无变化	**第八百五十七条** 无变化	**第一千零八十条** 无变化	**第一千零八十条** 无变化	**第一千零八十条** 完成离婚登记，或者离婚判决书、调解书生效，即解除婚姻关系。
第八百五十八条 现役军人的配偶要求离婚，应当征得军人同意，但是军人一方有重大过错的除外。	**第八百五十八条** 无变化	**第八百五十八条** 无变化	**第一千零八十一条** 无变化	**第一千零八十一条** 无变化	**第一千零八十一条** 现役军人的配偶要求离婚，应当征得军人同意，但是军人一方有重大过错的除外。
第八百五十九条 女方在怀孕期间、分娩后一年内或者中止妊娠后六个月内，男方不得提出离婚，但是女方提出离婚或者人民法院认为确有必要受理男方离婚请求的除外。	**第八百五十九条** 无变化	**第八百五十九条** 女方在怀孕期间、分娩后一年内或者**终止**妊娠后六个月内，男方不得提出离婚**；**但是**，**女方提出离婚或者人民法院认为确有必要受理男方离婚请求的除外。	**第一千零八十二条** 无变化	**第一千零八十二条** 无变化	**第一千零八十二条** 女方在怀孕期间、分娩后一年内或者终止妊娠后六个月内，男方不得提出离婚；但是，女方提出离婚或者人民法院认为确有必要受理男方离婚请求的除外。
第八百六十条 离婚后，男女双方自愿恢复婚姻关系的，应当到婚姻登记机关进行复婚登记。	**第八百六十条** 离婚后，男女双方自愿恢复婚姻关系的，应当到婚姻登记机关**重新进行结婚登记**。	**第八百六十条** 无变化	**第一千零八十三条** 无变化	**第一千零八十三条** 无变化	**第一千零八十三条** 离婚后，男女双方自愿恢复婚姻关系的，应当到婚姻登记机关重新进行结婚登记。

续表

《民法典各分编（草案）》（2018年8月版）	《民法典婚姻家庭编（草案二次审议稿）》（2019年6月版）	《民法典婚姻家庭编（草案三次审议稿）》（2019年10月版）	《中华人民共和国民法典（草案）》（2019年12月版）	《中华人民共和国民法典（草案大会审议稿）》（2020年5月22日提交审议）	《中华人民共和国民法典》（2020年5月28日审议通过）
第八百六十一条 父母与子女间的关系，不因父母离婚而消除。离婚后，子女无论由父或者母直接抚养，仍是父母双方的子女。 离婚后，父母对于子女仍有抚养、教育和保护的权利和义务。 离婚后，不满两周岁的子女，以由母亲直接抚养为原则。已满两周岁的子女，如双方因抚养问题发生争执不能达成协议时，由人民法院根据双方的具体情况，按照最有利于未成年子女的原则判决。	**第八百六十一条** 父母与子女间的关系，不因父母离婚而消除。离婚后，子女无论由父或者母直接抚养，仍是父母双方的子女。 离婚后，父母对于子女仍有抚养、教育和保护的权利和义务。 离婚后，不满两周岁的子女，以由母亲直接抚养为原则。已满两周岁的子女，**父母**双方因抚养问题发生争执不能达成协议**的**，由人民法院根据双方的具体情况，按照最有利于未成年子女的原则判决。	**第八百六十一条** 父母与子女间的关系，不因父母离婚而消除。离婚后，子女无论由父或者母直接抚养，仍是父母双方的子女。 离婚后，父母对于子女仍有抚养、教育、保护的权利和义务。 离婚后，不满两周岁的子女，以由母亲直接抚养为原则。已满两周岁的子女，父母双方**对**抚养问题**协议不成**的，由人民法院根据双方的具体情况，按照最有利于未成年子女的原则判决。	**第一千零八十四条** 无变化	**第一千零八十四条** 无变化	**第一千零八十四条** 父母与子女间的关系，不因父母离婚而消除。离婚后，子女无论由父或者母直接抚养，仍是父母双方的子女。 离婚后，父母对于子女仍有抚养、教育、保护的权利和义务。 离婚后，不满两周岁的子女，以由母亲直接抚养为原则。已满两周岁的子女，父母双方对抚养问题协议不成的，由人民法院根据双方的具体情况，按照最有利于未成年子女的原则判决。**子女已满八周岁的，应当尊重其真实意愿。**
第八百六十二条 离婚后，一方直接抚养的子女，另一方应负担抚养费的一部或者全部，负担费用的多少和期限的长短，由双方协议；协议不成时，由人民法院判决。 关于子女抚养费的协议或者判决，不妨碍子女在必要时向父母任何一方提出超过协议或者判决原定数额的合理要求。	**第八百六十二条** 离婚后，一方直接抚养的子女，另一方**应当**负担**部分或者全部抚养费**，负担费用的多少和期限的长短，由双方协议；协议不成**的**，由人民法院判决。 **前款规定**的协议或者判决，不妨碍子女在必要时向父母任何一方提出超过协议或者判决原定数额的合理要求。	**第八百六十二条** 无变化	**第一千零八十五条** 离婚后，**子女由一方直接抚养的**，另一方应当负担部分或者全部抚养费，负担费用的多少和期限的长短，由双方协议；协议不成的，由人民法院判决。 前款规定的协议或者判决，不妨碍子女在必要时向父母任何一方提出超过协议或者判决原定数额的合理要求。	**第一千零八十五条** 无变化	**第一千零八十五条** 离婚后，子女由一方直接抚养的，另一方应当负担部分或者全部抚养费。负担费用的多少和期限的长短，由双方协议；协议不成的，由人民法院判决。 前款规定的协议或者判决，不妨碍子女在必要时向父母任何一方提出超过协议或者判决原定数额的合理要求。

续表

《民法典各分编（草案）》（2018年8月版）	《民法典婚姻家庭编（草案二次审议稿）》（2019年6月版）	《民法典婚姻家庭编（草案三次审议稿）》（2019年10月版）	《中华人民共和国民法典（草案）》（2019年12月版）	《中华人民共和国民法典（草案大会审议稿）》（2020年5月22日提交审议）	《中华人民共和国民法典》（2020年5月28日审议通过）
第八百六十三条 离婚后，不直接抚养子女的父或者母，有探望子女的权利，另一方有协助的义务。 行使探望权利的方式、时间由当事人协议；协议不成时，由人民法院判决。 父或者母探望子女，不利于子女身心健康的，由人民法院依法中止探望的权利；中止的事由消失后，应当恢复探望的权利。	**第八百六十三条** 离婚后，不直接抚养子女的父或者母，有探望子女的权利，另一方有协助的义务。 行使探望权利的方式、时间由当事人协议；协议不成**的**，由人民法院判决。 父或者母探望子女，不利于子女身心健康的，由人民法院依法中止探望的权利；中止的事由消失后，应当恢复探望的权利。	**第八百六十三条** 离婚后，不直接抚养子女的父或者母，有探望子女的权利，另一方有协助的义务。 行使探望权利的方式、时间由当事人协议；协议不成的，由人民法院判决。 父或者母探望子女，不利于子女身心健康的，由人民法院依法中止**探望**；中止的事由消失后，应当恢复**探望**。	**第一千零八十六条** 无变化	**第一千零八十六条** 无变化	**第一千零八十六条** 离婚后，不直接抚养子女的父或者母，有探望子女的权利，另一方有协助的义务。 行使探望权利的方式、时间由当事人协议；协议不成的，由人民法院判决。 父或者母探望子女，不利于子女身心健康的，由人民法院依法中止探望；中止的事由消失后，应当恢复探望。
第八百六十四条 祖父母、外祖父母探望孙子女、外孙子女的，参照适用前条规定。	**第八百六十四条** 祖父母、外祖父母探望孙子女、外孙子女，**如果其尽了抚养义务或者孙子女、外孙子女的父母一方死亡的，可以**参照适用前条规定。				
第八百六十五条 离婚时，夫妻的共同财产由双方协议处理；协议不成时，由人民法院根据财产的具体情况，照顾子女、女方和无过错方权益的原则判决。 夫或者妻在家庭土地承包经营中享有的权益等，应当依法予以保护。	**第八百六十五条** 离婚时，夫妻的共同财产由双方协议处理；协议不成**的**，由人民法院根据财产的具体情况，照顾子女、女方和无过错方权益的原则判决。 夫或者妻在家庭土地承包经营中享有的权益等，应当依法予以保护。	**第八百六十五条** 离婚时，夫妻的共同财产由双方协议处理；协议不成的，由人民法院根据财产的具体情况，**按照**照顾子女、女方和无过错方权益的原则判决。 **对**夫或者妻在家庭土地承包经营中享有的权益等，应当依法予以保护。	**第一千零八十七条** 无变化	**第一千零八十七条** 无变化	**第一千零八十七条** 离婚时，夫妻的共同财产由双方协议处理；协议不成的，由人民法院根据财产的具体情况，按照照顾子女、女方和无过错方权益的原则判决。 对夫或者妻在家庭土地承包经营中享有的权益等，应当依法予以保护。

续表

《民法典各分编（草案）》（2018年8月版）	《民法典婚姻家庭编（草案二次审议稿）》（2019年6月版）	《民法典婚姻家庭编（草案三次审议稿）》（2019年10月版）	《中华人民共和国民法典（草案）》（2019年12月版）	《中华人民共和国民法典（草案大会审议稿）》（2020年5月22日提交审议）	《中华人民共和国民法典》（2020年5月28日审议通过）
第八百六十六条 一方因抚育子女、照料老人、协助另一方工作等付出较多义务的，离婚时有权向另一方请求补偿，另一方应当予以补偿。具体办法由双方协议；协议不成时，由人民法院判决。	**第八百六十六条** **夫妻**一方因抚育子女、照料**老年人**、协助另一方工作等付出较多义务的，离婚时有权向另一方请求补偿，另一方应当予以补偿。具体办法由双方协议；协议不成**的**，由人民法院判决。	**第八百六十六条** 夫妻一方因抚育子女、照料老年人、协助另一方工作等付出较多义务的，离婚时有权向另一方请求补偿，另一方应当**给予**补偿。具体办法由双方协议；协议不成的，由人民法院判决。	**第一千零八十八条** 夫妻一方因抚育子女、照料老年人、协助另一方工作等**负担**较多义务的，离婚时有权向另一方请求补偿，另一方应当给予补偿。具体办法由双方协议；协议不成的，由人民法院判决。	**第一千零八十八条** 无变化	**第一千零八十八条** 夫妻一方因抚育子女、照料老年人、协助另一方工作等负担较多义务的，离婚时有权向另一方请求补偿，另一方应当给予补偿。具体办法由双方协议；协议不成的，由人民法院判决。
第八百六十七条 离婚时，夫妻共同债务，应当共同偿还。共同财产不足清偿或者财产归各自所有的，由双方协议清偿；协议不成时，由人民法院判决。	**第八百六十七条** 离婚时，夫妻共同债务，应当共同偿还。共同财产不足清偿或者财产归各自所有的，由双方协议清偿；协议不成**的**，由人民法院判决。	**第八百六十七条** 无变化	**第一千零八十九条** 无变化	**第一千零八十九条** 离婚时，夫妻共同债务应当共同偿还。共同财产不足清偿或者财产归各自所有的，由双方协议清偿；协议不成的，由人民法院判决。	**第一千零八十九条** 离婚时，夫妻共同债务应当共同偿还。共同财产不足清偿或者财产归各自所有的，由双方协议清偿；协议不成的，由人民法院判决。
第八百六十八条 离婚时，如一方生活困难，有负担能力的另一方应当给予适当帮助。具体办法由双方协议；协议不成时，由人民法院判决。	**第八百六十八条** 离婚时，如一方生活困难，有负担能力的另一方应当给予适当帮助。具体办法由双方协议；协议不成**的**，由人民法院判决。	**第八百六十八条** 无变化	**第一千零九十条** 无变化	**第一千零九十条** 离婚时，**如果**一方生活困难，有负担能力的另一方应当给予适当帮助。具体办法由双方协议；协议不成的，由人民法院判决。	**第一千零九十条** 离婚时，如果一方生活困难，有负担能力的另一方应当给予适当帮助。具体办法由双方协议；协议不成的，由人民法院判决。

续表

《民法典各分编（草案）》（2018年8月版）	《民法典婚姻家庭编（草案二次审议稿）》（2019年6月版）	《民法典婚姻家庭编（草案三次审议稿）》（2019年10月版）	《中华人民共和国民法典（草案）》（2019年12月版）	《中华人民共和国民法典（草案大会审议稿）》（2020年5月22日提交审议）	《中华人民共和国民法典》（2020年5月28日审议通过）
第八百六十九条　有下列情形之一，导致离婚的，无过错方有权请求损害赔偿： （一）重婚的； （二）与他人同居的； （三）实施家庭暴力的； （四）虐待、遗弃家庭成员的； （五）有其他重大过错的。	**第八百六十九条** 无变化	**第八百六十九条** 有下列情形之一，导致离婚的，无过错方有权请求损害赔偿： （一）重婚； （二）与他人同居； （三）实施家庭暴力； （四）虐待、遗弃家庭成员； （五）有其他重大过错。	**第一千零九十一条** 无变化	**第一千零九十一条** 无变化	**第一千零九十一条** 有下列情形之一，导致离婚的，无过错方有权请求损害赔偿： （一）重婚； （二）与他人同居； （三）实施家庭暴力； （四）虐待、遗弃家庭成员； （五）有其他重大过错。
第八百七十条　一方隐藏、转移、变卖、毁损夫妻共同财产，或者伪造债务企图侵占另一方财产的，在离婚分割夫妻共同财产时，对隐藏、转移、变卖、毁损夫妻共同财产或者伪造债务的一方，可以少分或者不分。离婚后，另一方发现有上述行为的，可以向人民法院提起诉讼，请求再次分割夫妻共同财产。	**第八百七十条**　**夫妻**一方隐藏、转移、变卖、毁损、**挥霍**夫妻共同财产，或者伪造**夫妻共同**债务企图侵占另一方财产的，在离婚分割夫妻共同财产时，对隐藏、转移、变卖、毁损、**挥霍**夫妻共同财产或者伪造**夫妻共同**债务的一方，可以少分或者不分。离婚后，另一方发现有上述行为的，可以向人民法院提起诉讼，请求再次分割夫妻共同财产。	**第八百七十条**　夫妻一方隐藏、转移、变卖、毁损、挥霍夫妻共同财产，或者伪造夫妻共同债务企图侵占另一方财产的，在离婚分割夫妻共同财产时，对**该方**可以少分或者不分。离婚后，另一方发现有上述行为的，可以向人民法院提起诉讼，请求再次分割夫妻共同财产。	**第一千零九十二条** 无变化	**第一千零九十二条** 无变化	**第一千零九十二条** 夫妻一方隐藏、转移、变卖、毁损、挥霍夫妻共同财产，或者伪造夫妻共同债务企图侵占另一方财产的，在离婚分割夫妻共同财产时，对该方可以少分或者不分。离婚后，另一方发现有上述行为的，可以向人民法院提起诉讼，请求再次分割夫妻共同财产。

第五章　收　　养

《民法典各分编（草案）》（2018年8月版）	《民法典婚姻家庭编（草案二次审议稿）》（2019年6月版）	《民法典婚姻家庭编（草案三次审议稿）》（2019年10月版）	《中华人民共和国民法典（草案）》（2019年12月版）	《中华人民共和国民法典（草案大会审议稿）》（2020年5月22日提交审议）	《中华人民共和国民法典》（2020年5月28日审议通过）
第五章　收养	第五章　收养	第五章　收养	第五章　收养	第五章　收养	第五章　收养
第一节 收养关系的成立	第一节 收养关系的成立	第一节 收养关系的成立	第一节 收养关系的成立	第一节 收养关系的成立	第一节 收养关系的成立
第八百七十二条 下列未成年人，可以被收养： （一）丧失父母的孤儿； （二）查找不到生父母的儿童； （三）生父母有特殊困难无力抚养的子女。	**第八百七十二条** 下列未成年人，可以被收养： （一）丧失父母的孤儿； （二）查找不到生父母的**未成年人**； （三）生父母有特殊困难无力抚养的子女。	**第八百七十二条** 无变化	**第一千零九十三条** 无变化	**第一千零九十三条** 无变化	**第一千零九十三条** 下列未成年人，可以被收养： （一）丧失父母的孤儿； （二）查找不到生父母的未成年人； （三）生父母有特殊困难无力抚养的子女。
第八百七十三条 下列个人、组织可以作送养人： （一）孤儿的监护人； （二）儿童福利机构； （三）有特殊困难无力抚养子女的生父母。	**第八百七十三条** 无变化	**第八百七十三条** 无变化	**第一千零九十四条** 无变化	**第一千零九十四条** 无变化	**第一千零九十四条** 下列个人、组织可以作送养人： （一）孤儿的监护人； （二）儿童福利机构； （三）有特殊困难无力抚养子女的生父母。

续表

《民法典各分编（草案）》（2018年8月版）	《民法典婚姻家庭编（草案二次审议稿）》（2019年6月版）	《民法典婚姻家庭编（草案三次审议稿）》（2019年10月版）	《中华人民共和国民法典（草案）》（2019年12月版）	《中华人民共和国民法典（草案大会审议稿）》（2020年5月22日提交审议）	《中华人民共和国民法典》（2020年5月28日审议通过）
第八百七十四条 未成年人的父母均不具备完全民事行为能力的，该未成年人的监护人不得将其送养，但是父母对该未成年人有严重危害可能的除外。	**第八百七十四条** 无变化	**第八百七十四条** 未成年人的父母均不具备完全民事行为能力**且可能严重危害该未成年人的，该未成年人的监护人可以将其送养**。	**第一千零九十五条** 无变化	**第一千零九十五条** 无变化	**第一千零九十五条** 未成年人的父母均不具备完全民事行为能力且可能严重危害该未成年人的，该未成年人的监护人可以将其送养。
第八百七十五条 监护人送养孤儿的，应当征得有抚养义务的人同意。有抚养义务的人不同意送养、监护人不愿意继续履行监护职责的，应当依照总则编的规定变更监护人。	**第八百七十五条** 监护人送养孤儿的，应当征得有抚养义务的人同意。有抚养义务的人不同意送养、监护人不愿意继续履行监护职责的，应当依照**本法**总则编的规定**另行确定**监护人。	**第八百七十五条** 无变化	**第一千零九十六条** 无变化	**第一千零九十六条** 监护人送养孤儿的，应当征得有抚养义务的人同意。有抚养义务的人不同意送养、监护人不愿意继续履行监护职责的，应当依照本法**第一编**的规定另行确定监护人。	**第一千零九十六条** 监护人送养孤儿的，应当征得有抚养义务的人同意。有抚养义务的人不同意送养、监护人不愿意继续履行监护职责的，应当依照本法第一编的规定另行确定监护人。
第八百七十六条 生父母送养子女，应当双方共同送养。生父母一方不明或者查找不到的，可以单方送养。	**第八百七十六条** 生父母送养子女，应当双方共同送养。生父母一方**身份**不明或者查找不到的，可以单方送养。	**第八百七十六条** 生父母送养子女，应当双方共同送养。生父母**一方**不明或者查找不到的，可以单方送养。	**第一千零九十七条** 无变化	**第一千零九十七条** 无变化	**第一千零九十七条** 生父母送养子女，应当双方共同送养。生父母一方不明或者查找不到的，可以单方送养。

续表

《民法典各分编（草案）》（2018年8月版）	《民法典婚姻家庭编（草案二次审议稿）》（2019年6月版）	《民法典婚姻家庭编（草案三次审议稿）》（2019年10月版）	《中华人民共和国民法典（草案）》（2019年12月版）	《中华人民共和国民法典（草案大会审议稿）》（2020年5月22日提交审议）	《中华人民共和国民法典》（2020年5月28日审议通过）
第八百七十七条 收养人应当同时具备下列条件： （一）无子女或者只有一名子女； （二）有抚养、教育和保护被收养人的能力； （三）未患有在医学上认为不应当收养子女的疾病； （四）年满三十周岁。	**第八百七十七条** 收养人应当同时具备下列条件： （一）无子女或者只有一名子女； （二）有抚养、教育和保护被收养人的能力； （三）未患有在医学上认为不应当收养子女的疾病； （四）**无不利于被收养人健康成长的违法犯罪记录；** **（五）**年满三十周岁。	**第八百七十七条** 无变化	**第一千零九十八条** 无变化	**第一千零九十八条** 无变化	**第一千零九十八条** 收养人应当同时具备下列条件： （一）无子女或者只有一名子女； （二）有抚养、教育和保护被收养人的能力； （三）未患有在医学上认为不应当收养子女的疾病； （四）无不利于被收养人健康成长的违法犯罪记录； （五）年满三十周岁。
第八百七十八条 收养三代以内同辈旁系血亲的子女，可以不受本法第八百七十二条第三项、第八百七十三条第三项和第八百八十条规定的限制。 华侨收养三代以内同辈旁系血亲的子女，还可以不受本法第八百七十七条第一项规定的限制。	**第八百七十八条** 无变化	**第八百七十八条** 无变化	**第一千零九十九条** 收养三代以内同辈旁系血亲的子女，可以不受本法**第一千零九十三条**第三项、**第一千零九十四条**第三项和**第一千一百零二条**规定的限制。 华侨收养三代以内同辈旁系血亲的子女，还可以不受本法**第一千零九十八条**第一项规定的限制。	**第一千零九十九条** 收养三代以内**旁系同辈**血亲的子女，可以不受本法第一千零九十三条第三项、第一千零九十四条第三项和第一千一百零二条规定的限制。 华侨收养三代以内**旁系同辈**血亲的子女，还可以不受本法第一千零九十八条第一项规定的限制。	**第一千零九十九条** 收养三代以内旁系同辈血亲的子女，可以不受本法第一千零九十三条第三项、第一千零九十四条第三项和第一千一百零二条规定的限制。 华侨收养三代以内旁系同辈血亲的子女，还可以不受本法第一千零九十八条第一项规定的限制。

续表

《民法典各分编（草案）》（2018年8月版）	《民法典婚姻家庭编（草案二次审议稿）》（2019年6月版）	《民法典婚姻家庭编（草案三次审议稿）》（2019年10月版）	《中华人民共和国民法典（草案）》（2019年12月版）	《中华人民共和国民法典（草案大会审议稿）》（2020年5月22日提交审议）	《中华人民共和国民法典》（2020年5月28日审议通过）
第八百七十九条 无子女的收养人可以收养两名子女；有一名子女的收养人只能收养一名子女。 收养孤儿、残疾儿童或者儿童福利机构抚养的查找不到生父母的儿童，可以不受前款和本法第八百七十七条第一项规定的限制。	**第八百七十九条** 无子女的收养人可以收养两名子女；有一名子女的收养人只能收养一名子女。 收养孤儿、残疾**未成年人**或者儿童福利机构抚养的查找不到生父母的**未成年人**，可以不受前款和本法第八百七十七条第一项规定的限制。	**第八百七十九条** 无变化	**第一千一百条** 无变化	**第一千一百条** 无子女的收养人可以收养两名子女；有一名子女的收养人只能收养一名子女。 收养孤儿、残疾未成年人或者儿童福利机构抚养的查找不到生父母的未成年人，可以不受前款和本法**第一千零九十八条**第一项规定的限制。	**第一千一百条** 无子女的收养人可以收养两名子女；**有**子女的收养人只能收养一名子女。 收养孤儿、残疾未成年人或者儿童福利机构抚养的查找不到生父母的未成年人，可以不受前款和本法第一千零九十八条第一项规定的限制。
第八百八十一条 有配偶者收养子女，应当夫妻共同收养。 **配偶一方为无民事行为能力人或者被宣告失踪的，可以单方收养。**	**第八百八十一条** 无变化	**第八百八十一条** 有配偶者收养子女，应当夫妻共同收养。	**第一千一百零一条** 无变化	**第一千一百零一条** 无变化	**第一千一百零一条** 有配偶者收养子女，应当夫妻共同收养。
第八百八十条 无配偶者收养异性子女的，收养人与被收养人的年龄应当相差四十周岁以上。	**第八百八十一条之一** 无配偶者收养异性子女**或者有配偶者依据前条规定单方收养异性子女**的，收养人与被收养人的年龄应当相差四十周岁以上。	**第八百八十一条之一** 无配偶者收养异性子女的，收养人与被收养人的年龄应当相差四十周岁以上。	**第一千一百零二条** 无变化	**第一千一百零二条** 无变化	**第一千一百零二条** 无配偶者收养异性子女的，收养人与被收养人的年龄应当相差四十周岁以上。

续表

《民法典各分编（草案）》（2018年8月版）	《民法典婚姻家庭编（草案二次审议稿）》（2019年6月版）	《民法典婚姻家庭编（草案三次审议稿）》（2019年10月版）	《中华人民共和国民法典（草案）》（2019年12月版）	《中华人民共和国民法典（草案大会审议稿）》（2020年5月22日提交审议）	《中华人民共和国民法典》（2020年5月28日审议通过）
第八百八十二条 继父或者继母经继子女的生父母同意，可以收养继子女，并可以不受本法第八百七十二条第三项、第八百七十三条第三项、第八百七十七条和第八百七十九条第一款规定的限制。	**第八百八十二条** 无变化	**第八百八十二条** 无变化	**第一千一百零三条** 继父或者继母经继子女的生父母同意，可以收养继子女，并可以不受本法**第一千零九十三条**第三项、**第一千零九十四条**第三项、**第一千零九十八条**和**第一千一百条**第一款规定的限制。	**第一千一百零三条** 无变化	**第一千一百零三条** 继父或者继母经继子女的生父母同意，可以收养继子女，并可以不受本法第一千零九十三条第三项、第一千零九十四条第三项、第一千零九十八条和第一千一百条第一款规定的限制。
第八百八十三条 收养人收养与送养人送养，应当双方自愿。收养八周岁以上未成年人的，应当征得被收养人的同意。	**第八百八十三条** 无变化	**第八百八十三条** 无变化	**第一千一百零四条** 无变化	**第一千一百零四条** 无变化	**第一千一百零四条** 收养人收养与送养人送养，应当双方自愿。收养八周岁以上未成年人的，应当征得被收养人的同意。
第八百八十四条 收养应当向县级以上人民政府民政部门登记。收养关系自登记之日起成立。未办理收养登记的，应当补办登记。 收养查找不到生父母的儿童的，办理登记的民政部门应当在登记前予以公告。 收养关系当事人愿意订立收养协议的，可以订立收养协议。 收养关系当事人各方或者一方要求办理收养公证的，应当办理收养公证。	**第八百八十四条** 收养应当向县级以上人民政府民政部门登记。收养关系自登记之日起成立。**未办理收养登记的，应当补办登记。** 收养查找不到生父母的**未成年人**的，办理登记的民政部门应当在登记前予以公告。 收养关系当事人愿意订立收养协议的，可以订立收养协议。 收养关系当事人各方或者一方要求办理收养公证的，应当办理收养公证。	**第八百八十四条** 无变化	**第一千一百零五条** 收养应当向县级以上人民政府民政部门登记。收养关系自登记之日起成立。 收养查找不到生父母的未成年人的，办理登记的民政部门应当在登记前予以公告。 收养关系当事人愿意订立收养协议的，可以订立收养协议。 收养关系当事人各方或者一方要求办理收养公证的，应当办理收养公证。	**第一千一百零五条** 收养应当向县级以上人民政府民政部门登记。收养关系自登记之日起成立。 收养查找不到生父母的未成年人的，办理登记的民政部门应当在登记前予以公告。 收养关系当事人愿意**签订**收养协议的，可以**签订**收养协议。 收养关系当事人各方或者一方要求办理收养公证的，应当办理收养公证。 **县级以上人民政府民政部门应当依法进行收养评估。**	**第一千一百零五条** 收养应当向县级以上人民政府民政部门登记。收养关系自登记之日起成立。 收养查找不到生父母的未成年人的，办理登记的民政部门应当在登记前予以公告。 收养关系当事人愿意签订收养协议的，可以签订收养协议。 收养关系当事人各方或者一方要求办理收养公证的，应当办理收养公证。 县级以上人民政府民政部门应当依法进行收养评估。

续表

《民法典各分编（草案）》（2018年8月版）	《民法典婚姻家庭编（草案二次审议稿）》（2019年6月版）	《民法典婚姻家庭编（草案三次审议稿）》（2019年10月版）	《中华人民共和国民法典（草案）》（2019年12月版）	《中华人民共和国民法典（草案大会审议稿）》（2020年5月22日提交审议）	《中华人民共和国民法典》（2020年5月28日审议通过）
第八百八十五条 收养关系成立后，公安部门应当依照国家有关规定为被收养人办理户口登记。	**第八百八十五条** 无变化	**第八百八十五条** 收养关系成立后，**公安机关**应当依照国家有关规定为被收养人办理户口登记。	**第一千一百零六条** 无变化	**第一千一百零六条** 收养关系成立后，公安机关应当**按照**国家有关规定为被收养人办理户口登记。	**第一千一百零六条** 收养关系成立后，公安机关应当按照国家有关规定为被收养人办理户口登记。
第八百八十六条 孤儿或者生父母无力抚养的子女，可以由生父母的亲属、朋友抚养。 抚养人与被抚养人的关系不适用本章规定。	**第八百八十六条** 孤儿或者生父母无力抚养的子女，可以由生父母的亲属、朋友抚养；抚养人与被抚养人的关系不适用本章规定。	**第八百八十六条** 无变化	**第一千一百零七条** 无变化	**第一千一百零七条** 无变化	**第一千一百零七条** 孤儿或者生父母无力抚养的子女，可以由生父母的亲属、朋友抚养；抚养人与被抚养人的关系不适用本章规定。
第八百八十七条 配偶一方死亡，另一方送养未成年子女的，死亡一方的父母有优先抚养的权利。	**第八百八十七条** 无变化	**第八百八十七条** 无变化	**第一千一百零八条** 无变化	**第一千一百零八条** 无变化	**第一千一百零八条** 配偶一方死亡，另一方送养未成年子女的，死亡一方的父母有优先抚养的权利。
第八百八十八条 外国人依法可以在中华人民共和国收养子女。 外国人在中华人民共和国收养子女，应当经其所在国主管机关依照该国法律审查同意。收养人应当提供由其所在国有权机构出具的有关收养人的年龄、婚姻、职业、财产、健康、有无受过刑事处罚等状况的证明材料，该证明材料应当经其所在国外交机关或者外	**第八百八十八条** 外国人依法可以在中华人民共和国收养子女。 外国人在中华人民共和国收养子女，应当经其所在国主管机关依照该国法律审查同意。收养人应当提供由其所在国有权机构出具的有关**其**年龄、婚姻、职业、财产、健康、有无受过刑事处罚等状况的证明材料，该证明材料应当经其所在国外交机关或者外交机	**第八百八十八条** 外国人依法可以在中华人民共和国收养子女。 外国人在中华人民共和国收养子女，应当经其所在国主管机关依照该国法律审查同意。收养人应当提供由其所在国有权机构出具的有关其年龄、婚姻、职业、财产、健康、有无受过刑事处罚等状况的证明材料，**并与送养人订立书面协议，亲自向省、自治区、直**	**第一千一百零九条** 无变化	**第一千一百零九条** 外国人依法可以在中华人民共和国收养子女。 外国人在中华人民共和国收养子女，应当经其所在国主管机关依照该国法律审查同意。收养人应当提供由其所在国有权机构出具的有关其年龄、婚姻、职业、财产、健康、有无受过刑事处罚等状况的证明材料，并与送养人**签订**书面协议，亲自向省、自治区、直辖市人民政府民政部门登记。	**第一千一百零九条** 外国人依法可以在中华人民共和国收养子女。 外国人在中华人民共和国收养子女，应当经其所在国主管机关依照该国法律审查同意。收养人应当提供由其所在国有权机构出具的有关其年龄、婚姻、职业、财产、健康、有无受过刑事处罚等状况的证明材料，并与送养人签订书面协议，亲自向省、自治区、直辖市人民政府民政部门登记。

续表

《民法典各分编(草案)》(2018 年 8 月版)	《民法典婚姻家庭编(草案二次审议稿)》(2019 年 6 月版)	《民法典婚姻家庭编(草案三次审议稿)》(2019 年 10 月版)	《中华人民共和国民法典(草案)》(2019 年 12 月版)	《中华人民共和国民法典(草案大会审议稿)》(2020 年 5 月 22 日提交审议)	《中华人民共和国民法典》(2020 年 5 月 28 日审议通过)
交机关授权的机构认证,并经中华人民共和国驻该国使领馆认证。该收养人应当与送养人订立书面协议,亲自向省级人民政府民政部门登记。	关授权的机构认证,并经中华人民共和国驻该国使领馆认证。该收养人应当与送养人订立书面协议,亲自向省级人民政府民政部门登记。	**辖市人民政府民政部门登记。** **前款规定的证明材料应当经收养人所在国外交机关或者外交机关授权的机构认证,并经中华人民共和国驻该国使领馆认证,国家另有规定的除外。**		前款规定的证明材料应当经收养人所在国外交机关或者外交机关授权的机构认证,并经中华人民共和国驻该国使领馆认证,**但是**国家另有规定的除外。	前款规定的证明材料应当经收养人所在国外交机关或者外交机关授权的机构认证,并经中华人民共和国驻该国使领馆认证,但是国家另有规定的除外。
第八百八十九条 收养人、送养人要求保守收养秘密的,其他人应当尊重其意愿,不得泄露。	**第八百八十九条** 无变化	**第八百八十九条** 无变化	**第一千一百一十条** 无变化	**第一千一百一十条** 无变化	**第一千一百一十条** 收养人、送养人要求保守收养秘密的,其他人应当尊重其意愿,不得泄露。
第二节 收养的效力	第二节 收养的效力	第二节 收养的效力	第二节 收养的效力	第二节 收养的效力	第二节 收养的效力
第八百九十条 自收养关系成立之日起,养父母与养子女间的权利义务关系,适用法律关于父母子女关系的规定;养子女与养父母的近亲属间的权利义务关系,适用法律关于子女与父母的近亲属关系的规定。 养子女与生父母及其他近亲属间的权利义务关系,因收养关系的成立而消除。	**第八百九十条** 自收养关系成立之日起,养父母与养子女间的权利义务关系,适用**本法**关于父母子女关系的规定;养子女与养父母的近亲属间的权利义务关系,适用**本法**关于子女与父母的近亲属关系的规定。 养子女与生父母及其他近亲属间的权利义务关系,因收养关系的成立而消除。	**第八百九十条** 无变化	**第一千一百一十一条** 无变化	**第一千一百一十一条** 无变化	**第一千一百一十一条** 自收养关系成立之日起,养父母与养子女间的权利义务关系,适用本法关于父母子女关系的规定;养子女与养父母的近亲属间的权利义务关系,适用本法关于子女与父母的近亲属关系的规定。 养子女与生父母**以及**其他近亲属间的权利义务关系,因收养关系的成立而消除。

续表

《民法典各分编（草案）》（2018年8月版）	《民法典婚姻家庭编（草案二次审议稿）》（2019年6月版）	《民法典婚姻家庭编（草案三次审议稿）》（2019年10月版）	《中华人民共和国民法典（草案）》（2019年12月版）	《中华人民共和国民法典（草案大会审议稿）》（2020年5月22日提交审议）	《中华人民共和国民法典》（2020年5月28日审议通过）
第八百九十一条 养子女可以随养父或者养母的姓，经当事人协商一致，也可以保留原姓。	**第八百九十一条** 养子女可以随养父或者养母的**姓氏**，经当事人协商一致，也可以保留原**姓氏**。	**第八百九十一条** 无变化	**第一千一百一十二条** 无变化	**第一千一百一十二条** 无变化	**第一千一百一十二条** 养子女可以随养父或者养母的姓氏，经当事人协商一致，也可以保留原姓氏。
第八百九十二条 有总则编关于民事法律行为无效规定情形或者违反本法规定的收养行为无效。 无效的收养行为自始没有法律约束力。	**第八百九十二条** 有**本法**总则编关于民事法律行为无效规定情形或者违反**本编**规定的收养行为无效。 无效的收养行为自始没有法律约束力。	**第八百九十二条** 无变化	**第一千一百一十三条** 无变化	**第一千一百一十三条** 有本法**第一编**关于民事法律行为无效规定情形或者违反本编规定的收养行为无效。 无效的收养行为自始没有法律约束力。	**第一千一百一十三条** 有本法第一编关于民事法律行为无效规定情形或者违反本编规定的收养行为无效。 无效的收养行为自始没有法律约束力。
第三节 收养关系的解除	第三节 收养关系的解除	第三节 收养关系的解除	第三节 收养关系的解除	第三节 收养关系的解除	第三节 收养关系的解除
第八百九十三条 收养人在被收养人成年以前，不得解除收养关系，但是收养人、送养人双方协议解除的除外。养子女八周岁以上的，应当征得本人同意。 收养人不履行抚养义务，有虐待、遗弃等侵害未成年养子女合法权益行为的，送养人有权要求解除养父母与养子女间的收养关系。送养人、收养人不能达成解除收养关系协议的，可以向人民法院起诉。	**第八百九十三条** 收养人在被收养人成年以前，不得解除收养关系，但是收养人、送养人双方协议解除的除外。养子女八周岁以上的，应当征得本人同意。 收养人不履行抚养义务，有虐待、遗弃等侵害未成年养子女合法权益行为的，送养人有权要求解除养父母与养子女间的收养关系。送养人、收养人不能达成解除收养关系协议的，可以向人民法院**提起诉讼**。	**第八百九十三条** 无变化	**第一千一百一十四条** 无变化	**第一千一百一十四条** 无变化	**第一千一百一十四条** 收养人在被收养人成年以前，不得解除收养关系，但是收养人、送养人双方协议解除的除外。养子女八周岁以上的，应当征得本人同意。 收养人不履行抚养义务，有虐待、遗弃等侵害未成年养子女合法权益行为的，送养人有权要求解除养父母与养子女间的收养关系。送养人、收养人不能达成解除收养关系协议的，可以向人民法院提起诉讼。

续表

《民法典各分编（草案）》（2018 年 8 月版）	《民法典婚姻家庭编（草案二次审议稿）》（2019 年 6 月版）	《民法典婚姻家庭编（草案三次审议稿）》（2019 年 10 月版）	《中华人民共和国民法典（草案）》（2019 年 12 月版）	《中华人民共和国民法典（草案大会审议稿）》（2020 年 5 月 22 日提交审议）	《中华人民共和国民法典》（2020 年 5 月 28 日审议通过）
第八百九十四条 养父母与成年养子女关系恶化、无法共同生活的，可以协议解除收养关系。不能达成协议的，可以向人民法院起诉。	**第八百九十四条** 养父母与成年养子女关系恶化、无法共同生活的，可以协议解除收养关系。不能达成协议的，可以向人民法院**提起诉讼**。	**第八百九十四条** 无变化	**第一千一百一十五条** 无变化	**第一千一百一十五条** 无变化	**第一千一百一十五条** 养父母与成年养子女关系恶化、无法共同生活的，可以协议解除收养关系。不能达成协议的，可以向人民法院提起诉讼。
第八百九十五条 当事人协议解除收养关系的，应当到民政部门办理解除收养关系的登记。	**第八百九十五条** 当事人协议解除收养关系的，应当到民政部门办理解除**收养关系**登记。	**第八百九十五条** 无变化	**第一千一百一十六条** 无变化	**第一千一百一十六条** 无变化	**第一千一百一十六条** 当事人协议解除收养关系的，应当到民政部门办理解除收养关系登记。
第八百九十六条 收养关系解除后，养子女与养父母及其他近亲属间的权利义务关系即行消除，与生父母及其他近亲属间的权利义务关系自行恢复。但是成年养子女与生父母及其他近亲属间的权利义务关系是否恢复，可以协商确定。	**第八百九十六条** 收养关系解除后，养子女与养父母及其他近亲属间的权利义务关系即行消除，与生父母及其他近亲属间的权利义务关系自行恢复。但是**，**成年养子女与生父母及其他近亲属间的权利义务关系是否恢复，可以协商确定。	**第八百九十六条** 无变化	**第一千一百一十七条** 无变化	**第一千一百一十七条** 无变化	**第一千一百一十七条** 收养关系解除后，养子女与养父母**以及**其他近亲属间的权利义务关系即行消除，与生父母**以及**其他近亲属间的权利义务关系自行恢复。但是，成年养子女与生父母**以及**其他近亲属间的权利义务关系是否恢复，可以协商确定。

续表

《民法典各分编（草案）》（2018年8月版）	《民法典婚姻家庭编（草案二次审议稿）》（2019年6月版）	《民法典婚姻家庭编（草案三次审议稿）》（2019年10月版）	《中华人民共和国民法典（草案）》（2019年12月版）	《中华人民共和国民法典（草案大会审议稿）》（2020年5月22日提交审议）	《中华人民共和国民法典》（2020年5月28日审议通过）
第八百九十七条 收养关系解除后，经养父母抚养的成年养子女，对缺乏劳动能力又缺乏生活来源的养父母，应当给付生活费。因养子女成年后虐待、遗弃养父母而解除收养关系的，养父母可以要求养子女补偿收养期间支出的抚养费。 生父母要求解除收养关系的，养父母可以要求生父母适当补偿收养期间支出的抚养费，但是因养父母虐待、遗弃养子女而解除收养关系的除外。	**第八百九十七条** 无变化	**第八百九十七条** 无变化	**第一千一百一十八条** 无变化	**第一千一百一十八条** 收养关系解除后，经养父母抚养的成年养子女，对缺乏劳动能力又缺乏生活来源的养父母，应当给付生活费。因养子女成年后虐待、遗弃养父母而解除收养关系的，养父母可以要求养子女补偿收养期间支出的抚养费。 生父母要求解除收养关系的，养父母可以要求生父母适当补偿收养期间支出的抚养费；但是，因养父母虐待、遗弃养子女而解除收养关系的除外。	**第一千一百一十八条** 收养关系解除后，经养父母抚养的成年养子女，对缺乏劳动能力又缺乏生活来源的养父母，应当给付生活费。因养子女成年后虐待、遗弃养父母而解除收养关系的，养父母可以要求养子女补偿收养期间支出的抚养费。 生父母要求解除收养关系的，养父母可以要求生父母适当补偿收养期间支出的抚养费；但是，因养父母虐待、遗弃养子女而解除收养关系的除外。

继　承　编

立法机关对民法典继承编草案立法演进的说明

一、一次审议稿说明

时间:2018 年 8 月 27 日

来源:关于《民法典各分编(草案)》的说明(**第十三届全国人大常委会第五次会议**)

继承制度是关于自然人死亡后财富传承的基本制度。1985 年第六届全国人大第三次会议通过了继承法。自继承法制定实施以来,随着人民群众生活水平不断提高,自然人的合法财产日益增多,因继承引发的纠纷也越来越多,情形也越来越复杂。根据我国社会家庭结构、继承观念等方面的发展变化,继承编草案在继承法的基础上,修改完善了继承制度,以满足人民群众处理遗产的现实需要,促进家庭和睦,推进老龄事业和产业发展。与现行继承法相比,主要修改内容有:

1. 增加遗产管理人制度。为确保遗产得到妥善管理、顺利分割,更好地维护继承人、债权人利益,避免和减少纠纷,草案规定了遗产管理人的产生方式、职责和权利等内容(草案第 924 条至第 928 条)。

2. 完善遗赠扶养协议制度,适当扩大了扶养人的范围,以满足养老形式多样化需求,促进老龄产业发展(草案第 937 条)。

3. 完善债务清偿规则。为保护债权人利益,保障国家税收应收尽收,草案规定遗产分割前,应当支付相关费用,清偿被继承人的债务,缴纳所欠税款,同时明确遗产已经分割时债务清偿、税款缴纳的具体规则(草案第 938 条、第 940 条至第 942 条)。

4. 增加打印、录像等新的遗嘱形式,适应科学技术的发展需要(草案第 915 条、第 916 条);修改遗嘱效力规则,删除了继承法中关于公证遗嘱效力优先的规定,切实尊重遗嘱人的真实意愿(草案第 921 条)。

二、二次审议稿说明

时间:2019 年 6 月 25 日

来源:全国人民代表大会宪法和法律委员会关于《民法典继承编(草案)》修改情况的汇报(**第十三届全国人大常委会第十一次会议**)

2018 年 8 月,全国人大常委会第五次会议对民法典各分编(草案)进行了初次审议。会后,法制工作委员会将草案印发地方人大、中央有关单位、法学教学研究机构和有关社会团体征求意见,并在中国人大网全文公布草案征求社会公众意见。根据党中央和常委会确定的民法典编纂工作计划和安排,在对民法典各分编(草案)整体进行初次审议后,将各分编草案分拆为几个单元进行若干次审议和修改完善。2018 年 12 月,常委会第七次会议对民法典合同编(草案)、侵权责任编(草案)进行了二审。2019 年 4 月,常委会第十次会议对民法典物权编(草案)、人格权编(草案)进行了二审。经研究,建议本次常委会会议对民法典继承编(草案)进行二审。法制工作委员会就民法典继承编(草案)召开多个座谈会,听取中央有关部门和部分专家学者的意见,到云南、天津、湖北等地进行调研,了解实际情况,听取意见。宪法和法律委员会于 5 月 28 日召开会议,根据常委会组成人员的审议意见和各方面意见,对草案进行了逐条审议,最高人民法院、最高人民检察院、司法部、中国社会科学院、中国法学会等参加民法典编纂工作的单位有关负责同志列席了会议。6 月 17 日,宪法和法律委员会召开会议,再次进行了审议。现就民法典继承编(草案)主要问题的修改情况汇报如下:

1. 草案第 904 条第 2 款规定,对继承人遗弃被继承人、伪造或者篡改遗嘱等行为,被继承人表示宽恕或者事后在遗嘱中明确将其列为继承人的,该继承人不丧失继承权。有的地方、部门和法学教学研究机构提出,规定这一制度是必要的,但应当进一步严格限定条件,与最高人民法院有关司法解释相衔接,强调对确有悔改表现的继承人,才能予以宽恕。宪法和法律委员会经研究,建议采纳上述意见,规定继承人有遗弃被继承人、伪造或者篡改遗嘱等行为,确有悔改表现的,才能予以宽恕,不丧失继承权(草案二次审议稿第 904 条第 2 款)。

2. 有的部门、法学教学研究机构提出,在继承编中,属于法定继承人范围的父母、子女和兄弟姐妹的概念具有一定特殊性,应当单独进行界定,建议对现行继承法中的相关规定予以保留。宪法和法律委员会经研究,建议采纳这一意见,在草案第 906 条中增加 3 款规定:“本编所称子女,包括婚生子女、非婚生子女、养子女和有扶养关系的继子女。”“本编所称父母,包括生父母、养父母和有扶养关系的继父母。”“本编所称兄弟姐妹,包括同父母的兄弟姐妹、同父异母或者同母异父的兄弟姐妹、养兄弟姐妹、有扶养关系的继兄弟姐妹。”(草案二次审议稿第 906 条第 3 款至第 5 款)

3. 草案第 917 条规定,遗嘱人危急情况下可以立口头遗嘱,危急情况解除后,遗嘱人能够用书面或者录音录像形式立遗嘱的,所立的口头遗嘱经过 3 个月无效。有的常委委员提出,3 个月期限的起算点不明确,且口头遗嘱仅在危急情况下才适用,危急情况消除后,遗嘱人已能够用其他形式立遗嘱,所立口头遗嘱即应无效,不必规定 3 个月的期限。宪法和法律委员会经研究,建议采纳这一意见,删除上述规定中 3 个月期限的规定,修改为“所立的口头遗嘱无效”(草案二次审议稿第 917 条)。

4. 草案第 918 条第 2 款规定,公证机构办理遗嘱公证,应当由 2 个以上公证员共同办理。特殊情况下只能由 1 个公证员办理的,应当有 1 个以上见证人在场。有的地方、法学教学研究机构和社会公众提出,关于遗嘱公证的具体程序,司法部已经出台了相关细则,没有必要在民事基本法律中规定。宪法和法律委员会经研究,建议采纳这一意见,删除这一款。

5. 草案第四章规定了遗产管理人制度。一些地方、法学教学研究机构认为,规定遗产管理人制度有助于妥善管理、顺利分割遗产,更好地保护相关当事人的利益,建议进一步完善这一制度,对没有继承人或者继承人均放弃继承的,增加规定村民委员会也可以担任遗产管理人,同时对遗产管理人的职责予以补充细化。宪法和法律委员会经研究,建议采纳这一意见,对草案作出如下修改:一是增加规定村民委员会担任遗产管理人,将草案第 924 条中的相关规定修改为:没有继承人或者继承人均放弃继承的,由被继承人生前住所地的民政部门或者村民委员会担任遗产管理人。二是在草案第 926 条中对遗产管理人的职责予以完善,增加规定遗产管理人应当向继承人报告遗产情况,采取必要措施防止遗产毁损,以及实施与管理遗产有关的其他必要行为等(草案二次审议稿第 924 条、第

926条)。

此外,还对草案作了一些文字修改。

三、三次审议稿说明

时间:2019年12月23日

来源:关于《民法典各分编(草案)》修改情况和《中华人民共和国民法典(草案)》编纂情况的汇报(第十三届全国人大常委会第十五次会议)

继承编草案共4章、45条。全国人大常委会第十一次会议对民法典继承编草案进行了二审,此次对继承编草案进行了一些文字修改。

四、大会审议稿说明

时间:2020年5月22日

来源:关于《中华人民共和国民法典(草案)》的说明(第十三届全国人民代表大会第三次会议)

继承制度是关于自然人死亡后财富传承的基本制度。1985年第六届全国人民代表大会第三次会议通过了继承法。随着人民群众生活水平的不断提高,个人和家庭拥有的财产日益增多,因继承引发的纠纷也越来越多。根据我国社会家庭结构、继承观念等方面的发展变化,草案第六编"继承"在现行继承法的基础上,修改完善了继承制度,以满足人民群众处理遗产的现实需要。第六编共4章、45条,主要内容有:

1. 关于一般规定。第六编第一章规定了继承制度的基本规则,重申了国家保护自然人的继承权,规定了继承的基本制度。并在现行继承法的基础上,作了进一步完善:一是增加规定相互有继承关系的数人在同一事件中死亡,且难以确定死亡时间的继承规则(草案第1121条第2款)。二是增加规定对继承人的宽恕制度,对继承权法定丧失制度予以完善(草案第1125条第2款)。

2. 关于法定继承。法定继承是在被继承人没有对其遗产的处理立有遗嘱的情况下,继承人的范围、继承顺序等均按照法律规定确定的继承方式。第六编第二章规定了法定继承制度,明确了继承权男女平等原则,规定了法定继承人的顺序和范围,以及遗产分配的基本制度。同时,在现行继承法的基础上,完善代位继承制度,增加规定被继承人的兄弟姐妹先于被继承人死亡的,由被继承人的兄弟姐妹的子女代位继承(草案第1128条第2款)。

3. 关于遗嘱继承和遗赠。遗嘱继承是根据被继承人生前所立遗嘱处理遗产的继承方式。第六编第三章规定了遗嘱继承和遗赠制度,并在现行继承法的基础上,进一步修改完善了遗嘱继承制度:一是增加了打印、录像等新的遗嘱形式(草案第1136条、第1137条)。二是修改了遗嘱效力规则,删除了现行继承法关于公证遗嘱效力优先的规定,切实尊重遗嘱人的真实意愿。

4. 关于遗产的处理。第六编第四章规定了遗产处理的程序和规则,并在现行继承法的基础上,进一步完善了有关遗产处理的制度:一是增加遗产管理人制度。为确保遗产得到妥善管理、顺利分割,更好地维护继承人、债权人利益,草案增加规定了遗产管理人制度,明确了遗产管理人的产生方式、职责和权利等内容(草案第 1145 条至第 1149 条)。二是完善遗赠扶养协议制度,适当扩大扶养人的范围,明确继承人以外的组织或者个人均可以成为扶养人,以满足养老形式多样化需求(草案第 1158 条)。三是完善无人继承遗产的归属制度,明确归国家所有的无人继承遗产应当用于公益事业(草案第 1160 条)。

第一章　一般规定

《民法典各分编（草案）》（2018年8月版）	《民法典继承编（草案二次审议稿）》（2019年6月版）	《中华人民共和国民法典（草案）》（2019年12月版）	《中华人民共和国民法典（草案大会审议稿）》（2020年5月22日提交审议）	《中华人民共和国民法典》（2020年5月28日审议通过）
第一章　一般规定	第一章　一般规定	第一章　一般规定	第一章　一般规定	第一章　一般规定
第八百九十八条　因继承产生的民事关系，适用本编。	**第八百九十八条　本编调整因继承产生的民事关系。**	**第一千一百一十九条** 无变化	**第一千一百一十九条** 无变化	**第一千一百一十九条** 本编调整因继承产生的民事关系。
第八百九十九条　国家保护自然人的继承权。	**第八百九十九条** 无变化	**第一千一百二十条** 无变化	**第一千一百二十条** 无变化	**第一千一百二十条**　国家保护自然人的继承权。
第九百条　继承从被继承人死亡时开始。 相互有继承关系的数人在同一事件中死亡，难以确定死亡时间的，推定没有其他继承人的人先死亡。都有其他继承人，辈份不同的，推定长辈先死亡；辈份相同的，推定同时死亡，相互不发生继承。	**第九百条** 无变化	**第一千一百二十一条** 无变化	**第一千一百二十一条** 无变化	**第一千一百二十一条** 继承从被继承人死亡时开始。 相互有继承关系的数人在同一事件中死亡，难以确定死亡时间的，推定没有其他继承人的人先死亡。都有其他继承人，辈份不同的，推定长辈先死亡；辈份相同的，推定同时死亡，相互不发生继承。
第九百零一条　遗产是自然人死亡时遗留的个人合法财产，但法律规定或者依其性质不得继承的除外。	**第九百零一条**　遗产是自然人死亡时遗留的个人合法财产，**但是**法律规定或者**按照**其性质不得继承的除外。	**第一千一百二十二条** 遗产是自然人死亡时遗留的个人合法财产，但是**依照**法律规定或者**根据**其性质不得继承的除外。	**第一千一百二十二条** 遗产是自然人死亡时遗留的个人合法财产。 **依照**法律规定或者根据其性质不得继承的**遗产，不得继承**。	**第一千一百二十二条** 遗产是自然人死亡时遗留的个人合法财产。 依照法律规定或者根据其性质不得继承的遗产，不得继承。

续表

《民法典各分编（草案）》（2018年8月版）	《民法典继承编（草案二次审议稿）》（2019年6月版）	《中华人民共和国民法典（草案）》（2019年12月版）	《中华人民共和国民法典（草案大会审议稿）》（2020年5月22日提交审议）	《中华人民共和国民法典》（2020年5月28日审议通过）
第九百零二条 继承开始后，按照法定继承办理；有遗嘱的，按照遗嘱继承或者遗赠办理；有遗赠扶养协议的，按照协议办理。	**第九百零二条** 无变化	**第一千一百二十三条** 无变化	**第一千一百二十三条** 无变化	**第一千一百二十三条** 继承开始后，按照法定继承办理；有遗嘱的，按照遗嘱继承或者遗赠办理；有遗赠扶养协议的，按照协议办理。
第九百零三条 继承开始后，继承人放弃继承的，应当在遗产处理前，作出放弃继承的表示。没有表示的，视为接受继承。 受遗赠人应当在知道受遗赠后两个月内，作出接受或者放弃受遗赠的表示。到期没有表示的，视为放弃受遗赠。	**第九百零三条** 无变化	**第一千一百二十四条** 继承开始后，继承人放弃继承的，应当在遗产处理前，**以书面形式**作出放弃继承的表示。没有表示的，视为接受继承。 受遗赠人应当在知道受遗赠后两个月内，作出接受或者放弃受遗赠的表示。到期没有表示的，视为放弃受遗赠。	**第一千一百二十四条** 继承开始后，继承人放弃继承的，应当在遗产处理前，以书面形式作出放弃继承的表示；没有表示的，视为接受继承。 受遗赠人应当在知道受遗赠后**六十日**内，作出接受或者放弃受遗赠的表示；到期没有表示的，视为放弃受遗赠。	**第一千一百二十四条** 继承开始后，继承人放弃继承的，应当在遗产处理前，以书面形式作出放弃继承的表示；没有表示的，视为接受继承。 受遗赠人应当在知道受遗赠后六十日内，作出接受或者放弃受遗赠的表示；到期没有表示的，视为放弃受遗赠。
第九百零四条 继承人有下列行为之一的，丧失继承权： （一）故意杀害被继承人的； （二）为争夺遗产而杀害其他继承人的； （三）遗弃被继承人的，或者虐待被继承人情节严重的； （四）伪造、篡改、隐匿或者销毁遗嘱，情节严重的； （五）以欺诈、胁迫手段迫使或者妨碍被继承人设立、变更或者撤回遗嘱，情节严重的。 被继承人知道继承人有前款第三项至第五项行为，对该继承人表示宽恕或者事后在遗嘱中明确将其列为继承人的，该继承人不丧失继承权。 受遗赠人有本条第一款规定情形的，丧失受遗赠权。	**第九百零四条** 继承人有下列行为之一的，丧失继承权： （一）故意杀害被继承人的； （二）为争夺遗产而杀害其他继承人的； （三）遗弃被继承人的，或者虐待被继承人情节严重的； （四）伪造、篡改、隐匿或者销毁遗嘱，情节严重的； （五）以欺诈、胁迫手段迫使或者妨碍被继承人设立、变更或者撤回遗嘱，情节严重的。 **继承人**有前款第三项至第五项行为，**确有悔改表现，被继承人**表示宽恕或者事后在遗嘱**中**将其列为继承人的，该继承人不丧失继承权。 受遗赠人有本条第一款规定**行为**的，丧失受遗赠权。	**第一千一百二十五条** 继承人有下列行为之一的，丧失继承权： （一）故意杀害被继承人； （二）为争夺遗产而杀害其他继承人； （三）遗弃被继承人，或者虐待被继承人情节严重； （四）伪造、篡改、隐匿或者销毁遗嘱，情节严重； （五）以欺诈、胁迫手段迫使或者妨碍被继承人设立、变更或者撤回遗嘱，情节严重。 继承人有前款第三项至第五项行为，确有悔改表现，被继承人表示宽恕或者事后在遗嘱中将其列为继承人的，该继承人不丧失继承权。 受遗赠人有本条第一款规定行为的，丧失受遗赠权	**第一千一百二十五条** 无变化	**第一千一百二十五条** 继承人有下列行为之一的，丧失继承权： （一）故意杀害被继承人； （二）为争夺遗产而杀害其他继承人； （三）遗弃被继承人，或者虐待被继承人情节严重； （四）伪造、篡改、隐匿或者销毁遗嘱，情节严重； （五）以欺诈、胁迫手段迫使或者妨碍被继承人设立、变更或者撤回遗嘱，情节严重。 继承人有前款第三项至第五项行为，确有悔改表现，被继承人表示宽恕或者事后在遗嘱中将其列为继承人的，该继承人不丧失继承权。 受遗赠人有本条第一款规定行为的，丧失受遗赠权。

第二章　法定继承

《民法典各分编（草案）》（2018年8月版）	《民法典继承编（草案二次审议稿）》（2019年6月版）	《中华人民共和国民法典（草案）》（2019年12月版）	《中华人民共和国民法典（草案大会审议稿）》（2020年5月22日提交审议）	《中华人民共和国民法典》（2020年5月28日审议通过）
第二章　法定继承	第二章　法定继承	第二章　法定继承	第二章　法定继承	第二章　法定继承
第九百零五条　继承权男女平等。	**第九百零五条** 无变化	**第一千一百二十六条** 无变化	**第一千一百二十六条** 无变化	**第一千一百二十六条** 继承权男女平等。
第九百零六条　遗产按照下列顺序继承： 第一顺序：配偶、子女、父母。 第二顺序：兄弟姐妹、祖父母、外祖父母。 继承开始后，由第一顺序继承人继承，第二顺序继承人不继承。没有第一顺序继承人继承的，由第二顺序继承人继承。	**第九百零六条**　遗产按照下列顺序继承： **（一）**第一顺序：配偶、子女、父母； **（二）**第二顺序：兄弟姐妹、祖父母、外祖父母。 继承开始后，由第一顺序继承人继承，第二顺序继承人不继承。没有第一顺序继承人继承的，由第二顺序继承人继承。 **本编所称子女，包括婚生子女、非婚生子女、养子女和有扶养关系的继子女。** **本编所称父母，包括生父母、养父母和有扶养关系的继父母。** **本编所称兄弟姐妹，包括同父母的兄弟姐妹、同父异母或者同母异父的兄弟姐妹、养兄弟姐妹、有扶养关系的继兄弟姐妹。**	**第一千一百二十七条** 无变化	**第一千一百二十七条** 遗产按照下列顺序继承： （一）第一顺序：配偶、子女、父母； （二）第二顺序：兄弟姐妹、祖父母、外祖父母。 继承开始后，由第一顺序继承人继承，第二顺序继承人不继承；没有第一顺序继承人继承的，由第二顺序继承人继承。 本编所称子女，包括婚生子女、非婚生子女、养子女和有扶养关系的继子女。 本编所称父母，包括生父母、养父母和有扶养关系的继父母。 本编所称兄弟姐妹，包括同父母的兄弟姐妹、同父异母或者同母异父的兄弟姐妹、养兄弟姐妹、有扶养关系的继兄弟姐妹。	**第一千一百二十七条** 遗产按照下列顺序继承： （一）第一顺序：配偶、子女、父母； （二）第二顺序：兄弟姐妹、祖父母、外祖父母。 继承开始后，由第一顺序继承人继承，第二顺序继承人不继承；没有第一顺序继承人继承的，由第二顺序继承人继承。 本编所称子女，包括婚生子女、非婚生子女、养子女和有扶养关系的继子女。 本编所称父母，包括生父母、养父母和有扶养关系的继父母。 本编所称兄弟姐妹，包括同父母的兄弟姐妹、同父异母或者同母异父的兄弟姐妹、养兄弟姐妹、有扶养关系的继兄弟姐妹。

续表

《民法典各分编（草案）》（2018年8月版）	《民法典继承编（草案二次审议稿）》（2019年6月版）	《中华人民共和国民法典（草案）》（2019年12月版）	《中华人民共和国民法典（草案大会审议稿）》（2020年5月22日提交审议）	《中华人民共和国民法典》（2020年5月28日审议通过）
第九百零七条　被继承人的子女先于被继承人死亡的，由被继承人的子女的晚辈直系血亲代位继承。 被继承人的兄弟姐妹先于被继承人死亡的，由被继承人的兄弟姐妹的子女代位继承。 代位继承人一般只能继承被代位继承人有权继承的遗产份额。	**第九百零七条** 无变化	**第一千一百二十八条** 被继承人的子女先于被继承人死亡的，由被继承人的子女的**直系晚辈**血亲代位继承。 被继承人的兄弟姐妹先于被继承人死亡的，由被继承人的兄弟姐妹的子女代位继承。 代位继承人一般只能继承被代位继承人有权继承的遗产份额。	**第一千一百二十八条** 无变化	**第一千一百二十八条** 被继承人的子女先于被继承人死亡的，由被继承人的子女的直系晚辈血亲代位继承。 被继承人的兄弟姐妹先于被继承人死亡的，由被继承人的兄弟姐妹的子女代位继承。 代位继承人一般只能继承被代位继承人有权继承的遗产份额。
第九百零八条　丧偶儿媳对公、婆，丧偶女婿对岳父、岳母，尽了主要赡养义务的，作为第一顺序继承人。	**第九百零八条**　丧偶儿媳对**公婆**，丧偶女婿对**岳父母**，尽了主要赡养义务的，作为第一顺序继承人。	**第一千一百二十九条** 无变化	**第一千一百二十九条** 无变化	**第一千一百二十九条** 丧偶儿媳对公婆，丧偶女婿对岳父母，尽了主要赡养义务的，作为第一顺序继承人。
第九百零九条　同一顺序继承人继承遗产的份额，一般应当均等。 对生活有特殊困难的缺乏劳动能力的继承人，分配遗产时，应当予以照顾。 对被继承人尽了主要扶养义务或者与被继承人共同生活的继承人，分配遗产时，可以多分。 有扶养能力和有扶养条件的继承人，不尽扶养义务的，分配遗产时，应当不分或者少分。 继承人协商同意的，也可以不均等。	**第九百零九条** 无变化	**第一千一百三十条**　同一顺序继承人继承遗产的份额，一般应当均等。 对生活有特殊困难**又**缺乏劳动能力的继承人，分配遗产时，应当予以照顾。 对被继承人尽了主要扶养义务或者与被继承人共同生活的继承人，分配遗产时，可以多分。 有扶养能力和有扶养条件的继承人，不尽扶养义务的，分配遗产时，应当不分或者少分。 继承人协商同意的，也可以不均等。	**第一千一百三十条** 无变化	**第一千一百三十条**　同一顺序继承人继承遗产的份额，一般应当均等。 对生活有特殊困难又缺乏劳动能力的继承人，分配遗产时，应当予以照顾。 对被继承人尽了主要扶养义务或者与被继承人共同生活的继承人，分配遗产时，可以多分。 有扶养能力和有扶养条件的继承人，不尽扶养义务的，分配遗产时，应当不分或者少分。 继承人协商同意的，也可以不均等。

续表

《民法典各分编（草案）》（2018年8月版）	《民法典继承编（草案二次审议稿）》（2019年6月版）	《中华人民共和国民法典（草案）》（2019年12月版）	《中华人民共和国民法典（草案大会审议稿）》（2020年5月22日提交审议）	《中华人民共和国民法典》（2020年5月28日审议通过）
第九百一十条　对继承人以外的依靠被继承人扶养的人，或者继承人以外的对被继承人扶养较多的人，可以分给适当的遗产。	**第九百一十条** 无变化	**第一千一百三十一条** 无变化	**第一千一百三十一条** 无变化	**第一千一百三十一条** 对继承人以外的依靠被继承人扶养的人，或者继承人以外的对被继承人扶养较多的人，可以分给适当的遗产。
第九百一十一条　继承人应当本着互谅互让、和睦团结的精神，协商处理继承问题。遗产分割的时间、办法和份额，由继承人协商确定。协商不成的，可以由人民调解委员会调解或者向人民法院提起诉讼。	**第九百一十一条** 无变化	**第一千一百三十二条** 无变化	**第一千一百三十二条** 继承人应当本着互谅互让、和睦团结的精神，协商处理继承问题。遗产分割的时间、办法和份额，由继承人协商确定；协商不成的，可以由人民调解委员会调解或者向人民法院提起诉讼。	**第一千一百三十二条** 继承人应当本着互谅互让、和睦团结的精神，协商处理继承问题。遗产分割的时间、办法和份额，由继承人协商确定；协商不成的，可以由人民调解委员会调解或者向人民法院提起诉讼。

第三章　遗嘱继承和遗赠

《民法典各分编（草案）》（2018年8月版）	《民法典继承编（草案二次审议稿）》（2019年6月版）	《中华人民共和国民法典（草案）》（2019年12月版）	《中华人民共和国民法典（草案大会审议稿）》（2020年5月22日提交审议）	《中华人民共和国民法典》（2020年5月28日审议通过）
第三章 遗嘱继承和遗赠	第三章 遗嘱继承和遗赠	第三章 遗嘱继承和遗赠	第三章 遗嘱继承和遗赠	第三章 遗嘱继承和遗赠
第九百一十二条　自然人可以依照本法规定立遗嘱处分个人财产，并可以指定遗嘱执行人。 自然人可以立遗嘱将个人财产指定由法定继承人的一人或者数人继承。 自然人可以立遗嘱将个人财产赠给国家、集体或者法定继承人以外的人。	**第九百一十二条**　自然人可以依照本法规定立遗嘱处分个人财产，并可以指定遗嘱执行人。 自然人可以立遗嘱将个人财产指定由法定继承人**中**的一人或者数人继承。 自然人可以立遗嘱将个人财产赠给国家、集体或者法定继承人以外的人。	**第一千一百三十三条**　自然人可以依照本法规定立遗嘱处分个人财产，并可以指定遗嘱执行人。 自然人可以立遗嘱将个人财产指定由法定继承人中的一人或者数人继承。 自然人可以立遗嘱将个人财产**赠与**国家、集体或者法定继承人以外的人。	**第一千一百三十三条** 无变化	**第一千一百三十三条** 自然人可以依照本法规定立遗嘱处分个人财产，并可以指定遗嘱执行人。 自然人可以立遗嘱将个人财产指定由法定继承人中的一人或者数人继承。 自然人可以立遗嘱将个人财产赠与国家、集体或者法定继承人以外的**组织、个人**。 **自然人可以依法设立遗嘱信托。**
第九百一十三条　自书遗嘱由遗嘱人亲笔书写，签名，注明年、月、日。	**第九百一十三条** 无变化	**第一千一百三十四条** 无变化	**第一千一百三十四条** 无变化	**第一千一百三十四条** 自书遗嘱由遗嘱人亲笔书写，签名，注明年、月、日。
第九百一十四条　代书遗嘱应当有两个以上见证人在场见证，由其中一人代书，并由遗嘱人、代书人和其他见证人签名，注明年、月、日。	**第九百一十四条** 无变化	**第一千一百三十五条** 无变化	**第一千一百三十五条** 无变化	**第一千一百三十五条** 代书遗嘱应当有两个以上见证人在场见证，由其中一人代书，并由遗嘱人、代书人和其他见证人签名，注明年、月、日。

续表

《民法典各分编(草案)》(2018年8月版)	《民法典继承编(草案二次审议稿)》(2019年6月版)	《中华人民共和国民法典(草案)》(2019年12月版)	《中华人民共和国民法典(草案大会审议稿)》(2020年5月22日提交审议)	《中华人民共和国民法典》(2020年5月28日审议通过)
第九百一十五条　打印遗嘱应当有两个以上见证人在场见证。遗嘱人和见证人应当在遗嘱每一页签名,注明年、月、日。	**第九百一十五条** 无变化	**第一千一百三十六条** 无变化	**第一千一百三十六条** 无变化	**第一千一百三十六条** 打印遗嘱应当有两个以上见证人在场见证。遗嘱人和见证人应当在遗嘱每一页签名,注明年、月、日。
第九百一十六条　以录音录像形式立的遗嘱,应当有两个以上见证人在场见证。遗嘱人和见证人应当在录音录像中记录其姓名或者肖像,以及年、月、日。	**第九百一十六条** 无变化	**第一千一百三十七条** 无变化	**第一千一百三十七条** 无变化	**第一千一百三十七条** 以录音录像形式立的遗嘱,应当有两个以上见证人在场见证。遗嘱人和见证人应当在录音录像中记录其姓名或者肖像,以及年、月、日。
第九百一十七条　遗嘱人在危急情况下,可以立口头遗嘱。口头遗嘱应当有两个以上见证人在场见证。危急情况解除后,遗嘱人能够用书面或者录音录像形式立遗嘱的,所立的口头遗嘱**经过三个月**无效。	**第九百一十七条**　遗嘱人在危急情况下,可以立口头遗嘱。口头遗嘱应当有两个以上见证人在场见证。危急情况**消除**后,遗嘱人能够用书面或者录音录像形式立遗嘱的,所立的口头遗嘱无效。	**第一千一百三十八条** 遗嘱人在危急情况下,可以立口头遗嘱。口头遗嘱应当有两个以上见证人在场见证。危急情况消除后,遗嘱人能够**以**书面或者录音录像形式立遗嘱的,所立的口头遗嘱无效。	**第一千一百三十八条** 无变化	**第一千一百三十八条** 遗嘱人在危急情况下,可以立口头遗嘱。口头遗嘱应当有两个以上见证人在场见证。危急情况消除后,遗嘱人能够以书面或者录音录像形式立遗嘱的,所立的口头遗嘱无效。
第九百一十八条　公证遗嘱由遗嘱人经公证机构办理。 **公证机构办理遗嘱公证,应当由两个以上公证员共同办理。特殊情况下只能由一个公证员办理的,应当有一个以上见证人在场。**	**第九百一十八条**　公证遗嘱由遗嘱人经公证机构办理。	**第一千一百三十九条** 无变化	**第一千一百三十九条** 无变化	**第一千一百三十九条** 公证遗嘱由遗嘱人经公证机构办理。

续表

《民法典各分编（草案）》（2018年8月版）	《民法典继承编（草案二次审议稿）》（2019年6月版）	《中华人民共和国民法典（草案）》（2019年12月版）	《中华人民共和国民法典（草案大会审议稿）》（2020年5月22日提交审议）	《中华人民共和国民法典》（2020年5月28日审议通过）
第九百一十九条 下列人员不能作为遗嘱见证人： （一）无民事行为能力人、限制民事行为能力人以及其他不具有见证能力的人； （二）继承人、受遗赠人； （三）与继承人、受遗赠人有利害关系的人。	**第九百一十九条** 无变化	**第一千一百四十条** 无变化	**第一千一百四十条** 无变化	**第一千一百四十条** 下列人员不能作为遗嘱见证人： （一）无民事行为能力人、限制民事行为能力人以及其他不具有见证能力的人； （二）继承人、受遗赠人； （三）与继承人、受遗赠人有利害关系的人。
第九百二十条 遗嘱应当对缺乏劳动能力又没有生活来源的继承人保留必要的遗产份额。	**第九百二十条** 遗嘱应当**为**缺乏劳动能力又没有生活来源的继承人保留必要的遗产份额。	**第一千一百四十一条** 无变化	**第一千一百四十一条** 无变化	**第一千一百四十一条** 遗嘱应当为缺乏劳动能力又没有生活来源的继承人保留必要的遗产份额。
第九百二十一条 遗嘱人可以撤回、变更自己所立的遗嘱。 立遗嘱后，遗嘱人实施与遗嘱内容相反行为的，视为对遗嘱相关内容的撤回。 立有数份遗嘱，内容相抵触的，以最后的遗嘱为准。	**第九百二十一条** 遗嘱人可以撤回、变更自己所立的遗嘱。 立遗嘱后，遗嘱人实施与遗嘱内容相反**的民事法律行为**的，视为对遗嘱相关内容的撤回。 立有数份遗嘱，内容相抵触的，以最后的遗嘱为准。	**第一千一百四十二条** 无变化	**第一千一百四十二条** 无变化	**第一千一百四十二条** 遗嘱人可以撤回、变更自己所立的遗嘱。 立遗嘱后，遗嘱人实施与遗嘱内容相反的民事法律行为的，视为对遗嘱相关内容的撤回。 立有数份遗嘱，内容相抵触的，以最后的遗嘱为准。
第九百二十二条 无民事行为能力人或者限制民事行为能力人所立的遗嘱无效。 遗嘱必须表示遗嘱人的真实意思，受欺诈、胁迫所立的遗嘱无效。 伪造的遗嘱无效。 遗嘱被篡改的，篡改的内容无效。	**第九百二十二条** 无变化	**第一千一百四十三条** 无变化	**第一千一百四十三条** 无变化	**第一千一百四十三条** 无民事行为能力人或者限制民事行为能力人所立的遗嘱无效。 遗嘱必须表示遗嘱人的真实意思，受欺诈、胁迫所立的遗嘱无效。 伪造的遗嘱无效。 遗嘱被篡改的，篡改的内容无效。

续表

《民法典各分编（草案）》（2018年8月版）	《民法典继承编（草案二次审议稿）》（2019年6月版）	《中华人民共和国民法典（草案）》（2019年12月版）	《中华人民共和国民法典（草案大会审议稿）》（2020年5月22日提交审议）	《中华人民共和国民法典》（2020年5月28日审议通过）
第九百二十三条　遗嘱继承或者遗赠附有义务的，继承人或者受遗赠人应当履行义务。没有正当理由不履行义务的，经利害关系人或者有关组织请求，人民法院可以取消其接受附义务部分遗产的权利。	**第九百二十三条** 无变化	**第一千一百四十四条** 无变化	**第一千一百四十四条** 无变化	**第一千一百四十四条** 遗嘱继承或者遗赠附有义务的，继承人或者受遗赠人应当履行义务。没有正当理由不履行义务的，经利害关系人或者有关组织请求，人民法院可以取消其接受附义务部分遗产的权利。

第四章　遗产的处理

《民法典各分编（草案）》（2018年8月版）	《民法典继承编（草案二次审议稿）》（2019年6月版）	《中华人民共和国民法典（草案）》（2019年12月版）	《中华人民共和国民法典（草案大会审议稿）》（2020年5月22日提交审议）	《中华人民共和国民法典》（2020年5月28日审议通过）
第四章　遗产的处理	第四章　遗产的处理	第四章　遗产的处理	第四章　遗产的处理	第四章　遗产的处理
第九百二十四条　继承开始后，遗嘱执行人为遗产管理人；没有遗嘱执行人的，继承人应当及时推选遗产管理人；继承人未推选的，由继承人共同担任遗产管理人；没有继承人或者继承人均放弃继承的，由被继承人生前住所地的民政部门担任遗产管理人。	**第九百二十四条**　继承开始后，遗嘱执行人为遗产管理人；没有遗嘱执行人的，继承人应当及时推选遗产管理人；继承人未推选的，由继承人共同担任遗产管理人；没有继承人或者继承人均放弃继承的，由被继承人生前住所地的民政部门**或者村民委员会**担任遗产管理人。	**第一千一百四十五条** 无变化	**第一千一百四十五条** 无变化	**第一千一百四十五条**　继承开始后，遗嘱执行人为遗产管理人；没有遗嘱执行人的，继承人应当及时推选遗产管理人；继承人未推选的，由继承人共同担任遗产管理人；没有继承人或者继承人均放弃继承的，由被继承人生前住所地的民政部门或者村民委员会担任遗产管理人。
第九百二十五条　对遗产管理人的确定有争议的，利害关系人可以向人民法院申请指定遗产管理人。	**第九百二十五条** 无变化	**第一千一百四十六条** 无变化	**第一千一百四十六条** 无变化	**第一千一百四十六条** 对遗产管理人的确定有争议的，利害关系人可以向人民法院申请指定遗产管理人。
第九百二十六条　遗产管理人应当履行的职责包括： （一）清理遗产并制作遗产清单； （二）**保管遗产**； （三）处理债权债务； （四）按照遗嘱或者依照法律规定分割遗产。	**第九百二十六条**　遗产管理人应当履行**下列职责**： （一）清理遗产并制作遗产清单； （二）**向继承人报告遗产情况**； （三）**采取必要措施防止遗产毁损**； **（四）**处理**被继承人的**债权债务； **（五）**按照遗嘱或者依照法律规定分割遗产； **（六）实施与管理遗产有关的其他必要行为。**	**第一千一百四十七条** 无变化	**第一千一百四十七条** 无变化	**第一千一百四十七条** 遗产管理人应当履行下列职责： （一）清理遗产并制作遗产清单； （二）向继承人报告遗产情况； （三）采取必要措施防止遗产毁损、**灭失**； （四）处理被继承人的债权债务； （五）按照遗嘱或者依照法律规定分割遗产； （六）实施与管理遗产有关的其他必要行为。

续表

《民法典各分编（草案）》（2018 年 8 月版）	《民法典继承编（草案二次审议稿）》（2019 年 6 月版）	《中华人民共和国民法典（草案）》（2019 年 12 月版）	《中华人民共和国民法典（草案大会审议稿）》（2020 年 5 月 22 日提交审议）	《中华人民共和国民法典》（2020 年 5 月 28 日审议通过）
第九百二十七条　遗产管理人应当依法履行职责，因故意或者重大过失造成继承人、受遗赠人、债权人损失的，应当承担民事责任。	**第九百二十七条** 无变化	**第一千一百四十八条** 遗产管理人应当依法履行职责，因故意或者重大过失造成继承人、受遗赠人、债权人**损害**的，应当承担民事责任。	**第一千一百四十八条** 无变化	**第一千一百四十八条** 遗产管理人应当依法履行职责，因故意或者重大过失造成继承人、受遗赠人、债权人损害的，应当承担民事责任。
第九百二十八条　遗产管理人可以依照法律规定或者按照约定获得报酬。	**第九百二十八条** 无变化	**第一千一百四十九条** 无变化	**第一千一百四十九条** 无变化	**第一千一百四十九条** 遗产管理人可以依照法律规定或者按照约定获得报酬。
第九百二十九条　继承开始后，知道被继承人死亡的继承人应当及时通知其他继承人和遗嘱执行人。继承人中无人知道被继承人死亡或者知道被继承人死亡而不能通知的，由被继承人生前所在单位或者住所地的居民委员会、村民委员会负责通知。	**第九百二十九条** 无变化	**第一千一百五十条** 无变化	**第一千一百五十条** 无变化	**第一千一百五十条**　继承开始后，知道被继承人死亡的继承人应当及时通知其他继承人和遗嘱执行人。继承人中无人知道被继承人死亡或者知道被继承人死亡而不能通知的，由被继承人生前所在单位或者住所地的居民委员会、村民委员会负责通知。
第九百三十条　存有遗产的人，应当妥善保管遗产，任何人不得侵吞或者争抢。	**第九百三十条** 无变化	**第一千一百五十一条** 存有遗产的人，应当妥善保管遗产，任何**组织或者个人**不得侵吞或者争抢。	**第一千一百五十一条** 无变化	**第一千一百五十一条** 存有遗产的人，应当妥善保管遗产，任何组织或者个人不得侵吞或者争抢。
第九百三十一条　继承开始后，继承人于遗产分割前死亡，并没有放弃继承的，该继承人应当继承的遗产转给其继承人，但遗嘱另有安排的除外。	**第九百三十一条**　继承开始后，继承人于遗产分割前死亡，并没有放弃继承的，该继承人应当继承的遗产转给其继承人；**但是**遗嘱另有安排的除外。	**第一千一百五十二条** 无变化	**第一千一百五十二条** 继承开始后，继承人于遗产分割前死亡，并没有放弃继承的，该继承人应当继承的遗产转给其继承人，但是遗嘱另有安排的除外。	**第一千一百五十二条** 继承开始后，继承人于遗产分割前死亡，并没有放弃继承的，该继承人应当继承的遗产转给其继承人，但是遗嘱另有安排的除外。

续表

《民法典各分编（草案）》（2018年8月版）	《民法典继承编（草案二次审议稿）》（2019年6月版）	《中华人民共和国民法典（草案）》（2019年12月版）	《中华人民共和国民法典（草案大会审议稿）》（2020年5月22日提交审议）	《中华人民共和国民法典》（2020年5月28日审议通过）
第九百三十二条 夫妻共同所有的财产，除有约定的以外，分割遗产的，应当先将共同所有的财产的一半分出为配偶所有，其余的为被继承人的遗产。 遗产在家庭共有财产之中的，遗产分割时，应当先分出他人的财产。	**第九百三十二条** 无变化	**第一千一百五十三条** 夫妻共同所有的财产，除有约定的**外，遗产分割时**，应当先将共同所有的财产的一半分出为配偶所有，其余的为被继承人的遗产。 遗产在家庭共有财产之中的，遗产分割时，应当先分出他人的财产。	**第一千一百五十三条** 无变化	**第一千一百五十三条** 夫妻共同所有的财产，除有约定的外，遗产分割时，应当先将共同所有的财产的一半分出为配偶所有，其余的为被继承人的遗产。 遗产在家庭共有财产之中的，遗产分割时，应当先分出他人的财产。
第九百三十三条 有下列情形之一的，遗产中的有关部分按照法定继承办理： （一）遗嘱继承人放弃继承或者受遗赠人放弃受遗赠的； （二）遗嘱继承人丧失继承权或者受遗赠人丧失受遗赠权的； （三）遗嘱继承人、受遗赠人先于遗嘱人死亡或者终止的； （四）遗嘱无效部分所涉及的遗产； （五）遗嘱未处分的遗产。	**第九百三十三条** 有下列情形之一的，遗产中的有关部分按照法定继承办理： （一）遗嘱继承人放弃继承或者受遗赠人放弃受遗赠； （二）遗嘱继承人丧失继承权或者受遗赠人丧失受遗赠权； （三）遗嘱继承人、受遗赠人先于遗嘱人死亡或者终止； （四）遗嘱无效部分所涉及的遗产； （五）遗嘱未处分的遗产。	**第一千一百五十四条** 无变化	**第一千一百五十四条** 无变化	**第一千一百五十四条** 有下列情形之一的，遗产中的有关部分按照法定继承办理： （一）遗嘱继承人放弃继承或者受遗赠人放弃受遗赠； （二）遗嘱继承人丧失继承权或者受遗赠人丧失受遗赠权； （三）遗嘱继承人、受遗赠人先于遗嘱人死亡或者终止； （四）遗嘱无效部分所涉及的遗产； （五）遗嘱未处分的遗产。
第九百三十四条 遗产分割时，应当保留胎儿的继承份额。胎儿娩出时是死体的，保留的份额按照法定继承办理。	**第九百三十四条** 无变化	**第一千一百五十五条** 无变化	**第一千一百五十五条** 无变化	**第一千一百五十五条** 遗产分割时，应当保留胎儿的继承份额。胎儿娩出时是死体的，保留的份额按照法定继承办理。
第九百三十五条 遗产分割应当有利于生产和生活需要，不损害遗产的效用。 不宜分割的遗产，可以采取折价、适当补偿或者共有等方法处理。	**第九百三十五条** 无变化	**第一千一百五十六条** 无变化	**第一千一百五十六条** 无变化	**第一千一百五十六条** 遗产分割应当有利于生产和生活需要，不损害遗产的效用。 不宜分割的遗产，可以采取折价、适当补偿或者共有等方法处理。

续表

《民法典各分编(草案)》(2018年8月版)	《民法典继承编(草案二次审议稿)》(2019年6月版)	《中华人民共和国民法典(草案)》(2019年12月版)	《中华人民共和国民法典(草案大会审议稿)》(2020年5月22日提交审议)	《中华人民共和国民法典》(2020年5月28日审议通过)
第九百三十六条　夫妻一方死亡后另一方再婚的,有权处分所继承的财产,任何人不得干涉。	**第九百三十六条** 无变化	**第一千一百五十七条** 无变化	**第一千一百五十七条** 夫妻一方死亡后另一方再婚的,有权处分所继承的财产,任何**组织或者个人**不得干涉。	**第一千一百五十七条** 夫妻一方死亡后另一方再婚的,有权处分所继承的财产,任何组织或者个人不得干涉。
第九百三十七条　自然人可以与继承人以外的组织或者个人签订遗赠扶养协议。按照协议,该组织或者个人承担该自然人生养死葬的义务,享有受遗赠的权利。	**第九百三十七条** 无变化	**第一千一百五十八条** 无变化	**第一千一百五十八条** 无变化	**第一千一百五十八条** 自然人可以与继承人以外的组织或者个人签订遗赠扶养协议。按照协议,该组织或者个人承担该自然人生养死葬的义务,享有受遗赠的权利。
第九百三十八条　遗产分割前,应当支付丧葬费、遗产管理费,清偿被继承人的债务,缴纳所欠税款;但应当为缺乏劳动能力又没有生活来源的继承人保留适当的遗产。	**第九百三十八条**　遗产分割前,应当**支付丧葬费、遗产管理费**,清偿被继承人的债务,缴纳所欠税款。**但是,**应当为缺乏劳动能力又没有生活来源的继承人保留适当的遗产。	**第一千一百五十九条** **分割遗产**,应当清偿被继承人**依法应当缴纳的税款和债务**。但是,应当为缺乏劳动能力又没有生活来源的继承人保留适当的遗产。	**第一千一百五十九条** 分割遗产,应当清偿被继承人依法应当缴纳的税款和债务;但是,应当为缺乏劳动能力又没有生活来源的继承人保留适当的遗产。	**第一千一百五十九条** 分割遗产,应当清偿被继承人依法应当缴纳的税款和债务;但是,应当为缺乏劳动能力又没有生活来源的继承人保留**必要**的遗产。
第九百三十九条　无人继承又无人受遗赠的遗产,归国家所有,用于公益事业;死者生前是集体所有制组织成员的,归所在集体所有制组织所有。	**第九百三十九条** 无变化	**第一千一百六十条** 无变化	**第一千一百六十条** 无变化	**第一千一百六十条**　无人继承又无人受遗赠的遗产,归国家所有,用于公益事业;死者生前是集体所有制组织成员的,归所在集体所有制组织所有。

续表

《民法典各分编(草案)》(2018年8月版)	《民法典继承编(草案二次审议稿)》(2019年6月版)	《中华人民共和国民法典(草案)》(2019年12月版)	《中华人民共和国民法典(草案大会审议稿)》(2020年5月22日提交审议)	《中华人民共和国民法典》(2020年5月28日审议通过)
第九百四十条　遗产已经分割的,继承人清偿被继承人的债务、缴纳所欠税款以所得遗产实际价值为限。超过遗产实际价值部分,继承人自愿偿还的不在此限。 继承人放弃继承的,对被继承人的债务和所欠税款可以不负偿还责任。	**第九百四十条**　**继承遗产应当清偿被继承人的债务、缴纳所欠税款,清偿债务、缴纳税款以所得遗产实际价值为限。**超过遗产实际价值部分,继承人自愿偿还的不在此限。 继承人放弃继承的,对被继承人的债务和所欠税款可以不负偿还责任。	**第一千一百六十一条**　**继承人以所得遗产实际价值为限清偿被继承人依法应当缴纳的税款和债务。**超过遗产实际价值部分,继承人自愿偿还的不在此限。 继承人放弃继承的,对被继承人**依法应当缴纳的税款和债务**可以不负**清偿**责任。	**第一千一百六十一条** 无变化	**第一千一百六十一条** 继承人以所得遗产实际价值为限清偿被继承人依法应当缴纳的税款和债务。超过遗产实际价值部分,继承人自愿偿还的不在此限。 继承人放弃继承的,对被继承人依法应当缴纳的税款和债务可以不负清偿责任。
第九百四十一条　执行遗赠不得妨碍清偿遗赠人的债务、缴纳所欠税款。	**第九百四十一条** 无变化	**第一千一百六十二条** 执行遗赠不得妨碍清偿遗赠人**依法应当缴纳的税款和债务**。	**第一千一百六十二条** 无变化	**第一千一百六十二条** 执行遗赠不得妨碍清偿遗赠人依法应当缴纳的税款和债务。
第九百四十二条　既有法定继承又有遗嘱继承、遗赠的,由法定继承人清偿被继承人的债务、缴纳所欠税款;超过法定继承遗产实际价值的,由遗嘱继承人和受遗赠人按比例以所得遗产清偿。	**第九百四十二条**　既有法定继承又有遗嘱继承、遗赠的,由法定继承人清偿被继承人的债务、缴纳所欠税款;超过法定继承遗产实际价值**部分**,由遗嘱继承人和受遗赠人按比例以所得遗产清偿。	**第一千一百六十三条** 既有法定继承又有遗嘱继承、遗赠的,由法定继承人清偿被继承人**依法应当缴纳的税款和债务**;超过法定继承遗产实际价值部分,由遗嘱继承人和受遗赠人按比例以所得遗产清偿。	**第一千一百六十三条** 无变化	**第一千一百六十三条** 既有法定继承又有遗嘱继承、遗赠的,由法定继承人清偿被继承人依法应当缴纳的税款和债务;超过法定继承遗产实际价值部分,由遗嘱继承人和受遗赠人按比例以所得遗产清偿。

侵权责任编

立法机关对民法典侵权责任编草案立法演进的说明

一、一次审稿的说明

时间:2018 年 8 月 27 日

来源:关于《民法典各分编(草案)》的说明(第十三届全国人大常委会第五次会议)

侵权责任是民事主体侵害他人权益应当承担的法律后果。2009 年全国人大常委会通过了侵权责任法。侵权责任法实施以来,在保护民事主体合法权益、明确侵权责任、预防和制裁侵权行为方面发挥了重要作用。侵权责任编草案在总结侵权责任法实践经验的基础上,针对侵权领域出现的新情况,吸收借鉴司法解释的有益做法,对侵权责任制度作了必要的补充和完善。与现行侵权责任法相比,主要修改内容有:

1. 完善公平责任规则。侵权责任法规定,受害人和行为人对损害的发生都没有过错的,可以根据实际情况,由双方分担损失。实践中,该规定因裁判标准不明导致适用范围过宽,社会效果不是很好。为进一步明确该规则的适用范围,统一裁判尺度,草案将侵权责任法规定中的“根据实际情况”修改为“依照法律的规定”(草案第 962 条)。

2. 完善精神损害赔偿制度。根据审判实践需要,草案扩大了精神损害赔偿的适用范围,增加规定,故意侵害自然人具有人身意义的特定物品造成严重精神损害的,被侵权人有权请求精神损害赔偿(草案第 960 条第 2 款)。

3. 完善网络侵权责任制度。随着互联网的快速发展,网络侵权行为越来越复杂,为了更好地保护权利人的利益,同时平衡好网络用户和网络服务提供者之间的利益,草案在侵权责任法的基础上细化了网络侵权责任的具体规则(草案第 970 条至第 972 条)。

4. 完善机动车交通事故责任规则。一是明确挂靠车辆引发交通事故时的责任主体(草案第 986 条)。二是明确机动车强制保险和商业保险的赔偿顺序(草案第 988 条)。三是增加非营运机动车无偿搭乘造成损害的责任规则。实践中,无偿搭乘引发的损害赔偿问题争议较大,为了既保护受害者的权益,又鼓励大家助人为乐,草案规定,无偿搭乘人在交通事故中受到损害的,应当减轻或者免除机动车驾驶人赔偿责任(草案第 992 条)。

5. 完善生态环境损害责任。为了落实党的十八届三中全会提出的“对造成生态环境损害的责任者严格实行赔偿制度”要求,贯彻党的十九大报告提出的“要加大生态系统保护力度”的决策部署,结合 2017 年中共中央办公厅、国务院办公厅联合印发的《生态环境损害赔偿制度改革方案》,草案修改完善了生态环境损害责任制度:一是增加规定生态环境损害的惩罚性赔偿制度。草案规定,侵权人故意违反国家规定损害生态环境的,被侵权人有权请求相应的惩罚性赔偿(草案第 1008 条)。二是明确生态环境损害的修复和赔偿制度(草案第 1010 条、第 1011 条)。

二、二次审议稿说明

时间：2018 年 12 月 23 日

来源：全国人民代表大会宪法和法律委员会关于《民法典侵权责任编（草案）》修改情况的汇报（第十三届全国人大常委会第七次会议）

全国人大常委会第五次会议对民法典各分编（草案）进行了初次审议。会后，法制工作委员会将草案印发地方人大、中央有关部门、法学教学研究机构和有关社会团体征求意见，并在中国人大网全文公布草案征求社会公众意见。根据党中央和常委会确定的民法典编纂工作计划和安排，在对民法典各分编（草案）初次审议后，拟将各分编草案分拆为几个单元进行若干次审议和修改完善。经研究，建议本次常委会会议审议民法典侵权责任编（草案）。法制工作委员会就民法典侵权责任编（草案）在北京召开多个座谈会，分别听取中央有关部门和部分专家学者的意见，到浙江、重庆、陕西、云南等地进行调研，了解实际情况，听取地方意见。宪法和法律委员会于 12 月 3 日召开会议，根据常委会组成人员的审议意见和各方面意见，对草案进行了审议，最高人民法院、最高人民检察院、司法部、中国社会科学院、中国法学会等参加民法典编纂工作的单位有关负责同志列席了会议。12 月 17 日，宪法和法律委员会召开会议，再次进行审议。现就民法典侵权责任编（草案）主要问题的修改情况汇报如下：

1. 关于确立“自甘风险”规则。有的部门、法学教学研究机构和社会公众提出，参加对抗性较强的体育等活动容易发生受伤等情况，实践中，对伤害由谁承担责任经常产生纠纷，建议对这个问题作出明确规定。宪法和法律委员会经研究认为，参加者自愿参与这些活动应当充分认识到其危险性，由此产生的正常风险原则上应当由参加者自己承担。确立“自甘风险”规则，对于明确学校等机构正常开展此类活动的责任界限是有利的。据此，建议增加 1 条规定：“自愿参加具有危险性的活动受到损害的，受害人不得请求他人承担侵权责任，但是他人对损害的发生有故意或者重大过失的除外。”“活动组织者的责任适用本法第九百七十三条的规定”，即活动组织者就未尽到安全保障义务承担侵权责任（草案二次审议稿第 954 条之 1）。

2. 关于规定“自助行为”制度。一些地方、部门、法学教学研究机构和社会公众提出，自然人在自己的合法权益受到侵害，来不及请求国家机关保护的情况下，自己采取措施保护权益反被他人起诉侵权的案例时有发生，建议借鉴国外立法例，明确规定“自助行为”制度。宪法和法律委员会经研究认为，“自助行为”制度赋予了自然人在一定条件下的自我保护权利，是对国家机关保护的有益补充；明确规定“自助行为”制度，对保护自然人的人身、财产权益具有现实意义，也有利于对这种行为进行规范。据此，建议增加 1 条规定：“合法权益受到侵害，情况紧迫且不能及时获得国家机关保护的，受害人可以在必要范围内采取扣留侵权人的财物等合理措施。”“受害人实施前款行为后，应当立即请求有关国家机关处理。”“受害人采取的措施不当造成他人损害的，应当承担侵权责任。”（草案二次审议稿第 954 条之 2）

3. 关于完善精神损害赔偿制度。草案第 960 条第 2 款规定，故意侵害自然人具有人身意义的特定物品造成严重精神损害的，被侵权人有权请求精神损害赔偿。有的法学教学研究机构和社会公众提出，将请求精神损害赔偿限于“故意”，条件过于严格。宪法和法律委员会经研究，建议将上述规定修改为：

“因故意或者重大过失侵害自然人具有人身意义的特定物造成严重精神损害的，被侵权人有权请求精神损害赔偿。”（草案二次审议稿第960条第2款）

4. 关于规定侵犯知识产权的惩罚性赔偿。一些常委委员和社会公众提出，加强知识产权保护是完善产权保护制度最重要的内容，建议进一步加大对知识产权的保护力度。宪法和法律委员会经研究认为，为了切实加强对知识产权的保护，必须显著提高侵犯知识产权的违法成本，把法律的威慑作用充分发挥出来。据此，建议增加1条规定：“故意侵害知识产权，情节严重的，被侵权人有权请求相应的惩罚性赔偿。”（草案二次审议稿第961条之1）

5. 关于因劳务关系造成损害的责任承担。草案第968条规定，个人之间形成劳务关系，提供劳务一方因劳务自己受到损害的，根据双方各自的过错承担相应的责任。有的部门、法学教学研究机构和社会公众提出，实践中，保姆等家政服务人员提供劳务的，接受劳务一方获得了利益。提供劳务一方在劳务过程中因此受到损害的，为体现公平原则，原则上应当由接受劳务的一方承担侵权责任；提供劳务的一方对损害的发生有过错的，可以相应减免接受劳务一方承担的责任。宪法和法律委员会经研究，建议将上述规定中的“根据双方各自的过错承担相应的责任”修改为“由接受劳务一方承担侵权责任；提供劳务一方有过错的，可以减轻或者免除接受劳务一方的责任”（草案二次审议稿第968条第1款）。

6. 关于网络侵权责任。草案第970条第4款规定，权利人因错误通知造成网络用户损害的，应当承担侵权责任。有的提出，现实中滥用“通知—删除”程序进行不正当竞争的情形经常发生，不仅给网络用户造成损害，也造成网络服务提供者的流量损失和广告收入损失，对网络服务提供者的合法权益也应当加以保护。宪法和法律委员会经研究，建议将上述规定修改为：“因错误通知造成网络用户或者网络服务提供者损害的，应当承担侵权责任。”（草案二次审议稿第970条第4款）

7. 关于医疗损害责任

（1）关于医务人员的说明义务。草案第994条规定，医务人员在诊疗活动中应当向患者说明病情和医疗措施。需要实施手术、特殊检查、特殊治疗的，医务人员应当及时向患者具体说明医疗风险、替代医疗方案等情况，并取得其书面同意；不宜向患者说明的，应当向患者的近亲属说明，并取得其书面同意。有的部门和社会公众提出，“不宜向患者说明”是否包括“不能向患者说明”的情形不清楚，在实践中常常引发争议，应当予以明确。宪法和法律委员会经研究认为，在患者昏迷或者由于生理、精神状态无法作出有效判断时，属于“不能”向患者说明的情形。据此，建议将规定中的“不宜向患者说明”修改为“不能或者不宜向患者说明”（草案二次审议稿第994条第1款）。

（2）关于患者隐私和个人信息的保护。草案第1001条规定，医疗机构及其医务人员泄露患者隐私和个人信息或者未经患者同意公开其病历资料，造成患者损害的，应当承担侵权责任。有的常委委员提出，医疗机构及其医务人员泄露患者隐私和个人信息，或者擅自公开患者病历资料，是一种较为严重的侵权行为，有可能对患者的生活、工作和学习造成重大影响。为遏制这种行为，法律应当明确规定，无论该行为对患者是否造成损害，医疗机构及其医务人员都应当承担侵权责任。宪法和法律委员会经研究，建议采纳上述意见，删去该条规定中的“造成患者损害”（草案二次审议稿第1001条）。

8. 关于损害生态环境责任。草案第七章专章对生态环境损害责任作了规定。有的地方、部门、法学教学研究机构和社会公众提出，应当对破坏生态环境造成的社会公共利益、国家利益损害责任和造成的民事主体人身、财产损害责任进行分别规定。宪法和法律委员会经研究认为，破坏生态环境一般会造成两类损害后果，一类是对生态环境本身的损害，另一类是对民事主体的人身、财产损害。这两类损害后果在责任构成要件、请求权主体、赔偿范围等方面有所不同，中央有关文件对此作了区分。

据此，建议对草案作如下修改：一是明确破坏生态环境造成他人损害的，侵权人应当承担侵权责任。二是明确违反国家规定造成生态环境损害，能够修复的，法律规定的机关或者组织有权请求侵权人承担修复责任。三是明确违反国家规定造成生态环境损害的，法律规定的机关或者组织有权请求侵权人赔偿生态环境功能永久性损害造成的损失、生态环境损害调查和鉴定评估费等损失和费用（草案二次审议稿第1004条、第1010条、第1011条）。

还有一个问题需要汇报：草案第1030条规定，从建筑物中抛掷物品或者从建筑物上坠落的物品造成他人损害，难以确定具体侵权人的，除能够证明自己不是侵权人的外，由可能加害的建筑物使用人给予补偿。该规定延续了侵权责任法第87条的规定，未作修改。有的常委委员、部门和社会公众提出，本条规定在实践中争议较大，执行难度也较大，建议删除或者修改该条规定。宪法和法律委员会经反复研究认为，高空抛物致人损害的责任问题是侵权责任立法中的一个突出问题，争议较大，各方也高度关注。对该规定是否修改，如何修改，还需要结合实际情况，综合考虑侵权法理、保护受害人、维护社会和谐稳定等因素后慎重决策。据此，建议对草案的规定暂不作修改，继续研究。

此外，还对草案作了其他一些完善和文字修改。

三、三次审议稿说明

时间：2019年8月22日

来源：全国人民代表大会宪法和法律委员会关于《民法典侵权责任编（草案）》修改情况的汇报（第十三届全国人大常委会第十二次会议）

2018年12月以来，全国人大常委会第七次会议、第十次会议、第十一次会议分别对民法典合同编、侵权责任编、物权编、人格权编、婚姻家庭编、继承编等各分编草案进行了二审。经研究，建议8月常委会第十二次会议对民法典侵权责任编（草案）进行三审。法制工作委员会就民法典侵权责任编（草案二次审议稿）在北京召开多个座谈会，分别听取中央有关部门、部分专家学者和有关企业的意见，到山东、河北等地进行调研，了解实际情况，听取地方意见。宪法和法律委员会于7月30日召开会议，根据常委会组成人员的审议意见和各方面意见，对草案进行了审议，最高人民法院、最高人民检察院、司法部、中国社会科学院、中国法学会等参加民法典编纂工作的单位有关负责同志列席了会议。8月16日，宪法和法律委员会召开会议，再次进行审议。现就民法典侵权责任编（草案二次审议稿）主要问题的修改情况汇报如下：

1. 草案二次审议稿第954条之1规定了“自甘风险”规则：自愿参加具有危险性的活动受到损害的，受害人不得请求他人承担侵权责任，但是他人对损害的发生有故意或者重大过失的除外；活动组织者的责任适用安全保障责任的规定。有的常委会组成人员、专家学者和社会公众提出，“自甘风险”规则的适用范围不宜过宽，应限定为体育比赛等具有一定风险的文体活动。同时，建议明确教育机构在组织这类活动时应当如何承担责任。宪法和法律委员会经研究，建议采纳这一意见，对上述“自甘风险”的规定作如下修改：一是自愿参加具有一定风险的文体活动，因其他参加者的行为受到损害的，受害人不得请求其他参加者承担侵权责任，但是其他参加者对损害的发生有故意或者重大过失的除外。二是如果活动组织者为学校等教育机构，应当适用学校等教育机构在学生受到人身损害时的相关责任规定（草案三次审议稿第954条之1）。

2. 草案二次审议稿第 954 条之 2 规定了"自助行为"规则：合法权益受到侵害，情况紧迫且不能及时获得国家机关保护的，受害人可以在必要范围内采取扣留侵权人财物等合理措施，并在事后立即请求有关国家机关处理。有的常委会组成人员、专家学者和社会公众提出，规定"自助行为"规则，赋予自然人一定的自我保护权利是必要的，但为防止该规则被滥用，建议进一步严格限定适用条件。宪法和法律委员会经研究，建议采纳这一意见，在上述"自助行为"规则适用条件的基础上，增加规定一个条件，即"不立即采取措施将使其权益受到难以弥补的损害的"，才可以实施自助行为（草案三次审议稿第 954 条之 2 第 1 款）。

3. 草案二次审议稿第 970 条第 2 款至第 4 款规定，网络用户利用网络服务实施侵权行为的，权利人有权通知网络服务提供者采取删除、屏蔽、断开链接等必要措施；网络服务提供者接到通知后，应当及时将该通知转送相关网络用户，并采取必要措施；因错误通知造成损害的，应当承担侵权责任。有的常委委员、部门、企业和社会公众提出，网络服务提供者的类型多样，对侵权信息的产生、储存、处理等行为的控制程度也不完全一样，情况较为复杂，宜根据提供服务类型的不同，采取不同措施，使之具有针对性。有的常委委员建议将上述三款关于网络服务提供者"避风港"原则的规定单列一条。宪法和法律委员会经研究，建议采纳这一意见，将上述三款规定单列一条，并将相关内容修改为：网络服务提供者接到通知后，应当及时将该通知转送相关网络用户，并根据服务类型的不同采取必要措施（草案三次审议稿第 970 条之 1 第 2 款）。

4. 草案二次审议稿第 981 条对生产者、销售者召回缺陷产品的责任作出了规定。有的专委会委员和社会公众提出，为更好地保护被侵权人的权益，建议借鉴消费者权益保护法的相关规定，明确被侵权人因相关产品被召回支出的必要费用由生产者、销售者负担。宪法和法律委员会经研究，建议采纳这一意见，在该条中增加一款规定：依照相关规定采取召回措施的，生产者、销售者应当负担被侵权人因此支出的必要费用（草案三次审议稿第 981 条第 2 款）。

5. 草案二次审议稿第 1030 条规定，从建筑物中抛掷物品或者从建筑物上坠落的物品造成他人损害，难以确定具体侵权人的，除能够证明自己不是侵权人的外，由可能加害的建筑物使用人给予补偿。该规定对现行侵权责任法的有关规定未作修改，常委会二审时作为一个问题进行了专门汇报，提出继续研究论证。近一段时间以来，"高空抛物坠物"造成他人损害的事件频发，"头顶上的安全"引发社会关注。有的常委委员、地方、部门、专家学者和社会公众提出，为保护公众安全，建议进一步明确各方责任。宪法和法律委员会经研究认为，要从根本上解决这一问题，需要综合施策。对于造成损害后果的，公安机关应当依法立案调查，对责任人依法给予治安管理处罚；构成犯罪的，应当依法追究刑事责任。同时，还需要明确建筑物管理人、施工者、作业者的责任，做到多管齐下，共同发力。从民法典编纂来看，关于民事、行政和刑事三种法律责任的关系，在《民法总则》第 187 条中已经作了规定：民事主体因同一行为应当承担民事责任、行政责任和刑事责任的，承担行政责任或者刑事责任不影响承担民事责任。这一规定将编入民法典总则编中。因此，关于"高空抛物坠物"行为应当承担行政责任和刑事责任问题，在侵权责任编中可不必再作规定。

据此，建议对草案二次审议稿第 1030 条作如下修改：一是增加规定，禁止从建筑物中抛掷物品。二是增加规定，从建筑物中抛掷物品或者从建筑物上坠落的物品造成他人损害的，由侵权人依法承担侵权责任。三是增加规定，发生此类情形的，"有关机关应当依法及时调查，查清责任人"，并明确"经调查难以确定具体侵权人"的，才适用由可能加害的建筑物使用人给予补偿的规定。四是增加规定，可能加害的建筑物使用人补偿后发现侵权人的，有权向侵权人追偿。五是增加规定，建筑物管理人应当采取必要的安全保障措施防止此类情形的发生；未采取必要的安全保障措施的，应当依法承担未履行安全保障义务的侵权责任（草案三次审议稿第1030条）。同时，将草案二次审议稿第1028条、第1029条的顺序对调，使有关高空抛物坠物侵权责任的规定衔接更为紧密。

此外，还对草案作了其他一些完善和文字修改。

四、四次审议稿说明

时间：2019年12月23日

来源：关于《民法典各分编（草案）》修改情况和《中华人民共和国民法典（草案）》编纂情况的汇报（第十三届全国人大常委会第十五次会议）

侵权责任编草案共10章、95条。常委会第十二次会议对民法典侵权责任编草案进行了三审，对侵权责任编草案三次审议稿的修改情况主要是：

1. 草案三次审议稿第971条第2款规定，在网络用户不存在侵权行为的声明转送权利人后15日内，网络服务提供者未收到权利人已经投诉或者提起诉讼通知的，应当及时终止所采取的措施。有的专家学者、企业提出，“十五日”的期限过于绝对，建议修改为“合理期限”，以便于司法实践中根据具体案件情况确定期限。宪法和法律委员会经研究，建议采纳上述意见，将该款中的“十五日”修改为“合理期限”（草案第1196条第2款）。

2. 草案三次审议稿第1030条第2款规定，建筑物管理人应当采取必要的安全保障措施防止高空抛物坠物情形的发生。有的专家学者、单位提出，为了明确责任主体，建议规定“建筑物管理人”主要是指物业服务企业。宪法和法律委员会经研究，建议采纳这一意见，将上述规定修改为：物业服务企业等建筑物管理人应当采取必要的安全保障措施防止高空抛物坠物情形的发生（草案第1254条第2款）。

此外，还对民法典各分编草案作了其他一些完善和文字修改。

五、大会审议稿说明

时间：2020年5月22日

来源：关于《中华人民共和国民法典（草案）》的说明（第十三届全国人民代表大会第三次会议）

侵权责任是民事主体侵害他人权益应当承担的法律后果。2009年第十一届全国人大常委会第十二次会议通过了侵权责任法。侵权责任法实施以来，在保护民事主体的合法权益、预防和制裁侵权行为方面发挥了重要作用。草案第七编“侵权责任”在总结实践经验的基础上，针对侵权领域出现的新情况，吸收借鉴司法解释的有关规定，对侵权责任制度作了必要的补充和完善。第七编共10章、95条，主要内容有：

1. 关于一般规定。第七编第一章规定了侵权责任的归责原则、多数人侵权的责任承担、侵权责任的减轻或者免除等一般规则。并在现行侵权责任法的基础上作了进一步的完善：一是确立“自甘风险”规则，规定自愿参加具有一定风险的文体活动，因其他参加者的行为受到损害的，受害人不得请求没有故意或者重大过失的其他参加者承担侵权责任（草案第1176条第1款）。二是规定“自助行为”制度，明确合法权益受到侵害，情况紧迫且不能及时获得国家机关保护，不立即采取措施将使其合法权益受到难以弥补的损害的，受害人可以在保护自己合法权益的必要范围内采取扣留侵权人的财物等合理措施，但是应当立即请求有关国家机关处理。受害人采取的措施不当造成他人损害的，应当承担侵权责任（草案第1177条）。

2. 关于损害赔偿。第七编第二章规定了侵害人身权益和财产权益的赔偿规则、精神损害赔偿规则等。同时，在现行侵权责任法的基础上，对有关规定作了进一步完善：一是完善精神损害赔偿制度，规定因故意或者重大过失侵害自然人具有人身意义的特定物造成严重精神损害的，被侵权人有权请求精神损害赔偿（草案第1183条第2款）。二是为加强对知识产权的保护，提高侵权违法成本，草案增加规定，故意侵害他人知识产权，情节严重的，被侵权人有权请求相应的惩罚性赔偿（草案第1185条）。

3. 关于责任主体的特殊规定。第七编第三章规定了无民事行为能力人、限制民事行为能力人及其监护人的侵权责任，用人单位的侵权责任，网络侵权责任，以及公共场所的安全保障义务等。同时，草案在现行侵权责任法的基础上作了进一步完善：一是增加规定委托监护的侵权责任（草案第1189条）。二是完善网络侵权责任制度。为了更好地保护权利人的利益，平衡好网络用户和网络服务提供者之间的利益，草案细化了网络侵权责任的具体规定，完善了权利人通知规则和网络服务提供者的转通知规则（草案第1195条、第1196条）。

4. 关于各种具体侵权责任。第七编的其他各章分别对产品生产销售、机动车交通事故、医疗、环境污染和生态破坏、高度危险、饲养动物、建筑物和物件等领域的侵权责任规则作出了具体规定。并在现行侵权责任法的基础上，对有关内容作了进一步完善：一是完善生产者、销售者召回缺陷产品的责任，增加规定，依照相关规定采取召回措施的，生产者、销售者应当负担被侵权人因此支出的必要费用（草案第1206条第2款）。二是明确交通事故损害赔偿的顺序，即先由机动车强制保险理赔，不足部分由机动车商业保险理赔，仍不足的由侵权人赔偿（草案第1213条）。三是进一步保障患者的知情同意权，明确医务人员的相关说明义务，加强医疗机构及其医务人员对患者隐私和个人信息的保护（草案第1219条、第1226条）。四是贯彻落实习近平生态文明思想，增加规定生态环境损害的惩罚性赔偿制度，并明确规定了生态环境损害的修复和赔偿规则（草案第1232条、第1234条、第1235条）。五是加强生物安全管理，完善高度危险责任，明确占有或者使用高致病性危险物造成他人损害的，应当承担侵权责任（草案第1239条）。六是完善高空抛物坠物治理规则。为保障好人民群众的生命财产安全，草案对高空抛物坠物治理规则作了进一步的完善，规定禁止从建筑物中抛掷物品，同时针对此类事件处理的主要困难是行为人难以确定的问题，强调有关机关应当依法及时调查，查清责任人，并规定物业服务企业等建筑物管理人应当采取必要的安全保障措施防止此类行为的发生（草案第1254条）。

第一章　一般规定

《民法典各分编（草案）》（2018年9月版）	《民法典侵权责任编（草案二次审议稿）》（2018年12月版）	《民法典侵权责任编（草案三次审议稿）》（2019年8月版）	《中华人民共和国民法典（草案）》（2019年12月版）	《中华人民共和国民法典（草案大会审议稿）》（2020年5月22日提交审议）	《中华人民共和国民法典》（2020年5月28日表决通过）
第一章　一般规定	第一章　一般规定	第一章　一般规定	第一章　一般规定	第一章　一般规定	第一章　一般规定
第九百四十三条 本编调整侵害民事权益产生的民事法律关系。	**第九百四十三条** 本编调整**因**侵害民事权益产生的**民事关系**。	**第九百四十三条** 无变化	**第一千一百六十四条** 无变化	**第一千一百六十四条** 无变化	**第一千一百六十四条** 本编调整因侵害民事权益产生的民事关系。
第九百四十四条 行为人因过错损害他人民事权益，应当承担侵权责任。 根据法律规定推定行为人有过错，行为人不能证明自己没有过错的，应当承担侵权责任。	**第九百四十四条** 行为人因过错**侵害**他人民事权益**造成损害的**，应当承担侵权责任。 根据法律规定推定行为人有过错，行为人不能证明自己没有过错的，应当承担侵权责任。	**第九百四十四条** 行为人因过错侵害他人民事权益造成损害的，应当承担侵权责任。 **依照**法律规定推定行为人有过错，行为人不能证明自己没有过错的，应当承担侵权责任。	**第一千一百六十五条** 无变化	**第一千一百六十五条** 无变化	**第一千一百六十五条** 行为人因过错侵害他人民事权益造成损害的，应当承担侵权责任。 依照法律规定推定行为人有过错，**其**不能证明自己没有过错的，应当承担侵权责任。
第九百四十五条 行为人损害他人民事权益，不论行为人有无过错，法律规定应当承担侵权责任的，依照其规定。	**第九百四十五条** 行为人**侵害**他人民事权益**造成损害**，不论行为人有无过错，法律规定应当承担侵权责任的，依照其规定。	**第九百四十五条** 行为人**造成他人民事权益**损害，不论行为人有无过错，法律规定应当承担侵权责任的，依照其规定。	**第一千一百六十六条** 无变化	**第一千一百六十六条** 无变化	**第一千一百六十六条** 行为人造成他人民事权益损害，不论行为人有无过错，法律规定应当承担侵权责任的，依照其规定。
第九百四十六条 侵权行为危及他人人身、财产安全的，被侵权人有权请求侵权人承担停止侵害、排除妨碍、消除危险等侵权责任。	**第九百四十六条** 无变化	**第九百四十六条** 无变化	**第一千一百六十七条** 无变化	**第一千一百六十七条** 无变化	**第一千一百六十七条** 侵权行为危及他人人身、财产安全的，被侵权人有权请求侵权人承担停止侵害、排除妨碍、消除危险等侵权责任。

续表

《民法典各分编(草案)》(2018年9月版)	《民法典侵权责任编(草案二次审议稿)》(2018年12月版)	《民法典侵权责任编(草案三次审议稿)》(2019年8月版)	《中华人民共和国民法典(草案)》(2019年12月版)	《中华人民共和国民法典(草案大会审议稿)》(2020年5月22日提交审议)	《中华人民共和国民法典》(2020年5月28日表决通过)
第九百四十七条 二人以上共同实施侵权行为，造成他人损害的，应当承担连带责任。	**第九百四十七条** 无变化	**第九百四十七条** 无变化	**第一千一百六十八条** 无变化	**第一千一百六十八条** 无变化	**第一千一百六十八条** 二人以上共同实施侵权行为，造成他人损害的，应当承担连带责任。
第九百四十八条 教唆、帮助他人实施侵权行为的，应当与行为人承担连带责任。 教唆、帮助无民事行为能力人、限制民事行为能力人实施侵权行为的，应当承担侵权责任；该无民事行为能力人、限制民事行为能力人的监护人未尽到监护职责的，应当承担相应的责任。	**第九百四十八条** 无变化	**第九百四十八条** 教唆、帮助他人实施侵权行为的，应当与**其**承担连带责任。 教唆、帮助无民事行为能力人、限制民事行为能力人实施侵权行为的，应当承担侵权责任；该无民事行为能力人、限制民事行为能力人的监护人未尽到监护职责的，应当承担相应的责任。	**第一千一百六十九条** 教唆、帮助他人实施侵权行为的，应当与**行为人**承担连带责任。 教唆、帮助无民事行为能力人、限制民事行为能力人实施侵权行为的，应当承担侵权责任；该无民事行为能力人、限制民事行为能力人的监护人未尽到监护职责的，应当承担相应的责任。	**第一千一百六十九条** 无变化	**第一千一百六十九条** 教唆、帮助他人实施侵权行为的，应当与行为人承担连带责任。 教唆、帮助无民事行为能力人、限制民事行为能力人实施侵权行为的，应当承担侵权责任；该无民事行为能力人、限制民事行为能力人的监护人未尽到监护职责的，应当承担相应的责任。
第九百四十九条 二人以上实施危及他人人身、财产安全的行为，其中一人或者数人的行为造成他人损害，能够确定具体侵权人的，由侵权人承担责任；不能确定具体侵权人的，行为人承担连带责任。	**第九百四十九条** 无变化	**第九百四十九条** 无变化	**第一千一百七十条** 无变化	**第一千一百七十条** 无变化	**第一千一百七十条** 二人以上实施危及他人人身、财产安全的行为，其中一人或者数人的行为造成他人损害，能够确定具体侵权人的，由侵权人承担责任；不能确定具体侵权人的，行为人承担连带责任。
第九百五十条 二人以上分别实施侵权行为造成同一损害，每个人的侵权行为都足以造成全部损害的，行为人承担连带责任。	**第九百五十条** 无变化	**第九百五十条** 无变化	**第一千一百七十一条** 无变化	**第一千一百七十一条** 无变化	**第一千一百七十一条** 二人以上分别实施侵权行为造成同一损害，每个人的侵权行为都足以造成全部损害的，行为人承担连带责任。

续表

《民法典各分编（草案）》（2018 年 9 月版）	《民法典侵权责任编（草案二次审议稿）》（2018 年 12 月版）	《民法典侵权责任编（草案三次审议稿）》（2019 年 8 月版）	《中华人民共和国民法典（草案）》（2019 年 12 月版）	《中华人民共和国民法典（草案大会审议稿）》（2020 年 5 月 22 日提交审议）	《中华人民共和国民法典》（2020 年 5 月 28 日表决通过）
第九百五十一条 二人以上分别实施侵权行为造成同一损害，能够确定责任大小的，各自承担相应的责任；难以确定责任大小的，平均承担赔偿责任。	**第九百五十一条** 无变化	**第九百五十一条** 二人以上分别实施侵权行为造成同一损害，能够确定责任大小的，各自承担相应的责任；难以确定责任大小的，平均承担**责任**。	**第一千一百七十二条** 无变化	**第一千一百七十二条** 无变化	**第一千一百七十二条** 二人以上分别实施侵权行为造成同一损害，能够确定责任大小的，各自承担相应的责任；难以确定责任大小的，平均承担责任。
第九百五十二条 被侵权人对同一损害的发生有过错的，可以减轻侵权人的责任。	**第九百五十二条** 被侵权人对同一损害的发生**或者扩大**有过错的，可以减轻侵权人的责任。	**第九百五十二条** 无变化	**第一千一百七十三条** 无变化	**第一千一百七十三条** 无变化	**第一千一百七十三条** 被侵权人对同一损害的发生或者扩大有过错的，可以减轻侵权人的责任。
第九百五十三条 损害是因受害人故意造成的，行为人不承担责任。	**第九百五十三条** 无变化	**第九百五十三条** 无变化	**第一千一百七十四条** 无变化	**第一千一百七十四条** 无变化	**第一千一百七十四条** 损害是因受害人故意造成的，行为人不承担责任。
第九百五十四条 损害是因第三人造成的，第三人应当承担侵权责任。	**第九百五十四条** 无变化	**第九百五十四条** 无变化	**第一千一百七十五条** 无变化	**第一千一百七十五条** 无变化	**第一千一百七十五条** 损害是因第三人造成的，第三人应当承担侵权责任。
	第九百五十四条之一 自愿参加具有危险性的活动受到损害的，受害人不得请求他人承担侵权责任，但是他人对损害的发生有故意或者重大过失的除外。 活动组织者的责任适用本法第九百七十三条的规定。	**第九百五十四条之一** 自愿参加具有**一定风险**的**文体**活动，**因其他参加者的行为**受到损害的，受害人不得请求**其他参加者**承担侵权责任，但是**其他参加者**对损害的发生有故意或者重大过失的除外。 活动组织者的责任适用本法第九百七十三条**至九百七十六条**的规定。	**第一千一百七十六条** 自愿参加具有一定风险的文体活动，因其他参加者的行为受到损害的，受害人不得请求其他参加者承担侵权责任，但是其他参加者对损害的发生有故意或者重大过失的除外。 活动组织者的责任适用本法**第一千一百九十八条至第一千二百零一条**的规定。	**第一千一百七十六条** 自愿参加具有一定风险的文体活动，因其他参加者的行为受到损害的，受害人不得请求其他参加者承担侵权责任；**但是**，其他参加者对损害的发生有故意或者重大过失的除外。 活动组织者的责任适用本法第一千一百九十八条至第一千二百零一条的规定。	**第一千一百七十六条** 自愿参加具有一定风险的文体活动，因其他参加者的行为受到损害的，受害人不得请求其他参加者承担侵权责任；但是，其他参加者对损害的发生有故意或者重大过失的除外。 活动组织者的责任适用本法第一千一百九十八条至第一千二百零一条的规定。

续表

《民法典各分编（草案）》（2018年9月版）	《民法典侵权责任编（草案二次审议稿）》（2018年12月版）	《民法典侵权责任编（草案三次审议稿）》（2019年8月版）	《中华人民共和国民法典（草案）》（2019年12月版）	《中华人民共和国民法典（草案大会审议稿）》（2020年5月22日提交审议）	《中华人民共和国民法典》（2020年5月28日表决通过）
	第九百五十四条之二　合法权益受到侵害，情况紧迫且不能及时获得国家机关保护的，受害人可以在必要范围内采取扣留侵权人的财物等合理措施。 受害人实施前款行为后，应当立即请求有关国家机关处理。 受害人采取的措施不当造成他人损害的，应当承担侵权责任。	**第九百五十四条之二**　合法权益受到侵害，情况紧迫且不能及时获得国家机关保护，**不立即采取措施将使其权益受到难以弥补的损害的，**受害人可以在必要范围内采取扣留侵权人的财物等合理措施，**但是**应当立即请求有关国家机关处理。 受害人采取的措施不当造成他人损害的，应当承担侵权责任。	**第一千一百七十七条**　合法权益受到侵害，情况紧迫且不能及时获得国家机关保护，不立即采取措施将使其**合法**权益受到难以弥补的损害的，受害人可以在必要范围内采取扣留侵权人的财物等合理措施；但是，应当立即请求有关国家机关处理。 受害人采取的措施不当造成他人损害的，应当承担侵权责任。	**第一千一百七十七条**　合法权益受到侵害，情况紧迫且不能及时获得国家机关保护，不立即采取措施将使其合法权益受到难以弥补的损害的，受害人可以在**保护自己合法权益的**必要范围内采取扣留侵权人的财物等合理措施；但是，应当立即请求有关国家机关处理。 受害人采取的措施不当造成他人损害的，应当承担侵权责任。	**第一千一百七十七条**　合法权益受到侵害，情况紧迫且不能及时获得国家机关保护，不立即采取措施将使其合法权益受到难以弥补的损害的，受害人可以在保护自己合法权益的必要范围内采取扣留侵权人的财物等合理措施；但是，应当立即请求有关国家机关处理。 受害人采取的措施不当造成他人损害的，应当承担侵权责任。
第九百五十五条　本法和其他法律对不承担责任或者减轻责任的情形另有规定的，依照其规定。	**第九百五十五条**　无变化	**第九百五十五条**　**本编**和其他法律对不承担责任或者减轻责任的情形另有规定的，依照其规定。	**第一千一百七十八条**　**本法**和其他法律对不承担责任或者减轻责任的情形另有规定的，依照其规定。	**第一千一百七十八条**　无变化	**第一千一百七十八条**　本法和其他法律对不承担责任或者减轻责任的情形另有规定的，依照其规定。

第二章　损害赔偿

《民法典各分编（草案）》（2018 年 9 月版）	《民法典侵权责任编（草案二次审议稿）》（2018 年 12 月版）	《民法典侵权责任编（草案三次审议稿）》（2019 年 8 月版）	《中华人民共和国民法典（草案）》（2019 年 12 月版）	《中华人民共和国民法典（草案大会审议稿）》（2020 年 5 月 22 日提交审议）	《中华人民共和国民法典》（2020 年 5 月 28 日表决通过）
第二章　责任承担	第二章　**损害赔偿**	第二章　损害赔偿	第二章　损害赔偿	第二章　损害赔偿	第二章　损害赔偿
第九百五十六条 侵害他人造成人身损害的，应当赔偿医疗费、护理费、交通费、营养费等为治疗和康复支出的合理费用，以及因误工减少的收入。造成残疾的，还应当赔偿残疾辅助器具费和残疾赔偿金。造成死亡的，还应当赔偿丧葬费和死亡赔偿金。	**第九百五十六条** 侵害他人造成人身损害的，应当赔偿医疗费、护理费、交通费、营养费等为治疗和康复支出的合理费用，以及因误工减少的收入。造成残疾的，还应当赔偿**辅助器具费**和残疾赔偿金。造成死亡的，还应当赔偿丧葬费和死亡赔偿金。	**第九百五十六条** 侵害他人造成人身损害的，应当赔偿医疗费、护理费、交通费、营养费等为治疗和康复支出的合理费用，以及因误工减少的收入。造成残疾的，还应当赔偿辅助器具费和残疾赔偿金；造成死亡的，还应当赔偿丧葬费和死亡赔偿金。	**第一千一百七十九条** 无变化	**第一千一百七十九条** 无变化	**第一千一百七十九条** 侵害他人造成人身损害的，应当赔偿医疗费、护理费、交通费、营养费、**住院伙食补助费**等为治疗和康复支出的合理费用，以及因误工减少的收入。造成残疾的，还应当赔偿辅助器具费和残疾赔偿金；造成死亡的，还应当赔偿丧葬费和死亡赔偿金。
第九百五十七条 因同一侵权行为造成多人死亡的，可以以相同数额确定死亡赔偿金。	**第九百五十七条** 无变化	**第九百五十七条** 无变化	**第一千一百八十条** 无变化	**第一千一百八十条** 无变化	**第一千一百八十条** 因同一侵权行为造成多人死亡的，可以以相同数额确定死亡赔偿金。

续表

《民法典各分编（草案）》（2018 年 9 月版）	《民法典侵权责任编（草案二次审议稿）》（2018 年 12 月版）	《民法典侵权责任编（草案三次审议稿）》（2019 年 8 月版）	《中华人民共和国民法典（草案）》（2019 年 12 月版）	《中华人民共和国民法典（草案大会审议稿）》（2020 年 5 月 22 日提交审议）	《中华人民共和国民法典》（2020 年 5 月 28 日表决通过）
第九百五十八条 被侵权人死亡的，其近亲属有权请求侵权人承担侵权责任。被侵权人为组织，该组织分立、合并的，承继权利的组织有权请求侵权人承担侵权责任。 被侵权人死亡的，支付被侵权人医疗费、丧葬费等合理费用的人有权请求侵权人赔偿费用，但是侵权人已支付该费用的除外。	**第九百五十八条** 无变化	**第九百五十八条** 无变化	**第一千一百八十一条** 无变化	**第一千一百八十一条** 被侵权人死亡的，其近亲属有权请求侵权人承担侵权责任。被侵权人为组织，该组织分立、合并的，承继权利的组织有权请求侵权人承担侵权责任。 被侵权人死亡的，支付被侵权人医疗费、丧葬费等合理费用的人有权请求侵权人赔偿费用，但是侵权人**已经**支付该费用的除外。	**第一千一百八十一条** 被侵权人死亡的，其近亲属有权请求侵权人承担侵权责任。被侵权人为组织，该组织分立、合并的，承继权利的组织有权请求侵权人承担侵权责任。 被侵权人死亡的，支付被侵权人医疗费、丧葬费等合理费用的人有权请求侵权人赔偿费用，但是侵权人已经支付该费用的除外。
第九百五十九条 侵害他人人身权益造成财产损失的，按照被侵权人因此受到的损失或者侵权人因此获得的利益赔偿；被侵权人因此受到的损失以及侵权人因此获得的利益难以确定，被侵权人和侵权人就赔偿数额协商不一致，向人民法院提起诉讼的，由人民法院根据实际情况确定赔偿数额。	**第九百五十九条** 无变化	**第九百五十九条** 无变化	**第一千一百八十二条** 无变化	**第一千一百八十二条** 无变化	**第一千一百八十二条** 侵害他人人身权益造成财产损失的，按照被侵权人因此受到的损失或者侵权人因此获得的利益赔偿；被侵权人因此受到的损失以及侵权人因此获得的利益难以确定，被侵权人和侵权人就赔偿数额协商不一致，向人民法院提起诉讼的，由人民法院根据实际情况确定赔偿数额。

续表

《民法典各分编（草案）》（2018年9月版）	《民法典侵权责任编（草案二次审议稿）》（2018年12月版）	《民法典侵权责任编（草案三次审议稿）》（2019年8月版）	《中华人民共和国民法典（草案）》（2019年12月版）	《中华人民共和国民法典（草案大会审议稿）》（2020年5月22日提交审议）	《中华人民共和国民法典》（2020年5月28日表决通过）
第九百六十条 侵害自然人人身权益造成严重精神损害的，被侵权人有权请求精神损害赔偿。 故意侵害自然人具有人身意义的特定物品造成严重精神损害的，被侵权人有权请求精神损害赔偿。	**第九百六十条** 侵害自然人人身权益造成严重精神损害的，被侵权人有权请求精神损害赔偿。 **因**故意**或者重大过失**侵害自然人具有人身意义的**特定物**造成严重精神损害的，被侵权人有权请求精神损害赔偿。	**第九百六十条** 无变化	**第一千一百八十三条** 无变化	**第一千一百八十三条** 无变化	**第一千一百八十三条** 侵害自然人人身权益造成严重精神损害的，被侵权人有权请求精神损害赔偿。 因故意或者重大过失侵害自然人具有人身意义的特定物造成严重精神损害的，被侵权人有权请求精神损害赔偿。
第九百六十一条 侵害他人财产的，财产损失按照损失发生时的市场价格或者其他合理方式计算。	**第九百六十一条** 无变化	**第九百六十一条** 无变化	**第一千一百八十四条** 无变化	**第一千一百八十四条** 无变化	**第一千一百八十四条** 侵害他人财产的，财产损失按照损失发生时的市场价格或者其他合理方式计算。
	第九百六十一条之一 故意侵害知识产权，情节严重的，被侵权人有权请求相应的惩罚性赔偿。	**第九百六十一条之一** 故意侵害**他人**知识产权，情节严重的，被侵权人有权请求相应的惩罚性赔偿。	**第一千一百八十五条** 无变化	**第一千一百八十五条** 无变化	**第一千一百八十五条** 故意侵害他人知识产权，情节严重的，被侵权人有权请求相应的惩罚性赔偿。
第九百六十二条 受害人和行为人对损害的发生都没有过错的，可以依照法律的规定，由双方分担损失。	**第九百六十二条** 无变化	**第九百六十二条** 无变化	**第一千一百八十六条** 受害人和行为人对损害的发生都没有过错的，**依照**法律的规定由双方分担损失。	**第一千一百八十六条** 无变化	**第一千一百八十六条** 受害人和行为人对损害的发生都没有过错的，依照法律的规定由双方分担损失。

续表

《民法典各分编（草案）》（2018年9月版）	《民法典侵权责任编（草案二次审议稿）》（2018年12月版）	《民法典侵权责任编（草案三次审议稿）》（2019年8月版）	《中华人民共和国民法典（草案）》（2019年12月版）	《中华人民共和国民法典（草案大会审议稿）》（2020年5月22日提交审议）	《中华人民共和国民法典》（2020年5月28日表决通过）
第九百六十三条 损害发生后，当事人可以协商赔偿费用的支付方式。协商不一致的，赔偿费用应当一次性支付；一次性支付确有困难的，可以分期支付，但是被侵权人有权请求提供相应的担保。	**第九百六十三条** 无变化	**第九百六十三条** 无变化	**第一千一百八十七条** 无变化	**第一千一百八十七条** 无变化	**第一千一百八十七条** 损害发生后，当事人可以协商赔偿费用的支付方式。协商不一致的，赔偿费用应当一次性支付；一次性支付确有困难的，可以分期支付，但是被侵权人有权请求提供相应的担保。

第三章　责任主体的特殊规定

《民法典各分编（草案）》（2018年9月版）	《民法典侵权责任编（草案二次审议稿）》（2018年12月版）	《民法典侵权责任编（草案三次审议稿）》（2019年8月版）	《中华人民共和国民法典（草案）》（2019年12月版）	《中华人民共和国民法典（草案大会审议稿）》（2020年5月22日提交审议）	《中华人民共和国民法典》（2020年5月28日表决通过）
第三章 关于责任主体的特殊规定	第三章 关于责任主体的特殊规定	第三章 **责任**主体的特殊规定	第三章 责任主体的特殊规定	第三章 责任主体的特殊规定	第三章 责任主体的特殊规定
第九百六十四条 无民事行为能力人、限制民事行为能力人造成他人损害的，由监护人承担侵权责任。监护人尽到监护职责的，可以减轻其侵权责任。 有财产的无民事行为能力人、限制民事行为能力人造成他人损害的，从本人财产中支付赔偿费用。不足部分，由监护人赔偿。	**第九百六十四条** 无变化	**第九百六十四条** 无民事行为能力人、限制民事行为能力人造成他人损害的，由监护人承担侵权责任。监护人尽到监护职责的，可以减轻其侵权责任。 有财产的无民事行为能力人、限制民事行为能力人造成他人损害的，从本人财产中支付赔偿费用；不足部分，由监护人赔偿。	**第一千一百八十八条** 无变化	**第一千一百八十八条** 无变化	**第一千一百八十八条** 无民事行为能力人、限制民事行为能力人造成他人损害的，由监护人承担侵权责任。监护人尽到监护职责的，可以减轻其侵权责任。 有财产的无民事行为能力人、限制民事行为能力人造成他人损害的，从本人财产中支付赔偿费用；不足部分，由监护人赔偿。
第九百六十五条 无民事行为能力人、限制民事行为能力人造成他人损害，监护人将监护职责部分或者全部委托给他人的，由监护人承担侵权责任；受托人有过错的，承担相应的责任。	**第九百六十五条** 无变化	**第九百六十五条** 无变化	**第一千一百八十九条** 无民事行为能力人、限制民事行为能力人造成他人损害，监护人将**监护职责**委托给他人的，由监护人承担侵权责任；受托人有过错的，承担相应的责任。	**第一千一百八十九条** 无民事行为能力人、限制民事行为能力人造成他人损害，监护人将监护职责委托给他人的，**监护人应当**承担侵权责任；受托人有过错的，承担相应的责任。	**第一千一百八十九条** 无民事行为能力人、限制民事行为能力人造成他人损害，监护人将监护职责委托给他人的，监护人应当承担侵权责任；受托人有过错的，承担相应的责任。

续表

《民法典各分编（草案）》（2018年9月版）	《民法典侵权责任编（草案二次审议稿）》（2018年12月版）	《民法典侵权责任编（草案三次审议稿）》（2019年8月版）	《中华人民共和国民法典（草案）》（2019年12月版）	《中华人民共和国民法典（草案大会审议稿）》（2020年5月22日提交审议）	《中华人民共和国民法典》（2020年5月28日表决通过）
第九百六十六条 完全民事行为能力人对自己的行为暂时没有意识或者失去控制造成他人损害有过错的，应当承担侵权责任；没有过错的，根据行为人的经济状况对受害人适当补偿。 完全民事行为能力人因醉酒、滥用麻醉药品或者精神药品对自己的行为暂时没有意识或者失去控制造成他人损害的，应当承担侵权责任。	**第九百六十六条** 无变化	**第九百六十六条** 无变化	**第一千一百九十条** 无变化	**第一千一百九十条** 无变化	**第一千一百九十条** 完全民事行为能力人对自己的行为暂时没有意识或者失去控制造成他人损害有过错的，应当承担侵权责任；没有过错的，根据行为人的经济状况对受害人适当补偿。 完全民事行为能力人因醉酒、滥用麻醉药品或者精神药品对自己的行为暂时没有意识或者失去控制造成他人损害的，应当承担侵权责任。
第九百六十七条 用人单位的工作人员因执行工作任务造成他人损害的，由用人单位承担侵权责任。 劳务派遣期间，被派遣的工作人员因执行工作任务造成他人损害的，由接受劳务派遣的用工单位承担侵权责任；劳务派遣单位有过错的，承担相应的责任。	**第九百六十七条** 用人单位的工作人员因执行工作任务造成他人损害的，由用人单位承担侵权责任。**用人单位承担侵权责任后，可以向有故意或者重大过失的工作人员追偿。** 劳务派遣期间，被派遣的工作人员因执行工作任务造成他人损害的，由接受劳务派遣的用工单位承担侵权责任；劳务派遣单位有过错的，承担相应的责任。	**第九百六十七条** 无变化	**第一千一百九十一条** 无变化	**第一千一百九十一条** 无变化	**第一千一百九十一条** 用人单位的工作人员因执行工作任务造成他人损害的，由用人单位承担侵权责任。用人单位承担侵权责任后，可以向有故意或者重大过失的工作人员追偿。 劳务派遣期间，被派遣的工作人员因执行工作任务造成他人损害的，由接受劳务派遣的用工单位承担侵权责任；劳务派遣单位有过错的，承担相应的责任。

续表

《民法典各分编（草案）》（2018 年 9 月版）	《民法典侵权责任编（草案二次审议稿）》（2018 年 12 月版）	《民法典侵权责任编（草案三次审议稿）》（2019 年 8 月版）	《中华人民共和国民法典（草案）》（2019 年 12 月版）	《中华人民共和国民法典（草案大会审议稿）》（2020 年 5 月 22 日提交审议）	《中华人民共和国民法典》（2020 年 5 月 28 日表决通过）
第九百六十八条 个人之间形成劳务关系，提供劳务一方因劳务造成他人损害的，由接受劳务一方承担侵权责任。提供劳务一方因劳务自己受到损害的，根据双方各自的过错承担相应的责任。 因第三人的行为造成提供劳务一方损害的，提供劳务的一方有权请求第三人承担侵权责任，也有权请求接受劳务的一方承担侵权责任。接受劳务的一方承担侵权责任后，可以向第三人追偿。	**第九百六十八条** 个人之间形成劳务关系，提供劳务一方因劳务造成他人损害的，由接受劳务一方承担侵权责任。**接受劳务的一方承担侵权责任后，可以向有故意或者重大过失的提供劳务的一方追偿**。提供劳务一方因劳务自己受到损害的，**由接受劳务一方承担侵权责任；提供劳务一方有过错的，可以减轻或者免除接受劳务一方的责任**。 **提供劳务期间，**因第三人的行为造成提供劳务一方损害的，提供劳务的一方有权请求第三人承担侵权责任，也有权请求接受劳务的一方承担侵权责任。接受劳务的一方承担侵权责任后，可以向第三人追偿。	**第九百六十八条** 个人之间形成劳务关系，提供劳务一方因劳务造成他人损害的，由接受劳务一方承担侵权责任。**接受劳务**一方承担侵权责任后，可以向有故意或者重大过失的**提供劳务**一方追偿。提供劳务一方因劳务自己受到损害的，**根据双方各自的过错承担相应的责任。** 提供劳务期间，因第三人的行为造成提供劳务一方损害的，**提供劳务**一方有权请求第三人承担侵权责任，也有权请求**接受劳务**一方承担侵权责任。**接受劳务**一方承担侵权责任后，可以向第三人追偿。	**第一千一百九十二条** 无变化	**第一千一百九十二条** 个人之间形成劳务关系，提供劳务一方因劳务造成他人损害的，由接受劳务一方承担侵权责任。接受劳务一方承担侵权责任后，可以向有故意或者重大过失的提供劳务一方追偿。提供劳务一方因**劳务**受到损害的，根据双方各自的过错承担相应的责任。 提供劳务期间，因第三人的行为造成提供劳务一方损害的，提供劳务一方有权请求第三人承担侵权责任，也有权请求接受劳务一方**给予补偿**。接受劳务一方**补偿**后，可以向第三人追偿。	**第一千一百九十二条** 个人之间形成劳务关系，提供劳务一方因劳务造成他人损害的，由接受劳务一方承担侵权责任。接受劳务一方承担侵权责任后，可以向有故意或者重大过失的提供劳务一方追偿。提供劳务一方因劳务受到损害的，根据双方各自的过错承担相应的责任。 提供劳务期间，因第三人的行为造成提供劳务一方损害的，提供劳务一方有权请求第三人承担侵权责任，也有权请求接受劳务一方给予补偿。接受劳务一方补偿后，可以向第三人追偿。
第九百六十九条 承揽人在完成工作过程中造成第三人损害或者自己损害的，定作人不承担侵权责任。但是定作人对定作、指示或者选任有过错的，应当承担相应的责任。	**第九百六十九条** 无变化	**第九百六十九条** 承揽人在完成工作过程中造成第三人损害或者自己损害的，定作人不承担侵权责任，但是定作人对定作、指示或者选任有过错的，应当承担相应的责任。	**第一千一百九十三条** 承揽人在完成工作过程中造成第三人损害或者自己损害的，定作人不承担侵权责任。但是，定作人对定作、指示或者选任有过错的，应当承担相应的责任。	**第一千一百九十三条** 无变化	**第一千一百九十三条** 承揽人在完成工作过程中造成第三人损害或者自己损害的，定作人不承担侵权责任。但是，定作人对定作、指示或者选任有过错的，应当承担相应的责任。

续表

《民法典各分编（草案）》（2018年9月版）	**《民法典侵权责任编（草案二次审议稿）》（2018年12月版）**	**《民法典侵权责任编（草案三次审议稿）》（2019年8月版）**	**《中华人民共和国民法典（草案）》（2019年12月版）**	**《中华人民共和国民法典（草案大会审议稿）》（2020年5月22日提交审议）**	**《中华人民共和国民法典》（2020年5月28日表决通过）**
第九百七十条第一款　网络用户、网络服务提供者利用网络侵害他人民事权益的，应当承担侵权责任。	**第九百七十条第一款**　无变化	**第九百七十条**　无变化	**第一千一百九十四条**　网络用户、网络服务提供者利用网络侵害他人民事权益的，应当承担侵权责任。**法律另有规定的，依照其规定。**	**第一千一百九十四条**　无变化	**第一千一百九十四条**　网络用户、网络服务提供者利用网络侵害他人民事权益的，应当承担侵权责任。法律另有规定的，依照其规定。
第九百七十条第二款　网络用户利用网络服务实施侵权行为的，权利人有权通知网络服务提供者采取删除、屏蔽、断开链接等必要措施。通知应当包括构成侵权的初步证据。	**第九百七十条第二款**　网络用户利用网络服务实施侵权行为的，权利人有权通知网络服务提供者采取删除、屏蔽、断开链接等必要措施。通知应当包括构成侵权的初步证据**及权利人的真实身份信息**。	**第九百七十条之一**　网络用户利用网络服务实施侵权行为的，权利人有权通知网络服务提供者采取删除、屏蔽、断开链接等必要措施。通知应当包括构成侵权的初步证据及权利人的真实身份信息。 网络服务提供者接到通知后，应当及时将该通知转送相关网络用户，并**根据服务类型的不同**采取必要措施；未及时采取必要措施的，对损害的扩大部分与该网络用户承担连带责任。 因错误通知造成网络用户或者网络服务提供者损害的，应当承担侵权责任。	**第一千一百九十五条**　网络用户利用网络服务实施侵权行为的，权利人有权通知网络服务提供者采取删除、屏蔽、断开链接等必要措施。通知应当包括构成侵权的初步证据及权利人的真实身份信息。 网络服务提供者接到通知后，应当及时将该通知转送相关网络用户，并根据**构成侵权的初步证据和**服务**类型**采取必要措施；未及时采取必要措施的，对损害的扩大部分与该网络用户承担连带责任。 因错误通知造成网络用户或者网络服务提供者损害的，应当承担侵权责任。	**第一千一百九十五条**　网络用户利用网络服务实施侵权行为的，权利人有权通知网络服务提供者采取删除、屏蔽、断开链接等必要措施。通知应当包括构成侵权的初步证据**以及**权利人的真实身份信息。 网络服务提供者接到通知后，应当及时将该通知转送相关网络用户，并根据构成侵权的初步证据和服务类型采取必要措施；未及时采取必要措施的，对损害的扩大部分与该网络用户承担连带责任。 因错误通知造成网络用户或者网络服务提供者损害的，应当承担侵权责任。**法律另有规定的，依照其规定。**	**第一千一百九十五条**　网络用户利用网络服务实施侵权行为的，权利人有权通知网络服务提供者采取删除、屏蔽、断开链接等必要措施。通知应当包括构成侵权的初步证据**及**权利人的真实身份信息。 网络服务提供者接到通知后，应当及时将该通知转送相关网络用户，并根据构成侵权的初步证据和服务类型采取必要措施；未及时采取必要措施的，对损害的扩大部分与该网络用户承担连带责任。 **权利人**因错误通知造成网络用户或者网络服务提供者损害的，应当承担侵权责任。法律另有规定的，依照其规定。
第九百七十条第三款　网络服务提供者接到通知后，应当及时采取必要措施，并将该通知转送相关网络用户；未及时采取必要措施的，对损害的扩大部分与该网络用户承担连带责任。	**第九百七十条第三款**　网络服务提供者接到通知后，应当及时**将该通知转送相关网络用户，并采取必要措施；**未及时采取必要措施的，对损害的扩大部分与该网络用户承担连带责任。				
第九百七十条第四款　权利人因错误通知造成网络用户损害的，应当承担侵权责任。	**第九百七十条第四款**　**因**错误通知造成网络用户**或者网络服务提供者**损害的，应当承担侵权责任。				

续表

《民法典各分编(草案)》(2018年9月版)	《民法典侵权责任编(草案二次审议稿)》(2018年12月版)	《民法典侵权责任编(草案三次审议稿)》(2019年8月版)	《中华人民共和国民法典(草案)》(2019年12月版)	《中华人民共和国民法典(草案大会审议稿)》(2020年5月22日提交审议)	《中华人民共和国民法典》(2020年5月28日表决通过)
第九百七十一条 网络用户接到转送的通知后,可以向网络服务提供者提交不存在侵权行为的声明。声明应当包括不存在侵权行为的初步证据。 网络服务提供者接到声明后,应当将该声明转送发出通知的权利人,并告知其可以向有关部门投诉或者向人民法院起诉。网络服务提供者在转送声明到达权利人后十五日内,未收到关于权利人已经投诉或者起诉通知的,应当及时终止所采取的措施。	**第九百七十一条** 无变化	**第九百七十一条** 网络用户接到转送的通知后,可以向网络服务提供者提交不存在侵权行为的声明。声明应当包括不存在侵权行为的初步证据。 网络服务提供者接到声明后,应当将该声明转送发出通知的权利人,并告知其可以向有关部门投诉或者向人民法院**提起诉讼**。网络服务提供者在转送声明到达权利人后十五日内,**未收到**权利人已经投诉或者**提起诉讼**通知的,应当及时终止所采取的措施。	**第一千一百九十六条** 网络用户接到转送的通知后,可以向网络服务提供者提交不存在侵权行为的声明。声明应当包括不存在侵权行为的初步证据。 网络服务提供者接到声明后,应当将该声明转送发出通知的权利人,并告知其可以向有关部门投诉或者向人民法院提起诉讼。网络服务提供者在转送声明到达权利人后**的合理期限**内,未收到权利人已经投诉或者提起诉讼通知的,应当及时终止所采取的措施。	**第一千一百九十六条** 网络用户接到转送的通知后,可以向网络服务提供者提交不存在侵权行为的声明。声明应当包括不存在侵权行为的初步证据**以及网络用户的真实身份信息**。 网络服务提供者接到声明后,应当将该声明转送发出通知的权利人,并告知其可以向有关部门投诉或者向人民法院提起诉讼。网络服务提供者在转送声明到达权利人后的合理期限内,未收到权利人已经投诉或者提起诉讼通知的,应当及时终止所采取的措施。	**第一千一百九十六条** 网络用户接到转送的通知后,可以向网络服务提供者提交不存在侵权行为的声明。声明应当包括不存在侵权行为的初步证据**及**网络用户的真实身份信息。 网络服务提供者接到声明后,应当将该声明转送发出通知的权利人,并告知其可以向有关部门投诉或者向人民法院提起诉讼。网络服务提供者在转送声明到达权利人后的合理期限内,未收到权利人已经投诉或者提起诉讼通知的,应当及时终止所采取的措施。
第九百七十二条 网络服务提供者知道或者应当知道网络用户利用其网络服务侵害他人民事权益,未采取必要措施的,与该网络用户承担连带责任。	**第九百七十二条** 无变化	**第九百七十二条** 无变化	**第一千一百九十七条** 无变化	**第一千一百九十七条** 无变化	**第一千一百九十七条** 网络服务提供者知道或者应当知道网络用户利用其网络服务侵害他人民事权益,未采取必要措施的,与该网络用户承担连带责任。

续表

《民法典各分编（草案）》（2018 年 9 月版）	《民法典侵权责任编（草案二次审议稿）》（2018 年 12 月版）	《民法典侵权责任编（草案三次审议稿）》（2019 年 8 月版）	《中华人民共和国民法典（草案）》（2019 年 12 月版）	《中华人民共和国民法典（草案大会审议稿）》（2020 年 5 月 22 日提交审议）	《中华人民共和国民法典》（2020 年 5 月 28 日表决通过）
第九百七十三条 宾馆、商场、银行、车站、娱乐场所等经营场所、公共场所的经营者、管理者或者群众性活动的组织者，未尽到安全保障义务，造成他人损害的，应当承担侵权责任。 因第三人的行为造成他人损害的，由第三人承担侵权责任；经营者、管理者或者组织者未尽到安全保障义务的，承担相应的补充责任。经营者、管理者或者组织者承担补充责任后，可以向第三人追偿。	**第九百七十三条** 无变化	**第九百七十三条** 宾馆、商场、银行、车站、**体育场馆**、娱乐场所等经营场所、公共场所的经营者、管理者或者群众性活动的组织者，未尽到安全保障义务，造成他人损害的，应当承担侵权责任。 因第三人的行为造成他人损害的，由第三人承担侵权责任；经营者、管理者或者组织者未尽到安全保障义务的，承担相应的补充责任。经营者、管理者或者组织者承担补充责任后，可以向第三人追偿。	**第一千一百九十八条** 宾馆、商场、银行、车站、**机场**、体育场馆、娱乐场所等经营场所、公共场所的经营者、管理者或者群众性活动的组织者，未尽到安全保障义务，造成他人损害的，应当承担侵权责任。 因第三人的行为造成他人损害的，由第三人承担侵权责任；经营者、管理者或者组织者未尽到安全保障义务的，承担相应的补充责任。经营者、管理者或者组织者承担补充责任后，可以向第三人追偿。	**第一千一百九十八条** 无变化	**第一千一百九十八条** 宾馆、商场、银行、车站、机场、体育场馆、娱乐场所等经营场所、公共场所的经营者、管理者或者群众性活动的组织者，未尽到安全保障义务，造成他人损害的，应当承担侵权责任。 因第三人的行为造成他人损害的，由第三人承担侵权责任；经营者、管理者或者组织者未尽到安全保障义务的，承担相应的补充责任。经营者、管理者或者组织者承担补充责任后，可以向第三人追偿。
第九百七十四条 无民事行为能力人在幼儿园、学校或者其他教育机构学习、生活期间受到人身损害的，幼儿园、学校或者其他教育机构应当承担侵权责任，但是能够证明尽到教育、管理职责的，不承担侵权责任。	**第九百七十四条** 无变化	**第九百七十四条** 无变化	**第一千一百九十九条** 无民事行为能力人在幼儿园、学校或者其他教育机构学习、生活期间受到人身损害的，幼儿园、学校或者其他教育机构应当承担侵权责任；但是，能够证明尽到教育、管理职责的，不承担侵权责任。	**第一千一百九十九条** 无变化	**第一千一百九十九条** 无民事行为能力人在幼儿园、学校或者其他教育机构学习、生活期间受到人身损害的，幼儿园、学校或者其他教育机构应当承担侵权责任；但是，能够证明尽到教育、管理职责的，不承担侵权责任。

续表

《民法典各分编（草案）》（2018年9月版）	《民法典侵权责任编（草案二次审议稿）》（2018年12月版）	《民法典侵权责任编（草案三次审议稿）》（2019年8月版）	《中华人民共和国民法典（草案）》（2019年12月版）	《中华人民共和国民法典（草案大会审议稿）》（2020年5月22日提交审议）	《中华人民共和国民法典》（2020年5月28日表决通过）
第九百七十五条 限制民事行为能力人在学校或者其他教育机构学习、生活期间受到人身损害，学校或者其他教育机构未尽到教育、管理职责的，应当承担侵权责任。	**第九百七十五条** 无变化	**第九百七十五条** 无变化	**第一千二百条** 无变化	**第一千二百条** 无变化	**第一千二百条** 限制民事行为能力人在学校或者其他教育机构学习、生活期间受到人身损害，学校或者其他教育机构未尽到教育、管理职责的，应当承担侵权责任。
第九百七十六条 无民事行为能力人或者限制民事行为能力人在幼儿园、学校或者其他教育机构学习、生活期间，受到幼儿园、学校或者其他教育机构以外的第三人人身损害的，由第三人承担侵权责任；幼儿园、学校或者其他教育机构未尽到管理职责的，承担相应的补充责任。 幼儿园、学校或者其他教育机构承担补充责任后，可以向第三人追偿。	**第九百七十六条** 无变化	**第九百七十六条** 无变化	**第一千二百零一条** 无变化	**第一千二百零一条** 无民事行为能力人或者限制民事行为能力人在幼儿园、学校或者其他教育机构学习、生活期间，受到幼儿园、学校或者其他教育机构以外的第三人人身损害的，由第三人承担侵权责任；幼儿园、学校或者其他教育机构未尽到管理职责的，承担相应的补充责任。幼儿园、学校或者其他教育机构承担补充责任后，可以向第三人追偿。	**第一千二百零一条** 无民事行为能力人或者限制民事行为能力人在幼儿园、学校或者其他教育机构学习、生活期间，受到幼儿园、学校或者其他教育机构以外的第三人人身损害的，由第三人承担侵权责任；幼儿园、学校或者其他教育机构未尽到管理职责的，承担相应的补充责任。幼儿园、学校或者其他教育机构承担补充责任后，可以向第三人追偿。

第四章　产品责任

《民法典各分编(草案)》(2018年9月版)	《民法典侵权责任编(草案二次审议稿)》(2018年12月版)	《民法典侵权责任编(草案三次审议稿)》(2019年8月版)	《中华人民共和国民法典(草案)》(2019年12月版)	《中华人民共和国民法典(草案大会审议稿)》(2020年5月22日提交审议)	《中华人民共和国民法典》(2020年5月28日表决通过)
第四章　产品责任	第四章　产品责任	第四章　产品责任	第四章　产品责任	第四章　产品责任	第四章　产品责任
第九百七十七条 因产品存在缺陷造成他人损害的，生产者应当承担侵权责任。	**第九百七十七条** 无变化	**第九百七十七条** 无变化	**第一千二百零二条** 无变化	**第一千二百零二条** 无变化	**第一千二百零二条** 因产品存在缺陷造成他人损害的，生产者应当承担侵权责任。
第九百七十八条 因产品存在缺陷造成损害的，被侵权人可以向产品的生产者请求赔偿，也可以向产品的销售者请求赔偿。产品缺陷由生产者造成的，销售者赔偿后，有权向生产者追偿。因销售者的过错使产品存在缺陷的，生产者赔偿后，有权向销售者追偿。	**第九百七十八条** 因产品存在缺陷造成**他人**损害的，被侵权人可以向产品的生产者请求赔偿，也可以向产品的销售者请求赔偿。 产品缺陷由生产者造成的，销售者赔偿后，有权向生产者追偿。因销售者的过错使产品存在缺陷的，生产者赔偿后，有权向销售者追偿。	**第九百七十八条** 无变化	**第一千二百零三条** 无变化	**第一千二百零三条** 无变化	**第一千二百零三条** 因产品存在缺陷造成他人损害的，被侵权人可以向产品的生产者请求赔偿，也可以向产品的销售者请求赔偿。 产品缺陷由生产者造成的，销售者赔偿后，有权向生产者追偿。因销售者的过错使产品存在缺陷的，生产者赔偿后，有权向销售者追偿。
第九百七十九条 因运输者、仓储者等第三人的过错使产品存在缺陷，造成他人损害的，产品的生产者、销售者赔偿后，有权向第三人追偿。	**第九百七十九条** 无变化	**第九百七十九条** 无变化	**第一千二百零四条** 无变化	**第一千二百零四条** 无变化	**第一千二百零四条** 因运输者、仓储者等第三人的过错使产品存在缺陷，造成他人损害的，产品的生产者、销售者赔偿后，有权向第三人追偿。

续表

《民法典各分编（草案）》（2018年9月版）	《民法典侵权责任编（草案二次审议稿）》（2018年12月版）	《民法典侵权责任编（草案三次审议稿）》（2019年8月版）	《中华人民共和国民法典（草案）》（2019年12月版）	《中华人民共和国民法典（草案大会审议稿）》（2020年5月22日提交审议）	《中华人民共和国民法典》（2020年5月28日表决通过）
第九百八十条　因产品缺陷危及他人人身、财产安全的，被侵权人有权请求生产者、销售者承担排除妨碍、消除危险等侵权责任。	**第九百八十条**　因产品缺陷危及他人人身、财产安全的，被侵权人有权请求生产者、销售者承担**停止侵害**、排除妨碍、消除危险等侵权责任。	**第九百八十条** 无变化	**第一千二百零五条** 无变化	**第一千二百零五条** 无变化	**第一千二百零五条** 因产品缺陷危及他人人身、财产安全的，被侵权人有权请求生产者、销售者承担停止侵害、排除妨碍、消除危险等侵权责任。
第九百八十一条 产品投入流通后发现存在缺陷的，生产者、销售者应当及时采取警示、召回等补救措施。未及时采取补救措施或者补救措施不力造成损害的，应当承担侵权责任。	**第九百八十一条** 产品投入流通后发现存在缺陷的，生产者、销售者应当及时采取**停止销售**、警示、召回等补救措施。未及时采取补救措施或者补救措施不力造成损害**扩大**的，**对扩大的损害也**应当承担侵权责任。	**第九百八十一条** 产品投入流通后发现存在缺陷的，生产者、销售者应当及时采取停止销售、警示、召回等补救措施。未及时采取补救措施或者补救措施不力造成损害扩大的，对扩大的损害也应当承担侵权责任。 **依照前款规定采取召回措施的，生产者、销售者应当负担被侵权人因此支出的必要费用。**	**第一千二百零六条** 产品投入流通后发现存在缺陷的，生产者、销售者应当及时采取停止销售、警示、召回等补救措施。未及时采取补救措施或者补救措施不力造成损害扩大的，对扩大的损害也应当承担侵权责任。 **依据**前款规定采取召回措施的，生产者、销售者应当负担被侵权人因此支出的必要费用。	**第一千二百零六条** 产品投入流通后发现存在缺陷的，生产者、销售者应当及时采取停止销售、警示、召回等补救措施；未及时采取补救措施或者补救措施不力造成损害扩大的，对扩大的损害也应当承担侵权责任。 依据前款规定采取召回措施的，生产者、销售者应当负担被侵权人因此支出的必要费用。	**第一千二百零六条** 产品投入流通后发现存在缺陷的，生产者、销售者应当及时采取停止销售、警示、召回等补救措施；未及时采取补救措施或者补救措施不力造成损害扩大的，对扩大的损害也应当承担侵权责任。 依据前款规定采取召回措施的，生产者、销售者应当负担被侵权人因此支出的必要费用。
第九百八十二条 明知产品存在缺陷仍然生产、销售，或者没有依照前条规定采取补救措施，造成他人死亡或者健康严重损害的，被侵权人有权请求相应的惩罚性赔偿。	**第九百八十二条** 无变化	**第九百八十二条** 无变化	**第一千二百零七条** 明知产品存在缺陷仍然生产、销售，或者没有**依据**前条规定采取补救措施，造成他人死亡或者健康严重损害的，被侵权人有权请求相应的惩罚性赔偿。	**第一千二百零七条** 明知产品存在缺陷仍然生产、销售，或者没有依据前条规定采取**有效**补救措施，造成他人死亡或者健康严重损害的，被侵权人有权请求相应的惩罚性赔偿。	**第一千二百零七条** 明知产品存在缺陷仍然生产、销售，或者没有依据前条规定采取有效补救措施，造成他人死亡或者健康严重损害的，被侵权人有权请求相应的惩罚性赔偿。

第五章　机动车交通事故责任

《民法典各分编（草案）》（2018年9月版）	《民法典侵权责任编（草案二次审议稿）》（2018年12月版）	《民法典侵权责任编（草案三次审议稿）》（2019年8月版）	《中华人民共和国民法典（草案）》（2019年12月版）	《中华人民共和国民法典（草案大会审议稿）》（2020年5月22日提交审议）	《中华人民共和国民法典》（2020年5月28日表决通过）
第五章 机动车交通事故责任	**第五章 机动车交通事故责任**	**第五章 机动车交通事故责任**	**第五章 机动车交通事故责任**	**第五章 机动车交通事故责任**	**第五章 机动车交通事故责任**
第九百八十三条 机动车发生交通事故造成损害的，依照道路交通安全法的有关规定承担赔偿责任。	**第九百八十三条** 机动车发生交通事故造成损害的，依照道路交通安全法**和本法**的有关规定承担赔偿责任。	**第九百八十三条** 无变化	**第一千二百零八条** 无变化	**第一千二百零八条** 机动车发生交通事故造成损害的，依照道路交通安全**法律**和本法的有关规定承担赔偿责任。	**第一千二百零八条** 机动车发生交通事故造成损害的，依照道路交通安全法律和本法的有关规定承担赔偿责任。
第九百八十四条 因租赁、借用等情形机动车所有人与使用人不是同一人时，发生交通事故后属于该机动车一方责任的，由机动车使用人承担赔偿责任；机动车所有人对损害的发生有过错的，承担相应的赔偿责任。	**第九百八十四条** 因租赁、借用等情形机动车所有人、**管理人**与使用人不是同一人时，发生交通事故后属于该机动车一方责任的，由机动车使用人承担赔偿责任；机动车所有人、**管理人**对损害的发生有过错的，承担相应的赔偿责任。	**第九百八十四条** 因租赁、借用等情形机动车所有人、管理人与使用人不是同一人时，发生交通事故**造成损害**，属于该机动车一方责任的，由机动车使用人承担赔偿责任；机动车所有人、管理人对损害的发生有过错的，承担相应的赔偿责任。	**第一千二百零九条** 无变化	**第一千二百零九条** 无变化	**第一千二百零九条** 因租赁、借用等情形机动车所有人、管理人与使用人不是同一人时，发生交通事故造成损害，属于该机动车一方责任的，由机动车使用人承担赔偿责任；机动车所有人、管理人对损害的发生有过错的，承担相应的赔偿责任。

续表

《民法典各分编（草案）》（2018年9月版）	《民法典侵权责任编（草案二次审议稿）》（2018年12月版）	《民法典侵权责任编（草案三次审议稿）》（2019年8月版）	《中华人民共和国民法典（草案）》（2019年12月版）	《中华人民共和国民法典（草案大会审议稿）》（2020年5月22日提交审议）	《中华人民共和国民法典》（2020年5月28日表决通过）
第九百八十五条 当事人之间已经以买卖等方式转让并交付机动车但是未办理登记，发生交通事故后属于该机动车一方责任的，由受让人承担赔偿责任。	**第九百八十五条** 无变化	**第九百八十五条** 当事人之间已经以买卖**或者其他**方式转让并交付机动车但是未办理登记，发生交通事故**造成损害**，属于该机动车一方责任的，由受让人承担赔偿责任。	**第一千二百一十条** 无变化	**第一千二百一十条** 无变化	**第一千二百一十条** 当事人之间已经以买卖或者其他方式转让并交付机动车但是未办理登记，发生交通事故造成损害，属于该机动车一方责任的，由受让人承担赔偿责任。
第九百八十六条 以挂靠形式从事道路运输经营活动的机动车发生交通事故造成损害，属于该机动车一方责任的，由挂靠人和被挂靠人承担连带责任。	**第九百八十六条** 无变化	**第九百八十六条** 以挂靠形式从事道路运输经营活动的机动车**，**发生交通事故造成损害，属于该机动车一方责任的，由挂靠人和被挂靠人承担连带责任。	**第一千二百一十一条** 无变化	**第一千二百一十一条** 无变化	**第一千二百一十一条** 以挂靠形式从事道路运输经营活动的机动车，发生交通事故造成损害，属于该机动车一方责任的，由挂靠人和被挂靠人承担连带责任。
第九百八十七条 未经允许驾驶他人机动车发生交通事故造成损害，属于该机动车一方责任的，机动车使用人应当承担赔偿责任。机动车所有人或者管理人有过错的，承担相应的赔偿责任，但是法律另有规定的除外。	**第九百八十七条** 无变化	**第九百八十七条** 未经允许驾驶他人机动车**，**发生交通事故造成损害，属于该机动车一方责任的，**由机动车使用人**承担赔偿责任；机动车所有人、管理人**对损害的发生**有过错的，承担相应的赔偿责任，但是法律另有规定的除外。	**第一千二百一十二条** 未经允许驾驶他人机动车，发生交通事故造成损害，属于该机动车一方责任的，由机动车使用人承担赔偿责任；机动车所有人、管理人对损害的发生有过错的，承担相应的赔偿责任，但是**本章**另有规定的除外。	**第一千二百一十二条** 无变化	**第一千二百一十二条** 未经允许驾驶他人机动车，发生交通事故造成损害，属于该机动车一方责任的，由机动车使用人承担赔偿责任；机动车所有人、管理人对损害的发生有过错的，承担相应的赔偿责任，但是本章另有规定的除外。

续表

《民法典各分编（草案）》（2018年9月版）	《民法典侵权责任编（草案二次审议稿）》（2018年12月版）	《民法典侵权责任编（草案三次审议稿）》（2019年8月版）	《中华人民共和国民法典（草案）》（2019年12月版）	《中华人民共和国民法典（草案大会审议稿）》（2020年5月22日提交审议）	《中华人民共和国民法典》（2020年5月28日表决通过）
第九百八十八条 同时投保机动车强制保险和商业保险的机动车发生交通事故造成损害，属于该机动车一方责任的，先由承保机动车强制保险的保险人在强制保险责任限额范围内予以赔偿；不足部分，由承保机动车商业保险的保险人根据保险合同的约定予以赔偿；仍然不足的，由侵权人赔偿。	**第九百八十八条** **同时投保机动车强制保险和商业保险的**机动车发生交通事故造成损害，**被侵权人同时请求保险人和侵权人承担赔偿责任，**属于该机动车一方责任的，先由承保机动车强制保险的保险人在强制保险责任限额范围内予以赔偿；不足部分，由承保机动车商业保险的保险人根据保险合同的约定予以赔偿；仍然不足的，由侵权人赔偿。	**第九百八十八条** 机动车发生交通事故造成损害，属于该机动车一方责任的，先由承保机动车强制保险的保险人在强制保险责任限额范围内予以赔偿；不足部分，由承保机动车商业保险的保险人根据保险合同的约定予以赔偿；仍然不足**或者没有投保机动车商业保险**的，由侵权人赔偿。	**第一千二百一十三条** 机动车发生交通事故造成损害，属于该机动车一方责任的，先由承保机动车强制保险的保险人在强制保险责任限额范围内予以赔偿；不足部分，由承保机动车商业保险的保险人**按照**保险合同的约定予以赔偿；仍然不足或者没有投保机动车商业保险的，由侵权人赔偿。	**第一千二百一十三条** 无变化	**第一千二百一十三条** 机动车发生交通事故造成损害，属于该机动车一方责任的，先由承保机动车强制保险的保险人在强制保险责任限额范围内予以赔偿；不足部分，由承保机动车商业保险的保险人按照保险合同的约定予以赔偿；仍然不足或者没有投保机动车商业保险的，由侵权人赔偿。
第九百八十九条 以买卖等方式转让拼装或者已达到报废标准的机动车，发生交通事故造成损害的，由转让人和受让人承担连带责任。	**第九百八十九条** 无变化	**第九百八十九条** 以买卖**或者其他**方式转让拼装或者已达到报废标准的机动车，发生交通事故造成损害的，由转让人和受让人承担连带责任。	**第一千二百一十四条** 无变化	**第一千二百一十四条** 以买卖或者其他方式转让拼装或者**已经**达到报废标准的机动车，发生交通事故造成损害的，由转让人和受让人承担连带责任。	**第一千二百一十四条** 以买卖或者其他方式转让拼装或者已经达到报废标准的机动车，发生交通事故造成损害的，由转让人和受让人承担连带责任。

续表

《民法典各分编（草案）》（2018年9月版）	《民法典侵权责任编（草案二次审议稿）》（2018年12月版）	《民法典侵权责任编（草案三次审议稿）》（2019年8月版）	《中华人民共和国民法典（草案）》（2019年12月版）	《中华人民共和国民法典（草案大会审议稿）》（2020年5月22日提交审议）	《中华人民共和国民法典》（2020年5月28日表决通过）
第九百九十条 盗窃、抢劫或者抢夺的机动车发生交通事故造成损害的，由盗窃人、抢劫人或者抢夺人承担赔偿责任。盗窃人、抢劫人或者抢夺人与机动车使用人并非同一人，发生交通事故后属于该机动车一方责任的，盗窃人、抢劫人或者抢夺人与机动车使用人承担连带责任。 保险人在机动车强制保险责任限额范围内垫付抢救费用的，有权向交通事故责任人追偿。	**第九百九十条** 无变化	**第九百九十条** 盗窃、抢劫或者抢夺的机动车发生交通事故造成损害的，由盗窃人、抢劫人或者抢夺人承担赔偿责任。盗窃人、抢劫人或者抢夺人与机动车使用人并非同一人，发生交通事故后属于该机动车一方责任的，**由**盗窃人、抢劫人或者抢夺人与机动车使用人承担连带责任。 保险人在机动车强制保险责任限额范围内垫付抢救费用的，有权向交通事故责任人追偿。	**第一千二百一十五条** 无变化	**第一千二百一十五条** 盗窃、抢劫或者抢夺的机动车发生交通事故造成损害的，由盗窃人、抢劫人或者抢夺人承担赔偿责任。盗窃人、抢劫人或者抢夺人与机动车使用人**不是**同一人，发生交通事故**造成损害**，属于该机动车一方责任的，由盗窃人、抢劫人或者抢夺人与机动车使用人承担连带责任。 保险人在机动车强制保险责任限额范围内垫付抢救费用的，有权向交通事故责任人追偿。	**第一千二百一十五条** 盗窃、抢劫或者抢夺的机动车发生交通事故造成损害的，由盗窃人、抢劫人或者抢夺人承担赔偿责任。盗窃人、抢劫人或者抢夺人与机动车使用人不是同一人，发生交通事故造成损害，属于该机动车一方责任的，由盗窃人、抢劫人或者抢夺人与机动车使用人承担连带责任。 保险人在机动车强制保险责任限额范围内垫付抢救费用的，有权向交通事故责任人追偿。
第九百九十一条 机动车驾驶人发生交通事故后逃逸，该机动车参加强制保险的，由保险人在机动车强制保险责任限额范围内予以赔偿；机动车不明、该机动车未参加强制保险或者抢救费用超过机动车交通事故责任强制保险责任限额，需要支付被侵权人人身伤亡的抢救、丧葬等费用的，由道路交通事故社会救助基金垫付。道路交通事故社会救助基金垫付后，其管理机构有权向交通事故责任人追偿。	**第九百九十一条** 无变化	**第九百九十一条** 无变化	**第一千二百一十六条** 无变化	**第一千二百一十六条** 机动车驾驶人发生交通事故后逃逸，该机动车参加强制保险的，由保险人在机动车强制保险责任限额范围内予以赔偿；机动车不明、该机动车未参加强制保险或者抢救费用超过**机动车强制保险**责任限额，需要支付被侵权人人身伤亡的抢救、丧葬等费用的，由道路交通事故社会救助基金垫付。道路交通事故社会救助基金垫付后，其管理机构有权向交通事故责任人追偿。	**第一千二百一十六条** 机动车驾驶人发生交通事故后逃逸，该机动车参加强制保险的，由保险人在机动车强制保险责任限额范围内予以赔偿；机动车不明、该机动车未参加强制保险或者抢救费用超过机动车强制保险责任限额，需要支付被侵权人人身伤亡的抢救、丧葬等费用的，由道路交通事故社会救助基金垫付。道路交通事故社会救助基金垫付后，其管理机构有权向交通事故责任人追偿。

续表

《民法典各分编（草案）》（2018年9月版）	《民法典侵权责任编（草案二次审议稿）》（2018年12月版）	《民法典侵权责任编（草案三次审议稿）》（2019年8月版）	《中华人民共和国民法典（草案）》（2019年12月版）	《中华人民共和国民法典（草案大会审议稿）》（2020年5月22日提交审议）	《中华人民共和国民法典》（2020年5月28日表决通过）
第九百九十二条 非营运机动车发生交通事故造成无偿搭乘人损害，属于该机动车一方责任的，应当减轻或者免除其赔偿责任，但是机动车使用人有故意或者重大过失的除外。	**第九百九十二条** 非营运机动车发生交通事故造成无偿搭乘人损害，属于该机动车一方责任的，应当**减轻**其赔偿责任，但是机动车使用人有故意或者重大过失的除外。	**第九百九十二条** 非营运机动车发生交通事故造成无偿搭乘人损害，属于该机动车一方责任的，应当减轻其赔偿责任，但是，机动车使用人有故意或者重大过失的除外。	**第一千二百一十七条** 非营运机动车发生交通事故造成无偿搭乘人损害，属于该机动车一方责任的，应当减轻其赔偿责任，但是机动车使用人有故意或者重大过失的除外。	**第一千二百一十七条** 无变化	**第一千二百一十七条** 非营运机动车发生交通事故造成无偿搭乘人损害，属于该机动车一方责任的，应当减轻其赔偿责任，但是机动车使用人有故意或者重大过失的除外。

第六章　医疗损害责任

《民法典各分编（草案）》（2018年9月版）	《民法典侵权责任编（草案二次审议稿）》（2018年12月版）	《民法典侵权责任编（草案三次审议稿）》（2019年8月版）	《中华人民共和国民法典（草案）》（2019年12月版）	《中华人民共和国民法典（草案大会审议稿）》（2020年5月22日提交审议）	《中华人民共和国民法典》（2020年5月28日表决通过）
第六章 医疗损害责任	第六章 医疗损害责任	第六章 医疗损害责任	第六章 医疗损害责任	第六章 医疗损害责任	第六章 医疗损害责任
第九百九十三条 患者在诊疗活动中受到损害，医疗机构及其医务人员有过错的，由医疗机构承担赔偿责任。	**第九百九十三条** 患者在诊疗活动中受到损害，医疗机构**或者**其医务人员有过错的，由医疗机构承担赔偿责任。	**第九百九十三条** 无变化	**第一千二百一十八条** 无变化	**第一千二百一十八条** 无变化	**第一千二百一十八条** 患者在诊疗活动中受到损害，医疗机构或者其医务人员有过错的，由医疗机构承担赔偿责任。
第九百九十四条 医务人员在诊疗活动中应当向患者说明病情和医疗措施。需要实施手术、特殊检查、特殊治疗的，医务人员应当及时向患者具体说明医疗风险、替代医疗方案等情况，并取得其书面同意；不宜向患者说明的，应当向患者的近亲属说明，并取得其书面同意。 医务人员未尽到前款义务，造成患者损害的，医疗机构应当承担赔偿责任。	**第九百九十四条** 医务人员在诊疗活动中应当向患者说明病情和医疗措施。需要实施手术、特殊检查、特殊治疗的，医务人员应当及时向患者具体说明医疗风险、替代医疗方案等情况，并取得其**明确**同意；**不能或者**不宜向患者说明的，应当向患者的近亲属说明，并取得其**明确**同意。 医务人员未尽到前款义务，造成患者损害的，医疗机构应当承担赔偿责任。	**第九百九十四条** 无变化	**第一千二百一十九条** 无变化	**第一千二百一十九条** 无变化	**第一千二百一十九条** 医务人员在诊疗活动中应当向患者说明病情和医疗措施。需要实施手术、特殊检查、特殊治疗的，医务人员应当及时向患者具体说明医疗风险、替代医疗方案等情况，并取得其明确同意；不能或者不宜向患者说明的，应当向患者的近亲属说明，并取得其明确同意。 医务人员未尽到前款义务，造成患者损害的，医疗机构应当承担赔偿责任。

续表

《民法典各分编（草案）》（2018年9月版）	《民法典侵权责任编（草案二次审议稿）》（2018年12月版）	《民法典侵权责任编（草案三次审议稿）》（2019年8月版）	《中华人民共和国民法典（草案）》（2019年12月版）	《中华人民共和国民法典（草案大会审议稿）》（2020年5月22日提交审议）	《中华人民共和国民法典》（2020年5月28日表决通过）
第九百九十五条 因抢救生命垂危的患者等紧急情况，不能取得患者或者其近亲属意见的，经医疗机构负责人或者授权的负责人批准，可以立即实施相应的医疗措施。	**第九百九十五条** 无变化	**第九百九十五条** 无变化	**第一千二百二十条** 无变化	**第一千二百二十条** 无变化	**第一千二百二十条** 因抢救生命垂危的患者等紧急情况，不能取得患者或者其近亲属意见的，经医疗机构负责人或者授权的负责人批准，可以立即实施相应的医疗措施。
第九百九十六条 医务人员在诊疗活动中未尽到与当时的医疗水平相应的诊疗义务，造成患者损害的，医疗机构应当承担赔偿责任。	**第九百九十六条** 无变化	**第九百九十六条** 无变化	**第一千二百二十一条** 无变化	**第一千二百二十一条** 无变化	**第一千二百二十一条** 医务人员在诊疗活动中未尽到与当时的医疗水平相应的诊疗义务，造成患者损害的，医疗机构应当承担赔偿责任。
第九百九十七条 患者有损害，因下列情形之一的，推定医疗机构有过错： （一）违反法律、行政法规、规章以及其他有关诊疗规范的规定； （二）隐匿或者拒绝提供与纠纷有关的病历资料； （三）遗失、伪造、篡改或者销毁病历资料。	**第九百九十七条** 患者**在诊疗活动中受到**损害，因下列情形之一的，推定医疗机构有过错： （一）违反法律、行政法规、规章以及其他有关诊疗规范的规定； （二）隐匿或者拒绝提供与纠纷有关的病历资料； （三）遗失、伪造、篡改或者**违法**销毁病历资料。	**第九百九十七条** 患者在诊疗活动中受到损害，**有**下列情形之一的，推定医疗机构有过错： （一）违反法律、行政法规、规章以及其他有关诊疗规范的规定； （二）隐匿或者拒绝提供与纠纷有关的病历资料； （三）遗失、伪造、篡改或者违法销毁病历资料。	**第一千二百二十二条** 无变化	**第一千二百二十二条** 无变化	**第一千二百二十二条** 患者在诊疗活动中受到损害，有下列情形之一的，推定医疗机构有过错： （一）违反法律、行政法规、规章以及其他有关诊疗规范的规定； （二）隐匿或者拒绝提供与纠纷有关的病历资料； （三）遗失、伪造、篡改或者违法销毁病历资料。

续表

《民法典各分编(草案)》(2018年9月版)	《民法典侵权责任编(草案二次审议稿)》(2018年12月版)	《民法典侵权责任编(草案三次审议稿)》(2019年8月版)	《中华人民共和国民法典(草案)》(2019年12月版)	《中华人民共和国民法典(草案大会审议稿)》(2020年5月22日提交审议)	《中华人民共和国民法典》(2020年5月28日表决通过)
第九百九十八条 因药品、消毒产品、医疗器械的缺陷,或者输入不合格的血液造成患者损害的,患者可以向生产者或者血液提供机构请求赔偿,也可以向医疗机构请求赔偿。患者向医疗机构请求赔偿的,医疗机构赔偿后,有权向负有责任的生产者或者血液提供机构追偿。	**第九百九十八条** 无变化	**第九百九十八条** 无变化	**第一千二百二十三条** 因药品、消毒产品、医疗器械的缺陷,或者输入不合格的血液造成患者损害的,患者可以向**药品上市许可持有人**、生产者、血液提供机构请求赔偿,也可以向医疗机构请求赔偿。患者向医疗机构请求赔偿的,医疗机构赔偿后,有权向负有责任的**药品上市许可持有人**、生产者、血液提供机构追偿。	**第一千二百二十三条** 无变化	**第一千二百二十三条** 因药品、消毒产品、医疗器械的缺陷,或者输入不合格的血液造成患者损害的,患者可以向药品上市许可持有人、生产者、血液提供机构请求赔偿,也可以向医疗机构请求赔偿。患者向医疗机构请求赔偿的,医疗机构赔偿后,有权向负有责任的药品上市许可持有人、生产者、血液提供机构追偿。
第九百九十九条 患者有损害,因下列情形之一的,医疗机构不承担赔偿责任: (一)患者或者其近亲属不配合医疗机构进行符合诊疗规范的诊疗; (二)医务人员在抢救生命垂危的患者等紧急情况下已经尽到合理诊疗义务; (三)限于当时的医疗水平难以诊疗。 前款第一项情形中,医疗机构及其医务人员也有过错的,应当承担相应的赔偿责任。	**第九百九十九条** 患者**在诊疗活动中受到**损害,因下列情形之一的,医疗机构不承担赔偿责任: (一)患者或者其近亲属不配合医疗机构进行符合诊疗规范的诊疗; (二)医务人员在抢救生命垂危的患者等紧急情况下已经尽到合理诊疗义务; (三)限于当时的医疗水平难以诊疗。 前款第一项情形中,医疗机构**或者**其医务人员也有过错的,应当承担相应的赔偿责任。	**第九百九十九条** 患者在诊疗活动中受到损害,**有**下列情形之一的,医疗机构不承担赔偿责任: (一)患者或者其近亲属不配合医疗机构进行符合诊疗规范的诊疗; (二)医务人员在抢救生命垂危的患者等紧急情况下已经尽到合理诊疗义务; (三)限于当时的医疗水平难以诊疗。 前款第一项情形中,医疗机构或者其医务人员也有过错的,应当承担相应的赔偿责任。	**第一千二百二十四条** 无变化	**第一千二百二十四条** 无变化	**第一千二百二十四条** 患者在诊疗活动中受到损害,有下列情形之一的,医疗机构不承担赔偿责任: (一)患者或者其近亲属不配合医疗机构进行符合诊疗规范的诊疗; (二)医务人员在抢救生命垂危的患者等紧急情况下已经尽到合理诊疗义务; (三)限于当时的医疗水平难以诊疗。 前款第一项情形中,医疗机构或者其医务人员也有过错的,应当承担相应的赔偿责任。

续表

《民法典各分编（草案）》（2018年9月版）	《民法典侵权责任编（草案二次审议稿）》（2018年12月版）	《民法典侵权责任编（草案三次审议稿）》（2019年8月版）	《中华人民共和国民法典（草案）》（2019年12月版）	《中华人民共和国民法典（草案大会审议稿）》（2020年5月22日提交审议）	《中华人民共和国民法典》（2020年5月28日表决通过）
第一千条　医疗机构及其医务人员应当按照规定填写并妥善保管住院志、医嘱单、检验报告、手术及麻醉记录、病理资料、护理记录、医疗费用等病历资料。 患者要求查阅、复制前款规定的病历资料的，医疗机构应当及时提供。	**第一千条** 无变化	**第一千条** 无变化	**第一千二百二十五条** 无变化	**第一千二百二十五条** 医疗机构及其医务人员应当按照规定填写并妥善保管住院志、医嘱单、检验报告、手术**以及**麻醉记录、病理资料、护理记录、**医疗费用**等病历资料。 患者要求查阅、复制前款规定的病历资料的，医疗机构应当及时提供。	**第一千二百二十五条** 医疗机构及其医务人员应当按照规定填写并妥善保管住院志、医嘱单、检验报告、手术**及**麻醉记录、病理资料、护理记录等病历资料。 患者要求查阅、复制前款规定的病历资料的，医疗机构应当及时提供。
第一千零一条　医疗机构及其医务人员应当对患者的隐私和个人信息保密。泄露患者隐私和个人信息或者未经患者同意公开其病历资料**，造成患者损害**的，应当承担侵权责任。	**第一千零一条**　医疗机构及其医务人员应当对患者的隐私和个人信息保密。泄露患者隐私和个人信息或者未经患者同意公开其病历资料的，应当承担侵权责任。	**第一千零一条**　医疗机构及其医务人员应当对患者的隐私和个人信息保密。泄露患者**的**隐私和个人信息**，**或者未经患者同意公开其病历资料的，应当承担侵权责任。	**第一千二百二十六条** 无变化	**第一千二百二十六条** 无变化	**第一千二百二十六条** 医疗机构及其医务人员应当对患者的隐私和个人信息保密。泄露患者的隐私和个人信息，或者未经患者同意公开其病历资料的，应当承担侵权责任。
第一千零二条　医疗机构及其医务人员不得违反诊疗规范实施不必要的检查。	**第一千零二条** 无变化	**第一千零二条** 无变化	**第一千二百二十七条** 无变化	**第一千二百二十七条** 无变化	**第一千二百二十七条** 医疗机构及其医务人员不得违反诊疗规范实施不必要的检查。
第一千零三条　医疗机构及其医务人员的合法权益受法律保护。 干扰医疗秩序，妨碍医务人员工作、生活，侵害医务人员权益的，应当依法承担法律责任。	**第一千零三条** 无变化	**第一千零三条**　医疗机构及其医务人员的合法权益受法律保护。 干扰医疗秩序，妨碍医务人员工作、生活，侵害医务人员**合法**权益的，应当依法承担法律责任。	**第一千二百二十八条** 无变化	**第一千二百二十八条** 无变化	**第一千二百二十八条** 医疗机构及其医务人员的合法权益受法律保护。 干扰医疗秩序，妨碍医务人员工作、生活，侵害医务人员合法权益的，应当依法承担法律责任。

第七章　环境污染和生态破坏责任

《民法典各分编（草案）》（2018年9月版）	《民法典侵权责任编（草案二次审议稿）》（2018年12月版）	《民法典侵权责任编（草案三次审议稿）》（2019年8月版）	《中华人民共和国民法典（草案）》（2019年12月版）	《中华人民共和国民法典（草案大会审议稿）》（2020年5月22日提交审议）	《中华人民共和国民法典》（2020年5月28日表决通过）
第七章 生态环境损害责任	第七章 **损害生态环境**责任	第七章 **环境污染和生态破坏**责任	第七章 环境污染和生态破坏责任	第七章 环境污染和生态破坏责任	第七章 环境污染和生态破坏责任
第一千零四条　损害生态环境的，侵权人应当承担侵权责任。	**第一千零四条**　因**破坏**生态环境**造成他人损害**的，侵权人应当承担侵权责任。	**第一千零四条**　因**污染环境**、**破坏生态**造成他人损害的，侵权人应当承担侵权责任。	**第一千二百二十九条** 无变化	**第一千二百二十九条** 无变化	**第一千二百二十九条** 因污染环境、破坏生态造成他人损害的，侵权人应当承担侵权责任。
第一千零五条　因损害生态环境发生纠纷，侵权人应当就法律规定的不承担责任或者减轻责任的情形及其行为与损害之间不存在因果关系承担举证责任。	**第一千零五条** 无变化	**第一千零五条**　因**污染环境**、**破坏生态**发生纠纷，侵权人应当就法律规定的不承担责任或者减轻责任的情形及其行为与损害之间不存在因果关系承担举证责任。	**第一千二百三十条** 因污染环境、破坏生态发生纠纷，**行为人**应当就法律规定的不承担责任或者减轻责任的情形及其行为与损害之间不存在因果关系承担举证责任。	**第一千二百三十条** 无变化	**第一千二百三十条** 因污染环境、破坏生态发生纠纷，行为人应当就法律规定的不承担责任或者减轻责任的情形及其行为与损害之间不存在因果关系承担举证责任。
第一千零六条　两个以上侵权人损害生态环境，承担责任的大小，根据污染物的种类、排放量以及损害行为对损害后果所起的作用等因素确定。	**第一千零六条**　两个以上侵权人损害生态环境，承担责任的大小，根据污染物的种类、**浓度**、排放量，**破坏生态的方式**、**范围**、**程度**，行为对损害后果所起的作用等因素确定。	**第一千零六条**　两个以上侵权人**污染环境**、**破坏生态的**，承担责任的大小，根据污染物的种类、浓度、排放量，破坏生态的方式、范围、程度，**以及**行为对损害后果所起的作用等因素确定。	**第一千二百三十一条** 无变化	**第一千二百三十一条** 无变化	**第一千二百三十一条** 两个以上侵权人污染环境、破坏生态的，承担责任的大小，根据污染物的种类、浓度、排放量，破坏生态的方式、范围、程度，以及行为对损害后果所起的作用等因素确定。

续表

《民法典各分编(草案)》(2018年9月版)	《民法典侵权责任编(草案二次审议稿)》(2018年12月版)	《民法典侵权责任编(草案三次审议稿)》(2019年8月版)	《中华人民共和国民法典(草案)》(2019年12月版)	《中华人民共和国民法典(草案大会审议稿)》(2020年5月22日提交审议)	《中华人民共和国民法典》(2020年5月28日表决通过)
第一千零七条 被侵权人有权请求侵权人赔偿因损害行为造成的人身损害、财产损失。					
第一千零八条 侵权人故意违反国家规定损害生态环境的,被侵权人有权请求相应的惩罚性赔偿。	**第一千零八条** 侵权人故意违反国家规定损害生态环境**造成严重后果**的,被侵权人有权请求相应的惩罚性赔偿。	**第一千零八条** 侵权人故意违反国家规定**污染环境、破坏生态**造成严重后果的,被侵权人有权请求相应的惩罚性赔偿。	**第一千二百三十二条** 无变化	**第一千二百三十二条** 侵权人**违反法律**规定**故意**污染环境、破坏生态造成严重后果的,被侵权人有权请求相应的惩罚性赔偿。	**第一千二百三十二条** 侵权人违反法律规定故意污染环境、破坏生态造成严重后果的,被侵权人有权请求相应的惩罚性赔偿。
第一千零九条 因第三人的过错损害生态环境的,被侵权人可以向侵权人请求赔偿,也可以向第三人请求赔偿。侵权人赔偿后,有权向第三人追偿。	**第一千零九条** 无变化	**第一千零九条** 因第三人的过错**污染环境、破坏生态**的,被侵权人可以向侵权人请求赔偿,也可以向第三人请求赔偿。侵权人赔偿后,有权向第三人追偿。	**第一千二百三十三条** 无变化	**第一千二百三十三条** 无变化	**第一千二百三十三条** 因第三人的过错污染环境、破坏生态的,被侵权人可以向侵权人请求赔偿,也可以向第三人请求赔偿。侵权人赔偿后,有权向第三人追偿。
第一千零一十条 损害生态环境,能够修复的,法律规定的机关或者组织有权请求侵权人承担修复责任。侵权人在期限内未修复的,法律规定的机关或者组织可以自行或者委托他人进行修复,所需费用由侵权人承担。无法修复的,侵权人应当依法赔偿损失。	**第一千零一十条** **违反国家规定造成生态环境损害**,能够修复的,法律规定的机关或者组织有权请求侵权人**在合理期限内**承担修复责任。侵权人在期限内未修复的,法律规定的机关或者组织可以自行或者委托他人进行修复,所需费用由侵权人承担。**无法修复或者无修复必要的,侵权人应当依法赔偿损失。**	**第一千零一十条** 违反国家规定造成生态环境损害,**生态环境**能够修复的,**国家规定的机关或者法律规定的组织**有权请求侵权人在合理期限内承担修复责任。侵权人在期限内未修复的,**国家规定的机关或者法律规定的组织**可以自行或者委托他人进行修复,所需费用由侵权人**负担**。	**第一千二百三十四条** 无变化	**第一千二百三十四条** 无变化	**第一千二百三十四条** 违反国家规定造成生态环境损害,生态环境能够修复的,国家规定的机关或者法律规定的组织有权请求侵权人在合理期限内承担修复责任。侵权人在期限内未修复的,国家规定的机关或者法律规定的组织可以自行或者委托他人进行修复,所需费用由侵权人负担。

续表

《民法典各分编（草案）》（2018年9月版）	《民法典侵权责任编（草案二次审议稿）》（2018年12月版）	《民法典侵权责任编（草案三次审议稿）》（2019年8月版）	《中华人民共和国民法典（草案）》（2019年12月版）	《中华人民共和国民法典（草案大会审议稿）》（2020年5月22日提交审议）	《中华人民共和国民法典》（2020年5月28日表决通过）
第一千零一十一条 法律规定的机关或者组织有权请求侵权人赔偿下列损失： （一）生态环境修复期间服务功能的损失； （二）生态环境功能永久性损害造成的损失； （三）生态环境损害赔偿调查、鉴定评估费用； （四）为清除污染、修复生态环境或者防止损害的发生和扩大所支出的合理费用。	**第一千零一十一条** **违反国家规定造成生态环境损害的，**法律规定的机关或者组织有权请求侵权人赔偿下列损失**和费用**： （一）生态环境修复期间服务功能**丧失导致**的损失； （二）生态环境功能永久性损害造成的损失； （三）生态环境**损害**调查、鉴定评估**等**费用； （四）**清除污染、修复生态环境费用；** **（五）防止损害的发生和扩大所支出的合理费用。**	**第一千零一十一条** 违反国家规定造成生态环境损害的，**国家规定的机关或者法律规定的组织**有权请求侵权人赔偿下列损失和费用： （一）生态环境修复期间服务功能丧失导致的损失； （二）生态环境功能永久性损害造成的损失； （三）生态环境损害调查、鉴定评估等费用； （四）清除污染、修复生态环境费用； （五）防止损害的发生和扩大所支出的合理费用。	**第一千二百三十五条** 无变化	**第一千二百三十五条** 违反国家规定造成生态环境损害的，国家规定的机关或者法律规定的组织有权请求侵权人赔偿下列损失和费用： （一）生态环境**受到损害至恢复原状**期间服务功能丧失导致的损失； （二）生态环境功能永久性损害造成的损失； （三）生态环境损害调查、鉴定评估等费用； （四）清除污染、修复生态环境费用； （五）防止损害的发生和扩大所支出的合理费用。	**第一千二百三十五条** 违反国家规定造成生态环境损害的，国家规定的机关或者法律规定的组织有权请求侵权人赔偿下列损失和费用： （一）生态环境受到损害至**修复完成**期间服务功能丧失导致的损失； （二）生态环境功能永久性损害造成的损失； （三）生态环境损害调查、鉴定评估等费用； （四）清除污染、修复生态环境费用； （五）防止损害的发生和扩大所支出的合理费用。

第八章　高度危险责任

《民法典各分编（草案）》（2018 年 9 月版）	《民法典侵权责任编（草案二次审议稿）》（2018 年 12 月版）	《民法典侵权责任编（草案三次审议稿）》（2019 年 8 月版）	《中华人民共和国民法典（草案）》（2019 年 12 月版）	《中华人民共和国民法典（草案大会审议稿）》（2020 年 5 月 22 日提交审议）	《中华人民共和国民法典》（2020 年 5 月 28 日表决通过）
第八章 高度危险责任	第八章 高度危险责任	第八章 高度危险责任	第八章 高度危险责任	第八章 高度危险责任	第八章 高度危险责任
第一千零一十二条 从事高度危险作业造成他人损害的，应当承担侵权责任。	**第一千零一十二条** 无变化	**第一千零一十二条** 无变化	**第一千二百三十六条** 无变化	**第一千二百三十六条** 无变化	**第一千二百三十六条** 从事高度危险作业造成他人损害的，应当承担侵权责任。
第一千零一十三条 民用核设施、核材料或者放射性核废料发生核事故造成他人损害的，民用核设施的营运单位应当承担侵权责任，但是能够证明损害是因战争、武装冲突、暴乱等情形或者受害人故意造成的，不承担责任。	**第一千零一十三条** 民用核设施**或者运入运出核设施的核材料**发生核事故造成他人损害的，民用核设施的营运单位应当承担侵权责任，但是能够证明损害是因战争、武装冲突、暴乱等情形或者受害人故意造成的，不承担责任。	**第一千零一十三条** 无变化	**第一千二百三十七条** 民用核设施或者运入运出核设施的核材料发生核事故造成他人损害的，民用核设施的营运单位应当承担侵权责任；但是，能够证明损害是因战争、武装冲突、暴乱等情形或者受害人故意造成的，不承担责任。	**第一千二百三十七条** 无变化	**第一千二百三十七条** 民用核设施或者运入运出核设施的核材料发生核事故造成他人损害的，民用核设施的营运单位应当承担侵权责任；但是，能够证明损害是因战争、武装冲突、暴乱等情形或者受害人故意造成的，不承担责任。
第一千零一十四条 民用航空器造成他人损害的，民用航空器的经营者应当承担侵权责任，但是能够证明损害是因受害人故意造成的，不承担责任。	**第一千零一十四条** 无变化	**第一千零一十四条** 无变化	**第一千二百三十八条** 民用航空器造成他人损害的，民用航空器的经营者应当承担侵权责任；但是，能够证明损害是因受害人故意造成的，不承担责任。	**第一千二百三十八条** 无变化	**第一千二百三十八条** 民用航空器造成他人损害的，民用航空器的经营者应当承担侵权责任；但是，能够证明损害是因受害人故意造成的，不承担责任。

续表

《民法典各分编（草案）》（2018年9月版）	《民法典侵权责任编（草案二次审议稿）》（2018年12月版）	《民法典侵权责任编（草案三次审议稿）》（2019年8月版）	《中华人民共和国民法典（草案）》（2019年12月版）	《中华人民共和国民法典（草案大会审议稿）》（2020年5月22日提交审议）	《中华人民共和国民法典》（2020年5月28日表决通过）
第一千零一十五条 占有或者使用易燃、易爆、剧毒、高放射性、强腐蚀性等高度危险物造成他人损害的，占有人或者使用人应当承担侵权责任，但是能够证明损害是因受害人故意或者不可抗力造成的，不承担责任。被侵权人对损害的发生有重大过失的，可以减轻占有人或者使用人的责任。	**第一千零一十五条** 无变化	**第一千零一十五条** 无变化	**第一千二百三十九条** 占有或者使用易燃、易爆、剧毒、高放射性、强腐蚀性等高度危险物造成他人损害的，占有人或者使用人应当承担侵权责任；但是，能够证明损害是因受害人故意或者不可抗力造成的，不承担责任。被侵权人对损害的发生有重大过失的，可以减轻占有人或者使用人的责任。	**第一千二百三十九条** 占有或者使用易燃、易爆、剧毒、高放射性、强腐蚀性、**高致病性**等高度危险物造成他人损害的，占有人或者使用人应当承担侵权责任；但是，能够证明损害是因受害人故意或者不可抗力造成的，不承担责任。被侵权人对损害的发生有重大过失的，可以减轻占有人或者使用人的责任。	**第一千二百三十九条** 占有或者使用易燃、易爆、剧毒、高放射性、强腐蚀性、高致病性等高度危险物造成他人损害的，占有人或者使用人应当承担侵权责任；但是，能够证明损害是因受害人故意或者不可抗力造成的，不承担责任。被侵权人对损害的发生有重大过失的，可以减轻占有人或者使用人的责任。
第一千零一十六条 从事高空、高压、地下挖掘活动或者使用高速轨道运输工具造成他人损害的，经营者应当承担侵权责任，但是能够证明损害是因受害人故意或者不可抗力造成的，不承担责任。被侵权人对损害的发生有重大过失的，可以减轻经营者的责任。	**第一千零一十六条** 无变化	**第一千零一十六条** 无变化	**第一千二百四十条** 从事高空、高压、地下挖掘活动或者使用高速轨道运输工具造成他人损害的，经营者应当承担侵权责任；但是，能够证明损害是因受害人故意或者不可抗力造成的，不承担责任。被侵权人对损害的发生有重大过失的，可以减轻经营者的责任。	**第一千二百四十条** 无变化	**第一千二百四十条** 从事高空、高压、地下挖掘活动或者使用高速轨道运输工具造成他人损害的，经营者应当承担侵权责任；但是，能够证明损害是因受害人故意或者不可抗力造成的，不承担责任。被侵权人对损害的发生有重大过失的，可以减轻经营者的责任。

续表

《民法典各分编（草案）》（2018年9月版）	《民法典侵权责任编（草案二次审议稿）》（2018年12月版）	《民法典侵权责任编（草案三次审议稿）》（2019年8月版）	《中华人民共和国民法典（草案）》（2019年12月版）	《中华人民共和国民法典（草案大会审议稿）》（2020年5月22日提交审议）	《中华人民共和国民法典》（2020年5月28日表决通过）
第一千零一十七条 遗失、抛弃高度危险物造成他人损害的，由所有人承担侵权责任。所有人将高度危险物交由他人管理的，由管理人承担侵权责任；所有人有过错的，与管理人承担连带责任。	**第一千零一十七条** 无变化	**第一千零一十七条** 无变化	**第一千二百四十一条** 无变化	**第一千二百四十一条** 无变化	**第一千二百四十一条** 遗失、抛弃高度危险物造成他人损害的，由所有人承担侵权责任。所有人将高度危险物交由他人管理的，由管理人承担侵权责任；所有人有过错的，与管理人承担连带责任。
第一千零一十八条 非法占有高度危险物造成他人损害的，由非法占有人承担侵权责任。所有人、管理人不能证明对防止他人非法占有尽到高度注意义务的，与非法占有人承担连带责任。	**第一千零一十八条** 无变化	**第一千零一十八条** 非法占有高度危险物造成他人损害的，由非法占有人承担侵权责任。所有人、管理人不能证明对**防止**非法占有尽到高度注意义务的，与非法占有人承担连带责任。	**第一千二百四十二条** 无变化	**第一千二百四十二条** 无变化	**第一千二百四十二条** 非法占有高度危险物造成他人损害的，由非法占有人承担侵权责任。所有人、管理人不能证明对防止非法占有尽到高度注意义务的，与非法占有人承担连带责任。
第一千零一十九条 未经许可进入高度危险活动区域或者高度危险物存放区域受到损害，管理人能够证明已经采取足够安全措施并尽到充分警示义务的，可以减轻或者不承担责任。	**第一千零一十九条** 无变化	**第一千零一十九条** 无变化	**第一千二百四十三条** 无变化	**第一千二百四十三条** 无变化	**第一千二百四十三条** 未经许可进入高度危险活动区域或者高度危险物存放区域受到损害，管理人能够证明已经采取足够安全措施并尽到充分警示义务的，可以减轻或者不承担责任。
第一千零二十条 承担高度危险责任，法律规定赔偿限额的，依照其规定，但是行为人有故意或者重大过失的除外。	**第一千零二十条** 无变化	**第一千零二十条** 无变化	**第一千二百四十四条** 无变化	**第一千二百四十四条** 无变化	**第一千二百四十四条** 承担高度危险责任，法律规定赔偿限额的，依照其规定，但是行为人有故意或者重大过失的除外。

第九章　饲养动物损害责任

《民法典各分编（草案）》（2018年9月版）	《民法典侵权责任编（草案二次审议稿）》（2018年12月版）	《民法典侵权责任编（草案三次审议稿）》（2019年8月版）	《中华人民共和国民法典（草案）》（2019年12月版）	《中华人民共和国民法典（草案大会审议稿）》（2020年5月22日提交审议）	《中华人民共和国民法典》（2020年5月28日表决通过）
第九章 饲养动物损害责任	第九章 饲养动物损害责任	第九章 饲养动物损害责任	第九章 饲养动物损害责任	第九章 饲养动物损害责任	第九章 饲养动物损害责任
第一千零二十一条 饲养的动物造成他人损害的，动物饲养人或者管理人应当承担侵权责任，但是能够证明损害是因被侵权人故意或者重大过失造成的，可以不承担或者减轻责任。	**第一千零二十一条** 无变化	**第一千零二十一条** 无变化	**第一千二百四十五条** 饲养的动物造成他人损害的，动物饲养人或者管理人应当承担侵权责任；但是，能够证明损害是因被侵权人故意或者重大过失造成的，可以不承担或者减轻责任。	**第一千二百四十五条** 无变化	**第一千二百四十五条** 饲养的动物造成他人损害的，动物饲养人或者管理人应当承担侵权责任；但是，能够证明损害是因被侵权人故意或者重大过失造成的，可以不承担或者减轻责任。
第一千零二十二条 违反管理规定，未对动物采取安全措施造成他人损害的，动物饲养人或者管理人应当承担侵权责任，但是能够证明损害是因被侵权人故意造成的，可以减轻责任。	**第一千零二十二条** 无变化	**第一千零二十二条** 无变化	**第一千二百四十六条** 违反管理规定，未对动物采取安全措施造成他人损害的，动物饲养人或者管理人应当承担侵权责任；但是，能够证明损害是因被侵权人故意造成的，可以减轻责任。	**第一千二百四十六条** 无变化	**第一千二百四十六条** 违反管理规定，未对动物采取安全措施造成他人损害的，动物饲养人或者管理人应当承担侵权责任；但是，能够证明损害是因被侵权人故意造成的，可以减轻责任。
第一千零二十三条 禁止饲养的烈性犬等危险动物造成他人损害的，动物饲养人或者管理人应当承担侵权责任。	**第一千零二十三条** 无变化	**第一千零二十三条** 无变化	**第一千二百四十七条** 无变化	**第一千二百四十七条** 无变化	**第一千二百四十七条** 禁止饲养的烈性犬等危险动物造成他人损害的，动物饲养人或者管理人应当承担侵权责任。

续表

《民法典各分编（草案）》（2018 年 9 月版）	《民法典侵权责任编（草案二次审议稿）》（2018 年 12 月版）	《民法典侵权责任编（草案三次审议稿）》（2019 年 8 月版）	《中华人民共和国民法典（草案）》（2019 年 12 月版）	《中华人民共和国民法典（草案大会审议稿）》（2020 年 5 月 22 日提交审议）	《中华人民共和国民法典》（2020 年 5 月 28 日表决通过）
第一千零二十四条 动物园的动物造成他人损害的，动物园应当承担侵权责任，但是能够证明尽到管理职责的，不承担责任。	**第一千零二十四条** 无变化	**第一千零二十四条** 动物园的动物造成他人损害的，动物园应当承担侵权责任，但是能够证明尽到管理职责的，不承担**侵权**责任。	**第一千二百四十八条** 动物园的动物造成他人损害的，动物园应当承担侵权责任；但是，能够证明尽到管理职责的，不承担侵权责任。	**第一千二百四十八条** 无变化	**第一千二百四十八条** 动物园的动物造成他人损害的，动物园应当承担侵权责任；但是，能够证明尽到管理职责的，不承担侵权责任。
第一千零二十五条 遗弃、逃逸的动物在遗弃、逃逸期间造成他人损害的，由原动物饲养人或者管理人承担侵权责任。	**第一千零二十五条** 遗弃、逃逸的动物在遗弃、逃逸期间造成他人损害的，由**动物原**饲养人或者管理人承担侵权责任。	**第一千零二十五条** 无变化	**第一千二百四十九条** 无变化	**第一千二百四十九条** 无变化	**第一千二百四十九条** 遗弃、逃逸的动物在遗弃、逃逸期间造成他人损害的，由动物原饲养人或者管理人承担侵权责任。
第一千零二十六条 因第三人的过错致使动物造成他人损害的，被侵权人可以向动物饲养人或者管理人请求赔偿，也可以向第三人请求赔偿。动物饲养人或者管理人赔偿后，有权向第三人追偿。	**第一千零二十六条** 无变化	**第一千零二十六条** 无变化	**第一千二百五十条** 无变化	**第一千二百五十条** 无变化	**第一千二百五十条** 因第三人的过错致使动物造成他人损害的，被侵权人可以向动物饲养人或者管理人请求赔偿，也可以向第三人请求赔偿。动物饲养人或者管理人赔偿后，有权向第三人追偿。
第一千零二十七条 饲养动物应当遵守法律，尊重社会公德，不得妨碍他人生活。	**第一千零二十七条** 无变化	**第一千零二十七条** 饲养动物应当遵守法律**法规**，尊重社会公德，不得妨碍他人生活。	**第一千二百五十一条** 无变化	**第一千二百五十一条** 无变化	**第一千二百五十一条** 饲养动物应当遵守法律法规，尊重社会公德，不得妨碍他人生活。

第十章　建筑物和物件损害责任

《民法典各分编（草案）》（2018 年 9 月版）	《民法典侵权责任编（草案二次审议稿）》（2018 年 12 月版）	《民法典侵权责任编（草案三次审议稿）》（2019 年 8 月版）	《中华人民共和国民法典（草案）》（2019 年 12 月版）	《中华人民共和国民法典（草案大会审议稿）》（2020 年 5 月 22 日提交审议）	《中华人民共和国民法典》（2020 年 5 月 28 日表决通过）
第十章 建筑物和 物件损害责任	第十章 建筑物和 物件损害责任	第十章 建筑物和 物件损害责任	第十章 建筑物和 物件损害责任	第十章 建筑物和 物件损害责任	第十章 建筑物和 物件损害责任
第一千零二十九条 建筑物、构筑物或者其他设施倒塌造成他人损害的，由建设单位与施工单位承担连带责任，但是建设单位与施工单位能够证明不存在质量缺陷的除外。建设单位、施工单位赔偿后，有其他责任人的，有权向其他责任人追偿。 因所有人、管理人、使用人或者第三人的原因，建筑物、构筑物或者其他设施倒塌造成他人损害的，由所有人、管理人、使用人或者第三人承担侵权责任。	**第一千零二十九条** 无变化	**第一千零二十九条** 无变化	**第一千二百五十二条** 无变化	**第一千二百五十二条** 无变化	**第一千二百五十二条** 建筑物、构筑物或者其他设施倒塌、**塌陷**造成他人损害的，由建设单位与施工单位承担连带责任，但是建设单位与施工单位能够证明不存在质量缺陷的除外。建设单位、施工单位赔偿后，有其他责任人的，有权向其他责任人追偿。 因所有人、管理人、使用人或者第三人的原因，建筑物、构筑物或者其他设施倒塌、**塌陷**造成他人损害的，由所有人、管理人、使用人或者第三人承担侵权责任。

续表

《民法典各分编（草案）》（2018年9月版）	《民法典侵权责任编（草案二次审议稿）》（2018年12月版）	《民法典侵权责任编（草案三次审议稿）》（2019年8月版）	《中华人民共和国民法典（草案）》（2019年12月版）	《中华人民共和国民法典（草案大会审议稿）》（2020年5月22日提交审议）	《中华人民共和国民法典》（2020年5月28日表决通过）
第一千零二十八条 建筑物、构筑物或者其他设施及其搁置物、悬挂物发生脱落、坠落造成他人损害，所有人、管理人或者使用人不能证明自己没有过错的，应当承担侵权责任。所有人、管理人或者使用人赔偿后，有其他责任人的，有权向其他责任人追偿。	**第一千零二十八条** 无变化	**第一千零二十八条** 无变化	**第一千二百五十三条** 无变化	**第一千二百五十三条** 无变化	**第一千二百五十三条** 建筑物、构筑物或者其他设施及其搁置物、悬挂物发生脱落、坠落造成他人损害，所有人、管理人或者使用人不能证明自己没有过错的，应当承担侵权责任。所有人、管理人或者使用人赔偿后，有其他责任人的，有权向其他责任人追偿。
第一千零三十条 从建筑物中抛掷物品或者从建筑物上坠落的物品造成他人损害，难以确定具体侵权人的，除能够证明自己不是侵权人的外，由可能加害的建筑物使用人给予补偿。	**第一千零三十条** 无变化	**第一千零三十条** **禁止从建筑物中抛掷物品。**从建筑物中抛掷物品或者从建筑物上坠落的物品造成他人损害**的，由侵权人依法承担侵权责任；经调查**难以确定具体侵权人的，除能够证明自己不是侵权人的外，由可能加害的建筑物使用人给予补偿。**可能加害的建筑物使用人补偿后，有权向侵权人追偿。** **建筑物管理人应当采取必要的安全保障措施防止前款规定情形的发生；未采取必要的安全保障措施的，应当依法承担未履行安全保障义务的侵权责任。** **发生本条第一款规定的情形的，有关机关应当依法及时调查，查清责任人。**	**第一千二百五十四条** 禁止从建筑物中抛掷物品。从建筑物中抛掷物品或者从建筑物上坠落的物品造成他人损害的，由侵权人依法承担侵权责任；经调查难以确定具体侵权人的，除能够证明自己不是侵权人的外，由可能加害的建筑物使用人给予补偿。可能加害的建筑物使用人补偿后，有权向侵权人追偿。 **物业服务企业等**建筑物管理人应当采取必要的安全保障措施防止前款规定情形的发生；未采取必要的安全保障措施的，应当依法承担未履行安全保障义务的侵权责任。 发生本条第一款规定的情形的，有关机关应当依法及时调查，查清责任人。	**第一千二百五十四条** 无变化	**第一千二百五十四条** 禁止从建筑物中抛掷物品。从建筑物中抛掷物品或者从建筑物上坠落的物品造成他人损害的，由侵权人依法承担侵权责任；经调查难以确定具体侵权人的，除能够证明自己不是侵权人的外，由可能加害的建筑物使用人给予补偿。可能加害的建筑物使用人补偿后，有权向侵权人追偿。 物业服务企业等建筑物管理人应当采取必要的安全保障措施防止前款规定情形的发生；未采取必要的安全保障措施的，应当依法承担未履行安全保障义务的侵权责任。 发生本条第一款规定的情形的，**公安等**机关应当依法及时调查，查清责任人。

续表

《民法典各分编（草案）》（2018年9月版）	《民法典侵权责任编（草案二次审议稿）》（2018年12月版）	《民法典侵权责任编（草案三次审议稿）》（2019年8月版）	《中华人民共和国民法典（草案）》（2019年12月版）	《中华人民共和国民法典（草案大会审议稿）》（2020年5月22日提交审议）	《中华人民共和国民法典》（2020年5月28日表决通过）
第一千零三十一条 堆放物倒塌、滚落或者滑落造成他人损害，堆放人不能证明自己没有过错的，应当承担侵权责任。	**第一千零三十一条** 无变化	**第一千零三十一条** 无变化	**第一千二百五十五条** 无变化	**第一千二百五十五条** 无变化	**第一千二百五十五条** 堆放物倒塌、滚落或者滑落造成他人损害，堆放人不能证明自己没有过错的，应当承担侵权责任。
第一千零三十二条 在公共道路上堆放、倾倒、遗撒妨碍通行的物品造成他人损害的，由行为人承担侵权责任。公共道路管理人不能证明已经尽到清理、防护、警示等义务的，应当承担相应的责任。	**第一千零三十二条** 无变化	**第一千零三十二条** 无变化	**第一千二百五十六条** 无变化	**第一千二百五十六条** 无变化	**第一千二百五十六条** 在公共道路上堆放、倾倒、遗撒妨碍通行的物品造成他人损害的，由行为人承担侵权责任。公共道路管理人不能证明已经尽到清理、防护、警示等义务的，应当承担相应的责任。
第一千零三十三条 因林木折断、倾倒或者果实坠落等造成他人损害，林木的所有人或者管理人不能证明自己没有过错的，应当承担侵权责任。	**第一千零三十三条** 无变化	**第一千零三十三条** 无变化	**第一千二百五十七条** 无变化	**第一千二百五十七条** 无变化	**第一千二百五十七条** 因林木折断、倾倒或者果实坠落等造成他人损害，林木的所有人或者管理人不能证明自己没有过错的，应当承担侵权责任。
第一千零三十四条 在公共场所或者道路上挖坑、修缮安装地下设施等造成他人损害，施工人不能证明已经设置明显标志和采取安全措施的，应当承担侵权责任。 窨井等地下设施造成他人损害，管理人不能证明尽到管理职责的，应当承担侵权责任。	**第一千零三十四条** 无变化	**第一千零三十四条** 在公共场所或者道路上**挖掘**、修缮安装地下设施等造成他人损害，施工人不能证明已经设置明显标志和采取安全措施的，应当承担侵权责任。 窨井等地下设施造成他人损害，管理人不能证明尽到管理职责的，应当承担侵权责任。	**第一千二百五十八条** 无变化	**第一千二百五十八条** 无变化	**第一千二百五十八条** 在公共场所或者道路上挖掘、修缮安装地下设施等造成他人损害，施工人不能证明已经设置明显标志和采取安全措施的，应当承担侵权责任。 窨井等地下设施造成他人损害，管理人不能证明尽到管理职责的，应当承担侵权责任。

附　　则

立法机关对民法典附则的说明

大会审议稿说明

时间:2020 年 5 月 22 日

来源:关于《中华人民共和国民法典(草案)》的说明(第十三届全国人民代表大会第三次会议)

草案最后部分“附则”明确了民法典与婚姻法、继承法、民法通则、收养法、担保法、合同法、物权法、侵权责任法、民法总则的关系。民法典施行后,上述民事单行法律将被替代。因此,草案规定在民法典施行之时,同步废止上述民事单行法律(草案第 1260 条)。需要说明的是,2014 年第十二届全国人大常委会第十一次会议通过的《关于〈中华人民共和国民法通则〉第九十九条第一款、〈中华人民共和国婚姻法〉第二十二条的解释》,作为与民法通则、婚姻法相关的法律解释,也同步废止。

附　　则

《民法总则（草案）》（2016年6月版）	《民法总则（草案二次审议稿）》（2016年10月版）	《民法总则（草案三次审议稿）》（2016年12月版）	《民法总则（草案大会审议稿）》（2017年3月8日提交审议）	《中华人民共和国民法总则》（2017年3月15日表决通过）	《中华人民共和国民法典（草案）》（2019年12月版）	《中华人民共和国民法典（草案大会审议稿）》（2020年5月22日提交审议）	《中华人民共和国民法典》（2020年5月28日表决通过）
第十一章 附则	第十一章 附则	第十一章 附则	第十一章 附则	第十一章 附则	附则	附则	附则
第一百八十五条 民事法律所称的"以上"、"以下"、"以内"、"届满"，包括本数；所称的"不满"、"超过"、"以外"，不包括本数。	**第二百零一条** 无变化	**第二百零九条** **民法**所称的"以上"、"以下"、"以内"、"届满"，包括本数；所称的"不满"、"超过"、"以外"，不包括本数。	**第二百零九条** 无变化	**第二百零五条** 民法所称的"以上""以下""以内""届满"，包括本数；所称的"不满""超过""以外"，不包括本数。	**第一千二百五十九条** 民法所称的"以上"、"以下"、"以内"、"届满"，包括本数；所称的"不满"、"超过"、"以外"，不包括本数。	**第一千二百五十九条** 无变化	**第一千二百五十九条** 民法所称的"以上"、"以下"、"以内"、"届满"，包括本数；所称的"不满"、"超过"、"以外"，不包括本数。
第一百八十六条 本法自　年　月　日起施行。	**第二百零二条** 无变化	**第二百一十条** 无变化	**第二百一十条** 无变化	**第二百零六条** 本法自**2017**年**10**月**1**日起施行。	**第一千二百六十条** 本法自　年　月　日起施行。**《中华人民共和国婚姻法》、《中华人民共和国继承法》、《中华人民共和国民法通则》、《中华人民共和国收养法》、《中华人民共和国担保法》、《中华人民共和国合同法》、**	**第一千二百六十条** 本法自　年　月　日起施行。《中华人民共和国婚姻法》、《中华人民共和国继承法》、《中华人民共和国民法通则》、《**中国**①人民共和国收养法》、《中华人民共和国担保法》、《中华人民共和国合同法》、	**第一千二百六十条** 本法自**2021**年**1**月**1**日起施行。《中华人民共和国婚姻法》、《中华人民共和国继承法》、《中华人民共和国民法通则》、《中华人民共和国收养法》、《中华人民共和国担保法》、《中华人

① 原草案即如此，属立法机关笔误，此处保留草案原样。

续表

《民法总则(草案)》(2016年6月版)	《民法总则(草案二次审议稿)》(2016年10月版)	《民法总则(草案三次审议稿)》(2016年12月版)	《民法总则(草案大会审议稿)》(2017年3月8日提交审议)	《中华人民共和国民法总则》(2017年3月15日表决通过)	《中华人民共和国民法典(草案)》(2019年12月版)	《中华人民共和国民法典(草案大会审议稿)》(2020年5月22日提交审议)	《中华人民共和国民法典》(2020年5月28日表决通过)
					《中华人民共和国物权法》、《中华人民共和国侵权责任法》、《中华人民共和国民法总则》同时废止。	《中华人民共和国物权法》、《中华人民共和国侵权责任法》、《中华人民共和国民法总则》同时废止。	民共和国合同法》、《中华人民共和国物权法》、《中华人民共和国侵权责任法》、《中华人民共和国民法总则》同时废止。

中华人民共和国民法典新旧法对照

法律规范简称

编号	全称	简称*	制定机关	性质
1	中华人民共和国宪法(2018年修正)	《宪法》	全国人民代表大会	宪法
2	中华人民共和国民法典	《民法典》	全国人民代表大会	法律
3	中华人民共和国民法总则	《民法总则》	全国人民代表大会	法律
4	中华人民共和国民法通则(2009年修正)	《民法通则》	全国人大常委会	法律
5	中华人民共和国物权法	《物权法》	全国人民代表大会	法律
6	中华人民共和国海岛保护法	《海岛保护法》	全国人大常委会	法律
7	中华人民共和国合同法(2012年修正)	《合同法》	全国人民代表大会	法律
8	中华人民共和国担保法	《担保法》	全国人大常委会	法律
9	中华人民共和国婚姻法(2001年修正)	《婚姻法》	全国人大常委会	法律
10	中华人民共和国继承法	《继承法》	全国人民代表大会	法律
11	中华人民共和国侵权责任法	《侵权责任法》	全国人大常委会	法律
12	中华人民共和国英雄烈士保护法	《英雄烈士保护法》	全国人大常委会	法律
13	中华人民共和国公司法(2018年修正)	《公司法》	全国人大常委会	法律
14	中华人民共和国合伙企业法(2006年修订)	《合伙企业法》	全国人大常委会	法律
15	中华人民共和国个人独资企业法	《个人独资企业法》	全国人大常委会	法律
16	中华人民共和国慈善法	《慈善法》	全国人民代表大会	法律
17	中华人民共和国公益事业捐赠法	《公益事业捐赠法》	全国人大常委会	法律
18	中华人民共和国老年人权益保障法(2018年修正)	《老年人权益保障法》	全国人大常委会	法律
19	中华人民共和国村民委员会组织法(2018年修正)	《村民委员会组织法》	全国人大常委会	法律

* 相关司法解释简称遵从用语习惯,原则上出现“解释”字样则简称为“××司法解释”,编号57是例外,因需与编号58对照。

续表

编号	全称	简称	制定机关	性质
20	中华人民共和国城市居民委员会组织法(2018 年修正)	《城市居民委员会组织法》	全国人大常委会	法律
21	中华人民共和国国家赔偿法(2012 年修正)	《国家赔偿法》	全国人大常委会	法律
22	中华人民共和国民事诉讼法(2017 年修正)	《民事诉讼法》	全国人大常委会	法律
23	中华人民共和国仲裁法(2017 年修正)	《仲裁法》	全国人大常委会	法律
24	中华人民共和国网络安全法	《网络安全法》	全国人大常委会	法律
25	中华人民共和国电子商务法	《电子商务法》	全国人大常委会	法律
26	中华人民共和国农村土地承包法(2018 年修正)	《农村土地承包法》	全国人大常委会	法律
27	中华人民共和国消费者权益保护法(2013 年修正)	《消费者权益保护法》	全国人大常委会	法律
28	中华人民共和国人民警察法(2012 年修正)	《人民警察法》	全国人大常委会	法律
29	中华人民共和国人民武装警察法(2020 年修订)	《人民武装警察法》	全国人大常委会	法律
30	中华人民共和国妇女权益保障法(2018 年修正)	《妇女权益保障法》	全国人大常委会	法律
31	中华人民共和国居民身份证法(2011 年修正)	《居民身份证法》	全国人大常委会	法律
32	中华人民共和国户口登记条例	《户口登记条例》	全国人大常委会	法律
33	中华人民共和国反不正当竞争法(2019 年修正)	《反不正当竞争法》	全国人大常委会	法律
34	中华人民共和国收养法(1998 年修正)	《收养法》	全国人大常委会	法律
35	中华人民共和国涉外民事关系法律适用法	《涉外民事法律关系适用法》	全国人大常委会	法律
36	全国人民代表大会常务委员会关于《中华人民共和国民法通则》第九十九条第一款、《中华人民共和国婚姻法》第二十二条的解释	《姓名权立法解释》	全国人大常委会	立法解释
37	关于贯彻执行《中华人民共和国民法通则》若干问题的意见(试行)	《民通意见》	最高人民法院	司法解释
38	最高人民法院关于适用《中华人民共和国物权法》若干问题的解释(一)	《物权法司法解释一》	最高人民法院	司法解释
39	最高人民法院关于适用《中华人民共和国合同法》若干问题的解释(一)	《合同法司法解释一》	最高人民法院	司法解释
40	最高人民法院关于适用《中华人民共和国合同法》若干问题的解释(二)	《合同法司法解释二》	最高人民法院	司法解释

续表

编号	全称	简称	制定机关	性质
41	最高人民法院关于审理买卖合同纠纷案件适用法律问题的解释	《买卖合同司法解释》	最高人民法院	司法解释
42	最高人民法院关于适用《中华人民共和国担保法》若干问题的解释	《担保法司法解释》	最高人民法院	司法解释
43	最高人民法院关于贯彻执行《中华人民共和国继承法》若干问题的意见	《继承法意见》	最高人民法院	司法解释
44	最高人民法院关于审理人身损害赔偿案件适用法律若干问题的解释	《人身损害赔偿司法解释》	最高人民法院	司法解释
45	最高人民法院关于审理道路交通事故损害赔偿案件适用法律若干问题的解释	《道路交通事故司法解释》	最高人民法院	司法解释
46	最高人民法院关于审理医疗损害责任纠纷案件适用法律若干问题的解释	《医疗损害赔偿司法解释》	最高人民法院	司法解释
47	最高人民法院关于审理环境侵权责任纠纷案件适用法律若干问题的解释	《环境侵权司法解释》	最高人民法院	司法解释
48	最高人民法院关于审理生态环境损害赔偿案件的若干规定(试行)	《生态损害赔偿规定》	最高人民法院	司法解释
49	最高人民法院关于确定民事侵权精神损害赔偿责任若干问题的解释	《精神损害赔偿司法解释》	最高人民法院	司法解释
50	最高人民法院关于审理民事案件适用诉讼时效制度若干问题的规定	《诉讼时效规定》	最高人民法院	司法解释
51	最高人民法院关于审理建设工程施工合同纠纷案件适用法律问题的解释	《建设工程司法解释一》	最高人民法院	司法解释
52	最高人民法院关于审理建设工程施工合同纠纷案件适用法律问题的解释(二)	《建设工程司法解释二》	最高人民法院	司法解释
53	最高人民法院关于审理民间借贷案件适用法律若干问题的规定(2020 年修正)	《民间借贷规定》	最高人民法院	司法解释
54	最高人民法院关于审理城镇房屋租赁合同纠纷案件具体应用法律若干问题的解释	《城镇房屋租赁司法解释》	最高人民法院	司法解释
55	最高人民法院关于审理融资租赁合同纠纷案件适用法律问题的解释	《融资租赁合同司法解释》	最高人民法院	司法解释
56	最高人民法院关于审理利用信息网络侵害人身权益民事纠纷案件适用法律若干问题的规定	《利用信息网络侵害人身权益规定》	最高人民法院	司法解释

续表

编号	全称	简称	制定机关	性质
57	最高人民法院关于审理名誉权案件若干问题的解释	《名誉权案件若干问题的解释》	最高人民法院	司法解释
58	最高人民法院关于审理名誉权案件若干问题的解答	《名誉权案件若干问题的解答》	最高人民法院	司法解释
59	最高人民法院关于审理技术合同纠纷案件适用法律若干问题的解释	《技术合同司法解释》	最高人民法院	司法解释
60	最高人民法院关于审理物业服务纠纷案件具体应用法律若干问题的解释	《物业服务合同司法解释》	最高人民法院	司法解释
61	最高人民法院关于适用《中华人民共和国婚姻法》若干问题的解释(一)	《婚姻法司法解释一》	最高人民法院	司法解释
62	最高人民法院关于适用《中华人民共和国婚姻法》若干问题的解释(二)(2017 年修正)	《婚姻法司法解释二》	最高人民法院	司法解释
63	最高人民法院关于适用《中华人民共和国婚姻法》若干问题的解释(三)	《婚姻法司法解释三》	最高人民法院	司法解释
64	最高人民法院关于适用《中华人民共和国公司法》若干问题的规定(三)(2014 年修正)	《公司法司法解释三》	最高人民法院	司法解释
65	最高人民法院关于适用《中华人民共和国公司法》若干问题的规定(四)	《公司法司法解释四》	最高人民法院	司法解释
66	最高人民法院关于审理涉及夫妻债务纠纷案件适用法律有关问题的解释	《夫妻债务司法解释》	最高人民法院	司法解释
67	不动产登记暂行条例(2019 年修订)	《不动产登记暂行条例》	国务院	行政法规
68	国有土地上房屋征收与补偿条例	《房屋征收与补偿条例》	国务院	行政法规
69	电力供应与使用条例(2019 年修订)	《电力供应与使用条例》	国务院	行政法规
70	医疗机构管理条例(2016 年修订)	《医疗机构管理条例》	国务院	行政法规
71	人体器官移植条例	《人体器官移植条例》	国务院	行政法规
72	企业名称登记管理规定(2012 年修订)	《企业名称登记管理规定》	国务院	行政法规
73	征信业管理条例	《征信业管理条例》	国务院	行政法规
74	物业管理条例(2018 年修订)	《物业管理条例》	国务院	行政法规
75	婚姻登记条例	《婚姻登记条例》	国务院	行政法规
76	涉及人的生物医学研究伦理审查办法	《涉及人的生物医学研究伦理审查办法》	国家卫生和计划生育委员会(现已并入国家卫生健康委员	部门规章

中华人民共和国民法典总则编
直接关联法条对照表*

中华人民共和国民法典	中华人民共和国民法总则	前民法典时代的其他民事法律规范①	立法演进的核心提示②
第一编　总则			
第一章　基本规定	第一章　基本规定		
第一条　为了保护民事主体的合法权益，调整民事关系，维护社会和经济秩序，适应中国特色社会主义发展要求，**弘扬社会主义核心价值观**，根据宪法，制定本法。	**第一条**　同《民法典》	**第一条**　为了保障公民、法人的合法的民事权益，正确调整民事关系，适应社会主义现代化建设事业发展的需要，根据宪法和我国实际情况，总结民事活动的实践经验，制定本法。	将“弘扬社会主义核心价值观”明确作为制定《民法典》的立法目的写入。
第二条　民法调整平等主体的自然人、法人和非法人组织之间的**人身关系和财产关系**。	**第二条**　同《民法典》	**第二条**　中华人民共和国民法调整平等主体的公民之间、法人之间、公民和法人之间的财产关系和人身关系。	将“人身关系”置于“财产关系”之前，凸显对“人”的重视。
第三条　民事主体的人身权利、财产权利以及其他合法权益受法律保护，任何组织或者个人不得侵犯。	**第三条**　同《民法典》	**第五条**　公民、法人的合法的民事权益受法律保护，任何组织和个人不得侵犯。	
第四条　民事主体在民事活动中的法律地位一律平等。	**第四条**　同《民法典》	**第三条**　当事人在民事活动中的地位平等。	

* 本书新旧法对照部分，原则上对照《民法典》与前民法典时代的民事法律规范，但因民法典总则编之前以《民法总则》的形式由立法机关先通过，并且最终在审议《民法典》时该部分作了表述上的调整，故本书总则编的对照将《民法总则》单列为对照文本。

此外，特别说明：第一，本书各编“立法演变的核心提示”仅选取编者认为有必要提示的部分加以标明；第二，本书该部分仅对立法有实质变化的地方加以标注，非实质性变化不标注。主要是通过加粗与下画线的方式来标注新增或调整过的条文，通过删除线以标注被删除的核心内容。

① 此处法条没有特别说明，均指《民法通则》。

② 因《民法总则》属于“编纂民法典”的第一步，所以此处的立法演变指《民法典》相对《民法总则》生效之前的民事法律规范而言。

续表

中华人民共和国民法典	中华人民共和国民法总则	前民法典时代的其他民事法律规范	立法演进的核心提示
第五条　民事主体从事民事活动,应当遵循自愿原则,按照自己的意思设立、变更、终止民事法律关系。	**第五条**　同《民法典》	**第四条**　民事活动应当遵循自愿、公平、~~等价有偿~~、诚实信用的原则。	
第六条　民事主体从事民事活动,应当遵循公平原则,合理确定各方的权利和义务。	**第六条**　同《民法典》		
第七条　民事主体从事民事活动,应当遵循诚信原则,秉持诚实,恪守承诺。	**第七条**　同《民法典》		
第八条　民事主体从事民事活动,不得违反法律,不得违背公序良俗。	**第八条**　同《民法典》	**第七条**　民事活动应当尊重社会公德,不得损害社会公共利益,扰乱社会经济秩序。	
第九条　民事主体从事民事活动,应当有利于节约资源、保护生态环境。	**第九条**　同《民法典》		
第十条　处理民事纠纷,应当依照法律;法律没有规定的,可以适用习惯,但是不得违背公序良俗。	**第十条**　同《民法典》	~~**第六条**　民事活动必须遵守法律,法律没有规定的,应当遵守国家政策。~~	"国家政策"不再属于法源;此处的"法律"是指广义层面上的"法律",包含行政法规、地方性法规以及规章。
第十一条　其他法律对民事关系有特别规定的,依照其规定。	**第十一条**　同《民法典》		明确了《民法典》与其他特别法的效力关系,但就"其他法律"是否包含《民法典》颁布之前已经生效的法律则是值得讨论的问题。
第十二条　中华人民共和国领域内的民事活动,适用中华人民共和国法律。法律另有规定的,依照其规定。	**第十二条**　同《民法典》	**第八条第一款**　在中华人民共和国领域内的民事活动,适用中华人民共和国法律,法律另有规定的除外。	

续表

中华人民共和国民法典	中华人民共和国民法总则	前民法典时代的其他民事法律规范	立法演进的核心提示
第二章 自然人	**第二章 自然人**		
第一节 民事权利能力和民事行为能力	第一节 民事权利能力和民事行为能力		
第十三条 自然人从出生时起到死亡时止，具有民事权利能力，依法享有民事权利，承担民事义务。	**第十三条** 同《民法典》	**第九条** 公民从出生时起到死亡时止，具有民事权利能力，依法享有民事权利，承担民事义务。	《民法典》将“公民”这一术语统一表述为“自然人”。
第十四条 自然人的民事权利能力一律平等。	**第十四条** 同《民法典》	**第十条** 公民的民事权利能力一律平等。	
第十五条 **自然人的出生时间和死亡时间，以出生证明、死亡证明记载的时间为准；没有出生证明、死亡证明的，以户籍登记或者其他有效身份登记记载的时间为准。有其他证据足以推翻以上记载时间的，以该证据证明的时间为准。**	**第十五条** 同《民法典》	**《民通意见》第一条** 公民的民事权利能力自出生时开始。出生的时间以户籍证明为准；没有户籍证明的，以医院出具的出生证明为准。没有医院证明的，参照其他有关证明认定。	构建完整的自然人出生时间、死亡时间确定规则。
第十六条 **涉及遗产继承、接受赠与等胎儿利益保护的，胎儿视为具有民事权利能力。但是，胎儿娩出时为死体的，其民事权利能力自始不存在。**	**第十六条** 涉及遗产继承、接受赠与等胎儿利益保护的，胎儿视为具有民事权利能力。但是胎儿娩出时为死体的，其民事权利能力自始不存在。	**《继承法》第二十八条** 遗产分割时，应当保留胎儿的继承份额。胎儿出生时是死体的，保留的份额按照法定继承办理。 **《继承法意见》第四十五条** 应当为胎儿保留的遗产份额没有保留的应从继承人所继承的遗产中扣回。 为胎儿保留的遗产份额，如胎儿出生后死亡的，由其继承人继承；如胎儿出生时就是死体的，由被继承人的继承人继承。	遗产继承中的胎儿特留份制度扩展为胎儿利益特别保护制度。

续表

中华人民共和国民法典	中华人民共和国民法总则	前民法典时代的其他民事法律规范	立法演进的核心提示
第十七条 十八周岁以上的自然人为成年人。不满十八周岁的自然人为未成年人。	**第十七条** 同《民法典》	**第十一条第一款** 十八周岁以上的公民是成年人，具有完全民事行为能力，可以独立进行民事活动，是完全民事行为能力人。	
第十八条 成年人为完全民事行为能力人，可以独立实施民事法律行为。 十六周岁以上的未成年人，以自己的劳动收入为主要生活来源的，视为完全民事行为能力人。	**第十八条** 同《民法典》	**第十一条第二款** 十六周岁以上不满十八周岁的公民，以自己的劳动收入为主要生活来源的，视为完全民事行为能力人。	
第十九条 <u>**八周岁以上**</u>的未成年人为限制民事行为能力人，实施民事法律行为由其法定代理人代理或者经其法定代理人同意、追认；但是，可以独立实施纯获利益的民事法律行为或者与其年龄、智力相适应的民事法律行为。	**第十九条** 八周岁以上的未成年人为限制民事行为能力人，实施民事法律行为由其法定代理人代理或者经其法定代理人同意、追认，但是可以独立实施纯获利益的民事法律行为或者与其年龄、智力相适应的民事法律行为。	**第十二条第一款** 十周岁以上的未成年人是限制民事行为能力人，可以进行与他的年龄、智力相适应的民事活动；其他民事活动由他的法定代理人代理，或者征得他的法定代理人的同意。	将限制民事行为能力人与无民事行为能力人的年龄标准从“十周岁”降至“八周岁”。
第二十条 不满八周岁的未成年人为无民事行为能力人，由其法定代理人代理实施民事法律行为。	**第二十条** 同《民法典》	**第十二条第二款** 不满十周岁的未成年人是无民事行为能力人，由他的法定代理人代理民事活动。	
第二十一条 不能辨认自己行为的成年人为无民事行为能力人，由其法定代理人代理实施民事法律行为。 八周岁以上的未成年人不能辨认自己行为的，适用前款规定。	**第二十一条** 同《民法典》	**第十三条第一款** 不能辨认自己行为的精神病人是无民事行为能力人，由他的法定代理人代理民事活动。	

续表

中华人民共和国民法典	中华人民共和国民法总则	前民法典时代的其他民事法律规范	立法演进的核心提示
第二十二条 不能完全辨认自己行为的成年人为限制民事行为能力人,实施民事法律行为由其法定代理人代理或者经其法定代理人同意、追认;但是,可以独立实施纯获利益的民事法律行为或者与其智力、精神健康状况相适应的民事法律行为。	**第二十二条** 不能完全辨认自己行为的成年人为限制民事行为能力人,实施民事法律行为由其法定代理人代理或者经其法定代理人同意、追认,但是可以独立实施纯获利益的民事法律行为或者与其智力、精神健康状况相适应的民事法律行为。	**第十三条第二款** 不能完全辨认自己行为的精神病人是限制民事行为能力人,可以进行与他的精神健康状况相适应的民事活动;其他民事活动由他的法定代理人代理,或者征得他的法定代理人的同意。 **《民通意见》第五条** 精神病人(包括痴呆症人)如果没有判断能力和自我保护能力,不知其行为后果的,可以认定为不能辨认自己行为的人;对于比较复杂的事物或者比较重大的行为缺乏判断能力和自我保护能力,并且不能预见其行为后果的,可以认定为不能完全辨认自己行为的人。	
第二十三条 无民事行为能力人、限制民事行为能力人的监护人是其法定代理人。	**第二十三条** 同《民法典》	**第十四条** 无民事行为能力人、限制民事行为能力人的监护人是他的法定代理人。	
第二十四条 不能辨认或者不能完全辨认自己行为的成年人,其利害关系人**或者有关组织**,可以向人民法院申请认定该成年人为无民事行为能力人或者限制民事行为能力人。 被人民法院认定为无民事行为能力人或者限制民事行为能力人的,经本人、利害关系人或者有关组织申请,人民法院可以根据其智力、精神健康恢复的状况,认定该成年人恢复为限制民事行为能力人或者完全民事行为能力人。 **本条规定的有关组织包括:居民委员会、村民委员会、学校、医疗机构、妇女联合会、残疾人联合会、依法设立的老年人组织、民政部门等。**	**第二十四条** 同《民法典》	**第十九条** 精神病人的利害关系人,可以向人民法院申请宣告精神病人为无民事行为能力人或者限制民事行为能力人。 被人民法院宣告为无民事行为能力人或者限制民事行为能力人的,根据他健康恢复的状况,经本人或者利害关系人申请,人民法院可以宣告他为限制民事行为能力人或者完全民事行为能力人。	增加法定的"组织"作为申请人民法院认定成年人民事行为能力的申请人。

续表

中华人民共和国民法典	中华人民共和国民法总则	前民法典时代的其他民事法律规范	立法演进的核心提示
第二十五条　自然人以户籍登记或者其他有效身份登记记载的居所为住所；经常居所与住所不一致的，经常居所视为住所。	**第二十五条**　同《民法典》	**第十五条**　公民以他的户籍所在地的居住地为住所，经常居住地与住所不一致的，经常居住地视为住所。 **《民通意见》第九条**　公民离开住所地最后连续居住一年以上的地方，为经常居住地。但住医院治病的除外。 公民由其户籍所在地迁出后至迁入另一地之前，无经常居住地的，仍以其原户籍所在地为住所。	
第二节　监护	第二节　监护		
第二十六条　父母对未成年子女负有抚养、教育和保护的义务。 成年子女对父母负有赡养、扶助和保护的义务。	**第二十六条**　同《民法典》	**《婚姻法》** **第二十一条第一款**　父母对子女有抚养教育的义务；子女对父母有赡养扶助的义务。 **第二十三条**　父母有保护和教育未成年子女的权利和义务。在未成年子女对国家、集体或他人造成损害时，父母有承担民事责任的义务。	
第二十七条　父母是未成年子女的监护人。 未成年人的父母已经死亡或者没有监护能力的，由下列有监护能力的人按顺序担任监护人： （一）祖父母、外祖父母； （二）兄、姐； （三）其他愿意担任监护人的个人或者组织，但是须经未成年人住所地的居民委员会、村民委员会或者民政部门同意。	**第二十七条**　同《民法典》	**第十六条第一款、第二款**　未成年人的父母是未成年人的监护人。 未成年人的父母已经死亡或者没有监护能力的，由下列人员中有监护能力的人担任监护人： （一）祖父母、外祖父母； （二）兄、姐； （三）关系密切的其他亲属、朋友愿意承担监护责任，~~经未成年人的父、母的所在单位~~或者未成年人住所地的居民委员会、村民委员会同意的。	未成年人父母所在单位无权干涉未成年人监护人的确定。

续表

中华人民共和国民法典	中华人民共和国民法总则	前民法典时代的其他民事法律规范	立法演进的核心提示
第二十八条 无民事行为能力或者限制民事行为能力的成年人,由下列有监护能力的人按顺序担任监护人: (一)配偶; (二)父母、子女; (三)其他近亲属; (四)其他愿意担任监护人的个人或者组织,但是须经被监护人住所地的居民委员会、村民委员会或者民政部门同意。	**第二十八条** 同《民法典》	**第十七条第一款** 无民事行为能力或者限制民事行为能力的精神病人,由下列人员担任监护人: (一)配偶; (二)父母; (三)成年子女; (四)其他近亲属; (五)关系密切的其他亲属、朋友愿意承担监护责任,经精神病人的所在单位或者住所地的居民委员会、村民委员会同意的。	
第二十九条 被监护人的父母担任监护人的,可以通过遗嘱指定监护人。	**第二十九条** 同《民法典》		新增遗嘱指定监护制度,明确父母担任监护人的可以通过遗嘱指定监护人。 **特别注意:**这个制度以共同遗嘱指定或遗嘱人配偶已去世为适用前提。
第三十条 依法具有监护资格的人之间可以协议确定监护人。协议确定监护人应当尊重被监护人的真实意愿。	**第三十条** 同《民法典》	**《民通意见》第十五条** 有监护资格的人之间协议确定监护人的,应当由协议确定的监护人对被监护人承担监护责任。	
第三十一条 对监护人的确定有争议的,由被监护人住所地的居民委员会、村民委员会或者民政部门指定监护人,有关当事人对指定不服的,可以向人民法院申请指定监护人;有关当事人也可以直接向人民法院申请指定监护人。 居民委员会、村民委员会、民政部门或者人民法院应当尊重被监护人的真实意愿,按照最有利于被监护人的原则在依法具有监护资格的人中指定监护人。 依据本条第一款规定指定监护人前,被监护人的人身权利、财产权利以及其他合法权益处于无人保护状态的,由被监护人住所地的居民委员会、村民委员会、法律规定的有关组织或者民政部门担任临时监护人。 监护人被指定后,不得擅自变更;擅自变更的,不免除被指定的监护人的责任。	**第三十一条** 对监护人的确定有争议的,由被监护人住所地的居民委员会、村民委员会或者民政部门指定监护人,有关当事人对指定不服的,可以向人民法院申请指定监护人;有关当事人也可以直接向人民法院申请指定监护人。 居民委员会、村民委员会、民政部门或者人民法院应当尊重被监护人的真实意愿,按照最有利于被监护人的原则在依法具有监护资格的人中指定监护人。 依照本条第一款规定指定监护人前,被监护人的人身权利、财产权利以及其他合法权益处于无人保护状态的,由被监护人住所地的居民委员会、村民委员会、法律规定的有关组织或者民政部门担任临时监护人。 监护人被指定后,不得擅自变更;擅自变更的,不免除被指定的监护人的责任。	**第十六条第三款** 对担任监护人有争议的,由未成年人的父、母的所在单位或者未成年人住所地的居民委员会、村民委员会在近亲属中指定。对指定不服提起诉讼的,由人民法院裁决。 **第十七条第二款** 对担任监护人有争议的,由精神病人的所在单位或者住所地的居民委员会、村民委员会在近亲属中指定。对指定不服提起诉讼的,由人民法院裁决。 **《民通意见》** ~~**第十六条** 对于担任监护人有争议的,应当按照民法通则第十六条第三款或者第十七条第二款的规定,由有关组织予以指定。未经指定而向人民法院起诉的,人民法院不予受理。~~ **第十八条** 监护人被指定后,不得自行变更。擅自变更的,由原被指定的监护人和变更后的监护人承担监护责任。	取消指定监护中的行政前置程序。

续表

中华人民共和国民法典	中华人民共和国民法总则	前民法典时代的其他民事法律规范	立法演进的核心提示
第三十二条　没有依法具有监护资格的人的，监护人由民政部门担任，也可以由具备履行监护职责条件的被监护人住所地的居民委员会、村民委员会担任。	**第三十二条**　同《民法典》	**第十六条第四款**　没有第一款、第二款规定的监护人的，由未成年人的父、母的所在单位或者未成年人住所地的居民委员会、村民委员会或者民政部门担任监护人。 **第十七条第三款**　没有第一款规定的监护人的，由精神病人的所在单位或者住所地的居民委员会、村民委员会或者民政部门担任监护人。	
第三十三条　具有完全民事行为能力的成年人，可以与其近亲属、其他愿意担任监护人的个人或者组织事先协商，以书面形式确定自己的监护人，在自己丧失或者部分丧失民事行为能力时，由该监护人履行监护职责。	**第三十三条**　具有完全民事行为能力的成年人，可以与其近亲属、其他愿意担任监护人的个人或者组织事先协商，以书面形式确定自己的监护人。协商确定的监护人在该成年人丧失或者部分丧失民事行为能力时，履行监护职责。	**《老年人权益保障法》第二十六条**　具备完全民事行为能力的老年人，可以在近亲属或者其他与自己关系密切、愿意承担监护责任的个人、组织中协商确定自己的监护人。监护人在老年人丧失或者部分丧失民事行为能力时，依法承担监护责任。 老年人未事先确定监护人的，其丧失或者部分丧失民事行为能力时，依照有关法律的规定确定监护人。	新增成年人意定监护制度，且不再限于《老年人权益保障法》所规定的“老年人”范畴。
第三十四条　监护人的职责是代理被监护人实施民事法律行为，保护被监护人的人身权利、财产权利以及其他合法权益等。 监护人依法履行监护职责产生的权利，受法律保护。 监护人不履行监护职责或者侵害被监护人合法权益的，应当承担法律责任。 **因发生突发事件等紧急情况，监护人暂时无法履行监护职责，被监护人的生活处于无人照料状态的，被监护人住所地的居民委员会、村民委员会或者民政部门应当为被监护人安排必要的临时生活照料措施。**	**第三十四条**　监护人的职责是代理被监护人实施民事法律行为，保护被监护人的人身权利、财产权利以及其他合法权益等。 监护人依法履行监护职责产生的权利，受法律保护。 监护人不履行监护职责或者侵害被监护人合法权益的，应当承担法律责任。	**第十八条**　监护人应当履行监护职责，保护被监护人的人身、财产及其他合法权益，除为被监护人的利益外，不得处理被监护人的财产。 监护人依法履行监护的权利，受法律保护。 监护人不履行监护职责或者侵害被监护人的合法权益的，应当承担责任；给被监护人造成财产损失的，应当赔偿损失。人民法院可以根据有关人员或者有关单位的申请，撤销监护人的资格。 **《民通意见》第十条**　监护人的监护职责包括：保护被监护人的身体健康，照顾被监护人的生活，管理和保护被监护人的财产，代理被监护人进行民事活动，对被监护人进行管理和教育，在被监护人合法权益受到侵害或者与人发生争议时，代理其进行诉讼。	新增紧急监护制度。

续表

中华人民共和国民法典	中华人民共和国民法总则	前民法典时代的其他民事法律规范	立法演进的核心提示
第三十五条 监护人应当按照最有利于被监护人的原则履行监护职责。监护人除为维护被监护人利益外,不得处分被监护人的财产。 未成年人的监护人履行监护职责,在作出与被监护人利益有关的决定时,应当根据被监护人的年龄和智力状况,尊重被监护人的真实意愿。 成年人的监护人履行监护职责,应当最大程度地尊重被监护人的真实意愿,保障并协助被监护人实施与其智力、精神健康状况相适应的民事法律行为。对被监护人有能力独立处理的事务,监护人不得干涉。	**第三十五条** 同《民法典》		
第三十六条 监护人有下列情形之一的,人民法院根据有关个人或者组织的申请,撤销其监护人资格,安排必要的临时监护措施,并按照最有利于被监护人的原则依法指定监护人: (一)实施严重损害被监护人身心健康的行为; (二)怠于履行监护职责,或者无法履行监护职责且拒绝将监护职责部分或者全部委托给他人,导致被监护人处于危困状态; (三)实施严重侵害被监护人合法权益的其他行为。 本条规定的有关个人、组织包括:其他依法具有监护资格的人,居民委员会、村民委员会、学校、医疗机构、妇女联合会、残疾人联合会、未成年人保护组织、依法设立的老年人组织、民政部门等。 前款规定的个人和民政部门以外的组织未及时向人民法院申请撤销监护人资格的,民政部门应当向人民法院申请。	**第三十六条** 监护人有下列情形之一的,人民法院根据有关个人或者组织的申请,撤销其监护人资格,安排必要的临时监护措施,并按照最有利于被监护人的原则依法指定监护人: (一)实施严重损害被监护人身心健康行为的; (二)怠于履行监护职责,或者无法履行监护职责并且拒绝将监护职责部分或者全部委托给他人,导致被监护人处于危困状态的; (三)实施严重侵害被监护人合法权益的其他行为的。 本条规定的有关个人和组织包括:其他依法具有监护资格的人,居民委员会、村民委员会、学校、医疗机构、妇女联合会、残疾人联合会、未成年人保护组织、依法设立的老年人组织、民政部门等。 前款规定的个人和民政部门以外的组织未及时向人民法院申请撤销监护人资格的,民政部门应当向人民法院申请。		

续表

中华人民共和国民法典	中华人民共和国民法总则	前民法典时代的其他民事法律规范	立法演进的核心提示
第三十七条　依法负担被监护人抚养费、赡养费、扶养费的父母、子女、配偶等,被人民法院撤销监护人资格后,应当继续履行负担的义务。	**第三十七条**　同《民法典》		新增被撤销监护资格不影响法定负担义务的规定。
第三十八条　被监护人的父母或者子女被人民法院撤销监护人资格后,除对被监护人实施故意犯罪的外,确有悔改表现的,经其申请,人民法院可以在尊重被监护人真实意愿的前提下,视情况恢复其监护人资格,人民法院指定的监护人与被监护人的监护关系同时终止。	**第三十八条**　同《民法典》		新增恢复监护人资格的规定,并且明确因对被监护人实施故意犯罪被剥夺监护人资格的不属于可恢复情形。
第三十九条　有下列情形之一的,监护关系终止: **(一)被监护人取得或者恢复完全民事行为能力;** **(二)监护人丧失监护能力;** **(三)被监护人或者监护人死亡;** **(四)人民法院认定监护关系终止的其他情形。** **监护关系终止后,被监护人仍然需要监护的,应当依法另行确定监护人。**	**第三十九条**　同《民法典》		
第三节　宣告失踪和宣告死亡	第三节　宣告失踪和宣告死亡		
第四十条　自然人下落不明满二年的,利害关系人可以向人民法院申请宣告该自然人为失踪人。	**第四十条**　同《民法典》	**第二十条第一款**　公民下落不明满二年的,利害关系人可以向人民法院申请宣告他为失踪人。 **《民通意见》第二十四条**　申请宣告失踪的利害关系人,包括被申请宣告失踪人的配偶、父母、子女、兄弟姐妹、祖父母、外祖父母、孙子女、外孙子女以及其他与被申请人有民事权利义务关系的人。	

续表

中华人民共和国民法典	中华人民共和国民法总则	前民法典时代的其他民事法律规范	立法演进的核心提示
第四十一条 自然人下落不明的时间自其失去音讯之日起计算。战争期间下落不明的,下落不明的时间自战争结束之日或者有关机关确定的下落不明之日起计算。	**第四十一条** 自然人下落不明的时间从其失去音讯之日起计算。战争期间下落不明的,下落不明的时间自战争结束之日或者有关机关确定的下落不明之日起计算。	**第二十条第二款** 战争期间下落不明的,下落不明的时间从战争结束之日起计算。	
第四十二条 失踪人的财产由其配偶、成年子女、父母或者其他愿意担任财产代管人的人代管。 代管有争议,没有前款规定的人,或者前款规定的人无代管能力的,由人民法院指定的人代管。	**第四十二条** 同《民法典》	**第二十一条第一款** 失踪人的财产由他的配偶、父母、成年子女或者关系密切的其他亲属、朋友代管。代管有争议的,没有以上规定的人或者以上规定的人无能力代管的,由人民法院指定的人代管。	
第四十三条 财产代管人应当妥善管理失踪人的财产,维护其财产权益。 失踪人所欠税款、债务和应付的其他费用,由财产代管人从失踪人的财产中支付。 财产代管人因故意或者重大过失造成失踪人财产损失的,应当承担赔偿责任。	**第四十三条** 同《民法典》	**第二十一条第二款** 失踪人所欠税款、债务和应付的其他费用,由代管人从失踪人的财产中支付。	
第四十四条 财产代管人不履行代管职责、侵害失踪人财产权益或者丧失代管能力的,失踪人的利害关系人可以向人民法院申请变更财产代管人。 **财产代管人有正当理由的,可以向人民法院申请变更财产代管人。** **人民法院变更财产代管人的,变更后的财产代管人有权请求原财产代管人及时移交有关财产并报告财产代管情况。**	**第四十四条** 财产代管人不履行代管职责、侵害失踪人财产权益或者丧失代管能力的,失踪人的利害关系人可以向人民法院申请变更财产代管人。 财产代管人有正当理由的,可以向人民法院申请变更财产代管人。 人民法院变更财产代管人的,变更后的财产代管人有权要求原财产代管人及时移交有关财产并报告财产代管情况。		新增变更财产代管人的规定。

续表

中华人民共和国民法典	中华人民共和国民法总则	前民法典时代的其他民事法律规范	立法演进的核心提示
第四十五条　失踪人重新出现，经本人或者利害关系人申请，人民法院应当撤销失踪宣告。 失踪人重新出现，有权请求财产代管人及时移交有关财产并报告财产代管情况。	**第四十五条**　失踪人重新出现，经本人或者利害关系人申请，人民法院应当撤销失踪宣告。 失踪人重新出现，有权要求财产代管人及时移交有关财产并报告财产代管情况。	**第二十二条**　被宣告失踪的人重新出现或者确知他的下落，经本人或者利害关系人申请，人民法院应当撤销对他的失踪宣告。	
第四十六条　自然人有下列情形之一的，利害关系人可以向人民法院申请宣告该自然人死亡： （一）下落不明满四年； （二）因意外事件，下落不明满二年。 因意外事件下落不明，经有关机关证明该自然人不可能生存的，申请宣告死亡不受二年时间的限制。	**第四十六条**　同《民法典》	**第二十三条**　公民有下列情形之一的，利害关系人可以向人民法院申请宣告他死亡： （一）下落不明满四年的； （二）因意外事故下落不明，从事故发生之日起满二年的。 战争期间下落不明的，下落不明的时间从战争结束之日起计算。 **《民事诉讼法》第一百八十四条**　公民下落不明满四年，或者因意外事故下落不明满二年，或者因意外事故下落不明，经有关机关证明该公民不可能生存，利害关系人申请宣告其死亡的，向下落不明人住所地基层人民法院提出。 申请书应当写明下落不明的事实、时间和请求，并附有公安机关或者其他有关机关关于该公民下落不明的书面证明。	
第四十七条　对同一自然人，有的利害关系人申请宣告死亡，有的利害关系人申请宣告失踪，符合本法规定的宣告死亡条件的，人民法院应当宣告死亡。	**第四十七条**　同《民法典》	**《民通意见》第二十九条**　宣告失踪不是宣告死亡的必经程序。公民下落不明，符合申请宣告死亡的条件，利害关系人可以不经申请宣告失踪而直接申请宣告死亡。但利害关系人只申请宣告失踪的，应当宣告失踪；~~同一顺序的利害关系人~~，有的申请宣告死亡，有的不同意宣告死亡，则应当宣告死亡。	宣告死亡的申请人范围不再有顺序限制。

续表

中华人民共和国民法典	中华人民共和国民法总则	前民法典时代的其他民事法律规范	立法演进的核心提示
第四十八条 被宣告死亡的人，人民法院宣告死亡的判决作出之日视为其死亡的日期；因意外事件下落不明宣告死亡的，意外事件发生之日视为其死亡的日期。	**第四十八条** 同《民法典》	**《民通意见》第三十六条第一款** 被宣告死亡的人，判决宣告之日为其死亡的日期。判决书除发给申请人外，还应当在被宣告死亡的人住所地和人民法院所在地公告。	
第四十九条 自然人被宣告死亡但是并未死亡的，不影响该自然人在被宣告死亡期间实施的民事法律行为的效力。	**第四十九条** 同《民法典》	**第二十四条** 被宣告死亡的人重新出现或者确知他没有死亡，经本人或者利害关系人申请，人民法院应当撤销对他的死亡宣告。 有民事行为能力人在被宣告死亡期间实施的民事法律行为有效。 **《民通意见》第三十六条第二款** 被宣告死亡和自然死亡的时间不一致的，被宣告死亡所引起的法律后果仍然有效，但自然死亡前实施的民事法律行为与被宣告死亡引起的法律后果相抵触的，则以其实施的民事法律行为为准。 **《民事诉讼法》第一百八十六条** 被宣告失踪、宣告死亡的公民重新出现，经本人或者利害关系人申请，人民法院应当作出新判决，撤销原判决。	
第五十条 被宣告死亡的人重新出现，经本人或者利害关系人申请，人民法院应当撤销死亡宣告。	**第五十条** 同《民法典》		
第五十一条 被宣告死亡的人的婚姻关系，自死亡宣告之日起消除。死亡宣告被撤销的，婚姻关系自撤销死亡宣告之日起自行恢复。**但是，其配偶再婚或者向婚姻登记机关书面声明不愿意恢复的除外。**	**第五十一条** 被宣告死亡的人的婚姻关系，自死亡宣告之日起消灭。死亡宣告被撤销的，婚姻关系自撤销死亡宣告之日起自行恢复，但是其配偶再婚或者向婚姻登记机关书面声明不愿意恢复的除外。	**《民通意见》第三十七条** 被宣告死亡的人与配偶的婚姻关系，自死亡宣告之日起消灭。死亡宣告被人民法院撤销，如果其配偶尚未再婚的，夫妻关系从撤销死亡宣告之日起自行恢复；如果其配偶再婚后又离婚或者再婚后配偶又死亡的，则不得认定夫妻关系自行恢复。	死亡宣告撤销后婚姻关系自动恢复例外规则发生变化，新增“一方向婚姻登记机关书面声明不愿意恢复”的情形。

续表

中华人民共和国民法典	中华人民共和国民法总则	前民法典时代的其他民事法律规范	立法演进的核心提示
第五十二条　被宣告死亡的人在被宣告死亡期间，其子女被他人依法收养的，在死亡宣告被撤销后，不得以未经本人同意为由主张收养行为无效。	**第五十二条**　被宣告死亡的人在被宣告死亡期间，其子女被他人依法收养的，在死亡宣告被撤销后，不得以未经本人同意为由主张收养关系无效。	**《民通意见》第三十八条**　被宣告死亡的人在被宣告死亡期间，其子女被他人依法收养，被宣告死亡的人在死亡宣告被撤销后，仅以未经本人同意而主张收养关系无效的，一般不应准许，但收养人和被收养人同意的除外。	
第五十三条　被撤销死亡宣告的人有权请求依照本法第六编取得其财产的民事主体返还财产；无法返还的，应当给予适当补偿。 利害关系人隐瞒真实情况，致使他人被宣告死亡而取得其财产的，除应当返还财产外，还应当对由此造成的损失承担赔偿责任。	**第五十三条**　被撤销死亡宣告的人有权请求依照继承法取得其财产的民事主体返还财产。无法返还的，应当给予适当补偿。 利害关系人隐瞒真实情况，致使他人被宣告死亡取得其财产的，除应当返还财产外，还应当对由此造成的损失承担赔偿责任。	**第二十五条**　被撤销死亡宣告的人有权请求返还财产。依照继承法取得他的财产的公民或者组织，应当返还原物；原物不存在的，给予适当补偿。 **《民通意见》** **第三十九条**　利害关系人隐瞒真实情况使他人被宣告死亡而取得其财产的，除应返还原物及孳息外，还应对造成的损失予以赔偿。 **第四十条**　被撤销死亡宣告的人请求返还财产，其原物已被第三人合法取得的，第三人可不予返还。但依继承法取得原物的公民或者组织，应当返还原物或者给予适当补偿。	
第四节 个体工商户和农村承包经营户	第四节 个体工商户和农村承包经营户		
第五十四条　自然人从事工商业经营，经依法登记，为个体工商户。个体工商户可以起字号。	**第五十四条**　同《民法典》	**第二十六条**　公民在法律允许的范围内，依法经核准登记，从事工商业经营的，为个体工商户。个体工商户可以起字号。	
第五十五条　农村集体经济组织的成员，依法取得农村土地承包经营权，从事家庭承包经营的，为农村承包经营户。	**第五十五条**　同《民法典》	**第二十七条**　农村集体经济组织的成员，在法律允许的范围内，按照承包合同规定从事商品经营的，为农村承包经营户。	

续表

中华人民共和国民法典	中华人民共和国民法总则	前民法典时代的其他民事法律规范	立法演进的核心提示
第五十六条 个体工商户的债务,个人经营的,以个人财产承担;**家庭经营的,以家庭财产承担;无法区分的,以家庭财产承担。** **农村承包经营户的债务,以从事农村土地承包经营的农户财产承担;事实上由农户部分成员经营的,以该部分成员的财产承担。**	**第五十六条** 同《民法典》	**第二十九条** 个体工商户、农村承包经营户的债务,个人经营的,以个人财产承担;家庭经营的,以家庭财产承担。	完善个人经济组织承担责任时如何确定"责任财产范围"的规则。
第三章 法人①	**第三章 法人**		
第一节 一般规定	第一节 一般规定		
第五十七条 法人是具有民事权利能力和民事行为能力,依法独立享有民事权利和承担民事义务的组织。	**第五十七条** 同《民法典》	**第三十六条第一款** 同《民法典》	
第五十八条 法人应当依法成立。 法人应当有自己的名称、组织机构、住所、财产或者经费。法人成立的具体条件和程序,依照法律、行政法规的规定。 设立法人,法律、行政法规规定须经有关机关批准的,依照其规定。	**第五十八条** 同《民法典》	**第三十七条** 法人应当具备下列条件: (一)依法成立; (二)有必要的财产或者经费; (三)有自己的名称、组织机构和场所; (四)能够独立承担民事责任。	
第五十九条 法人的民事权利能力和民事行为能力,从法人成立时产生,到法人终止时消灭。	**第五十九条** 同《民法典》	**第三十六条第二款** 同《民法典》	

① 考虑整部《公司法》都可以与法人制度产生联系,所以该章节就前民法典时代的其他民事法律规范的对照,采纳如下原则进行处理:原则上不对照《公司法》的相关内容,除非部分规则确有必要,该章"第一节 一般规定"和"第二节 营利法人"均可以参照《公司法》的规定加以理解,读者请留意。

续表

中华人民共和国民法典	中华人民共和国民法总则	前民法典时代的其他民事法律规范	立法演进的核心提示
第六十条 法人以其全部财产独立承担民事责任。	**第六十条** 同《民法典》	**第四十八条** 全民所有制企业法人以国家授予它经营管理的财产承担民事责任。集体所有制企业法人以企业所有的财产承担民事责任。中外合资经营企业法人、中外合作经营企业法人和外资企业法人以企业所有的财产承担民事责任,法律另有规定的除外。	
第六十一条 依照法律或者法人章程的规定,代表法人从事民事活动的负责人,为法人的法定代表人。 法定代表人以法人名义从事的民事活动,其法律后果由法人承受。 法人章程或者法人权力机构对法定代表人代表权的限制,不得对抗善意相对人。	**第六十一条** 同《民法典》	**第三十八条** 依照法律或者法人组织章程规定,代表法人行使职权的负责人,是法人的法定代表人。 **第四十三条** 企业法人对它的法定代表人和其他工作人员的经营活动,承担民事责任。 **《民通意见》第五十八条** 企业法人的法定代表人和其他工作人员,以法人名义从事的经营活动,给他人造成经济损失的,企业法人应当承担民事责任。 **《担保法司法解释》第十一条** 法人或者其他组织的法定代表人、负责人超越权限订立的担保合同,除相对人知道或者应当知道其超越权限的以外,该代表行为有效。 **《公司法》第十六条第一款、第二款** 公司向其他企业投资或者为他人提供担保,依照公司章程的规定,由董事会或者股东会、股东大会决议;公司章程对投资或者担保的总额及单项投资或者担保的数额有限额规定的,不得超过规定的限额。 公司为公司股东或者实际控制人提供担保的,必须经股东会或者股东大会决议。	**特别注意**:法定代表人的表见代表规则不适用于"法定代表人以公司名义对外提供担保的情形"。

续表

中华人民共和国民法典	中华人民共和国民法总则	前民法典时代的其他民事法律规范	立法演进的核心提示
第六十二条 法定代表人因执行职务造成他人损害的，由法人承担民事责任。 法人承担民事责任后，依照法律或者法人章程的规定，可以向有过错的法定代表人追偿。	**第六十二条** 同《民法典》	**第一百二十一条** 国家机关或者国家机关工作人员在执行职务中，侵犯公民、法人的合法权益造成损害的，应当承担民事责任。 **《人身损害赔偿司法解释》第八条** 法人或者其他组织的法定代表人、负责人以及工作人员，在执行职务中致人损害的，依照民法通则第一百二十一条的规定，由该法人或者其他组织承担民事责任。上述人员实施与职务无关的行为致人损害的，应当由行为人承担赔偿责任。 属于《国家赔偿法》赔偿事由的，依照《国家赔偿法》的规定处理。	
第六十三条 法人以其主要办事机构所在地为住所。依法需要办理法人登记的，应当将主要办事机构所在地登记为住所。	**第六十三条** 同《民法典》	**第三十九条** 法人以它的主要办事机构所在地为住所。	
第六十四条 法人存续期间登记事项发生变化的，应当依法向登记机关申请变更登记。	**第六十四条** 同《民法典》	**第四十四条第一款** 企业法人分立、合并或者有其他重要事项变更，应当向登记机关办理登记并公告。	
第六十五条 法人的实际情况与登记的事项不一致的，不得对抗善意相对人。	**第六十五条** 同《民法典》	**《公司法》第三十二条第三款** 公司应当将股东的姓名或者名称向公司登记机关登记；登记事项发生变更的，应当办理变更登记。未经登记或者变更登记的，不得对抗第三人。	
第六十六条 登记机关应当依法及时公示法人登记的有关信息。	**第六十六条** 同《民法典》		

续表

中华人民共和国民法典	中华人民共和国民法总则	前民法典时代的其他民事法律规范	立法演进的核心提示
第六十七条 法人合并的，其权利和义务由合并后的法人享有和承担。 法人分立的，其权利和义务由分立后的法人享有连带债权，承担连带债务，但是债权人和债务人另有约定的除外。	**第六十七条** 同《民法典》	**第四十四条第二款** 企业法人分立、合并，它的权利和义务由变更后的法人享有和承担。 **《合同法》第九十条** 当事人订立合同后合并的，由合并后的法人或者其他组织行使合同权利，履行合同义务。当事人订立合同后分立的，除债权人和债务人另有约定的以外，由分立的法人或者其他组织对合同的权利和义务享有连带债权，承担连带债务。	
第六十八条 有下列原因之一并依法完成清算、注销登记的，法人终止： （一）法人解散； （二）法人被宣告破产； （三）法律规定的其他原因。 法人终止，法律、行政法规规定须经有关机关批准的，依照其规定。	**第六十八条** 同《民法典》	**第四十五条** 企业法人由于下列原因之一终止： （一）依法被撤销； （二）解散； （三）依法宣告破产； （四）其他原因。	
第六十九条 有下列情形之一的，法人解散： （一）法人章程规定的存续期间届满或者法人章程规定的其他解散事由出现； （二）法人的权力机构决议解散； （三）因法人合并或者分立需要解散； （四）法人依法被吊销营业执照、登记证书，被责令关闭或者被撤销； （五）法律规定的其他情形。	**第六十九条** 同《民法典》	**《公司法》第一百八十条** 公司因下列原因解散： （一）公司章程规定的营业期限届满或者公司章程规定的其他解散事由出现； （二）股东会或者股东大会决议解散； （三）因公司合并或者分立需要解散； （四）依法被吊销营业执照、责令关闭或者被撤销； （五）人民法院依照本法第一百八十二条的规定予以解散。	

续表

中华人民共和国民法典	中华人民共和国民法总则	前民法典时代的其他民事法律规范	立法演进的核心提示
第七十条 法人解散的,除合并或者分立的情形外,清算义务人应当及时组成清算组进行清算。 法人的董事、理事等执行机构或者决策机构的成员为清算义务人。法律、行政法规另有规定的,依照其规定。 清算义务人未及时履行清算义务,造成损害的,应当承担民事责任;主管机关或者利害关系人可以申请人民法院指定有关人员组成清算组进行清算。	**第七十条** 同《民法典》	**第四十条** 法人终止,应当依法进行清算,停止清算范围外的活动。 **第四十七条** 企业法人解散,应当成立清算组织,进行清算。企业法人被撤销、被宣告破产的,应当由主管机关或者人民法院组织有关机关和有关人员成立清算组织,进行清算。 **《民通意见》第五十九条** 企业法人解散或被撤销的,应当由其主管机关组织清算小组进行清算。企业法人被宣告破产的,应当由人民法院组织有关机关和有关人员成立清算组织进行清算。	
第七十一条 法人的清算程序和清算组职权,依照有关法律的规定;没有规定的,参照适用公司法律的有关规定。	**第七十一条** 法人的清算程序和清算组职权,依照有关法律的规定;没有规定的,参照适用公司法的有关规定。		
第七十二条 清算期间法人存续,但是不得从事与清算无关的活动。 法人清算后的剩余财产,按照法人章程的规定或者法人权力机构的决议处理。法律另有规定的,依照其规定。 清算结束并完成法人注销登记时,法人终止;依法不需要办理法人登记的,清算结束时,法人终止。	**第七十二条** 清算期间法人存续,但是不得从事与清算无关的活动。 法人清算后的剩余财产,根据法人章程的规定或者法人权力机构的决议处理。法律另有规定的,依照其规定。 清算结束并完成法人注销登记时,法人终止;依法不需要办理法人登记的,清算结束时,法人终止。	**第四十条** 法人终止,应当依法进行清算,停止清算范围外的活动。 **第四十六条** 企业法人终止,应当向登记机关办理注销登记并公告。 **《民通意见》第六十条** 清算组织是以清算企业法人债权、债务为目的而依法成立的组织。它负责对终止的企业法人的财产进行保管、清理、估价、处理和清偿。 对于涉及终止的企业法人债权、债务的民事诉讼,清算组织可以用自己的名义参加诉讼。 以逃避债务责任为目的而成立的清算组织,其实施的民事行为无效。	

续表

中华人民共和国民法典	中华人民共和国民法总则	前民法典时代的其他民事法律规范	立法演进的核心提示
第七十三条 法人被宣告破产的,依法进行破产清算并完成法人注销登记时,法人终止。	**第七十三条** 同《民法典》		
第七十四条 法人可以依法设立分支机构。法律、行政法规规定分支机构应当登记的,依照其规定。 分支机构以自己的名义从事民事活动,产生的民事责任由法人承担;也可以先以该分支机构管理的财产承担,不足以承担的,由法人承担。	**第七十四条** 同《民法典》	**《公司法》第十四条第一款** 公司可以设立分公司。设立分公司,应当向公司登记机关申请登记,领取营业执照。分公司不具有法人资格,其民事责任由公司承担。	
第七十五条 设立人为设立法人从事的民事活动,其法律后果由法人承受;法人未成立的,其法律后果由设立人承受,设立人为二人以上的,享有连带债权,承担连带债务。 设立人为设立法人以自己的名义从事民事活动产生的民事责任,第三人有权选择请求法人或者设立人承担。	**第七十五条** 同《民法典》	**《公司法司法解释三》** **第二条** 发起人为设立公司以自己名义对外签订合同,合同相对人请求该发起人承担合同责任的,人民法院应予支持。 公司成立后对前款规定的合同予以确认,或者已经实际享有合同权利或者履行合同义务,合同相对人请求公司承担合同责任的,人民法院应予支持。 **第三条** 发起人以设立中公司名义对外签订合同,公司成立后合同相对人请求公司承担合同责任的,人民法院应予支持。 公司成立后有证据证明发起人利用设立中公司的名义为自己的利益与相对人签订合同,公司以此为由主张不承担合同责任的,人民法院应予支持,但相对人为善意的除外。 **第四条** 公司因故未成立,债权人请求全体或者部分发起人对设立公司行为所产生的费用和债务承担连带清偿责任的,人民法院应予支持。 部分发起人依照前款规定承担责任后,请求其他发起人分担的,人民法院应当判令其他发起	

续表

中华人民共和国民法典	中华人民共和国民法总则	前民法典时代的其他民事法律规范	立法演进的核心提示
		人按照约定的责任承担比例分担责任;没有约定责任承担比例的,按照约定的出资比例分担责任;没有约定出资比例的,按照均等份额分担责任。 因部分发起人的过错导致公司未成立,其他发起人主张其承担设立行为所产生的费用和债务的,人民法院应当根据过错情况,确定过错一方的责任范围。 **第五条** 发起人因履行公司设立职责造成他人损害,公司成立后受害人请求公司承担侵权赔偿责任的,人民法院应予支持;公司未成立,受害人请求全体发起人承担连带赔偿责任的,人民法院应予支持。 公司或者无过错的发起人承担赔偿责任后,可以向有过错的发起人追偿。	
第二节 营利法人	第二节 营利法人		
第七十六条 以取得利润并分配给股东等出资人为目的成立的法人,为营利法人。 **营利法人包括有限责任公司、股份有限公司和其他企业法人等。**	**第七十六条** 同《民法典》		
第七十七条 营利法人经依法登记成立。	**第七十七条** 同《民法典》	**第四十一条** 全民所有制企业、集体所有制企业有符合国家规定的资金数额,有组织章程、组织机构和场所,能够独立承担民事责任,经主管机关核准登记,取得法人资格。 在中华人民共和国领域内设立的中外合资经营企业、中外合作经营企业和外资企业,具备法人条件的,依法经工商行政管理机关核准登记,取得中国法人资格。	

续表

中华人民共和国民法典	中华人民共和国民法总则	前民法典时代的其他民事法律规范	立法演进的核心提示
第七十八条 依法设立的营利法人,由登记机关发给营利法人营业执照。营业执照签发日期为营利法人的成立日期。	**第七十八条** 同《民法典》	**《公司法》第七条第一款** 依法设立的公司,由公司登记机关发给公司营业执照。公司营业执照签发日期为公司成立日期。	
第七十九条 设立营利法人应当依法制定法人章程。	**第七十九条** 同《民法典》	**《公司法》第十一条** 设立公司必须依法制定公司章程。公司章程对公司、股东、董事、监事、高级管理人员具有约束力。	
第八十条 营利法人应当设权力机构。 权力机构行使修改法人章程,选举或者更换执行机构、监督机构成员,以及法人章程规定的其他职权。	**第八十条** 同《民法典》	**《公司法》** **第三十六条** 有限责任公司股东会由全体股东组成。股东会是公司的权力机构,依照本法行使职权。 **第九十八条** 股份有限公司股东大会由全体股东组成。股东大会是公司的权力机构,依照本法行使职权。	
第八十一条 营利法人应当设执行机构。 执行机构行使召集权力机构会议,决定法人的经营计划和投资方案,决定法人内部管理机构的设置,以及法人章程规定的其他职权。 执行机构为董事会或者执行董事的,董事长、执行董事或者经理按照法人章程的规定担任法定代表人;未设董事会或者执行董事的,法人章程规定的主要负责人为其执行机构和法定代表人。	**第八十一条** 同《民法典》	具体参见《公司法》关于有限责任公司和股份有限公司董事会、执行董事、经理以及监事会的相关规定。	
第八十二条 营利法人设监事会或者监事等监督机构的,监督机构依法行使检查法人财务,监督执行机构成员、高级管理人员执行法人职务的行为,以及法人章程规定的其他职权。	**第八十二条** 同《民法典》		

续表

中华人民共和国民法典	中华人民共和国民法总则	前民法典时代的其他民事法律规范	立法演进的核心提示
第八十三条 营利法人的出资人不得滥用出资人权利损害法人或者其他出资人的利益;滥用出资人权利造成法人或者其他出资人损失的,应当依法承担民事责任。 营利法人的出资人不得滥用法人独立地位和出资人有限责任损害法人债权人的利益;滥用法人独立地位和出资人有限责任,逃避债务,严重损害法人债权人的利益的,应当对法人债务承担连带责任。	**第八十三条** 营利法人的出资人不得滥用出资人权利损害法人或者其他出资人的利益。滥用出资人权利给法人或者其他出资人造成损失的,应当依法承担民事责任。 营利法人的出资人不得滥用法人独立地位和出资人有限责任损害法人的债权人利益。滥用法人独立地位和出资人有限责任,逃避债务,严重损害法人的债权人利益的,应当对法人债务承担连带责任。	**《公司法》第二十条** 公司股东应当遵守法律、行政法规和公司章程,依法行使股东权利,不得滥用股东权利损害公司或者其他股东的利益;不得滥用公司法人独立地位和股东有限责任损害公司债权人的利益。 公司股东滥用股东权利给公司或者其他股东造成损失的,应当依法承担赔偿责任。 公司股东滥用公司法人独立地位和股东有限责任,逃避债务,严重损害公司债权人利益的,应当对公司债务承担连带责任。	
第八十四条 营利法人的控股出资人、实际控制人、董事、监事、高级管理人员不得利用其关联关系损害法人的利益;利用关联关系造成法人损失的,应当承担赔偿责任。	**第八十四条** 营利法人的控股出资人、实际控制人、董事、监事、高级管理人员不得利用其关联关系损害法人的利益。利用关联关系给法人造成损失的,应当承担赔偿责任。	**《公司法》第二十一条** 公司的控股股东、实际控制人、董事、监事、高级管理人员不得利用其关联关系损害公司利益。 违反前款规定,给公司造成损失的,应当承担赔偿责任。	
第八十五条 营利法人的权力机构、执行机构作出决议的会议召集程序、表决方式违反法律、行政法规、法人章程,或者决议内容违反法人章程的,营利法人的出资人可以请求人民法院撤销该决议。但是,营利法人依据该决议与善意相对人形成的民事法律关系不受影响。	**第八十五条** 营利法人的权力机构、执行机构作出决议的会议召集程序、表决方式违反法律、行政法规、法人章程,或者决议内容违反法人章程的,营利法人的出资人可以请求人民法院撤销该决议,但是营利法人依据该决议与善意相对人形成的民事法律关系不受影响。	**《公司法》第二十二条第二款** 股东会或者股东大会、董事会的会议召集程序、表决方式违反法律、行政法规或者公司章程,或者决议内容违反公司章程的,股东可以自决议作出之日起六十日内,请求人民法院撤销。 **《公司法司法解释四》第六条** 股东会或者股东大会、董事会决议被人民法院判决确认无效或者撤销的,公司依据该决议与善意相对人形成的民事法律关系不受影响。	
第八十六条 营利法人从事经营活动,应当遵守商业道德,维护交易安全,接受政府和社会的监督,承担社会责任。	**第八十六条** 同《民法典》	**《公司法》第五条第一款** 公司从事经营活动,必须遵守法律、行政法规,遵守社会公德、商业道德,诚实守信,接受政府和社会公众的监督,承担社会责任。	

续表

中华人民共和国民法典	中华人民共和国民法总则	前民法典时代的其他民事法律规范	立法演进的核心提示
第三节　非营利法人	第三节　非营利法人		
第八十七条　为公益目的或者其他非营利目的成立，不向出资人、设立人或者会员分配所取得利润的法人，为非营利法人。 **非营利法人包括事业单位、社会团体、基金会、社会服务机构等。**	**第八十七条**　同《民法典》		
第八十八条　具备法人条件，为适应经济社会发展需要，提供公益服务设立的事业单位，经依法登记成立，取得事业单位法人资格；依法不需要办理法人登记的，从成立之日起，具有事业单位法人资格。	**第八十八条**　同《民法典》	**第五十条**　有独立经费的机关从成立之日起，具有法人资格。 具备法人条件的事业单位、社会团体，依法不需要办理法人登记的，从成立之日起，具有法人资格；依法需要办理法人登记的，经核准登记，取得法人资格。	
第八十九条　事业单位法人设理事会的，除法律另有规定外，理事会为其决策机构。事业单位法人的法定代表人依照法律、行政法规或者法人章程的规定产生。	**第八十九条**　同《民法典》		
第九十条　具备法人条件，基于会员共同意愿，为公益目的或者会员共同利益等非营利目的设立的社会团体，经依法登记成立，取得社会团体法人资格；依法不需要办理法人登记的，从成立之日起，具有社会团体法人资格。	**第九十条**　同《民法典》	**第五十条**　有独立经费的机关从成立之日起，具有法人资格。 具备法人条件的事业单位、社会团体，依法不需要办理法人登记的，从成立之日起，具有法人资格；依法需要办理法人登记的，经核准登记，取得法人资格。	
第九十一条　设立社会团体法人应当依法制定法人章程。 **社会团体法人应当设会员大会或者会员代表大会等权力机构。** **社会团体法人应当设理事会等执行机构。理事长或者会长等负责人按照法人章程的规定担任法定代表人。**	**第九十一条**　同《民法典》		

续表

中华人民共和国民法典	中华人民共和国民法总则	前民法典时代的其他民事法律规范	立法演进的核心提示
第九十二条 具备法人条件,为公益目的以捐助财产设立的基金会、社会服务机构等,经依法登记成立,取得捐助法人资格。 依法设立的宗教活动场所,具备法人条件的,可以申请法人登记,取得捐助法人资格。法律、行政法规对宗教活动场所有规定的,依照其规定。	**第九十二条** 同《民法典》	**《慈善法》第十条** 设立慈善组织,应当向县级以上人民政府民政部门申请登记,民政部门应当自受理申请之日起三十日内作出决定。符合本法规定条件的,准予登记并向社会公告;不符合本法规定条件的,不予登记并书面说明理由。 本法公布前已经设立的基金会、社会团体、社会服务机构等非营利性组织,可以向其登记的民政部门申请认定为慈善组织,民政部门应当自受理申请之日起二十日内作出决定。符合慈善组织条件的,予以认定并向社会公告;不符合慈善组织条件的,不予认定并书面说明理由。 有特殊情况需要延长登记或者认定期限的,报经国务院民政部门批准,可以适当延长,但延长的期限不得超过六十日。	
第九十三条 设立捐助法人应当依法制定法人章程。 捐助法人应当设理事会、民主管理组织等决策机构,并设执行机构。理事长等负责人按照法人章程的规定担任法定代表人。 捐助法人应当设监事会等监督机构。	**第九十三条** 同《民法典》	**《慈善法》第十二条** 慈善组织应当根据法律法规以及章程的规定,建立健全内部治理结构,明确决策、执行、监督等方面的职责权限,开展慈善活动。 慈善组织应当执行国家统一的会计制度,依法进行会计核算,建立健全会计监督制度,并接受政府有关部门的监督管理。	
第九十四条 捐助人有权向捐助法人查询捐助财产的使用、管理情况,并提出意见和建议,捐助法人应当及时、如实答复。 捐助法人的决策机构、执行机构或者法定代表人作出决定的程序违反法律、行政法规、法人章程,或者决定内容违反法人章程的,捐助人等利害关系人或者主管机关可以请求人民法院撤销该决定。但是,捐助法人依据该决定与善意相对人形成的民事法律关系不受影响。	**第九十四条** 捐助人有权向捐助法人查询捐助财产的使用、管理情况,并提出意见和建议,捐助法人应当及时、如实答复。 捐助法人的决策机构、执行机构或者法定代表人作出决定的程序违反法律、行政法规、法人章程,或者决定内容违反法人章程的,捐助人等利害关系人或者主管机关可以请求人民法院撤销该决定,但是捐助法人依据该决定与善意相对人形成的民事法律关系不受影响。	**《公益事业捐赠法》第二十一条** 捐赠人有权向受赠人查询捐赠财产的使用、管理情况,并提出意见和建议。对于捐赠人的查询,受赠人应当如实答复。	

续表

中华人民共和国民法典	中华人民共和国民法总则	前民法典时代的其他民事法律规范	立法演进的核心提示
第九十五条　为公益目的成立的非营利法人终止时，不得向出资人、设立人或者会员分配剩余财产。剩余财产应当按照法人章程的规定或者权力机构的决议用于公益目的；无法按照法人章程的规定或者权力机构的决议处理的，由主管机关主持转给宗旨相同或者相近的法人，并向社会公告。	**第九十五条**　同《民法典》	**《慈善法》第十八条**　慈善组织终止，应当进行清算。 慈善组织的决策机构应当在本法第十七条规定的终止情形出现之日起三十日内成立清算组进行清算，并向社会公告。不成立清算组或者清算组不履行职责的，民政部门可以申请人民法院指定有关人员组成清算组进行清算。 慈善组织清算后的剩余财产，应当按照慈善组织章程的规定转给宗旨相同或者相近的慈善组织；章程未规定的，由民政部门主持转给宗旨相同或者相近的慈善组织，并向社会公告。 慈善组织清算结束后，应当向其登记的民政部门办理注销登记，并由民政部门向社会公告。	非营利法人终止时剩余财产的处置。
第四节　特别法人	第四节　特别法人		
第九十六条　本节规定的机关法人、农村集体经济组织法人、城镇农村的合作经济组织法人、基层群众性自治组织法人，为特别法人。	**第九十六条**　同《民法典》		
第九十七条　有独立经费的机关和承担行政职能的法定机构从成立之日起，具有机关法人资格，可以从事为履行职能所需要的民事活动。	**第九十七条**　同《民法典》	**第五十条第一款**　有独立经费的机关从成立之日起，具有法人资格。	
第九十八条　机关法人被撤销的，法人终止，其民事权利和义务由继任的机关法人享有和承担；没有继任的机关法人的，由作出撤销决定的机关法人享有和承担。	**第九十八条**　同《民法典》	**《国家赔偿法》第七条第五款** 赔偿义务机关被撤销的，继续行使其职权的行政机关为赔偿义务机关；没有继续行使其职权的行政机关的，撤销该赔偿义务机关的行政机关为赔偿义务机关。	

续表

中华人民共和国民法典	中华人民共和国民法总则	前民法典时代的其他民事法律规范	立法演进的核心提示
第九十九条　农村集体经济组织依法取得法人资格。 **法律、行政法规对农村集体经济组织有规定的，依照其规定。**	**第九十九条**　同《民法典》		
第一百条　城镇农村的合作经济组织依法取得法人资格。 **法律、行政法规对城镇农村的合作经济组织有规定的，依照其规定。**	**第一百条**　同《民法典》		
第一百零一条　居民委员会、村民委员会具有基层群众性自治组织法人资格，可以从事为履行职能所需要的民事活动。 未设立村集体经济组织的，村民委员会可以依法代行村集体经济组织的职能。	**第一百零一条**　同《民法典》	**《城市居民委员会组织法》第二条第一款**　居民委员会是居民自我管理、自我教育、自我服务的基层群众性自治组织。 **《村民委员会组织法》第二条** 村民委员会是村民自我管理、自我教育、自我服务的基层群众性自治组织，实行民主选举、民主决策、民主管理、民主监督。 村民委员会办理本村的公共事务和公益事业，调解民间纠纷，协助维护社会治安，向人民政府反映村民的意见、要求和提出建议。 村民委员会向村民会议、村民代表会议负责并报告工作。	
第四章　非法人组织	**第四章　非法人组织**		
第一百零二条　非法人组织是不具有法人资格，但是能够依法以自己的名义从事民事活动的组织。 **非法人组织包括个人独资企业、合伙企业、不具有法人资格的专业服务机构等。**	**第一百零二条**　同《民法典》		

续表

中华人民共和国民法典	中华人民共和国民法总则	前民法典时代的其他民事法律规范	立法演进的核心提示
第一百零三条　非法人组织应当依照法律的规定登记。 **设立非法人组织，法律、行政法规规定须经有关机关批准的，依照其规定。**	**第一百零三条**　同《民法典》		
第一百零四条　非法人组织的财产不足以清偿债务的，其出资人或者设立人承担无限责任。法律另有规定的，依照其规定。	**第一百零四条**　同《民法典》	**《合伙企业法》第二条第二款、第三款**　普通合伙企业由普通合伙人组成，合伙人对合伙企业债务承担无限连带责任。本法对普通合伙人承担责任的形式有特别规定的，从其规定。 有限合伙企业由普通合伙人和有限合伙人组成，普通合伙人对合伙企业债务承担无限连带责任，有限合伙人以其认缴的出资额为限对合伙企业债务承担责任。 **《个人独资企业法》第二条**　本法所称个人独资企业，是指依照本法在中国境内设立，由一个自然人投资，财产为投资人个人所有，投资人以其个人财产对企业债务承担无限责任的经营实体。	
第一百零五条　非法人组织可以确定一人或者数人代表该组织从事民事活动。	**第一百零五条**　同《民法典》		
第一百零六条　有下列情形之一的，非法人组织解散： **(一)章程规定的存续期间届满或者章程规定的其他解散事由出现；** **(二)出资人或者设立人决定解散；** **(三)法律规定的其他情形。**	**第一百零六条**　同《民法典》		
第一百零七条　非法人组织解散的，应当依法进行清算。	**第一百零七条**　同《民法典》		

续表

中华人民共和国民法典	中华人民共和国民法总则	前民法典时代的其他民事法律规范	立法演进的核心提示
第一百零八条　非法人组织除适用本章规定外，参照适用本编第三章第一节的有关规定。	**第一百零八条**　非法人组织除适用本章规定外，参照适用本法第三章第一节的有关规定。		
第五章　民事权利	**第五章　民事权利**		
第一百零九条　自然人的人身自由、人格尊严受法律保护。	**第一百零九条**　同《民法典》	**第一百零一条**　公民、法人享有名誉权，公民的人格尊严受法律保护，禁止用侮辱、诽谤等方式损害公民、法人的名誉。	
第一百一十条　自然人享有生命权、身体权、健康权、姓名权、肖像权、名誉权、荣誉权、隐私权、婚姻自主权等权利。 法人、非法人组织享有名称权、名誉权**和**荣誉权。	**第一百一十条**　自然人享有生命权、身体权、健康权、姓名权、肖像权、名誉权、荣誉权、隐私权、婚姻自主权等权利。 法人、非法人组织享有名称权、名誉权、荣誉权等权利。	**第九十八条**　公民享有生命健康权。 **第九十九条**　公民享有姓名权，有权决定、使用和依照规定改变自己的姓名，禁止他人干涉、盗用、假冒。 法人、个体工商户、个人合伙享有名称权。企业法人、个体工商户、个人合伙有权使用、依法转让自己的名称。 **第一百条**　公民享有肖像权，未经本人同意，不得以营利为目的使用公民的肖像。 **第一百零一条**　公民、法人享有名誉权，公民的人格尊严受法律保护，禁止用侮辱、诽谤等方式损害公民、法人的名誉。 **第一百零二条**　公民、法人享有荣誉权，禁止非法剥夺公民、法人的荣誉称号。 **第一百零三条**　公民享有婚姻自主权，禁止买卖、包办婚姻和其他干涉婚姻自由的行为。	
第一百一十一条　自然人的个人信息受法律保护。任何组织或者个人需要获取他人个人信息的，应当依法取得并确保信息安全，不得非法收集、使用、加工、传输他人个人信息，不得非法买卖、提供或者公开他人个人信息。	**第一百一十一条**　自然人的个人信息受法律保护。任何组织和个人需要获取他人个人信息的，应当依法取得并确保信息安全，不得非法收集、使用、加工、传输他人个人信息，不得非法买卖、提供或者公开他人个人信息。	**《网络安全法》第四十四条**　任何个人和组织不得窃取或者以其他非法方式获取个人信息，不得非法出售或者非法向他人提供个人信息。	

续表

中华人民共和国民法典	中华人民共和国民法总则	前民法典时代的其他民事法律规范	立法演进的核心提示
第一百一十二条　自然人因婚姻家庭关系等产生的人身权利受法律保护。	**第一百一十二条**　自然人因婚姻、家庭关系等产生的人身权利受法律保护。	**第一百零四条**　婚姻、家庭、老人、母亲和儿童受法律保护。 残疾人的合法权益受法律保护。	
第一百一十三条　民事主体的财产权利受法律平等保护。	**第一百一十三条**　同《民法典》	**第七十五条**　公民的个人财产，包括公民的合法收入、房屋、储蓄、生活用品、文物、图书资料、林木、牲畜和法律允许公民所有的生产资料以及其他合法财产。 公民的合法财产受法律保护，禁止任何组织或者个人侵占、哄抢、破坏或者非法查封、扣押、冻结、没收。 **《物权法》第四条**　国家、集体、私人的物权和其他权利人的物权受法律保护，任何单位和个人不得侵犯。	新增财产权利平等保护原则，这个特别重要，意味着公私财产享有平等法律地位，都是“神圣不受侵犯的”。
第一百一十四条　民事主体依法享有物权。 物权是权利人依法对特定的物享有直接支配和排他的权利，包括所有权、用益物权和担保物权。	**第一百一十四条**　同《民法典》	**第七十一条**　财产所有权是指所有人依法对自己的财产享有占有、使用、收益和处分的权利。 **《物权法》第二条第三款**　本法所称物权，是指权利人依法对特定的物享有直接支配和排他的权利，包括所有权、用益物权和担保物权。	
第一百一十五条　物包括不动产和动产。法律规定权利作为物权客体的，依照其规定。	**第一百一十五条**　同《民法典》	**《物权法》第二条第二款**　本法所称物，包括不动产和动产。法律规定权利作为物权客体的，依照其规定。	
第一百一十六条　物权的种类和内容，由法律规定。	**第一百一十六条**　同《民法典》	**《物权法》第五条**　物权的种类和内容，由法律规定。	
第一百一十七条　为了公共利益的需要，依照法律规定的权限和程序征收、征用不动产或者动产的，应当给予公平、合理的补偿。	**第一百一十七条**　同《民法典》	**《房屋征收与补偿条例》第二条**　为了公共利益的需要，征收国有土地上单位、个人的房屋，应当对被征收房屋所有权人（以下称被征收人）给予公平补偿。	

续表

中华人民共和国民法典	中华人民共和国民法总则	前民法典时代的其他民事法律规范	立法演进的核心提示
第一百一十八条 民事主体依法享有债权。 债权是因合同、侵权行为、无因管理、不当得利以及法律的其他规定，权利人请求特定义务人为或者不为一定行为的权利。	**第一百一十八条** 同《民法典》	**第八十四条** 债是按照合同的约定或者依照法律的规定，在当事人之间产生的特定的权利和义务关系。享有权利的人是债权人，负有义务的人是债务人。 债权人有权要求债务人按照合同的约定或者依照法律的规定履行义务。	
第一百一十九条 依法成立的合同，对当事人具有法律约束力。	**第一百一十九条** 同《民法典》	**《合同法》第八条第一款** 依法成立的合同，对当事人具有法律约束力。当事人应当按照约定履行自己的义务，不得擅自变更或者解除合同。	
第一百二十条 民事权益受到侵害的，被侵权人有权请求侵权人承担侵权责任。	**第一百二十条** 同《民法典》	**《侵权责任法》** **第二条第一款** 侵害民事权益，应当依照本法承担侵权责任。 **第三条** 被侵权人有权请求侵权人承担侵权责任。	
第一百二十一条 没有法定的或者约定的义务，为避免他人利益受损失而进行管理的人，有权请求受益人偿还由此支出的必要费用。	**第一百二十一条** 同《民法典》	**第九十三条** 没有法定的或者约定的义务，为避免他人利益受损失进行管理或者服务的，有权要求受益人偿付由此而支付的必要费用。	
第一百二十二条 因他人没有法律根据，取得不当利益，受损失的人有权请求其返还不当利益。	**第一百二十二条** 同《民法典》	**第九十二条** 没有合法根据，取得不当利益，造成他人损失的，应当将取得的不当利益返还受损失的人。	

续表

中华人民共和国民法典	中华人民共和国民法总则	前民法典时代的其他民事法律规范	立法演进的核心提示
第一百二十三条 民事主体依法享有知识产权。 知识产权是权利人依法就下列客体享有的专有的权利： （一）作品； （二）发明、实用新型、外观设计； （三）商标； （四）地理标志； （五）商业秘密； （六）集成电路布图设计； （七）植物新品种； （八）法律规定的其他客体。	**第一百二十三条** 同《民法典》	**第九十四条** 公民、法人享有著作权（版权），依法有署名、发表、出版、获得报酬等权利。 **第九十五条** 公民、法人依法取得的专利权受法律保护。 **第九十六条** 法人、个体工商户、个人合伙依法取得的商标专用权受法律保护。 **第一百一十八条** 公民、法人的著作权（版权），专利权、商标专用权、发现权、发明权和其他科技成果权受到剽窃、篡改、假冒等侵害的，有权要求停止侵害，消除影响，赔偿损失。	
第一百二十四条 自然人依法享有继承权。 自然人合法的私有财产，可以依法继承。	**第一百二十四条** 同《民法典》	**第七十六条** 公民依法享有财产继承权。	
第一百二十五条 民事主体依法享有股权和其他投资性权利。	**第一百二十五条** 同《民法典》		
第一百二十六条 民事主体享有法律规定的其他民事权利和利益。	**第一百二十六条** 同《民法典》		
第一百二十七条 法律对数据、网络虚拟财产的保护有规定的，依照其规定。	**第一百二十七条** 同《民法典》		新增数据、网络虚拟财产可受法律保护的规定，具有开创意义，特别重要。
第一百二十八条 法律对未成年人、老年人、残疾人、妇女、消费者等的民事权利保护有特别规定的，依照其规定。	**第一百二十八条** 同《民法典》	**第一百零四条** 婚姻、家庭、老人、母亲和儿童受法律保护。 残疾人的合法权益受法律保护。	
第一百二十九条 民事权利可以依据民事法律行为、事实行为、法律规定的事件或者法律规定的其他方式取得。	**第一百二十九条** 同《民法典》		

续表

中华人民共和国民法典	中华人民共和国民法总则	前民法典时代的其他民事法律规范	立法演进的核心提示
第一百三十条　民事主体按照自己的意愿依法行使民事权利，不受干涉。	**第一百三十条**　同《民法典》		
第一百三十一条　民事主体行使权利时，应当履行法律规定的和当事人约定的义务。	**第一百三十一条**　同《民法典》		
第一百三十二条　民事主体不得滥用民事权利损害国家利益、社会公共利益或者他人合法权益。	**第一百三十二条**　同《民法典》		
第六章　民事法律行为	**第六章　民事法律行为**		
第一节　一般规定	第一节　一般规定		
第一百三十三条　民事法律行为是民事主体通过意思表示设立、变更、终止民事法律关系的行为。	**第一百三十三条**　同《民法典》	**第五十四条**　民事法律行为是公民或者法人设立、变更、终止民事权利和民事义务~~的合法行为。~~	民事法律行为的内涵界定不再要求满足“合法性”要件。
第一百三十四条　民事法律行为可以基于双方或者多方的意思表示一致成立，也可以基于单方的意思表示成立。 **法人、非法人组织依照法律或者章程规定的议事方式和表决程序作出决议的，该决议行为成立。**	**第一百三十四条**　同《民法典》		新增决议行为属于民事法律行为的规定。
第一百三十五条　民事法律行为可以采用书面形式、口头形式或者其他形式；法律、行政法规规定或者当事人约定采用特定形式的，应当采用特定形式。	**第一百三十五条**　同《民法典》	**第五十六条**　民事法律行为可以采用书面形式、口头形式或者其他形式。法律规定用特定形式的，应当依照法律规定。 **《合同法》第十条**　当事人订立合同，有书面形式、口头形式和其他形式。 法律、行政法规规定采用书面形式的，应当采用书面形式。当事人约定采用书面形式的，应当采用书面形式。	

续表

中华人民共和国民法典	中华人民共和国民法总则	前民法典时代的其他民事法律规范	立法演进的核心提示
第一百三十六条　民事法律行为自成立时生效，但是法律另有规定或者当事人另有约定的除外。 行为人非依法律规定或者未经对方同意，不得擅自变更或者解除民事法律行为。	**第一百三十六条**　同《民法典》	**第五十七条**　民事法律行为从成立时起具有法律约束力。行为人非依法律规定或者取得对方同意，不得擅自变更或者解除。 **《合同法》第四十四条**　依法成立的合同，自成立时生效。法律、行政法规规定应当办理批准、登记等手续生效的，依照其规定。	
第二节　意思表示	第二节　意思表示		
第一百三十七条　以对话方式作出的意思表示，相对人知道其内容时生效。 **以非对话方式作出的意思表示，到达相对人时生效。以非对话方式作出的采用数据电文形式的意思表示，相对人指定特定系统接收数据电文的，该数据电文进入该特定系统时生效；未指定特定系统的，相对人知道或者应当知道该数据电文进入其系统时生效。当事人对采用数据电文形式的意思表示的生效时间另有约定的，按照其约定。**	**第一百三十七条**　同《民法典》	**《合同法》** **第十六条**　要约到达受要约人时生效。 采用数据电文形式订立合同，收件人指定特定系统接收数据电文的，该数据电文进入该特定系统的时间，视为到达时间；未指定特定系统的，该数据电文进入收件人的任何系统的首次时间，视为到达时间。 **第二十六条**　承诺通知到达要约人时生效。承诺不需要通知的，根据交易习惯或者要约的要求作出承诺的行为时生效。 采用数据电文形式订立合同的，承诺到达的时间适用本法第十六条第二款的规定。	修改《合同法》所确认的意思表示"到达生效"规则： 1. 对话方式作出的意思表示相对人知道内容时生效； 2. 非对话方式作出的意思表示到达相对人处时生效；但以数据电文作出的意思表示，根据是否指定特定系统区分生效时间。
第一百三十八条　无相对人的意思表示，表示完成时生效。法律另有规定的，依照其规定。	**第一百三十八条**　同《民法典》		新增无相对人表意行为的生效时间确立规则。
第一百三十九条　以公告方式作出的意思表示，公告发布时生效。	**第一百三十九条**　同《民法典》		新增公告表意行为的生效时间确立规则。

续表

中华人民共和国民法典	中华人民共和国民法总则	前民法典时代的其他民事法律规范	立法演进的核心提示
第一百四十条 行为人可以明示或者默示作出意思表示。 沉默只有在有法律规定、当事人约定或者符合当事人之间的交易习惯时，才可以视为意思表示。	**第一百四十条** 同《民法典》	**《民通意见》第六十六条** 一方当事人向对方当事人提出民事权利的要求，对方未用语言或者文字明确表示意见，但其行为表明已接受的，可以认定为默示。不作为的默示只有在法律有规定或者当事人双方有约定的情况下，才可以视为意思表示。	
第一百四十一条 行为人可以撤回意思表示。撤回意思表示的通知应当在意思表示到达相对人前或者与意思表示同时到达相对人。	**第一百四十一条** 同《民法典》	**《合同法》** **第十七条** 要约可以撤回。撤回要约的通知应当在要约到达受要约人之前或者与要约同时到达受要约人。 **第二十七条** 承诺可以撤回。撤回承诺的通知应当在承诺通知到达要约人之前或者与承诺通知同时到达要约人。	
第一百四十二条 有相对人的意思表示的解释，应当按照所使用的词句，结合相关条款、行为的性质和目的、习惯以及诚信原则，确定意思表示的含义。 无相对人的意思表示的解释，不能完全拘泥于所使用的词句，而应当结合相关条款、行为的性质和目的、习惯以及诚信原则，确定行为人的真实意思。	**第一百四十二条** 同《民法典》	**《合同法》第一百二十五条第一款** 当事人对合同条款的理解有争议的，应当按照合同所使用的词句、合同的有关条款、合同的目的、交易习惯以及诚实信用原则，确定该条款的真实意思。	
第三节 民事法律行为的效力	第三节 民事法律行为的效力		
第一百四十三条 具备下列条件的民事法律行为有效： （一）行为人具有相应的民事行为能力； （二）意思表示真实； （三）不违反法律、行政法规的强制性规定，不违背公序良俗。	**第一百四十三条** 同《民法典》	**第五十五条** 民事法律行为应当具备下列条件： （一）行为人具有相应的民事行为能力； （二）意思表示真实； （三）不违反法律或者社会公共利益。	

续表

中华人民共和国民法典	中华人民共和国民法总则	前民法典时代的其他民事法律规范	立法演进的核心提示
第一百四十四条　无民事行为能力人实施的民事法律行为无效。	**第一百四十四条**　同《民法典》	**第五十八条第一款**　下列民事行为无效： (一)无民事行为能力人实施的； (二)限制民事行为能力人依法不能独立实施的； (三)一方以欺诈、胁迫的手段或者乘人之危，使对方在违背真实意思的情况下所为的； (四)恶意串通，损害国家、集体或者第三人利益的； (五)违反法律或者社会公共利益的； (六)以合法形式掩盖非法目的的。	
第一百四十五条　限制民事行为能力人实施的纯获利益的民事法律行为或者与其年龄、智力、精神健康状况相适应的民事法律行为有效；实施的其他民事法律行为经法定代理人同意或者追认后有效。 相对人可以催告法定代理人自收到通知之日起三十日内予以追认。法定代理人未作表示的，视为拒绝追认。民事法律行为被追认前，善意相对人有撤销的权利。撤销应当以通知的方式作出。	**第一百四十五条**　限制民事行为能力人实施的纯获利益的民事法律行为或者与其年龄、智力、精神健康状况相适应的民事法律行为有效；实施的其他民事法律行为经法定代理人同意或者追认后有效。 相对人可以催告法定代理人自收到通知之日起一个月内予以追认。法定代理人未作表示的，视为拒绝追认。民事法律行为被追认前，善意相对人有撤销的权利。撤销应当以通知的方式作出。	**《合同法》第四十七条**　限制民事行为能力人订立的合同，经法定代理人追认后，该合同有效，但纯获利益的合同或者与其年龄、智力、精神健康状况相适应而订立的合同，不必经法定代理人追认。 相对人可以催告法定代理人在一个月内予以追认。法定代理人未作表示的，视为拒绝追认。合同被追认之前，善意相对人有撤销的权利。撤销应当以通知的方式作出。①	

① 在《合同法》之前，我国《民法通则》事实上将限制民事行为能力人的全部行为都作为无效加以对待，其第五十八条第一款规定："下列民事行为无效：

(一)无民事行为能力人实施的；

(二)限制民事行为能力人依法不能独立实施的；

(三)一方以欺诈、胁迫的手段或者乘人之危，使对方在违背真实意思的情况下所为的；

(四)恶意串通，损害国家、集体或者第三人利益的；

(五)违反法律或者社会公共利益的；

(六)以合法形式掩盖非法目的的。"

续表

中华人民共和国民法典	中华人民共和国民法总则	前民法典时代的其他民事法律规范	立法演进的核心提示
第一百四十六条　行为人与相对人以虚假的意思表示实施的民事法律行为无效。 以虚假的意思表示隐藏的民事法律行为的效力，依照有关法律规定处理。	**第一百四十六条**　同《民法典》		新增虚假民事法律行为无效和隐藏民事法律行为效力的认定规则。
第一百四十七条　基于重大误解实施的民事法律行为，行为人有权请求人民法院或者仲裁机构予以撤销。	**第一百四十七条**　同《民法典》	**第五十九条第一款**　下列民事行为，一方有权请求人民法院或者仲裁机关予以~~变更或者~~撤销： （一）行为人对行为内容有重大误解的； （二）显失公平的。	基于重大误解的民事法律行为效果发生变化：只能申请撤销，不再能申请变更。
第一百四十八条　一方以欺诈手段，使对方在违背真实意思的情况下实施的民事法律行为，受欺诈方有权请求人民法院或者仲裁机构予以撤销。	**第一百四十八条**　同《民法典》	**《合同法》第五十四条第二款**　一方以欺诈、胁迫的手段或者乘人之危，使对方在违背真实意思的情况下订立的合同，受损害方有权请求人民法院或者仲裁机构~~变更或者~~撤销。	欺诈民事法律行为效果发生变化：只能申请撤销，不再能申请变更。
第一百四十九条　第三人实施欺诈行为，使一方在违背真实意思的情况下实施的民事法律行为，对方知道或者应当知道该欺诈行为的，受欺诈方有权请求人民法院或者仲裁机构予以撤销。	**第一百四十九条**　同《民法典》		新增第三人欺诈法律行为的效力规则。
第一百五十条　一方或者第三人以胁迫手段，使对方在违背真实意思的情况下实施的民事法律行为，受胁迫方有权请求人民法院或者仲裁机构予以撤销。	**第一百五十条**　同《民法典》	**《合同法》第五十四条第二款**　一方以欺诈、胁迫的手段或者乘人之危，使对方在违背真实意思的情况下订立的合同，受损害方有权请求人民法院或者仲裁机构变更或者撤销。	1. 受胁迫民事法律行为效果发生变化：只能申请撤销，不再能申请变更； 2. 新增第三人胁迫法律行为的效力规则：无论相对人主观态度如何，均可撤销。

续表

中华人民共和国民法典	中华人民共和国民法总则	前民法典时代的其他民事法律规范	立法演进的核心提示
第一百五十一条　一方利用对方处于危困状态、缺乏判断能力等情形，致使民事法律行为成立时显失公平的，受损害方有权请求人民法院或者仲裁机构予以撤销。	**第一百五十一条**　同《民法典》	**第五十九条第一款**　下列民事行为，一方有权请求人民法院或者仲裁机关予以变更或者撤销： (一)行为人对行为内容有重大误解的； (二)显失公平的。 **《合同法》第五十四条第一款**　下列合同，当事人一方有权请求人民法院或者仲裁机构变更或者撤销： (一)因重大误解订立的； (二)在订立合同时显失公平的。 **《民通意见》** **第七十条**　一方当事人乘对方处于危难之机，为牟取不正当利益，迫使对方作出不真实的意思表示，严重损害对方利益的，可以认定为乘人之危。 **第七十二条**　一方当事人利用优势或者利用对方没有经验，致使双方的权利与义务明显违反公平、等价有偿原则的，可以认定为显失公平。	“乘人之危”不再作为独立的撤销民事法律行为的事由存在，同时“乘人之危”作为“显失公平”的认定要件存在。 此外，在乘人之危的显失公平情形下，该类民事法律行为可撤销不可变更。
第一百五十二条　有下列情形之一的，撤销权消灭： (一)当事人自知道或者应当知道撤销事由之日起一年内、重大误解的当事人自知道或者应当知道撤销事由之日起九十日内没有行使撤销权； (二)当事人受胁迫，自胁迫行为终止之日起一年内没有行使撤销权； (三)当事人知道撤销事由后明确表示或者以自己的行为表明放弃撤销权。 当事人自民事法律行为发生之日起五年内没有行使撤销权的，撤销权消灭。	**第一百五十二条**　有下列情形之一的，撤销权消灭： (一)当事人自知道或者应当知道撤销事由之日起一年内、重大误解的当事人自知道或者应当知道撤销事由之日起三个月内没有行使撤销权； (二)当事人受胁迫，自胁迫行为终止之日起一年内没有行使撤销权； (三)当事人知道撤销事由后明确表示或者以自己的行为表明放弃撤销权。 当事人自民事法律行为发生之日起五年内没有行使撤销权的，撤销权消灭。	**《合同法》第五十五条**　有下列情形之一的，撤销权消灭： (一)具有撤销权的当事人自知道或者应当知道撤销事由之日起一年内没有行使撤销权； (二)具有撤销权的当事人知道撤销事由后明确表示或者以自己的行为放弃撤销权。	

续表

中华人民共和国民法典	中华人民共和国民法总则	前民法典时代的其他民事法律规范	立法演进的核心提示
第一百五十三条 违反法律、行政法规的强制性规定的民事法律行为无效。但是,该强制性规定不导致该民事法律行为无效的除外。 违背公序良俗的民事法律行为无效。	**第一百五十三条** 违反法律、行政法规的强制性规定的民事法律行为无效,但是该强制性规定不导致该民事法律行为无效的除外。 违背公序良俗的民事法律行为无效。	**《合同法》第五十二条** 有下列情形之一的,合同无效: …… (四)损害社会公共利益; (五)违反法律、行政法规的强制性规定。 **《合同法司法解释二》** **第十四条** 合同法第五十二条第(五)项规定的"强制性规定",是指效力性强制性规定。	
第一百五十四条 行为人与相对人恶意串通,损害他人合法权益的民事法律行为无效。	**第一百五十四条** 同《民法典》	**第五十八条第一款** 下列民事行为无效: …… (四)恶意串通,损害国家、集体或者第三人利益的; …… **《合同法》第五十二条** 有下列情形之一的,合同无效: …… (二)恶意串通,损害国家、集体或者第三人利益; ……	
第一百五十五条 无效的或者被撤销的民事法律行为自始没有法律约束力。	**第一百五十五条** 同《民法典》	**《合同法》第五十六条** 无效的合同或者被撤销的合同自始没有法律约束力。合同部分无效,不影响其他部分效力的,其他部分仍然有效。	
第一百五十六条 民事法律行为部分无效,不影响其他部分效力的,其他部分仍然有效。	**第一百五十六条** 同《民法典》	**第六十条** 民事行为部分无效,不影响其他部分的效力的,其他部分仍然有效。	
第一百五十七条 民事法律行为无效、被撤销或者确定不发生效力后,行为人因该行为取得的财产,应当予以返还;不能返还或者没有必要返还的,应当折价补偿。有过错的一方应当赔偿对方由此所受到的损失;各方都有过错的,应当各自承担相应的责任。法律另有规定的,依照其规定。	**第一百五十七条** 同《民法典》	**第六十一条** 民事行为被确认为无效或者被撤销后,当事人因该行为取得的财产,应当返还给受损失的一方。有过错的一方应当赔偿对方因此所受的损失,双方都有过错的,应当各自承担相应的责任。 双方恶意串通,实施民事行为损害国家的、集体的或者第三人的利益的,应当追缴双方取得的财	

续表

中华人民共和国民法典	中华人民共和国民法总则	前民法典时代的其他民事法律规范	立法演进的核心提示
		产,收归国家、集体所有或者返还第三人。 **《合同法》第五十八条** 合同无效或者被撤销后,因该合同取得的财产,应当予以返还;不能返还或者没有必要返还的,应当折价补偿。有过错的一方应当赔偿对方因此所受到的损失,双方都有过错的,应当各自承担相应的责任。	
第四节 民事法律行为的附条件和附期限	第四节 民事法律行为的附条件和附期限		
第一百五十八条 民事法律行为可以附条件,但是根据其性质不得附条件的除外。附生效条件的民事法律行为,自条件成就时生效。附解除条件的民事法律行为,自条件成就时失效。	**第一百五十八条** 民事法律行为可以附条件,但是按照其性质不得附条件的除外。附生效条件的民事法律行为,自条件成就时生效。附解除条件的民事法律行为,自条件成就时失效。	**第六十二条** 民事法律行为可以附条件,附条件的民事法律行为在符合所附条件时生效。 **《合同法》第四十五条第一款** 当事人对合同的效力可以约定附条件。附生效条件的合同,自条件成就时生效。附解除条件的合同,自条件成就时失效。 **《民通意见》第七十五条** 附条件的民事行为,如果所附的条件是违背法律规定或者不可能发生的,应当认定该民事行为无效。	
第一百五十九条 附条件的民事法律行为,当事人为自己的利益不正当地阻止条件成就的,视为条件已经成就;不正当地促成条件成就的,视为条件不成就。	**第一百五十九条** 附条件的民事法律行为,当事人为自己的利益不正当地阻止条件成就的,视为条件已成就;不正当地促成条件成就的,视为条件不成就。	**《合同法》第四十五条第二款** 当事人为自己的利益不正当地阻止条件成就的,视为条件已成就;不正当地促成条件成就的,视为条件不成就。	
第一百六十条 民事法律行为可以附期限,但是根据其性质不得附期限的除外。附生效期限的民事法律行为,自期限届至时生效。附终止期限的民事法律行为,自期限届满时失效。	**第一百六十条** 民事法律行为可以附期限,但是按照其性质不得附期限的除外。附生效期限的民事法律行为,自期限届至时生效。附终止期限的民事法律行为,自期限届满时失效。	**《合同法》第四十六条** 当事人对合同的效力可以约定附期限。附生效期限的合同,自期限届至时生效。附终止期限的合同,自期限届满时失效。 **《民通意见》第七十六条** 附期限的民事法律行为,在所附期限到来时生效或者解除。	

续表

中华人民共和国民法典	中华人民共和国民法总则	前民法典时代的其他民事法律规范	立法演进的核心提示
第七章　代理	**第七章　代理**		
第一节　一般规定	第一节　一般规定		
第一百六十一条　民事主体可以通过代理人实施民事法律行为。 依照法律规定、当事人约定或者民事法律行为的性质，应当由本人亲自实施的民事法律行为，不得代理。	**第一百六十一条**　同《民法典》	**第六十三条第一款、第三款**　公民、法人可以通过代理人实施民事法律行为。 依照法律规定或者按照双方当事人约定，应当由本人实施的民事法律行为，不得代理。 **《民通意见》第七十八条**　凡是依法或者依双方的约定必须由本人亲自实施的民事行为，本人未亲自实施的，应当认定行为无效。	
第一百六十二条　代理人在代理权限内，以被代理人名义实施的民事法律行为，对被代理人发生效力。	**第一百六十二条**　同《民法典》	**第六十三条第二款**　代理人在代理权限内，以被代理人的名义实施民事法律行为。被代理人对代理人的代理行为，承担民事责任。	
第一百六十三条　代理包括委托代理和法定代理。 委托代理人按照被代理人的委托行使代理权。法定代理人依照法律的规定行使代理权。	**第一百六十三条**　同《民法典》	**第六十四条**　代理包括委托代理、法定代理和指定代理。 委托代理人按照被代理人的委托行使代理权，法定代理人依照法律的规定行使代理权，指定代理人按照人民法院或者指定单位的指定行使代理权。	
第一百六十四条　代理人不履行或者不完全履行职责，造成被代理人损害的，应当承担民事责任。 代理人和相对人恶意串通，损害被代理人合法权益的，代理人和相对人应当承担连带责任。	**第一百六十四条**　同《民法典》	**第六十六条第二款、第三款**　代理人不履行职责而给被代理人造成损害的，应当承担民事责任。 代理人和第三人串通、损害被代理人的利益的，由代理人和第三人负连带责任。	
第二节　委托代理	第二节　委托代理		
第一百六十五条　委托代理授权采用书面形式的，授权委托书应当载明代理人的姓名或者名称、代理事项、权限和期限，并由被代理人签名或者盖章。	**第一百六十五条**　委托代理授权采用书面形式的，授权委托书应当载明代理人的姓名或者名称、代理事项、权限和期间，并由被代理人签名或者盖章。	**第六十五条第二款**　书面委托代理的授权委托书应当载明代理人的姓名或者名称、代理事项、权限和期间，并由委托人签名或盖章。	

续表

中华人民共和国民法典	中华人民共和国民法总则	前民法典时代的其他民事法律规范	立法演进的核心提示
第一百六十六条　数人为同一代理事项的代理人的，应当共同行使代理权，但是当事人另有约定的除外。	**第一百六十六条**　同《民法典》		
第一百六十七条　代理人知道或者应当知道代理事项违法仍然实施代理行为，或者被代理人知道或者应当知道代理人的代理行为违法未作反对表示的，被代理人和代理人应当承担连带责任。	**第一百六十七条**　同《民法典》	**第六十七条**　代理人知道被委托代理的事项违法仍然进行代理活动的，或者被代理人知道代理人的代理行为违法不表示反对的，由被代理人和代理人负连带责任。	
第一百六十八条　代理人不得以被代理人的名义与自己实施民事法律行为，但是被代理人同意或者追认的除外。 **代理人不得以被代理人的名义与自己同时代理的其他人实施民事法律行为，但是被代理的双方同意或者追认的除外。**	**第一百六十八条**　同《民法典》		新增自己代理、双方代理这两种滥用代理权情形的规定。
第一百六十九条　代理人需要转委托第三人代理的，应当取得被代理人的同意或者追认。 转委托代理经被代理人同意或者追认的，被代理人可以就代理事务直接指示转委托的第三人，代理人仅就第三人的选任以及对第三人的指示承担责任。 转委托代理未经被代理人同意或者追认的，代理人应当对转委托的第三人的行为承担责任；但是，在紧急情况下代理人为了维护被代理人的利益需要转委托第三人代理的除外。	**第一百六十九条**　代理人需要转委托第三人代理的，应当取得被代理人的同意或者追认。 转委托代理经被代理人同意或者追认的，被代理人可以就代理事务直接指示转委托的第三人，代理人仅就第三人的选任以及对第三人的指示承担责任。 转委托代理未经被代理人同意或者追认的，代理人应当对转委托的第三人的行为承担责任，但是在紧急情况下代理人为了维护被代理人的利益需要转委托第三人代理的除外。	**第六十八条**　委托代理人为被代理人的利益需要转托他人代理的，应当事先取得被代理人的同意。事先没有取得被代理人同意的，应当在事后及时告诉被代理人，如果被代理人不同意，由代理人对自己所转托的人的行为负民事责任，但在紧急情况下，为了保护被代理人的利益而转托他人代理的除外。	

续表

中华人民共和国民法典	中华人民共和国民法总则	前民法典时代的其他民事法律规范	立法演进的核心提示
第一百七十条 执行法人或者非法人组织工作任务的人员，就其职权范围内的事项，以法人或者非法人组织的名义实施的民事法律行为，对法人或者非法人组织发生效力。 法人或者非法人组织对执行其工作任务的人员职权范围的限制，不得对抗善意相对人。	**第一百七十条** 执行法人或者非法人组织工作任务的人员，就其职权范围内的事项，以法人或者非法人组织的名义实施民事法律行为，对法人或者非法人组织发生效力。 法人或者非法人组织对执行其工作任务的人员职权范围的限制，不得对抗善意相对人。	**第四十三条** 企业法人对它的法定代表人和其他工作人员的经营活动，承担民事责任。 **《合同法》第五十条** 法人或者其他组织的法定代表人、负责人超越权限订立的合同，除相对人知道或者应当知道其超越权限的以外，该代表行为有效。	
第一百七十一条 行为人没有代理权、超越代理权或者代理权终止后，仍然实施代理行为，未经被代理人追认的，对被代理人不发生效力。 相对人可以催告被代理人自收到通知之日起三十日内予以追认。被代理人未作表示的，视为拒绝追认。行为人实施的行为被追认前，善意相对人有撤销的权利。撤销应当以通知的方式作出。 行为人实施的行为未被追认的，善意相对人有权请求行为人履行债务或者就其受到的损害请求行为人赔偿。但是，赔偿的范围不得超过被代理人追认时相对人所能获得的利益。 相对人知道或者应当知道行为人无权代理的，相对人和行为人按照各自的过错承担责任。	**第一百七十一条** 行为人没有代理权、超越代理权或者代理权终止后，仍然实施代理行为，未经被代理人追认的，对被代理人不发生效力。 相对人可以催告被代理人自收到通知之日起一个月内予以追认。被代理人未作表示的，视为拒绝追认。行为人实施的行为被追认前，善意相对人有撤销的权利。撤销应当以通知的方式作出。 行为人实施的行为未被追认的，善意相对人有权请求行为人履行债务或者就其受到的损害请求行为人赔偿，但是赔偿的范围不得超过被代理人追认时相对人所能获得的利益。 相对人知道或者应当知道行为人无权代理的，相对人和行为人按照各自的过错承担责任。	**第六十六条第一款、第四款** 没有代理权、超越代理权或者代理权终止后的行为，只有经过被代理人的追认，被代理人才承担民事责任。未经追认的行为，由行为人承担民事责任。本人知道他人以本人名义实施民事行为而不作否认表示的，视为同意。 第三人知道行为人没有代理权、超越代理权或者代理权已终止还与行为人实施民事行为给他人造成损害的，由第三人和行为人负连带责任。 **《合同法》第四十八条** 行为人没有代理权、超越代理权或者代理权终止后以被代理人名义订立的合同，未经被代理人追认，对被代理人不发生效力，由行为人承担责任。 相对人可以催告被代理人在一个月内予以追认。被代理人未作表示的，视为拒绝追认。合同被追认之前，善意相对人有撤销的权利。撤销应当以通知的方式作出。	
第一百七十二条 行为人没有代理权、超越代理权或者代理权终止后，仍然实施代理行为，相对人有理由相信行为人有代理权的，代理行为有效。	**第一百七十二条** 同《民法典》	**《合同法》第四十九条** 行为人没有代理权、超越代理权或者代理权终止后以被代理人名义订立合同，相对人有理由相信行为人有代理权的，该代理行为有效。	

续表

中华人民共和国民法典	中华人民共和国民法总则	前民法典时代的其他民事法律规范	立法演进的核心提示
第三节　代理终止	第三节　代理终止		
第一百七十三条　有下列情形之一的，委托代理终止： （一）代理期限届满或者代理事务完成； （二）被代理人取消委托或者代理人辞去委托； （三）代理人丧失民事行为能力； （四）代理人或者被代理人死亡； （五）作为代理人或者被代理人的法人、非法人组织终止。	**第一百七十三条**　有下列情形之一的，委托代理终止： （一）代理期间届满或者代理事务完成； （二）被代理人取消委托或者代理人辞去委托； （三）代理人丧失民事行为能力； （四）代理人或者被代理人死亡； （五）作为代理人或者被代理人的法人、非法人组织终止。	**第六十九条**　有下列情形之一的，委托代理终止： （一）代理期间届满或者代理事务完成； （二）被代理人取消委托或者代理人辞去委托； （三）代理人死亡； （四）代理人丧失民事行为能力； （五）作为被代理人或者代理人的法人终止。	
第一百七十四条　被代理人死亡后，有下列情形之一的，委托代理人实施的代理行为有效： （一）代理人不知道且不应当知道被代理人死亡； （二）被代理人的继承人予以承认； （三）授权中明确代理权在代理事务完成时终止； （四）被代理人死亡前已经实施，为了被代理人的继承人的利益继续代理。 作为被代理人的法人、非法人组织终止的，参照适用前款规定。	**第一百七十四条**　被代理人死亡后，有下列情形之一的，委托代理人实施的代理行为有效： （一）代理人不知道并且不应当知道被代理人死亡； （二）被代理人的继承人予以承认； （三）授权中明确代理权在代理事务完成时终止； （四）被代理人死亡前已经实施，为了被代理人的继承人的利益继续代理。 作为被代理人的法人、非法人组织终止的，参照适用前款规定。	**《民通意见》第八十二条**　被代理人死亡后有下列情况之一的，委托代理人实施的代理行为有效：(1)代理人不知道被代理人死亡的；(2)被代理人的继承人均予承认的；(3)被代理人与代理人约定到代理事项完成时代理权终止的；(4)在被代理人死亡前已经进行、而在被代理人死亡后为了被代理人的继承人的利益继续完成的。	
第一百七十五条　有下列情形之一的，法定代理终止： （一）被代理人取得或者恢复完全民事行为能力； （二）代理人丧失民事行为能力； （三）代理人或者被代理人死亡； （四）法律规定的其他情形。	**第一百七十五条**　同《民法典》	**第七十条**　有下列情形之一的，法定代理或者指定代理终止： （一）被代理人取得或者恢复民事行为能力； （二）被代理人或者代理人死亡； （三）代理人丧失民事行为能力； （四）指定代理的人民法院或者指定单位取消指定； （五）由其他原因引起的被代理人和代理人之间的监护关系消灭。	

续表

中华人民共和国民法典	中华人民共和国民法总则	前民法典时代的其他民事法律规范	立法演进的核心提示
第八章　民事责任	**第八章　民事责任**		
第一百七十六条　民事主体依照法律规定或者按照当事人约定,履行民事义务,承担民事责任。	**第一百七十六条**　民事主体依照法律规定和当事人约定,履行民事义务,承担民事责任。	**第一百零六条第一款**　公民、法人违反合同或者不履行其他义务的,应当承担民事责任。	
第一百七十七条　二人以上依法承担按份责任,能够确定责任大小的,各自承担相应的责任;难以确定责任大小的,平均承担责任。	**第一百七十七条**　同《民法典》	**《侵权责任法》第十二条**　二人以上分别实施侵权行为造成同一损害,能够确定责任大小的,各自承担相应的责任;难以确定责任大小的,平均承担赔偿责任。	
第一百七十八条　二人以上依法承担连带责任的,权利人有权请求部分或者全部连带责任人承担责任。 连带责任人的责任份额根据各自责任大小确定;难以确定责任大小的,平均承担责任。实际承担责任超过自己责任份额的连带责任人,有权向其他连带责任人追偿。 连带责任,由法律规定或者当事人约定。	**第一百七十八条**　同《民法典》	**《侵权责任法》** **第十三条**　法律规定承担连带责任的,被侵权人有权请求部分或者全部连带责任人承担责任。 **第十四条**　连带责任人根据各自责任大小确定相应的赔偿数额;难以确定责任大小的,平均承担赔偿责任。 支付超出自己赔偿数额的连带责任人,有权向其他连带责任人追偿。	
第一百七十九条　承担民事责任的方式主要有: (一)停止侵害; (二)排除妨碍; (三)消除危险; (四)返还财产; (五)恢复原状; (六)修理、重作、更换; **(七)继续履行;** (八)赔偿损失; (九)支付违约金; (十)消除影响、恢复名誉; (十一)赔礼道歉。 法律规定惩罚性赔偿的,依照其规定。	**第一百七十九条**　同《民法典》	**第一百三十四条**　承担民事责任的方式主要有: (一)停止侵害; (二)排除妨碍; (三)消除危险; (四)返还财产; (五)恢复原状; (六)修理、重作、更换; (七)赔偿损失; (八)支付违约金; (九)消除影响、恢复名誉; (十)赔礼道歉。 以上承担民事责任的方式,可以单独适用,也可以合并适用。 人民法院审理民事案件,除适用	新增"继续履行"这一民事责任的承担方式。

续表

中华人民共和国民法典	中华人民共和国民法总则	前民法典时代的其他民事法律规范	立法演进的核心提示
本条规定的承担民事责任的方式,可以单独适用,也可以合并适用。		上述规定外,还可以予以训诫、责令具结悔过,收缴进行非法活动的财物和非法所得,并可以依照法律规定处以罚款、拘留。 **《侵权责任法》第十五条** 承担侵权责任的方式主要有: (一)停止侵害; (二)排除妨碍; (三)消除危险; (四)返还财产; (五)恢复原状; (六)赔偿损失; (七)赔礼道歉; (八)消除影响、恢复名誉。 以上承担侵权责任的方式,可以单独适用,也可以合并适用。	
第一百八十条 因不可抗力不能履行民事义务的,不承担民事责任。法律另有规定的,依照其规定。 不可抗力是不能预见、不能避免且不能克服的客观情况。	**第一百八十条** 因不可抗力不能履行民事义务的,不承担民事责任。法律另有规定的,依照其规定。 不可抗力是指不能预见、不能避免且不能克服的客观情况。	**第一百零七条** 因不可抗力不能履行合同或者造成他人损害的,不承担民事责任,法律另有规定的除外。 **第一百五十三条** 本法所称的"不可抗力",是指不能预见、不能避免并不能克服的客观情况。 **《合同法》第一百一十七条** 因不可抗力不能履行合同的,根据不可抗力的影响,部分或者全部免除责任,但法律另有规定的除外。当事人迟延履行后发生不可抗力的,不能免除责任。 本法所称不可抗力,是指不能预见、不能避免并不能克服的客观情况。	
第一百八十一条 因正当防卫造成损害的,不承担民事责任。 正当防卫超过必要的限度,造成不应有的损害的,正当防卫人应当承担适当的民事责任。	**第一百八十一条** 同《民法典》	**第一百二十八条** 因正当防卫造成损害的,不承担民事责任。正当防卫超过必要的限度,造成不应有的损害的,应当承担适当的民事责任。 **《侵权责任法》第三十条** 因正当防卫造成损害的,不承担责任。正当防卫超过必要的限度,造成不应有的损害的,正当防卫人应当承担适当的责任。	

续表

中华人民共和国民法典	中华人民共和国民法总则	前民法典时代的其他民事法律规范	立法演进的核心提示
第一百八十二条 因紧急避险造成损害的，由引起险情发生的人承担民事责任。 危险由自然原因引起的，紧急避险人不承担民事责任，可以给予适当补偿。 紧急避险采取措施不当或者超过必要的限度，造成不应有的损害的，紧急避险人应当承担适当的民事责任。	**第一百八十二条** 同《民法典》	**第一百二十九条** 因紧急避险造成损害的，由引起险情发生的人承担民事责任。如果危险是由自然原因引起的，紧急避险人不承担民事责任或者承担适当的民事责任。因紧急避险采取措施不当或者超过必要的限度，造成不应有的损害的，紧急避险人应当承担适当的民事责任。 **《侵权责任法》第三十一条** 因紧急避险造成损害的，由引起险情发生的人承担责任。如果危险是由自然原因引起的，紧急避险人不承担责任或者给予适当补偿。紧急避险采取措施不当或者超过必要的限度，造成不应有的损害的，紧急避险人应当承担适当的责任。	
第一百八十三条 因保护他人民事权益使自己受到损害的，由侵权人承担民事责任，受益人可以给予适当补偿。没有侵权人、侵权人逃逸或者无力承担民事责任，受害人请求补偿的，受益人**应当给予适当补偿。**	**第一百八十三条** 同《民法典》	**第一百零九条** 因防止、制止国家的、集体的财产或者他人的财产、人身遭受侵害而使自己受到损害的，由侵害人承担赔偿责任，受益人也可以给予适当的补偿。 **《侵权责任法》第二十三条** 因防止、制止他人民事权益被侵害而使自己受到损害的，由侵权人承担责任。侵权人逃逸或者无力承担责任，被侵权人请求补偿的，受益人应当给予适当补偿。	明确见义勇为情形下受益人的法定补偿义务。
第一百八十四条 因自愿实施紧急救助行为造成受助人损害的，救助人不承担民事责任。	**第一百八十四条** 同《民法典》		新增救助人在自愿实施紧急救助行为时免责的规定；但是，对被救助人的损害若是因为救助人的故意或重大过失导致的，仍宜肯定其应承担相应责任。立法时之所以没有明确，意在倡导、鼓励“好人好事行为”。
第一百八十五条 侵害英雄烈士等的姓名、肖像、名誉、荣誉，损害社会公共利益的，应当承担民事责任。	**第一百八十五条** 同《民法典》	**《精神损害赔偿司法解释》第三条** 自然人死亡后，其近亲属因下列侵权行为遭受精神痛苦，向人民法院起诉请求赔偿精神损害的，人民法院应当依法予以受理：	

续表

中华人民共和国民法典	中华人民共和国民法总则	前民法典时代的其他民事法律规范	立法演进的核心提示
		(一)以侮辱、诽谤、贬损、丑化或者违反社会公共利益、社会公德的其他方式,侵害死者姓名、肖像、名誉、荣誉; (二)非法披露、利用死者隐私,或者以违反社会公共利益、社会公德的其他方式侵害死者隐私; (三)非法利用、损害遗体、遗骨,或者以违反社会公共利益、社会公德的其他方式侵害遗体、遗骨。 **《英雄烈士保护法》第二十五条** 对侵害英雄烈士的姓名、肖像、名誉、荣誉的行为,英雄烈士的近亲属可以依法向人民法院提起诉讼。 英雄烈士没有近亲属或者近亲属不提起诉讼的,检察机关依法对侵害英雄烈士的姓名、肖像、名誉、荣誉,损害社会公共利益的行为向人民法院提起诉讼。 负责英雄烈士保护工作的部门和其他有关部门在履行职责过程中发现第一款规定的行为,需要检察机关提起诉讼的,应当向检察机关报告。 英雄烈士近亲属依照第一款规定提起诉讼的,法律援助机构应当依法提供法律援助服务。	
第一百八十六条 因当事人一方的违约行为,损害对方人身权益、财产权益的,受损害方有权选择请求其承担违约责任或者侵权责任。	**第一百八十六条** 同《民法典》	**《合同法》第一百二十二条** 因当事人一方的违约行为,侵害对方人身、财产权益的,受损害方有权选择依照本法要求其承担违约责任或者依照其他法律要求其承担侵权责任。	

续表

中华人民共和国民法典	中华人民共和国民法总则	前民法典时代的其他民事法律规范	立法演进的核心提示
第一百八十七条 民事主体因同一行为应当承担民事责任、行政责任和刑事责任的，承担行政责任或者刑事责任不影响承担民事责任；民事主体的财产不足以支付的，优先用于承担民事责任。	**第一百八十七条** 同《民法典》	**《侵权责任法》第四条** 侵权人因同一行为应当承担行政责任或者刑事责任的，不影响依法承担侵权责任。 因同一行为应当承担侵权责任和行政责任、刑事责任，侵权人的财产不足以支付的，先承担侵权责任。	
第九章 诉讼时效	**第九章 诉讼时效**		
第一百八十八条 向人民法院请求保护民事权利的诉讼时效期间为**三年**。法律另有规定的，依照其规定。 诉讼时效期间自权利人知道或者应当知道权利受到损害以及义务人之日起计算。法律另有规定的，依照其规定。但是，自权利受到损害之日起超过二十年的，人民法院不予保护，有特殊情况的，人民法院可以根据权利人的申请决定延长。	**第一百八十八条** 向人民法院请求保护民事权利的诉讼时效期间为三年。法律另有规定的，依照其规定。 诉讼时效期间自权利人知道或者应当知道权利受到损害以及义务人之日起计算。法律另有规定的，依照其规定。但是自权利受到损害之日起超过二十年的，人民法院不予保护；有特殊情况的，人民法院可以根据权利人的申请决定延长。	**第一百三十五条** 向人民法院请求保护民事权利的诉讼时效期间为**二年**，法律另有规定的除外。 **第一百三十七条** 诉讼时效期间从知道或者应当知道权利被侵害时起计算。但是，从权利被侵害之日起超过二十年的，人民法院不予保护。有特殊情况的，人民法院可以延长诉讼时效期间。 **第一百四十一条** 法律对诉讼时效另有规定的，依照法律规定。	
第一百八十九条 当事人约定同一债务分期履行的，诉讼时效期间自最后一期履行期限届满之日起计算。	**第一百八十九条** 同《民法典》	**《诉讼时效规定》第五条** 当事人约定同一债务分期履行的，诉讼时效期间从最后一期履行期限届满之日起计算。	
第一百九十条 无民事行为能力人或者限制民事行为能力人对其法定代理人的请求权的诉讼时效期间，自该法定代理终止之日起计算。	**第一百九十条** 同《民法典》		新增无民事行为能力人对法定代理人请求权的诉讼时效规则。
第一百九十一条 未成年人遭受性侵害的损害赔偿请求权的诉讼时效期间，自受害人年满十八周岁之日起计算。	**第一百九十一条** 同《民法典》		新增受性侵未成年人赔偿请求权的诉讼时效规则。

续表

中华人民共和国民法典	中华人民共和国民法总则	前民法典时代的其他民事法律规范	立法演进的核心提示
第一百九十二条　诉讼时效期间届满的，义务人可以提出不履行义务的抗辩。 诉讼时效期间届满后，义务人同意履行的，不得以诉讼时效期间届满为由抗辩；义务人已经自愿履行的，不得请求返还。	**第一百九十二条**　诉讼时效期间届满的，义务人可以提出不履行义务的抗辩。 诉讼时效期间届满后，义务人同意履行的，不得以诉讼时效期间届满为由抗辩；义务人已自愿履行的，不得请求返还。	**第一百三十八条**　超过诉讼时效期间，当事人自愿履行的，不受诉讼时效限制。	
第一百九十三条　人民法院不得主动适用诉讼时效的规定。	**第一百九十三条**　同《民法典》	**《诉讼时效规定》第三条**　当事人未提出诉讼时效抗辩，人民法院不应对诉讼时效问题进行释明及主动适用诉讼时效的规定进行裁判。	
第一百九十四条　在诉讼时效期间的最后六个月内，因下列障碍，不能行使请求权的，诉讼时效中止： （一）不可抗力； （二）无民事行为能力人或者限制民事行为能力人没有法定代理人，或者法定代理人死亡、丧失民事行为能力、丧失代理权； （三）继承开始后未确定继承人或者遗产管理人； （四）权利人被义务人或者其他人控制； （五）其他导致权利人不能行使请求权的障碍。 **自中止时效的原因消除之日起满六个月，诉讼时效期间届满。**	**第一百九十四条**　同《民法典》	**第一百三十九条**　在诉讼时效期间的最后六个月内，因不可抗力或者其他障碍不能行使请求权的，诉讼时效中止。~~**从中止时效的原因消除之日起，诉讼时效期间继续计算。**~~ **《诉讼时效规定》第二十条**　有下列情形之一的，应当认定为民法通则第一百三十九条规定的“其他障碍”，诉讼时效中止： （一）权利被侵害的无民事行为能力人、限制民事行为能力人没有法定代理人，或者法定代理人死亡、丧失代理权、丧失行为能力； （二）继承开始后未确定继承人或者遗产管理人； （三）权利人被义务人或者其他人控制无法主张权利； （四）其他导致权利人不能主张权利的客观情形。	明确诉讼时效中止事由消除后，剩余诉讼时效一律按照“六个月”计算，而无论诉讼时效中止时剩余“时效”的具体长度。

续表

中华人民共和国民法典	中华人民共和国民法总则	前民法典时代的其他民事法律规范	立法演进的核心提示
第一百九十五条　有下列情形之一的，诉讼时效中断，从中断、有关程序终结时起，诉讼时效期间重新计算： （一）权利人向义务人提出履行请求； （二）义务人同意履行义务； （三）权利人提起诉讼或者申请仲裁； （四）与提起诉讼或者申请仲裁具有同等效力的其他情形。	**第一百九十五条**　同《民法典》	**第一百四十条**　诉讼时效因提起诉讼、当事人一方提出要求或者同意履行义务而中断。从中断时起，诉讼时效期间重新计算。 **《诉讼时效规定》第十条**　具有下列情形之一的，应当认定为民法通则第一百四十条规定的"当事人一方提出要求"，产生诉讼时效中断的效力： （一）当事人一方直接向对方当事人送交主张权利文书，对方当事人在文书上签字、盖章或者虽未签字、盖章但能够以其他方式证明该文书到达对方当事人的； （二）当事人一方以发送信件或者数据电文方式主张权利，信件或者数据电文到达或者应当到达对方当事人的； （三）当事人一方为金融机构，依照法律规定或者当事人约定从对方当事人账户中扣收欠款本息的； （四）当事人一方下落不明，对方当事人在国家级或者下落不明的当事人一方住所地的省级有影响的媒体上刊登具有主张权利内容的公告的，但法律和司法解释另有特别规定的，适用其规定。 前款第（一）项情形中，对方当事人为法人或者其他组织的，签收人可以是其法定代表人、主要负责人、负责收发信件的部门或者被授权主体；对方当事人为自然人的，签收人可以是自然人本人、同住的具有完全行为能力的亲属或者被授权主体。	

续表

中华人民共和国民法典	中华人民共和国民法总则	前民法典时代的其他民事法律规范	立法演进的核心提示
第一百九十六条 下列请求权不适用诉讼时效的规定： （一）请求停止侵害、排除妨碍、消除危险； （二）不动产物权和登记的动产物权的权利人请求返还财产； （三）请求支付抚养费、赡养费或者扶养费； （四）依法不适用诉讼时效的其他请求权。	**第一百九十六条** 同《民法典》		新增不适用诉讼时效情形的规定。 **特别注意**：诉讼时效不再仅适用于债权请求权的情形。
第一百九十七条 诉讼时效的期间、计算方法以及中止、中断的事由由法律规定，当事人约定无效。 当事人对诉讼时效利益的预先放弃无效。	**第一百九十七条** 同《民法典》	**《诉讼时效规定》第二条** 当事人违反法律规定，约定延长或者缩短诉讼时效期间、预先放弃诉讼时效利益的，人民法院不予认可。	
第一百九十八条 法律对仲裁时效有规定的，依照其规定；没有规定的，适用诉讼时效的规定。	**第一百九十八条** 同《民法典》	**《仲裁法》第七十四条** 法律对仲裁时效有规定的，适用该规定。法律对仲裁时效没有规定的，适用诉讼时效的规定。	
第一百九十九条 法律规定或者当事人约定的撤销权、解除权等权利的存续期间，除法律另有规定外，自权利人知道或者应当知道权利产生之日起计算，不适用有关诉讼时效中止、中断和延长的规定。存续期间届满，撤销权、解除权等权利消灭。	**第一百九十九条** 同《民法典》	**第九十五条第一款** 法律规定或者当事人约定解除权行使期限，期限届满当事人不行使的，该权利消灭。	
第十章 期间计算	**第十章 期间计算**		
第二百条 民法所称的期间按照公历年、月、日、小时计算。	**第二百条** 同《民法典》	**第一百五十四条第一款** 同《民法典》	

续表

中华人民共和国民法典	中华人民共和国民法总则	前民法典时代的其他民事法律规范	立法演进的核心提示
第二百零一条 按照年、月、日计算期间的，开始的当日不计入，自下一日开始计算。 按照小时计算期间的，自法律规定或者当事人约定的时间开始计算。	**第二百零一条** 同《民法典》	**第一百五十四条第二款** 规定按照小时计算期间的，从规定时开始计算。规定按照日、月、年计算期间的，开始的当天不算入，从下一天开始计算。	
第二百零二条 按照年、月计算期间的，到期月的对应日为期间的最后一日；没有对应日的，月末日为期间的最后一日。	**第二百零二条** 同《民法典》	**《民通意见》第一百九十八条** 当事人约定的期间不是以月、年第一天起算的，一个月为三十日，一年为三百六十五日。 期间的最后一天是星期日或者其他法定休假日，而星期日或者其他法定休假日有变通的，以实际休假日的次日为期间的最后一天。	
第二百零三条 期间的最后一日是法定休假日的，以法定休假日结束的次日为期间的最后一日。 期间的最后一日的截止时间为二十四时；有业务时间的，停止业务活动的时间为截止时间。	**第二百零三条** 同《民法典》	**第一百五十四条第三款、第四款** 期间的最后一天是星期日或者其他法定休假日的，以休假日的次日为期间的最后一天。 期间的最后一天的截止时间为二十四点。有业务时间的，到停止业务活动的时间截止。	
第二百零四条 期间的计算方法依照本法的规定，但是法律另有规定或者当事人另有约定的除外。	**第二百零四条** 同《民法典》		

中华人民共和国民法典物权编
直接关联法条对照表

中华人民共和国民法典	前民法典时代的民事法律规范①	立法演进的核心提示
第二编　物权		
第一分编　通则	第一编　总则	
第一章　一般规定	第一章　基本原则	
第二百零五条　本编调整因物的归属和利用产生的民事关系。	**第二条第一款**　因物的归属和利用而产生的民事关系，适用本法。	
第二百零六条　**国家坚持和完善公有制为主体、多种所有制经济共同发展，按劳分配为主体、多种分配方式并存，社会主义市场经济体制等社会主义基本经济制度。** 国家巩固和发展公有制经济，鼓励、支持和引导非公有制经济的发展。 国家实行社会主义市场经济，保障一切市场主体的平等法律地位和发展权利。	**第三条**　国家在社会主义初级阶段，坚持公有制为主体、多种所有制经济共同发展的基本经济制度。 国家巩固和发展公有制经济，鼓励、支持和引导非公有制经济的发展。 国家实行社会主义市场经济，保障一切市场主体的平等法律地位和发展权利。	完善社会主义基本经济制度的表述。
第二百零七条　国家、集体、私人的物权和其他权利人的物权**受法律平等保护**，任何组织或者个人不得侵犯。	**第四条**　国家、集体、私人的物权和其他权利人的物权受法律保护，任何单位和个人不得侵犯。	呼应总则编第 113 条的规定，新增物权平等保护原则。
第二百零八条　不动产物权的设立、变更、转让和消灭，应当依照法律规定登记。动产物权的设立和转让，应当依照法律规定交付。	**第六条**　同《民法典》	

① 此处法条没有特别说明，均指《物权法》；若《民法通则》等不同法律文件对同一问题有相关规定的，原则上选取最新的《物权法》来单独对比。

续表

中华人民共和国民法典	前民法典时代的民事法律规范	立法演进的核心提示
第二章　物权的设立、变更、转让和消灭	**第二章　物权的设立、变更、转让和消灭**	
第一节　不动产登记	第一节　不动产登记	
第二百零九条　不动产物权的设立、变更、转让和消灭，经依法登记，发生效力；未经登记，不发生效力，但是法律另有规定的除外。 依法属于国家所有的自然资源，所有权可以不登记。	**第九条**　不动产物权的设立、变更、转让和消灭，经依法登记，发生效力；未经登记，不发生效力，但法律另有规定的除外。 依法属于国家所有的自然资源，所有权可以不登记。	
第二百一十条　不动产登记，由不动产所在地的登记机构办理。 国家对不动产实行统一登记制度。统一登记的范围、登记机构和登记办法，由法律、行政法规规定。	**第十条**　同《民法典》	
第二百一十一条　当事人申请登记，应当根据不同登记事项提供权属证明和不动产界址、面积等必要材料。	**第十一条**　同《民法典》	
第二百一十二条　登记机构应当履行下列职责： （一）查验申请人提供的权属证明和其他必要材料； （二）就有关登记事项询问申请人； （三）如实、及时登记有关事项； （四）法律、行政法规规定的其他职责。 申请登记的不动产的有关情况需要进一步证明的，登记机构可以要求申请人补充材料，必要时可以实地查看。	**第十二条**　同《民法典》	
第二百一十三条　登记机构不得有下列行为： （一）要求对不动产进行评估； （二）以年检等名义进行重复登记； （三）超出登记职责范围的其他行为。	**第十三条**　同《民法典》	
第二百一十四条　不动产物权的设立、变更、转让和消灭，依照法律规定应当登记的，自记载于不动产登记簿时发生效力。	**第十四条**　同《民法典》	

续表

中华人民共和国民法典	前民法典时代的民事法律规范	立法演进的核心提示
第二百一十五条　当事人之间订立有关设立、变更、转让和消灭不动产物权的合同，除法律另有规定或者当事人另有约定外，自合同成立时生效；未办理物权登记的，不影响合同效力。	**第十五条**　当事人之间订立有关设立、变更、转让和消灭不动产物权的合同，除法律另有规定或者合同另有约定外，自合同成立时生效；未办理物权登记的，不影响合同效力。	
第二百一十六条　不动产登记簿是物权归属和内容的根据。 不动产登记簿由登记机构管理。	**第十六条**　同《民法典》	
第二百一十七条　不动产权属证书是权利人享有该不动产物权的证明。不动产权属证书记载的事项，应当与不动产登记簿一致；记载不一致的，除有证据证明不动产登记簿确有错误外，以不动产登记簿为准。	**第十七条**　同《民法典》	
第二百一十八条　权利人、利害关系人可以申请查询、复制不动产登记资料，登记机构应当提供。	**第十八条**　同《民法典》	
第二百一十九条　利害关系人不得公开、非法使用权利人的不动产登记资料。	**《不动产登记暂行条例》第二十八条**　查询不动产登记资料的单位、个人应当向不动产登记机构说明查询目的，不得将查询获得的不动产登记资料用于其他目的；未经权利人同意，不得泄露查询获得的不动产登记资料。	明确利害关系人对权利人不动产登记资料的合理使用义务。
第二百二十条　权利人、利害关系人认为不动产登记簿记载的事项错误的，可以申请更正登记。不动产登记簿记载的权利人书面同意更正或者有证据证明登记确有错误的，登记机构应当予以更正。 不动产登记簿记载的权利人不同意更正的，利害关系人可以申请异议登记。登记机构予以异议登记，申请人自异议登记之日起十五日内不提起诉讼的，异议登记失效。异议登记不当，造成权利人损害的，权利人可以向申请人请求损害赔偿。	**第十九条**　权利人、利害关系人认为不动产登记簿记载的事项错误的，可以申请更正登记。不动产登记簿记载的权利人书面同意更正或者有证据证明登记确有错误的，登记机构应当予以更正。 不动产登记簿记载的权利人不同意更正的，利害关系人可以申请异议登记。登记机构予以异议登记的，申请人在异议登记之日起十五日内不起诉，异议登记失效。异议登记不当，造成权利人损害的，权利人可以向申请人请求损害赔偿。	

续表

中华人民共和国民法典	前民法典时代的民事法律规范	立法演进的核心提示
第二百二十一条 当事人签订买卖房屋的协议或者签订其他不动产物权的协议，为保障将来实现物权，按照约定可以向登记机构申请预告登记。预告登记后，未经预告登记的权利人同意，处分该不动产的，不发生物权效力。 预告登记后，债权消灭或者自能够进行不动产登记之日起九十日内未申请登记的，预告登记失效。	**第二十条** 当事人签订买卖房屋或者其他不动产物权的协议，为保障将来实现物权，按照约定可以向登记机构申请预告登记。预告登记后，未经预告登记的权利人同意，处分该不动产的，不发生物权效力。 预告登记后，债权消灭或者自能够进行不动产登记之日起三个月内未申请登记的，预告登记失效。	
第二百二十二条 当事人提供虚假材料申请登记，造成他人损害的，应当承担赔偿责任。 因登记错误，造成他人损害的，登记机构应当承担赔偿责任。登记机构赔偿后，可以向造成登记错误的人追偿。	**第二十一条** 当事人提供虚假材料申请登记，给他人造成损害的，应当承担赔偿责任。 因登记错误，给他人造成损害的，登记机构应当承担赔偿责任。登记机构赔偿后，可以向造成登记错误的人追偿。	
第二百二十三条 不动产登记费按件收取，不得按照不动产的面积、体积或者价款的比例收取。	**第二十二条** 不动产登记费按件收取，不得按照不动产的面积、体积或者价款的比例收取。具体收费标准由国务院有关部门会同价格主管部门规定。	
第二节 动产交付	第二节 动产交付	
第二百二十四条 动产物权的设立和转让，自交付时发生效力，但是法律另有规定的除外。	**第二十三条** 动产物权的设立和转让，自交付时发生效力，但法律另有规定的除外。	
第二百二十五条 船舶、航空器和机动车等的物权的设立、变更、转让和消灭，未经登记，不得对抗善意第三人。	**第二十四条** 船舶、航空器和机动车等物权的设立、变更、转让和消灭，未经登记，不得对抗善意第三人。	
第二百二十六条 动产物权设立和转让前，权利人已经占有该动产的，物权自民事法律行为生效时发生效力。	**第二十五条** 动产物权设立和转让前，权利人已经**依法**占有该动产的，物权自法律行为生效时发生效力。	简易交付不以权利人依法占有为前提。
第二百二十七条 动产物权设立和转让前，第三人占有该动产的，负有交付义务的人可以通过转让请求第三人返还原物的权利代替交付。	**第二十六条** 动产物权设立和转让前，第三人**依法**占有该动产的，负有交付义务的人可以通过转让请求第三人返还原物的权利代替交付。	指示交付不以权利人依法占有为前提。

续表

中华人民共和国民法典	前民法典时代的民事法律规范	立法演进的核心提示
第二百二十八条 动产物权转让时，当事人又约定由出让人继续占有该动产的，物权自该约定生效时发生效力。	**第二十七条** 动产物权转让时，双方又约定由出让人继续占有该动产的，物权自该约定生效时发生效力。	
第三节 其他规定	第三节 其他规定	
第二百二十九条 因人民法院、仲裁机构的法律文书或者人民政府的征收决定等，导致物权设立、变更、转让或者消灭的，自法律文书或者征收决定等生效时发生效力。	**第二十八条** 因人民法院、仲裁委员会的法律文书或者人民政府的征收决定等，导致物权设立、变更、转让或者消灭的，自法律文书或者人民政府的征收决定等生效时发生效力。	
第二百三十条 因继承取得物权的，自继承开始时发生效力。	**第二十九条** 因继承或者受遗赠取得物权的，自继承或者受遗赠开始时发生效力。	
第二百三十一条 因合法建造、拆除房屋等事实行为设立或者消灭物权的，自事实行为成就时发生效力。	**第三十条** 同《民法典》	
第二百三十二条 处分依照本节规定享有的不动产物权，依照法律规定需要办理登记的，未经登记，不发生物权效力。	**第三十一条** 依照本法第二十八条至第三十条规定享有不动产物权的，处分该物权时，依照法律规定需要办理登记的，未经登记，不发生物权效力。	
第三章 物权的保护	**第三章 物权的保护**	
第二百三十三条 物权受到侵害的，权利人可以通过和解、调解、仲裁、诉讼等途径解决。	**第三十二条** 同《民法典》	
第二百三十四条 因物权的归属、内容发生争议的，利害关系人可以请求确认权利。	**第三十三条** 同《民法典》	
第二百三十五条 无权占有不动产或者动产的，权利人可以请求返还原物。	**第三十四条** 同《民法典》	
第二百三十六条 妨害物权或者可能妨害物权的，权利人可以请求排除妨害或者消除危险。	**第三十五条** 同《民法典》	

续表

中华人民共和国民法典	前民法典时代的民事法律规范	立法演进的核心提示
第二百三十七条 造成不动产或者动产毁损的,权利人可以依法请求修理、重作、更换或者恢复原状。	**第三十六条** 造成不动产或者动产毁损的,权利人可以请求修理、重作、更换或者恢复原状。	
第二百三十八条 侵害物权,造成权利人损害的,权利人可以依法请求损害赔偿,也可以依法请求承担其他民事责任。	**第三十七条** 侵害物权,造成权利人损害的,权利人可以请求损害赔偿,也可以请求承担其他民事责任。	
第二百三十九条 本章规定的物权保护方式,可以单独适用,也可以根据权利被侵害的情形合并适用。	**第三十八条** 本章规定的物权保护方式,可以单独适用,也可以根据权利被侵害的情形合并适用。 侵害物权,除承担民事责任外,违反行政管理规定的,依法承担行政责任;构成犯罪的,依法追究刑事责任。	
第二分编 所有权	**第二编 所有权**	
第四章 一般规定	**第四章 一般规定**	
第二百四十条 所有权人对自己的不动产或者动产,依法享有占有、使用、收益和处分的权利。	**第三十九条** 同《民法典》	
第二百四十一条 所有权人有权在自己的不动产或者动产上设立用益物权和担保物权。用益物权人、担保物权人行使权利,不得损害所有权人的权益。	**第四十条** 同《民法典》	
第二百四十二条 法律规定专属于国家所有的不动产和动产,任何组织或者个人不能取得所有权。	**第四十一条** 法律规定专属于国家所有的不动产和动产,任何单位和个人不能取得所有权。	
第二百四十三条 为了公共利益的需要,依照法律规定的权限和程序可以征收集体所有的土地和组织、个人的房屋以及其他不动产。 征收集体所有的土地,应当依法及时足额支付土地补偿费、安置补助费以及农村村民住宅、其他地上附着物和青苗等的补偿费用,并安排被征地农民的社会保障费用,保障被征地农民的生活,维护被征地农民的合法权益。	**第四十二条** 为了公共利益的需要,依照法律规定的权限和程序可以征收集体所有的土地和单位、个人的房屋及其他不动产。 征收集体所有的土地,应当依法足额支付土地补偿费、安置补助费、地上附着物和青苗的补偿费等费用,安排被征地农民的社会保障费用,保障被征地农民的生活,维护被征地农民的合法权益。 征收单位、个人的房屋及其他不动产,应当依法给予拆迁补偿,维护被征收人的合法权	

续表

中华人民共和国民法典	前民法典时代的民事法律规范	立法演进的核心提示
征收组织、个人的房屋以及其他不动产，应当依法给予征收补偿，维护被征收人的合法权益；征收个人住宅的，还应当保障被征收人的居住条件。 任何组织或者个人不得贪污、挪用、私分、截留、拖欠征收补偿费等费用。	益；征收个人住宅的，还应当保障被征收人的居住条件。 任何单位和个人不得贪污、挪用、私分、截留、拖欠征收补偿费等费用。	
第二百四十四条　国家对耕地实行特殊保护，严格限制农用地转为建设用地，控制建设用地总量。不得违反法律规定的权限和程序征收集体所有的土地。	**第四十三条**　同《民法典》	
第二百四十五条　因抢险救灾、疫情防控等紧急需要，依照法律规定的权限和程序可以征用组织、个人的不动产或者动产。被征用的不动产或者动产使用后，应当返还被征用人。组织、个人的不动产或者动产被征用或者征用后毁损、灭失的，应当给予补偿。	**第四十四条**　因抢险、救灾等紧急需要，依照法律规定的权限和程序可以征用单位、个人的不动产或者动产。被征用的不动产或者动产使用后，应当返还被征用人。单位、个人的不动产或者动产被征用或者征用后毁损、灭失的，应当给予补偿。	
第五章　国家所有权和集体所有权、私人所有权	**第五章　国家所有权和集体所有权、私人所有权**	
第二百四十六条　法律规定属于国家所有的财产，属于国家所有即全民所有。 国有财产由国务院代表国家行使所有权。法律另有规定的，依照其规定。	**第四十五条**　法律规定属于国家所有的财产，属于国家所有即全民所有。 国有财产由国务院代表国家行使所有权；法律另有规定的，依照其规定。	
第二百四十七条　矿藏、水流、海域属于国家所有。	**《宪法》第九条**　矿藏、水流、森林、山岭、草原、荒地、滩涂等自然资源，都属于国家所有，即全民所有；由法律规定属于集体所有的森林和山岭、草原、荒地、滩涂除外。 **第四十六条**　同《民法典》	
第二百四十八条　无居民海岛属于国家所有，国务院代表国家行使无居民海岛所有权。	**《海岛保护法》第四条**　同《民法典》	
第二百四十九条　城市的土地，属于国家所有。法律规定属于国家所有的农村和城市郊区的土地，属于国家所有。	**第四十七条**　同《民法典》	

续表

中华人民共和国民法典	前民法典时代的民事法律规范	立法演进的核心提示
第二百五十条 森林、山岭、草原、荒地、滩涂等自然资源，属于国家所有，但是法律规定属于集体所有的除外。	**第四十八条** 森林、山岭、草原、荒地、滩涂等自然资源，属于国家所有，但法律规定属于集体所有的除外。	
第二百五十一条 法律规定属于国家所有的野生动植物资源，属于国家所有。	**第四十九条** 同《民法典》	
第二百五十二条 无线电频谱资源属于国家所有。	**第五十条** 同《民法典》	
第二百五十三条 法律规定属于国家所有的文物，属于国家所有。	**第五十一条** 同《民法典》	
第二百五十四条 国防资产属于国家所有。铁路、公路、电力设施、电信设施和油气管道等基础设施，依照法律规定为国家所有的，属于国家所有。	**第五十二条** 同《民法典》	
第二百五十五条 国家机关对其直接支配的不动产和动产，享有占有、使用以及依照法律和国务院的有关规定处分的权利。	**第五十三条** 同《民法典》	
第二百五十六条 国家举办的事业单位对其直接支配的不动产和动产，享有占有、使用以及依照法律和国务院的有关规定收益、处分的权利。	**第五十四条** 同《民法典》	
第二百五十七条 国家出资的企业，由国务院、地方人民政府依照法律、行政法规规定分别代表国家履行出资人职责，享有出资人权益。	**第五十五条** 同《民法典》	
第二百五十八条 国家所有的财产受法律保护，禁止任何组织或者个人侵占、哄抢、私分、截留、破坏。	**第五十六条** 国家所有的财产受法律保护，禁止任何单位和个人侵占、哄抢、私分、截留、破坏。	

续表

中华人民共和国民法典	前民法典时代的民事法律规范	立法演进的核心提示
第二百五十九条　履行国有财产管理、监督职责的机构及其工作人员，应当依法加强对国有财产的管理、监督，促进国有财产保值增值，防止国有财产损失；滥用职权，玩忽职守，造成国有财产损失的，应当依法承担法律责任。 违反国有财产管理规定，在企业改制、合并分立、关联交易等过程中，低价转让、合谋私分、擅自担保或者以其他方式造成国有财产损失的，应当依法承担法律责任。	**第五十七条**　同《民法典》	
第二百六十条　集体所有的不动产和动产包括： （一）法律规定属于集体所有的土地和森林、山岭、草原、荒地、滩涂； （二）集体所有的建筑物、生产设施、农田水利设施； （三）集体所有的教育、科学、文化、卫生、体育等设施； （四）集体所有的其他不动产和动产。	**第五十八条**　同《民法典》	
第二百六十一条　农民集体所有的不动产和动产，属于本集体成员集体所有。 下列事项应当依照法定程序经本集体成员决定： （一）土地承包方案以及将土地发包给本集体以外的组织或者个人承包； （二）个别土地承包经营权人之间承包地的调整； （三）土地补偿费等费用的使用、分配办法； （四）集体出资的企业的所有权变动等事项； （五）法律规定的其他事项。	**第五十九条**　农民集体所有的不动产和动产，属于本集体成员集体所有。 下列事项应当依照法定程序经本集体成员决定： （一）土地承包方案以及将土地发包给本集体以外的单位或者个人承包； （二）个别土地承包经营权人之间承包地的调整； （三）土地补偿费等费用的使用、分配办法； （四）集体出资的企业的所有权变动等事项； （五）法律规定的其他事项。	
第二百六十二条　对于集体所有的土地和森林、山岭、草原、荒地、滩涂等，依照下列规定行使所有权： （一）属于村农民集体所有的，由村集体经济组织或者村民委员会依法代表集体行使所有权； （二）分别属于村内两个以上农民集体所有的，由村内各该集体经济组织或者村民小组依法代表集体行使所有权； （三）属于乡镇农民集体所有的，由乡镇集体经济组织代表集体行使所有权。	**第六十条**　对于集体所有的土地和森林、山岭、草原、荒地、滩涂等，依照下列规定行使所有权： （一）属于村农民集体所有的，由村集体经济组织或者村民委员会代表集体行使所有权； （二）分别属于村内两个以上农民集体所有的，由村内各该集体经济组织或者村民小组代表集体行使所有权； （三）属于乡镇农民集体所有的，由乡镇集体经济组织代表集体行使所有权。	

续表

中华人民共和国民法典	前民法典时代的民事法律规范	立法演进的核心提示
第二百六十三条 城镇集体所有的不动产和动产,依照法律、行政法规的规定由本集体享有占有、使用、收益和处分的权利。	**第六十一条** 同《民法典》	
第二百六十四条 农村集体经济组织或者村民委员会、村民小组应当依照法律、行政法规以及章程、村规民约向本集体成员公布集体财产的状况。**集体成员有权查阅、复制相关资料。**	**第六十二条** 集体经济组织或者村民委员会、村民小组应当依照法律、行政法规以及章程、村规民约向本集体成员公布集体财产的状况。	新增集体经济组织成员对集体财产相关资料的查阅权和复制权。
第二百六十五条 集体所有的财产受法律保护,禁止任何组织或者个人侵占、哄抢、私分、破坏。 农村集体经济组织、村民委员会或者其负责人作出的决定侵害集体成员合法权益的,受侵害的集体成员可以请求人民法院予以撤销。	**第六十三条** 集体所有的财产受法律保护,禁止任何单位和个人侵占、哄抢、私分、破坏。 集体经济组织、村民委员会或者其负责人作出的决定侵害集体成员合法权益的,受侵害的集体成员可以请求人民法院予以撤销。	
第二百六十六条 私人对其合法的收入、房屋、生活用品、生产工具、原材料等不动产和动产享有所有权。	**第六十四条** 同《民法典》	
第二百六十七条 私人的合法财产受法律保护,禁止任何组织或者个人侵占、哄抢、破坏。	**第六十六条** 私人的合法财产受法律保护,禁止任何单位和个人侵占、哄抢、破坏。	
第二百六十八条 国家、集体和私人依法可以出资设立有限责任公司、股份有限公司或者其他企业。国家、集体和私人所有的不动产或者动产投到企业的,由出资人按照约定或者出资比例享有资产收益、重大决策以及选择经营管理者等权利并履行义务。	**第六十七条** 国家、集体和私人依法可以出资设立有限责任公司、股份有限公司或者其他企业。国家、集体和私人所有的不动产或者动产,投到企业的,由出资人按照约定或者出资比例享有资产收益、重大决策以及选择经营管理者等权利并履行义务。	
第二百六十九条 营利法人对其不动产和动产依照法律、行政法规以及章程享有占有、使用、收益和处分的权利。 营利法人以外的法人,对其不动产和动产的权利,适用有关法律、行政法规以及章程的规定。	**第六十八条** 企业法人对其不动产和动产依照法律、行政法规以及章程享有占有、使用、收益和处分的权利。 企业法人以外的法人,对其不动产和动产的权利,适用有关法律、行政法规以及章程的规定。	

续表

中华人民共和国民法典	前民法典时代的民事法律规范	立法演进的核心提示
第二百七十条 社会团体法人、捐助法人依法所有的不动产和动产，受法律保护。	**第六十九条** 社会团体依法所有的不动产和动产，受法律保护。	
第六章 业主的建筑物区分所有权	**第六章 业主的建筑物区分所有权**	
第二百七十一条 业主对建筑物内的住宅、经营性用房等专有部分享有所有权，对专有部分以外的共有部分享有共有和共同管理的权利。	**第七十条** 同《民法典》	
第二百七十二条 业主对其建筑物专有部分享有占有、使用、收益和处分的权利。业主行使权利不得危及建筑物的安全，不得损害其他业主的合法权益。	**第七十一条** 同《民法典》	
第二百七十三条 业主对建筑物专有部分以外的共有部分，享有权利，承担义务；不得以放弃权利为由不履行义务。 业主转让建筑物内的住宅、经营性用房，其对共有部分享有的共有和共同管理的权利一并转让。	**第七十二条** 业主对建筑物专有部分以外的共有部分，享有权利，承担义务；不得以放弃权利不履行义务。 业主转让建筑物内的住宅、经营性用房，其对共有部分享有的共有和共同管理的权利一并转让。	
第二百七十四条 建筑区划内的道路，属于业主共有，但是属于城镇公共道路的除外。建筑区划内的绿地，属于业主共有，但是属于城镇公共绿地或者明示属于个人的除外。建筑区划内的其他公共场所、公用设施和物业服务用房，属于业主共有。	**第七十三条** 建筑区划内的道路，属于业主共有，但属于城镇公共道路的除外。建筑区划内的绿地，属于业主共有，但属于城镇公共绿地或者明示属于个人的除外。建筑区划内的其他公共场所、公用设施和物业服务用房，属于业主共有。	
第二百七十五条 建筑区划内，规划用于停放汽车的车位、车库的归属，由当事人通过出售、附赠或者出租等方式约定。 占用业主共有的道路或者其他场地用于停放汽车的车位，属于业主共有。	**第七十四条第二款、第三款** 同《民法典》	
第二百七十六条 建筑区划内，规划用于停放汽车的车位、车库应当首先满足业主的需要。	**第七十四条第一款** 同《民法典》	

续表

中华人民共和国民法典	前民法典时代的民事法律规范	立法演进的核心提示
第二百七十七条 业主可以设立业主大会,选举业主委员会。业主大会、业主委员会成立的具体条件和程序,依照法律、法规的规定。 地方人民政府有关部门、居民委员会应当对设立业主大会和选举业主委员会给予指导和协助。	**第七十五条** 业主可以设立业主大会,选举业主委员会。 地方人民政府有关部门应当对设立业主大会和选举业主委员会给予指导和协助。	新增居民委员会对小区设立业主大会和选举业主委员会给予指导和协助的义务。
第二百七十八条 下列事项由业主共同决定: (一)制定和修改业主大会议事规则; (二)制定和修改管理规约; (三)选举业主委员会或者更换业主委员会成员; (四)选聘和解聘物业服务企业或者其他管理人; (五)使用建筑物及其附属设施的维修资金; (六)筹集建筑物及其附属设施的维修资金; (七)改建、重建建筑物及其附属设施; (八)改变共有部分的用途或者利用共有部分从事经营活动; (九)有关共有和共同管理权利的其他重大事项。 **业主共同决定事项,应当由专有部分面积占比三分之二以上的业主且人数占比三分之二以上的业主参与表决。决定前款第六项至第八项规定的事项,应当经参与表决专有部分面积四分之三以上的业主且参与表决人数四分之三以上的业主同意。决定前款其他事项,应当经参与表决专有部分面积过半数的业主且参与表决人数过半数的业主同意。**	**第七十六条** 下列事项由业主共同决定: (一)制定和修改业主大会议事规则; (二)制定和修改建筑物及其附属设施的管理规约; (三)选举业主委员会或者更换业主委员会成员; (四)选聘和解聘物业服务企业或者其他管理人; (五)筹集和使用建筑物及其附属设施的维修资金; (六)改建、重建建筑物及其附属设施; (七)有关共有和共同管理权利的其他重大事项。 决定前款第五项和第六项规定的事项,应当经专有部分占建筑物总面积三分之二以上的业主且占总人数三分之二以上的业主同意。决定前款其他事项,应当经专有部分占建筑物总面积过半数的业主且占总人数过半数的业主同意。	降低了业主有效表决的条件要求。
第二百七十九条 业主不得违反法律、法规以及管理规约,将住宅改变为经营性用房。业主将住宅改变为经营性用房的,除遵守法律、法规以及管理规约外,应当经有利害关系的业主一致同意。	**第七十七条** 业主不得违反法律、法规以及管理规约,将住宅改变为经营性用房。业主将住宅改变为经营性用房的,除遵守法律、法规以及管理规约外,应当经有利害关系的业主同意。	

续表

中华人民共和国民法典	前民法典时代的民事法律规范	立法演进的核心提示
第二百八十条　业主大会或者业主委员会的决定,对业主具有法律约束力。 业主大会或者业主委员会作出的决定侵害业主合法权益的,受侵害的业主可以请求人民法院予以撤销。	**第七十八条**　业主大会或者业主委员会的决定,对业主具有约束力。 业主大会或者业主委员会作出的决定侵害业主合法权益的,受侵害的业主可以请求人民法院予以撤销。	
第二百八十一条　建筑物及其附属设施的维修资金,属于业主共有。经业主共同决定,可以用于电梯、**屋顶、外墙、无障碍设施等共有部分的维修、更新和改造**。建筑物及其附属设施的维修资金的筹集、使用情况**应当定期公布**。 **紧急情况下需要维修建筑物及其附属设施的,业主大会或者业主委员会可以依法申请使用建筑物及其附属设施的维修资金。**	**第七十九条**　建筑物及其附属设施的维修资金,属于业主共有。经业主共同决定,可以用于电梯、水箱等共有部分的维修。维修资金的筹集、使用情况应当公布。	完善建筑物及其附属设施维修资金的使用规则: 1. 增加对可以使用建筑物及其附属设施维修资金共有部分的列举; 2. 新增物业有定期公布维修资金的筹集、使用情况的义务; 3. 新增业主大会或者业主委员会紧急情况使用建筑物及其附属设施的维修资金的申请权。
第二百八十二条　**建设单位、物业服务企业或者其他管理人等利用业主的共有部分产生的收入,在扣除合理成本之后,属于业主共有。**		新增业主共有部分收入归全体业主共有的规则。
第二百八十三条　建筑物及其附属设施的费用分摊、收益分配等事项,有约定的,按照约定;没有约定或者约定不明确的,按照业主专有部分面积所占比例确定。	**第八十条**　建筑物及其附属设施的费用分摊、收益分配等事项,有约定的,按照约定;没有约定或者约定不明确的,按照业主专有部分占建筑物总面积的比例确定。	
第二百八十四条　业主可以自行管理建筑物及其附属设施,也可以委托物业服务企业或者其他管理人管理。 对建设单位聘请的物业服务企业或者其他管理人,业主有权依法更换。	**第八十一条**　同《民法典》	
第二百八十五条　物业服务企业或者其他管理人根据业主的委托,依照本法第三编有关物业服务合同的规定管理建筑区划内的建筑物及其附属设施,接受业主的监督,**并及时答复业主对物业服务情况提出的询问。** **物业服务企业或者其他管理人应当执行政府依法实施的应急处置措施和其他管理措施,积极配合开展相关工作。**	**第八十二条**　物业服务企业或者其他管理人根据业主的委托管理建筑区划内的建筑物及其附属设施,并接受业主的监督。	1. 完善业主和物业服务企业或其他管理人的关系,新增物业服务企业或者其他管理人有"及时答复业主对物业服务情况提出的询问"这一义务; 2. 新增物业服务企业或者其他管理人应当执行政府依法实施的应急处置措施和其他管理措施的义务。

续表

中华人民共和国民法典	前民法典时代的民事法律规范	立法演进的核心提示
第二百八十六条　业主应当遵守法律、法规以及管理规约，**相关行为应当符合节约资源、保护生态环境的要求。对于物业服务企业或者其他管理人执行政府依法实施的应急处置措施和其他管理措施，业主应当依法予以配合。** 业主大会或者业主委员会，对任意弃置垃圾、排放污染物或者噪声、违反规定饲养动物、违章搭建、侵占通道、拒付物业费等损害他人合法权益的行为，有权依照法律、法规以及管理规约，请求行为人停止侵害、排除妨碍、消除危险、恢复原状、赔偿损失。 **业主或者其他行为人拒不履行相关义务的，有关当事人可以向有关行政主管部门报告或者投诉，有关行政主管部门应当依法处理。**	**第八十三条**　业主应当遵守法律、法规以及管理规约。 业主大会和业主委员会，对任意弃置垃圾、排放污染物或者噪声、违反规定饲养动物、违章搭建、侵占通道、拒付物业费等损害他人合法权益的行为，有权依照法律、法规以及管理规约，要求行为人停止侵害、消除危险、排除妨害、赔偿损失。业主对侵害自己合法权益的行为，可以依法向人民法院提起诉讼。	新增业主行为应当符合绿色原则、配合物业服务企业等主体依法采取的管理措施，并要求有关行政主管部门应当积极作为的规定。
第二百八十七条　业主对建设单位、物业服务企业或者其他管理人以及其他业主侵害自己合法权益的行为，有权请求其承担民事责任。		
第七章　相邻关系	**第七章　相邻关系**	
第二百八十八条　不动产的相邻权利人应当按照有利生产、方便生活、团结互助、公平合理的原则，正确处理相邻关系。	**第八十四条**　同《民法典》	
第二百八十九条　法律、法规对处理相邻关系有规定的，依照其规定；法律、法规没有规定的，可以按照当地习惯。	**第八十五条**　同《民法典》	
第二百九十条　不动产权利人应当为相邻权利人用水、排水提供必要的便利。 对自然流水的利用，应当在不动产的相邻权利人之间合理分配。对自然流水的排放，应当尊重自然流向。	**第八十六条**　同《民法典》	
第二百九十一条　不动产权利人对相邻权利人因通行等必须利用其土地的，应当提供必要的便利。	**第八十七条**　同《民法典》	

续表

中华人民共和国民法典	前民法典时代的民事法律规范	立法演进的核心提示
第二百九十二条 不动产权利人因建造、修缮建筑物以及铺设电线、电缆、水管、暖气和燃气管线等必须利用相邻土地、建筑物的，该土地、建筑物的权利人应当提供必要的便利。	**第八十八条** 同《民法典》	
第二百九十三条 建造建筑物，不得违反国家有关工程建设标准，不得妨碍相邻建筑物的通风、采光和日照。	**第八十九条** 建造建筑物，不得违反国家有关工程建设标准，妨碍相邻建筑物的通风、采光和日照。	
第二百九十四条 不动产权利人不得违反国家规定弃置固体废物，排放大气污染物、水污染物、**土壤污染物、**噪声、光辐射、电磁辐射等有害物质。	**第九十条** 不动产权利人不得违反国家规定弃置固体废物，排放大气污染物、水污染物、噪声、光、电磁波辐射等有害物质。	
第二百九十五条 不动产权利人挖掘土地、建造建筑物、铺设管线以及安装设备等，不得危及相邻不动产的安全。	**第九十一条** 同《民法典》	
第二百九十六条 不动产权利人因用水、排水、通行、铺设管线等利用相邻不动产的，应当尽量避免对相邻的不动产权利人造成损害。	**第九十二条** 不动产权利人因用水、排水、通行、铺设管线等利用相邻不动产的，应当尽量避免对相邻的不动产权利人造成损害；造成损害的，应当给予赔偿。	
第八章 共有	**第八章 共有**	
第二百九十七条 不动产或者动产可以由两个以上组织、个人共有。共有包括按份共有和共同共有。	**第九十三条** 不动产或者动产可以由两个以上单位、个人共有。共有包括按份共有和共同共有。	
第二百九十八条 按份共有人对共有的不动产或者动产按照其份额享有所有权。	**第九十四条** 同《民法典》	
第二百九十九条 共同共有人对共有的不动产或者动产共同享有所有权。	**第九十五条** 同《民法典》	
第三百条 共有人按照约定管理共有的不动产或者动产；没有约定或者约定不明确的，各共有人都有管理的权利和义务。	**第九十六条** 同《民法典》	

续表

中华人民共和国民法典	前民法典时代的民事法律规范	立法演进的核心提示
第三百零一条 处分共有的不动产或者动产以及对共有的不动产或者动产作重大修缮、**变更性质或者用途**的,应当经占份额三分之二以上的按份共有人或者全体共同共有人同意,但是共有人之间另有约定的除外。	**第九十七条** 处分共有的不动产或者动产以及对共有的不动产或者动产作重大修缮的,应当经占份额三分之二以上的按份共有人或者全体共同共有人同意,但共有人之间另有约定的除外。	新增变更共有不动产性质或用途时的条件。
第三百零二条 共有人对共有物的管理费用以及其他负担,有约定的,按照其约定;没有约定或者约定不明确的,按份共有人按照其份额负担,共同共有人共同负担。	**第九十八条** 对共有物的管理费用以及其他负担,有约定的,按照约定;没有约定或者约定不明确的,按份共有人按照其份额负担,共同共有人共同负担。	
第三百零三条 共有人约定不得分割共有的不动产或者动产,以维持共有关系的,应当按照约定,但是共有人有重大理由需要分割的,可以请求分割;没有约定或者约定不明确的,按份共有人可以随时请求分割,共同共有人在共有的基础丧失或者有重大理由需要分割时可以请求分割。因分割造成其他共有人损害的,应当给予赔偿。	**第九十九条** 共有人约定不得分割共有的不动产或者动产,以维持共有关系的,应当按照约定,但共有人有重大理由需要分割的,可以请求分割;没有约定或者约定不明确的,按份共有人可以随时请求分割,共同共有人在共有的基础丧失或者有重大理由需要分割时可以请求分割。因分割对其他共有人造成损害的,应当给予赔偿。	
第三百零四条 共有人可以协商确定分割方式。达不成协议,共有的不动产或者动产可以分割且不会因分割减损价值的,应当对实物予以分割;难以分割或者因分割会减损价值的,应当对折价或者拍卖、变卖取得的价款予以分割。 共有人分割所得的不动产或者动产有瑕疵的,其他共有人应当分担损失。	**第一百条** 共有人可以协商确定分割方式。达不成协议,共有的不动产或者动产可以分割并且不会因分割减损价值的,应当对实物予以分割;难以分割或者因分割会减损价值的,应当对折价或者拍卖、变卖取得的价款予以分割。 共有人分割所得的不动产或者动产有瑕疵的,其他共有人应当分担损失。	
第三百零五条 按份共有人可以转让其享有的共有的不动产或者动产份额。其他共有人在同等条件下享有优先购买的权利。	**第一百零一条** 同《民法典》	
第三百零六条 按份共有人转让其享有的共有的不动产或者动产份额的,应当将转让条件及时通知其他共有人。其他共有人应当在合理期限内行使优先购买权。 两个以上其他共有人主张行使优先购买权的,协商确定各自的购买比例;协商不成的,按照转让时各自的共有份额比例行使优先购买权。	**《物权法司法解释一》第十四条** 两个以上按份共有人主张优先购买且协商不成时,请求按照转让时各自份额比例行使优先购买权的,应予支持。	吸收司法解释经验,新增按份共有人的优先购买权制度。

续表

中华人民共和国民法典	前民法典时代的民事法律规范	立法演进的核心提示
第三百零七条 因共有的不动产或者动产产生的债权债务，在对外关系上，共有人享有连带债权、承担连带债务，但是法律另有规定或者第三人知道共有人不具有连带债权债务关系的除外；在共有人内部关系上，除共有人另有约定外，按份共有人按照份额享有债权、承担债务，共同共有人共同享有债权、承担债务。偿还债务超过自己应当承担份额的按份共有人，有权向其他共有人追偿。	**第一百零二条** 因共有的不动产或者动产产生的债权债务，在对外关系上，共有人享有连带债权、承担连带债务，但法律另有规定或者第三人知道共有人不具有连带债权债务关系的除外；在共有人内部关系上，除共有人另有约定外，按份共有人按照份额享有债权、承担债务，共同共有人共同享有债权、承担债务。偿还债务超过自己应当承担份额的按份共有人，有权向其他共有人追偿。	
第三百零八条 共有人对共有的不动产或者动产没有约定为按份共有或者共同共有，或者约定不明确的，除共有人具有家庭关系等外，视为按份共有。	**第一百零三条** 同《民法典》	
第三百零九条 按份共有人对共有的不动产或者动产享有的份额，没有约定或者约定不明确的，按照出资额确定；不能确定出资额的，视为等额享有。	**第一百零四条** 同《民法典》	
第三百一十条 两个以上组织、个人共同享有用益物权、担保物权的，参照适用本章的有关规定。	**第一百零五条** 两个以上单位、个人共同享有用益物权、担保物权的，参照本章规定。	
第九章 所有权取得的特别规定	**第九章 所有权取得的特别规定**	
第三百一十一条 无处分权人将不动产或者动产转让给受让人的，所有权人有权追回；除法律另有规定外，符合下列情形的，受让人取得该不动产或者动产的所有权： （一）受让人受让该不动产或者动产时是善意； （二）以合理的价格转让； （三）转让的不动产或者动产依照法律规定应当登记的已经登记，不需要登记的已经交付给受让人。 受让人依据前款规定取得不动产或者动产的所有权的，原所有权人有权向无处分权人请求损害赔偿。 当事人善意取得其他物权的，参照适用前两款规定。	**第一百零六条** 无处分权人将不动产或者动产转让给受让人的，所有权人有权追回；除法律另有规定外，符合下列情形的，受让人取得该不动产或者动产的所有权： （一）受让人受让该不动产或者动产时是善意的； （二）以合理的价格转让； （三）转让的不动产或者动产依照法律规定应当登记的已经登记，不需要登记的已经交付给受让人。 受让人依照前款规定取得不动产或者动产的所有权的，原所有权人有权向无处分权人请求赔偿损失。 当事人善意取得其他物权的，参照前两款规定。	

续表

中华人民共和国民法典	前民法典时代的民事法律规范	立法演进的核心提示
第三百一十二条 所有权人或者其他权利人有权追回遗失物。该遗失物通过转让被他人占有的,权利人有权向无处分权人请求损害赔偿,或者自知道或者应当知道受让人之日起二年内向受让人请求返还原物;但是,受让人通过拍卖或者向具有经营资格的经营者购得该遗失物的,权利人请求返还原物时应当支付受让人所付的费用。权利人向受让人支付所付费用后,有权向无处分权人追偿。	**第一百零七条** 所有权人或者其他权利人有权追回遗失物。该遗失物通过转让被他人占有的,权利人有权向无处分权人请求损害赔偿,或者自知道或者应当知道受让人之日起二年内向受让人请求返还原物,但受让人通过拍卖或者向具有经营资格的经营者购得该遗失物的,权利人请求返还原物时应当支付受让人所付的费用。权利人向受让人支付所付费用后,有权向无处分权人追偿。	
第三百一十三条 善意受让人取得动产后,该动产上的原有权利消灭。但是,善意受让人在受让时知道或者应当知道该权利的除外。	**第一百零八条** 善意受让人取得动产后,该动产上的原有权利消灭,但善意受让人在受让时知道或者应当知道该权利的除外。	
第三百一十四条 拾得遗失物,应当返还权利人。拾得人应当及时通知权利人领取,或者送交公安等有关部门。	**第一百零九条** 同《民法典》	
第三百一十五条 有关部门收到遗失物,知道权利人的,应当及时通知其领取;不知道的,应当及时发布招领公告。	**第一百一十条** 同《民法典》	
第三百一十六条 拾得人在遗失物送交有关部门前,有关部门在遗失物被领取前,应当妥善保管遗失物。因故意或者重大过失致使遗失物毁损、灭失的,应当承担民事责任。	**第一百一十一条** 同《民法典》	
第三百一十七条 权利人领取遗失物时,应当向拾得人或者有关部门支付保管遗失物等支出的必要费用。 权利人悬赏寻找遗失物的,领取遗失物时应当按照承诺履行义务。 拾得人侵占遗失物的,无权请求保管遗失物等支出的费用,也无权请求权利人按照承诺履行义务。	**第一百一十二条** 同《民法典》	
第三百一十八条 遗失物自发布招领公告之日起一年内无人认领的,归国家所有。	**第一百一十三条** 遗失物自发布招领公告之日起六个月内无人认领的,归国家所有。	

续表

中华人民共和国民法典	前民法典时代的民事法律规范	立法演进的核心提示
第三百一十九条　拾得漂流物、发现埋藏物或者隐藏物的，参照适用拾得遗失物的有关规定。法律另有规定的，依照其规定。	**第一百一十四条**　拾得漂流物、发现埋藏物或者隐藏物的，参照拾得遗失物的有关规定。文物保护法等法律另有规定的，依照其规定。	
第三百二十条　主物转让的，从物随主物转让，但是当事人另有约定的除外。	**第一百一十五条**　主物转让的，从物随主物转让，但当事人另有约定的除外。	
第三百二十一条　天然孳息，由所有权人取得；既有所有权人又有用益物权人的，由用益物权人取得。当事人另有约定的，按照其约定。 法定孳息，当事人有约定的，按照约定取得；没有约定或者约定不明确的，按照交易习惯取得。	**第一百一十六条**　天然孳息，由所有权人取得；既有所有权人又有用益物权人的，由用益物权人取得。当事人另有约定的，按照约定。 法定孳息，当事人有约定的，按照约定取得；没有约定或者约定不明确的，按照交易习惯取得。	
第三百二十二条　因加工、附合、混合而产生的物的归属，有约定的，按照约定；没有约定或者约定不明确的，依照法律规定；法律没有规定的，按照充分发挥物的效用以及保护无过错当事人的原则确定。因一方当事人的过错或者确定物的归属造成另一方当事人损害的，应当给予赔偿或者补偿。		新增添附取得物的归属规则。
第三分编　用益物权	**第三编　用益物权**	
第十章　一般规定	**第十章　一般规定**	
第三百二十三条　用益物权人对他人所有的不动产或者动产，依法享有占有、使用和收益的权利。	**第一百一十七条**　同《民法典》	
第三百二十四条　国家所有或者国家所有由集体使用以及法律规定属于集体所有的自然资源，组织、个人依法可以占有、使用和收益。	**第一百一十八条**　国家所有或者国家所有由集体使用以及法律规定属于集体所有的自然资源，单位、个人依法可以占有、使用和收益。	
第三百二十五条　国家实行自然资源有偿使用制度，但是法律另有规定的除外。	**第一百一十九条**　国家实行自然资源有偿使用制度，但法律另有规定的除外。	

续表

中华人民共和国民法典	前民法典时代的民事法律规范	立法演进的核心提示
第三百二十六条　用益物权人行使权利，应当遵守法律有关保护和合理开发利用资源、保护生态环境的规定。所有权人不得干涉用益物权人行使权利。	**第一百二十条**　用益物权人行使权利，应当遵守法律有关保护和合理开发利用资源的规定。所有权人不得干涉用益物权人行使权利。	
第三百二十七条　因不动产或者动产被征收、征用致使用益物权消灭或者影响用益物权行使的，用益物权人有权依据本法第二百四十三条、第二百四十五条的规定获得相应补偿。	**第一百二十一条**　因不动产或者动产被征收、征用致使用益物权消灭或者影响用益物权行使的，用益物权人有权依照本法第四十二条、第四十四条的规定获得相应补偿。	
第三百二十八条　依法取得的海域使用权受法律保护。	**第一百二十二条**　同《民法典》	
第三百二十九条　依法取得的探矿权、采矿权、取水权和使用水域、滩涂从事养殖、捕捞的权利受法律保护。	**第一百二十三条**　同《民法典》	
第十一章　土地承包经营权	**第十一章　土地承包经营权**	
第三百三十条　农村集体经济组织实行家庭承包经营为基础、统分结合的双层经营体制。 农民集体所有和国家所有由农民集体使用的耕地、林地、草地以及其他用于农业的土地，依法实行土地承包经营制度。	**第一百二十四条**　同《民法典》	
第三百三十一条　土地承包经营权人依法对其承包经营的耕地、林地、草地等享有占有、使用和收益的权利，有权从事种植业、林业、畜牧业等农业生产。	**第一百二十五条**　同《民法典》	
第三百三十二条　耕地的承包期为三十年。草地的承包期为三十年至五十年。林地的承包期为三十年至七十年。 前款规定的承包期限届满，由土地承包经营权人依照农村土地承包的法律规定继续承包。	**第一百二十六条**　耕地的承包期为三十年。草地的承包期为三十年至五十年。林地的承包期为三十年至七十年~~；特殊林木的林地承包期，经国务院林业行政主管部门批准可以延长~~。 前款规定的承包期届满，由土地承包经营权人按照国家有关规定继续承包。	取消特殊林木的林地承包期的批准延长规则。

续表

中华人民共和国民法典	前民法典时代的民事法律规范	立法演进的核心提示
第三百三十三条 土地承包经营权自土地承包经营权合同生效时设立。 登记机构应当向土地承包经营权人发放土地承包经营权证、林权证等证书，并登记造册，确认土地承包经营权。	**第一百二十七条** 土地承包经营权自土地承包经营权合同生效时设立。 县级以上地方人民政府应当向土地承包经营权人发放土地承包经营权证、林权证、草原使用权证，并登记造册，确认土地承包经营权。	
第三百三十四条 土地承包经营权人依照法律规定，有权将土地承包经营权互换、转让。未经依法批准，不得将承包地用于非农建设。	**第一百二十八条** 土地承包经营权人依照农村土地承包法的规定，有权将土地承包经营权采取转包、互换、转让等方式流转。流转的期限不得超过承包期的剩余期限。未经依法批准，不得将承包地用于非农建设。	
第三百三十五条 土地承包经营权互换、转让的，当事人可以向登记机构申请登记；未经登记，不得对抗善意第三人。	**第一百二十九条** 土地承包经营权人将土地承包经营权互换、转让，当事人要求登记的，应当向县级以上地方人民政府申请土地承包经营权变更登记；未经登记，不得对抗善意第三人。	
第三百三十六条 承包期内发包人不得调整承包地。 因自然灾害严重毁损承包地等特殊情形，需要适当调整承包的耕地和草地的，应当依照农村土地承包的法律规定办理。	**第一百三十条** 承包期内发包人不得调整承包地。 因自然灾害严重毁损承包地等特殊情形，需要适当调整承包的耕地和草地的，应当依照农村土地承包法等法律规定办理。	
第三百三十七条 承包期内发包人不得收回承包地。法律另有规定的，依照其规定。	**第一百三十一条** 承包期内发包人不得收回承包地。农村土地承包法等法律另有规定的，依照其规定。	
第三百三十八条 承包地被征收的，土地承包经营权人有权依据本法第二百四十三条的规定获得相应补偿。	**第一百三十二条** 承包地被征收的，土地承包经营权人有权依照本法第四十二条第二款的规定获得相应补偿。	
第三百三十九条　土地承包经营权人可以自主决定依法采取出租、入股或者其他方式向他人流转土地经营权。	**《农村土地承包法》第三十六条** 承包方可以自主决定依法采取出租（转包）、入股或者其他方式向他人流转土地经营权，并向发包方备案。	吸收土地承包经营权三权分置改革经验，新增土地经营权流转方式的规定。
第三百四十条　土地经营权人有权在合同约定的期限内占有农村土地，自主开展农业生产经营并取得收益。	**《农村土地承包法》第三十七条** 同《民法典》	吸收土地承包经营权三权分置改革经验，新增土地经营权人权能的规定。

续表

中华人民共和国民法典	前民法典时代的民事法律规范	立法演进的核心提示
第三百四十一条　流转期限为五年以上的土地经营权，自流转合同生效时设立。当事人可以向登记机构申请土地经营权登记；未经登记，不得对抗善意第三人。	**《农村土地承包法》第四十一条**　土地经营权流转期限为五年以上的，当事人可以向登记机构申请土地经营权登记。未经登记，不得对抗善意第三人。	吸收土地承包经营权三权分置改革经验，新增土地经营权的设立及登记效力的规定。一般认为，流转五年以上的土地经营权属于物权，反之则是债权。
第三百四十二条　通过招标、拍卖、公开协商等方式承包农村土地，经依法登记取得权属证书的，可以依法采取出租、入股、抵押或者其他方式流转土地经营权。	**第一百三十三条**　通过招标、拍卖、公开协商等方式承包荒地等农村土地，依照农村土地承包法等法律和国务院的有关规定，其土地承包经营权可以转让、入股、抵押或者以其他方式流转。	
第三百四十三条　国家所有的农用地实行承包经营的，参照适用本编的有关规定。	**第一百三十四条**　国家所有的农用地实行承包经营的，参照本法的有关规定。	
第十二章　建设用地使用权	**第十二章　建设用地使用权**	
第三百四十四条　建设用地使用权人依法对国家所有的土地享有占有、使用和收益的权利，有权利用该土地建造建筑物、构筑物及其附属设施。	**第一百三十五条**　同《民法典》	
第三百四十五条　建设用地使用权可以在土地的地表、地上或者地下分别设立。	**第一百三十六条**　建设用地使用权可以在土地的地表、地上或者地下分别设立。新设立的建设用地使用权，不得损害已设立的用益物权。	
第三百四十六条　设立建设用地使用权，应当符合节约资源、保护生态环境的要求，遵守法律、行政法规关于土地用途的规定，不得损害已经设立的用益物权。	**第一百三十六条**　建设用地使用权可以在土地的地表、地上或者地下分别设立。新设立的建设用地使用权，不得损害已设立的用益物权。	新增设立建设用地使用权应当符合“绿色原则”的要求。
第三百四十七条　设立建设用地使用权，可以采取出让或者划拨等方式。 工业、商业、旅游、娱乐和商品住宅等经营性用地以及同一土地有两个以上意向用地者的，应当采取招标、拍卖等公开竞价的方式出让。 严格限制以划拨方式设立建设用地使用权。	**第一百三十七条**　设立建设用地使用权，可以采取出让或者划拨等方式。 工业、商业、旅游、娱乐和商品住宅等经营性用地以及同一土地有两个以上意向用地者的，应当采取招标、拍卖等公开竞价的方式出让。严格限制以划拨方式设立建设用地使用权。采取划拨方式的，应当遵守法律、行政法规关于土地用途的规定。	

续表

中华人民共和国民法典	前民法典时代的民事法律规范	立法演进的核心提示
第三百四十八条　通过招标、拍卖、协议等出让方式设立建设用地使用权的，当事人应当采用书面形式订立建设用地使用权出让合同。 建设用地使用权出让合同一般包括下列条款： （一）当事人的名称和住所； （二）土地界址、面积等； （三）建筑物、构筑物及其附属设施占用的空间； （四）土地用途、规划条件； （五）建设用地使用权期限； （六）出让金等费用及其支付方式； （七）解决争议的方法。	**第一百三十八条**　采取招标、拍卖、协议等出让方式设立建设用地使用权的，当事人应当采取书面形式订立建设用地使用权出让合同。 建设用地使用权出让合同一般包括下列条款： （一）当事人的名称和住所； （二）土地界址、面积等； （三）建筑物、构筑物及其附属设施占用的空间； （四）土地用途； （五）使用期限； （六）出让金等费用及其支付方式； （七）解决争议的方法。	
第三百四十九条　设立建设用地使用权的，应当向登记机构申请建设用地使用权登记。建设用地使用权自登记时设立。登记机构应当向建设用地使用权人发放权属证书。	**第一百三十九条**　设立建设用地使用权的，应当向登记机构申请建设用地使用权登记。建设用地使用权自登记时设立。登记机构应当向建设用地使用权人发放建设用地使用权证书。	
第三百五十条　建设用地使用权人应当合理利用土地，不得改变土地用途；需要改变土地用途的，应当依法经有关行政主管部门批准。	**第一百四十条**　同《民法典》	
第三百五十一条　建设用地使用权人应当依照法律规定以及合同约定支付出让金等费用。	**第一百四十一条**　同《民法典》	
第三百五十二条　建设用地使用权人建造的建筑物、构筑物及其附属设施的所有权属于建设用地使用权人，但是有相反证据证明的除外。	**第一百四十二条**　建设用地使用权人建造的建筑物、构筑物及其附属设施的所有权属于建设用地使用权人，但有相反证据证明的除外。	
第三百五十三条　建设用地使用权人有权将建设用地使用权转让、互换、出资、赠与或者抵押，但是法律另有规定的除外。	**第一百四十三条**　建设用地使用权人有权将建设用地使用权转让、互换、出资、赠与或者抵押，但法律另有规定的除外。	

续表

中华人民共和国民法典	前民法典时代的民事法律规范	立法演进的核心提示
第三百五十四条 建设用地使用权转让、互换、出资、赠与或者抵押的,当事人应当采用书面形式订立相应的合同。使用期限由当事人约定,但是不得超过建设用地使用权的剩余期限。	**第一百四十四条** 建设用地使用权转让、互换、出资、赠与或者抵押的,当事人应当采取书面形式订立相应的合同。使用期限由当事人约定,但不得超过建设用地使用权的剩余期限。	
第三百五十五条 建设用地使用权转让、互换、出资或者赠与的,应当向登记机构申请变更登记。	**第一百四十五条** 同《民法典》	
第三百五十六条 建设用地使用权转让、互换、出资或者赠与的,附着于该土地上的建筑物、构筑物及其附属设施一并处分。	**第一百四十六条** 同《民法典》	
第三百五十七条 建筑物、构筑物及其附属设施转让、互换、出资或者赠与的,该建筑物、构筑物及其附属设施占用范围内的建设用地使用权一并处分。	**第一百四十七条** 同《民法典》	
第三百五十八条 建设用地使用权期限届满前,因公共利益需要提前收回该土地的,应当依据本法第二百四十三条的规定对该土地上的房屋以及其他不动产给予补偿,并退还相应的出让金。	**第一百四十八条** 建设用地使用权期间届满前,因公共利益需要提前收回该土地的,应当依照本法第四十二条的规定对该土地上的房屋及其他不动产给予补偿,并退还相应的出让金。	
第三百五十九条 住宅建设用地使用权期限届满的,自动续期。**续期费用的缴纳或者减免,依照法律、行政法规的规定办理。** 非住宅建设用地使用权期限届满后的续期,依照法律规定办理。该土地上的房屋以及其他不动产的归属,有约定的,按照约定;没有约定或者约定不明确的,依照法律、行政法规的规定办理。	**第一百四十九条** 住宅建设用地使用权期间届满的,自动续期。 非住宅建设用地使用权期间届满后的续期,依照法律规定办理。该土地上的房屋及其他不动产的归属,有约定的,按照约定;没有约定或者约定不明确的,依照法律、行政法规的规定办理。	新增授权法律、行政法规规定住宅建设用地使用权续期是否有偿的规定。
第三百六十条 建设用地使用权消灭的,出让人应当及时办理注销登记。登记机构应当收回权属证书。	**第一百五十条** 建设用地使用权消灭的,出让人应当及时办理注销登记。登记机构应当收回建设用地使用权证书。	
第三百六十一条 集体所有的土地作为建设用地的,应当依照土地管理的法律规定办理。	**第一百五十一条** 集体所有的土地作为建设用地的,应当依照土地管理法等法律规定办理。	

续表

中华人民共和国民法典	前民法典时代的民事法律规范	立法演进的核心提示
第十三章　宅基地使用权	**第十三章　宅基地使用权**	
第三百六十二条　宅基地使用权人依法对集体所有的土地享有占有和使用的权利，有权依法利用该土地建造住宅及其附属设施。	**第一百五十二条**　同《民法典》	
第三百六十三条　宅基地使用权的取得、行使和转让，适用土地管理的法律和国家有关规定。	**第一百五十三条**　宅基地使用权的取得、行使和转让，适用土地管理法等法律和国家有关规定。	
第三百六十四条　宅基地因自然灾害等原因灭失的，宅基地使用权消灭。对失去宅基地的村民，应当依法重新分配宅基地。	**第一百五十四条**　宅基地因自然灾害等原因灭失的，宅基地使用权消灭。对失去宅基地的村民，应当重新分配宅基地。	
第三百六十五条　已经登记的宅基地使用权转让或者消灭的，应当及时办理变更登记或者注销登记。	**第一百五十五条**　同《民法典》	
第十四章　居住权		新增“居住权”一章；就何为居住权、居住权合同的要式性及内容、居住权的设立要件、居住权的专属性原则、居住权的消灭、以遗嘱方式设立居住权的规则等进行了系统规定。
第三百六十六条　居住权人有权按照合同约定，对他人的住宅享有占有、使用的用益物权，以满足生活居住的需要。		
第三百六十七条　设立居住权，当事人应当采用书面形式订立居住权合同。 **居住权合同一般包括下列条款：** **（一）当事人的姓名或者名称和住所；** **（二）住宅的位置；** **（三）居住的条件和要求；** **（四）居住权期限；** **（五）解决争议的方法。**		
第三百六十八条　居住权无偿设立，但是当事人另有约定的除外。设立居住权的，应当向登记机构申请居住权登记。居住权自登记时设立。		
第三百六十九条　居住权不得转让、继承。设立居住权的住宅不得出租，但是当事人另有约定的除外。		

续表

中华人民共和国民法典	前民法典时代的民事法律规范	立法演进的核心提示
第三百七十条　居住权期限届满或者居住权人死亡的，居住权消灭。居住权消灭的，应当及时办理注销登记。		
第三百七十一条　以遗嘱方式设立居住权的，参照适用本章的有关规定。		
第十五章　地役权	**第十四章　地役权**	
第三百七十二条　地役权人有权按照合同约定，利用他人的不动产，以提高自己的不动产的效益。 前款所称他人的不动产为供役地，自己的不动产为需役地。	**第一百五十六条**　同《民法典》	
第三百七十三条　设立地役权，当事人应当采用书面形式订立地役权合同。 地役权合同一般包括下列条款： （一）当事人的姓名或者名称和住所； （二）供役地和需役地的位置； （三）利用目的和方法； （四）地役权期限； （五）费用及其支付方式； （六）解决争议的方法。	**第一百五十七条**　设立地役权，当事人应当采取书面形式订立地役权合同。 地役权合同一般包括下列条款： （一）当事人的姓名或者名称和住所； （二）供役地和需役地的位置； （三）利用目的和方法； （四）利用期限； （五）费用及其支付方式； （六）解决争议的方法。	
第三百七十四条　地役权自地役权合同生效时设立。当事人要求登记的，可以向登记机构申请地役权登记；未经登记，不得对抗善意第三人。	**第一百五十八条**　同《民法典》	
第三百七十五条　供役地权利人应当按照合同约定，允许地役权人利用其不动产，不得妨害地役权人行使权利。	**第一百五十九条**　供役地权利人应当按照合同约定，允许地役权人利用其土地，不得妨害地役权人行使权利。	
第三百七十六条　地役权人应当按照合同约定的利用目的和方法利用供役地，尽量减少对供役地权利人物权的限制。	**第一百六十条**　同《民法典》	
第三百七十七条　地役权期限由当事人约定；但是，不得超过土地承包经营权、建设用地使用权等用益物权的剩余期限。	**第一百六十一条**　地役权的期限由当事人约定，但不得超过土地承包经营权、建设用地使用权等用益物权的剩余期限。	

续表

中华人民共和国民法典	前民法典时代的民事法律规范	立法演进的核心提示
第三百七十八条 土地所有权人享有地役权或者负担地役权的，设立土地承包经营权、宅基地使用权等用益物权时，该用益物权人继续享有或者负担已经设立的地役权。	**第一百六十二条** 土地所有权人享有地役权或者负担地役权的，设立土地承包经营权、宅基地使用权时，该土地承包经营权人、宅基地使用权人继续享有或者负担已设立的地役权。	
第三百七十九条 土地上已经设立土地承包经营权、建设用地使用权、宅基地使用权等用益物权的，未经用益物权人同意，土地所有权人不得设立地役权。	**第一百六十三条** 土地上已设立土地承包经营权、建设用地使用权、宅基地使用权等权利的，未经用益物权人同意，土地所有权人不得设立地役权。	
第三百八十条 地役权不得单独转让。土地承包经营权、建设用地使用权等转让的，地役权一并转让，但是合同另有约定的除外。	**第一百六十四条** 地役权不得单独转让。土地承包经营权、建设用地使用权等转让的，地役权一并转让，但合同另有约定的除外。	
第三百八十一条 地役权不得单独抵押。土地经营权、建设用地使用权等抵押的，在实现抵押权时，地役权一并转让。	**第一百六十五条** 地役权不得单独抵押。土地承包经营权、建设用地使用权等抵押的，在实现抵押权时，地役权一并转让。	
第三百八十二条 需役地以及需役地上的土地承包经营权、建设用地使用权等部分转让时，转让部分涉及地役权的，受让人同时享有地役权。	**第一百六十六条** 需役地以及需役地上的土地承包经营权、建设用地使用权部分转让时，转让部分涉及地役权的，受让人同时享有地役权。	
第三百八十三条 供役地以及供役地上的土地承包经营权、建设用地使用权等部分转让时，转让部分涉及地役权的，地役权对受让人具有法律约束力。	**第一百六十七条** 供役地以及供役地上的土地承包经营权、建设用地使用权部分转让时，转让部分涉及地役权的，地役权对受让人具有约束力。	
第三百八十四条 地役权人有下列情形之一的，供役地权利人有权解除地役权合同，地役权消灭： （一）违反法律规定或者合同约定，滥用地役权； （二）有偿利用供役地，约定的付款期限届满后在合理期限内经两次催告未支付费用。	**第一百六十八条** 同《民法典》	

续表

中华人民共和国民法典	前民法典时代的民事法律规范	立法演进的核心提示
第三百八十五条 已经登记的地役权变更、转让或者消灭的，应当及时办理变更登记或者注销登记。	**第一百六十九条** 同《民法典》	
第四分编 担保物权	**第四编 担保物权**	
第十六章 一般规定	**第十五章 一般规定**	
第三百八十六条 担保物权人在债务人不履行到期债务或者发生当事人约定的实现担保物权的情形，依法享有就担保财产优先受偿的权利，但是法律另有规定的除外。	**第一百七十条** 担保物权人在债务人不履行到期债务或者发生当事人约定的实现担保物权的情形，依法享有就担保财产优先受偿的权利，但法律另有规定的除外。	
第三百八十七条 债权人在借贷、买卖等民事活动中，为保障实现其债权，需要担保的，可以依照本法和其他法律的规定设立担保物权。 第三人为债务人向债权人提供担保的，可以要求债务人提供反担保。反担保适用本法和其他法律的规定。	**第一百七十一条** 同《民法典》	
第三百八十八条 设立担保物权，应当依照本法和其他法律的规定订立担保合同。**担保合同包括抵押合同、质押合同和其他具有担保功能的合同。**担保合同是主债权债务合同的从合同。主债权债务合同无效的，担保合同无效，但是法律另有规定的除外。 担保合同被确认无效后，债务人、担保人、债权人有过错的，应当根据其过错各自承担相应的民事责任。	**第一百七十二条** 设立担保物权，应当依照本法和其他法律的规定订立担保合同。担保合同是主债权债务合同的从合同。主债权债务合同无效，担保合同无效，但法律另有规定的除外。 担保合同被确认无效后，债务人、担保人、债权人有过错的，应当根据其过错各自承担相应的民事责任。	扩大担保合同的范围，明确赋予非典型担保合同以法律效力。
第三百八十九条 担保物权的担保范围包括主债权及其利息、违约金、损害赔偿金、保管担保财产和实现担保物权的费用。当事人另有约定的，按照其约定。	**第一百七十三条** 担保物权的担保范围包括主债权及其利息、违约金、损害赔偿金、保管担保财产和实现担保物权的费用。当事人另有约定的，按照约定。	
第三百九十条 担保期间，担保财产毁损、灭失或者被征收等，担保物权人可以就获得的保险金、赔偿金或者补偿金等优先受偿。被担保债权的履行期限未届满的，也可以提存该保险金、赔偿金或者补偿金等。	**第一百七十四条** 担保期间，担保财产毁损、灭失或者被征收等，担保物权人可以就获得的保险金、赔偿金或者补偿金等优先受偿。被担保债权的履行期未届满的，也可以提存该保险金、赔偿金或者补偿金等。	

续表

中华人民共和国民法典	前民法典时代的民事法律规范	立法演进的核心提示
第三百九十一条 第三人提供担保,未经其书面同意,债权人允许债务人转移全部或者部分债务的,担保人不再承担相应的担保责任。	**第一百七十五条** 同《民法典》	
第三百九十二条 被担保的债权既有物的担保又有人的担保的,债务人不履行到期债务或者发生当事人约定的实现担保物权的情形,债权人应当按照约定实现债权;没有约定或者约定不明确,债务人自己提供物的担保的,债权人应当先就该物的担保实现债权;第三人提供物的担保的,债权人可以就物的担保实现债权,也可以请求保证人承担保证责任。提供担保的第三人承担担保责任后,有权向债务人追偿。	**第一百七十六条** 被担保的债权既有物的担保又有人的担保的,债务人不履行到期债务或者发生当事人约定的实现担保物权的情形,债权人应当按照约定实现债权;没有约定或者约定不明确,债务人自己提供物的担保的,债权人应当先就该物的担保实现债权;第三人提供物的担保的,债权人可以就物的担保实现债权,也可以要求保证人承担保证责任。提供担保的第三人承担担保责任后,有权向债务人追偿。	
第三百九十三条 有下列情形之一的,担保物权消灭: (一)主债权消灭; (二)担保物权实现; (三)债权人放弃担保物权; (四)法律规定担保物权消灭的其他情形。	**第一百七十七条** 同《民法典》	
第十七章 抵押权	**第十六章 抵押权**	
第一节 一般抵押权	第一节 一般抵押权	
第三百九十四条 为担保债务的履行,债务人或者第三人不转移财产的占有,将该财产抵押给债权人的,债务人不履行到期债务或者发生当事人约定的实现抵押权的情形,债权人有权就该财产优先受偿。 前款规定的债务人或者第三人为抵押人,债权人为抵押权人,提供担保的财产为抵押财产。	**第一百七十九条** 同《民法典》	
第三百九十五条 债务人或者第三人有权处分的下列财产可以抵押: (一)建筑物和其他土地附着物; (二)建设用地使用权; **(三)海域使用权;** (四)生产设备、原材料、半成品、产品;	**第一百八十条** 债务人或者第三人有权处分的下列财产可以抵押: (一)建筑物和其他土地附着物; (二)建设用地使用权; ~~(三)以招标、拍卖、公开协商等方式取得的荒地等土地承包经营权;~~	贯彻土地承包经营权"三权分置"的制度,因土地经营权可抵押,故抵押财产中不再列举"以招标、拍卖、公开协商等方式取得的荒地等土地承包经营权"。

续表

中华人民共和国民法典	前民法典时代的民事法律规范	立法演进的核心提示
(五)正在建造的建筑物、船舶、航空器； (六)交通运输工具； (七)法律、行政法规未禁止抵押的其他财产。 抵押人可以将前款所列财产一并抵押。	(四)生产设备、原材料、半成品、产品； (五)正在建造的建筑物、船舶、航空器； (六)交通运输工具； (七)法律、行政法规未禁止抵押的其他财产。 抵押人可以将前款所列财产一并抵押。	
第三百九十六条 企业、个体工商户、农业生产经营者可以将现有的以及将有的生产设备、原材料、半成品、产品抵押，债务人不履行到期债务或者发生当事人约定的实现抵押权的情形，债权人有权就抵押财产确定时的动产优先受偿。	**第一百八十一条** 经当事人书面协议，企业、个体工商户、农业生产经营者可以将现有的以及将有的生产设备、原材料、半成品、产品抵押，债务人不履行到期债务或者发生当事人约定的实现抵押权的情形，债权人有权就实现抵押权时的动产优先受偿。	
第三百九十七条 以建筑物抵押的，该建筑物占用范围内的建设用地使用权一并抵押。以建设用地使用权抵押的，该土地上的建筑物一并抵押。 抵押人未依据前款规定一并抵押的，未抵押的财产视为一并抵押。	**第一百八十二条** 以建筑物抵押的，该建筑物占用范围内的建设用地使用权一并抵押。以建设用地使用权抵押的，该土地上的建筑物一并抵押。 抵押人未依照前款规定一并抵押的，未抵押的财产视为一并抵押。	
第三百九十八条 乡镇、村企业的建设用地使用权不得单独抵押。以乡镇、村企业的厂房等建筑物抵押的，其占用范围内的建设用地使用权一并抵押。	**第一百八十三条** 同《民法典》	
第三百九十九条 下列财产不得抵押： (一)土地所有权； (二)宅基地、自留地、自留山等集体所有土地的使用权，但是法律规定可以抵押的除外； (三)学校、幼儿园、医疗机构等为公益目的成立的非营利法人的教育设施、医疗卫生设施和其他公益设施； (四)所有权、使用权不明或者有争议的财产； (五)依法被查封、扣押、监管的财产； (六)法律、行政法规规定不得抵押的其他财产。	**第一百八十四条** 下列财产不得抵押： (一)土地所有权； (二)耕地、宅基地、自留地、自留山等集体所有的土地使用权，但法律规定可以抵押的除外； (三)学校、幼儿园、医院等以公益为目的的事业单位、社会团体的教育设施、医疗卫生设施和其他社会公益设施； (四)所有权、使用权不明或者有争议的财产； (五)依法被查封、扣押、监管的财产； (六)法律、行政法规规定不得抵押的其他财产。	

续表

中华人民共和国民法典	前民法典时代的民事法律规范	立法演进的核心提示
第四百条　设立抵押权，当事人应当采用书面形式订立抵押合同。 抵押合同一般包括下列条款： （一）被担保债权的种类和数额； （二）债务人履行债务的期限； （三）抵押财产的名称、数量等情况； （四）担保的范围。	**第一百八十五条**　设立抵押权，当事人应当采取书面形式订立抵押合同。 抵押合同一般包括下列条款： （一）被担保债权的种类和数额； （二）债务人履行债务的期限； （三）抵押财产的名称、数量、质量、状况、所在地、所有权归属或者使用权归属； （四）担保的范围。	
第四百零一条　抵押权人在债务履行期限届满前，与抵押人约定债务人不履行到期债务时抵押财产归债权人所有的，只能依法就抵押财产优先受偿。	**第一百八十六条**　抵押权人在债务履行期届满前，不得与抵押人约定债务人不履行到期债务时抵押财产归债权人所有。	缓和流押条款的效力，认定抵押担保本身有效，但抵押权人不能直接取得抵押财产的所有权。
第四百零二条　以本法第三百九十五条第一款第一项至第三项规定的财产或者第五项规定的正在建造的建筑物抵押的，应当办理抵押登记。抵押权自登记时设立。	**第一百八十七条**　以本法第一百八十条第一款第一项至第三项规定的财产或者第五项规定的正在建造的建筑物抵押的，应当办理抵押登记。抵押权自登记时设立。	
第四百零三条　以动产抵押的，抵押权自抵押合同生效时设立；未经登记，不得对抗善意第三人。	**第一百八十八条**　以本法第一百八十条第一款第四项、第六项规定的财产或者第五项规定的正在建造的船舶、航空器抵押的，抵押权自抵押合同生效时设立；未经登记，不得对抗善意第三人。	
第四百零四条　以动产抵押的，不得对抗正常经营活动中已经支付合理价款并取得抵押财产的买受人。	**第一百八十九条**　企业、个体工商户、农业生产经营者以本法第一百八十一条规定的动产抵押的，应当向抵押人住所地的工商行政管理部门办理登记。抵押权自抵押合同生效时设立；未经登记，不得对抗善意第三人。 依照本法第一百八十一条规定抵押的，不得对抗正常经营活动中已支付合理价款并取得抵押财产的买受人。	将浮动抵押效力扩大至动产抵押，限制动产抵押权的追及效力。
第四百零五条　抵押权设立前，抵押财产已经出租并转移占有的，原租赁关系不受该抵押权的影响。	**第一百九十条**　订立抵押合同前抵押财产已出租的，原租赁关系不受该抵押权的影响。~~抵押权设立后抵押财产出租的，该租赁关系不得对抗已登记的抵押权。~~	《民法典》此处删除“抵押权设立后抵押财产出租的，该租赁关系不得对抗已登记的抵押权”的规定，体现出编纂民法典的“体系化要求”，是“买卖不破租赁”的应有之义，故结论不受影响。

续表

中华人民共和国民法典	前民法典时代的民事法律规范	立法演进的核心提示
第四百零六条　抵押期间，抵押人可以转让抵押财产。当事人另有约定的，按照其约定。抵押财产转让的，抵押权不受影响。 **抵押人转让抵押财产的，应当及时通知抵押权人。抵押权人能够证明抵押财产转让可能损害抵押权的，可以请求抵押人将转让所得的价款向抵押权人提前清偿债务或者提存。转让的价款超过债权数额的部分归抵押人所有，不足部分由债务人清偿。**	**第一百九十一条**　抵押期间，抵押人经抵押权人同意转让抵押财产的，应当将转让所得的价款向抵押权人提前清偿债务或者提存。转让的价款超过债权数额的部分归抵押人所有，不足部分由债务人清偿。 抵押期间，抵押人未经抵押权人同意，不得转让抵押财产，但受让人代为清偿债务消灭抵押权的除外。	确立抵押财产可自由转让的全新立场，并明确抵押权的追及效力；前述第 404 条属于该规则的例外情形。
第四百零七条　抵押权不得与债权分离而单独转让或者作为其他债权的担保。债权转让的，担保该债权的抵押权一并转让，但是法律另有规定或者当事人另有约定的除外。	**第一百九十二条**　抵押权不得与债权分离而单独转让或者作为其他债权的担保。债权转让的，担保该债权的抵押权一并转让，但法律另有规定或者当事人另有约定的除外。	
第四百零八条　抵押人的行为足以使抵押财产价值减少的，抵押权人有权请求抵押人停止其行为；抵押财产价值减少的，抵押权人有权请求恢复抵押财产的价值，或者提供与减少的价值相应的担保。抵押人不恢复抵押财产的价值，也不提供担保的，抵押权人有权请求债务人提前清偿债务。	**第一百九十三条**　抵押人的行为足以使抵押财产价值减少的，抵押权人有权要求抵押人停止其行为。抵押财产价值减少的，抵押权人有权要求恢复抵押财产的价值，或者提供与减少的价值相应的担保。抵押人不恢复抵押财产的价值也不提供担保的，抵押权人有权要求债务人提前清偿债务。	
第四百零九条　抵押权人可以放弃抵押权或者抵押权的顺位。抵押权人与抵押人可以协议变更抵押权顺位以及被担保的债权数额等内容。但是，抵押权的变更未经其他抵押权人书面同意的，不得对其他抵押权人产生不利影响。 债务人以自己的财产设定抵押，抵押权人放弃该抵押权、抵押权顺位或者变更抵押权的，其他担保人在抵押权人丧失优先受偿权益的范围内免除担保责任，但是其他担保人承诺仍然提供担保的除外。	**第一百九十四条**　抵押权人可以放弃抵押权或者抵押权的顺位。抵押权人与抵押人可以协议变更抵押权顺位以及被担保的债权数额等内容，但抵押权的变更，未经其他抵押权人书面同意，不得对其他抵押权人产生不利影响。 债务人以自己的财产设定抵押，抵押权人放弃该抵押权、抵押权顺位或者变更抵押权的，其他担保人在抵押权人丧失优先受偿权益的范围内免除担保责任，但其他担保人承诺仍然提供担保的除外。	

续表

中华人民共和国民法典	前民法典时代的民事法律规范	立法演进的核心提示
第四百一十条　债务人不履行到期债务或者发生当事人约定的实现抵押权的情形，抵押权人可以与抵押人协议以抵押财产折价或者以拍卖、变卖该抵押财产所得的价款优先受偿。协议损害其他债权人利益的，其他债权人可以请求人民法院撤销该协议。 抵押权人与抵押人未就抵押权实现方式达成协议的，抵押权人可以请求人民法院拍卖、变卖抵押财产。 抵押财产折价或者变卖的，应当参照市场价格。	**第一百九十五条**　债务人不履行到期债务或者发生当事人约定的实现抵押权的情形，抵押权人可以与抵押人协议以抵押财产折价或者以拍卖、变卖该抵押财产所得的价款优先受偿。协议损害其他债权人利益的，其他债权人可以在知道或者应当知道撤销事由之日起一年内请求人民法院撤销该协议。 抵押权人与抵押人未就抵押权实现方式达成协议的，抵押权人可以请求人民法院拍卖、变卖抵押财产。 抵押财产折价或者变卖的，应当参照市场价格。	
第四百一十一条　依据本法第三百九十六条规定设定抵押的，抵押财产自下列情形之一发生时确定： （一）债务履行期限届满，债权未实现； （二）抵押人被宣告破产或者解散； （三）当事人约定的实现抵押权的情形； （四）严重影响债权实现的其他情形。	**第一百九十六条**　依照本法第一百八十一条规定设定抵押的，抵押财产自下列情形之一发生时确定： （一）债务履行期届满，债权未实现； （二）抵押人被宣告破产或者被撤销； （三）当事人约定的实现抵押权的情形； （四）严重影响债权实现的其他情形。	
第四百一十二条　债务人不履行到期债务或者发生当事人约定的实现抵押权的情形，致使抵押财产被人民法院依法扣押的，自扣押之日起，抵押权人有权收取该抵押财产的天然孳息或者法定孳息，但是抵押权人未通知应当清偿法定孳息义务人的除外。 前款规定的孳息应当先充抵收取孳息的费用。	**第一百九十七条**　债务人不履行到期债务或者发生当事人约定的实现抵押权的情形，致使抵押财产被人民法院依法扣押的，自扣押之日起抵押权人有权收取该抵押财产的天然孳息或者法定孳息，但抵押权人未通知应当清偿法定孳息的义务人的除外。 前款规定的孳息应当先充抵收取孳息的费用。	
第四百一十三条　抵押财产折价或者拍卖、变卖后，其价款超过债权数额的部分归抵押人所有，不足部分由债务人清偿。	**第一百九十八条**　同《民法典》	
第四百一十四条　同一财产向两个以上债权人抵押的，拍卖、变卖抵押财产所得的价款依照下列规定清偿： （一）抵押权已经登记的，按照登记的时间先后确定清偿顺序； （二）抵押权已经登记的先于未登记的受偿； （三）抵押权未登记的，按照债权比例清偿。 **其他可以登记的担保物权，清偿顺序参照适用前款规定。**	**第一百九十九条**　同一财产向两个以上债权人抵押的，拍卖、变卖抵押财产所得的价款依照下列规定清偿： （一）抵押权已登记的，按照登记的先后顺序清偿；~~顺序相同的，按照债权比例清偿；~~ （二）抵押权已登记的先于未登记的受偿； （三）抵押权未登记的，按照债权比例清偿。	将抵押权“公示优先”的顺位规则扩大到所有可登记担保物权并存的情形。

续表

中华人民共和国民法典	前民法典时代的民事法律规范	立法演进的核心提示
第四百一十五条　同一财产既设立抵押权又设立质权的，拍卖、变卖该财产所得的价款按照登记、交付的时间先后确定清偿顺序。	**《担保法司法解释》第七十九条**　同一财产法定登记的抵押权与质权并存时，抵押权人优先于质权人受偿。 同一财产抵押权与留置权并存时，留置权人优先于抵押权人受偿。	新增抵押权与质权竞合时按照公示先后确立清偿顺位的规则。
第四百一十六条　动产抵押担保的主债权是抵押物的价款，标的物交付后十日内办理抵押登记的，该抵押权人优先于抵押物买受人的其他担保物权人受偿，但是留置权人除外。		新增动产购置款担保超级优先权规则。
第四百一十七条　建设用地使用权抵押后，该土地上新增的建筑物不属于抵押财产。该建设用地使用权实现抵押权时，应当将该土地上新增的建筑物与建设用地使用权一并处分。但是，新增建筑物所得的价款，抵押权人无权优先受偿。	**第二百条**　建设用地使用权抵押后，该土地上新增的建筑物不属于抵押财产。该建设用地使用权实现抵押权时，应当将该土地上新增的建筑物与建设用地使用权一并处分，但新增建筑物所得的价款，抵押权人无权优先受偿。	
第四百一十八条　以集体所有土地的使用权依法抵押的，实现抵押权后，未经法定程序，不得改变土地所有权的性质和土地用途。	**第二百零一条**　依照本法第一百八十条第一款第三项规定的土地承包经营权抵押的，或者依照本法第一百八十三条规定以乡镇、村企业的厂房等建筑物占用范围内的建设用地使用权一并抵押的，实现抵押权后，未经法定程序，不得改变土地所有权的性质和土地用途。	
第四百一十九条　抵押权人应当在主债权诉讼时效期间行使抵押权；未行使的，人民法院不予保护。	**第二百零二条**　同《民法典》	
第二节　最高额抵押权	第二节　最高额抵押权	
第四百二十条　为担保债务的履行，债务人或者第三人对一定期间内将要连续发生的债权提供担保财产的，债务人不履行到期债务或者发生当事人约定的实现抵押权的情形，抵押权人有权在最高债权额限度内就该担保财产优先受偿。 最高额抵押权设立前已经存在的债权，经当事人同意，可以转入最高额抵押担保的债权范围。	**第二百零三条**　同《民法典》	

续表

中华人民共和国民法典	前民法典时代的民事法律规范	立法演进的核心提示
第四百二十一条 最高额抵押担保的债权确定前,部分债权转让的,最高额抵押权不得转让,但是当事人另有约定的除外。	**第二百零四条** 最高额抵押担保的债权确定前,部分债权转让的,最高额抵押权不得转让,但当事人另有约定的除外。	
第四百二十二条 最高额抵押担保的债权确定前,抵押权人与抵押人可以通过协议变更债权确定的期间、债权范围以及最高债权额。但是,变更的内容不得对其他抵押权人产生不利影响。	**第二百零五条** 最高额抵押担保的债权确定前,抵押权人与抵押人可以通过协议变更债权确定的期间、债权范围以及最高债权额,但变更的内容不得对其他抵押权人产生不利影响。	
第四百二十三条 有下列情形之一的,抵押权人的债权确定: (一)约定的债权确定期间届满; (二)没有约定债权确定期间或者约定不明确,抵押权人或者抵押人自最高额抵押权设立之日起满二年后请求确定债权; (三)新的债权不可能发生; (四)抵押权人知道或者应当知道抵押财产被查封、扣押; (五)债务人、抵押人被宣告破产或者解散; (六)法律规定债权确定的其他情形。	**第二百零六条** 有下列情形之一的,抵押权人的债权确定: (一)约定的债权确定期间届满; (二)没有约定债权确定期间或者约定不明确,抵押权人或者抵押人自最高额抵押权设立之日起满二年后请求确定债权; (三)新的债权不可能发生; (四)抵押财产被查封、扣押; (五)债务人、抵押人被宣告破产或者被撤销; (六)法律规定债权确定的其他情形。	
第四百二十四条 最高额抵押权除适用本节规定外,适用本章第一节的有关规定。	**第二百零七条** 最高额抵押权除适用本节规定外,适用本章第一节一般抵押权的规定。	
第十八章　质权	**第十七章　质权**	
第一节　动产质权	第一节　动产质权	
第四百二十五条 为担保债务的履行,债务人或者第三人将其动产出质给债权人占有的,债务人不履行到期债务或者发生当事人约定的实现质权的情形,债权人有权就该动产优先受偿。 前款规定的债务人或者第三人为出质人,债权人为质权人,交付的动产为质押财产。	**第二百零八条** 同《民法典》	
第四百二十六条 法律、行政法规禁止转让的动产不得出质。	**第二百零九条** 同《民法典》	

续表

中华人民共和国民法典	前民法典时代的民事法律规范	立法演进的核心提示
第四百二十七条 设立质权，当事人应当采用书面形式订立质押合同。 质押合同一般包括下列条款： （一）被担保债权的种类和数额； （二）债务人履行债务的期限； （三）质押财产的名称、数量等情况； （四）担保的范围； （五）质押财产交付的时间、方式。	**第二百一十条** 设立质权，当事人应当采取书面形式订立质权合同。 质权合同一般包括下列条款： （一）被担保债权的种类和数额； （二）债务人履行债务的期限； （三）质押财产的名称、数量、质量、状况； （四）担保的范围； （五）质押财产交付的时间。	
第四百二十八条 质权人在债务履行期限届满前，与出质人约定债务人不履行到期债务时质押财产归债权人所有的，只能依法就质押财产优先受偿。	**第二百一十一条** 质权人在债务履行期届满前，不得与出质人约定债务人不履行到期债务时质押财产归债权人所有。	缓和流质条款的效力，认定质押担保本身有效，但抵职权人不能直接取得质物的所有权。
第四百二十九条 质权自出质人交付质押财产时设立。	**第二百一十二条** 同《民法典》	
第四百三十条 质权人有权收取质押财产的孳息，但是合同另有约定的除外。 前款规定的孳息应当先充抵收取孳息的费用。	**第二百一十三条** 质权人有权收取质押财产的孳息，但合同另有约定的除外。 前款规定的孳息应当先充抵收取孳息的费用。	
第四百三十一条 质权人在质权存续期间，未经出质人同意，擅自使用、处分质押财产，造成出质人损害的，应当承担赔偿责任。	**第二百一十四条** 质权人在质权存续期间，未经出质人同意，擅自使用、处分质押财产，给出质人造成损害的，应当承担赔偿责任。	
第四百三十二条 质权人负有妥善保管质押财产的义务；因保管不善致使质押财产毁损、灭失的，应当承担赔偿责任。 质权人的行为可能使质押财产毁损、灭失的，出质人可以请求质权人将质押财产提存，或者请求提前清偿债务并返还质押财产。	**第二百一十五条** 质权人负有妥善保管质押财产的义务；因保管不善致使质押财产毁损、灭失的，应当承担赔偿责任。 质权人的行为可能使质押财产毁损、灭失的，出质人可以要求质权人将质押财产提存，或者要求提前清偿债务并返还质押财产。	
第四百三十三条 因不可归责于质权人的事由可能使质押财产毁损或者价值明显减少，足以危害质权人权利的，质权人有权请求出质人提供相应的担保；出质人不提供的，质权人可以拍卖、变卖质押财产，并与出质人协议将拍卖、变卖所得的价款提前清偿债务或者提存。	**第二百一十六条** 因不能归责于质权人的事由可能使质押财产毁损或者价值明显减少，足以危害质权人权利的，质权人有权要求出质人提供相应的担保；出质人不提供的，质权人可以拍卖、变卖质押财产，并与出质人通过协议将拍卖、变卖所得的价款提前清偿债务或者提存。	

续表

中华人民共和国民法典	前民法典时代的民事法律规范	立法演进的核心提示
第四百三十四条　质权人在质权存续期间，未经出质人同意转质，造成质押财产毁损、灭失的，应当承担赔偿责任。	**第二百一十七条**　质权人在质权存续期间，未经出质人同意转质，造成质押财产毁损、灭失的，应当向出质人承担赔偿责任。	
第四百三十五条　质权人可以放弃质权。债务人以自己的财产出质，质权人放弃该质权的，其他担保人在质权人丧失优先受偿权益的范围内免除担保责任，但是其他担保人承诺仍然提供担保的除外。	**第二百一十八条**　质权人可以放弃质权。债务人以自己的财产出质，质权人放弃该质权的，其他担保人在质权人丧失优先受偿权益的范围内免除担保责任，但其他担保人承诺仍然提供担保的除外。	
第四百三十六条　债务人履行债务或者出质人提前清偿所担保的债权的，质权人应当返还质押财产。 债务人不履行到期债务或者发生当事人约定的实现质权的情形，质权人可以与出质人协议以质押财产折价，也可以就拍卖、变卖质押财产所得的价款优先受偿。 质押财产折价或者变卖的，应当参照市场价格。	**第二百一十九条**　同《民法典》	
第四百三十七条　出质人可以请求质权人在债务履行期限届满后及时行使质权；质权人不行使的，出质人可以请求人民法院拍卖、变卖质押财产。 出质人请求质权人及时行使质权，因质权人怠于行使权利造成出质人损害的，由质权人承担赔偿责任。	**第二百二十条**　出质人可以请求质权人在债务履行期届满后及时行使质权；质权人不行使的，出质人可以请求人民法院拍卖、变卖质押财产。 出质人请求质权人及时行使质权，因质权人怠于行使权利造成损害的，由质权人承担赔偿责任。	
第四百三十八条　质押财产折价或者拍卖、变卖后，其价款超过债权数额的部分归出质人所有，不足部分由债务人清偿。	**第二百二十一条**　同《民法典》	
第四百三十九条　出质人与质权人可以协议设立最高额质权。 最高额质权除适用本节有关规定外，参照适用本编第十七章第二节的有关规定。	**第二百二十二条**　出质人与质权人可以协议设立最高额质权。 最高额质权除适用本节有关规定外，参照本法第十六章第二节最高额抵押权的规定。	

续表

中华人民共和国民法典	前民法典时代的民事法律规范	立法演进的核心提示
第二节　权利质权	第二节　权利质权	**特别注意**：本节第 441 条、第 443 条至第 445 条就设立相关权利质权的规定虽较《物权法》原有规定删除了"当事人应当订立书面合同"的立法表述，但根据第 446 条可知，这一立法变动并非实质变化，而是体系化立法思维的体现，也就是说，设立权利质权的当事人仍然必须签订书面合同。
第四百四十条　债务人或者第三人有权处分的下列权利可以出质： （一）汇票、本票、支票； （二）债券、存款单； （三）仓单、提单； （四）可以转让的基金份额、股权； （五）可以转让的注册商标专用权、专利权、著作权等知识产权中的财产权； （六）现有的以及将有的应收账款； （七）法律、行政法规规定可以出质的其他财产权利。	**第二百二十三条**　债务人或者第三人有权处分的下列权利可以出质： （一）汇票、支票、本票； （二）债券、存款单； （三）仓单、提单； （四）可以转让的基金份额、股权； （五）可以转让的注册商标专用权、专利权、著作权等知识产权中的财产权； （六）应收账款； （七）法律、行政法规规定可以出质的其他财产权利。	
第四百四十一条　以汇票、本票、支票、债券、存款单、仓单、提单出质的，质权自权利凭证交付质权人时设立；没有权利凭证的，质权自办理出质登记时设立。法律另有规定的，依照其规定。	**第二百二十四条**　以汇票、支票、本票、债券、存款单、仓单、提单出质的，当事人应当订立书面合同。质权自权利凭证交付质权人时设立；没有权利凭证的，质权自有关部门办理出质登记时设立。	
第四百四十二条　汇票、本票、支票、债券、存款单、仓单、提单的兑现日期或者提货日期先于主债权到期的，质权人可以兑现或者提货，并与出质人协议将兑现的价款或者提取的货物提前清偿债务或者提存。	**第二百二十五条**　汇票、支票、本票、债券、存款单、仓单、提单的兑现日期或者提货日期先于主债权到期的，质权人可以兑现或者提货，并与出质人协议将兑现的价款或者提取的货物提前清偿债务或者提存。	
第四百四十三条　以基金份额、股权出质的，质权自办理出质登记时设立。 基金份额、股权出质后，不得转让，但是出质人与质权人协商同意的除外。出质人转让基金份额、股权所得的价款，应当向质权人提前清偿债务或者提存。	**第二百二十六条**　以基金份额、股权出质的，当事人应当订立书面合同。~~以基金份额、证券登记结算机构登记的股权出质的，质权自证券登记结算机构办理出质登记时设立；以其他股权出质的，质权自工商行政管理部门办理出质登记时设立。~~ 基金份额、股权出质后，不得转让，但经出质人与质权人协商同意的除外。出质人转让基金份额、股权所得的价款，应当向质权人提前清偿债务或者提存。	删除具体登记机构，为统一登记系统的改革预留空间。

续表

中华人民共和国民法典	前民法典时代的民事法律规范	立法演进的核心提示
第四百四十四条　以注册商标专用权、专利权、著作权等知识产权中的财产权出质的，质权自办理出质登记时设立。 知识产权中的财产权出质后，出质人不得转让或者许可他人使用，但是出质人与质权人协商同意的除外。出质人转让或者许可他人使用出质的知识产权中的财产权所得的价款，应当向质权人提前清偿债务或者提存。	**第二百二十七条**　以注册商标专用权、专利权、著作权等知识产权中的财产权出质的，当事人应当订立书面合同。~~质权自有关主管部门办理出质登记时设立。~~ 知识产权中的财产权出质后，出质人不得转让或者许可他人使用，但经出质人与质权人协商同意的除外。出质人转让或者许可他人使用出质的知识产权中的财产权所得的价款，应当向质权人提前清偿债务或者提存。	删除具体登记机构，为统一登记系统的改革预留空间。
第四百四十五条　以应收账款出质的，质权自办理出质登记时设立。 应收账款出质后，不得转让，但是出质人与质权人协商同意的除外。出质人转让应收账款所得的价款，应当向质权人提前清偿债务或者提存。	**第二百二十八条**　以应收账款出质的，当事人应当订立书面合同。~~质权自信贷征信机构办理出质登记时设立。~~ 应收账款出质后，不得转让，但经出质人与质权人协商同意的除外。出质人转让应收账款所得的价款，应当向质权人提前清偿债务或者提存。	删除具体登记机构，为统一登记系统的改革预留空间。
第四百四十六条　权利质权除适用本节规定外，适用本章第一节的有关规定。	**第二百二十九条**　权利质权除适用本节规定外，适用本章第一节动产质权的规定。	**特别注意：**前述《民法典》第 441 条、第 443 条至第 445 条就相关权利质权的设立，虽相较《物权法》取消了“当事人应当订立书面合同”的立法表述，但根据本条可知，这一立法变动并非实质变化，而是体系化立法思维的体现，设立权利质权的合同仍必须是书面合同。
第十九章　留置权	**第十八章　留置权**	
第四百四十七条　债务人不履行到期债务，债权人可以留置已经合法占有的债务人的动产，并有权就该动产优先受偿。 前款规定的债权人为留置权人，占有的动产为留置财产。	**第二百三十条**　同《民法典》	
第四百四十八条　债权人留置的动产，应当与债权属于同一法律关系，但是企业之间留置的除外。	**第二百三十一条**　债权人留置的动产，应当与债权属于同一法律关系，但企业之间留置的除外。	
第四百四十九条　法律规定或者当事人约定不得留置的动产，不得留置。	**第二百三十二条**　同《民法典》	

续表

中华人民共和国民法典	前民法典时代的民事法律规范	立法演进的核心提示
第四百五十条 留置财产为可分物的，留置财产的价值应当相当于债务的金额。	**第二百三十三条** 同《民法典》	
第四百五十一条 留置权人负有妥善保管留置财产的义务；因保管不善致使留置财产毁损、灭失的，应当承担赔偿责任。	**第二百三十四条** 同《民法典》	
第四百五十二条 留置权人有权收取留置财产的孳息。 前款规定的孳息应当先充抵收取孳息的费用。	**第二百三十五条** 同《民法典》	
第四百五十三条 留置权人与债务人应当约定留置财产后的债务履行期限；没有约定或者约定不明确的，留置权人应当给债务人六十日以上履行债务的期限，但是鲜活易腐等不易保管的动产除外。债务人逾期未履行的，留置权人可以与债务人协议以留置财产折价，也可以就拍卖、变卖留置财产所得的价款优先受偿。 留置财产折价或者变卖的，应当参照市场价格。	**第二百三十六条** 留置权人与债务人应当约定留置财产后的债务履行期间；没有约定或者约定不明确的，留置权人应当给债务人两个月以上履行债务的期间，但鲜活易腐等不易保管的动产除外。债务人逾期未履行的，留置权人可以与债务人协议以留置财产折价，也可以就拍卖、变卖留置财产所得的价款优先受偿。 留置财产折价或者变卖的，应当参照市场价格。	
第四百五十四条 债务人可以请求留置权人在债务履行期限届满后行使留置权；留置权人不行使的，债务人可以请求人民法院拍卖、变卖留置财产。	**第二百三十七条** 债务人可以请求留置权人在债务履行期届满后行使留置权；留置权人不行使的，债务人可以请求人民法院拍卖、变卖留置财产。	
第四百五十五条 留置财产折价或者拍卖、变卖后，其价款超过债权数额的部分归债务人所有，不足部分由债务人清偿。	**第二百三十八条** 同《民法典》	
第四百五十六条 同一动产上已经设立抵押权或者质权，该动产又被留置的，留置权人优先受偿。	**第二百三十九条** 同一动产上已设立抵押权或者质权，该动产又被留置的，留置权人优先受偿。	
第四百五十七条 留置权人对留置财产丧失占有或者留置权人接受债务人另行提供担保的，留置权消灭。	**第二百四十条** 同《民法典》	

续表

中华人民共和国民法典	前民法典时代的民事法律规范	立法演进的核心提示
第五分编　占有	**第五编　占有**	
第二十章　占有	**第十九章　占有**	
第四百五十八条　基于合同关系等产生的占有，有关不动产或者动产的使用、收益、违约责任等，按照合同约定；合同没有约定或者约定不明确的，依照有关法律规定。	**第二百四十一条**　同《民法典》	
第四百五十九条　占有人因使用占有的不动产或者动产，致使该不动产或者动产受到损害的，恶意占有人应当承担赔偿责任。	**第二百四十二条**　同《民法典》	
第四百六十条　不动产或者动产被占有人占有的，权利人可以请求返还原物及其孳息；但是，应当支付善意占有人因维护该不动产或者动产支出的必要费用。	**第二百四十三条**　不动产或者动产被占有人占有的，权利人可以请求返还原物及其孳息，但应当支付善意占有人因维护该不动产或者动产支出的必要费用。	
第四百六十一条　占有的不动产或者动产毁损、灭失，该不动产或者动产的权利人请求赔偿的，占有人应当将因毁损、灭失取得的保险金、赔偿金或者补偿金等返还给权利人；权利人的损害未得到足够弥补的，恶意占有人还应当赔偿损失。	**第二百四十四条**　同《民法典》	
第四百六十二条　占有的不动产或者动产被侵占的，占有人有权请求返还原物；对妨害占有的行为，占有人有权请求排除妨害或者消除危险；因侵占或者妨害造成损害的，占有人有权依法请求损害赔偿。 占有人返还原物的请求权，自侵占发生之日起一年内未行使的，该请求权消灭。	**第二百四十五条**　占有的不动产或者动产被侵占的，占有人有权请求返还原物；对妨害占有的行为，占有人有权请求排除妨害或者消除危险；因侵占或者妨害造成损害的，占有人有权请求损害赔偿。 占有人返还原物的请求权，自侵占发生之日起一年内未行使的，该请求权消灭。	

中华人民共和国民法典合同编
直接关联法条对照表

中华人民共和国民法典	前民法典时代的民事法律规范①	立法演进的核心提示
第三编　合同		
第一分编　通则		
第一章　一般规定		
第四百六十三条　本编调整因合同产生的民事关系。	**第一条**　为了保护合同当事人的合法权益，维护社会经济秩序，促进社会主义现代化建设，制定本法。	
第四百六十四条　合同是民事主体之间设立、变更、终止民事法律关系的协议。 **婚姻、收养、监护等有关身份关系的协议，适用有关该身份关系的法律规定；没有规定的，可以根据其性质参照适用本编规定。**	**第二条**　本法所称合同是平等主体的自然人、法人、其他组织之间设立、变更、终止民事权利义务关系的协议。 婚姻、收养、监护等有关身份关系的协议，适用其他法律的规定。	增加身份关系协议可以参照适用合同编内容的规则。
第四百六十五条　依法成立的合同，受法律保护。 依法成立的合同，仅对当事人具有法律约束力，但是法律另有规定的除外。	**第八条**　依法成立的合同，对当事人具有法律约束力。当事人应当按照约定履行自己的义务，不得擅自变更或者解除合同。 依法成立的合同，受法律保护。 **《民法总则》第一百一十九条**　依法成立的合同，对当事人具有法律约束力。	
第四百六十六条　当事人对合同条款的理解有争议的，应当依据本法第一百四十二条第一款的规定，确定争议条款的含义。 合同文本采用两种以上文字订立并约定具有同等效力的，对各文本使用的词句推定具有相同含义。各文本使用的词句不一致的，应当根据合同的相关条款、性质、目的以及诚信原则等予以解释。	**第一百二十五条**　当事人对合同条款的理解有争议的，应当按照合同所使用的词句、合同的有关条款、合同的目的、交易习惯以及诚实信用原则，确定该条款的真实意思。 合同文本采用两种以上文字订立并约定具有同等效力的，对各文本使用的词句推定具有相同含义。各文本使用的词句不一致的，应当根据合同的目的予以解释。	

① 此处法条没有特别说明，均指《合同法》；存在多处规定的，原则上只列举《合同法》的内容，部分法律条文如果在《合同法》之后颁布的，则同时列举。

续表

中华人民共和国民法典	前民法典时代的民事法律规范	立法演进的核心提示
第四百六十七条　本法或者其他法律没有明文规定的合同,适用本编通则的规定,并可以参照适用本编或者其他法律最相类似合同的规定。 在中华人民共和国境内履行的中外合资经营企业合同、中外合作经营企业合同、中外合作勘探开发自然资源合同,适用中华人民共和国法律。	**第一百二十四条**　本法分则或者其他法律没有明文规定的合同,适用本法总则的规定,并可以参照本法分则或者其他法律最相类似的规定。 ~~**第一百二十六条**　涉外合同的当事人可以选择处理合同争议所适用的法律,但法律另有规定的除外。涉外合同的当事人没有选择的,适用与合同有最密切联系的国家的法律。~~ 在中华人民共和国境内履行的中外合资经营企业合同、中外合作经营企业合同、中外合作勘探开发自然资源合同,适用中华人民共和国法律。	删除涉外合同法律规则,符合编纂《民法典》的体系要求,因为这部分在2011年《涉外民事法律关系适用法》中已经规定。
第四百六十八条　非因合同产生的债权债务关系,适用有关该债权债务关系的法律规定;没有规定的,适用本编通则的有关规定,但是根据其性质不能适用的除外。		增加非因合同产生的债权债务关系适用规则的规定。
第二章　合同的订立		
第四百六十九条　当事人订立合同,可以采用书面形式、口头形式或者其他形式。 书面形式是合同书、信件、电报、电传、传真等可以有形地表现所载内容的形式。 以电子数据交换、电子邮件等方式能够有形地表现所载内容,并可以随时调取查用的数据电文,视为书面形式。	**第十条**　当事人订立合同,有书面形式、口头形式和其他形式。 法律、行政法规规定采用书面形式的,应当采用书面形式。当事人约定采用书面形式的,应当采用书面形式。 **第十一条**　书面形式是指合同书、信件和数据电文(包括电报、电传、传真、电子数据交换和电子邮件)等可以有形地表现所载内容的形式。	
第四百七十条　合同的内容由当事人约定,一般包括下列条款: (一)当事人的姓名或者名称和住所; (二)标的; (三)数量; (四)质量; (五)价款或者报酬; (六)履行期限、地点和方式; (七)违约责任; (八)解决争议的方法。 当事人可以参照各类合同的示范文本订立合同。	**第十二条**　合同的内容由当事人约定,一般包括以下条款: (一)当事人的名称或者姓名和住所; (二)标的; (三)数量; (四)质量; (五)价款或者报酬; (六)履行期限、地点和方式; (七)违约责任; (八)解决争议的方法。 当事人可以参照各类合同的示范文本订立合同。	

续表

中华人民共和国民法典	前民法典时代的民事法律规范	立法演进的核心提示
第四百七十一条 当事人订立合同,可以采取要约、承诺方式或者其他方式。	**第十三条** 当事人订立合同,采取要约、承诺方式。	
第四百七十二条 要约是希望与他人订立合同的意思表示,该意思表示应当符合下列条件: (一)内容具体确定; (二)表明经受要约人承诺,要约人即受该意思表示约束。	**第十四条** 要约是希望和他人订立合同的意思表示,该意思表示应当符合下列规定: (一)内容具体确定; (二)表明经受要约人承诺,要约人即受该意思表示约束。	
第四百七十三条 要约邀请是希望他人向自己发出要约的表示。拍卖公告、招标公告、招股说明书、**债券募集办法、基金招募说明书、**商业广告和**宣传、**寄送的价目表等为要约邀请。 商业广告和宣传的内容符合要约条件的,构成要约。	**第十五条** 要约邀请是希望他人向自己发出要约的意思表示。寄送的价目表、拍卖公告、招标公告、招股说明书、商业广告等为要约邀请。 商业广告的内容符合要约规定的,视为要约。	增加"债券募集办法""基金招募说明书""宣传"等要约邀请的列举。
第四百七十四条 要约生效的时间适用本法第一百三十七条的规定。①	**第十六条** 要约到达受要约人时生效。 采用数据电文形式订立合同,收件人指定特定系统接收数据电文的,该数据电文进入该特定系统的时间,视为到达时间;未指定特定系统的,该数据电文进入收件人的任何系统的首次时间,视为到达时间。	修改要约"到达生效"的规则:对话方式作出的要约,受要约人知道内容时生效;非对话方式作出的要约到达受要约人时生效;以数据电文作出的要约,根据是否指定特定系统区分生效时间。
第四百七十五条 要约可以撤回。要约的撤回适用本法第一百四十一条的规定。②	**第十七条** 要约可以撤回。撤回要约的通知应当在要约到达受要约人之前或者与要约同时到达受要约人。	
第四百七十六条 要约可以撤销,但是有下列情形之一的除外: (一)要约人以确定承诺期限或者其他形式明示要约不可撤销; (二)受要约人有理由认为要约是不可撤销的,并已经为履行合同做了合理准备工作。	**第十八条** 要约可以撤销。撤销要约的通知应当在受要约人发出承诺通知之前到达受要约人。 **第十九条** 有下列情形之一的,要约不得撤销: (一)要约人确定了承诺期限或者以其他形式明示要约不可撤销; (二)受要约人有理由认为要约是不可撤销的,并已经为履行合同作了准备工作。	

① 《民法典》第一百三十七条 以对话方式作出的意思表示,相对人知道其内容时生效。以非对话方式作出的意思表示,到达相对人时生效。以非对话方式作出的采用数据电文形式的意思表示,相对人指定特定系统接收数据电文的,该数据电文进入该特定系统时生效;未指定特定系统的,相对人知道或者应当知道该数据电文进入其系统时生效。当事人对采用数据电文形式的意思表示的生效时间另有约定的,按照其约定。

② 《民法典》第一百四十一条 行为人可以撤回意思表示。撤回意思表示的通知应当在意思表示到达相对人前或者与意思表示同时到达相对人。

续表

中华人民共和国民法典	前民法典时代的民事法律规范	立法演进的核心提示
第四百七十七条 撤销要约的意思表示以对话方式作出的,该意思表示的内容应当在受要约人作出承诺之前为受要约人所知道;撤销要约的意思表示以非对话方式作出的,应当在受要约人作出承诺之前到达受要约人。	**第十八条** 要约可以撤销。撤销要约的通知应当在受要约人发出承诺通知之前到达受要约人。	
第四百七十八条 有下列情形之一的,要约失效: (一)要约被拒绝; (二)要约被依法撤销; (三)承诺期限届满,受要约人未作出承诺; (四)受要约人对要约的内容作出实质性变更。	**第二十条** 有下列情形之一的,要约失效: (一)拒绝要约的通知到达要约人; (二)要约人依法撤销要约; (三)承诺期限届满,受要约人未作出承诺; (四)受要约人对要约的内容作出实质性变更。	
第四百七十九条 承诺是受要约人同意要约的意思表示。	**第二十一条** 同《民法典》	
第四百八十条 承诺应当以通知的方式作出;但是,根据交易习惯或者要约表明可以通过行为作出承诺的除外。	**第二十二条** 承诺应当以通知的方式作出,但根据交易习惯或者要约表明可以通过行为作出承诺的除外。	
第四百八十一条 承诺应当在要约确定的期限内到达要约人。 要约没有确定承诺期限的,承诺应当依照下列规定到达: (一)要约以对话方式作出的,应当即时作出承诺; (二)要约以非对话方式作出的,承诺应当在合理期限内到达。	**第二十三条** 承诺应当在要约确定的期限内到达要约人。 要约没有确定承诺期限的,承诺应当依照下列规定到达: (一)要约以对话方式作出的,应当即时作出承诺,但当事人另有约定的除外; (二)要约以非对话方式作出的,承诺应当在合理期限内到达。	
第四百八十二条 要约以信件或者电报作出的,承诺期限自信件载明的日期或者电报交发之日开始计算。信件未载明日期的,自投寄该信件的邮戳日期开始计算。要约以电话、传真、电子邮件等快速通讯方式作出的,承诺期限自要约到达受要约人时开始计算。	**第二十四条** 要约以信件或者电报作出的,承诺期限自信件载明的日期或者电报交发之日开始计算。信件未载明日期的,自投寄该信件的邮戳日期开始计算。要约以电话、传真等快速通讯方式作出的,承诺期限自要约到达受要约人时开始计算。	
第四百八十三条 承诺生效时合同成立,但是法律另有规定或者当事人另有约定的除外。	**第二十五条** 承诺生效时合同成立。	

续表

中华人民共和国民法典	前民法典时代的民事法律规范	立法演进的核心提示
第四百八十四条　以通知方式作出的承诺，生效的时间适用本法第一百三十七条的规定。① **承诺不需要通知的，根据交易习惯或者要约的要求作出承诺的行为时生效。**	**第二十六条**　承诺通知到达要约人时生效。承诺不需要通知的，根据交易习惯或者要约的要求作出承诺的行为时生效。 采用数据电文形式订立合同的，承诺到达的时间适用本法第十六条第二款的规定。	修改承诺通知"到达生效"的规则：对话方式作出的承诺通知，要约人知道内容时生效；非对话方式作出的承诺通知，到达要约人时生效；以数据电文作出的承诺通知，根据是否指定特定系统区分生效时间。
第四百八十五条　承诺可以撤回。承诺的撤回适用本法第一百四十一条的规定。②	**第二十七条**　承诺可以撤回。撤回承诺的通知应当在承诺通知到达要约人之前或者与承诺通知同时到达要约人。	
第四百八十六条　受要约人超过承诺期限发出承诺，或者在承诺期限内发出承诺，按照通常情形不能及时到达要约人的，为新要约；但是，要约人及时通知受要约人该承诺有效的除外。	**第二十八条**　受要约人超过承诺期限发出承诺的，除要约人及时通知受要约人该承诺有效的以外，为新要约。	
第四百八十七条　受要约人在承诺期限内发出承诺，按照通常情形能够及时到达要约人，但是因其他原因致使承诺到达要约人时超过承诺期限的，除要约人及时通知受要约人因承诺超过期限不接受该承诺外，该承诺有效。	**第二十九条**　受要约人在承诺期限内发出承诺，按照通常情形能够及时到达要约人，但因其他原因承诺到达要约人时超过承诺期限的，除要约人及时通知受要约人因承诺超过期限不接受该承诺的以外，该承诺有效。	
第四百八十八条　承诺的内容应当与要约的内容一致。受要约人对要约的内容作出实质性变更的，为新要约。有关合同标的、数量、质量、价款或者报酬、履行期限、履行地点和方式、违约责任和解决争议方法等的变更，是对要约内容的实质性变更。	**第三十条**　同《民法典》	
第四百八十九条　承诺对要约的内容作出非实质性变更的，除要约人及时表示反对或者要约表明承诺不得对要约的内容作出任何变更外，该承诺有效，合同的内容以承诺的内容为准。	**第三十一条**　承诺对要约的内容作出非实质性变更的，除要约人及时表示反对或者要约表明承诺不得对要约的内容作出任何变更的以外，该承诺有效，合同的内容以承诺的内容为准。	

① 《民法典》第一百三十七条　以对话方式作出的意思表示，相对人知道其内容时生效。以非对话方式作出的意思表示，到达相对人时生效。以非对话方式作出的采用数据电文形式的意思表示，相对人指定特定系统接收数据电文的，该数据电文进入该特定系统时生效；未指定特定系统的，相对人知道或者应当知道该数据电文进入其系统时生效。当事人对采用数据电文形式的意思表示的生效时间另有约定的，按照其约定。

② 《民法典》第一百四十一条　行为人可以撤回意思表示。撤回意思表示的通知应当在意思表示到达相对人前或者与意思表示同时到达相对人。

续表

中华人民共和国民法典	前民法典时代的民事法律规范	立法演进的核心提示
第四百九十条　当事人采用合同书形式订立合同的，自当事人均签名、盖章或者按指印时合同成立。在签名、盖章或者按指印之前，当事人一方已经履行主要义务，对方接受时，该合同成立。 法律、行政法规规定或者当事人约定合同应当采用书面形式订立，当事人未采用书面形式但是一方已经履行主要义务，对方接受时，该合同成立。	**第三十二条**　当事人采用合同书形式订立合同的，自双方当事人签字或者盖章时合同成立。 **第三十六条**　法律、行政法规规定或者当事人约定采用书面形式订立合同，当事人未采用书面形式但一方已经履行主要义务，对方接受的，该合同成立。 **第三十七条**　采用合同书形式订立合同，在签字或者盖章之前，当事人一方已经履行主要义务，对方接受的，该合同成立。 **《合同法司法解释二》第五条**　当事人采用合同书形式订立合同的，应当签字或者盖章。当事人在合同书上摁手印的，人民法院应当认定其具有与签字或者盖章同等的法律效力。	
第四百九十一条　当事人采用信件、数据电文等形式订立合同要求签订确认书的，签订确认书时合同成立。 **当事人一方通过互联网等信息网络发布的商品或者服务信息符合要约条件的，对方选择该商品或者服务并提交订单成功时合同成立，但是当事人另有约定的除外。**	**第三十三条**　当事人采用信件、数据电文等形式订立合同的，可以在合同成立之前要求签订确认书。签订确认书时合同成立。 **《电子商务法》第四十九条**　电子商务经营者发布的商品或者服务信息符合要约条件的，用户选择该商品或者服务并提交订单成功，合同成立。当事人另有约定的，从其约定。 电子商务经营者不得以格式条款等方式约定消费者支付价款后合同不成立；格式条款等含有该内容的，其内容无效。	吸纳《电子商务法》中关于网购合同成立时间的规定，但留下了“电子商务者能否通过格式条款等方式约定消费者支付价款后合同仍不成立”的疑问，即各大电商平台在用户注册时均通过格式条款约定“发货后合同才成立”的做法是否有效，可能将存疑。
第四百九十二条　承诺生效的地点为合同成立的地点。 采用数据电文形式订立合同的，收件人的主营业地为合同成立的地点；没有主营业地的，其住所地为合同成立的地点。当事人另有约定的，按照其约定。	**第三十四条**　承诺生效的地点为合同成立的地点。 采用数据电文形式订立合同的，收件人的主营业地为合同成立的地点；没有主营业地的，其经常居住地为合同成立的地点。当事人另有约定的，按照其约定。	
第四百九十三条　当事人采用合同书形式订立合同的，最后签名、盖章或者按指印的地点为合同成立的地点，但是当事人另有约定的除外。	**第三十五条**　当事人采用合同书形式订立合同的，双方当事人签字或者盖章的地点为合同成立的地点。 **《合同法司法解释二》第四条**　采用书面形式订立合同，合同约定的签订地与实际签字或者盖章地点不符的，人民法院应当认定约定的签订地为合同签订地；合同没有约定签订地，双方当事人签字或者盖章不在同一地点的，人民法院应当认定最后签字或者盖章的地点为合同签订地。	

续表

中华人民共和国民法典	前民法典时代的民事法律规范	立法演进的核心提示
第四百九十四条 国家根据抢险救灾、疫情防控或者其他需要下达国家订货任务、指令性任务的，有关民事主体之间应当依照有关法律、行政法规规定的权利和义务订立合同。 依照法律、行政法规的规定负有发出要约义务的当事人，应当及时发出合理的要约。 依照法律、行政法规的规定负有作出承诺义务的当事人，不得拒绝对方合理的订立合同要求。	**第三十八条** 国家根据需要下达指令性任务或者国家订货任务的，有关法人、其他组织之间应当依照有关法律、行政法规规定的权利和义务订立合同。	完善强制缔约制度。
第四百九十五条 当事人约定在将来一定期限内订立合同的认购书、订购书、预订书等，构成预约合同。 当事人一方不履行预约合同约定的订立合同义务的，对方可以请求其承担预约合同的违约责任。	**《买卖合同司法解释》第二条** 当事人签订认购书、订购书、预订书、意向书、备忘录等预约合同，约定在将来一定期限内订立买卖合同，一方不履行订立买卖合同的义务，对方请求其承担预约合同违约责任或者要求解除预约合同并主张损害赔偿的，人民法院应予支持。	**特别注意**：一般的“意向书”本来就不构成预约合同，《买卖合同司法解释》中的“意向书”也只有在符合“预约合同所要求的达成缔约合意且权利义务关系明确时”才能被认定为“预约合同”，所以《民法典》本身并不存在立场转变的问题。
第四百九十六条 格式条款是当事人为了重复使用而预先拟定，并在订立合同时未与对方协商的条款。 采用格式条款订立合同的，提供格式条款的一方应当遵循公平原则确定当事人之间的权利和义务，并采取合理的方式提示对方注意免除或者减轻其责任等与对方有重大利害关系的条款，按照对方的要求，对该条款予以说明。提供格式条款的一方未履行提示或者说明义务，致使对方没有注意或者理解与其有重大利害关系的条款的，对方可以主张该条款不成为合同的内容。	**第三十九条** 采用格式条款订立合同的，提供格式条款的一方应当遵循公平原则确定当事人之间的权利和义务，并采取合理的方式提请对方注意免除或者限制其责任的条款，按照对方的要求，对该条款予以说明。 格式条款是当事人为了重复使用而预先拟定，并在订立合同时未与对方协商的条款。 **《合同法司法解释二》第九条** 提供格式条款的一方当事人违反合同法第三十九条第一款关于提示和说明义务的规定，导致对方没有注意免除或者限制其责任的条款，对方当事人申请撤销该格式条款的，人民法院应当支持。	
第四百九十七条 有下列情形之一的，该格式条款无效： （一）具有本法第一编第六章第三节和本法第五百零六条规定的无效情形； （二）提供格式条款一方不合理地免除或者减轻其责任、加重对方责任、限制对方主要权利； （三）提供格式条款一方排除对方主要权利。	**第四十条** 格式条款具有本法第五十二条和第五十三条规定情形的，或者提供格式条款一方免除其责任、加重对方责任、排除对方主要权利的，该条款无效。	

续表

中华人民共和国民法典	前民法典时代的民事法律规范	立法演进的核心提示
第四百九十八条 对格式条款的理解发生争议的,应当按照通常理解予以解释。对格式条款有两种以上解释的,应当作出不利于提供格式条款一方的解释。格式条款和非格式条款不一致的,应当采用非格式条款。	**第四十一条** 同《民法典》	
第四百九十九条 悬赏人以公开方式声明对完成特定行为的人支付报酬的,完成该行为的人可以请求其支付。	**《合同法司法解释二》第三条** 悬赏人以公开方式声明对完成一定行为的人支付报酬,完成特定行为的人请求悬赏人支付报酬的,人民法院依法予以支持。但悬赏有合同法第五十二条规定情形的除外。	
第五百条 当事人在订立合同过程中有下列情形之一,造成对方损失的,应当承担赔偿责任: (一)假借订立合同,恶意进行磋商; (二)故意隐瞒与订立合同有关的重要事实或者提供虚假情况; (三)有其他违背诚信原则的行为。	**第四十二条** 当事人在订立合同过程中有下列情形之一,给对方造成损失的,应当承担损害赔偿责任: (一)假借订立合同,恶意进行磋商; (二)故意隐瞒与订立合同有关的重要事实或者提供虚假情况; (三)有其他违背诚实信用原则的行为。	
第五百零一条 当事人在订立合同过程中知悉的商业秘密**或者其他应当保密的信息**,无论合同是否成立,不得泄露或者不正当地使用;泄露、不正当地使用该商业秘密或者信息,造成对方损失的,应当承担赔偿责任。	**第四十三条** 当事人在订立合同过程中知悉的商业秘密,无论合同是否成立,不得泄露或者不正当地使用。泄露或者不正当地使用该商业秘密给对方造成损失的,应当承担损害赔偿责任。	扩大当事人保密义务的范围。
第三章 合同的效力		
第五百零二条 依法成立的合同,自成立时生效,但是法律另有规定或者当事人另有约定的除外。 **依照法律、行政法规的规定,合同应当办理批准等手续的,依照其规定。未办理批准等手续影响合同生效的,不影响合同中履行报批等义务条款以及相关条款的效力。应当办理申请批准等手续的当事人未履行义务的,对方可以请求其承担违反该义务的责任。** 依照法律、行政法规的规定,合同的变更、转让、解除等情形应当办理批准等手续的,适用前款规定。	**第四十四条** 依法成立的合同,自成立时生效。 法律、行政法规规定应当办理批准、登记等手续生效的,依照其规定。 **第七十七条第二款** 法律、行政法规规定变更合同应当办理批准、登记等手续的,依照其规定。 **第八十七条** 法律、行政法规规定转让权利或者转移义务应当办理批准、登记等手续的,依照其规定。 **第九十六条第二款** 法律、行政法规规定解除合同应当办理批准、登记等手续的,依照其规定。 **《合同法司法解释一》第九条** 依照合同法	增加"依照法律、行政法规的规定,合同应当办理批准等手续的,依照其规定。未办理批准等手续影响合同生效的,不影响合同中履行报批等义务条款以及相关条款的效力"的规则。

续表

中华人民共和国民法典	前民法典时代的民事法律规范	立法演进的核心提示
	第四十四条第二款的规定，法律、行政法规规定合同应当办理批准手续，或者办理批准、登记等手续才生效，在一审法庭辩论终结前当事人仍未办理批准手续的，或者仍未办理批准、登记等手续的，人民法院应当认定该合同未生效；法律、行政法规规定合同应当办理登记手续，但未规定登记后生效的，当事人未办理登记手续不影响合同的效力，合同标的物所有权及其他物权不能转移。 合同法第七十七条第二款、第八十七条、第九十六条第二款所列合同变更、转让、解除等情形，依照前款规定处理。	
第五百零三条　无权代理人以被代理人的名义订立合同，被代理人已经开始履行合同义务或者接受相对人履行的，视为对合同的追认。	**《合同法司法解释二》第十二条**　无权代理人以被代理人的名义订立合同，被代理人已经开始履行合同义务的，视为对合同的追认。	
第五百零四条　法人的法定代表人或者非法人组织的负责人超越权限订立的合同，除相对人知道或者应当知道其超越权限外，该代表行为有效，订立的合同对法人或者非法人组织发生效力。	**第五十条**　法人或者其他组织的法定代表人、负责人超越权限订立的合同，除相对人知道或者应当知道其超越权限的以外，该代表行为有效。	
第五百零五条　当事人超越经营范围订立的合同的效力，应当依照本法第一编第六章第三节和本编的有关规定确定，不得仅以超越经营范围确认合同无效。	**《合同法司法解释一》第十条**　当事人超越经营范围订立合同，人民法院不因此认定合同无效。但违反国家限制经营、特许经营以及法律、行政法规禁止经营规定的除外。	
第五百零六条　合同中的下列免责条款无效： （一）造成对方人身损害的； （二）因故意或者重大过失造成对方财产损失的。	**第五十三条**　合同中的下列免责条款无效： （一）造成对方人身伤害的； （二）因故意或者重大过失造成对方财产损失的。	
第五百零七条　合同不生效、无效、被撤销或者终止的，不影响合同中有关解决争议方法的条款的效力。	**第五十七条**　合同无效、被撤销或者终止的，不影响合同中独立存在的有关解决争议方法的条款的效力。	
第五百零八条　本编对合同的效力没有规定的，适用本法第一编第六章的有关规定。		新增合同效力援引规定，凸显《民法典》的体系化。

续表

中华人民共和国民法典	前民法典时代的民事法律规范	立法演进的核心提示
第四章　合同的履行		
第五百零九条　当事人应当按照约定全面履行自己的义务。 当事人应当遵循诚信原则,根据合同的性质、目的和交易习惯履行通知、协助、保密等义务。 **当事人在履行合同过程中,应当避免浪费资源、污染环境和破坏生态。**	**第六十条**　当事人应当按照约定全面履行自己的义务。 当事人应当遵循诚实信用原则,根据合同的性质、目的和交易习惯履行通知、协助、保密等义务。	增加"当事人在履行合同过程中,应当避免浪费资源、污染环境和破坏生态"这一回应总则编"绿色原则"的规定。
第五百一十条　合同生效后,当事人就质量、价款或者报酬、履行地点等内容没有约定或者约定不明确的,可以协议补充;不能达成补充协议的,按照合同相关条款或者交易习惯确定。	**第六十一条**　合同生效后,当事人就质量、价款或者报酬、履行地点等内容没有约定或者约定不明确的,可以协议补充;不能达成补充协议的,按照合同有关条款或者交易习惯确定。	
第五百一十一条　当事人就有关合同内容约定不明确,依据前条规定仍不能确定的,适用下列规定: **(一)质量要求不明确的,按照强制性国家标准履行;没有强制性国家标准的,按照推荐性国家标准履行;没有推荐性国家标准的,按照行业标准履行;没有国家标准、行业标准的,按照通常标准或者符合合同目的的特定标准履行。** (二)价款或者报酬不明确的,按照订立合同时履行地的市场价格履行;依法应当执行政府定价或者政府指导价的,依照规定履行。 (三)履行地点不明确,给付货币的,在接受货币一方所在地履行;交付不动产的,在不动产所在地履行;其他标的,在履行义务一方所在地履行。 (四)履行期限不明确的,债务人可以随时履行,债权人也可以随时请求履行,但是应当给对方必要的准备时间。 (五)履行方式不明确的,按照有利于实现合同目的的方式履行。 (六)履行费用的负担不明确的,由履行义务一方负担;因债权人原因增加的履行费用,由债权人负担。	**第六十二条**　当事人就有关合同内容约定不明确,依照本法第六十一条的规定仍不能确定的,适用下列规定: (一)质量要求不明确的,按照国家标准、行业标准履行;没有国家标准、行业标准的,按照通常标准或者符合合同目的的特定标准履行。 (二)价款或者报酬不明确的,按照订立合同时履行地的市场价格履行;依法应当执行政府定价或者政府指导价的,按照规定履行。 (三)履行地点不明确,给付货币的,在接受货币一方所在地履行;交付不动产的,在不动产所在地履行;其他标的,在履行义务一方所在地履行。 (四)履行期限不明确的,债务人可以随时履行,债权人也可以随时要求履行,但应当给对方必要的准备时间。 (五)履行方式不明确的,按照有利于实现合同目的的方式履行。 (六)履行费用的负担不明确的,由履行义务一方负担。	细化"合同质量要求不明确时的推定规则",确立了"强制性国家标准—推荐性国家标准—行业标准—通常标准或者符合合同目的的特定标准"的顺位。

续表

中华人民共和国民法典	前民法典时代的民事法律规范	立法演进的核心提示
第五百一十二条 通过互联网等信息网络订立的电子合同的标的为交付商品并采用快递物流方式交付的，收货人的签收时间为交付时间。电子合同的标的为提供服务的，生成的电子凭证或者实物凭证中载明的时间为提供服务时间；前述凭证没有载明时间或者载明时间与实际提供服务时间不一致的，以实际提供服务的时间为准。 电子合同的标的物为采用在线传输方式交付的，合同标的物进入对方当事人指定的特定系统且能够检索识别的时间为交付时间。 电子合同当事人对交付商品或者提供服务的方式、时间另有约定的，按照其约定。	**《电子商务法》第五十一条** 合同标的为交付商品并采用快递物流方式交付的，收货人签收时间为交付时间。合同标的为提供服务的，生成的电子凭证或者实物凭证中载明的时间为交付时间；前述凭证没有载明时间或者载明时间与实际提供服务时间不一致的，实际提供服务的时间为交付时间。 合同标的为采用在线传输方式交付的，合同标的进入对方当事人指定的特定系统并且能够检索识别的时间为交付时间。 合同当事人对交付方式、交付时间另有约定的，从其约定。	
第五百一十三条 执行政府定价或者政府指导价的，在合同约定的交付期限内政府价格调整时，按照交付时的价格计价。逾期交付标的物的，遇价格上涨时，按照原价格执行；价格下降时，按照新价格执行。逾期提取标的物或者逾期付款的，遇价格上涨时，按照新价格执行；价格下降时，按照原价格执行。	**第六十三条** 同《民法典》	
第五百一十四条 以支付金钱为内容的债，除法律另有规定或者当事人另有约定外，债权人可以请求债务人以实际履行地的法定货币履行。		增加货币之债的履行规则。
第五百一十五条 标的有多项而债务人只需履行其中一项的，债务人享有选择权；但是，法律另有规定、当事人另有约定或者另有交易习惯的除外。 享有选择权的当事人在约定期限内或者履行期限届满未作选择，经催告后在合理期限内仍未选择的，选择权转移至对方。		增加选择之债的履行规则。
第五百一十六条 当事人行使选择权应当及时通知对方，通知到达对方时，标的确定。标的确定后不得变更，但是经对方同意的除外。 可选择的标的发生不能履行情形的，享有选择权的当事人不得选择不能履行的标的，但是该不能履行的情形是由对方造成的除外。		增加选择之债中选择权的行使方式。

续表

中华人民共和国民法典	前民法典时代的民事法律规范	立法演进的核心提示
第五百一十七条　债权人为二人以上，标的可分，按照份额各自享有债权的，为按份债权；债务人为二人以上，标的可分，按照份额各自负担债务的，为按份债务。 **按份债权人或者按份债务人的份额难以确定的，视为份额相同。**	**《民法通则》第八十六条**　债权人为二人以上的，按照确定的份额分享权利。债务人为二人以上的，按照确定的份额分担义务。	新增按份债权和按份债务的内涵及份额推定规则。
第五百一十八条　债权人为二人以上，部分或者全部债权人均可以请求债务人履行债务的，为连带债权；债务人为二人以上，债权人可以请求部分或者全部债务人履行全部债务的，为连带债务。 连带债权或者连带债务，由法律规定或者当事人约定。	**《民法通则》第八十七条**　债权人或者债务人一方人数为二人以上的，依照法律的规定或者当事人的约定，享有连带权利的每个债权人，都有权要求债务人履行义务；负有连带义务的每个债务人，都负有清偿全部债务的义务，履行了义务的人，有权要求其他负有连带义务的人偿付他应当承担的份额。	
第五百一十九条　连带债务人之间的份额难以确定的，视为份额相同。 **实际承担债务超过自己份额的连带债务人，有权就超出部分在其他连带债务人未履行的份额范围内向其追偿，并相应地享有债权人的权利，但是不得损害债权人的利益。其他连带债务人对债权人的抗辩，可以向该债务人主张。** **被追偿的连带债务人不能履行其应分担份额的，其他连带债务人应当在相应范围内按比例分担。**	**《民法总则》第一百七十八条第二款**　连带责任人的责任份额根据各自责任大小确定；难以确定责任大小的，平均承担责任。实际承担责任超过自己责任份额的连带责任人，有权向其他连带责任人追偿。	新增连带债务人的份额确定及追偿权规则。
第五百二十条　部分连带债务人履行、抵销债务或者提存标的物的，其他债务人对债权人的债务在相应范围内消灭；该债务人可以依据前条规定向其他债务人追偿。 **部分连带债务人的债务被债权人免除的，在该连带债务人应当承担的份额范围内，其他债务人对债权人的债务消灭。** **部分连带债务人的债务与债权人的债权同归于一人的，在扣除该债务人应当承担的份额后，债权人对其他债务人的债权继续存在。** **债权人对部分连带债务人的给付受领迟延的，对其他连带债务人发生效力。**		新增连带债务中的部分债务变更的涉他效力。

续表

中华人民共和国民法典	前民法典时代的民事法律规范	立法演进的核心提示
第五百二十一条　连带债权人之间的份额难以确定的，视为份额相同。 **实际受领债权的连带债权人，应当按比例向其他连带债权人返还。** **连带债权参照适用本章连带债务的有关规定。**		新增连带债权的内部关系及法律适用规则。
第五百二十二条　当事人约定由债务人向第三人履行债务，债务人未向第三人履行债务或者履行债务不符合约定的，应当向债权人承担违约责任。 **法律规定或者当事人约定第三人可以直接请求债务人向其履行债务，第三人未在合理期限内明确拒绝，债务人未向第三人履行债务或者履行债务不符合约定的，第三人可以请求债务人承担违约责任；债务人对债权人的抗辩，可以向第三人主张。**	**第六十四条**　当事人约定由债务人向第三人履行债务的，债务人未向第三人履行债务或者履行债务不符合约定，应当向债权人承担违约责任。	新增法定或意定的向第三人履行制度。
第五百二十三条　当事人约定由第三人向债权人履行债务，第三人不履行债务或者履行债务不符合约定的，债务人应当向债权人承担违约责任。	**第六十五条**　当事人约定由第三人向债权人履行债务的，第三人不履行债务或者履行债务不符合约定，债务人应当向债权人承担违约责任。	
第五百二十四条　债务人不履行债务，第三人对履行该债务具有合法利益的，第三人有权向债权人代为履行；但是，根据债务性质、按照当事人约定或者依照法律规定只能由债务人履行的除外。 **债权人接受第三人履行后，其对债务人的债权转让给第三人，但是债务人和第三人另有约定的除外。**		新增法定债务移转制度。
第五百二十五条　当事人互负债务，没有先后履行顺序的，应当同时履行。一方在对方履行之前有权拒绝其履行请求。一方在对方履行债务不符合约定时，有权拒绝其相应的履行请求。	**第六十六条**　当事人互负债务，没有先后履行顺序的，应当同时履行。一方在对方履行之前有权拒绝其履行要求。一方在对方履行债务不符合约定时，有权拒绝其相应的履行要求。	
第五百二十六条　当事人互负债务，有先后履行顺序，应当先履行债务一方未履行的，后履行一方有权拒绝其履行请求。先履行一方履行债务不符合约定的，后履行一方有权拒绝其相应的履行请求。	**第六十七条**　当事人互负债务，有先后履行顺序，先履行一方未履行的，后履行一方有权拒绝其履行要求。先履行一方履行债务不符合约定的，后履行一方有权拒绝其相应的履行要求。	

续表

中华人民共和国民法典	前民法典时代的民事法律规范	立法演进的核心提示
第五百二十七条　应当先履行债务的当事人，有确切证据证明对方有下列情形之一的，可以中止履行： （一）经营状况严重恶化； （二）转移财产、抽逃资金，以逃避债务； （三）丧失商业信誉； （四）有丧失或者可能丧失履行债务能力的其他情形。 当事人没有确切证据中止履行的，应当承担违约责任。	**第六十八条**　同《民法典》	
第五百二十八条　当事人依据前条规定中止履行的，应当及时通知对方。对方提供适当担保的，应当恢复履行。中止履行后，对方在合理期限内未恢复履行能力且未提供适当担保的，视为以自己的行为表明不履行主要债务，中止履行的一方可以解除合同**并可以请求对方承担违约责任。**	**第六十九条**　当事人依照本法第六十八条的规定中止履行的，应当及时通知对方。对方提供适当担保时，应当恢复履行。中止履行后，对方在合理期限内未恢复履行能力并且未提供适当担保的，中止履行的一方可以解除合同。	新增行使不安抗辩权一方在依法解除合同的情况下有权请求对方承担违约责任的规定。
第五百二十九条　债权人分立、合并或者变更住所没有通知债务人，致使履行债务发生困难的，债务人可以中止履行或者将标的物提存。	**第七十条**　同《民法典》	
第五百三十条　债权人可以拒绝债务人提前履行债务，但是提前履行不损害债权人利益的除外。 债务人提前履行债务给债权人增加的费用，由债务人负担。	**第七十一条**　债权人可以拒绝债务人提前履行债务，但提前履行不损害债权人利益的除外。 债务人提前履行债务给债权人增加的费用，由债务人负担。	
第五百三十一条　债权人可以拒绝债务人部分履行债务，但是部分履行不损害债权人利益的除外。 债务人部分履行债务给债权人增加的费用，由债务人负担。	**第七十二条**　债权人可以拒绝债务人部分履行债务，但部分履行不损害债权人利益的除外。 债务人部分履行债务给债权人增加的费用，由债务人负担。	
第五百三十二条　合同生效后，当事人不得因姓名、名称的变更或者法定代表人、负责人、承办人的变动而不履行合同义务。	**第七十六条**　同《民法典》	

续表

中华人民共和国民法典	前民法典时代的民事法律规范	立法演进的核心提示
第五百三十三条 合同成立后,合同的基础条件发生了当事人在订立合同时无法预见的、不属于商业风险的重大变化,继续履行合同对于当事人一方明显不公平的,受不利影响的当事人可以与对方重新协商;在合理期限内协商不成的,当事人可以请求人民法院或者仲裁机构变更或者解除合同。 人民法院或者仲裁机构应当结合案件的实际情况,根据公平原则变更或者解除合同。	**《合同法司法解释二》第二十六条** 合同成立以后客观情况发生了当事人在订立合同时无法预见的~~、非不可抗力造成的~~不属于商业风险的重大变化,继续履行合同对于一方当事人明显不公平或者不能实现合同目的,当事人请求人民法院变更或者解除合同的,人民法院应当根据公平原则,并结合案件的实际情况确定是否变更或者解除。	表明不可抗力属情势变更原则中的“情势”,不再区分两者。
<u>第五百三十四条 对当事人利用合同实施危害国家利益、社会公共利益行为的,市场监督管理和其他有关行政主管部门依照法律、行政法规的规定负责监督处理。</u>		新增行政管理部门对特定合同的监管义务。
第五章 合同的保全		
第五百三十五条 因债务人怠于行使其债权或者与该债权有关的从权利,影响债权人的到期债权实现的,债权人可以向人民法院请求以自己的名义代位行使债务人对相对人的权利,但是该权利专属于债务人自身的除外。 代位权的行使范围以债权人的到期债权为限。债权人行使代位权的必要费用,由债务人负担。 相对人对债务人的抗辩,可以向债权人主张。	**第七十三条** 因债务人怠于行使其到期债权,对债权人造成损害的,债权人可以向人民法院请求以自己的名义代位行使债务人的债权,但该债权专属于债务人自身的除外。 代位权的行使范围以债权人的债权为限。债权人行使代位权的必要费用,由债务人负担。 **《合同法司法解释一》第十八条第一款** 在代位权诉讼中,次债务人对债务人的抗辩,可以向债权人主张。	
<u>第五百三十六条 债权人的债权到期前,债务人的债权或者与该债权有关的从权利存在诉讼时效期间即将届满或者未及时申报破产债权等情形,影响债权人的债权实现的,债权人可以代位向债务人的相对人请求其向债务人履行、向破产管理人申报或者作出其他必要的行为。</u>		新增“债权保存制度”。
第五百三十七条 人民法院认定代位权成立的,由债务人的相对人向债权人履行义务,债权人接受履行后,债权人与债务人、债务人与相对人之间相应的权利义务终止。债务人对相对人的债权或者与该债权有关的从权利被采取保全、执行措施,或者债务人破产的,依照相关法律的规定处理。	**《合同法司法解释一》第二十条** 债权人向次债务人提起的代位权诉讼经人民法院审理后认定代位权成立的,由次债务人向债权人履行清偿义务,债权人与债务人、债务人与次债务人之间相应的债权债务关系即予消灭。	

续表

中华人民共和国民法典	前民法典时代的民事法律规范	立法演进的核心提示
第五百三十八条 债务人以放弃其债权、放弃债权担保、无偿转让财产等方式无偿处分财产权益,或者恶意延长其到期债权的履行期限,影响债权人的债权实现的,债权人可以请求人民法院撤销债务人的行为。	**第七十四条第一款** 因债务人放弃其到期债权或者无偿转让财产,对债权人造成损害的,债权人可以请求人民法院撤销债务人的行为。债务人以明显不合理的低价转让财产,对债权人造成损害,并且受让人知道该情形的,债权人也可以请求人民法院撤销债务人的行为。 **《合同法司法解释二》第十八条** 债务人放弃其未到期的债权或者放弃债权担保,或者恶意延长到期债权的履行期,对债权人造成损害,债权人依照合同法第七十四条的规定提起撤销权诉讼的,人民法院应当支持。	
第五百三十九条 债务人以明显不合理的低价转让财产、以明显不合理的高价受让他人财产或者为他人的债务提供担保,影响债权人的债权实现,债务人的相对人知道或者应当知道该情形的,债权人可以请求人民法院撤销债务人的行为。	**第七十四条第一款** 因债务人放弃其到期债权或者无偿转让财产,对债权人造成损害的,债权人可以请求人民法院撤销债务人的行为。债务人以明显不合理的低价转让财产,对债权人造成损害,并且受让人知道该情形的,债权人也可以请求人民法院撤销债务人的行为。 **《合同法司法解释二》第十九条** 对于合同法第七十四条规定的"明显不合理的低价",人民法院应当以交易当地一般经营者的判断,并参考交易当时交易地的物价部门指导价或者市场交易价,结合其他相关因素综合考虑予以确认。 转让价格达不到交易时交易地的指导价或者市场交易价百分之七十的,一般可以视为明显不合理的低价;对转让价格高于当地指导价或者市场交易价百分之三十的,一般可以视为明显不合理的高价。 债务人以明显不合理的高价收购他人财产,人民法院可以根据债权人的申请,参照合同法第七十四条的规定予以撤销。	
第五百四十条 撤销权的行使范围以债权人的债权为限。债权人行使撤销权的必要费用,由债务人负担。	**第七十四条第二款** 同《民法典》	
第五百四十一条 撤销权自债权人知道或者应当知道撤销事由之日起一年内行使。自债务人的行为发生之日起五年内没有行使撤销权的,该撤销权消灭。	**第七十五条** 同《民法典》	

续表

中华人民共和国民法典	前民法典时代的民事法律规范	立法演进的核心提示
第五百四十二条　债务人影响债权人的债权实现的行为被撤销的,自始没有法律约束力。		
第六章　合同的变更和转让		
第五百四十三条　当事人协商一致,可以变更合同。	**第七十七条**　当事人协商一致,可以变更合同。 法律、行政法规规定变更合同应当办理批准、登记等手续的,依照其规定。	
第五百四十四条　当事人对合同变更的内容约定不明确的,推定为未变更。	**第七十八条**　同《民法典》	
第五百四十五条　债权人可以将债权的全部或者部分转让给第三人,但是有下列情形之一的除外: (一)根据债权性质不得转让; (二)按照当事人约定不得转让; (三)依照法律规定不得转让。 当事人约定非金钱债权不得转让的,不得对抗善意第三人。当事人约定金钱债权不得转让的,不得对抗第三人。	**第七十九条**　债权人可以将合同的权利全部或者部分转让给第三人,但有下列情形之一的除外: (一)根据合同性质不得转让; (二)按照当事人约定不得转让; (三)依照法律规定不得转让。	增加当事人之间关于债权不得转让的约定与第三人权益保护的关系。
第五百四十六条　债权人转让债权,未通知债务人的,该转让对债务人不发生效力。 债权转让的通知不得撤销,但是经受让人同意的除外。	**第八十条**　债权人转让权利的,应当通知债务人。未经通知,该转让对债务人不发生效力。 债权人转让权利的通知不得撤销,但经受让人同意的除外。	
第五百四十七条　债权人转让债权的,受让人取得与债权有关的从权利,但是该从权利专属于债权人自身的除外。 受让人取得从权利不因该从权利未办理转移登记手续或者未转移占有而受到影响。	**第八十一条**　债权人转让权利的,受让人取得与债权有关的从权利,但该从权利专属于债权人自身的除外。	
第五百四十八条　债务人接到债权转让通知后,债务人对让与人的抗辩,可以向受让人主张。	**第八十二条**　同《民法典》	
第五百四十九条　有下列情形之一的,债务人可以向受让人主张抵销: (一)债务人接到债权转让通知时,债务人对让与人享有债权,且债务人的债权先于转让的债权到期或者同时到期; (二)债务人的债权与转让的债权是基于同一合同产生。	**第八十三条**　债务人接到债权转让通知时,债务人对让与人享有债权,并且债务人的债权先于转让的债权到期或者同时到期的,债务人可以向受让人主张抵销。	

续表

中华人民共和国民法典	前民法典时代的民事法律规范	立法演进的核心提示
第五百五十条　因债权转让增加的履行费用，由让与人负担。		
第五百五十一条　债务人将债务的全部或者部分转移给第三人的，应当经债权人同意。 债务人或者第三人可以催告债权人在合理期限内予以同意，债权人未作表示的，视为不同意。	**第八十四条**　债务人将合同的义务全部或者部分转移给第三人的，应当经债权人同意。	
第五百五十二条　第三人与债务人约定加入债务并通知债权人，或者第三人向债权人表示愿意加入债务，债权人未在合理期限内明确拒绝的，债权人可以请求第三人在其愿意承担的债务范围内和债务人承担连带债务。		新增并存债务承担制度。
第五百五十三条　债务人转移债务的，新债务人可以主张原债务人对债权人的抗辩；原债务人对债权人享有债权的，新债务人不得向债权人主张抵销。	**第八十五条**　债务人转移义务的，新债务人可以主张原债务人对债权人的抗辩。	
第五百五十四条　债务人转移债务的，新债务人应当承担与主债务有关的从债务，但是该从债务专属于原债务人自身的除外。	**第八十六条**　债务人转移义务的，新债务人应当承担与主债务有关的从债务，但该从债务专属于原债务人自身的除外。	
第五百五十五条　当事人一方经对方同意，可以将自己在合同中的权利和义务一并转让给第三人。	**第八十八条**　同《民法典》 **《民法通则》第九十一条**　合同一方将合同的权利、义务全部或者部分转让给第三人的，应当取得合同另一方的同意，并不得牟利。依照法律规定应当由国家批准的合同，需经原批准机关批准。但是，法律另有规定或者原合同另有约定的除外。	
第五百五十六条　合同的权利和义务一并转让的，适用债权转让、债务转移的有关规定。	**第八十九条**　权利和义务一并转让的，适用本法第七十九条、第八十一条至第八十三条、第八十五条至第八十七条的规定。	

续表

中华人民共和国民法典	前民法典时代的民事法律规范	立法演进的核心提示
第七章　合同的权利义务终止	**第六章　合同的权利义务终止**	
第五百五十七条　有下列情形之一的,债权债务终止: (一)债务已经履行; (二)债务相互抵销; (三)债务人依法将标的物提存; (四)债权人免除债务; (五)债权债务同归于一人; (六)法律规定或者当事人约定终止的其他情形。 合同解除的,该合同的权利义务关系终止。	**第九十一条**　有下列情形之一的,合同的权利义务终止: (一)债务已经按照约定履行; (二)合同解除; (三)债务相互抵销; (四)债务人依法将标的物提存; (五)债权人免除债务; (六)债权债务同归于一人; (七)法律规定或者当事人约定终止的其他情形。	
第五百五十八条　债权债务终止后,当事人应当遵循诚信等原则,根据交易习惯履行通知、协助、保密、旧物回收等义务。	**第九十二条**　合同的权利义务终止后,当事人应当遵循诚实信用原则,根据交易习惯履行通知、协助、保密等义务。	
第五百五十九条　债权债务终止时,债权的从权利同时消灭,但是法律另有规定或者当事人另有约定的除外。		新增债权的从权利随主债权债务消灭及其例外的规则。
第五百六十条　债务人对同一债权人负担的数项债务种类相同,债务人的给付不足以清偿全部债务的,除当事人另有约定外,由债务人在清偿时指定其履行的债务。 债务人未作指定的,应当优先履行已经到期的债务;数项债务均到期的,优先履行对债权人缺乏担保或者担保最少的债务;均无担保或者担保相等的,优先履行债务人负担较重的债务;负担相同的,按照债务到期的先后顺序履行;到期时间相同的,按照债务比例履行。	**《合同法司法解释二》第二十条**　债务人的给付不足以清偿其对同一债权人所负的数笔相同种类的全部债务,应当优先抵充已到期的债务;几项债务均到期的,优先抵充对债权人缺乏担保或者担保数额最少的债务;担保数额相同的,优先抵充债务负担较重的债务;负担相同的,按照债务到期的先后顺序抵充;到期时间相同的,按比例抵充。但是,债权人与债务人对清偿的债务或者清偿抵充顺序有约定的除外。	
第五百六十一条　债务人在履行主债务外还应当支付利息和实现债权的有关费用,其给付不足以清偿全部债务的,除当事人另有约定外,应当按照下列顺序履行: (一)实现债权的有关费用; (二)利息; (三)主债务。	**《合同法司法解释二》第二十一条**　债务人除主债务之外还应当支付利息和费用,当其给付不足以清偿全部债务时,并且当事人没有约定的,人民法院应当按照下列顺序抵充: (一)实现债权的有关费用; (二)利息; (三)主债务。	

续表

中华人民共和国民法典	前民法典时代的民事法律规范	立法演进的核心提示
第五百六十二条 当事人协商一致,可以解除合同。 当事人可以约定一方解除合同的事由。解除合同的事由发生时,解除权人可以解除合同。	**第九十三条** 当事人协商一致,可以解除合同。 当事人可以约定一方解除合同的条件。解除合同的条件成就时,解除权人可以解除合同。	
第五百六十三条 有下列情形之一的,当事人可以解除合同: (一)因不可抗力致使不能实现合同目的; (二)在履行期限届满前,当事人一方明确表示或者以自己的行为表明不履行主要债务; (三)当事人一方迟延履行主要债务,经催告后在合理期限内仍未履行; (四)当事人一方迟延履行债务或者有其他违约行为致使不能实现合同目的; (五)法律规定的其他情形。 **以持续履行的债务为内容的不定期合同,当事人可以随时解除合同,但是应当在合理期限之前通知对方。**	**第九十四条** 有下列情形之一的,当事人可以解除合同: (一)因不可抗力致使不能实现合同目的; (二)在履行期限届满之前,当事人一方明确表示或者以自己的行为表明不履行主要债务; (三)当事人一方迟延履行主要债务,经催告后在合理期限内仍未履行; (四)当事人一方迟延履行债务或者有其他违约行为致使不能实现合同目的; (五)法律规定的其他情形。	新增"以持续履行的债务为内容的不定期合同,当事人可以随时解除合同,但是应当在合理期限之前通知对方"这一当事人对持续履行的不定期合同享有任意解除权的规则。
第五百六十四条 法律规定或者当事人约定解除权行使期限,期限届满当事人不行使的,该权利消灭。 法律没有规定或者当事人没有约定解除权行使期限,自解除权人知道或者应当知道解除事由之日起一年内不行使,或者经对方催告后在合理期限内不行使的,该权利消灭。	**第九十五条** 法律规定或者当事人约定解除权行使期限,期限届满当事人不行使的,该权利消灭。 法律没有规定或者当事人没有约定解除权行使期限,经对方催告后在合理期限内不行使的,该权利消灭。	
第五百六十五条 当事人一方依法主张解除合同的,应当通知对方。合同自通知到达对方时解除;通知载明债务人在一定期限内不履行债务则合同自动解除,债务人在该期限内未履行债务的,合同自通知载明的期限届满时解除。对方对解除合同有异议的,任何一方当事人均可以请求人民法院或者仲裁机构确认解除行为的效力。 当事人一方未通知对方,直接以提起诉讼或者申请仲裁的方式依法主张解除合同,人民法院或者仲裁机构确认该主张的,合同自起诉状副本或者仲裁申请书副本送达对方时解除。	**第九十六条** 当事人一方依照本法第九十三条第二款、第九十四条的规定主张解除合同的,应当通知对方。合同自通知到达对方时解除。对方有异议的,可以请求人民法院或者仲裁机构确认解除合同的效力。 法律、行政法规规定解除合同应当办理批准、登记等手续的,依照其规定。	

续表

中华人民共和国民法典	前民法典时代的民事法律规范	立法演进的核心提示
第五百六十六条　合同解除后，尚未履行的，终止履行；已经履行的，根据履行情况和合同性质，当事人可以请求恢复原状或者采取其他补救措施，并有权请求赔偿损失。 合同因违约解除的，解除权人可以请求违约方承担违约责任，但是当事人另有约定的除外。 主合同解除后，担保人对债务人应当承担的民事责任仍应当承担担保责任，但是担保合同另有约定的除外。	**第九十七条**　合同解除后，尚未履行的，终止履行；已经履行的，根据履行情况和合同性质，当事人可以要求恢复原状、采取其他补救措施、并有权要求赔偿损失。 **《民法通则》第一百一十一条**　当事人一方不履行合同义务或者履行合同义务不符合约定条件的，另一方有权要求履行或者采取补救措施，并有权要求赔偿损失。	
第五百六十七条　合同的权利义务关系终止，不影响合同中结算和清理条款的效力。	**第九十八条**　合同的权利义务终止，不影响合同中结算和清理条款的效力。	
第五百六十八条　当事人互负债务，该债务的标的物种类、品质相同的，任何一方可以将自己的债务与对方的到期债务抵销；但是，根据债务性质、按照当事人约定或者依照法律规定不得抵销的除外。 当事人主张抵销的，应当通知对方。通知自到达对方时生效。抵销不得附条件或者附期限。	**第九十九条**　当事人互负到期债务，该债务的标的物种类、品质相同的，任何一方可以将自己的债务与对方的债务抵销，但依照法律规定或者按照合同性质不得抵销的除外。 当事人主张抵销的，应当通知对方。通知自到达对方时生效。抵销不得附条件或者附期限。	
第五百六十九条　当事人互负债务，标的物种类、品质不相同的，经协商一致，也可以抵销。	**第一百条**　当事人互负债务，标的物种类、品质不相同的，经双方协商一致，也可以抵销。	
第五百七十条　有下列情形之一，难以履行债务的，债务人可以将标的物提存： （一）债权人无正当理由拒绝受领； （二）债权人下落不明； （三）债权人死亡未确定继承人、遗产管理人，或者丧失民事行为能力未确定监护人； （四）法律规定的其他情形。 标的物不适于提存或者提存费用过高的，债务人依法可以拍卖或者变卖标的物，提存所得的价款。	**第一百零一条**　有下列情形之一，难以履行债务的，债务人可以将标的物提存： （一）债权人无正当理由拒绝受领； （二）债权人下落不明； （三）债权人死亡未确定继承人或者丧失民事行为能力未确定监护人； （四）法律规定的其他情形。 标的物不适于提存或者提存费用过高的，债务人依法可以拍卖或者变卖标的物，提存所得的价款。	
第五百七十一条　债务人将标的物或者将标的物依法拍卖、变卖所得价款交付提存部门时，提存成立。 提存成立的，视为债务人在其提存范围内已经交付标的物。	**《合同法司法解释二》第二十五条**　依照合同法第一百零一条的规定，债务人将合同标的物或者标的物拍卖、变卖所得价款交付提存部门时，人民法院应当认定提存成立。 提存成立的，视为债务人在其提存范围内已经履行债务。	

续表

中华人民共和国民法典	前民法典时代的民事法律规范	立法演进的核心提示
第五百七十二条 标的物提存后，债务人应当及时通知债权人或者债权人的继承人、遗产管理人、监护人、财产代管人。	**第一百零二条** 标的物提存后，除债权人下落不明的以外，债务人应当及时通知债权人或者债权人的继承人、监护人。	
第五百七十三条 标的物提存后，毁损、灭失的风险由债权人承担。提存期间，标的物的孳息归债权人所有。提存费用由债权人负担。	**第一百零三条** 同《民法典》	
第五百七十四条 债权人可以随时领取提存物。但是，债权人对债务人负有到期债务的，在债权人未履行债务或者提供担保之前，提存部门根据债务人的要求应当拒绝其领取提存物。 债权人领取提存物的权利，自提存之日起五年内不行使而消灭，提存物扣除提存费用后归国家所有。但是，债权人未履行对债务人的到期债务，或者债权人向提存部门书面表示放弃领取提存物权利的，债务人负担提存费用后有权取回提存物。	**第一百零四条** 债权人可以随时领取提存物，但债权人对债务人负有到期债务的，在债权人未履行债务或者提供担保之前，提存部门根据债务人的要求应当拒绝其领取提存物。 债权人领取提存物的权利，自提存之日起五年内不行使而消灭，提存物扣除提存费用后归国家所有。	
第五百七十五条 债权人免除债务人部分或者全部债务的，债权债务部分或者全部终止，但是债务人在合理期限内拒绝的除外。	**第一百零五条** 债权人免除债务人部分或者全部债务的，合同的权利义务部分或者全部终止。	
第五百七十六条 债权和债务同归于一人的，债权债务终止，但是损害第三人利益的除外。	**第一百零六条** 债权和债务同归于一人的，合同的权利义务终止，但涉及第三人利益的除外。	
第八章 违约责任		
第五百七十七条 当事人一方不履行合同义务或者履行合同义务不符合约定的，应当承担继续履行、采取补救措施或者赔偿损失等违约责任。	**第一百零七条** 同《民法典》	
第五百七十八条 当事人一方明确表示或者以自己的行为表明不履行合同义务的，对方可以在履行期限届满前请求其承担违约责任。	**第一百零八条** 当事人一方明确表示或者以自己的行为表明不履行合同义务的，对方可以在履行期限届满之前要求其承担违约责任。	

续表

中华人民共和国民法典	前民法典时代的民事法律规范	立法演进的核心提示
第五百七十九条 当事人一方未支付价款、报酬、租金、利息,或者不履行其他金钱债务的,对方可以请求其支付。	**第一百零九条** 当事人一方未支付价款或者报酬的,对方可以要求其支付价款或者报酬。	
第五百八十条 当事人一方不履行非金钱债务或者履行非金钱债务不符合约定的,对方可以请求履行,但是有下列情形之一的除外: (一)法律上或者事实上不能履行; (二)债务的标的不适于强制履行或者履行费用过高; (三)债权人在合理期限内未请求履行。 有前款规定的除外情形之一,致使不能实现合同目的的,人民法院或者仲裁机构可以根据当事人的请求终止合同权利义务关系,但是不影响违约责任的承担。	**第一百一十条** 当事人一方不履行非金钱债务或者履行非金钱债务不符合约定的,对方可以要求履行,但有下列情形之一的除外: (一)法律上或者事实上不能履行; (二)债务的标的不适于强制履行或者履行费用过高; (三)债权人在合理期限内未要求履行。	
第五百八十一条 当事人一方不履行债务或者履行债务不符合约定,根据债务的性质不得强制履行的,对方可以请求其负担由第三人替代履行的费用。		新增债务替代履行制度。
第五百八十二条 履行不符合约定的,应当按照当事人的约定承担违约责任。对违约责任没有约定或者约定不明确,依据本法第五百一十条的规定仍不能确定的,受损害方根据标的的性质以及损失的大小,可以合理选择请求对方承担修理、重作、更换、退货、减少价款或者报酬等违约责任。	**第一百一十一条** 质量不符合约定的,应当按照当事人的约定承担违约责任。对违约责任没有约定或者约定不明确,依照本法第六十一条的规定仍不能确定的,受损害方根据标的的性质以及损失的大小,可以合理选择要求对方承担修理、更换、重作、退货、减少价款或者报酬等违约责任。	
第五百八十三条 当事人一方不履行合同义务或者履行合同义务不符合约定的,在履行义务或者采取补救措施后,对方还有其他损失的,应当赔偿损失。	**第一百一十二条** 同《民法典》	
第五百八十四条 当事人一方不履行合同义务或者履行合同义务不符合约定,造成对方损失的,损失赔偿额应当相当于因违约所造成的损失,包括合同履行后可以获得的利益;但是,不得超过违约一方订立合同时预见到或者应当预见到的因违约可能造成的损失。	**第一百一十三条** 当事人一方不履行合同义务或者履行合同义务不符合约定,给对方造成损失的,损失赔偿额应当相当于因违约所造成的损失,包括合同履行后可以获得的利益,但不得超过违反合同一方订立合同时预见到或者应当预见到的因违反合同可能造成的损失。	

续表

中华人民共和国民法典	前民法典时代的民事法律规范	立法演进的核心提示
	经营者对消费者提供商品或者服务有欺诈行为的，依照《中华人民共和国消费者权益保护法》的规定承担损害赔偿责任。	
第五百八十五条 当事人可以约定一方违约时应当根据违约情况向对方支付一定数额的违约金，也可以约定因违约产生的损失赔偿额的计算方法。 约定的违约金低于造成的损失的，**人民法院或者仲裁机构可以根据当事人的请求**予以增加；约定的违约金过分高于造成的损失的，**人民法院或者仲裁机构可以根据当事人的请求予**以适当减少。 当事人就迟延履行约定违约金的，违约方支付违约金后，还应当履行债务。	**第一百一十四条** 当事人可以约定一方违约时应当根据违约情况向对方支付一定数额的违约金，也可以约定因违约产生的损失赔偿额的计算方法。 约定的违约金低于造成的损失的，当事人可以请求人民法院或者仲裁机构予以增加；约定的违约金过分高于造成的损失的，当事人可以请求人民法院或者仲裁机构予以适当减少。 当事人就迟延履行约定违约金的，违约方支付违约金后，还应当履行债务。	本条第二款违约金调整规则的立法表述从“当事人可以请求”变为“人民法院或者仲裁机构可以根据当事人的请求”，从由强调当事人“有权”变为强调裁判机关享有“可以如何”的自由裁量权，扩大了法律解释的空间。 立法背景：前民法典时代的民事立法经常用“可以”来表明“权利人有权”这一内涵，此次《民法典》编纂中，凡是涉及“权利人有权”的地方，立法均采纳了“有权”的表述。所以，本条立法表述的转变，有重大内涵。
第五百八十六条 当事人可以约定一方向对方给付定金作为债权的担保。定金合同自实际交付定金时成立。 定金的数额由当事人约定；但是，不得超过主合同标的额的百分之二十，超过部分不产生定金的效力。实际交付的定金数额多于或者少于约定数额的，视为变更约定的定金数额。	**《担保法》** **第九十条** 定金应当以书面形式约定。当事人在定金合同中应当约定交付定金的期限。定金合同从实际交付定金之日起生效。 **第九十一条** 定金的数额由当事人约定，但不得超过主合同标的额的百分之二十。 **《担保法司法解释》** **第一百一十九条** 实际交付的定金数额多于或者少于约定数额，视为变更定金合同；收受定金一方提出异议并拒绝接受定金的，定金合同不生效。 **第一百二十一条** 当事人约定的定金数额超过主合同标的额百分之二十的，超过的部分，人民法院不予支持。	
第五百八十七条 债务人履行债务的，定金应当抵作价款或者收回。给付定金的一方不履行债务或者履行债务不符合约定，致使不能实现合同目的的，无权请求返还定金；收受定金的一方不履行债务或者履行债务不符合约定，致使不能实现合同目的的，应当双倍返还定金。	**第一百一十五条** 当事人可以依照《中华人民共和国担保法》约定一方向对方给付定金作为债权的担保。债务人履行债务后，定金应当抵作价款或者收回。给付定金的一方不履行约定的债务的，无权要求返还定金；收受定金的一方不履行约定的债务的，应当双倍返还定金。 **《担保法》第八十九条** 当事人可以约定一方向对方给付定金作为债权的担保。债务人履行债务后，定金应当抵作价款或者收回。给付定金的一方不履行约定的债务的，无权要求返还定金；收受定金的一方不履行	

续表

中华人民共和国民法典	前民法典时代的民事法律规范	立法演进的核心提示
	约定的债务的，应当双倍返还定金。 **《担保法司法解释》第一百一十七条**　定金交付后，交付定金的一方可以按照合同的约定以丧失定金为代价而解除主合同，收受定金的一方可以双倍返还定金为代价而解除主合同。对解除主合同后责任的处理，适用《中华人民共和国合同法》的规定。	
第五百八十八条　当事人既约定违约金，又约定定金的，一方违约时，对方可以选择适用违约金或者定金条款。 **定金不足以弥补一方违约造成的损失的，对方可以请求赔偿超过定金数额的损失。**	**第一百一十六条**　当事人既约定违约金，又约定定金的，一方违约时，对方可以选择适用违约金或者定金条款。 **《买卖合同司法解释》第二十八条**　买卖合同约定的定金不足以弥补一方违约造成的损失，对方请求赔偿超过定金部分的损失的，人民法院可以并处，但定金和损失赔偿的数额总和不应高于因违约造成的损失。	新增"定金不足以弥补一方违约造成的损失的，对方可以请求赔偿超过定金数额的损失"这一定金与损害赔偿共用规则。
第五百八十九条　债务人按照约定履行债务，债权人无正当理由拒绝受领的，债务人可以请求债权人赔偿增加的费用。 在债权人受领迟延期间，债务人无须支付利息。		
第五百九十条　当事人一方因不可抗力不能履行合同的，根据不可抗力的影响，部分或者全部免除责任，但是法律另有规定的除外。因不可抗力不能履行合同的，应当及时通知对方，以减轻可能给对方造成的损失，并应当在合理期限内提供证明。 当事人迟延履行后发生不可抗力的，不免除其违约责任。	**第一百一十七条**　因不可抗力不能履行合同的，根据不可抗力的影响，部分或者全部免除责任，但法律另有规定的除外。当事人迟延履行后发生不可抗力的，不能免除责任。 本法所称不可抗力，是指不能预见、不能避免并不能克服的客观情况。 **第一百一十八条**　当事人一方因不可抗力不能履行合同的，应当及时通知对方，以减轻可能给对方造成的损失，并应当在合理期限内提供证明。	
第五百九十一条　当事人一方违约后，对方应当采取适当措施防止损失的扩大；没有采取适当措施致使损失扩大的，不得就扩大的损失请求赔偿。 当事人因防止损失扩大而支出的合理费用，由违约方负担。	**第一百一十九条**　当事人一方违约后，对方应当采取适当措施防止损失的扩大；没有采取适当措施致使损失扩大的，不得就扩大的损失要求赔偿。 当事人因防止损失扩大而支出的合理费用，由违约方承担。 **《民法通则》第一百一十四条**　当事人一方因另一方违反合同受到损失的，应当及时采取措施防止损失的扩大；没有及时采取措施致使损失扩大的，无权就扩大的损失要求赔偿。	

续表

中华人民共和国民法典	前民法典时代的民事法律规范	立法演进的核心提示
第五百九十二条 当事人都违反合同的，应当各自承担相应的责任。 当事人一方违约造成对方损失，对方对损失的发生有过错的，可以减少相应的损失赔偿额。	**第一百二十条** 当事人双方都违反合同的，应当各自承担相应的责任。 **《民法通则》第一百一十三条** 当事人双方都违反合同的，应当分别承担各自应负的民事责任。 **《买卖合同司法解释》第三十条** 买卖合同当事人一方违约造成对方损失，对方对损失的发生也有过错，违约方主张扣减相应的损失赔偿额的，人民法院应予支持。	新增“当事人一方违约造成对方损失，对方对损失的发生有过错的，可以减少相应的损失赔偿额”这一“与有过错”规则。
第五百九十三条 当事人一方因第三人的原因造成违约的，应当依法向对方承担违约责任。当事人一方和第三人之间的纠纷，依照法律规定或者按照约定处理。	**第一百二十一条** 当事人一方因第三人的原因造成违约的，应当向对方承担违约责任。当事人一方和第三人之间的纠纷，依照法律规定或者按照约定解决。	
第五百九十四条 因国际货物买卖合同和技术进出口合同争议提起诉讼或者申请仲裁的时效期间为四年。	**第一百二十九条** 因国际货物买卖合同和技术进出口合同争议提起诉讼或者申请仲裁的期限为四年，自当事人知道或者应当知道其权利受到侵害之日起计算。因其他合同争议提起诉讼或者申请仲裁的期限，依照有关法律的规定。	
第二分编　典型合同		
第九章　买卖合同		
第五百九十五条 买卖合同是出卖人转移标的物的所有权于买受人，买受人支付价款的合同。	**第一百三十条** 同《民法典》	
第五百九十六条 买卖合同的内容一般包括标的物的名称、数量、质量、价款、履行期限、履行地点和方式、包装方式、检验标准和方法、结算方式、合同使用的文字及其效力等条款。	**第一百三十一条** 买卖合同的内容除依照本法第十二条的规定以外，还可以包括包装方式、检验标准和方法、结算方式、合同使用的文字及其效力等条款。	
第五百九十七条 因出卖人未取得处分权致使标的物所有权不能转移的，买受人可以解除合同并请求出卖人承担违约责任。 法律、行政法规禁止或者限制转让的标的物，依照其规定。	~~**第五十一条** 无处分权人订立的合同无处分权的人处分他人财产，经权利人追认或者无处分权的人订立合同后取得处分权的，该合同有效。~~ **第一百三十二条** 出卖的标的物，应当属于出卖人所有或者出卖人有权处分。 法律、行政法规禁止或者限制转让的标的物，依照其规定。	全面贯彻物权变动区分原则，吸收司法实务经验，废止《合同法》第51条这一争议极大的条文，明确出卖他人之物等无权处分合同原则上均有效的立场。

续表

中华人民共和国民法典	前民法典时代的民事法律规范	立法演进的核心提示
	《买卖合同司法解释》第三条 当事人一方以出卖人在缔约时对标的物没有所有权或者处分权为由主张合同无效的,人民法院不予支持。 出卖人因未取得所有权或者处分权致使标的物所有权不能转移,买受人要求出卖人承担违约责任或者要求解除合同并主张损害赔偿的,人民法院应予支持。	吸收司法实务经验,全面贯彻"物权变动区分原则",废除《合同法》第51条这一争议极大的条文,相当于明确出卖他人之物等无权处分合同原则上均有效。
第五百九十八条 出卖人应当履行向买受人交付标的物或者交付提取标的物的单证,并转移标的物所有权的义务。	**第一百三十五条** 同《民法典》	
第五百九十九条 出卖人应当按照约定或者交易习惯向买受人交付提取标的物单证以外的有关单证和资料。	**第一百三十六条** 同《民法典》	
第六百条 出卖具有知识产权的标的物的,除法律另有规定或者当事人另有约定外,该标的物的知识产权不属于买受人。	**第一百三十七条** 出卖具有知识产权的计算机软件等标的物的,除法律另有规定或者当事人另有约定的以外,该标的物的知识产权不属于买受人。	
第六百零一条 出卖人应当按照约定的时间交付标的物。约定交付期限的,出卖人可以在该交付期限内的任何时间交付。	**第一百三十八条** 出卖人应当按照约定的期限交付标的物。约定交付期间的,出卖人可以在该交付期间内的任何时间交付。	
第六百零二条 当事人没有约定标的物的交付期限或者约定不明确的,适用本法第五百一十条、第五百一十一条第四项的规定。	**第一百三十九条** 当事人没有约定标的物的交付期限或者约定不明确的,适用本法第六十一条、第六十二条第四项的规定。	
第六百零三条 出卖人应当按照约定的地点交付标的物。 当事人没有约定交付地点或者约定不明确,依据本法第五百一十条的规定仍不能确定的,适用下列规定: (一)标的物需要运输的,出卖人应当将标的物交付给第一承运人以运交给买受人; (二)标的物不需要运输,出卖人和买受人订立合同时知道标的物在某一地点的,出卖人应当在该地点交付标的物;不知道标的物在某一地点的,应当在出卖人订立合同时的营业地交付标的物。	**第一百四十一条** 出卖人应当按照约定的地点交付标的物。 当事人没有约定交付地点或者约定不明确,依照本法第六十一条的规定仍不能确定的,适用下列规定: (一)标的物需要运输的,出卖人应当将标的物交付给第一承运人以运交给买受人; (二)标的物不需要运输,出卖人和买受人订立合同时知道标的物在某一地点的,出卖人应当在该地点交付标的物;不知道标的物在某一地点的,应当在出卖人订立合同时的营业地交付标的物。	

续表

中华人民共和国民法典	前民法典时代的民事法律规范	立法演进的核心提示
第六百零四条 标的物毁损、灭失的风险，在标的物交付之前由出卖人承担，交付之后由买受人承担，但是法律另有规定或者当事人另有约定的除外。	**第一百四十二条** 标的物毁损、灭失的风险，在标的物交付之前由出卖人承担，交付之后由买受人承担，但法律另有规定或者当事人另有约定的除外。	
第六百零五条 因买受人的原因致使标的物未按照约定的期限交付的，买受人应当自违反约定时起承担标的物毁损、灭失的风险。	**第一百四十三条** 因买受人的原因致使标的物不能按照约定的期限交付的，买受人应当自违反约定之日起承担标的物毁损、灭失的风险。	
第六百零六条 出卖人出卖交由承运人运输的在途标的物，除当事人另有约定外，毁损、灭失的风险自合同成立时起由买受人承担。	**第一百四十四条** 出卖人出卖交由承运人运输的在途标的物，除当事人另有约定的以外，毁损、灭失的风险自合同成立时起由买受人承担。	
第六百零七条 **出卖人按照约定将标的物运送至买受人指定地点并交付给承运人后，标的物毁损、灭失的风险由买受人承担。** 当事人没有约定交付地点或者约定不明确，依据本法第六百零三条第二款第一项的规定标的物需要运输的，出卖人将标的物交付给第一承运人后，标的物毁损、灭失的风险由买受人承担。	**第一百四十五条** 当事人没有约定交付地点或者约定不明确，依照本法第一百四十一条第二款第一项的规定标的物需要运输的，出卖人将标的物交付给第一承运人后，标的物毁损、灭失的风险由买受人承担。 **《买卖合同司法解释》第十二条** 出卖人根据合同约定将标的物运送至买受人指定地点并交付给承运人后，标的物毁损、灭失的风险由买受人负担，但当事人另有约定的除外。	
第六百零八条 出卖人按照约定或者依据本法第六百零三条第二款第二项的规定将标的物置于交付地点，买受人违反约定没有收取的，标的物毁损、灭失的风险自违反约定时起由买受人承担。	**第一百四十六条** 出卖人按照约定或者依照本法第一百四十一条第二款第二项的规定将标的物置于交付地点，买受人违反约定没有收取的，标的物毁损、灭失的风险自违反约定之日起由买受人承担。	
第六百零九条 出卖人按照约定未交付有关标的物的单证和资料的，不影响标的物毁损、灭失风险的转移。	**第一百四十七条** 同《民法典》	
第六百一十条 因标的物不符合质量要求，致使不能实现合同目的的，买受人可以拒绝接受标的物或者解除合同。买受人拒绝接受标的物或者解除合同的，标的物毁损、灭失的风险由出卖人承担。	**第一百四十八条** 因标的物质量不符合质量要求，致使不能实现合同目的的，买受人可以拒绝接受标的物或者解除合同。买受人拒绝接受标的物或者解除合同的，标的物毁损、灭失的风险由出卖人承担。	

续表

中华人民共和国民法典	前民法典时代的民事法律规范	立法演进的核心提示
第六百一十一条 标的物毁损、灭失的风险由买受人承担的，不影响因出卖人履行义务不符合约定，买受人请求其承担违约责任的权利。	**第一百四十九条** 标的物毁损、灭失的风险由买受人承担的，不影响因出卖人履行债务不符合约定，买受人要求其承担违约责任的权利。	
第六百一十二条 出卖人就交付的标的物，负有保证第三人对该标的物不享有任何权利的义务，但是法律另有规定的除外。	**第一百五十条** 出卖人就交付的标的物，负有保证第三人不得向买受人主张任何权利的义务，但法律另有规定的除外。	
第六百一十三条 买受人订立合同时知道或者应当知道第三人对买卖的标的物享有权利的，出卖人不承担前条规定的义务。	**第一百五十一条** 买受人订立合同时知道或者应当知道第三人对买卖的标的物享有权利的，出卖人不承担本法第一百五十条规定的义务。	
第六百一十四条 买受人有确切证据证明第三人对标的物享有权利的，可以中止支付相应的价款，但是出卖人提供适当担保的除外。	**第一百五十二条** 买受人有确切证据证明第三人可能就标的物主张权利的，可以中止支付相应的价款，但出卖人提供适当担保的除外。	
第六百一十五条 出卖人应当按照约定的质量要求交付标的物。出卖人提供有关标的物质量说明的，交付的标的物应当符合该说明的质量要求。	**第一百五十三条** 同《民法典》	
第六百一十六条 当事人对标的物的质量要求没有约定或者约定不明确，依据本法第五百一十条的规定仍不能确定的，适用本法第五百一十一条第一项的规定。	**第一百五十四条** 当事人对标的物的质量要求没有约定或者约定不明确，依照本法第六十一条的规定仍不能确定的，适用本法第六十二条第一项的规定。	
第六百一十七条 出卖人交付的标的物不符合质量要求的，买受人可以依据本法第五百八十二条至第五百八十四条的规定请求承担违约责任。	**第一百五十五条** 出卖人交付的标的物不符合质量要求的，买受人可以依照本法第一百一十一条的规定要求承担违约责任。	
第六百一十八条 当事人约定减轻或者免除出卖人对标的物瑕疵承担的责任，因出卖人故意或者重大过失不告知买受人标的物瑕疵的，出卖人无权主张减轻或者免除责任。	**《买卖合同司法解释》第三十二条** 合同约定减轻或者免除出卖人对标的物的瑕疵担保责任，但出卖人故意或者因重大过失不告知买受人标的物的瑕疵，出卖人主张依约减轻或者免除瑕疵担保责任的，人民法院不予支持。	

续表

中华人民共和国民法典	前民法典时代的民事法律规范	立法演进的核心提示
第六百一十九条 出卖人应当按照约定的包装方式交付标的物。对包装方式没有约定或者约定不明确,依据本法第五百一十条的规定仍不能确定的,应当按照通用的方式包装;没有通用方式的,应当采取足以保护标的物且有利于节约资源、保护生态环境的包装方式。	**第一百五十六条** 出卖人应当按照约定的包装方式交付标的物。对包装方式没有约定或者约定不明确,依照本法第六十一条的规定仍不能确定的,应当按照通用的方式包装,没有通用方式的,应当采取足以保护标的物的包装方式。	
第六百二十条 买受人收到标的物时应当在约定的检验期限内检验。没有约定检验期限的,应当及时检验。	**第一百五十七条** 买受人收到标的物时应当在约定的检验期间内检验。没有约定检验期间的,应当及时检验。	
第六百二十一条 当事人约定检验期限的,买受人应当在检验期限内将标的物的数量或者质量不符合约定的情形通知出卖人。买受人怠于通知的,视为标的物的数量或者质量符合约定。 当事人没有约定检验期限的,买受人应当在发现或者应当发现标的物的数量或者质量不符合约定的合理期限内通知出卖人。买受人在合理期限内未通知或者自收到标的物之日起二年内未通知出卖人的,视为标的物的数量或者质量符合约定;但是,对标的物有质量保证期的,适用质量保证期,不适用该二年的规定。 出卖人知道或者应当知道提供的标的物不符合约定的,买受人不受前两款规定的通知时间的限制。	**第一百五十八条** 当事人约定检验期间的,买受人应当在检验期间内将标的物的数量或者质量不符合约定的情形通知出卖人。买受人怠于通知的,视为标的物的数量或者质量符合约定。 当事人没有约定检验期间的,买受人应当在发现或者应当发现标的物的数量或者质量不符合约定的合理期间内通知出卖人。买受人在合理期间内未通知或者自标的物收到之日起两年内未通知出卖人的,视为标的物的数量或者质量符合约定,但对标的物有质量保证期的,适用质量保证期,不适用该两年的规定。 出卖人知道或者应当知道提供的标的物不符合约定的,买受人不受前两款规定的通知时间的限制。	
第六百二十二条 当事人约定的检验期限过短,根据标的物的性质和交易习惯,买受人在检验期限内难以完成全面检验的,该期限仅视为买受人对标的物的外观瑕疵提出异议的期限。 约定的检验期限或者质量保证期短于法律、行政法规规定期限的,应当以法律、行政法规规定的期限为准。	**《买卖合同司法解释》第十八条** 约定的检验期间过短,依照标的物的性质和交易习惯,买受人在检验期间内难以完成全面检验的,人民法院应当认定该期间为买受人对外观瑕疵提出异议的期间,并根据本解释第十七条第一款的规定确定买受人对隐蔽瑕疵提出异议的合理期间。 约定的检验期间或者质量保证期间短于法律、行政法规规定的检验期间或者质量保证期间的,人民法院应当以法律、行政法规规定的检验期间或者质量保证期间为准。	

续表

中华人民共和国民法典	前民法典时代的民事法律规范	立法演进的核心提示
第六百二十三条 当事人对检验期限未作约定，买受人签收的送货单、确认单等载明标的物数量、型号、规格的，推定买受人已经对数量和外观瑕疵进行检验，但是有相关证据足以推翻的除外。	**《买卖合同司法解释》第十五条** 当事人对标的物的检验期间未作约定，买受人签收的送货单、确认单等载明标的物数量、型号、规格的，人民法院应当根据合同法第一百五十七条的规定，认定买受人已对数量和外观瑕疵进行了检验，但有相反证据足以推翻的除外。	
第六百二十四条 出卖人依照买受人的指示向第三人交付标的物，出卖人和买受人约定的检验标准与买受人和第三人约定的检验标准不一致的，以出卖人和买受人约定的检验标准为准。	**《买卖合同司法解释》第十六条** 出卖人依照买受人的指示向第三人交付标的物，出卖人和买受人之间约定的检验标准与买受人和第三人之间约定的检验标准不一致的，人民法院应当根据合同法第六十四条的规定，以出卖人和买受人之间约定的检验标准为标的物的检验标准。	
第六百二十五条 依照法律、行政法规的规定或者按照当事人的约定，标的物在有效使用年限届满后应予回收的，出卖人负有自行或者委托第三人对标的物予以回收的义务。		新增出卖人回收义务规则。
第六百二十六条 买受人应当按照约定的数额和支付方式支付价款。对价款的数额和支付方式没有约定或者约定不明确的，适用本法第五百一十条、第五百一十一条第二项和第五项的规定。	**第一百五十九条** 买受人应当按照约定的数额支付价款。对价款没有约定或者约定不明确的，适用本法第六十一条、第六十二条第二项的规定。	
第六百二十七条 买受人应当按照约定的地点支付价款。对支付地点没有约定或者约定不明确，依据本法第五百一十条的规定仍不能确定的，买受人应当在出卖人的营业地支付；但是，约定支付价款以交付标的物或者交付提取标的物单证为条件的，在交付标的物或者交付提取标的物单证的所在地支付。	**第一百六十条** 买受人应当按照约定的地点支付价款。对支付地点没有约定或者约定不明确，依照本法第六十一条的规定仍不能确定的，买受人应当在出卖人的营业地支付，但约定支付价款以交付标的物或者交付提取标的物单证为条件的，在交付标的物或者交付提取标的物单证的所在地支付。	
第六百二十八条 买受人应当按照约定的时间支付价款。对支付时间没有约定或者约定不明确，依据本法第五百一十条的规定仍不能确定的，买受人应当在收到标的物或者提取标的物单证的同时支付。	**第一百六十一条** 买受人应当按照约定的时间支付价款。对支付时间没有约定或者约定不明确，依照本法第六十一条的规定仍不能确定的，买受人应当在收到标的物或者提取标的物单证的同时支付。	

续表

中华人民共和国民法典	前民法典时代的民事法律规范	立法演进的核心提示
第六百二十九条　出卖人多交标的物的，买受人可以接收或者拒绝接收多交的部分。买受人接收多交部分的，按照约定的价格支付价款；买受人拒绝接收多交部分的，应当及时通知出卖人。	**第一百六十二条**　出卖人多交标的物的，买受人可以接收或者拒绝接收多交的部分。买受人接收多交部分的，按照合同的价格支付价款；买受人拒绝接收多交部分的，应当及时通知出卖人。	
第六百三十条　标的物在交付之前产生的孳息，归出卖人所有；交付之后产生的孳息，归买受人所有。**但是，当事人另有约定的除外。**	**第一百六十三条**　标的物在交付之前产生的孳息，归出卖人所有，交付之后产生的孳息，归买受人所有。	新增"但是，当事人另有约定的除外"这一但书条款，意在凸显私法自治精神，但事实上并未修改先前的规则。
第六百三十一条　因标的物的主物不符合约定而解除合同的，解除合同的效力及于从物。因标的物的从物不符合约定被解除的，解除的效力不及于主物。	**第一百六十四条**　同《民法典》	
第六百三十二条　标的物为数物，其中一物不符合约定的，买受人可以就该物解除。但是，该物与他物分离使标的物的价值显受损害的，买受人可以就数物解除合同。	**第一百六十五条**　标的物为数物，其中一物不符合约定的，买受人可以就该物解除，但该物与他物分离使标的物的价值显受损害的，当事人可以就数物解除合同。	
第六百三十三条　出卖人分批交付标的物的，出卖人对其中一批标的物不交付或者交付不符合约定，致使该批标的物不能实现合同目的的，买受人可以就该批标的物解除。 出卖人不交付其中一批标的物或者交付不符合约定，致使之后其他各批标的物的交付不能实现合同目的的，买受人可以就该批以及之后其他各批标的物解除。 买受人如果就其中一批标的物解除，该批标的物与其他各批标的物相互依存的，可以就已经交付和未交付的各批标的物解除。	**第一百六十六条**　出卖人分批交付标的物的，出卖人对其中一批标的物不交付或者交付不符合约定，致使该批标的物不能实现合同目的的，买受人可以就该批标的物解除。 出卖人不交付其中一批标的物或者交付不符合约定，致使今后其他各批标的物的交付不能实现合同目的的，买受人可以就该批以及今后其他各批标的物解除。 买受人如果就其中一批标的物解除，该批标的物与其他各批标的物相互依存的，可以就已经交付和未交付的各批标的物解除。	
第六百三十四条　分期付款的买受人未支付到期价款的数额达到全部价款的五分之一，经催告后在合理期限内仍未支付到期价款的，出卖人可以请求买受人支付全部价款或者解除合同。 出卖人解除合同的，可以向买受人请求支付该标的物的使用费。	**第一百六十七条**　分期付款的买受人未支付到期价款的金额达到全部价款的五分之一的，出卖人可以要求买受人支付全部价款或者解除合同。 出卖人解除合同的，可以向买受人要求支付该标的物的使用费。	

续表

中华人民共和国民法典	前民法典时代的民事法律规范	立法演进的核心提示
第六百三十五条 凭样品买卖的当事人应当封存样品，并可以对样品质量予以说明。出卖人交付的标的物应当与样品及其说明的质量相同。	**第一百六十八条** 同《民法典》	
第六百三十六条 凭样品买卖的买受人不知道样品有隐蔽瑕疵的，即使交付的标的物与样品相同，出卖人交付的标的物的质量仍然应当符合同种物的通常标准。	**第一百六十九条** 同《民法典》	
第六百三十七条 试用买卖的当事人可以约定标的物的试用期限。对试用期限没有约定或者约定不明确，依据本法第五百一十条的规定仍不能确定的，由出卖人确定。	**第一百七十条** 试用买卖的当事人可以约定标的物的试用期间。对试用期间没有约定或者约定不明确，依照本法第六十一条的规定仍不能确定的，由出卖人确定。	
第六百三十八条 试用买卖的买受人在试用期内可以购买标的物，也可以拒绝购买。试用期限届满，买受人对是否购买标的物未作表示的，视为购买。 **试用买卖的买受人在试用期内已经支付部分价款或者对标的物实施出卖、出租、设立担保物权等行为的，视为同意购买。**	**第一百七十一条** 试用买卖的买受人在试用期内可以购买标的物，也可以拒绝购买。试用期间届满，买受人对是否购买标的物未作表示的，视为购买。 **《买卖合同司法解释》第四十一条** 试用买卖的买受人在试用期内已经支付一部分价款的，人民法院应当认定买受人同意购买，但合同另有约定的除外。 在试用期内，买受人对标的物实施了出卖、出租、设定担保物权等非试用行为的，人民法院应当认定买受人同意购买。	吸收司法实务经验，新增推定同意购买的情形。
第六百三十九条 试用买卖的当事人对标的物使用费没有约定或者约定不明确的，出卖人无权请求买受人支付。	**《买卖合同司法解释》第四十三条** 试用买卖的当事人没有约定使用费或者约定不明确，出卖人主张买受人支付使用费的，人民法院不予支持。	
第六百四十条 标的物在试用期内毁损、灭失的风险由出卖人承担。		新增试用买卖标的物灭的风险负担规则，符合民法学理论的通说。
第六百四十一条 当事人可以在买卖合同中约定买受人未履行支付价款或者其他义务的，标的物的所有权属于出卖人。 出卖人对标的物保留的所有权，未经登记，不得对抗善意第三人。	**第一百三十四条** 当事人可以在买卖合同中约定买受人未履行支付价款或者其他义务的，标的物的所有权属于出卖人。	

续表

中华人民共和国民法典	前民法典时代的民事法律规范	立法演进的核心提示
第六百四十二条　当事人约定出卖人保留合同标的物的所有权，在标的物所有权转移前，买受人有下列情形之一，造成出卖人损害的，除当事人另有约定外，出卖人有权取回标的物： （一）未按照约定支付价款，经催告后在合理期限内仍未支付； （二）未按照约定完成特定条件； （三）将标的物出卖、出质或者作出其他不当处分。 **出卖人可以与买受人协商取回标的物；协商不成的，可以参照适用担保物权的实现程序。**	**《买卖合同司法解释》第三十五条**　当事人约定所有权保留，在标的物所有权转移前，买受人有下列情形之一，对出卖人造成损害，出卖人主张取回标的物的，人民法院应予支持： （一）未按约定支付价款的； （二）未按约定完成特定条件的； （三）将标的物出卖、出质或者作出其他不当处分的。 取回的标的物价值显著减少，出卖人要求买受人赔偿损失的，人民法院应予支持。	增加出卖人取回权的行使可适用特别程序的规则。
第六百四十三条　出卖人依据前条第一款的规定取回标的物后，买受人在双方约定或者出卖人指定的合理回赎期限内，消除出卖人取回标的物的事由的，可以请求回赎标的物。 买受人在回赎期限内没有回赎标的物，出卖人可以以合理价格将标的物出卖给第三人，出卖所得价款扣除买受人未支付的价款以及必要费用后仍有剩余的，应当返还买受人；不足部分由买受人清偿。	**《买卖合同司法解释》第三十七条**　出卖人取回标的物后，买受人在双方约定的或者出卖人指定的回赎期间内，消除出卖人取回标的物的事由，主张回赎标的物的，人民法院应予支持。 买受人在回赎期间内没有回赎标的物的，出卖人可以另行出卖标的物。 出卖人另行出卖标的物的，出卖所得价款依次扣除取回和保管费用、再交易费用、利息、未清偿的价金后仍有剩余的，应返还原买受人；如有不足，出卖人要求原买受人清偿的，人民法院应予支持，但原买受人有证据证明出卖人另行出卖的价格明显低于市场价格的除外。	
第六百四十四条　招标投标买卖的当事人的权利和义务以及招标投标程序等，依照有关法律、行政法规的规定。	**第一百七十二条**　同《民法典》	
第六百四十五条　拍卖的当事人的权利和义务以及拍卖程序等，依照有关法律、行政法规的规定。	**第一百七十三条**　同《民法典》	
第六百四十六条　法律对其他有偿合同有规定的，依照其规定；没有规定的，参照适用买卖合同的有关规定。	**第一百七十四条**　法律对其他有偿合同有规定的，依照其规定；没有规定的，参照买卖合同的有关规定。	
第六百四十七条　当事人约定易货交易，转移标的物的所有权的，参照适用买卖合同的有关规定。	**第一百七十五条**　当事人约定易货交易，转移标的物的所有权的，参照买卖合同的有关规定。	

续表

中华人民共和国民法典	前民法典时代的民事法律规范	立法演进的核心提示
第十章　供用电、水、气、热力合同	**第十章　供用电、水、气、热力合同**	
第六百四十八条　供用电合同是供电人向用电人供电，用电人支付电费的合同。 **向社会公众供电的供电人，不得拒绝用电人合理的订立合同要求。**	**第一百七十六条**　供用电合同是供电人向用电人供电，用电人支付电费的合同。	新增向社会公众供电的供电人的强制缔约义务。
第六百四十九条　供用电合同的内容一般包括供电的方式、质量、时间，用电容量、地址、性质，计量方式，电价、电费的结算方式，供用电设施的维护责任等条款。	**第一百七十七条**　供用电合同的内容包括供电的方式、质量、时间，用电容量、地址、性质，计量方式，电价、电费的结算方式，供用电设施的维护责任等条款。	
第六百五十条　供用电合同的履行地点，按照当事人约定；当事人没有约定或者约定不明确的，供电设施的产权分界处为履行地点。	**第一百七十八条**　同《民法典》	
第六百五十一条　供电人应当按照国家规定的供电质量标准和约定安全供电。供电人未按照国家规定的供电质量标准和约定安全供电，造成用电人损失的，应当承担赔偿责任。	**第一百七十九条**　供电人应当按照国家规定的供电质量标准和约定安全供电。供电人未按照国家规定的供电质量标准和约定安全供电，造成用电人损失的，应当承担损害赔偿责任。	
第六百五十二条　供电人因供电设施计划检修、临时检修、依法限电或者用电人违法用电等原因，需要中断供电时，应当按照国家有关规定事先通知用电人；未事先通知用电人中断供电，造成用电人损失的，应当承担赔偿责任。	**第一百八十条**　供电人因供电设施计划检修、临时检修、依法限电或者用电人违法用电等原因，需要中断供电时，应当按照国家有关规定事先通知用电人。未事先通知用电人中断供电，造成用电人损失的，应当承担损害赔偿责任。 **《电力供应与使用条例》第二十八条** 除本条例另有规定外，在发电、供电系统正常运行的情况下，供电企业应当连续向用户供电；因故需要停止供电时，应当按照下列要求事先通知用户或者进行公告： （一）因供电设施计划检修需要停电时，供电企业应当提前7天通知用户或者进行公告； （二）因供电设施临时检修需要停止供电时，供电企业应当提前24小时通知重要用户； （三）因发电、供电系统发生故障需要停电、限电时，供电企业应当按照事先确定的限电序位进行停电或者限电。引起停电或者限电的原因消除后，供电企业应当尽快恢复供电。	

续表

中华人民共和国民法典	前民法典时代的民事法律规范	立法演进的核心提示
第六百五十三条 因自然灾害等原因断电，供电人应当按照国家有关规定及时抢修；未及时抢修，造成用电人损失的，应当承担赔偿责任。	**第一百八十一条** 因自然灾害等原因断电，供电人应当按照国家有关规定及时抢修。未及时抢修，造成用电人损失的，应当承担损害赔偿责任。	
第六百五十四条 用电人应当按照国家有关规定和当事人的约定及时支付电费。用电人逾期不支付电费的，应当按照约定支付违约金。经催告用电人在合理期限内仍不支付电费和违约金的，供电人可以按照国家规定的程序中止供电。 **供电人依据前款规定中止供电的，应当事先通知用电人。**	**第一百八十二条** 用电人应当按照国家有关规定和当事人的约定及时交付电费。用电人逾期不交付电费的，应当按照约定支付违约金。经催告用电人在合理期限内仍不交付电费和违约金的，供电人可以按照国家规定的程序中止供电。	新增供电人依法中止供电时的事先通知义务。
第六百五十五条 用电人应当按照国家有关规定和当事人的约定安全、节约和计划用电。用电人未按照国家有关规定和当事人的约定用电，造成供电人损失的，应当承担赔偿责任。	**第一百八十三条** 用电人应当按照国家有关规定和当事人的约定安全用电。用电人未按照国家有关规定和当事人的约定安全用电，造成供电人损失的，应当承担损害赔偿责任。	
第六百五十六条 供用水、供用气、供用热力合同，参照适用供用电合同的有关规定。	**第一百八十四条** 供用水、供用气、供用热力合同，参照供用电合同的有关规定。	
第十一章 赠与合同		
第六百五十七条 赠与合同是赠与人将自己的财产无偿给予受赠人，受赠人表示接受赠与的合同。	**第一百八十五条** 同《民法典》	
第六百五十八条 赠与人在赠与财产的权利转移之前可以撤销赠与。 经过公证的赠与合同或者依法不得撤销的具有救灾、扶贫、助残等公益、道德义务性质的赠与合同，不适用前款规定。	**第一百八十六条** 赠与人在赠与财产的权利转移之前可以撤销赠与。 具有救灾、扶贫等社会公益、道德义务性质的赠与合同或者经过公证的赠与合同，不适用前款规定。	
第六百五十九条 赠与的财产依法需要办理登记或者其他手续的，应当办理有关手续。	**第一百八十七条** 赠与的财产依法需要办理登记等手续的，应当办理有关手续。	

续表

中华人民共和国民法典	前民法典时代的民事法律规范	立法演进的核心提示
第六百六十条 经过公证的赠与合同或者依法不得撤销的具有救灾、扶贫、助残等公益、道德义务性质的赠与合同，赠与人不交付赠与财产的，受赠人可以请求交付。 依据前款规定应当交付的赠与财产因赠与人故意或者重大过失致使毁损、灭失的，赠与人应当承担赔偿责任。	**第一百八十八条** 具有救灾、扶贫等社会公益、道德义务性质的赠与合同或者经过公证的赠与合同，赠与人不交付赠与的财产的，受赠人可以要求交付。 **第一百八十九条** 因赠与人故意或者重大过失致使赠与的财产毁损、灭失的，赠与人应当承担损害赔偿责任。	
第六百六十一条 赠与可以附义务。 赠与附义务的，受赠人应当按照约定履行义务。	**第一百九十条** 赠与可以附义务。 赠与附义务的，受赠人应当按照约定履行义务。	
第六百六十二条 赠与的财产有瑕疵的，赠与人不承担责任。附义务的赠与，赠与的财产有瑕疵的，赠与人在附义务的限度内承担与出卖人相同的责任。 赠与人故意不告知瑕疵或者保证无瑕疵，造成受赠人损失的，应当承担赔偿责任。	**第一百九十一条** 赠与的财产有瑕疵的，赠与人不承担责任。附义务的赠与，赠与的财产有瑕疵的，赠与人在附义务的限度内承担与出卖人相同的责任。 赠与人故意不告知瑕疵或者保证无瑕疵，造成受赠人损失的，应当承担损害赔偿责任。	
第六百六十三条 受赠人有下列情形之一的，赠与人可以撤销赠与： （一）严重侵害赠与人或者赠与人近亲属的合法权益； （二）对赠与人有扶养义务而不履行； （三）不履行赠与合同约定的义务。 赠与人的撤销权，自知道或者应当知道撤销事由之日起一年内行使。	**第一百九十二条** 受赠人有下列情形之一的，赠与人可以撤销赠与： （一）严重侵害赠与人或者赠与人的近亲属； （二）对赠与人有扶养义务而不履行； （三）不履行赠与合同约定的义务。 赠与人的撤销权，自知道或者应当知道撤销原因之日起一年内行使。	
第六百六十四条 因受赠人的违法行为致使赠与人死亡或者丧失民事行为能力的，赠与人的继承人或者法定代理人可以撤销赠与。 赠与人的继承人或者法定代理人的撤销权，自知道或者应当知道撤销事由之日起六个月内行使。	**第一百九十三条** 因受赠人的违法行为致使赠与人死亡或者丧失民事行为能力的，赠与人的继承人或者法定代理人可以撤销赠与。 赠与人的继承人或者法定代理人的撤销权，自知道或者应当知道撤销原因之日起六个月内行使。	
第六百六十五条 撤销权人撤销赠与的，可以向受赠人请求返还赠与的财产。	**第一百九十四条** 撤销权人撤销赠与的，可以向受赠人要求返还赠与的财产。	
第六百六十六条 赠与人的经济状况显著恶化，严重影响其生产经营或者家庭生活的，可以不再履行赠与义务。	**第一百九十五条** 同《民法典》	

续表

中华人民共和国民法典	前民法典时代的民事法律规范	立法演进的核心提示
第十二章　借款合同		
第六百六十七条　借款合同是借款人向贷款人借款，到期返还借款并支付利息的合同。	**第一百九十六条**　同《民法典》	
第六百六十八条　借款合同应当采用书面形式，但是自然人之间借款另有约定的除外。 借款合同的内容一般包括借款种类、币种、用途、数额、利率、期限和还款方式等条款。	**第一百九十七条**　借款合同采用书面形式，但自然人之间借款另有约定的除外。 借款合同的内容包括借款种类、币种、用途、数额、利率、期限和还款方式等条款。	
第六百六十九条　订立借款合同，借款人应当按照贷款人的要求提供与借款有关的业务活动和财务状况的真实情况。	**第一百九十九条**　同《民法典》	
第六百七十条　借款的利息不得预先在本金中扣除。利息预先在本金中扣除的，应当按照实际借款数额返还借款并计算利息。	**第二百条**　同《民法典》	
第六百七十一条　贷款人未按照约定的日期、数额提供借款，造成借款人损失的，应当赔偿损失。 借款人未按照约定的日期、数额收取借款的，应当按照约定的日期、数额支付利息。	**第二百零一条**　同《民法典》	
第六百七十二条　贷款人按照约定可以检查、监督借款的使用情况。借款人应当按照约定向贷款人定期提供有关财务会计报表或者其他资料。	**第二百零二条**　贷款人按照约定可以检查、监督借款的使用情况。借款人应当按照约定向贷款人定期提供有关财务会计报表等资料。	
第六百七十三条　借款人未按照约定的借款用途使用借款的，贷款人可以停止发放借款、提前收回借款或者解除合同。	**第二百零三条**　同《民法典》	
第六百七十四条　借款人应当按照约定的期限支付利息。对支付利息的期限没有约定或者约定不明确，依据本法第五百一十条的规定仍不能确定，借款期间不满一年的，应当在返还借款时一并支付；借款期间一年以上的，应当在每届满一年时支付，剩余期间不满一年的，应当在返还借款时一并支付。	**第二百零五条**　借款人应当按照约定的期限支付利息。对支付利息的期限没有约定或者约定不明确，依照本法第六十一条的规定仍不能确定，借款期间不满一年的，应当在返还借款时一并支付；借款期间一年以上的，应当在每届满一年时支付，剩余期间不满一年的，应当在返还借款时一并支付。	

续表

中华人民共和国民法典	前民法典时代的民事法律规范	立法演进的核心提示
第六百七十五条 借款人应当按照约定的期限返还借款。对借款期限没有约定或者约定不明确，依据本法第五百一十条的规定仍不能确定的，借款人可以随时返还；贷款人可以催告借款人在合理期限内返还。	**第二百零六条** 借款人应当按照约定的期限返还借款。对借款期限没有约定或者约定不明确，依照本法第六十一条的规定仍不能确定的，借款人可以随时返还；贷款人可以催告借款人在合理期限内返还。	
第六百七十六条 借款人未按照约定的期限返还借款的，应当按照约定或者国家有关规定支付逾期利息。	**第二百零七条** 同《民法典》	
第六百七十七条 借款人提前返还借款的，除当事人另有约定外，应当按照实际借款的期间计算利息。	**第二百零八条** 借款人提前偿还借款的，除当事人另有约定的以外，应当按照实际借款的期间计算利息。 **《民间借贷规定》第三十二条** 借款人可以提前偿还借款，但当事人另有约定的除外。 借款人提前偿还借款并主张按照实际借款期间计算利息的，人民法院应予支持。	
第六百七十八条 借款人可以在还款期限届满前向贷款人申请展期；贷款人同意的，可以展期。	**第二百零九条** 借款人可以在还款期限届满之前向贷款人申请展期。贷款人同意的，可以展期。	
第六百七十九条 自然人之间的借款合同，自贷款人提供借款时成立。	**第二百一十条** 同《民法典》	
第六百八十条 禁止高利放贷，借款的利率不得违反国家有关规定。 借款合同对支付利息没有约定的，视为没有利息。 借款合同对支付利息约定不明确，当事人不能达成补充协议的，按照当地或者当事人的交易方式、交易习惯、市场利率等因素确定利息；自然人之间借款的，视为没有利息。	**第二百一十一条** 自然人之间的借款合同对支付利息没有约定或者约定不明确的，视为不支付利息。 自然人之间的借款合同约定支付利息的，借款的利率不得违反国家有关限制借款利率的规定。 **《民间借贷规定》第二十五条** 借贷双方没有约定利息，出借人主张支付借期内利息的，人民法院不予支持。 自然人之间借贷对利息约定不明，出借人主张支付利息的，人民法院不予支持。除自然人之间借贷的外，借贷双方对借贷利息约定不明，出借人主张利息的，人民法院应当结合民间借贷合同的内容，并根据当地或者当事人的交易方式、交易习惯、市场利率等因素确定利息。	新增禁止高利放贷的规则。

续表

中华人民共和国民法典	前民法典时代的民事法律规范	立法演进的核心提示
第十三章　保证合同		
第一节　一般规定		
第六百八十一条　保证合同是为保障债权的实现，保证人和债权人约定，当债务人不履行到期债务或者发生当事人约定的情形时，保证人履行债务或者承担责任的合同。	**《担保法》第六条**　本法所称保证，是指保证人和债权人约定，当债务人不履行债务时，保证人按照约定履行债务或者承担责任的行为。	
第六百八十二条　保证合同是主债权债务合同的从合同。**主债权债务合同无效的，保证合同无效，但是法律另有规定的除外。** 保证合同被确认无效后，债务人、保证人、债权人有过错的，应当根据其过错各自承担相应的民事责任。	**《担保法》第五条**　担保合同是主合同的从合同，主合同无效，担保合同无效。~~担保合同另有约定的，按照约定。~~ 担保合同被确认无效后，债务人、担保人、债权人有过错的，应当根据其过错各自承担相应的民事责任。	从字面上来说，当事人合意将不能突破保证合同的从属性约定，而只能由法律进行例外规定。
第六百八十三条　机关法人不得为保证人，但是经国务院批准为使用外国政府或者国际经济组织贷款进行转贷的除外。 以公益为目的的非营利法人、非法人组织不得为保证人。	**《担保法》** **第八条**　国家机关不得为保证人，但经国务院批准为使用外国政府或者国际经济组织贷款进行转贷的除外。 **第九条**　学校、幼儿园、医院等以公益为目的的事业单位、社会团体不得为保证人。	
第六百八十四条　保证合同的内容一般包括被保证的主债权的种类、数额，债务人履行债务的期限，保证的方式、范围和期间等条款。	**《担保法》第十五条**　保证合同应当包括以下内容： （一）被保证的主债权种类、数额； （二）债务人履行债务的期限； （三）保证的方式； （四）保证担保的范围； （五）保证的期间； （六）双方认为需要约定的其他事项。 保证合同不完全具备前款规定内容的，可以补正。	
第六百八十五条　保证合同可以是单独订立的书面合同，也可以是主债权债务合同中的保证条款。 第三人单方以书面形式向债权人作出保证，债权人接收且未提出异议的，保证合同成立。	**《担保法》** **第十三条**　保证人与债权人应当以书面形式订立保证合同。 **第九十三条**　本法所称保证合同、抵押合同、质押合同、定金合同可以是单独订立的书面合同，包括当事人之间的具有担保性质的信函、传真等，也可以是主合同中的担保条款。	

续表

中华人民共和国民法典	前民法典时代的民事法律规范	立法演进的核心提示
	《担保法司法解释》第二十二条 第三人单方以书面形式向债权人出具担保书,债权人接受且未提出异议的,保证合同成立。 主合同中虽然没有保证条款,但是,保证人在主合同上以保证人的身份签字或者盖章的,保证合同成立。	
第六百八十六条 保证的方式包括一般保证和连带责任保证。 **当事人在保证合同中对保证方式没有约定或者约定不明确的,按照一般保证承担保证责任。**	**《担保法》** **第十六条** 保证的方式有: (一)一般保证; (二)连带责任保证。 **第十九条** 当事人对保证方式没有约定或者约定不明确的,按照连带责任保证承担保证责任。	保证方式推定规则发生根本性改变,没有约定或约定不明时,推定为一般保证。
第六百八十七条 当事人在保证合同中约定,债务人不能履行债务时,由保证人承担保证责任的,为一般保证。 一般保证的保证人在主合同纠纷未经审判或者仲裁,并就债务人财产依法强制执行仍不能履行债务前,有权拒绝向债权人承担保证责任,但是有下列情形之一的除外: (一)债务人下落不明,且无财产可供执行; (二)人民法院已经受理债务人破产案件; (三)债权人有证据证明债务人的财产不足以履行全部债务或者丧失履行债务能力; (四)保证人书面表示放弃本款规定的权利。	**《担保法》第十七条** 当事人在保证合同中约定,债务人不能履行债务时,由保证人承担保证责任的,为一般保证。 一般保证的保证人在主合同纠纷未经审判或者仲裁,并就债务人财产依法强制执行仍不能履行债务前,对债权人可以拒绝承担保证责任。 有下列情形之一的,保证人不得行使前款规定的权利: (一)债务人住所变更,致使债权人要求其履行债务发生重大困难的; (二)人民法院受理债务人破产案件,中止执行程序的; (三)保证人以书面形式放弃前款规定的权利的。	
第六百八十八条 当事人在保证合同中约定保证人和债务人对债务承担连带责任的,为连带责任保证。 连带责任保证的债务人不履行到期债务或者发生当事人约定的情形时,债权人可以请求债务人履行债务,也可以请求保证人在其保证范围内承担保证责任。	**《担保法》第十八条** 当事人在保证合同中约定保证人与债务人对债务承担连带责任的,为连带责任保证。 连带责任保证的债务人在主合同规定的债务履行期届满没有履行债务的,债权人可以要求债务人履行债务,也可以要求保证人在其保证范围内承担保证责任。	
第六百八十九条 保证人可以要求债务人提供反担保。	**《担保法》第四条** 第三人为债务人向债权人提供担保时,可以要求债务人提供反担保。 反担保适用本法担保的规定。	

续表

中华人民共和国民法典	前民法典时代的民事法律规范	立法演进的核心提示
第六百九十条　保证人与债权人可以协商订立最高额保证的合同，约定在最高债权额限度内就一定期间连续发生的债权提供保证。 最高额保证除适用本章规定外，参照适用本法第二编最高额抵押权的有关规定。	**《担保法》第十四条**　保证人与债权人可以就单个主合同分别订立保证合同，也可以协议在最高债权额限度内就一定期间连续发生的借款合同或者某项商品交易合同订立一个保证合同。 **《担保法司法解释》第二十三条**　最高额保证合同的不特定债权确定后，保证人应当对在最高债权额限度内就一定期间连续发生的债权余额承担保证责任。	
第二节　保证责任	第三节　保证责任	
第六百九十一条　保证的范围包括主债权及其利息、违约金、损害赔偿金和实现债权的费用。当事人另有约定的，按照其约定。	**《担保法》第二十一条**　保证担保的范围包括主债权及利息、违约金、损害赔偿金和实现债权的费用。保证合同另有约定的，按照约定。 当事人对保证担保的范围没有约定或者约定不明确的，保证人应当对全部债务承担责任。	
第六百九十二条　保证期间是确定保证人承担保证责任的期间，不发生中止、中断和延长。 债权人与保证人可以约定保证期间，但是约定的保证期间早于主债务履行期限或者与主债务履行期限同时届满的，视为没有约定；没有约定或者约定不明确的，保证期间为主债务履行期限届满之日起六个月。 债权人与债务人对主债务履行期限没有约定或者约定不明确的，保证期间自债权人请求债务人履行债务的宽限期届满之日起计算。	**《担保法》第二十五条**　一般保证的保证人与债权人未约定保证期间的，保证期间为主债务履行期届满之日起六个月。 在合同约定的保证期间和前款规定的保证期间，债权人未对债务人提起诉讼或者申请仲裁的，保证人免除保证责任；债权人已提起诉讼或者申请仲裁的，保证期间适用诉讼时效中断的规定。 **《担保法司法解释》** **第三十一条**　保证期间不因任何事由发生中断、中止、延长的法律后果。 **第三十二条**　保证合同约定的保证期间早于或者等于主债务履行期限的，视为没有约定，保证期间为主债务履行期届满之日起六个月。 ~~保证合同约定保证人承担保证责任直至主债务本息还清时为止等类似内容的，视为约定不明，保证期间为主债务履行期届满之日起二年。~~ **第三十三条**　主合同对主债务履行期限没有约定或者约定不明的，保证期间自债权人要求债务人履行义务的宽限期届满之日起计算。	1. 明确保证期间是除斥期间，不发生中止、中断和延长； 2. 在没有约定或者约定不明时，保证期间一律六个月，废止了“保证合同约定保证人承担保证责任直至主债务本息还清时为止等类似内容的，视为约定不明，保证期间为主债务履行期届满之日起二年”这一规则。

续表

中华人民共和国民法典	前民法典时代的民事法律规范	立法演进的核心提示
第六百九十三条　一般保证的债权人未在保证期间对债务人提起诉讼或者申请仲裁的，保证人不再承担保证责任。 连带责任保证的债权人未在保证期间请求保证人承担保证责任的，保证人不再承担保证责任。	**《担保法》** **第二十五条**　一般保证的保证人与债权人未约定保证期间的，保证期间为主债务履行期届满之日起六个月。 在合同约定的保证期间和前款规定的保证期间，债权人未对债务人提起诉讼或者申请仲裁的，保证人免除保证责任；债权人已提起诉讼或者申请仲裁的，保证期间适用诉讼时效中断的规定。 **第二十六条**　连带责任保证的保证人与债权人未约定保证期间的，债权人有权自主债务履行期届满之日起六个月内要求保证人承担保证责任。 在合同约定的保证期间和前款规定的保证期间，债权人未要求保证人承担保证责任的，保证人免除保证责任。	
第六百九十四条　一般保证的债权人在保证期间届满前对债务人提起诉讼或者申请仲裁的，**从保证人拒绝承担保证责任的权利消灭之日起**，开始计算保证债务的诉讼时效。 连带责任保证的债权人在保证期间届满前请求保证人承担保证责任的，从债权人请求保证人承担保证责任之日起，开始计算保证债务的诉讼时效。	**《担保法司法解释》第三十四条**　一般保证的债权人在保证期间届满前对债务人提起诉讼或者申请仲裁的，从判决或者仲裁裁决生效之日起，开始计算保证合同的诉讼时效。 连带责任保证的债权人在保证期间届满前要求保证人承担保证责任的，从债权人要求保证人承担保证责任之日起，开始计算保证合同的诉讼时效。	1. 将一般保证之债诉讼时效的起算点修改为“从保证人拒绝承担保证责任的权利消灭之日起”； 2. 值得思考的问题在于，程序法上允许将主债务人与一般保证人作为共同被告，相当于让诉讼时效尚未起算的债务人也作为被告，是否妥当，有待研究。①
第六百九十五条　债权人和债务人未经保证人书面同意，协商变更主债权债务合同内容，减轻债务的，保证人仍对变更后的债务承担保证责任；加重债务的，保证人对加重的部分不承担保证责任。 债权人和债务人变更主债权债务合同的履行期限，未经保证人书面同意的，保证期间不受影响。	**《担保法》第二十四条**　债权人与债务人协议变更主合同的，应当取得保证人书面同意，未经保证人书面同意的，保证人不再承担保证责任。保证合同另有约定的，按照约定。 **《担保法司法解释》第三十条**　保证期间，债权人与债务人对主合同数量、价款、币种、利率等内容作了变动，未经保证人同意的，如果减轻债务人的债务的，保证人仍应当对变更后的合同承担保证责任；如果加重债务人的债务的，保证人对加重的部分不承担保证责任。 债权人与债务人对主合同履行期限作了变动，未经保证人书面同意的，保证期间为原合同约定的或者法律规定的期间。 债权人与债务人协议变动主合同内容，但并未实际履行的，保证人仍应当承担保证责任。	

① 参见《担保法司法解释》第一百二十五条的规定：“一般保证的债权人向债务人和保证人一并提起诉讼的，人民法院可以将债务人和保证人列为共同被告参加诉讼。但是，应当在判决书中明确在对债务人财产依法强制执行后仍不能履行债务时，由保证人承担保证责任。”

续表

中华人民共和国民法典	前民法典时代的民事法律规范	立法演进的核心提示
第六百九十六条 债权人转让全部或者部分债权，未通知保证人的，该转让对保证人不发生效力。 保证人与债权人约定禁止债权转让，债权人未经保证人书面同意转让债权的，保证人对受让人不再承担保证责任。	**《担保法》第二十二条** 保证期间，债权人依法将主债权转让给第三人的，保证人在原保证担保的范围内继续承担保证责任。保证合同另有约定的，按照约定。 **《担保法司法解释》第二十八条** 保证期间，债权人依法将主债权转让给第三人的，保证债权同时转让，保证人在原保证担保的范围内对受让人承担保证责任。但是保证人与债权人事先约定仅对特定的债权人承担保证责任或者禁止债权转让的，保证人不再承担保证责任。	
第六百九十七条 债权人未经保证人书面同意，允许债务人转移全部或者部分债务，保证人对未经其同意转移的债务不再承担保证责任，但是债权人和保证人另有约定的除外。 第三人加入债务的，保证人的保证责任不受影响。	**《担保法》第二十三条** 保证期间，债权人许可债务人转让债务的，应当取得保证人书面同意，保证人对未经其同意转让的债务，不再承担保证责任。 **《担保法司法解释》第二十九条** 保证期间，债权人许可债务人转让部分债务未经保证人书面同意的，保证人对未经其同意转让部分的债务，不再承担保证责任。但是，保证人仍应当对未转让部分的债务承担保证责任。	
第六百九十八条 一般保证的保证人在主债务履行期限届满后，向债权人提供债务人可供执行财产的真实情况，债权人放弃或者怠于行使权利致使该财产不能被执行的，保证人在其提供可供执行财产的价值范围内不再承担保证责任。	**《担保法司法解释》第二十四条** 一般保证的保证人在主债权履行期间届满后，向债权人提供了债务人可供执行财产的真实情况的，债权人放弃或者怠于行使权利致使该财产不能被执行，保证人可以请求人民法院在其提供可供执行财产的实际价值范围内免除保证责任。	
第六百九十九条 同一债务有两个以上保证人的，保证人应当按照保证合同约定的保证份额，承担保证责任；没有约定保证份额的，债权人可以请求任何一个保证人在其保证范围内承担保证责任。 **第七百条 保证人承担保证责任后，除当事人另有约定外，有权在其承担保证责任的范围内向债务人追偿，享有债权人对债务人的权利，但是不得损害债权人的利益。**	**《担保法》** **第十二条** 同一债务有两个以上保证人的，保证人应当按照保证合同约定的保证份额，承担保证责任。没有约定保证份额的，保证人承担连带责任，债权人可以要求任何一个保证人承担全部保证责任，保证人都负有担保全部债权实现的义务。已经承担保证责任的保证人，有权向债务人追偿，~~或者要求承担连带责任的其他保证人清偿其应当承担的份额。~~ **第三十一条** 保证人承担保证责任后，有权向债务人追偿。	根据立法机关的意思，此处存在一个立法的重大变化，即在当事人没有约定保证份额的情况下，承担了保证责任的保证人不能向其他保证人要求分担所谓的“逻辑份额”； **特别注意：**不少有影响力的学者主张，承担了保证责任的保证人享有债权人对债务人的代位权，此处的权利包含其对作为从债务人的保证人所享有的保证权，但这一立场恐也存疑，因为代位权所享有的是一个完整的权利，并不能根据《民法典》第五百二十四条所规定的债务法定移转规则得出“相应份额的代位权“这一结论。

续表

中华人民共和国民法典	前民法典时代的民事法律规范	立法演进的核心提示
第七百零一条 保证人可以主张债务人对债权人的抗辩。债务人放弃抗辩的,保证人仍有权向债权人主张抗辩。	**《担保法》第二十条** 一般保证和连带责任保证的保证人享有债务人的抗辩权。债务人放弃对债务的抗辩权的,保证人仍有权抗辩。 抗辩权是指债权人行使债权时,债务人根据法定事由,对抗债权人行使请求权的权利。	
第七百零二条 债务人对债权人享有抵销权或者撤销权的,保证人可以在相应范围内拒绝承担保证责任。		新增保证人因享有抵销权或者撤销权而能够拒绝承担保证责任的规则。
第十四章 租赁合同		
第七百零三条 租赁合同是出租人将租赁物交付承租人使用、收益,承租人支付租金的合同。	**第二百一十二条** 同《民法典》	
第七百零四条 租赁合同的内容一般包括租赁物的名称、数量、用途、租赁期限、租金及其支付期限和方式、租赁物维修等条款。	**第二百一十三条** 租赁合同的内容包括租赁物的名称、数量、用途、租赁期限、租金及其支付期限和方式、租赁物维修等条款。	
第七百零五条 租赁期限不得超过二十年。超过二十年的,超过部分无效。 租赁期限届满,当事人可以续订租赁合同;但是,约定的租赁期限自续订之日起不得超过二十年。	**第二百一十四条** 租赁期限不得超过二十年。超过二十年的,超过部分无效。 租赁期间届满,当事人可以续订租赁合同,但约定的租赁期限自续订之日起不得超过二十年。	
第七百零六条 当事人未依照法律、行政法规规定办理租赁合同登记备案手续的,不影响合同的效力。	**《城镇房屋租赁司法解释》第四条** 当事人以房屋租赁合同未按照法律、行政法规规定办理登记备案手续为由,请求确认合同无效的,人民法院不予支持。 当事人约定以办理登记备案手续为房屋租赁合同生效条件的,从其约定。但当事人一方已经履行主要义务,对方接受的除外。	
第七百零七条 租赁期限六个月以上的,应当采用书面形式。当事人未采用书面形式,无法确定租赁期限的,视为不定期租赁。	**第二百一十五条** 租赁期限六个月以上的,应当采用书面形式。当事人未采用书面形式的,视为不定期租赁。	
第七百零八条 出租人应当按照约定将租赁物交付承租人,并在租赁期限内保持租赁物符合约定的用途。	**第二百一十六条** 出租人应当按照约定将租赁物交付承租人,并在租赁期间保持租赁物符合约定的用途。	

续表

中华人民共和国民法典	前民法典时代的民事法律规范	立法演进的核心提示
第七百零九条 承租人应当按照约定的方法使用租赁物。对租赁物的使用方法没有约定或者约定不明确，依据本法第五百一十条的规定仍不能确定的，应当根据租赁物的性质使用。	**第二百一十七条** 承租人应当按照约定的方法使用租赁物。对租赁物的使用方法没有约定或者约定不明确，依照本法第六十一条的规定仍不能确定的，应当按照租赁物的性质使用。	
第七百一十条 承租人按照约定的方法或者根据租赁物的性质使用租赁物，致使租赁物受到损耗的，不承担赔偿责任。	**第二百一十八条** 承租人按照约定的方法或者租赁物的性质使用租赁物，致使租赁物受到损耗的，不承担损害赔偿责任。	
第七百一十一条 承租人未按照约定的方法或者未根据租赁物的性质使用租赁物，致使租赁物受到损失的，出租人可以解除合同并请求赔偿损失。	**第二百一十九条** 承租人未按照约定的方法或者租赁物的性质使用租赁物，致使租赁物受到损失的，出租人可以解除合同并要求赔偿损失。	
第七百一十二条 出租人应当履行租赁物的维修义务，但是当事人另有约定的除外。	**第二百二十条** 出租人应当履行租赁物的维修义务，但当事人另有约定的除外。	
第七百一十三条 承租人在租赁物需要维修时可以请求出租人在合理期限内维修。出租人未履行维修义务的，承租人可以自行维修，维修费用由出租人负担。因维修租赁物影响承租人使用的，应当相应减少租金或者延长租期。 因承租人的过错致使租赁物需要维修的，出租人不承担前款规定的维修义务。	**第二百二十一条** 承租人在租赁物需要维修时可以要求出租人在合理期限内维修。出租人未履行维修义务的，承租人可以自行维修，维修费用由出租人负担。因维修租赁物影响承租人使用的，应当相应减少租金或者延长租期。	
第七百一十四条 承租人应当妥善保管租赁物，因保管不善造成租赁物毁损、灭失的，应当承担赔偿责任。	**第二百二十二条** 承租人应当妥善保管租赁物，因保管不善造成租赁物毁损、灭失的，应当承担损害赔偿责任。	
第七百一十五条 承租人经出租人同意，可以对租赁物进行改善或者增设他物。 承租人未经出租人同意，对租赁物进行改善或者增设他物的，出租人可以请求承租人恢复原状或者赔偿损失。	**第二百二十三条** 承租人经出租人同意，可以对租赁物进行改善或者增设他物。 承租人未经出租人同意，对租赁物进行改善或者增设他物的，出租人可以要求承租人恢复原状或者赔偿损失。	
第七百一十六条 承租人经出租人同意，可以将租赁物转租给第三人。承租人转租的，承租人与出租人之间的租赁合同继续有效；第三人造成租赁物损失的，承租人应当赔偿损失。 承租人未经出租人同意转租的，出租人可以解除合同。	**第二百二十四条** 承租人经出租人同意，可以将租赁物转租给第三人。承租人转租的，承租人与出租人之间的租赁合同继续有效，第三人对租赁物造成损失的，承租人应当赔偿损失。 承租人未经出租人同意转租的，出租人可以解除合同。	

续表

中华人民共和国民法典	前民法典时代的民事法律规范	立法演进的核心提示
第七百一十七条 承租人经出租人同意将租赁物转租给第三人，转租期限超过承租人剩余租赁期限的，超过部分的约定对出租人不具有法律约束力，但是出租人与承租人另有约定的除外。	**《城镇房屋租赁司法解释》第十五条** 承租人经出租人同意将租赁房屋转租给第三人时，转租期限超过承租人剩余租赁期限的，人民法院应当认定超过部分的约定无效。但出租人与承租人另有约定的除外。	
第七百一十八条 出租人知道或者应当知道承租人转租，但是在六个月内未提出异议的，视为出租人同意转租。	**《城镇房屋租赁司法解释》第十六条** 出租人知道或者应当知道承租人转租，但在六个月内未提出异议，其以承租人未经同意为由请求解除合同或者认定转租合同无效的，人民法院不予支持。 因租赁合同产生的纠纷案件，人民法院可以通知次承租人作为第三人参加诉讼。	
第七百一十九条 承租人拖欠租金的，次承租人可以代承租人支付其欠付的租金和违约金，但是转租合同对出租人不具有法律约束力的除外。 次承租人代为支付的租金和违约金，可以充抵次承租人应当向承租人支付的租金；超出其应付的租金数额的，可以向承租人追偿。	**《城镇房屋租赁司法解释》第十七条** 因承租人拖欠租金，出租人请求解除合同时，次承租人请求代承租人支付欠付的租金和违约金以抗辩出租人合同解除权的，人民法院应予支持。但转租合同无效的除外。 次承租人代为支付的租金和违约金超出其应付的租金数额，可以折抵租金或者向承租人追偿。	
第七百二十条 在租赁期限内因占有、使用租赁物获得的收益，归承租人所有，但是当事人另有约定的除外。	**第二百二十五条** 在租赁期间因占有、使用租赁物获得的收益，归承租人所有，但当事人另有约定的除外。	
第七百二十一条 承租人应当按照约定的期限支付租金。对支付租金的期限没有约定或者约定不明确，依据本法第五百一十条的规定仍不能确定，租赁期限不满一年的，应当在租赁期限届满时支付；租赁期限一年以上的，应当在每届满一年时支付，剩余期限不满一年的，应当在租赁期限届满时支付。	**第二百二十六条** 承租人应当按照约定的期限支付租金。对支付期限没有约定或者约定不明确，依照本法第六十一条的规定仍不能确定，租赁期间不满一年的，应当在租赁期间届满时支付；租赁期间一年以上的，应当在每届满一年时支付，剩余期间不满一年的，应当在租赁期间届满时支付。	
第七百二十二条 承租人无正当理由未支付或者迟延支付租金的，出租人可以请求承租人在合理期限内支付；承租人逾期不支付的，出租人可以解除合同。	**第二百二十七条** 承租人无正当理由未支付或者迟延支付租金的，出租人可以要求承租人在合理期限内支付。承租人逾期不支付的，出租人可以解除合同。	

续表

中华人民共和国民法典	前民法典时代的民事法律规范	立法演进的核心提示
第七百二十三条　因第三人主张权利，致使承租人不能对租赁物使用、收益的，承租人可以请求减少租金或者不支付租金。 第三人主张权利的，承租人应当及时通知出租人。	**第二百二十八条**　因第三人主张权利，致使承租人不能对租赁物使用、收益的，承租人可以要求减少租金或者不支付租金。 第三人主张权利的，承租人应当及时通知出租人。	
第七百二十四条　有下列情形之一，非因承租人原因致使租赁物无法使用的，承租人可以解除合同： （一）租赁物被司法机关或者行政机关依法查封、扣押； （二）租赁物权属有争议； （三）租赁物具有违反法律、行政法规关于使用条件的强制性规定情形。	**《城镇房屋租赁司法解释》第八条**　因下列情形之一，导致租赁房屋无法使用，承租人请求解除合同的，人民法院应予支持： （一）租赁房屋被司法机关或者行政机关依法查封的； （二）租赁房屋权属有争议的； （三）租赁房屋具有违反法律、行政法规关于房屋使用条件强制性规定情况的。	
第七百二十五条　租赁物在承租人按照租赁合同占有期限内发生所有权变动的，不影响租赁合同的效力。	**第二百二十九条**　租赁物在租赁期间发生所有权变动的，不影响租赁合同的效力。	
第七百二十六条　出租人出卖租赁房屋的，应当在出卖之前的合理期限内通知承租人，承租人享有以同等条件优先购买的权利；但是，房屋按份共有人行使优先购买权或者出租人将房屋出卖给近亲属的除外。 出租人履行通知义务后，承租人在十五日内未明确表示购买的，视为承租人放弃优先购买权。	**第二百三十条**　出租人出卖租赁房屋的，应当在出卖之前的合理期限内通知承租人，承租人享有以同等条件优先购买的权利。 **《城镇房屋租赁司法解释》第二十四条**　具有下列情形之一，承租人主张优先购买房屋的，人民法院不予支持： （一）房屋共有人行使优先购买权的； （二）出租人将房屋出卖给近亲属，包括配偶、父母、子女、兄弟姐妹、祖父母、外祖父母、孙子女、外孙子女的； （三）出租人履行通知义务后，承租人在十五日内未明确表示购买的； （四）第三人善意购买租赁房屋并已经办理登记手续的。	
第七百二十七条　出租人委托拍卖人拍卖租赁房屋的，应当在拍卖五日前通知承租人。承租人未参加拍卖的，视为放弃优先购买权。	**《城镇房屋租赁司法解释》第二十三条**　出租人委托拍卖人拍卖租赁房屋，应当在拍卖5日前通知承租人。承租人未参加拍卖的，人民法院应当认定承租人放弃优先购买权。	

续表

中华人民共和国民法典	前民法典时代的民事法律规范	立法演进的核心提示
第七百二十八条 出租人未通知承租人或者有其他妨害承租人行使优先购买权情形的,承租人可以请求出租人承担赔偿责任。但是,出租人与第三人订立的房屋买卖合同的效力不受影响。	**《城镇房屋租赁司法解释》第二十一条** 出租人出卖租赁房屋未在合理期限内通知承租人或者存在其他侵害承租人优先购买权情形,承租人请求出租人承担赔偿责任的,人民法院应予支持。但请求确认出租人与第三人签订的房屋买卖合同无效的,人民法院不予支持。	
第七百二十九条 因不可归责于承租人的事由,致使租赁物部分或者全部毁损、灭失的,承租人可以请求减少租金或者不支付租金;因租赁物部分或者全部毁损、灭失,致使不能实现合同目的的,承租人可以解除合同。	**第二百三十一条** 因不可归责于承租人的事由,致使租赁物部分或者全部毁损、灭失的,承租人可以要求减少租金或者不支付租金;因租赁物部分或者全部毁损、灭失,致使不能实现合同目的的,承租人可以解除合同。	
第七百三十条 当事人对租赁期限没有约定或者约定不明确,依据本法第五百一十条的规定仍不能确定的,视为不定期租赁;当事人可以随时解除合同,但是应当在合理期限之前通知对方。	**第二百三十二条** 当事人对租赁期限没有约定或者约定不明确,依照本法第六十一条的规定仍不能确定的,视为不定期租赁。当事人可以随时解除合同,但出租人解除合同应当在合理期限之前通知承租人。	
第七百三十一条 租赁物危及承租人的安全或者健康的,即使承租人订立合同时明知该租赁物质量不合格,承租人仍然可以随时解除合同。	**第二百三十三条** 同《民法典》	
第七百三十二条 承租人在房屋租赁期限内死亡的,与其生前共同居住的人或者共同经营人可以按照原租赁合同租赁该房屋。	**第二百三十四条** 承租人在房屋租赁期间死亡的,与其生前共同居住的人可以按照原租赁合同租赁该房屋。	
第七百三十三条 租赁期限届满,承租人应当返还租赁物。返还的租赁物应当符合按照约定或者根据租赁物的性质使用后的状态。	**第二百三十五条** 租赁期间届满,承租人应当返还租赁物。返还的租赁物应当符合按照约定或者租赁物的性质使用后的状态。	
第七百三十四条 租赁期限届满,承租人继续使用租赁物,出租人没有提出异议的,原租赁合同继续有效,但是租赁期限为不定期。 **租赁期限届满,房屋承租人享有以同等条件优先承租的权利。**	**第二百三十六条** 租赁期间届满,承租人继续使用租赁物,出租人没有提出异议的,原租赁合同继续有效,但租赁期限为不定期。	

续表

中华人民共和国民法典	前民法典时代的民事法律规范	立法演进的核心提示
第十五章　融资租赁合同	**第十四章　融资租赁合同**	
第七百三十五条　融资租赁合同是出租人根据承租人对出卖人、租赁物的选择，向出卖人购买租赁物，提供给承租人使用，承租人支付租金的合同。	**第二百三十七条**　同《民法典》	
第七百三十六条　融资租赁合同的内容一般包括租赁物的名称、数量、规格、技术性能、检验方法，租赁期限，租金构成及其支付期限和方式、币种，租赁期限届满租赁物的归属等条款。 融资租赁合同应当采用书面形式。	**第二百三十八条**　融资租赁合同的内容包括租赁物名称、数量、规格、技术性能、检验方法、租赁期限、租金构成及其支付期限和方式、币种、租赁期间届满租赁物的归属等条款。 融资租赁合同应当采用书面形式。	
第七百三十七条　当事人以虚构租赁物方式订立的融资租赁合同无效。		新增融资租赁合同虚假表示合同无效的规则。
第七百三十八条　依照法律、行政法规的规定，对于租赁物的经营使用应当取得行政许可的，出租人未取得行政许可不影响融资租赁合同的效力。	**《融资租赁合同司法解释》第三条**　根据法律、行政法规规定，承租人对于租赁物的经营使用应当取得行政许可的，人民法院不应仅以出租人未取得行政许可为由认定融资租赁合同无效。	
第七百三十九条　出租人根据承租人对出卖人、租赁物的选择订立的买卖合同，出卖人应当按照约定向承租人交付标的物，承租人享有与受领标的物有关的买受人的权利。	**第二百三十九条**　同《民法典》	
第七百四十条　出卖人违反向承租人交付标的物的义务，有下列情形之一的，承租人可以拒绝受领出卖人向其交付的标的物： （一）标的物严重不符合约定； （二）未按照约定交付标的物，经承租人或者出租人催告后在合理期限内仍未交付。 承租人拒绝受领标的物的，应当及时通知出租人。	**《融资租赁合同司法解释》第五条**　出卖人违反合同约定的向承租人交付标的物的义务，承租人因下列情形之一拒绝受领租赁物的，人民法院应予支持： （一）租赁物严重不符合约定的； （二）出卖人未在约定的交付期间或者合理期间内交付租赁物，经承租人或者出租人催告，在催告期满后仍未交付的。 承租人拒绝受领租赁物，未及时通知出租人，或者无正当理由拒绝受领租赁物，造成出租人损失，出租人向承租人主张损害赔偿的，人民法院应予支持。	

续表

中华人民共和国民法典	前民法典时代的民事法律规范	立法演进的核心提示
第七百四十一条　出租人、出卖人、承租人可以约定，出卖人不履行买卖合同义务的，由承租人行使索赔的权利。承租人行使索赔权利的，出租人应当协助。	**第二百四十条**　同《民法典》	
第七百四十二条　承租人对出卖人行使索赔权利，不影响其履行支付租金的义务。但是，承租人依赖出租人的技能确定租赁物或者出租人干预选择租赁物的，承租人可以请求减免相应租金。	**《融资租赁合同司法解释》第六条**　承租人对出卖人行使索赔权，不影响其履行融资租赁合同项下支付租金的义务，但承租人以依赖出租人的技能确定租赁物或者出租人干预选择租赁物为由，主张减轻或者免除相应租金支付义务的除外。	
第七百四十三条　出租人有下列情形之一，致使承租人对出卖人行使索赔权利失败的，承租人有权请求出租人承担相应的责任： （一）明知租赁物有质量瑕疵而不告知承租人； （二）承租人行使索赔权利时，未及时提供必要协助。 出租人怠于行使只能由其对出卖人行使的索赔权利，造成承租人损失的，承租人有权请求出租人承担赔偿责任。	**《融资租赁合同司法解释》第十八条**　出租人有下列情形之一，导致承租人对出卖人索赔逾期或者索赔失败，承租人要求出租人承担相应责任的，人民法院应予支持： （一）明知租赁物有质量瑕疵而不告知承租人的； （二）承租人行使索赔权时，未及时提供必要协助的； （三）怠于行使融资租赁合同中约定的只能由出租人行使对出卖人的索赔权的； （四）怠于行使买卖合同中约定的只能由出租人行使对出卖人的索赔权的。	
第七百四十四条　出租人根据承租人对出卖人、租赁物的选择订立的买卖合同，未经承租人同意，出租人不得变更与承租人有关的合同内容。	**第二百四十一条**　同《民法典》	
第七百四十五条　出租人对租赁物享有的所有权，未经登记，不得对抗善意第三人。	**第二百四十二条**　出租人享有租赁物的所有权。承租人破产的，租赁物不属于破产财产。	**特别注意**：一般认为此处体现了功能主义的立场，存在一个重大立法转变，但与此同时也出现重大争论，即融资租赁合同中出租人对租赁标的物所享有的"所有权"究竟是传统物权法理论中所界定的所有权还是更应当界定为担保权，两个解释路径似乎都行得通。
第七百四十六条　融资租赁合同的租金，除当事人另有约定外，应当根据购买租赁物的大部分或者全部成本以及出租人的合理利润确定。	**第二百四十三条**　融资租赁合同的租金，除当事人另有约定的以外，应当根据购买租赁物的大部分或者全部成本以及出租人的合理利润确定。	
第七百四十七条　租赁物不符合约定或者不符合使用目的的，出租人不承担责任。但是，承租人依赖出租人的技能确定租赁物或者出租人干预选择租赁物的除外。	**第二百四十四条**　租赁物不符合约定或者不符合使用目的的，出租人不承担责任，但承租人依赖出租人的技能确定租赁物或者出租人干预选择租赁物的除外。	

续表

中华人民共和国民法典	前民法典时代的民事法律规范	立法演进的核心提示
第七百四十八条　出租人应当保证承租人对租赁物的占有和使用。 出租人有下列情形之一的,承租人有权请求其赔偿损失: (一)无正当理由收回租赁物; (二)无正当理由妨碍、干扰承租人对租赁物的占有和使用; (三)因出租人的原因致使第三人对租赁物主张权利; (四)不当影响承租人对租赁物占有和使用的其他情形。	**第二百四十五条**　出租人应当保证承租人对租赁物的占有和使用。 **《融资租赁合同司法解释》第十七条**　出租人有下列情形之一,影响承租人对租赁物的占有和使用,承租人依照合同法第二百四十五条的规定,要求出租人赔偿相应损失的,人民法院应予支持: (一)无正当理由收回租赁物; (二)无正当理由妨碍、干扰承租人对租赁物的占有和使用; (三)因出租人的原因导致第三人对租赁物主张权利; (四)不当影响承租人对租赁物占有、使用的其他情形。	
第七百四十九条　承租人占有租赁物期间,租赁物造成第三人人身损害或者财产损失的,出租人不承担责任。	**第二百四十六条**　承租人占有租赁物期间,租赁物造成第三人的人身伤害或者财产损害的,出租人不承担责任。	
第七百五十条　承租人应当妥善保管、使用租赁物。 承租人应当履行占有租赁物期间的维修义务。	**第二百四十七条**　同《民法典》	
第七百五十一条　承租人占有租赁物期间,租赁物毁损、灭失的,出租人有权请求承租人继续支付租金,但是法律另有规定或者当事人另有约定的除外。	**《融资租赁合同司法解释》第七条**　承租人占有租赁物期间,租赁物毁损、灭失的风险由承租人承担,出租人要求承租人继续支付租金的,人民法院应予支持。但当事人另有约定或者法律另有规定的除外。	
第七百五十二条　承租人应当按照约定支付租金。承租人经催告后在合理期限内仍不支付租金的,出租人可以请求支付全部租金;也可以解除合同,收回租赁物。	**第二百四十八条**　承租人应当按照约定支付租金。承租人经催告后在合理期限内仍不支付租金的,出租人可以要求支付全部租金;也可以解除合同,收回租赁物。	
第七百五十三条　承租人未经出租人同意,将租赁物转让、抵押、质押、投资入股或者以其他方式处分的,出租人可以解除融资租赁合同。	**《融资租赁合同司法解释》第十二条**　有下列情形之一,出租人请求解除融资租赁合同的,人民法院应予支持: (一)承租人未经出租人同意,将租赁物转让、转租、抵押、质押、投资入股或者以其他方式处分租赁物的; ……	

续表

中华人民共和国民法典	前民法典时代的民事法律规范	立法演进的核心提示
第七百五十四条 有下列情形之一的，出租人或者承租人可以解除融资租赁合同： （一）出租人与出卖人订立的买卖合同解除、被确认无效或者被撤销，且未能重新订立买卖合同； （二）租赁物因不可归责于当事人的原因毁损、灭失，且不能修复或者确定替代物； （三）因出卖人的原因致使融资租赁合同的目的不能实现。	**《融资租赁合同司法解释》第十一条** 有下列情形之一，出租人或者承租人请求解除融资租赁合同的，人民法院应予支持： （一）出租人与出卖人订立的买卖合同解除、被确认无效或者被撤销，且双方未能重新订立买卖合同的； （二）租赁物因不可归责于双方的原因意外毁损、灭失，且不能修复或者确定替代物的； （三）因出卖人的原因致使融资租赁合同的目的不能实现的。	
第七百五十五条 融资租赁合同因买卖合同解除、被确认无效或者被撤销而解除，出卖人、租赁物系由承租人选择的，出租人有权请求承租人赔偿相应损失；但是，因出租人原因致使买卖合同解除、被确认无效或者被撤销的除外。 出租人的损失已经在买卖合同解除、被确认无效或者被撤销时获得赔偿的，承租人不再承担相应的赔偿责任。	**《融资租赁合同司法解释》第十六条** 融资租赁合同因买卖合同被解除、被确认无效或者被撤销而解除，出租人根据融资租赁合同约定，或者以融资租赁合同虽未约定或约定不明，但出卖人及租赁物系由承租人选择为由，主张承租人赔偿相应损失的，人民法院应予支持。 出租人的损失已经在买卖合同被解除、被确认无效或者被撤销时获得赔偿的，应当免除承租人相应的赔偿责任。	
第七百五十六条 融资租赁合同因租赁物交付承租人后意外毁损、灭失等不可归责于当事人的原因解除的，出租人可以请求承租人按照租赁物折旧情况给予补偿。	**《融资租赁合同司法解释》第十五条** 融资租赁合同因租赁物交付承租人后意外毁损、灭失等不可归责于当事人的原因而解除，出租人要求承租人按照租赁物折旧情况给予补偿的，人民法院应予支持。	
第七百五十七条 出租人和承租人可以约定租赁期限届满租赁物的归属；对租赁物的归属没有约定或者约定不明确，依据本法第五百一十条的规定仍不能确定的，租赁物的所有权归出租人。	**第二百五十条** 出租人和承租人可以约定租赁期间届满租赁物的归属。对租赁物的归属没有约定或者约定不明确，依照本法第六十一条的规定仍不能确定的，租赁物的所有权归出租人。	
第七百五十八条 当事人约定租赁期限届满租赁物归承租人所有，承租人已经支付大部分租金，但是无力支付剩余租金，出租人因此解除合同收回租赁物，收回的租赁物的价值超过承租人欠付的租金以及其他费用的，承租人可以请求相应返还。 当事人约定租赁期限届满租赁物归出租人所有，因租赁物毁损、灭失或者附合、混合于他物致使承租人不能返还的，出租人有权请求承租人给予合理补偿。	**第二百四十九条** 当事人约定租赁期间届满租赁物归承租人所有，承租人已经支付大部分租金，但无力支付剩余租金，出租人因此解除合同收回租赁物的，收回的租赁物的价值超过承租人欠付的租金以及其他费用的，承租人可以要求部分返还。 **《融资租赁合同司法解释》第十条** 当事人约定租赁期间届满后租赁物归出租人的，因租赁物毁损、灭失或者附合、混同于他物导致承租人不能返还，出租人要求其给予合理补偿的，人民法院应予支持。	

续表

中华人民共和国民法典	前民法典时代的民事法律规范	立法演进的核心提示
第七百五十九条　当事人约定租赁期限届满，承租人仅需向出租人支付象征性价款的，视为约定的租金义务履行完毕后租赁物的所有权归承租人。		新增承租人留购条款，即承租人支付象征性价款后租赁物归自己。
第七百六十条　融资租赁合同无效，当事人就该情形下租赁物的归属有约定的，按照其约定；没有约定或者约定不明确的，租赁物应当返还出租人。但是，因承租人原因致使合同无效，出租人不请求返还或者返还后会显著降低租赁物效用的，租赁物的所有权归承租人，由承租人给予出租人合理补偿。	**《融资租赁合同司法解释》第四条**　融资租赁合同被认定无效，当事人就合同无效情形下租赁物归属有约定的，从其约定；未约定或者约定不明，且当事人协商不成的，租赁物应当返还出租人。但因承租人原因导致合同无效，出租人不要求返还租赁物，或者租赁物正在使用，返还出租人后会显著降低租赁物价值和效用的，人民法院可以判决租赁物所有权归承租人，并根据合同履行情况和租金支付情况，由承租人就租赁物进行折价补偿。	
第十六章　保理合同		
第七百六十一条　保理合同是应收账款债权人将现有的或者将有的应收账款转让给保理人，保理人提供资金融通、应收账款管理或者催收、应收账款债务人付款担保等服务的合同。		新增界定保理合同内涵的规则。
第七百六十二条　保理合同的内容一般包括业务类型、服务范围、服务期限、基础交易合同情况、应收账款信息、保理融资款或者服务报酬及其支付方式等条款。 保理合同应当采用书面形式。		新增保理合同内容和形式的规则。
第七百六十三条　应收账款债权人与债务人虚构应收账款作为转让标的，与保理人订立保理合同的，应收账款债务人不得以应收账款不存在为由对抗保理人，但是保理人明知虚构的除外。		新增虚构应收账款法律后果的规则。
第七百六十四条　保理人向应收账款债务人发出应收账款转让通知的，应当表明保理人身份并附有必要凭证。		新增保理人表明身份义务的规则。

续表

中华人民共和国民法典	前民法典时代的民事法律规范	立法演进的核心提示
第七百六十五条 应收账款债务人接到应收账款转让通知后，应收账款债权人与债务人无正当理由协商变更或者终止基础交易合同，对保理人产生不利影响的，对保理人不发生效力。		新增无正当理由变更或者终止基础交易合同行为对保理人效力的规则。
第七百六十六条 当事人约定有追索权保理的，保理人可以向应收账款债权人主张返还保理融资款本息或者回购应收账款债权，也可以向应收账款债务人主张应收账款债权。保理人向应收账款债务人主张应收账款债权，在扣除保理融资款本息和相关费用后有剩余的，剩余部分应当返还给应收账款债权人。		新增有追索权保理制度。
第七百六十七条 当事人约定无追索权保理的，保理人应当向应收账款债务人主张应收账款债权，保理人取得超过保理融资款本息和相关费用的部分，无需向应收账款债权人返还。		新增无追索权保理制度。
第七百六十八条 应收账款债权人就同一应收账款订立多个保理合同，致使多个保理人主张权利的，已经登记的先于未登记的取得应收账款；均已经登记的，按照登记时间的先后顺序取得应收账款；均未登记的，由最先到达应收账款债务人的转让通知中载明的保理人取得应收账款；既未登记也未通知的，按照保理融资款或者服务报酬的比例取得应收账款。		新增多重保理清偿顺序的规则。
第七百六十九条 本章没有规定的，适用本编第六章债权转让的有关规定。		新增保理合同适用债权转让的规则。
第十七章 承揽合同		
第七百七十条 承揽合同是承揽人按照定作人的要求完成工作，交付工作成果，定作人支付报酬的合同。 承揽包括加工、定作、修理、复制、测试、检验等工作。	**第二百五十一条** 承揽合同是承揽人按照定作人的要求完成工作，交付工作成果，定作人给付报酬的合同。 承揽包括加工、定作、修理、复制、测试、检验等工作。	

续表

中华人民共和国民法典	前民法典时代的民事法律规范	立法演进的核心提示
第七百七十一条 承揽合同的内容一般包括承揽的标的、数量、质量、报酬,承揽方式,材料的提供,履行期限,验收标准和方法等条款。	**第二百五十二条** 承揽合同的内容包括承揽的标的、数量、质量、报酬、承揽方式、材料的提供、履行期限、验收标准和方法等条款。	
第七百七十二条 承揽人应当以自己的设备、技术和劳力,完成主要工作,但是当事人另有约定的除外。 承揽人将其承揽的主要工作交由第三人完成的,应当就该第三人完成的工作成果向定作人负责;未经定作人同意的,定作人也可以解除合同。	**第二百五十三条** 承揽人应当以自己的设备、技术和劳力,完成主要工作,但当事人另有约定的除外。 承揽人将其承揽的主要工作交由第三人完成的,应当就该第三人完成的工作成果向定作人负责;未经定作人同意的,定作人也可以解除合同。	
第七百七十三条 承揽人可以将其承揽的辅助工作交由第三人完成。承揽人将其承揽的辅助工作交由第三人完成的,应当就该第三人完成的工作成果向定作人负责。	**第二百五十四条** 同《民法典》	
第七百七十四条 承揽人提供材料的,应当按照约定选用材料,并接受定作人检验。	**第二百五十五条** 承揽人提供材料的,承揽人应当按照约定选用材料,并接受定作人检验。	
第七百七十五条 定作人提供材料的,应当按照约定提供材料。承揽人对定作人提供的材料应当及时检验,发现不符合约定时,应当及时通知定作人更换、补齐或者采取其他补救措施。 承揽人不得擅自更换定作人提供的材料,不得更换不需要修理的零部件。	**第二百五十六条** 定作人提供材料的,定作人应当按照约定提供材料。承揽人对定作人提供的材料,应当及时检验,发现不符合约定时,应当及时通知定作人更换、补齐或者采取其他补救措施。 承揽人不得擅自更换定作人提供的材料,不得更换不需要修理的零部件。	
第七百七十六条 承揽人发现定作人提供的图纸或者技术要求不合理的,应当及时通知定作人。因定作人怠于答复等原因造成承揽人损失的,应当赔偿损失。	**第二百五十七条** 同《民法典》	
第七百七十七条 定作人中途变更承揽工作的要求,造成承揽人损失的,应当赔偿损失。	**第二百五十八条** 同《民法典》	

续表

中华人民共和国民法典	前民法典时代的民事法律规范	立法演进的核心提示
第七百七十八条　承揽工作需要定作人协助的,定作人有协助的义务。定作人不履行协助义务致使承揽工作不能完成的,承揽人可以催告定作人在合理期限内履行义务,并可以顺延履行期限;定作人逾期不履行的,承揽人可以解除合同。	**第二百五十九条**　同《民法典》	
第七百七十九条　承揽人在工作期间,应当接受定作人必要的监督检验。定作人不得因监督检验妨碍承揽人的正常工作。	**第二百六十条**　同《民法典》	
第七百八十条　承揽人完成工作的,应当向定作人交付工作成果,并提交必要的技术资料和有关质量证明。定作人应当验收该工作成果。	**第二百六十一条**　同《民法典》	
第七百八十一条　承揽人交付的工作成果不符合质量要求的,定作人可以合理选择请求承揽人承担修理、重作、减少报酬、赔偿损失等违约责任。	**第二百六十二条**　承揽人交付的工作成果不符合质量要求的,定作人可以要求承揽人承担修理、重作、减少报酬、赔偿损失等违约责任。	
第七百八十二条　定作人应当按照约定的期限支付报酬。对支付报酬的期限没有约定或者约定不明确,依据本法第五百一十条的规定仍不能确定的,定作人应当在承揽人交付工作成果时支付;工作成果部分交付的,定作人应当相应支付。	**第二百六十三条**　定作人应当按照约定的期限支付报酬。对支付报酬的期限没有约定或者约定不明确,依照本法第六十一条的规定仍不能确定的,定作人应当在承揽人交付工作成果时支付;工作成果部分交付的,定作人应当相应支付。	
第七百八十三条　定作人未向承揽人支付报酬或者材料费等价款的,承揽人对完成的工作成果享有留置权或者有权拒绝交付,但是当事人另有约定的除外。	**第二百六十四条**　定作人未向承揽人支付报酬或者材料费等价款的,承揽人对完成的工作成果享有留置权,但当事人另有约定的除外。	
第七百八十四条　承揽人应当妥善保管定作人提供的材料以及完成的工作成果,因保管不善造成毁损、灭失的,应当承担赔偿责任。	**第二百六十五条**　承揽人应当妥善保管定作人提供的材料以及完成的工作成果,因保管不善造成毁损、灭失的,应当承担损害赔偿责任。	
第七百八十五条　承揽人应当按照定作人的要求保守秘密,未经定作人许可,不得留存复制品或者技术资料。	**第二百六十六条**　同《民法典》	

续表

中华人民共和国民法典	前民法典时代的民事法律规范	立法演进的核心提示
第七百八十六条　共同承揽人对定作人承担连带责任，但是当事人另有约定的除外。	**第二百六十七条**　共同承揽人对定作人承担连带责任，但当事人另有约定的除外。	
第七百八十七条　定作人在承揽人完成工作前可以随时解除合同，造成承揽人损失的，应当赔偿损失。	**第二百六十八条**　定作人可以随时解除承揽合同，造成承揽人损失的，应当赔偿损失。	
第十八章　建设工程合同	**第十六章　建设工程合同**	
第七百八十八条　建设工程合同是承包人进行工程建设，发包人支付价款的合同。 建设工程合同包括工程勘察、设计、施工合同。	**第二百六十九条**　同《民法典》	
第七百八十九条　建设工程合同应当采用书面形式。	**第二百七十条**　同《民法典》	
第七百九十条　建设工程的招标投标活动，应当依照有关法律的规定公开、公平、公正进行。	**第二百七十一条**　同《民法典》	
第七百九十一条　发包人可以与总承包人订立建设工程合同，也可以分别与勘察人、设计人、施工人订立勘察、设计、施工承包合同。发包人不得将应当由一个承包人完成的建设工程支解成若干部分发包给数个承包人。 总承包人或者勘察、设计、施工承包人经发包人同意，可以将自己承包的部分工作交由第三人完成。第三人就其完成的工作成果与总承包人或者勘察、设计、施工承包人向发包人承担连带责任。承包人不得将其承包的全部建设工程转包给第三人或者将其承包的全部建设工程支解以后以分包的名义分别转包给第三人。 禁止承包人将工程分包给不具备相应资质条件的单位。禁止分包单位将其承包的工程再分包。建设工程主体结构的施工必须由承包人自行完成。	**第二百七十二条**　发包人可以与总承包人订立建设工程合同，也可以分别与勘察人、设计人、施工人订立勘察、设计、施工承包合同。发包人不得将应当由一个承包人完成的建设工程肢解成若干部分发包给几个承包人。 总承包人或者勘察、设计、施工承包人经发包人同意，可以将自己承包的部分工作交由第三人完成。第三人就其完成的工作成果与总承包人或者勘察、设计、施工承包人向发包人承担连带责任。承包人不得将其承包的全部建设工程转包给第三人或者将其承包的全部建设工程肢解以后以分包的名义分别转包给第三人。 禁止承包人将工程分包给不具备相应资质条件的单位。禁止分包单位将其承包的工程再分包。建设工程主体结构的施工必须由承包人自行完成。	
第七百九十二条　国家重大建设工程合同，应当按照国家规定的程序和国家批准的投资计划、可行性研究报告等文件订立。	**第二百七十三条**　同《民法典》	

续表

中华人民共和国民法典	前民法典时代的民事法律规范	立法演进的核心提示
第七百九十三条 建设工程施工合同无效,但是建设工程经验收合格的,可以参照合同关于工程价款的约定折价补偿承包人。 建设工程施工合同无效,且建设工程经验收不合格的,按照以下情形处理: (一)修复后的建设工程经验收合格的,发包人可以请求承包人承担修复费用; (二)修复后的建设工程经验收不合格的,承包人无权请求参照合同关于工程价款的约定折价补偿。 发包人对因建设工程不合格造成的损失有过错的,应当承担相应的责任。	**《建设工程司法解释一》** **第二条** 建设工程施工合同无效,但建设工程经竣工验收合格,承包人请求参照合同约定支付工程价款的,应予支持。 **第三条** 建设工程施工合同无效,且建设工程经竣工验收不合格的,按照以下情形分别处理: (一)修复后的建设工程经竣工验收合格,发包人请求承包人承担修复费用的,应予支持; (二)修复后的建设工程经竣工验收不合格,承包人请求支付工程价款的,不予支持。 因建设工程不合格造成的损失,发包人有过错的,也应承担相应的民事责任。	
第七百九十四条 勘察、设计合同的内容一般包括提交有关基础资料和概预算等文件的期限、质量要求、费用以及其他协作条件等条款。	**第二百七十四条** 勘察、设计合同的内容包括提交有关基础资料和文件(包括概预算)的期限、质量要求、费用以及其他协作条件等条款。	
第七百九十五条 施工合同的内容一般包括工程范围、建设工期、中间交工工程的开工和竣工时间、工程质量、工程造价、技术资料交付时间、材料和设备供应责任、拨款和结算、竣工验收、质量保修范围和质量保证期、相互协作等条款。	**第二百七十五条** 施工合同的内容包括工程范围、建设工期、中间交工工程的开工和竣工时间、工程质量、工程造价、技术资料交付时间、材料和设备供应责任、拨款和结算、竣工验收、质量保修范围和质量保证期、双方相互协作等条款。	
第七百九十六条 建设工程实行监理的,发包人应当与监理人采用书面形式订立委托监理合同。发包人与监理人的权利和义务以及法律责任,应当依照本编委托合同以及其他有关法律、行政法规的规定。	**第二百七十六条** 建设工程实行监理的,发包人应当与监理人采用书面形式订立委托监理合同。发包人与监理人的权利和义务以及法律责任,应当依照本法委托合同以及其他有关法律、行政法规的规定。	
第七百九十七条 发包人在不妨碍承包人正常作业的情况下,可以随时对作业进度、质量进行检查。	**第二百七十七条** 同《民法典》	
第七百九十八条 隐蔽工程在隐蔽以前,承包人应当通知发包人检查。发包人没有及时检查的,承包人可以顺延工程日期,并有权请求赔偿停工、窝工等损失。	**第二百七十八条** 隐蔽工程在隐蔽以前,承包人应当通知发包人检查。发包人没有及时检查的,承包人可以顺延工程日期,并有权要求赔偿停工、窝工等损失。	

续表

中华人民共和国民法典	前民法典时代的民事法律规范	立法演进的核心提示
第七百九十九条 建设工程竣工后,发包人应当根据施工图纸及说明书、国家颁发的施工验收规范和质量检验标准及时进行验收。验收合格的,发包人应当按照约定支付价款,并接收该建设工程。 建设工程竣工经验收合格后,方可交付使用;未经验收或者验收不合格的,不得交付使用。	**第二百七十九条** 同《民法典》	
第八百条 勘察、设计的质量不符合要求或者未按照期限提交勘察、设计文件拖延工期,造成发包人损失的,勘察人、设计人应当继续完善勘察、设计,减收或者免收勘察、设计费并赔偿损失。	**第二百八十条** 同《民法典》	
第八百零一条 因施工人的原因致使建设工程质量不符合约定的,发包人有权请求施工人在合理期限内无偿修理或者返工、改建。经过修理或者返工、改建后,造成逾期交付的,施工人应当承担违约责任。	**第二百八十一条** 因施工人的原因致使建设工程质量不符合约定的,发包人有权要求施工人在合理期限内无偿修理或者返工、改建。经过修理或者返工、改建后,造成逾期交付的,施工人应当承担违约责任。 **《建设工程司法解释一》第十一条** 因承包人的过错造成建设工程质量不符合约定,承包人拒绝修理、返工或者改建,发包人请求减少支付工程价款的,应予支持。	
第八百零二条 因承包人的原因致使建设工程在合理使用期限内造成人身损害和财产损失的,承包人应当承担赔偿责任。	**第二百八十二条** 因承包人的原因致使建设工程在合理使用期限内造成人身和财产损害的,承包人应当承担损害赔偿责任。	
第八百零三条 发包人未按照约定的时间和要求提供原材料、设备、场地、资金、技术资料的,承包人可以顺延工程日期,并有权请求赔偿停工、窝工等损失。	**第二百八十三条** 发包人未按照约定的时间和要求提供原材料、设备、场地、资金、技术资料的,承包人可以顺延工程日期,并有权要求赔偿停工、窝工等损失。	
第八百零四条 因发包人的原因致使工程中途停建、缓建的,发包人应当采取措施弥补或者减少损失,赔偿承包人因此造成的停工、窝工、倒运、机械设备调迁、材料和构件积压等损失和实际费用。	**第二百八十四条** 同《民法典》	

续表

中华人民共和国民法典	前民法典时代的民事法律规范	立法演进的核心提示
第八百零五条 因发包人变更计划,提供的资料不准确,或者未按照期限提供必需的勘察、设计工作条件而造成勘察、设计的返工、停工或者修改设计,发包人应当按照勘察人、设计人实际消耗的工作量增付费用。	**第二百八十五条** 同《民法典》	
第八百零六条 承包人将建设工程转包、违法分包的,发包人可以解除合同。 发包人提供的主要建筑材料、建筑构配件和设备不符合强制性标准或者不履行协助义务,致使承包人无法施工,经催告后在合理期限内仍未履行相应义务的,承包人可以解除合同。 合同解除后,已经完成的建设工程质量合格的,发包人应当按照约定支付相应的工程价款;已经完成的建设工程质量不合格的,参照本法第七百九十三条的规定处理。	**《建设工程司法解释一》** **第八条** 承包人具有下列情形之一,发包人请求解除建设工程施工合同的,应予支持: (一)明确表示或者以行为表明不履行合同主要义务的; (二)合同约定的期限内没有完工,且在发包人催告的合理期限内仍未完工的; (三)已经完成的建设工程质量不合格,并拒绝修复的; (四)将承包的建设工程非法转包、违法分包的。 **第九条** 发包人具有下列情形之一,致使承包人无法施工,且在催告的合理期限内仍未履行相应义务,承包人请求解除建设工程施工合同的,应予支持: (一)未按约定支付工程价款的; (二)提供的主要建筑材料、建筑构配件和设备不符合强制性标准的; (三)不履行合同约定的协助义务的。 **第十条** 建设工程施工合同解除后,已经完成的建设工程质量合格的,发包人应当按照约定支付相应的工程价款;已经完成的建设工程质量不合格的,参照本解释第三条规定处理。 因一方违约导致合同解除的,违约方应当赔偿因此而给对方造成的损失。	
第八百零七条 发包人未按照约定支付价款的,承包人可以催告发包人在合理期限内支付价款。发包人逾期不支付的,除根据建设工程的性质不宜折价、拍卖外,承包人可以与发包人协议将该工程折价,也可以请求人民法院将该工程依法拍卖。建设工程的价款就该工程折价或者拍卖的价款优先受偿。	**第二百八十六条** 发包人未按照约定支付价款的,承包人可以催告发包人在合理期限内支付价款。发包人逾期不支付的,除按照建设工程的性质不宜折价、拍卖的以外,承包人可以与发包人协议将该工程折价,也可以申请人民法院将该工程依法拍卖。建设工程的价款就该工程折价或者拍卖的价款优先受偿。	
第八百零八条 本章没有规定的,适用承揽合同的有关规定。	**第二百八十七条** 同《民法典》	

续表

中华人民共和国民法典	前民法典时代的民事法律规范	立法演进的核心提示
第十九章　运输合同	**第十七章　运输合同**	
第一节　一般规定	第一节　一般规定	
第八百零九条　运输合同是承运人将旅客或者货物从起运地点运输到约定地点，旅客、托运人或者收货人支付票款或者运输费用的合同。	**第二百八十八条**　同《民法典》	
第八百一十条　从事公共运输的承运人不得拒绝旅客、托运人通常、合理的运输要求。	**第二百八十九条**　同《民法典》	
第八百一十一条　承运人应当在约定期限或者合理期限内将旅客、货物安全运输到约定地点。	**第二百九十条**　承运人应当在约定期间或者合理期间内将旅客、货物安全运输到约定地点。	
第八百一十二条　承运人应当按照约定的或者通常的运输路线将旅客、货物运输到约定地点。	**第二百九十一条**　同《民法典》	
第八百一十三条　旅客、托运人或者收货人应当支付票款或者运输费用。承运人未按照约定路线或者通常路线运输增加票款或者运输费用的，旅客、托运人或者收货人可以拒绝支付增加部分的票款或者运输费用。	**第二百九十二条**　同《民法典》	
第二节　客运合同	第二节　客运合同	
第八百一十四条　客运合同自承运人向旅客出具客票时成立，但是当事人另有约定或者另有交易习惯的除外。	**第二百九十三条**　客运合同自承运人向旅客交付客票时成立，但当事人另有约定或者另有交易习惯的除外。	
第八百一十五条　旅客应当按照有效客票记载的时间、班次和座位号乘坐。旅客无票乘坐、超程乘坐、越级乘坐或者持不符合减价条件的优惠客票乘坐的，应当补交票款，承运人可以按照规定加收票款；旅客不支付票款的，承运人可以拒绝运输。 **实名制客运合同的旅客丢失客票的，可以请求承运人挂失补办，承运人不得再次收取票款和其他不合理费用。**	**第二百九十四条**　旅客应当持有效客票乘运。旅客无票乘运、超程乘运、越级乘运或者持失效客票乘运的，应当补交票款，承运人可以按照规定加收票款。旅客不交付票款的，承运人可以拒绝运输。	新增“实名制客运合同旅客丢失客票时可请求挂失补办”的规则。

续表

中华人民共和国民法典	前民法典时代的民事法律规范	立法演进的核心提示
第八百一十六条 旅客因自己的原因不能按照客票记载的时间乘坐的,应当在约定的期限内办理退票或者变更手续;逾期办理的,承运人可以不退票款,并不再承担运输义务。	**第二百九十五条** 旅客因自己的原因不能按照客票记载的时间乘坐的,应当在约定的时间内办理退票或者变更手续。逾期办理的,承运人可以不退票款,并不再承担运输义务。	
第八百一十七条 旅客随身携带行李应当符合约定的限量和品类要求;超过限量或者违反品类要求携带行李的,应当办理托运手续。	**第二百九十六条** 旅客在运输中应当按照约定的限量携带行李。超过限量携带行李的,应当办理托运手续。	
第八百一十八条 旅客不得随身携带或者在行李中夹带易燃、易爆、有毒、有腐蚀性、有放射性以及可能危及运输工具上人身和财产安全的危险物品或者违禁物品。 旅客违反前款规定的,承运人可以将危险物品或者违禁物品卸下、销毁或者送交有关部门。旅客坚持携带或者夹带危险物品或者违禁物品的,承运人应当拒绝运输。	**第二百九十七条** 旅客不得随身携带或者在行李中夹带易燃、易爆、有毒、有腐蚀性、有放射性以及有可能危及运输工具上人身和财产安全的危险物品或者其他违禁物品。 旅客违反前款规定的,承运人可以将违禁物品卸下、销毁或者送交有关部门。旅客坚持携带或者夹带违禁物品的,承运人应当拒绝运输。	
第八百一十九条 承运人应当严格履行安全运输义务,及时告知旅客安全运输应当注意的事项。旅客对承运人为安全运输所作的合理安排应当积极协助和配合。	**第二百九十八条** 承运人应当向旅客及时告知有关不能正常运输的重要事由和安全运输应当注意的事项。	
第八百二十条 承运人应当按照有效客票记载的时间、班次和座位号运输旅客。承运人迟延运输或者有其他不能正常运输情形的,应当及时告知和提醒旅客,采取必要的安置措施,并根据旅客的要求安排改乘其他班次或者退票;由此造成旅客损失的,承运人应当承担赔偿责任,但是不可归责于承运人的除外。	**第二百九十九条** 承运人应当按照客票载明的时间和班次运输旅客。承运人迟延运输的,应当根据旅客的要求安排改乘其他班次或者退票。	
第八百二十一条 承运人擅自降低服务标准的,应当根据旅客的请求退票或者减收票款;提高服务标准的,不得加收票款。	**第三百条** 承运人擅自变更运输工具而降低服务标准的,应当根据旅客的要求退票或者减收票款;提高服务标准的,不应当加收票款。	
第八百二十二条 承运人在运输过程中,应当尽力救助患有急病、分娩、遇险的旅客。	**第三百零一条** 同《民法典》	

续表

中华人民共和国民法典	前民法典时代的民事法律规范	立法演进的核心提示
第八百二十三条 承运人应当对运输过程中旅客的伤亡承担赔偿责任;但是,伤亡是旅客自身健康原因造成的或者承运人证明伤亡是旅客故意、重大过失造成的除外。 前款规定适用于按照规定免票、持优待票或者经承运人许可搭乘的无票旅客。	**第三百零二条** 承运人应当对运输过程中旅客的伤亡承担损害赔偿责任,但伤亡是旅客自身健康原因造成的或者承运人证明伤亡是旅客故意、重大过失造成的除外。 前款规定适用于按照规定免票、持优待票或者经承运人许可搭乘的无票旅客。	
第八百二十四条 在运输过程中旅客随身携带物品毁损、灭失,承运人有过错的,应当承担赔偿责任。 旅客托运的行李毁损、灭失的,适用货物运输的有关规定。	**第三百零三条** 在运输过程中旅客自带物品毁损、灭失,承运人有过错的,应当承担损害赔偿责任。 旅客托运的行李毁损、灭失的,适用货物运输的有关规定。	
第三节　货运合同	第三节　货运合同	
第八百二十五条 托运人办理货物运输,应当向承运人准确表明收货人的姓名、名称或者凭指示的收货人,货物的名称、性质、重量、数量,收货地点等有关货物运输的必要情况。 因托运人申报不实或者遗漏重要情况,造成承运人损失的,托运人应当承担赔偿责任。	**第三百零四条** 托运人办理货物运输,应当向承运人准确表明收货人的名称或者姓名或者凭指示的收货人,货物的名称、性质、重量、数量,收货地点等有关货物运输的必要情况。 因托运人申报不实或者遗漏重要情况,造成承运人损失的,托运人应当承担损害赔偿责任。	
第八百二十六条 货物运输需要办理审批、检验等手续的,托运人应当将办理完有关手续的文件提交承运人。	**第三百零五条** 同《民法典》	
第八百二十七条 托运人应当按照约定的方式包装货物。对包装方式没有约定或者约定不明确的,适用本法第六百一十九条的规定。 托运人违反前款规定的,承运人可以拒绝运输。	**第三百零六条** 托运人应当按照约定的方式包装货物。对包装方式没有约定或者约定不明确的,适用本法第一百五十六条的规定。 托运人违反前款规定的,承运人可以拒绝运输。	
第八百二十八条 托运人托运易燃、易爆、有毒、有腐蚀性、有放射性等危险物品的,应当按照国家有关危险物品运输的规定对危险物品妥善包装,做出危险物品标志和标签,并将有关危险物品的名称、性质和防范措施的书面材料提交承运人。 托运人违反前款规定的,承运人可以拒绝运输,也可以采取相应措施以避免损失的发生,因此产生的费用由托运人负担。	**第三百零七条** 托运人托运易燃、易爆、有毒、有腐蚀性、有放射性等危险物品的,应当按照国家有关危险物品运输的规定对危险物品妥善包装,作出危险物标志和标签,并将有关危险物品的名称、性质和防范措施的书面材料提交承运人。 托运人违反前款规定的,承运人可以拒绝运输,也可以采取相应措施以避免损失的发生,因此产生的费用由托运人承担。	

续表

中华人民共和国民法典	前民法典时代的民事法律规范	立法演进的核心提示
第八百二十九条 在承运人将货物交付收货人之前,托运人可以要求承运人中止运输、返还货物、变更到达地或者将货物交给其他收货人,但是应当赔偿承运人因此受到的损失。	**第三百零八条** 在承运人将货物交付收货人之前,托运人可以要求承运人中止运输、返还货物、变更到达地或者将货物交给其他收货人,但应当赔偿承运人因此受到的损失。	
第八百三十条 货物运输到达后,承运人知道收货人的,应当及时通知收货人,收货人应当及时提货。收货人逾期提货的,应当向承运人支付保管费等费用。	**第三百零九条** 同《民法典》	
第八百三十一条 收货人提货时应当按照约定的期限检验货物。对检验货物的期限没有约定或者约定不明确,依据本法第五百一十条的规定仍不能确定的,应当在合理期限内检验货物。收货人在约定的期限或者合理期限内对货物的数量、毁损等未提出异议的,视为承运人已经按照运输单证的记载交付的初步证据。	**第三百一十条** 收货人提货时应当按照约定的期限检验货物。对检验货物的期限没有约定或者约定不明确,依照本法第六十一条的规定仍不能确定的,应当在合理期限内检验货物。收货人在约定的期限或者合理期限内对货物的数量、毁损等未提出异议的,视为承运人已经按照运输单证的记载交付的初步证据。	
第八百三十二条 承运人对运输过程中货物的毁损、灭失承担赔偿责任。但是,承运人证明货物的毁损、灭失是因不可抗力、货物本身的自然性质或者合理损耗以及托运人、收货人的过错造成的,不承担赔偿责任。	**第三百一十一条** 承运人对运输过程中货物的毁损、灭失承担损害赔偿责任,但承运人证明货物的毁损、灭失是因不可抗力、货物本身的自然性质或者合理损耗以及托运人、收货人的过错造成的,不承担损害赔偿责任。	
第八百三十三条 货物的毁损、灭失的赔偿额,当事人有约定的,按照其约定;没有约定或者约定不明确,依据本法第五百一十条的规定仍不能确定的,按照交付或者应当交付时货物到达地的市场价格计算。法律、行政法规对赔偿额的计算方法和赔偿限额另有规定的,依照其规定。	**第三百一十二条** 货物的毁损、灭失的赔偿额,当事人有约定的,按照其约定;没有约定或者约定不明确,依照本法第六十一条的规定仍不能确定的,按照交付或者应当交付时货物到达地的市场价格计算。法律、行政法规对赔偿额的计算方法和赔偿限额另有规定的,依照其规定。	
第八百三十四条 两个以上承运人以同一运输方式联运的,与托运人订立合同的承运人应当对全程运输承担责任;损失发生在某一运输区段的,与托运人订立合同的承运人和该区段的承运人承担连带责任。	**第三百一十三条** 两个以上承运人以同一运输方式联运的,与托运人订立合同的承运人应当对全程运输承担责任。损失发生在某一运输区段的,与托运人订立合同的承运人和该区段的承运人承担连带责任。	

续表

中华人民共和国民法典	前民法典时代的民事法律规范	立法演进的核心提示
第八百三十五条 货物在运输过程中因不可抗力灭失，未收取运费的，承运人不得请求支付运费；已经收取运费的，托运人可以请求返还。法律另有规定的，依照其规定。	**第三百一十四条** 货物在运输过程中因不可抗力灭失，未收取运费的，承运人不得要求支付运费；已收取运费的，托运人可以要求返还。	
第八百三十六条 托运人或者收货人不支付运费、保管费或者其他费用的，承运人对相应的运输货物享有留置权，但是当事人另有约定的除外。	**第三百一十五条** 托运人或者收货人不支付运费、保管费以及其他运输费用的，承运人对相应的运输货物享有留置权，但当事人另有约定的除外。 **《担保法》第八十四条** 因保管合同、运输合同、加工承揽合同发生的债权，债务人不履行债务的，债权人有留置权。 法律规定可以留置的其他合同，适用前款规定。 当事人可以在合同中约定不得留置的物。	
第八百三十七条 收货人不明或者收货人无正当理由拒绝受领货物的，承运人依法可以提存货物。	**第三百一十六条** 收货人不明或者收货人无正当理由拒绝受领货物的，依照本法第一百零一条的规定，承运人可以提存货物。	
第四节 多式联运合同	第四节 多式联运合同	
第八百三十八条 多式联运经营人负责履行或者组织履行多式联运合同，对全程运输享有承运人的权利，承担承运人的义务。	**第三百一十七条** 同《民法典》	
第八百三十九条 多式联运经营人可以与参加多式联运的各区段承运人就多式联运合同的各区段运输约定相互之间的责任；但是，该约定不影响多式联运经营人对全程运输承担的义务。	**第三百一十八条** 多式联运经营人可以与参加多式联运的各区段承运人就多式联运合同的各区段运输约定相互之间的责任，但该约定不影响多式联运经营人对全程运输承担的义务。	
第八百四十条 多式联运经营人收到托运人交付的货物时，应当签发多式联运单据。按照托运人的要求，多式联运单据可以是可转让单据，也可以是不可转让单据。	**第三百一十九条** 同《民法典》	
第八百四十一条 因托运人托运货物时的过错造成多式联运经营人损失的，即使托运人已经转让多式联运单据，托运人仍然应当承担赔偿责任。	**第三百二十条** 因托运人托运货物时的过错造成多式联运经营人损失的，即使托运人已经转让多式联运单据，托运人仍然应当承担损害赔偿责任。	

续表

中华人民共和国民法典	前民法典时代的民事法律规范	立法演进的核心提示
第八百四十二条 货物的毁损、灭失发生于多式联运的某一运输区段的，多式联运经营人的赔偿责任和责任限额，适用调整该区段运输方式的有关法律规定；货物毁损、灭失发生的运输区段不能确定的，依照本章规定承担赔偿责任。	**第三百二十一条** 货物的毁损、灭失发生于多式联运的某一运输区段的，多式联运经营人的赔偿责任和责任限额，适用调整该区段运输方式的有关法律规定。货物毁损、灭失发生的运输区段不能确定的，依照本章规定承担损害赔偿责任。	
第二十章 技术合同	**第十八章 技术合同**	
第一节 一般规定	第一节 一般规定	
第八百四十三条 技术合同是当事人就技术开发、转让、许可、咨询或者服务订立的确立相互之间权利和义务的合同。	**第三百二十二条** 技术合同是当事人就技术开发、转让、咨询或者服务订立的确立相互之间权利和义务的合同。	
第八百四十四条 订立技术合同，应当有利于知识产权的保护和科学技术的进步，促进科学技术成果的研发、转化、应用和推广。	**第三百二十三条** 订立技术合同，应当有利于科学技术的进步，加速科学技术成果的转化、应用和推广。	
第八百四十五条 技术合同的内容一般包括项目的名称，标的的内容、范围和要求，履行的计划、地点和方式，技术信息和资料的保密，技术成果的归属和收益的分配办法，验收标准和方法，名词和术语的解释等条款。 与履行合同有关的技术背景资料、可行性论证和技术评价报告、项目任务书和计划书、技术标准、技术规范、原始设计和工艺文件，以及其他技术文档，按照当事人的约定可以作为合同的组成部分。 技术合同涉及专利的，应当注明发明创造的名称、专利申请人和专利权人、申请日期、申请号、专利号以及专利权的有效期限。	**第三百二十四条** 技术合同的内容由当事人约定，一般包括以下条款： （一）项目名称； （二）标的的内容、范围和要求； （三）履行的计划、进度、期限、地点、地域和方式； （四）技术情报和资料的保密； （五）风险责任的承担； （六）技术成果的归属和收益的分成办法； （七）验收标准和方法； （八）价款、报酬或者使用费及其支付方式； （九）违约金或者损失赔偿的计算方法； （十）解决争议的方法； （十一）名词和术语的解释。 与履行合同有关的技术背景资料、可行性论证和技术评价报告、项目任务书和计划书、技术标准、技术规范、原始设计和工艺文件，以及其他技术文档，按照当事人的约定可以作为合同的组成部分。 技术合同涉及专利的，应当注明发明创造的名称、专利申请人和专利权人、申请日期、申请号、专利号以及专利权的有效期限。	

续表

中华人民共和国民法典	前民法典时代的民事法律规范	立法演进的核心提示
第八百四十六条 技术合同价款、报酬或者使用费的支付方式由当事人约定,可以采取一次总算、一次总付或者一次总算、分期支付,也可以采取提成支付或者提成支付附加预付入门费的方式。 约定提成支付的,可以按照产品价格、实施专利和使用技术秘密后新增的产值、利润或者产品销售额的一定比例提成,也可以按照约定的其他方式计算。提成支付的比例可以采取固定比例、逐年递增比例或者逐年递减比例。 约定提成支付的,当事人可以约定查阅有关会计账目的办法。	**第三百二十五条** 技术合同价款、报酬或者使用费的支付方式由当事人约定,可以采取一次总算、一次总付或者一次总算、分期支付,也可以采取提成支付或者提成支付附加预付入门费的方式。 约定提成支付的,可以按照产品价格、实施专利和使用技术秘密后新增的产值、利润或者产品销售额的一定比例提成,也可以按照约定的其他方式计算。提成支付的比例可以采取固定比例、逐年递增比例或者逐年递减比例。 约定提成支付的,当事人应当在合同中约定查阅有关会计帐目的办法。 **《技术合同司法解释》第十四条** 对技术合同的价款、报酬和使用费,当事人没有约定或者约定不明确的,人民法院可以按照以下原则处理: (一)对于技术开发合同和技术转让合同,根据有关技术成果的研究开发成本、先进性、实施转化和应用的程度,当事人享有的权益和承担的责任,以及技术成果的经济效益等合理确定; (二)对于技术咨询合同和技术服务合同,根据有关咨询服务工作的技术含量、质量和数量,以及已经产生和预期产生的经济效益等合理确定。 技术合同价款、报酬、使用费中包含非技术性款项的,应当分项计算。	
第八百四十七条 职务技术成果的使用权、转让权属于法人或者非法人组织的,法人或者非法人组织可以就该项职务技术成果订立技术合同。法人或者非法人组织订立技术合同转让职务技术成果时,职务技术成果的完成人享有以同等条件优先受让的权利。 职务技术成果是执行法人或者非法人组织的工作任务,或者主要是利用法人或者非法人组织的物质技术条件所完成的技术成果。	**第三百二十六条** 职务技术成果的使用权、转让权属于法人或者其他组织的,法人或者其他组织可以就该项职务技术成果订立技术合同。法人或者其他组织应当从使用和转让该项职务技术成果所取得的收益中提取一定比例,对完成该项职务技术成果的个人给予奖励或者报酬。法人或者其他组织订立技术合同转让职务技术成果时,职务技术成果的完成人享有以同等条件优先受让的权利。 职务技术成果是执行法人或者其他组织的工作任务,或者主要是利用法人或者其他组织的物质技术条件所完成的技术成果。	

续表

中华人民共和国民法典	前民法典时代的民事法律规范	立法演进的核心提示
第八百四十八条　非职务技术成果的使用权、转让权属于完成技术成果的个人，完成技术成果的个人可以就该项非职务技术成果订立技术合同。	**第三百二十七条**　同《民法典》	
第八百四十九条　完成技术成果的个人享有在有关技术成果文件上写明自己是技术成果完成者的权利和取得荣誉证书、奖励的权利。	**第三百二十八条**　完成技术成果的个人有在有关技术成果文件上写明自己是技术成果完成者的权利和取得荣誉证书、奖励的权利。	
第八百五十条　非法垄断技术或者侵害他人技术成果的技术合同无效。	**第三百二十九条**　非法垄断技术、妨碍技术进步或者侵害他人技术成果的技术合同无效。	
第二节　技术开发合同	第二节　技术开发合同	
第八百五十一条　技术开发合同是当事人之间就新技术、新产品、新工艺、新品种或者新材料及其系统的研究开发所订立的合同。 技术开发合同包括委托开发合同和合作开发合同。 技术开发合同应当采用书面形式。 当事人之间就具有实用价值的科技成果实施转化订立的合同，参照适用技术开发合同的有关规定。	**第三百三十条**　技术开发合同是指当事人之间就新技术、新产品、新工艺或者新材料及其系统的研究开发所订立的合同。 技术开发合同包括委托开发合同和合作开发合同。 技术开发合同应当采用书面形式。 当事人之间就具有产业应用价值的科技成果实施转化订立的合同，参照技术开发合同的规定。	
第八百五十二条　委托开发合同的委托人应当按照约定支付研究开发经费和报酬，提供技术资料，提出研究开发要求，完成协作事项，接受研究开发成果。	**第三百三十一条**　委托开发合同的委托人应当按照约定支付研究开发经费和报酬；提供技术资料、原始数据；完成协作事项；接受研究开发成果。	
第八百五十三条　委托开发合同的研究开发人应当按照约定制定和实施研究开发计划，合理使用研究开发经费，按期完成研究开发工作，交付研究开发成果，提供有关的技术资料和必要的技术指导，帮助委托人掌握研究开发成果。	**第三百三十二条**　委托开发合同的研究开发人应当按照约定制定和实施研究开发计划；合理使用研究开发经费；按期完成研究开发工作，交付研究开发成果，提供有关的技术资料和必要的技术指导，帮助委托人掌握研究开发成果。	
第八百五十四条　委托开发合同的当事人违反约定造成研究开发工作停滞、延误或者失败的，应当承担违约责任。	**第三百三十三条**　委托人违反约定造成研究开发工作停滞、延误或者失败的，应当承担违约责任。 **第三百三十四条**　研究开发人违反约定造成研究开发工作停滞、延误或者失败的，应当承担违约责任。	

续表

中华人民共和国民法典	前民法典时代的民事法律规范	立法演进的核心提示
第八百五十五条 合作开发合同的当事人应当按照约定进行投资,包括以技术进行投资,分工参与研究开发工作,协作配合研究开发工作。	**第三百三十五条** 合作开发合同的当事人应当按照约定进行投资,包括以技术进行投资;分工参与研究开发工作;协作配合研究开发工作。	
第八百五十六条 合作开发合同的当事人违反约定造成研究开发工作停滞、延误或者失败的,应当承担违约责任。	**第三百三十六条** 同《民法典》	
第八百五十七条 作为技术开发合同标的的技术已经由他人公开,致使技术开发合同的履行没有意义的,当事人可以解除合同。	**第三百三十七条** 因作为技术开发合同标的的技术已经由他人公开,致使技术开发合同的履行没有意义的,当事人可以解除合同。	
第八百五十八条 技术开发合同履行过程中,因出现无法克服的技术困难,致使研究开发失败或者部分失败的,该风险由当事人约定;没有约定或者约定不明确,依据本法第五百一十条的规定仍不能确定的,风险由当事人合理分担。 当事人一方发现前款规定的可能致使研究开发失败或者部分失败的情形时,应当及时通知另一方并采取适当措施减少损失;没有及时通知并采取适当措施,致使损失扩大的,应当就扩大的损失承担责任。	**第三百三十八条** 在技术开发合同履行过程中,因出现无法克服的技术困难,致使研究开发失败或者部分失败的,该风险责任由当事人约定。没有约定或者约定不明确,依照本法第六十一条的规定仍不能确定的,风险责任由当事人合理分担。 当事人一方发现前款规定的可能致使研究开发失败或者部分失败的情形时,应当及时通知另一方并采取适当措施减少损失。没有及时通知并采取适当措施,致使损失扩大的,应当就扩大的损失承担责任。	
第八百五十九条 委托开发完成的发明创造,除法律另有规定或者当事人另有约定外,申请专利的权利属于研究开发人。研究开发人取得专利权的,委托人可以依法实施该专利。 研究开发人转让专利申请权的,委托人享有以同等条件优先受让的权利。	**第三百三十九条** 委托开发完成的发明创造,除当事人另有约定的以外,申请专利的权利属于研究开发人。研究开发人取得专利权的,委托人可以免费实施该专利。 研究开发人转让专利申请权的,委托人享有以同等条件优先受让的权利。	
第八百六十条 合作开发完成的发明创造,申请专利的权利属于合作开发的当事人共有;当事人一方转让其共有的专利申请权的,其他各方享有以同等条件优先受让的权利。但是,当事人另有约定的除外。 合作开发的当事人一方声明放弃其共有的专利申请权的,除当事人另有约定外,可以由另一方单独申请或者由其他各方共同申请。申请人取得专利权的,放弃专利申请权的一方可以免费实施该专利。	**第三百四十条** 合作开发完成的发明创造,除当事人另有约定的以外,申请专利的权利属于合作开发的当事人共有。当事人一方转让其共有的专利申请权的,其他各方享有以同等条件优先受让的权利。 合作开发的当事人一方声明放弃其共有的专利申请权的,可以由另一方单独申请或者由其他各方共同申请。申请人取得专利权的,放弃专利申请权的一方可以免费实施该专利。	

续表

中华人民共和国民法典	前民法典时代的民事法律规范	立法演进的核心提示
合作开发的当事人一方不同意申请专利的，另一方或者其他各方不得申请专利。	合作开发的当事人一方不同意申请专利的，另一方或者其他各方不得申请专利。	
第八百六十一条 委托开发或者合作开发完成的技术秘密成果的使用权、转让权以及收益的分配办法，由当事人约定；没有约定或者约定不明确，依据本法第五百一十条的规定仍不能确定的，在没有相同技术方案被授予专利权前，当事人均有使用和转让的权利。但是，委托开发的研究开发人不得在向委托人交付研究开发成果之前，将研究开发成果转让给第三人。	**第三百四十一条** 委托开发或者合作开发完成的技术秘密成果的使用权、转让权以及利益的分配办法，由当事人约定。没有约定或者约定不明确，依照本法第六十一条的规定仍不能确定的，当事人均有使用和转让的权利，但委托开发的研究开发人不得在向委托人交付研究开发成果之前，将研究开发成果转让给第三人。 **《技术合同司法解释》第二十一条** 技术开发合同当事人依照合同法的规定或者约定自行实施专利或使用技术秘密，但因其不具备独立实施专利或者使用技术秘密的条件，以一个普通许可方式许可他人实施或者使用的，可以准许。	
第三节 技术转让合同和技术许可合同	第三节 技术转让合同	
第八百六十二条 技术转让合同是合法拥有技术的权利人，将现有特定的专利、专利申请、技术秘密的相关权利让与他人所订立的合同。 **技术许可合同是合法拥有技术的权利人，将现有特定的专利、技术秘密的相关权利许可他人实施、使用所订立的合同。** 技术转让合同和技术许可合同中关于提供实施技术的专用设备、原材料或者提供有关的技术咨询、技术服务的约定，属于合同的组成部分。	**第三百四十二条** 技术转让合同包括专利权转让、专利申请权转让、技术秘密转让、专~~利实施许可合同。~~ 技术转让合同应当采用书面形式。 **《技术合同司法解释》第二十二条** 合同法第三百四十二条规定的"技术转让合同"，是指合法拥有技术的权利人，包括其他有权对外转让技术的人，将现有特定的专利、专利申请、技术秘密的相关权利让与他人，或者许可他人实施、使用所订立的合同。但就尚待研究开发的技术成果或者不涉及专利、专利申请或者技术秘密的知识、技术、经验和信息所订立的合同除外。 技术转让合同中关于让与人向受让人提供实施技术的专用设备、原材料或者提供有关的技术咨询、技术服务的约定，属于技术转让合同的组成部分。因此发生的纠纷，按照技术转让合同处理。 当事人以技术入股方式订立联营合同，但技术入股人不参与联营体的经营管理，并且以保底条款形式约定联营体或者联营对方支付其技术价款或者使用费的，视为技术转让合同。	技术许可合同不再包含在技术转让合同之内。
第八百六十三条 技术转让合同包括专利权转让、专利申请权转让、技术秘密转让等合同。 技术许可合同包括专利实施许可、技术秘密使用许可等合同。 技术转让合同和技术许可合同应当采用书面形式。		

续表

中华人民共和国民法典	前民法典时代的民事法律规范	立法演进的核心提示
第八百六十四条　技术转让合同和技术许可合同可以约定实施专利或者使用技术秘密的范围，但是不得限制技术竞争和技术发展。	**第三百四十三条**　技术转让合同可以约定让与人和受让人实施专利或者使用技术秘密的范围，但不得限制技术竞争和技术发展。	
第八百六十五条　专利实施许可合同仅在该专利权的存续期限内有效。专利权有效期限届满或者专利权被宣告无效的，专利权人不得就该专利与他人订立专利实施许可合同。	**第三百四十四条**　专利实施许可合同只在该专利权的存续期间内有效。专利权有效期限届满或者专利权被宣布无效的，专利权人不得就该专利与他人订立专利实施许可合同。	
第八百六十六条　专利实施许可合同的许可人应当按照约定许可被许可人实施专利，交付实施专利有关的技术资料，提供必要的技术指导。	**第三百四十五条**　专利实施许可合同的让与人应当按照约定许可受让人实施专利，交付实施专利有关的技术资料，提供必要的技术指导。	
第八百六十七条　专利实施许可合同的被许可人应当按照约定实施专利，不得许可约定以外的第三人实施该专利，并按照约定支付使用费。	**第三百四十六条**　专利实施许可合同的受让人应当按照约定实施专利，不得许可约定以外的第三人实施该专利；并按照约定支付使用费。	
第八百六十八条　技术秘密转让合同的让与人和技术秘密使用许可合同的许可人应当按照约定提供技术资料，进行技术指导，保证技术的实用性、可靠性，承担保密义务。 前款规定的保密义务，不限制许可人申请专利，但是当事人另有约定的除外。	**第三百四十七条**　技术秘密转让合同的让与人应当按照约定提供技术资料，进行技术指导，保证技术的实用性、可靠性，承担保密义务。 **《技术合同司法解释》第二十九条**　合同法第三百四十七条规定技术秘密转让合同让与人承担的“保密义务”，不限制其申请专利，但当事人约定让与人不得申请专利的除外。 当事人之间就申请专利的技术成果所订立的许可使用合同，专利申请公开以前，适用技术秘密转让合同的有关规定；发明专利申请公开以后、授权以前，参照适用专利实施许可合同的有关规定；授权以后，原合同即为专利实施许可合同，适用专利实施许可合同的有关规定。 人民法院不以当事人就已经申请专利但尚未授权的技术订立专利实施许可合同为由，认定合同无效。	
第八百六十九条　技术秘密转让合同的受让人和技术秘密使用许可合同的被许可人应当按照约定使用技术，支付转让费、使用费，承担保密义务。	**第三百四十八条**　技术秘密转让合同的受让人应当按照约定使用技术，支付使用费，承担保密义务。	

续表

中华人民共和国民法典	前民法典时代的民事法律规范	立法演进的核心提示
第八百七十条 技术转让合同的让与人和技术许可合同的许可人应当保证自己是所提供的技术的合法拥有者,并保证所提供的技术完整、无误、有效,能够达到约定的目标。	**第三百四十九条** 技术转让合同的让与人应当保证自己是所提供的技术的合法拥有者,并保证所提供的技术完整、无误、有效,能够达到约定的目标。	
第八百七十一条 技术转让合同的受让人和技术许可合同的被许可人应当按照约定的范围和期限,对让与人、许可人提供的技术中尚未公开的秘密部分,承担保密义务。	**第三百五十条** 技术转让合同的受让人应当按照约定的范围和期限,对让与人提供的技术中尚未公开的秘密部分,承担保密义务。	
第八百七十二条 许可人未按照约定许可技术的,应当返还部分或者全部使用费,并应当承担违约责任;实施专利或者使用技术秘密超越约定的范围的,违反约定擅自许可第三人实施该项专利或者使用该项技术秘密的,应当停止违约行为,承担违约责任;违反约定的保密义务的,应当承担违约责任。 让与人承担违约责任,参照适用前款规定。	**第三百五十一条** 让与人未按照约定转让技术的,应当返还部分或者全部使用费,并应当承担违约责任;实施专利或者使用技术秘密超越约定的范围的,违反约定擅自许可第三人实施该项专利或者使用该项技术秘密的,应当停止违约行为,承担违约责任;违反约定的保密义务的,应当承担违约责任。	
第八百七十三条 被许可人未按照约定支付使用费的,应当补交使用费并按照约定支付违约金;不补交使用费或者支付违约金的,应当停止实施专利或者使用技术秘密,交还技术资料,承担违约责任;实施专利或者使用技术秘密超越约定的范围的,未经许可人同意擅自许可第三人实施该专利或者使用该技术秘密的,应当停止违约行为,承担违约责任;违反约定的保密义务的,应当承担违约责任。 受让人承担违约责任,参照适用前款规定。	**第三百五十二条** 受让人未按照约定支付使用费的,应当补交使用费并按照约定支付违约金;不补交使用费或者支付违约金的,应当停止实施专利或者使用技术秘密,交还技术资料,承担违约责任;实施专利或者使用技术秘密超越约定的范围的,未经让与人同意擅自许可第三人实施该专利或者使用该技术秘密的,应当停止违约行为,承担违约责任;违反约定的保密义务的,应当承担违约责任。	
第八百七十四条 受让人或者被许可人按照约定实施专利、使用技术秘密侵害他人合法权益的,由让与人或者许可人承担责任,但是当事人另有约定的除外。	**第三百五十三条** 受让人按照约定实施专利、使用技术秘密侵害他人合法权益的,由让与人承担责任,但当事人另有约定的除外。	
第八百七十五条 当事人可以按照互利的原则,在合同中约定实施专利、使用技术秘密后续改进的技术成果的分享办法;没有约定或者约定不明确,依据本法第五百一十条的规定仍不能确定的,一方后续改进的技术成果,其他各方无权分享。	**第三百五十四条** 当事人可以按照互利的原则,在技术转让合同中约定实施专利、使用技术秘密后续改进的技术成果的分享办法。没有约定或者约定不明确,依照本法第六十一条的规定仍不能确定的,一方后续改进的技术成果,其他各方无权分享。	

续表

中华人民共和国民法典	前民法典时代的民事法律规范	立法演进的核心提示
第八百七十六条　集成电路布图设计专有权、植物新品种权、计算机软件著作权等其他知识产权的转让和许可，参照适用本节的有关规定。	**《技术合同司法解释》第四十六条**　集成电路布图设计、植物新品种许可使用和转让等合同争议，相关行政法规另有规定的，适用其规定；没有规定的，适用合同法总则的规定，并可以参照合同法第十八章和本解释的有关规定处理。计算机软件开发、许可使用和转让等合同争议，著作权法以及其他法律、行政法规另有规定的，依照其规定；没有规定的，适用合同法总则的规定，并可以参照合同法第十八章和本解释的有关规定处理。	
第八百七十七条　法律、行政法规对技术进出口合同或者专利、专利申请合同另有规定的，依照其规定。	**第三百五十五条**　同《民法典》	
第四节　技术咨询合同和技术服务合同	第四节　技术咨询合同和技术服务合同	
第八百七十八条　技术咨询合同是当事人一方以技术知识为对方就特定技术项目提供可行性论证、技术预测、专题技术调查、分析评价报告等所订立的合同。 技术服务合同是当事人一方以技术知识为对方解决特定技术问题所订立的合同，不包括承揽合同和建设工程合同。	**第三百五十六条**　技术咨询合同包括就特定技术项目提供可行性论证、技术预测、专题技术调查、分析评价报告等合同。 技术服务合同是指当事人一方以技术知识为另一方解决特定技术问题所订立的合同，不包括建设工程合同和承揽合同。	
第八百七十九条　技术咨询合同的委托人应当按照约定阐明咨询的问题，提供技术背景材料及有关技术资料，接受受托人的工作成果，支付报酬。	**第三百五十七条**　技术咨询合同的委托人应当按照约定阐明咨询的问题，提供技术背景材料及有关技术资料、数据；接受受托人的工作成果，支付报酬。	
第八百八十条　技术咨询合同的受托人应当按照约定的期限完成咨询报告或者解答问题，提出的咨询报告应当达到约定的要求。	**第三百五十八条**　技术咨询合同的受托人应当按照约定的期限完成咨询报告或者解答问题；提出的咨询报告应当达到约定的要求。	
第八百八十一条　技术咨询合同的委托人未按照约定提供必要的资料，影响工作进度和质量，不接受或者逾期接受工作成果的，支付的报酬不得追回，未支付的报酬应当支付。	**第三百五十九条**　技术咨询合同的委托人未按照约定提供必要的资料和数据，影响工作进度和质量，不接受或者逾期接受工作成果的，支付的报酬不得追回，未支付的报酬应当支付。	

续表

中华人民共和国民法典	前民法典时代的民事法律规范	立法演进的核心提示
技术咨询合同的受托人未按期提出咨询报告或者提出的咨询报告不符合约定的,应当承担减收或者免收报酬等违约责任。 技术咨询合同的委托人按照受托人符合约定要求的咨询报告和意见作出决策所造成的损失,由委托人承担,但是当事人另有约定的除外。	技术咨询合同的受托人未按期提出咨询报告或者提出的咨询报告不符合约定的,应当承担减收或者免收报酬等违约责任。 技术咨询合同的委托人按照受托人符合约定要求的咨询报告和意见作出决策所造成的损失,由委托人承担,但当事人另有约定的除外。	
第八百八十二条 技术服务合同的委托人应当按照约定提供工作条件,完成配合事项,接受工作成果并支付报酬。	**第三百六十条** 技术服务合同的委托人应当按照约定提供工作条件,完成配合事项;接受工作成果并支付报酬。	
第八百八十三条 技术服务合同的受托人应当按照约定完成服务项目,解决技术问题,保证工作质量,并传授解决技术问题的知识。	**第三百六十一条** 同《民法典》 **《技术合同司法解释》第三十四条** 当事人一方以技术转让的名义提供已进入公有领域的技术,或者在技术转让合同履行过程中合同标的技术进入公有领域,但是技术提供方进行技术指导、传授技术知识,为对方解决特定技术问题符合约定条件的,按照技术服务合同处理,约定的技术转让费可以视为提供技术服务的报酬和费用,但是法律、行政法规另有规定的除外。 依照前款规定,技术转让费视为提供技术服务的报酬和费用明显不合理的,人民法院可以根据当事人的请求合理确定。	
第八百八十四条 技术服务合同的委托人不履行合同义务或者履行合同义务不符合约定,影响工作进度和质量,不接受或者逾期接受工作成果的,支付的报酬不得追回,未支付的报酬应当支付。 技术服务合同的受托人未按照约定完成服务工作的,应当承担免收报酬等违约责任。	**第三百六十二条** 技术服务合同的委托人不履行合同义务或者履行合同义务不符合约定,影响工作进度和质量,不接受或者逾期接受工作成果的,支付的报酬不得追回,未支付的报酬应当支付。 技术服务合同的受托人未按照合同约定完成服务工作的,应当承担免收报酬等违约责任。	
第八百八十五条 技术咨询合同、技术服务合同履行过程中,受托人利用委托人提供的技术资料和工作条件完成的新的技术成果,属于受托人。委托人利用受托人的工作成果完成的新的技术成果,属于委托人。当事人另有约定的,按照其约定。	**第三百六十三条** 在技术咨询合同、技术服务合同履行过程中,受托人利用委托人提供的技术资料和工作条件完成的新的技术成果,属于受托人。委托人利用受托人的工作成果完成的新的技术成果,属于委托人。当事人另有约定的,按照其约定。	

续表

中华人民共和国民法典	前民法典时代的民事法律规范	立法演进的核心提示
第八百八十六条 技术咨询合同和技术服务合同对受托人正常开展工作所需费用的负担没有约定或者约定不明确的，由受托人负担。	**《技术合同司法解释》第三十一条** 当事人对技术咨询合同受托人进行调查研究、分析论证、试验测定等所需费用的负担没有约定或者约定不明确的，由受托人承担。 当事人对技术咨询合同委托人提供的技术资料和数据或者受托人提出的咨询报告和意见未约定保密义务，当事人一方引用、发表或者向第三人提供的，不认定为违约行为，但侵害对方当事人对此享有的合法权益的，应当依法承担民事责任。	
第八百八十七条 法律、行政法规对技术中介合同、技术培训合同另有规定的，依照其规定。	**第三百六十四条** 同《民法典》	
第二十一章 保管合同	**第十九章 保管合同**	
第八百八十八条 保管合同是保管人保管寄存人交付的保管物，并返还该物的合同。 **寄存人到保管人处从事购物、就餐、住宿等活动，将物品存放在指定场所的，视为保管，但是当事人另有约定或者另有交易习惯的除外。**	**第三百六十五条** 保管合同是保管人保管寄存人交付的保管物，并返还该物的合同。	增加推定保管及其例外的规则。
第八百八十九条 寄存人应当按照约定向保管人支付保管费。 当事人对保管费没有约定或者约定不明确，依据本法第五百一十条的规定仍不能确定的，视为无偿保管。	**第三百六十六条** 寄存人应当按照约定向保管人支付保管费。 当事人对保管费没有约定或者约定不明确，依照本法第六十一条的规定仍不能确定的，保管是无偿的。	
第八百九十条 保管合同自保管物交付时成立，但是当事人另有约定的除外。	**第三百六十七条** 保管合同自保管物交付时成立，但当事人另有约定的除外。	
第八百九十一条 寄存人向保管人交付保管物的，保管人应当出具保管凭证，但是另有交易习惯的除外。	**第三百六十八条** 寄存人向保管人交付保管物的，保管人应当给付保管凭证，但另有交易习惯的除外。	
第八百九十二条 保管人应当妥善保管保管物。 当事人可以约定保管场所或者方法。除紧急情况或者为维护寄存人利益外，不得擅自改变保管场所或者方法。	**第三百六十九条** 保管人应当妥善保管保管物。 当事人可以约定保管场所或者方法。除紧急情况或者为了维护寄存人利益的以外，不得擅自改变保管场所或者方法。	

续表

中华人民共和国民法典	前民法典时代的民事法律规范	立法演进的核心提示
第八百九十三条 寄存人交付的保管物有瑕疵或者根据保管物的性质需要采取特殊保管措施的,寄存人应当将有关情况告知保管人。寄存人未告知,致使保管物受损失的,保管人不承担赔偿责任;保管人因此受损失的,除保管人知道或者应当知道且未采取补救措施外,寄存人应当承担赔偿责任。	**第三百七十条** 寄存人交付的保管物有瑕疵或者按照保管物的性质需要采取特殊保管措施的,寄存人应当将有关情况告知保管人。寄存人未告知,致使保管物受损失的,保管人不承担损害赔偿责任;保管人因此受损失的,除保管人知道或者应当知道并且未采取补救措施的以外,寄存人应当承担损害赔偿责任。	
第八百九十四条 保管人不得将保管物转交第三人保管,但是当事人另有约定的除外。 保管人违反前款规定,将保管物转交第三人保管,造成保管物损失的,应当承担赔偿责任。	**第三百七十一条** 保管人不得将保管物转交第三人保管,但当事人另有约定的除外。 保管人违反前款规定,将保管物转交第三人保管,对保管物造成损失的,应当承担损害赔偿责任。	
第八百九十五条 保管人不得使用或者许可第三人使用保管物,但是当事人另有约定的除外。	**第三百七十二条** 保管人不得使用或者许可第三人使用保管物,但当事人另有约定的除外。	
第八百九十六条 第三人对保管物主张权利的,除依法对保管物采取保全或者执行措施外,保管人应当履行向寄存人返还保管物的义务。 第三人对保管人提起诉讼或者对保管物申请扣押的,保管人应当及时通知寄存人。	**第三百七十三条** 第三人对保管物主张权利的,除依法对保管物采取保全或者执行的以外,保管人应当履行向寄存人返还保管物的义务。 第三人对保管人提起诉讼或者对保管物申请扣押的,保管人应当及时通知寄存人。	
第八百九十七条 保管期内,因保管人保管不善造成保管物毁损、灭失的,保管人应当承担赔偿责任。但是,无偿保管人证明自己没有故意或者重大过失的,不承担赔偿责任。	**第三百七十四条** 保管期间,因保管人保管不善造成保管物毁损、灭失的,保管人应当承担损害赔偿责任,但保管是无偿的,保管人证明自己没有重大过失的,不承担损害赔偿责任。	
第八百九十八条 寄存人寄存货币、有价证券或者其他贵重物品的,应当向保管人声明,由保管人验收或者封存;寄存人未声明的,该物品毁损、灭失后,保管人可以按照一般物品予以赔偿。	**第三百七十五条** 寄存人寄存货币、有价证券或者其他贵重物品的,应当向保管人声明,由保管人验收或者封存。寄存人未声明的,该物品毁损、灭失后,保管人可以按照一般物品予以赔偿。	

续表

中华人民共和国民法典	前民法典时代的民事法律规范	立法演进的核心提示
第八百九十九条　寄存人可以随时领取保管物。 当事人对保管期限没有约定或者约定不明确的，保管人可以随时请求寄存人领取保管物；约定保管期限的，保管人无特别事由，不得请求寄存人提前领取保管物。	**第三百七十六条**　寄存人可以随时领取保管物。 当事人对保管期间没有约定或者约定不明确的，保管人可以随时要求寄存人领取保管物；约定保管期间的，保管人无特别事由，不得要求寄存人提前领取保管物。	
第九百条　保管期限届满或者寄存人提前领取保管物的，保管人应当将原物及其孳息归还寄存人。	**第三百七十七条**　保管期间届满或者寄存人提前领取保管物的，保管人应当将原物及其孳息归还寄存人。	
第九百零一条　保管人保管货币的，可以返还相同种类、数量的货币；保管其他可替代物的，可以按照约定返还相同种类、品质、数量的物品。	**第三百七十八条**　保管人保管货币的，可以返还相同种类、数量的货币。保管其他可替代物的，可以按照约定返还相同种类、品质、数量的物品。	
第九百零二条　有偿的保管合同，寄存人应当按照约定的期限向保管人支付保管费。 当事人对支付期限没有约定或者约定不明确，依据本法第五百一十条的规定仍不能确定的，应当在领取保管物的同时支付。	**第三百七十九条**　有偿的保管合同，寄存人应当按照约定的期限向保管人支付保管费。 当事人对支付期限没有约定或者约定不明确，依照本法第六十一条的规定仍不能确定的，应当在领取保管物的同时支付。	
第九百零三条　寄存人未按照约定支付保管费或者其他费用的，保管人对保管物享有留置权，但是当事人另有约定的除外。	**第三百八十条**　寄存人未按照约定支付保管费以及其他费用的，保管人对保管物享有留置权，但当事人另有约定的除外。 **《担保法》第八十四条**　因保管合同、运输合同、加工承揽合同发生的债权，债务人不履行债务的，债权人有留置权。 法律规定可以留置的其他合同，适用前款规定。 当事人可以在合同中约定不得留置的物。	
第二十二章　仓储合同	**第二十章　仓储合同**	
第九百零四条　仓储合同是保管人储存存货人交付的仓储物，存货人支付仓储费的合同。	**第三百八十一条**　同《民法典》	
第九百零五条　仓储合同自保管人和存货人意思表示一致时成立。	**第三百八十二条**　仓储合同自成立时生效。	

续表

中华人民共和国民法典	前民法典时代的民事法律规范	立法演进的核心提示
第九百零六条 储存易燃、易爆、有毒、有腐蚀性、有放射性等危险物品或者易变质物品的，存货人应当说明该物品的性质，提供有关资料。 存货人违反前款规定的，保管人可以拒收仓储物，也可以采取相应措施以避免损失的发生，因此产生的费用由存货人负担。 保管人储存易燃、易爆、有毒、有腐蚀性、有放射性等危险物品的，应当具备相应的保管条件。	**第三百八十三条** 储存易燃、易爆、有毒、有腐蚀性、有放射性等危险物品或者易变质物品，存货人应当说明该物品的性质，提供有关资料。 存货人违反前款规定的，保管人可以拒收仓储物，也可以采取相应措施以避免损失的发生，因此产生的费用由存货人承担。 保管人储存易燃、易爆、有毒、有腐蚀性、有放射性等危险物品的，应当具备相应的保管条件。	
第九百零七条 保管人应当按照约定对入库仓储物进行验收。保管人验收时发现入库仓储物与约定不符合的，应当及时通知存货人。保管人验收后，发生仓储物的品种、数量、质量不符合约定的，保管人应当承担赔偿责任。	**第三百八十四条** 保管人应当按照约定对入库仓储物进行验收。保管人验收时发现入库仓储物与约定不符合的，应当及时通知存货人。保管人验收后，发生仓储物的品种、数量、质量不符合约定的，保管人应当承担损害赔偿责任。	
第九百零八条 存货人交付仓储物的，保管人应当出具仓单、入库单等凭证。	**第三百八十五条** 存货人交付仓储物的，保管人应当给付仓单。	
第九百零九条 保管人应当在仓单上签名或者盖章。仓单包括下列事项： （一）存货人的姓名或者名称和住所； （二）仓储物的品种、数量、质量、包装及其件数和标记； （三）仓储物的损耗标准； （四）储存场所； （五）储存期限； （六）仓储费； （七）仓储物已经办理保险的，其保险金额、期间以及保险人的名称； （八）填发人、填发地和填发日期。	**第三百八十六条** 保管人应当在仓单上签字或者盖章。仓单包括下列事项： （一）存货人的名称或者姓名和住所； （二）仓储物的品种、数量、质量、包装、件数和标记； （三）仓储物的损耗标准； （四）储存场所； （五）储存期间； （六）仓储费； （七）仓储物已经办理保险的，其保险金额、期间以及保险人的名称； （八）填发人、填发地和填发日期。	
第九百一十条 仓单是提取仓储物的凭证。存货人或者仓单持有人在仓单上背书并经保管人签名或者盖章的，可以转让提取仓储物的权利。	**第三百八十七条** 仓单是提取仓储物的凭证。存货人或者仓单持有人在仓单上背书并经保管人签字或者盖章的，可以转让提取仓储物的权利。	
第九百一十一条 保管人根据存货人或者仓单持有人的要求，应当同意其检查仓储物或者提取样品。	**第三百八十八条** 同《民法典》	

续表

中华人民共和国民法典	前民法典时代的民事法律规范	立法演进的核心提示
第九百一十二条 保管人发现入库仓储物有变质或者其他损坏的，应当及时通知存货人或者仓单持有人。	**第三百八十九条** 保管人对入库仓储物发现有变质或者其他损坏的，应当及时通知存货人或者仓单持有人。	
第九百一十三条 保管人发现入库仓储物有变质或者其他损坏，危及其他仓储物的安全和正常保管的，应当催告存货人或者仓单持有人作出必要的处置。因情况紧急，保管人可以作出必要的处置；但是，事后应当将该情况及时通知存货人或者仓单持有人。	**第三百九十条** 保管人对入库仓储物发现有变质或者其他损坏，危及其他仓储物的安全和正常保管的，应当催告存货人或者仓单持有人作出必要的处置。因情况紧急，保管人可以作出必要的处置，但事后应当将该情况及时通知存货人或者仓单持有人。	
第九百一十四条 当事人对储存期限没有约定或者约定不明确的，存货人或者仓单持有人可以随时提取仓储物，保管人也可以随时请求存货人或者仓单持有人提取仓储物，但是应当给予必要的准备时间。	**第三百九十一条** 当事人对储存期间没有约定或者约定不明确的，存货人或者仓单持有人可以随时提取仓储物，保管人也可以随时要求存货人或者仓单持有人提取仓储物，但应当给予必要的准备时间。	
第九百一十五条 储存期限届满，存货人或者仓单持有人应当凭仓单、入库单等提取仓储物。存货人或者仓单持有人逾期提取的，应当加收仓储费；提前提取的，不减收仓储费。	**第三百九十二条** 储存期间届满，存货人或者仓单持有人应当凭仓单提取仓储物。存货人或者仓单持有人逾期提取的，应当加收仓储费；提前提取的，不减收仓储费。	
第九百一十六条 储存期限届满，存货人或者仓单持有人不提取仓储物的，保管人可以催告其在合理期限内提取；逾期不提取的，保管人可以提存仓储物。	**第三百九十三条** 储存期间届满，存货人或者仓单持有人不提取仓储物的，保管人可以催告其在合理期限内提取，逾期不提取的，保管人可以提存仓储物。	
第九百一十七条 储存期内，因保管不善造成仓储物毁损、灭失的，保管人应当承担赔偿责任。因仓储物本身的自然性质、包装不符合约定或者超过有效储存期造成仓储物变质、损坏的，保管人不承担赔偿责任。	**第三百九十四条** 储存期间，因保管人保管不善造成仓储物毁损、灭失的，保管人应当承担损害赔偿责任。因仓储物的性质、包装不符合约定或者超过有效储存期造成仓储物变质、损坏的，保管人不承担损害赔偿责任。	
第九百一十八条 本章没有规定的，适用保管合同的有关规定。	**第三百九十五条** 同《民法典》	
第二十三章　委托合同	**第二十一章　委托合同**	
第九百一十九条 委托合同是委托人和受托人约定，由受托人处理委托人事务的合同。	**第三百九十六条** 同《民法典》	

续表

中华人民共和国民法典	前民法典时代的民事法律规范	立法演进的核心提示
第九百二十条 委托人可以特别委托受托人处理一项或者数项事务，也可以概括委托受托人处理一切事务。	**第三百九十七条** 同《民法典》	
第九百二十一条 委托人应当预付处理委托事务的费用。受托人为处理委托事务垫付的必要费用，委托人应当偿还该费用并支付利息。	**第三百九十八条** 委托人应当预付处理委托事务的费用。受托人为处理委托事务垫付的必要费用，委托人应当偿还该费用及其利息。	
第九百二十二条 受托人应当按照委托人的指示处理委托事务。需要变更委托人指示的，应当经委托人同意；因情况紧急，难以和委托人取得联系的，受托人应当妥善处理委托事务，但是事后应当将该情况及时报告委托人。	**第三百九十九条** 受托人应当按照委托人的指示处理委托事务。需要变更委托人指示的，应当经委托人同意；因情况紧急，难以和委托人取得联系的，受托人应当妥善处理委托事务，但事后应当将该情况及时报告委托人。	
第九百二十三条 受托人应当亲自处理委托事务。经委托人同意，受托人可以转委托。转委托经同意或者追认的，委托人可以就委托事务直接指示转委托的第三人，受托人仅就第三人的选任及其对第三人的指示承担责任。转委托未经同意或者追认的，受托人应当对转委托的第三人的行为承担责任；但是，在紧急情况下受托人为了维护委托人的利益需要转委托第三人的除外。	**第四百条** 受托人应当亲自处理委托事务。经委托人同意，受托人可以转委托。转委托经同意的，委托人可以就委托事务直接指示转委托的第三人，受托人仅就第三人的选任及其对第三人的指示承担责任。转委托未经同意的，受托人应当对转委托的第三人的行为承担责任，但在紧急情况下受托人为维护委托人的利益需要转委托的除外。 **《民法总则》第一百六十九条** 代理人需要转委托第三人代理的，应当取得被代理人的同意或者追认。 转委托代理经被代理人同意或者追认的，被代理人可以就代理事务直接指示转委托的第三人，代理人仅就第三人的选任以及对第三人的指示承担责任。 转委托代理未经被代理人同意或者追认的，代理人应当对转委托的第三人的行为承担责任，但是在紧急情况下代理人为了维护被代理人的利益需要转委托第三人代理的除外。	
第九百二十四条 受托人应当按照委托人的要求，报告委托事务的处理情况。委托合同终止时，受托人应当报告委托事务的结果。	**第四百零一条** 同《民法典》	

续表

中华人民共和国民法典	前民法典时代的民事法律规范	立法演进的核心提示
第九百二十五条　受托人以自己的名义，在委托人的授权范围内与第三人订立的合同，第三人在订立合同时知道受托人与委托人之间的代理关系的，该合同直接约束委托人和第三人；但是，有确切证据证明该合同只约束受托人和第三人的除外。	**第四百零二条**　受托人以自己的名义，在委托人的授权范围内与第三人订立的合同，第三人在订立合同时知道受托人与委托人之间的代理关系的，该合同直接约束委托人和第三人，但有确切证据证明该合同只约束受托人和第三人的除外。	
第九百二十六条　受托人以自己的名义与第三人订立合同时，第三人不知道受托人与委托人之间的代理关系的，受托人因第三人的原因对委托人不履行义务，受托人应当向委托人披露第三人，委托人因此可以行使受托人对第三人的权利。但是，第三人与受托人订立合同时如果知道该委托人就不会订立合同的除外。 受托人因委托人的原因对第三人不履行义务，受托人应当向第三人披露委托人，第三人因此可以选择受托人或者委托人作为相对人主张其权利，但是第三人不得变更选定的相对人。 委托人行使受托人对第三人的权利的，第三人可以向委托人主张其对受托人的抗辩。第三人选定委托人作为其相对人的，委托人可以向第三人主张其对受托人的抗辩以及受托人对第三人的抗辩。	**第四百零三条**　受托人以自己的名义与第三人订立合同时，第三人不知道受托人与委托人之间的代理关系的，受托人因第三人的原因对委托人不履行义务，受托人应当向委托人披露第三人，委托人因此可以行使受托人对第三人的权利，但第三人与受托人订立合同时如果知道该委托人就不会订立合同的除外。 受托人因委托人的原因对第三人不履行义务，受托人应当向第三人披露委托人，第三人因此可以选择受托人或者委托人作为相对人主张其权利，但第三人不得变更选定的相对人。 委托人行使受托人对第三人的权利的，第三人可以向委托人主张其对受托人的抗辩。第三人选定委托人作为其相对人的，委托人可以向第三人主张其对受托人的抗辩以及受托人对第三人的抗辩。	
第九百二十七条　受托人处理委托事务取得的财产，应当转交给委托人。	**第四百零四条**　同《民法典》	
第九百二十八条　受托人完成委托事务的，委托人应当按照约定向其支付报酬。 因不可归责于受托人的事由，委托合同解除或者委托事务不能完成的，委托人应当向受托人支付相应的报酬。当事人另有约定的，按照其约定。	**第四百零五条**　受托人完成委托事务的，委托人应当向其支付报酬。因不可归责于受托人的事由，委托合同解除或者委托事务不能完成的，委托人应当向受托人支付相应的报酬。当事人另有约定的，按照其约定。	
第九百二十九条　有偿的委托合同，因受托人的过错造成委托人损失的，委托人可以请求赔偿损失。无偿的委托合同，因受托人的故意或者重大过失造成委托人损失的，委托人可以请求赔偿损失。 受托人超越权限造成委托人损失的，应当赔偿损失。	**第四百零六条**　有偿的委托合同，因受托人的过错给委托人造成损失的，委托人可以要求赔偿损失。无偿的委托合同，因受托人的故意或者重大过失给委托人造成损失的，委托人可以要求赔偿损失。 受托人超越权限给委托人造成损失的，应当赔偿损失。	

续表

中华人民共和国民法典	前民法典时代的民事法律规范	立法演进的核心提示
第九百三十条 受托人处理委托事务时，因不可归责于自己的事由受到损失的，可以向委托人请求赔偿损失。	**第四百零七条** 受托人处理委托事务时，因不可归责于自己的事由受到损失的，可以向委托人要求赔偿损失。	
第九百三十一条 委托人经受托人同意，可以在受托人之外委托第三人处理委托事务。因此造成受托人损失的，受托人可以向委托人请求赔偿损失。	**第四百零八条** 委托人经受托人同意，可以在受托人之外委托第三人处理委托事务。因此给受托人造成损失的，受托人可以向委托人要求赔偿损失。	
第九百三十二条 两个以上的受托人共同处理委托事务的，对委托人承担连带责任。	**第四百零九条** 同《民法典》	
第九百三十三条 委托人或者受托人可以随时解除委托合同。因解除合同造成对方损失的，除不可归责于该当事人的事由外，无偿委托合同的解除方应当赔偿因解除时间不当造成的直接损失，有偿委托合同的解除方应当赔偿对方的直接损失和合同履行后可以获得的利益。	**第四百一十条** 委托人或者受托人可以随时解除委托合同。因解除合同给对方造成损失的，除不可归责于该当事人的事由以外，应当赔偿损失。	
第九百三十四条 委托人死亡、终止或者受托人死亡、丧失民事行为能力、终止的，委托合同终止；但是，当事人另有约定或者根据委托事务的性质不宜终止的除外。	**第四百一十一条** 委托人或者受托人死亡、丧失民事行为能力或者破产的，委托合同终止，但当事人另有约定或者根据委托事务的性质不宜终止的除外。	
第九百三十五条 因委托人死亡或者被宣告破产、解散，致使委托合同终止将损害委托人利益的，在委托人的继承人、遗产管理人或者清算人承受委托事务之前，受托人应当继续处理委托事务。	**第四百一十二条** 因委托人死亡、丧失民事行为能力或者破产，致使委托合同终止将损害委托人利益的，在委托人的继承人、法定代理人或者清算组织承受委托事务之前，受托人应当继续处理委托事务。	
第九百三十六条 因受托人死亡、丧失民事行为能力或者被宣告破产、解散，致使委托合同终止的，受托人的继承人、遗产管理人、法定代理人或者清算人应当及时通知委托人。因委托合同终止将损害委托人利益的，在委托人作出善后处理之前，受托人的继承人、遗产管理人、法定代理人或者清算人应当采取必要措施。	**第四百一十三条** 因受托人死亡、丧失民事行为能力或者破产，致使委托合同终止的，受托人的继承人、法定代理人或者清算组织应当及时通知委托人。因委托合同终止将损害委托人利益的，在委托人作出善后处理之前，受托人的继承人、法定代理人或者清算组织应当采取必要措施。	

续表

中华人民共和国民法典	前民法典时代的民事法律规范	立法演进的核心提示
第二十四章　物业服务合同		
第九百三十七条　物业服务合同是物业服务人在物业服务区域内，为业主提供建筑物及其附属设施的维修养护、环境卫生和相关秩序的管理维护等物业服务，业主支付物业费的合同。 物业服务人包括物业服务企业和其他管理人。		
第九百三十八条　物业服务合同的内容一般包括服务事项、服务质量、服务费用的标准和收取办法、维修资金的使用、服务用房的管理和使用、服务期限、服务交接等条款。物业服务人公开作出的有利于业主的服务承诺，为物业服务合同的组成部分。 物业服务合同应当采用书面形式。	**《物业管理条例》第三十四条**　业主委员会应当与业主大会选聘的物业服务企业订立书面的物业服务合同。 物业服务合同应当对物业管理事项、服务质量、服务费用、双方的权利义务、专项维修资金的管理与使用、物业管理用房、合同期限、违约责任等内容进行约定。 **《物业服务合同司法解释》第三条第二款**　物业服务企业公开作出的服务承诺及制定的服务细则，应当认定为物业服务合同的组成部分。	
第九百三十九条　建设单位依法与物业服务人订立的前期物业服务合同，以及业主委员会与业主大会依法选聘的物业服务人订立的物业服务合同，对业主具有法律约束力。	**《物业服务合同司法解释》第一条**　建设单位依法与物业服务企业签订的前期物业服务合同，以及业主委员会与业主大会依法选聘的物业服务企业签订的物业服务合同，对业主具有约束力。业主以其并非合同当事人为由提出抗辩的，人民法院不予支持。	
第九百四十条　建设单位依法与物业服务人订立的前期物业服务合同约定的服务期限届满前，业主委员会或者业主与新物业服务人订立的物业服务合同生效的，前期物业服务合同终止。	**《物业管理条例》第二十六条**　前期物业服务合同可以约定期限；但是，期限未满、业主委员会与物业服务企业签订的物业服务合同生效的，前期物业服务合同终止。	
第九百四十一条　物业服务人将物业服务区域内的部分专项服务事项委托给专业性服务组织或者其他第三人的，应当就该部分专项服务事项向业主负责。 物业服务人不得将其应当提供的全部物业服务转委托给第三人，或者将全部物业服务支解后分别转委托给第三人。	**《物业管理条例》第三十九条**　物业服务企业可以将物业管理区域内的专项服务业务委托给专业性服务企业，但不得将该区域内的全部物业管理一并委托给他人。	

续表

中华人民共和国民法典	前民法典时代的民事法律规范	立法演进的核心提示
第九百四十二条 物业服务人应当按照约定和物业的使用性质，妥善维修、养护、清洁、绿化和经营管理物业服务区域内的业主共有部分，维护物业服务区域内的基本秩序，采取合理措施保护业主的人身、财产安全。 对物业服务区域内违反有关治安、环保、消防等法律法规的行为，物业服务人应当及时采取合理措施制止、向有关行政主管部门报告并协助处理。	**《物业管理条例》** **第二条** 本条例所称物业管理，是指业主通过选聘物业服务企业，由业主和物业服务企业按照物业服务合同约定，对房屋及配套的设施设备和相关场地进行维修、养护、管理，维护物业管理区域内的环境卫生和相关秩序的活动。 **第四十五条** 对物业管理区域内违反有关治安、环保、物业装饰装修和使用等方面法律、法规规定的行为，物业服务企业应当制止，并及时向有关行政管理部门报告。 有关行政管理部门在接到物业服务企业的报告后，应当依法对违法行为予以制止或者依法处理。 **第四十六条第一款** 物业服务企业应当协助做好物业管理区域内的安全防范工作。发生安全事故时，物业服务企业在采取应急措施的同时，应当及时向有关行政管理部门报告，协助做好救助工作。 **《物业服务合同司法解释》第三条** 物业服务企业不履行或者不完全履行物业服务合同约定的或者法律、法规规定以及相关行业规范确定的维修、养护、管理和维护义务，业主请求物业服务企业承担继续履行、采取补救措施或者赔偿损失等违约责任的，人民法院应予支持。 物业服务企业公开作出的服务承诺及制定的服务细则，应当认定为物业服务合同的组成部分。	
第九百四十三条 物业服务人应当定期将服务的事项、负责人员、质量要求、收费项目、收费标准、履行情况，以及维修资金使用情况、业主共有部分的经营与收益情况等以合理方式向业主公开并向业主大会、业主委员会报告。		新增物业服务人信息公开义务的规则。
第九百四十四条 业主应当按照约定向物业服务人支付物业费。物业服务人已经按照约定和有关规定提供服务的，业主不得以未接受或者无需接受相关物业服务为由拒绝支付物业费。	**《物业管理条例》** **第四十一条第一款** 业主应当根据物业服务合同的约定交纳物业服务费用。业主与物业使用人约定由物业使用人交纳物业服务费用的，从其约定，业主负连带交纳责任。	

续表

中华人民共和国民法典	前民法典时代的民事法律规范	立法演进的核心提示
业主违反约定逾期不支付物业费的，物业服务人可以催告其在合理期限内支付；合理期限届满仍不支付的，物业服务人可以提起诉讼或者申请仲裁。 物业服务人不得采取停止供电、供水、供热、供燃气等方式催交物业费。	**第六十四条** 违反物业服务合同约定，业主逾期不交纳物业服务费用的，业主委员会应当督促其限期交纳；逾期仍不交纳的，物业服务企业可以向人民法院起诉。 **《物业服务合同司法解释》第六条** 经书面催交，业主无正当理由拒绝交纳或者在催告的合理期限内仍未交纳物业费，物业服务企业请求业主支付物业费的，人民法院应予支持。物业服务企业已经按照合同约定以及相关规定提供服务，业主仅以未享受或者无需接受相关物业服务为抗辩理由的，人民法院不予支持。	
第九百四十五条 业主装饰装修房屋的，应当事先告知物业服务人，遵守物业服务人提示的合理注意事项，并配合其进行必要的现场检查。 业主转让、出租物业专有部分、设立居住权或者依法改变共有部分用途的，应当及时将相关情况告知物业服务人。	**《物业管理条例》第五十二条** 业主需要装饰装修房屋的，应当事先告知物业服务企业。 物业服务企业应当将房屋装饰装修中的禁止行为和注意事项告知业主。	
第九百四十六条 业主依照法定程序共同决定解聘物业服务人的，可以解除物业服务合同。决定解聘的，应当提前六十日书面通知物业服务人，但是合同对通知期限另有约定的除外。 依据前款规定解除合同造成物业服务人损失的，除不可归责于业主的事由外，业主应当赔偿损失。	**《物业服务合同司法解释》第八条** 业主大会按照物权法第七十六条规定的程序作出解聘物业服务企业的决定后，业主委员会请求解除物业服务合同的，人民法院应予支持。 物业服务企业向业主委员会提出物业费主张的，人民法院应当告知其向拖欠物业费的业主另行主张权利。	
第九百四十七条 物业服务期限届满前，业主依法共同决定续聘的，应当与原物业服务人在合同期限届满前续订物业服务合同。 **物业服务期限届满前，物业服务人不同意续聘的，应当在合同期限届满前九十日书面通知业主或者业主委员会，但是合同对通知期限另有约定的除外。**		新增物业服务合同续订的规则。

续表

中华人民共和国民法典	前民法典时代的民事法律规范	立法演进的核心提示
第九百四十八条　物业服务期限届满后，业主没有依法作出续聘或者另聘物业服务人的决定，物业服务人继续提供物业服务的，原物业服务合同继续有效，但是服务期限为不定期。 **当事人可以随时解除不定期物业服务合同，但是应当提前六十日书面通知对方。**		新增不定期物业服务合同及当事人的任意解除权。
第九百四十九条　物业服务合同终止的，原物业服务人应当在约定期限或者合理期限内退出物业服务区域，将物业服务用房、相关设施、物业服务所必需的相关资料等交还给业主委员会、决定自行管理的业主或者其指定的人，配合新物业服务人做好交接工作，并如实告知物业的使用和管理状况。 原物业服务人违反前款规定的，不得请求业主支付物业服务合同终止后的物业费；造成业主损失的，应当赔偿损失。	**《物业管理条例》第三十八条第一款**　物业服务合同终止时，物业服务企业应当将物业管理用房和本条例第二十九条第一款规定的资料交还给业主委员会。 **《物业服务合同司法解释》第十条**　物业服务合同的权利义务终止后，业主委员会请求物业服务企业退出物业服务区域、移交物业服务用房和相关设施，以及物业服务所必需的相关资料和由其代管的专项维修资金的，人民法院应予支持。 物业服务企业拒绝退出、移交，并以存在事实上的物业服务关系为由，请求业主支付物业服务合同权利义务终止后的物业费的，人民法院不予支持。	
第九百五十条　物业服务合同终止后，在业主或者业主大会选聘的新物业服务人或者决定自行管理的业主接管之前，原物业服务人应当继续处理物业服务事项，并可以请求业主支付该期间的物业费。	**《物业管理条例》第三十八条**　物业服务合同终止时，物业服务企业应当将物业管理用房和本条例第二十九条第一款规定的资料交还给业主委员会。 物业服务合同终止时，业主大会选聘了新的物业服务企业的，物业服务企业之间应当做好交接工作。	
第二十五章　行纪合同	**第二十二章　行纪合同**	
第九百五十一条　行纪合同是行纪人以自己的名义为委托人从事贸易活动，委托人支付报酬的合同。	**第四百一十四条**　同《民法典》	
第九百五十二条　行纪人处理委托事务支出的费用，由行纪人负担，但是当事人另有约定的除外。	**第四百一十五条**　行纪人处理委托事务支出的费用，由行纪人负担，但当事人另有约定的除外。	
第九百五十三条　行纪人占有委托物的，应当妥善保管委托物。	**第四百一十六条**　同《民法典》	

续表

中华人民共和国民法典	前民法典时代的民事法律规范	立法演进的核心提示
第九百五十四条 委托物交付给行纪人时有瑕疵或者容易腐烂、变质的，经委托人同意，行纪人可以处分该物；不能与委托人及时取得联系的，行纪人可以合理处分。	**第四百一十七条** 委托物交付给行纪人时有瑕疵或者容易腐烂、变质的，经委托人同意，行纪人可以处分该物；和委托人不能及时取得联系的，行纪人可以合理处分。	
第九百五十五条 行纪人低于委托人指定的价格卖出或者高于委托人指定的价格买入的，应当经委托人同意；未经委托人同意，行纪人补偿其差额的，该买卖对委托人发生效力。 行纪人高于委托人指定的价格卖出或者低于委托人指定的价格买入的，可以按照约定增加报酬；没有约定或者约定不明确，依据本法第五百一十条的规定仍不能确定的，该利益属于委托人。 委托人对价格有特别指示的，行纪人不得违背该指示卖出或者买入。	**第四百一十八条** 行纪人低于委托人指定的价格卖出或者高于委托人指定的价格买入的，应当经委托人同意。未经委托人同意，行纪人补偿其差额的，该买卖对委托人发生效力。 行纪人高于委托人指定的价格卖出或者低于委托人指定的价格买入的，可以按照约定增加报酬。没有约定或者约定不明确，依照本法第六十一条的规定仍不能确定的，该利益属于委托人。 委托人对价格有特别指示的，行纪人不得违背该指示卖出或者买入。	
第九百五十六条 行纪人卖出或者买入具有市场定价的商品，除委托人有相反的意思表示外，行纪人自己可以作为买受人或者出卖人。 行纪人有前款规定情形的，仍然可以请求委托人支付报酬。	**第四百一十九条** 行纪人卖出或者买入具有市场定价的商品，除委托人有相反的意思表示的以外，行纪人自己可以作为买受人或者出卖人。 行纪人有前款规定情形的，仍然可以要求委托人支付报酬。	
第九百五十七条 行纪人按照约定买入委托物，委托人应当及时受领。经行纪人催告，委托人无正当理由拒绝受领的，行纪人依法可以提存委托物。 委托物不能卖出或者委托人撤回出卖，经行纪人催告，委托人不取回或者不处分该物的，行纪人依法可以提存委托物。	**第四百二十条** 行纪人按照约定买入委托物，委托人应当及时受领。经行纪人催告，委托人无正当理由拒绝受领的，行纪人依照本法第一百零一条的规定可以提存委托物。 委托物不能卖出或者委托人撤回出卖，经行纪人催告，委托人不取回或者不处分该物的，行纪人依照本法第一百零一条的规定可以提存委托物。	
第九百五十八条 行纪人与第三人订立合同的，行纪人对该合同直接享有权利、承担义务。 **第三人不履行义务致使委托人受到损害的，行纪人应当承担赔偿责任，但是行纪人与委托人另有约定的除外。**	**第四百二十一条** 行纪人与第三人订立合同的，行纪人对该合同直接享有权利、承担义务。	新增第三人违约导致委托人受损时行纪人应当承担赔偿责任及例外的规则。

续表

中华人民共和国民法典	前民法典时代的民事法律规范	立法演进的核心提示
第九百五十九条 行纪人完成或者部分完成委托事务的,委托人应当向其支付相应的报酬。委托人逾期不支付报酬的,行纪人对委托物享有留置权,但是当事人另有约定的除外。	**第四百二十二条** 行纪人完成或者部分完成委托事务的,委托人应当向其支付相应的报酬。委托人逾期不支付报酬的,行纪人对委托物享有留置权,但当事人另有约定的除外。	
第九百六十条 本章没有规定的,参照适用委托合同的有关规定。	**第四百二十三条** 本章没有规定的,适用委托合同的有关规定。	
第二十六章 中介合同	**第二十三章 居间合同**	
第九百六十一条 中介合同是中介人向委托人报告订立合同的机会或者提供订立合同的媒介服务,委托人支付报酬的合同。	**第四百二十四条** 居间合同是居间人向委托人报告订立合同的机会或者提供订立合同的媒介服务,委托人支付报酬的合同。	
第九百六十二条 中介人应当就有关订立合同的事项向委托人如实报告。 中介人故意隐瞒与订立合同有关的重要事实或者提供虚假情况,损害委托人利益的,不得请求支付报酬并应当承担赔偿责任。	**第四百二十五条** 居间人应当就有关订立合同的事项向委托人如实报告。 居间人故意隐瞒与订立合同有关的重要事实或者提供虚假情况,损害委托人利益的,不得要求支付报酬并应当承担损害赔偿责任。	
第九百六十三条 中介人促成合同成立的,委托人应当按照约定支付报酬。对中介人的报酬没有约定或者约定不明确,依据本法第五百一十条的规定仍不能确定的,根据中介人的劳务合理确定。因中介人提供订立合同的媒介服务而促成合同成立的,由该合同的当事人平均负担中介人的报酬。 中介人促成合同成立的,中介活动的费用,由中介人负担。	**第四百二十六条** 居间人促成合同成立后,委托人应当按照约定支付报酬。对居间人的报酬没有约定或者约定不明确,依照本法第六十一条的规定仍不能确定的,根据居间人的劳务合理确定。因居间人提供订立合同的媒介服务而促成合同成立的,由该合同的当事人平均负担居间人的报酬。 居间人促成合同成立的,居间活动的费用,由居间人负担。	
第九百六十四条 中介人未促成合同成立的,不得请求支付报酬;但是,可以按照约定请求委托人支付从事中介活动支出的必要费用。	**第四百二十七条** 居间人未促成合同成立的,不得要求支付报酬,但可以要求委托人支付从事居间活动支出的必要费用。	
第九百六十五条 委托人在接受中介人的服务后,利用中介人提供的交易机会或者媒介服务,绕开中介人直接订立合同的,应当向中介人支付报酬。		新增委托人私下与第三人订立合同后果的规则。

续表

中华人民共和国民法典	前民法典时代的民事法律规范	立法演进的核心提示
第九百六十六条　本章没有规定的，参照适用委托合同的有关规定。		新增中介合同参照适用委托合同规定的规则。
第二十七章　合伙合同①		
第九百六十七条　合伙合同是两个以上合伙人为了共同的事业目的，订立的共享利益、共担风险的协议。	**《民法通则》** **第三十条**　个人合伙是指两个以上公民按照协议，各自提供资金、实物、技术等，合伙经营、共同劳动。 **第三十一条**　合伙人应当对出资数额、盈余分配、债务承担、入伙、退伙、合伙终止等事项，订立书面协议。	
第九百六十八条　合伙人应当按照约定的出资方式、数额和缴付期限，履行出资义务。		
第九百六十九条　合伙人的出资、因合伙事务依法取得的收益和其他财产，属于合伙财产。 合伙合同终止前，合伙人不得请求分割合伙财产。	**《合伙企业法》第十七条**　合伙人应当按照合伙协议约定的出资方式、数额和缴付期限，履行出资义务。 以非货币财产出资的，依照法律、行政法规的规定，需要办理财产权转移手续的，应当依法办理。	
第九百七十条　合伙人就合伙事务作出决定的，除合伙合同另有约定外，应当经全体合伙人一致同意。 合伙事务由全体合伙人共同执行。按照合伙合同的约定或者全体合伙人的决定，可以委托一个或者数个合伙人执行合伙事务；其他合伙人不再执行合伙事务，但是有权监督执行情况。 合伙人分别执行合伙事务的，执行事务合伙人可以对其他合伙人执行的事务提出异议；提出异议后，其他合伙人应当暂停该项事务的执行。	**《民法通则》** **第三十二条**　合伙人投入的财产，由合伙人统一管理和使用。 合伙经营积累的财产，归合伙人共有。 **第三十四条**　个人合伙的经营活动，由合伙人共同决定，合伙人有执行和监督的权利。 合伙人可以推举负责人。合伙负责人和其他人员的经营活动，由全体合伙人承担民事责任。 **《合伙企业法》** **第二十条**　合伙人的出资、以合伙企业名义取得的收益和依法取得的其他财产，均为合伙企业的财产。 **第二十一条**　合伙人在合伙企业清算前，不得请求分割合伙企业的财产；但是，本法另有规定的除外。	

① 特别说明：虽然“合伙合同”与“合伙企业”存在本质区别，但是在《民法典》编纂过程中，“合伙合同”确实借鉴了大量《合伙企业法》的规定，故在对照中直接列举了《合伙企业法》的条文。

续表

中华人民共和国民法典	前民法典时代的民事法律规范	立法演进的核心提示
	合伙人在合伙企业清算前私自转移或者处分合伙企业财产的，合伙企业不得以此对抗善意第三人。 **第二十六条** 合伙人对执行合伙事务享有同等的权利。 按照合伙协议的约定或者经全体合伙人决定，可以委托一个或者数个合伙人对外代表合伙企业，执行合伙事务。 作为合伙人的法人、其他组织执行合伙事务的，由其委派的代表执行。 **第二十九条** 合伙人分别执行合伙事务的，执行事务合伙人可以对其他合伙人执行的事务提出异议。提出异议时，应当暂停该项事务的执行。如果发生争议，依照本法第三十条规定作出决定。 受委托执行合伙事务的合伙人不按照合伙协议或者全体合伙人的决定执行事务的，其他合伙人可以决定撤销该委托。	
第九百七十一条　合伙人不得因执行合伙事务而请求支付报酬，但是合伙合同另有约定的除外。		新增执行合伙事务无偿性及其例外的规则。
第九百七十二条 合伙的利润分配和亏损分担，按照合伙合同的约定办理；合伙合同没有约定或者约定不明确的，由合伙人协商决定；协商不成的，由合伙人按照实缴出资比例分配、分担；无法确定出资比例的，由合伙人平均分配、分担。	**《民法通则》第三十五条第一款** 合伙的债务，由合伙人按照出资比例或者协议的约定，以各自的财产承担清偿责任。 **《民通意见》第四十七条** 全体合伙人对合伙经营的亏损额，对外应当负连带责任；对内则应按照协议约定的债务承担比例或者出资比例分担；协议未规定债务承担比例或者出资比例的，可以按照约定的或者实际的盈余分配比例承担。但是对造成合伙经营亏损有过错的合伙人，应当根据其过错程度相应的多承担责任。 **《合伙企业法》第三十三条** 合伙企业的利润分配、亏损分担，按照合伙协议的约定办理；合伙协议未约定或者约定不明确的，由合伙人协商决定；协商不成的，由合伙人按照实缴出资比例分配、分担；无法确定出资比例的，由合伙人平均分配、分担。 合伙协议不得约定将全部利润分配给部分合伙人或者由部分合伙人承担全部亏损。	

续表

中华人民共和国民法典	前民法典时代的民事法律规范	立法演进的核心提示
第九百七十三条 合伙人对合伙债务承担连带责任。清偿合伙债务超过自己应当承担份额的合伙人，有权向其他合伙人追偿。	**《民法通则》第三十五条** 合伙的债务，由合伙人按照出资比例或者协议的约定，以各自的财产承担清偿责任。 合伙人对合伙的债务承担连带责任，法律另有规定的除外。偿还合伙债务超过自己应当承担数额的合伙人，有权向其他合伙人追偿。 **《民通意见》第四十七条** 全体合伙人对合伙经营的亏损额，对外应当负连带责任；对内则应按照协议约定的债务承担比例或者出资比例分担；协议未规定债务承担比例或者出资比例的，可以按照约定的或者实际的盈余分配比例承担。但是对造成合伙经营亏损有过错的合伙人，应当根据其过错程度相应的多承担责任。 **《合伙企业法》第四十条** 合伙人由于承担无限连带责任，清偿数额超过本法第三十三条第一款规定的其亏损分担比例的，有权向其他合伙人追偿。	
第九百七十四条 除合伙合同另有约定外，合伙人向合伙人以外的人转让其全部或者部分财产份额的，须经其他合伙人一致同意。	**《合伙企业法》第二十二条** 除合伙协议另有约定外，合伙人向合伙人以外的人转让其在合伙企业中的全部或者部分财产份额时，须经其他合伙人一致同意。 合伙人之间转让在合伙企业中的全部或者部分财产份额时，应当通知其他合伙人。	
第九百七十五条 合伙人的债权人不得代位行使合伙人依照本章规定和合伙合同享有的权利，但是合伙人享有的利益分配请求权除外。	**《合伙企业法》** **第四十一条** 合伙人发生与合伙企业无关的债务，相关债权人不得以其债权抵销其对合伙企业的债务；也不得代位行使合伙人在合伙企业中的权利。 **第四十二条** 合伙人的自有财产不足清偿其与合伙企业无关的债务的，该合伙人可以以其从合伙企业中分取的收益用于清偿；债权人也可以依法请求人民法院强制执行该合伙人在合伙企业中的财产份额用于清偿。 人民法院强制执行合伙人的财产份额时，应当通知全体合伙人，其他合伙人有优先购买权；其他合伙人未购买，又不同意将该财产份额转让给他人的，依照本法第五十一条的规定为该合伙人办理退伙结算，或者办理削减该合伙人相应财产份额的结算。	

续表

中华人民共和国民法典	前民法典时代的民事法律规范	立法演进的核心提示
第九百七十六条 合伙人对合伙期限没有约定或者约定不明确，依据本法第五百一十条的规定仍不能确定的，视为不定期合伙。 合伙期限届满，合伙人继续执行合伙事务，其他合伙人没有提出异议的，原合伙合同继续有效，但是合伙期限为不定期。 合伙人可以随时解除不定期合伙合同，但是应当在合理期限之前通知其他合伙人。	**《合伙企业法》第四十六条** 合伙协议未约定合伙期限的，合伙人在不给合伙企业事务执行造成不利影响的情况下，可以退伙，但应当提前三十日通知其他合伙人。	
第九百七十七条 合伙人死亡、丧失民事行为能力或者终止的，合伙合同终止；但是，合伙合同另有约定或者根据合伙事务的性质不宜终止的除外。	**《合伙企业法》第四十八条** 合伙人有下列情形之一的，当然退伙： （一）作为合伙人的自然人死亡或者被依法宣告死亡； （二）个人丧失偿债能力； （三）作为合伙人的法人或者其他组织依法被吊销营业执照、责令关闭、撤销，或者被宣告破产； （四）法律规定或者合伙协议约定合伙人必须具有相关资格而丧失该资格； （五）合伙人在合伙企业中的全部财产份额被人民法院强制执行。 合伙人被依法认定为无民事行为能力人或者限制民事行为能力人的，经其他合伙人一致同意，可以依法转为有限合伙人，普通合伙企业依法转为有限合伙企业。其他合伙人未能一致同意的，该无民事行为能力或者限制民事行为能力的合伙人退伙。 退伙事由实际发生之日为退伙生效日。	
第九百七十八条 合伙合同终止后，合伙财产在支付因终止而产生的费用以及清偿合伙债务后有剩余的，依据本法第九百七十二条的规定进行分配。	**《民通意见》第五十五条** 合伙终止时，对合伙财产的处理，有书面协议的，按协议处理；没有书面协议，又协商不成的，如果合伙人出资额相等，应当考虑多数人意见酌情处理；合伙人出资额不等的，可以按出资额占全部合伙额多的合伙人意见处理，但要保护其他合伙人的利益。	明确合伙合同终止后剩余合伙财产的分配按照“有约从约—出资比例—平均分配”这一顺位处理。

续表

中华人民共和国民法典	前民法典时代的民事法律规范	立法演进的核心提示
第三分编　准合同		
第二十八章　无因管理		
第九百七十九条　管理人没有法定的或者约定的义务，为避免他人利益受损失而管理他人事务的，可以请求受益人偿还因管理事务而支出的必要费用；管理人因管理事务受到损失的，可以请求受益人给予适当补偿。 管理事务不符合受益人真实意思的，管理人不享有前款规定的权利；但是，受益人的真实意思违反法律或者违背公序良俗的除外。	**《民法通则》第九十三条**　没有法定的或者约定的义务，为避免他人利益受损失进行管理或者服务的，有权要求受益人偿付由此而支付的必要费用。 **《民法总则》第一百二十一条**　没有法定的或者约定的义务，为避免他人利益受损失而进行管理的人，有权请求受益人偿还由此支出的必要费用。	
第九百八十条　**管理人管理事务不属于前条规定的情形，但是受益人享有管理利益的，受益人应当在其获得的利益范围内向管理人承担前条第一款规定的义务。**		
第九百八十一条　**管理人管理他人事务，应当采取有利于受益人的方法。中断管理对受益人不利的，无正当理由不得中断。**		
第九百八十二条　**管理人管理他人事务，能够通知受益人的，应当及时通知受益人。管理的事务不需要紧急处理的，应当等待受益人的指示。**		
第九百八十三条　**管理结束后，管理人应当向受益人报告管理事务的情况。管理人管理事务取得的财产，应当及时转交给受益人。**		
第九百八十四条　**管理人管理事务经受益人事后追认的，从管理事务开始时起，适用委托合同的有关规定，但是管理人另有意思表示的除外。**		

续表

中华人民共和国民法典	前民法典时代的民事法律规范	立法演进的核心提示
第二十九章　不当得利		
第九百八十五条　得利人没有法律根据取得不当利益的，受损失的人可以请求得利人返还取得的利益，但是有下列情形之一的除外： （一）为履行道德义务进行的给付； （二）债务到期之前的清偿； （三）明知无给付义务而进行的债务清偿。	**《民法通则》第九十二条**　没有合法根据，取得不当利益，造成他人损失的，应当将取得的不当利益返还受损失的人。 **《民法总则》第一百二十二条**　因他人没有法律根据，取得不当利益，受损失的人有权请求其返还不当利益。	
第九百八十六条　得利人不知道且不应当知道取得的利益没有法律根据，取得的利益已经不存在的，不承担返还该利益的义务。		
第九百八十七条　得利人知道或者应当知道取得的利益没有法律根据的，受损失的人可以请求得利人返还其取得的利益并依法赔偿损失。	**《民通意见》第一百三十一条**　返还的不当利益，应当包括原物和原物所生的孳息。~~利用不当得利所取得的其他利益，扣除劳务管理费用后，应当予以收缴。~~	删除“利用不当得利所取得的其他利益，扣除劳务管理费用后，应当予以收缴”这一规定，至少从解释论视角存在不当得利人应当将其所获得的一切利益均返还给受损失人的可能性。
第九百八十八条　得利人已经将取得的利益无偿转让给第三人的，受损失的人可以请求第三人在相应范围内承担返还义务。		

中华人民共和国民法典人格权编
直接关联法条对照表

中华人民共和国民法典	前民法典时代的民事法律规范①	立法演进的核心提示
第四编　人格权		
第一章　一般规定		
第九百八十九条　本编调整因人格权的享有和保护产生的民事关系。	**《民法总则》第二条**　民法调整平等主体的自然人、法人和非法人组织之间的人身关系和财产关系。	明确民法典人格权编所调整的“人格权”是私法权利。
第九百九十条　人格权是民事主体享有的生命权、身体权、健康权、姓名权、名称权、肖像权、名誉权、荣誉权、隐私权等权利。 **除前款规定的人格权外，自然人享有基于人身自由、人格尊严产生的其他人格权益。**	**《民法总则》第一百一十条②**　自然人享有生命权、身体权、健康权、姓名权、肖像权、名誉权、荣誉权、隐私权、婚姻自主权等权利。法人、非法人组织享有名称权、名誉权、荣誉权等权利。 **《宪法》第三十八条**　中华人民共和国公民的人格尊严不受侵犯。禁止用任何方法对公民进行侮辱、诽谤和诬告陷害。 **《民法总则》第一百零九条**　自然人的人身自由、人格尊严受法律保护。 **《消费者权益保护法》第十四条**　消费者在购买、使用商品和接受服务时，享有人格尊严、民族风俗习惯得到尊重的权利，享有个人信息依法得到保护的权利。	新增人格权内涵的规范。
第九百九十一条　民事主体的人格权受法律保护，任何组织或者个人不得侵害。	**《民法总则》第三条**　民事主体的人身权利、财产权利以及其他合法权益受法律保护，任何组织或者个人不得侵犯。	

① 因前民法典时代并无独立的单行法与民法典人格权编相对应，所以本书该部分在以“对照最直接关联的条文”为原则的同时，力求列举的对照条文能更丰富一些，以期读者能更好地了解人格权编相关内容的由来。

② 《民法总则》第一百一十条属于对人格权的详细列举条文，本编后续赋权性规范中均将再次出现，本对照表后续作统一简化处理，只列明“《民法总则》第一百一十条”，不再赘述内容。

续表

中华人民共和国民法典	前民法典时代的民事法律规范	立法演进的核心提示
第九百九十二条　人格权不得放弃、转让或者继承。	**《民法通则》第九十九条第二款**　法人、个体工商户、个人合伙享有名称权。企业法人、个体工商户、个人合伙有权使用、依法转让自己的名称。	新增人格权专属性原则的规范，但事实上该规范针对的是自然人。
第九百九十三条　民事主体可以将自己的姓名、名称、肖像等许可他人使用，但是依照法律规定或者根据其性质不得许可的除外。	**《民法通则》** **第九十九条**　公民享有姓名权，有权决定、使用和依照规定改变自己的姓名，禁止他人干涉、盗用、假冒。 法人、个体工商户、个人合伙享有名称权。企业法人、个体工商户、个人合伙有权使用、依法转让自己的名称。 **第一百条**　公民享有肖像权，未经本人同意，不得以营利为目的使用公民的肖像。	新增人格权许可使用规则。
第九百九十四条　死者的姓名、肖像、名誉、荣誉、隐私、遗体等受到侵害的，其配偶、子女、父母有权依法请求行为人承担民事责任；死者没有配偶、子女且父母已经死亡的，其他近亲属有权依法请求行为人承担民事责任。	**《精神损害赔偿司法解释》** **第三条**　自然人死亡后，其近亲属因下列侵权行为遭受精神痛苦，向人民法院起诉请求赔偿精神损害的，人民法院应当依法予以受理： (一)以侮辱、诽谤、贬损、丑化或者违反社会公共利益、社会公德的其他方式，侵害死者姓名、肖像、名誉、荣誉； (二)非法披露、利用死者隐私，或者以违反社会公共利益、社会公德的其他方式侵害死者隐私； (三)非法利用、损害遗体、遗骨，或者以违反社会公共利益、社会公德的其他方式侵害遗体、遗骨。 **第七条**　自然人因侵权行为致死，或者自然人死亡后其人格或者遗体遭受侵害，死者的配偶、父母和子女向人民法院起诉请求赔偿精神损害的，列其配偶、父母和子女为原告；没有配偶、父母和子女的，可以由其他近亲属提起诉讼，列其他近亲属为原告。 **《民法总则》第一百八十五条**　侵害英雄烈士等的姓名、肖像、名誉、荣誉，损害社会公共利益的，应当承担民事责任。	

续表

中华人民共和国民法典	前民法典时代的民事法律规范	立法演进的核心提示
第九百九十五条　人格权受到侵害的，受害人有权依照本法和其他法律的规定请求行为人承担民事责任。受害人的停止侵害、排除妨碍、消除危险、消除影响、恢复名誉、赔礼道歉请求权，不适用诉讼时效的规定。	**《民法通则》第一百二十条**　公民的姓名权、肖像权、名誉权、荣誉权受到侵害的，有权要求停止侵害，恢复名誉，消除影响，赔礼道歉，并可以要求赔偿损失。 法人的名称权、名誉权、荣誉权受到侵害的，适用前款规定。 **《民法总则》第一百七十九条第一款**　承担民事责任的方式主要有： （一）停止侵害； （二）排除妨碍； （三）消除危险； （四）返还财产； （五）恢复原状； （六）修理、重作、更换； （七）继续履行； （八）赔偿损失； （九）支付违约金； （十）消除影响、恢复名誉； （十一）赔礼道歉。 **《民法总则》第一百九十六条第一项**　下列请求权不适用诉讼时效的规定： （一）请求停止侵害、排除妨碍、消除危险； ……	新增人格权请求权中不适用诉讼时效的请求权类型。
第九百九十六条　因当事人一方的违约行为，损害对方人格权并造成严重精神损害，受损害方选择请求其承担违约责任的，不影响受损害方请求精神损害赔偿。		新增违约损害人格权可请求精神损害赔偿的规则。
第九百九十七条　民事主体有证据证明行为人正在实施或者即将实施侵害其人格权的违法行为，不及时制止将使其合法权益受到难以弥补的损害的，有权依法向人民法院申请采取责令行为人停止有关行为的措施。	**《民事诉讼法》第一百条**　人民法院对于可能因当事人一方的行为或者其他原因，使判决难以执行或者造成当事人其他损害的案件，根据对方当事人的申请，可以裁定对其财产进行保全、责令其作出一定行为或者禁止其作出一定行为；当事人没有提出申请的，人民法院在必要时也可以裁定采取保全措施。 人民法院采取保全措施，可以责令申请人提供担保，申请人不提供担保的，裁定驳回申请。 人民法院接受申请后，对情况紧急的，必须在四十八小时内作出裁定；裁定采取保全措施的，应当立即开始执行。	新增人格权禁令制度，需要特别考虑的问题是人格权禁令与《民事诉讼法》上的诉前禁令制度是否存在差别。

续表

中华人民共和国民法典	前民法典时代的民事法律规范	立法演进的核心提示
第九百九十八条　认定行为人承担侵害除生命权、身体权和健康权外的人格权的民事责任，应当考虑行为人和受害人的职业、影响范围、过错程度，以及行为的目的、方式、后果等因素。		新增生命权、身体权和健康权之外人格权的侵权责任认定应考虑的因素。
第九百九十九条　为公共利益实施新闻报道、舆论监督等行为的，可以合理使用民事主体的姓名、名称、肖像、个人信息等；使用不合理侵害民事主体人格权的，应当依法承担民事责任。		新增人格权的合理使用制度。
第一千条　行为人因侵害人格权承担消除影响、恢复名誉、赔礼道歉等民事责任的，应当与行为的具体方式和造成的影响范围相当。 行为人拒不承担前款规定的民事责任的，人民法院可以采取在报刊、网络等媒体上发布公告或者公布生效裁判文书等方式执行，产生的费用由行为人负担。	**《利用信息网络侵害人身权益规定》第十六条**　人民法院判决侵权人承担赔礼道歉、消除影响或者恢复名誉等责任形式的，应当与侵权的具体方式和所造成的影响范围相当。侵权人拒不履行的，人民法院可以采取在网络上发布公告或者公布裁判文书等合理的方式执行，由此产生的费用由侵权人承担。	消除影响、恢复名誉、赔礼道歉等民事责任的承担。
第一千零一条　对自然人因婚姻家庭关系等产生的身份权利的保护，适用本法第一编、第五编和其他法律的相关规定；没有规定的，可以根据其性质参照适用本编人格权保护的有关规定。		新增身份权法律适用的参照规则。
第二章　生命权、身体权和健康权		
第一千零二条　自然人享有生命权。自然人的生命安全和生命尊严受法律保护。任何组织或者个人不得侵害他人的生命权。	**《民法通则》第九十八条**　公民享有生命健康权。 **《民法总则》第一百一十条** **《消费者权益保护法》第七条**　消费者在购买、使用商品和接受服务时享有人身、财产安全不受损害的权利。 消费者有权要求经营者提供的商品和服务，符合保障人身、财产安全的要求。	
第一千零三条　自然人享有身体权。自然人的身体完整和行动自由受法律保护。任何组织或者个人不得侵害他人的身体权。	**《民法总则》第一百一十条**	
第一千零四条　自然人享有健康权。自然人的身心健康受法律保护。任何组织或者个人不得侵害他人的健康权。	**《民法通则》第九十八条**　公民享有生命健康权。 **《民法总则》第一百一十条**	将健康权的内涵界定为“身心健康”，包含了心理健康，未来有望以此规制“恐吓”行为。

续表

中华人民共和国民法典	前民法典时代的民事法律规范	立法演进的核心提示
第一千零五条　自然人的生命权、身体权、健康权受到侵害或者处于其他危难情形的，负有法定救助义务的组织或者个人应当及时施救。	**《人民警察法》第二十一条第一款**　人民警察遇到公民人身、财产安全受到侵犯或者处于其他危难情形，应当立即救助；对公民提出解决纠纷的要求，应当给予帮助；对公民的报警案例，应当及时查处。 **《人民武装警察法》第二十八条**　人民武装警察遇有公民人身财产安全受到侵犯或者处于其他危难情形，应当及时救助。 **《医疗机构管理条例》** **第三条**　医疗机构以救死扶伤，防病治病，为公民的健康服务为宗旨。 **第三十一条**　医疗机构对危重病人应当立即抢救。对限于设备或者技术条件不能诊治的病人，应当及时转诊。	
第一千零六条　完全民事行为能力人有权依法自主决定无偿捐献其人体细胞、人体组织、人体器官、遗体。任何组织或者个人不得强迫、欺骗、利诱其捐献。 **完全民事行为能力人依据前款规定同意捐献的，应当采用书面形式，也可以订立遗嘱。** **自然人生前未表示不同意捐献的，该自然人死亡后，其配偶、成年子女、父母可以共同决定捐献，决定捐献应当采用书面形式。**	**《人体器官移植条例》** **第七条**　人体器官捐献应当遵循自愿、无偿的原则。 公民享有捐献或者不捐献其人体器官的权利；任何组织或者个人不得强迫、欺骗或者利诱他人捐献人体器官。 **第八条**　捐献人体器官的公民应当具有完全民事行为能力。公民捐献其人体器官应当有书面形式的捐献意愿，对已经表示捐献其人体器官的意愿，有权予以撤销。 公民生前表示不同意捐献其人体器官的，任何组织或者个人不得捐献、摘取该公民的人体器官；公民生前未表示不同意捐献其人体器官的，该公民死亡后，其配偶、成年子女、父母可以以书面形式共同表示同意捐献该公民人体器官的意愿。	
第一千零七条　禁止以任何形式买卖人体细胞、人体组织、人体器官、遗体。 违反前款规定的买卖行为无效。	**《人体器官移植条例》第三条**　任何组织或者个人不得以任何形式买卖人体器官，不得从事与买卖人体器官有关的活动。	
第一千零八条　为研制新药、医疗器械或者发展新的预防和治疗方法，需要进行临床试验的，应当依法经相关主管部门批准并经伦理委员会审查同意，向受试者或者受试者的监护人告知试验目的、用途和可能产生的风险等详细情况，并经其书面同意。 **进行临床试验的，不得向受试者收取试验费用。**	**《涉及人的生物医学研究伦理审查办法》** **第三条**　本办法所称涉及人的生物医学研究包括以下活动： （一）采用现代物理学、化学、生物学、中医药学和心理学等方法对人的生理、心理行为、病理现象、疾病病因和发病机制，以及疾病的预防、诊断、治疗和康复进行研究的活动；	

续表

中华人民共和国民法典	前民法典时代的民事法律规范	立法演进的核心提示
	(二)医学新技术或者医疗新产品在人体上进行试验研究的活动; (三)采用流行病学、社会学、心理学等方法收集、记录、使用、报告或者储存有关人的样本、医疗记录、行为等科学研究资料的活动。 **第四条** 伦理审查应当遵守国家法律法规规定,在研究中尊重受试者的自主意愿,同时遵守有益、不伤害以及公正的原则。 **第三十三条** 项目研究者开展研究,应当获得受试者自愿签署的知情同意书;受试者不能以书面方式表示同意时,项目研究者应当获得其口头知情同意,并提交过程记录和证明材料。	
第一千零九条 从事与人体基因、人体胚胎等有关的医学和科研活动,应当遵守法律、行政法规和国家有关规定,不得危害人体健康,不得违背伦理道德,不得损害公共利益。		
第一千零一十条 违背他人意愿,以言语、文字、图像、肢体行为等方式对他人实施性骚扰的,受害人有权依法请求行为人承担民事责任。 **机关、企业、学校等单位应当采取合理的预防、受理投诉、调查处置等措施,防止和制止利用职权、从属关系等实施性骚扰。**	**《妇女权益保障法》** **第四十条** 禁止对妇女实施性骚扰。受害妇女有权向单位和有关机关投诉。 **第五十八条** 违反本法规定,对妇女实施性骚扰或者家庭暴力,构成违反治安管理行为的,受害人可以提请公安机关对违法行为人依法给予行政处罚,也可以依法向人民法院提起民事诉讼。	
第一千零一十一条 以非法拘禁等方式剥夺、限制他人的行动自由,或者非法搜查他人身体的,受害人有权依法请求行为人承担民事责任。	**《宪法》第三十七条** 中华人民共和国公民的人身自由不受侵犯。 任何公民,非经人民检察院批准或者决定或者人民法院决定,并由公安机关执行,不受逮捕。 禁止非法拘禁和以其他方法非法剥夺或者限制公民的人身自由,禁止非法搜查公民的身体。 **《民法总则》第一百零九条** 自然人的人身自由、人格尊严受法律保护。	
第三章 姓名权和名称权		
第一千零一十二条 自然人享有姓名权,有权依法决定、使用、变更或者许可他人使用自己的姓名,但是不得违背公序良俗。	**《民法通则》第九十九条第一款** 公民享有姓名权,有权决定、使用和依照规定改变自己的姓名,禁止他人干涉、盗用、假冒。 **《民法总则》第一百一十条第一款**	

续表

中华人民共和国民法典	前民法典时代的民事法律规范	立法演进的核心提示
第一千零一十三条　法人、非法人组织享有名称权，有权依法决定、使用、变更、转让或者许可他人使用自己的名称。	**《民法通则》第九十九条第二款**　法人、个体工商户、个人合伙享有名称权。企业法人、个体工商户、个人合伙有权使用、依法转让自己的名称。 **《民法总则》第一百一十条第二款** **《企业名称登记管理规定》第二十三条**　企业名称可以随企业或者企业的一部分一并转让。 企业名称只能转让给一户企业。企业名称的转让方与受让方应当签订书面合同或者协议，报原登记主管机关核准。 企业名称转让后，转让方不得继续使用已转让的企业名称。	
第一千零一十四条　任何组织或者个人不得以干涉、盗用、假冒等方式侵害他人的姓名权或者名称权。	**《民法通则》第九十九条**　公民享有姓名权，有权决定、使用和依照规定改变自己的姓名，禁止他人干涉、盗用、假冒。 法人、个体工商户、个人合伙享有名称权。企业法人、个体工商户、个人合伙有权使用、依法转让自己的名称。 **《民通意见》第一百四十一条**　盗用、假冒他人姓名、名称造成损害的，应当认定为侵犯姓名权、名称权的行为。	
第一千零一十五条　自然人应当随父姓或者母姓，但是有下列情形之一的，可以在父姓和母姓之外选取姓氏： （一）选取其他直系长辈血亲的姓氏； （二）因由法定扶养人以外的人扶养而选取扶养人姓氏； （三）有不违背公序良俗的其他正当理由。 少数民族自然人的姓氏可以遵从本民族的文化传统和风俗习惯。	**《民法通则》第九十九条第一款**　公民享有姓名权，有权决定、使用和依照规定改变自己的姓名，禁止他人干涉、盗用、假冒。 **《婚姻法》第二十二条**　子女可以随父姓，可以随母姓。 **《姓名权立法解释》**① 公民依法享有姓名权。公民行使姓名权，还应当尊重社会公德，不得损害社会公共利益。	

① 背景介绍：2014年最高人民法院向全国人民代表大会常务委员会提出，为使人民法院正确理解和适用法律，请求对《民法通则》第九十九条第一款“公民享有姓名权，有权决定、使用和依照规定改变自己的姓名”和《婚姻法》第二十二条“子女可以随父姓，可以随母姓”的规定作法律解释，明确公民在父姓和母姓之外选取姓氏的情形。

全国人民代表大会常务委员会讨论了上述规定的含义，认为：公民依法享有姓名权。公民行使姓名权属于民事活动，既应当依照《民法通则》第九十九条第一款和《婚姻法》第二十二条的规定，还应当遵守《民法通则》第七条的规定，即应当尊重社会公德，不得损害社会公共利益。在中华传统文化中，“姓名”中的“姓”，即姓氏，体现着血缘传承、伦理秩序和文化传统，公民选取姓氏涉及公序良俗。公民原则上随父姓或者母姓符合中华传统文化和伦理观念，符合绝大多数公民的意愿和实际做法。同时，考虑社会实际情况，公民有正当理由的也可以选取其他姓氏。

基于此，对《民法通则》第九十九条第一款、《婚姻法》第二十二条作出如上解释。

续表

中华人民共和国民法典	前民法典时代的民事法律规范	立法演进的核心提示
	公民原则上应当随父姓或者母姓。有下列情形之一的,可以在父姓和母姓之外选取姓氏: (一)选取其他直系长辈血亲的姓氏; (二)因由法定扶养人以外的人扶养而选取扶养人姓氏; (三)有不违反公序良俗的其他正当理由。 少数民族公民的姓氏可以从本民族的文化传统和风俗习惯。	
第一千零一十六条　自然人决定、变更姓名,或者法人、非法人组织决定、变更、转让名称的,应当依法向有关机关办理登记手续,但是法律另有规定的除外。 **民事主体变更姓名、名称的,变更前实施的民事法律行为对其具有法律约束力。**	**《居民身份证法》第三条第一款**　居民身份证登记的项目包括:姓名、性别、民族、出生日期、常住户口所在地住址、公民身份号码、本人相片、指纹信息、证件的有效期和签发机关。 **《户口登记条例》第十八条**　公民变更姓名,依照下列规定办理: 一、未满十八周岁的人需要变更姓名的时候,由本人或者父母、收养人向户口登记机关申请变更登记; 二、十八周岁以上的人需要变更姓名的时候,由本人向户口登记机关申请变更登记。 **《民法总则》第六十六条**　登记机关应当依法及时公示法人登记的有关信息。 **《企业名称登记管理规定》第三条**　企业名称在企业申请登记时,由企业名称的登记主管机关核定。企业名称经核准登记注册后方可使用,在规定的范围内享有专用权。	
第一千零一十七条　具有一定社会知名度,被他人使用足以造成公众混淆的笔名、艺名、网名、译名、字号、姓名和名称的简称等,参照适用姓名权和名称权保护的有关规定。	**《反不正当竞争法》第六条**　经营者不得实施下列混淆行为,引人误认为是他人商品或者与他人存在特定联系: …… (二)擅自使用他人有一定影响的企业名称(包括简称、字号等)、社会组织名称(包括简称等)、姓名(包括笔名、艺名、译名等); ……	
第四章　肖像权		
第一千零一十八条　自然人享有肖像权,有权依法制作、使用、公开或者许可他人使用自己的肖像。 **肖像是通过影像、雕塑、绘画等方式在一定载体上所反映的特定自然人可以被识别的外部形象。**	**《民法通则》第一百条**　公民享有肖像权,未经本人同意,~~不得以营利为目的~~使用公民的肖像。 **《民法总则》第一百一十条** **《民通意见》第一百三十九条**　以营利为目的,未经公民同意利用其肖像做广告、商标、装饰橱窗等,应当认定为侵犯公民肖像权的行为。	

续表

中华人民共和国民法典	前民法典时代的民事法律规范	立法演进的核心提示
第一千零一十九条　任何组织或者个人不得以丑化、污损,或者利用信息技术手段伪造等方式侵害他人的肖像权。未经肖像权人同意,不得制作、使用、公开肖像权人的肖像,但是法律另有规定的除外。 未经肖像权人同意,肖像作品权利人不得以发表、复制、发行、出租、展览等方式使用或者公开肖像权人的肖像。	《民法通则》第一百条　公民享有肖像权,未经本人同意,不得以营利为目的使用公民的肖像。	
第一千零二十条　合理实施下列行为的,可以不经肖像权人同意: (一)为个人学习、艺术欣赏、课堂教学或者科学研究,在必要范围内使用肖像权人已经公开的肖像; (二)为实施新闻报道,不可避免地制作、使用、公开肖像权人的肖像; (三)为依法履行职责,国家机关在必要范围内制作、使用、公开肖像权人的肖像; (四)为展示特定公共环境,不可避免地制作、使用、公开肖像权人的肖像; (五)为维护公共利益或者肖像权人合法权益,制作、使用、公开肖像权人的肖像的其他行为。		新增肖像权的合理使用制度。
第一千零二十一条　当事人对肖像许可使用合同中关于肖像使用条款的理解有争议的,应当作出有利于肖像权人的解释。		新增肖像许可使用合同的解释规则。
第一千零二十二条　当事人对肖像许可使用期限没有约定或者约定不明确的,任何一方当事人可以随时解除肖像许可使用合同,但是应当在合理期限之前通知对方。 当事人对肖像许可使用期限有明确约定,肖像权人有正当理由的,可以解除肖像许可使用合同,但是应当在合理期限之前通知对方。因解除合同造成对方损失的,除不可归责于肖像权人的事由外,应当赔偿损失。		新增肖像权人对肖像许可使用合同享有的任意解除权。
第一千零二十三条　对姓名等的许可使用,参照适用肖像许可使用的有关规定。 对自然人声音的保护,参照适用肖像权保护的有关规定。		新增姓名许可和声音保护的参照适用指引条款。

续表

中华人民共和国民法典	前民法典时代的民事法律规范	立法演进的核心提示
第五章 名誉权和荣誉权		
第一千零二十四条 民事主体享有名誉权。任何组织或者个人不得以侮辱、诽谤等方式侵害他人的名誉权。 名誉是对民事主体的品德、声望、才能、信用等的社会评价。	**《民法通则》第一百零一条** 公民、法人享有名誉权,公民的人格尊严受法律保护,禁止用侮辱、诽谤等方式损害公民、法人的名誉。 **《民法总则》第一百一十条**	
第一千零二十五条 行为人为公共利益实施新闻报道、舆论监督等行为,影响他人名誉的,不承担民事责任,但是有下列情形之一的除外: (一)捏造、歪曲事实; (二)对他人提供的严重失实内容未尽到合理核实义务; (三)使用侮辱性言辞等贬损他人名誉。	**《名誉权案件若干问题的解释》**① 九、问:对产品质量、服务质量进行批评、评论引起的名誉权纠纷,如何认定是否构成侵权? 答:消费者对生产者、经营者、销售者的产品质量或者服务质量进行批评、评论,不应当认定为侵害他人名誉权。但借机诽谤、诋毁,损害其名誉的,应当认定为侵害名誉权。 新闻单位对生产者、经营者、销售者的产品质量或者服务质量进行批评、评论,内容基本属实,没有侮辱内容的,不应当认定为侵害其名誉权;主要内容失实,损害其名誉的,应当认定为侵害名誉权。	新闻报道、舆论监督影响他人名誉不承担民事责任的原则及其例外。
第一千零二十六条 认定行为人是否尽到前条第二项规定的合理核实义务,应当考虑下列因素: (一)内容来源的可信度; (二)对明显可能引发争议的内容是否进行了必要的调查; (三)内容的时限性; (四)内容与公序良俗的关联性; (五)受害人名誉受贬损的可能性; (六)核实能力和核实成本。		新闻报道、舆论监督中对他人提供内容的合理核实义务的认定因素。

① 特别提醒,此处《名誉权案件若干问题的解释》是指最高人民法院《关于审理名誉权案件若干问题的解释》,其于1998年7月14日由最高人民法院审判委员会第1002次会议通过,自1998年9月15日起施行;该司法解释是对最高人民法院审判委员会1993年6月15日第579次会议讨论通过的最高人民法院《关于审理名誉权案件若干问题的解答》的补充。概言之,《名誉权案件若干问题的解释》是对本条后续《民法典》第一千零二十七条所对应的《名誉权案件若干问题的解答》这一司法解释的补充,两者并非同一法律文件。

续表

中华人民共和国民法典	前民法典时代的民事法律规范	立法演进的核心提示
第一千零二十七条　行为人发表的文学、艺术作品以真人真事或者特定人为描述对象，含有侮辱、诽谤内容，侵害他人名誉权的，受害人有权依法请求该行为人承担民事责任。行为人发表的文学、艺术作品不以特定人为描述对象，仅其中的情节与该特定人的情况相似的，不承担民事责任。	**《名誉权案件若干问题的解答》** 九、问：因文学作品引起的名誉权纠纷，应如何认定是否构成侵权？ 答：撰写、发表文学作品，不是以生活中特定的人为描写对象，仅是作品的情节与生活中某人的情况相似，不应认定为侵害他人名誉权。 描写真人真事的文学作品，对特定人进行侮辱、诽谤或者披露隐私损害其名誉的；或者虽未写明真实姓名和住址，但事实是以特定人或者特定人的特定事实为描写对象，文中有侮辱、诽谤或者披露隐私的内容，致其名誉受到损害的，应认定为侵害他人名誉权。 编辑出版单位在作品已被认定为侵害他人名誉权或者被告知明显属于侵害他人名誉权后，应刊登声明消除影响或者采取其他补救措施；拒不刊登声明，不采取其他补救措施，或者继续刊登、出版侵权作品的，应认定为侵权。	
第一千零二十八条　民事主体有证据证明报刊、网络等媒体报道的内容失实，侵害其名誉权的，有权请求该媒体及时采取更正或者删除等必要措施。	**《侵权责任法》第三十六条第二款**　网络用户利用网络服务实施侵权行为的，被侵权人有权通知网络服务提供者采取删除、屏蔽、断开链接等必要措施。网络服务提供者接到通知后未及时采取必要措施的，对损害的扩大部分与该网络用户承担连带责任。	
第一千零二十九条　民事主体可以依法查询自己的信用评价；发现信用评价不当的，有权提出异议并请求采取更正、删除等必要措施。信用评价人应当及时核查，经核查属实的，应当及时采取必要措施。	**《征信业管理条例》** **第十七条**　信息主体可以向征信机构查询自身信息。个人信息主体有权每年两次免费获取本人的信用报告。 **第二十五条**　信息主体认为征信机构采集、保存、提供的信息存在错误、遗漏的，有权向征信机构或者信息提供者提出异议，要求更正。 征信机构或者信息提供者收到异议，应当按照国务院征信业监督管理部门的规定对相关信息作出存在异议的标注，自收到异议之日起20日内进行核查和处理，并将结果书面答复异议人。 经核查，确认相关信息确有错误、遗漏的，信息提供者、征信机构应当予以更正；确认不存在错误、遗漏的，应当取消异议标注；经核查仍不能确认的，对核查情况和异议内容应当予以记载。	首次在民事基本法中规定民事主体对自身信用评价的查询权和异议更正权。

续表

中华人民共和国民法典	前民法典时代的民事法律规范	立法演进的核心提示
第一千零三十条　民事主体与征信机构等信用信息处理者之间的关系，适用本编有关个人信息保护的规定和其他法律、行政法规的有关规定。	**《征信业管理条例》** **第二条**　在中国境内从事征信业务及相关活动，适用本条例。 本条例所称征信业务，是指对企业、事业单位等组织（以下统称企业）的信用信息和个人的信用信息进行采集、整理、保存、加工，并向信息使用者提供的活动。 **第十三条**　采集个人信息应当经信息主体本人同意，未经本人同意不得采集。但是，依照法律、行政法规规定公开的信息除外。	增加信用信息参照个人信息保护的规定。
第一千零三十一条　民事主体享有荣誉权。任何组织或者个人不得非法剥夺他人的荣誉称号，不得诋毁、贬损他人的荣誉。 **获得的荣誉称号应当记载而没有记载的，民事主体可以请求记载；获得的荣誉称号记载错误的，民事主体可以请求更正。**	**《民法通则》第一百零二条**　公民、法人享有荣誉权，禁止非法剥夺公民、法人的荣誉称号。 **《民法总则》第一百一十条**	
第六章　隐私权和个人信息保护		
第一千零三十二条　自然人享有隐私权。任何组织或者个人不得以刺探、侵扰、泄露、公开等方式侵害他人的隐私权。 **隐私是自然人的私人生活安宁和不愿为他人知晓的私密空间、私密活动、私密信息。**	**《民法总则》第一百一十条** **《妇女权益保障法》第四十二条第一款**　妇女的名誉权、荣誉权、隐私权、肖像权等人格权受法律保护。	首次以“私密”作为标准，界定隐私权的概念，并且将“私人生活安宁”也作为隐私权加以保护。
第一千零三十三条　除法律另有规定或者权利人明确同意外，任何组织或者个人不得实施下列行为： **（一）以电话、短信、即时通讯工具、电子邮件、传单等方式侵扰他人的私人生活安宁；** **（二）进入、拍摄、窥视他人的住宅、宾馆房间等私密空间；** **（三）拍摄、窥视、窃听、公开他人的私密活动；** **（四）拍摄、窥视他人身体的私密部位；** **（五）处理他人的私密信息；** **（六）以其他方式侵害他人的隐私权。**		以“列举＋兜底”的方式规定隐私权的侵权行为。

续表

中华人民共和国民法典	前民法典时代的民事法律规范	立法演进的核心提示
第一千零三十四条 自然人的个人信息受法律保护。 个人信息是以电子或者其他方式记录的能够单独或者与其他信息结合识别特定自然人的各种信息,包括自然人的姓名、出生日期、身份证件号码、生物识别信息、住址、电话号码、**电子邮箱、健康信息、行踪信息**等。 **个人信息中的私密信息,适用有关隐私权的规定;没有规定的,适用有关个人信息保护的规定。**	**《民法总则》第一百一十一条** 自然人的个人信息受法律保护。任何组织和个人需要获取他人个人信息的,应当依法取得并确保信息安全,不得非法收集、使用、加工、传输他人个人信息,不得非法买卖、提供或者公开他人个人信息。 **《网络安全法》第七十六条第五项** 个人信息,是指以电子或者其他方式记录的能够单独或者与其他信息结合识别自然人个人身份的各种信息,包括但不限于自然人的姓名、出生日期、身份证件号码、个人生物识别信息、住址、电话号码等。	
第一千零三十五条 处理个人信息的,应当遵循合法、正当、必要原则,不得过度处理,并符合下列条件: **(一)征得该自然人或者其监护人同意,但是法律、行政法规另有规定的除外;** **(二)公开处理信息的规则;** **(三)明示处理信息的目的、方式和范围;** **(四)不违反法律、行政法规的规定和双方的约定。** **个人信息的处理包括个人信息的收集、存储、使用、加工、传输、提供、公开等。**	**《网络安全法》** **第四十条** 网络运营者应当对其收集的用户信息严格保密,并建立健全用户信息保护制度。 **第四十一条** 网络运营者收集、使用个人信息,应当遵循合法、正当、必要的原则,公开收集、使用规则,明示收集、使用信息的目的、方式和范围,并经被收集者同意。 网络运营者不得收集与其提供的服务无关的个人信息,不得违反法律、行政法规的规定和双方的约定收集、使用个人信息,并应当依照法律、行政法规的规定和与用户的约定,处理其保存的个人信息。 **第四十二条** 网络运营者不得泄露、篡改、毁损其收集的个人信息;未经被收集者同意,不得向他人提供个人信息。但是,经过处理无法识别特定个人且不能复原的除外。 网络运营者应当采取技术措施和其他必要措施,确保其收集的个人信息安全,防止信息泄露、毁损、丢失。在发生或者可能发生个人信息泄露、毁损、丢失的情况时,应当立即采取补救措施,按照规定及时告知用户并向有关主管部门报告。	完善个人信息处理的内涵、基本原则与条件。
第一千零三十六条 处理个人信息,有下列情形之一的,行为人不承担民事责任: (一)在该自然人或者其监护人同意的范围内合理实施的行为; (二)合理处理该自然人自行公开的或者其他已经合法公开的信息,但是该自然人明确拒绝或者处理该信息侵害其重大利益的除外;	**《利用信息网络侵害人身权益规定》第十二条** 网络用户或者网络服务提供者利用网络公开自然人基因信息、病历资料、健康检查资料、犯罪记录、家庭住址、私人活动等个人隐私和其他个人信息,造成他人损害,被侵权人请求其承担侵权责任的,人民法院应予支持。但下列情形除外:	

续表

中华人民共和国民法典	前民法典时代的民事法律规范	立法演进的核心提示
(三)为维护公共利益或者该自然人合法权益,合理实施的其他行为。	(一)经自然人书面同意且在约定范围内公开; (二)为促进社会公共利益且在必要范围内; (三)学校、科研机构等基于公共利益为学术研究或者统计的目的,经自然人书面同意,且公开的方式不足以识别特定自然人; (四)自然人自行在网络上公开的信息或者其他已合法公开的个人信息; (五)以合法渠道获取的个人信息; (六)法律或者行政法规另有规定。 网络用户或者网络服务提供者以违反社会公共利益、社会公德的方式公开前款第四项、第五项规定的个人信息,或者公开该信息侵害权利人值得保护的重大利益,权利人请求网络用户或者网络服务提供者承担侵权责任的,人民法院应予支持。 国家机关行使职权公开个人信息的,不适用本条规定。	
第一千零三十七条 自然人可以依法向信息处理者查阅或者复制其个人信息;**发现信息有错误的,有权提出异议并请求及时采取更正等必要措施。** 自然人发现信息处理者违反法律、行政法规的规定或者双方的约定处理其个人信息的,有权请求信息处理者及时删除。	**《网络安全法》第四十三条** 个人发现网络运营者违反法律、行政法规的规定或者双方的约定收集、使用其个人信息的,有权要求网络运营者删除其个人信息;发现网络运营者收集、存储的其个人信息有错误的,有权要求网络运营者予以更正。网络运营者应当采取措施予以删除或者更正。	规定自然人对其个人信息的异议更正权。
第一千零三十八条 信息处理者不得泄露或者篡改其收集、存储的个人信息;未经自然人同意,不得向他人非法提供其个人信息,但是经过加工无法识别特定个人且不能复原的除外。 信息处理者应当采取技术措施和其他必要措施,确保其收集、存储的个人信息安全,防止信息泄露、篡改、丢失;发生或者可能发生个人信息泄露、篡改、丢失的,应当及时采取补救措施,按照规定告知自然人并向有关主管部门报告。	**《网络安全法》第四十二条** 网络运营者不得泄露、篡改、毁损其收集的个人信息;未经被收集者同意,不得向他人提供个人信息。但是,经过处理无法识别特定个人且不能复原的除外。 网络运营者应当采取技术措施和其他必要措施,确保其收集的个人信息安全,防止信息泄露、毁损、丢失。在发生或者可能发生个人信息泄露、毁损、丢失的情况时,应当立即采取补救措施,按照规定及时告知用户并向有关主管部门报告。	信息处理者的信息安全保障义务。
第一千零三十九条 国家机关、承担行政职能的法定机构及其工作人员对于履行职责过程中知悉的自然人的隐私和个人信息,应当予以保密,不得泄露或者向他人非法提供。	**《民法通则》第一百二十一条** 国家机关或者国家机关工作人员在执行职务中,侵犯公民、法人的合法权益造成损害的,应当承担民事责任。	

中华人民共和国民法典婚姻家庭编
直接关联法条对照表

中华人民共和国民法典	前民法典时代的民事法律规范①	立法演进的核心提示
第一章　一般规定	**第一章　总则**	
第一千零四十条　本编调整因婚姻家庭产生的民事关系。	**第一条**　本法是婚姻家庭关系的基本准则。	
第一千零四十一条　**婚姻家庭受国家保护。** 实行婚姻自由、一夫一妻、男女平等的婚姻制度。 保护妇女、未成年人、老年人、残疾人的合法权益。	**第二条**　实行婚姻自由、一夫一妻、男女平等的婚姻制度。 保护妇女、儿童和老人的合法权益。 ~~实行计划生育。~~	增加“婚姻家庭受国家保护”的条款，取消“计划生育”的规定。
第一千零四十二条　禁止包办、买卖婚姻和其他干涉婚姻自由的行为。禁止借婚姻索取财物。 禁止重婚。禁止有配偶者与他人同居。 禁止家庭暴力。禁止家庭成员间的虐待和遗弃。	**第三条**　同《民法典》	
第一千零四十三条　**家庭应当树立优良家风，弘扬家庭美德，重视家庭文明建设。** 夫妻应当互相忠实，互相尊重，互相关爱；家庭成员应当敬老爱幼，互相帮助，维护平等、和睦、文明的婚姻家庭关系。	**第四条**　夫妻应当互相忠实，互相尊重；家庭成员间应当敬老爱幼，互相帮助，维护平等、和睦、文明的婚姻家庭关系。	增加“家庭应当树立优良家风，弘扬家庭美德，重视家庭文明建设”的规定。
第一千零四十四条　收养应当遵循最有利于被收养人的原则，保障被收养人和收养人的合法权益。 禁止借收养名义买卖未成年人。	**《收养法》** **第二条**　收养应当有利于被收养的未成年人的抚养、成长，保障被收养人和收养人的合法权益，遵循平等自愿的原则，并不得违背社会公德。 **第二十条**　严禁买卖儿童或者借收养名义买卖儿童。	

① 此处法条没有特别说明，均指《婚姻法》。

续表

中华人民共和国民法典	前民法典时代的民事法律规范	立法演进的核心提示
第一千零四十五条 亲属包括配偶、血亲和姻亲。 配偶、父母、子女、兄弟姐妹、祖父母、外祖父母、孙子女、外孙子女为近亲属。 配偶、父母、子女和其他共同生活的近亲属为家庭成员。	**《民通意见》第十二条** 民法通则中规定的近亲属，包括配偶、父母、子女、兄弟姐妹、祖父母、外祖父母、孙子女、外孙子女。	增加“何为亲属”“何为家庭成员”的规定。
第二章 结婚	**第二章 结婚**	
第一千零四十六条 结婚应当男女双方完全自愿，禁止任何一方对另一方加以强迫，禁止任何组织或者个人加以干涉。	**第五条** 结婚必须男女双方完全自愿，不许任何一方对他方加以强迫或任何第三者加以干涉。	
第一千零四十七条 结婚年龄，男不得早于二十二周岁，女不得早于二十周岁。	**第六条** 结婚年龄，男不得早于二十二周岁，女不得早于二十周岁。~~晚婚晚育应予鼓励。~~	取消鼓励晚婚晚育的规定。
第一千零四十八条 直系血亲或者三代以内的旁系血亲禁止结婚。	**第七条** 有下列情形之一的，禁止结婚： （一）直系血亲和三代以内的旁系血亲； ~~（二）患有医学上认为不应当结婚的疾病。~~	取消“患有医学上认为不应当结婚的疾病”则禁止结婚的规定。
第一千零四十九条 要求结婚的男女双方应当亲自到婚姻登记机关申请结婚登记。符合本法规定的，予以登记，发给结婚证。完成结婚登记，即确立婚姻关系。未办理结婚登记的，应当补办登记。	**第八条** 要求结婚的男女双方必须亲自到婚姻登记机关进行结婚登记。符合本法规定的，予以登记，发给结婚证。取得结婚证，即确立夫妻关系。未办理结婚登记的，应当补办登记。	
第一千零五十条 登记结婚后，按照男女双方约定，女方可以成为男方家庭的成员，男方可以成为女方家庭的成员。	**第九条** 登记结婚后，根据男女双方约定，女方可以成为男方家庭的成员，男方可以成为女方家庭的成员。	
第一千零五十一条 有下列情形之一的，婚姻无效： （一）重婚； （二）有禁止结婚的亲属关系； （三）未到法定婚龄。	**第十条** 有下列情形之一的，婚姻无效： （一）重婚的； （二）有禁止结婚的亲属关系的； ~~（三）婚前患有医学上认为不应当结婚的疾病，婚后尚未治愈的；~~ （四）未到法定婚龄的。	取消“婚前患有医学上认为不应当结婚的疾病，婚后尚未治愈的”则婚姻无效的规定。

续表

中华人民共和国民法典	前民法典时代的民事法律规范	立法演进的核心提示
第一千零五十二条 因胁迫结婚的，受胁迫的一方可以向人民法院请求撤销婚姻。 请求撤销婚姻的，应当**自胁迫行为终止之日起**一年内提出。 被非法限制人身自由的当事人请求撤销婚姻的，应当自恢复人身自由之日起一年内提出。	**第十一条** 因胁迫结婚的，受胁迫的一方可以向婚姻登记机关或人民法院请求撤销该婚姻。受胁迫的一方撤销婚姻的请求，应当~~自结婚登记之日起一年内~~提出。被非法限制人身自由的当事人请求撤销婚姻的，应当自恢复人身自由之日起一年内提出。	
第一千零五十三条 一方患有重大疾病的，应当在结婚登记前如实告知另一方；不如实告知的，另一方可以向人民法院请求撤销婚姻。 请求撤销婚姻的，应当自知道或者应当知道撤销事由之日起一年内提出。		增加"隐瞒重大疾病"则婚姻可撤销的规定。
第一千零五十四条 无效的或者被撤销的婚姻自始没有法律约束力，当事人不具有夫妻的权利和义务。同居期间所得的财产，由当事人协议处理；协议不成的，由人民法院根据照顾无过错方的原则判决。对重婚导致的无效婚姻的财产处理，不得侵害合法婚姻当事人的财产权益。当事人所生的子女，适用本法关于父母子女的规定。 **婚姻无效或者被撤销的，无过错方有权请求损害赔偿。**	**第十二条** 无效或被撤销的婚姻，自始无效。当事人不具有夫妻的权利和义务。同居期间所得的财产，由当事人协议处理；协议不成时，由人民法院根据照顾无过错方的原则判决。对重婚导致的婚姻无效的财产处理，不得侵害合法婚姻当事人的财产权益。当事人所生的子女，适用本法有关父母子女的规定。	增加"婚姻无效或者被撤销的，无过错方有权请求损害赔偿"的规定。
第三章 家庭关系	**第三章 家庭关系**	
第一节 夫妻关系		
第一千零五十五条 夫妻在婚姻家庭中地位平等。	**第十三条** 夫妻在家庭中地位平等。	
第一千零五十六条 夫妻双方都有各自使用自己姓名的权利。	**第十四条** 夫妻双方都有各用自己姓名的权利。	
第一千零五十七条 夫妻双方都有参加生产、工作、学习和社会活动的自由，一方不得对另一方加以限制或者干涉。	**第十五条** 夫妻双方都有参加生产、工作、学习和社会活动的自由，一方不得对他方加以限制或干涉。	
第一千零五十八条 夫妻双方平等享有对未成年子女抚养、教育和保护的权利，共同承担对未成年子女抚养、教育和保护的义务。	**第二十一条第一款** 父母对子女有抚养教育的义务；子女对父母有赡养扶助的义务。	

续表

中华人民共和国民法典	前民法典时代的民事法律规范	立法演进的核心提示
第一千零五十九条 夫妻有相互扶养的义务。 需要扶养的一方,在另一方不履行扶养义务时,有要求其给付扶养费的权利。	**第二十条** 夫妻有互相扶养的义务。 一方不履行扶养义务时,需要扶养的一方,有要求对方付给扶养费的权利。	
第一千零六十条 夫妻一方因家庭日常生活需要而实施的民事法律行为,对夫妻双方发生效力,但是夫妻一方与相对人另有约定的除外。 夫妻之间对一方可以实施的民事法律行为范围的限制,不得对抗善意相对人。	**《婚姻法司法解释一》第十七条** 婚姻法第十七条关于"夫或妻对夫妻共同所有的财产,有平等的处理权"的规定,应当理解为: (一)夫或妻在处理夫妻共同财产上的权利是平等的。因日常生活需要而处理夫妻共同财产的,任何一方均有权决定。 (二)夫或妻非因日常生活需要对夫妻共同财产做重要处理决定,夫妻双方应当平等协商,取得一致意见。他人有理由相信其为夫妻双方共同意思表示的,另一方不得以不同意或不知道为由对抗善意第三人。	细化夫妻家事代理权制度。
第一千零六十一条 夫妻有相互继承遗产的权利。	**第二十四条第一款** 同《民法典》	
第一千零六十二条 夫妻在婚姻关系存续期间所得的下列财产,为夫妻的共同财产,归夫妻共同所有: (一)工资、奖金、劳务报酬; (二)生产、经营、投资的收益; (三)知识产权的收益; (四)继承或者受赠的财产,但是本法第一千零六十三条第三项规定的除外; (五)其他应当归共同所有的财产。 夫妻对共同财产,有平等的处理权。	**第十七条** 夫妻在婚姻关系存续期间所得的下列财产,归夫妻共同所有: (一)工资、奖金; (二)生产、经营的收益; (三)知识产权的收益; (四)继承或赠与所得的财产,但本法第十八条第三项规定的除外; (五)其他应当归共同所有的财产。 夫妻对共同所有的财产,有平等的处理权。 **《婚姻法司法解释二》第十一条** 婚姻关系存续期间,下列财产属于婚姻法第十七条规定的"其他应当归共同所有的财产": (一)一方以个人财产投资取得的收益; (二)男女双方实际取得或者应当取得的住房补贴、住房公积金; (三)男女双方实际取得或者应当取得的养老保险金、破产安置补偿费。	
第一千零六十三条 下列财产为夫妻一方的个人财产: (一)一方的婚前财产; (二)一方因受到人身损害获得的赔偿或者	**第十八条** 有下列情形之一的,为夫妻一方的财产: (一)一方的婚前财产; (二)一方因身体受到伤害获得的医疗费、	

续表

中华人民共和国民法典	前民法典时代的民事法律规范	立法演进的核心提示
补偿； （三）遗嘱或者赠与合同中确定只归一方的财产； （四）一方专用的生活用品； （五）其他应当归一方的财产。	残疾人生活补助费等费用； （三）遗嘱或赠与合同中确定只归夫或妻一方的财产； （四）一方专用的生活用品； （五）其他应当归一方的财产。 **《婚姻法司法解释二》第十三条**　军人的伤亡保险金、伤残补助金、医药生活补助费属于个人财产。 **《婚姻法司法解释三》第七条**　婚后由一方父母出资为子女购买的不动产，产权登记在出资人子女名下的，可按照婚姻法第十八条第（三）项的规定，视为只对自己子女一方的赠与，该不动产应认定为夫妻一方的个人财产。 由双方父母出资购买的不动产，产权登记在一方子女名下的，该不动产可认定为双方按照各自父母的出资份额按份共有，但当事人另有约定的除外。	
第一千零六十四条　夫妻双方共同签名或者夫妻一方事后追认等共同意思表示所负的债务，以及夫妻一方在婚姻关系存续期间以个人名义为家庭日常生活需要所负的债务，属于夫妻共同债务。 **夫妻一方在婚姻关系存续期间以个人名义超出家庭日常生活需要所负的债务，不属于夫妻共同债务；但是，债权人能够证明该债务用于夫妻共同生活、共同生产经营或者基于夫妻双方共同意思表示的除外。**	**《夫妻债务司法解释》** **第一条**　夫妻双方共同签字或者夫妻一方事后追认等共同意思表示所负的债务，应当认定为夫妻共同债务。 **第二条**　夫妻一方在婚姻关系存续期间以个人名义为家庭日常生活需要所负的债务，债权人以属于夫妻共同债务为由主张权利的，人民法院应予支持。 **第三条**　夫妻一方在婚姻关系存续期间以个人名义超出家庭日常生活需要所负的债务，债权人以属于夫妻共同债务为由主张权利的，人民法院不予支持，但债权人能够证明该债务用于夫妻共同生活、共同生产经营或者基于夫妻双方共同意思表示的除外。 ~~**《婚姻法司法解释二》第二十四条**　债权人就婚姻关系存续期间夫妻一方以个人名义所负债务主张权利的，应当按夫妻共同债务处理。但夫妻一方能够证明债权人与债务人明确约定为个人债务，或者能够证明属于婚姻法第十九条第三款规定情形的除外。~~ ~~夫妻一方与第三人串通，虚构债务，第三人主张权利的，人民法院不予支持。~~ ~~夫妻一方在从事赌博、吸毒等违法犯罪活动中所负债务，第三人主张权利的，人民法院不予支持。~~	以“负债是否属于夫妻共同意思表示”“负债是否用于家庭共同生活”“负债是否用于共同生产经营”以及家事代理权制度为基点构建了夫妻债务制度。

续表

中华人民共和国民法典	前民法典时代的民事法律规范	立法演进的核心提示
第一千零六十五条 男女双方可以约定婚姻关系存续期间所得的财产以及婚前财产归各自所有、共同所有或者部分各自所有、部分共同所有。约定应当采用书面形式。没有约定或者约定不明确的,适用本法第一千零六十二条、第一千零六十三条的规定。 夫妻对婚姻关系存续期间所得的财产以及婚前财产的约定,对双方具有法律约束力。 夫妻对婚姻关系存续期间所得的财产约定归各自所有,夫或者妻一方对外所负的债务,相对人知道该约定的,以夫或者妻一方的个人财产清偿。	**第十九条** 夫妻可以约定婚姻关系存续期间所得的财产以及婚前财产归各自所有、共同所有或部分各自所有、部分共同所有。约定应当采用书面形式。没有约定或约定不明确的,适用本法第十七条、第十八条的规定。 夫妻对婚姻关系存续期间所得的财产以及婚前财产的约定,对双方具有约束力。 夫妻对婚姻关系存续期间所得的财产约定归各自所有的,夫或妻一方对外所负的债务,第三人知道该约定的,以夫或妻一方所有的财产清偿。	
第一千零六十六条 婚姻关系存续期间,有下列情形之一的,夫妻一方可以向人民法院请求分割共同财产: (一)一方有隐藏、转移、变卖、毁损、挥霍夫妻共同财产或者伪造夫妻共同债务等严重损害夫妻共同财产利益的行为; (二)一方负有法定扶养义务的人患重大疾病需要医治,另一方不同意支付相关医疗费用。	**《婚姻法司法解释三》第四条** 婚姻关系存续期间,夫妻一方请求分割共同财产的,人民法院不予支持,但有下列重大理由且不损害债权人利益的除外: (一)一方有隐藏、转移、变卖、毁损、挥霍夫妻共同财产或者伪造夫妻共同债务等严重损害夫妻共同财产利益行为的; (二)一方负有法定扶养义务的人患重大疾病需要医治,另一方不同意支付相关医疗费用的。	
第二节 父母子女关系和其他近亲属关系		
第一千零六十七条 父母不履行抚养义务的,未成年子女或者不能独立生活的成年子女,有要求父母给付抚养费的权利。 成年子女不履行赡养义务的,缺乏劳动能力或者生活困难的父母,有要求成年子女给付赡养费的权利。	**第二十一条第二款、第三款、第四款** 父母不履行抚养义务时,未成年的或不能独立生活的子女,有要求父母付给抚养费的权利。 子女不履行赡养义务时,无劳动能力的或生活困难的父母,有要求子女付给赡养费的权利。 ~~禁止溺婴、弃婴和其他残害婴儿的行为。~~	删除"禁止溺婴、弃婴和其他残害婴儿的行为"的规定,符合民法典体系化要求,侵权编以及刑事法律规范对此已作规定。
第一千零六十八条 父母有教育、保护未成年子女的权利和义务。未成年子女造成他人损害的,父母应当依法承担民事责任。	**第二十三条** 父母有保护和教育未成年子女的权利和义务。在未成年子女对国家、集体或他人造成损害时,父母有承担民事责任的义务。	
第一千零六十九条 子女应当尊重父母的婚姻权利,不得干涉父母离婚、再婚以及婚后的生活。子女对父母的赡养义务,不因父母的婚姻关系变化而终止。	**第三十条** 子女应当尊重父母的婚姻权利,不得干涉父母再婚以及婚后的生活。子女对父母的赡养义务,不因父母的婚姻关系变化而终止。	

续表

中华人民共和国民法典	前民法典时代的民事法律规范	立法演进的核心提示
第一千零七十条　父母和子女有相互继承遗产的权利。	**第二十四条第二款**　同《民法典》	
第一千零七十一条　非婚生子女享有与婚生子女同等的权利，任何组织或者个人不得加以危害和歧视。 不直接抚养非婚生子女的生父或者生母，应当负担未成年子女或者不能独立生活的成年子女的抚养费。	**第二十五条**　非婚生子女享有与婚生子女同等的权利，任何人不得加以危害和歧视。 不直接抚养非婚生子女的生父或生母，应当负担子女的生活费和教育费，直至子女能独立生活为止。	
第一千零七十二条　继父母与继子女间，不得虐待或者歧视。 继父或者继母和受其抚养教育的继子女间的权利义务关系，适用本法关于父母子女关系的规定。	**第二十七条**　继父母与继子女间，不得虐待或歧视。 继父或继母和受其抚养教育的继子女间的权利和义务，适用本法对父母子女关系的有关规定。	
第一千零七十三条　对亲子关系有异议且有正当理由的，父或者母可以向人民法院提起诉讼，请求确认或者否认亲子关系。 对亲子关系有异议且有正当理由的，成年子女可以向人民法院提起诉讼，请求确认亲子关系。		新增亲子关系异议之诉制度。
第一千零七十四条　有负担能力的祖父母、外祖父母，对于父母已经死亡或者父母无力抚养的未成年孙子女、外孙子女，有抚养的义务。 有负担能力的孙子女、外孙子女，对于子女已经死亡或者子女无力赡养的祖父母、外祖父母，有赡养的义务。	**第二十八条**　有负担能力的祖父母、外祖父母，对于父母已经死亡或父母无力抚养的未成年的孙子女、外孙子女，有抚养的义务。有负担能力的孙子女、外孙子女，对于子女已经死亡或子女无力赡养的祖父母、外祖父母，有赡养的义务。	
第一千零七十五条　有负担能力的兄、姐，对于父母已经死亡或者父母无力抚养的未成年弟、妹，有扶养的义务。 由兄、姐扶养长大的有负担能力的弟、妹，对于缺乏劳动能力又缺乏生活来源的兄、姐，有扶养的义务。	**第二十九条**　有负担能力的兄、姐，对于父母已经死亡或父母无力抚养的未成年的弟、妹，有扶养的义务。由兄、姐扶养长大的有负担能力的弟、妹，对于缺乏劳动能力又缺乏生活来源的兄、姐，有扶养的义务。	

续表

中华人民共和国民法典	前民法典时代的民事法律规范	立法演进的核心提示
第四章　离婚	第四章　离婚	
第一千零七十六条　夫妻双方自愿离婚的，应当签订书面离婚协议，并亲自到婚姻登记机关申请离婚登记。 离婚协议应当载明双方自愿离婚的意思表示和对子女抚养、财产以及债务处理等事项协商一致的意见。	**第三十一条**　男女双方自愿离婚的，准予离婚。双方必须到婚姻登记机关申请离婚。~~婚姻登记机关查明双方确实是自愿并对子女和财产问题已有适当处理时，发给离婚证。~~ **《婚姻登记条例》第十二条**　办理离婚登记的当事人有下列情形之一的，婚姻登记机关不予受理： （一）未达成离婚协议的； （二）属于无民事行为能力人或者限制民事行为能力人的； （三）其结婚登记不是在中国内地办理的。	修改离婚协议对子女和财产问题有妥当处理即可协议离婚的制度，新增离婚冷静期这一协议离婚的前置制度。
第一千零七十七条　自婚姻登记机关收到离婚登记申请之日起三十日内，任何一方不愿意离婚的，可以向婚姻登记机关撤回离婚登记申请。 **前款规定期限届满后三十日内，双方应当亲自到婚姻登记机关申请发给离婚证；未申请的，视为撤回离婚登记申请。**		
第一千零七十八条　婚姻登记机关查明双方确实是自愿离婚，并已经对子女抚养、财产以及债务处理等事项协商一致的，予以登记，发给离婚证。	**第三十一条**　男女双方自愿离婚的，准予离婚。双方必须到婚姻登记机关申请离婚。婚姻登记机关查明双方确实是自愿并对子女和财产问题已有适当处理时，发给离婚证。	
第一千零七十九条　夫妻一方要求离婚的，可以由有关组织进行调解或者直接向人民法院提起离婚诉讼。 人民法院审理离婚案件，应当进行调解；如果感情确已破裂，调解无效的，应当准予离婚。 有下列情形之一，调解无效的，应当准予离婚： （一）重婚或者与他人同居； （二）实施家庭暴力或者虐待、遗弃家庭成员； （三）有赌博、吸毒等恶习屡教不改； （四）因感情不和分居满二年； （五）其他导致夫妻感情破裂的情形。 一方被宣告失踪，另一方提起离婚诉讼的，应当准予离婚。 **经人民法院判决不准离婚后，双方又分居满一年，一方再次提起离婚诉讼的，应当准予离婚。**	**第三十二条**　男女一方要求离婚的，可由有关部门进行调解或直接向人民法院提出离婚诉讼。 人民法院审理离婚案件，应当进行调解；如感情确已破裂，调解无效，应准予离婚。 有下列情形之一，调解无效的，应准予离婚： （一）重婚或有配偶者与他人同居的； （二）实施家庭暴力或虐待、遗弃家庭成员的； （三）有赌博、吸毒等恶习屡教不改的； （四）因感情不和分居满二年的； （五）其他导致夫妻感情破裂的情形。 一方被宣告失踪，另一方提出离婚诉讼的，应准予离婚。	增加“经人民法院判决不准离婚后，双方又分居满一年，一方再次提起离婚诉讼的，应当准予离婚”的规定。

续表

中华人民共和国民法典	前民法典时代的民事法律规范	立法演进的核心提示
第一千零八十条　完成离婚登记，或者离婚判决书、调解书生效，即解除婚姻关系。		新增婚姻关系解除时间的规定。
第一千零八十一条　现役军人的配偶要求离婚，应当征得军人同意，但是军人一方有重大过错的除外。	**第三十三条**　现役军人的配偶要求离婚，须得军人同意，但军人一方有重大过错的除外。	
第一千零八十二条　女方在怀孕期间、分娩后一年内或者终止妊娠后六个月内，男方不得提出离婚；但是，女方提出离婚或者人民法院认为确有必要受理男方离婚请求的除外。	**第三十四条**　女方在怀孕期间、分娩后一年内或中止妊娠后六个月内，男方不得提出离婚。女方提出离婚的，或人民法院认为确有必要受理男方离婚请求的，不在此限。	
第一千零八十三条　离婚后，男女双方自愿恢复婚姻关系的，应当到婚姻登记机关重新进行结婚登记。	**第三十五条**　离婚后，男女双方自愿恢复夫妻关系的，必须到婚姻登记机关进行复婚登记。	
第一千零八十四条　父母与子女间的关系，不因父母离婚而消除。离婚后，子女无论由父或者母直接抚养，仍是父母双方的子女。 离婚后，父母对于子女仍有抚养、教育、保护的权利和义务。 **离婚后，不满两周岁的子女，以由母亲直接抚养为原则。已满两周岁的子女，父母双方对抚养问题协议不成的，由人民法院根据双方的具体情况，按照最有利于未成年子女的原则判决。子女已满八周岁的，应当尊重其真实意愿。**	**第三十六条**　父母与子女间的关系，不因父母离婚而消除。离婚后，子女无论由父或母直接抚养，仍是父母双方的子女。 离婚后，父母对于子女仍有抚养和教育的权利和义务。 离婚后，哺乳期内的子女，以随哺乳的母亲抚养为原则。哺乳期后的子女，如双方因抚养问题发生争执不能达成协议时，由人民法院根据子女的权益和双方的具体情况判决。	修改离婚子女抚养原则，以“两周岁”“八周岁”作为年龄分界点。
第一千零八十五条　离婚后，子女由一方直接抚养的，另一方应当负担部分或者全部抚养费。负担费用的多少和期限的长短，由双方协议；协议不成的，由人民法院判决。 前款规定的协议或者判决，不妨碍子女在必要时向父母任何一方提出超过协议或者判决原定数额的合理要求。	**第三十七条**　离婚后，一方抚养的子女，另一方应负担必要的生活费和教育费的一部或全部，负担费用的多少和期限的长短，由双方协议；协议不成时，由人民法院判决。 关于子女生活费和教育费的协议或判决，不妨碍子女在必要时向父母任何一方提出超过协议或判决原定数额的合理要求。	
第一千零八十六条　离婚后，不直接抚养子女的父或者母，有探望子女的权利，另一方有协助的义务。 行使探望权利的方式、时间由当事人协议；协议不成的，由人民法院判决。 父或者母探望子女，不利于子女身心健康的，由人民法院依法中止探望；中止的事由消失后，应当恢复探望。	**第三十八条**　离婚后，不直接抚养子女的父或母，有探望子女的权利，另一方有协助的义务。 行使探望权利的方式、时间由当事人协议；协议不成时，由人民法院判决。 父或母探望子女，不利于子女身心健康的，由人民法院依法中止探望的权利；中止的事由消失后，应当恢复探望的权利。	

续表

中华人民共和国民法典	前民法典时代的民事法律规范	立法演进的核心提示
第一千零八十七条 离婚时,夫妻的共同财产由双方协议处理;协议不成的,由人民法院根据财产的具体情况,按照照顾子女、女方和无过错方权益的原则判决。 对夫或者妻在家庭土地承包经营中享有的权益等,应当依法予以保护。	**第三十九条** 离婚时,夫妻的共同财产由双方协议处理;协议不成时,由人民法院根据财产的具体情况,照顾子女和女方权益的原则判决。 夫或妻在家庭土地承包经营中享有的权益等,应当依法予以保护。	
第一千零八十八条 夫妻一方因抚育子女、照料老年人、协助另一方工作等负担较多义务的,离婚时有权向另一方请求补偿,另一方应当给予补偿。具体办法由双方协议;协议不成的,由人民法院判决。	**第四十条** ~~夫妻书面约定婚姻关系存续期间所得的财产归各自所有~~,一方因抚育子女、照料老人、协助另一方工作等付出较多义务的,离婚时有权向另一方请求补偿,另一方应当予以补偿。	修改离婚经济补偿制度,不再要求以夫妻约定财产分别所有制为前提。
第一千零八十九条 离婚时,夫妻共同债务应当共同偿还。共同财产不足清偿或者财产归各自所有的,由双方协议清偿;协议不成的,由人民法院判决。	**第四十一条** 离婚时,原为夫妻共同生活所负的债务,应当共同偿还。共同财产不足清偿的,或财产归各自所有的,由双方协议清偿;协议不成时,由人民法院判决。	
第一千零九十条 离婚时,如果一方生活困难,有负担能力的另一方应当给予适当帮助。具体办法由双方协议;协议不成的,由人民法院判决。	**第四十二条** 离婚时,如一方生活困难,另一方应从其住房等个人财产中给予适当帮助。具体办法由双方协议;协议不成时,由人民法院判决。	
第一千零九十一条 有下列情形之一,导致离婚的,无过错方有权请求损害赔偿: (一)重婚; (二)与他人同居; (三)实施家庭暴力; (四)虐待、遗弃家庭成员; **(五)有其他重大过错。**	**第四十六条** 有下列情形之一,导致离婚的,无过错方有权请求损害赔偿: (一)重婚的; (二)有配偶者与他人同居的; (三)实施家庭暴力的; (四)虐待、遗弃家庭成员的。	增加离婚损害赔偿请求的兜底条款,从而为规制出轨等重大过错提供法律依据。
第一千零九十二条 夫妻一方隐藏、转移、变卖、毁损、挥霍夫妻共同财产,或者伪造夫妻共同债务企图侵占另一方财产的,在离婚分割夫妻共同财产时,对该方可以少分或者不分。离婚后,另一方发现有上述行为的,可以向人民法院提起诉讼,请求再次分割夫妻共同财产。	**第四十七条** 离婚时,一方隐藏、转移、变卖、毁损夫妻共同财产,或伪造债务企图侵占另一方财产的,分割夫妻共同财产时,对隐藏、转移、变卖、毁损夫妻共同财产或伪造债务的一方,可以少分或不分。离婚后,另一方发现有上述行为的,可以向人民法院提起诉讼,请求再次分割夫妻共同财产。 ~~人民法院对前款规定的妨害民事诉讼的行为,依照民事诉讼法的规定予以制裁~~。	删除"人民法院对前款规定的妨害民事诉讼的行为,依照民事诉讼法的规定予以制裁"的规定,符合编纂民法典的体系化要求,因《民事诉讼法》对妨害民事诉讼行为的制裁已经予以规定。

续表

中华人民共和国民法典	前民法典时代的民事法律规范	立法演进的核心提示
	《婚姻法司法解释三》第十八条　离婚后，一方以尚有夫妻共同财产未处理为由向人民法院起诉请求分割的，经审查该财产确属离婚时未涉及的夫妻共同财产，人民法院应当依法予以分割。	
第五章　收养		
第一节　收养关系的成立		
第一千零九十三条　下列未成年人，可以被收养： （一）丧失父母的孤儿； （二）查找不到生父母的未成年人； （三）生父母有特殊困难无力抚养的子女。	**《收养法》第四条**　下列~~不满十四周岁的~~未成年人可以被收养： （一）丧失父母的孤儿； （二）查找不到生父母的弃婴和儿童； （三）生父母有特殊困难无力抚养的子女。	将被收养人的范围从“不满十四周岁的未成年人”扩大到“未成年人”。
第一千零九十四条　下列个人、组织可以作送养人： （一）孤儿的监护人； （二）儿童福利机构； （三）有特殊困难无力抚养子女的生父母。	**《收养法》第五条**　下列公民、组织可以作送养人： （一）孤儿的监护人； （二）社会福利机构； （三）有特殊困难无力抚养子女的生父母。	
第一千零九十五条　未成年人的父母均不具备完全民事行为能力且可能严重危害该未成年人的，该未成年人的监护人可以将其送养。	**《收养法》第十二条**　未成年人的父母均不具备完全民事行为能力的，该未成年人的监护人不得将其送养，但父母对该未成年人有严重危害可能的除外。	
第一千零九十六条　监护人送养孤儿的，应当征得有抚养义务的人同意。有抚养义务的人不同意送养、监护人不愿意继续履行监护职责的，应当依照本法第一编的规定另行确定监护人。	**《收养法》第十三条**　监护人送养未成年孤儿的，须征得有抚养义务的人同意。有抚养义务的人不同意送养、监护人不愿意继续履行监护职责的，应当依照《中华人民共和国民法通则》的规定变更监护人。	
第一千零九十七条　生父母送养子女，应当双方共同送养。生父母一方不明或者查找不到的，可以单方送养。	**《收养法》第十条第一款**　生父母送养子女，须双方共同送养。生父母一方不明或者查找不到的可以单方送养。	

续表

中华人民共和国民法典	前民法典时代的民事法律规范	立法演进的核心提示
第一千零九十八条 收养人应当同时具备下列条件： （一）无子女**或者只有一名子女；** （二）有抚养、教育和保护被收养人的能力； （三）未患有在医学上认为不应当收养子女的疾病； **（四）无不利于被收养人健康成长的违法犯罪记录；** （五）年满三十周岁。	**《收养法》第六条** 收养人应当同时具备下列条件： （一）无子女； （二）有抚养教育被收养人的能力； （三）未患有在医学上认为不应当收养子女的疾病； （四）年满三十周岁。	收养人条件不再要求“无子女”，增加了“只有一名子女”的情形； 并且增加了“无不利于被收养人健康成长的违法犯罪记录”的资格条件。
第一千零九十九条 收养三代以内旁系同辈血亲的子女，可以不受本法第一千零九十三条第三项、第一千零九十四条第三项和第一千一百零二条规定的限制。 华侨收养三代以内旁系同辈血亲的子女，还可以不受本法第一千零九十八条第一项规定的限制。	**《收养法》第七条** 收养三代以内同辈旁系血亲的子女，可以不受本法第四条第三项、第五条第三项、第九条和被收养人不满十四周岁的限制。 华侨收养三代以内同辈旁系血亲的子女，还可以不受收养人无子女的限制。	
第一千一百条 无子女的收养人可以收养两名子女；有子女的收养人只能收养一名子女。 收养孤儿、残疾未成年人或者儿童福利机构抚养的查找不到生父母的未成年人，可以不受前款和本法第一千零九十八条第一项规定的限制。	**《收养法》第八条** 收养人只能收养一名子女。 收养孤儿、残疾儿童或者社会福利机构抚养的查找不到生父母的弃婴和儿童，可以不受收养人无子女和收养一名的限制。	修改收养子女人数原则上只能是一名的上限，规定“无子女的收养人可以收养两名子女；有子女的收养人只能收养一名子女”。
第一千一百零一条 有配偶者收养子女，应当夫妻共同收养。	**《收养法》第十条第二款** 有配偶者收养子女，须夫妻共同收养。	
第一千一百零二条 无配偶者收养异性子女的，收养人与被收养人的年龄应当相差四十周岁以上。	**《收养法》第九条** 无配偶的男性收养女性的，收养人与被收养人的年龄应当相差四十周岁以上。	将“无配偶的男性收养女性的年龄差要求”扩大至“无配偶者收养异性子女的所有情形”。
第一千一百零三条 继父或者继母经继子女的生父母同意，可以收养继子女，并可以不受本法第一千零九十三条第三项、第一千零九十四条第三项、第一千零九十八条和第一千一百条第一款规定的限制。	**《收养法》第十四条** 继父或者继母经继子女的生父母同意，可以收养继子女，并可以不受本法第四条第三项、第五条第三项、第六条和被收养人不满十四周岁以及收养一名的限制。	
第一千一百零四条 收养人收养与送养人送养，应当双方自愿。收养**八周岁以上**未成年人的，应当征得被收养人的同意。	**《收养法》第十一条** 收养人收养与送养人送养，须双方自愿。收养年满十周岁以上未成年人的，应当征得被收养人的同意。	根据《民法典》总则编的规定，调整收养限制民事行为能力人应当征得其同意的立法表述，将“十周岁”改为“八周岁”。

续表

中华人民共和国民法典	前民法典时代的民事法律规范	立法演进的核心提示
第一千一百零五条　收养应当向县级以上人民政府民政部门登记。收养关系自登记之日起成立。 收养查找不到生父母的未成年人的，办理登记的民政部门应当在登记前予以公告。 收养关系当事人愿意签订收养协议的，可以签订收养协议。 收养关系当事人各方或者一方要求办理收养公证的，应当办理收养公证。 **<u>县级以上人民政府民政部门应当依法进行收养评估。</u>**	**《收养法》第十五条**　收养应当向县级以上人民政府民政部门登记。收养关系自登记之日起成立。 收养查找不到生父母的弃婴和儿童的，办理登记的民政部门应当在登记前予以公告。 收养关系当事人愿意订立收养协议的，可以订立收养协议。 收养关系当事人各方或者一方要求办理收养公证的，应当办理收养公证。	增加“县级以上人民政府民政部门应当依法进行收养评估”这一收养评估制度。
第一千一百零六条　收养关系成立后，公安机关应当按照国家有关规定为被收养人办理户口登记。	**《收养法》第十六条**　收养关系成立后，公安部门应当依照国家有关规定为被收养人办理户口登记。	
第一千一百零七条　孤儿或者生父母无力抚养的子女，可以由生父母的亲属、朋友抚养；抚养人与被抚养人的关系不适用本章规定。	**《收养法》第十七条**　孤儿或者生父母无力抚养的子女，可以由生父母的亲属、朋友抚养。 抚养人与被抚养人的关系不适用收养关系。	
第一千一百零八条　配偶一方死亡，另一方送养未成年子女的，死亡一方的父母有优先抚养的权利。	**《收养法》第十八条**　同《民法典》	
第一千一百零九条　外国人依法可以在中华人民共和国收养子女。 外国人在中华人民共和国收养子女，应当经其所在国主管机关依照该国法律审查同意。收养人应当提供由其所在国有权机构出具的有关其年龄、婚姻、职业、财产、健康、有无受过刑事处罚等状况的证明材料，并与送养人签订书面协议，亲自向省、自治区、直辖市人民政府民政部门登记。 前款规定的证明材料应当经收养人所在国外交机关或者外交机关授权的机构认证，并经中华人民共和国驻该国使领馆认证，但是国家另有规定的除外。	**《收养法》第二十一条**　外国人依照本法可以在中华人民共和国收养子女。 外国人在中华人民共和国收养子女，应当经其所在国主管机关依照该国法律审查同意。收养人应当提供由其所在国有权机构出具的有关收养人的年龄、婚姻、职业、财产、健康、有无受过刑事处罚等状况的证明材料，~~该证明材料应当经其所在国外交机关或者外交机关授权的机构认证，并经中华人民共和国驻该国使领馆认证。~~该收养人应当与送养人订立书面协议，亲自向省级人民政府民政部门登记。 收养关系当事人各方或者一方要求办理收养公证的，应当到国务院司法行政部门认定的具有办理涉外公证资格的公证机构办理收养公证。	取消涉外收养公证中对公证机构的限定规则。

续表

中华人民共和国民法典	前民法典时代的民事法律规范	立法演进的核心提示
第一千一百一十条 收养人、送养人要求保守收养秘密的,其他人应当尊重其意愿,不得泄露。	**《收养法》第二十二条** 同《民法典》	
第二节 收养的效力		
第一千一百一十一条 自收养关系成立之日起,养父母与养子女间的权利义务关系,适用本法关于父母子女关系的规定;养子女与养父母的近亲属间的权利义务关系,适用本法关于子女与父母的近亲属关系的规定。 养子女与生父母以及其他近亲属间的权利义务关系,因收养关系的成立而消除。	**第二十六条** 国家保护合法的收养关系。养父母和养子女间的权利和义务,适用本法对父母子女关系的有关规定。 养子女和生父母间的权利和义务,因收养关系的成立而消除。 **《收养法》第二十三条** 自收养关系成立之日起,养父母与养子女间的权利义务关系,适用法律关于父母子女关系的规定;养子女与养父母的近亲属间的权利义务关系,适用法律关于子女与父母的近亲属关系的规定。 养子女与生父母及其他近亲属间的权利义务关系,因收养关系的成立而消除。	
第一千一百一十二条 养子女可以随养父或者养母的姓氏,经当事人协商一致,也可以保留原姓氏。	**《收养法》第二十四条** 养子女可以随养父或者养母的姓,经当事人协商一致,也可以保留原姓。	
第一千一百一十三条 有本法第一编关于民事法律行为无效规定情形或者违反本编规定的收养行为无效。 无效的收养行为自始没有法律约束力。	**《收养法》第二十五条** 违反《中华人民共和国民法通则》第五十五条和本法规定的收养行为无法律效力。 收养行为被人民法院确认无效的,从行为开始时起就没有法律效力。	
第三节 收养关系的解除		
第一千一百一十四条 收养人在被收养人成年以前,不得解除收养关系,但是收养人、送养人双方协议解除的除外。养子女八周岁以上的,应当征得本人同意。 收养人不履行抚养义务,有虐待、遗弃等侵害未成年养子女合法权益行为的,送养人有权要求解除养父母与养子女间的收养关系。送养人、收养人不能达成解除收养关系协议的,可以向人民法院提起诉讼。	**《收养法》第二十六条** 收养人在被收养人成年以前,不得解除收养关系,但收养人、送养人双方协议解除的除外,养子女年满十周岁以上的,应当征得本人同意。 收养人不履行抚养义务,有虐待、遗弃等侵害未成年养子女合法权益行为的,送养人有权要求解除养父母与养子女间的收养关系。送养人、收养人不能达成解除收养关系协议的,可以向人民法院起诉。	

续表

中华人民共和国民法典	前民法典时代的民事法律规范	立法演进的核心提示
第一千一百一十五条 养父母与成年养子女关系恶化、无法共同生活的,可以协议解除收养关系。不能达成协议的,可以向人民法院提起诉讼。	**《收养法》第二十七条** 养父母与成年养子女关系恶化、无法共同生活的,可以协议解除收养关系。不能达成协议的,可以向人民法院起诉。	
第一千一百一十六条 当事人协议解除收养关系的,应当到民政部门办理解除收养关系登记。	**《收养法》第二十八条** 当事人协议解除收养关系的,应当到民政部门办理解除收养关系的登记。	
第一千一百一十七条 收养关系解除后,养子女与养父母以及其他近亲属间的权利义务关系即行消除,与生父母以及其他近亲属间的权利义务关系自行恢复。但是,成年养子女与生父母以及其他近亲属间的权利义务关系是否恢复,可以协商确定。	**《收养法》第二十九条** 收养关系解除后,养子女与养父母及其他近亲属间的权利义务关系即行消除,与生父母及其他近亲属间的权利义务关系自行恢复,但成年养子女与生父母及其他近亲属间的权利义务关系是否恢复,可以协商确定。	
第一千一百一十八条 收养关系解除后,经养父母抚养的成年养子女,对缺乏劳动能力又缺乏生活来源的养父母,应当给付生活费。因养子女成年后虐待、遗弃养父母而解除收养关系的,养父母可以要求养子女补偿收养期间支出的抚养费。 生父母要求解除收养关系的,养父母可以要求生父母适当补偿收养期间支出的抚养费;但是,因养父母虐待、遗弃养子女而解除收养关系的除外。	**《收养法》第三十条** 收养关系解除后,经养父母抚养的成年养子女,对缺乏劳动能力又缺乏生活来源的养父母,应当给付生活费。因养子女成年后虐待、遗弃养父母而解除收养关系的,养父母可以要求养子女补偿收养期间支出的生活费和教育费。 生父母要求解除收养关系的,养父母可以要求生父母适当补偿收养期间支出的生活费和教育费,但因养父母虐待、遗弃养子女而解除收养关系的除外。	

中华人民共和国民法典继承编
直接关联法条对照表

中华人民共和国民法典	前民法典时代的民事法律规范①	立法演进的核心提示
第一章　一般规定	第一章　总则	
第一千一百一十九条　本编调整因继承产生的民事关系。 **第一千一百二十条**　国家保护自然人的继承权。	**第一条**　根据《中华人民共和国宪法》规定，为保护公民的私有财产的继承权，制定本法。	
第一千一百二十一条　继承从被继承人死亡时开始。 相互有继承关系的数人在同一事件中死亡，难以确定死亡时间的，推定没有其他继承人的人先死亡。都有其他继承人，辈份不同的，推定长辈先死亡；辈份相同的，推定同时死亡，相互不发生继承。	**第二条**　继承从被继承人死亡时开始。 **《继承法司法解释》** **第一条**　继承从被继承人生理死亡或被宣告死亡时开始。 失踪人被宣告死亡的，以法院判决中确定的失踪人的死亡日期，为继承开始的时间。 **第二条**　相互有继承关系的几个人在同一事件中死亡，如不能确定死亡先后时间的，推定没有继承人的人先死亡。死亡人各自都有继承人的，如几个死亡人辈份不同，推定长辈先死亡；几个死亡人辈份相同，推定同时死亡，彼此不发生继承，由他们各自的继承人分别继承。	
第一千一百二十二条　遗产是自然人死亡时遗留的个人合法财产。 **依照法律规定或者根据其性质不得继承的遗产，不得继承。**	**第三条**　遗产是公民死亡时遗留的个人合法财产，包括： （一）公民的收入； （二）公民的房屋、储蓄和生活用品； （三）公民的林木、牲畜和家禽； （四）公民的文物、图书资料； （五）法律允许公民所有的生产资料； （六）公民的著作权、专利权中的财产权利；	遗产范围改列举为兜底性规定。

① 此处法条没有特别说明，均指《继承法》。

续表

中华人民共和国民法典	前民法典时代的民事法律规范	立法演进的核心提示
	(七)公民的其他合法财产。 **《继承法司法解释》** **第三条**　公民可继承的其他合法财产包括有价证券和履行标的为财物的债权等。 **第四条**　承包人死亡时尚未取得承包收益的,可把死者生前对承包所投入的资金和所付出的劳动及其增值和孳息,由发包单位或者接续承包合同的人合理折价、补偿,其价额作为遗产。	
第一千一百二十三条　继承开始后,按照法定继承办理;有遗嘱的,按照遗嘱继承或者遗赠办理;有遗赠扶养协议的,按照协议办理。	**第五条**　同《民法典》 **《继承法司法解释》第五条**　被继承人生前与他人订有遗赠扶养协议,同时又立有遗嘱的,继承开始后,如果遗赠扶养协议与遗嘱没有抵触,遗产分别按协议和遗嘱处理;如果有抵触,按协议处理,与协议抵触的遗嘱全部或部分无效。	
第一千一百二十四条　继承开始后,继承人放弃继承的,应当在遗产处理前,以书面形式作出放弃继承的表示;没有表示的,视为接受继承。 受遗赠人应当在知道受遗赠后六十日内,作出接受或者放弃受遗赠的表示;到期没有表示的,视为放弃受遗赠。	**第二十五条**　继承开始后,继承人放弃继承的,应当在遗产处理前,作出放弃继承的表示。没有表示的,视为接受继承。 受遗赠人应当在知道受遗赠后两个月内,作出接受或者放弃受遗赠的表示。到期没有表示的,视为放弃受遗赠。	遗赠接受日期的"两个月"改为"六十日"。
第一千一百二十五条　继承人有下列行为之一的,丧失继承权: (一)故意杀害被继承人; (二)为争夺遗产而杀害其他继承人; (三)遗弃被继承人,或者虐待被继承人情节严重; (四)伪造、篡改、隐匿或者销毁遗嘱,情节严重; (五)以欺诈、胁迫手段迫使或者妨碍被继承人设立、变更或者撤回遗嘱,情节严重。 **继承人有前款第三项至第五项行为,确有悔改表现,被继承人表示宽恕或者事后在遗嘱中将其列为继承人的,该继承人不丧失继承权。** **受遗赠人有本条第一款规定行为的,丧失受遗赠权。**	**第七条**　继承人有下列行为之一的,丧失继承权: (一)故意杀害被继承人的; (二)为争夺遗产而杀害其他继承人的; (三)遗弃被继承人的,或者虐待被继承人情节严重的; (四)伪造、篡改或者销毁遗嘱,情节严重的。 **《继承法司法解释》** **第十条**　继承人虐待被继承人情节是否严重,可以从实施虐待行为的时间、手段、后果和社会影响等方面认定。 虐待被继承人情节严重的,不论是否追究刑事责任,均可确认其丧失继承权。 **第十一条**　继承人故意杀害被继承人的,不论是既遂还是未遂,均应确认其丧失继承权。	新增继承宽宥制度。

续表

中华人民共和国民法典	前民法典时代的民事法律规范	立法演进的核心提示
	第十三条 继承人虐待被继承人情节严重的,或者遗弃被继承人的,如以后确有悔改表现,而且被虐待人、被遗弃人生前又表示宽恕,可不确认其丧失继承权。	
第二章 法定继承	**第二章 法定继承**	
第一千一百二十六条 继承权男女平等。	**第九条** 同《民法典》	
第一千一百二十七条 遗产按照下列顺序继承: (一)第一顺序:配偶、子女、父母; (二)第二顺序:兄弟姐妹、祖父母、外祖父母。 继承开始后,由第一顺序继承人继承,第二顺序继承人不继承;没有第一顺序继承人继承的,由第二顺序继承人继承。 本编所称子女,包括婚生子女、非婚生子女、养子女和有扶养关系的继子女。 本编所称父母,包括生父母、养父母和有扶养关系的继父母。 本编所称兄弟姐妹,包括同父母的兄弟姐妹、同父异母或者同母异父的兄弟姐妹、养兄弟姐妹、有扶养关系的继兄弟姐妹。	**第十条** 遗产按照下列顺序继承: 第一顺序:配偶、子女、父母。 第二顺序:兄弟姐妹、祖父母、外祖父母。 继承开始后,由第一顺序继承人继承,第二顺序继承人不继承。没有第一顺序继承人继承的,由第二顺序继承人继承。 本法所说的子女,包括婚生子女、非婚生子女、养子女和有扶养关系的继子女。 本法所说的父母,包括生父母、养父母和有扶养关系的继父母。 本法所说的兄弟姐妹,包括同父母的兄弟姐妹、同父异母或者同母异父的兄弟姐妹、养兄弟姐妹、有扶养关系的继兄弟姐妹。	
第一千一百二十八条 被继承人的子女先于被继承人死亡的,由被继承人的子女的直系晚辈血亲代位继承。 **被继承人的兄弟姐妹先于被继承人死亡的,由被继承人的兄弟姐妹的子女代位继承。** 代位继承人一般只能继承被代位继承人有权继承的遗产份额。	**第十一条** 被继承人的子女先于被继承人死亡的,由被继承人的子女的晚辈直系血亲代位继承。代位继承人一般只能继承他的父亲或者母亲有权继承的遗产份额。	新增旁系血亲的代位继承制度。
第一千一百二十九条 丧偶儿媳对公婆,丧偶女婿对岳父母,尽了主要赡养义务的,作为第一顺序继承人。	**第十二条** 丧偶儿媳对公、婆,丧偶女婿对岳父、岳母,尽了主要赡养义务的,作为第一顺序继承人。 **《妇女权益保障法》第三十五条** 丧偶妇女对公、婆尽了主要赡养义务的,作为公、婆的第一顺序法定继承人,其继承权不受子女代位继承的影响。	

续表

中华人民共和国民法典	前民法典时代的民事法律规范	立法演进的核心提示
第一千一百三十条 同一顺序继承人继承遗产的份额,一般应当均等。 对生活有特殊困难又缺乏劳动能力的继承人,分配遗产时,应当予以照顾。 对被继承人尽了主要扶养义务或者与被继承人共同生活的继承人,分配遗产时,可以多分。 有扶养能力和有扶养条件的继承人,不尽扶养义务的,分配遗产时,应当不分或者少分。 继承人协商同意的,也可以不均等。	**第十三条** 同一顺序继承人继承遗产的份额,一般应当均等。 对生活有特殊困难的缺乏劳动能力的继承人,分配遗产时,应当予以照顾。 对被继承人尽了主要扶养义务或者与被继承人共同生活的继承人,分配遗产时,可以多分。 有扶养能力和有扶养条件的继承人,不尽扶养义务的,分配遗产时,应当不分或者少分。 继承人协商同意的,也可以不均等。	
第一千一百三十一条 对继承人以外的依靠被继承人扶养的人,或者继承人以外的对被继承人扶养较多的人,可以分给适当的遗产。	**第十四条** 对继承人以外的依靠被继承人扶养的缺乏劳动能力又没有生活来源的人,或者继承人以外的对被继承人扶养较多的人,可以分给他们适当的遗产。	
第一千一百三十二条 继承人应当本着互谅互让、和睦团结的精神,协商处理继承问题。遗产分割的时间、办法和份额,由继承人协商确定;协商不成的,可以由人民调解委员会调解或者向人民法院提起诉讼。	**第十五条** 继承人应当本着互谅互让、和睦团结的精神,协商处理继承问题。遗产分割的时间、办法和份额,由继承人协商确定。协商不成的,可以由人民调解委员会调解或者向人民法院提起诉讼。	
第三章 遗嘱继承和遗赠	**第三章 遗嘱继承和遗赠**	
第一千一百三十三条 自然人可以依照本法规定立遗嘱处分个人财产,并可以指定遗嘱执行人。 自然人可以立遗嘱将个人财产指定由法定继承人中的一人或者数人继承。 自然人可以立遗嘱将个人财产赠与国家、集体或者法定继承人以外的组织、个人。 **自然人可以依法设立遗嘱信托。**	**第十六条** 公民可以依照本法规定立遗嘱处分个人财产,并可以指定遗嘱执行人。 公民可以立遗嘱将个人财产指定由法定继承人的一人或者数人继承。 公民可以立遗嘱将个人财产赠给国家、集体或者法定继承人以外的人。	新增遗嘱信托制度。
第一千一百三十四条 自书遗嘱由遗嘱人亲笔书写,签名,注明年、月、日。	**第十七条第二款** 同《民法典》 **《继承法司法解释》第四十条** 公民在遗书中涉及死后个人财产处分的内容,确为死者真实意思的表示,有本人签名并注明了年、月、日,又无相反证据的,可按自书遗嘱对待。	

续表

中华人民共和国民法典	前民法典时代的民事法律规范	立法演进的核心提示
第一千一百三十五条　代书遗嘱应当有两个以上见证人在场见证，由其中一人代书，并由遗嘱人、代书人和其他见证人签名，注明年、月、日。	**第十七条第三款**　代书遗嘱应当有两个以上见证人在场见证，由其中一人代书，注明年、月、日，并由代书人、其他见证人和遗嘱人签名。 **《继承法司法解释》第四十条**　公民在遗书中涉及死后个人财产处分的内容，确为死者真实意思的表示，有本人签名并注明了年、月、日，又无相反证据的，可按自书遗嘱对待。	
第一千一百三十六条　打印遗嘱应当有两个以上见证人在场见证。遗嘱人和见证人应当在遗嘱每一页签名，注明年、月、日。		新增打印遗嘱这一遗嘱形式。
第一千一百三十七条　以录音录像形式立的遗嘱，应当有两个以上见证人在场见证。遗嘱人和见证人应当在录音录像中记录其姓名或者肖像，以及年、月、日。	**第十七条第四款**　以录音形式立的遗嘱，应当有两个以上见证人在场见证。	新增录像遗嘱，并一体化细化录音录像遗嘱的成立要件。
第一千一百三十八条　遗嘱人在危急情况下，可以立口头遗嘱。口头遗嘱应当有两个以上见证人在场见证。危急情况消除后，遗嘱人能够以书面或者录音录像形式立遗嘱的，所立的口头遗嘱无效。	**第十七条第五款**　遗嘱人在危急情况下，可以立口头遗嘱。口头遗嘱应当有两个以上见证人在场见证。危急情况解除后，遗嘱人能够用书面或者录音形式立遗嘱的，所立的口头遗嘱无效。	
第一千一百三十九条　公证遗嘱由遗嘱人经公证机构办理。	**第十七条第一款**　公证遗嘱由遗嘱人经公证机关办理。	
第一千一百四十条　下列人员不能作为遗嘱见证人： （一）无民事行为能力人、限制民事行为能力人以及其他不具有见证能力的人； （二）继承人、受遗赠人； （三）与继承人、受遗赠人有利害关系的人。	**第十八条**　下列人员不能作为遗嘱见证人： （一）无行为能力人、限制行为能力人； （二）继承人、受遗赠人； （三）与继承人、受遗赠人有利害关系的人。 **《继承法司法解释》第三十六条**　继承人、受遗赠人的债权人、债务人，共同经营的合伙人，也应当视为与继承人、受遗赠人有利害关系，不能作为遗嘱的见证人。	
第一千一百四十一条　遗嘱应当为缺乏劳动能力又没有生活来源的继承人保留必要的遗产份额。	**第十九条**　遗嘱应当对缺乏劳动能力又没有生活来源的继承人保留必要的遗产份额。 **《继承法司法解释》第三十七条**　遗嘱人未保留缺乏劳动能力又没有生活来源的继承人的遗产份额，遗产处理时，应当为该继承	

续表

中华人民共和国民法典	前民法典时代的民事法律规范	立法演进的核心提示
	人留下必要的遗产，所剩余的部分，才可参照遗嘱确定的分配原则处理。 继承人是否缺乏劳动能力又没有生活来源，应按遗嘱生效时该继承人的具体情况确定。	
第一千一百四十二条 遗嘱人可以撤回、变更自己所立的遗嘱。 立遗嘱后，遗嘱人实施与遗嘱内容相反的民事法律行为的，视为对遗嘱相关内容的撤回。 立有数份遗嘱，内容相抵触的，以最后的遗嘱为准。	**第二十条** 遗嘱人可以撤销、变更自己所立的遗嘱。 立有数份遗嘱，内容相抵触的，以最后的遗嘱为准。 自书、代书、录音、口头遗嘱，不得撤销、变更公证遗嘱。 **《继承法司法解释》** **第三十九条** 遗嘱人生前的行为与遗嘱的意思表示相反，而使遗嘱处分的财产在继承开始前灭失，部分灭失或所有权转移、部分转移的，遗嘱视为被撤销或部分被撤销。 ~~**第四十二条 遗嘱人以不同形式立有数份内容相抵触的遗嘱，其中有公证遗嘱的，以最后所立公证遗嘱为准；没有公证遗嘱的，以最后所立的遗嘱为准。**~~	废除公证遗嘱效力优先的规则。
第一千一百四十三条 无民事行为能力人或者限制民事行为能力人所立的遗嘱无效。 遗嘱必须表示遗嘱人的真实意思，受欺诈、胁迫所立的遗嘱无效。 伪造的遗嘱无效。 遗嘱被篡改的，篡改的内容无效。	**第二十二条** 无行为能力人或者限制行为能力人所立的遗嘱无效。 遗嘱必须表示遗嘱人的真实意思，受胁迫、欺骗所立的遗嘱无效。 伪造的遗嘱无效。 遗嘱被篡改的，篡改的内容无效。 **《继承法司法解释》第四十一条** 遗嘱人立遗嘱时必须有行为能力。无行为能力人所立的遗嘱，即使其本人后来有了行为能力，仍属无效遗嘱。遗嘱人立遗嘱时有行为能力，后来丧失了行为能力，不影响遗嘱的效力。	
第一千一百四十四条 遗嘱继承或者遗赠附有义务的，继承人或者受遗赠人应当履行义务。没有正当理由不履行义务的，经利害关系人或者有关组织请求，人民法院可以取消其接受附义务部分遗产的权利。	**第二十一条** 遗嘱继承或者遗赠附有义务的，继承人或者受遗赠人应当履行义务。没有正当理由不履行义务的，经有关单位或者个人请求，人民法院可以取消他接受遗产的权利。 **《继承法司法解释》第四十三条** 附义务的遗嘱继承或遗赠，如义务能够履行，而继承人、受遗赠人无正当理由不履行，经受益人或其他继承人请求，人民法院可以取消他接受附义务那部分遗产的权利，由提出请示的继承人或受益人负责按遗嘱人的意愿履行义务，接受遗产。	

续表

中华人民共和国民法典	前民法典时代的民事法律规范	立法演进的核心提示
第四章　遗产的处理	第四章　遗产的处理	
第一千一百四十五条　继承开始后，遗嘱执行人为遗产管理人；没有遗嘱执行人的，继承人应当及时推选遗产管理人；继承人未推选的，由继承人共同担任遗产管理人；没有继承人或者继承人均放弃继承的，由被继承人生前住所地的民政部门或者村民委员会担任遗产管理人。		新增遗产管理人制度，包含遗产管理人的选任、指定、职责、未尽职责的民事责任、报酬等制度。
第一千一百四十六条　对遗产管理人的确定有争议的，利害关系人可以向人民法院申请指定遗产管理人。		
第一千一百四十七条　遗产管理人应当履行下列职责： （一）清理遗产并制作遗产清单； （二）向继承人报告遗产情况； （三）采取必要措施防止遗产毁损、灭失； （四）处理被继承人的债权债务； （五）按照遗嘱或者依照法律规定分割遗产； （六）实施与管理遗产有关的其他必要行为。		
第一千一百四十八条　遗产管理人应当依法履行职责，因故意或者重大过失造成继承人、受遗赠人、债权人损害的，应当承担民事责任。		
第一千一百四十九条　遗产管理人可以依照法律规定或者按照约定获得报酬。		
第一千一百五十条　继承开始后，知道被继承人死亡的继承人应当及时通知其他继承人和遗嘱执行人。继承人中无人知道被继承人死亡或者知道被继承人死亡而不能通知的，由被继承人生前所在单位或者住所地的居民委员会、村民委员会负责通知。	**第二十三条**　同《民法典》	
第一千一百五十一条　存有遗产的人，应当妥善保管遗产，任何组织或者个人不得侵吞或者争抢。	**第二十四条**　存有遗产的人，应当妥善保管遗产，任何人不得侵吞或者争抢。	

续表

中华人民共和国民法典	前民法典时代的民事法律规范	立法演进的核心提示
第一千一百五十二条 继承开始后,继承人于遗产分割前死亡,并没有放弃继承的,该继承人应当继承的遗产转给其继承人,但是遗嘱另有安排的除外。	**《继承法司法解释》第五十二条** 继承开始后,继承人没有表示放弃继承,并于遗产分割前死亡的,其继承遗产的权利转移给他的合法继承人。	
第一千一百五十三条 夫妻共同所有的财产,除有约定的外,遗产分割时,应当先将共同所有的财产的一半分出为配偶所有,其余的为被继承人的遗产。 遗产在家庭共有财产之中的,遗产分割时,应当先分出他人的财产。	**第二十六条** 夫妻在婚姻关系存续期间所得的共同所有的财产,除有约定的以外,如果分割遗产,应当先将共同所有的财产的一半分出为配偶所有,其余的为被继承人的遗产。 遗产在家庭共有财产之中的,遗产分割时,应当先分出他人的财产。	
第一千一百五十四条 有下列情形之一的,遗产中的有关部分按照法定继承办理: (一)遗嘱继承人放弃继承或者受遗赠人放弃受遗赠; (二)遗嘱继承人丧失继承权或者受遗赠人丧失受遗赠权; (三)遗嘱继承人、受遗赠人先于遗嘱人死亡或者终止; (四)遗嘱无效部分所涉及的遗产; (五)遗嘱未处分的遗产。	**第二十七条** 有下列情形之一的,遗产中的有关部分按照法定继承办理: (一)遗嘱继承人放弃继承或者受遗赠人放弃受遗赠的; (二)遗嘱继承人丧失继承权的; (三)遗嘱继承人、受遗赠人先于遗嘱人死亡的; (四)遗嘱无效部分所涉及的遗产; (五)遗嘱未处分的遗产。	
第一千一百五十五条 遗产分割时,应当保留胎儿的继承份额。胎儿娩出时是死体的,保留的份额按照法定继承办理。	**第二十八条** 遗产分割时,应当保留胎儿的继承份额。胎儿出生时是死体的,保留的份额按照法定继承办理。 **《继承法司法解释》第四十五条** 应当为胎儿保留的遗产份额没有保留的应从继承人所继承的遗产中扣回。 为胎儿保留的遗产份额,如胎儿出生后死亡的,由其继承人继承;如胎儿出生时就是死体的,由被继承人的继承人继承。	
第一千一百五十六条 遗产分割应当有利于生产和生活需要,不损害遗产的效用。 不宜分割的遗产,可以采取折价、适当补偿或者共有等方法处理。	**第二十九条** 同《民法典》 **《继承法司法解释》第五十八条** 人民法院在分割遗产中的房屋、生产资料和特定职业所需要的财产时,应依据有利于发挥其使用效益和继承人的实际需要,兼顾各继承人的利益进行处理。	
第一千一百五十七条 夫妻一方死亡后另一方再婚的,有权处分所继承的财产,任何组织或者个人不得干涉。	**第三十条** 夫妻一方死亡后另一方再婚的,有权处分所继承的财产,任何人不得干涉。	

续表

中华人民共和国民法典	前民法典时代的民事法律规范	立法演进的核心提示
第一千一百五十八条 自然人可以与继承人以外的组织或者个人签订遗赠扶养协议。按照协议,该组织或者个人承担该自然人生养死葬的义务,享有受遗赠的权利。	**第三十一条** 公民可以与扶养人签订遗赠扶养协议。按照协议,扶养人承担该公民生养死葬的义务,享有受遗赠的权利。 公民可以与集体所有制组织签订遗赠扶养协议。按照协议,集体所有制组织承担该公民生养死葬的义务,享有受遗赠的权利。	
第一千一百五十九条 分割遗产,应当清偿被继承人依法应当缴纳的税款和债务;但是,应当为缺乏劳动能力又没有生活来源的继承人保留必要的遗产。	**《继承法司法解释》第六十一条** 继承人中有缺乏劳动能力又没有生活来源的人,即使遗产不足清偿债务,也应为其保留适当遗产,然后再按继承法第三十三条和民事诉讼法第一百八十条的规定清偿债务。	
第一千一百六十条 无人继承又无人受遗赠的遗产,归国家所有,用于公益事业;死者生前是集体所有制组织成员的,归所在集体所有制组织所有。	**第三十二条** 无人继承又无人受遗赠的遗产,归国家所有;死者生前是集体所有制组织成员的,归所在集体所有制组织所有。	
第一千一百六十一条 继承人以所得遗产实际价值为限清偿被继承人依法应当缴纳的税款和债务。超过遗产实际价值部分,继承人自愿偿还的不在此限。 继承人放弃继承的,对被继承人依法应当缴纳的税款和债务可以不负清偿责任。	**第三十三条** 继承遗产应当清偿被继承人依法应当缴纳的税款和债务,缴纳税款和清偿债务以他的遗产实际价值为限。超过遗产实际价值部分,继承人自愿偿还的不在此限。 继承人放弃继承的,对被继承人依法应当缴纳的税款和债务可以不负偿还责任。	
第一千一百六十二条 执行遗赠不得妨碍清偿遗赠人依法应当缴纳的税款和债务。	**第三十四条** 同《民法典》	
第一千一百六十三条 既有法定继承又有遗嘱继承、遗赠的,由法定继承人清偿被继承人依法应当缴纳的税款和债务;超过法定继承遗产实际价值部分,由遗嘱继承人和受遗赠人按比例以所得遗产清偿。	**《继承法司法解释》第六十二条** 遗产已被分割而未清偿债务时,如有法定继承又有遗嘱继承和遗赠的,首先由法定继承人用其所得遗产清偿债务;不足清偿时,剩余的债务由遗嘱继承人和受遗赠人按比例用所得遗产偿还;如果只有遗嘱继承和遗赠的,由遗嘱继承人和受遗赠人按比例用所得遗产偿还。	

中华人民共和国民法典侵权责任编
直接关联法条对照表

中华人民共和国民法典	前民法典时代的民事法律规范①	立法演进的核心提示
第一章　一般规定	第一章　一般规定	
第一千一百六十四条　本编调整因侵害民事权益产生的民事关系。	**第二条**　侵害民事权益，应当依照本法承担侵权责任。 ~~本法所称民事权益，包括生命权、健康权、姓名权、名誉权、荣誉权、肖像权、隐私权、婚姻自主权、监护权、所有权、用益物权、担保物权、著作权、专利权、商标专用权、发现权、股权、继承权等人身、财产权益。~~	立法表述修改意味着“债权”成为侵权责任法所保护的法益有望成为主流立场，但仍需未来司法解释对此予以明确。
第一千一百六十五条　行为人因过错侵害他人民事权益**造成损害的，**应当承担侵权责任。 依照法律规定推定行为人有过错，其不能证明自己没有过错的，应当承担侵权责任。	**第六条**　行为人因过错侵害他人民事权益，应当承担侵权责任。 根据法律规定推定行为人有过错，行为人不能证明自己没有过错的，应当承担侵权责任。	明确侵权构成要件要求“造成损害”。
第一千一百六十六条　行为人造成他人民事权益损害，不论行为人有无过错，法律规定应当承担侵权责任的，依照其规定。	**第七条**　行为人损害他人民事权益，不论行为人有无过错，法律规定应当承担侵权责任的，依照其规定。	
第一千一百六十七条　侵权行为危及他人人身、财产安全的，被侵权人有权请求侵权人承担停止侵害、排除妨碍、消除危险等侵权责任。	**第二十一条**　侵权行为危及他人人身、财产安全的，被侵权人可以请求侵权人承担停止侵害、排除妨碍、消除危险等侵权责任。	
第一千一百六十八条　二人以上共同实施侵权行为，造成他人损害的，应当承担连带责任。	**第八条**　同《民法典》	

① 此处法条没有特别说明，均指《侵权责任法》；若有不同法律文件对该问题有类似规定的，原则上选取最新的《侵权责任法》来单独罗列。

续表

中华人民共和国民法典	前民法典时代的民事法律规范	立法演进的核心提示
第一千一百六十九条 教唆、帮助他人实施侵权行为的,应当与行为人承担连带责任。 教唆、帮助无民事行为能力人、限制民事行为能力人实施侵权行为的,应当承担侵权责任;该无民事行为能力人、限制民事行为能力人的监护人未尽到监护职责的,应当承担相应的责任。	**第九条** 教唆、帮助他人实施侵权行为的,应当与行为人承担连带责任。 教唆、帮助无民事行为能力人、限制民事行为能力人实施侵权行为的,应当承担侵权责任;该无民事行为能力人、限制民事行为能力人的监护人未尽到监护责任的,应当承担相应的责任。	
第一千一百七十条 二人以上实施危及他人人身、财产安全的行为,其中一人或者数人的行为造成他人损害,能够确定具体侵权人的,由侵权人承担责任;不能确定具体侵权人的,行为人承担连带责任。	**第十条** 同《民法典》	
第一千一百七十一条 二人以上分别实施侵权行为造成同一损害,每个人的侵权行为都足以造成全部损害的,行为人承担连带责任。	**第十一条** 同《民法典》	
第一千一百七十二条 二人以上分别实施侵权行为造成同一损害,能够确定责任大小的,各自承担相应的责任;难以确定责任大小的,平均承担责任。	**第十二条** 二人以上分别实施侵权行为造成同一损害,能够确定责任大小的,各自承担相应的责任;难以确定责任大小的,平均承担赔偿责任。	
第一千一百七十三条 被侵权人对同一损害的发生或者扩大有过错的,可以减轻侵权人的责任。	**第二十六条** 被侵权人对损害的发生**也**有过错的,可以减轻侵权人的责任。	立法表述的修改明确了过失相抵原则同时适用于过错责任和无过错责任的情形。
第一千一百七十四条 损害是因受害人故意造成的,行为人不承担责任。	**第二十七条** 同《民法典》	
第一千一百七十五条 损害是因第三人造成的,第三人应当承担侵权责任。	**第二十八条** 同《民法典》	
第一千一百七十六条 自愿参加具有一定风险的文体活动,因其他参加者的行为受到损害的,受害人不得请求其他参加者承担侵权责任;但是,其他参加者对损害的发生有故意或者重大过失的除外。 **活动组织者的责任适用本法第一千一百九十八条至第一千二百零一条的规定。**		新增自甘冒险这一免责事由。

续表

中华人民共和国民法典	前民法典时代的民事法律规范	立法演进的核心提示
第一千一百七十七条　合法权益受到侵害，情况紧迫且不能及时获得国家机关保护，不立即采取措施将使其合法权益受到难以弥补的损害的，受害人可以在保护自己合法权益的必要范围内采取扣留侵权人的财物等合理措施；但是，应当立即请求有关国家机关处理。 **受害人采取的措施不当造成他人损害的，应当承担侵权责任。**		新增自助行为这一免责事由。
第一千一百七十八条　本法和其他法律对不承担责任或者减轻责任的情形另有规定的，依照其规定。	**第五条**　其他法律对侵权责任另有特别规定的，依照其规定。	
第二章　损害赔偿	**第二章　责任构成和责任方式**	
第一千一百七十九条　侵害他人造成人身损害的，应当赔偿医疗费、护理费、交通费、营养费、住院伙食补助费等为治疗和康复支出的合理费用，以及因误工减少的收入。造成残疾的，还应当赔偿辅助器具费和残疾赔偿金；造成死亡的，还应当赔偿丧葬费和死亡赔偿金。	**第十六条**　侵害他人造成人身损害的，应当赔偿医疗费、护理费、交通费等为治疗和康复支出的合理费用，以及因误工减少的收入。造成残疾的，还应当赔偿残疾生活辅助具费和残疾赔偿金。造成死亡的，还应当赔偿丧葬费和死亡赔偿金。	
第一千一百八十条　因同一侵权行为造成多人死亡的，可以以相同数额确定死亡赔偿金。	**第十七条**　同《民法典》	
第一千一百八十一条　被侵权人死亡的，其近亲属有权请求侵权人承担侵权责任。被侵权人为组织，该组织分立、合并的，承继权利的组织有权请求侵权人承担侵权责任。 被侵权人死亡的，支付被侵权人医疗费、丧葬费等合理费用的人有权请求侵权人赔偿费用，但是侵权人已经支付该费用的除外。	**第十八条**　被侵权人死亡的，其近亲属有权请求侵权人承担侵权责任。被侵权人为单位，该单位分立、合并的，承继权利的单位有权请求侵权人承担侵权责任。 被侵权人死亡的，支付被侵权人医疗费、丧葬费等合理费用的人有权请求侵权人赔偿费用，但侵权人已支付该费用的除外。	
第一千一百八十二条　侵害他人人身权益造成财产损失的，按照被侵权人因此受到的损失或者侵权人因此获得的利益赔偿；被侵权人因此受到的损失以及侵权人因此获得的利益难以确定，被侵权人和侵权人就赔偿数额协商不一致，向人民法院提起诉讼的，由人民法院根据实际情况确定赔偿数额。	**第二十条**　侵害他人人身权益造成财产损失的，按照被侵权人因此受到的损失赔偿；被侵权人的损失难以确定，侵权人因此获得利益的，按照其获得的利益赔偿；侵权人因此获得的利益难以确定，被侵权人和侵权人就赔偿数额协商不一致，向人民法院提起诉讼的，由人民法院根据实际情况确定赔偿数额。	

续表

中华人民共和国民法典	前民法典时代的民事法律规范	立法演进的核心提示
第一千一百八十三条 侵害自然人人身权益造成严重精神损害的，被侵权人有权请求精神损害赔偿。 **因故意或者重大过失**侵害自然人具有人身意义的特定物造成严重精神损害的，被侵权人有权请求精神损害赔偿。	**第二十二条** 侵害他人人身权益，造成他人严重精神损害的，被侵权人可以请求精神损害赔偿。 **《精神损害赔偿司法解释》第四条** 具有人格象征意义的特定纪念物品，因侵权行为而永久性灭失或者毁损，物品所有人以侵权为由，向人民法院起诉请求赔偿精神损害的，人民法院应当依法予以受理。	在借鉴司法实务经验的基础上，严格限制行为人侵犯“具有人身意义的特定物”的主观状态必须是故意或者重大过失，才承担精神损害赔偿责任。
第一千一百八十四条 侵害他人财产的，财产损失按照损失发生时的市场价格或者其他合理方式计算。	**第十九条** 侵害他人财产的，财产损失按照损失发生时的市场价格或者其他方式计算。	
第一千一百八十五条 故意侵害他人知识产权，情节严重的，被侵权人有权请求相应的惩罚性赔偿。		增加知识产权惩罚性赔偿的规定。
第一千一百八十六条 受害人和行为人对损害的发生都没有过错的，**依照法律的规定**由双方分担损失。	**第二十四条** 受害人和行为人对损害的发生都没有过错的，可以根据实际情况，由双方分担损失。	修改公平责任规则，限定必须“依照法律的规定”。
第一千一百八十七条 损害发生后，当事人可以协商赔偿费用的支付方式。协商不一致的，赔偿费用应当一次性支付；一次性支付确有困难的，可以分期支付，但是被侵权人有权请求提供相应的担保。	**第二十五条** 损害发生后，当事人可以协商赔偿费用的支付方式。协商不一致的，赔偿费用应当一次性支付；一次性支付确有困难的，可以分期支付，但应当提供相应的担保。	
第三章 责任主体的特殊规定	**第四章 关于责任主体的特殊规定**	
第一千一百八十八条 无民事行为能力人、限制民事行为能力人造成他人损害的，由监护人承担侵权责任。监护人尽到监护职责的，可以减轻其侵权责任。 有财产的无民事行为能力人、限制民事行为能力人造成他人损害的，从本人财产中支付赔偿费用；不足部分，由监护人赔偿。	**第三十二条** 无民事行为能力人、限制民事行为能力人造成他人损害的，由监护人承担侵权责任。监护人尽到监护责任的，可以减轻其侵权责任。 有财产的无民事行为能力人、限制民事行为能力人造成他人损害的，从本人财产中支付赔偿费用。不足部分，由监护人赔偿。	
第一千一百八十九条 无民事行为能力人、限制民事行为能力人造成他人损害，监护人将监护职责委托给他人的，监护人应当承担侵权责任；受托人有过错的，**承担相应的责任。**	**《民通意见》第二十二条** 监护人可以将监护职责部分或者全部委托给他人。因被监护人的侵权行为需要承担民事责任的，应当由监护人承担，但另有约定的除外；被委托人确有过错的，负连带责任。	将委托监护中受托人所承担的责任改为按份责任。

续表

中华人民共和国民法典	前民法典时代的民事法律规范	立法演进的核心提示
第一千一百九十条　完全民事行为能力人对自己的行为暂时没有意识或者失去控制造成他人损害有过错的，应当承担侵权责任；没有过错的，根据行为人的经济状况对受害人适当补偿。 完全民事行为能力人因醉酒、滥用麻醉药品或者精神药品对自己的行为暂时没有意识或者失去控制造成他人损害的，应当承担侵权责任。	**第三十三条**　同《民法典》	
第一千一百九十一条　用人单位的工作人员因执行工作任务造成他人损害的，由用人单位承担侵权责任。**用人单位承担侵权责任后，可以向有故意或者重大过失的工作人员追偿。** 劳务派遣期间，被派遣的工作人员因执行工作任务造成他人损害的，由接受劳务派遣的用工单位承担侵权责任；劳务派遣单位有过错的，**承担相应的责任。**	**第三十四条**　用人单位的工作人员因执行工作任务造成他人损害的，由用人单位承担侵权责任。 劳务派遣期间，被派遣的工作人员因执行工作任务造成他人损害的，由接受劳务派遣的用工单位承担侵权责任；劳务派遣单位有过错的，承担相应的补充责任。 **《人身损害赔偿司法解释》第九条**　雇员在从事雇佣活动中致人损害的，雇主应当承担赔偿责任；雇员因故意或者重大过失致人损害的，应当与雇主承担连带赔偿责任。雇主承担连带赔偿责任的，可以向雇员追偿。 前款所称"从事雇佣活动"，是指从事雇主授权或者指示范围内的生产经营活动或者其他劳务活动。雇员的行为超出授权范围，但其表现形式是履行职务或者与履行职务有内在联系的，应当认定为"从事雇佣活动"。	明确"用人单位承担侵权责任后，可以向有故意或者重大过失的工作人员追偿"这一规则，并将劳务派遣中劳务派遣单位的责任定性为与其过错相对应的按份责任。
第一千一百九十二条　个人之间形成劳务关系，提供劳务一方因劳务造成他人损害的，由接受劳务一方承担侵权责任。**接受劳务一方承担侵权责任后，可以向有故意或者重大过失的提供劳务一方追偿。**提供劳务一方因劳务受到损害的，根据双方各自的过错承担相应的责任。 提供劳务期间，因第三人的行为造成提供劳务一方损害的，提供劳务一方有权请求第三人承担侵权责任，**也有权请求接受劳务一方给予补偿。**接受劳务一方补偿后，可以向第三人追偿。	**第三十五条**　个人之间形成劳务关系，提供劳务一方因劳务造成他人损害的，由接受劳务一方承担侵权责任。提供劳务一方因劳务自己受到损害的，根据双方各自的过错承担相应的责任。 **《人身损害赔偿司法解释》** **第九条**　雇员在从事雇佣活动中致人损害的，雇主应当承担赔偿责任；雇员因故意或者重大过失致人损害的，应当与雇主承担连带赔偿责任。雇主承担连带赔偿责任的，可以向雇员追偿。 前款所称"从事雇佣活动"，是指从事雇主授权或者指示范围内的生产经营活动或者其他劳务活动。雇员的行为超出授权范围，但其表现形式是履行职务或者与履行职务	1. 明确"接受劳务一方承担侵权责任后，可以向有故意或者重大过失的提供劳务一方追偿"这一规则； 2. 明确接受劳务一方对提供劳务一方自身所承担的对内保护责任是法定补偿义务而非侵权责任。

续表

中华人民共和国民法典	前民法典时代的民事法律规范	立法演进的核心提示
	有内在联系的,应当认定为"从事雇佣活动"。 **第十一条第一款** 雇员在从事雇佣活动中遭受人身损害,雇主应当承担赔偿责任。雇佣关系以外的第三人造成雇员人身损害的,赔偿权利人可以请求第三人承担赔偿责任,也可以请求雇主承担赔偿责任。雇主承担赔偿责任后,可以向第三人追偿。	
第一千一百九十三条 承揽人在完成工作过程中造成第三人损害或者自己损害的,定作人不承担侵权责任。但是,定作人对定作、指示或者选任有过错的,应当承担相应的责任。	**《人身损害赔偿司法解释》第十条** 承揽人在完成工作过程中对第三人造成损害或者造成自身损害的,定作人不承担赔偿责任。但定作人对定作、指示或者选任有过失的,应当承担相应的赔偿责任。	
第一千一百九十四条 网络用户、网络服务提供者利用网络侵害他人民事权益的,应当承担侵权责任。法律另有规定的,依照其规定。	**第三十六条第一款** 网络用户、网络服务提供者利用网络侵害他人民事权益的,应当承担侵权责任。	完善了权利人通知规则和网络服务提供者的转通知规则,并且赋予被通知人以反通知的权利,从而就避风港原则和红旗原则进行了全面细化,避免了《侵权责任法》第36条所规定的"一旦被通知就必须删除"所可能产生的侵犯他人合法权益的后果。
第一千一百九十五条 网络用户利用网络服务实施侵权行为的,权利人有权通知网络服务提供者采取删除、屏蔽、断开链接等必要措施。通知应当包括构成侵权的初步证据及权利人的真实身份信息。 网络服务提供者接到通知后,应当及时将该通知转送相关网络用户,并根据构成侵权的初步证据和服务类型采取必要措施;未及时采取必要措施的,对损害的扩大部分与该网络用户承担连带责任。 权利人因错误通知造成网络用户或者网络服务提供者损害的,应当承担侵权责任。法律另有规定的,依照其规定。	**第三十六条第二款** 网络用户利用网络服务实施侵权行为的,被侵权人有权通知网络服务提供者采取删除、屏蔽、断开链接等必要措施。网络服务提供者接到通知后未及时采取必要措施的,对损害的扩大部分与该网络用户承担连带责任。	
第一千一百九十六条 网络用户接到转送的通知后,可以向网络服务提供者提交不存在侵权行为的声明。声明应当包括不存在侵权行为的初步证据及网络用户的真实身份信息。 网络服务提供者接到声明后,应当将该声明转送发出通知的权利人,并告知其可以向有关部门投诉或者向人民法院提起诉讼。网络服务提供者在转送声明到达权利人后的合理期限内,未收到权利人已经投诉或者提起诉讼通知的,应当及时终止所采取的措施。	**《电子商务法》第四十三条** 平台内经营者接到转送的通知后,可以向电子商务平台经营者提交不存在侵权行为的声明。声明应当包括不存在侵权行为的初步证据。 电子商务平台经营者接到声明后,应当将该声明转送发出通知的知识产权权利人,并告知其可以向有关主管部门投诉或者向人民法院起诉。电子商务平台经营者在转送声明到达知识产权权利人后十五日内,未收到权利人已经投诉或者起诉通知的,应当及时终止所采取的措施。	

续表

中华人民共和国民法典	前民法典时代的民事法律规范	立法演进的核心提示
第一千一百九十七条　网络服务提供者知道或者应当知道网络用户利用其网络服务侵害他人民事权益，未采取必要措施的，与该网络用户承担连带责任。	**第三十六条第三款**　网络服务提供者知道网络用户利用其网络服务侵害他人民事权益，未采取必要措施的，与该网络用户承担连带责任。	
第一千一百九十八条　宾馆、商场、银行、车站、机场、体育场馆、娱乐场所等经营场所、公共场所的经营者、管理者或者群众性活动的组织者，未尽到安全保障义务，造成他人损害的，应当承担侵权责任。 因第三人的行为造成他人损害的，由第三人承担侵权责任；经营者、管理者或者组织者未尽到安全保障义务的，承担相应的补充责任。**经营者、管理者或者组织者承担补充责任后，可以向第三人追偿。**	**第三十七条**　宾馆、商场、银行、车站、娱乐场所等公共场所的管理人或者群众性活动的组织者，未尽到安全保障义务，造成他人损害的，应当承担侵权责任。 因第三人的行为造成他人损害的，由第三人承担侵权责任；管理人或者组织者未尽到安全保障义务的，承担相应的补充责任。	增加安全保障义务人对第三人的追偿权。
第一千一百九十九条　无民事行为能力人在幼儿园、学校或者其他教育机构学习、生活期间受到人身损害的，幼儿园、学校或者其他教育机构应当承担侵权责任；但是，能够证明尽到教育、管理职责的，不承担侵权责任。	**第三十八条**　无民事行为能力人在幼儿园、学校或者其他教育机构学习、生活期间受到人身损害的，幼儿园、学校或者其他教育机构应当承担责任，但能够证明尽到教育、管理职责的，不承担责任。	
第一千二百条　限制民事行为能力人在学校或者其他教育机构学习、生活期间受到人身损害，学校或者其他教育机构未尽到教育、管理职责的，应当承担侵权责任。	**第三十九条**　限制民事行为能力人在学校或者其他教育机构学习、生活期间受到人身损害，学校或者其他教育机构未尽到教育、管理职责的，应当承担责任。	
第一千二百零一条　无民事行为能力人或者限制民事行为能力人在幼儿园、学校或者其他教育机构学习、生活期间，受到幼儿园、学校或者其他教育机构以外的第三人人身损害的，由第三人承担侵权责任；幼儿园、学校或者其他教育机构未尽到管理职责的，承担相应的补充责任。**幼儿园、学校或者其他教育机构承担补充责任后，可以向第三人追偿。**	**第四十条**　无民事行为能力人或者限制民事行为能力人在幼儿园、学校或者其他教育机构学习、生活期间，受到幼儿园、学校或者其他教育机构以外的人员人身损害的，由侵权人承担侵权责任；幼儿园、学校或者其他教育机构未尽到管理职责的，承担相应的补充责任。	明确第三人侵权情形下校园责任主体承担补充责任后享有对第三人的追偿权。
第四章　产品责任	**第五章　产品责任**	
第一千二百零二条　因产品存在缺陷造成他人损害的，生产者应当承担侵权责任。	**第四十一条**　同《民法典》	

续表

中华人民共和国民法典	前民法典时代的民事法律规范	立法演进的核心提示
第一千二百零三条 因产品存在缺陷造成他人损害的，被侵权人可以向产品的生产者请求赔偿，也可以向产品的销售者请求赔偿。 产品缺陷由生产者造成的，销售者赔偿后，有权向生产者追偿。因销售者的过错使产品存在缺陷的，生产者赔偿后，有权向销售者追偿。	**第四十三条** 因产品存在缺陷造成损害的，被侵权人可以向产品的生产者请求赔偿，也可以向产品的销售者请求赔偿。 产品缺陷由生产者造成的，销售者赔偿后，有权向生产者追偿。 因销售者的过错使产品存在缺陷的，生产者赔偿后，有权向销售者追偿。	
第一千二百零四条 因运输者、仓储者等第三人的过错使产品存在缺陷，造成他人损害的，产品的生产者、销售者赔偿后，有权向第三人追偿。	**第四十四条** 同《民法典》	
第一千二百零五条 因产品缺陷危及他人人身、财产安全的，被侵权人有权请求生产者、销售者承担**停止侵害**、排除妨碍、消除危险等侵权责任。	**第四十五条** 因产品缺陷危及他人人身、财产安全的，被侵权人有权请求生产者、销售者承担排除妨碍、消除危险等侵权责任。	新增“停止侵害”这一产品缺陷引起的侵权责任类型。
第一千二百零六条 产品投入流通后发现存在缺陷的，生产者、销售者应当及时采取停止销售、警示、召回等补救措施；未及时采取补救措施或者补救措施不力造成损害扩大的，对扩大的损害也应当承担侵权责任。 **依据前款规定采取召回措施的，生产者、销售者应当负担被侵权人因此支出的必要费用。**	**第四十六条** 产品投入流通后发现存在缺陷的，生产者、销售者应当及时采取警示、召回等补救措施。未及时采取补救措施或者补救措施不力造成损害的，应当承担侵权责任。	新增缺陷产品召回的必要费用由生产者、销售者承担的规则。
第一千二百零七条 明知产品存在缺陷仍然生产、销售，**或者没有依据前条规定采取有效补救措施，**造成他人死亡或者健康严重损害的，被侵权人有权请求相应的惩罚性赔偿。	**第四十七条** 明知产品存在缺陷仍然生产、销售，造成他人死亡或者健康严重损害的，被侵权人有权请求相应的惩罚性赔偿。	增加产品责任惩罚性赔偿的适用情形。
第五章 机动车交通事故责任	**第六章 机动车交通事故责任**	
第一千二百零八条 机动车发生交通事故造成损害的，依照道路交通安全法律和本法的有关规定承担赔偿责任。	**第四十八条** 机动车发生交通事故造成损害的，依照道路交通安全法的有关规定承担赔偿责任。	

续表

中华人民共和国民法典	前民法典时代的民事法律规范	立法演进的核心提示
第一千二百零九条　因租赁、借用等情形机动车所有人、管理人与使用人不是同一人时，发生交通事故造成损害，属于该机动车一方责任的，由机动车使用人承担赔偿责任；机动车所有人、管理人对损害的发生有过错的，承担相应的赔偿责任。	**第四十九条**　因租赁、借用等情形机动车所有人与使用人不是同一人时，发生交通事故后属于该机动车一方责任的，由保险公司在机动车强制保险责任限额范围内予以赔偿。不足部分，由机动车使用人承担赔偿责任；机动车所有人对损害的发生有过错的，承担相应的赔偿责任。	
第一千二百一十条　当事人之间已经以买卖或者其他方式转让并交付机动车但是未办理登记，发生交通事故造成损害，属于该机动车一方责任的，由受让人承担赔偿责任。	**第五十条**　当事人之间已经以买卖等方式转让并交付机动车但未办理所有权转移登记，发生交通事故后属于该机动车一方责任的，由保险公司在机动车强制保险责任限额范围内予以赔偿。不足部分，由受让人承担赔偿责任。	
第一千二百一十一条　以挂靠形式从事道路运输经营活动的机动车，发生交通事故造成损害，属于该机动车一方责任的，由挂靠人和被挂靠人承担连带责任。	**《道路交通事故司法解释》第三条**　以挂靠形式从事道路运输经营活动的机动车发生交通事故造成损害，属于该机动车一方责任，当事人请求由挂靠人和被挂靠人承担连带责任的，人民法院应予支持。	
第一千二百一十二条　未经允许驾驶他人机动车，发生交通事故造成损害，属于该机动车一方责任的，由机动车使用人承担赔偿责任；机动车所有人、管理人对损害的发生有过错的，承担相应的赔偿责任，但是本章另有规定的除外。	**《道路交通事故司法解释》第二条**　未经允许驾驶他人机动车发生交通事故造成损害，当事人依照侵权责任法第四十九条的规定请求由机动车驾驶人承担赔偿责任的，人民法院应予支持。机动车所有人或者管理人有过错的，承担相应的赔偿责任，但具有侵权责任法第五十二条规定情形的除外。	
第一千二百一十三条　机动车发生交通事故造成损害，属于该机动车一方责任的，先由承保机动车强制保险的保险人在强制保险责任限额范围内予以赔偿；不足部分，由承保机动车商业保险的保险人按照保险合同的约定予以赔偿；仍然不足或者没有投保机动车商业保险的，由侵权人赔偿。	**《道路交通事故司法解释》第十六条**　同时投保机动车第三者责任强制保险（以下简称“交强险”）和第三者责任商业保险（以下简称“商业三者险”）的机动车发生交通事故造成损害，当事人同时起诉侵权人和保险公司的，人民法院应当按照下列规则确定赔偿责任： （一）先由承保交强险的保险公司在责任限额范围内予以赔偿； （二）不足部分，由承保商业三者险的保险公司根据保险合同予以赔偿； （三）仍有不足的，依照道路交通安全法和侵权责任法的相关规定由侵权人予以赔偿。 被侵权人或者其近亲属请求承保交强险的保险公司优先赔偿精神损害的，人民法院应予支持。	

续表

中华人民共和国民法典	前民法典时代的民事法律规范	立法演进的核心提示
第一千二百一十四条 以买卖或者其他方式转让拼装或者已经达到报废标准的机动车，发生交通事故造成损害的，由转让人和受让人承担连带责任。	**第五十一条** 以买卖等方式转让拼装或者已达到报废标准的机动车，发生交通事故造成损害的，由转让人和受让人承担连带责任。	
第一千二百一十五条 盗窃、抢劫或者抢夺的机动车发生交通事故造成损害的，由盗窃人、抢劫人或者抢夺人承担赔偿责任。盗窃人、抢劫人或者抢夺人与机动车使用人不是同一人，发生交通事故造成损害，属于该机动车一方责任的，由盗窃人、抢劫人或者抢夺人与机动车使用人承担连带责任。 保险人在机动车强制保险责任限额范围内垫付抢救费用的，有权向交通事故责任人追偿。	**第五十二条** 盗窃、抢劫或者抢夺的机动车发生交通事故造成损害的，由盗窃人、抢劫人或者抢夺人承担赔偿责任。保险公司在机动车强制保险责任限额范围内垫付抢救费用的，有权向交通事故责任人追偿。	
第一千二百一十六条 机动车驾驶人发生交通事故后逃逸，该机动车参加强制保险的，由保险人在机动车强制保险责任限额范围内予以赔偿；机动车不明、该机动车未参加强制保险或者抢救费用超过机动车强制保险责任限额，需要支付被侵权人人身伤亡的抢救、丧葬等费用的，由道路交通事故社会救助基金垫付。道路交通事故社会救助基金垫付后，其管理机构有权向交通事故责任人追偿。	**第五十三条** 机动车驾驶人发生交通事故后逃逸，该机动车参加强制保险的，由保险公司在机动车强制保险责任限额范围内予以赔偿；机动车不明或者该机动车未参加强制保险，需要支付被侵权人人身伤亡的抢救、丧葬等费用的，由道路交通事故社会救助基金垫付。道路交通事故社会救助基金垫付后，其管理机构有权向交通事故责任人追偿。	
第一千二百一十七条 非营运机动车发生交通事故造成无偿搭乘人损害，属于该机动车一方责任的，应当减轻其赔偿责任，但是机动车使用人有故意或者重大过失的除外。		新增好意同乘情形下的责任承担规则。
第六章　医疗损害责任	**第七章　医疗损害责任**	
第一千二百一十八条 患者在诊疗活动中受到损害，医疗机构或者其医务人员有过错的，由医疗机构承担赔偿责任。	**第五十四条** 患者在诊疗活动中受到损害，医疗机构及其医务人员有过错的，由医疗机构承担赔偿责任。	

续表

中华人民共和国民法典	前民法典时代的民事法律规范	立法演进的核心提示
第一千二百一十九条 医务人员在诊疗活动中应当向患者说明病情和医疗措施。需要实施手术、特殊检查、特殊治疗的，医务人员应当及时向患者具体说明医疗风险、替代医疗方案等情况，**并取得其明确同意**；不能或者不宜向患者说明的，应当向患者的近亲属说明，并取得其明确同意。 医务人员未尽到前款义务，造成患者损害的，医疗机构应当承担赔偿责任。	**第五十五条** 医务人员在诊疗活动中应当向患者说明病情和医疗措施。需要实施手术、特殊检查、特殊治疗的，医务人员应当及时向患者说明医疗风险、替代医疗方案等情况，并取得其书面同意；不宜向患者说明的，应当向患者的近亲属说明，并取得其书面同意。 医务人员未尽到前款义务，造成患者损害的，医疗机构应当承担赔偿责任。	术前告知义务由取得患者或近亲属的“书面同意”改为“明确同意”。
第一千二百二十条 因抢救生命垂危的患者等紧急情况，不能取得患者或者其近亲属意见的，经医疗机构负责人或者授权的负责人批准，可以立即实施相应的医疗措施。	**第五十六条** 同《民法典》	
第一千二百二十一条 医务人员在诊疗活动中未尽到与当时的医疗水平相应的诊疗义务，造成患者损害的，医疗机构应当承担赔偿责任。	**第五十七条** 同《民法典》	
第一千二百二十二条 患者在诊疗活动中受到损害，有下列情形之一的，推定医疗机构有过错： （一）违反法律、行政法规、规章以及其他有关诊疗规范的规定； （二）隐匿或者拒绝提供与纠纷有关的病历资料； （三）遗失、伪造、篡改或者违法销毁病历资料。	**第五十八条** 患者有损害，因下列情形之一的，推定医疗机构有过错： （一）违反法律、行政法规、规章以及其他有关诊疗规范的规定； （二）隐匿或者拒绝提供与纠纷有关的病历资料； （三）伪造、篡改或者销毁病历资料。	
第一千二百二十三条 因药品、消毒产品、医疗器械的缺陷，或者输入不合格的血液造成患者损害的，患者可以向药品上市许可持有人、生产者、血液提供机构请求赔偿，也可以向医疗机构请求赔偿。患者向医疗机构请求赔偿的，医疗机构赔偿后，有权向负有责任的药品上市许可持有人、生产者、血液提供机构追偿。	**第五十九条** 因药品、消毒药剂、医疗器械的缺陷，或者输入不合格的血液造成患者损害的，患者可以向生产者或者血液提供机构请求赔偿，也可以向医疗机构请求赔偿。患者向医疗机构请求赔偿的，医疗机构赔偿后，有权向负有责任的生产者或者血液提供机构追偿。 **《医疗损害赔偿司法解释》第二十一条** 因医疗产品的缺陷或者输入不合格血液受到损害，患者请求医疗机构，缺陷医疗产品的生产者、销售者或者血液提供机构承担赔偿责任的，应予支持。	

续表

中华人民共和国民法典	前民法典时代的民事法律规范	立法演进的核心提示
	医疗机构承担赔偿责任后，向缺陷医疗产品的生产者、销售者或者血液提供机构追偿的，应予支持。 因医疗机构的过错使医疗产品存在缺陷或者血液不合格，医疗产品的生产者、销售者或者血液提供机构承担赔偿责任后，向医疗机构追偿的，应予支持。	
第一千二百二十四条 患者在诊疗活动中受到损害，有下列情形之一的，医疗机构不承担赔偿责任： （一）患者或者其近亲属不配合医疗机构进行符合诊疗规范的诊疗； （二）医务人员在抢救生命垂危的患者等紧急情况下已经尽到合理诊疗义务； （三）限于当时的医疗水平难以诊疗。 前款第一项情形中，医疗机构或者其医务人员也有过错的，应当承担相应的赔偿责任。	**第六十条** 患者有损害，因下列情形之一的，医疗机构不承担赔偿责任： （一）患者或者其近亲属不配合医疗机构进行符合诊疗规范的诊疗； （二）医务人员在抢救生命垂危的患者等紧急情况下已经尽到合理诊疗义务； （三）限于当时的医疗水平难以诊疗。 前款第一项情形中，医疗机构及其医务人员也有过错的，应当承担相应的赔偿责任。	
第一千二百二十五条 医疗机构及其医务人员应当按照规定填写并妥善保管住院志、医嘱单、检验报告、手术及麻醉记录、病理资料、护理记录等病历资料。 患者要求查阅、复制前款规定的病历资料的，医疗机构**应当及时提供**。	**第六十一条** 医疗机构及其医务人员应当按照规定填写并妥善保管住院志、医嘱单、检验报告、手术及麻醉记录、病理资料、护理记录、医疗费用等病历资料。 患者要求查阅、复制前款规定的病历资料的，医疗机构应当提供。	明确医疗机构在患者要求查阅、复制病例资料时应当“及时提供”。
第一千二百二十六条 医疗机构及其医务人员应当对患者的隐私和个人信息保密。泄露患者的隐私和个人信息，或者未经患者同意公开其病历资料的，应当承担侵权责任。	**第六十二条** 医疗机构及其医务人员应当对患者的隐私保密。泄露患者隐私或者未经患者同意公开其病历资料，造成患者损害的，应当承担侵权责任。	
第一千二百二十七条 医疗机构及其医务人员不得违反诊疗规范实施不必要的检查。	**第六十三条** 同《民法典》	
第一千二百二十八条 医疗机构及其医务人员的合法权益受法律保护。 干扰医疗秩序，妨碍医务人员工作、生活，侵害医务人员合法权益的，应当依法承担法律责任。	**第六十四条** 医疗机构及其医务人员的合法权益受法律保护。干扰医疗秩序，妨害医务人员工作、生活的，应当依法承担法律责任。	

续表

中华人民共和国民法典	前民法典时代的民事法律规范	立法演进的核心提示
第七章　环境污染和生态破坏责任	**第八章　环境污染责任**	
第一千二百二十九条　因污染环境、破坏生态造成他人损害的，侵权人应当承担侵权责任。	**第六十五条**　因污染环境造成损害的，污染者应当承担侵权责任。 **《环境侵权司法解释》第一条**　因污染环境造成损害，不论污染者有无过错，污染者应当承担侵权责任。污染者以排污符合国家或者地方污染物排放标准为由主张不承担责任的，人民法院不予支持。 污染者不承担责任或者减轻责任的情形，适用海洋环境保护法、水污染防治法、大气污染防治法等环境保护单行法的规定；相关环境保护单行法没有规定的，适用侵权责任法的规定。	增加破坏生态致损的侵权责任。
第一千二百三十条　因污染环境、破坏生态发生纠纷，行为人应当就法律规定的不承担责任或者减轻责任的情形及其行为与损害之间不存在因果关系承担举证责任。	**第六十六条**　因污染环境发生纠纷，污染者应当就法律规定的不承担责任或者减轻责任的情形及其行为与损害之间不存在因果关系承担举证责任。 **《环境侵权司法解释》第一条第二款**　污染者不承担责任或者减轻责任的情形，适用海洋环境保护法、水污染防治法、大气污染防治法等环境保护单行法的规定；相关环境保护单行法没有规定的，适用侵权责任法的规定。	
第一千二百三十一条　两个以上侵权人污染环境、破坏生态的，承担责任的大小，根据污染物的种类、浓度、排放量，<u>**破坏生态的方式、范围、程度，以及行为对损害后果所起的作用**</u>等因素确定。	**第六十七条**　两个以上污染者污染环境，污染者承担责任的大小，根据污染物的种类、排放量等因素确定。 **《环境侵权司法解释》第四条**　两个以上污染者污染环境，对污染者承担责任的大小，人民法院应当根据污染物的种类、排放量、危害性以及有无排污许可证、是否超过污染物排放标准、是否超过重点污染物排放总量控制指标等因素确定。	新增数人破坏生态时的责任大小确定规则。
<u>**第一千二百三十二条　侵权人违反法律规定故意污染环境、破坏生态造成严重后果的，被侵权人有权请求相应的惩罚性赔偿。**</u>		新增污染环境、破坏生态的惩罚性赔偿责任。
第一千二百三十三条　因第三人的过错污染环境、破坏生态的，被侵权人可以向侵权人请求赔偿，也可以向第三人请求赔偿。侵权人赔偿后，有权向第三人追偿。	**第六十八条**　因第三人的过错污染环境造成损害的，被侵权人可以向污染者请求赔偿，也可以向第三人请求赔偿。污染者赔偿后，有权向第三人追偿。	

续表

中华人民共和国民法典	前民法典时代的民事法律规范	立法演进的核心提示
第一千二百三十四条 违反国家规定造成生态环境损害，生态环境能够修复的，国家规定的机关或者法律规定的组织有权请求侵权人在合理期限内承担修复责任。侵权人在期限内未修复的，国家规定的机关或者法律规定的组织可以自行或者委托他人进行修复，所需费用由侵权人负担。	**《生态损害赔偿规定》第十二条第一款** 受损生态环境能够修复的，人民法院应当依法判决被告承担修复责任，并同时确定被告不履行修复义务时应承担的生态环境修复费用。 **《环境侵权司法解释》第十四条** 被侵权人请求恢复原状的，人民法院可以依法裁判污染者承担环境修复责任，并同时确定被告不履行环境修复义务时应当承担的环境修复费用。 污染者在生效裁判确定的期限内未履行环境修复义务的，人民法院可以委托其他人进行环境修复，所需费用由污染者承担。	
第一千二百三十五条 **违反国家规定造成生态环境损害的，国家规定的机关或者法律规定的组织有权请求侵权人赔偿下列损失和费用：** （一）生态环境受到损害至修复完成期间服务功能丧失导致的损失； （二）生态环境功能永久性损害造成的损失； （三）生态环境损害调查、鉴定评估等费用； （四）清除污染、修复生态环境费用； （五）防止损害的发生和扩大所支出的合理费用。	**《生态损害赔偿规定》** **第十二条第二款、第三款** 生态环境修复费用包括制定、实施修复方案的费用，修复期间的监测、监管费用，以及修复完成后的验收费用、修复效果后评估费用等。 原告请求被告赔偿生态环境受到损害至修复完成期间服务功能损失的，人民法院根据具体案情予以判决。 **第十三条** 受损生态环境无法修复或者无法完全修复，原告请求被告赔偿生态环境功能永久性损害造成的损失的，人民法院根据具体案情予以判决。 **第十四条** 原告请求被告承担下列费用的，人民法院根据具体案情予以判决： （一）实施应急方案以及为防止生态环境损害的发生和扩大采取合理预防、处置措施发生的应急处置费用； （二）为生态环境损害赔偿磋商和诉讼支出的调查、检验、鉴定、评估等费用； （三）合理的律师费以及其他为诉讼支出的合理费用。	新增生态环境损害公益诉讼的赔偿范围。
第八章 高度危险责任	**第九章 高度危险责任**	
第一千二百三十六条 从事高度危险作业造成他人损害的，应当承担侵权责任。	**第六十九条** 同《民法典》	

续表

中华人民共和国民法典	前民法典时代的民事法律规范	立法演进的核心提示
第一千二百三十七条　民用核设施**或者运入运出核设施的核材料**发生核事故造成他人损害的,民用核设施的营运单位应当承担侵权责任;但是,能够证明损害是因战争、武装冲突、暴乱等情形或者受害人故意造成的,不承担责任。	**第七十条**　民用核设施发生核事故造成他人损害的,民用核设施的经营者应当承担侵权责任,但能够证明损害是因战争等情形或者受害人故意造成的,不承担责任。	新增民用核设施致害责任的适用范围。
第一千二百三十八条　民用航空器造成他人损害的,民用航空器的经营者应当承担侵权责任;但是,能够证明损害是因受害人故意造成的,不承担责任。	**第七十一条**　民用航空器造成他人损害的,民用航空器的经营者应当承担侵权责任,但能够证明损害是因受害人故意造成的,不承担责任。	
第一千二百三十九条　占有或者使用易燃、易爆、剧毒、高放射性、强腐蚀性、高致病性等高度危险物造成他人损害的,占有人或者使用人应当承担侵权责任;但是,能够证明损害是因受害人故意或者不可抗力造成的,不承担责任。被侵权人对损害的发生有重大过失的,可以减轻占有人或者使用人的责任。	**第七十二条**　占有或者使用易燃、易爆、剧毒、放射性等高度危险物造成他人损害的,占有人或者使用人应当承担侵权责任,但能够证明损害是因受害人故意或者不可抗力造成的,不承担责任。被侵权人对损害的发生有重大过失的,可以减轻占有人或者使用人的责任。	
第一千二百四十条　从事高空、高压、地下挖掘活动或者使用高速轨道运输工具造成他人损害的,经营者应当承担侵权责任;但是,能够证明损害是因受害人故意或者不可抗力造成的,不承担责任。被侵权人对损害的发生有重大过失的,可以减轻经营者的责任。	**第七十三条**　从事高空、高压、地下挖掘活动或者使用高速轨道运输工具造成他人损害的,经营者应当承担侵权责任,但能够证明损害是因受害人故意或者不可抗力造成的,不承担责任。被侵权人对损害的发生有过失的,可以减轻经营者的责任。	
第一千二百四十一条　遗失、抛弃高度危险物造成他人损害的,由所有人承担侵权责任。所有人将高度危险物交由他人管理的,由管理人承担侵权责任;所有人有过错的,与管理人承担连带责任。	**第七十四条**　同《民法典》	
第一千二百四十二条　非法占有高度危险物造成他人损害的,由非法占有人承担侵权责任。所有人、管理人不能证明对防止非法占有尽到高度注意义务的,与非法占有人承担连带责任。	**第七十五条**　非法占有高度危险物造成他人损害的,由非法占有人承担侵权责任。所有人、管理人不能证明对防止他人非法占有尽到高度注意义务的,与非法占有人承担连带责任。	

续表

中华人民共和国民法典	前民法典时代的民事法律规范	立法演进的核心提示
第一千二百四十三条 未经许可进入高度危险活动区域或者高度危险物存放区域受到损害,管理人能够证明已经采取足够安全措施并尽到充分警示义务的,可以减轻或者不承担责任。	**第七十六条** 未经许可进入高度危险活动区域或者高度危险物存放区域受到损害,管理人已经采取安全措施并尽到警示义务的,可以减轻或者不承担责任。	
第一千二百四十四条 承担高度危险责任,法律规定赔偿限额的,依照其规定,**但是行为人有故意或者重大过失的除外。**	**第七十七条** 承担高度危险责任,法律规定赔偿限额的,依照其规定。	新增法定赔偿限额规则适用的例外规定。
第九章 饲养动物损害责任	**第十章 饲养动物损害责任**	
第一千二百四十五条 饲养的动物造成他人损害的,动物饲养人或者管理人应当承担侵权责任;但是,能够证明损害是因被侵权人故意或者重大过失造成的,可以不承担或者减轻责任。	**第七十八条** 饲养的动物造成他人损害的,动物饲养人或者管理人应当承担侵权责任,但能够证明损害是因被侵权人故意或者重大过失造成的,可以不承担或者减轻责任。	
第一千二百四十六条 违反管理规定,未对动物采取安全措施造成他人损害的,动物饲养人或者管理人应当承担侵权责任**;但是,能够证明损害是因被侵权人故意造成的,可以减轻责任。**	**第七十九条** 违反管理规定,未对动物采取安全措施造成他人损害的,动物饲养人或者管理人应当承担侵权责任。	新增违反规定饲养动物侵权的免责事由。
第一千二百四十七条 禁止饲养的烈性犬等危险动物造成他人损害的,动物饲养人或者管理人应当承担侵权责任。	**第八十条** 同《民法典》	
第一千二百四十八条 动物园的动物造成他人损害的,动物园应当承担侵权责任;但是,能够证明尽到管理职责的,不承担侵权责任。	**第八十一条** 动物园的动物造成他人损害的,动物园应当承担侵权责任,但能够证明尽到管理职责的,不承担责任。	
第一千二百四十九条 遗弃、逃逸的动物在遗弃、逃逸期间造成他人损害的,由动物原饲养人或者管理人承担侵权责任。	**第八十二条** 遗弃、逃逸的动物在遗弃、逃逸期间造成他人损害的,由原动物饲养人或者管理人承担侵权责任。	
第一千二百五十条 因第三人的过错致使动物造成他人损害的,被侵权人可以向动物饲养人或者管理人请求赔偿,也可以向第三人请求赔偿。动物饲养人或者管理人赔偿后,有权向第三人追偿。	**第八十三条** 同《民法典》	

续表

中华人民共和国民法典	前民法典时代的民事法律规范	立法演进的核心提示
第一千二百五十一条　饲养动物应当遵守法律法规，尊重社会公德，不得妨碍他人生活。	**第八十四条**　饲养动物应当遵守法律，尊重社会公德，不得妨害他人生活。	
第十章　建筑物和物件损害责任	**第十一章　物件损害责任**	
第一千二百五十二条　建筑物、构筑物或者其他设施倒塌、**塌陷**造成他人损害的，由建设单位与施工单位承担连带责任，**但是建设单位与施工单位能够证明不存在质量缺陷的除外。**建设单位、施工单位赔偿后，有其他责任人的，有权向其他责任人追偿。 因所有人、管理人、使用人或者第三人的原因，建筑物、构筑物或者其他设施倒塌、塌陷造成他人损害的，由所有人、管理人、使用人或者第三人承担侵权责任。	**第八十六条**　建筑物、构筑物或者其他设施倒塌造成他人损害的，由建设单位与施工单位承担连带责任。建设单位、施工单位赔偿后，有其他责任人的，有权向其他责任人追偿。 因其他责任人的原因，建筑物、构筑物或者其他设施倒塌造成他人损害的，由其他责任人承担侵权责任。	明确建筑物等倒塌、塌陷侵权也属过错推定类侵权类型。
第一千二百五十三条　建筑物、构筑物或者其他设施及其搁置物、悬挂物发生脱落、坠落造成他人损害，所有人、管理人或者使用人不能证明自己没有过错的，应当承担侵权责任。所有人、管理人或者使用人赔偿后，有其他责任人的，有权向其他责任人追偿。	**第八十五条**　同《民法典》	
第一千二百五十四条　禁止从建筑物中抛掷物品。从建筑物中抛掷物品或者从建筑物上坠落的物品造成他人损害的，由侵权人依法承担侵权责任；经调查难以确定具体侵权人的，除能够证明自己不是侵权人的外，由可能加害的建筑物使用人给予补偿。可能加害的建筑物使用人补偿后，有权向侵权人追偿。 **物业服务企业等建筑物管理人应当采取必要的安全保障措施防止前款规定情形的发生；未采取必要的安全保障措施的，应当依法承担未履行安全保障义务的侵权责任。** **发生本条第一款规定的情形的，公安等机关应当依法及时调查，查清责任人。**	**第八十七条**　从建筑物中抛掷物品或者从建筑物上坠落的物品造成他人损害，难以确定具体侵权人的，除能够证明自己不是侵权人的外，由可能加害的建筑物使用人给予补偿。	新增高空抛物或坠物时公安机关的调查义务及物业服务企业等的安全保障义务。
第一千二百五十五条　堆放物倒塌、滚落或者滑落造成他人损害，堆放人不能证明自己没有过错的，应当承担侵权责任。	**第八十八条**　堆放物倒塌造成他人损害，堆放人不能证明自己没有过错的，应当承担侵权责任。	新增堆放物倒塌侵权规则的适用情形。

续表

中华人民共和国民法典	前民法典时代的民事法律规范	立法演进的核心提示
第一千二百五十六条 在公共道路上堆放、倾倒、遗撒妨碍通行的物品造成他人损害的,由行为人承担侵权责任。**公共道路管理人不能证明已经尽到清理、防护、警示等义务的,应当承担相应的责任。**	**第八十九条** 在公共道路上堆放、倾倒、遗撒妨碍通行的物品造成他人损害的,有关单位或者个人应当承担侵权责任。	明确公共道路上堆放、倾倒、遗撒妨碍通行的物品造成他人损害属过错推定的侵权责任。
第一千二百五十七条 因林木折断**、倾倒或者果实坠落等**造成他人损害,林木的所有人或者管理人不能证明自己没有过错的,应当承担侵权责任。	**第九十条** 因林木折断造成他人损害,林木的所有人或者管理人不能证明自己没有过错的,应当承担侵权责任。	增加倾倒和果实坠落侵权的情形,与林木折断侵权做同样处理。
第一千二百五十八条 在公共场所或者道路上挖掘、修缮安装地下设施等造成他人损害,施工人不能证明已经设置明显标志和采取安全措施的,应当承担侵权责任。 窨井等地下设施造成他人损害,管理人不能证明尽到管理职责的,应当承担侵权责任。	**第九十一条** 在公共场所或者道路上挖坑、修缮安装地下设施等,没有设置明显标志和采取安全措施造成他人损害的,施工人应当承担侵权责任。 窨井等地下设施造成他人损害,管理人不能证明尽到管理职责的,应当承担侵权责任。	
附 则		
第一千二百五十九条 民法所称的"以上"、"以下"、"以内"、"届满",包括本数;所称的"不满"、"超过"、"以外",不包括本数。	**《民法总则》第二百零五条** 民法所称的"以上""以下""以内""届满",包括本数;所称的"不满""超过""以外",不包括本数。 **《民法通则》第一百五十五条** 民法所称的"以上"、"以下"、"以内"、"届满",包括本数;所称的"不满"、"以外",不包括本数。	
第一千二百六十条 本法自2021年1月1日起施行。《中华人民共和国婚姻法》、《中华人民共和国继承法》、《中华人民共和国民法通则》、《中华人民共和国收养法》、《中华人民共和国担保法》、《中华人民共和国合同法》、《中华人民共和国物权法》、《中华人民共和国侵权责任法》、《中华人民共和国民法总则》同时废止。		

中华人民共和国民法典及说明

中华人民共和国主席令

第四十五号

《中华人民共和国民法典》已由中华人民共和国第十三届全国人民代表大会第三次会议于 2020 年 5 月 28 日通过，现予公布，自 2021 年 1 月 1 日起施行。

中华人民共和国主席　习近平

2020 年 5 月 28 日

中华人民共和国民法典

（2020 年 5 月 28 日第十三届全国人民代表大会第三次会议通过）

目　　录

第一编 总 则

第一章 基本规定

第一条 为了保护民事主体的合法权益，调整民事关系，维护社会和经济秩序，适应中国特色社会主义发展要求，弘扬社会主义核心价值观，根据宪法，制定本法。

第二条 民法调整平等主体的自然人、法人和非法人组织之间的人身关系和财产关系。

第三条 民事主体的人身权利、财产权利以及其他合法权益受法律保护，任何组织或者个人不得侵犯。

第四条 民事主体在民事活动中的法律地位一律平等。

第五条 民事主体从事民事活动，应当遵循自愿原则，按照自己的意思设立、变更、终止民事法律关系。

第六条 民事主体从事民事活动，应当遵循公平原则，合理确定各方的权利和义务。

第七条 民事主体从事民事活动，应当遵循诚信原则，秉持诚实，恪守承诺。

第八条 民事主体从事民事活动，不得违反法律，不得违背公序良俗。

第九条 民事主体从事民事活动，应当有利于节约资源、保护生态环境。

第十条 处理民事纠纷，应当依照法律；法律没有规定的，可以适用习惯，但是不得违背公序良俗。

第十一条 其他法律对民事关系有特别规定的，依照其规定。

第十二条 中华人民共和国领域内的民事活动，适用中华人民共和国法律。法律另有规定的，依照其规定。

第二章 自 然 人

第一节 民事权利能力和民事行为能力

第十三条 自然人从出生时起到死亡时止，具有民事权利能力，依法享有民事权利，承担民事义务。

第十四条 自然人的民事权利能力一律平等。

第十五条 自然人的出生时间和死亡时间，以出生证明、死亡证明记载的时间为准；没有出生证明、死亡证明的，以户籍登记或者其他有效身份登记记载的时间为准。有其他证据足以推翻以上记载时间的，以该证据证明的时间为准。

第十六条 涉及遗产继承、接受赠与等胎儿利益保护的，胎儿视为具有民事权利能力。但是，胎儿娩出时为死体的，其民事权利能力自始不存在。

第十七条 十八周岁以上的自然人为成年人。不满十八周岁的自然人为未成年人。

第十八条 成年人为完全民事行为能力人，可以独立实施民事法律行为。

十六周岁以上的未成年人，以自己的劳动收入为主要生活来源的，视为完全民事行为能力人。

第十九条 八周岁以上的未成年人为限制民事行为能力人，实施民事法律行为由其法定代理人代理或者经其法定代理人同意、追认；但是，可以独立实施纯获利益的民事法律行为或者与其年龄、智力相适应的民事法律行为。

第二十条 不满八周岁的未成年人为无民事行为能力人，由其法定代理人代理实施民事法律行为。

第二十一条 不能辨认自己行为的成年人为无民事行为能力人，由其法定代理人代理实施民事法律行为。

八周岁以上的未成年人不能辨认自己行为的，适用前款规定。

第二十二条 不能完全辨认自己行为的成年人为限制民事行为能力人，实施民事法律行为由其法定代理人代理或者经其法定代理人同意、追认；但是，可以独立实施纯获利益的民事法律行为或者与其智力、精神健康状况相适应的民事法律行为。

第二十三条 无民事行为能力人、限制民事行为能力人的监护人是其法定代理人。

第二十四条 不能辨认或者不能完全辨认自己行为的成年人,其利害关系人或者有关组织,可以向人民法院申请认定该成年人为无民事行为能力人或者限制民事行为能力人。

被人民法院认定为无民事行为能力人或者限制民事行为能力人的,经本人、利害关系人或者有关组织申请,人民法院可以根据其智力、精神健康恢复的状况,认定该成年人恢复为限制民事行为能力人或者完全民事行为能力人。

本条规定的有关组织包括:居民委员会、村民委员会、学校、医疗机构、妇女联合会、残疾人联合会、依法设立的老年人组织、民政部门等。

第二十五条 自然人以户籍登记或者其他有效身份登记记载的居所为住所;经常居所与住所不一致的,经常居所视为住所。

第二节 监　　护

第二十六条 父母对未成年子女负有抚养、教育和保护的义务。

成年子女对父母负有赡养、扶助和保护的义务。

第二十七条 父母是未成年子女的监护人。

未成年人的父母已经死亡或者没有监护能力的,由下列有监护能力的人按顺序担任监护人:

(一)祖父母、外祖父母;

(二)兄、姐;

(三)其他愿意担任监护人的个人或者组织,但是须经未成年人住所地的居民委员会、村民委员会或者民政部门同意。

第二十八条 无民事行为能力或者限制民事行为能力的成年人,由下列有监护能力的人按顺序担任监护人:

(一)配偶;

(二)父母、子女;

(三)其他近亲属;

(四)其他愿意担任监护人的个人或者组织,但是须经被监护人住所地的居民委员会、村民委员会或者民政部门同意。

第二十九条 被监护人的父母担任监护人的,可以通过遗嘱指定监护人。

第三十条 依法具有监护资格的人之间可以协议确定监护人。协议确定监护人应当尊重被监护人的真实意愿。

第三十一条 对监护人的确定有争议的,由被监护人住所地的居民委员会、村民委员会或者民政部门指定监护人,有关当事人对指定不服的,可以向人民法院申请指定监护人;有关当事人也可以直接向人民法院申请指定监护人。

居民委员会、村民委员会、民政部门或者人民法院应当尊重被监护人的真实意愿,按照最有利于被监护人的原则在依法具有监护资格的人中指定监护人。

依据本条第一款规定指定监护人前,被监护人的人身权利、财产权利以及其他合法权益处于无人保护状态的,由被监护人住所地的居民委员会、村民委员会、法律规定的有关组织或者民政部门担任临时监护人。

监护人被指定后，不得擅自变更；擅自变更的，不免除被指定的监护人的责任。

第三十二条 没有依法具有监护资格的人的，监护人由民政部门担任，也可以由具备履行监护职责条件的被监护人住所地的居民委员会、村民委员会担任。

第三十三条 具有完全民事行为能力的成年人，可以与其近亲属、其他愿意担任监护人的个人或者组织事先协商，以书面形式确定自己的监护人，在自己丧失或者部分丧失民事行为能力时，由该监护人履行监护职责。

第三十四条 监护人的职责是代理被监护人实施民事法律行为，保护被监护人的人身权利、财产权利以及其他合法权益等。

监护人依法履行监护职责产生的权利，受法律保护。

监护人不履行监护职责或者侵害被监护人合法权益的，应当承担法律责任。

因发生突发事件等紧急情况，监护人暂时无法履行监护职责，被监护人的生活处于无人照料状态的，被监护人住所地的居民委员会、村民委员会或者民政部门应当为被监护人安排必要的临时生活照料措施。

第三十五条 监护人应当按照最有利于被监护人的原则履行监护职责。监护人除为维护被监护人利益外，不得处分被监护人的财产。

未成年人的监护人履行监护职责，在作出与被监护人利益有关的决定时，应当根据被监护人的年龄和智力状况，尊重被监护人的真实意愿。

成年人的监护人履行监护职责，应当最大程度地尊重被监护人的真实意愿，保障并协助被监护人实施与其智力、精神健康状况相适应的民事法律行为。对被监护人有能力独立处理的事务，监护人不得干涉。

第三十六条 监护人有下列情形之一的，人民法院根据有关个人或者组织的申请，撤销其监护人资格，安排必要的临时监护措施，并按照最有利于被监护人的原则依法指定监护人：

（一）实施严重损害被监护人身心健康的行为；

（二）怠于履行监护职责，或者无法履行监护职责且拒绝将监护职责部分或者全部委托给他人，导致被监护人处于危困状态；

（三）实施严重侵害被监护人合法权益的其他行为。

本条规定的有关个人、组织包括：其他依法具有监护资格的人，居民委员会、村民委员会、学校、医疗机构、妇女联合会、残疾人联合会、未成年人保护组织、依法设立的老年人组织、民政部门等。

前款规定的个人和民政部门以外的组织未及时向人民法院申请撤销监护人资格的，民政部门应当向人民法院申请。

第三十七条 依法负担被监护人抚养费、赡养费、扶养费的父母、子女、配偶等，被人民法院撤销监护人资格后，应当继续履行负担的义务。

第三十八条 被监护人的父母或者子女被人民法院撤销监护人资格后，除对被监护人实施故意犯罪的外，确有悔改表现的，经其申请，人民法院可以在尊重被监护人真实意愿的前提下，视情况恢复其监护人资格，人民法院指定的监护人与被监护人的监护关系同时终止。

第三十九条 有下列情形之一的，监护关系终止：

（一）被监护人取得或者恢复完全民事行为能力；

（二）监护人丧失监护能力；

（三）被监护人或者监护人死亡；

（四）人民法院认定监护关系终止的其他情形。

监护关系终止后，被监护人仍然需要监护的，应当依法另行确定监护人。

第三节 宣告失踪和宣告死亡

第四十条 自然人下落不明满二年的，利害关系人可以向人民法院申请宣告该自然人为失踪人。

第四十一条 自然人下落不明的时间自其失去音讯之日起计算。战争期间下落不明的，下落不明的时间自战争结束之日或者有关机关确定的下落不明之日起计算。

第四十二条 失踪人的财产由其配偶、成年子女、父母或者其他愿意担任财产代管人的人代管。

代管有争议，没有前款规定的人，或者前款规定的人无代管能力的，由人民法院指定的人代管。

第四十三条 财产代管人应当妥善管理失踪人的财产，维护其财产权益。

失踪人所欠税款、债务和应付的其他费用，由财产代管人从失踪人的财产中支付。

财产代管人因故意或者重大过失造成失踪人财产损失的，应当承担赔偿责任。

第四十四条 财产代管人不履行代管职责、侵害失踪人财产权益或者丧失代管能力的，失踪人的利害关系人可以向人民法院申请变更财产代管人。

财产代管人有正当理由的，可以向人民法院申请变更财产代管人。

人民法院变更财产代管人的，变更后的财产代管人有权请求原财产代管人及时移交有关财产并报告财产代管情况。

第四十五条 失踪人重新出现，经本人或者利害关系人申请，人民法院应当撤销失踪宣告。

失踪人重新出现，有权请求财产代管人及时移交有关财产并报告财产代管情况。

第四十六条 自然人有下列情形之一的，利害关系人可以向人民法院申请宣告该自然人死亡：

（一）下落不明满四年；

（二）因意外事件，下落不明满二年。

因意外事件下落不明，经有关机关证明该自然人不可能生存的，申请宣告死亡不受二年时间的限制。

第四十七条 对同一自然人，有的利害关系人申请宣告死亡，有的利害关系人申请宣告失踪，符合本法规定的宣告死亡条件的，人民法院应当宣告死亡。

第四十八条 被宣告死亡的人，人民法院宣告死亡的判决作出之日视为其死亡的日期；因意外事件下落不明宣告死亡的，意外事件发生之日视为其死亡的日期。

第四十九条 自然人被宣告死亡但是并未死亡的，不影响该自然人在被宣告死亡期间实施的民事法律行为的效力。

第五十条 被宣告死亡的人重新出现，经本人或者利害关系人申请，人民法院应当撤销死亡宣告。

第五十一条 被宣告死亡的人的婚姻关系，自死亡宣告之日起消除。死亡宣告被撤销的，婚姻关系自撤销死亡宣告之日起自行恢复。但是，其配偶再婚或者向婚姻登记机关书面声明不愿意恢复的除外。

第五十二条 被宣告死亡的人在被宣告死亡期间，其子女被他人依法收养的，在死亡宣告被撤销后，不得以未经本人同意为由主张收养行为无效。

第五十三条 被撤销死亡宣告的人有权请求依照本法第六编取得其财产的民事主体返还财产；无

法返还的，应当给予适当补偿。

利害关系人隐瞒真实情况，致使他人被宣告死亡而取得其财产的，除应当返还财产外，还应当对由此造成的损失承担赔偿责任。

第四节　个体工商户和农村承包经营户

第五十四条　自然人从事工商业经营，经依法登记，为个体工商户。个体工商户可以起字号。

第五十五条　农村集体经济组织的成员，依法取得农村土地承包经营权，从事家庭承包经营的，为农村承包经营户。

第五十六条　个体工商户的债务，个人经营的，以个人财产承担；家庭经营的，以家庭财产承担；无法区分的，以家庭财产承担。

农村承包经营户的债务，以从事农村土地承包经营的农户财产承担；事实上由农户部分成员经营的，以该部分成员的财产承担。

第三章　法　　人

第一节　一般规定

第五十七条　法人是具有民事权利能力和民事行为能力，依法独立享有民事权利和承担民事义务的组织。

第五十八条　法人应当依法成立。

法人应当有自己的名称、组织机构、住所、财产或者经费。法人成立的具体条件和程序，依照法律、行政法规的规定。

设立法人，法律、行政法规规定须经有关机关批准的，依照其规定。

第五十九条　法人的民事权利能力和民事行为能力，从法人成立时产生，到法人终止时消灭。

第六十条　法人以其全部财产独立承担民事责任。

第六十一条　依照法律或者法人章程的规定，代表法人从事民事活动的负责人，为法人的法定代表人。

法定代表人以法人名义从事的民事活动，其法律后果由法人承受。

法人章程或者法人权力机构对法定代表人代表权的限制，不得对抗善意相对人。

第六十二条　法定代表人因执行职务造成他人损害的，由法人承担民事责任。

法人承担民事责任后，依照法律或者法人章程的规定，可以向有过错的法定代表人追偿。

第六十三条　法人以其主要办事机构所在地为住所。依法需要办理法人登记的，应当将主要办事机构所在地登记为住所。

第六十四条　法人存续期间登记事项发生变化的，应当依法向登记机关申请变更登记。

第六十五条　法人的实际情况与登记的事项不一致的，不得对抗善意相对人。

第六十六条　登记机关应当依法及时公示法人登记的有关信息。

第六十七条　法人合并的，其权利和义务由合并后的法人享有和承担。

法人分立的，其权利和义务由分立后的法人享有连带债权，承担连带债务，但是债权人和债务人另有约定的除外。

第六十八条 有下列原因之一并依法完成清算、注销登记的，法人终止：

（一）法人解散；

（二）法人被宣告破产；

（三）法律规定的其他原因。

法人终止，法律、行政法规规定须经有关机关批准的，依照其规定。

第六十九条 有下列情形之一的，法人解散：

（一）法人章程规定的存续期间届满或者法人章程规定的其他解散事由出现；

（二）法人的权力机构决议解散；

（三）因法人合并或者分立需要解散；

（四）法人依法被吊销营业执照、登记证书，被责令关闭或者被撤销；

（五）法律规定的其他情形。

第七十条 法人解散的，除合并或者分立的情形外，清算义务人应当及时组成清算组进行清算。

法人的董事、理事等执行机构或者决策机构的成员为清算义务人。法律、行政法规另有规定的，依照其规定。

清算义务人未及时履行清算义务，造成损害的，应当承担民事责任；主管机关或者利害关系人可以申请人民法院指定有关人员组成清算组进行清算。

第七十一条 法人的清算程序和清算组职权，依照有关法律的规定；没有规定的，参照适用公司法律的有关规定。

第七十二条 清算期间法人存续，但是不得从事与清算无关的活动。

法人清算后的剩余财产，按照法人章程的规定或者法人权力机构的决议处理。法律另有规定的，依照其规定。

清算结束并完成法人注销登记时，法人终止；依法不需要办理法人登记的，清算结束时，法人终止。

第七十三条 法人被宣告破产的，依法进行破产清算并完成法人注销登记时，法人终止。

第七十四条 法人可以依法设立分支机构。法律、行政法规规定分支机构应当登记的，依照其规定。

分支机构以自己的名义从事民事活动，产生的民事责任由法人承担；也可以先以该分支机构管理的财产承担，不足以承担的，由法人承担。

第七十五条 设立人为设立法人从事的民事活动，其法律后果由法人承受；法人未成立的，其法律后果由设立人承受，设立人为二人以上的，享有连带债权，承担连带债务。

设立人为设立法人以自己的名义从事民事活动产生的民事责任，第三人有权选择请求法人或者设立人承担。

第二节 营利法人

第七十六条 以取得利润并分配给股东等出资人为目的成立的法人，为营利法人。

营利法人包括有限责任公司、股份有限公司和其他企业法人等。

第七十七条 营利法人经依法登记成立。

第七十八条 依法设立的营利法人，由登记机关发给营利法人营业执照。营业执照签发日期为营利法人的成立日期。

第七十九条 设立营利法人应当依法制定法人章程。

第八十条 营利法人应当设权力机构。

权力机构行使修改法人章程,选举或者更换执行机构、监督机构成员,以及法人章程规定的其他职权。

第八十一条 营利法人应当设执行机构。

执行机构行使召集权力机构会议,决定法人的经营计划和投资方案,决定法人内部管理机构的设置,以及法人章程规定的其他职权。

执行机构为董事会或者执行董事的,董事长、执行董事或者经理按照法人章程的规定担任法定代表人;未设董事会或者执行董事的,法人章程规定的主要负责人为其执行机构和法定代表人。

第八十二条 营利法人设监事会或者监事等监督机构的,监督机构依法行使检查法人财务,监督执行机构成员、高级管理人员执行法人职务的行为,以及法人章程规定的其他职权。

第八十三条 营利法人的出资人不得滥用出资人权利损害法人或者其他出资人的利益;滥用出资人权利造成法人或者其他出资人损失的,应当依法承担民事责任。

营利法人的出资人不得滥用法人独立地位和出资人有限责任损害法人债权人的利益;滥用法人独立地位和出资人有限责任,逃避债务,严重损害法人债权人的利益的,应当对法人债务承担连带责任。

第八十四条 营利法人的控股出资人、实际控制人、董事、监事、高级管理人员不得利用其关联关系损害法人的利益;利用关联关系造成法人损失的,应当承担赔偿责任。

第八十五条 营利法人的权力机构、执行机构作出决议的会议召集程序、表决方式违反法律、行政法规、法人章程,或者决议内容违反法人章程的,营利法人的出资人可以请求人民法院撤销该决议。但是,营利法人依据该决议与善意相对人形成的民事法律关系不受影响。

第八十六条 营利法人从事经营活动,应当遵守商业道德,维护交易安全,接受政府和社会的监督,承担社会责任。

第三节 非营利法人

第八十七条 为公益目的或者其他非营利目的成立,不向出资人、设立人或者会员分配所取得利润的法人,为非营利法人。

非营利法人包括事业单位、社会团体、基金会、社会服务机构等。

第八十八条 具备法人条件,为适应经济社会发展需要,提供公益服务设立的事业单位,经依法登记成立,取得事业单位法人资格;依法不需要办理法人登记的,从成立之日起,具有事业单位法人资格。

第八十九条 事业单位法人设理事会的,除法律另有规定外,理事会为其决策机构。事业单位法人的法定代表人依照法律、行政法规或者法人章程的规定产生。

第九十条 具备法人条件,基于会员共同意愿,为公益目的或者会员共同利益等非营利目的设立的社会团体,经依法登记成立,取得社会团体法人资格;依法不需要办理法人登记的,从成立之日起,具有社会团体法人资格。

第九十一条 设立社会团体法人应当依法制定法人章程。

社会团体法人应当设会员大会或者会员代表大会等权力机构。

社会团体法人应当设理事会等执行机构。理事长或者会长等负责人按照法人章程的规定担任法定代表人。

第九十二条 具备法人条件，为公益目的以捐助财产设立的基金会、社会服务机构等，经依法登记成立，取得捐助法人资格。

依法设立的宗教活动场所，具备法人条件的，可以申请法人登记，取得捐助法人资格。法律、行政法规对宗教活动场所有规定的，依照其规定。

第九十三条 设立捐助法人应当依法制定法人章程。

捐助法人应当设理事会、民主管理组织等决策机构，并设执行机构。理事长等负责人按照法人章程的规定担任法定代表人。

捐助法人应当设监事会等监督机构。

第九十四条 捐助人有权向捐助法人查询捐助财产的使用、管理情况，并提出意见和建议，捐助法人应当及时、如实答复。

捐助法人的决策机构、执行机构或者法定代表人作出决定的程序违反法律、行政法规、法人章程，或者决定内容违反法人章程的，捐助人等利害关系人或者主管机关可以请求人民法院撤销该决定。但是，捐助法人依据该决定与善意相对人形成的民事法律关系不受影响。

第九十五条 为公益目的成立的非营利法人终止时，不得向出资人、设立人或者会员分配剩余财产。剩余财产应当按照法人章程的规定或者权力机构的决议用于公益目的；无法按照法人章程的规定或者权力机构的决议处理的，由主管机关主持转给宗旨相同或者相近的法人，并向社会公告。

第四节 特别法人

第九十六条 本节规定的机关法人、农村集体经济组织法人、城镇农村的合作经济组织法人、基层群众性自治组织法人，为特别法人。

第九十七条 有独立经费的机关和承担行政职能的法定机构从成立之日起，具有机关法人资格，可以从事为履行职能所需要的民事活动。

第九十八条 机关法人被撤销的，法人终止，其民事权利和义务由继任的机关法人享有和承担；没有继任的机关法人的，由作出撤销决定的机关法人享有和承担。

第九十九条 农村集体经济组织依法取得法人资格。

法律、行政法规对农村集体经济组织有规定的，依照其规定。

第一百条 城镇农村的合作经济组织依法取得法人资格。

法律、行政法规对城镇农村的合作经济组织有规定的，依照其规定。

第一百零一条 居民委员会、村民委员会具有基层群众性自治组织法人资格，可以从事为履行职能所需要的民事活动。

未设立村集体经济组织的，村民委员会可以依法代行村集体经济组织的职能。

第四章 非法人组织

第一百零二条 非法人组织是不具有法人资格，但是能够依法以自己的名义从事民事活动的组织。

非法人组织包括个人独资企业、合伙企业、不具有法人资格的专业服务机构等。

第一百零三条 非法人组织应当依照法律的规定登记。

设立非法人组织，法律、行政法规规定须经有关机关批准的，依照其规定。

第一百零四条 非法人组织的财产不足以清偿债务的，其出资人或者设立人承担无限责任。法律另有规定的,依照其规定。

第一百零五条 非法人组织可以确定一人或者数人代表该组织从事民事活动。

第一百零六条 有下列情形之一的,非法人组织解散:

(一)章程规定的存续期间届满或者章程规定的其他解散事由出现;

(二)出资人或者设立人决定解散;

(三)法律规定的其他情形。

第一百零七条 非法人组织解散的,应当依法进行清算。

第一百零八条 非法人组织除适用本章规定外,参照适用本编第三章第一节的有关规定。

第五章 民 事 权 利

第一百零九条 自然人的人身自由、人格尊严受法律保护。

第一百一十条 自然人享有生命权、身体权、健康权、姓名权、肖像权、名誉权、荣誉权、隐私权、婚姻自主权等权利。

法人、非法人组织享有名称权、名誉权和荣誉权。

第一百一十一条 自然人的个人信息受法律保护。任何组织或者个人需要获取他人个人信息的,应当依法取得并确保信息安全,不得非法收集、使用、加工、传输他人个人信息,不得非法买卖、提供或者公开他人个人信息。

第一百一十二条 自然人因婚姻家庭关系等产生的人身权利受法律保护。

第一百一十三条 民事主体的财产权利受法律平等保护。

第一百一十四条 民事主体依法享有物权。

物权是权利人依法对特定的物享有直接支配和排他的权利,包括所有权、用益物权和担保物权。

第一百一十五条 物包括不动产和动产。法律规定权利作为物权客体的,依照其规定。

第一百一十六条 物权的种类和内容,由法律规定。

第一百一十七条 为了公共利益的需要,依照法律规定的权限和程序征收、征用不动产或者动产的,应当给予公平、合理的补偿。

第一百一十八条 民事主体依法享有债权。

债权是因合同、侵权行为、无因管理、不当得利以及法律的其他规定,权利人请求特定义务人为或者不为一定行为的权利。

第一百一十九条 依法成立的合同,对当事人具有法律约束力。

第一百二十条 民事权益受到侵害的,被侵权人有权请求侵权人承担侵权责任。

第一百二十一条 没有法定的或者约定的义务,为避免他人利益受损失而进行管理的人,有权请求受益人偿还由此支出的必要费用。

第一百二十二条 因他人没有法律根据,取得不当利益,受损失的人有权请求其返还不当利益。

第一百二十三条 民事主体依法享有知识产权。

知识产权是权利人依法就下列客体享有的专有的权利:

(一)作品;

(二)发明、实用新型、外观设计;

(三)商标;

(四)地理标志;

(五)商业秘密;

(六)集成电路布图设计;

(七)植物新品种;

(八)法律规定的其他客体。

第一百二十四条 自然人依法享有继承权。

自然人合法的私有财产,可以依法继承。

第一百二十五条 民事主体依法享有股权和其他投资性权利。

第一百二十六条 民事主体享有法律规定的其他民事权利和利益。

第一百二十七条 法律对数据、网络虚拟财产的保护有规定的,依照其规定。

第一百二十八条 法律对未成年人、老年人、残疾人、妇女、消费者等的民事权利保护有特别规定的,依照其规定。

第一百二十九条 民事权利可以依据民事法律行为、事实行为、法律规定的事件或者法律规定的其他方式取得。

第一百三十条 民事主体按照自己的意愿依法行使民事权利,不受干涉。

第一百三十一条 民事主体行使权利时,应当履行法律规定的和当事人约定的义务。

第一百三十二条 民事主体不得滥用民事权利损害国家利益、社会公共利益或者他人合法权益。

第六章 民事法律行为

第一节 一般规定

第一百三十三条 民事法律行为是民事主体通过意思表示设立、变更、终止民事法律关系的行为。

第一百三十四条 民事法律行为可以基于双方或者多方的意思表示一致成立,也可以基于单方的意思表示成立。

法人、非法人组织依照法律或者章程规定的议事方式和表决程序作出决议的,该决议行为成立。

第一百三十五条 民事法律行为可以采用书面形式、口头形式或者其他形式;法律、行政法规规定或者当事人约定采用特定形式的,应当采用特定形式。

第一百三十六条 民事法律行为自成立时生效,但是法律另有规定或者当事人另有约定的除外。

行为人非依法律规定或者未经对方同意,不得擅自变更或者解除民事法律行为。

第二节 意思表示

第一百三十七条 以对话方式作出的意思表示,相对人知道其内容时生效。

以非对话方式作出的意思表示,到达相对人时生效。以非对话方式作出的采用数据电文形式的意思表示,相对人指定特定系统接收数据电文的,该数据电文进入该特定系统时生效;未指定特定系统的,相对人知道或者应当知道该数据电文进入其系统时生效。当事人对采用数据电文形式的意思表示的生效时间另有约定的,按照其约定。

第一百三十八条 无相对人的意思表示,表示完成时生效。法律另有规定的,依照其规定。

第一百三十九条 以公告方式作出的意思表示,公告发布时生效。

第一百四十条 行为人可以明示或者默示作出意思表示。

沉默只有在有法律规定、当事人约定或者符合当事人之间的交易习惯时,才可以视为意思表示。

第一百四十一条 行为人可以撤回意思表示。撤回意思表示的通知应当在意思表示到达相对人前或者与意思表示同时到达相对人。

第一百四十二条 有相对人的意思表示的解释,应当按照所使用的词句,结合相关条款、行为的性质和目的、习惯以及诚信原则,确定意思表示的含义。

无相对人的意思表示的解释,不能完全拘泥于所使用的词句,而应当结合相关条款、行为的性质和目的、习惯以及诚信原则,确定行为人的真实意思。

第三节 民事法律行为的效力

第一百四十三条 具备下列条件的民事法律行为有效:

(一)行为人具有相应的民事行为能力;

(二)意思表示真实;

(三)不违反法律、行政法规的强制性规定,不违背公序良俗。

第一百四十四条 无民事行为能力人实施的民事法律行为无效。

第一百四十五条 限制民事行为能力人实施的纯获利益的民事法律行为或者与其年龄、智力、精神健康状况相适应的民事法律行为有效;实施的其他民事法律行为经法定代理人同意或者追认后有效。

相对人可以催告法定代理人自收到通知之日起三十日内予以追认。法定代理人未作表示的,视为拒绝追认。民事法律行为被追认前,善意相对人有撤销的权利。撤销应当以通知的方式作出。

第一百四十六条 行为人与相对人以虚假的意思表示实施的民事法律行为无效。

以虚假的意思表示隐藏的民事法律行为的效力,依照有关法律规定处理。

第一百四十七条 基于重大误解实施的民事法律行为,行为人有权请求人民法院或者仲裁机构予以撤销。

第一百四十八条 一方以欺诈手段,使对方在违背真实意思的情况下实施的民事法律行为,受欺诈方有权请求人民法院或者仲裁机构予以撤销。

第一百四十九条 第三人实施欺诈行为,使一方在违背真实意思的情况下实施的民事法律行为,对方知道或者应当知道该欺诈行为的,受欺诈方有权请求人民法院或者仲裁机构予以撤销。

第一百五十条 一方或者第三人以胁迫手段,使对方在违背真实意思的情况下实施的民事法律行为,受胁迫方有权请求人民法院或者仲裁机构予以撤销。

第一百五十一条 一方利用对方处于危困状态、缺乏判断能力等情形,致使民事法律行为成立时显失公平的,受损害方有权请求人民法院或者仲裁机构予以撤销。

第一百五十二条 有下列情形之一的,撤销权消灭:

(一)当事人自知道或者应当知道撤销事由之日起一年内、重大误解的当事人自知道或者应当知道撤销事由之日起九十日内没有行使撤销权;

(二)当事人受胁迫,自胁迫行为终止之日起一年内没有行使撤销权;

(三)当事人知道撤销事由后明确表示或者以自己的行为表明放弃撤销权。

当事人自民事法律行为发生之日起五年内没有行使撤销权的,撤销权消灭。

第一百五十三条 违反法律、行政法规的强制性规定的民事法律行为无效。但是,该强制性规定不导致该民事法律行为无效的除外。

违背公序良俗的民事法律行为无效。

第一百五十四条 行为人与相对人恶意串通，损害他人合法权益的民事法律行为无效。

第一百五十五条 无效的或者被撤销的民事法律行为自始没有法律约束力。

第一百五十六条 民事法律行为部分无效，不影响其他部分效力的，其他部分仍然有效。

第一百五十七条 民事法律行为无效、被撤销或者确定不发生效力后，行为人因该行为取得的财产，应当予以返还；不能返还或者没有必要返还的，应当折价补偿。有过错的一方应当赔偿对方由此所受到的损失；各方都有过错的，应当各自承担相应的责任。法律另有规定的，依照其规定。

第四节 民事法律行为的附条件和附期限

第一百五十八条 民事法律行为可以附条件，但是根据其性质不得附条件的除外。附生效条件的民事法律行为，自条件成就时生效。附解除条件的民事法律行为，自条件成就时失效。

第一百五十九条 附条件的民事法律行为，当事人为自己的利益不正当地阻止条件成就的，视为条件已经成就；不正当地促成条件成就的，视为条件不成就。

第一百六十条 民事法律行为可以附期限，但是根据其性质不得附期限的除外。附生效期限的民事法律行为，自期限届至时生效。附终止期限的民事法律行为，自期限届满时失效。

第七章 代 理

第一节 一般规定

第一百六十一条 民事主体可以通过代理人实施民事法律行为。

依照法律规定、当事人约定或者民事法律行为的性质，应当由本人亲自实施的民事法律行为，不得代理。

第一百六十二条 代理人在代理权限内，以被代理人名义实施的民事法律行为，对被代理人发生效力。

第一百六十三条 代理包括委托代理和法定代理。

委托代理人按照被代理人的委托行使代理权。法定代理人依照法律的规定行使代理权。

第一百六十四条 代理人不履行或者不完全履行职责，造成被代理人损害的，应当承担民事责任。

代理人和相对人恶意串通，损害被代理人合法权益的，代理人和相对人应当承担连带责任。

第二节 委托代理

第一百六十五条 委托代理授权采用书面形式的，授权委托书应当载明代理人的姓名或者名称、代理事项、权限和期限，并由被代理人签名或者盖章。

第一百六十六条 数人为同一代理事项的代理人的，应当共同行使代理权，但是当事人另有约定的除外。

第一百六十七条 代理人知道或者应当知道代理事项违法仍然实施代理行为，或者被代理人知道或者应当知道代理人的代理行为违法未作反对表示的，被代理人和代理人应当承担连带责任。

第一百六十八条 代理人不得以被代理人的名义与自己实施民事法律行为，但是被代理人同意或者追认的除外。

代理人不得以被代理人的名义与自己同时代理的其他人实施民事法律行为，但是被代理的双方同意或者追认的除外。

第一百六十九条 代理人需要转委托第三人代理的，应当取得被代理人的同意或者追认。

转委托代理经被代理人同意或者追认的，被代理人可以就代理事务直接指示转委托的第三人，代理人仅就第三人的选任以及对第三人的指示承担责任。

转委托代理未经被代理人同意或者追认的，代理人应当对转委托的第三人的行为承担责任；但是，在紧急情况下代理人为了维护被代理人的利益需要转委托第三人代理的除外。

第一百七十条 执行法人或者非法人组织工作任务的人员，就其职权范围内的事项，以法人或者非法人组织的名义实施的民事法律行为，对法人或者非法人组织发生效力。

法人或者非法人组织对执行其工作任务的人员职权范围的限制，不得对抗善意相对人。

第一百七十一条 行为人没有代理权、超越代理权或者代理权终止后，仍然实施代理行为，未经被代理人追认的，对被代理人不发生效力。

相对人可以催告被代理人自收到通知之日起三十日内予以追认。被代理人未作表示的，视为拒绝追认。行为人实施的行为被追认前，善意相对人有撤销的权利。撤销应当以通知的方式作出。

行为人实施的行为未被追认的，善意相对人有权请求行为人履行债务或者就其受到的损害请求行为人赔偿。但是，赔偿的范围不得超过被代理人追认时相对人所能获得的利益。

相对人知道或者应当知道行为人无权代理的，相对人和行为人按照各自的过错承担责任。

第一百七十二条 行为人没有代理权、超越代理权或者代理权终止后，仍然实施代理行为，相对人有理由相信行为人有代理权的，代理行为有效。

第三节 代理终止

第一百七十三条 有下列情形之一的，委托代理终止：

（一）代理期限届满或者代理事务完成；

（二）被代理人取消委托或者代理人辞去委托；

（三）代理人丧失民事行为能力；

（四）代理人或者被代理人死亡；

（五）作为代理人或者被代理人的法人、非法人组织终止。

第一百七十四条 被代理人死亡后，有下列情形之一的，委托代理人实施的代理行为有效：

（一）代理人不知道且不应当知道被代理人死亡；

（二）被代理人的继承人予以承认；

（三）授权中明确代理权在代理事务完成时终止；

（四）被代理人死亡前已经实施，为了被代理人的继承人的利益继续代理。

作为被代理人的法人、非法人组织终止的，参照适用前款规定。

第一百七十五条 有下列情形之一的，法定代理终止：

（一）被代理人取得或者恢复完全民事行为能力；

（二）代理人丧失民事行为能力；

（三）代理人或者被代理人死亡；

(四)法律规定的其他情形。

第八章　民 事 责 任

第一百七十六条　民事主体依照法律规定或者按照当事人约定,履行民事义务,承担民事责任。

第一百七十七条　二人以上依法承担按份责任,能够确定责任大小的,各自承担相应的责任;难以确定责任大小的,平均承担责任。

第一百七十八条　二人以上依法承担连带责任的,权利人有权请求部分或者全部连带责任人承担责任。

连带责任人的责任份额根据各自责任大小确定;难以确定责任大小的,平均承担责任。实际承担责任超过自己责任份额的连带责任人,有权向其他连带责任人追偿。

连带责任,由法律规定或者当事人约定。

第一百七十九条　承担民事责任的方式主要有:

(一)停止侵害;

(二)排除妨碍;

(三)消除危险;

(四)返还财产;

(五)恢复原状;

(六)修理、重作、更换;

(七)继续履行;

(八)赔偿损失;

(九)支付违约金;

(十)消除影响、恢复名誉;

(十一)赔礼道歉。

法律规定惩罚性赔偿的,依照其规定。

本条规定的承担民事责任的方式,可以单独适用,也可以合并适用。

第一百八十条　因不可抗力不能履行民事义务的,不承担民事责任。法律另有规定的,依照其规定。

不可抗力是不能预见、不能避免且不能克服的客观情况。

第一百八十一条　因正当防卫造成损害的,不承担民事责任。

正当防卫超过必要的限度,造成不应有的损害的,正当防卫人应当承担适当的民事责任。

第一百八十二条　因紧急避险造成损害的,由引起险情发生的人承担民事责任。

危险由自然原因引起的,紧急避险人不承担民事责任,可以给予适当补偿。

紧急避险采取措施不当或者超过必要的限度,造成不应有的损害的,紧急避险人应当承担适当的民事责任。

第一百八十三条　因保护他人民事权益使自己受到损害的,由侵权人承担民事责任,受益人可以给予适当补偿。没有侵权人、侵权人逃逸或者无力承担民事责任,受害人请求补偿的,受益人应当给予适当补偿。

第一百八十四条　因自愿实施紧急救助行为造成受助人损害的,救助人不承担民事责任。

第一百八十五条　侵害英雄烈士等的姓名、肖像、名誉、荣誉，损害社会公共利益的，应当承担民事责任。

第一百八十六条　因当事人一方的违约行为，损害对方人身权益、财产权益的，受损害方有权选择请求其承担违约责任或者侵权责任。

第一百八十七条　民事主体因同一行为应当承担民事责任、行政责任和刑事责任的，承担行政责任或者刑事责任不影响承担民事责任；民事主体的财产不足以支付的，优先用于承担民事责任。

第九章　诉讼时效

第一百八十八条　向人民法院请求保护民事权利的诉讼时效期间为三年。法律另有规定的，依照其规定。

诉讼时效期间自权利人知道或者应当知道权利受到损害以及义务人之日起计算。法律另有规定的，依照其规定。但是，自权利受到损害之日起超过二十年的，人民法院不予保护，有特殊情况的，人民法院可以根据权利人的申请决定延长。

第一百八十九条　当事人约定同一债务分期履行的，诉讼时效期间自最后一期履行期限届满之日起计算。

第一百九十条　无民事行为能力人或者限制民事行为能力人对其法定代理人的请求权的诉讼时效期间，自该法定代理终止之日起计算。

第一百九十一条　未成年人遭受性侵害的损害赔偿请求权的诉讼时效期间，自受害人年满十八周岁之日起计算。

第一百九十二条　诉讼时效期间届满的，义务人可以提出不履行义务的抗辩。

诉讼时效期间届满后，义务人同意履行的，不得以诉讼时效期间届满为由抗辩；义务人已经自愿履行的，不得请求返还。

第一百九十三条　人民法院不得主动适用诉讼时效的规定。

第一百九十四条　在诉讼时效期间的最后六个月内，因下列障碍，不能行使请求权的，诉讼时效中止：

（一）不可抗力；

（二）无民事行为能力人或者限制民事行为能力人没有法定代理人，或者法定代理人死亡、丧失民事行为能力、丧失代理权；

（三）继承开始后未确定继承人或者遗产管理人；

（四）权利人被义务人或者其他人控制；

（五）其他导致权利人不能行使请求权的障碍。

自中止时效的原因消除之日起满六个月，诉讼时效期间届满。

第一百九十五条　有下列情形之一的，诉讼时效中断，从中断、有关程序终结时起，诉讼时效期间重新计算：

（一）权利人向义务人提出履行请求；

（二）义务人同意履行义务；

（三）权利人提起诉讼或者申请仲裁；

（四）与提起诉讼或者申请仲裁具有同等效力的其他情形。

第一百九十六条　下列请求权不适用诉讼时效的规定：

（一）请求停止侵害、排除妨碍、消除危险；

（二）不动产物权和登记的动产物权的权利人请求返还财产；

（三）请求支付抚养费、赡养费或者扶养费；

（四）依法不适用诉讼时效的其他请求权。

第一百九十七条　诉讼时效的期间、计算方法以及中止、中断的事由由法律规定，当事人约定无效。

当事人对诉讼时效利益的预先放弃无效。

第一百九十八条　法律对仲裁时效有规定的，依照其规定；没有规定的，适用诉讼时效的规定。

第一百九十九条　法律规定或者当事人约定的撤销权、解除权等权利的存续期间，除法律另有规定外，自权利人知道或者应当知道权利产生之日起计算，不适用有关诉讼时效中止、中断和延长的规定。存续期间届满，撤销权、解除权等权利消灭。

第十章　期 间 计 算

第二百条　民法所称的期间按照公历年、月、日、小时计算。

第二百零一条　按照年、月、日计算期间的，开始的当日不计入，自下一日开始计算。

按照小时计算期间的，自法律规定或者当事人约定的时间开始计算。

第二百零二条　按照年、月计算期间的，到期月的对应日为期间的最后一日；没有对应日的，月末日为期间的最后一日。

第二百零三条　期间的最后一日是法定休假日的，以法定休假日结束的次日为期间的最后一日。

期间的最后一日的截止时间为二十四时；有业务时间的，停止业务活动的时间为截止时间。

第二百零四条　期间的计算方法依照本法的规定，但是法律另有规定或者当事人另有约定的除外。

第二编　物　　权

第一分编　通　　则

第一章　一 般 规 定

第二百零五条　本编调整因物的归属和利用产生的民事关系。

第二百零六条　国家坚持和完善公有制为主体、多种所有制经济共同发展，按劳分配为主体、多种分配方式并存，社会主义市场经济体制等社会主义基本经济制度。

国家巩固和发展公有制经济，鼓励、支持和引导非公有制经济的发展。

国家实行社会主义市场经济，保障一切市场主体的平等法律地位和发展权利。

第二百零七条　国家、集体、私人的物权和其他权利人的物权受法律平等保护，任何组织或者个人不得侵犯。

第二百零八条　不动产物权的设立、变更、转让和消灭，应当依照法律规定登记。动产物权的设立和转让，应当依照法律规定交付。

第二章　物权的设立、变更、转让和消灭

第一节　不动产登记

第二百零九条　不动产物权的设立、变更、转让和消灭，经依法登记，发生效力；未经登记，不发生效力，但是法律另有规定的除外。

依法属于国家所有的自然资源，所有权可以不登记。

第二百一十条　不动产登记，由不动产所在地的登记机构办理。

国家对不动产实行统一登记制度。统一登记的范围、登记机构和登记办法，由法律、行政法规规定。

第二百一十一条　当事人申请登记，应当根据不同登记事项提供权属证明和不动产界址、面积等必要材料。

第二百一十二条　登记机构应当履行下列职责：

（一）查验申请人提供的权属证明和其他必要材料；

（二）就有关登记事项询问申请人；

（三）如实、及时登记有关事项；

（四）法律、行政法规规定的其他职责。

申请登记的不动产的有关情况需要进一步证明的，登记机构可以要求申请人补充材料，必要时可以实地查看。

第二百一十三条　登记机构不得有下列行为：

（一）要求对不动产进行评估；

（二）以年检等名义进行重复登记；

（三）超出登记职责范围的其他行为。

第二百一十四条　不动产物权的设立、变更、转让和消灭，依照法律规定应当登记的，自记载于不动产登记簿时发生效力。

第二百一十五条　当事人之间订立有关设立、变更、转让和消灭不动产物权的合同，除法律另有规定或者当事人另有约定外，自合同成立时生效；未办理物权登记的，不影响合同效力。

第二百一十六条　不动产登记簿是物权归属和内容的根据。

不动产登记簿由登记机构管理。

第二百一十七条　不动产权属证书是权利人享有该不动产物权的证明。不动产权属证书记载的事项，应当与不动产登记簿一致；记载不一致的，除有证据证明不动产登记簿确有错误外，以不动产登记簿为准。

第二百一十八条　权利人、利害关系人可以申请查询、复制不动产登记资料，登记机构应当提供。

第二百一十九条　利害关系人不得公开、非法使用权利人的不动产登记资料。

第二百二十条　权利人、利害关系人认为不动产登记簿记载的事项错误的，可以申请更正登记。不动产登记簿记载的权利人书面同意更正或者有证据证明登记确有错误的，登记机构应当予以更正。

不动产登记簿记载的权利人不同意更正的，利害关系人可以申请异议登记。登记机构予以异议登记，申请人自异议登记之日起十五日内不提起诉讼的，异议登记失效。异议登记不当，造成权利人损害的，权利人可以向申请人请求损害赔偿。

第二百二十一条 当事人签订买卖房屋的协议或者签订其他不动产物权的协议,为保障将来实现物权,按照约定可以向登记机构申请预告登记。预告登记后,未经预告登记的权利人同意,处分该不动产的,不发生物权效力。

预告登记后,债权消灭或者自能够进行不动产登记之日起九十日内未申请登记的,预告登记失效。

第二百二十二条 当事人提供虚假材料申请登记,造成他人损害的,应当承担赔偿责任。

因登记错误,造成他人损害的,登记机构应当承担赔偿责任。登记机构赔偿后,可以向造成登记错误的人追偿。

第二百二十三条 不动产登记费按件收取,不得按照不动产的面积、体积或者价款的比例收取。

第二节 动产交付

第二百二十四条 动产物权的设立和转让,自交付时发生效力,但是法律另有规定的除外。

第二百二十五条 船舶、航空器和机动车等的物权的设立、变更、转让和消灭,未经登记,不得对抗善意第三人。

第二百二十六条 动产物权设立和转让前,权利人已经占有该动产的,物权自民事法律行为生效时发生效力。

第二百二十七条 动产物权设立和转让前,第三人占有该动产的,负有交付义务的人可以通过转让请求第三人返还原物的权利代替交付。

第二百二十八条 动产物权转让时,当事人又约定由出让人继续占有该动产的,物权自该约定生效时发生效力。

第三节 其他规定

第二百二十九条 因人民法院、仲裁机构的法律文书或者人民政府的征收决定等,导致物权设立、变更、转让或者消灭的,自法律文书或者征收决定等生效时发生效力。

第二百三十条 因继承取得物权的,自继承开始时发生效力。

第二百三十一条 因合法建造、拆除房屋等事实行为设立或者消灭物权的,自事实行为成就时发生效力。

第二百三十二条 处分依照本节规定享有的不动产物权,依照法律规定需要办理登记的,未经登记,不发生物权效力。

第三章 物权的保护

第二百三十三条 物权受到侵害的,权利人可以通过和解、调解、仲裁、诉讼等途径解决。

第二百三十四条 因物权的归属、内容发生争议的,利害关系人可以请求确认权利。

第二百三十五条 无权占有不动产或者动产的,权利人可以请求返还原物。

第二百三十六条 妨害物权或者可能妨害物权的,权利人可以请求排除妨害或者消除危险。

第二百三十七条 造成不动产或者动产毁损的,权利人可以依法请求修理、重作、更换或者恢复原状。

第二百三十八条 侵害物权,造成权利人损害的,权利人可以依法请求损害赔偿,也可以依法请求承担其他民事责任。

第二百三十九条 本章规定的物权保护方式，可以单独适用，也可以根据权利被侵害的情形合并适用。

第二分编 所 有 权

第四章 一 般 规 定

第二百四十条 所有权人对自己的不动产或者动产，依法享有占有、使用、收益和处分的权利。

第二百四十一条 所有权人有权在自己的不动产或者动产上设立用益物权和担保物权。用益物权人、担保物权人行使权利，不得损害所有权人的权益。

第二百四十二条 法律规定专属于国家所有的不动产和动产，任何组织或者个人不能取得所有权。

第二百四十三条 为了公共利益的需要，依照法律规定的权限和程序可以征收集体所有的土地和组织、个人的房屋以及其他不动产。

征收集体所有的土地，应当依法及时足额支付土地补偿费、安置补助费以及农村村民住宅、其他地上附着物和青苗等的补偿费用，并安排被征地农民的社会保障费用，保障被征地农民的生活，维护被征地农民的合法权益。

征收组织、个人的房屋以及其他不动产，应当依法给予征收补偿，维护被征收人的合法权益；征收个人住宅的，还应当保障被征收人的居住条件。

任何组织或者个人不得贪污、挪用、私分、截留、拖欠征收补偿费等费用。

第二百四十四条 国家对耕地实行特殊保护，严格限制农用地转为建设用地，控制建设用地总量。不得违反法律规定的权限和程序征收集体所有的土地。

第二百四十五条 因抢险救灾、疫情防控等紧急需要，依照法律规定的权限和程序可以征用组织、个人的不动产或者动产。被征用的不动产或者动产使用后，应当返还被征用人。组织、个人的不动产或者动产被征用或者征用后毁损、灭失的，应当给予补偿。

第五章 国家所有权和集体所有权、私人所有权

第二百四十六条 法律规定属于国家所有的财产，属于国家所有即全民所有。

国有财产由国务院代表国家行使所有权。法律另有规定的，依照其规定。

第二百四十七条 矿藏、水流、海域属于国家所有。

第二百四十八条 无居民海岛属于国家所有，国务院代表国家行使无居民海岛所有权。

第二百四十九条 城市的土地，属于国家所有。法律规定属于国家所有的农村和城市郊区的土地，属于国家所有。

第二百五十条 森林、山岭、草原、荒地、滩涂等自然资源，属于国家所有，但是法律规定属于集体所有的除外。

第二百五十一条 法律规定属于国家所有的野生动植物资源，属于国家所有。

第二百五十二条 无线电频谱资源属于国家所有。

第二百五十三条 法律规定属于国家所有的文物，属于国家所有。

第二百五十四条 国防资产属于国家所有。

铁路、公路、电力设施、电信设施和油气管道等基础设施，依照法律规定为国家所有的，属于国家

所有。

第二百五十五条　国家机关对其直接支配的不动产和动产，享有占有、使用以及依照法律和国务院的有关规定处分的权利。

第二百五十六条　国家举办的事业单位对其直接支配的不动产和动产，享有占有、使用以及依照法律和国务院的有关规定收益、处分的权利。

第二百五十七条　国家出资的企业，由国务院、地方人民政府依照法律、行政法规规定分别代表国家履行出资人职责，享有出资人权益。

第二百五十八条　国家所有的财产受法律保护，禁止任何组织或者个人侵占、哄抢、私分、截留、破坏。

第二百五十九条　履行国有财产管理、监督职责的机构及其工作人员，应当依法加强对国有财产的管理、监督，促进国有财产保值增值，防止国有财产损失；滥用职权，玩忽职守，造成国有财产损失的，应当依法承担法律责任。

违反国有财产管理规定，在企业改制、合并分立、关联交易等过程中，低价转让、合谋私分、擅自担保或者以其他方式造成国有财产损失的，应当依法承担法律责任。

第二百六十条　集体所有的不动产和动产包括：

（一）法律规定属于集体所有的土地和森林、山岭、草原、荒地、滩涂；

（二）集体所有的建筑物、生产设施、农田水利设施；

（三）集体所有的教育、科学、文化、卫生、体育等设施；

（四）集体所有的其他不动产和动产。

第二百六十一条　农民集体所有的不动产和动产，属于本集体成员集体所有。

下列事项应当依照法定程序经本集体成员决定：

（一）土地承包方案以及将土地发包给本集体以外的组织或者个人承包；

（二）个别土地承包经营权人之间承包地的调整；

（三）土地补偿费等费用的使用、分配办法；

（四）集体出资的企业的所有权变动等事项；

（五）法律规定的其他事项。

第二百六十二条　对于集体所有的土地和森林、山岭、草原、荒地、滩涂等，依照下列规定行使所有权：

（一）属于村农民集体所有的，由村集体经济组织或者村民委员会依法代表集体行使所有权；

（二）分别属于村内两个以上农民集体所有的，由村内各该集体经济组织或者村民小组依法代表集体行使所有权；

（三）属于乡镇农民集体所有的，由乡镇集体经济组织代表集体行使所有权。

第二百六十三条　城镇集体所有的不动产和动产，依照法律、行政法规的规定由本集体享有占有、使用、收益和处分的权利。

第二百六十四条　农村集体经济组织或者村民委员会、村民小组应当依照法律、行政法规以及章程、村规民约向本集体成员公布集体财产的状况。集体成员有权查阅、复制相关资料。

第二百六十五条　集体所有的财产受法律保护，禁止任何组织或者个人侵占、哄抢、私分、破坏。

农村集体经济组织、村民委员会或者其负责人作出的决定侵害集体成员合法权益的，受侵害的集体成员可以请求人民法院予以撤销。

第二百六十六条　私人对其合法的收入、房屋、生活用品、生产工具、原材料等不动产和动产享有所有权。

第二百六十七条　私人的合法财产受法律保护，禁止任何组织或者个人侵占、哄抢、破坏。

第二百六十八条　国家、集体和私人依法可以出资设立有限责任公司、股份有限公司或者其他企业。国家、集体和私人所有的不动产或者动产投到企业的，由出资人按照约定或者出资比例享有资产收益、重大决策以及选择经营管理者等权利并履行义务。

第二百六十九条　营利法人对其不动产和动产依照法律、行政法规以及章程享有占有、使用、收益和处分的权利。

营利法人以外的法人，对其不动产和动产的权利，适用有关法律、行政法规以及章程的规定。

第二百七十条　社会团体法人、捐助法人依法所有的不动产和动产，受法律保护。

第六章　业主的建筑物区分所有权

第二百七十一条　业主对建筑物内的住宅、经营性用房等专有部分享有所有权，对专有部分以外的共有部分享有共有和共同管理的权利。

第二百七十二条　业主对其建筑物专有部分享有占有、使用、收益和处分的权利。业主行使权利不得危及建筑物的安全，不得损害其他业主的合法权益。

第二百七十三条　业主对建筑物专有部分以外的共有部分，享有权利，承担义务；不得以放弃权利为由不履行义务。

业主转让建筑物内的住宅、经营性用房，其对共有部分享有的共有和共同管理的权利一并转让。

第二百七十四条　建筑区划内的道路，属于业主共有，但是属于城镇公共道路的除外。建筑区划内的绿地，属于业主共有，但是属于城镇公共绿地或者明示属于个人的除外。建筑区划内的其他公共场所、公用设施和物业服务用房，属于业主共有。

第二百七十五条　建筑区划内，规划用于停放汽车的车位、车库的归属，由当事人通过出售、附赠或者出租等方式约定。

占用业主共有的道路或者其他场地用于停放汽车的车位，属于业主共有。

第二百七十六条　建筑区划内，规划用于停放汽车的车位、车库应当首先满足业主的需要。

第二百七十七条　业主可以设立业主大会，选举业主委员会。业主大会、业主委员会成立的具体条件和程序，依照法律、法规的规定。

地方人民政府有关部门、居民委员会应当对设立业主大会和选举业主委员会给予指导和协助。

第二百七十八条　下列事项由业主共同决定：

（一）制定和修改业主大会议事规则；

（二）制定和修改管理规约；

（三）选举业主委员会或者更换业主委员会成员；

（四）选聘和解聘物业服务企业或者其他管理人；

（五）使用建筑物及其附属设施的维修资金；

（六）筹集建筑物及其附属设施的维修资金；

（七）改建、重建建筑物及其附属设施；

（八）改变共有部分的用途或者利用共有部分从事经营活动；

（九）有关共有和共同管理权利的其他重大事项。

业主共同决定事项，应当由专有部分面积占比三分之二以上的业主且人数占比三分之二以上的业主参与表决。决定前款第六项至第八项规定的事项，应当经参与表决专有部分面积四分之三以上的业主且参与表决人数四分之三以上的业主同意。决定前款其他事项，应当经参与表决专有部分面积过半数的业主且参与表决人数过半数的业主同意。

第二百七十九条 业主不得违反法律、法规以及管理规约，将住宅改变为经营性用房。业主将住宅改变为经营性用房的，除遵守法律、法规以及管理规约外，应当经有利害关系的业主一致同意。

第二百八十条 业主大会或者业主委员会的决定，对业主具有法律约束力。

业主大会或者业主委员会作出的决定侵害业主合法权益的，受侵害的业主可以请求人民法院予以撤销。

第二百八十一条 建筑物及其附属设施的维修资金，属于业主共有。经业主共同决定，可以用于电梯、屋顶、外墙、无障碍设施等共有部分的维修、更新和改造。建筑物及其附属设施的维修资金的筹集、使用情况应当定期公布。

紧急情况下需要维修建筑物及其附属设施的，业主大会或者业主委员会可以依法申请使用建筑物及其附属设施的维修资金。

第二百八十二条 建设单位、物业服务企业或者其他管理人等利用业主的共有部分产生的收入，在扣除合理成本之后，属于业主共有。

第二百八十三条 建筑物及其附属设施的费用分摊、收益分配等事项，有约定的，按照约定；没有约定或者约定不明确的，按照业主专有部分面积所占比例确定。

第二百八十四条 业主可以自行管理建筑物及其附属设施，也可以委托物业服务企业或者其他管理人管理。

对建设单位聘请的物业服务企业或者其他管理人，业主有权依法更换。

第二百八十五条 物业服务企业或者其他管理人根据业主的委托，依照本法第三编有关物业服务合同的规定管理建筑区划内的建筑物及其附属设施，接受业主的监督，并及时答复业主对物业服务情况提出的询问。

物业服务企业或者其他管理人应当执行政府依法实施的应急处置措施和其他管理措施，积极配合开展相关工作。

第二百八十六条 业主应当遵守法律、法规以及管理规约，相关行为应当符合节约资源、保护生态环境的要求。对于物业服务企业或者其他管理人执行政府依法实施的应急处置措施和其他管理措施，业主应当依法予以配合。

业主大会或者业主委员会，对任意弃置垃圾、排放污染物或者噪声、违反规定饲养动物、违章搭建、侵占通道、拒付物业费等损害他人合法权益的行为，有权依照法律、法规以及管理规约，请求行为人停止侵害、排除妨碍、消除危险、恢复原状、赔偿损失。

业主或者其他行为人拒不履行相关义务的，有关当事人可以向有关行政主管部门报告或者投诉，有关行政主管部门应当依法处理。

第二百八十七条 业主对建设单位、物业服务企业或者其他管理人以及其他业主侵害自己合法权益的行为，有权请求其承担民事责任。

第七章　相 邻 关 系

第二百八十八条　不动产的相邻权利人应当按照有利生产、方便生活、团结互助、公平合理的原则，正确处理相邻关系。

第二百八十九条　法律、法规对处理相邻关系有规定的，依照其规定；法律、法规没有规定的，可以按照当地习惯。

第二百九十条　不动产权利人应当为相邻权利人用水、排水提供必要的便利。

对自然流水的利用，应当在不动产的相邻权利人之间合理分配。对自然流水的排放，应当尊重自然流向。

第二百九十一条　不动产权利人对相邻权利人因通行等必须利用其土地的，应当提供必要的便利。

第二百九十二条　不动产权利人因建造、修缮建筑物以及铺设电线、电缆、水管、暖气和燃气管线等必须利用相邻土地、建筑物的，该土地、建筑物的权利人应当提供必要的便利。

第二百九十三条　建造建筑物，不得违反国家有关工程建设标准，不得妨碍相邻建筑物的通风、采光和日照。

第二百九十四条　不动产权利人不得违反国家规定弃置固体废物，排放大气污染物、水污染物、土壤污染物、噪声、光辐射、电磁辐射等有害物质。

第二百九十五条　不动产权利人挖掘土地、建造建筑物、铺设管线以及安装设备等，不得危及相邻不动产的安全。

第二百九十六条　不动产权利人因用水、排水、通行、铺设管线等利用相邻不动产的，应当尽量避免对相邻的不动产权利人造成损害。

第八章　共　　有

第二百九十七条　不动产或者动产可以由两个以上组织、个人共有。共有包括按份共有和共同共有。

第二百九十八条　按份共有人对共有的不动产或者动产按照其份额享有所有权。

第二百九十九条　共同共有人对共有的不动产或者动产共同享有所有权。

第三百条　共有人按照约定管理共有的不动产或者动产；没有约定或者约定不明确的，各共有人都有管理的权利和义务。

第三百零一条　处分共有的不动产或者动产以及对共有的不动产或者动产作重大修缮、变更性质或者用途的，应当经占份额三分之二以上的按份共有人或者全体共同共有人同意，但是共有人之间另有约定的除外。

第三百零二条　共有人对共有物的管理费用以及其他负担，有约定的，按照其约定；没有约定或者约定不明确的，按份共有人按照其份额负担，共同共有人共同负担。

第三百零三条　共有人约定不得分割共有的不动产或者动产，以维持共有关系的，应当按照约定，但是共有人有重大理由需要分割的，可以请求分割；没有约定或者约定不明确的，按份共有人可以随时请求分割，共同共有人在共有的基础丧失或者有重大理由需要分割时可以请求分割。因分割造成其他共有人损害的，应当给予赔偿。

第三百零四条　共有人可以协商确定分割方式。达不成协议，共有的不动产或者动产可以分割且不会因分割减损价值的，应当对实物予以分割；难以分割或者因分割会减损价值的，应当对折价或者拍卖、变卖取得的价款予以分割。

共有人分割所得的不动产或者动产有瑕疵的，其他共有人应当分担损失。

第三百零五条 按份共有人可以转让其享有的共有的不动产或者动产份额。其他共有人在同等条件下享有优先购买的权利。

第三百零六条 按份共有人转让其享有的共有的不动产或者动产份额的，应当将转让条件及时通知其他共有人。其他共有人应当在合理期限内行使优先购买权。

两个以上其他共有人主张行使优先购买权的，协商确定各自的购买比例；协商不成的，按照转让时各自的共有份额比例行使优先购买权。

第三百零七条 因共有的不动产或者动产产生的债权债务，在对外关系上，共有人享有连带债权、承担连带债务，但是法律另有规定或者第三人知道共有人不具有连带债权债务关系的除外；在共有人内部关系上，除共有人另有约定外，按份共有人按照份额享有债权、承担债务，共同共有人共同享有债权、承担债务。偿还债务超过自己应当承担份额的按份共有人，有权向其他共有人追偿。

第三百零八条 共有人对共有的不动产或者动产没有约定为按份共有或者共同共有，或者约定不明确的，除共有人具有家庭关系等外，视为按份共有。

第三百零九条 按份共有人对共有的不动产或者动产享有的份额，没有约定或者约定不明确的，按照出资额确定；不能确定出资额的，视为等额享有。

第三百一十条 两个以上组织、个人共同享有用益物权、担保物权的，参照适用本章的有关规定。

第九章 所有权取得的特别规定

第三百一十一条 无处分权人将不动产或者动产转让给受让人的，所有权人有权追回；除法律另有规定外，符合下列情形的，受让人取得该不动产或者动产的所有权：

（一）受让人受让该不动产或者动产时是善意；

（二）以合理的价格转让；

（三）转让的不动产或者动产依照法律规定应当登记的已经登记，不需要登记的已经交付给受让人。

受让人依据前款规定取得不动产或者动产的所有权的，原所有权人有权向无处分权人请求损害赔偿。

当事人善意取得其他物权的，参照适用前两款规定。

第三百一十二条 所有权人或者其他权利人有权追回遗失物。该遗失物通过转让被他人占有的，权利人有权向无处分权人请求损害赔偿，或者自知道或者应当知道受让人之日起二年内向受让人请求返还原物；但是，受让人通过拍卖或者向具有经营资格的经营者购得该遗失物的，权利人请求返还原物时应当支付受让人所付的费用。权利人向受让人支付所付费用后，有权向无处分权人追偿。

第三百一十三条 善意受让人取得动产后，该动产上的原有权利消灭。但是，善意受让人在受让时知道或者应当知道该权利的除外。

第三百一十四条 拾得遗失物，应当返还权利人。拾得人应当及时通知权利人领取，或者送交公安等有关部门。

第三百一十五条 有关部门收到遗失物，知道权利人的，应当及时通知其领取；不知道的，应当及时发布招领公告。

第三百一十六条　拾得人在遗失物送交有关部门前，有关部门在遗失物被领取前，应当妥善保管遗失物。因故意或者重大过失致使遗失物毁损、灭失的，应当承担民事责任。

第三百一十七条　权利人领取遗失物时，应当向拾得人或者有关部门支付保管遗失物等支出的必要费用。

权利人悬赏寻找遗失物的，领取遗失物时应当按照承诺履行义务。

拾得人侵占遗失物的，无权请求保管遗失物等支出的费用，也无权请求权利人按照承诺履行义务。

第三百一十八条　遗失物自发布招领公告之日起一年内无人认领的，归国家所有。

第三百一十九条　拾得漂流物、发现埋藏物或者隐藏物的，参照适用拾得遗失物的有关规定。法律另有规定的，依照其规定。

第三百二十条　主物转让的，从物随主物转让，但是当事人另有约定的除外。

第三百二十一条　天然孳息，由所有权人取得；既有所有权人又有用益物权人的，由用益物权人取得。当事人另有约定的，按照其约定。

法定孳息，当事人有约定的，按照约定取得；没有约定或者约定不明确的，按照交易习惯取得。

第三百二十二条　因加工、附合、混合而产生的物的归属，有约定的，按照约定；没有约定或者约定不明确的，依照法律规定；法律没有规定的，按照充分发挥物的效用以及保护无过错当事人的原则确定。因一方当事人的过错或者确定物的归属造成另一方当事人损害的，应当给予赔偿或者补偿。

第三分编　用益物权

第十章　一般规定

第三百二十三条　用益物权人对他人所有的不动产或者动产，依法享有占有、使用和收益的权利。

第三百二十四条　国家所有或者国家所有由集体使用以及法律规定属于集体所有的自然资源，组织、个人依法可以占有、使用和收益。

第三百二十五条　国家实行自然资源有偿使用制度，但是法律另有规定的除外。

第三百二十六条　用益物权人行使权利，应当遵守法律有关保护和合理开发利用资源、保护生态环境的规定。所有权人不得干涉用益物权人行使权利。

第三百二十七条　因不动产或者动产被征收、征用致使用益物权消灭或者影响用益物权行使的，用益物权人有权依据本法第二百四十三条、第二百四十五条的规定获得相应补偿。

第三百二十八条　依法取得的海域使用权受法律保护。

第三百二十九条　依法取得的探矿权、采矿权、取水权和使用水域、滩涂从事养殖、捕捞的权利受法律保护。

第十一章　土地承包经营权

第三百三十条　农村集体经济组织实行家庭承包经营为基础、统分结合的双层经营体制。

农民集体所有和国家所有由农民集体使用的耕地、林地、草地以及其他用于农业的土地，依法实行土地承包经营制度。

第三百三十一条　土地承包经营权人依法对其承包经营的耕地、林地、草地等享有占有、使用和收益的权利，有权从事种植业、林业、畜牧业等农业生产。

第三百三十二条 耕地的承包期为三十年。草地的承包期为三十年至五十年。林地的承包期为三十年至七十年。

前款规定的承包期限届满，由土地承包经营权人依照农村土地承包的法律规定继续承包。

第三百三十三条 土地承包经营权自土地承包经营权合同生效时设立。

登记机构应当向土地承包经营权人发放土地承包经营权证、林权证等证书，并登记造册，确认土地承包经营权。

第三百三十四条 土地承包经营权人依照法律规定，有权将土地承包经营权互换、转让。未经依法批准，不得将承包地用于非农建设。

第三百三十五条 土地承包经营权互换、转让的，当事人可以向登记机构申请登记；未经登记，不得对抗善意第三人。

第三百三十六条 承包期内发包人不得调整承包地。

因自然灾害严重毁损承包地等特殊情形，需要适当调整承包的耕地和草地的，应当依照农村土地承包的法律规定办理。

第三百三十七条 承包期内发包人不得收回承包地。法律另有规定的，依照其规定。

第三百三十八条 承包地被征收的，土地承包经营权人有权依据本法第二百四十三条的规定获得相应补偿。

第三百三十九条 土地承包经营权人可以自主决定依法采取出租、入股或者其他方式向他人流转土地经营权。

第三百四十条 土地经营权人有权在合同约定的期限内占有农村土地，自主开展农业生产经营并取得收益。

第三百四十一条 流转期限为五年以上的土地经营权，自流转合同生效时设立。当事人可以向登记机构申请土地经营权登记；未经登记，不得对抗善意第三人。

第三百四十二条 通过招标、拍卖、公开协商等方式承包农村土地，经依法登记取得权属证书的，可以依法采取出租、入股、抵押或者其他方式流转土地经营权。

第三百四十三条 国家所有的农用地实行承包经营的，参照适用本编的有关规定。

第十二章　建设用地使用权

第三百四十四条 建设用地使用权人依法对国家所有的土地享有占有、使用和收益的权利，有权利用该土地建造建筑物、构筑物及其附属设施。

第三百四十五条 建设用地使用权可以在土地的地表、地上或者地下分别设立。

第三百四十六条 设立建设用地使用权，应当符合节约资源、保护生态环境的要求，遵守法律、行政法规关于土地用途的规定，不得损害已经设立的用益物权。

第三百四十七条 设立建设用地使用权，可以采取出让或者划拨等方式。

工业、商业、旅游、娱乐和商品住宅等经营性用地以及同一土地有两个以上意向用地者的，应当采取招标、拍卖等公开竞价的方式出让。

严格限制以划拨方式设立建设用地使用权。

第三百四十八条 通过招标、拍卖、协议等出让方式设立建设用地使用权的，当事人应当采用书面形式订立建设用地使用权出让合同。

建设用地使用权出让合同一般包括下列条款：

（一）当事人的名称和住所；

（二）土地界址、面积等；

（三）建筑物、构筑物及其附属设施占用的空间；

（四）土地用途、规划条件；

（五）建设用地使用权期限；

（六）出让金等费用及其支付方式；

（七）解决争议的方法。

第三百四十九条　设立建设用地使用权的，应当向登记机构申请建设用地使用权登记。建设用地使用权自登记时设立。登记机构应当向建设用地使用权人发放权属证书。

第三百五十条　建设用地使用权人应当合理利用土地，不得改变土地用途；需要改变土地用途的，应当依法经有关行政主管部门批准。

第三百五十一条　建设用地使用权人应当依照法律规定以及合同约定支付出让金等费用。

第三百五十二条　建设用地使用权人建造的建筑物、构筑物及其附属设施的所有权属于建设用地使用权人，但是有相反证据证明的除外。

第三百五十三条　建设用地使用权人有权将建设用地使用权转让、互换、出资、赠与或者抵押，但是法律另有规定的除外。

第三百五十四条　建设用地使用权转让、互换、出资、赠与或者抵押的，当事人应当采用书面形式订立相应的合同。使用期限由当事人约定，但是不得超过建设用地使用权的剩余期限。

第三百五十五条　建设用地使用权转让、互换、出资或者赠与的，应当向登记机构申请变更登记。

第三百五十六条　建设用地使用权转让、互换、出资或者赠与的，附着于该土地上的建筑物、构筑物及其附属设施一并处分。

第三百五十七条　建筑物、构筑物及其附属设施转让、互换、出资或者赠与的，该建筑物、构筑物及其附属设施占用范围内的建设用地使用权一并处分。

第三百五十八条　建设用地使用权期限届满前，因公共利益需要提前收回该土地的，应当依据本法第二百四十三条的规定对该土地上的房屋以及其他不动产给予补偿，并退还相应的出让金。

第三百五十九条　住宅建设用地使用权期限届满的，自动续期。续期费用的缴纳或者减免，依照法律、行政法规的规定办理。

非住宅建设用地使用权期限届满后的续期，依照法律规定办理。该土地上的房屋以及其他不动产的归属，有约定的，按照约定；没有约定或者约定不明确的，依照法律、行政法规的规定办理。

第三百六十条　建设用地使用权消灭的，出让人应当及时办理注销登记。登记机构应当收回权属证书。

第三百六十一条　集体所有的土地作为建设用地的，应当依照土地管理的法律规定办理。

第十三章　宅基地使用权

第三百六十二条　宅基地使用权人依法对集体所有的土地享有占有和使用的权利，有权依法利用该土地建造住宅及其附属设施。

第三百六十三条　宅基地使用权的取得、行使和转让，适用土地管理的法律和国家有关规定。

第三百六十四条　宅基地因自然灾害等原因灭失的，宅基地使用权消灭。对失去宅基地的村民，应当依法重新分配宅基地。

第三百六十五条　已经登记的宅基地使用权转让或者消灭的，应当及时办理变更登记或者注销登记。

第十四章　居　住　权

第三百六十六条　居住权人有权按照合同约定，对他人的住宅享有占有、使用的用益物权，以满足生活居住的需要。

第三百六十七条　设立居住权，当事人应当采用书面形式订立居住权合同。

居住权合同一般包括下列条款：

（一）当事人的姓名或者名称和住所；

（二）住宅的位置；

（三）居住的条件和要求；

（四）居住权期限；

（五）解决争议的方法。

第三百六十八条　居住权无偿设立，但是当事人另有约定的除外。设立居住权的，应当向登记机构申请居住权登记。居住权自登记时设立。

第三百六十九条　居住权不得转让、继承。设立居住权的住宅不得出租，但是当事人另有约定的除外。

第三百七十条　居住权期限届满或者居住权人死亡的，居住权消灭。居住权消灭的，应当及时办理注销登记。

第三百七十一条　以遗嘱方式设立居住权的，参照适用本章的有关规定。

第十五章　地　役　权

第三百七十二条　地役权人有权按照合同约定，利用他人的不动产，以提高自己的不动产的效益。

前款所称他人的不动产为供役地，自己的不动产为需役地。

第三百七十三条　设立地役权，当事人应当采用书面形式订立地役权合同。

地役权合同一般包括下列条款：

（一）当事人的姓名或者名称和住所；

（二）供役地和需役地的位置；

（三）利用目的和方法；

（四）地役权期限；

（五）费用及其支付方式；

（六）解决争议的方法。

第三百七十四条　地役权自地役权合同生效时设立。当事人要求登记的，可以向登记机构申请地役权登记；未经登记，不得对抗善意第三人。

第三百七十五条　供役地权利人应当按照合同约定，允许地役权人利用其不动产，不得妨害地役权人行使权利。

第三百七十六条　地役权人应当按照合同约定的利用目的和方法利用供役地，尽量减少对供役地权利人物权的限制。

第三百七十七条　地役权期限由当事人约定；但是，不得超过土地承包经营权、建设用地使用权等用益物权的剩余期限。

第三百七十八条　土地所有权人享有地役权或者负担地役权的，设立土地承包经营权、宅基地使用权等用益物权时，该用益物权人继续享有或者负担已经设立的地役权。

第三百七十九条　土地上已经设立土地承包经营权、建设用地使用权、宅基地使用权等用益物权的，未经用益物权人同意，土地所有权人不得设立地役权。

第三百八十条　地役权不得单独转让。土地承包经营权、建设用地使用权等转让的，地役权一并转让，但是合同另有约定的除外。

第三百八十一条　地役权不得单独抵押。土地经营权、建设用地使用权等抵押的，在实现抵押权时，地役权一并转让。

第三百八十二条　需役地以及需役地上的土地承包经营权、建设用地使用权等部分转让时，转让部分涉及地役权的，受让人同时享有地役权。

第三百八十三条　供役地以及供役地上的土地承包经营权、建设用地使用权等部分转让时，转让部分涉及地役权的，地役权对受让人具有法律约束力。

第三百八十四条　地役权人有下列情形之一的，供役地权利人有权解除地役权合同，地役权消灭：

（一）违反法律规定或者合同约定，滥用地役权；

（二）有偿利用供役地，约定的付款期限届满后在合理期限内经两次催告未支付费用。

第三百八十五条　已经登记的地役权变更、转让或者消灭的，应当及时办理变更登记或者注销登记。

第四分编　担 保 物 权

第十六章　一 般 规 定

第三百八十六条　担保物权人在债务人不履行到期债务或者发生当事人约定的实现担保物权的情形，依法享有就担保财产优先受偿的权利，但是法律另有规定的除外。

第三百八十七条　债权人在借贷、买卖等民事活动中，为保障实现其债权，需要担保的，可以依照本法和其他法律的规定设立担保物权。

第三人为债务人向债权人提供担保的，可以要求债务人提供反担保。反担保适用本法和其他法律的规定。

第三百八十八条　设立担保物权，应当依照本法和其他法律的规定订立担保合同。担保合同包括抵押合同、质押合同和其他具有担保功能的合同。担保合同是主债权债务合同的从合同。主债权债务合同无效的，担保合同无效，但是法律另有规定的除外。

担保合同被确认无效后，债务人、担保人、债权人有过错的，应当根据其过错各自承担相应的民事责任。

第三百八十九条　担保物权的担保范围包括主债权及其利息、违约金、损害赔偿金、保管担保财产和实现担保物权的费用。当事人另有约定的，按照其约定。

第三百九十条　担保期间，担保财产毁损、灭失或者被征收等，担保物权人可以就获得的保险金、赔偿金或者补偿金等优先受偿。被担保债权的履行期限未届满的，也可以提存该保险金、赔偿金或者补偿金等。

第三百九十一条　第三人提供担保，未经其书面同意，债权人允许债务人转移全部或者部分债务的，担保人不再承担相应的担保责任。

第三百九十二条　被担保的债权既有物的担保又有人的担保的，债务人不履行到期债务或者发生当事人约定的实现担保物权的情形，债权人应当按照约定实现债权；没有约定或者约定不明确，债务人自己提供物的担保的，债权人应当先就该物的担保实现债权；第三人提供物的担保的，债权人可以就物的担保实现债权，也可以请求保证人承担保证责任。提供担保的第三人承担担保责任后，有权向债务人追偿。

第三百九十三条　有下列情形之一的，担保物权消灭：

（一）主债权消灭；

（二）担保物权实现；

（三）债权人放弃担保物权；

（四）法律规定担保物权消灭的其他情形。

第十七章　抵　押　权

第一节　一般抵押权

第三百九十四条　为担保债务的履行，债务人或者第三人不转移财产的占有，将该财产抵押给债权人的，债务人不履行到期债务或者发生当事人约定的实现抵押权的情形，债权人有权就该财产优先受偿。

前款规定的债务人或者第三人为抵押人，债权人为抵押权人，提供担保的财产为抵押财产。

第三百九十五条　债务人或者第三人有权处分的下列财产可以抵押：

（一）建筑物和其他土地附着物；

（二）建设用地使用权；

（三）海域使用权；

（四）生产设备、原材料、半成品、产品；

（五）正在建造的建筑物、船舶、航空器；

（六）交通运输工具；

（七）法律、行政法规未禁止抵押的其他财产。

抵押人可以将前款所列财产一并抵押。

第三百九十六条　企业、个体工商户、农业生产经营者可以将现有的以及将有的生产设备、原材料、半成品、产品抵押，债务人不履行到期债务或者发生当事人约定的实现抵押权的情形，债权人有权就抵押财产确定时的动产优先受偿。

第三百九十七条　以建筑物抵押的，该建筑物占用范围内的建设用地使用权一并抵押。以建设用地使用权抵押的，该土地上的建筑物一并抵押。

抵押人未依据前款规定一并抵押的,未抵押的财产视为一并抵押。

第三百九十八条 乡镇、村企业的建设用地使用权不得单独抵押。以乡镇、村企业的厂房等建筑物抵押的,其占用范围内的建设用地使用权一并抵押。

第三百九十九条 下列财产不得抵押:

(一)土地所有权;

(二)宅基地、自留地、自留山等集体所有土地的使用权,但是法律规定可以抵押的除外;

(三)学校、幼儿园、医疗机构等为公益目的成立的非营利法人的教育设施、医疗卫生设施和其他公益设施;

(四)所有权、使用权不明或者有争议的财产;

(五)依法被查封、扣押、监管的财产;

(六)法律、行政法规规定不得抵押的其他财产。

第四百条 设立抵押权,当事人应当采用书面形式订立抵押合同。

抵押合同一般包括下列条款:

(一)被担保债权的种类和数额;

(二)债务人履行债务的期限;

(三)抵押财产的名称、数量等情况;

(四)担保的范围。

第四百零一条 抵押权人在债务履行期限届满前,与抵押人约定债务人不履行到期债务时抵押财产归债权人所有的,只能依法就抵押财产优先受偿。

第四百零二条 以本法第三百九十五条第一款第一项至第三项规定的财产或者第五项规定的正在建造的建筑物抵押的,应当办理抵押登记。抵押权自登记时设立。

第四百零三条 以动产抵押的,抵押权自抵押合同生效时设立;未经登记,不得对抗善意第三人。

第四百零四条 以动产抵押的,不得对抗正常经营活动中已经支付合理价款并取得抵押财产的买受人。

第四百零五条 抵押权设立前,抵押财产已经出租并转移占有的,原租赁关系不受该抵押权的影响。

第四百零六条 抵押期间,抵押人可以转让抵押财产。当事人另有约定的,按照其约定。抵押财产转让的,抵押权不受影响。

抵押人转让抵押财产的,应当及时通知抵押权人。抵押权人能够证明抵押财产转让可能损害抵押权的,可以请求抵押人将转让所得的价款向抵押权人提前清偿债务或者提存。转让的价款超过债权数额的部分归抵押人所有,不足部分由债务人清偿。

第四百零七条 抵押权不得与债权分离而单独转让或者作为其他债权的担保。债权转让的,担保该债权的抵押权一并转让,但是法律另有规定或者当事人另有约定的除外。

第四百零八条 抵押人的行为足以使抵押财产价值减少的,抵押权人有权请求抵押人停止其行为;抵押财产价值减少的,抵押权人有权请求恢复抵押财产的价值,或者提供与减少的价值相应的担保。抵押人不恢复抵押财产的价值,也不提供担保的,抵押权人有权请求债务人提前清偿债务。

第四百零九条 抵押权人可以放弃抵押权或者抵押权的顺位。抵押权人与抵押人可以协议变更抵押权顺位以及被担保的债权数额等内容。但是,抵押权的变更未经其他抵押权人书面同意的,不得对其他抵押权人产生不利影响。

债务人以自己的财产设定抵押，抵押权人放弃该抵押权、抵押权顺位或者变更抵押权的，其他担保人在抵押权人丧失优先受偿权益的范围内免除担保责任，但是其他担保人承诺仍然提供担保的除外。

第四百一十条 债务人不履行到期债务或者发生当事人约定的实现抵押权的情形，抵押权人可以与抵押人协议以抵押财产折价或者以拍卖、变卖该抵押财产所得的价款优先受偿。协议损害其他债权人利益的，其他债权人可以请求人民法院撤销该协议。

抵押权人与抵押人未就抵押权实现方式达成协议的，抵押权人可以请求人民法院拍卖、变卖抵押财产。

抵押财产折价或者变卖的，应当参照市场价格。

第四百一十一条 依据本法第三百九十六条规定设定抵押的，抵押财产自下列情形之一发生时确定：

（一）债务履行期限届满，债权未实现；

（二）抵押人被宣告破产或者解散；

（三）当事人约定的实现抵押权的情形；

（四）严重影响债权实现的其他情形。

第四百一十二条 债务人不履行到期债务或者发生当事人约定的实现抵押权的情形，致使抵押财产被人民法院依法扣押的，自扣押之日起，抵押权人有权收取该抵押财产的天然孳息或者法定孳息，但是抵押权人未通知应当清偿法定孳息义务人的除外。

前款规定的孳息应当先充抵收取孳息的费用。

第四百一十三条 抵押财产折价或者拍卖、变卖后，其价款超过债权数额的部分归抵押人所有，不足部分由债务人清偿。

第四百一十四条 同一财产向两个以上债权人抵押的，拍卖、变卖抵押财产所得的价款依照下列规定清偿：

（一）抵押权已经登记的，按照登记的时间先后确定清偿顺序；

（二）抵押权已经登记的先于未登记的受偿；

（三）抵押权未登记的，按照债权比例清偿。

其他可以登记的担保物权，清偿顺序参照适用前款规定。

第四百一十五条 同一财产既设立抵押权又设立质权的，拍卖、变卖该财产所得的价款按照登记、交付的时间先后确定清偿顺序。

第四百一十六条 动产抵押担保的主债权是抵押物的价款，标的物交付后十日内办理抵押登记的，该抵押权人优先于抵押物买受人的其他担保物权人受偿，但是留置权人除外。

第四百一十七条 建设用地使用权抵押后，该土地上新增的建筑物不属于抵押财产。该建设用地使用权实现抵押权时，应当将该土地上新增的建筑物与建设用地使用权一并处分。但是，新增建筑物所得的价款，抵押权人无权优先受偿。

第四百一十八条 以集体所有土地的使用权依法抵押的，实现抵押权后，未经法定程序，不得改变土地所有权的性质和土地用途。

第四百一十九条 抵押权人应当在主债权诉讼时效期间行使抵押权；未行使的，人民法院不予保护。

第二节 最高额抵押权

第四百二十条 为担保债务的履行,债务人或者第三人对一定期间内将要连续发生的债权提供担保财产的,债务人不履行到期债务或者发生当事人约定的实现抵押权的情形,抵押权人有权在最高债权额限度内就该担保财产优先受偿。

最高额抵押权设立前已经存在的债权,经当事人同意,可以转入最高额抵押担保的债权范围。

第四百二十一条 最高额抵押担保的债权确定前,部分债权转让的,最高额抵押权不得转让,但是当事人另有约定的除外。

第四百二十二条 最高额抵押担保的债权确定前,抵押权人与抵押人可以通过协议变更债权确定的期间、债权范围以及最高债权额。但是,变更的内容不得对其他抵押权人产生不利影响。

第四百二十三条 有下列情形之一的,抵押权人的债权确定:

(一)约定的债权确定期间届满;

(二)没有约定债权确定期间或者约定不明确,抵押权人或者抵押人自最高额抵押权设立之日起满二年后请求确定债权;

(三)新的债权不可能发生;

(四)抵押权人知道或者应当知道抵押财产被查封、扣押;

(五)债务人、抵押人被宣告破产或者解散;

(六)法律规定债权确定的其他情形。

第四百二十四条 最高额抵押权除适用本节规定外,适用本章第一节的有关规定。

第十八章 质　　权

第一节 动产质权

第四百二十五条 为担保债务的履行,债务人或者第三人将其动产出质给债权人占有的,债务人不履行到期债务或者发生当事人约定的实现质权的情形,债权人有权就该动产优先受偿。

前款规定的债务人或者第三人为出质人,债权人为质权人,交付的动产为质押财产。

第四百二十六条 法律、行政法规禁止转让的动产不得出质。

第四百二十七条 设立质权,当事人应当采用书面形式订立质押合同。

质押合同一般包括下列条款:

(一)被担保债权的种类和数额;

(二)债务人履行债务的期限;

(三)质押财产的名称、数量等情况;

(四)担保的范围;

(五)质押财产交付的时间、方式。

第四百二十八条 质权人在债务履行期限届满前,与出质人约定债务人不履行到期债务时质押财产归债权人所有的,只能依法就质押财产优先受偿。

第四百二十九条 质权自出质人交付质押财产时设立。

第四百三十条 质权人有权收取质押财产的孳息,但是合同另有约定的除外。

前款规定的孳息应当先充抵收取孳息的费用。

第四百三十一条 质权人在质权存续期间,未经出质人同意,擅自使用、处分质押财产,造成出质人损害的,应当承担赔偿责任。

第四百三十二条 质权人负有妥善保管质押财产的义务;因保管不善致使质押财产毁损、灭失的,应当承担赔偿责任。

质权人的行为可能使质押财产毁损、灭失的,出质人可以请求质权人将质押财产提存,或者请求提前清偿债务并返还质押财产。

第四百三十三条 因不可归责于质权人的事由可能使质押财产毁损或者价值明显减少,足以危害质权人权利的,质权人有权请求出质人提供相应的担保;出质人不提供的,质权人可以拍卖、变卖质押财产,并与出质人协议将拍卖、变卖所得的价款提前清偿债务或者提存。

第四百三十四条 质权人在质权存续期间,未经出质人同意转质,造成质押财产毁损、灭失的,应当承担赔偿责任。

第四百三十五条 质权人可以放弃质权。债务人以自己的财产出质,质权人放弃该质权的,其他担保人在质权人丧失优先受偿权益的范围内免除担保责任,但是其他担保人承诺仍然提供担保的除外。

第四百三十六条 债务人履行债务或者出质人提前清偿所担保的债权的,质权人应当返还质押财产。

债务人不履行到期债务或者发生当事人约定的实现质权的情形,质权人可以与出质人协议以质押财产折价,也可以就拍卖、变卖质押财产所得的价款优先受偿。

质押财产折价或者变卖的,应当参照市场价格。

第四百三十七条 出质人可以请求质权人在债务履行期限届满后及时行使质权;质权人不行使的,出质人可以请求人民法院拍卖、变卖质押财产。

出质人请求质权人及时行使质权,因质权人怠于行使权利造成出质人损害的,由质权人承担赔偿责任。

第四百三十八条 质押财产折价或者拍卖、变卖后,其价款超过债权数额的部分归出质人所有,不足部分由债务人清偿。

第四百三十九条 出质人与质权人可以协议设立最高额质权。

最高额质权除适用本节有关规定外,参照适用本编第十七章第二节的有关规定。

第二节 权利质权

第四百四十条 债务人或者第三人有权处分的下列权利可以出质:

(一)汇票、本票、支票;

(二)债券、存款单;

(三)仓单、提单;

(四)可以转让的基金份额、股权;

(五)可以转让的注册商标专用权、专利权、著作权等知识产权中的财产权;

(六)现有的以及将有的应收账款;

(七)法律、行政法规规定可以出质的其他财产权利。

第四百四十一条 以汇票、本票、支票、债券、存款单、仓单、提单出质的,质权自权利凭证交付质权人时设立；没有权利凭证的，质权自办理出质登记时设立。法律另有规定的，依照其规定。

第四百四十二条　汇票、本票、支票、债券、存款单、仓单、提单的兑现日期或者提货日期先于主债权到期的，质权人可以兑现或者提货，并与出质人协议将兑现的价款或者提取的货物提前清偿债务或者提存。

第四百四十三条　以基金份额、股权出质的，质权自办理出质登记时设立。

基金份额、股权出质后，不得转让，但是出质人与质权人协商同意的除外。出质人转让基金份额、股权所得的价款，应当向质权人提前清偿债务或者提存。

第四百四十四条　以注册商标专用权、专利权、著作权等知识产权中的财产权出质的，质权自办理出质登记时设立。

知识产权中的财产权出质后，出质人不得转让或者许可他人使用，但是出质人与质权人协商同意的除外。出质人转让或者许可他人使用出质的知识产权中的财产权所得的价款，应当向质权人提前清偿债务或者提存。

第四百四十五条　以应收账款出质的，质权自办理出质登记时设立。

应收账款出质后，不得转让，但是出质人与质权人协商同意的除外。出质人转让应收账款所得的价款，应当向质权人提前清偿债务或者提存。

第四百四十六条　权利质权除适用本节规定外，适用本章第一节的有关规定。

第十九章　留　置　权

第四百四十七条　债务人不履行到期债务，债权人可以留置已经合法占有的债务人的动产，并有权就该动产优先受偿。

前款规定的债权人为留置权人，占有的动产为留置财产。

第四百四十八条　债权人留置的动产，应当与债权属于同一法律关系，但是企业之间留置的除外。

第四百四十九条　法律规定或者当事人约定不得留置的动产，不得留置。

第四百五十条　留置财产为可分物的，留置财产的价值应当相当于债务的金额。

第四百五十一条　留置权人负有妥善保管留置财产的义务；因保管不善致使留置财产毁损、灭失的，应当承担赔偿责任。

第四百五十二条　留置权人有权收取留置财产的孳息。

前款规定的孳息应当先充抵收取孳息的费用。

第四百五十三条　留置权人与债务人应当约定留置财产后的债务履行期限；没有约定或者约定不明确的，留置权人应当给债务人六十日以上履行债务的期限，但是鲜活易腐等不易保管的动产除外。债务人逾期未履行的，留置权人可以与债务人协议以留置财产折价，也可以就拍卖、变卖留置财产所得的价款优先受偿。

留置财产折价或者变卖的，应当参照市场价格。

第四百五十四条　债务人可以请求留置权人在债务履行期限届满后行使留置权；留置权人不行使的，债务人可以请求人民法院拍卖、变卖留置财产。

第四百五十五条　留置财产折价或者拍卖、变卖后，其价款超过债权数额的部分归债务人所有，不足部分由债务人清偿。

第四百五十六条　同一动产上已经设立抵押权或者质权，该动产又被留置的，留置权人优先受偿。

第四百五十七条 留置权人对留置财产丧失占有或者留置权人接受债务人另行提供担保的，留置权消灭。

第五分编 占 有

第二十章 占 有

第四百五十八条 基于合同关系等产生的占有，有关不动产或者动产的使用、收益、违约责任等，按照合同约定；合同没有约定或者约定不明确的，依照有关法律规定。

第四百五十九条 占有人因使用占有的不动产或者动产，致使该不动产或者动产受到损害的，恶意占有人应当承担赔偿责任。

第四百六十条 不动产或者动产被占有人占有的，权利人可以请求返还原物及其孳息；但是，应当支付善意占有人因维护该不动产或者动产支出的必要费用。

第四百六十一条 占有的不动产或者动产毁损、灭失，该不动产或者动产的权利人请求赔偿的，占有人应当将因毁损、灭失取得的保险金、赔偿金或者补偿金等返还给权利人；权利人的损害未得到足够弥补的，恶意占有人还应当赔偿损失。

第四百六十二条 占有的不动产或者动产被侵占的，占有人有权请求返还原物；对妨害占有的行为，占有人有权请求排除妨害或者消除危险；因侵占或者妨害造成损害的，占有人有权依法请求损害赔偿。

占有人返还原物的请求权，自侵占发生之日起一年内未行使的，该请求权消灭。

第三编 合 同

第一分编 通 则

第一章 一般规定

第四百六十三条 本编调整因合同产生的民事关系。

第四百六十四条 合同是民事主体之间设立、变更、终止民事法律关系的协议。

婚姻、收养、监护等有关身份关系的协议，适用有关该身份关系的法律规定；没有规定的，可以根据其性质参照适用本编规定。

第四百六十五条 依法成立的合同，受法律保护。

依法成立的合同，仅对当事人具有法律约束力，但是法律另有规定的除外。

第四百六十六条 当事人对合同条款的理解有争议的，应当依据本法第一百四十二条第一款的规定，确定争议条款的含义。

合同文本采用两种以上文字订立并约定具有同等效力的，对各文本使用的词句推定具有相同含义。各文本使用的词句不一致的，应当根据合同的相关条款、性质、目的以及诚信原则等予以解释。

第四百六十七条 本法或者其他法律没有明文规定的合同，适用本编通则的规定，并可以参照适用本编或者其他法律最相类似合同的规定。

在中华人民共和国境内履行的中外合资经营企业合同、中外合作经营企业合同、中外合作勘探开发自然资源合同,适用中华人民共和国法律。

第四百六十八条　非因合同产生的债权债务关系,适用有关该债权债务关系的法律规定;没有规定的,适用本编通则的有关规定,但是根据其性质不能适用的除外。

第二章　合同的订立

第四百六十九条　当事人订立合同,可以采用书面形式、口头形式或者其他形式。

书面形式是合同书、信件、电报、电传、传真等可以有形地表现所载内容的形式。

以电子数据交换、电子邮件等方式能够有形地表现所载内容,并可以随时调取查用的数据电文,视为书面形式。

第四百七十条　合同的内容由当事人约定,一般包括下列条款:

(一)当事人的姓名或者名称和住所;

(二)标的;

(三)数量;

(四)质量;

(五)价款或者报酬;

(六)履行期限、地点和方式;

(七)违约责任;

(八)解决争议的方法。

当事人可以参照各类合同的示范文本订立合同。

第四百七十一条　当事人订立合同,可以采取要约、承诺方式或者其他方式。

第四百七十二条　要约是希望与他人订立合同的意思表示,该意思表示应当符合下列条件:

(一)内容具体确定;

(二)表明经受要约人承诺,要约人即受该意思表示约束。

第四百七十三条　要约邀请是希望他人向自己发出要约的表示。拍卖公告、招标公告、招股说明书、债券募集办法、基金招募说明书、商业广告和宣传、寄送的价目表等为要约邀请。

商业广告和宣传的内容符合要约条件的,构成要约。

第四百七十四条　要约生效的时间适用本法第一百三十七条的规定。

第四百七十五条　要约可以撤回。要约的撤回适用本法第一百四十一条的规定。

第四百七十六条　要约可以撤销,但是有下列情形之一的除外:

(一)要约人以确定承诺期限或者其他形式明示要约不可撤销;

(二)受要约人有理由认为要约是不可撤销的,并已经为履行合同做了合理准备工作。

第四百七十七条　撤销要约的意思表示以对话方式作出的,该意思表示的内容应当在受要约人作出承诺之前为受要约人所知道;撤销要约的意思表示以非对话方式作出的,应当在受要约人作出承诺之前到达受要约人。

第四百七十八条　有下列情形之一的,要约失效:

(一)要约被拒绝;

(二)要约被依法撤销;

（三）承诺期限届满，受要约人未作出承诺；

（四）受要约人对要约的内容作出实质性变更。

第四百七十九条 承诺是受要约人同意要约的意思表示。

第四百八十条 承诺应当以通知的方式作出；但是，根据交易习惯或者要约表明可以通过行为作出承诺的除外。

第四百八十一条 承诺应当在要约确定的期限内到达要约人。

要约没有确定承诺期限的，承诺应当依照下列规定到达：

（一）要约以对话方式作出的，应当即时作出承诺；

（二）要约以非对话方式作出的，承诺应当在合理期限内到达。

第四百八十二条 要约以信件或者电报作出的，承诺期限自信件载明的日期或者电报交发之日开始计算。信件未载明日期的，自投寄该信件的邮戳日期开始计算。要约以电话、传真、电子邮件等快速通讯方式作出的，承诺期限自要约到达受要约人时开始计算。

第四百八十三条 承诺生效时合同成立，但是法律另有规定或者当事人另有约定的除外。

第四百八十四条 以通知方式作出的承诺，生效的时间适用本法第一百三十七条的规定。

承诺不需要通知的，根据交易习惯或者要约的要求作出承诺的行为时生效。

第四百八十五条 承诺可以撤回。承诺的撤回适用本法第一百四十一条的规定。

第四百八十六条 受要约人超过承诺期限发出承诺，或者在承诺期限内发出承诺，按照通常情形不能及时到达要约人的，为新要约；但是，要约人及时通知受要约人该承诺有效的除外。

第四百八十七条 受要约人在承诺期限内发出承诺，按照通常情形能够及时到达要约人，但是因其他原因致使承诺到达要约人时超过承诺期限的，除要约人及时通知受要约人因承诺超过期限不接受该承诺外，该承诺有效。

第四百八十八条 承诺的内容应当与要约的内容一致。受要约人对要约的内容作出实质性变更的，为新要约。有关合同标的、数量、质量、价款或者报酬、履行期限、履行地点和方式、违约责任和解决争议方法等的变更，是对要约内容的实质性变更。

第四百八十九条 承诺对要约的内容作出非实质性变更的，除要约人及时表示反对或者要约表明承诺不得对要约的内容作出任何变更外，该承诺有效，合同的内容以承诺的内容为准。

第四百九十条 当事人采用合同书形式订立合同的，自当事人均签名、盖章或者按指印时合同成立。在签名、盖章或者按指印之前，当事人一方已经履行主要义务，对方接受时，该合同成立。

法律、行政法规规定或者当事人约定合同应当采用书面形式订立，当事人未采用书面形式但是一方已经履行主要义务，对方接受时，该合同成立。

第四百九十一条 当事人采用信件、数据电文等形式订立合同要求签订确认书的，签订确认书时合同成立。

当事人一方通过互联网等信息网络发布的商品或者服务信息符合要约条件的，对方选择该商品或者服务并提交订单成功时合同成立，但是当事人另有约定的除外。

第四百九十二条 承诺生效的地点为合同成立的地点。

采用数据电文形式订立合同的，收件人的主营业地为合同成立的地点；没有主营业地的，其住所地为合同成立的地点。当事人另有约定的，按照其约定。

第四百九十三条 当事人采用合同书形式订立合同的，最后签名、盖章或者按指印的地点为合同成立的地点，但是当事人另有约定的除外。

第四百九十四条　国家根据抢险救灾、疫情防控或者其他需要下达国家订货任务、指令性任务的，有关民事主体之间应当依照有关法律、行政法规规定的权利和义务订立合同。

依照法律、行政法规的规定负有发出要约义务的当事人，应当及时发出合理的要约。

依照法律、行政法规的规定负有作出承诺义务的当事人，不得拒绝对方合理的订立合同要求。

第四百九十五条　当事人约定在将来一定期限内订立合同的认购书、订购书、预订书等，构成预约合同。

当事人一方不履行预约合同约定的订立合同义务的，对方可以请求其承担预约合同的违约责任。

第四百九十六条　格式条款是当事人为了重复使用而预先拟定，并在订立合同时未与对方协商的条款。

采用格式条款订立合同的，提供格式条款的一方应当遵循公平原则确定当事人之间的权利和义务，并采取合理的方式提示对方注意免除或者减轻其责任等与对方有重大利害关系的条款，按照对方的要求，对该条款予以说明。提供格式条款的一方未履行提示或者说明义务，致使对方没有注意或者理解与其有重大利害关系的条款的，对方可以主张该条款不成为合同的内容。

第四百九十七条　有下列情形之一的，该格式条款无效：

（一）具有本法第一编第六章第三节和本法第五百零六条规定的无效情形；

（二）提供格式条款一方不合理地免除或者减轻其责任、加重对方责任、限制对方主要权利；

（三）提供格式条款一方排除对方主要权利。

第四百九十八条　对格式条款的理解发生争议的，应当按照通常理解予以解释。对格式条款有两种以上解释的，应当作出不利于提供格式条款一方的解释。格式条款和非格式条款不一致的，应当采用非格式条款。

第四百九十九条　悬赏人以公开方式声明对完成特定行为的人支付报酬的，完成该行为的人可以请求其支付。

第五百条　当事人在订立合同过程中有下列情形之一，造成对方损失的，应当承担赔偿责任：

（一）假借订立合同，恶意进行磋商；

（二）故意隐瞒与订立合同有关的重要事实或者提供虚假情况；

（三）有其他违背诚信原则的行为。

第五百零一条　当事人在订立合同过程中知悉的商业秘密或者其他应当保密的信息，无论合同是否成立，不得泄露或者不正当地使用；泄露、不正当地使用该商业秘密或者信息，造成对方损失的，应当承担赔偿责任。

第三章　合同的效力

第五百零二条　依法成立的合同，自成立时生效，但是法律另有规定或者当事人另有约定的除外。

依照法律、行政法规的规定，合同应当办理批准等手续的，依照其规定。未办理批准等手续影响合同生效的，不影响合同中履行报批等义务条款以及相关条款的效力。应当办理申请批准等手续的当事人未履行义务的，对方可以请求其承担违反该义务的责任。

依照法律、行政法规的规定，合同的变更、转让、解除等情形应当办理批准等手续的，适用前款规定。

第五百零三条　无权代理人以被代理人的名义订立合同，被代理人已经开始履行合同义务或者接受相对人履行的，视为对合同的追认。

第五百零四条 法人的法定代表人或者非法人组织的负责人超越权限订立的合同，除相对人知道或者应当知道其超越权限外，该代表行为有效，订立的合同对法人或者非法人组织发生效力。

第五百零五条 当事人超越经营范围订立的合同的效力，应当依照本法第一编第六章第三节和本编的有关规定确定，不得仅以超越经营范围确认合同无效。

第五百零六条 合同中的下列免责条款无效：

（一）造成对方人身损害的；

（二）因故意或者重大过失造成对方财产损失的。

第五百零七条 合同不生效、无效、被撤销或者终止的，不影响合同中有关解决争议方法的条款的效力。

第五百零八条 本编对合同的效力没有规定的，适用本法第一编第六章的有关规定。

第四章 合同的履行

第五百零九条 当事人应当按照约定全面履行自己的义务。

当事人应当遵循诚信原则，根据合同的性质、目的和交易习惯履行通知、协助、保密等义务。

当事人在履行合同过程中，应当避免浪费资源、污染环境和破坏生态。

第五百一十条 合同生效后，当事人就质量、价款或者报酬、履行地点等内容没有约定或者约定不明确的，可以协议补充；不能达成补充协议的，按照合同相关条款或者交易习惯确定。

第五百一十一条 当事人就有关合同内容约定不明确，依据前条规定仍不能确定的，适用下列规定：

（一）质量要求不明确的，按照强制性国家标准履行；没有强制性国家标准的，按照推荐性国家标准履行；没有推荐性国家标准的，按照行业标准履行；没有国家标准、行业标准的，按照通常标准或者符合合同目的的特定标准履行。

（二）价款或者报酬不明确的，按照订立合同时履行地的市场价格履行；依法应当执行政府定价或者政府指导价的，依照规定履行。

（三）履行地点不明确，给付货币的，在接受货币一方所在地履行；交付不动产的，在不动产所在地履行；其他标的，在履行义务一方所在地履行。

（四）履行期限不明确的，债务人可以随时履行，债权人也可以随时请求履行，但是应当给对方必要的准备时间。

（五）履行方式不明确的，按照有利于实现合同目的的方式履行。

（六）履行费用的负担不明确的，由履行义务一方负担；因债权人原因增加的履行费用，由债权人负担。

第五百一十二条 通过互联网等信息网络订立的电子合同的标的为交付商品并采用快递物流方式交付的，收货人的签收时间为交付时间。电子合同的标的为提供服务的，生成的电子凭证或者实物凭证中载明的时间为提供服务时间；前述凭证没有载明时间或者载明时间与实际提供服务时间不一致的，以实际提供服务的时间为准。

电子合同的标的物为采用在线传输方式交付的，合同标的物进入对方当事人指定的特定系统且能够检索识别的时间为交付时间。

电子合同当事人对交付商品或者提供服务的方式、时间另有约定的，按照其约定。

第五百一十三条 执行政府定价或者政府指导价的，在合同约定的交付期限内政府价格调整时，按照交付时的价格计价。逾期交付标的物的，遇价格上涨时，按照原价格执行；价格下降时，按照新价格执行。逾期提取标的物或者逾期付款的，遇价格上涨时，按照新价格执行；价格下降时，按照原价格执行。

第五百一十四条 以支付金钱为内容的债，除法律另有规定或者当事人另有约定外，债权人可以请求债务人以实际履行地的法定货币履行。

第五百一十五条 标的有多项而债务人只需履行其中一项的，债务人享有选择权；但是，法律另有规定、当事人另有约定或者另有交易习惯的除外。

享有选择权的当事人在约定期限内或者履行期限届满未作选择，经催告后在合理期限内仍未选择的，选择权转移至对方。

第五百一十六条 当事人行使选择权应当及时通知对方，通知到达对方时，标的确定。标的确定后不得变更，但是经对方同意的除外。

可选择的标的发生不能履行情形的，享有选择权的当事人不得选择不能履行的标的，但是该不能履行的情形是由对方造成的除外。

第五百一十七条 债权人为二人以上，标的可分，按照份额各自享有债权的，为按份债权；债务人为二人以上，标的可分，按照份额各自负担债务的，为按份债务。

按份债权人或者按份债务人的份额难以确定的，视为份额相同。

第五百一十八条 债权人为二人以上，部分或者全部债权人均可以请求债务人履行债务的，为连带债权；债务人为二人以上，债权人可以请求部分或者全部债务人履行全部债务的，为连带债务。

连带债权或者连带债务，由法律规定或者当事人约定。

第五百一十九条 连带债务人之间的份额难以确定的，视为份额相同。

实际承担债务超过自己份额的连带债务人，有权就超出部分在其他连带债务人未履行的份额范围内向其追偿，并相应地享有债权人的权利，但是不得损害债权人的利益。其他连带债务人对债权人的抗辩，可以向该债务人主张。

被追偿的连带债务人不能履行其应分担份额的，其他连带债务人应当在相应范围内按比例分担。

第五百二十条 部分连带债务人履行、抵销债务或者提存标的物的，其他债务人对债权人的债务在相应范围内消灭；该债务人可以依据前条规定向其他债务人追偿。

部分连带债务人的债务被债权人免除的，在该连带债务人应当承担的份额范围内，其他债务人对债权人的债务消灭。

部分连带债务人的债务与债权人的债权同归于一人的，在扣除该债务人应当承担的份额后，债权人对其他债务人的债权继续存在。

债权人对部分连带债务人的给付受领迟延的，对其他连带债务人发生效力。

第五百二十一条 连带债权人之间的份额难以确定的，视为份额相同。

实际受领债权的连带债权人，应当按比例向其他连带债权人返还。

连带债权参照适用本章连带债务的有关规定。

第五百二十二条 当事人约定由债务人向第三人履行债务，债务人未向第三人履行债务或者履行债务不符合约定的，应当向债权人承担违约责任。

法律规定或者当事人约定第三人可以直接请求债务人向其履行债务，第三人未在合理期限内明确拒绝,债务人未向第三人履行债务或者履行债务不符合约定的,第三人可以请求债务人承担违约责任;债务人对债权人的抗辩,可以向第三人主张。

第五百二十三条　当事人约定由第三人向债权人履行债务,第三人不履行债务或者履行债务不符合约定的,债务人应当向债权人承担违约责任。

第五百二十四条　债务人不履行债务,第三人对履行该债务具有合法利益的,第三人有权向债权人代为履行;但是,根据债务性质、按照当事人约定或者依照法律规定只能由债务人履行的除外。

债权人接受第三人履行后,其对债务人的债权转让给第三人,但是债务人和第三人另有约定的除外。

第五百二十五条　当事人互负债务,没有先后履行顺序的,应当同时履行。一方在对方履行之前有权拒绝其履行请求。一方在对方履行债务不符合约定时,有权拒绝其相应的履行请求。

第五百二十六条　当事人互负债务,有先后履行顺序,应当先履行债务一方未履行的,后履行一方有权拒绝其履行请求。先履行一方履行债务不符合约定的,后履行一方有权拒绝其相应的履行请求。

第五百二十七条　应当先履行债务的当事人,有确切证据证明对方有下列情形之一的,可以中止履行:

(一)经营状况严重恶化;

(二)转移财产、抽逃资金,以逃避债务;

(三)丧失商业信誉;

(四)有丧失或者可能丧失履行债务能力的其他情形。

当事人没有确切证据中止履行的,应当承担违约责任。

第五百二十八条　当事人依据前条规定中止履行的,应当及时通知对方。对方提供适当担保的,应当恢复履行。中止履行后,对方在合理期限内未恢复履行能力且未提供适当担保的,视为以自己的行为表明不履行主要债务,中止履行的一方可以解除合同并可以请求对方承担违约责任。

第五百二十九条　债权人分立、合并或者变更住所没有通知债务人,致使履行债务发生困难的,债务人可以中止履行或者将标的物提存。

第五百三十条　债权人可以拒绝债务人提前履行债务,但是提前履行不损害债权人利益的除外。

债务人提前履行债务给债权人增加的费用,由债务人负担。

第五百三十一条　债权人可以拒绝债务人部分履行债务,但是部分履行不损害债权人利益的除外。

债务人部分履行债务给债权人增加的费用,由债务人负担。

第五百三十二条　合同生效后,当事人不得因姓名、名称的变更或者法定代表人、负责人、承办人的变动而不履行合同义务。

第五百三十三条　合同成立后,合同的基础条件发生了当事人在订立合同时无法预见的、不属于商业风险的重大变化,继续履行合同对于当事人一方明显不公平的,受不利影响的当事人可以与对方重新协商;在合理期限内协商不成的,当事人可以请求人民法院或者仲裁机构变更或者解除合同。

人民法院或者仲裁机构应当结合案件的实际情况,根据公平原则变更或者解除合同。

第五百三十四条　对当事人利用合同实施危害国家利益、社会公共利益行为的,市场监督管理和其他有关行政主管部门依照法律、行政法规的规定负责监督处理。

第五章　合同的保全

第五百三十五条　因债务人怠于行使其债权或者与该债权有关的从权利,影响债权人的到期债权实现的，债权人可以向人民法院请求以自己的名义代位行使债务人对相对人的权利，但是该权利专属于债务人自身的除外。

代位权的行使范围以债权人的到期债权为限。债权人行使代位权的必要费用，由债务人负担。

相对人对债务人的抗辩，可以向债权人主张。

第五百三十六条　债权人的债权到期前，债务人的债权或者与该债权有关的从权利存在诉讼时效期间即将届满或者未及时申报破产债权等情形，影响债权人的债权实现的，债权人可以代位向债务人的相对人请求其向债务人履行、向破产管理人申报或者作出其他必要的行为。

第五百三十七条　人民法院认定代位权成立的，由债务人的相对人向债权人履行义务，债权人接受履行后，债权人与债务人、债务人与相对人之间相应的权利义务终止。债务人对相对人的债权或者与该债权有关的从权利被采取保全、执行措施，或者债务人破产的，依照相关法律的规定处理。

第五百三十八条　债务人以放弃其债权、放弃债权担保、无偿转让财产等方式无偿处分财产权益，或者恶意延长其到期债权的履行期限，影响债权人的债权实现的，债权人可以请求人民法院撤销债务人的行为。

第五百三十九条　债务人以明显不合理的低价转让财产、以明显不合理的高价受让他人财产或者为他人的债务提供担保，影响债权人的债权实现，债务人的相对人知道或者应当知道该情形的，债权人可以请求人民法院撤销债务人的行为。

第五百四十条　撤销权的行使范围以债权人的债权为限。债权人行使撤销权的必要费用，由债务人负担。

第五百四十一条　撤销权自债权人知道或者应当知道撤销事由之日起一年内行使。自债务人的行为发生之日起五年内没有行使撤销权的，该撤销权消灭。

第五百四十二条　债务人影响债权人的债权实现的行为被撤销的，自始没有法律约束力。

第六章　合同的变更和转让

第五百四十三条　当事人协商一致，可以变更合同。

第五百四十四条　当事人对合同变更的内容约定不明确的，推定为未变更。

第五百四十五条　债权人可以将债权的全部或者部分转让给第三人，但是有下列情形之一的除外：

（一）根据债权性质不得转让；

（二）按照当事人约定不得转让；

（三）依照法律规定不得转让。

当事人约定非金钱债权不得转让的，不得对抗善意第三人。当事人约定金钱债权不得转让的，不得对抗第三人。

第五百四十六条　债权人转让债权，未通知债务人的，该转让对债务人不发生效力。

债权转让的通知不得撤销，但是经受让人同意的除外。

第五百四十七条　债权人转让债权的，受让人取得与债权有关的从权利，但是该从权利专属于债权人自身的除外。

受让人取得从权利不因该从权利未办理转移登记手续或者未转移占有而受到影响。

第五百四十八条　债务人接到债权转让通知后，债务人对让与人的抗辩，可以向受让人主张。

第五百四十九条　有下列情形之一的，债务人可以向受让人主张抵销：

（一）债务人接到债权转让通知时，债务人对让与人享有债权，且债务人的债权先于转让的债权到期或者同时到期；

（二）债务人的债权与转让的债权是基于同一合同产生。

第五百五十条 因债权转让增加的履行费用，由让与人负担。

第五百五十一条 债务人将债务的全部或者部分转移给第三人的，应当经债权人同意。

债务人或者第三人可以催告债权人在合理期限内予以同意，债权人未作表示的，视为不同意。

第五百五十二条 第三人与债务人约定加入债务并通知债权人，或者第三人向债权人表示愿意加入债务，债权人未在合理期限内明确拒绝的，债权人可以请求第三人在其愿意承担的债务范围内和债务人承担连带债务。

第五百五十三条 债务人转移债务的，新债务人可以主张原债务人对债权人的抗辩；原债务人对债权人享有债权的，新债务人不得向债权人主张抵销。

第五百五十四条 债务人转移债务的，新债务人应当承担与主债务有关的从债务，但是该从债务专属于原债务人自身的除外。

第五百五十五条 当事人一方经对方同意，可以将自己在合同中的权利和义务一并转让给第三人。

第五百五十六条 合同的权利和义务一并转让的，适用债权转让、债务转移的有关规定。

第七章 合同的权利义务终止

第五百五十七条 有下列情形之一的，债权债务终止：

（一）债务已经履行；

（二）债务相互抵销；

（三）债务人依法将标的物提存；

（四）债权人免除债务；

（五）债权债务同归于一人；

（六）法律规定或者当事人约定终止的其他情形。

合同解除的，该合同的权利义务关系终止。

第五百五十八条 债权债务终止后，当事人应当遵循诚信等原则，根据交易习惯履行通知、协助、保密、旧物回收等义务。

第五百五十九条 债权债务终止时，债权的从权利同时消灭，但是法律另有规定或者当事人另有约定的除外。

第五百六十条 债务人对同一债权人负担的数项债务种类相同，债务人的给付不足以清偿全部债务的，除当事人另有约定外，由债务人在清偿时指定其履行的债务。

债务人未作指定的，应当优先履行已经到期的债务；数项债务均到期的，优先履行对债权人缺乏担保或者担保最少的债务；均无担保或者担保相等的，优先履行债务人负担较重的债务；负担相同的，按照债务到期的先后顺序履行；到期时间相同的，按照债务比例履行。

第五百六十一条 债务人在履行主债务外还应当支付利息和实现债权的有关费用，其给付不足以清偿全部债务的，除当事人另有约定外，应当按照下列顺序履行：

（一）实现债权的有关费用；

（二）利息；

（三）主债务。

第五百六十二条　当事人协商一致，可以解除合同。

当事人可以约定一方解除合同的事由。解除合同的事由发生时，解除权人可以解除合同。

第五百六十三条　有下列情形之一的，当事人可以解除合同：

（一）因不可抗力致使不能实现合同目的；

（二）在履行期限届满前，当事人一方明确表示或者以自己的行为表明不履行主要债务；

（三）当事人一方迟延履行主要债务，经催告后在合理期限内仍未履行；

（四）当事人一方迟延履行债务或者有其他违约行为致使不能实现合同目的；

（五）法律规定的其他情形。

以持续履行的债务为内容的不定期合同，当事人可以随时解除合同，但是应当在合理期限之前通知对方。

第五百六十四条　法律规定或者当事人约定解除权行使期限，期限届满当事人不行使的，该权利消灭。

法律没有规定或者当事人没有约定解除权行使期限，自解除权人知道或者应当知道解除事由之日起一年内不行使，或者经对方催告后在合理期限内不行使的，该权利消灭。

第五百六十五条　当事人一方依法主张解除合同的，应当通知对方。合同自通知到达对方时解除；通知载明债务人在一定期限内不履行债务则合同自动解除，债务人在该期限内未履行债务的，合同自通知载明的期限届满时解除。对方对解除合同有异议的，任何一方当事人均可以请求人民法院或者仲裁机构确认解除行为的效力。

当事人一方未通知对方，直接以提起诉讼或者申请仲裁的方式依法主张解除合同，人民法院或者仲裁机构确认该主张的，合同自起诉状副本或者仲裁申请书副本送达对方时解除。

第五百六十六条　合同解除后，尚未履行的，终止履行；已经履行的，根据履行情况和合同性质，当事人可以请求恢复原状或者采取其他补救措施，并有权请求赔偿损失。

合同因违约解除的，解除权人可以请求违约方承担违约责任，但是当事人另有约定的除外。

主合同解除后，担保人对债务人应当承担的民事责任仍应当承担担保责任，但是担保合同另有约定的除外。

第五百六十七条　合同的权利义务关系终止，不影响合同中结算和清理条款的效力。

第五百六十八条　当事人互负债务，该债务的标的物种类、品质相同的，任何一方可以将自己的债务与对方的到期债务抵销；但是，根据债务性质、按照当事人约定或者依照法律规定不得抵销的除外。

当事人主张抵销的，应当通知对方。通知自到达对方时生效。抵销不得附条件或者附期限。

第五百六十九条　当事人互负债务，标的物种类、品质不相同的，经协商一致，也可以抵销。

第五百七十条　有下列情形之一，难以履行债务的，债务人可以将标的物提存：

（一）债权人无正当理由拒绝受领；

（二）债权人下落不明；

（三）债权人死亡未确定继承人、遗产管理人，或者丧失民事行为能力未确定监护人；

（四）法律规定的其他情形。

标的物不适于提存或者提存费用过高的，债务人依法可以拍卖或者变卖标的物，提存所得的价款。

第五百七十一条　债务人将标的物或者将标的物依法拍卖、变卖所得价款交付提存部门时，提存成立。

提存成立的，视为债务人在其提存范围内已经交付标的物。

第五百七十二条 标的物提存后，债务人应当及时通知债权人或者债权人的继承人、遗产管理人、监护人、财产代管人。

第五百七十三条 标的物提存后，毁损、灭失的风险由债权人承担。提存期间，标的物的孳息归债权人所有。提存费用由债权人负担。

第五百七十四条 债权人可以随时领取提存物。但是，债权人对债务人负有到期债务的，在债权人未履行债务或者提供担保之前，提存部门根据债务人的要求应当拒绝其领取提存物。

债权人领取提存物的权利，自提存之日起五年内不行使而消灭，提存物扣除提存费用后归国家所有。但是，债权人未履行对债务人的到期债务，或者债权人向提存部门书面表示放弃领取提存物权利的，债务人负担提存费用后有权取回提存物。

第五百七十五条 债权人免除债务人部分或者全部债务的，债权债务部分或者全部终止，但是债务人在合理期限内拒绝的除外。

第五百七十六条 债权和债务同归于一人的，债权债务终止，但是损害第三人利益的除外。

第八章 违约责任

第五百七十七条 当事人一方不履行合同义务或者履行合同义务不符合约定的，应当承担继续履行、采取补救措施或者赔偿损失等违约责任。

第五百七十八条 当事人一方明确表示或者以自己的行为表明不履行合同义务的，对方可以在履行期限届满前请求其承担违约责任。

第五百七十九条 当事人一方未支付价款、报酬、租金、利息，或者不履行其他金钱债务的，对方可以请求其支付。

第五百八十条 当事人一方不履行非金钱债务或者履行非金钱债务不符合约定的，对方可以请求履行，但是有下列情形之一的除外：

（一）法律上或者事实上不能履行；

（二）债务的标的不适于强制履行或者履行费用过高；

（三）债权人在合理期限内未请求履行。

有前款规定的除外情形之一，致使不能实现合同目的的，人民法院或者仲裁机构可以根据当事人的请求终止合同权利义务关系，但是不影响违约责任的承担。

第五百八十一条 当事人一方不履行债务或者履行债务不符合约定，根据债务的性质不得强制履行的，对方可以请求其负担由第三人替代履行的费用。

第五百八十二条 履行不符合约定的，应当按照当事人的约定承担违约责任。对违约责任没有约定或者约定不明确，依据本法第五百一十条的规定仍不能确定的，受损害方根据标的的性质以及损失的大小，可以合理选择请求对方承担修理、重作、更换、退货、减少价款或者报酬等违约责任。

第五百八十三条 当事人一方不履行合同义务或者履行合同义务不符合约定的，在履行义务或者采取补救措施后，对方还有其他损失的，应当赔偿损失。

第五百八十四条 当事人一方不履行合同义务或者履行合同义务不符合约定，造成对方损失的，损失赔偿额应当相当于因违约所造成的损失，包括合同履行后可以获得的利益；但是，不得超过违约一方订立合同时预见到或者应当预见到的因违约可能造成的损失。

第五百八十五条 当事人可以约定一方违约时应当根据违约情况向对方支付一定数额的违约金，也可以约定因违约产生的损失赔偿额的计算方法。

约定的违约金低于造成的损失的，人民法院或者仲裁机构可以根据当事人的请求予以增加；约定的违约金过分高于造成的损失的，人民法院或者仲裁机构可以根据当事人的请求予以适当减少。

当事人就迟延履行约定违约金的，违约方支付违约金后，还应当履行债务。

第五百八十六条 当事人可以约定一方向对方给付定金作为债权的担保。定金合同自实际交付定金时成立。

定金的数额由当事人约定；但是，不得超过主合同标的额的百分之二十，超过部分不产生定金的效力。实际交付的定金数额多于或者少于约定数额的，视为变更约定的定金数额。

第五百八十七条 债务人履行债务的，定金应当抵作价款或者收回。给付定金的一方不履行债务或者履行债务不符合约定，致使不能实现合同目的的，无权请求返还定金；收受定金的一方不履行债务或者履行债务不符合约定，致使不能实现合同目的的，应当双倍返还定金。

第五百八十八条 当事人既约定违约金，又约定定金的，一方违约时，对方可以选择适用违约金或者定金条款。

定金不足以弥补一方违约造成的损失的，对方可以请求赔偿超过定金数额的损失。

第五百八十九条 债务人按照约定履行债务，债权人无正当理由拒绝受领的，债务人可以请求债权人赔偿增加的费用。

在债权人受领迟延期间，债务人无须支付利息。

第五百九十条 当事人一方因不可抗力不能履行合同的，根据不可抗力的影响，部分或者全部免除责任，但是法律另有规定的除外。因不可抗力不能履行合同的，应当及时通知对方，以减轻可能给对方造成的损失，并应当在合理期限内提供证明。

当事人迟延履行后发生不可抗力的，不免除其违约责任。

第五百九十一条 当事人一方违约后，对方应当采取适当措施防止损失的扩大；没有采取适当措施致使损失扩大的，不得就扩大的损失请求赔偿。

当事人因防止损失扩大而支出的合理费用，由违约方负担。

第五百九十二条 当事人都违反合同的，应当各自承担相应的责任。

当事人一方违约造成对方损失，对方对损失的发生有过错的，可以减少相应的损失赔偿额。

第五百九十三条 当事人一方因第三人的原因造成违约的，应当依法向对方承担违约责任。当事人一方和第三人之间的纠纷，依照法律规定或者按照约定处理。

第五百九十四条 因国际货物买卖合同和技术进出口合同争议提起诉讼或者申请仲裁的时效期间为四年。

第二分编 典 型 合 同

第九章 买 卖 合 同

第五百九十五条 买卖合同是出卖人转移标的物的所有权于买受人，买受人支付价款的合同。

第五百九十六条 买卖合同的内容一般包括标的物的名称、数量、质量、价款、履行期限、履行地点和方式、包装方式、检验标准和方法、结算方式、合同使用的文字及其效力等条款。

第五百九十七条 因出卖人未取得处分权致使标的物所有权不能转移的，买受人可以解除合同并请求出卖人承担违约责任。

法律、行政法规禁止或者限制转让的标的物，依照其规定。

第五百九十八条 出卖人应当履行向买受人交付标的物或者交付提取标的物的单证，并转移标的物所有权的义务。

第五百九十九条 出卖人应当按照约定或者交易习惯向买受人交付提取标的物单证以外的有关单证和资料。

第六百条 出卖具有知识产权的标的物的，除法律另有规定或者当事人另有约定外，该标的物的知识产权不属于买受人。

第六百零一条 出卖人应当按照约定的时间交付标的物。约定交付期限的，出卖人可以在该交付期限内的任何时间交付。

第六百零二条 当事人没有约定标的物的交付期限或者约定不明确的，适用本法第五百一十条、第五百一十一条第四项的规定。

第六百零三条 出卖人应当按照约定的地点交付标的物。

当事人没有约定交付地点或者约定不明确，依据本法第五百一十条的规定仍不能确定的，适用下列规定：

（一）标的物需要运输的，出卖人应当将标的物交付给第一承运人以运交给买受人；

（二）标的物不需要运输，出卖人和买受人订立合同时知道标的物在某一地点的，出卖人应当在该地点交付标的物；不知道标的物在某一地点的，应当在出卖人订立合同时的营业地交付标的物。

第六百零四条 标的物毁损、灭失的风险，在标的物交付之前由出卖人承担，交付之后由买受人承担，但是法律另有规定或者当事人另有约定的除外。

第六百零五条 因买受人的原因致使标的物未按照约定的期限交付的，买受人应当自违反约定时起承担标的物毁损、灭失的风险。

第六百零六条 出卖人出卖交由承运人运输的在途标的物，除当事人另有约定外，毁损、灭失的风险自合同成立时起由买受人承担。

第六百零七条 出卖人按照约定将标的物运送至买受人指定地点并交付给承运人后，标的物毁损、灭失的风险由买受人承担。

当事人没有约定交付地点或者约定不明确，依据本法第六百零三条第二款第一项的规定标的物需要运输的，出卖人将标的物交付给第一承运人后，标的物毁损、灭失的风险由买受人承担。

第六百零八条 出卖人按照约定或者依据本法第六百零三条第二款第二项的规定将标的物置于交付地点，买受人违反约定没有收取的，标的物毁损、灭失的风险自违反约定时起由买受人承担。

第六百零九条 出卖人按照约定未交付有关标的物的单证和资料的，不影响标的物毁损、灭失风险的转移。

第六百一十条 因标的物不符合质量要求，致使不能实现合同目的的，买受人可以拒绝接受标的物或者解除合同。买受人拒绝接受标的物或者解除合同的，标的物毁损、灭失的风险由出卖人承担。

第六百一十一条 标的物毁损、灭失的风险由买受人承担的，不影响因出卖人履行义务不符合约定，买受人请求其承担违约责任的权利。

第六百一十二条 出卖人就交付的标的物，负有保证第三人对该标的物不享有任何权利的义务，但是法律另有规定的除外。

第六百一十三条 买受人订立合同时知道或者应当知道第三人对买卖的标的物享有权利的，出卖人不承担前条规定的义务。

第六百一十四条 买受人有确切证据证明第三人对标的物享有权利的，可以中止支付相应的价款，但是出卖人提供适当担保的除外。

第六百一十五条 出卖人应当按照约定的质量要求交付标的物。出卖人提供有关标的物质量说明的，交付的标的物应当符合该说明的质量要求。

第六百一十六条 当事人对标的物的质量要求没有约定或者约定不明确，依据本法第五百一十条的规定仍不能确定的，适用本法第五百一十一条第一项的规定。

第六百一十七条 出卖人交付的标的物不符合质量要求的，买受人可以依据本法第五百八十二条至第五百八十四条的规定请求承担违约责任。

第六百一十八条 当事人约定减轻或者免除出卖人对标的物瑕疵承担的责任，因出卖人故意或者重大过失不告知买受人标的物瑕疵的，出卖人无权主张减轻或者免除责任。

第六百一十九条 出卖人应当按照约定的包装方式交付标的物。对包装方式没有约定或者约定不明确，依据本法第五百一十条的规定仍不能确定的，应当按照通用的方式包装；没有通用方式的，应当采取足以保护标的物且有利于节约资源、保护生态环境的包装方式。

第六百二十条 买受人收到标的物时应当在约定的检验期限内检验。没有约定检验期限的，应当及时检验。

第六百二十一条 当事人约定检验期限的，买受人应当在检验期限内将标的物的数量或者质量不符合约定的情形通知出卖人。买受人怠于通知的，视为标的物的数量或者质量符合约定。

当事人没有约定检验期限的，买受人应当在发现或者应当发现标的物的数量或者质量不符合约定的合理期限内通知出卖人。买受人在合理期限内未通知或者自收到标的物之日起二年内未通知出卖人的，视为标的物的数量或者质量符合约定；但是，对标的物有质量保证期的，适用质量保证期，不适用该二年的规定。

出卖人知道或者应当知道提供的标的物不符合约定的，买受人不受前两款规定的通知时间的限制。

第六百二十二条 当事人约定的检验期限过短，根据标的物的性质和交易习惯，买受人在检验期限内难以完成全面检验的，该期限仅视为买受人对标的物的外观瑕疵提出异议的期限。

约定的检验期限或者质量保证期短于法律、行政法规规定期限的，应当以法律、行政法规规定的期限为准。

第六百二十三条 当事人对检验期限未作约定，买受人签收的送货单、确认单等载明标的物数量、型号、规格的，推定买受人已经对数量和外观瑕疵进行检验，但是有相关证据足以推翻的除外。

第六百二十四条 出卖人依照买受人的指示向第三人交付标的物，出卖人和买受人约定的检验标准与买受人和第三人约定的检验标准不一致的，以出卖人和买受人约定的检验标准为准。

第六百二十五条 依照法律、行政法规的规定或者按照当事人的约定，标的物在有效使用年限届满后应予回收的，出卖人负有自行或者委托第三人对标的物予以回收的义务。

第六百二十六条 买受人应当按照约定的数额和支付方式支付价款。对价款的数额和支付方式没有约定或者约定不明确的，适用本法第五百一十条、第五百一十一条第二项和第五项的规定。

第六百二十七条　买受人应当按照约定的地点支付价款。对支付地点没有约定或者约定不明确，依据本法第五百一十条的规定仍不能确定的，买受人应当在出卖人的营业地支付；但是，约定支付价款以交付标的物或者交付提取标的物单证为条件的，在交付标的物或者交付提取标的物单证的所在地支付。

第六百二十八条　买受人应当按照约定的时间支付价款。对支付时间没有约定或者约定不明确，依据本法第五百一十条的规定仍不能确定的，买受人应当在收到标的物或者提取标的物单证的同时支付。

第六百二十九条　出卖人多交标的物的，买受人可以接收或者拒绝接收多交的部分。买受人接收多交部分的，按照约定的价格支付价款；买受人拒绝接收多交部分的，应当及时通知出卖人。

第六百三十条　标的物在交付之前产生的孳息，归出卖人所有；交付之后产生的孳息，归买受人所有。但是，当事人另有约定的除外。

第六百三十一条　因标的物的主物不符合约定而解除合同的，解除合同的效力及于从物。因标的物的从物不符合约定被解除的，解除的效力不及于主物。

第六百三十二条　标的物为数物，其中一物不符合约定的，买受人可以就该物解除。但是，该物与他物分离使标的物的价值显受损害的，买受人可以就数物解除合同。

第六百三十三条　出卖人分批交付标的物的，出卖人对其中一批标的物不交付或者交付不符合约定，致使该批标的物不能实现合同目的的，买受人可以就该批标的物解除。

出卖人不交付其中一批标的物或者交付不符合约定，致使之后其他各批标的物的交付不能实现合同目的的，买受人可以就该批以及之后其他各批标的物解除。

买受人如果就其中一批标的物解除，该批标的物与其他各批标的物相互依存的，可以就已经交付和未交付的各批标的物解除。

第六百三十四条　分期付款的买受人未支付到期价款的数额达到全部价款的五分之一，经催告后在合理期限内仍未支付到期价款的，出卖人可以请求买受人支付全部价款或者解除合同。

出卖人解除合同的，可以向买受人请求支付该标的物的使用费。

第六百三十五条　凭样品买卖的当事人应当封存样品，并可以对样品质量予以说明。出卖人交付的标的物应当与样品及其说明的质量相同。

第六百三十六条　凭样品买卖的买受人不知道样品有隐蔽瑕疵的，即使交付的标的物与样品相同，出卖人交付的标的物的质量仍然应当符合同种物的通常标准。

第六百三十七条　试用买卖的当事人可以约定标的物的试用期限。对试用期限没有约定或者约定不明确，依据本法第五百一十条的规定仍不能确定的，由出卖人确定。

第六百三十八条　试用买卖的买受人在试用期内可以购买标的物，也可以拒绝购买。试用期限届满，买受人对是否购买标的物未作表示的，视为购买。

试用买卖的买受人在试用期内已经支付部分价款或者对标的物实施出卖、出租、设立担保物权等行为的，视为同意购买。

第六百三十九条　试用买卖的当事人对标的物使用费没有约定或者约定不明确的，出卖人无权请求买受人支付。

第六百四十条　标的物在试用期内毁损、灭失的风险由出卖人承担。

第六百四十一条　当事人可以在买卖合同中约定买受人未履行支付价款或者其他义务的，标的物的所有权属于出卖人。

出卖人对标的物保留的所有权，未经登记，不得对抗善意第三人。

第六百四十二条　当事人约定出卖人保留合同标的物的所有权，在标的物所有权转移前，买受人有下列情形之一，造成出卖人损害的，除当事人另有约定外，出卖人有权取回标的物：

（一）未按照约定支付价款，经催告后在合理期限内仍未支付；

（二）未按照约定完成特定条件；

（三）将标的物出卖、出质或者作出其他不当处分。

出卖人可以与买受人协商取回标的物；协商不成的，可以参照适用担保物权的实现程序。

第六百四十三条　出卖人依据前条第一款的规定取回标的物后，买受人在双方约定或者出卖人指定的合理回赎期限内，消除出卖人取回标的物的事由的，可以请求回赎标的物。

买受人在回赎期限内没有回赎标的物，出卖人可以以合理价格将标的物出卖给第三人，出卖所得价款扣除买受人未支付的价款以及必要费用后仍有剩余的，应当返还买受人；不足部分由买受人清偿。

第六百四十四条　招标投标买卖的当事人的权利和义务以及招标投标程序等，依照有关法律、行政法规的规定。

第六百四十五条　拍卖的当事人的权利和义务以及拍卖程序等，依照有关法律、行政法规的规定。

第六百四十六条　法律对其他有偿合同有规定的，依照其规定；没有规定的，参照适用买卖合同的有关规定。

第六百四十七条　当事人约定易货交易，转移标的物的所有权的，参照适用买卖合同的有关规定。

第十章　供用电、水、气、热力合同

第六百四十八条　供用电合同是供电人向用电人供电，用电人支付电费的合同。

向社会公众供电的供电人，不得拒绝用电人合理的订立合同要求。

第六百四十九条　供用电合同的内容一般包括供电的方式、质量、时间，用电容量、地址、性质，计量方式，电价、电费的结算方式，供用电设施的维护责任等条款。

第六百五十条　供用电合同的履行地点，按照当事人约定；当事人没有约定或者约定不明确的，供电设施的产权分界处为履行地点。

第六百五十一条　供电人应当按照国家规定的供电质量标准和约定安全供电。供电人未按照国家规定的供电质量标准和约定安全供电，造成用电人损失的，应当承担赔偿责任。

第六百五十二条　供电人因供电设施计划检修、临时检修、依法限电或者用电人违法用电等原因，需要中断供电时，应当按照国家有关规定事先通知用电人；未事先通知用电人中断供电，造成用电人损失的，应当承担赔偿责任。

第六百五十三条　因自然灾害等原因断电，供电人应当按照国家有关规定及时抢修；未及时抢修，造成用电人损失的，应当承担赔偿责任。

第六百五十四条　用电人应当按照国家有关规定和当事人的约定及时支付电费。用电人逾期不支付电费的，应当按照约定支付违约金。经催告用电人在合理期限内仍不支付电费和违约金的，供电人可以按照国家规定的程序中止供电。

供电人依据前款规定中止供电的，应当事先通知用电人。

第六百五十五条　用电人应当按照国家有关规定和当事人的约定安全、节约和计划用电。用电人未按照国家有关规定和当事人的约定用电，造成供电人损失的，应当承担赔偿责任。

第六百五十六条 供用水、供用气、供用热力合同，参照适用供用电合同的有关规定。

第十一章 赠与合同

第六百五十七条 赠与合同是赠与人将自己的财产无偿给予受赠人，受赠人表示接受赠与的合同。

第六百五十八条 赠与人在赠与财产的权利转移之前可以撤销赠与。

经过公证的赠与合同或者依法不得撤销的具有救灾、扶贫、助残等公益、道德义务性质的赠与合同，不适用前款规定。

第六百五十九条 赠与的财产依法需要办理登记或者其他手续的，应当办理有关手续。

第六百六十条 经过公证的赠与合同或者依法不得撤销的具有救灾、扶贫、助残等公益、道德义务性质的赠与合同，赠与人不交付赠与财产的，受赠人可以请求交付。

依据前款规定应当交付的赠与财产因赠与人故意或者重大过失致使毁损、灭失的，赠与人应当承担赔偿责任。

第六百六十一条 赠与可以附义务。

赠与附义务的，受赠人应当按照约定履行义务。

第六百六十二条 赠与的财产有瑕疵的，赠与人不承担责任。附义务的赠与，赠与的财产有瑕疵的，赠与人在附义务的限度内承担与出卖人相同的责任。

赠与人故意不告知瑕疵或者保证无瑕疵，造成受赠人损失的，应当承担赔偿责任。

第六百六十三条 受赠人有下列情形之一的，赠与人可以撤销赠与：

（一）严重侵害赠与人或者赠与人近亲属的合法权益；

（二）对赠与人有扶养义务而不履行；

（三）不履行赠与合同约定的义务。

赠与人的撤销权，自知道或者应当知道撤销事由之日起一年内行使。

第六百六十四条 因受赠人的违法行为致使赠与人死亡或者丧失民事行为能力的，赠与人的继承人或者法定代理人可以撤销赠与。

赠与人的继承人或者法定代理人的撤销权，自知道或者应当知道撤销事由之日起六个月内行使。

第六百六十五条 撤销权人撤销赠与的，可以向受赠人请求返还赠与的财产。

第六百六十六条 赠与人的经济状况显著恶化，严重影响其生产经营或者家庭生活的，可以不再履行赠与义务。

第十二章 借款合同

第六百六十七条 借款合同是借款人向贷款人借款，到期返还借款并支付利息的合同。

第六百六十八条 借款合同应当采用书面形式，但是自然人之间借款另有约定的除外。

借款合同的内容一般包括借款种类、币种、用途、数额、利率、期限和还款方式等条款。

第六百六十九条 订立借款合同，借款人应当按照贷款人的要求提供与借款有关的业务活动和财务状况的真实情况。

第六百七十条 借款的利息不得预先在本金中扣除。利息预先在本金中扣除的，应当按照实际借款数额返还借款并计算利息。

第六百七十一条　贷款人未按照约定的日期、数额提供借款，造成借款人损失的，应当赔偿损失。

借款人未按照约定的日期、数额收取借款的，应当按照约定的日期、数额支付利息。

第六百七十二条　贷款人按照约定可以检查、监督借款的使用情况。借款人应当按照约定向贷款人定期提供有关财务会计报表或者其他资料。

第六百七十三条　借款人未按照约定的借款用途使用借款的，贷款人可以停止发放借款、提前收回借款或者解除合同。

第六百七十四条　借款人应当按照约定的期限支付利息。对支付利息的期限没有约定或者约定不明确，依据本法第五百一十条的规定仍不能确定，借款期间不满一年的，应当在返还借款时一并支付；借款期间一年以上的，应当在每届满一年时支付，剩余期间不满一年的，应当在返还借款时一并支付。

第六百七十五条　借款人应当按照约定的期限返还借款。对借款期限没有约定或者约定不明确，依据本法第五百一十条的规定仍不能确定的，借款人可以随时返还；贷款人可以催告借款人在合理期限内返还。

第六百七十六条　借款人未按照约定的期限返还借款的，应当按照约定或者国家有关规定支付逾期利息。

第六百七十七条　借款人提前返还借款的，除当事人另有约定外，应当按照实际借款的期间计算利息。

第六百七十八条　借款人可以在还款期限届满前向贷款人申请展期；贷款人同意的，可以展期。

第六百七十九条　自然人之间的借款合同，自贷款人提供借款时成立。

第六百八十条　禁止高利放贷，借款的利率不得违反国家有关规定。

借款合同对支付利息没有约定的，视为没有利息。

借款合同对支付利息约定不明确，当事人不能达成补充协议的，按照当地或者当事人的交易方式、交易习惯、市场利率等因素确定利息；自然人之间借款的，视为没有利息。

第十三章　保 证 合 同

第一节　一 般 规 定

第六百八十一条　保证合同是为保障债权的实现，保证人和债权人约定，当债务人不履行到期债务或者发生当事人约定的情形时，保证人履行债务或者承担责任的合同。

第六百八十二条　保证合同是主债权债务合同的从合同。主债权债务合同无效的，保证合同无效，但是法律另有规定的除外。

保证合同被确认无效后，债务人、保证人、债权人有过错的，应当根据其过错各自承担相应的民事责任。

第六百八十三条　机关法人不得为保证人，但是经国务院批准为使用外国政府或者国际经济组织贷款进行转贷的除外。

以公益为目的的非营利法人、非法人组织不得为保证人。

第六百八十四条　保证合同的内容一般包括被保证的主债权的种类、数额，债务人履行债务的期限，保证的方式、范围和期间等条款。

第六百八十五条　保证合同可以是单独订立的书面合同，也可以是主债权债务合同中的保证条款。

第三人单方以书面形式向债权人作出保证,债权人接收且未提出异议的,保证合同成立。

第六百八十六条　保证的方式包括一般保证和连带责任保证。

当事人在保证合同中对保证方式没有约定或者约定不明确的,按照一般保证承担保证责任。

第六百八十七条　当事人在保证合同中约定,债务人不能履行债务时,由保证人承担保证责任的,为一般保证。

一般保证的保证人在主合同纠纷未经审判或者仲裁,并就债务人财产依法强制执行仍不能履行债务前,有权拒绝向债权人承担保证责任,但是有下列情形之一的除外:

(一)债务人下落不明,且无财产可供执行;

(二)人民法院已经受理债务人破产案件;

(三)债权人有证据证明债务人的财产不足以履行全部债务或者丧失履行债务能力;

(四)保证人书面表示放弃本款规定的权利。

第六百八十八条　当事人在保证合同中约定保证人和债务人对债务承担连带责任的,为连带责任保证。

连带责任保证的债务人不履行到期债务或者发生当事人约定的情形时,债权人可以请求债务人履行债务,也可以请求保证人在其保证范围内承担保证责任。

第六百八十九条　保证人可以要求债务人提供反担保。

第六百九十条　保证人与债权人可以协商订立最高额保证的合同,约定在最高债权额限度内就一定期间连续发生的债权提供保证。

最高额保证除适用本章规定外,参照适用本法第二编最高额抵押权的有关规定。

第二节　保证责任

第六百九十一条　保证的范围包括主债权及其利息、违约金、损害赔偿金和实现债权的费用。当事人另有约定的,按照其约定。

第六百九十二条　保证期间是确定保证人承担保证责任的期间,不发生中止、中断和延长。

债权人与保证人可以约定保证期间,但是约定的保证期间早于主债务履行期限或者与主债务履行期限同时届满的,视为没有约定;没有约定或者约定不明确的,保证期间为主债务履行期限届满之日起六个月。

债权人与债务人对主债务履行期限没有约定或者约定不明确的,保证期间自债权人请求债务人履行债务的宽限期届满之日起计算。

第六百九十三条　一般保证的债权人未在保证期间对债务人提起诉讼或者申请仲裁的,保证人不再承担保证责任。

连带责任保证的债权人未在保证期间请求保证人承担保证责任的,保证人不再承担保证责任。

第六百九十四条　一般保证的债权人在保证期间届满前对债务人提起诉讼或者申请仲裁的,从保证人拒绝承担保证责任的权利消灭之日起,开始计算保证债务的诉讼时效。

连带责任保证的债权人在保证期间届满前请求保证人承担保证责任的,从债权人请求保证人承担保证责任之日起,开始计算保证债务的诉讼时效。

第六百九十五条　债权人和债务人未经保证人书面同意,协商变更主债权债务合同内容,减轻债务的,保证人仍对变更后的债务承担保证责任;加重债务的,保证人对加重的部分不承担保证责任。

债权人和债务人变更主债权债务合同的履行期限，未经保证人书面同意的，保证期间不受影响。

第六百九十六条　债权人转让全部或者部分债权，未通知保证人的，该转让对保证人不发生效力。

保证人与债权人约定禁止债权转让，债权人未经保证人书面同意转让债权的，保证人对受让人不再承担保证责任。

第六百九十七条　债权人未经保证人书面同意，允许债务人转移全部或者部分债务，保证人对未经其同意转移的债务不再承担保证责任，但是债权人和保证人另有约定的除外。

第三人加入债务的，保证人的保证责任不受影响。

第六百九十八条　一般保证的保证人在主债务履行期限届满后，向债权人提供债务人可供执行财产的真实情况，债权人放弃或者怠于行使权利致使该财产不能被执行的，保证人在其提供可供执行财产的价值范围内不再承担保证责任。

第六百九十九条　同一债务有两个以上保证人的，保证人应当按照保证合同约定的保证份额，承担保证责任；没有约定保证份额的，债权人可以请求任何一个保证人在其保证范围内承担保证责任。

第七百条　保证人承担保证责任后，除当事人另有约定外，有权在其承担保证责任的范围内向债务人追偿，享有债权人对债务人的权利，但是不得损害债权人的利益。

第七百零一条　保证人可以主张债务人对债权人的抗辩。债务人放弃抗辩的，保证人仍有权向债权人主张抗辩。

第七百零二条　债务人对债权人享有抵销权或者撤销权的，保证人可以在相应范围内拒绝承担保证责任。

第十四章　租 赁 合 同

第七百零三条　租赁合同是出租人将租赁物交付承租人使用、收益，承租人支付租金的合同。

第七百零四条　租赁合同的内容一般包括租赁物的名称、数量、用途、租赁期限、租金及其支付期限和方式、租赁物维修等条款。

第七百零五条　租赁期限不得超过二十年。超过二十年的，超过部分无效。

租赁期限届满，当事人可以续订租赁合同；但是，约定的租赁期限自续订之日起不得超过二十年。

第七百零六条　当事人未依照法律、行政法规规定办理租赁合同登记备案手续的，不影响合同的效力。

第七百零七条　租赁期限六个月以上的，应当采用书面形式。当事人未采用书面形式，无法确定租赁期限的，视为不定期租赁。

第七百零八条　出租人应当按照约定将租赁物交付承租人，并在租赁期限内保持租赁物符合约定的用途。

第七百零九条　承租人应当按照约定的方法使用租赁物。对租赁物的使用方法没有约定或者约定不明确，依据本法第五百一十条的规定仍不能确定的，应当根据租赁物的性质使用。

第七百一十条　承租人按照约定的方法或者根据租赁物的性质使用租赁物，致使租赁物受到损耗的，不承担赔偿责任。

第七百一十一条　承租人未按照约定的方法或者未根据租赁物的性质使用租赁物，致使租赁物受到损失的，出租人可以解除合同并请求赔偿损失。

第七百一十二条　出租人应当履行租赁物的维修义务，但是当事人另有约定的除外。

第七百一十三条 承租人在租赁物需要维修时可以请求出租人在合理期限内维修。出租人未履行维修义务的,承租人可以自行维修,维修费用由出租人负担。因维修租赁物影响承租人使用的,应当相应减少租金或者延长租期。

因承租人的过错致使租赁物需要维修的,出租人不承担前款规定的维修义务。

第七百一十四条 承租人应当妥善保管租赁物,因保管不善造成租赁物毁损、灭失的,应当承担赔偿责任。

第七百一十五条 承租人经出租人同意,可以对租赁物进行改善或者增设他物。

承租人未经出租人同意,对租赁物进行改善或者增设他物的,出租人可以请求承租人恢复原状或者赔偿损失。

第七百一十六条 承租人经出租人同意,可以将租赁物转租给第三人。承租人转租的,承租人与出租人之间的租赁合同继续有效;第三人造成租赁物损失的,承租人应当赔偿损失。

承租人未经出租人同意转租的,出租人可以解除合同。

第七百一十七条 承租人经出租人同意将租赁物转租给第三人,转租期限超过承租人剩余租赁期限的,超过部分的约定对出租人不具有法律约束力,但是出租人与承租人另有约定的除外。

第七百一十八条 出租人知道或者应当知道承租人转租,但是在六个月内未提出异议的,视为出租人同意转租。

第七百一十九条 承租人拖欠租金的,次承租人可以代承租人支付其欠付的租金和违约金,但是转租合同对出租人不具有法律约束力的除外。

次承租人代为支付的租金和违约金,可以充抵次承租人应当向承租人支付的租金;超出其应付的租金数额的,可以向承租人追偿。

第七百二十条 在租赁期限内因占有、使用租赁物获得的收益,归承租人所有,但是当事人另有约定的除外。

第七百二十一条 承租人应当按照约定的期限支付租金。对支付租金的期限没有约定或者约定不明确,依据本法第五百一十条的规定仍不能确定,租赁期限不满一年的,应当在租赁期限届满时支付;租赁期限一年以上的,应当在每届满一年时支付,剩余期限不满一年的,应当在租赁期限届满时支付。

第七百二十二条 承租人无正当理由未支付或者迟延支付租金的,出租人可以请求承租人在合理期限内支付;承租人逾期不支付的,出租人可以解除合同。

第七百二十三条 因第三人主张权利,致使承租人不能对租赁物使用、收益的,承租人可以请求减少租金或者不支付租金。

第三人主张权利的,承租人应当及时通知出租人。

第七百二十四条 有下列情形之一,非因承租人原因致使租赁物无法使用的,承租人可以解除合同:

(一)租赁物被司法机关或者行政机关依法查封、扣押;

(二)租赁物权属有争议;

(三)租赁物具有违反法律、行政法规关于使用条件的强制性规定情形。

第七百二十五条 租赁物在承租人按照租赁合同占有期限内发生所有权变动的,不影响租赁合同的效力。

第七百二十六条 出租人出卖租赁房屋的,应当在出卖之前的合理期限内通知承租人,承租人享有以同等条件优先购买的权利；但是，房屋按份共有人行使优先购买权或者出租人将房屋出卖给近亲属的除外。

出租人履行通知义务后，承租人在十五日内未明确表示购买的，视为承租人放弃优先购买权。

第七百二十七条 出租人委托拍卖人拍卖租赁房屋的，应当在拍卖五日前通知承租人。承租人未参加拍卖的，视为放弃优先购买权。

第七百二十八条 出租人未通知承租人或者有其他妨害承租人行使优先购买权情形的，承租人可以请求出租人承担赔偿责任。但是，出租人与第三人订立的房屋买卖合同的效力不受影响。

第七百二十九条 因不可归责于承租人的事由，致使租赁物部分或者全部毁损、灭失的，承租人可以请求减少租金或者不支付租金；因租赁物部分或者全部毁损、灭失，致使不能实现合同目的的，承租人可以解除合同。

第七百三十条 当事人对租赁期限没有约定或者约定不明确，依据本法第五百一十条的规定仍不能确定的，视为不定期租赁；当事人可以随时解除合同，但是应当在合理期限之前通知对方。

第七百三十一条 租赁物危及承租人的安全或者健康的，即使承租人订立合同时明知该租赁物质量不合格，承租人仍然可以随时解除合同。

第七百三十二条 承租人在房屋租赁期限内死亡的，与其生前共同居住的人或者共同经营人可以按照原租赁合同租赁该房屋。

第七百三十三条 租赁期限届满，承租人应当返还租赁物。返还的租赁物应当符合按照约定或者根据租赁物的性质使用后的状态。

第七百三十四条 租赁期限届满，承租人继续使用租赁物，出租人没有提出异议的，原租赁合同继续有效，但是租赁期限为不定期。

租赁期限届满，房屋承租人享有以同等条件优先承租的权利。

第十五章　融资租赁合同

第七百三十五条 融资租赁合同是出租人根据承租人对出卖人、租赁物的选择，向出卖人购买租赁物，提供给承租人使用，承租人支付租金的合同。

第七百三十六条 融资租赁合同的内容一般包括租赁物的名称、数量、规格、技术性能、检验方法，租赁期限，租金构成及其支付期限和方式、币种，租赁期限届满租赁物的归属等条款。

融资租赁合同应当采用书面形式。

第七百三十七条 当事人以虚构租赁物方式订立的融资租赁合同无效。

第七百三十八条 依照法律、行政法规的规定，对于租赁物的经营使用应当取得行政许可的，出租人未取得行政许可不影响融资租赁合同的效力。

第七百三十九条 出租人根据承租人对出卖人、租赁物的选择订立的买卖合同，出卖人应当按照约定向承租人交付标的物，承租人享有与受领标的物有关的买受人的权利。

第七百四十条 出卖人违反向承租人交付标的物的义务，有下列情形之一的，承租人可以拒绝受领出卖人向其交付的标的物：

（一）标的物严重不符合约定；

（二）未按照约定交付标的物，经承租人或者出租人催告后在合理期限内仍未交付。

承租人拒绝受领标的物的，应当及时通知出租人。

第七百四十一条 出租人、出卖人、承租人可以约定，出卖人不履行买卖合同义务的，由承租人行使索赔的权利。承租人行使索赔权利的，出租人应当协助。

第七百四十二条 承租人对出卖人行使索赔权利，不影响其履行支付租金的义务。但是，承租人依赖出租人的技能确定租赁物或者出租人干预选择租赁物的，承租人可以请求减免相应租金。

第七百四十三条 出租人有下列情形之一，致使承租人对出卖人行使索赔权利失败的，承租人有权请求出租人承担相应的责任：

（一）明知租赁物有质量瑕疵而不告知承租人；

（二）承租人行使索赔权利时，未及时提供必要协助。

出租人怠于行使只能由其对出卖人行使的索赔权利，造成承租人损失的，承租人有权请求出租人承担赔偿责任。

第七百四十四条 出租人根据承租人对出卖人、租赁物的选择订立的买卖合同，未经承租人同意，出租人不得变更与承租人有关的合同内容。

第七百四十五条 出租人对租赁物享有的所有权，未经登记，不得对抗善意第三人。

第七百四十六条 融资租赁合同的租金，除当事人另有约定外，应当根据购买租赁物的大部分或者全部成本以及出租人的合理利润确定。

第七百四十七条 租赁物不符合约定或者不符合使用目的的，出租人不承担责任。但是，承租人依赖出租人的技能确定租赁物或者出租人干预选择租赁物的除外。

第七百四十八条 出租人应当保证承租人对租赁物的占有和使用。

出租人有下列情形之一的，承租人有权请求其赔偿损失：

（一）无正当理由收回租赁物；

（二）无正当理由妨碍、干扰承租人对租赁物的占有和使用；

（三）因出租人的原因致使第三人对租赁物主张权利；

（四）不当影响承租人对租赁物占有和使用的其他情形。

第七百四十九条 承租人占有租赁物期间，租赁物造成第三人人身损害或者财产损失的，出租人不承担责任。

第七百五十条 承租人应当妥善保管、使用租赁物。

承租人应当履行占有租赁物期间的维修义务。

第七百五十一条 承租人占有租赁物期间，租赁物毁损、灭失的，出租人有权请求承租人继续支付租金，但是法律另有规定或者当事人另有约定的除外。

第七百五十二条 承租人应当按照约定支付租金。承租人经催告后在合理期限内仍不支付租金的，出租人可以请求支付全部租金；也可以解除合同，收回租赁物。

第七百五十三条 承租人未经出租人同意，将租赁物转让、抵押、质押、投资入股或者以其他方式处分的，出租人可以解除融资租赁合同。

第七百五十四条 有下列情形之一的，出租人或者承租人可以解除融资租赁合同：

（一）出租人与出卖人订立的买卖合同解除、被确认无效或者被撤销，且未能重新订立买卖合同；

（二）租赁物因不可归责于当事人的原因毁损、灭失，且不能修复或者确定替代物；

（三）因出卖人的原因致使融资租赁合同的目的不能实现。

第七百五十五条 融资租赁合同因买卖合同解除、被确认无效或者被撤销而解除，出卖人、租赁物系由承租人选择的，出租人有权请求承租人赔偿相应损失；但是，因出租人原因致使买卖合同解除、被确认无效或者被撤销的除外。

出租人的损失已经在买卖合同解除、被确认无效或者被撤销时获得赔偿的，承租人不再承担相应的赔偿责任。

第七百五十六条 融资租赁合同因租赁物交付承租人后意外毁损、灭失等不可归责于当事人的原因解除的，出租人可以请求承租人按照租赁物折旧情况给予补偿。

第七百五十七条 出租人和承租人可以约定租赁期限届满租赁物的归属；对租赁物的归属没有约定或者约定不明确，依据本法第五百一十条的规定仍不能确定的，租赁物的所有权归出租人。

第七百五十八条 当事人约定租赁期限届满租赁物归承租人所有，承租人已经支付大部分租金，但是无力支付剩余租金，出租人因此解除合同收回租赁物，收回的租赁物的价值超过承租人欠付的租金以及其他费用的，承租人可以请求相应返还。

当事人约定租赁期限届满租赁物归出租人所有，因租赁物毁损、灭失或者附合、混合于他物致使承租人不能返还的，出租人有权请求承租人给予合理补偿。

第七百五十九条 当事人约定租赁期限届满，承租人仅需向出租人支付象征性价款的，视为约定的租金义务履行完毕后租赁物的所有权归承租人。

第七百六十条 融资租赁合同无效，当事人就该情形下租赁物的归属有约定的，按照其约定；没有约定或者约定不明确的，租赁物应当返还出租人。但是，因承租人原因致使合同无效，出租人不请求返还或者返还后会显著降低租赁物效用的，租赁物的所有权归承租人，由承租人给予出租人合理补偿。

第十六章　保 理 合 同

第七百六十一条 保理合同是应收账款债权人将现有的或者将有的应收账款转让给保理人，保理人提供资金融通、应收账款管理或者催收、应收账款债务人付款担保等服务的合同。

第七百六十二条 保理合同的内容一般包括业务类型、服务范围、服务期限、基础交易合同情况、应收账款信息、保理融资款或者服务报酬及其支付方式等条款。

保理合同应当采用书面形式。

第七百六十三条 应收账款债权人与债务人虚构应收账款作为转让标的，与保理人订立保理合同的，应收账款债务人不得以应收账款不存在为由对抗保理人，但是保理人明知虚构的除外。

第七百六十四条 保理人向应收账款债务人发出应收账款转让通知的，应当表明保理人身份并附有必要凭证。

第七百六十五条 应收账款债务人接到应收账款转让通知后，应收账款债权人与债务人无正当理由协商变更或者终止基础交易合同，对保理人产生不利影响的，对保理人不发生效力。

第七百六十六条 当事人约定有追索权保理的，保理人可以向应收账款债权人主张返还保理融资款本息或者回购应收账款债权，也可以向应收账款债务人主张应收账款债权。保理人向应收账款债务人主张应收账款债权，在扣除保理融资款本息和相关费用后有剩余的，剩余部分应当返还给应收账款债权人。

第七百六十七条 当事人约定无追索权保理的，保理人应当向应收账款债务人主张应收账款债权，保理人取得超过保理融资款本息和相关费用的部分，无需向应收账款债权人返还。

第七百六十八条 应收账款债权人就同一应收账款订立多个保理合同，致使多个保理人主张权利的,已经登记的先于未登记的取得应收账款;均已经登记的,按照登记时间的先后顺序取得应收账款;均未登记的,由最先到达应收账款债务人的转让通知中载明的保理人取得应收账款;既未登记也未通知的,按照保理融资款或者服务报酬的比例取得应收账款。

第七百六十九条　本章没有规定的,适用本编第六章债权转让的有关规定。

第十七章　承 揽 合 同

第七百七十条　承揽合同是承揽人按照定作人的要求完成工作,交付工作成果,定作人支付报酬的合同。

承揽包括加工、定作、修理、复制、测试、检验等工作。

第七百七十一条　承揽合同的内容一般包括承揽的标的、数量、质量、报酬,承揽方式,材料的提供,履行期限,验收标准和方法等条款。

第七百七十二条　承揽人应当以自己的设备、技术和劳力,完成主要工作,但是当事人另有约定的除外。

承揽人将其承揽的主要工作交由第三人完成的,应当就该第三人完成的工作成果向定作人负责;未经定作人同意的,定作人也可以解除合同。

第七百七十三条　承揽人可以将其承揽的辅助工作交由第三人完成。承揽人将其承揽的辅助工作交由第三人完成的,应当就该第三人完成的工作成果向定作人负责。

第七百七十四条　承揽人提供材料的,应当按照约定选用材料,并接受定作人检验。

第七百七十五条　定作人提供材料的,应当按照约定提供材料。承揽人对定作人提供的材料应当及时检验,发现不符合约定时,应当及时通知定作人更换、补齐或者采取其他补救措施。

承揽人不得擅自更换定作人提供的材料,不得更换不需要修理的零部件。

第七百七十六条　承揽人发现定作人提供的图纸或者技术要求不合理的,应当及时通知定作人。因定作人怠于答复等原因造成承揽人损失的,应当赔偿损失。

第七百七十七条　定作人中途变更承揽工作的要求,造成承揽人损失的,应当赔偿损失。

第七百七十八条　承揽工作需要定作人协助的,定作人有协助的义务。定作人不履行协助义务致使承揽工作不能完成的,承揽人可以催告定作人在合理期限内履行义务,并可以顺延履行期限;定作人逾期不履行的,承揽人可以解除合同。

第七百七十九条　承揽人在工作期间,应当接受定作人必要的监督检验。定作人不得因监督检验妨碍承揽人的正常工作。

第七百八十条　承揽人完成工作的,应当向定作人交付工作成果,并提交必要的技术资料和有关质量证明。定作人应当验收该工作成果。

第七百八十一条　承揽人交付的工作成果不符合质量要求的,定作人可以合理选择请求承揽人承担修理、重作、减少报酬、赔偿损失等违约责任。

第七百八十二条　定作人应当按照约定的期限支付报酬。对支付报酬的期限没有约定或者约定不明确,依据本法第五百一十条的规定仍不能确定的,定作人应当在承揽人交付工作成果时支付;工作成果部分交付的,定作人应当相应支付。

第七百八十三条　定作人未向承揽人支付报酬或者材料费等价款的,承揽人对完成的工作成果享有留置权或者有权拒绝交付,但是当事人另有约定的除外。

第七百八十四条 承揽人应当妥善保管定作人提供的材料以及完成的工作成果，因保管不善造成毁损、灭失的，应当承担赔偿责任。

第七百八十五条 承揽人应当按照定作人的要求保守秘密，未经定作人许可，不得留存复制品或者技术资料。

第七百八十六条 共同承揽人对定作人承担连带责任，但是当事人另有约定的除外。

第七百八十七条 定作人在承揽人完成工作前可以随时解除合同，造成承揽人损失的，应当赔偿损失。

第十八章 建设工程合同

第七百八十八条 建设工程合同是承包人进行工程建设，发包人支付价款的合同。

建设工程合同包括工程勘察、设计、施工合同。

第七百八十九条 建设工程合同应当采用书面形式。

第七百九十条 建设工程的招标投标活动，应当依照有关法律的规定公开、公平、公正进行。

第七百九十一条 发包人可以与总承包人订立建设工程合同，也可以分别与勘察人、设计人、施工人订立勘察、设计、施工承包合同。发包人不得将应当由一个承包人完成的建设工程支解成若干部分发包给数个承包人。

总承包人或者勘察、设计、施工承包人经发包人同意，可以将自己承包的部分工作交由第三人完成。第三人就其完成的工作成果与总承包人或者勘察、设计、施工承包人向发包人承担连带责任。承包人不得将其承包的全部建设工程转包给第三人或者将其承包的全部建设工程支解以后以分包的名义分别转包给第三人。

禁止承包人将工程分包给不具备相应资质条件的单位。禁止分包单位将其承包的工程再分包。建设工程主体结构的施工必须由承包人自行完成。

第七百九十二条 国家重大建设工程合同，应当按照国家规定的程序和国家批准的投资计划、可行性研究报告等文件订立。

第七百九十三条 建设工程施工合同无效，但是建设工程经验收合格的，可以参照合同关于工程价款的约定折价补偿承包人。

建设工程施工合同无效，且建设工程经验收不合格的，按照以下情形处理：

（一）修复后的建设工程经验收合格的，发包人可以请求承包人承担修复费用；

（二）修复后的建设工程经验收不合格的，承包人无权请求参照合同关于工程价款的约定折价补偿。

发包人对因建设工程不合格造成的损失有过错的，应当承担相应的责任。

第七百九十四条 勘察、设计合同的内容一般包括提交有关基础资料和概预算等文件的期限、质量要求、费用以及其他协作条件等条款。

第七百九十五条 施工合同的内容一般包括工程范围、建设工期、中间交工工程的开工和竣工时间、工程质量、工程造价、技术资料交付时间、材料和设备供应责任、拨款和结算、竣工验收、质量保修范围和质量保证期、相互协作等条款。

第七百九十六条 建设工程实行监理的，发包人应当与监理人采用书面形式订立委托监理合同。发包人与监理人的权利和义务以及法律责任，应当依照本编委托合同以及其他有关法律、行政法规的规定。

第七百九十七条　发包人在不妨碍承包人正常作业的情况下，可以随时对作业进度、质量进行检查。

第七百九十八条　隐蔽工程在隐蔽以前，承包人应当通知发包人检查。发包人没有及时检查的，承包人可以顺延工程日期，并有权请求赔偿停工、窝工等损失。

第七百九十九条　建设工程竣工后，发包人应当根据施工图纸及说明书、国家颁发的施工验收规范和质量检验标准及时进行验收。验收合格的，发包人应当按照约定支付价款，并接收该建设工程。

建设工程竣工经验收合格后，方可交付使用；未经验收或者验收不合格的，不得交付使用。

第八百条　勘察、设计的质量不符合要求或者未按照期限提交勘察、设计文件拖延工期，造成发包人损失的，勘察人、设计人应当继续完善勘察、设计，减收或者免收勘察、设计费并赔偿损失。

第八百零一条　因施工人的原因致使建设工程质量不符合约定的，发包人有权请求施工人在合理期限内无偿修理或者返工、改建。经过修理或者返工、改建后，造成逾期交付的，施工人应当承担违约责任。

第八百零二条　因承包人的原因致使建设工程在合理使用期限内造成人身损害和财产损失的，承包人应当承担赔偿责任。

第八百零三条　发包人未按照约定的时间和要求提供原材料、设备、场地、资金、技术资料的，承包人可以顺延工程日期，并有权请求赔偿停工、窝工等损失。

第八百零四条　因发包人的原因致使工程中途停建、缓建的，发包人应当采取措施弥补或者减少损失，赔偿承包人因此造成的停工、窝工、倒运、机械设备调迁、材料和构件积压等损失和实际费用。

第八百零五条　因发包人变更计划，提供的资料不准确，或者未按照期限提供必需的勘察、设计工作条件而造成勘察、设计的返工、停工或者修改设计，发包人应当按照勘察人、设计人实际消耗的工作量增付费用。

第八百零六条　承包人将建设工程转包、违法分包的，发包人可以解除合同。

发包人提供的主要建筑材料、建筑构配件和设备不符合强制性标准或者不履行协助义务，致使承包人无法施工，经催告后在合理期限内仍未履行相应义务的，承包人可以解除合同。

合同解除后，已经完成的建设工程质量合格的，发包人应当按照约定支付相应的工程价款；已经完成的建设工程质量不合格的，参照本法第七百九十三条的规定处理。

第八百零七条　发包人未按照约定支付价款的，承包人可以催告发包人在合理期限内支付价款。发包人逾期不支付的，除根据建设工程的性质不宜折价、拍卖外，承包人可以与发包人协议将该工程折价，也可以请求人民法院将该工程依法拍卖。建设工程的价款就该工程折价或者拍卖的价款优先受偿。

第八百零八条　本章没有规定的，适用承揽合同的有关规定。

第十九章　运输合同

第一节　一般规定

第八百零九条　运输合同是承运人将旅客或者货物从起运地点运输到约定地点，旅客、托运人或者收货人支付票款或者运输费用的合同。

第八百一十条　从事公共运输的承运人不得拒绝旅客、托运人通常、合理的运输要求。

第八百一十一条 承运人应当在约定期限或者合理期限内将旅客、货物安全运输到约定地点。

第八百一十二条 承运人应当按照约定的或者通常的运输路线将旅客、货物运输到约定地点。

第八百一十三条 旅客、托运人或者收货人应当支付票款或者运输费用。承运人未按照约定路线或者通常路线运输增加票款或者运输费用的,旅客、托运人或者收货人可以拒绝支付增加部分的票款或者运输费用。

第二节 客运合同

第八百一十四条 客运合同自承运人向旅客出具客票时成立,但是当事人另有约定或者另有交易习惯的除外。

第八百一十五条 旅客应当按照有效客票记载的时间、班次和座位号乘坐。旅客无票乘坐、超程乘坐、越级乘坐或者持不符合减价条件的优惠客票乘坐的,应当补交票款,承运人可以按照规定加收票款;旅客不支付票款的,承运人可以拒绝运输。

实名制客运合同的旅客丢失客票的,可以请求承运人挂失补办,承运人不得再次收取票款和其他不合理费用。

第八百一十六条 旅客因自己的原因不能按照客票记载的时间乘坐的,应当在约定的期限内办理退票或者变更手续;逾期办理的,承运人可以不退票款,并不再承担运输义务。

第八百一十七条 旅客随身携带行李应当符合约定的限量和品类要求;超过限量或者违反品类要求携带行李的,应当办理托运手续。

第八百一十八条 旅客不得随身携带或者在行李中夹带易燃、易爆、有毒、有腐蚀性、有放射性以及可能危及运输工具上人身和财产安全的危险物品或者违禁物品。

旅客违反前款规定的,承运人可以将危险物品或者违禁物品卸下、销毁或者送交有关部门。旅客坚持携带或者夹带危险物品或者违禁物品的,承运人应当拒绝运输。

第八百一十九条 承运人应当严格履行安全运输义务,及时告知旅客安全运输应当注意的事项。旅客对承运人为安全运输所作的合理安排应当积极协助和配合。

第八百二十条 承运人应当按照有效客票记载的时间、班次和座位号运输旅客。承运人迟延运输或者有其他不能正常运输情形的,应当及时告知和提醒旅客,采取必要的安置措施,并根据旅客的要求安排改乘其他班次或者退票;由此造成旅客损失的,承运人应当承担赔偿责任,但是不可归责于承运人的除外。

第八百二十一条 承运人擅自降低服务标准的,应当根据旅客的请求退票或者减收票款;提高服务标准的,不得加收票款。

第八百二十二条 承运人在运输过程中,应当尽力救助患有急病、分娩、遇险的旅客。

第八百二十三条 承运人应当对运输过程中旅客的伤亡承担赔偿责任;但是,伤亡是旅客自身健康原因造成的或者承运人证明伤亡是旅客故意、重大过失造成的除外。

前款规定适用于按照规定免票、持优待票或者经承运人许可搭乘的无票旅客。

第八百二十四条 在运输过程中旅客随身携带物品毁损、灭失,承运人有过错的,应当承担赔偿责任。

旅客托运的行李毁损、灭失的,适用货物运输的有关规定。

第三节 货运合同

第八百二十五条 托运人办理货物运输，应当向承运人准确表明收货人的姓名、名称或者凭指示的收货人，货物的名称、性质、重量、数量，收货地点等有关货物运输的必要情况。

因托运人申报不实或者遗漏重要情况，造成承运人损失的，托运人应当承担赔偿责任。

第八百二十六条 货物运输需要办理审批、检验等手续的，托运人应当将办理完有关手续的文件提交承运人。

第八百二十七条 托运人应当按照约定的方式包装货物。对包装方式没有约定或者约定不明确的，适用本法第六百一十九条的规定。

托运人违反前款规定的，承运人可以拒绝运输。

第八百二十八条 托运人托运易燃、易爆、有毒、有腐蚀性、有放射性等危险物品的，应当按照国家有关危险物品运输的规定对危险物品妥善包装，做出危险物品标志和标签，并将有关危险物品的名称、性质和防范措施的书面材料提交承运人。

托运人违反前款规定的，承运人可以拒绝运输，也可以采取相应措施以避免损失的发生，因此产生的费用由托运人负担。

第八百二十九条 在承运人将货物交付收货人之前，托运人可以要求承运人中止运输、返还货物、变更到达地或者将货物交给其他收货人，但是应当赔偿承运人因此受到的损失。

第八百三十条 货物运输到达后，承运人知道收货人的，应当及时通知收货人，收货人应当及时提货。收货人逾期提货的，应当向承运人支付保管费等费用。

第八百三十一条 收货人提货时应当按照约定的期限检验货物。对检验货物的期限没有约定或者约定不明确，依据本法第五百一十条的规定仍不能确定的，应当在合理期限内检验货物。收货人在约定的期限或者合理期限内对货物的数量、毁损等未提出异议的，视为承运人已经按照运输单证的记载交付的初步证据。

第八百三十二条 承运人对运输过程中货物的毁损、灭失承担赔偿责任。但是，承运人证明货物的毁损、灭失是因不可抗力、货物本身的自然性质或者合理损耗以及托运人、收货人的过错造成的，不承担赔偿责任。

第八百三十三条 货物的毁损、灭失的赔偿额，当事人有约定的，按照其约定；没有约定或者约定不明确，依据本法第五百一十条的规定仍不能确定的，按照交付或者应当交付时货物到达地的市场价格计算。法律、行政法规对赔偿额的计算方法和赔偿限额另有规定的，依照其规定。

第八百三十四条 两个以上承运人以同一运输方式联运的，与托运人订立合同的承运人应当对全程运输承担责任；损失发生在某一运输区段的，与托运人订立合同的承运人和该区段的承运人承担连带责任。

第八百三十五条 货物在运输过程中因不可抗力灭失，未收取运费的，承运人不得请求支付运费；已经收取运费的，托运人可以请求返还。法律另有规定的，依照其规定。

第八百三十六条 托运人或者收货人不支付运费、保管费或者其他费用的，承运人对相应的运输货物享有留置权，但是当事人另有约定的除外。

第八百三十七条 收货人不明或者收货人无正当理由拒绝受领货物的，承运人依法可以提存货物。

第四节　多式联运合同

第八百三十八条　多式联运经营人负责履行或者组织履行多式联运合同，对全程运输享有承运人的权利，承担承运人的义务。

第八百三十九条　多式联运经营人可以与参加多式联运的各区段承运人就多式联运合同的各区段运输约定相互之间的责任；但是，该约定不影响多式联运经营人对全程运输承担的义务。

第八百四十条　多式联运经营人收到托运人交付的货物时，应当签发多式联运单据。按照托运人的要求，多式联运单据可以是可转让单据，也可以是不可转让单据。

第八百四十一条　因托运人托运货物时的过错造成多式联运经营人损失的，即使托运人已经转让多式联运单据，托运人仍然应当承担赔偿责任。

第八百四十二条　货物的毁损、灭失发生于多式联运的某一运输区段的，多式联运经营人的赔偿责任和责任限额，适用调整该区段运输方式的有关法律规定；货物毁损、灭失发生的运输区段不能确定的，依照本章规定承担赔偿责任。

第二十章　技术合同

第一节　一般规定

第八百四十三条　技术合同是当事人就技术开发、转让、许可、咨询或者服务订立的确立相互之间权利和义务的合同。

第八百四十四条　订立技术合同，应当有利于知识产权的保护和科学技术的进步，促进科学技术成果的研发、转化、应用和推广。

第八百四十五条　技术合同的内容一般包括项目的名称，标的的内容、范围和要求，履行的计划、地点和方式，技术信息和资料的保密，技术成果的归属和收益的分配办法，验收标准和方法，名词和术语的解释等条款。

与履行合同有关的技术背景资料、可行性论证和技术评价报告、项目任务书和计划书、技术标准、技术规范、原始设计和工艺文件，以及其他技术文档，按照当事人的约定可以作为合同的组成部分。

技术合同涉及专利的，应当注明发明创造的名称、专利申请人和专利权人、申请日期、申请号、专利号以及专利权的有效期限。

第八百四十六条　技术合同价款、报酬或者使用费的支付方式由当事人约定，可以采取一次总算、一次总付或者一次总算、分期支付，也可以采取提成支付或者提成支付附加预付入门费的方式。

约定提成支付的，可以按照产品价格、实施专利和使用技术秘密后新增的产值、利润或者产品销售额的一定比例提成，也可以按照约定的其他方式计算。提成支付的比例可以采取固定比例、逐年递增比例或者逐年递减比例。

约定提成支付的，当事人可以约定查阅有关会计账目的办法。

第八百四十七条　职务技术成果的使用权、转让权属于法人或者非法人组织的，法人或者非法人组织可以就该项职务技术成果订立技术合同。法人或者非法人组织订立技术合同转让职务技术成果时，职务技术成果的完成人享有以同等条件优先受让的权利。

职务技术成果是执行法人或者非法人组织的工作任务，或者主要是利用法人或者非法人组织的物质技术条件所完成的技术成果。

第八百四十八条 非职务技术成果的使用权、转让权属于完成技术成果的个人,完成技术成果的个人可以就该项非职务技术成果订立技术合同。

第八百四十九条 完成技术成果的个人享有在有关技术成果文件上写明自己是技术成果完成者的权利和取得荣誉证书、奖励的权利。

第八百五十条 非法垄断技术或者侵害他人技术成果的技术合同无效。

第二节 技术开发合同

第八百五十一条 技术开发合同是当事人之间就新技术、新产品、新工艺、新品种或者新材料及其系统的研究开发所订立的合同。

技术开发合同包括委托开发合同和合作开发合同。

技术开发合同应当采用书面形式。

当事人之间就具有实用价值的科技成果实施转化订立的合同,参照适用技术开发合同的有关规定。

第八百五十二条 委托开发合同的委托人应当按照约定支付研究开发经费和报酬,提供技术资料,提出研究开发要求,完成协作事项,接受研究开发成果。

第八百五十三条 委托开发合同的研究开发人应当按照约定制定和实施研究开发计划,合理使用研究开发经费,按期完成研究开发工作,交付研究开发成果,提供有关的技术资料和必要的技术指导,帮助委托人掌握研究开发成果。

第八百五十四条 委托开发合同的当事人违反约定造成研究开发工作停滞、延误或者失败的,应当承担违约责任。

第八百五十五条 合作开发合同的当事人应当按照约定进行投资,包括以技术进行投资,分工参与研究开发工作,协作配合研究开发工作。

第八百五十六条 合作开发合同的当事人违反约定造成研究开发工作停滞、延误或者失败的,应当承担违约责任。

第八百五十七条 作为技术开发合同标的的技术已经由他人公开,致使技术开发合同的履行没有意义的,当事人可以解除合同。

第八百五十八条 技术开发合同履行过程中,因出现无法克服的技术困难,致使研究开发失败或者部分失败的,该风险由当事人约定;没有约定或者约定不明确,依据本法第五百一十条的规定仍不能确定的,风险由当事人合理分担。

当事人一方发现前款规定的可能致使研究开发失败或者部分失败的情形时,应当及时通知另一方并采取适当措施减少损失;没有及时通知并采取适当措施,致使损失扩大的,应当就扩大的损失承担责任。

第八百五十九条 委托开发完成的发明创造,除法律另有规定或者当事人另有约定外,申请专利的权利属于研究开发人。研究开发人取得专利权的,委托人可以依法实施该专利。

研究开发人转让专利申请权的,委托人享有以同等条件优先受让的权利。

第八百六十条 合作开发完成的发明创造,申请专利的权利属于合作开发的当事人共有;当事人一方转让其共有的专利申请权的,其他各方享有以同等条件优先受让的权利。但是,当事人另有约定的除外。

合作开发的当事人一方声明放弃其共有的专利申请权的，除当事人另有约定外，可以由另一方单独申请或者由其他各方共同申请。申请人取得专利权的，放弃专利申请权的一方可以免费实施该专利。

合作开发的当事人一方不同意申请专利的，另一方或者其他各方不得申请专利。

第八百六十一条 委托开发或者合作开发完成的技术秘密成果的使用权、转让权以及收益的分配办法，由当事人约定；没有约定或者约定不明确，依据本法第五百一十条的规定仍不能确定的，在没有相同技术方案被授予专利权前，当事人均有使用和转让的权利。但是，委托开发的研究开发人不得在向委托人交付研究开发成果之前，将研究开发成果转让给第三人。

第三节 技术转让合同和技术许可合同

第八百六十二条 技术转让合同是合法拥有技术的权利人，将现有特定的专利、专利申请、技术秘密的相关权利让与他人所订立的合同。

技术许可合同是合法拥有技术的权利人，将现有特定的专利、技术秘密的相关权利许可他人实施、使用所订立的合同。

技术转让合同和技术许可合同中关于提供实施技术的专用设备、原材料或者提供有关的技术咨询、技术服务的约定，属于合同的组成部分。

第八百六十三条 技术转让合同包括专利权转让、专利申请权转让、技术秘密转让等合同。

技术许可合同包括专利实施许可、技术秘密使用许可等合同。

技术转让合同和技术许可合同应当采用书面形式。

第八百六十四条 技术转让合同和技术许可合同可以约定实施专利或者使用技术秘密的范围，但是不得限制技术竞争和技术发展。

第八百六十五条 专利实施许可合同仅在该专利权的存续期限内有效。专利权有效期限届满或者专利权被宣告无效的，专利权人不得就该专利与他人订立专利实施许可合同。

第八百六十六条 专利实施许可合同的许可人应当按照约定许可被许可人实施专利，交付实施专利有关的技术资料，提供必要的技术指导。

第八百六十七条 专利实施许可合同的被许可人应当按照约定实施专利，不得许可约定以外的第三人实施该专利，并按照约定支付使用费。

第八百六十八条 技术秘密转让合同的让与人和技术秘密使用许可合同的许可人应当按照约定提供技术资料，进行技术指导，保证技术的实用性、可靠性，承担保密义务。

前款规定的保密义务，不限制许可人申请专利，但是当事人另有约定的除外。

第八百六十九条 技术秘密转让合同的受让人和技术秘密使用许可合同的被许可人应当按照约定使用技术，支付转让费、使用费，承担保密义务。

第八百七十条 技术转让合同的让与人和技术许可合同的许可人应当保证自己是所提供的技术的合法拥有者，并保证所提供的技术完整、无误、有效，能够达到约定的目标。

第八百七十一条 技术转让合同的受让人和技术许可合同的被许可人应当按照约定的范围和期限，对让与人、许可人提供的技术中尚未公开的秘密部分，承担保密义务。

第八百七十二条 许可人未按照约定许可技术的，应当返还部分或者全部使用费，并应当承担违约责任；实施专利或者使用技术秘密超越约定的范围的，违反约定擅自许可第三人实施该项专利或者使用该项技术秘密的，应当停止违约行为，承担违约责任；违反约定的保密义务的，应当承担违约责任。

让与人承担违约责任,参照适用前款规定。

第八百七十三条　被许可人未按照约定支付使用费的,应当补交使用费并按照约定支付违约金;不补交使用费或者支付违约金的,应当停止实施专利或者使用技术秘密,交还技术资料,承担违约责任;实施专利或者使用技术秘密超越约定的范围的,未经许可人同意擅自许可第三人实施该专利或者使用该技术秘密的,应当停止违约行为,承担违约责任;违反约定的保密义务的,应当承担违约责任。

受让人承担违约责任,参照适用前款规定。

第八百七十四条　受让人或者被许可人按照约定实施专利、使用技术秘密侵害他人合法权益的,由让与人或者许可人承担责任,但是当事人另有约定的除外。

第八百七十五条　当事人可以按照互利的原则,在合同中约定实施专利、使用技术秘密后续改进的技术成果的分享办法;没有约定或者约定不明确,依据本法第五百一十条的规定仍不能确定的,一方后续改进的技术成果,其他各方无权分享。

第八百七十六条　集成电路布图设计专有权、植物新品种权、计算机软件著作权等其他知识产权的转让和许可,参照适用本节的有关规定。

第八百七十七条　法律、行政法规对技术进出口合同或者专利、专利申请合同另有规定的,依照其规定。

第四节　技术咨询合同和技术服务合同

第八百七十八条　技术咨询合同是当事人一方以技术知识为对方就特定技术项目提供可行性论证、技术预测、专题技术调查、分析评价报告等所订立的合同。

技术服务合同是当事人一方以技术知识为对方解决特定技术问题所订立的合同,不包括承揽合同和建设工程合同。

第八百七十九条　技术咨询合同的委托人应当按照约定阐明咨询的问题,提供技术背景材料及有关技术资料,接受受托人的工作成果,支付报酬。

第八百八十条　技术咨询合同的受托人应当按照约定的期限完成咨询报告或者解答问题,提出的咨询报告应当达到约定的要求。

第八百八十一条　技术咨询合同的委托人未按照约定提供必要的资料,影响工作进度和质量,不接受或者逾期接受工作成果的,支付的报酬不得追回,未支付的报酬应当支付。

技术咨询合同的受托人未按期提出咨询报告或者提出的咨询报告不符合约定的,应当承担减收或者免收报酬等违约责任。

技术咨询合同的委托人按照受托人符合约定要求的咨询报告和意见作出决策所造成的损失,由委托人承担,但是当事人另有约定的除外。

第八百八十二条　技术服务合同的委托人应当按照约定提供工作条件,完成配合事项,接受工作成果并支付报酬。

第八百八十三条　技术服务合同的受托人应当按照约定完成服务项目,解决技术问题,保证工作质量,并传授解决技术问题的知识。

第八百八十四条　技术服务合同的委托人不履行合同义务或者履行合同义务不符合约定,影响工作进度和质量,不接受或者逾期接受工作成果的,支付的报酬不得追回,未支付的报酬应当支付。

技术服务合同的受托人未按照约定完成服务工作的,应当承担免收报酬等违约责任。

第八百八十五条 技术咨询合同、技术服务合同履行过程中，受托人利用委托人提供的技术资料和工作条件完成的新的技术成果，属于受托人。委托人利用受托人的工作成果完成的新的技术成果，属于委托人。当事人另有约定的，按照其约定。

第八百八十六条 技术咨询合同和技术服务合同对受托人正常开展工作所需费用的负担没有约定或者约定不明确的，由受托人负担。

第八百八十七条 法律、行政法规对技术中介合同、技术培训合同另有规定的，依照其规定。

第二十一章 保管合同

第八百八十八条 保管合同是保管人保管寄存人交付的保管物，并返还该物的合同。

寄存人到保管人处从事购物、就餐、住宿等活动，将物品存放在指定场所的，视为保管，但是当事人另有约定或者另有交易习惯的除外。

第八百八十九条 寄存人应当按照约定向保管人支付保管费。

当事人对保管费没有约定或者约定不明确，依据本法第五百一十条的规定仍不能确定的，视为无偿保管。

第八百九十条 保管合同自保管物交付时成立，但是当事人另有约定的除外。

第八百九十一条 寄存人向保管人交付保管物的，保管人应当出具保管凭证，但是另有交易习惯的除外。

第八百九十二条 保管人应当妥善保管保管物。

当事人可以约定保管场所或者方法。除紧急情况或者为维护寄存人利益外，不得擅自改变保管场所或者方法。

第八百九十三条 寄存人交付的保管物有瑕疵或者根据保管物的性质需要采取特殊保管措施的，寄存人应当将有关情况告知保管人。寄存人未告知，致使保管物受损失的，保管人不承担赔偿责任；保管人因此受损失的，除保管人知道或者应当知道且未采取补救措施外，寄存人应当承担赔偿责任。

第八百九十四条 保管人不得将保管物转交第三人保管，但是当事人另有约定的除外。

保管人违反前款规定，将保管物转交第三人保管，造成保管物损失的，应当承担赔偿责任。

第八百九十五条 保管人不得使用或者许可第三人使用保管物，但是当事人另有约定的除外。

第八百九十六条 第三人对保管物主张权利的，除依法对保管物采取保全或者执行措施外，保管人应当履行向寄存人返还保管物的义务。

第三人对保管人提起诉讼或者对保管物申请扣押的，保管人应当及时通知寄存人。

第八百九十七条 保管期内，因保管人保管不善造成保管物毁损、灭失的，保管人应当承担赔偿责任。但是，无偿保管人证明自己没有故意或者重大过失的，不承担赔偿责任。

第八百九十八条 寄存人寄存货币、有价证券或者其他贵重物品的，应当向保管人声明，由保管人验收或者封存；寄存人未声明的，该物品毁损、灭失后，保管人可以按照一般物品予以赔偿。

第八百九十九条 寄存人可以随时领取保管物。

当事人对保管期限没有约定或者约定不明确的，保管人可以随时请求寄存人领取保管物；约定保管期限的，保管人无特别事由，不得请求寄存人提前领取保管物。

第九百条 保管期限届满或者寄存人提前领取保管物的，保管人应当将原物及其孳息归还寄存人。

第九百零一条 保管人保管货币的，可以返还相同种类、数量的货币；保管其他可替代物的，可以按照约定返还相同种类、品质、数量的物品。

第九百零二条 有偿的保管合同,寄存人应当按照约定的期限向保管人支付保管费。

当事人对支付期限没有约定或者约定不明确,依据本法第五百一十条的规定仍不能确定的,应当在领取保管物的同时支付。

第九百零三条 寄存人未按照约定支付保管费或者其他费用的,保管人对保管物享有留置权,但是当事人另有约定的除外。

第二十二章 仓储合同

第九百零四条 仓储合同是保管人储存存货人交付的仓储物,存货人支付仓储费的合同。

第九百零五条 仓储合同自保管人和存货人意思表示一致时成立。

第九百零六条 储存易燃、易爆、有毒、有腐蚀性、有放射性等危险物品或者易变质物品的,存货人应当说明该物品的性质,提供有关资料。

存货人违反前款规定的,保管人可以拒收仓储物,也可以采取相应措施以避免损失的发生,因此产生的费用由存货人负担。

保管人储存易燃、易爆、有毒、有腐蚀性、有放射性等危险物品的,应当具备相应的保管条件。

第九百零七条 保管人应当按照约定对入库仓储物进行验收。保管人验收时发现入库仓储物与约定不符合的,应当及时通知存货人。保管人验收后,发生仓储物的品种、数量、质量不符合约定的,保管人应当承担赔偿责任。

第九百零八条 存货人交付仓储物的,保管人应当出具仓单、入库单等凭证。

第九百零九条 保管人应当在仓单上签名或者盖章。仓单包括下列事项:

(一)存货人的姓名或者名称和住所;

(二)仓储物的品种、数量、质量、包装及其件数和标记;

(三)仓储物的损耗标准;

(四)储存场所;

(五)储存期限;

(六)仓储费;

(七)仓储物已经办理保险的,其保险金额、期间以及保险人的名称;

(八)填发人、填发地和填发日期。

第九百一十条 仓单是提取仓储物的凭证。存货人或者仓单持有人在仓单上背书并经保管人签名或者盖章的,可以转让提取仓储物的权利。

第九百一十一条 保管人根据存货人或者仓单持有人的要求,应当同意其检查仓储物或者提取样品。

第九百一十二条 保管人发现入库仓储物有变质或者其他损坏的,应当及时通知存货人或者仓单持有人。

第九百一十三条 保管人发现入库仓储物有变质或者其他损坏,危及其他仓储物的安全和正常保管的,应当催告存货人或者仓单持有人作出必要的处置。因情况紧急,保管人可以作出必要的处置;但是,事后应当将该情况及时通知存货人或者仓单持有人。

第九百一十四条 当事人对储存期限没有约定或者约定不明确的,存货人或者仓单持有人可以随时提取仓储物，保管人也可以随时请求存货人或者仓单持有人提取仓储物，但是应当给予必要的准备时间。

第九百一十五条　储存期限届满，存货人或者仓单持有人应当凭仓单、入库单等提取仓储物。存货人或者仓单持有人逾期提取的，应当加收仓储费；提前提取的，不减收仓储费。

第九百一十六条　储存期限届满，存货人或者仓单持有人不提取仓储物的，保管人可以催告其在合理期限内提取；逾期不提取的，保管人可以提存仓储物。

第九百一十七条　储存期内，因保管不善造成仓储物毁损、灭失的，保管人应当承担赔偿责任。因仓储物本身的自然性质、包装不符合约定或者超过有效储存期造成仓储物变质、损坏的，保管人不承担赔偿责任。

第九百一十八条　本章没有规定的，适用保管合同的有关规定。

第二十三章　委托合同

第九百一十九条　委托合同是委托人和受托人约定，由受托人处理委托人事务的合同。

第九百二十条　委托人可以特别委托受托人处理一项或者数项事务，也可以概括委托受托人处理一切事务。

第九百二十一条　委托人应当预付处理委托事务的费用。受托人为处理委托事务垫付的必要费用，委托人应当偿还该费用并支付利息。

第九百二十二条　受托人应当按照委托人的指示处理委托事务。需要变更委托人指示的，应当经委托人同意；因情况紧急，难以和委托人取得联系的，受托人应当妥善处理委托事务，但是事后应当将该情况及时报告委托人。

第九百二十三条　受托人应当亲自处理委托事务。经委托人同意，受托人可以转委托。转委托经同意或者追认的，委托人可以就委托事务直接指示转委托的第三人，受托人仅就第三人的选任及其对第三人的指示承担责任。转委托未经同意或者追认的，受托人应当对转委托的第三人的行为承担责任；但是，在紧急情况下受托人为了维护委托人的利益需要转委托第三人的除外。

第九百二十四条　受托人应当按照委托人的要求，报告委托事务的处理情况。委托合同终止时，受托人应当报告委托事务的结果。

第九百二十五条　受托人以自己的名义，在委托人的授权范围内与第三人订立的合同，第三人在订立合同时知道受托人与委托人之间的代理关系的，该合同直接约束委托人和第三人；但是，有确切证据证明该合同只约束受托人和第三人的除外。

第九百二十六条　受托人以自己的名义与第三人订立合同时，第三人不知道受托人与委托人之间的代理关系的，受托人因第三人的原因对委托人不履行义务，受托人应当向委托人披露第三人，委托人因此可以行使受托人对第三人的权利。但是，第三人与受托人订立合同时如果知道该委托人就不会订立合同的除外。

受托人因委托人的原因对第三人不履行义务，受托人应当向第三人披露委托人，第三人因此可以选择受托人或者委托人作为相对人主张其权利，但是第三人不得变更选定的相对人。

委托人行使受托人对第三人的权利的，第三人可以向委托人主张其对受托人的抗辩。第三人选定委托人作为其相对人的，委托人可以向第三人主张其对受托人的抗辩以及受托人对第三人的抗辩。

第九百二十七条　受托人处理委托事务取得的财产，应当转交给委托人。

第九百二十八条 受托人完成委托事务的,委托人应当按照约定向其支付报酬。

因不可归责于受托人的事由,委托合同解除或者委托事务不能完成的,委托人应当向受托人支付相应的报酬。当事人另有约定的,按照其约定。

第九百二十九条 有偿的委托合同,因受托人的过错造成委托人损失的,委托人可以请求赔偿损失。无偿的委托合同,因受托人的故意或者重大过失造成委托人损失的,委托人可以请求赔偿损失。

受托人超越权限造成委托人损失的,应当赔偿损失。

第九百三十条 受托人处理委托事务时,因不可归责于自己的事由受到损失的,可以向委托人请求赔偿损失。

第九百三十一条 委托人经受托人同意,可以在受托人之外委托第三人处理委托事务。因此造成受托人损失的,受托人可以向委托人请求赔偿损失。

第九百三十二条 两个以上的受托人共同处理委托事务的,对委托人承担连带责任。

第九百三十三条 委托人或者受托人可以随时解除委托合同。因解除合同造成对方损失的,除不可归责于该当事人的事由外,无偿委托合同的解除方应当赔偿因解除时间不当造成的直接损失,有偿委托合同的解除方应当赔偿对方的直接损失和合同履行后可以获得的利益。

第九百三十四条 委托人死亡、终止或者受托人死亡、丧失民事行为能力、终止的,委托合同终止;但是,当事人另有约定或者根据委托事务的性质不宜终止的除外。

第九百三十五条 因委托人死亡或者被宣告破产、解散,致使委托合同终止将损害委托人利益的,在委托人的继承人、遗产管理人或者清算人承受委托事务之前,受托人应当继续处理委托事务。

第九百三十六条 因受托人死亡、丧失民事行为能力或者被宣告破产、解散,致使委托合同终止的,受托人的继承人、遗产管理人、法定代理人或者清算人应当及时通知委托人。因委托合同终止将损害委托人利益的,在委托人作出善后处理之前,受托人的继承人、遗产管理人、法定代理人或者清算人应当采取必要措施。

第二十四章 物业服务合同

第九百三十七条 物业服务合同是物业服务人在物业服务区域内,为业主提供建筑物及其附属设施的维修养护、环境卫生和相关秩序的管理维护等物业服务,业主支付物业费的合同。

物业服务人包括物业服务企业和其他管理人。

第九百三十八条 物业服务合同的内容一般包括服务事项、服务质量、服务费用的标准和收取办法、维修资金的使用、服务用房的管理和使用、服务期限、服务交接等条款。

物业服务人公开作出的有利于业主的服务承诺,为物业服务合同的组成部分。

物业服务合同应当采用书面形式。

第九百三十九条 建设单位依法与物业服务人订立的前期物业服务合同,以及业主委员会与业主大会依法选聘的物业服务人订立的物业服务合同,对业主具有法律约束力。

第九百四十条 建设单位依法与物业服务人订立的前期物业服务合同约定的服务期限届满前,业主委员会或者业主与新物业服务人订立的物业服务合同生效的,前期物业服务合同终止。

第九百四十一条 物业服务人将物业服务区域内的部分专项服务事项委托给专业性服务组织或者其他第三人的,应当就该部分专项服务事项向业主负责。

物业服务人不得将其应当提供的全部物业服务转委托给第三人,或者将全部物业服务支解后分别转委托给第三人。

第九百四十二条　物业服务人应当按照约定和物业的使用性质，妥善维修、养护、清洁、绿化和经营管理物业服务区域内的业主共有部分，维护物业服务区域内的基本秩序，采取合理措施保护业主的人身、财产安全。

对物业服务区域内违反有关治安、环保、消防等法律法规的行为，物业服务人应当及时采取合理措施制止、向有关行政主管部门报告并协助处理。

第九百四十三条　物业服务人应当定期将服务的事项、负责人员、质量要求、收费项目、收费标准、履行情况，以及维修资金使用情况、业主共有部分的经营与收益情况等以合理方式向业主公开并向业主大会、业主委员会报告。

第九百四十四条　业主应当按照约定向物业服务人支付物业费。物业服务人已经按照约定和有关规定提供服务的，业主不得以未接受或者无需接受相关物业服务为由拒绝支付物业费。

业主违反约定逾期不支付物业费的，物业服务人可以催告其在合理期限内支付；合理期限届满仍不支付的，物业服务人可以提起诉讼或者申请仲裁。

物业服务人不得采取停止供电、供水、供热、供燃气等方式催交物业费。

第九百四十五条　业主装饰装修房屋的，应当事先告知物业服务人，遵守物业服务人提示的合理注意事项，并配合其进行必要的现场检查。

业主转让、出租物业专有部分、设立居住权或者依法改变共有部分用途的，应当及时将相关情况告知物业服务人。

第九百四十六条　业主依照法定程序共同决定解聘物业服务人的，可以解除物业服务合同。决定解聘的，应当提前六十日书面通知物业服务人，但是合同对通知期限另有约定的除外。

依据前款规定解除合同造成物业服务人损失的，除不可归责于业主的事由外，业主应当赔偿损失。

第九百四十七条　物业服务期限届满前，业主依法共同决定续聘的，应当与原物业服务人在合同期限届满前续订物业服务合同。

物业服务期限届满前，物业服务人不同意续聘的，应当在合同期限届满前九十日书面通知业主或者业主委员会，但是合同对通知期限另有约定的除外。

第九百四十八条　物业服务期限届满后，业主没有依法作出续聘或者另聘物业服务人的决定，物业服务人继续提供物业服务的，原物业服务合同继续有效，但是服务期限为不定期。

当事人可以随时解除不定期物业服务合同，但是应当提前六十日书面通知对方。

第九百四十九条　物业服务合同终止的，原物业服务人应当在约定期限或者合理期限内退出物业服务区域，将物业服务用房、相关设施、物业服务所必需的相关资料等交还给业主委员会、决定自行管理的业主或者其指定的人，配合新物业服务人做好交接工作，并如实告知物业的使用和管理状况。

原物业服务人违反前款规定的，不得请求业主支付物业服务合同终止后的物业费；造成业主损失的，应当赔偿损失。

第九百五十条　物业服务合同终止后，在业主或者业主大会选聘的新物业服务人或者决定自行管理的业主接管之前，原物业服务人应当继续处理物业服务事项，并可以请求业主支付该期间的物业费。

第二十五章　行 纪 合 同

第九百五十一条　行纪合同是行纪人以自己的名义为委托人从事贸易活动，委托人支付报酬的合同。

第九百五十二条 行纪人处理委托事务支出的费用，由行纪人负担，但是当事人另有约定的除外。

第九百五十三条 行纪人占有委托物的，应当妥善保管委托物。

第九百五十四条 委托物交付给行纪人时有瑕疵或者容易腐烂、变质的，经委托人同意，行纪人可以处分该物；不能与委托人及时取得联系的，行纪人可以合理处分。

第九百五十五条 行纪人低于委托人指定的价格卖出或者高于委托人指定的价格买入的，应当经委托人同意；未经委托人同意，行纪人补偿其差额的，该买卖对委托人发生效力。

行纪人高于委托人指定的价格卖出或者低于委托人指定的价格买入的，可以按照约定增加报酬；没有约定或者约定不明确，依据本法第五百一十条的规定仍不能确定的，该利益属于委托人。

委托人对价格有特别指示的，行纪人不得违背该指示卖出或者买入。

第九百五十六条 行纪人卖出或者买入具有市场定价的商品，除委托人有相反的意思表示外，行纪人自己可以作为买受人或者出卖人。

行纪人有前款规定情形的，仍然可以请求委托人支付报酬。

第九百五十七条 行纪人按照约定买入委托物，委托人应当及时受领。经行纪人催告，委托人无正当理由拒绝受领的，行纪人依法可以提存委托物。

委托物不能卖出或者委托人撤回出卖，经行纪人催告，委托人不取回或者不处分该物的，行纪人依法可以提存委托物。

第九百五十八条 行纪人与第三人订立合同的，行纪人对该合同直接享有权利、承担义务。

第三人不履行义务致使委托人受到损害的，行纪人应当承担赔偿责任，但是行纪人与委托人另有约定的除外。

第九百五十九条 行纪人完成或者部分完成委托事务的，委托人应当向其支付相应的报酬。委托人逾期不支付报酬的，行纪人对委托物享有留置权，但是当事人另有约定的除外。

第九百六十条 本章没有规定的，参照适用委托合同的有关规定。

第二十六章 中介合同

第九百六十一条 中介合同是中介人向委托人报告订立合同的机会或者提供订立合同的媒介服务，委托人支付报酬的合同。

第九百六十二条 中介人应当就有关订立合同的事项向委托人如实报告。

中介人故意隐瞒与订立合同有关的重要事实或者提供虚假情况，损害委托人利益的，不得请求支付报酬并应当承担赔偿责任。

第九百六十三条 中介人促成合同成立的，委托人应当按照约定支付报酬。对中介人的报酬没有约定或者约定不明确，依据本法第五百一十条的规定仍不能确定的，根据中介人的劳务合理确定。因中介人提供订立合同的媒介服务而促成合同成立的，由该合同的当事人平均负担中介人的报酬。

中介人促成合同成立的，中介活动的费用，由中介人负担。

第九百六十四条 中介人未促成合同成立的，不得请求支付报酬；但是，可以按照约定请求委托人支付从事中介活动支出的必要费用。

第九百六十五条 委托人在接受中介人的服务后，利用中介人提供的交易机会或者媒介服务，绕开中介人直接订立合同的，应当向中介人支付报酬。

第九百六十六条　本章没有规定的,参照适用委托合同的有关规定。

第二十七章　合 伙 合 同

第九百六十七条　合伙合同是两个以上合伙人为了共同的事业目的,订立的共享利益、共担风险的协议。

第九百六十八条　合伙人应当按照约定的出资方式、数额和缴付期限,履行出资义务。

第九百六十九条　合伙人的出资、因合伙事务依法取得的收益和其他财产,属于合伙财产。

合伙合同终止前,合伙人不得请求分割合伙财产。

第九百七十条　合伙人就合伙事务作出决定的,除合伙合同另有约定外,应当经全体合伙人一致同意。

合伙事务由全体合伙人共同执行。按照合伙合同的约定或者全体合伙人的决定,可以委托一个或者数个合伙人执行合伙事务;其他合伙人不再执行合伙事务,但是有权监督执行情况。

合伙人分别执行合伙事务的,执行事务合伙人可以对其他合伙人执行的事务提出异议;提出异议后,其他合伙人应当暂停该项事务的执行。

第九百七十一条　合伙人不得因执行合伙事务而请求支付报酬,但是合伙合同另有约定的除外。

第九百七十二条　合伙的利润分配和亏损分担,按照合伙合同的约定办理;合伙合同没有约定或者约定不明确的,由合伙人协商决定;协商不成的,由合伙人按照实缴出资比例分配、分担;无法确定出资比例的,由合伙人平均分配、分担。

第九百七十三条　合伙人对合伙债务承担连带责任。清偿合伙债务超过自己应当承担份额的合伙人,有权向其他合伙人追偿。

第九百七十四条　除合伙合同另有约定外,合伙人向合伙人以外的人转让其全部或者部分财产份额的,须经其他合伙人一致同意。

第九百七十五条　合伙人的债权人不得代位行使合伙人依照本章规定和合伙合同享有的权利,但是合伙人享有的利益分配请求权除外。

第九百七十六条　合伙人对合伙期限没有约定或者约定不明确,依据本法第五百一十条的规定仍不能确定的,视为不定期合伙。

合伙期限届满,合伙人继续执行合伙事务,其他合伙人没有提出异议的,原合伙合同继续有效,但是合伙期限为不定期。

合伙人可以随时解除不定期合伙合同,但是应当在合理期限之前通知其他合伙人。

第九百七十七条　合伙人死亡、丧失民事行为能力或者终止的,合伙合同终止;但是,合伙合同另有约定或者根据合伙事务的性质不宜终止的除外。

第九百七十八条　合伙合同终止后,合伙财产在支付因终止而产生的费用以及清偿合伙债务后有剩余的,依据本法第九百七十二条的规定进行分配。

第三分编　准　合　同

第二十八章　无 因 管 理

第九百七十九条　管理人没有法定的或者约定的义务,为避免他人利益受损失而管理他人事务的,可以请求受益人偿还因管理事务而支出的必要费用;管理人因管理事务受到损失的,可以请求受益人给予适当补偿。

管理事务不符合受益人真实意思的,管理人不享有前款规定的权利;但是,受益人的真实意思违反法律或者违背公序良俗的除外。

第九百八十条 管理人管理事务不属于前条规定的情形,但是受益人享有管理利益的,受益人应当在其获得的利益范围内向管理人承担前条第一款规定的义务。

第九百八十一条 管理人管理他人事务,应当采取有利于受益人的方法。中断管理对受益人不利的,无正当理由不得中断。

第九百八十二条 管理人管理他人事务,能够通知受益人的,应当及时通知受益人。管理的事务不需要紧急处理的,应当等待受益人的指示。

第九百八十三条 管理结束后,管理人应当向受益人报告管理事务的情况。管理人管理事务取得的财产,应当及时转交给受益人。

第九百八十四条 管理人管理事务经受益人事后追认的,从管理事务开始时起,适用委托合同的有关规定,但是管理人另有意思表示的除外。

第二十九章　不 当 得 利

第九百八十五条 得利人没有法律根据取得不当利益的,受损失的人可以请求得利人返还取得的利益,但是有下列情形之一的除外:

(一)为履行道德义务进行的给付;

(二)债务到期之前的清偿;

(三)明知无给付义务而进行的债务清偿。

第九百八十六条 得利人不知道且不应当知道取得的利益没有法律根据,取得的利益已经不存在的,不承担返还该利益的义务。

第九百八十七条 得利人知道或者应当知道取得的利益没有法律根据的,受损失的人可以请求得利人返还其取得的利益并依法赔偿损失。

第九百八十八条 得利人已经将取得的利益无偿转让给第三人的,受损失的人可以请求第三人在相应范围内承担返还义务。

第四编　人　格　权

第一章　一 般 规 定

第九百八十九条 本编调整因人格权的享有和保护产生的民事关系。

第九百九十条 人格权是民事主体享有的生命权、身体权、健康权、姓名权、名称权、肖像权、名誉权、荣誉权、隐私权等权利。

除前款规定的人格权外,自然人享有基于人身自由、人格尊严产生的其他人格权益。

第九百九十一条 民事主体的人格权受法律保护,任何组织或者个人不得侵害。

第九百九十二条 人格权不得放弃、转让或者继承。

第九百九十三条 民事主体可以将自己的姓名、名称、肖像等许可他人使用,但是依照法律规定或者根据其性质不得许可的除外。

第九百九十四条 死者的姓名、肖像、名誉、荣誉、隐私、遗体等受到侵害的，其配偶、子女、父母有权依法请求行为人承担民事责任；死者没有配偶、子女且父母已经死亡的，其他近亲属有权依法请求行为人承担民事责任。

第九百九十五条 人格权受到侵害的，受害人有权依照本法和其他法律的规定请求行为人承担民事责任。受害人的停止侵害、排除妨碍、消除危险、消除影响、恢复名誉、赔礼道歉请求权，不适用诉讼时效的规定。

第九百九十六条 因当事人一方的违约行为，损害对方人格权并造成严重精神损害，受损害方选择请求其承担违约责任的，不影响受损害方请求精神损害赔偿。

第九百九十七条 民事主体有证据证明行为人正在实施或者即将实施侵害其人格权的违法行为，不及时制止将使其合法权益受到难以弥补的损害的，有权依法向人民法院申请采取责令行为人停止有关行为的措施。

第九百九十八条 认定行为人承担侵害除生命权、身体权和健康权外的人格权的民事责任，应当考虑行为人和受害人的职业、影响范围、过错程度，以及行为的目的、方式、后果等因素。

第九百九十九条 为公共利益实施新闻报道、舆论监督等行为的，可以合理使用民事主体的姓名、名称、肖像、个人信息等；使用不合理侵害民事主体人格权的，应当依法承担民事责任。

第一千条 行为人因侵害人格权承担消除影响、恢复名誉、赔礼道歉等民事责任的，应当与行为的具体方式和造成的影响范围相当。

行为人拒不承担前款规定的民事责任的，人民法院可以采取在报刊、网络等媒体上发布公告或者公布生效裁判文书等方式执行，产生的费用由行为人负担。

第一千零一条 对自然人因婚姻家庭关系等产生的身份权利的保护，适用本法第一编、第五编和其他法律的相关规定；没有规定的，可以根据其性质参照适用本编人格权保护的有关规定。

第二章 生命权、身体权和健康权

第一千零二条 自然人享有生命权。自然人的生命安全和生命尊严受法律保护。任何组织或者个人不得侵害他人的生命权。

第一千零三条 自然人享有身体权。自然人的身体完整和行动自由受法律保护。任何组织或者个人不得侵害他人的身体权。

第一千零四条 自然人享有健康权。自然人的身心健康受法律保护。任何组织或者个人不得侵害他人的健康权。

第一千零五条 自然人的生命权、身体权、健康权受到侵害或者处于其他危难情形的，负有法定救助义务的组织或者个人应当及时施救。

第一千零六条 完全民事行为能力人有权依法自主决定无偿捐献其人体细胞、人体组织、人体器官、遗体。任何组织或者个人不得强迫、欺骗、利诱其捐献。

完全民事行为能力人依据前款规定同意捐献的，应当采用书面形式，也可以订立遗嘱。

自然人生前未表示不同意捐献的，该自然人死亡后，其配偶、成年子女、父母可以共同决定捐献，决定捐献应当采用书面形式。

第一千零七条 禁止以任何形式买卖人体细胞、人体组织、人体器官、遗体。

违反前款规定的买卖行为无效。

第一千零八条 为研制新药、医疗器械或者发展新的预防和治疗方法，需要进行临床试验的，应当依法经相关主管部门批准并经伦理委员会审查同意，向受试者或者受试者的监护人告知试验目的、用途和可能产生的风险等详细情况，并经其书面同意。

进行临床试验的，不得向受试者收取试验费用。

第一千零九条 从事与人体基因、人体胚胎等有关的医学和科研活动，应当遵守法律、行政法规和国家有关规定，不得危害人体健康，不得违背伦理道德，不得损害公共利益。

第一千零一十条 违背他人意愿，以言语、文字、图像、肢体行为等方式对他人实施性骚扰的，受害人有权依法请求行为人承担民事责任。

机关、企业、学校等单位应当采取合理的预防、受理投诉、调查处置等措施，防止和制止利用职权、从属关系等实施性骚扰。

第一千零一十一条 以非法拘禁等方式剥夺、限制他人的行动自由，或者非法搜查他人身体的，受害人有权依法请求行为人承担民事责任。

第三章 姓名权和名称权

第一千零一十二条 自然人享有姓名权，有权依法决定、使用、变更或者许可他人使用自己的姓名，但是不得违背公序良俗。

第一千零一十三条 法人、非法人组织享有名称权，有权依法决定、使用、变更、转让或者许可他人使用自己的名称。

第一千零一十四条 任何组织或者个人不得以干涉、盗用、假冒等方式侵害他人的姓名权或者名称权。

第一千零一十五条 自然人应当随父姓或者母姓，但是有下列情形之一的，可以在父姓和母姓之外选取姓氏：

（一）选取其他直系长辈血亲的姓氏；

（二）因由法定扶养人以外的人扶养而选取扶养人姓氏；

（三）有不违背公序良俗的其他正当理由。

少数民族自然人的姓氏可以遵从本民族的文化传统和风俗习惯。

第一千零一十六条 自然人决定、变更姓名，或者法人、非法人组织决定、变更、转让名称的，应当依法向有关机关办理登记手续，但是法律另有规定的除外。

民事主体变更姓名、名称的，变更前实施的民事法律行为对其具有法律约束力。

第一千零一十七条 具有一定社会知名度，被他人使用足以造成公众混淆的笔名、艺名、网名、译名、字号、姓名和名称的简称等，参照适用姓名权和名称权保护的有关规定。

第四章 肖 像 权

第一千零一十八条 自然人享有肖像权，有权依法制作、使用、公开或者许可他人使用自己的肖像。

肖像是通过影像、雕塑、绘画等方式在一定载体上所反映的特定自然人可以被识别的外部形象。

第一千零一十九条 任何组织或者个人不得以丑化、污损，或者利用信息技术手段伪造等方式侵害他人的肖像权。未经肖像权人同意，不得制作、使用、公开肖像权人的肖像，但是法律另有规定的除外。

未经肖像权人同意,肖像作品权利人不得以发表、复制、发行、出租、展览等方式使用或者公开肖像权人的肖像。

第一千零二十条 合理实施下列行为的,可以不经肖像权人同意:

(一)为个人学习、艺术欣赏、课堂教学或者科学研究,在必要范围内使用肖像权人已经公开的肖像;

(二)为实施新闻报道,不可避免地制作、使用、公开肖像权人的肖像;

(三)为依法履行职责,国家机关在必要范围内制作、使用、公开肖像权人的肖像;

(四)为展示特定公共环境,不可避免地制作、使用、公开肖像权人的肖像;

(五)为维护公共利益或者肖像权人合法权益,制作、使用、公开肖像权人的肖像的其他行为。

第一千零二十一条 当事人对肖像许可使用合同中关于肖像使用条款的理解有争议的,应当作出有利于肖像权人的解释。

第一千零二十二条 当事人对肖像许可使用期限没有约定或者约定不明确的,任何一方当事人可以随时解除肖像许可使用合同,但是应当在合理期限之前通知对方。

当事人对肖像许可使用期限有明确约定,肖像权人有正当理由的,可以解除肖像许可使用合同,但是应当在合理期限之前通知对方。因解除合同造成对方损失的,除不可归责于肖像权人的事由外,应当赔偿损失。

第一千零二十三条 对姓名等的许可使用,参照适用肖像许可使用的有关规定。

对自然人声音的保护,参照适用肖像权保护的有关规定。

第五章 名誉权和荣誉权

第一千零二十四条 民事主体享有名誉权。任何组织或者个人不得以侮辱、诽谤等方式侵害他人的名誉权。

名誉是对民事主体的品德、声望、才能、信用等的社会评价。

第一千零二十五条 行为人为公共利益实施新闻报道、舆论监督等行为,影响他人名誉的,不承担民事责任,但是有下列情形之一的除外:

(一)捏造、歪曲事实;

(二)对他人提供的严重失实内容未尽到合理核实义务;

(三)使用侮辱性言辞等贬损他人名誉。

第一千零二十六条 认定行为人是否尽到前条第二项规定的合理核实义务,应当考虑下列因素:

(一)内容来源的可信度;

(二)对明显可能引发争议的内容是否进行了必要的调查;

(三)内容的时限性;

(四)内容与公序良俗的关联性;

(五)受害人名誉受贬损的可能性;

(六)核实能力和核实成本。

第一千零二十七条 行为人发表的文学、艺术作品以真人真事或者特定人为描述对象,含有侮辱、诽谤内容,侵害他人名誉权的,受害人有权依法请求该行为人承担民事责任。

行为人发表的文学、艺术作品不以特定人为描述对象,仅其中的情节与该特定人的情况相似的,不承担民事责任。

第一千零二十八条 民事主体有证据证明报刊、网络等媒体报道的内容失实,侵害其名誉权的,有权请求该媒体及时采取更正或者删除等必要措施。

第一千零二十九条 民事主体可以依法查询自己的信用评价;发现信用评价不当的,有权提出异议并请求采取更正、删除等必要措施。信用评价人应当及时核查,经核查属实的,应当及时采取必要措施。

第一千零三十条 民事主体与征信机构等信用信息处理者之间的关系,适用本编有关个人信息保护的规定和其他法律、行政法规的有关规定。

第一千零三十一条 民事主体享有荣誉权。任何组织或者个人不得非法剥夺他人的荣誉称号,不得诋毁、贬损他人的荣誉。

获得的荣誉称号应当记载而没有记载的,民事主体可以请求记载;获得的荣誉称号记载错误的,民事主体可以请求更正。

第六章 隐私权和个人信息保护

第一千零三十二条 自然人享有隐私权。任何组织或者个人不得以刺探、侵扰、泄露、公开等方式侵害他人的隐私权。

隐私是自然人的私人生活安宁和不愿为他人知晓的私密空间、私密活动、私密信息。

第一千零三十三条 除法律另有规定或者权利人明确同意外,任何组织或者个人不得实施下列行为:

(一)以电话、短信、即时通讯工具、电子邮件、传单等方式侵扰他人的私人生活安宁;

(二)进入、拍摄、窥视他人的住宅、宾馆房间等私密空间;

(三)拍摄、窥视、窃听、公开他人的私密活动;

(四)拍摄、窥视他人身体的私密部位;

(五)处理他人的私密信息;

(六)以其他方式侵害他人的隐私权。

第一千零三十四条 自然人的个人信息受法律保护。

个人信息是以电子或者其他方式记录的能够单独或者与其他信息结合识别特定自然人的各种信息,包括自然人的姓名、出生日期、身份证件号码、生物识别信息、住址、电话号码、电子邮箱、健康信息、行踪信息等。

个人信息中的私密信息,适用有关隐私权的规定;没有规定的,适用有关个人信息保护的规定。

第一千零三十五条 处理个人信息的,应当遵循合法、正当、必要原则,不得过度处理,并符合下列条件:

(一)征得该自然人或者其监护人同意,但是法律、行政法规另有规定的除外;

(二)公开处理信息的规则;

(三)明示处理信息的目的、方式和范围;

(四)不违反法律、行政法规的规定和双方的约定。

个人信息的处理包括个人信息的收集、存储、使用、加工、传输、提供、公开等。

第一千零三十六条 处理个人信息,有下列情形之一的,行为人不承担民事责任:

(一)在该自然人或者其监护人同意的范围内合理实施的行为;

（二）合理处理该自然人自行公开的或者其他已经合法公开的信息，但是该自然人明确拒绝或者处理该信息侵害其重大利益的除外；

（三）为维护公共利益或者该自然人合法权益，合理实施的其他行为。

第一千零三十七条 自然人可以依法向信息处理者查阅或者复制其个人信息；发现信息有错误的，有权提出异议并请求及时采取更正等必要措施。

自然人发现信息处理者违反法律、行政法规的规定或者双方的约定处理其个人信息的，有权请求信息处理者及时删除。

第一千零三十八条 信息处理者不得泄露或者篡改其收集、存储的个人信息；未经自然人同意，不得向他人非法提供其个人信息，但是经过加工无法识别特定个人且不能复原的除外。

信息处理者应当采取技术措施和其他必要措施，确保其收集、存储的个人信息安全，防止信息泄露、篡改、丢失；发生或者可能发生个人信息泄露、篡改、丢失的，应当及时采取补救措施，按照规定告知自然人并向有关主管部门报告。

第一千零三十九条 国家机关、承担行政职能的法定机构及其工作人员对于履行职责过程中知悉的自然人的隐私和个人信息，应当予以保密，不得泄露或者向他人非法提供。

第五编 婚姻家庭

第一章 一般规定

第一千零四十条 本编调整因婚姻家庭产生的民事关系。

第一千零四十一条 婚姻家庭受国家保护。

实行婚姻自由、一夫一妻、男女平等的婚姻制度。

保护妇女、未成年人、老年人、残疾人的合法权益。

第一千零四十二条 禁止包办、买卖婚姻和其他干涉婚姻自由的行为。禁止借婚姻索取财物。

禁止重婚。禁止有配偶者与他人同居。

禁止家庭暴力。禁止家庭成员间的虐待和遗弃。

第一千零四十三条 家庭应当树立优良家风，弘扬家庭美德，重视家庭文明建设。

夫妻应当互相忠实，互相尊重，互相关爱；家庭成员应当敬老爱幼，互相帮助，维护平等、和睦、文明的婚姻家庭关系。

第一千零四十四条 收养应当遵循最有利于被收养人的原则，保障被收养人和收养人的合法权益。

禁止借收养名义买卖未成年人。

第一千零四十五条 亲属包括配偶、血亲和姻亲。

配偶、父母、子女、兄弟姐妹、祖父母、外祖父母、孙子女、外孙子女为近亲属。

配偶、父母、子女和其他共同生活的近亲属为家庭成员。

第二章 结 婚

第一千零四十六条 结婚应当男女双方完全自愿，禁止任何一方对另一方加以强迫，禁止任何组织或者个人加以干涉。

第一千零四十七条 结婚年龄，男不得早于二十二周岁，女不得早于二十周岁。

第一千零四十八条 直系血亲或者三代以内的旁系血亲禁止结婚。

第一千零四十九条 要求结婚的男女双方应当亲自到婚姻登记机关申请结婚登记。符合本法规定的,予以登记,发给结婚证。完成结婚登记,即确立婚姻关系。未办理结婚登记的,应当补办登记。

第一千零五十条 登记结婚后,按照男女双方约定,女方可以成为男方家庭的成员,男方可以成为女方家庭的成员。

第一千零五十一条 有下列情形之一的,婚姻无效:

(一)重婚;

(二)有禁止结婚的亲属关系;

(三)未到法定婚龄。

第一千零五十二条 因胁迫结婚的,受胁迫的一方可以向人民法院请求撤销婚姻。

请求撤销婚姻的,应当自胁迫行为终止之日起一年内提出。

被非法限制人身自由的当事人请求撤销婚姻的,应当自恢复人身自由之日起一年内提出。

第一千零五十三条 一方患有重大疾病的,应当在结婚登记前如实告知另一方;不如实告知的,另一方可以向人民法院请求撤销婚姻。

请求撤销婚姻的,应当自知道或者应当知道撤销事由之日起一年内提出。

第一千零五十四条 无效的或者被撤销的婚姻自始没有法律约束力,当事人不具有夫妻的权利和义务。同居期间所得的财产,由当事人协议处理;协议不成的,由人民法院根据照顾无过错方的原则判决。对重婚导致的无效婚姻的财产处理,不得侵害合法婚姻当事人的财产权益。当事人所生的子女,适用本法关于父母子女的规定。

婚姻无效或者被撤销的,无过错方有权请求损害赔偿。

第三章 家庭关系

第一节 夫妻关系

第一千零五十五条 夫妻在婚姻家庭中地位平等。

第一千零五十六条 夫妻双方都有各自使用自己姓名的权利。

第一千零五十七条 夫妻双方都有参加生产、工作、学习和社会活动的自由,一方不得对另一方加以限制或者干涉。

第一千零五十八条 夫妻双方平等享有对未成年子女抚养、教育和保护的权利,共同承担对未成年子女抚养、教育和保护的义务。

第一千零五十九条 夫妻有相互扶养的义务。

需要扶养的一方,在另一方不履行扶养义务时,有要求其给付扶养费的权利。

第一千零六十条 夫妻一方因家庭日常生活需要而实施的民事法律行为,对夫妻双方发生效力,但是夫妻一方与相对人另有约定的除外。

夫妻之间对一方可以实施的民事法律行为范围的限制,不得对抗善意相对人。

第一千零六十一条 夫妻有相互继承遗产的权利。

第一千零六十二条 夫妻在婚姻关系存续期间所得的下列财产,为夫妻的共同财产,归夫妻共同所有:

（一）工资、奖金、劳务报酬；

（二）生产、经营、投资的收益；

（三）知识产权的收益；

（四）继承或者受赠的财产，但是本法第一千零六十三条第三项规定的除外；

（五）其他应当归共同所有的财产。

夫妻对共同财产，有平等的处理权。

第一千零六十三条 下列财产为夫妻一方的个人财产：

（一）一方的婚前财产；

（二）一方因受到人身损害获得的赔偿或者补偿；

（三）遗嘱或者赠与合同中确定只归一方的财产；

（四）一方专用的生活用品；

（五）其他应当归一方的财产。

第一千零六十四条 夫妻双方共同签名或者夫妻一方事后追认等共同意思表示所负的债务，以及夫妻一方在婚姻关系存续期间以个人名义为家庭日常生活需要所负的债务，属于夫妻共同债务。

夫妻一方在婚姻关系存续期间以个人名义超出家庭日常生活需要所负的债务，不属于夫妻共同债务；但是，债权人能够证明该债务用于夫妻共同生活、共同生产经营或者基于夫妻双方共同意思表示的除外。

第一千零六十五条 男女双方可以约定婚姻关系存续期间所得的财产以及婚前财产归各自所有、共同所有或者部分各自所有、部分共同所有。约定应当采用书面形式。没有约定或者约定不明确的，适用本法第一千零六十二条、第一千零六十三条的规定。

夫妻对婚姻关系存续期间所得的财产以及婚前财产的约定，对双方具有法律约束力。

夫妻对婚姻关系存续期间所得的财产约定归各自所有，夫或者妻一方对外所负的债务，相对人知道该约定的，以夫或者妻一方的个人财产清偿。

第一千零六十六条 婚姻关系存续期间，有下列情形之一的，夫妻一方可以向人民法院请求分割共同财产：

（一）一方有隐藏、转移、变卖、毁损、挥霍夫妻共同财产或者伪造夫妻共同债务等严重损害夫妻共同财产利益的行为；

（二）一方负有法定扶养义务的人患重大疾病需要医治，另一方不同意支付相关医疗费用。

第二节 父母子女关系和其他近亲属关系

第一千零六十七条 父母不履行抚养义务的，未成年子女或者不能独立生活的成年子女，有要求父母给付抚养费的权利。

成年子女不履行赡养义务的，缺乏劳动能力或者生活困难的父母，有要求成年子女给付赡养费的权利。

第一千零六十八条 父母有教育、保护未成年子女的权利和义务。未成年子女造成他人损害的，父母应当依法承担民事责任。

第一千零六十九条 子女应当尊重父母的婚姻权利，不得干涉父母离婚、再婚以及婚后的生活。子女对父母的赡养义务，不因父母的婚姻关系变化而终止。

第一千零七十条 父母和子女有相互继承遗产的权利。

第一千零七十一条 非婚生子女享有与婚生子女同等的权利,任何组织或者个人不得加以危害和歧视。

不直接抚养非婚生子女的生父或者生母,应当负担未成年子女或者不能独立生活的成年子女的抚养费。

第一千零七十二条 继父母与继子女间,不得虐待或者歧视。

继父或者继母和受其抚养教育的继子女间的权利义务关系,适用本法关于父母子女关系的规定。

第一千零七十三条 对亲子关系有异议且有正当理由的,父或者母可以向人民法院提起诉讼,请求确认或者否认亲子关系。

对亲子关系有异议且有正当理由的,成年子女可以向人民法院提起诉讼,请求确认亲子关系。

第一千零七十四条 有负担能力的祖父母、外祖父母,对于父母已经死亡或者父母无力抚养的未成年孙子女、外孙子女,有抚养的义务。

有负担能力的孙子女、外孙子女,对于子女已经死亡或者子女无力赡养的祖父母、外祖父母,有赡养的义务。

第一千零七十五条 有负担能力的兄、姐,对于父母已经死亡或者父母无力抚养的未成年弟、妹,有扶养的义务。

由兄、姐扶养长大的有负担能力的弟、妹,对于缺乏劳动能力又缺乏生活来源的兄、姐,有扶养的义务。

第四章 离 婚

第一千零七十六条 夫妻双方自愿离婚的,应当签订书面离婚协议,并亲自到婚姻登记机关申请离婚登记。

离婚协议应当载明双方自愿离婚的意思表示和对子女抚养、财产以及债务处理等事项协商一致的意见。

第一千零七十七条 自婚姻登记机关收到离婚登记申请之日起三十日内,任何一方不愿意离婚的,可以向婚姻登记机关撤回离婚登记申请。

前款规定期限届满后三十日内,双方应当亲自到婚姻登记机关申请发给离婚证;未申请的,视为撤回离婚登记申请。

第一千零七十八条 婚姻登记机关查明双方确实是自愿离婚,并已经对子女抚养、财产以及债务处理等事项协商一致的,予以登记,发给离婚证。

第一千零七十九条 夫妻一方要求离婚的,可以由有关组织进行调解或者直接向人民法院提起离婚诉讼。

人民法院审理离婚案件,应当进行调解;如果感情确已破裂,调解无效的,应当准予离婚。

有下列情形之一,调解无效的,应当准予离婚:

(一)重婚或者与他人同居;

(二)实施家庭暴力或者虐待、遗弃家庭成员;

(三)有赌博、吸毒等恶习屡教不改;

(四)因感情不和分居满二年;

（五）其他导致夫妻感情破裂的情形。

一方被宣告失踪，另一方提起离婚诉讼的，应当准予离婚。

经人民法院判决不准离婚后，双方又分居满一年，一方再次提起离婚诉讼的，应当准予离婚。

第一千零八十条　完成离婚登记，或者离婚判决书、调解书生效，即解除婚姻关系。

第一千零八十一条　现役军人的配偶要求离婚，应当征得军人同意，但是军人一方有重大过错的除外。

第一千零八十二条　女方在怀孕期间、分娩后一年内或者终止妊娠后六个月内，男方不得提出离婚；但是，女方提出离婚或者人民法院认为确有必要受理男方离婚请求的除外。

第一千零八十三条　离婚后，男女双方自愿恢复婚姻关系的，应当到婚姻登记机关重新进行结婚登记。

第一千零八十四条　父母与子女间的关系，不因父母离婚而消除。离婚后，子女无论由父或者母直接抚养，仍是父母双方的子女。

离婚后，父母对于子女仍有抚养、教育、保护的权利和义务。

离婚后，不满两周岁的子女，以由母亲直接抚养为原则。已满两周岁的子女，父母双方对抚养问题协议不成的，由人民法院根据双方的具体情况，按照最有利于未成年子女的原则判决。子女已满八周岁的，应当尊重其真实意愿。

第一千零八十五条　离婚后，子女由一方直接抚养的，另一方应当负担部分或者全部抚养费。负担费用的多少和期限的长短，由双方协议；协议不成的，由人民法院判决。

前款规定的协议或者判决，不妨碍子女在必要时向父母任何一方提出超过协议或者判决原定数额的合理要求。

第一千零八十六条　离婚后，不直接抚养子女的父或者母，有探望子女的权利，另一方有协助的义务。

行使探望权利的方式、时间由当事人协议；协议不成的，由人民法院判决。

父或者母探望子女，不利于子女身心健康的，由人民法院依法中止探望；中止的事由消失后，应当恢复探望。

第一千零八十七条　离婚时，夫妻的共同财产由双方协议处理；协议不成的，由人民法院根据财产的具体情况，按照照顾子女、女方和无过错方权益的原则判决。

对夫或者妻在家庭土地承包经营中享有的权益等，应当依法予以保护。

第一千零八十八条　夫妻一方因抚育子女、照料老年人、协助另一方工作等负担较多义务的，离婚时有权向另一方请求补偿，另一方应当给予补偿。具体办法由双方协议；协议不成的，由人民法院判决。

第一千零八十九条　离婚时，夫妻共同债务应当共同偿还。共同财产不足清偿或者财产归各自所有的，由双方协议清偿；协议不成的，由人民法院判决。

第一千零九十条　离婚时，如果一方生活困难，有负担能力的另一方应当给予适当帮助。具体办法由双方协议；协议不成的，由人民法院判决。

第一千零九十一条　有下列情形之一，导致离婚的，无过错方有权请求损害赔偿：

（一）重婚；

（二）与他人同居；

（三）实施家庭暴力；

（四）虐待、遗弃家庭成员；

（五）有其他重大过错。

第一千零九十二条 夫妻一方隐藏、转移、变卖、毁损、挥霍夫妻共同财产，或者伪造夫妻共同债务企图侵占另一方财产的，在离婚分割夫妻共同财产时，对该方可以少分或者不分。离婚后，另一方发现有上述行为的，可以向人民法院提起诉讼，请求再次分割夫妻共同财产。

第五章 收 养

第一节 收养关系的成立

第一千零九十三条 下列未成年人，可以被收养：

（一）丧失父母的孤儿；

（二）查找不到生父母的未成年人；

（三）生父母有特殊困难无力抚养的子女。

第一千零九十四条 下列个人、组织可以作送养人：

（一）孤儿的监护人；

（二）儿童福利机构；

（三）有特殊困难无力抚养子女的生父母。

第一千零九十五条 未成年人的父母均不具备完全民事行为能力且可能严重危害该未成年人的，该未成年人的监护人可以将其送养。

第一千零九十六条 监护人送养孤儿的，应当征得有抚养义务的人同意。有抚养义务的人不同意送养、监护人不愿意继续履行监护职责的，应当依照本法第一编的规定另行确定监护人。

第一千零九十七条 生父母送养子女，应当双方共同送养。生父母一方不明或者查找不到的，可以单方送养。

第一千零九十八条 收养人应当同时具备下列条件：

（一）无子女或者只有一名子女；

（二）有抚养、教育和保护被收养人的能力；

（三）未患有在医学上认为不应当收养子女的疾病；

（四）无不利于被收养人健康成长的违法犯罪记录；

（五）年满三十周岁。

第一千零九十九条 收养三代以内旁系同辈血亲的子女，可以不受本法第一千零九十三条第三项、第一千零九十四条第三项和第一千一百零二条规定的限制。

华侨收养三代以内旁系同辈血亲的子女，还可以不受本法第一千零九十八条第一项规定的限制。

第一千一百条 无子女的收养人可以收养两名子女；有子女的收养人只能收养一名子女。

收养孤儿、残疾未成年人或者儿童福利机构抚养的查找不到生父母的未成年人，可以不受前款和本法第一千零九十八条第一项规定的限制。

第一千一百零一条 有配偶者收养子女，应当夫妻共同收养。

第一千一百零二条 无配偶者收养异性子女的，收养人与被收养人的年龄应当相差四十周岁以上。

第一千一百零三条 继父或者继母经继子女的生父母同意，可以收养继子女，并可以不受本法第一千零九十三条第三项、第一千零九十四条第三项、第一千零九十八条和第一千一百条第一款规定的限制。

第一千一百零四条　收养人收养与送养人送养，应当双方自愿。收养八周岁以上未成年人的，应当征得被收养人的同意。

第一千一百零五条　收养应当向县级以上人民政府民政部门登记。收养关系自登记之日起成立。

收养查找不到生父母的未成年人的，办理登记的民政部门应当在登记前予以公告。

收养关系当事人愿意签订收养协议的，可以签订收养协议。

收养关系当事人各方或者一方要求办理收养公证的，应当办理收养公证。

县级以上人民政府民政部门应当依法进行收养评估。

第一千一百零六条　收养关系成立后，公安机关应当按照国家有关规定为被收养人办理户口登记。

第一千一百零七条　孤儿或者生父母无力抚养的子女，可以由生父母的亲属、朋友抚养；抚养人与被抚养人的关系不适用本章规定。

第一千一百零八条　配偶一方死亡，另一方送养未成年子女的，死亡一方的父母有优先抚养的权利。

第一千一百零九条　外国人依法可以在中华人民共和国收养子女。

外国人在中华人民共和国收养子女，应当经其所在国主管机关依照该国法律审查同意。收养人应当提供由其所在国有权机构出具的有关其年龄、婚姻、职业、财产、健康、有无受过刑事处罚等状况的证明材料，并与送养人签订书面协议，亲自向省、自治区、直辖市人民政府民政部门登记。

前款规定的证明材料应当经收养人所在国外交机关或者外交机关授权的机构认证，并经中华人民共和国驻该国使领馆认证，但是国家另有规定的除外。

第一千一百一十条　收养人、送养人要求保守收养秘密的，其他人应当尊重其意愿，不得泄露。

第二节　收养的效力

第一千一百一十一条　自收养关系成立之日起，养父母与养子女间的权利义务关系，适用本法关于父母子女关系的规定；养子女与养父母的近亲属间的权利义务关系，适用本法关于子女与父母的近亲属关系的规定。

养子女与生父母以及其他近亲属间的权利义务关系，因收养关系的成立而消除。

第一千一百一十二条　养子女可以随养父或者养母的姓氏，经当事人协商一致，也可以保留原姓氏。

第一千一百一十三条　有本法第一编关于民事法律行为无效规定情形或者违反本编规定的收养行为无效。

无效的收养行为自始没有法律约束力。

第三节　收养关系的解除

第一千一百一十四条　收养人在被收养人成年以前，不得解除收养关系，但是收养人、送养人双方协议解除的除外。养子女八周岁以上的，应当征得本人同意。

收养人不履行抚养义务，有虐待、遗弃等侵害未成年养子女合法权益行为的，送养人有权要求解除养父母与养子女间的收养关系。送养人、收养人不能达成解除收养关系协议的，可以向人民法院提起诉讼。

第一千一百一十五条 养父母与成年养子女关系恶化、无法共同生活的，可以协议解除收养关系。不能达成协议的，可以向人民法院提起诉讼。

第一千一百一十六条 当事人协议解除收养关系的，应当到民政部门办理解除收养关系登记。

第一千一百一十七条 收养关系解除后，养子女与养父母以及其他近亲属间的权利义务关系即行消除，与生父母以及其他近亲属间的权利义务关系自行恢复。但是，成年养子女与生父母以及其他近亲属间的权利义务关系是否恢复，可以协商确定。

第一千一百一十八条 收养关系解除后，经养父母抚养的成年养子女，对缺乏劳动能力又缺乏生活来源的养父母，应当给付生活费。因养子女成年后虐待、遗弃养父母而解除收养关系的，养父母可以要求养子女补偿收养期间支出的抚养费。

生父母要求解除收养关系的，养父母可以要求生父母适当补偿收养期间支出的抚养费；但是，因养父母虐待、遗弃养子女而解除收养关系的除外。

第六编　继　　承

第一章　一般规定

第一千一百一十九条 本编调整因继承产生的民事关系。

第一千一百二十条 国家保护自然人的继承权。

第一千一百二十一条 继承从被继承人死亡时开始。

相互有继承关系的数人在同一事件中死亡，难以确定死亡时间的，推定没有其他继承人的人先死亡。都有其他继承人，辈份不同的，推定长辈先死亡；辈份相同的，推定同时死亡，相互不发生继承。

第一千一百二十二条 遗产是自然人死亡时遗留的个人合法财产。

依照法律规定或者根据其性质不得继承的遗产，不得继承。

第一千一百二十三条 继承开始后，按照法定继承办理；有遗嘱的，按照遗嘱继承或者遗赠办理；有遗赠扶养协议的，按照协议办理。

第一千一百二十四条 继承开始后，继承人放弃继承的，应当在遗产处理前，以书面形式作出放弃继承的表示；没有表示的，视为接受继承。

受遗赠人应当在知道受遗赠后六十日内，作出接受或者放弃受遗赠的表示；到期没有表示的，视为放弃受遗赠。

第一千一百二十五条 继承人有下列行为之一的，丧失继承权：

（一）故意杀害被继承人；

（二）为争夺遗产而杀害其他继承人；

（三）遗弃被继承人，或者虐待被继承人情节严重；

（四）伪造、篡改、隐匿或者销毁遗嘱，情节严重；

（五）以欺诈、胁迫手段迫使或者妨碍被继承人设立、变更或者撤回遗嘱，情节严重。

继承人有前款第三项至第五项行为，确有悔改表现，被继承人表示宽恕或者事后在遗嘱中将其列为继承人的，该继承人不丧失继承权。

受遗赠人有本条第一款规定行为的，丧失受遗赠权。

第二章　法 定 继 承

第一千一百二十六条　继承权男女平等。

第一千一百二十七条　遗产按照下列顺序继承：

（一）第一顺序：配偶、子女、父母；

（二）第二顺序：兄弟姐妹、祖父母、外祖父母。

继承开始后，由第一顺序继承人继承，第二顺序继承人不继承；没有第一顺序继承人继承的，由第二顺序继承人继承。

本编所称子女，包括婚生子女、非婚生子女、养子女和有扶养关系的继子女。

本编所称父母，包括生父母、养父母和有扶养关系的继父母。

本编所称兄弟姐妹，包括同父母的兄弟姐妹、同父异母或者同母异父的兄弟姐妹、养兄弟姐妹、有扶养关系的继兄弟姐妹。

第一千一百二十八条　被继承人的子女先于被继承人死亡的，由被继承人的子女的直系晚辈血亲代位继承。

被继承人的兄弟姐妹先于被继承人死亡的，由被继承人的兄弟姐妹的子女代位继承。

代位继承人一般只能继承被代位继承人有权继承的遗产份额。

第一千一百二十九条　丧偶儿媳对公婆，丧偶女婿对岳父母，尽了主要赡养义务的，作为第一顺序继承人。

第一千一百三十条　同一顺序继承人继承遗产的份额，一般应当均等。

对生活有特殊困难又缺乏劳动能力的继承人，分配遗产时，应当予以照顾。

对被继承人尽了主要扶养义务或者与被继承人共同生活的继承人，分配遗产时，可以多分。

有扶养能力和有扶养条件的继承人，不尽扶养义务的，分配遗产时，应当不分或者少分。

继承人协商同意的，也可以不均等。

第一千一百三十一条　对继承人以外的依靠被继承人扶养的人，或者继承人以外的对被继承人扶养较多的人，可以分给适当的遗产。

第一千一百三十二条　继承人应当本着互谅互让、和睦团结的精神，协商处理继承问题。遗产分割的时间、办法和份额，由继承人协商确定；协商不成的，可以由人民调解委员会调解或者向人民法院提起诉讼。

第三章　遗嘱继承和遗赠

第一千一百三十三条　自然人可以依照本法规定立遗嘱处分个人财产，并可以指定遗嘱执行人。

自然人可以立遗嘱将个人财产指定由法定继承人中的一人或者数人继承。

自然人可以立遗嘱将个人财产赠与国家、集体或者法定继承人以外的组织、个人。

自然人可以依法设立遗嘱信托。

第一千一百三十四条　自书遗嘱由遗嘱人亲笔书写，签名，注明年、月、日。

第一千一百三十五条　代书遗嘱应当有两个以上见证人在场见证，由其中一人代书，并由遗嘱人、代书人和其他见证人签名，注明年、月、日。

第一千一百三十六条　打印遗嘱应当有两个以上见证人在场见证。遗嘱人和见证人应当在遗嘱每一页签名，注明年、月、日。

第一千一百三十七条　以录音录像形式立的遗嘱，应当有两个以上见证人在场见证。遗嘱人和见证人应当在录音录像中记录其姓名或者肖像，以及年、月、日。

第一千一百三十八条　遗嘱人在危急情况下，可以立口头遗嘱。口头遗嘱应当有两个以上见证人在场见证。危急情况消除后，遗嘱人能够以书面或者录音录像形式立遗嘱的，所立的口头遗嘱无效。

第一千一百三十九条　公证遗嘱由遗嘱人经公证机构办理。

第一千一百四十条　下列人员不能作为遗嘱见证人：

（一）无民事行为能力人、限制民事行为能力人以及其他不具有见证能力的人；

（二）继承人、受遗赠人；

（三）与继承人、受遗赠人有利害关系的人。

第一千一百四十一条　遗嘱应当为缺乏劳动能力又没有生活来源的继承人保留必要的遗产份额。

第一千一百四十二条　遗嘱人可以撤回、变更自己所立的遗嘱。

立遗嘱后，遗嘱人实施与遗嘱内容相反的民事法律行为的，视为对遗嘱相关内容的撤回。

立有数份遗嘱，内容相抵触的，以最后的遗嘱为准。

第一千一百四十三条　无民事行为能力人或者限制民事行为能力人所立的遗嘱无效。

遗嘱必须表示遗嘱人的真实意思，受欺诈、胁迫所立的遗嘱无效。

伪造的遗嘱无效。

遗嘱被篡改的，篡改的内容无效。

第一千一百四十四条　遗嘱继承或者遗赠附有义务的，继承人或者受遗赠人应当履行义务。没有正当理由不履行义务的，经利害关系人或者有关组织请求，人民法院可以取消其接受附义务部分遗产的权利。

第四章　遗产的处理

第一千一百四十五条　继承开始后，遗嘱执行人为遗产管理人；没有遗嘱执行人的，继承人应当及时推选遗产管理人；继承人未推选的，由继承人共同担任遗产管理人；没有继承人或者继承人均放弃继承的，由被继承人生前住所地的民政部门或者村民委员会担任遗产管理人。

第一千一百四十六条　对遗产管理人的确定有争议的，利害关系人可以向人民法院申请指定遗产管理人。

第一千一百四十七条　遗产管理人应当履行下列职责：

（一）清理遗产并制作遗产清单；

（二）向继承人报告遗产情况；

（三）采取必要措施防止遗产毁损、灭失；

（四）处理被继承人的债权债务；

（五）按照遗嘱或者依照法律规定分割遗产；

（六）实施与管理遗产有关的其他必要行为。

第一千一百四十八条　遗产管理人应当依法履行职责，因故意或者重大过失造成继承人、受遗赠人、债权人损害的，应当承担民事责任。

第一千一百四十九条　遗产管理人可以依照法律规定或者按照约定获得报酬。

第一千一百五十条 继承开始后,知道被继承人死亡的继承人应当及时通知其他继承人和遗嘱执行人。继承人中无人知道被继承人死亡或者知道被继承人死亡而不能通知的,由被继承人生前所在单位或者住所地的居民委员会、村民委员会负责通知。

第一千一百五十一条 存有遗产的人,应当妥善保管遗产,任何组织或者个人不得侵吞或者争抢。

第一千一百五十二条 继承开始后,继承人于遗产分割前死亡,并没有放弃继承的,该继承人应当继承的遗产转给其继承人,但是遗嘱另有安排的除外。

第一千一百五十三条 夫妻共同所有的财产,除有约定的外,遗产分割时,应当先将共同所有的财产的一半分出为配偶所有,其余的为被继承人的遗产。

遗产在家庭共有财产之中的,遗产分割时,应当先分出他人的财产。

第一千一百五十四条 有下列情形之一的,遗产中的有关部分按照法定继承办理:

(一)遗嘱继承人放弃继承或者受遗赠人放弃受遗赠;

(二)遗嘱继承人丧失继承权或者受遗赠人丧失受遗赠权;

(三)遗嘱继承人、受遗赠人先于遗嘱人死亡或者终止;

(四)遗嘱无效部分所涉及的遗产;

(五)遗嘱未处分的遗产。

第一千一百五十五条 遗产分割时,应当保留胎儿的继承份额。胎儿娩出时是死体的,保留的份额按照法定继承办理。

第一千一百五十六条 遗产分割应当有利于生产和生活需要,不损害遗产的效用。

不宜分割的遗产,可以采取折价、适当补偿或者共有等方法处理。

第一千一百五十七条 夫妻一方死亡后另一方再婚的,有权处分所继承的财产,任何组织或者个人不得干涉。

第一千一百五十八条 自然人可以与继承人以外的组织或者个人签订遗赠扶养协议。按照协议,该组织或者个人承担该自然人生养死葬的义务,享有受遗赠的权利。

第一千一百五十九条 分割遗产,应当清偿被继承人依法应当缴纳的税款和债务;但是,应当为缺乏劳动能力又没有生活来源的继承人保留必要的遗产。

第一千一百六十条 无人继承又无人受遗赠的遗产,归国家所有,用于公益事业;死者生前是集体所有制组织成员的,归所在集体所有制组织所有。

第一千一百六十一条 继承人以所得遗产实际价值为限清偿被继承人依法应当缴纳的税款和债务。超过遗产实际价值部分,继承人自愿偿还的不在此限。

继承人放弃继承的,对被继承人依法应当缴纳的税款和债务可以不负清偿责任。

第一千一百六十二条 执行遗赠不得妨碍清偿遗赠人依法应当缴纳的税款和债务。

第一千一百六十三条 既有法定继承又有遗嘱继承、遗赠的,由法定继承人清偿被继承人依法应当缴纳的税款和债务;超过法定继承遗产实际价值部分,由遗嘱继承人和受遗赠人按比例以所得遗产清偿。

第七编 侵权责任

第一章 一般规定

第一千一百六十四条 本编调整因侵害民事权益产生的民事关系。

第一千一百六十五条 行为人因过错侵害他人民事权益造成损害的，应当承担侵权责任。

依照法律规定推定行为人有过错，其不能证明自己没有过错的，应当承担侵权责任。

第一千一百六十六条 行为人造成他人民事权益损害，不论行为人有无过错，法律规定应当承担侵权责任的，依照其规定。

第一千一百六十七条 侵权行为危及他人人身、财产安全的，被侵权人有权请求侵权人承担停止侵害、排除妨碍、消除危险等侵权责任。

第一千一百六十八条 二人以上共同实施侵权行为，造成他人损害的，应当承担连带责任。

第一千一百六十九条 教唆、帮助他人实施侵权行为的，应当与行为人承担连带责任。

教唆、帮助无民事行为能力人、限制民事行为能力人实施侵权行为的，应当承担侵权责任；该无民事行为能力人、限制民事行为能力人的监护人未尽到监护职责的，应当承担相应的责任。

第一千一百七十条 二人以上实施危及他人人身、财产安全的行为，其中一人或者数人的行为造成他人损害，能够确定具体侵权人的，由侵权人承担责任；不能确定具体侵权人的，行为人承担连带责任。

第一千一百七十一条 二人以上分别实施侵权行为造成同一损害，每个人的侵权行为都足以造成全部损害的，行为人承担连带责任。

第一千一百七十二条 二人以上分别实施侵权行为造成同一损害，能够确定责任大小的，各自承担相应的责任；难以确定责任大小的，平均承担责任。

第一千一百七十三条 被侵权人对同一损害的发生或者扩大有过错的，可以减轻侵权人的责任。

第一千一百七十四条 损害是因受害人故意造成的，行为人不承担责任。

第一千一百七十五条 损害是因第三人造成的，第三人应当承担侵权责任。

第一千一百七十六条 自愿参加具有一定风险的文体活动，因其他参加者的行为受到损害的，受害人不得请求其他参加者承担侵权责任；但是，其他参加者对损害的发生有故意或者重大过失的除外。

活动组织者的责任适用本法第一千一百九十八条至第一千二百零一条的规定。

第一千一百七十七条 合法权益受到侵害，情况紧迫且不能及时获得国家机关保护，不立即采取措施将使其合法权益受到难以弥补的损害的，受害人可以在保护自己合法权益的必要范围内采取扣留侵权人的财物等合理措施；但是，应当立即请求有关国家机关处理。

受害人采取的措施不当造成他人损害的，应当承担侵权责任。

第一千一百七十八条 本法和其他法律对不承担责任或者减轻责任的情形另有规定的，依照其规定。

第二章 损害赔偿

第一千一百七十九条 侵害他人造成人身损害的，应当赔偿医疗费、护理费、交通费、营养费、住院伙食补助费等为治疗和康复支出的合理费用，以及因误工减少的收入。造成残疾的，还应当赔偿辅助器具费和残疾赔偿金；造成死亡的，还应当赔偿丧葬费和死亡赔偿金。

第一千一百八十条 因同一侵权行为造成多人死亡的，可以以相同数额确定死亡赔偿金。

第一千一百八十一条 被侵权人死亡的，其近亲属有权请求侵权人承担侵权责任。被侵权人为组织，该组织分立、合并的，承继权利的组织有权请求侵权人承担侵权责任。

被侵权人死亡的，支付被侵权人医疗费、丧葬费等合理费用的人有权请求侵权人赔偿费用，但是侵权人已经支付该费用的除外。

第一千一百八十二条 侵害他人人身权益造成财产损失的，按照被侵权人因此受到的损失或者侵权人因此获得的利益赔偿；被侵权人因此受到的损失以及侵权人因此获得的利益难以确定，被侵权人和侵权人就赔偿数额协商不一致，向人民法院提起诉讼的，由人民法院根据实际情况确定赔偿数额。

第一千一百八十三条 侵害自然人人身权益造成严重精神损害的，被侵权人有权请求精神损害赔偿。

因故意或者重大过失侵害自然人具有人身意义的特定物造成严重精神损害的，被侵权人有权请求精神损害赔偿。

第一千一百八十四条 侵害他人财产的，财产损失按照损失发生时的市场价格或者其他合理方式计算。

第一千一百八十五条 故意侵害他人知识产权，情节严重的，被侵权人有权请求相应的惩罚性赔偿。

第一千一百八十六条 受害人和行为人对损害的发生都没有过错的，依照法律的规定由双方分担损失。

第一千一百八十七条 损害发生后，当事人可以协商赔偿费用的支付方式。协商不一致的，赔偿费用应当一次性支付；一次性支付确有困难的，可以分期支付，但是被侵权人有权请求提供相应的担保。

第三章 责任主体的特殊规定

第一千一百八十八条 无民事行为能力人、限制民事行为能力人造成他人损害的，由监护人承担侵权责任。监护人尽到监护职责的，可以减轻其侵权责任。

有财产的无民事行为能力人、限制民事行为能力人造成他人损害的，从本人财产中支付赔偿费用；不足部分，由监护人赔偿。

第一千一百八十九条 无民事行为能力人、限制民事行为能力人造成他人损害，监护人将监护职责委托给他人的，监护人应当承担侵权责任；受托人有过错的，承担相应的责任。

第一千一百九十条 完全民事行为能力人对自己的行为暂时没有意识或者失去控制造成他人损害有过错的，应当承担侵权责任；没有过错的，根据行为人的经济状况对受害人适当补偿。

完全民事行为能力人因醉酒、滥用麻醉药品或者精神药品对自己的行为暂时没有意识或者失去控制造成他人损害的，应当承担侵权责任。

第一千一百九十一条 用人单位的工作人员因执行工作任务造成他人损害的，由用人单位承担侵权责任。用人单位承担侵权责任后，可以向有故意或者重大过失的工作人员追偿。

劳务派遣期间，被派遣的工作人员因执行工作任务造成他人损害的，由接受劳务派遣的用工单位承担侵权责任；劳务派遣单位有过错的，承担相应的责任。

第一千一百九十二条 个人之间形成劳务关系，提供劳务一方因劳务造成他人损害的，由接受劳务一方承担侵权责任。接受劳务一方承担侵权责任后，可以向有故意或者重大过失的提供劳务一方追偿。提供劳务一方因劳务受到损害的，根据双方各自的过错承担相应的责任。

提供劳务期间，因第三人的行为造成提供劳务一方损害的，提供劳务一方有权请求第三人承担侵权责任，也有权请求接受劳务一方给予补偿。接受劳务一方补偿后，可以向第三人追偿。

第一千一百九十三条 承揽人在完成工作过程中造成第三人损害或者自己损害的，定作人不承担侵权责任。但是，定作人对定作、指示或者选任有过错的，应当承担相应的责任。

第一千一百九十四条　网络用户、网络服务提供者利用网络侵害他人民事权益的，应当承担侵权责任。法律另有规定的，依照其规定。

第一千一百九十五条　网络用户利用网络服务实施侵权行为的，权利人有权通知网络服务提供者采取删除、屏蔽、断开链接等必要措施。通知应当包括构成侵权的初步证据及权利人的真实身份信息。

网络服务提供者接到通知后，应当及时将该通知转送相关网络用户，并根据构成侵权的初步证据和服务类型采取必要措施；未及时采取必要措施的，对损害的扩大部分与该网络用户承担连带责任。

权利人因错误通知造成网络用户或者网络服务提供者损害的，应当承担侵权责任。法律另有规定的，依照其规定。

第一千一百九十六条　网络用户接到转送的通知后，可以向网络服务提供者提交不存在侵权行为的声明。声明应当包括不存在侵权行为的初步证据及网络用户的真实身份信息。

网络服务提供者接到声明后，应当将该声明转送发出通知的权利人，并告知其可以向有关部门投诉或者向人民法院提起诉讼。网络服务提供者在转送声明到达权利人后的合理期限内，未收到权利人已经投诉或者提起诉讼通知的，应当及时终止所采取的措施。

第一千一百九十七条　网络服务提供者知道或者应当知道网络用户利用其网络服务侵害他人民事权益，未采取必要措施的，与该网络用户承担连带责任。

第一千一百九十八条　宾馆、商场、银行、车站、机场、体育场馆、娱乐场所等经营场所、公共场所的经营者、管理者或者群众性活动的组织者，未尽到安全保障义务，造成他人损害的，应当承担侵权责任。

因第三人的行为造成他人损害的，由第三人承担侵权责任；经营者、管理者或者组织者未尽到安全保障义务的，承担相应的补充责任。经营者、管理者或者组织者承担补充责任后，可以向第三人追偿。

第一千一百九十九条　无民事行为能力人在幼儿园、学校或者其他教育机构学习、生活期间受到人身损害的，幼儿园、学校或者其他教育机构应当承担侵权责任；但是，能够证明尽到教育、管理职责的，不承担侵权责任。

第一千二百条　限制民事行为能力人在学校或者其他教育机构学习、生活期间受到人身损害，学校或者其他教育机构未尽到教育、管理职责的，应当承担侵权责任。

第一千二百零一条　无民事行为能力人或者限制民事行为能力人在幼儿园、学校或者其他教育机构学习、生活期间，受到幼儿园、学校或者其他教育机构以外的第三人人身损害的，由第三人承担侵权责任；幼儿园、学校或者其他教育机构未尽到管理职责的，承担相应的补充责任。幼儿园、学校或者其他教育机构承担补充责任后，可以向第三人追偿。

第四章　产 品 责 任

第一千二百零二条　因产品存在缺陷造成他人损害的，生产者应当承担侵权责任。

第一千二百零三条　因产品存在缺陷造成他人损害的，被侵权人可以向产品的生产者请求赔偿，也可以向产品的销售者请求赔偿。

产品缺陷由生产者造成的，销售者赔偿后，有权向生产者追偿。因销售者的过错使产品存在缺陷的，生产者赔偿后，有权向销售者追偿。

第一千二百零四条　因运输者、仓储者等第三人的过错使产品存在缺陷，造成他人损害的，产品的生产者、销售者赔偿后，有权向第三人追偿。

第一千二百零五条　因产品缺陷危及他人人身、财产安全的，被侵权人有权请求生产者、销售者承担停止侵害、排除妨碍、消除危险等侵权责任。

第一千二百零六条 产品投入流通后发现存在缺陷的，生产者、销售者应当及时采取停止销售、警示、召回等补救措施；未及时采取补救措施或者补救措施不力造成损害扩大的，对扩大的损害也应当承担侵权责任。

依据前款规定采取召回措施的，生产者、销售者应当负担被侵权人因此支出的必要费用。

第一千二百零七条 明知产品存在缺陷仍然生产、销售，或者没有依据前条规定采取有效补救措施，造成他人死亡或者健康严重损害的，被侵权人有权请求相应的惩罚性赔偿。

第五章 机动车交通事故责任

第一千二百零八条 机动车发生交通事故造成损害的，依照道路交通安全法律和本法的有关规定承担赔偿责任。

第一千二百零九条 因租赁、借用等情形机动车所有人、管理人与使用人不是同一人时，发生交通事故造成损害，属于该机动车一方责任的，由机动车使用人承担赔偿责任；机动车所有人、管理人对损害的发生有过错的，承担相应的赔偿责任。

第一千二百一十条 当事人之间已经以买卖或者其他方式转让并交付机动车但是未办理登记，发生交通事故造成损害，属于该机动车一方责任的，由受让人承担赔偿责任。

第一千二百一十一条 以挂靠形式从事道路运输经营活动的机动车，发生交通事故造成损害，属于该机动车一方责任的，由挂靠人和被挂靠人承担连带责任。

第一千二百一十二条 未经允许驾驶他人机动车，发生交通事故造成损害，属于该机动车一方责任的，由机动车使用人承担赔偿责任；机动车所有人、管理人对损害的发生有过错的，承担相应的赔偿责任，但是本章另有规定的除外。

第一千二百一十三条 机动车发生交通事故造成损害，属于该机动车一方责任的，先由承保机动车强制保险的保险人在强制保险责任限额范围内予以赔偿；不足部分，由承保机动车商业保险的保险人按照保险合同的约定予以赔偿；仍然不足或者没有投保机动车商业保险的，由侵权人赔偿。

第一千二百一十四条 以买卖或者其他方式转让拼装或者已经达到报废标准的机动车，发生交通事故造成损害的，由转让人和受让人承担连带责任。

第一千二百一十五条 盗窃、抢劫或者抢夺的机动车发生交通事故造成损害的，由盗窃人、抢劫人或者抢夺人承担赔偿责任。盗窃人、抢劫人或者抢夺人与机动车使用人不是同一人，发生交通事故造成损害，属于该机动车一方责任的，由盗窃人、抢劫人或者抢夺人与机动车使用人承担连带责任。

保险人在机动车强制保险责任限额范围内垫付抢救费用的，有权向交通事故责任人追偿。

第一千二百一十六条 机动车驾驶人发生交通事故后逃逸，该机动车参加强制保险的，由保险人在机动车强制保险责任限额范围内予以赔偿；机动车不明、该机动车未参加强制保险或者抢救费用超过机动车强制保险责任限额，需要支付被侵权人人身伤亡的抢救、丧葬等费用的，由道路交通事故社会救助基金垫付。道路交通事故社会救助基金垫付后，其管理机构有权向交通事故责任人追偿。

第一千二百一十七条 非营运机动车发生交通事故造成无偿搭乘人损害，属于该机动车一方责任的，应当减轻其赔偿责任，但是机动车使用人有故意或者重大过失的除外。

第六章 医疗损害责任

第一千二百一十八条 患者在诊疗活动中受到损害，医疗机构或者其医务人员有过错的，由医疗机构承担赔偿责任。

第一千二百一十九条 医务人员在诊疗活动中应当向患者说明病情和医疗措施。需要实施手术、特殊检查、特殊治疗的,医务人员应当及时向患者具体说明医疗风险、替代医疗方案等情况,并取得其明确同意;不能或者不宜向患者说明的,应当向患者的近亲属说明,并取得其明确同意。

医务人员未尽到前款义务,造成患者损害的,医疗机构应当承担赔偿责任。

第一千二百二十条 因抢救生命垂危的患者等紧急情况,不能取得患者或者其近亲属意见的,经医疗机构负责人或者授权的负责人批准,可以立即实施相应的医疗措施。

第一千二百二十一条 医务人员在诊疗活动中未尽到与当时的医疗水平相应的诊疗义务,造成患者损害的,医疗机构应当承担赔偿责任。

第一千二百二十二条 患者在诊疗活动中受到损害,有下列情形之一的,推定医疗机构有过错:

(一)违反法律、行政法规、规章以及其他有关诊疗规范的规定;

(二)隐匿或者拒绝提供与纠纷有关的病历资料;

(三)遗失、伪造、篡改或者违法销毁病历资料。

第一千二百二十三条 因药品、消毒产品、医疗器械的缺陷,或者输入不合格的血液造成患者损害的,患者可以向药品上市许可持有人、生产者、血液提供机构请求赔偿,也可以向医疗机构请求赔偿。患者向医疗机构请求赔偿的,医疗机构赔偿后,有权向负有责任的药品上市许可持有人、生产者、血液提供机构追偿。

第一千二百二十四条 患者在诊疗活动中受到损害,有下列情形之一的,医疗机构不承担赔偿责任:

(一)患者或者其近亲属不配合医疗机构进行符合诊疗规范的诊疗;

(二)医务人员在抢救生命垂危的患者等紧急情况下已经尽到合理诊疗义务;

(三)限于当时的医疗水平难以诊疗。

前款第一项情形中,医疗机构或者其医务人员也有过错的,应当承担相应的赔偿责任。

第一千二百二十五条 医疗机构及其医务人员应当按照规定填写并妥善保管住院志、医嘱单、检验报告、手术及麻醉记录、病理资料、护理记录等病历资料。

患者要求查阅、复制前款规定的病历资料的,医疗机构应当及时提供。

第一千二百二十六条 医疗机构及其医务人员应当对患者的隐私和个人信息保密。泄露患者的隐私和个人信息,或者未经患者同意公开其病历资料的,应当承担侵权责任。

第一千二百二十七条 医疗机构及其医务人员不得违反诊疗规范实施不必要的检查。

第一千二百二十八条 医疗机构及其医务人员的合法权益受法律保护。

干扰医疗秩序,妨碍医务人员工作、生活,侵害医务人员合法权益的,应当依法承担法律责任。

第七章 环境污染和生态破坏责任

第一千二百二十九条 因污染环境、破坏生态造成他人损害的,侵权人应当承担侵权责任。

第一千二百三十条 因污染环境、破坏生态发生纠纷,行为人应当就法律规定的不承担责任或者减轻责任的情形及其行为与损害之间不存在因果关系承担举证责任。

第一千二百三十一条 两个以上侵权人污染环境、破坏生态的,承担责任的大小,根据污染物的种类、浓度、排放量,破坏生态的方式、范围、程度,以及行为对损害后果所起的作用等因素确定。

第一千二百三十二条 侵权人违反法律规定故意污染环境、破坏生态造成严重后果的，被侵权人有权请求相应的惩罚性赔偿。

第一千二百三十三条 因第三人的过错污染环境、破坏生态的，被侵权人可以向侵权人请求赔偿，也可以向第三人请求赔偿。侵权人赔偿后，有权向第三人追偿。

第一千二百三十四条 违反国家规定造成生态环境损害，生态环境能够修复的，国家规定的机关或者法律规定的组织有权请求侵权人在合理期限内承担修复责任。侵权人在期限内未修复的，国家规定的机关或者法律规定的组织可以自行或者委托他人进行修复，所需费用由侵权人负担。

第一千二百三十五条 违反国家规定造成生态环境损害的，国家规定的机关或者法律规定的组织有权请求侵权人赔偿下列损失和费用：

（一）生态环境受到损害至修复完成期间服务功能丧失导致的损失；

（二）生态环境功能永久性损害造成的损失；

（三）生态环境损害调查、鉴定评估等费用；

（四）清除污染、修复生态环境费用；

（五）防止损害的发生和扩大所支出的合理费用。

第八章　高度危险责任

第一千二百三十六条 从事高度危险作业造成他人损害的，应当承担侵权责任。

第一千二百三十七条 民用核设施或者运入运出核设施的核材料发生核事故造成他人损害的，民用核设施的营运单位应当承担侵权责任；但是，能够证明损害是因战争、武装冲突、暴乱等情形或者受害人故意造成的，不承担责任。

第一千二百三十八条 民用航空器造成他人损害的，民用航空器的经营者应当承担侵权责任；但是，能够证明损害是因受害人故意造成的，不承担责任。

第一千二百三十九条 占有或者使用易燃、易爆、剧毒、高放射性、强腐蚀性、高致病性等高度危险物造成他人损害的，占有人或者使用人应当承担侵权责任；但是，能够证明损害是因受害人故意或者不可抗力造成的，不承担责任。被侵权人对损害的发生有重大过失的，可以减轻占有人或者使用人的责任。

第一千二百四十条 从事高空、高压、地下挖掘活动或者使用高速轨道运输工具造成他人损害的，经营者应当承担侵权责任；但是，能够证明损害是因受害人故意或者不可抗力造成的，不承担责任。被侵权人对损害的发生有重大过失的，可以减轻经营者的责任。

第一千二百四十一条 遗失、抛弃高度危险物造成他人损害的，由所有人承担侵权责任。所有人将高度危险物交由他人管理的，由管理人承担侵权责任；所有人有过错的，与管理人承担连带责任。

第一千二百四十二条 非法占有高度危险物造成他人损害的，由非法占有人承担侵权责任。所有人、管理人不能证明对防止非法占有尽到高度注意义务的，与非法占有人承担连带责任。

第一千二百四十三条 未经许可进入高度危险活动区域或者高度危险物存放区域受到损害，管理人能够证明已经采取足够安全措施并尽到充分警示义务的，可以减轻或者不承担责任。

第一千二百四十四条 承担高度危险责任，法律规定赔偿限额的，依照其规定，但是行为人有故意或者重大过失的除外。

第九章　饲养动物损害责任

第一千二百四十五条　饲养的动物造成他人损害的，动物饲养人或者管理人应当承担侵权责任；但是，能够证明损害是因被侵权人故意或者重大过失造成的，可以不承担或者减轻责任。

第一千二百四十六条　违反管理规定，未对动物采取安全措施造成他人损害的，动物饲养人或者管理人应当承担侵权责任；但是，能够证明损害是因被侵权人故意造成的，可以减轻责任。

第一千二百四十七条　禁止饲养的烈性犬等危险动物造成他人损害的，动物饲养人或者管理人应当承担侵权责任。

第一千二百四十八条　动物园的动物造成他人损害的，动物园应当承担侵权责任；但是，能够证明尽到管理职责的，不承担侵权责任。

第一千二百四十九条　遗弃、逃逸的动物在遗弃、逃逸期间造成他人损害的，由动物原饲养人或者管理人承担侵权责任。

第一千二百五十条　因第三人的过错致使动物造成他人损害的，被侵权人可以向动物饲养人或者管理人请求赔偿，也可以向第三人请求赔偿。动物饲养人或者管理人赔偿后，有权向第三人追偿。

第一千二百五十一条　饲养动物应当遵守法律法规，尊重社会公德，不得妨碍他人生活。

第十章　建筑物和物件损害责任

第一千二百五十二条　建筑物、构筑物或者其他设施倒塌、塌陷造成他人损害的，由建设单位与施工单位承担连带责任，但是建设单位与施工单位能够证明不存在质量缺陷的除外。建设单位、施工单位赔偿后，有其他责任人的，有权向其他责任人追偿。

因所有人、管理人、使用人或者第三人的原因，建筑物、构筑物或者其他设施倒塌、塌陷造成他人损害的，由所有人、管理人、使用人或者第三人承担侵权责任。

第一千二百五十三条　建筑物、构筑物或者其他设施及其搁置物、悬挂物发生脱落、坠落造成他人损害，所有人、管理人或者使用人不能证明自己没有过错的，应当承担侵权责任。所有人、管理人或者使用人赔偿后，有其他责任人的，有权向其他责任人追偿。

第一千二百五十四条　禁止从建筑物中抛掷物品。从建筑物中抛掷物品或者从建筑物上坠落的物品造成他人损害的，由侵权人依法承担侵权责任；经调查难以确定具体侵权人的，除能够证明自己不是侵权人的外，由可能加害的建筑物使用人给予补偿。可能加害的建筑物使用人补偿后，有权向侵权人追偿。

物业服务企业等建筑物管理人应当采取必要的安全保障措施防止前款规定情形的发生；未采取必要的安全保障措施的，应当依法承担未履行安全保障义务的侵权责任。

发生本条第一款规定的情形的，公安等机关应当依法及时调查，查清责任人。

第一千二百五十五条　堆放物倒塌、滚落或者滑落造成他人损害，堆放人不能证明自己没有过错的，应当承担侵权责任。

第一千二百五十六条　在公共道路上堆放、倾倒、遗撒妨碍通行的物品造成他人损害的，由行为人承担侵权责任。公共道路管理人不能证明已经尽到清理、防护、警示等义务的，应当承担相应的责任。

第一千二百五十七条　因林木折断、倾倒或者果实坠落等造成他人损害，林木的所有人或者管理人不能证明自己没有过错的，应当承担侵权责任。

第一千二百五十八条　在公共场所或者道路上挖掘、修缮安装地下设施等造成他人损害，施工人不能证明已经设置明显标志和采取安全措施的，应当承担侵权责任。

窨井等地下设施造成他人损害，管理人不能证明尽到管理职责的，应当承担侵权责任。

附　　则

第一千二百五十九条　民法所称的“以上”、“以下”、“以内”、“届满”，包括本数；所称的“不满”、“超过”、“以外”，不包括本数。

第一千二百六十条　本法自2021年1月1日起施行。《中华人民共和国婚姻法》、《中华人民共和国继承法》、《中华人民共和国民法通则》、《中华人民共和国收养法》、《中华人民共和国担保法》、《中华人民共和国合同法》、《中华人民共和国物权法》、《中华人民共和国侵权责任法》、《中华人民共和国民法总则》同时废止。

关于《中华人民共和国民法典(草案)》的说明

——2020年5月22日在第十三届全国人民代表大会第三次会议上

全国人民代表大会常务委员会副委员长　王　晨

各位代表:

我受全国人大常委会委托,作关于《中华人民共和国民法典(草案)》的说明。

一、编纂民法典的重大意义

编纂民法典是党的十八届四中全会确定的一项重大政治任务和立法任务,是以习近平同志为核心的党中央作出的重大法治建设部署。编纂民法典,就是通过对我国现行的民事法律制度规范进行系统整合、编订纂修,形成一部适应新时代中国特色社会主义发展要求,符合我国国情和实际,体例科学、结构严谨、规范合理、内容完整并协调一致的法典。这是一项系统的、重大的立法工程。

编纂一部真正属于中国人民的民法典,是新中国几代人的夙愿。党和国家曾于1954年、1962年、1979年和2001年先后四次启动民法制定工作。第一次和第二次,由于多种原因而未能取得实际成果。1979年第三次启动,由于刚刚进入改革开放新时期,制定一部完整民法典的条件尚不具备。因此,当时领导全国人大法制委员会立法工作的彭真、习仲勋等同志深入研究后,在八十年代初决定按照"成熟一个通过一个"的工作思路,确定先制定民事单行法律。现行的继承法、民法通则、担保法、合同法就是在这种工作思路下先后制定的。2001年,九届全国人大常委会组织起草《中华人民共和国民法(草案)》,并于2002年12月进行了一次审议。经讨论和研究,仍确定继续采取分别制定单行法的办法推进我国民事法律制度建设。2003年十届全国人大以来,又陆续制定了物权法、侵权责任法、涉外民事关系法律适用法等。总地看,经过多年来努力,我国民事立法是富有成效的,逐步形成了比较完备的民事法律规范体系,民事司法实践积累了丰富经验,民事法律服务取得显著进步,民法理论研究也达到较高水平,全社会民事法治观念普遍增强,为编纂民法典奠定了较好的制度基础、实践基础、理论基础和社会基础。随着我国社会主义现代化事业不断发展和全面依法治国深入推进,人民群众和社会各方面对编纂和出台民法典寄予很大的期盼。

党的十八大以来,以习近平同志为核心的党中央把全面依法治国摆在突出位置,推动党和国家事业发生历史性变革、取得历史性成就,中国特色社会主义已经进入新时代。在坚持和完善中国特色社会主义制度、推进国家治理体系和治理能力现代化的新征程中,编纂民法典具有重大而深远的意义。

(一)编纂民法典是坚持和完善中国特色社会主义制度的现实需要

回顾人类文明史,编纂法典是具有重要标志意义的法治建设工程,是一个国家、一个民族走向繁荣强盛的象征和标志。新中国成立70多年特别是改革开放40多年来,中国共产党团结带领中国人民不懈奋斗,成功开辟了中国特色社会主义道路,取得了举世瞩目的发展成就,中国特色社会主义制度展现出强大生命力和显著优越性。我国民事法律制度正是伴随着新时期改革开放和社会主义现代化建设的历史进程而形成并不断发展完善的，是中国特色社会主义法律制度的重要组成部分。在系统总结制度建设成果和实践经验的基础上，编纂一部具有中国特色、体现时代特点、反映人民意愿的民法典，不仅能充分彰显中国特色社会主义法律制度成果和制度自信，促进和保障中国特色社会主义事业不断发展，也能为人类法治文明的发展进步贡献中国智慧和中国方案。

（二）编纂民法典是推进全面依法治国、推进国家治理体系和治理能力现代化的重大举措

民法是中国特色社会主义法律体系的重要组成部分，是民事领域的基础性、综合性法律，它规范各类民事主体的各种人身关系和财产关系，涉及社会和经济生活的方方面面，被称为“社会生活的百科全书”。建立健全完备的法律规范体系，以良法保障善治，是全面依法治国的前提和基础。民法通过确立民事主体、民事权利、民事法律行为、民事责任等民事总则制度，确立物权、合同、人格权、婚姻家庭、继承、侵权责任等民事分则制度，来调整各类民事关系。民法与国家其他领域法律规范一起，支撑着国家制度和国家治理体系，是保证国家制度和国家治理体系正常有效运行的基础性法律规范。编纂民法典，就是全面总结我国的民事立法和司法的实践经验，对现行民事单行法律进行系统编订纂修，将相关民事法律规范编纂成一部综合性法典，不断健全完善中国特色社会主义法律体系。这对于以法治方式推进国家治理体系和治理能力现代化，更好地发挥法治固根本、稳预期、利长远的保障作用，具有重要意义。

（三）编纂民法典是坚持和完善社会主义基本经济制度、推动经济高质量发展的客观要求

公有制为主体、多种所有制经济共同发展，按劳分配为主体、多种分配方式并存，社会主义市场经济体制等社会主义基本经济制度，是以法治为基础、在法治轨道上运行、受法治规则调整的经济制度，社会主义市场经济本质上是法治经济。我国民事主体制度中的法人制度，规范民事活动的民事法律行为制度、代理制度，调整各类财产关系的物权制度，调整各类交易关系的合同制度，保护和救济民事权益的侵权责任制度，都是坚持和完善社会主义基本经济制度不可或缺的法律制度规范和行为规则。同时，我国民事法律制度建设一直秉持“民商合一”的传统，把许多商事法律规范纳入民法之中。编纂民法典，进一步完善我国民商事领域基本法律制度和行为规则，为各类民商事活动提供基本遵循，有利于充分调动民事主体的积极性和创造性、维护交易安全、维护市场秩序，有利于营造各种所有制主体依法平等使用资源要素、公开公平公正参与竞争、同等受到法律保护的市场环境，推动经济高质量发展。

（四）编纂民法典是增进人民福祉、维护最广大人民根本利益的必然要求

中国特色社会主义法治建设的根本目的是保障人民权益。改革开放以来，我国民事法律制度逐步得到完善和发展，公民的民事权利也得到越来越充分的保护。中国特色社会主义进入新时代，随着我国社会主要矛盾的变化，随着经济发展和国民财富的不断积累，随着信息化和大数据时代的到来，人民群众在民主、法治、公平、正义、安全、环境等方面的要求日益增长，希望对权利的保护更加充分、更加有效。党的十九大明确提出，要保护人民人身权、财产权、人格权。而现行民事立法中的有些规范已经滞后，难以适应人民日益增长的美好生活需要。编纂民法典，健全和充实民事权利种类，形成更加完备的民事权利体系，完善权利保护和救济规则，形成规范有效的权利保护机制，对于更好地维护人民权益，不断增加人民群众获得感、幸福感和安全感，促进人的全面发展，具有十分重要的意义。

二、编纂民法典的总体要求和基本原则

民法典是新中国第一部以法典命名的法律，开创了我国法典编纂立法的先河，具有里程碑意义。以

习近平同志为核心的党中央高度重视民法典编纂工作,将编纂民法典列入党中央重要工作议程,并对编纂民法典工作任务作出总体部署、提出明确要求。十二届、十三届全国人大常委会都高度重视这一立法工作,将编纂民法典纳入全国人大常委会立法规划和年度立法工作计划,确定为全国人大常委会的立法工作重点项目,积极持续推进。为做好民法典编纂工作,全国人大常委会党组先后多次向党中央请示和报告,就民法典编纂工作的总体考虑、工作步骤、体例结构等重大问题进行汇报。2016 年 6 月、2018 年 8 月、2019 年 12 月,习近平总书记三次主持中央政治局常委会会议,听取并原则同意全国人大常委会党组就民法典编纂工作所作的请示汇报,对民法典编纂工作作出重要指示,为民法典编纂工作提供了重要指导和基本遵循。

编纂民法典的指导思想是:高举中国特色社会主义伟大旗帜,以马克思列宁主义、毛泽东思想、邓小平理论、“三个代表”重要思想、科学发展观、习近平新时代中国特色社会主义思想为指导,增强“四个意识”,坚定“四个自信”,做到“两个维护”,全面贯彻党的十八大、十九大和有关中央全会精神,坚持党的领导、人民当家作主、依法治国有机统一,紧紧围绕统筹推进“五位一体”总体布局和协调推进“四个全面”战略布局,紧紧围绕建设中国特色社会主义法治体系、建设社会主义法治国家,总结实践经验,适应时代要求,对我国现行的、制定于不同时期的民法通则、物权法、合同法、担保法、婚姻法、收养法、继承法、侵权责任法和人格权方面的民事法律规范进行全面系统的编订纂修,形成一部具有中国特色、体现时代特点、反映人民意愿的民法典,为新时代坚持和完善中国特色社会主义制度、实现“两个一百年”奋斗目标、实现中华民族伟大复兴中国梦提供完备的民事法治保障。

贯彻上述指导思想,切实做好民法典编纂工作,必须遵循和体现以下基本原则:一是坚持正确政治方向,全面贯彻习近平总书记全面依法治国新理念新思想新战略,坚决贯彻党中央的决策部署,坚持服务党和国家工作大局,充分发挥民法典在坚持和完善中国特色社会主义制度、推进国家治理体系和治理能力现代化中的重要作用。二是坚持以人民为中心,以保护民事权利为出发点和落脚点,切实回应人民的法治需求,更好地满足人民日益增长的美好生活需要,充分实现好、维护好、发展好最广大人民的根本利益,使民法典成为新时代保护人民民事权利的好法典。三是坚持立足国情和实际,全面总结我国改革开放 40 多年来民事立法和实践经验,以法典化方式巩固、确认和发展民事法治建设成果,以实践需求指引立法方向,提高民事法律制度的针对性、有效性、适应性,发挥法治的引领、规范、保障作用。四是坚持依法治国与以德治国相结合,注重将社会主义核心价值观融入民事法律规范,大力弘扬传统美德和社会公德,强化规则意识,倡导契约精神,维护公序良俗。五是坚持科学立法、民主立法、依法立法,不断增强民事法律规范的系统性、完整性,既保持民事法律制度的连续性、稳定性,又保持适度的前瞻性、开放性,同时处理好、衔接好法典化民事法律制度下各类规范之间的关系。

三、民法典编纂工作情况

根据党中央的工作部署,编纂民法典的起草工作由全国人大常委会法制工作委员会牵头,最高人民法院、最高人民检察院、司法部、中国社会科学院、中国法学会为参加单位。为做好民法典编纂工作,全国人大常委会法制工作委员会与五家参加单位成立了民法典编纂工作协调小组,并成立了民法典编纂工作专班。

编纂民法典不是制定全新的民事法律,也不是简单的法律汇编,而是对现行的民事法律规范进行编订纂修,对已经不适应现实情况的规定进行修改完善,对经济社会生活中出现的新情况、新问题作出有针对性的新规定。编纂民法典采取“两步走”的工作思路进行：第一步，制定民法总则，作为民法典的总则编；第二步，编纂民法典各分编，经全国人大常委会审议和修改完善后，再与民法总则合并为一部完整的民法典草案。

2015 年 3 月，全国人大常委会法制工作委员会启动民法典编纂工作，着手第一步的民法总则制定工作，以 1986 年制定的民法通则为基础，系统梳理总结有关民事法律的实践经验，提炼民事法律制度中具有普遍适用性和引领性的规则，形成民法总则草案，2016 年由十二届全国人大常委会进行了三次审议，2017 年 3 月由第十二届全国人民代表大会第五次会议审议通过。制定民法总则，完成了民法典编纂工作的第一步，为民法典编纂奠定了坚实基础。

民法总则通过后，十二届、十三届全国人大常委会接续努力、抓紧开展作为民法典编纂第二步的各分编编纂工作。法制工作委员会与民法典编纂工作各参加单位全力推进民法典各分编编纂工作，系统梳理、研究历年来有关方面提出的意见，开展立法调研，广泛听取意见建议，以现行物权法、合同法、担保法、婚姻法、收养法、继承法、侵权责任法等为基础，结合我国经济社会发展对民事法律提出的新需求，形成了包括物权、合同、人格权、婚姻家庭、继承、侵权责任等 6 个分编在内的民法典各分编草案，提请 2018 年 8 月召开的第十三届全国人大常委会第五次会议审议。其后，2018 年 12 月，2019 年 4 月、6 月、8 月、10 月，第十三届全国人大常委会第七次、第十次、第十一次、第十二次、第十四次会议对民法典各分编草案进行了拆分审议，对全部 6 个分编草案进行了二审，对各方面比较关注的人格权、婚姻家庭、侵权责任 3 个分编草案进行了三审。在此基础上，将民法总则与经过常委会审议和修改完善的民法典各分编草案合并，形成《中华人民共和国民法典（草案）》，提请 2019 年 12 月召开的第十三届全国人大常委会第十五次会议审议。经审议，全国人大常委会作出决定，将民法典草案提请本次大会审议。

民法典草案经全国人大常委会审议后，全国人大常委会办公厅将草案印发十三届全国人大代表、部署组织全国人大代表研读讨论民法典草案工作，征求代表意见。同时，法制工作委员会还将草案印发地方人大、基层立法联系点、中央有关部门征求意见，并在中国人大网公布征求社会公众意见。法制工作委员会还在北京召开多个座谈会，听取有关部门、专家的意见。各方面普遍认为，编纂民法典，对于完善中国特色社会主义法律体系，以法治方式推进国家治理体系和治理能力现代化，切实维护最广大人民的根本利益，促进社会公平正义具有重要意义。

新冠肺炎疫情发生以来，全国人大常委会高度关注，栗战书委员长多次就贯彻落实习近平总书记对疫情防控工作的重要讲话精神和党中央决策部署，为疫情防控工作提供法治保障提出明确的工作要求。我们认真学习贯彻习近平总书记重要讲话精神和党中央决策部署，结合民法典编纂工作，对与疫情相关的民事法律制度进行梳理研究，对草案作了有针对性的修改完善。

2020 年 4 月 20 日、21 日，全国人大宪法和法律委员会召开会议，根据全国人大常委会的审议意见、代表研读讨论中提出的意见和各方面的意见，对民法典草案作了进一步修改完善；认为经过全国人大常委会多次审议和广泛征求意见，草案充分吸收各方面的意见建议，已经比较成熟，形成了提请本次会议审议的《中华人民共和国民法典（草案）》。

为进一步做好会议审议民法典草案的准备工作，更充分听取全国人大代表的意见，4 月 29 日，法制工作委员会将修改后的民法典草案再次发送给各省、自治区、直辖市人大常委会，请各地方以适当方式组织有关全国人大代表研读讨论，听取意见。

四、民法典草案的主要内容

《中华人民共和国民法典(草案)》共7编、1260条,各编依次为总则、物权、合同、人格权、婚姻家庭、继承、侵权责任,以及附则。

(一)总则编

第一编"总则"规定民事活动必须遵循的基本原则和一般性规则,统领民法典各分编。第一编基本保持现行民法总则的结构和内容不变,根据法典编纂体系化要求对个别条款作了文字修改,并将"附则"部分移到民法典草案的最后。第一编共10章、204条,主要内容有:

1. 关于基本规定。第一编第一章规定了民法典的立法目的和依据。其中,将"弘扬社会主义核心价值观"作为一项重要的立法目的,体现坚持依法治国与以德治国相结合的鲜明中国特色(草案第一条)。同时,规定了民事权利及其他合法权益受法律保护,确立了平等、自愿、公平、诚信、守法和公序良俗等民法基本原则(草案第四条至第八条)。为贯彻习近平生态文明思想,将绿色原则确立为民法的基本原则,规定民事主体从事民事活动,应当有利于节约资源、保护生态环境(草案第九条)。

2. 关于民事主体。民事主体是民事关系的参与者、民事权利的享有者、民事义务的履行者和民事责任的承担者,具体包括三类:一是自然人。自然人是最基本的民事主体。草案规定了自然人的民事权利能力和民事行为能力制度、监护制度、宣告失踪和宣告死亡制度,并对个体工商户和农村承包经营户作了规定(草案第一编第二章)。结合此次疫情防控工作,对监护制度作了进一步完善,规定因发生突发事件等紧急情况,监护人暂时无法履行监护职责,被监护人的生活处于无人照料状态的,被监护人住所地的居民委员会、村民委员会或者民政部门应当为被监护人安排必要的临时生活照料措施(草案第三十四条第四款)。二是法人。法人是依法成立的,具有民事权利能力和民事行为能力,依法独立享有民事权利和承担民事义务的组织。草案规定了法人的定义、成立原则和条件、住所等一般规定,并对营利法人、非营利法人、特别法人三类法人分别作了具体规定(草案第一编第三章)。三是非法人组织。非法人组织是不具有法人资格,但是能够依法以自己的名义从事民事活动的组织。草案对非法人组织的设立、责任承担、解散、清算等作了规定(草案第一编第四章)。

3. 关于民事权利。保护民事权利是民事立法的重要任务。第一编第五章规定了民事权利制度,包括各种人身权利和财产权利。为建设创新型国家,草案对知识产权作了概括性规定,以统领各个单行的知识产权法律(草案第一百二十三条)。同时,对数据、网络虚拟财产的保护作了原则性规定(草案第一百二十七条)。此外,还规定了民事权利的取得和行使规则等内容(草案第一百二十九条至第一百三十二条)。

4. 关于民事法律行为和代理。民事法律行为是民事主体通过意思表示设立、变更、终止民事法律关系的行为,代理是民事主体通过代理人实施民事法律行为的制度。第一编第六章、第七章规定了民事法律行为制度、代理制度:一是规定民事法律行为的定义、成立、形式和生效时间等(草案第一编第六章第一节)。二是对意思表示的生效、方式、撤回和解释等作了规定(草案第一编第六章第二节)。三是规定民事法律行为的效力制度(草案第一编第六章第三节)。四是规定了代理的适用范围、效力、类型等代理制度的内容(草案第一编第七章)。

5. 关于民事责任、诉讼时效和期间计算。民事责任是民事主体违反民事义务的法律后果,是保障和维护民事权利的重要制度。诉讼时效是权利人在法定期间内不行使权利,权利不受保护的法律制度,其功能主要是促使权利人及时行使权利、维护交易安全、稳定法律秩序。第一编第八章、第九章、第十章规定了民事责任、诉讼时效和期间计算制度：一是规定了民事责任的承担方式，并对不可抗力、正当防卫、紧急避险、自愿实施紧急救助等特殊的民事责任承担问题作了规定（草案第一编第八章）。二是规定了诉讼时效的期间及其起算、法律效果，诉讼时效的中止、中断等内容（草案第一编第九章）。三是规定了期间的计算单位、起算、结束和顺延等（草案第一编第十章）。

（二）物权编

物权是民事主体依法享有的重要财产权。物权法律制度调整因物的归属和利用而产生的民事关系，是最重要的民事基本制度之一。2007 年第十届全国人民代表大会第五次会议通过了物权法。草案第二编"物权"在现行物权法的基础上，按照党中央提出的完善产权保护制度，健全归属清晰、权责明确、保护严格、流转顺畅的现代产权制度的要求，结合现实需要，进一步完善了物权法律制度。第二编共 5 个分编、20 章、258 条，主要内容有：

1. 关于通则。第一分编为通则，规定了物权制度基础性规范，包括平等保护等物权基本原则，物权变动的具体规则，以及物权保护制度。党的十九届四中全会通过的《中共中央关于坚持和完善中国特色社会主义制度推进国家治理体系和治理能力现代化若干重大问题的决定》对社会主义基本经济制度有了新的表述，为贯彻会议精神，草案将有关基本经济制度的规定修改为："国家坚持和完善公有制为主体、多种所有制经济共同发展，按劳分配为主体、多种分配方式并存，社会主义市场经济体制等社会主义基本经济制度。"（草案第二百零六条第一款）

2. 关于所有权。所有权是物权的基础，是所有人对自己的不动产或者动产依法享有占有、使用、收益和处分的权利。第二分编规定了所有权制度，包括所有权人的权利，征收和征用规则，国家、集体和私人的所有权，相邻关系、共有等所有权基本制度。针对近年来群众普遍反映业主大会成立难、公共维修资金使用难等问题，并结合此次新冠肺炎疫情防控工作，在现行物权法规定的基础上，进一步完善了业主的建筑物区分所有权制度：一是明确地方政府有关部门、居民委员会应当对设立业主大会和选举业主委员会给予指导和协助（草案第二百七十七条第二款）。二是适当降低业主共同决定事项，特别是使用建筑物及其附属设施维修资金的表决门槛，并增加规定紧急情况下使用维修资金的特别程序（草案第二百七十八条、第二百八十一条第二款）。三是结合疫情防控工作，在征用组织、个人的不动产或者动产的事由中增加"疫情防控"；明确物业服务企业和业主的相关责任和义务，增加规定物业服务企业或者其他管理人应当执行政府依法实施的应急处置措施和其他管理措施，积极配合开展相关工作，业主应当依法予以配合（草案第二百四十五条、第二百八十五条第二款、第二百八十六条第一款）。

3. 关于用益物权。用益物权是指权利人依法对他人的物享有占有、使用和收益的权利。第三分编规定了用益物权制度，明确了用益物权人的基本权利和义务，以及建设用地使用权、宅基地使用权、地役权等用益物权。草案还在现行物权法规定的基础上，作了进一步完善：一是落实党中央关于完善产权保护制度依法保护产权的要求，明确住宅建设用地使用权期限届满的，自动续期；续期费用的缴纳或者减免，依照法律、行政法规的规定办理（草案第三百五十九条第一款）。二是完善农村集体产权相关制度，落实农村承包地"三权分置"改革的要求，对土地承包经营权的相关规定作了完善，增加土地经营权的规定，并删除耕地使用权不得抵押的规定，以适应"三权分置"后土地经营权入市的需要（草案第二编第十一章、第三百九十九条）。考虑到农村集体建设用地和宅基地制度改革正在推进过程中，草案与土地管理法等作了衔接性规定（草案第三百六十一条、第三百六十三条）。三是为贯彻党的十九大提出的加快建立多主体供给、多渠道保障住房制度的要求，增加规定"居住权"这一新型用益物权，明确居住权原则上无偿设立，居住权人有权按照合同约定或者遗嘱，经登记占有、使用他人的住宅，以满足其稳定的生活居住需要(草案第二编第十四章)。

4. 关于担保物权。担保物权是指为了确保债务履行而设立的物权,包括抵押权、质权和留置权。第四分编对担保物权作了规定,明确了担保物权的含义、适用范围、担保范围等共同规则,以及抵押权、质权和留置权的具体规则。草案在现行物权法规定的基础上,进一步完善了担保物权制度,为优化营商环境提供法治保障:一是扩大担保合同的范围,明确融资租赁、保理、所有权保留等非典型担保合同的担保功能,增加规定担保合同包括抵押合同、质押合同和其他具有担保功能的合同(草案第三百八十八条第一款)。二是删除有关担保物权具体登记机构的规定,为建立统一的动产抵押和权利质押登记制度留下空间。三是简化抵押合同和质押合同的一般条款(草案第四百条第二款、第四百二十七条第二款)。四是明确实现担保物权的统一受偿规则(草案第四百一十四条)。

5. 关于占有。占有是指对不动产或者动产事实上的控制与支配。第五分编对占有的调整范围、无权占有情形下的损害赔偿责任、原物及孳息的返还以及占有保护等作了规定(草案第二编第二十章)。

(三)合同编

合同制度是市场经济的基本法律制度。1999 年第九届全国人民代表大会第二次会议通过了合同法。草案第三编“合同”在现行合同法的基础上,贯彻全面深化改革的精神,坚持维护契约、平等交换、公平竞争,促进商品和要素自由流动,完善合同制度。第三编共 3 个分编、29 章、526 条,主要内容有:

1. 关于通则。第一分编为通则,规定了合同的订立、效力、履行、保全、转让、终止、违约责任等一般性规则,并在现行合同法的基础上,完善了合同总则制度:一是通过规定非合同之债的法律适用规则、多数人之债的履行规则等完善债法的一般性规则(草案第四百六十八条、第五百一十七条至第五百二十一条)。二是完善了电子合同订立规则,增加了预约合同的具体规定,完善了格式条款制度等合同订立制度(草案第四百九十一条、第四百九十五条至第四百九十八条)。三是结合新冠肺炎疫情防控工作,完善国家订货合同制度,规定国家根据抢险救灾、疫情防控或者其他需要下达国家订货任务、指令性计划的,有关民事主体之间应当依照有关法律、行政法规规定的权利和义务订立合同(草案第四百九十四条第一款)。四是针对实践中一方当事人违反义务不办理报批手续影响合同生效的问题,草案明确了当事人违反报批义务的法律后果,健全合同效力制度(草案第五百零二条第二款)。五是完善合同履行制度,落实绿色原则,规定当事人在履行合同过程中应当避免浪费资源、污染环境和破坏生态(草案第五百零九条第三款)。同时,在总结司法实践经验的基础上增加规定了情势变更制度(草案第五百三十三条)。六是完善代位权、撤销权等合同保全制度,进一步强化对债权人的保护,细化了债权转让、债务移转制度,增加了债务清偿抵充规则、完善了合同解除等合同终止制度(草案第三编第五章、第五百四十五条至第五百五十六条、第五百六十条、第五百六十三条至第五百六十六条)。七是通过吸收现行担保法有关定金规则的规定,完善违约责任制度(草案第五百八十六条至第五百八十八条)。

2. 关于典型合同。典型合同在市场经济活动和社会生活中应用普遍。为适应现实需要,在现行合同法规定的买卖合同、赠与合同、借款合同、租赁合同等 15 种典型合同的基础上,第二分编增加了 4 种新的典型合同:一是吸收了担保法中关于保证的内容,增加了保证合同(草案第三编第十三章)。二是适应我国保理行业发展和优化营商环境的需要,增加了保理合同(草案第三编第十六章)。三是针对物业服务领域的突出问题,增加规定了物业服务合同(草案第三编第二十四章)。四是增加规定合伙合同,将民法通则中有关个人合伙的规定纳入其中(草案第三编第二十七章)。

第三编还在总结现行合同法实践经验的基础上,完善了其他典型合同:一是通过完善检验期限的规定和所有权保留规则等完善买卖合同(草案第六百二十二条、第六百二十三条、第六百四十一条至第六百四十三条)。二是为维护正常的金融秩序,明确规定禁止高利放贷,借款的利率不得违反国家有关规定(草案第六百八十条第一款)。三是落实党中央提出的建立租购同权住房制度的要求,保护承租人利益,增加规定房屋承租人的优先承租权(草案第七百三十四条第二款)。四是针对近年来客运合同领域出现的旅客霸座、不配合承运人采取安全运输措施等严重干扰运输秩序和危害运输安全的问题,维护正常的运输秩序,草案细化了客运合同当事人的权利义务(草案第八百一十五条第一款、第八百一十九条、第八百二十条)。五是根据经济社会发展需要,修改完善了赠与合同、融资租赁合同、建设工程合同、技术合同等典型合同(草案第三编第十一章、第十五章、第十八章、第二十章)。

3. 关于准合同。无因管理和不当得利既与合同规则同属债法性质的内容,又与合同规则有所区别,第三分编"准合同"分别对无因管理和不当得利的一般性规则作了规定(草案第三编第二十八章、第二十九章)。

(四)人格权编

人格权是民事主体对其特定的人格利益享有的权利,关系到每个人的人格尊严,是民事主体最基本的权利。草案第四编"人格权"在现行有关法律法规和司法解释的基础上,从民事法律规范的角度规定自然人和其他民事主体人格权的内容、边界和保护方式,不涉及公民政治、社会等方面权利。第四编共6章、51条,主要内容有:

1. 关于一般规定。第四编第一章规定了人格权的一般性规则:一是明确人格权的定义(草案第九百九十条)。二是规定民事主体的人格权受法律保护,人格权不得放弃、转让或者继承(草案第九百九十一条、第九百九十二条)。三是规定了对死者人格利益的保护(草案第九百九十四条)。四是明确规定人格权受到侵害后的救济方式(草案第九百九十五条至第一千条)。

2. 关于生命权、身体权和健康权。第四编第二章规定了生命权、身体权和健康权的具体内容,并对实践中社会比较关注的有关问题作了有针对性的规定:一是为促进医疗卫生事业的发展,鼓励遗体捐献的善行义举,草案吸收行政法规的相关规定,确立器官捐献的基本规则(草案第一千零六条)。二是为规范与人体基因、人体胚胎等有关的医学和科研活动,明确从事此类活动应遵守的规则(草案第一千零九条)。三是近年来,性骚扰问题引起社会较大关注,草案在总结既有立法和司法实践经验的基础上,规定了性骚扰的认定标准,以及机关、企业、学校等单位防止和制止性骚扰的义务(草案第一千零一十条)。

3. 关于姓名权和名称权。第四编第三章规定了姓名权、名称权的具体内容,并对民事主体尊重保护他人姓名权、名称权的基本义务作了规定:一是对自然人选取姓氏的规则作了规定(草案第一千零一十五条)。二是明确对具有一定社会知名度,被他人使用足以造成公众混淆的笔名、艺名、网名等,参照适用姓名权和名称权保护的有关规定(草案第一千零一十七条)。

4. 关于肖像权。第四编第四章规定了肖像权的权利内容及许可使用肖像的规则,明确禁止侵害他人的肖像权:一是针对利用信息技术手段"深度伪造"他人的肖像、声音,侵害他人人格权益,甚至危害社会公共利益等问题,规定禁止任何组织或者个人利用信息技术手段伪造等方式侵害他人的肖像权。并明确对自然人声音的保护,参照适用肖像权保护的有关规定(草案第一千零一十九条第一款、第一千零二十三条第二款)。二是为了合理平衡保护肖像权与维护公共利益之间的关系,草案结合司法实践,规定肖像权的合理使用规则(草案第一千零二十条)。三是从有利于保护肖像权人利益的角度,对肖像许可使用合同的解释、解除等作了规定(草案第一千零二十一条、第一千零二十二条)。

5. 关于名誉权和荣誉权。第四编第五章规定了名誉权和荣誉权的内容:一是为了平衡个人名誉权保护与新闻报道、舆论监督之间的关系,草案对行为人实施新闻报道、舆论监督等行为涉及的民事责任承担,以及行为人是否尽到合理核实义务的认定等作了规定(草案第一千零二十五条、第一千零二十六条)。二是规定民事主体有证据证明报刊、网络等媒体报道的内容失实,侵害其名誉权的,有权请求更正或者删除(草案第一千零二十八条)。

6. 关于隐私权和个人信息保护。第四编第六章在现行有关法律规定的基础上,进一步强化对隐私权和个人信息的保护,并为下一步制定个人信息保护法留下空间:一是规定了隐私的定义,列明禁止侵害他人隐私权的具体行为(草案第一千零三十二条、第一千零三十三条)。二是界定了个人信息的定义,明确了处理个人信息应遵循的原则和条件(草案第一千零三十四条、第一千零三十五条)。三是构建自然人与信息处理者之间的基本权利义务框架,明确处理个人信息不承担责任的特定情形,合理平衡保护个人信息与维护公共利益之间的关系(草案第一千零三十六条至第一千零三十八条)。四是规定国家机关及其工作人员负有保护自然人的隐私和个人信息的义务(草案第一千零三十九条)。

(五)婚姻家庭编

婚姻家庭制度是规范夫妻关系和家庭关系的基本准则。1980 年第五届全国人民代表大会第三次会议通过了新的婚姻法,2001 年进行了修改。1991 年第七届全国人大常委会第二十三次会议通过了收养法,1998 年作了修改。草案第五编"婚姻家庭"以现行婚姻法、收养法为基础,在坚持婚姻自由、一夫一妻等基本原则的前提下,结合社会发展需要,修改完善了部分规定,并增加了新的规定。第五编共 5 章、79 条,主要内容有:

1. 关于一般规定。第五编第一章在现行婚姻法规定的基础上,重申了婚姻自由、一夫一妻、男女平等等婚姻家庭领域的基本原则和规则,并在现行婚姻法的基础上,作了进一步完善:一是为贯彻落实习近平总书记有关加强家庭文明建设的重要讲话精神,更好地弘扬家庭美德,规定家庭应当树立优良家风,弘扬家庭美德,重视家庭文明建设(草案第一千零四十三条第一款)。二是为了更好地维护被收养的未成年人的合法权益,将联合国《儿童权利公约》关于儿童利益最大化的原则落实到收养工作中,增加规定了最有利于被收养人的原则(草案第一千零四十四条第一款)。三是界定了亲属、近亲属、家庭成员的范围(草案第一千零四十五条)。

2. 关于结婚。第五编第二章规定了结婚制度,并在现行婚姻法的基础上,对有关规定作了完善:一是将受胁迫一方请求撤销婚姻的期间起算点由"自结婚登记之日起"修改为"自胁迫行为终止之日起"(草案第一千零五十二条第二款)。二是不再将"患有医学上认为不应当结婚的疾病"作为禁止结婚的情形,并相应增加规定一方隐瞒重大疾病的,另一方可以向人民法院请求撤销婚姻(草案第一千零五十三条)。三是增加规定婚姻无效或者被撤销的,无过错方有权请求损害赔偿(草案第一千零五十四条第二款)。

3. 关于家庭关系。第五编第三章规定了夫妻关系、父母子女关系和其他近亲属关系,并根据社会发展需要,在现行婚姻法的基础上,完善了有关内容:一是明确了夫妻共同债务的范围。现行婚姻法没有对夫妻共同债务的范围作出规定。2003 年最高人民法院出台司法解释,对夫妻共同债务的认定作出规定,近年来成为社会关注的热点问题。2018 年 1 月,最高人民法院出台新的司法解释,修改了此前关于夫妻共同债务认定的规定。从新司法解释施行效果看,总体上能够有效平衡各方利益,各方面总体上赞同。因此,草案吸收新司法解释的规定,明确了夫妻共同债务的范围(草案第一千零六十四条)。二是规范亲子关系确认和否认之诉。亲子关系问题涉及家庭稳定和未成年人的保护,作为民事基本法律,草案对此类诉讼进行了规范(草案第一千零七十三条)。

4. 关于离婚。第五编第四章对离婚制度作出了规定，并在现行婚姻法的基础上，作了进一步完善：一是增加离婚冷静期制度。实践中，轻率离婚的现象增多，不利于婚姻家庭的稳定。为此，草案规定了提交离婚登记申请后三十日的离婚冷静期，在此期间，任何一方可以向登记机关撤回离婚申请（草案第一千零七十七条）。二是针对离婚诉讼中出现的"久调不判"问题，增加规定，经人民法院判决不准离婚后，双方又分居满一年，一方再次提起离婚诉讼的，应当准予离婚（草案第一千零七十九条第五款）。三是关于离婚后子女的抚养，将现行婚姻法规定的"哺乳期内的子女，以随哺乳的母亲抚养为原则"修改为"不满两周岁的子女，以由母亲直接抚养为原则"，以增强可操作性（草案第一千零八十四条第三款）。四是将夫妻采用法定共同财产制的，纳入适用离婚经济补偿的范围，以加强对家庭负担较多义务一方权益的保护（草案第一千零八十八条）。五是将"有其他重大过错"增加规定为离婚损害赔偿的适用情形（草案第一千零九十一条第五项）。

5. 关于收养。第五编第五章对收养关系的成立、收养的效力、收养关系的解除作了规定，并在现行收养法的基础上，进一步完善了有关制度：一是扩大被收养人的范围，删除被收养的未成年人仅限于不满十四周岁的限制，修改为符合条件的未成年人均可被收养（草案第一千零九十三条）。二是与国家计划生育政策的调整相协调，将收养人须无子女的要求修改为收养人无子女或者只有一名子女（草案第一千零九十八条第一项）。三是为进一步强化对被收养人利益的保护，在收养人的条件中增加规定"无不利于被收养人健康成长的违法犯罪记录"，并增加规定民政部门应当依法进行收养评估（草案第一千零九十八条第四项、第一千一百零五条第五款）。

（六）继承编

继承制度是关于自然人死亡后财富传承的基本制度。1985 年第六届全国人民代表大会第三次会议通过了继承法。随着人民群众生活水平的不断提高，个人和家庭拥有的财产日益增多，因继承引发的纠纷也越来越多。根据我国社会家庭结构、继承观念等方面的发展变化，草案第六编"继承"在现行继承法的基础上，修改完善了继承制度，以满足人民群众处理遗产的现实需要。第六编共 4 章、45 条，主要内容有：

1. 关于一般规定。第六编第一章规定了继承制度的基本规则，重申了国家保护自然人的继承权，规定了继承的基本制度。并在现行继承法的基础上，作了进一步完善：一是增加规定相互有继承关系的数人在同一事件中死亡，且难以确定死亡时间的继承规则（草案第一千一百二十一条第二款）。二是增加规定对继承人的宽恕制度，对继承权法定丧失制度予以完善（草案第一千一百二十五条第二款）。

2. 关于法定继承。法定继承是在被继承人没有对其遗产的处理立有遗嘱的情况下，继承人的范围、继承顺序等均按照法律规定确定的继承方式。第六编第二章规定了法定继承制度，明确了继承权男女平等原则，规定了法定继承人的顺序和范围，以及遗产分配的基本制度。同时，在现行继承法的基础上，完善代位继承制度，增加规定被继承人的兄弟姐妹先于被继承人死亡的，由被继承人的兄弟姐妹的子女代位继承（草案第一千一百二十八条第二款）。

3. 关于遗嘱继承和遗赠。遗嘱继承是根据被继承人生前所立遗嘱处理遗产的继承方式。第六编第三章规定了遗嘱继承和遗赠制度，并在现行继承法的基础上，进一步修改完善了遗嘱继承制度：一是增加了打印、录像等新的遗嘱形式（草案第一千一百三十六条、第一千一百三十七条）。二是修改了遗嘱效力规则，删除了现行继承法关于公证遗嘱效力优先的规定，切实尊重遗嘱人的真实意愿。

4. 关于遗产的处理。第六编第四章规定了遗产处理的程序和规则，并在现行继承法的基础上，进一步完善了有关遗产处理的制度：一是增加遗产管理人制度。为确保遗产得到妥善管理、顺利分割，更好地维护继承人、债权人利益,草案增加规定了遗产管理人制度,明确了遗产管理人的产生方式、职责和权利等内容(草案第一千一百四十五条至第一千一百四十九条)。二是完善遗赠扶养协议制度,适当扩大扶养人的范围,明确继承人以外的组织或者个人均可以成为扶养人,以满足养老形式多样化需求(草案第一千一百五十八条)。三是完善无人继承遗产的归属制度,明确归国家所有的无人继承遗产应当用于公益事业(草案第一千一百六十条)。

(七)侵权责任编

侵权责任是民事主体侵害他人权益应当承担的法律后果。2009 年第十一届全国人大常委会第十二次会议通过了侵权责任法。侵权责任法实施以来,在保护民事主体的合法权益、预防和制裁侵权行为方面发挥了重要作用。草案第七编“侵权责任”在总结实践经验的基础上,针对侵权领域出现的新情况,吸收借鉴司法解释的有关规定,对侵权责任制度作了必要的补充和完善。第七编共 10 章、95 条,主要内容有:

1. 关于一般规定。第七编第一章规定了侵权责任的归责原则、多数人侵权的责任承担、侵权责任的减轻或者免除等一般规则。并在现行侵权责任法的基础上作了进一步的完善:一是确立“自甘风险”规则,规定自愿参加具有一定风险的文体活动,因其他参加者的行为受到损害的,受害人不得请求没有故意或者重大过失的其他参加者承担侵权责任(草案第一千一百七十六条第一款)。二是规定“自助行为”制度,明确合法权益受到侵害,情况紧迫且不能及时获得国家机关保护,不立即采取措施将使其合法权益受到难以弥补的损害的,受害人可以在保护自己合法权益的必要范围内采取扣留侵权人的财物等合理措施,但是应当立即请求有关国家机关处理。受害人采取的措施不当造成他人损害的,应当承担侵权责任(草案第一千一百七十七条)。

2. 关于损害赔偿。第七编第二章规定了侵害人身权益和财产权益的赔偿规则、精神损害赔偿规则等。同时,在现行侵权责任法的基础上,对有关规定作了进一步完善:一是完善精神损害赔偿制度,规定因故意或者重大过失侵害自然人具有人身意义的特定物造成严重精神损害的,被侵权人有权请求精神损害赔偿(草案第一千一百八十三条第二款)。二是为加强对知识产权的保护,提高侵权违法成本,草案增加规定,故意侵害他人知识产权,情节严重的,被侵权人有权请求相应的惩罚性赔偿(草案第一千一百八十五条)。

3. 关于责任主体的特殊规定。第七编第三章规定了无民事行为能力人、限制民事行为能力人及其监护人的侵权责任,用人单位的侵权责任,网络侵权责任,以及公共场所的安全保障义务等。同时,草案在现行侵权责任法的基础上作了进一步完善:一是增加规定委托监护的侵权责任(草案第一千一百八十九条)。二是完善网络侵权责任制度。为了更好地保护权利人的利益,平衡好网络用户和网络服务提供者之间的利益,草案细化了网络侵权责任的具体规定,完善了权利人通知规则和网络服务提供者的转通知规则(草案第一千一百九十五条、第一千一百九十六条)。

4. 关于各种具体侵权责任。第七编的其他各章分别对产品生产销售、机动车交通事故、医疗、环境污染和生态破坏、高度危险、饲养动物、建筑物和物件等领域的侵权责任规则作出了具体规定。并在现行侵权责任法的基础上,对有关内容作了进一步完善:一是完善生产者、销售者召回缺陷产品的责任,增加规定,依照相关规定采取召回措施的,生产者、销售者应当负担被侵权人因此支出的必要费用(草案第一千二百零六条第二款)。二是明确交通事故损害赔偿的顺序,即先由机动车强制保险理赔,不足部分由机动车商业保险理赔,仍不足的由侵权人赔偿(草案第一千二百一十三条)。三是进一步保障患者的知情同意权,明确医务人员的相关说明义务,加强医疗机构及其医务人员对患者隐私和个人信息的保护(草案第一千二百一十九条、第一千二百二十六条)。四是贯彻落实习近平生态文明思想,增加规定生态环境损害的惩罚性赔偿制度,并明确规定了生态环境损害的修复和赔偿规则(草案第一千二百三十二条、第一千二百三十四条、第一千二百三十五条)。五是加强生物安全管理,完善高度危险责任,明确占有或者使用高致病性危险物造成他人损害的,应当承担侵权责任(草案第一千二百三十九条)。六是完善高空抛物坠物治理规则。为保障好人民群众的生命财产安全,草案对高空抛物坠物治理规则作了进一步的完善,规定禁止从建筑物中抛掷物品,同时针对此类事件处理的主要困难是行为人难以确定的问题,强调有关机关应当依法及时调查,查清责任人,并规定物业服务企业等建筑物管理人应当采取必要的安全保障措施防止此类行为的发生(草案第一千二百五十四条)。

(八)附则

草案最后部分“附则”明确了民法典与婚姻法、继承法、民法通则、收养法、担保法、合同法、物权法、侵权责任法、民法总则的关系。民法典施行后,上述民事单行法律将被替代。因此,草案规定在民法典施行之时,同步废止上述民事单行法律(草案第一千二百六十条)。需要说明的是,2014 年第十二届全国人大常委会第十一次会议通过的《全国人民代表大会常务委员会关于〈中华人民共和国民法通则〉第九十九条第一款、〈中华人民共和国婚姻法〉第二十二条的解释》,作为与民法通则、婚姻法相关的法律解释,也同步废止。

《中华人民共和国民法典(草案)》和以上说明,请审议。

第十三届全国人民代表大会宪法和法律委员会关于《中华人民共和国民法典(草案)》审议结果的报告

——2020年5月26日第十三届全国人民代表大会第三次会议主席团第二次会议通过

第十三届全国人民代表大会宪法和法律委员会

十三届全国人大三次会议主席团:

2020年5月24日下午、25日上午,各代表团小组会议审议了民法典草案。代表们普遍认为,编纂民法典是党的十八届四中全会确立的重大立法任务,是以习近平同志为核心的党中央作出的重大法治建设部署,对于坚持和完善中国特色社会主义制度,推进全面依法治国、推进国家治理体系和治理能力现代化,坚持和完善社会主义基本经济制度、推动经济高质量发展,增进人民福祉、维护最广大人民根本利益,具有重大意义。代表们一致认为,草案以习近平新时代中国特色社会主义思想为指导,适应新时代中国特色社会主义发展要求,符合我国国情和实际,反映了人民意愿,体现了民法基本原理、基本精神和民商事活动的内在规律。民法典是新中国第一部以法典命名的法律,以法典化方式确认、巩固和发展了改革开放以来所取得的法治建设成果,开创了我国法典编纂立法的先河,是全面依法治国的标志性立法,为坚持和完善中国特色社会主义制度、推进国家治理体系和治理能力现代化提供了有力的法治保障。

代表们认为,在民法典编纂过程中,充分贯彻了科学立法、民主立法、依法立法的精神。全国人大常委会先后10次进行审议,多次向社会公开征求意见,3次组织全国人大代表研读讨论,采取多种方式征求各方面意见。经过全国人大常委会广泛调研、深入研究、反复修改,草案较好地吸收了各方面的意见,积极回应了社会各界的关切,对我国现行民事法律制度规范进行了系统整合,在坚持民事法律制度连续性、稳定性的基础上,保持了适度的前瞻性、开放性,体例科学、结构严谨、规范合理、内容协调一致,已经比较成熟,建议提请本次会议审议通过。同时,代表们也对草案提出了一些修改意见。宪法和法律委员会于2020年5月25日上午召开会议,对草案进行了认真审议,对代表提出的修改意见,并结合近期收到的部分代表在第二次研读讨论民法典草案中所提出的修改意见进行了逐条研究。同时,就提出的修改意见听取了最高人民法院、最高人民检察院、司法部、中国社会科学院、中国法学会有关负责同志的意见。根据各代表团的审议意见和有关方面的意见,对草案共作了一百余处修改,其中实质性修改40余处。主要是:

一、草案第一百一十条第二款规定,法人、非法人组织享有名称权、名誉权、荣誉权等权利。有的代表提出,对于法人、非法人组织来说,只享有名称权、名誉权、荣誉权这三项人格权,不存在“等权利”,建议修改。宪法和法律委员会经研究,建议采纳这一意见,将该款规定修改为:法人、非法人组织享有名称权、名誉权和荣誉权。

二、草案第二百八十一条第一款规定，建筑物及其附属设施的维修资金的筹集、使用情况应当公布。有的代表提出，应当强调维修资金的筹集、使用情况要定期公布，以更好地保障业主的知情权。宪法和法律委员会经研究，建议采纳这一意见，将上述规定修改为：建筑物及其附属设施的维修资金的筹集、使用情况应当定期公布。

三、草案第九条规定，民事主体从事民事活动，应当有利于节约资源、保护生态环境。一些代表提出，总则编确立的绿色原则，贯彻了习近平生态文明思想，对于加强生态环境保护意义重大，建议草案各分编进一步贯彻落实这一基本原则。宪法和法律委员会经研究，建议对草案作如下修改：一是在物权编中增加规定，业主的相关行为应当符合节约资源、保护生态环境的要求。二是与土壤污染防治法相衔接，在物权编中增加规定，不动产权利人不得违反国家规定排放土壤污染物。三是在物权编中增加规定，用益物权人行使权利应当遵守保护生态环境的规定。四是在合同编中增加规定，出卖人应当采取有利于节约资源、保护生态环境的包装方式。

四、草案第四百四十一条规定，以汇票、本票、支票等出质的，质权自权利凭证交付质权人时设立。有的代表提出，票据法等法律对汇票质押等有专门规定，建议与之相衔接。宪法和法律委员会经研究，建议采纳这一意见，在这一条中增加规定：法律另有规定的，依照其规定。

五、草案第四百九十五条第一款在预约合同的定义中列举了预约合同的常见形式，其中包括意向书。有的代表提出，实践中，意向书在大多数情况下只是表明当事人签订合同的初步意愿，还不能完全构成预约合同，建议删去。宪法和法律委员会经研究，建议采纳这一意见，删去这一款中的“意向书”。

六、有的代表提出，现行合同法第一百二十六条第二款规定，在中华人民共和国境内履行的中外合资经营企业合同、中外合作经营企业合同、中外合作勘探开发自然资源合同，适用中华人民共和国法律。同时，民事诉讼法还规定，因在中华人民共和国履行上述三类合同发生纠纷提起的诉讼，由中华人民共和国人民法院管辖。为了与民事诉讼法的规定相衔接，建议在民法典草案中保留现行合同法的上述规定。宪法和法律委员会经研究，建议采纳这一意见，在合同编中增加规定：在中华人民共和国境内履行的中外合资经营企业合同、中外合作经营企业合同、中外合作勘探开发自然资源合同，适用中华人民共和国法律。

七、草案第六百四十二条第三款规定，取回的标的物价值明显减少的，出卖人有权请求买受人赔偿损失。有的代表提出，草案合同编违约责任一章对当事人一方违反合同义务后的损失赔偿问题已有详细规定，该款可以不再规定损失赔偿的内容。宪法和法律委员会经研究，建议采纳这一意见，删除该款规定。

八、草案第七百二十六条第一款规定，出租人出卖租赁房屋的，承租人享有以同等条件优先购买的权利，但是房屋共有人行使优先购买权或者出租人将房屋出卖给近亲属的除外。有的代表提出，依照草案第三百零五条的规定，只有按份共有人才享有优先购买权，建议在这一条中对房屋共有人的范围作出限定。宪法和法律委员会经研究，建议采纳这一意见，将这一款中的“房屋共有人”修改为“房屋按份共有人”。

九、草案第九百四十二条第二款规定，对物业服务区域内违反有关治安、环保等法律法规的行为，物业服务人应当及时采取合理措施制止，报告有关行政主管部门处理。有的代表提出，在物业服务区域内，对于违反消防法律法规的行为，物业服务人也应当予以制止。宪法和法律委员会经研究，建议采纳这一意见，对这一款作相应的修改。

十、有的代表提出，实践中，有的物业服务人采取断水、断电等方式催交物业费，对业主的基本生活造成严重影响,建议予以规范。宪法和法律委员会经研究,建议采纳这一意见,在草案第九百四十四条增加一款规定:物业服务人不得采取停止供电、供水、供热、供燃气等方式催交物业费。

十一、草案第九百九十五条规定,受害人的停止侵害、排除妨碍、消除危险、消除影响、恢复名誉请求权不适用诉讼时效的规定。有的代表提出,要求侵害人赔礼道歉是保护人格权的一种重要方式,为了更好地保护自然人的人格权,建议将赔礼道歉请求权纳入这一规定之中。宪法和法律委员会经研究,建议采纳这一意见,增加相应的规定。

十二、草案第一千零一十条第一款对禁止以言语、行为等方式对他人实施性骚扰作了规定。有的代表建议将这一款修改为:"违背他人意愿,以言语、文字、图像、肢体行为等方式对他人实施性骚扰的,受害人有权依法请求行为人承担民事责任",使规定的针对性更明确。宪法和法律委员会经研究,建议采纳这一意见,作相应的修改。

十三、草案第一千零一十二条对自然人享有姓名权作了规定。有的代表提出,自然人有权依法决定、使用、变更或者许可他人使用自己的姓名,但不得违背公序良俗。宪法和法律委员会经研究,建议采纳这一意见,将这一条修改为:自然人享有姓名权,有权依法决定、使用、变更或者许可他人使用自己的姓名,但是不得违背公序良俗。

十四、草案第一千零三十九条规定了国家机关及其工作人员对隐私和个人信息的保密义务。有的代表提出,除国家机关及其工作人员外,承担行政职能的法定机构及其工作人员也应当承担这一保密义务。宪法和法律委员会经研究,建议采纳这一意见,将这一条修改为:国家机关、承担行政职能的法定机构及其工作人员对于履行职责过程中知悉的自然人的隐私和个人信息,应当予以保密,不得泄露或者向他人非法提供。

十五、有的代表提出,草案物权编、合同编、人格权编、继承编都在"一般规定"一章中规定了物权、合同、人格权、继承权受国家或者法律保护的内容,建议在婚姻家庭编的"一般规定"一章中也增加类似规定,既有利于体现国家对婚姻家庭的重视和保护,也有利于各编体例的统一。宪法和法律委员会经研究,建议采纳这一意见,依据宪法关于"婚姻、家庭、母亲和儿童受国家的保护"的规定,在婚姻家庭编第一章"一般规定"中增加规定:婚姻家庭受国家保护。

十六、草案第一千零八十四条第三款规定了离婚后未成年子女的抚养。有的代表提出,已满八周岁的子女已有一定的自主意识和认知能力,抚养权的确定与其权益密切相关,应当尊重他们的真实意愿,以更有利于未成年人的健康成长。宪法和法律委员会经研究,建议采纳这一意见,在该款中增加规定:子女已满八周岁的,应当尊重其真实意愿。

十七、草案第一千一百三十三条对自然人立遗嘱处分个人财产作了规定。有的代表提出,设立遗嘱信托是自然人生前对自己的财产进行安排和处理的一种重要制度,建议在这一条中增加规定遗嘱信托的内容。宪法和法律委员会经研究认为,信托法对遗嘱信托已经作了规定,遗嘱信托应主要适用信托法进行规范,民法典作为民事领域基本法,可以对此作衔接性规定。据此,建议增加规定,自然人可以依法设立遗嘱信托。

十八、草案第一千一百七十九条列举了人身损害赔偿的具体赔偿项目。有的代表提出,在人身损害赔偿中,"住院伙食补助费"是受害人治疗和康复中需要支出的合理费用,建议参照司法解释的相关规定,将"住院伙食补助费"明确列为人身损害赔偿项目。宪法和法律委员会经研究,建议采纳这一意见,在这一条中增加相关内容。

十九、草案第一千一百九十五条第三款规定,因错误通知造成网络用户或者网络服务提供者损害的，应当承担侵权责任。有的代表建议对“错误通知”行为的实施主体予以明确，以使这一规定更有针对性。宪法和法律委员会经研究，建议采纳这一意见，将上述规定修改为，权利人因错误通知造成网络用户或者网络服务提供者损害的，应当承担侵权责任。

二十、草案第一千二百二十五条第一款对医疗机构及其医务人员应当履行妥善保管住院志、医嘱单、检验报告、病理资料、医疗费用等病历资料的义务作了规定。有的代表提出，根据国家关于医疗机构病历管理的有关规定，医疗费用不属于病历资料的内容，建议删除。宪法和法律委员会经研究，建议采纳这一意见，删除这一款中的“医疗费用”。

二十一、草案第一千二百五十二条对建筑物、构筑物或者其他设施倒塌造成他人损害的侵权责任作了规定。有的代表提出，实践中，有的地方发生地面塌陷致人损害问题，严重危害人民群众的人身财产安全，建议对此作出规定。宪法和法律委员会经研究，建议在这一条中明确规定，建筑物、构筑物或者其他设施倒塌、塌陷造成他人损害的，由建设单位与施工单位承担连带责任，并对因他人原因导致倒塌、塌陷的侵权责任作出了规定。

二十二、草案第一千二百五十四条第三款规定，发生从建筑物中抛掷物品或者从建筑物上坠落物品造成他人损害的，有关机关应当依法及时调查，查清责任人。有的代表提出，高空抛物或者坠物行为危害公众安全，公安机关有责任进行调查以查清责任人，建议将“有关机关”明确为“公安等机关”。宪法和法律委员会经研究，建议采纳这一意见，将上述规定中的“有关机关”修改为“公安等机关”。

此外，一些代表还提出了一些其他意见。这些意见，有的涉及具体操作问题，可以通过制定配套法律法规和司法解释予以解决；有的涉及法律之间的协调问题，需要区分不同情况，通过对相关法律进行修改完善予以解决；有的涉及执法问题，可以通过有关部门加强执法予以落实；有的问题在编纂工作中作了反复研究，存在不同意见，可在实践中不断总结经验，逐步完善。有些代表提出，民法典与人民群众的利益息息相关，建议加大宣传力度，让民法典深入人心。宪法和法律委员会经研究认为，实施民法典是一项系统工程、长期工程，应当统筹协调、常抓不懈。民法典的实施，涉及国家和社会生活的方方面面，需要各方面共同努力。民法典出台后，建议各有关方面通过多种方式加大宣传和普法力度，让全社会广泛学习民法典，进一步增强全社会成员民法意识，使民法典的精神和内容融入人民群众的日常生活，成为指导民事主体从事民事活动的行为准则。

此外，根据代表们的审议意见，还对草案作了一些文字修改。

草案修改稿已按上述意见作了修改，宪法和法律委员会建议经主席团审议通过后，印发各代表团审议。

民法典草案修改稿和以上报告，请审议。

第十三届全国人民代表大会宪法和法律委员会关于《中华人民共和国民法典(草案修改稿)》修改意见的报告

——2020年5月27日第十三届全国人民代表大会第三次会议主席团第三次会议通过

第十三届全国人民代表大会宪法和法律委员会

十三届全国人大三次会议主席团:

2020年5月26日下午,各代表团对民法典草案修改稿进行了审议。代表们一致赞成草案修改稿。普遍认为,草案修改稿在充分听取并认真研究代表意见的基础上,对代表意见予以充分吸收,作了许多重要修改,对未采纳的意见,也向代表们作了解释和说明,并在审议结果报告中作出积极回应;审议过程充分发扬了民主,广泛凝聚了共识,充分体现了对代表主体地位的尊重。草案内容已经成熟,一致赞成将草案提请本次大会表决通过。同时,一些代表还提出了一些修改意见。宪法和法律委员会于2020年5月26日晚召开会议,对草案修改稿进行了认真审议,对代表们提出的意见逐条研究。同时,就提出的修改意见听取了最高人民法院、最高人民检察院、司法部、中国社会科学院、中国法学会有关负责同志的意见。宪法和法律委员会认为,草案修改稿是可行的。同时,根据各代表团的审议意见,提出以下修改意见:

一、草案修改稿第四百七十三条第一款将"债券募集说明书"规定为一种要约邀请形式。有的代表提出,公司法、证券法等法律采用的表述是"债券募集办法",本款规定有必要与相关法律的用语保持一致。宪法和法律委员会经研究,建议采纳这一意见,将"债券募集说明书"修改为"债券募集办法"。

二、草案修改稿第七百八十一条规定,承揽人交付的工作成果不符合质量要求的,定作人可以请求承揽人承担修理、重作、减少报酬、赔偿损失等违约责任。有的代表提出,定作人在请求承揽人承担违约责任时,应当本着减少浪费、节约资源的目的,合理选择要求对方承担违约责任的方式,如能修理的尽量修理。宪法和法律委员会经研究,建议采纳这一意见,将上述规定修改为:承揽人交付的工作成果不符合质量要求的,定作人可以合理选择请求承揽人承担修理、重作、减少报酬、赔偿损失等违约责任。

三、草案修改稿第一千零三十四条第二款对个人信息的范围作了规定。有的代表提出,健康信息是一种重要的个人信息,直接关系着自然人的人格尊严,应明确纳入个人信息的范围予以保护。宪法和法律委员会经研究,建议采纳这一意见,在该款中增加规定"健康信息"属于个人信息。

此外,根据代表们的审议意见,还对草案修改稿作了一些文字修改。

宪法和法律委员会经研究后建议,本法自2021年1月1日起施行。草案建议表决稿已按上述意见作了修改,建议经主席团审议通过后,提请本次会议表决。

民法典草案建议表决稿和以上报告,请审议。

后　　记

诚如君所见，本书是关于民法典草案以及新旧法对照的工具书，同时涵盖了所有立法草案的说明。本书的编写，力求实现“全方位清晰了解民法典编纂历程”这一目标，旨在降低广大科研工作者、民法典学习者查找资料的时间成本。

本书得以面世，源于各方面的支持，以时间为序，如下感谢顺序或是最恰当的。

首先，特别感谢上海财经大学的两位学友，一位说草案的对照对了解立法原意和理论研究特别有价值，若加上对新旧法对照的梳理，将是一项惠及法律同仁的浩大工程；另一位说纸质书翻看起来相比电子版会更方便，建议同步出版。这是本人决定将该汇编作品完善成书的起因。在此，也一并致谢为本书出版表达过关心，提出过完善建议的各位师友！

其次，特别感谢法律出版社法治与经济分社社长沈小英编审和导师王利明教授。沈社长在2020年6月3日听完本人的构想之后，便策划了本书出版的后续事宜；王利明教授反复叮嘱本人，务必把这件有意义的事做好，并答应担任本书的顾问，提供了诸多有益指导。

再次，特别感谢法律出版社以陈妮、毛镜澄、张泽华、单洁、黄筝为代表的编辑团队和其他为本书出版付出心血的幕后工作者。条文内容逐一校对以及标注工作检查之烦琐，对本书编辑来说，已然是极为庞杂的工作，但作者中途对“标注原则”的不断调整，多次使编辑们将已完成工作“推倒重来”，在此深表歉意与敬意，唯愿我们的共同努力，最终能换来读者的肯定。

最后，特别感谢椰林法学团队的成员。虽然本书草案对照部分中具体标注工作的核对以及立法草案演进过程中“无变化”的认定均由本人独立完成，新旧法对照部分的具体标注工作、“同《民法典》”的判定以及“核心提示”的内容也均由本人执笔，但在这一过程中他们始终提供了有力的辅助。帅仁策、王秋阳、裴嘉兴、郑毓翰4位同学，为本书付出了大量心血，尤其是帅仁策同学在后期也一直陪伴我归纳标注原则和审核书稿。同样感谢曾经为民法典各草案对照表初稿付出努力的曹明哲、高梦茹、张田园、李心源、范佳琪、吴佳倩、郑园园、熊博达、曹蓓、赵盈泽等同学以及我的同事李蓓博士。此外，感谢帮我将立法机关所公布的草案文本与本书稿进行逐条逐句逐字检查、使书稿得以最大限度减少“两款合并为一款”之类排版错误的各位同学，他们是海南大学法学院在新冠疫情期间返校学习的2018级文科实验班全体同学，以及2017级法学各班选修“票据法学”课的各位同学。在海南大学这些年，教学得到学生肯定是我最大的荣耀；遇到优秀如他们的学生，是我最大的幸运。此外，感谢我所在单位海南大学法学院对本书的出版所提供的支持！

本书在一定程度上也是国家社会科学基金重大项目“人格权保护立法研究”（项目编号：18ZDA143）、海南省哲学社会科学规划重大委托项目“海南自由贸易区（港）营商环境建设的法治路径”（项目编号：HNSK（ZD）19－110）、第65批中国博士后科学基金面上资助项目“担保制度立法与实践新问题研究”（资助编号：2019M650929）以及海南省法学会2018年“法治海南建设”重点课题与海南大学自由贸易港专项“建立健全与中国特色自由贸易港相适应的法律构架”（项目编号：hnfx2018a19、2018

年海大法研字第 19 号）等课题的阶段性成果。

本书虽是一本工具书，但确实倾注了大量心血。为了力求做成工具书中的精品，尽可能减少失误，在书稿内容的选择与具体细节的处理上，法律出版社的各位编辑和本人进行了反复推敲与沟通，并就书稿进行了几轮校对工作。着实希望它能够成为一本读者认为"好用""还不错"的工具书。欢迎各位读者告知您所发现的错误，邮箱：616676584@ qq. com。

是以为记！

2020 年 9 月 4 日初稿于北京富润家园

2020 年 9 月 23 日凌晨终校于海口锦绣金江

图书在版编目(CIP)数据

中华人民共和国民法典立法演进与新旧法对照 / 石冠彬主编. -- 北京 : 法律出版社, 2020
ISBN 978 -7 -5197 -4929 -3

Ⅰ. ①中… Ⅱ. ①石… Ⅲ. ①民法－法典－立法－研究－中国 Ⅳ. ①D923.04

中国版本图书馆 CIP 数据核字(2020)第 173784 号

中华人民共和国民法典立法演进与新旧法对照
ZHONGHUA RENMIN GONGHEGUO MINFADIAN LIFA YANJIN YU XINJIUFA DUIZHAO

石冠彬 主编

策划编辑 沈小英
责任编辑 陈 妮 毛镜澄 黄 筝 单 洁 张泽华
装帧设计 李 瞻

出版 法律出版社
总发行 中国法律图书有限公司
经销 新华书店
印刷 固安华明印业有限公司
责任校对 晁明慧
责任印制 吕亚莉

编辑统筹 法治与经济出版分社
开本 787 毫米×1092 毫米 1/16
印张 55.5
字数 1560 千
版本 2020 年 10 月第 1 版
印次 2020 年 10 月第 1 次印刷

法律出版社/北京市丰台区莲花池西里 7 号(100073)
网址/www.lawpress.com.cn
投稿邮箱/info@lawpress.com.cn
举报维权邮箱/jbwq@lawpress.com.cn
销售热线/400 -660 -8393
咨询电话/010 -63939796

中国法律图书有限公司/北京市丰台区莲花池西里 7 号(100073)
全国各地中法图分、子公司销售电话:
统一销售客服/400 -660 -8393/6393
第一法律书店/010 -83938432/8433
西安分公司/029 -85330678
重庆分公司/023 -67453036
上海分公司/021 -62071639/1636
深圳分公司/0755 -83072995

书号:ISBN 978 -7 -5197 -4929 -3
定价:238.00 元
(如有缺页或倒装,中国法律图书有限公司负责退换)